16	3	2	13
5	10	11	8
9	6	7	12
4	15	14	1

Carlos Guilherme Mota
Adriana Lopez

HISTÓRIA DO BRASIL

Uma interpretação

Prefácio de Alberto da Costa e Silva

editora 34

EDITORA 34

Editora 34 Ltda.
Rua Hungria, 592 Jardim Europa CEP 01455-000
São Paulo - SP Brasil Tel/Fax (11) 3811-6777 www.editora34.com.br

Copyright © Editora 34 Ltda., 2015
História do Brasil: uma interpretação
© Carlos Guilherme Mota e Adriana Lopez, 2015

A FOTOCÓPIA DE QUALQUER FOLHA DESTE LIVRO É ILEGAL E CONFIGURA UMA
APROPRIAÇÃO INDEVIDA DOS DIREITOS INTELECTUAIS E PATRIMONIAIS DO AUTOR.

Edição conforme o Acordo Ortográfico da Língua Portuguesa.

Capa:
Bracher & Malta Produção Gráfica / Julia Mota

Projeto gráfico e editoração eletrônica:
Bracher & Malta Produção Gráfica

Revisão:
Luiz Guasco, Cristina Marques, José Teixeira,
Ivone Pires Barbosa Groenitz, Ana Beatriz Viana Souto Maior,
Felipe Sabino, Maristela Nóbrega, Marta Lúcia Tasso

1ª Edição - 2008, 2ª Edição - 2009, 3ª Edição - 2012 (Senac São Paulo),
4ª Edição - 2015, 5ª Edição - 2016

CIP - Brasil. Catalogação-na-Fonte
(Sindicato Nacional dos Editores de Livros, RJ, Brasil)

Mota, Carlos Guilherme
M871h   História do Brasil: uma interpretação /
Carlos Guilherme Mota e Adriana Lopez; prefácio
de Alberto da Costa e Silva — São Paulo: Editora 34,
2016 (5ª Edição).
1.136 p.

ISBN 978-85-7326-592-7

1. Brasil - História. I. Lopez, Adriana.
II. Silva, Alberto da Costa e. III. Título.

CDD - 981

HISTÓRIA DO BRASIL
Uma interpretação

Nota à 4ª edição	7
Prefácio, *Alberto da Costa e Silva*	11
Introdução	17
1. Primeiros habitantes	23
2. A Europa e o Atlântico no início dos Tempos Modernos	33
3. Europeus no Atlântico Sul	41
4. De "terra dos papagaios" a "terra do Brasil"	51
5. Contra Tordesilhas	65
6. Conquista e cativeiro: a união ibérica (1580-1640)	75
7. Açúcar e escravismo: a conquista do trópico	89
8. As guerras contra os holandeses	101
9. A conquista das almas: controle e resistência	123
10. As "capitanias de baixo" e as guerras do sertão: jesuítas, bandeirantes e "bugreiros"	135
11. Conflitos e rebeliões coloniais	153
12. O ouro das "Gerais"	167
13. Despotismo da razão: o marquês de Pombal	181
14. A sociedade colonial: afirmação e ocaso	211
15. "O viver em colônias"	231
16. O sistema colonial: Inconfidências e o sentido geral da crise	243
17. Descolonização portuguesa e construção do Império brasileiro (1808-1822). A Revolução da Independência (1822)	275
18. Primeiro Reinado: Pedro I (1822-1831)	325
19. Consolidação do Estado nacional (1831-1840): regências, insurreições e revoluções	381
20. Segundo Reinado (1840-1889): o universo "imperial" de Pedro II	427
21. Parlamentarismo sem povo: a "paz" do Segundo Reinado	451
22. Da Monarquia à República (1868-1889): o colapso do regime	479

23. A Primeira República e seus presidentes (1889-1930) 523
24. Contra a República Oligárquica:
    movimentos sociais e contestações dos Tenentes 579
25. Revolução de 1930 e República Nova (1930-1937):
    Vargas e sua "herança" 613
26. A Ditadura do Estado Novo (1937-1945): política e cultura 655
27. A República Populista e a República Patricial (1946-1964):
    modernização e subdesenvolvimento...................................... 695
28. A República Civil-Militar (1964-1985) 777
29. A República Autocrático-Burguesa:
    do fim da ditadura aos governos "democráticos".
    De Tancredo a Lula (1985-2007)... 853
30. A transição incompleta:
    ainda o mesmo modelo (2007-2014)....................................... 977

Bibliografia.. 1.061
Índice onomástico 1.097
Índice das matérias.. 1.127

Nota à 4ª edição

> "O Brasil não é o meu país: é meu abismo."
>
> Jomard Muniz de Britto[1]

Agora em casa nova, esta interpretação da História do Brasil alcança sua quarta edição, revista. Os autores não deixaram de ficar supresos com a boa receptividade que o livro mereceu, tanto da imprensa quanto por parte de profissionais ligados ao ensino, à pesquisa histórica, ao jornalismo, às Humanidades, à diplomacia, ao Direito e a diversas outras atividades. Sobretudo por parte de pessoas voltadas à construção de uma *nova sociedade civil* democrática em nosso país. E ficamos honrados, como mencionamos na última edição, com o Prêmio Jabuti em Ciências Humanas no ano de 2009, entre outros reconhecimentos.[2]

Além de alguns defeitos e lacunas agora reparadas, nem sempre conseguimos dar conta da complexidade dos temas tratados. Temas que procuramos enfrentar por meio da conversação bibliográfica com outros historiadores, que comparecem como interlocutores *malgré eux*. No capítulo final "A transição incompleta: ainda o mesmo modelo" (inédito), procurou-se sinalizar alguns desdobramentos de problemas, impasses e principais dilemas nacionais no período de 2007 a 2014, dando voz a diferentes protagonistas.

---

[1] "Aquarelas do Brasil", em Jomard Muniz de Britto, *Atentados poéticos*, Recife, Edições Bagaço, 2002, pp. 284-5.

[2] Dos comentários recebidos, destacamos carta do professor Stanley J. Stein, da Princeton University, decano dos historiadores de História do Brasil nos dois lados do Atlântico, e compartilhamos aqui alguns trechos com nossos possíveis leitores. O professor Stein considera a obra "a remarkable text"; "highly analytical and often devastatingly critical of the canonical wisdom". Conclui a carta notando: "What's troubling to me are those few moments when the possibility of a sharp break with the past appears, only to be repressed [...]. So, congratulations and my thanks for an outstanding study of *continuísmo*, as I interpret your underlying theme" (Princeton, 3 de janeiro de 2012).

Nossa tentativa de explicação do Brasil, não muito convencional e de certo modo erudita, porém com clara intenção de atingir o leitor comum, alcançou também um número considerável de estudiosos inquietos com o presente. Ou seja, leitores interessados em conhecer nosso passado em perspectiva crítica, para a construção de um futuro coletivo menos marcado por tantas injustiças, em suas várias dimensões. Tal receptividade constituiu a melhor recompensa para anos de trabalho, reflexões e discussões, de releituras e pesquisa.

Não menos importante para os autores foi a publicação da obra em língua espanhola pela Universidade de Salamanca, em tradução/transcriação esmerada do historiador José Manuel Santos Pérez, que enriqueceu nossa interpretação ao oferecer versão mais enxuta e crítica aos leitores europeus.[3]

Da experiência realizada, duas certezas brotaram: primeiro, a da existência de uma produção de altíssimo nível já realizada por historiadores, sociólogos, juristas, críticos e ensaístas, geógrafos, jornalistas, literatos e cientistas sociais em geral, interlocutores que nos antecederam no esforço de compreender o Brasil, aqui e no exterior. Produção que prossegue intensa, e com qualidade. Segundo, a certeza de que, desde a primeira metade do século XIX, muitas foram as explicações ensaiadas em nosso país para compreendê-lo, seja em sua vida e sua História como Nação em busca de autonomia, seja na atualidade, enquanto sociedade enleada nos sargaços do passado colonial e, mais tarde, nas "conciliações" e "arranjos" da vida política imperial e republicana. Mas deriva desta certeza a forte impressão de que os problemas e impasses de cada época pouco se resolveram ao longo do tempo, sobretudo em alguns planos, como o da educação, da reforma política, da reforma agrária, da saúde pública, do saneamento básico; ao contrário, problemas graves que dilaceram o presente repontaram durante todo o período republicano.

Em resumo, desembocamos em uma ordem republicana que, observada em seus mecanismos, ainda não parece apontar no sentido da sedimentação de bases político-sociais, econômicas e educacionais sólidas para a articulação de uma sociedade civil moderna, democrática, educada, frutuosa. Pois, ao examinarmos nossa História na *longue durée*, o que se ressalta no vasto panorama político-ideológico e econômico-social são ideias e comportamen-

---

[3] Carlos Guilherme Mota e Adriana Lopez, *Historia de Brasil: una interpretación*, revisão e tradução de José Manuel Santos Pérez, Salamanca, Ediciones Universidad de Salamanca, 2009 (Biblioteca de América, 41).

tos de "regresso", contrarrevolução, continuísmo. Salvo, felizmente, raras e magras exceções que ocorrem em várias frentes de nossa vida social, política e cultural.

Sobre a 4ª edição

Da primeira edição de 2008 para a atual, foram poucas as modificações efetuadas, sem alteração das diretrizes gerais de análise. De modo geral, procurou-se dar maior destaque à ação — por exemplo — de alguns abolicionistas, ou à posição de Pedro II e de alguns parlamentares em relação à emancipação dos escravos. E, no período republicano, mais atenção aos acordos políticos "dos de cima", a chamada "costura pelo alto", traço da metodologia da Conciliação denunciada por José Honório Rodriques, Florestan Fernandes, Eduardo Portella e Raymundo Faoro, entre outros. Ou seja, a velha Conciliação como estratégia das elites, matriz ideológica do atual "presidencialismo de coalizões", em que se enredaram muitas lideranças promissoras na História recente do país.

Algumas imprecisões sofreram reparos nos capítulos relativos à ditadura civil-militar de 1964, nos anos posteriores ao golpe que consolidaria o *modelo autocrático-burguês*, tal como analisado por Florestan em sua obra seminal *A revolução burguesa no Brasil* (1975). Pouco discutido pela historiografia mais recente, incluída a de esquerda, é de se constatar que tal modelo, extremamente centralizador, ainda concentra e combina as mazelas e entraves dos períodos históricos anteriores, dos quais a Nação vem tentando se desvencilhar, com pouco sucesso. Mais recentemente, registra-se a ação saneadora de segmentos do Poder Judiciário; mais especificamente, do Supremo Tribunal Federal.

Nessa perspectiva, parecem longe de equacionamento satisfatório graves questões sociais (sobretudo na área da saúde), econômicas, políticas, ambientais, educacionais e outras, como as relacionadas à violência, à política urbana, à política externa. O tempo dirá, como sempre, se os autores estão equivocados.

Vale assinalar que alguns traços, impasses e resultados dessa longa História, decantados ao longo do tempo desde a primeira edição deste livro em 2008, tornaram-se mais perceptíveis. Traços que sugerem a persistência de padrões de entranhada mentalidade estamental-escravista, de *mores* nada "modernos" que atravessam os séculos e imobilizam a Nação no presente.

Assim é que as questões da terra e da violência no campo — como nas cidades! — permanecem mal resolvidas, precariamente encaminhadas.

Nesse quadro de impasses, o dado mais positivo é que, no último período, a produção historiográfica avançou e se diversificou sobremaneira, delineando-se contornos de uma nova Historiografia crítica, empenhada e com sensibilidade transdisciplinar. Essa nova "brigada ligeira" de professores, críticos e historiadores atuantes permite-nos vislumbrar um outro horizonte nos estudos de História do Brasil, mais promissor do que o atual.

Por fim, agradecemos, ainda uma vez, o prefácio generoso do historiador e embaixador Alberto da Costa e Silva. Da mesma forma, as apreciações críticas do professor Elias Thomé Saliba, da Universidade de São Paulo, os reparos do professor Marcel Mendes, da Universidade Presbiteriana Mackenzie, bem como os comentários de José Manuel Santos Pérez, da Universidade de Salamanca, e de Edla Van Steen, João Marcos Coelho, Moacyr Pereira, Mônica Manir Miguel, Oscar Pilagallo, Paulo Markun e Gabriel Manzano. O saudoso Luiz Eduardo Cerqueira Magalhães, interlocutor fraterno a quem o livro é dedicado *in memoriam*, ofereceu-nos críticas que muito ajudaram a aprimorar o roteiro e o texto. Maria Antonia da Cruz Costa Cerqueira Magalhães, a quem este livro é também dedicado, esteve presente ao longo de todo nosso percurso.

Registramos aqui agradecimentos especiais a nosso estimado amigo e editor Paulo Malta, leitor atento, e à nossa querida ex-editora Isabel Alexandre. Nenhum deles, desnecessário dizer, responsáveis pelos possíveis "excessos" ou equívocos em nossa interpretação.

Os autores
São Paulo, novembro de 2014

Prefácio

Alberto da Costa e Silva

Esta *História do Brasil: uma interpretação*, de Carlos Guilherme Mota e Adriana Lopez, lembrará ao leitor, mal terminados os três ou quatro primeiros capítulos, um livro de que talvez guarde — como eu guardo — uma forte lembrança: *Evolução política do Brasil: ensaio de interpretação dialética da história brasileira*, de Caio Prado Jr. Passados sessenta anos, ainda recordo o deslumbramento com que percorri as páginas da sua segunda edição, atento, surpreso, ou, melhor, ferido pelo inesperado; aqui, rendido, mais adiante, inquieto diante do que lia, a opor-me a alguns de seus parágrafos, como aqueles em que nega aos escravos qualquer papel político ou ignora a contribuição africana à vida brasileira. Era um livro do qual se levantavam os olhos a cada vinte linhas, para pesar e pensar o que nele Caio Prado Jr. com rigor e lucidez nos dizia.

Vejo-me a ler de igual maneira esta nova síntese interpretativa da história do Brasil escrita por Carlos Guilherme Mota e Adriana Lopez, distinta na forma e no andamento da de Caio Prado, mas igualmente aliciante, e ainda mais provocadora de debates entre o livro e o leitor, porque não foge das ambiguidades dos enredos nem das contradições de suas personagens, antes as reconhece como parte da riqueza da vida. É uma obra que deixa o leitor solto, até mesmo para lançar um terceiro olhar sobre determinados fatos do passado.

Não se pense, porém, que lhe falta uma linha clara de pensamento e, mais nítida ainda, de escolhas. Nem poderia faltar, num livro em que dois historiadores somam suas visões pessoais para explicar o que foi e o que tem sido o Brasil. Só que ambos se recusam a se vestir de certezas, porque sabem que vale também para a reconstituição histórica o que nos revelaram Pirandello e Akutagawa: o fato muda conforme quem o conta — e quem o vive ou vê. O livro, como diz seu subtítulo, é *uma* interpretação, e não, *a* interpretação. E uma interpretação que deixa aberta, em muitos momentos, a possibilidade de outra ou de outras mais.

Carlos Guilherme Mota e Adriana Lopez não escondem a linhagem a que pertencem e lhe dão por fundadores, no segundo terço do século XIX, Solano Constâncio e Abreu e Lima. Nos livros destes, a história do Brasil teria sido pela primeira vez concebida e sentida como um processo nacional. Vista de dentro, ou principalmente de dentro, e não de fora. Seria nessa mesma época que a ideia de Brasil, e, em consequência, da nacionalidade brasileira, tomaria contorno e volume, em contraste com os Brasis — ou, para ser mais preciso, os Brazils — dos autores britânicos de então, e de um pouco antes, que, ao assim denominar o país, ressaltavam ser ele, no melhor dos julgamentos, plural, e no pior, amorfo.

Fiéis a essa linhagem, Carlos Guilherme Mota e Adriana Lopez abrem e reabrem várias vezes o leque das insurreições populares e, ao considerá-las como moldadoras da nação, reclamam reconhecimento para suas "lideranças rústicas". Não teriam, contudo, nada de rústico os chefes malês da revolta de 1835 na Bahia: eram homens versados no Alcorão e nos valores de uma outra cultura.

Eram, aliás, várias as culturas que nos moldavam, pois o Brasil se construía também a partir do exterior. O que se passava e pensava no continente americano e, sobretudo, na Europa, tinha — como insistem Carlos Guilherme Mota e Adriana Lopez — repercussões de variada intensidade na vida brasileira e, muitas vezes, lhe alterava os ideais e o rumo, assim como a visão que tínhamos de nós próprios. Os acontecimentos na África também nos afetavam, pois influíam sobre o ritmo e a composição do tráfico negreiro.

Esse tráfico abria uma enorme brecha no protetorado informal que a Grã-Bretanha exercia sobre o Brasil (como, de resto, sobre um grande número de outros países), pois Angola e o golfo do Benim eram, desde o século XVII até 1850, dos maiores de nossos parceiros comerciais — se não, em alguns momentos, os maiores. E a quem disso duvidar, basta lembrar-se que tínhamos no escravo o principal item de nossas importações. Como assim foi, não há como esquecer a importância na nossa pauta exportadora da farinha de mandioca, da cachaça e do tabaco, bens com que os brasileiros mercadejavam na África.

Os autores deste livro não se cansam de mostrar-nos o Brasil, ao longo do processo histórico, dentro do quadro mundial. E sabem como desenhar as grandes paisagens, sem nos furtar o sabor dos pormenores, e como destacar um indivíduo, do meio da multidão ou de um pequeno grupo, para a precisão do retrato. Ou, melhor, para filmá-lo em movimento, a mudar-se com o tempo que mudava. Lembro, entre vários, José Bonifácio e Wenceslau Brás, os melhores dos poucos heróis desta *História do Brasil*.

Caio Prado Jr. termina o *Evolução política do Brasil* no crepúsculo do Império, e com reticências. Carlos Guilherme Mota e Adriana Lopez levam, audaciosamente, até os nossos dias a sua interpretação de nosso passado, com o que quase dobram o tamanho do livro. O melhor advérbio, aliás, seria outro: atrevidamente. Não param em 1930 nem em 1945. É natural, por isso, que briguem com muitos dos leitores que viveram os acontecimentos dos últimos sessenta anos ou os acompanharam de perto ou de longe, com maior ou menor cuidado, e têm desses acontecimentos visões diferentes — como também das personagens que neles se moveram. O livro é um convite à polêmica, até porque assume em seus capítulos finais um tom indignado, correndo o risco de que neles se veja paixão em vez de reflexão.

Encontro nesta *História do Brasil* um interesse especial: ela é narrada e interpretada de uma perspectiva paulista. Sobretudo, quando trata do século XX. Daí, por exemplo, que se escolha Sérgio Milliet para personificar o intelectual fecundo e generoso, em vez de, se a torre de observação fosse outra, Luís da Câmara Cascudo ou Augusto Meyer, e se eleja como representante da mulher desassombradamente não conformista Patrícia Galvão, no lugar de Rachel de Queiroz ou Eugênia Álvaro Moreyra.

O que não falta nesta *História* são propostas originais, apresentadas sem timidez. As páginas que se vão ler estão cheias, mais do que de surpresas, de provocações. Ninguém as percorrerá com mornidão ou indiferença. Não conheço melhor elogio que se possa fazer a um livro.

para Luiz Eduardo Cerqueira Magalhães,
educador e amigo (*in memoriam*)

"O passado nunca morre; ele nem é passado."

William Faulkner

Introdução

Carlos Guilherme Mota e Adriana Lopez

Este livro representou um forte desafio para nós, seus autores. É de enorme responsabilidade oferecer aos leitores preocupados com os rumos do Brasil atual interpretação crítica de um passado que se prolonga neste nebuloso presente. Até porque, considerados em perspectiva histórica, os graves problemas de nossa (in)atualidade colocam o país em uma encruzilhada ainda mais desafiadora agora do que em outras conjunturas anteriores. Mas é preciso se dar conta de que o tempo passou. Há cerca de trinta anos saímos da última prolongada ditadura, com renovadas promessas, utopias e projetos de um novo tempo. De esperanças que ainda não se concretizaram, de expectativas de melhor futuro sempre adiadas. Ceticismo?

A esperada nova etapa histórica seria caracterizada por uma democracia plena, moderna, com os poderes funcionando em equilíbrio e as instituições da República operando com rigor, sem os vícios paralisantes das "heranças malditas" acumuladas. Porém, o ancestral *mores* coronelista, populista e assistencialista, reciclado em cada nova fase histórica, permanece praticamente intocado nos dias atuais, bloqueando ou desmobilizando os ensaios e projetos de inovação, em todas as esferas da vida nacional.

A primeira edição do livro foi elaborada de 2003 a 2008, a convite de Isabel Alexandre, na época editora da Senac São Paulo. Teve início nos primórdios do século XXI, quando se julgava estar havendo mudanças de paradigmas na vida brasileira. Valia a pena responder ao desafio, para jogar alguma luz nos acontecimentos e processos então vividos, ainda sob o governo Fernando Henrique Cardoso, quando se tornou mais nítida a pauta de discussões sobre os problemas nacionais.

Todavia, já avançados nesta primeira década do século XXI, sob os governos Lula e Dilma, ainda não saímos do velho impasse *modernização* versus *arcaísmo*, com a balança pendendo para este último termo da equação. Com efeito, visto em perspectiva histórica, nosso país não se encontra bem situado na atual encruzilhada de processos desencadeados pela *chama-*

da globalização,[1] e preparado para enfrentar a profunda crise de valores culturais, éticos, religiosos e sobretudo políticos de nosso tempo, a despeito dos discursos modernizantes do governo Cardoso e das arengas oficiais, neopopulistas, dos governos Lula e Dilma.

O país vive hoje marcado por profundo *malaise* sociocultural, um daqueles momentos decisivos em que poderemos — mais uma vez — perder o bonde da História. "O problema brasileiro é esse: o Brasil perdeu o bonde do capitalismo. Não há dúvida nenhuma que chegou atrasado", observava, já em 1978, o historiador Caio Prado Jr.[2]

Procuramos, neste livro, responder ao desafio de narrar uma História que não estivesse marcada por nenhuma visão particular, fosse de classe ou de partido, de tendência ou facção universitária, ou, ainda, pelos modismos variados que mais parecem obscurecer do que auxiliar na resolução da crise do pensamento contemporâneo. Em poucas palavras, procuramos não confundir, no plano histórico-historiográfico, o *modo* com a *moda*, como advertia o geógrafo Milton Santos.

A temática abrangida é vasta, e as abordagens combinam múltiplas teorias e teses oriundas de diferentes quadrantes historiográficos e searas ideológicas. Esperamos, como sugeria Machado de Assis, que "a dispersão não lhes tire a unidade, nem a inquietude a constância".[3]

---

[1] Vale relativizar o conceito. Como advertiu Raymundo Faoro em 2002, em seu discurso de posse na Academia Brasileira de Letras, no Rio de Janeiro, ao fazer o elogio de seu antecessor, o nacionalista Barbosa Lima Sobrinho: "O que se vê na atualidade é que a globalização, há algum tempo prestigiada e hoje desmascarada, aliena a economia, desviando-a do seu núcleo renovador. Por outro lado, o nacionalismo imperfeitamente realizado apela para substitutos imaginários de sua completude". Em *Carta Capital*, n° 221, São Paulo, 25/12/2002, p. 49.

[2] Completa o historiador: "Não adianta só a elite estudar. A formação de técnicos depende de um nível cultural que vem de baixo. Numa massa muito grande, vai selecionando, selecionando e vai subindo. Aqui não acontece assim, e essa massa brasileira você sabe o que é, não é? Você vai transformar isso de repente, de uma hora para outra? [...] Uma das coisas características desse resto de aristotelismo metafísico que existe no brasileiro: a gente discute, não os fatos, discute os conceitos. Hoje em dia tá todo mundo discutindo democracia. Agora, ninguém vai aos fatos, à significação prática da democracia [...] Fica-se discutindo qual é o conceito". Entrevista de Caio Prado Jr. à *Folha de S. Paulo*, 21/5/1978.

[3] Machado de Assis, "Lágrimas de Xerxes", em *Páginas recolhidas*. Disponível em: www.bibvirt.futuro.usp.br/index.php/content/view/full/1950. Acesso em: 1/4/2008.

O livro

Trata-se de obra voltada sobretudo ao leitor não especializado em Estudos Históricos, porém interessado em adquirir uma visão panorâmica e crítica de nosso passado e da história contemporânea do país. Note-se que, nos últimos anos, a adoção de uma visão panorâmica não vem sendo a tendência dominante dos estudos nessa vastíssima área do conhecimento, com exceção de alguns livros didáticos e poucos outros.[4]

Cabe aqui esclarecer que o livro não se destina a pesquisadores da academia, embora utilizemo-nos de várias contribuições mais inspiradoras e apropriadas ao nosso propósito.

O leitor atento logo perceberá as vantagens e desvantagens de um projeto como este, que tende a apresentar um volume maior de informações, abordadas porém com menos profundidade. Daí a extensão da bibliografia compulsada, sugerida e relacionada no fim do livro.

O livro vem, pois, sendo escrito há algum tempo. Nesse itinerário retomaram-se ideias, fórmulas e teses constantes em alguns ensaios e estudos anteriormente publicados pelos autores, cujos títulos também estão listados na bibliografia. Entretanto, além de a maior parte dos capítulos ser de inéditos, esta interpretação do Brasil surge com perspectiva nova, marcada pelas decepções, sim, mas também por esperanças de nosso tempo.

A contribuição de escritos anteriores está amplamente contemplada, como não poderia deixar de ser.

Desse modo, beneficiamo-nos de teses e reflexões de grandes historiadores que nos antecederam, desde Capistrano de Abreu, Oliveira Lima, Pandiá Calógeras, Charles Boxer, Magalhães Godinho, Caio Prado Jr., Alberto da Costa e Silva, Stanley J. Stein, Evaldo Cabral de Mello, Fernando A.

---

[4] Precursora de estudos panorâmicos de nossa História, cumpre evocar a obra pouco lembrada de João Ribeiro, *História do Brasil (curso superior)*, de 1900, com diversas reedições, como a 17ª, revista e completada por seu filho Joaquim Ribeiro (Rio de Janeiro, Francisco Alves, 1960). Mais de meio século depois, a obra renovadora e peregrina do saudoso Manoel Maurício de Albuquerque, *Pequena história da formação social brasileira* (Rio de Janeiro, Graal, 1981). Em perspectiva não coincidente com a adotada em nossa obra, cite-se a *História do Brasil*, de Boris Fausto (São Paulo, Edusp, 1994).

Introdução

Novais, Maria Sylvia de Carvalho Franco, Jacob Gorender e Kenneth Maxwell, até o esquecido José Maria Bello, o combativo José Honório Rodrigues, os eruditos Sérgio Buarque de Holanda e Francisco Iglésias, o controvertido Darcy Ribeiro, os críticos José Murilo de Carvalho, Joseph Love, Warren Dean, Stuart Schwartz, e mais novos, como João José Reis, Laura de Mello e Souza e Lucia Hippolito, para evocarmos alguns renomados especialistas. Todos eles enfrentaram as enormes dificuldades que surgem pelo caminho daqueles que se aventuram — e se arriscam — na tarefa de desvendar nossas especificidades históricas em obras de maior extensão e complexidade.

Embora adotando uma divisão tradicional dos principais períodos históricos (*Brasil Colônia, Brasil Monárquico, Brasil Republicano*), procuramos, em perspectiva abrangente, indicar os processos, os sistemas, as transformações estruturais, os acontecimentos e os autores/atores que definiram uma *tendência* para cada período, etapa ou fase. Não se trata, nessa medida, de livro que enfatize a história econômica, nem a história estritamente política e social, ou a da cultura e das mentalidades. Trata-se, antes, de uma busca do sentido histórico das coisas, marcada pelo nosso tempo. Uma interpretação, enfim.

Compulsando algumas das melhores obras clássicas, procuramos estabelecer uma conversação com a historiografia, mas também, e sobretudo, com o leitor, por meio de epígrafes que sugerem — para cada época, personagem e contexto — um vasto mundo a descobrir e escarafunchar. Maneira de lembrar e sinalizar que, em meio a tantas agruras e desencontros civilizacionais, sempre houve pensamento crítico neste país, e isso desde os tempos coloniais — quando ainda não se formara o Estado-nação brasileiro, por assim dizer, independente —, chegando até os dias atuais.

Apresentar aos leitores uma visão menos convencional, eis a intenção dos autores, com o objetivo de estimular a *imaginação histórica* viciada nos caminhos tradicionais, procurando responder a duas perguntas que não querem calar: *quem fomos nós? E quem somos nós?* Questões que podem ser desdobradas em outras indagações no quadro geral das civilizações contemporâneas: enquanto povo e cultura, a que viemos? E para onde vamos? Quais os problemas histórico-sociais e político-ideológicos que se explicitaram ao longo de nossa historiografia? E quais os acontecimentos *silenciados* e projetos inovadores *desmobilizados*, compulsória ou "cordialmente"?

Os autores dão-se conta da dificuldade em produzir uma História do Brasil tão abrangente, em momento em que as especializações se aprofundam cada vez mais. Escrever uma História do Brasil de ponta a ponta torna-se, pois, tarefa temerária.

Daí o livro ter um subtítulo que sinaliza a despretensão da empreitada: *uma* interpretação, dentre as várias que já se fizeram e outras que estão por vir, renovando — esperamos — a própria visão de Brasil.

1

Primeiros habitantes

> "Expulsando e sobrepondo-se belicosamente aos viventes dos sistemas lagunares estuarinos, os tupis incorporaram pela primeira vez, na pré-história brasileira, toda a faixa litorânea frontal do país, tendo por preferência barras de rios e riachos encostadas em morrotes ou maciços costeiros florestados. E chegaram até a Amazônia."[1]
>
> Aziz Ab'Sáber

> "Ao final de três séculos, a população da colônia portuguesa era quase a mesma de 1500, com a diferença de que tinham desaparecido 3 milhões de nativos, média de 1 milhão por século. [...] Algum chato poderá mesmo perguntar por que não se aproveita o ímpeto celebratório [em 2000] para uma ação de impacto em benefício dos que pagaram a conta desses 500 anos."[2]
>
> José Murilo de Carvalho

O problema das origens

É tema bastante controverso a origem dos primeiros habitantes do vasto território que, atualmente, corresponde ao Brasil.

Para alguns estudiosos, as populações americanas teriam vindo da Ásia. Discute-se também a possibilidade de terem migrado, em vagas sucessivas, da Austrália, da Melanésia e de outras partes da Oceania. Em qualquer hi-

---

[1] Aziz Ab'Sáber, "Incursões à pré-história da América tropical", em Carlos Guilherme Mota (org.), *Viagem incompleta (1500-2000): a experiência brasileira*, Vol. 1, *Formação: histórias*, 2ª ed., São Paulo, Senac São Paulo, 2000, p. 42.

[2] José Murilo de Carvalho, "O encobrimento do Brasil", em *Folha de S. Paulo*, Caderno Mais, 3/10/1999, p. 3.

pótese, vestígios encontrados em vários pontos do continente indicam que os primeiros habitantes da América do Sul chegaram a esta parte do mundo há aproximadamente 20 mil anos. Diferentes culturas indígenas desenvolveram-se isoladamente, sem entrar em contato com as civilizações da Europa, da África e da Ásia.

O povoamento da América ocorreu muito tempo após o da África, da Ásia e da Europa. Na América do Sul, na área correspondente ao altiplano do Peru e da Bolívia, fronteira das bacias hidrográficas que formariam o território brasileiro, os quéchuas constituíram uma civilização particularmente avançada e hierarquizada. Desenvolveram a agricultura de irrigação em terraços nas encostas dos Andes.

Em Minas Gerais, os vestígios do "homem de Lagoa Santa" datam de 16 mil anos atrás. Em Rio Claro, no Estado de São Paulo, encontrou-se uma ossada com 14,2 mil anos. No Rio Grande do Sul, restos humanos encontrados na região do Ibicuí têm pouco mais de 12 mil anos. Por volta da última glaciação, ou seja, há cerca de 10 mil anos, supõe-se que todo o território desta parte da América do Sul estivesse povoado.

Na Bacia Amazônica, entre 8 e 6 mil anos atrás, surgiram grandes comunidades de caçadores-coletores sedentários. Essas comunidades viviam da caça intensiva de animais pequenos e da colheita de plantas aquáticas. Ao longo desse período, matas ricas em recursos vegetais cobriram o vale do Amazonas. E houve também intensa proliferação de moluscos fluviais e terrestres, e de peixes de água doce, fatores que estimularam o crescimento e a expansão demográfica da população nessa região.

As primeiras experiências de cultivo de plantas teriam ocorrido no Planalto Central há aproximadamente 6 mil anos, quando se firmaram os climas tropical e subtropical. A alteração no nível dos oceanos, que era de 2 a 4 metros acima do atual, propiciou o povoamento do litoral há pouco menos de 2 mil anos. O surgimento de uma fauna diversificada transformou o litoral num dos *habitats* mais ricos em proteína animal de todo o território.

Os habitantes dos "sambaquis"

Os primeiros habitantes do litoral alimentavam-se de peixes, moluscos, tartarugas e crustáceos. Moravam próximos a grandes "lixões" de cascas, concheiros imensos também conhecidos pelo nome de "sambaqui", que em tupi significa justamente "monte de conchas". A fase de maior acúmulo nos concheiros — alguns deles chegando a mais de 50 metros de altura — ocorreu entre 5 e 2 mil anos atrás. Sua maior concentração deu-se no litoral, entre os atuais estados do Rio de Janeiro e do Rio Grande do Sul.

Os sambaquis apresentam várias camadas arqueológicas, o que leva a crer que tenham sido ocupados várias vezes por grupos diversos. Seus habitantes fabricavam objetos de osso, chifre e concha, tais como pontas de lanças e de flechas, anzóis, lixas, agulhas, adornos, recipientes e bastões de osso de baleia. Trabalhavam a pedra, conheciam a cerâmica e enterravam seus mortos em covas, acompanhados de corantes, alimentos, instrumentos de trabalho e adornos. Os portugueses, futuros colonizadores do litoral, utilizariam a cal — de que os concheiros se tornaram fontes abundantes — para construir suas vilas em São Vicente, Santos, Itanhaém, Iguape, Cananeia e também em Salvador.

Dispersão e diversificação

A disputa pelo território que atualmente compreende o Brasil começou vários milênios antes da chegada de europeus ao litoral do Atlântico Sul. Embora existam indícios de que este setor do continente tenha sido povoado há pelo menos 20 mil anos, a ocupação de boa parte dessa área ocorreu cerca de 5 mil anos atrás, quando o crescimento demográfico da população que habitava a várzea do rio Amazonas foi significativo.

A expansão geográfica fez surgir grupos de habitantes cada vez mais individualizados, pertencentes a dois grandes "troncos" linguísticos, o Macro-Jê e o Macro-Tupi. Estes dois grupos constituem as principais matrizes linguísticas e genéticas que, em última instância, contribuíram para formar o Brasil atual.

Vários indícios demonstram que, entre os atuais estados da Bahia e do Rio de Janeiro, o litoral era povoado por comunidades de caçadores-coletores originários das nascentes do rio São Francisco e do Araguaia, pertencentes ao tronco Macro-Jê. A partir dessa região, teriam iniciado seu movimento de dispersão rumo ao litoral e, depois, ao Planalto Brasileiro, o vasto "sertão" ao qual seriam confinados pelos ferozes tupis, quase senhores do litoral na época da chegada dos europeus. Num processo que se desenrolou ao longo de aproximadamente 4 mil anos, os Macro-Jês subdividiram-se em diversas famílias linguísticas.

Os tupis-guaranis

Enquanto isso, habitantes pertencentes ao tronco Macro-Tupi formaram sete famílias linguísticas, que se dividiram em grupos de línguas e subgrupos de dialetos. Há cerca de 5 mil anos, os tupis-guaranis, uma das famílias linguísticas mais proeminentes do tronco Macro-Tupi, começaram a irradiar-se desde a região das nascentes dos rios Madeira e Xingu. Tudo indica que nesse processo de expansão geográfica tenham adquirido e desenvolvido as técnicas que caracterizaram seu modo de vida. Técnicas que ainda hoje permeiam nosso cotidiano.

Domesticaram algumas espécies de plantas para o cultivo, aprenderam a fabricar cerâmica, confeccionaram as primeiras redes de dormir feitas de algodão tecido e começaram a utilizar canoas para navegar os rios circundantes. Tornaram-se horticultores semissedentários e profundos conhecedores dos recursos das matas tropicais e subtropicais do coração do continente.

Após um período de 3 mil anos, um novo surto de expansão demográfica e uma persistente seca obrigou os grupos de horticultores e ceramistas tupis-guaranis a procurar novos *habitats*. Por volta do início da era cristã, estes chegaram aos férteis vales dos rios Paraguai, Paraná, Uruguai e Jacuí e seus afluentes. Paulatinamente, foram povoando os territórios a leste desses rios e avançando em direção à orla marítima.

Nos séculos VIII e IX, uma nova diferenciação resultou na formação de dois grupos linguísticos distintos: os tupis e os guaranis. Além da diferenciação linguística, surgiram entre eles diferenças nos padrões alimentares e na fabricação de cerâmica. Os tupis dedicaram-se ao cultivo da mandioca amarga, um de seus principais gêneros de subsistência. Já os guaranis especializaram-se no cultivo do milho. O rio Tietê (o "rio verdadeiro", o "rio dos rios") delimitava a fronteira informal entre as duas comunidades de habitantes seminômades.

Senhores do litoral

Quando os portugueses chegaram às praias e enseadas do Atlântico Sul, os tupis-guaranis completavam a conquista do litoral. Por volta de 1500, comunidades tupis ocupavam uma parcela significativa do litoral entre o Ceará e Cananeia, enquanto os guaranis ocupavam o litoral entre Cananeia e a lagoa dos Patos, dominando, ainda, o interior contíguo a essa faixa costeira. Mais uma vez, há divergências a respeito de quantos seriam esses habitantes. Os números variam entre 1,5 milhão e 2 milhões, ou até mais.[3]

VIVER DA FLORESTA

As comunidades tupis, semissedentárias, praticavam uma agricultura semi-itinerante, mudando periodicamente de lugar. A densidade populacional desses agrupamentos humanos era menor que a das sociedades de agricultura sedentária andinas. O cultivo de mudas em solos pouco férteis resultava na exploração temporária de trechos da floresta, esgotados depois de 3 ou 4 anos de plantio. O solo da mata tropical demorava entre 20 e 100 anos para regenerar-se. Prova disso é que, depois da chegada dos europeus, "a extinção das tribos que praticavam a coivara, agricultura de queimada responsável por uma floresta rala que perdurou por mais de 10 mil anos, engendrou um revigoramento da Mata Atlântica na virada do século XVI".[4]

Exaurida aquela porção de terra, a comunidade procurava, então, outro trecho de floresta para desbravar. Antes de fixar residência, os tupis queimavam a mata e, nas clareiras, plantavam suas roças de mandioca amarga. Cultivavam hortaliças, como o feijão, a batata-doce, o cará e o inhame, pepinos e algumas espécies de abóboras, cujas sementes são de alto poder nutritivo. Além da pimenta-cumari, domesticaram o algodão nativo, com o qual teciam as redes de dormir, e o tabaco. Este era utilizado, frequentemente, para mitigar a fome.

A caça e a pesca complementavam a dieta dos habitantes do litoral do Atlântico Sul. Os tupis consumiam, também, mamíferos de pequeno porte, como gambás, preguiças, tamanduás e tatus, e roedores de grande porte, como porcos-espinhos, ratões-do-banhado, preás, cutias e capivaras, além de felinos e macacos, jacarés, pererecas e sapos. Das aves, extraíam penas para seus vistosos adornos.

Enquanto perambulavam pela floresta em busca desses animais, recolhiam frutas. Entre elas, abacaxi, goiaba, araçá, pitomba, mangaba, jabuticaba, umbu e maracujá.

---

[3] Para especificações demográficas mais abrangentes, ver o capítulo 3, "A população indígena brasileira", em Julio Cezar Melatti, *Índios do Brasil*, São Paulo, Edusp, 2007, pp. 43-55.

[4] Afirmação de Warren Dean, em Luiz Felipe de Alencastro, *O trato dos viventes: formação do Brasil no Atlântico Sul*, São Paulo, Companhia das Letras, 2000, p. 193.

"As atividades de recoleção proporcionavam, também, aos 'brasis' matérias-primas (madeira, entrecasca de árvores, canas, resinas, cipós, fibras, pedras e barro) para a construção de habitações e canoas, para a confecção de armas, adornos, redes, cestos, vasilhame, machados e outros utensílios, bem como para a preparação de tintas, venenos, remédios, estimulantes, afrodisíacos e alucinógenos."[5]

Os tupis eram também nadadores e marinheiros experientes. Algumas de suas canoas tinham mais de 30 metros de comprimento e transportavam mais de 60 pessoas.

As comunidades tupis do litoral fabricavam vários tipos de farinha de mandioca e de peixe. A farinha de mandioca fresca, chamada de "farinha de pau", era consumida imediatamente. A "farinha de guerra", assada e torrada em grandes frigideiras de barro, durava mais de um ano. Além disso, preparavam-se outros derivados da mandioca amarga, tais como a tapioca, o carimã, o biju e a manipuera. O peixe era ingerido assado ou cozido. A carne, defumada e desidratada, era "moqueada" sobre o fogo em espetos. Com o milho e o aipim, as mulheres tupis fabricavam o cauim, bebida alcoólica fermentada.

Para armazenar e preparar os alimentos, os tupis serviam-se de recipientes de cerâmica, indispensáveis no preparo e tratamento da mandioca amarga.

DIVISÃO "SEXUAL" DO TRABALHO

Nas comunidades tupis, homens e mulheres desempenhavam papéis nitidamente distintos. Os homens realizavam tarefas que exigiam esforço intenso: preparavam os trechos de mata para o plantio das roças, construíam as habitações, caçavam, pescavam e iam à guerra. Cuidavam da produção das armas, das canoas e dos adornos. Decidiam o destino do grupo e dirigiam os atos rituais.

As mulheres trabalhavam nas roças, fabricavam utensílios de cerâmica e cestas, além de preparar os alimentos. Nas expedições de guerra, carrega-

[5] Jorge Couto, *A construção do Brasil: ameríndios, portugueses e africanos, do início do povoamento a finais de Quinhentos*, Lisboa, Cosmos, 1998, p. 81.

vam os mantimentos e ajudavam a tirar água das canoas. Entre elas, havia também uma divisão de tarefas por idade. As mulheres mais jovens, por exemplo, teciam o algodão e preparavam o cauim. As adultas cuidavam da lavoura, produziam a farinha e transportavam os alimentos. As idosas fabricavam recipientes de cerâmica.

As povoações tupis tinham nomes próprios, muitos deles mantidos até hoje. As aldeias, por eles chamadas de "tabas", eram formadas de 4 a 8 grandes habitações comunitárias chamadas de "ocas". Cada oca abrigava de 30 a 60 famílias nucleares. Nos povoados do litoral, mais populosos, as aldeias contavam de 600 a 700 habitantes. Os núcleos menores não excediam os 400 habitantes. No caso dos tamoios do litoral dos atuais estados de São Paulo e do Rio de Janeiro, algumas "tabas" contavam com mais de 5 mil habitantes.

As habitações coletivas eram construídas na forma de círculo em volta de uma praça central ou terreiro, onde se realizavam as atividades comunitárias e cerimoniais. No interior da oca, cada família tinha direito a uma área de 7 a 10 metros quadrados. Lá, penduravam as redes e acendiam uma fogueira. Do lado de fora, eram espetadas as cabeças dos prisioneiros sacrificados.

A CONQUISTA DO LITORAL

As guerras de conquista do litoral nada mais foram do que uma acirrada disputa pelos alimentos ali disponíveis, sobretudo as fontes de proteína animal (peixes, tartarugas, moluscos e crustáceos) e o sal, imprescindíveis à sobrevivência desses habitantes americanos. Isso explica por que os grupos mais numerosos, coesos e tecnologicamente mais bem aparelhados venceram.

Nessa longa disputa, com motivações e valores profundamente diferentes dos que moviam os europeus, os grupos de caçadores-coletores do tronco Macro-Jê, menos organizados, foram derrotados e refugiaram-se no sertão: não dispunham das técnicas da agricultura de coivara, não fabricavam cerâmica, não construíam estruturas defensivas nem utilizavam canoas. Os tupis referiam-se a estes e a todos os demais grupos que ainda não haviam atingido seu estado civilizacional como "tapuias", os "outros", "selvagens", "inimigos bárbaros". Os portugueses incorporaram esse preconceito.

Não por acaso a guerra constituiu uma instituição fundamental das sociedades tupis-guaranis. Na medida em que as diversas comunidades não

Primeiros habitantes

formavam alianças, fossem do mesmo grupo linguístico ou não, todos os grupos locais vizinhos eram considerados inimigos em potencial. Isso ocorreu, sobretudo, entre as comunidades tupis do litoral. Ali a guerra era endêmica: uma constante e sangrenta disputa pelos *habitats* privilegiados, visando à captura do maior número possível de inimigos. E os vencedores, em ritual antropofágico, para horror dos primeiros cronistas europeus a presenciarem esse singular costume, assavam e comiam os vencidos.

As campanhas guerreiras eram realizadas quase sempre nos meses de agosto, época da desova das tainhas, e novembro, junto com a colheita dos tubérculos com que se fabricava o cauim, bebida indispensável à realização das cerimônias antropofágicas. Munidos de "farinha de guerra", homens e mulheres deslocavam-se durante dias e dias para atacar o inimigo. O futuro "bom selvagem", descrito desde a *Carta* de Pero Vaz de Caminha até Jean-Jacques Rousseau no século XVIII, era nada menos do que um guerreiro de muitos nomes, correspondendo à quantidade de prisioneiros capturados, executados e oferecidos em banquete à taba.

Um dos resultados da guerra crônica entre os tupis do litoral foi o fortalecimento dos grupos maiores e o fracionamento progressivo de grupos menores, que, em última instância, eram exterminados. Essa estratégia foi adotada pelos tamoios em face dos temiminós, chamados pelos portugueses de "gentio do gato", obrigando-os a buscar refúgio em territórios fora do alcance de seus inimigos mortais.

A chegada dos europeus agravou o quadro de hostilidades existente. Num espaço de aproximadamente meio século, os tupis que resistiram à aculturação e à escravização foram deslocados para o interior, enquanto portugueses, franceses e castelhanos iniciavam uma nova etapa na disputa pelo litoral.

O prisioneiro Hans Staden

O artilheiro e náufrago alemão Hans Staden foi autor de um dos primeiros relatos a circular na Europa revelando a vida cotidiana nas tabas dos tupinambás.

Desejoso de conhecer as Índias, Hans Staden embarca na Holanda rumo a Portugal em 1547. Lá, consegue passagem como artilheiro numa nau destinada "às partes do Brasil". Ironicamente, o carregamento do navio era formado por degredados enviados pelo rei de Portugal para se tornarem colonos na capitania de Duarte Coelho, em Pernambuco. A viagem transcorre sem grandes sobressaltos além das habituais calmarias e dos confrontos armados com embarcações estrangeiras. Dezesseis meses depois, Staden retorna a Lisboa e de lá segue para Sevilha, onde consegue embarcar num navio que se aprestava para uma viagem ao rio da Prata, "terra que devia ser muito rica em ouro", segundo relato de um viajante que acabara de aportar. Começam, então, os infortúnios do jovem artilheiro.

Ao chegar ao litoral vicentino, os pilotos da nau não conseguem localizar o porto desejado. Enfrentam fortes ventos e tempestades. Depois de vários contratempos, naufragam perto da ilha de São Vicente, onde são acolhidos pelos colonos portugueses. Lá, o jovem aventureiro recebe uma proposta de trabalho: cuidar da defesa de um posto avançado na ilha de Santo Amaro, sobre o canal de Bertioga, posição que havia sido recusada pelos soldados portugueses, que a consideravam arriscada demais, pois não passava de uma casa precária dentro do local onde pretendiam construir um forte. Sua missão era interceptar os eventuais ataques dos tupinambás, ferozes inimigos dos tupiniquins e de seus aliados portugueses.

Staden permanece nessa função durante quatro meses. No final destes, os vereadores da Câmara de São Vicente insistem em sua permanência, alegando que o rei o recompensaria tão logo soubesse de seu empenho na defesa da vila. Estimulado pela perspectiva de receber a tal recompensa, o mercenário alemão concorda em ficar e defender o posto durante dois anos. Por recomendação do governador-geral Tomé de Sousa, construiu-se o forte de Bertioga, e aí Hans Staden montou guarda.

Um dia, porém, enquanto caçava com seu escravo carijó, foi emboscado pelo gentio inimigo, que acreditava ter aprisionado um "perós". Três dias de viagem de canoa o levam ao destino final, uma aldeia perto de Niterói, onde, ao chegar, Staden é obrigado a gritar: "Estou chegando, eu, vossa comida". A taba executa o ritual que antecede o banquete antropofágico. Finalmente, seus captores resolvem presenteá-lo ao irmão do pai, Ipiru-Guaçu, por amizade. Enquanto não tivesse vontade de matá-lo e devorá-lo para tomar nome, seu amo, o "Grande Tubarão", o manteria cativo.

"Graças à providência divina", que obra vários prodígios meteorológicos sempre que, e quando, invocada pelo mercenário alemão, Staden escapa de virar "moquém" (churrasco). Consegue convencer seu amo de que não é português e de que seus irmãos franceses, quando soubessem que havia sido bem tratado, iam lhe trazer um grande carregamento de objetos de metal. Depois de quase dez meses de cativeiro, Hans Staden é resgatado por uma

Primeiros habitantes

31

nau francesa. O capitão paga o resgate, conforme prometido. Em fevereiro de 1555, o navio chega a Honfleur, na Normandia.

Ao retornar à terra natal, Staden compõe um relato narrando suas aventuras na América, "para honrar e agradecer a Deus pela sua misericórdia e liberalidade". Escrito sob uma ótica singular, a do mercenário-prisioneiro, *Duas viagens ao Brasil* é um dos primeiros testemunhos da vida das comunidades tupis do litoral e inaugura a tradição dos relatos etnográficos sobre o "gentio da terra". Eis o seu testemunho:

> "Os tupinambás habitam defronte da citada grande serra, bem junto ao mar; mas também além da montanha se estende o seu território por cerca de sessenta milhas. No rio Paraíba, que nasce nesta serra e corre paralelo à costa, desembocando então no mar, têm eles também terra, que habitam, beirando uma região de vinte e oito milhas de comprimento. São acossados por inimigos de todos os lados. Ao norte é sua vizinha uma tribo de gentios chamados *guaitacás*. São-lhes adversos. Seus inimigos ao sul chamam-se *tupiniquins*; os que habitam mais ao interior são chamados *carajás*; próximos deles, na serra, vivem os *guaianás*, e entre ambos há ainda uma outra tribo, os *maracajás*, pelos quais são muito perseguidos. Todas estas tribos se guerreiam entre si, e, quando alguém apanha um inimigo, come-o."[6]

[6] Hans Staden, *Duas viagens ao Brasil*, São Paulo, Edusp, 1974, p. 154.

2

A Europa e o Atlântico
no início dos Tempos Modernos

> "Porventura aquela metade do mundo, a que chamavam quarta parte, não foi criada juntamente com a Ásia, com a África e com a Europa? E, contudo, porque a América esteve tanto tempo oculta, é chamado Mundo Novo: novo para nós, que somos os sábios; mas para aqueles bárbaros, seus habitadores, velho e mui antigo."[1]
>
> Padre Antonio Vieira

Enquanto guerreiros tupis e jês empenhavam-se em furiosa disputa pelo litoral, do outro lado do Atlântico, no hemisfério norte, os habitantes da Europa ocidental começavam a presenciar a lenta desagregação do mundo feudal. A população urbana cresceu e, com ela, as cidades. Mas isso, ao lado da expansão comercial, era apenas um sinal, o mais visível, da profunda mudança que marcou o início dos Tempos Modernos.

Uma das principais características da Modernidade na Europa ocidental foi a centralização do poder nas mãos dos reis, fator fundamental na formação dos Estados nacionais. Os reis, "pela graça de Deus", estimularam a expansão ultramarina e comercial, proporcionando novas oportunidades para seus súditos, sobretudo os comerciantes, principais aliados das monarquias na luta contra os particularismos regionais e os privilégios feudais.

Na fase final desse processo, os senhores feudais já não podiam continuar a cobrar tributos sobre a circulação de pessoas e mercadorias, nem a cunhar moedas regionais. Tampouco podiam manter exércitos próprios ou exercer a justiça. Coroando tudo, as revoluções burguesas, liberais e nacionais, nos séculos XVIII e XIX, puseram fim ao feudalismo.

---

[1] Padre Antonio Vieira, *História do futuro*, vol. 1, cap. XI, Lisboa, Na Oficina de Antonio Pedrozo Galram, 1718. Há edições atuais como: Padre Antonio Vieira, *História do futuro*, José Carlos Brandi Aleixo (org.), Brasília, Editora da UnB, 2005.

Novos tempos

O processo de "desfeudalização" ocorreu mais rapidamente em algumas regiões da Europa, sobretudo as mais urbanizadas. Mesmo assim, a maioria da população europeia continuou vivendo nos campos. Mas ninguém escapou ao vendaval religioso e à nova ética trazida pelos ventos da Modernidade. Nas mais remotas aldeias, nos confins do mundo rural, ouvia-se falar da rebeldia religiosa de Martinho Lutero e João Calvino.

O humanismo e a renovação artística, literária e científica que se convencionou chamar de "Renascimento" foram estimulados e postos a serviço dos novos tempos, do comércio e do enriquecimento dos cofres reais. Por outro lado, a mudança na tecnologia de guerra teve papel fundamental na centralização do poder político nas mãos dos reis. As inovações técnicas na arte bélica — com a utilização de artilharia e de armas de fogo — passaram a exigir exércitos mais disciplinados e mais bem treinados. Além disso, os senhores feudais não conseguiam arcar com os custos cada vez mais elevados do armamento e do aparato militar.

O "OUTONO DA IDADE MÉDIA"

No final da Idade Média, a Europa cristã ocupava um espaço amplo, porém muito fragmentado. A civilização feudal, nascida da desintegração do Império Romano do Ocidente, deu a essa extensa região uma certa coerência legal e cultural. Superando o arraigamento dos costumes locais, o cristianismo logrou fornecer — seja suavemente, seja pela força — os parâmetros éticos da sociedade feudal e constituiu um fator de integração universalizante.

Dispositivos legais faziam com que grande parte do excedente da riqueza fosse parar nas mãos da nobreza proprietária de terras, que controlava os mecanismos de distribuição de justiça, obrigando os camponeses a trabalhar em seus domínios. A maioria dos camponeses era de servos, presos à terra. Forçados a prestar serviços ao senhor, frequentemente entregavam a ele parte da colheita.

O mundo feudal era essencialmente agrário. E nele a sociedade estava dividida em três ordens ou estados: a nobreza, o clero e o povo (ou terceiro estado, conceito que se afirmaria, na França, da Idade Moderna até a Revolução de 1789).

Nos dois últimos séculos da Idade Média, o mundo feudal sofreu uma profunda crise. Os rendimentos dos proprietários começaram a declinar, devido, em grande parte, ao esgotamento das possibilidades de exploração da terra, limitada pela tecnologia agrícola de então. Também a propagação da Peste Negra privou os senhores de braços e colheitas, pois dizimou cerca de dois terços da população europeia ao longo do século XIV. Terras foram abandonadas, e houve um empobrecimento generalizado. Os camponeses reagiram à penúria por meio de protestos violentos e mesmo levantes, conhecidos como *jacqueries*.

Dessa crise de grandes proporções, surgiu o Estado moderno. O poder político e militar, antes monopólio dos senhores feudais, começou a mudar de mãos.

Em seu clássico *O declínio da Idade Média* (1919), o historiador holandês Johan Huizinga descreve como era a vida da maioria dos habitantes da Europa feudal:

> "As calamidades e a indigência eram mais aflitivas que presentemente; era mais difícil proteger-se contra elas e encontrar-lhes o alívio. A doença e a saúde apresentavam um contraste mais chocante; o frio e a escuridão do inverno eram males mais reais. Honrarias e riquezas eram desejadas com mais avidez e contrastavam mais vividamente com a miséria que as rodeava. [...] Então também todas as coisas da vida tinham uma orgulhosa ou cruel publicidade. Os leprosos faziam soar os seus guizos e passavam em procissões, os mendigos exibiam pelas igrejas suas deformidades e misérias. Cada ordem ou dignidade, cada grau ou profissão distinguia-se pelo traje. Os grandes senhores nunca se deslocavam sem vistosa exibição de armas e escolta, excitando o temor e a inveja. Execuções e outros atos públicos de justiça, de falcoaria, casamentos ou enterros, eram anunciados por pregoeiros e procissões, cantigas e música. O amante usava as cores da sua dama; os companheiros, o emblema da sua fraternidade; os domésticos e servos, os emblemas ou brasões dos seus senhores. Entre a cidade e o campo o contraste era igualmente profundo. [...] Tudo o que se apresentava ao espírito em contrastes violentos e em formas impressionantes emprestava à vida cotidiana um tom de excitação e tendia a produzir essa perpétua oscilação entre o desespero e a alegria descuidosa, entre a crueldade e a ternura, que caracterizaram a vida da Idade Média. Um som se erguia constantemente acima dos ruídos da vida ativa e elevava todas as coisas a uma

esfera de ordem e serenidade: o ressoar dos sinos. Eles eram para a vida cotidiana os bons espíritos que, nas suas vozes familiares, ora anunciavam o luto, ora chamavam para a alegria; ora avisavam do perigo, ora convidavam à oração."[2]

Dos "mundos fechados" à expansão ultramarina

A principal atividade dos feudos era a produção de alimentos e de manufaturas, comercializados dentro de pequenas regiões econômicas. Produtores agrícolas e artesãos reuniam-se para trocar seus excedentes nas feiras regionais. A partir do século XII, verifica-se a expansão da população e da área cultivada de boa parte da Europa. Novas terras foram desbravadas para cultivo, e novas cidades foram fundadas.

A venda da produção excedente dos feudos possibilitou o surgimento de uma classe de comerciantes. Alguns, agentes dos proprietários de terras e de camponeses médios, retinham parte da produção — depois de pagar o senhor — e a vendiam no mercado. Outros eram agentes-residentes de comerciantes de cidades distantes, geralmente situadas no norte da Itália e, depois, no norte da Alemanha. Os comerciantes aproveitavam-se do fato de que, além de haver, na Europa da época, regiões quase totalmente isoladas, as comunicações entre as diversas regiões eram ruins e demoradas, lucrando com a disparidade dos preços de um lugar para outro. Este tipo de atividade era chamado comércio de longa distância.

O sistema feudal só podia suportar uma quantidade limitada de comércio de longa distância, sobretudo o de produtos de luxo. Comercializar esses tipos de produtos dependia das possibilidades financeiras dos proprietários ricos. E o crédito dos senhores feudais dependia das colheitas, por sua vez, escassas. O nível de atividade comercial era, portanto, bastante reduzido. A circulação de moeda era quase inexistente, a não ser nos centros urbanos.

A crise do século XIV

O crescimento experimentado durante os séculos XII e XIII cessou repentinamente no século XIV, e deu-se a retração das atividades econômicas.

[2] Johan Huizinga, *O declínio da Idade Média*, tradução de Augusto Abelaira, 2ª ed., Lisboa, Ulisseia, 1985, pp. 9-10. Nova edição: *O outono da Idade Média*, São Paulo, Cosac Naify, 2010.

Nesse período, a Europa cristã vivenciou um grau inusitado de conflitos sociais. Guerras, pragas e dificuldades econômicas precipitaram a crise de um sistema em que a nobreza se apropriava da riqueza e não reinvestia. Para compensar a queda da produtividade agrícola, exigia mais trabalho de seus servos. O "teor violento da vida" — na expressão consagrada do historiador holandês Huizinga — manifesta-se em todas as suas facetas e dimensões. Dado o caráter sistêmico da crise, a instabilidade e a insegurança eram totais.

A partir de meados do século XV, verifica-se uma nova expansão demográfica. A utilização de técnicas extensivas de cultivo do solo — as únicas conhecidas pela civilização feudal — obrigou os europeus a procurar novas fontes de alimentos. Este foi um dos principais fatores que incentivaram a expansão das fronteiras agrícolas internas e externas.

No final do século XV, o trigo da região do mar Báltico e das ilhas atlânticas descobertas e colonizadas por Portugal começava a chegar aos portos da Europa ocidental. O açúcar — produto originário da Índia, cultivado no Mediterrâneo oriental e introduzido nas ilhas da Madeira por comerciantes genoveses — tornou-se mais uma fonte de energia na dieta dos europeus.

Além de alimentos, a Europa feudal precisava de madeira para a construção e o aquecimento de casas. A madeira era também matéria-prima indispensável para a nascente indústria de construção naval. Durante a Idade Média, as principais florestas da Europa ocidental foram derrubadas e desapareceram. No início dos tempos modernos, a região do Báltico, ao norte, tornou-se a principal fornecedora de madeiras e suprimentos náuticos. Também o desenvolvimento da indústria têxtil na Europa estimulou a expansão ultramarina. Faltavam materiais para processar tecidos: tinturas, para lã e algodão; e goma, para o acabamento de tecidos de seda.

Renascimento comercial

Dois fatores impulsionaram a expansão geográfica europeia do início do século XV. Em primeiro lugar, a necessidade de alimentar uma população cada vez maior provocou o desbravamento de áreas de fronteira e a colonização das ilhas atlânticas descobertas por Portugal durante o século XV. Nesse primeiro momento — tal como ocorrera durante a expansão nos séculos XII e XIII —, as fronteiras mais importantes foram as internas. Drenaram-se pântanos e brejos, florestas foram desbravadas. A expansão atlântica foi a segunda expansão europeia, aquela que se fez por sobre "fronteiras" externas.

Em segundo lugar, a expansão comercial do final da Idade Média estimulou a procura por metais preciosos, sobretudo ouro e prata. Entre os fatores que contribuíram para "enriquecer" a Europa ocidental, merecem destaque as Cruzadas, tentativa de recuperar os lugares sagrados da cristandade no Mediterrâneo oriental. O saque às praças muçulmanas do Levante rendeu butins nada desprezíveis. Além disso, essa movimentação militar acabou por intensificar as trocas comerciais com os reinos muçulmanos do Oriente Próximo. Para tanto, os europeus precisavam de metais preciosos, pois o comércio com o Oriente era saldado em moedas de prata e ouro.

A ocupação portuguesa da praça de Ceuta, no norte da África, em 1415, visava controlar o fluxo de ouro proveniente da África ocidental. A descoberta e a exploração de minas de prata na Europa central também ajudaram a aumentar a quantidade de moeda circulante nos principais centros comerciais da Europa cristã.

Sobrevida econômica

A expansão fortaleceu o Estado moderno. A intensificação das atividades comerciais significava que a monarquia podia cobrar mais impostos, o que possibilitava ampliar o número de funcionários civis e militares pagos pelos cofres do tesouro real. Por outro lado, isso deu sobrevida econômica à nobreza e, nas cidades, enriqueceu a burguesia ascendente.

Levando ainda mais longe aquela expansão, a criação de impérios coloniais também teve, entre as suas consequências, a vantagem de oferecer à nobreza alternativas para recompor suas rendas. Vantagem, é verdade, do ponto de vista do alívio de tensões que poderiam dificultar o fortalecimento do Estado. Com isso, um número considerável de nobres recebeu terras e o direito de usufruir do trabalho compulsório dos habitantes dos territórios recém-incorporados a esses impérios. Muitos deles refizeram suas fortunas ou, pelo menos, garantiram sua sobrevivência nas cortes dos reis.

A vitória das monarquias sobre os poderes locais, representados pelos senhores feudais, desenhou o novo cenário político na Europa. As guerras já não são apenas locais ou regionais: tornam-se nacionais. Agora, as alianças entre os diversos países ajustam-se para alcançar os objetivos nacionais dos Estados. Durante essa época, a diplomacia — cuja principal tarefa era, tradicionalmente, resolver as disputas que surgiam entre pequenos Estados, cidades ou famílias rivais — tornou-se elemento importante nas relações entre os Estados nacionais europeus.

As monarquias nacionais

O principal resultado da vitória das monarquias sobre os senhores feudais foi a formação de Estados nacionais centralizados em torno de um rei, que governava com auxílio de funcionários públicos civis e militares. Nascem os quadros da administração, os *experts* e a burocracia de Estado. Durante o século XV, vários reis serviram-se desses instrumentos para restaurar a ordem interna em seus reinos.

As monarquias nacionais consolidaram-se em boa parte da Europa ocidental na passagem do século XV ao XVI. As únicas exceções ocorreram na península Itálica e no Sacro Império Romano Germânico, que, até a segunda metade do século XIX, quando ocorreram as tardias unificações alemã e italiana, permaneceriam divididos em vários principados e cidades-Estado.

Como assinalou o historiador Immanuel Wallerstein:

> "O impulso inicial dos 'restauradores da ordem' do século XV veio da 'crise do feudalismo'. O aperto econômico do senhoriato levou à intensificação da exploração dos camponeses e, consequentemente, a rebeliões camponesas. Também ocasionou lutas entre a própria nobreza. A nobreza enfraquecida correu em busca da proteção dos reis, procurando preservar-se contra desordens ainda maiores. Os reis beneficiaram-se das circunstâncias para aumentar seu patrimônio pessoal e seu poder em face da nobreza. Esse era o preço da segurança..."[3]

Pois, de fato, as nobrezas não constituíam um estamento compacto, como muitas vezes certa historiografia considerou.

---

[3] Immanuel Wallerstein, *The Modern World-System*, Nova York, Academic Press, 1974, p. 135 (tradução de Adriana Lopez).

3

Europeus no Atlântico Sul

> "No seu conjunto, e vista no plano mundial e internacional, a colonização dos trópicos toma o aspecto de uma vasta empresa comercial, mais completa que a antiga feitoria, mas sempre com o mesmo caráter que ela, destinada a explorar os recursos naturais de um território virgem em proveito do comércio europeu. É este o verdadeiro *sentido* da colonização tropical, de que o Brasil é uma das resultantes."
>
> Caio Prado Jr., 1942[1]

No início dos Tempos Modernos, os reinos cristãos da Europa ocidental deram início ao longo processo de expansão comercial e geográfica que resultou no estabelecimento de comunicações regulares com populações e regiões do mundo até então desconhecidas entre si.

Os habitantes de algumas regiões — como, por exemplo, os do recém-descoberto continente americano (o *Mundus Novus*), onde alguns povos viviam num estágio avançado de civilização — nem sequer suspeitavam que existissem outros povos e continentes. Enquanto os europeus estavam informados da existência de países distantes na África e na Ásia, e conheciam seus produtos, embora não soubessem onde exatamente tais países ficavam. No limiar do século XVI, as grandes navegações puseram esses povos em contato.

A vida dos habitantes do litoral do Atlântico Sul mudou radicalmente com a chegada dos europeus. A vinda daqueles homens barbados, pouco asseados e carregados de reluzentes e estrondosas armas introduziu os tupis na Idade do Ferro — para o bem e para o mal.

As ferramentas trazidas pelos europeus facilitaram o árduo trabalho nas roças e nas florestas subtropicais. Por outro lado, o contato dos habitantes americanos com os colonizadores resultou numa das maiores catástrofes

---

[1] Caio Prado Jr., *Formação do Brasil contemporâneo*, São Paulo, Publifolha, 2000, pp. 19-20.

demográficas da história da humanidade. Nessa verdadeira hecatombe, milhões de indígenas morreram ao longo dos primeiros séculos de contato entre civilizações, vitimados por doenças, contra as quais não tinham imunidade, e dizimados pelo trabalho compulsório e penoso nas minas e plantações do Novo Mundo.

O "nascimento" do Brasil está intimamente vinculado aos acontecimentos que marcaram o início dos Tempos Modernos. Muitas das contradições que vivemos atualmente ainda são fruto daquele momento histórico de encontro e desencontro de culturas.

A rota do Atlântico Sul

No ano de 1500, a armada de Pedro Álvares Cabral avistou o litoral da terra que, posteriormente, seria chamada de Brasil. O achamento de terras ao poente constituía mais um capítulo da epopeia expansionista do reino de Portugal visando, em última instância, descobrir uma rota marítima para o Oriente.

A realização desse projeto, a abertura da chamada Carreira das Índias, foi resultado de quase um século de investimentos e pesquisas. A monarquia portuguesa, na pessoa do rei João I, e a Ordem de Cristo — entidade religioso-militar (administrada pelo Infante Henrique a partir de 1420) que havia substituído a Ordem dos Templários — comandaram o processo que revolucionou a vida dos habitantes das orlas litorâneas do mundo que se desvendava para os europeus.

Os protagonistas dessa epopeia foram as centenas — e mesmo os milhares — de marinheiros, degredados, missionários, judeus, africanos e ameríndios escravizados.

Antecedentes da expansão

Os portugueses lançaram-se à conquista e ao conhecimento do Mar-Oceano no alvorecer do século XV, quatro anos depois de conquistarem a praça de Ceuta, em 1415, por iniciativa do Infante Henrique de Avis. A partir dessa base no norte do continente africano, os navegadores portugueses empreenderam o reconhecimento sistemático da costa ocidental da África, para além do cabo Bojador, o temido "cabo das brumas" do imaginário cristão do final da Idade Média. Segundo a lenda, quem se aventurasse por mar adiante do Bojador seria tragado por um denso nevoeiro.

Minando as lendas e crendices medievais havia, porém, uma nova realidade: a expansão comercial, da qual o Infante participava ativamente, sendo-lhe reservado o trato exclusivo de diversas mercadorias, tais como escravos, ouro e marfim das costas da Guiné. A Coroa, também beneficiária dos novos tratos (e "contratos") e das "novas novidades", incentivou a expansão ultramarina, enxergando nela uma fonte inesgotável de recursos para manter sua independência em face da sempre presente ameaça do vizinho reino de Castela e da nobreza, que não há muito tempo (1385) se submetera ao poder da Casa de Avis.

O ideal de cruzada contra o "infiel" muçulmano fundamentou, inicialmente, a expansão portuguesa, embora então — e como sinal dos novos tempos — já se reconhecesse que, sem o dinheiro proveniente do comércio, a conversão e o combate aos "infiéis" e "hereges", além da conquista de novas almas, tornavam-se tarefa impossível de realizar. Isso explica, em grande parte, os privilégios concedidos pelo papado aos reis de Portugal. Sucessivos pontífices da Igreja Católica outorgaram a estes a soberania sobre todas as terras, ilhas, portos, comércio, resgates,[2] pescarias e conquistas "já descobertas ou ainda por descobrir", sem esquecer aqueles que habitavam esses territórios, sobre os quais ela também se exerceria. Além disso, ameaçaram de excomunhão a todos os príncipes e senhores que desafiassem tais posses.

A contrapartida desse ideal foi a necessidade prática de reunir conhecimentos acumulados por outras civilizações e definir áreas de relativa laicização, em que viria a imperar a mentalidade racional e quantificável do comércio e da navegação. Foi necessário apreender o desconhecido e traduzir as novas realidades, por meio de representações verificáveis, mensuráveis, concretas. "A experiência é a madre de todas as coisas", dizia Duarte Pacheco Pereira, cosmógrafo e navegador, autor do *Esmeraldo de Situ Orbis*, obra fundamental do Renascimento português, fruto do mesmo contexto em que foi produzido *Os Lusíadas*, de Luís de Camões.

Igualmente importante tornou-se o domínio dos espaços, levando à implantação de feitorias e das rotas que permitiram o estabelecimento de

---

[2] No caso, "Resgates consistiam na troca de mercadorias por índios prisioneiros de outros índios". Cf. Luiz Felipe de Alencastro, *O trato dos viventes: formação do Brasil no Atlântico Sul*, São Paulo, Companhia das Letras, 2000, p. 119.

ligações regulares com outras culturas e o acesso a outros mercados e mercadorias.

Legados culturais

Obras de astrônomos e matemáticos árabes, que vinham sendo traduzidas na península Ibérica desde o século XII, forneceram o instrumental teórico necessário à navegação oceânica e, nessas viagens pioneiras, possibilitaram às naus ir e — mais importante ainda — voltar. Muitos dos elementos citados como responsáveis pelo avanço das técnicas de navegação eram conhecidos pelos marinheiros do Mediterrâneo desde o século XIII, quando da introdução, utilização e aperfeiçoamento da bússola árabe pelos reis normandos da Sicília. Nesse processo, assistiu-se à introdução e utilização progressiva dos algarismos arábicos nas escritas comerciais, em substituição aos algarismos romanos.

No mesmo século, surgiram na Europa os portulanos, cartas de marear para serem utilizadas com bússola. Extremamente precisos para a época, os portulanos apresentavam listas de portos do Mediterrâneo, com indicação das profundidades e outras características e sinais da costa. Com a intensificação das atividades comerciais, os portulanos tornaram-se ferramenta indispensável para a navegação de cabotagem. No início do século XV, as cidades catalãs de Barcelona e Maiorca — e, na península Itálica, Veneza, Gênova e Ancona — eram os principais centros de produção cartográfica da Europa.

A arte de desenhar cartas de marear, entretanto, sofreu uma verdadeira revolução com a tradução e publicação da obra clássica *Geografia*, de Claudio Ptolomeu (90-168 d.C.), bibliotecário alexandrino que viveu no século II da era cristã. Nos oito volumes da obra, Ptolomeu criou um sistema de coordenadas e situou, por meio de paralelos e meridianos, mais de 350 pontos fixos, 8 mil lugares e delineou diversos itinerários de viagens.

A imprensa, outra invenção indicadora do movimento cultural que se denominou Renascimento, deu condições a que se popularizasse a *Geografia*, quando de sua publicação em 1475. A partir de 1477, a obra de Ptolomeu passou a ser publicada com cartas náuticas.

Esses foram os meios que permitiram aos europeus ter uma concepção do que era o mundo, antes de estabelecerem contato com outros mundos, aqueles com os quais não mantinham ligação direta e aqueles que lhes eram totalmente desconhecidos.

D. Henrique, o navegante

O Infante Henrique, apelidado pelos ingleses de "o navegante", embora ele próprio nunca tivesse tido a experiência de enfrentar o mar, lançou as bases materiais e intelectuais da exploração sistemática da costa africana, alargando o mundo até então conhecido pelos europeus.

Depois de tornar-se governador do Algarve, em 1419, reuniu um grupo de sábios, matemáticos e cartógrafos, entre os quais se destacou Mestre Jácomo de Maiorca, cartógrafo judeu que, na arte da representação do mundo conhecido e na confecção das "cartas de marear", iniciou os discípulos daquela que veio a ser chamada de Escola de Sagres. Na primeira metade do século XV, os veleiros de Portugal descortinavam o Atlântico, alcançando as ilhas da Madeira já em 1419. Em 1434, Gil Eanes vencia o cabo Bojador, desafiando a superstição. Naus portuguesas já haviam aportado no arquipélago dos Açores em 1427, e poucos anos depois chegavam aos de Cabo Verde (1460) e São Tomé e Príncipe (1470).

Após a conquista de Ceuta, ponto terminal das caravanas do ouro e marfim provenientes do Alto Níger e do Senegal, os portugueses propuseram-se a alcançar essas terras por mar, eliminando assim os intermediários muçulmanos do norte da África. Em 1441, uma caravela patrocinada pelo Infante retornou da Guiné com ouro em pó e escravos. Em 1445, Dinis Dias chegava à foz do rio Senegal. A partir de então, o tráfico de escravos tornou-se suficientemente importante para que o Infante ordenasse a construção de uma fortaleza e uma feitoria na ilha de Arguim. Em meados do século XV, o ouro da Guiné começava a chegar a Lisboa, constituindo estímulo considerável à expansão comercial.

> "Por altura de sua morte, em 1460, o Infante D. Henrique era o concessionário de todo o comércio ao longo da costa ocidental africana, mas isto não significa que se encarregasse, ele próprio, de todo o comércio. Pelo contrário, podia (e fê-lo muitas vezes) autorizar comerciantes privados e aventureiros a fazer viagens, com a condição de lhe pagarem um quinto dos lucros (ou outra porcentagem combinada). Não se conhecem bem as condições em que se deu continuidade ao comércio na década que se seguiu à morte do Infante, mas em 1469 foi dada concessão, numa base de contrato monopolista, a um rico mercador de Lisboa, Fernão Go-

mes, reservando-se a Coroa o direito de monopolizar umas quantas mercadorias valiosas."[3]

A experiência da navegação até as ilhas do Atlântico forneceu o conhecimento do sistema de ventos e das correntes dessa parte do oceano. A descoberta e o controle da rota de retorno em arco, que se afastava da costa africana, beirando o arquipélago dos Açores e contornando os ventos alísios e a corrente de Nordeste, foram elementos importantíssimos no processo de expansão. A abertura dessa "autoestrada", por assim dizer, no Atlântico Norte possibilitou a volta segura das viagens à costa ocidental da África, e, posteriormente, à América e às Índias.

A "vertigem do espaço"

A partir de meados do século XV, os portugueses monopolizavam a navegação ao sul das ilhas Canárias — as ilhas Afortunadas reconhecidas pelos geógrafos romanos —, vencendo aquilo que o historiador português Vitorino Magalhães Godinho denominou "a vertigem do espaço".

Outros fatores pesaram, entretanto, para que Portugal se tornasse pioneiro entre as monarquias cristãs no empreendimento da expansão comercial europeia rumo ao desconhecido. A posição geográfica do pequeno reino seria de grande vantagem, dada a proximidade com o continente africano e a presença de correntes marítimas que levavam quase naturalmente para as ilhas do Atlântico.

Em segundo lugar, não podemos esquecer a experiência adquirida pelos portugueses no comércio de longa distância, que pouco ficava a dever a venezianos e genoveses. Mais importante ainda, os portugueses contavam com capital para financiar suas aventuras africanas e atlânticas, embora uma boa parte deste fosse de estrangeiros. O fato de haver em Portugal agentes residentes da Liga Hanseática, a associação de comerciantes de cidades alemãs, e das cidades do norte da península Itálica, sobretudo de Gênova e Florença,

---

[3] Charles R. Boxer, *O império colonial português (1415-1825)*, 2ª ed., Lisboa, Edições 70, 1981, p. 51. Há uma edição brasileira mais recente, da mesma obra, mas com o título de *O império marítimo português*, tradução de Anna Olga de Barros Barreto, 2ª reimpressão, São Paulo, Companhia das Letras, 2006. Ambas são tradução de *The Portuguese Seaborne Empire*, Nova York, Alfred A. Knopf, 1969.

indica a existência de investimentos desses estrangeiros nas empresas marítimas e comerciais portuguesas.

Na segunda armada da Índia, comandada por Pedro Álvares Cabral, duas naus eram propriedade de particulares. Destas, uma havia sido armada pelo influente negociante florentino Bartolomeu Marchione. Em 1501, uma nova expedição à "quarta parte", sob o comando de Gonçalo Coelho, destinada a verificar a extensão e as potencialidades econômicas da nova posse do rei de Portugal no Atlântico Sul, contou com a participação dos florentinos Gerardo Verde e Américo Vespúcio.

As relações comerciais de Portugal com o norte da África e com o reino mouro de Granada também foram de suma importância. A proximidade com o complexo islâmico-mediterrâneo e o contato regular com essas regiões, mais avançadas do ponto de vista comercial, indicam a existência de uma economia mais monetarizada e de uma população mais urbanizada que no resto da Europa ocidental.

No alvorecer da Idade Moderna, Portugal era um Estado centralizado. Experimentara um longo período de paz, enquanto o resto da cristandade continuava enredado em violentas e desgastantes guerra civis. Como observou o historiador Immanuel Wallerstein, "para Portugal, a lógica de sua geo-história ditava que a expansão atlântica fosse o empreendimento comercial mais sensato para o Estado".[4] O Estado português, na pessoa do rei, cria novas instituições políticas para administrar os novos tratos e proteger a expansão territorial: surgem então as capitanias, as armadas para defender o comércio contra os ataques do corso e, sobretudo, as vedorias da fazenda, para recolher os impostos que financiavam as atividades ligadas à expansão.

Na década de 1470, sob o comando do futuro rei João II, Portugal havia construído uma área econômica coerente fora de seu domínio europeu. Importava marfim, malagueta, ouro e escravos da costa africana. As ilhas atlânticas forneciam açúcar, cereais, vinhos e corantes para a indústria têxtil. Em 1481, o mesmo ano em que foi consagrado rei, João II ordenou a construção da importante e estratégica fortaleza de São Jorge da Mina, na costa do Benim. Ao mesmo tempo, a monarquia assumia as rédeas do processo de expansão: o novo rei decreta que o comércio ultramarino passaria a ser monopólio da Coroa.

---

[4] Immanuel Wallerstein, *The Modern World-System*, Nova York, Academic Press, 1974, p. 51 (tradução de Adriana Lopez).

A contrapartida do comércio das ilhas do Atlântico e da Guiné punha o reino lusitano numa situação singular, pois os produtos utilizados na compra de ouro e escravos eram de origem estrangeira, sobretudo de Flandres, Alemanha, Itália, Inglaterra e França. Os produtos africanos, por sua vez, eram reexportados por Portugal, via Flandres, para o resto da Europa.

Por último, e como decorrência de todos os fatores citados anteriormente, devemos lembrar que, já em meados do século XV, Portugal acumulava uma série de conhecimentos acerca da navegação oceânica e uma experiência náutica ímpar. A invenção da caravela, por volta de 1440, permitiu a navegação cingida ao vento, ou seja, sulcando o mar num rumo de mais de 50 graus com a direção do vento. Inspirada em barcos do Mediterrâneo, sobretudo dos árabes, a caravela era um veleiro de espionagem: sua conformação permitia navegar em águas pouco profundas, auxiliando no reconhecimento preciso da costa e dos rios. Ao mesmo tempo, era uma embarcação propícia para a navegação oceânica. As peças de artilharia a bordo ampliavam os limites do desconhecido, mesmo a contragosto dos habitantes do "mundo a descobrir".

Mapeando o "outro": desvendando os céus do Sul

Os portugueses contavam também com um vasto arsenal de informações visando orientar a exploração sistemática dos novos territórios alcançados. Estes questionários constituíam verdadeiros planos de pesquisa sobre os "outros" e incluíam o levantamento minucioso de portos, abrigos, cabos, desembocaduras de rios, lugares, marés e ainda relatavam os costumes dos povos com os quais entravam em contato. Não é de estranhar que o termo "descobrimento", no sentido da exploração sistemática de um certo lugar, difunda-se somente a partir de 1472.

Já na década de 1480, navegantes portugueses apropriavam-se de novos elementos no campo da náutica astronômica. A experiência da travessia da linha do Equador desvendava os segredos da navegação oceânica no hemisfério sul. A criação da "Junta de Matemáticos" em Lisboa, em 1484, sob os auspícios diretos de João II, demonstra o grau de envolvimento e participação da monarquia na empresa de expansão ultramarina.

Martin Behaim, alemão de Nuremberg e médico particular do rei, participou ativamente desse grupo de estudiosos e foi responsável pela divulgação das teorias matemáticas de seu mestre, Johann Müller, conhecido como Regiomontanus. Este aperfeiçoou o astrolábio e elaborou tabelas de declinação astronômicas mais precisas, visando auxiliar na orientação durante a navegação oceânica. O próprio Behaim tomou parte em uma expedição à Guiné e elaborou mapas da região. Um de seus mapas do mundo serviu de base para a expedição de Cristóvão Colombo em 1492: nesta carta, a Terra era indiscutivelmente redonda.

Somado às novas técnicas de navegação, que possibilitaram a conquista do Mar-Oceano, os portugueses utilizavam e aperfeiçoavam constantemente um arsenal de conhecimentos tradicionais, tais como roteiros, cartas de marear, tábuas astronômicas, astrolábios e quadrantes. A carta náutica surgiu nessa época como instrumento de reconhecimento prático no auxílio à expansão comercial, e símbolo do imaginário pré-científico. Mistura de mitos e imagens, constituía um poderoso estímulo à imaginação da Europa cristã, com raízes no medievo, mas era empregada com uma vontade política apontando no sentido da expansão comercial.

Os feitos marítimos portugueses daquela época não tiveram igual entre as nações europeias. Em 1487 Bartolomeu Dias contornou o cabo das Tormentas, rebatizado como "da Boa Esperança", no extremo sul do continente africano. Em 1498, Vasco da Gama chegava à Índia, inaugurando aquela que seria a rota mais lucrativa do comércio português do século XVI: a Carreira das Índias.

A persistente monarquia portuguesa conseguira quebrar o monopólio veneziano de especiarias e drogas orientais, alterando radicalmente a hegemonia comercial na Europa. Em 1504, quando as galés venezianas chegaram ao porto de Alexandria, no Egito, já não encontraram uma única saca de pimenta à sua espera.

Tordesilhas: a partilha do mundo

Sem contar com a experiência náutica de Portugal e mais preocupada em expulsar os mouros de Granada e estender seus interesses em Nápoles e Milão, a Espanha acabou por tornar-se dona de um imenso império ultramarino graças à ousadia e perseverança de Cristóvão Colombo.

Nascido em Gênova por volta de 1450, Colombo estabeleceu-se em Portugal. Lá, casou com a filha de Bartolomeu Perestrello e instalou-se na ilha da Madeira, onde entrou em contato com a cartografia e com os ativos navegadores portugueses. A partir de então, teve a certeza de que seria possível chegar até as Índias navegando rumo ao poente. Depois de apresen-

Europeus no Atlântico Sul

tar seu plano em várias cortes, recebeu o apoio de Isabel de Castela, que o nomeou "Grande Almirante de Castela" e "vice-rei de todas as terras que descobrisse".

Em agosto de 1492, Colombo zarpou do porto de Palos, no sul da Espanha, com três caravelas. Em 12 de outubro de 1492, depois de vários meses navegando rumo ao desconhecido, acreditou ter chegado às Índias. A notícia espalhou-se pela Europa toda, e Colombo recebeu auxílio da rainha Isabel para retornar às ilhas descobertas.

Colombo realizou mais três viagens, em 1493, 1498 e 1502. Na última viagem, atingiu as costas das atuais Colômbia e Venezuela. Morreu em Valladolid (Espanha) em 1506, crente de que havia descoberto um novo caminho para o Oriente.

Antes mesmo da viagem de Cristóvão Colombo, as coroas de Castela e Portugal disputavam o direito sobre os territórios e as ilhas descobertas no Atlântico. Em 1454, o papa Nicolau V reconheceu que Portugal tinha direito exclusivo de explorar e comerciar na costa ocidental da África. Dois anos depois, em 1456, o papa Calisto III confirmava esses privilégios à Coroa de Portugal.

Mas, em 1475, a rainha Isabel I de Castela manifestou o desejo de participar também desse comércio. João II de Portugal não concordou, iniciando-se então negociações para resolver a disputa. Tais negociações só terminaram com a assinatura do Tratado de Tordesilhas.

Após a primeira viagem de Colombo, Portugal ameaçou enviar uma frota naval às terras alcançadas pelo genovês. A Espanha propôs então que os dois reinos discutissem um acordo sobre as terras a descobrir no Ocidente. O papa Alexandre I, árbitro dessa disputa, fixou o limite das conquistas de Portugal e Espanha nas novas terras no Tratado de Tordesilhas, assinado em 1494. Graças ao tratado, Portugal obteve vantagens territoriais no continente americano.

O tratado também determinou que os habitantes das novas terras descobertas por Portugal e Espanha se tornassem "fiéis servidores de Deus". Nessa medida, a conquista dos moradores dessa terra — ainda não chamada de "América" — assumiu a forma de uma nova cruzada, no mais das vezes violenta, contra os autóctones pagãos.

4

De "terra dos papagaios" a "terra do Brasil"

> "Em nenhuma outra região se mostra o céu mais sereno, nem madruga mais bela a aurora; o sol em nenhum outro hemisfério tem os raios tão dourados, nem os reflexos noturnos tão brilhantes; as estrelas são as mais benignas, e se mostram sempre alegres; os horizontes, ou nasça o sol, ou se sepulte, estão sempre claros; as águas, ou se tomem nas fontes pelos campos, ou dentro das povoações nos aquedutos, são as mais puras: é enfim o Brasil terreal paraíso descoberto."
>
> Sebastião da Rocha Pita, 1724[1]

A questão do "descobrimento" (ou achamento) do Brasil ficou esclarecida a partir das pesquisas do historiador português Joaquim Barradas de Carvalho (1920-1980), publicadas em sua importante obra sobre o navegador e diplomata Duarte Pacheco Pereira, autor do livro *Esmeraldo de Situ Orbis*. Segundo ele, o renascentista Duarte Pacheco teria sido, já no ano de 1498, o verdadeiro "descobridor" das novas terras do Novo Mundo ao sul do Equador.

Como escreveu Barradas, é, entretanto, "impossível saber com precisão se Duarte Pacheco Pereira se considerava como o descobridor do Brasil, ou se a viagem de 1498 não foi apenas uma viagem de exploração de terras já conhecidas". Mas, conclui ele, tal viagem efetivamente ocorreu, quase certamente sob o comando de Duarte Pacheco e tendo como destino as costas brasileiras. É até muito provável que tal exploração tenha avançado além da linha de demarcação do Tratado de Tordesilhas.

Em suma, o nobre navegador teria sido o legítimo descobridor do Brasil. Ou seja, daquelas terras em que se encontrou, nas palavras de Duarte Pacheco, "munto e fino brasil, com outras muitas cousas de que os navios nestes reinos vêm grandemente carregados".[2]

---

[1] Sebastião da Rocha Pita, *História da América portuguesa*, Belo Horizonte/São Paulo, Itatiaia/Edusp, 1976, p. 19.

[2] Joaquim Barradas de Carvalho, *À la recherche de la specificité de la Renaissance portugaise. L'Esmeraldo de Situ Orbis de Duarte Pacheco Pereira et la littérature*

Em agosto de 1501, Manuel I remetia aos sogros, os reis de Castela e Aragão, um relato minucioso da viagem realizada pela segunda armada enviada à Índia pela rota do Cabo. Nessa longa carta, o rei de Portugal fazia rápida menção ao achamento de uma terra no hemisfério austral, "mui conveniente e necessária à navegação da Índia".

Pouco mais de um ano depois do retorno da naveta — que levou a notícia do achado e do reconhecimento de mais de 150 léguas de costa oeste do Atlântico Sul —, oficializava-se a posse dos novos territórios.

Uma pesada cortina de sigilo passou a cercar o achado no continente americano.

O rei de Portugal, Manuel I, chamado de "Venturoso" por ter sido o primeiro soberano europeu a enviar armadas para controlar as ricas terras e as civilizações do Oriente, havia proibido a divulgação de mapas que revelassem sua localização, sob pena de morte.

Depois de quase um século de pesquisas e investimentos na expansão ultramarina visando alcançar as Índias (termo vago que incluía os territórios entre a costa oriental da África e o arquipélago do Japão), o pequeno reino de Portugal colhia o fruto de seus esforços. Como vimos no capítulo anterior, suas naus armadas e seus marinheiros e guerreiros haviam conseguido a proeza de ir e voltar daqueles distantes territórios e inauguraram aquela que seria a mais lucrativa rota comercial do século XVI, a Carreira das Índias.

Desvendada a rota do Índico, o sucesso do empreendimento financiado pela monarquia passou a depender da manutenção do monopólio dos produtos do Oriente e das informações sobre o céu e os mares do hemisfério sul. Nesse quadro, o sigilo tornou-se a parte mais importante da estratégia que fundamentava a política do pequeno, mas bem aparelhado, Estado.

A "terra dos papagaios". A carta de Caminha

Tendo a segunda armada retornado do Oriente, a notícia do "achamento" da Terra de Santa Cruz — nome dado por Cabral à nova posse do rei — ganhou os principais portos europeus. Por volta de 1503, começava a circular em Paris, em italiano, uma versão alterada da carta *Mundus Novus*,

portugaise de voyages à époque des Grandes Découvertes, 2 vols., Paris, Fondation Calouste Gulbenkian, 1983, pp. 61-4. Esta edição inclui prefácios de Fernand Braudel e Pierre Chaunu.

originalmente escrita pelo agente comercial florentino Américo Vespúcio, na qual se davam a conhecer as primeiras notícias a respeito dos novos territórios. Na correspondência enviada por espiões venezianos e representantes de casas comerciais italianas em Lisboa, alude-se com frequência ao descobrimento da "terra dos papagaios".

Quatro anos depois, em 1507, o professor de literatura e editor veneziano Fracanzio da Montalboddo publicou uma obra que viria a se tornar um dos primeiros *best-sellers* dos tempos modernos: a coletânea de relatos de viagens intitulada *Paesi nuovamente ritrovati*. Nesta coleção, figuravam as cartas atribuídas a Américo Vespúcio, nas quais surgia a primeira descrição dos territórios pertencentes a Portugal no Atlântico Sul e de seus habitantes.

Essa versão, muito mais do que a depois famosa carta enviada a Manuel I pelo escrivão Pero Vaz de Caminha, cuja existência só se tornou conhecida do grande público em 1817, começava a incandescer o imaginário europeu a respeito do Novo Mundo, animado pelas sucessivas edições publicadas em italiano, alemão e francês. Na obra *Cosmographiae Introductio*, publicada ainda em 1507, o cosmógrafo alemão Martin Waldseemüller utilizou o neologismo "América" para designar o novo continente.

A "terra do Brasil"

No ano seguinte à chegada da naveta, em 1501, partia a primeira expedição para investigar o que havia de proveitoso nas novas conquistas d'el rei. Seria verdade, literalmente, o que relatava, com seu olhar perspicaz, o agente comercial florentino Américo Vespúcio: não se encontrava nessas terras "nada de que possa tirar-se proveito, salvo infinidade de árvores de tinturaria"?

O rei tratou logo de contratar armadores dispostos a resgatar o produto. Duas feitorias resultaram do esforço dos arrendatários do trato do pau-brasil. A primeira delas, a do Cabo Frio, no atual Estado do Rio de Janeiro, e a de Pernambuco, a mais rentável, pela distância e qualidade da madeira, que, por isso, logo passou a ter "pau de Fernambouc" entre suas denominações.

Este se tornou logo o mais apreciado pelos negociantes das praças europeias, sobretudo nos Países Baixos, região em que era utilizado no tingimento e acabamento de tecidos de lã. Daí ter sido disputado ferozmente ao longo de décadas por armadores franceses e portugueses a serviço de seus respectivos reis.

Os "lançados", precursores da colonização

Havia tempos Portugal utilizava o expediente de "lançar" alguns de seus súditos com certa frequência em terras alheias durante o reconhecimento da costa ocidental da África. Os "lançados" eram, na maioria das vezes, degredados cujas penas tinham sido comutadas, e, em muitos casos, foram precursores da colonização. Incorporavam-se às sociedades locais ou eram por elas eliminados.

No transcorrer do século XV, no litoral africano, a atividade dos lançados provou ser útil aos desígnios do império português, embora eles fossem oficialmente condenados pelo "desregramento" em que viviam. Geraram os primeiros mestiços da colonização e, mesmo a distância, intermediaram o contato entre as populações africanas e os comerciantes e negreiros portugueses. Muitos se tornaram "pombeiros", ou seja, agentes do tráfico de escravos africanos. Havia também aqueles que se lançavam por vontade própria, marinheiros que, aos desconfortos, doenças e privações da vida a bordo, preferiam a convivência com infiéis e ímpios.

Quando começaram a frequentar as praias e enseadas do litoral ocidental do Atlântico Sul, os portugueses continuaram a "lançar" súditos na intenção de que aprendessem o idioma do "gentio da terra" e, eventualmente, servissem de "línguas" — nome dado aos intérpretes.

No outro extremo da gama de personagens que participaram da epopeia da expansão ultramarina europeia estavam aqueles que eram atirados involuntariamente, por assim dizer, em terras estranhas. Em razão da precariedade das embarcações e da ação de corsários e traficantes, de várias nacionalidades, que disputavam rotas e mercados, os naufrágios eram comuns, e certo número de náufragos ia dar às costas atlânticas.

Em alguns casos — como o de Diogo Álvares, o Caramuru, que, atirado ao litoral do atual Estado da Bahia, casou com Paraguaçu, a filha do principal chefe tupinambá, e foi recolhido por "entrelopos" (contrabandistas) franceses —, os náufragos tornaram-se figuras-chave na intermediação do contato entre os dois mundos. No caso de muitos outros — como o do aventureiro alemão Hans Staden, aprisionado também pelos tupinambás em Bertioga e tido por português —, houve o sério risco de serem devorados pelos indígenas, como tantos foram efetivamente.

A "OPÇÃO" PELA COLONIZAÇÃO

Nas primeiras três décadas que se seguiram à passagem da armada de Cabral, além das precárias guarnições das feitorias — nos locais em que se fazia escambo de pau-brasil, aves exóticas, macacos, peles de animais e resgate de escravos indígenas —, apenas alguns náufragos, "línguas" e "lançados" atestavam a soberania do rei de Portugal no litoral americano do Atlântico Sul.

Envolta na miragem das riquezas do Oriente, a monarquia lusitana descuidara durante quase três decênios o território que seria depois seu domínio no Novo Continente. No final da década de 1520, para evitar que traficantes franceses continuassem fazendo escambo de produtos com os "brasis", João III resolveu financiar a colonização de suas posses americanas.

Nesse momento, Portugal e França travavam uma guerra surda em torno do monopólio das lucrativas rotas comerciais que se descortinavam no Atlântico. Traficantes e armadores particulares franceses, chamados pelos portugueses de "entrelopos", desafiavam o monopólio real da madeira de tinturaria nas praias da "terra do Brasil". Do outro lado do Atlântico, a Coroa contabilizava o prejuízo: piratas e corsários franceses haviam tomado e pilhado nada menos do que 350 embarcações em trinta anos.

Depois de muito protelar, João III resolveu "afugentar os ladrões do mar" e varrer da costa os corsários franceses, "que iam tomando nelas muito pé". A Coroa portuguesa não estava disposta a tolerar a presença de súditos estrangeiros no Atlântico Sul, cujo controle era vital para o êxito da Carreira das Índias. A partir de 1530, a fim de evitar que franceses permanecessem na costa, o rei resolveu financiar a colonização de suas posses americanas.

A expedição de Martim Afonso, o amigo do rei

No final de 1529, começaram os preparativos daquela que foi a primeira expedição de colonização dos territórios americanos pertencentes ao rei de Portugal. Era, de fato, uma expedição fundadora, visto que o "Governador da Terra do Brasil" tinha plenos poderes civis e militares para criar vilas e pôr tudo em "boa obra de justiça". Começava a lenta e cruenta conquista dos territórios pertencentes aos tupis do litoral. Implantava-se o embrião da sociedade colonial.

De "terra dos papagaios" a "terra do Brasil"

No comando da expedição, estava Martim Afonso de Sousa, amigo de infância e protegido do rei. Experimentado nas guerras da Europa, mostrara-se destemido e ambicioso a ponto de merecer a indicação do soberano para a inusitada tarefa. Esse seria apenas o primeiro cargo, numa longa carreira de serviços prestados à monarquia no ultramar, que culminou com a governança do Estado da Índia, dez anos depois de ter fundado a primeira vila do Atlântico Sul (São Vicente, em 1532).

O regimento de Martim Afonso incluía a exploração pormenorizada do litoral entre Pernambuco e o rio Amazonas e da "costa do ouro e da prata", situada entre a ilha de São Vicente e o rio da Prata. Daí emanavam relatos, reais e fictícios, das riquezas do Paraguai e da montanha de prata — as famosas minas de Potosí, alcançadas pelos espanhóis em 1546. Naquele momento, a expectativa de que, pelo traçado estabelecido em Tordesilhas, esses ricos territórios estivessem dentro dos limites pertencentes a Portugal era uma possibilidade na qual valia a pena investir.

A flotilha levantou ferros da ribeira do Tejo no final do outono de 1530. Pálido reflexo das poderosas armadas destinadas às Índias, trazia um contingente de cerca de 500 homens de armas e colonos dispostos a tentar fortuna no Novo Mundo, acomodados em duas naus, duas caravelas e um galeão. Os barcos levavam materiais de construção e sementes. E, para completar, foram recolhidos animais domésticos e plantas durante a escala nas ilhas de Cabo Verde.

Varrer da costa os "ladrões do mar". O "bacharel de Cananeia"

Quando a expedição chega à vista de terra, nas imediações do cabo de Santo Agostinho, inicia-se a caçada aos franceses. No trajeto até Pernambuco, são apreendidas seis naus de "entrelopos" abarrotadas de pau-brasil e outros produtos da terra. Os lusitanos prendem parte da tripulação, executam a outra — o infeliz Pedro Serpa, piloto português que vinha a serviço dos franceses, morreu enforcado nas vergas de uma das naus abalroadas por ordem de Martim Afonso.

Chegaram à baía de Todos os Santos no dia 13 de março de 1531 e se refizeram. Diogo Álvares, o Caramuru, náufrago "que havia 22 anos estava nesta terra", recepcionou os conterrâneos e intermediou o primeiro contato com os tupinambás da baía — até então fornecedores de pau-brasil para os franceses. "Aqui deixou o capitão dois homens para fazerem experiências do que a terra dava e lhes deixou muitas sementes", narra Pero Lopes de Sousa, irmão de Martim Afonso e futuro donatário, em seu *Diário da navegação*.[3]

Em 30 de abril de 1531, a expedição chegou à baía de Guanabara. Lá desembarcaram e permaneceram durante três meses para consertar as naus. Quatro homens vasculharam o sertão e voltaram com cristais. Refeitos os navios e as provisões, partem para o cabo de Santa Maria e o rio da Prata. Nesse trajeto, demoram-se nas imediações da ilha de Cananeia, onde encontram o enigmático "lançado" que passou à história como o "bacharel de Cananeia", mais cinco ou seis náufragos castelhanos, e Francisco Chaves, "língua" da terra. Este se prontifica a trazer do interior 400 escravos carregados de ouro e prata. Para auxiliá-lo na empresa, o capitão-mor cede 40 besteiros e 40 espingardeiros, que nunca mais voltaram...

As primeiras vilas

Enquanto a bandeira de Francisco Chaves embrenha-se no sertão, a expedição explora o rio da Prata. No final de janeiro de 1532, retornavam à baía de São Vicente. Aproveitando as relações amistosas com o "gentio" — graças à presença dos "lançados" João Ramalho e Antônio Rodrigues —, Martim Afonso distribuiu terras e repartiu aproximadamente 100 colonos em duas vilas, São Vicente e Piratininga. E "fez nelas oficiais e pôs tudo em boa obra de justiça, de que a gente toda tomou muita consolação".

Apesar de bem-sucedida, a custosa expedição de Martim Afonso de Sousa não foi suficiente para persuadir os franceses a deixar o litoral da terra do Brasil. O alto custo da operação levou o monarca João III a optar pela "privatização" — por assim dizer — da empresa colonizadora.

DONATÁRIOS E CAPITÃES

A partir de 1534, a Coroa portuguesa instituiu o regime de donatarias para promover a colonização do novo território. A costa do Brasil, do Amazonas a São Vicente, foi dividida em 12 capitanias hereditárias. Cada capi-

---

[3] Pero Lopes de Sousa, "Diário da navegação armada que foi à terra do Brasil em 1530", em Carlos Malheiro Dias, *História da colonização portuguesa do Brasil*, vol. III, Porto, Litografia Nacional, 1923, pp. 143-4.

tania era governada por um capitão-general. Quando este morria, seu filho mais velho herdava os direitos do pai sobre a capitania. Cada donatário recebeu do rei uma faixa de terra cuja largura variava entre 200 e 650 km, plenos poderes para administrar a justiça, além de privilégios fiscais e comerciais.

Mesmo assim, a colonização do litoral do Brasil não se deu de forma imediata. As quatro capitanias que ficavam mais ao norte não chegaram a ser ocupadas durante o século XVI. Das oito restantes, apenas as de São Vicente, Pernambuco, Ilhéus e Porto Seguro vingaram e experimentaram um crescimento populacional e econômico significativo.

Os donatários tiveram de lutar contra as adversidades da geografia e do clima, as doenças e, principalmente, a hostilidade entranhada dos habitantes da terra. A maior parte dos empreendimentos colonizadores dessa fase fracassou. Seus núcleos populacionais foram dizimados ou ficaram condenados à estagnação demográfica e à insignificância econômica. A colonização do Brasil parecia fadada ao fracasso.

Os donatários de terras no Brasil eram nobres portugueses de limitados recursos. A Coroa cedeu-lhes a árdua tarefa de povoar e defender as parcelas do território em troca de privilégios, entre os quais: fundar vilas e cidades, e a estas conceder direitos municipais; distribuir sesmarias, ou seja, conceder extensões de terras a colonos; aplicar a pena de morte a escravos, pagãos e cristãos pobres; lançar impostos sobre determinados produtos, menos os que eram monopólio da Coroa; nomear funcionários e administrar a justiça; autorizar a construção de engenhos. Além disso, os donatários tinham o direito de receber um décimo da produção de açúcar e da pesca.

Mesmo assim, a maioria dos donatários não teve muito sucesso. Muitos não contavam com dinheiro suficiente para instalar engenhos. Em quase todas as áreas, os nativos aguerridos não davam trégua — queimavam engenhos e canaviais. Muitos donatários nem sequer tomaram posse de suas terras. Outros perderam tudo. Em face do fracasso do regime de donatarias, a Coroa decidiu retomar os títulos que havia concedido e assumir as rédeas do processo de colonização. A primeira capitania "resgatada" pela Coroa foi a de Pereira Coutinho, que abrangia a terra do referido náufrago português Caramuru e da tupinambá Paraguaçu.

A FUNDAÇÃO DA "CAPITANIA DE SUA MAJESTADE"

Em 1549, o rei enviou um governador-geral para fundar uma capitania nova, administrada diretamente pela Coroa. Tomé de Sousa, primo de Martim Afonso, desembarcou na baía de Todos os Santos com seis padres jesuítas, encarregados de catequizar o "gentio" e reformar os costumes dos colonos, entre os quais havia uma grande parcela de degredados e pessoas condenadas ao exílio. Iniciava-se para valer o povoamento da colônia luso--americana.

Naquele mesmo ano, o primeiro governador-geral fundava a "Cidade do Salvador" e construía a igreja, o paço de governo, a casa de câmara e cadeia, o pelourinho e a alfândega. Salvador foi a primeira capital da colônia portuguesa na América.

Tomé de Sousa foi sucedido no cargo por Duarte da Costa (1553-1558) e Mem de Sá (1558-1572), verdadeiro conquistador do Recôncavo e do Rio de Janeiro. Após a morte do governador Mem de Sá, a Coroa instalou no Rio de Janeiro outra sede de governo, julgando que esta medida facilitaria a administração e a defesa da colônia.

Os resultados não foram satisfatórios, e, em 1578, Salvador voltava a ser a única capital da colônia.

A "capitania de Sua Majestade" vinha somar-se aos núcleos de São Vicente e Pernambuco. A partir de então, a Coroa conseguiu manter o domínio do litoral do Brasil, impedindo a permanência dos rivais estrangeiros e vencendo a combativa resistência dos "brasis". Em 1565, o governador--geral Mem de Sá expulsou uma colônia de huguenotes, franceses calvinistas, que se estabelecera onde hoje é a cidade do Rio de Janeiro. A conquista do resto do litoral, dos espaços vazios de Sergipe — que veio a tornar-se Sergipe d'El-Rei — e da "costa leste-oeste", entre a Paraíba e o Maranhão, concluiu--se no fim do século. Mesmo assim, os ataques dos nativos aos moradores da fronteira agrícola continuaram ao longo dos séculos seguintes.

Ao contrário do que preconizam as visões idílicas sobre o processo de colonização, a conquista foi longa e sangrenta.

Terras e "índios". As denúncias de Anchieta

Os primeiros contatos entre indígenas e europeus realizaram-se de forma relativamente pacífica: ambos os lados procuravam satisfazer seus interesses. Nos territórios que hoje correspondem ao Estado de São Paulo e ao de Pernambuco, o escambo de produtos de metal por madeira tintorial e animais silvestres entre portugueses e tupiniquins garantiu o sucesso da colonização nessas regiões. Na baía de Todos os Santos, Diogo Álvares, o

Caramuru, selou a aliança dos tupinambás com os representantes da monarquia portuguesa.

A situação mudou bastante com a instalação do governo-geral e a imigração de colonos portugueses, que passou a ser feita aos milhares. Esses imigrantes estabeleceram roças, fazendas e engenhos, e precisavam de mão de obra para cultivar suas terras. A solução encontrada pelos colonos foi a submissão brutal dos indígenas que habitavam o litoral. De "bons selvagens", os índios viraram "selvagens irremediáveis", "sem fé, sem rei, sem lei". Frequentemente, os colonos portugueses compravam os prisioneiros das guerras tribais.

Em 1570, a Coroa proibiu a escravização dos índios. Apesar disso, permitia que fossem escravizados os canibais ou aqueles índios feitos prisioneiros nas incursões contra tribos hostis (a "guerra justa"). Com o avanço da fronteira agrícola e dos partidos de cana, os senhores de terras precisavam de mais trabalhadores. A indústria do açúcar, a principal ocupação dos colonos, demandava um fluxo contínuo de mão de obra.

O aumento das guerras, o cativeiro e a disseminação de doenças, como a varíola, dizimaram boa parte dos tupis do litoral do Brasil. Os que conseguiram fugiram para o interior e travaram uma resistência de séculos contra os conquistadores europeus.

A partir de meados do século XVI, a consolidação da conquista portuguesa possibilitou a expansão do cultivo de cana-de-açúcar nas chamadas "terras devolutas", isto é, nas terras tomadas aos nativos, quase sempre as melhores e mais produtivas. A leste da vila fundada por Tomé de Sousa em 1549, a fronteira agrícola avançava sobre o Recôncavo baiano, onde a cada ano que passava surgiam novos engenhos de cana-de-açúcar. Lá, a colonização deteve-se nas terras dos aimorés, "tapuias" do litoral.

Na capitania de Pernambuco, em 1535, quando da fundação de Olinda por Duarte Coelho, os caetés foram obrigados a retroceder até o vale do rio São Francisco, nas Alagoas. No norte, a colonização estacionou no trecho de continente fronteiro à ilha de Itamaracá. Tal como na Bahia, os engenhos povoavam a paisagem, e os partidos de cana expandiam-se sobre as terras devolutas, doadas em sesmarias.

No início da década de 1570, achavam-se em pleno funcionamento 41 engenhos nessas duas capitanias. As matas forneciam a madeira para aquecer as caldeiras e os tachos de cobre que transformavam a cana em melado e açúcar refinado. Os indígenas subjugados e escravizados forneceram o trabalho na primeira, e mais custosa, etapa de implantação da agroindústria açucareira na colônia.

Dizimadas pelas doenças e pelo cativeiro, centenas de comunidades aborígines exauriram-se na mão dos colonizadores portugueses. Na década seguinte, o padre jesuíta José de Anchieta queixava-se de que, nos últimos 20 anos, ou seja, entre 1560 e 1580, mais de 80 mil indígenas haviam morrido sob a tutela dos colonos da Bahia — "e, se perguntarem por tanta gente, dirão que morreu".[4]

Anchieta ainda relata como os portugueses ludibriavam os "negros da terra" e os atraíam para o cativeiro:

> "Vão ao sertão e enganam a esta gente dizendo-lhes que venham com eles para o mar e que estarão em suas aldeias como lá estão em sua terra e que seriam seus vizinhos. Os índios, crendo que é verdade, vêm-se com eles e os portugueses por se os índios não arrependerem lhes desmancham logo todas as suas roças e assim os trazem, e chegando ao mar os repartem entre si, uns levam as mulheres, outros os maridos, outros os filhos e os vendem."[5]

Segundo o historiador norte-americano Stuart B. Schwartz:

> "O período de 1540 a 1570 marcou o apogeu da escravidão do gentio nos engenhos do litoral brasileiro em geral e, em especial, nos da Bahia. Em 1545, a capitania de São Vicente, no sul, possuía seis engenhos e 3 mil escravos, dos quais a grande maioria eram índios. Nessa época, podiam-se encontrar escravos indígenas também nos engenhos de Pernambuco, da Bahia e de Porto Seguro. Durante as décadas de 1550 e 1560, a indústria açucareira do Nordeste entrou em uma fase de rápida expansão, acompanhada de crescimento semelhante no número de trabalhadores cativos. Em 1570, Pernambuco possuía 23 engenhos e tantos escravos índios, que o excedente podia ser exportado para outras capitanias. Em 1583, ainda em Pernambuco, havia 66 engenhos e

[4] José de Anchieta, "Informação dos primeiros aldeamentos da Bahia", em *Cartas*, Rio de Janeiro, Academia Brasileira de Letras, 1933, p. 377.

[5] *Ibidem.*

cerca de 2 mil escravos africanos. Dado que cada engenho provavelmente explorava o trabalho de cem cativos, os índios ainda perfaziam dois terços da força de trabalho nos engenhos dessa capitania, mesmo durante o período de transição para a mão de obra africana."[6]

No final do século XVI, esgotada a população nativa enquanto fornecedora de mão de obra, começaram a chegar os primeiros escravos africanos. Era a expansão e intensificação do já existente tráfico de escravos com a África ocidental, atividade da qual se beneficiavam a Coroa, dona do trato, e os negreiros e contratadores que operavam nas fortalezas de São Jorge da Mina e Axim, São Tomé e Luanda.

Um novo historiador do "descobrimento": Joaquim Barradas de Carvalho[7]

A Joaquim Barradas de Carvalho a historiografia luso-brasileira deve a revisão da temática do "descobrimento" do Brasil. Nascido em 1920, em Arroios, no Alentejo, formou-se em história e filosofia em 1946, pela Faculdade de Letras da Universidade de Lisboa, revelando vocação para a história das ideias e, mais precisamente, a história das mentalidades, na senda aberta por seu mestre Lucien Febvre, e para a história dos descobrimentos, inspirado por seu ex-professor e notável historiador Vitorino Magalhães Godinho.

O primeiro trabalho foi *Ideias políticas e sociais de Alexandre Herculano* (1949). Seus estudos e pesquisas prosseguem em Paris, onde se doutorou em Estudos Ibéricos, pela Faculdade de Letras e Ciências Humanas da Universidade de Paris (Sorbonne), em 1961. Tema de sua tese: o *Esmeraldo de Situ Orbis*, de Duarte Pacheco Pereira.

Nesse período conviveu intensamente com a escola historiográfica dos *Annales*, o principal grupo de historiadores europeus, capitaneado por Lucien Febvre, Marc Bloch (morto na guerra pelos nazistas) e Fernand Brau-

---

[6] Stuart B. Schwartz, *Segredos internos: engenhos e escravos na sociedade colonial (1550-1835)*, São Paulo, Companhia das Letras/CNPq, 1988, p. 46.

[7] Ver também o artigo de Carlos Guilherme Mota, "Joaquim Barradas de Carvalho", em *Estudos Avançados*, nº 22, São Paulo, set.-dez. de 1994.

del, sucessor de Febvre e Bloch. Braudel dedicou a Barradas grande estima, e este, tendo sido seu discípulo (tanto quanto de Febvre, fundador da história das mentalidades, na França, em memória de quem dedicou seu último livro), soube combinar o que de melhor havia naquela escola de pensamento com o que de mais fecundo se fez em termos de pensamento marxista.

Barradas de Carvalho retornou à França em 1970, apresentando à Escola de Altos Estudos da Universidade de Paris o ensaio *La traduction espagnole du* Situ Orbis *de Pomponius Mela par Maître Jean Faras et les notes marginales de Duarte Pacheco Pereira*. Em 1975, recebeu a *mention très honorable e les félicitations du jury* com sua tese de Estado, a mais importante da carreira universitária, e que foi recebida com grande impacto, dados seu mérito e erudição. Quando da publicação dessa obra, Pierre Chaunu registra, no prefácio, jamais ter ocorrido, em sua longa experiência com teses, uma sessão tão emocionante no tradicional anfiteatro Liard, na praça da Sorbonne.

Barradas produziu mais de 100 artigos, estudos e ensaios, que publicou nas melhores revistas, como *Les Annales, Bulletin d'Études Portugaises, Caravelle, Revista de História* (de São Paulo). Alguns de seus estudos são clássicos, como o relativo à introdução dos algarismos arábicos e a racionalização da contabilidade portuguesa, ou aquele sobre a noção de experiência no vocabulário português do Renascimento, ou ainda um outro sobre a passagem da História-crônica à História-ciência. Mais acessíveis nas livrarias são *Portugal e as origens do pensamento moderno*[8] e *O obscurantismo salazarista*.[9] A revista *História & Crítica* consagrou-lhe um número especial,[10] com depoimentos de Luís Albuquerque, Armando Castro, Arnaldo Pereira e Luís Guerreiro, além de mesa-redonda sobre sua obra. Também o professor Victor Gonçalves dedicou-lhe artigo na revista *Clio*, do Centro de História da Universidade de Lisboa.[11]

---

[8] Joaquim Barradas de Carvalho, *Portugal e as origens do pensamento moderno*, prefácio de Joel Serrão, Lisboa, Horizonte, 1981.

[9] Joaquim Barradas de Carvalho, *O obscurantismo salazarista*, Lisboa, Seara Nova, 1974.

[10] *História & Crítica*, nº 9, Lisboa, jun.-jul. de 1982.

[11] Victor Gonçalves, "Joaquim Barradas de Carvalho: para a história de um historiador", em *Clio*, vol. 2, Lisboa, 1980, pp. 141-6, onde se lê: "Professor na Faculdade de Letras de Lisboa, a quem recusaram sempre a integração no quadro, irá de decepção em decepção, muitas vezes esgrimindo contra moinhos de vento", p. 142.

Militante anti-salazarista e exilado, foi professor de prestígio na Universidade de São Paulo na década de 1960, tendo retornado duas vezes ao Brasil nos anos 1970. E seu retorno a Portugal deu-se, definitivamente, após a Revolução dos Cravos, que eclodiu em 25 de abril de 1974. Não cremos que tenha tido o merecido reconhecimento tanto pelo governo democrático criado na esteira da Revolução, quanto pelas instituições culturais portuguesas. Joaquim faleceu em Lisboa a 18 de junho de 1980, aos 60 anos. Morreu como professor extranumerário, não tendo chegado ao posto mais alto da carreira universitária.

Torna-se, portanto, apropriado lembrar, como o fez o historiador e, então, deputado Victor de Sá, na homenagem prestada pela Assembleia da República ao historiador falecido, em junho de 1980, que Barradas de Carvalho era um homem da congregação dos democratas, dos comunistas e dos socialistas.

Como disse seu mestre francês Fernand Braudel, que prefaciou sua notável tese de Estado, cuja publicação, infelizmente, Barradas, "vítima de seu país e de sua época", não chegou a ver:

> "Um historiador português, para além de tudo, navega na história fantástica de sua pátria, e continua, com os gloriosos navegadores, a descobrir o mundo. Mas houve na vida movimentada e por vezes amarga de Joaquim compensações para o intelectual apaixonado que era. Teria de outro modo sido o historiador magnífico que ele se tornou? Eu digo frequentemente que não se compreende Portugal senão no Brasil. Isso é mais verdadeiro ainda, e de longe, para ele do que para mim."[12]

---

[12] Fernand Braudel, "Témoignage", em Joaquim Barradas de Carvalho, *À la recherche de la spécificité de la Renaissance portugaise*, cit., pp. V-VII.

5

Contra Tordesilhas

> "Assim como o evangelho, o filho de Deus foi em nossos dias pregado nessa quarta parte do mundo chamada América, se o empreendimento tivesse continuado tão bem como começou, tanto o reino espiritual como o temporal aí se achariam enraizados em nossa época e mais de mil súditos da nação francesa aí estariam agora em plena e segura posse, para nosso rei, daquilo que os espanhóis e portugueses deram aos seus."
>
> Jean de Léry, 25 de dezembro de 1577[1]

A fundação de vilas e o estabelecimento do governo-geral à sombra da Igreja Católica na Bahia não dissuadiram os franceses de tentarem fixar aqui uma colônia. Apenas seis anos depois da chegada de Tomé de Sousa à baía de Todos os Santos, a monarquia francesa realizava sua primeira incursão "oficial" no Atlântico Sul — concedia a Nicolas de Villegaignon, cavaleiro de Malta, subsídios financeiros para criar a França Antártica na baía de Guanabara, onde já residiam 25 colonos e intérpretes normandos.

A "rota das cores"

O interesse dos súditos franceses pela colônia portuguesa na América surgiu, provavelmente, no momento em que a notícia da "descoberta" de novas terras no Poente foi divulgada nos portos da França atlântica. A arribada da expedição de Binot de Gonneville (destinada às Índias Orientais), em algum ponto do litoral do atual Estado de Santa Catarina, e no retorno seu naufrágio no canal da Mancha (a poucas milhas do porto de Honfleur), com um carregamento de pau-brasil, demonstravam ser impraticável a política do sigilo imposta pela monarquia portuguesa.

---

[1] Jean de Léry, *Viagem à terra do Brasil*, Rio de Janeiro, Biblioteca Editora do Exército, 1961, pp. 29-30.

As expedições sucessivas de que se tem notícia indicam que a França pretendia, desde o início do século XVI, fazer valer sua presença na "rota das cores" e no comércio do pau-brasil, malgrado a interdição imposta pelo papa no Tratado de Tordesilhas. A monarquia francesa, sem desafiar abertamente tal interdição, agia como se ignorasse a exclusividade dos portugueses de navegação naquelas paragens e recolhia os impostos gerados pelas lucrativas atividades das comunidades de homens de negócios do litoral atlântico.

A ascensão de Francisco I ao trono, em 1515, foi bem recebida pelos habitantes dos movimentados portos da França atlântica. Francisco I nunca proclamou guerra a Portugal, apenas deixou que, pelas bordas, seus súditos causassem prejuízo aos portugueses. Amparados pelo soberano, inauguraram a era da pirataria, da pilhagem e do corso.

No início dos Tempos Modernos, os súditos da Normandia e do reino da Bretanha — estes ainda não incorporados plenamente aos domínios da monarquia francesa — acalentaram esperanças de poder contar com apoio financeiro da Coroa para ampliar a participação nos lucros que as novas rotas comerciais prometiam. Incentivados pelas declarações do jovem rei, que invocava a liberdade de trânsito nos mares e os direitos implícitos de navegação e comércio, intensificaram as viagens às baías e enseadas do litoral do Atlântico Sul, em busca de madeira tintorial, algodão, pimenta e animais silvestres, principalmente papagaios e macacos.

As guerras contra Carlos V

Numa época de disputas e tensões, em que se processava a formação dos Estados nacionais e consolidavam-se os primeiros impérios coloniais, a dura realidade europeia parecia negar à França seu quinhão na partilha dos novos territórios e rotas comerciais que então se descortinavam. A morte do imperador Maximiliano e a eleição em 1519 de seu neto, o rei Carlos de Habsburgo, da Espanha, para o trono do Sacro Império Romano Germânico, jogaram um balde de água fria nas pretensões dos negociantes e armadores da França atlântica.

Em 1521, a França e o Sacro Império iniciaram uma longa e cruenta guerra, que se arrastou por 27 anos e praticamente arruinou a monarquia francesa. Cercado pelas posses de Carlos V, soberano de um império territorial no qual "o sol nunca se punha", Francisco I teve de reagir aos ataques de seu inimigo em várias frentes e selar, se não uma aliança, pelo menos um pacto de neutralidade com o soberano de Portugal, João III.

Nas primeiras três décadas do século XVI, conforme vimos no capítulo anterior, o comércio entre os franceses e os "brasis" era muito mais intenso do que o dos próprios portugueses, detentores dos "contratos" de pau-brasil concedidos pelo rei.

O recrudescimento dos ataques da pirataria francesa à navegação lusitana praticamente obrigaram a monarquia de Portugal a colonizar o Atlântico Sul. A singularidade das relações diplomáticas entre os dois reinos, eivadas de cinismo, propiciou a existência do corso, uma espécie de pirataria legitimada pela monarquia francesa.

O corso diferia da pirataria pura e simples, pelo fato de que, nele, o flibusteiro obtinha das autoridades uma "carta de corso", ou "carta de marca", permitindo o assalto a navios pertencentes a Portugal sem que houvesse declaração formal de guerra.

Maíres e perós

A Coroa portuguesa não estava disposta a tolerar a presença de navios estrangeiros no Atlântico Sul: a segurança nessa área era vital para o êxito da Carreira das Índias. Nem cogitava dividir o monopólio do trato do pau-brasil com quem quer que fosse. Não obstante, os franceses insistiam em participar desse lucrativo comércio, driblando o pagamento do "quinto" e abastecendo diretamente os mercados consumidores dessas madeiras. Ou seja, sem passar por Lisboa.

Esses maíres — nome pelo qual os nativos chamavam os franceses — fundeavam e tratavam com os habitantes do litoral da terra do *"bois de Fernambouc"* (pau-de-pernambuco) e do Recôncavo da baía de Todos os Santos. Lá, contaram com a solícita colaboração do náufrago português Diogo Álvares, o célebre Caramuru, e sua parentela tupinambá, que, à falta de naus portuguesas, abasteciam as francesas. Em 1526, homens de negócios da Normandia armaram nada menos do que 10 navios destinados ao comércio com os "brasis".

Fracassada a via diplomática, começa então a escalada da violência entre súditos de Portugal e da França nos mares e nas enseadas do Atlântico Sul. Das praias deste lado do Mar-Oceano, numerosas comunidades tupis assistiram ao confronto entre maíres e perós (portugueses). Com efeito, da segunda década do século XVI em diante, a violência entre os súditos dos dois reinos chegou a assumir proporções de uma guerra não declarada, conforme atestam os relatos das expedições de guarda-costas realizadas a partir do início do reinado de João III (1521). O apresamento de embarcações e a execução de equipagens e tripulações tornaram-se uma cena corriqueira de lado a lado.

A astuciosa diplomacia lusitana não poupou esforços e riquezas para dar a entender suas verdades: a partir de 1531, embaixadores portugueses exigiram a anulação de todas as cartas de corso assinadas pelo rei da França e o compromisso formal de que nenhuma outra carta de marca seria emitida. Exigiram também o reconhecimento do monopólio português, definido em Tordesilhas, aliado à promessa de que os infratores desse monopólio seriam punidos pelas autoridades francesas, à restituição das presas e ao pagamento de indenização pelos danos causados por piratas franceses à navegação portuguesa.

A França Antártica

O estado de guerra entre os súditos dos dois reinos tornou-se ainda mais intenso em meados do século, quando aportou na baía de Guanabara a expedição colonizadora da França Antártica. Persuadido pelo almirante Gaspar de Coligny, protestante huguenote, o rei Henrique II financiou 2 navios aparelhados e bem armados, e desembolsou 10 mil francos para as despesas de viagem e colonização. Em 1555, a expedição chegou à baía de Guanabara, destinada, em pleno Trópico de Capricórnio, a tornar-se o espelho da intolerância religiosa da metrópole.

No início dos chamados Tempos Modernos, o vínculo religioso que unia toda a Europa rompeu-se de forma violenta e dramática, dando lugar a conflitos profundos. As guerras de religião varreram o Velho Continente, fizeram inúmeras vítimas e motivaram perseguições de lado a lado.

Na França, a perseguição dos católicos aos calvinistas franceses, os citados huguenotes, resultou em oito guerras civis, que se prolongaram pela maior parte do século XVI.

VILLEGAIGNON, VICE-REI DA FRANÇA ANTÁRTICA

As naus destinadas a fundar a França Antártica traziam um contingente heterogêneo de colonos, do qual faziam parte "gentis-homens", artífices, soldados e cerca de 600 homens, muitos deles recrutados à força nas prisões de Rouen e Paris.

No comando dessa variada companhia, o truculento Nicolas Durand de Villegaignon, vice-almirante da Bretanha. Assim o descreve o historiador francês Paul Gaffarel:

> "Depois de ter enchido a Europa e a África com o ruído de seus feitos e de sua exaustiva atividade, valente soldado, hábil marinheiro, engenheiro e diplomata, conforme as circunstâncias, tinha esse estranho personagem imaginado a fundação de uma França americana a fim de chamar, como que para um asilo, seus compatriotas que desejassem gozar da liberdade de consciência, permanecendo entretanto fiéis à Metrópole."[2]

No calor intenso do verão de 1556, iniciaram-se as obras do forte Coligny na ilha de Serigi, na entrada da baía de Guanabara, sob o olhar vigilante de Villegaignon, que se proclamou vice-rei da França Antártica.

A colônia francesa logo assumiu feição de colônia penal. A presença de um estabelecimento permanente de europeus interferiu profundamente na vida dos tamoios da Guanabara, que, em vez de comer seus prisioneiros de guerra, passaram a vendê-los. A sorte dos colonos franceses não diferia muito da dos escravos indígenas: obrigados a trabalhar exaustivamente, sob forte calor, pela magra ração de duas medidas de farinha de mandioca por dia, muitos definhavam e sucumbiam ao clima.

O descontentamento grassou no precário empreendimento. O choque entre a severidade das aspirações religiosas de Villegaignon e a vida "desregrada" dos línguas e dos nativos provocou a primeira revolta na colônia francesa. A rebelião de colonos foi duramente reprimida, e seus líderes, executados.

Pretendendo reformar os costumes dos colonos e temendo "que os artesãos que eu contratara e para cá trouxera se deixassem contaminar pelos vícios do gentio",[3] Villegaignon solicita ao todo-poderoso líder Calvino que lhe envie missionários.

---

[2] Paul Gaffarel, "Notícia biográfica à obra de Jean de Léry", em Jean de Léry, *Viagem à terra do Brasil*, cit., p. 18.

[3] Jean de Léry, *Viagem à terra do Brasil*, cit., p. 36.

Calvinistas em terra firme: Jean de Léry

Contornando as proibições impostas por Villegaignon, os maíres não se confinaram à solidão da *briqueterie* (olaria) — um galpão de madeira e palha que servia de pouso aos franceses quando estavam em negócios com os tupinambás no continente. Os *trouchements*, também conhecidos como "tangomãos",[4] "lançados", "línguas", e há muito tempo habitando a baía, continuaram a frequentar as tabas de seus aliados tamoios.

Na esperança de reverter a ascendência dos *trouchements* na colônia, prepara-se então a segunda leva de colonos para a França Antártica. Entre os quase 300 homens arregimentados, contam-se 14 missionários calvinistas. A expedição, comandada pelo sobrinho de Villegaignon, Bois le Comte, trazia também as primeiras mulheres brancas, de origem gaulesa.

Entre os missionários enviados por João Calvino, estava um jovem sapateiro da Borgonha chamado Jean de Léry. Filho de pais reformados, Léry, aos 18 anos, deixou sua cidade natal rumo a Genebra para estudar teologia e assistir às prédicas de João Calvino. Aos 22 anos, embarcou na comitiva de missionários destinada à França Antártica. A ele devemos um dos mais importantes e interessantes relatos sobre a permanência dos franceses na baía de Guanabara e a vida cotidiana de seus aliados tamoios.

Sempre atento, Jean de Léry conta que, pouco tempo depois da chegada do contingente de protestantes enviado por Calvino, o vice-rei renegou a religião reformada e passou a maltratar os calvinistas. Estes acabaram deixando a ilha de Villegaignon e instalaram-se no continente, onde conviveram com os tamoios enquanto esperavam a chegada de uma nau que os levasse de volta para a França.

O destino da fé reformada na França teve um fim muito semelhante ao dos calvinistas que voltaram para a metrópole. Durante a segunda metade do século XVI, as lutas religiosas entre católicos e huguenotes, verdadeiras matanças, assolaram a França e dizimaram gente e recursos. Personagem renascentista, o próprio Jean de Léry, ao voltar à Europa, envolveu-se em combates, foi novamente perseguido e acabou por encontrar refúgio na Suíça, onde terminou seus dias. Mas deixou uma bela memória de sua experiência no Brasil:

---

[4] O termo indicava, no litoral africano, o traficante de escravos.

"Ao dizer adeus à América, aqui confesso, pelo que me respeita, que, embora amando como amo minha pátria, vejo nela a pouca ou nenhuma devoção [...]; tudo aí está italianizado [com Catarina de Médici, rainha francesa, e seus favoritos italianos] e reduzido a palavras vãs, por isso lamento muitas vezes não ter ficado entre os selvagens, nos quais observei mais franqueza do que em muitos patrícios nossos com rótulos de cristãos."[5]

A conquista da Guanabara

Notícias da fundação de uma colônia francesa no Rio de Janeiro não demoram a chegar aos ouvidos de outra Catarina, a rainha-regente de Portugal. Como resposta às medidas tomadas na metrópole, em março de 1560, homens de armas portugueses e populações indígenas recrutados por Mem de Sá na Bahia, Ilhéus, Porto Seguro e Espírito Santo chegaram à baía de Guanabara para desalojar os intrusos.

Depois de 12 dias de negociações, as forças comandadas pelo terceiro governador-geral do Brasil atacaram o forte Coligny. Foram três dias de luta intensa. No fim, os franceses abandonaram a ilha e o forte. Alguns conseguiram embarcar em suas naus e voltaram para a Europa. Outros se refugiaram em terra firme, evadindo-se para o litoral sul.

O forte Coligny foi imediatamente demolido pelos soldados de Mem de Sá, "por não poder deixar gente que o defendesse e povoasse a terra",[6] motivo pelo qual os franceses continuaram com um pé na baía de Guanabara. Os maíres que lá permaneceram continuaram a abastecer os navios gauleses auxiliados pelos tamoios, aos quais não só forneciam armas de fogo como também lhes ensinavam a utilizá-las.

A fundação do Rio de Janeiro

Ao saber da tomada do forte Coligny — e prevendo uma nova tentativa dos franceses de estabelecerem-se na região —, a rainha enviou mais uma

---

[5] Jean de Léry, *Viagem à terra do Brasil*, cit., p. 227.

[6] Gabriel Soares de Sousa, *Tratado descritivo do Brasil em 1587*, São Paulo, Companhia Editora Nacional/Edusp, 1971, 4ª ed., p. 105. O autor do *Tratado* (ou *Notícia do Brasil*) foi um colono português que se tornou próspero comerciante na Bahia.

expedição ao Rio de Janeiro. Essas forças, reunidas sob o comando de Estácio de Sá, sobrinho de Mem de Sá, partiram da baía de Todos os Santos em 1563. Contaram com a colaboração dos tamoios pacificados de Ubatuba — "reduzidos" graças à eficaz retórica dos padres jesuítas José de Anchieta e Manuel da Nóbrega —, dos gentios dos tememinós do Espírito Santo e dos tupiniquins do litoral de São Vicente.

De São Vicente, Estácio de Sá partiu rumo ao Rio de Janeiro em 20 de janeiro — dia de São Sebastião, a quem tomou por patrono da jornada — no ano de 1564. Desembarcou e fortificou-se ao pé do Pão de Açúcar. A batalha pela posse da baía de Guanabara durou mais de dois anos. Enfraquecidos pelas constantes investidas de Estácio de Sá, os franceses e os tamoios foram desbaratados em dois enfrentamentos — supõe-se que o primeiro tenha sido no morro da Glória e o segundo na ilha do Governador.

Na batalha final, Estácio de Sá foi flechado e morreu. Mem de Sá caçou os últimos franceses remanescentes e iniciou a destruição de todas as tabas rebeldes situadas entre a baía de Guanabara e Cabo Frio. Centenas de indígenas foram mortos, e mais de 400 foram capturados e escravizados. Os sobreviventes do massacre refugiaram-se no sertão e, temporariamente, abandonaram o litoral.

Pacificada a região, Mem de Sá escolheu um novo sítio para fundar a cidade, dando-lhe o nome de São Sebastião e fortificando-a com quatro castelos. Ficou lá por mais de um ano. Foi a segunda capitania da Coroa.

Expulsos os franceses e subjugados os tamoios, o governador deixou outro sobrinho, Salvador Correia de Sá, como representante seu na nova capitania do rei. Os franceses deixaram a ilha de Villegaignon — nome pelo qual até hoje é conhecida, no Rio de Janeiro, numa homenagem toponímica discutível ao "vice-rei da França Antártica" — e partiram em busca de outras enseadas ainda desabitadas pelos portugueses. Os remanescentes acabaram por reagrupar-se na região de Cabo Frio, onde continuaram a aprovisionar naus gaulesas com produtos da terra e a incentivar as investidas dos tamoios aos redutos de seus inimigos perós.

A expulsão definitiva dos franceses só se concretizou na década seguinte, graças a uma expedição organizada pelo governador do Rio de Janeiro, Antônio Salema, que, vendo "tamanho desaforo, determinou tirar essa ladroeira desse lugar".[7] Auxiliado pelo capitão-mor de São Vicente, reuniu

[7] *Ibid.*, p. 107.

uma força de 400 colonos e 700 índios para dar caça aos tamoios e franceses de Cabo Frio.

Quanto aos franceses que insistiram em continuar resgatando índios e fazendo "comércio" nas costas da Paraíba e do Rio Grande, a eles coube o fim descrito pelo historiador cearense Capistrano de Abreu:

> "Expulsos do Rio de Janeiro, abrigaram-se em Sergipe; expulsos do Sergipe, abrigaram-se na Paraíba; expulsos da Paraíba, abrigaram-se no Rio Grande do Norte; expulsos do Rio Grande do Norte, abrigaram-se no Ceará e Maranhão; expulsos do Maranhão e Ceará, abrigaram-se na Guiana."[8]

A conquista desses territórios ocupou as energias e a atenção dos habitantes das capitanias da Bahia e de Pernambuco durante boa parte da segunda metade do século XVI. Enquanto isso não aconteceu, os franceses fizeram mais uma tentativa "oficial" de fundar uma colônia de povoamento em terras pertencentes a Portugal, a França Equinoxial, como veremos adiante.

"O que vi com meus olhos"

Um padre capuchinho, Claude d'Abbeville, participou da missão enviada em 1612 para catequizar os tupinambás da França Equinoxial. Nela, d'Abbeville narra o depoimento de um nativo a respeito desses novos colonizadores:

> "Vi a chegada dos peró em Pernambuco; e começaram eles como vós, franceses, fazeis agora. De início, os peró não faziam senão traficar sem pretenderem fixar residência. Nessa época, dormiam livremente com as raparigas, o que os nossos companheiros de Pernambuco reputavam grandemente honroso. Mais tarde, disseram que nos devíamos acostumar a eles e que precisavam construir fortalezas, para se defenderem, e edificar cidades para morarem conosco. E assim parecia que desejavam que constituíssemos

---

[8] João Capistrano de Abreu, *O descobrimento do Brasil*, Rio de Janeiro, Sociedade Capistrano de Abreu, 1929, pp. 89-90.

uma só nação. Depois, começaram a dizer que não podiam tomar as raparigas sem mais aquela, que Deus somente lhes permitia possuí-las por meio do casamento e que eles não podiam casar sem que elas fossem batizadas. E para isso eram necessários *paí* [padres]. Mandaram vir os *paí*; e estes ergueram cruzes e principiaram a instruir os nossos e batizá-los. Mais tarde afirmaram que nem eles nem os *paí* podiam viver sem escravos para os servirem e por eles trabalharem. E, assim, se viram constrangidos os nossos a fornecer-lhos. Mas não satisfeitos com os escravos capturados na guerra, quiseram também os filhos dos nossos e acabaram escravizando toda a nação; e com tal tirania e crueldade a trataram, que os que ficaram livres foram, como nós, forçados a deixar a região.

Assim aconteceu com os franceses. Da primeira vez que viestes aqui, vós o fizestes somente para traficar. Como os peró, não recusáveis tomar nossas filhas e nós nos julgávamos felizes quando elas tinham filhos. Nessa época, não faláveis em aqui vos fixar; apenas vos contentáveis com visitar-nos uma vez por ano, permanecendo entre nós durante quatro ou cinco luas. Regressáveis então a vosso país, levando os nossos gêneros para trocá-los com aquilo de que carecíamos. Agora já nos falais de vos estabelecerdes aqui, de construirdes fortalezas para defender-nos contra os nossos inimigos. Para isso, trouxestes um morubixaba [cacique] e vários *paí*. Em verdade, estamos satisfeitos, mas os peró fizeram o mesmo. Depois da chegada dos *paí*, plantastes cruzes como os peró. Começais agora a instruir e batizar tal qual eles fizeram; dizeis que não podeis tomar nossas filhas senão por esposas e após terem sido batizadas. O mesmo diziam os peró.

Como estes, vós não queríeis escravos, a princípio; agora os pedis e os quereis como eles no fim. Não creio, entretanto, que tenhais o mesmo fito que os peró; aliás, isso não me atemoriza, pois, velho como estou, nada mais temo. Digo apenas simplesmente o que vi com meus olhos."[9]

[9] Claude d'Abbeville, *História da missão dos padres capuchinhos na ilha do Maranhão*, São Paulo, Edusp, 1975, pp. 115-6.

6

Conquista e cativeiro: a união ibérica (1580-1640)

> "Que me quer o Brasil, que me persegue?"[1]
> "Que os brasileiros são bestas,
> e estarão a trabalhar
> toda a vida por manter
> maganos de Portugal."
>
> Gregório de Matos, Salvador da Bahia, século XVII[2]

Contrariando as linhas gerais da política ultramarina estabelecida por João III, que dera prioridade ao controle das rotas marítimas no Atlântico e no Índico, Sebastião I organizou uma grande cruzada para tomar a praça de Alcácer-Quibir, no norte da África, em 1578. A desastrada investida do jovem e fervoroso rei de Portugal contra os "infiéis" muçulmanos culminou com a derrota dos contingentes lusitanos e a morte de D. Sebastião. O corpo do rei, morto em batalha, nunca foi encontrado. Aos portugueses restou a lenda do "sebastianismo", segundo a qual o rei não teria sido morto e estaria de volta, algum dia, para devolver a Portugal suas glórias passadas. Lenda que, para algumas almas crédulas, prolonga-se aos dias atuais.

Sem herdeiros, Sebastião I foi sucedido pelo tio, o velho cardeal Henrique. E este veio a falecer dois anos depois, em 1580, dando margem a que Filipe II da Espanha, cuja mãe era a princesa portuguesa, fizesse valer suas pretensões ao trono e anexasse o reino vizinho, nesse mesmo ano.

A união das duas coroas não significou o fim da independência do reino, pois, pelas disposições pactuadas entre Filipe II e as cortes de Tomar, Portu-

---

[1] Gregório de Matos Guerra (1636-1695), "Soneto", em José Miguel Wisnik (org.) *Poemas escolhidos*, São Paulo, Cultrix, 1992, p. 43.

[2] Gregório de Matos Guerra, "Embarcado já o poeta para o seu degredo...", em Ângela Maria Dias (org.), *Gregório de Matos: sátira*, Rio de Janeiro, Agir, 1990, 3ª ed., p. 114.

gal conservou sua autonomia administrativa. Governado por um vice-rei, geralmente alguma figura da nobreza portuguesa indicada pela corte em Madri, manteve a jurisdição sobre suas posses coloniais.

Durante todo o período em que vigorou a "monarquia dual" (1580-1640), o império colonial permaneceu sob administração de funcionários portugueses e de fidalgos, cujas tenças e sinecuras drenavam o tesouro do reino. Somava-se a isso o ataque persistente dos rivais protestantes — franceses, holandeses e ingleses — às principais praças comerciais portuguesas do Estado da Índia, aos entrepostos de escravos no litoral africano e às vilas e aos engenhos do Atlântico Sul. O império ultramarino português tornou-se alvo preferencial dos inimigos da Espanha.

As contrapartidas dos devastadores ataques contra as praças coloniais foram a intensificação do contato entre os colonos ibero-americanos e a dissolução informal dos limites traçados em Tordesilhas. A "diminuição" do Brasil, apregoada por Frei Vicente do Salvador em 1624, era apenas aparente.

A intensa atividade escravista dos "paulistas" no sertão do continente ampliou a fronteira territorial e pôs em xeque o projeto colonialista dos jesuítas espanhóis no Paraguai. Enquanto isso, com base no Rio de Janeiro, intensificava-se o tráfico de escravos africanos destinados ao império colonial espanhol graças aos "peruleiros", comerciantes portugueses que traficavam, via Buenos Aires, com o mais visado de todos os mercados coloniais, a vila de Potosí, no Alto Peru. Sua presença era tamanha, que comerciantes espanhóis queixavam-se, em Lima, da "invasão" de cristãos-novos portugueses nas praças em que, até então, exerciam monopólio.

Prata e escravos na rota dos peruleiros

Durante a união ibérica, mercadores ambulantes e comerciantes portugueses alcançavam as minas do Alto Peru e a vila de Potosí, trilhando o caminho de Buenos Aires, no estuário do rio da Prata. Esses viajantes-comerciantes eram conhecidos como peruleiros.

O objetivo dos peruleiros era alcançar a Vila Imperial de Potosí, situada na Bolívia de hoje. Potosí era o principal centro produtor de prata da América do Sul e, com seus 150 mil habitantes, a maior concentração urbana do Novo Mundo. Situada numa montanha estéril, dependia do fornecimento externo dos alimentos e produtos agrícolas consumidos por sua população. Isso a tornava um mercado dos mais lucrativos do planeta.

76 História do Brasil: uma interpretação

Os peruleiros não demoraram a perceber as possibilidades de lucro oferecidas pela praça de Potosí. Aproveitando a proximidade das capitanias do sul do Brasil com o porto de Buenos Aires, penetravam clandestinamente nas posses espanholas para realizar seus negócios em Potosí. Foram responsáveis, no período da união ibérica, pelo aumento do fluxo de moedas de prata para o Brasil.

O comércio clandestino entre o Brasil — sobretudo a partir do porto do Rio de Janeiro — e a América espanhola, via rio da Prata, floresceu durante todo o período em que vigorou a união ibérica. Além de produtos manufaturados europeus, escravos negros importados de Angola e do Brasil eram contrabandeados em grande escala. Prova disso é que, nesse período, verificou-se aumento significativo da população escrava nos territórios entre o rio da Prata e Potosí. Calcula-se que uma média de 450 cativos angolanos vindos do Rio de Janeiro chegava a Potosí todos os anos. Nesse comércio, lucravam as autoridades locais — que recebiam propinas para fazer vistas grossas ao contrabando — e os peruleiros. Um dos principais agentes do tráfico de escravos angolanos para o rio da Prata era o próprio governador do Rio de Janeiro, Salvador Correia de Sá e Benevides.

O historiador inglês Charles Boxer calculou que

"Naquela época, uma média de duzentos navios, com 100 a 400 toneladas de deslocamento, largava cada ano dos portos portugueses com destino ao Brasil, carregados principalmente de tecidos e outros artigos manufaturados. É óbvio que era demasiado para as necessidades de importação de uma população calculada em 8.000 vizinhos, e que boa parte daqueles artigos destinava-se a ser reexportada do Brasil para o Peru, via rio da Prata, Paraguai e Tucumán. [...] O frete e os direitos eram menores do que os exigidos nas frotas oficiais de Sevilha, o que por si só basta para explicar o crescimento fenomenal do tráfico com o Brasil. Em consequência, o custo daqueles artigos na Sul-América espanhola era muito menor, quando importados de Portugal, via Brasil e Buenos Aires, do que se sua importação fosse feita pela rota oficial, de Sevilha via 'Tierra Firme'."[3]

[3] Charles R. Boxer, *Salvador de Sá e a luta pelo Brasil e Angola (1602-1686)*, tradução de Olivério M. de Oliveira Pinto, São Paulo, Companhia Editora Nacional, 1973, p. 91.

Da Bahia ao Maranhão:
a conquista da costa leste-oeste

Momentaneamente livres da concorrência dos castelhanos no sul do continente, os portugueses puderam, enfim, concentrar energias para expulsar os franceses da costa leste-oeste, situada entre o rio Paraíba e o "grande rio do Maranhão", empregando forças organizadas com base nas capitanias da Bahia e Pernambuco. A posse do litoral entre Pernambuco e Maranhão acelerou a marcha rumo ao rio Amazonas, limite "natural" das terras pertencentes a Portugal na América.

A conquista da costa entre a Bahia e o rio Amazonas demandou enorme esforço e recursos do reino e dos colonos durante a segunda metade do século XVI. A luta contra os tupinambás e seus aliados franceses foi extremamente cruenta. Vítimas do nascente colonialismo português, uns e outros foram obrigados a retroceder, acuados pelas reluzentes espadas e tochas incendiárias das hostes de conquistadores e seus exércitos de "mamelucos", tupiniquins e portugueses, sedentos de terras, mão de obra indígena e vingança.

Para uma grande parte das comunidades tupis desse litoral, a aliança com os maíres foi questão de sobrevivência. A destruição, escravização e submissão dos tamoios na Guanabara, dos tupinambás no Recôncavo baiano e no rio Real, e dos potiguares da costa leste-oeste só se consolidaram depois da rendição da colônia francesa da França Equinoxial no Maranhão, em 1614.

Em meados do século XVII, o único vestígio que restava da presença dos maíres naquele litoral eram os filhos aloirados das cunhãs e alguns indígenas que falavam francês.

O FIM DOS TUPINAMBÁS DO RIO REAL

Ao norte da Bahia, no "Cergipe", autoridades e colonos demoraram quase meio século para franquear o caminho terrestre entre a Bahia e Pernambuco. Lá, os tupinambás resistiam ferozmente ao avanço dos portugueses e suas tropas de mestiços e aliados tupiniquins.

As desavenças daqueles com os portugueses datavam do tempo do governador Mem de Sá. Naquela época, atendendo aos anseios dos indígenas, dois missionários jesuítas para lá se dirigiram levando a "boa nova". Com

78   História do Brasil: uma interpretação

eles, "soldados e mamelucos, ávidos de escravos, [...] plantaram a sizania entre os tupinambás e alienaram sua confiança".[4] Era o começo da guerra contra os nativos do rio Real, onde os franceses mantinham aguada e base que usavam como apoio para realizar o resgate de índios e trocar produtos coletados, ou roubados, da terra.

Em 1574, os portugueses empreenderam a primeira campanha contra o "gentio" do Sergipe. Nessa ocasião, o quarto governador-geral, Luís de Brito de Almeida, fez "guerra implacável aos índios, aprisionando uns, afugentando outros, devastando aquelas comarcas, por simples desfastio destruidor".[5]

A conquista completou-se 15 anos depois, em 1589, pela mão do governador Cristóvão de Barros. Dessa vez, os tupinambás não resistiram ao ataque, desferido por terra e mar. Derrotados e perseguidos esses indígenas, o governador "fez repartição dos cativos e das terras, ficando-lhe de uma coisa e outra muito boa porção, com que fez ali uma grande fazenda de currais de gado".[6] O restante das terras devolutas foi repartido em sesmarias e tornou-se uma das principais fontes de abastecimento de bois para os engenhos da Bahia e de Pernambuco. Eram os Currais d'El Rei, embora o rei, naquele tempo, fosse espanhol.

Contra os potiguares

Na Paraíba, a ação dos preadores havia motivado desentendimentos com os tupinambás, lá chamados de potiguares, "comedores de camarão". A resistência das comunidades formadas por esses indígenas, aliada às peculiaridades da navegação naquelas costas, cujo regime de ventos e correntes dificultava a viagem de retorno e as comunicações com Pernambuco, fez com que a guerra pela conquista da Paraíba se prolongasse durante mais de 25 anos.

A inimizade surgiu pela ação de "mamelucos", mestiços que andavam resgatando "peças cativas" e amealhando outras mercadorias, roubando-as

---

[4] João Capistrano de Abreu, *Capítulos de história colonial*, Brasília, Senado Federal, 1998, p. 66. É obra de domínio público, acessável na íntegra na internet.

[5] *Ibidem.*

[6] Frei Vicente do Salvador, *História do Brasil (1500-1627)*, Belo Horizonte/São Paulo, Itatiaia/Edusp, 1982, 7ª ed., p. 255. O autor foi um religioso franciscano, nascido em Salvador, considerado por Darcy Ribeiro o primeiro intelectual brasileiro.

com violência e enganos. Em 1574, o rapto de uma cunhã do sertão serviu de pretexto para o início das hostilidades entre os colonos portugueses e os habitantes da Paraíba. Nessa ocasião, dois engenhos foram assaltados e queimados pelos potiguares, e um dos donos "foi ali morto com todos os seus, [...] não deixaram branco nem negro, grande nem pequeno, macho nem fêmea que não matassem e esquartejassem".[7]

Nos 25 anos seguintes, várias outras tentativas de colonização foram patrocinadas pelas autoridades portuguesas e pelos colonos mais ricos da capitania de Pernambuco. Todas foram repelidas pelos nativos com auxílio francês.

A LENTA CONQUISTA DA PARAÍBA

Em 1580, um abastado colono pernambucano, Frutuoso Barbosa, ofereceu-se para conquistar esses territórios em troca de privilégios — terras e "gentio".

Dois anos depois, ao chegar à boca da barra do Paraíba, ele encontrou 7 naus francesas, descuidadas e varadas em terra, e sem a maior parte da tripulação, que estava no sertão "fazendo pau". Queimou 5 navios e matou alguns marinheiros.

Crentes de terem derrotado os intrusos, os portugueses baixaram a guarda. Emboscados pelo "gentio" escondido nas matas, perderam mais de 40 soldados. Combalido, o contingente português ainda tentou, em vão, encontrar na banda norte do rio um lugar para fortificar, tendo em conta que na do sul não havia aguada. Sob ataque cerrado dos nativos e dos franceses, a tentativa fracassou, e os conquistadores foram obrigados a recuar para Pernambuco.

Em sua segunda investida no litoral da Paraíba, Frutuoso Barbosa limitou-se a queimar navios franceses e não conseguiu estabelecer um povoado. "E assim ficou tudo como dantes, os inimigos mais soberbos e as capitanias vizinhas a risco de se despovoarem",[8] diz Frei Vicente.

Em 1583, deixou Pernambuco mais uma expedição formada por soldados portugueses e espanhóis destinada a conquistar a Paraíba. Parte do

---

[7] *Ibid.*, p. 186.

[8] *Ibid.*, p. 221.

História do Brasil: uma interpretação

contingente seguiu por terra, e o restante foi por mar. Depois de queimar navios franceses carregados de pau-brasil e espantar os potiguares, fundaram uma fortaleza e um povoado nas imediações da barra do rio Paraíba.

Na baía da Traição

Na medida em que os portugueses se assenhoreavam do litoral da Paraíba, os franceses passaram a fortificar-se na baía da Traição. Lá, mantinham três ferreiros encarregados de reparar as ferramentas dos nativos, e de lá partiam os ataques que minavam a fortaleza construída pelos portugueses na Paraíba. A tática adotada pelos franceses acabou por surtir o efeito desejado: em junho de 1586 a guarnição de soldados portugueses e espanhóis bateu em retirada.

Em pouco tempo, os nativos voltaram "em chusmas densas e mais arrogantes".[9] Além da superioridade numérica, contavam com o inestimável apoio dos franceses, que, impossibilitados de voltarem para sua terra, passaram a liderar os ataques dos potiguares à fortaleza.

Apesar de receberem reforços de Pernambuco, os soldados não resistiram. Sitiada pelos inimigos, a guarnição do Forte de São Filipe e Santiago começou a desfalecer. Em junho de 1586, após três anos de fome, sede e penúrias, os portugueses foram obrigados a retroceder para Olinda. Antes de partir, o chefe militar da expedição, o espanhol Castejón, queimou a fortaleza e lançou ao mar as peças de artilharia, inutilizando o esforço até então realizado.

Em Pernambuco, conforme relata Frei Vicente, dizia-se que, "sem grossa mão de el-rei", nunca haveria na terra força para esta empresa.[10]

A luta pela costa leste-oeste recomeçou poucos meses depois. O auxílio de moradores "notáveis" de Pernambuco foi decisivo na tentativa de evitar o pior, isto é, "por não crescer mais aquela ladroeira e sair dali algum grande exército de franceses, que juntos com os potiguareses destruíssem o que estava ganhado da Paraíba".

---

[9] João Capistrano de Abreu, *Capítulos de história colonial*, São Paulo, Publifolha, 2000, p. 85.

[10] Frei Vicente do Salvador, *História do Brasil*, cit., *passim*.

A expedição do ouvidor Leitão

Enquanto se preparava a expedição, os franceses e os potiguares assaltaram uma aldeia de nativos aliados dos portugueses e mataram mais de 80 pessoas. O ouvidor Martim Leitão comandou o contingente destinado a expulsar os franceses e subjugar os potiguares: "Arvorado em general, indiferente à aquisição de peças, trucidou os prisioneiros que pôde, arrancou as roças, devastou as aldeias, impossibilitou a resistência e até residência nas cercanias, de intérprete das leis converteu-se em anjo do extermínio",[11] nos diz o historiador cearense Capistrano de Abreu.

Em outubro de 1586, a expedição partiu de Pernambuco e, tão logo chegou à barra do Paraíba, deu início à reconstrução dos estabelecimentos abandonados pelos colonos portugueses. Conseguiu reerguer o forte e dotou-o de artilharia novamente. E saiu a dar "uma boa guerra" aos potiguares da serra da Copaoba e a desalojar os franceses da baía da Traição.

Em duas semanas, os portugueses e seus aliados tabajaras, tupiniquins do sertão, assaltaram e devastaram 5 aldeias. Depois, rumaram para o litoral e chegaram à baía da Traição. Em poucas horas, atacaram as aldeias locais, arrasaram suas roças de mantimentos e queimaram quanto encontraram pela frente. Depois, lançaram ao mar as ferrarias dos franceses e tentaram capturar os ferreiros. No dia seguinte, 24 arcabuzeiros descarregaram suas armas contra uma nau francesa, que desferrou imediatamente na tentativa de proteger-se do assalto. A campanha começava a dar resultados. Os franceses viram-se obrigados a recuar para o Rio Grande.

Apesar de bem-sucedida, a expedição de Martim Leitão não conseguiu dobrar a resistência dos potiguares. As guerras para submetê-los persistiram até o final do século.

Depois do ataque à baía da Traição, os franceses passaram a refazer-se no litoral do Rio Grande. De lá, lançavam ataques aos povoados e aos engenhos da Paraíba. Comerciavam com os potiguares, "e dali saíam também a roubar os navios que iam e vinham de Portugal, tomando-lhes não só as fazendas, mas as pessoas, e vendendo-as aos gentios para que as comessem".[12] De lá também partiu uma armada de 13 navios para assaltar o po-

---

[11] João Capistrano de Abreu, *Capítulos de história colonial*, cit., p. 86.

[12] Frei Vicente do Salvador, *História do Brasil*, cit., p. 267.

voado de Cabedelo, na Paraíba, e o combate durou de sexta a segunda-feira. Urgia conquistar o Rio Grande, em cujas águas chegaram a reunir-se 20 navios procedentes da França.

Organiza-se em Pernambuco mais uma expedição destinada a tomar posse e a expulsar os franceses daquele litoral. Em janeiro de 1598, a vanguarda do exército, vinda por mar, desembarcou no Rio Grande e venceu a resistência do inimigo. Em março, concluíam-se as obras do Forte dos Reis Magos.

Brancos-índios

O comando da fortaleza foi entregue a Jerônimo de Albuquerque, cujo papel na pacificação dos nativos foi de extrema importância para o êxito da missão. Filho de Maria do Arco Verde, cunhã potiguar convertida ao catolicismo, Jerônimo conseguiu enfim convencer as mulheres daquele litoral a aceitar a proteção dos portugueses, tendo em vista que,

> "enfadadas de andarem com o fato continuamente às costas, fugindo pelos matos sem poder gozar de suas casas, nem dos legumes que plantavam, traziam os maridos ameaçados que se haviam de ir para os brancos, porque antes queriam ser suas cativas que viver em tantos receios de contínuas guerras e rebates."[13]

O tratado de paz com os potiguares foi lavrado perante escrivão, na Paraíba, em junho de 1599.

A inépcia dos portugueses em fazer respeitar os tratados de paz que pactuavam com os indígenas explica, em grande parte, a resistência destes à conquista de suas terras. Na retirada de uma expedição de reconhecimento ao litoral do Ceará, o comandante português capturou "os índios que pôde, indiferentemente, tabajaras, velhos amigos, e potiguares, aliados recentes".[14] Quando voltou ao litoral do Ceará, enfrentou a hostilidade dos nativos e foi obrigado a bater em retirada.

---

[13] João Capistrano de Abreu, *Capítulos de história colonial*, cit., p. 70.

[14] *Ibid.*, p. 71.

Martim, o negro de jenipapo

Mais hábil que seus antecessores, Martim Soares Moreno foi responsável pela aliança dos portugueses com os potiguares do Ceará. Versado na "língua geral", conquistou a amizade do principal, Jacaúna, e fez cumprir o pacto de amizade firmado com os nativos daquele litoral. Em várias ocasiões, ajudou a gente de Jacaúna a dar combate aos franceses no rio Ceará, local até então utilizado por estes para "fazer aguada". Com seus aliados, iniciou a construção de um forte, de que a futura capital tirou e guarda o nome (Fortaleza). Nessa campanha, Soares Moreno teria tomado 3 naus de corsários que negociavam em Iguape e Mucuripe e gabava-se de ter degolado "mais de duzentos franceses e flamengos, combatendo nu, de arco, flecha, barba raspada, negro de genipapo".[15]

Aos poucos, os portugueses encurtavam a distância entre Pernambuco e o Maranhão. Escorraçados da Paraíba, obrigados a deixar seus redutos no Rio Grande e no Ceará, os franceses viram-se obrigados a recuar para o Maranhão.

A grande migração dos tupinambás

À medida que transcorria o século, agravava-se a situação dos tupinambás, aliados históricos dos franceses. Relatos de sobreviventes indicam que eles empreenderam uma grande migração, fugindo dos colonizadores portugueses que avançavam sobre suas terras no Recôncavo baiano, em Sergipe e Pernambuco. Enquanto os colonos deitavam raízes e engenhos no litoral, no sertão ocorria um intenso movimento migratório dos tupinambás expulsos do litoral pelas armas portuguesas rumo ao norte. Na longa jornada pelo interior do continente, os tupinambás enfrentaram os "tapuias" e ocuparam suas terras.

Quando os franceses chegaram ao Maranhão para fundar a França Equinoxial, calcula-se que lá havia mais de 40 mil indígenas vivendo em mais de 60 aldeias na ilha e no continente.

---

[15] João Capistrano de Abreu, *Caminhos antigos e povoamento do Brasil*, Rio de Janeiro, Briguet, 1930, p. 236.

A BATALHA FINAL

Em 1613, a vanguarda de um contingente destinado a colher informações com vistas ao estabelecimento de uma fortaleza, liderada por Martim Soares Moreno, chegava a Portugal dando conta de que os franceses estavam a povoar o Maranhão, "dizendo que não tinham os reis de Portugal mais direitos nele que eles".[16] Lá, numa ilha da baía de São Marcos, sob o comando do cavaleiro Daniel de la Touche, senhor de La Ravardière, construíram o Forte de São Luís.

Tão logo soube da notícia, o rei da Espanha deu ordens para que os moradores de Pernambuco organizassem forças e fossem lá para expulsar os intrusos, fundassem um povoamento e construíssem uma fortaleza, "pois era da sua conquista pela Coroa de Portugal".[17]

Para a segunda expedição ao Maranhão, o capitão-mor Jerônimo de Albuquerque arregimentou grande quantidade de "gentio pacífico". Em 24 de agosto de 1614, partiram de Pernambuco. Dois meses depois, chegaram ao porto de Guaxenduba e desembarcaram na baía do Maranhão por uma entrada desconhecida dos franceses. Em 28 de outubro, iniciaram a construção do Forte de Santa Maria no continente. Na ilha defronte, grande quantidade de fogos comunicava a presença dos portugueses na baía.

No dia 12 de novembro, no primeiro ataque dos franceses, foram tomadas três embarcações portuguesas. Uma semana depois, 50 canoas e 7 navios, incluindo os três que haviam sido capturados, atravessaram a baía transportando 200 soldados e mais de 2 mil guerreiros tupinambás. Na tentativa de evitar o cerco inimigo, os portugueses lançaram-se ao combate numa ofensiva desesperada. Apesar da inferioridade numérica, pois contavam com apenas 80 arcabuzeiros e 100 frecheiros, os portugueses levaram a melhor na batalha de Guaxenduba.

Segundo o testemunho deixado por um dos expedicionários portugueses, mais de 90 franceses morreram em combate, outros 70 afogaram-se enquanto fugiam para as embarcações e 9 foram capturados. Foram queimadas 46 canoas dos tupinambás, e mais de 400 "selvagens" morreram afogados. Os franceses perderam, ao todo, 200 armas de fogo, entre mosquetes e arcabuzes.

---

[16] Frei Vicente do Salvador, *História do Brasil*, cit., p. 336.

[17] *Ibidem*.

Conquista e cativeiro: a união ibérica (1580-1640)

La Ravardière, que observara o combate num dos navios, voltou para a ilha de São Luís e, em vez de partir para um novo ataque, entabulou correspondência com Jerônimo de Albuquerque. Às ameaças do comandante francês, este respondia dizendo que os seus eram "homens que um punhado de farinha e um pedaço de cobra quando o há nos sustenta". Carta vai, carta vem, em 27 de novembro resolveram ambas as partes suspender as hostilidades até o final do ano seguinte. Decidida a trégua, dois emissários, cada um representando uma das partes, retornaram para consultar os reis de Espanha e de França sobre quem deveria ficar no Maranhão.

Enquanto isso, preparavam-se reforços em Pernambuco. O contingente de mais de 900 homens de armas levando dinheiro, plantas e gado foram acomodados em 9 navios. Zarparam de Recife em 5 de outubro de 1615 e chegaram ao Maranhão 12 dias depois. Em 1º de novembro, as forças comandadas por Alexandre de Moura atacaram o Forte de São Luís.

Depois de dois dias de combate, La Ravardière foi intimado a entregar a colônia e a fortaleza. Parecia pouco provável que os franceses estivessem dispostos a resistir durante muito tempo. A notícia de que o capitão recém-chegado de Pernambuco trazia 20 mil cruzados em ouro para indenizá-los pela artilharia do forte "ainda mais lhes aumentou a tibiez".[18]

Em vez de indenizá-los, Moura reuniu os franceses em dois navios e embarcou-os de volta para a França "apenas com o indispensável viático", e sem artilharia. Alguns, como o "língua" Charles des Vaux, permaneceram no Maranhão, mesmo contra a vontade dos portugueses. Depois, acabaram casando com mulheres vindas dos Açores. A maioria era composta de ferreiros, pessoas que, segundo os luso-brasileiros, melhor conheciam a terra e seriam "gente de préstimo" à nova colônia.

Em janeiro de 1616, para evitar que se juntasse aos corsários que infestavam os mares, La Ravardière foi levado à força para Pernambuco. Lá, o comandante francês recebeu algum dinheiro e mercês do governador-geral. Em 1619, o encontramos novamente em Lisboa, exigindo aumento na pensão estipulada pela Coroa, motivo pelo qual o levaram preso à Torre de Belém. Foi logo solto, porém, como se soube depois, e em 1621 preparava-se para invadir o Brasil novamente, de concerto com os holandeses que acabavam de criar a Companhia das Índias Ocidentais.

---

[18] *Ibid.*, p. 316 e *passim*, assim como as citações que se seguem.

Capitães da conquista do Maranhão

Aos capitães da conquista do Maranhão, o futuro reservou destinos diversos. Ao capitão-mor, couberam o acréscimo no nome e mercês, provavelmente terras e "gentio". Jerônimo de Albuquerque Maranhão permaneceu lá e morreu em 1618, deixando o filho, Antônio, no exercício do poder. Com o irmão — ambos "meio mamalucos, meio mazombos,[19] com vinte e dois anos de idade o mais velho, incultos, criados à lei da natureza, avessos à obediência e à disciplina, viciados pelo mando absoluto" —,[20] provocou uma grande revolta dos tupinambás, que resultou na morte de mais de 70 brancos.

Enquanto isso, feria-se a disputa entre os conquistadores. Para evitar o agravamento de desavenças no Forte de Santa Maria e de São Luís, decide-se enviar o intempestivo Francisco Caldeira a conquistar o Pará e "dar ventas às paixões". Em sua companhia, o "língua" francês Charles des Vaux — desbravando a nova conquista dos portugueses — faz uma última e melancólica tentativa de permanecer na terra do Brasil.

Na guerra aos pacajás, Caldeira matou mais de mil. Cometeu verdadeiros horrores contra os tupinambás, amigos da "língua geral". A pretexto de debelar uma suposta rebelião, "prendeu os mais principais [...] e os mandou matar tiranamente; e imitando Túlio Hostílio os fez partir e juntamente afogar, atadas as pernas a duas canoas por lhe faltarem os cavalos, correndo à força de remos contrários rumos".[21]

Foi esse sanguinário Caldeira quem fundou o Forte do Presépio, em volta do qual cresceu a cidade de Belém do Pará.

---

[19] Naturais da terra do Brasil, nobres ou não.

[20] João Capistrano de Abreu, "Prolegômenos", em Frei Vicente do Salvador, *História do Brasil*, livro V, cit., p. 324.

[21] *Ibid.*, p. 322

7

Açúcar e escravismo: a conquista do trópico

> "Para que os que não sabem o que custa a doçura do açúcar a quem o lavra, o conheçam e sintam menos dar por ele o preço que vale; e quem de novo entrar na administração de algum engenho, tenha estas notícias práticas, dirigidas a obrar com acerto, que é o que em toda ocupação se deve desejar e intentar."
>
> André João Antonil, 1711[1]

Os integrantes da expedição comandada por Martim Afonso de Sousa ao litoral do Atlântico Sul, ao realizarem suas primeiras experiências agrícolas, demonstraram que o solo da colônia americana apresentava condições ideais para o cultivo da cana-de-açúcar.

Quando da fundação da vila de São Vicente (1532), primeiro núcleo de população estável do litoral, haviam sido implantados três engenhos. O maior deles, o Engenho do Governador, fora instalado por Martim Afonso de Sousa em sociedade com investidores portugueses e estrangeiros. Já em 1548, a capitania contava com seis engenhos de cana-de-açúcar, em pleno funcionamento.

Em Pernambuco, o segundo núcleo de população estável, o donatário investira grande parte de seu cabedal e esforços na expulsão e escravização dos indígenas e na implantação da indústria do açúcar. No final do século, graças às uniões celebradas entre os colonos e os nativos da terra, a capitania fundada por Duarte Coelho tornou-se a principal e mais rica região produtora de açúcar do império português.

A instalação do governo-geral na "capitania de sua majestade" consolidou a expansão da agroindústria açucareira na Província de Santa Cruz

---

[1] André João Antonil (João Antonio Andreoni, S. J.), *Cultura e opulência do Brasil*, São Paulo, Melhoramentos, 1923, p. 64. A obra traz um estudo "bio-bibliographico" do toscano Antonil, de autoria de Affonso d'Escragnolle Taunay.

— nome dado à América portuguesa. Tomé de Sousa tinha poderes para distribuir sesmarias a quem apresentasse condições de investir no negócio do açúcar.

O interesse da monarquia pela expansão da indústria foi além do mero estímulo, visto que o próprio rei possuiu, no Recôncavo, um engenho chamado Pirajá. A cidade de Salvador tornou-se a sede do governo, da Suprema Corte — a Relação — e dos agentes fiscais da Coroa, encarregados de recolher os vultosos rendimentos provenientes da tributação do negócio do açúcar. O terceiro governador, Mem de Sá, responsável pelo avanço e pela consolidação da fronteira agrícola no Recôncavo baiano, apropriou-se de uma imensa sesmaria no coração da região e lá fundou o Engenho Sergipe do Conde, um dos mais famosos do Brasil colonial e que depois integraria o vasto patrimônio dos jesuítas. Foi esse o engenho que, no início do século XVIII, seria descrito pelo padre jesuíta Antonil, em seu célebre livro *Cultura e opulência do Brasil*, uma das principais fontes para a compreensão da vida colonial.

Com o avanço da conquista, a mancha agrícola espalhou-se em núcleos discretos ao longo do litoral das capitanias do Espírito Santo, Ilhéus e Porto Seguro. O Rio de Janeiro tornou-se o terceiro polo produtor de açúcar e, principalmente, de aguardente de cana, a cachaça. Depois, a cultura espalhou-se em Sergipe, e do litoral da Paraíba ao do Pará.

Na segunda metade do século XVI, as capitanias da Bahia e Pernambuco tornaram-se os principais centros produtores de açúcar do império português. A primazia demográfica da capitania de São Vicente, que contava mais de um terço da população da colônia em 1550, foi perdida para os núcleos de Pernambuco e, posteriormente, da Bahia.

O açúcar nas ilhas atlânticas

O plantio e processamento da cana-de-açúcar e sua transformação em açúcar de várias qualidades e melado haviam sido ensaiados pelos portugueses durante quase um século no Algarve e nas ilhas atlânticas. O açúcar era mais uma das especiarias tropicais apreciadas pelos europeus no fim da Idade Média. Artigo raro e muito procurado, sua produção limitava-se a algumas poucas ilhas do mar Mediterrâneo, em especial, a Sicília. Tão raro era, que "até nos enxovais de rainhas ele chegou a figurar como dote precioso e altamente prezado",[2] como fez notar o historiador paulistano Caio Prado Jr.

Nas ilhas da Madeira, a tecnologia do açúcar foi introduzida por comerciantes genoveses que viam com bons olhos a expansão do cultivo de gênero tão apreciado na Europa.

"Com suas 120.000 arrobas em finais do século XV, o açúcar madeirense é um dos grandes pesos do complexo da Europa atlântica, e desencadeia o alastrar da mancha agrícola-industrial pelas Canárias e Açores, ilhas do Cabo Verde, servindo assim de polo de atração dos capitalismos da agricultura e das indústrias têxteis, metalúrgicas, tintureiras e outras das duas regiões que constituem sociologicamente o 'centro': as cidades do norte da Itália e a Flandres."[3]

Na Madeira, já na década de 1460, o cultivo da cana-de-açúcar substituiu o de cereais. Nas ilhas de São Tomé e Príncipe, no golfo da Guiné, a produção multiplicou-se de tal forma entre os anos 1530 e 1550, que o transplante dessa agroindústria para as terras do Novo Mundo não foi mais que um desdobramento do que ocorreu naquelas ilhas.

Na Província de Santa Cruz

O cultivo da cana-de-açúcar foi a base material que propiciou o estabelecimento dos europeus no trópico. Nele, a colônia portuguesa teve, durante todo o período colonial, sua maior fonte de riqueza, ainda que com variações de importância. A cana-de-açúcar, cultivada em maior ou menor grau nas capitanias do litoral da Província de Santa Cruz, tornou-se, a partir do último quartel do século XVI, o principal esteio econômico da colônia e um estímulo ao desenvolvimento de outras atividades. O aprovisionamento de animais de tração para os engenhos acarretou a expansão da pecuária em larga escala.

[2] Caio Prado Jr., *Formação do Brasil contemporâneo*, São Paulo, Brasiliense, 1987, 20ª ed., p. 28.

[3] Vitorino Magalhães Godinho, *Mito e mercadoria, utopia e prática de navegar: séculos XIII-XVIII*, Lisboa, Difusão, 1990, p. 231.

Em 1570, a Província contava com 60 engenhos. Destes, 41 situavam-se nas capitanias de Pernambuco e da Bahia. Quinze anos depois, o número de engenhos nestas duas regiões mais do que triplicou, atingindo a marca dos 131. No final do século, em 1590, a colônia contava já com 150 engenhos espalhados pelas capitanias de Pernambuco, Bahia, Espírito Santo, Rio de Janeiro e São Vicente. As primeiras duas capitanias, entretanto, continuavam a concentrar o maior número de unidades produtivas, que correspondia a 80% do total.

Para estimular a produção do açúcar, cujo mercado na Europa esteve em franca expansão ao longo do século XVI, a Coroa concedeu aos produtores uma série de incentivos fiscais e privilégios, tais como a isenção de impostos para os engenhos recém-construídos, benefícios tributários sobre o produto, a redução do pagamento de taxas na importação de mão de obra africana destinada aos engenhos e franquias nos transportes.

O AÇÚCAR E O TRÁFICO DE ESCRAVOS AFRICANOS

Apesar disso, e como havia sido demonstrado nas ilhas atlânticas, o cultivo e processamento da cana tinham limitações. A produção do açúcar demandava terras em extensão — pois exauria o solo e devastava florestas — e necessitava de mão de obra abundante. O primeiro problema não preocupava, pois as terras de certas partes do Novo Mundo eram especialmente adequadas ao cultivo da cana, oferecendo recursos aparentemente ilimitados. Restava equacionar a questão da mão de obra. De início, ela era suficiente para as necessidades dos lavradores e senhores de engenho, que dispunham de mão de obra graças ao expediente de escravizar as populações nativas.

Mas, já notamos anteriormente, doenças europeias — não tão graves quando acometiam europeus — tinham efeitos devastadores em nativos americanos. Este foi um dos fatores que pesaram na escolha dos africanos para substituir a mão de obra indígena. Ao lado disso, o tráfico de escravos vinha sendo, desde meados do século XV, um ramo do comércio colonial monopolizado pela Coroa. Era mais do que natural esta ver com bons olhos a expansão dessa atividade tão lucrativa, da qual extraía rendimentos e tributos.

Além do mais, trabalhadores escravos africanos já tinham sido utilizados em grande escala para desenvolver várias ilhas do arquipélago de Cabo Verde; e, em menor escala, as da Madeira e até as regiões meridionais de Portugal. Para termos uma ideia da situação demográfica de Portugal, em

1550, lembremos que 10% da população de Lisboa eram formados por cativos vindos da África. No Brasil, os primeiros escravos africanos provavelmente vieram com a expedição de Martim Afonso, em 1531. Começaram a desembarcar em grande quantidade a partir do final do século XVI.

A expansão da agroindústria do açúcar para o Brasil foi responsável pela intensificação e pelo desenvolvimento do tráfico em grande escala de escravos africanos, tornando-se um dos setores mais rentáveis do comércio colonial. Durante quase um século, o binômio açúcar/escravidão africana configurou um fenômeno estritamente português.

Ao longo do século XVI, negreiros portugueses arremataram também o lucrativo fornecimento de escravos negros para as Índias de Castela — o *asiento*, contrato cedido pela Coroa castelhana a particulares. As figuras principais desse tráfico abasteciam os mercados hispano-americanos e atraíam a prata espanhola para os cofres do rei de Portugal. Eram contratadores e negociantes portugueses, em geral judeus e cristãos-novos.

Os portugueses e o tráfico: os lugares e seus agentes

O comércio português de escravos africanos consolidou-se nos séculos XV e XVI. Os portugueses dominaram o tráfico de escravos negros para o Novo Mundo, pois também controlavam os territórios que os forneciam, graças às várias feitorias estabelecidas na África ocidental. A mais importante delas foi a fortaleza de São Jorge da Mina, construída em 1482, no golfo da Guiné. Os escravos figuraram desde logo entre os principais artigos africanos importados pelo reino, com o ouro, o marfim e a pimenta-malagueta.

Em 1483, os portugueses firmaram um tratado de amizade com o soberano do reino do Congo. A partir de então, as ilhas de São Tomé e Príncipe, ao longo da costa africana, tornaram-se entrepostos em que os escravos da Baixa Guiné e do Congo eram reunidos antes de serem expedidos para venda em Lisboa, no Atlântico Sul, ou na América espanhola. A ilha de Santiago, no arquipélago de Cabo Verde, também se tornou um entreposto dos escravos trazidos da Senegâmbia. A fundação do porto de Luanda, em Angola, em 1575, deu novo fôlego ao rentável comércio de trabalhadores escravos africanos.

A maior parte dos povos escravizados pelos portugueses, sobretudo aqueles que habitavam as savanas ao sul da floresta equatorial africana, conhecia a agricultura móvel e praticava a rotação de culturas para aproveitar melhor o solo. Já em suas regiões de origem, os cativos, em sua maioria, utilizavam objetos de metal, até mesmo de ferro e cobre, e eram oleiros hábeis.

A partir da segunda metade do século XVI, o tráfico de escravos da costa ocidental da África para o Novo Mundo assumiu proporções de uma verdadeira migração forçada de centenas de milhares de africanos. Estima-se que, ainda no século XVI, 50 mil africanos cativos tenham cruzado o Atlântico rumo aos engenhos da Província de Santa Cruz. Isso explica por que "foram os escravos negros africanos que constituíram o pilar fundamental da economia das plantações (relativamente) populosas de Pernambuco, Bahia e Rio de Janeiro",[4] sobretudo depois que os engenhos do Novo Mundo já estavam devidamente capitalizados, graças ao trabalho dos "negros da terra", ou seja, os índios escravizados.

Os escravos provenientes da chamada costa da Guiné — litoral situado entre o Cabo Verde e o golfo da Guiné —, frequentemente islamizados, pertenciam às etnias jalofa, mandinga, fula, mossi e hauçá (esta última era a etnia dos malês, escravos rebelados que irão tomar a cidade de Salvador em 1835). Os bantos, provenientes do reino do Congo, de Angola e de Benguela, destinaram-se, em sua maioria, aos engenhos de Pernambuco.

Os "pombeiros" — portugueses brancos, mulatos, negros livres ou escravos de confiança — eram os principais agentes do tráfico de escravos na África. Levavam as caravanas de escravos do interior do continente para o litoral. A compra de prisioneiros resultantes de lutas intertribais era a principal e mais violenta forma de obter cativos africanos, tal como o seria a "guerra justa", expediente utilizado pelos colonos portugueses no Brasil para escravizar os nativos americanos ou "reduzi-los" (o que não deixa de ser um eufemismo, pois os índios das reduções ou aldeamentos eram por direito forros, não podiam ser escravizados; o que não quer dizer que não o fossem) — ou, como se dizia na época, colocá-los "em cativeiro".

Os portugueses valiam-se de outro recurso para obter escravos africanos. Em algumas regiões, tinham o costume de exigir pagamento de tributos dos chefes tribais locais (sobas) a eles submetidos; e os sobas geralmente o faziam em cativos.

Uma vez capturados, os escravos eram trocados por produtos manufaturados europeus de baixo valor, tais como panos de algodão, barras de

---

[4] Charles R. Boxer, *Salvador de Sá e a luta pelo Brasil e Angola (1602-1686)*, tradução de Olivério M. de Oliveira Pinto, São Paulo, Companhia Editora Nacional, 1973, p. 108.

ferro e miçangas. Em seguida, eram levados para a costa e lá mantidos até que chegasse o navio negreiro, o temido "tumbeiro". Enquanto isso, as "peças da Índia" eram bem alimentadas para compensar a longa caminhada até o litoral, e eram obrigadas a cultivar roças de mandioca perto do porto de embarque. Antes de embarcar, os cativos eram batizados por um padre jesuíta, recebiam um nome cristão e partiam rumo ao Novo Mundo.

Embora os números oficiais não sejam confiáveis, estima-se que, no final do século XVI, chegassem ao Brasil entre 10 e 15 mil escravos por ano, a maioria deles proveniente de Angola. O contrabando era frequente, pois o tráfico de escravos constituía monopólio da Coroa, e os negreiros tentavam burlar o pagamento de impostos devidos à monarquia. Um número incontável de cativos morreu na travessia do Atlântico ao ser lançado ao mar por contrabandistas. A esta prática somavam-se a superlotação, insalubridade, falta de higiene e de água fresca, além dos suicídios.

A maior parte da população escrava destinava-se a Pernambuco, Bahia e Rio de Janeiro, principais centros produtores de açúcar no Brasil. Na América, os escravos africanos eram "as mãos, e os pés"[5] de seus donos: faziam os trabalhos mais pesados e exaustivos das plantações, dos engenhos e dos portos em que se embarcavam as caixas de açúcar.

Malnutrido, brutalizado por feitores que o obrigavam a trabalhar períodos de mais de 20 horas por dia durante a safra — de agosto a maio — nos eitos e nas casas de engenho e caldeira, não é de surpreender que a estimativa de vida de um escravo fosse de 7 a 10 anos de trabalho. Isso quando eles não ficavam mutilados por causa de algum acidente, visto que, frequentemente, trabalhavam alcoolizados.

Colonos portugueses: homogeneidade e diversidade

Após o transplante da agroindústria açucareira para as zonas litorâneas das conquistas americanas da Coroa portuguesa, verificou-se um aumento expressivo da imigração de colonos lusitanos para o Brasil. A rápida expansão da indústria açucareira nesses territórios, no final do século XVI, foi um dos maiores acontecimentos do mundo atlântico.

---

[5] André João Antonil, *Cultura e opulência do Brasil*, cit., p. 91.

Inicialmente, a maioria dos portugueses que imigrava para o Brasil era constituída de degredados e criminosos. Frequentemente, esses condenados trocavam por imigração o que deviam de pena. A partir de 1570, um número cada vez maior de homens portugueses imigrou voluntariamente para a colônia americana.

Tratava-se de marinheiros e marítimos, mercadores e comerciantes, alguns representantes de comerciantes em Portugal, artífices e artesãos que trabalhavam por conta própria — pedreiros, carpinteiros, alfaiates, sapateiros, ferreiros —, assalariados que, nas plantações de cana ou nas fazendas de gado, exerciam funções como as de capataz ou encarregado, e os senhores de engenho, donos das plantações de cana. Em 1549, o donatário de Pernambuco, Duarte Coelho, apresentava em carta ao rei uma descrição dos colonos de sua capitania:

> "Entre todos os moradores e povoadores uns fazem engenhos de açúcar porque são poderosos para isso, outros canaviais, outros algodoais, outros mantimentos, que é a principal e mais necessária cousa para a terra, outros usam de pescar, que também é muito necessário para a terra, outros usam de navios que andam buscando mantimentos e tratando pela terra conforme ao regimento que tenho posto, outros são mestres de engenhos, outros mestres de açúcares, carpinteiros, ferreiros, oleiros e oficiais de fôrmas e sinos para os açúcares e outros oficiais que ando trabalhando e gastando o meu por adquirir para a terra, e os mando buscar em Portugal, na Galiza e nas Canárias às minhas custas, além de alguns que os que vêm fazer os engenhos trazem, e aqui moram e povoam, uns solteiros e outros casados, e outros que cada dia caso e trabalho por casar na terra."[6]

Desse modo, a expansão da agroindústria açucareira atingiu proporções assombrosas a partir do final do século XVI. Em 1584, cerca de 40 navios eram utilizados para transportar o açúcar de Recife para Lisboa. No início do século XVII, em 1614, mais de 130 navios eram utilizados no transporte do açúcar pernambucano para a metrópole.

---

[6] Gonsalves de Mello e Cleonir Xavier de Albuquerque, *Cartas de Duarte Coelho a El Rei*, Recife, Fundação Joaquim Nabuco/Massangana, 1997, 2ª ed., p. 114.

Quanto custa o engenho?

Vê-se, portanto, que a expansão da agroindústria açucareira não era coisa simples. Exigia um grande investimento — calculado em 20 mil cruzados por volta de 1590 —, que deveria cobrir os gastos em instalações para o processamento da cana e na compra de mão de obra importada da África.

O engenho, designação que incluía os partidos de cana e a unidade fabril de seu processamento, dominou a vida dessa parte da colônia desde meados do século XVI.

> "Os engenhos desempenharam uma função decisiva na modelação demográfica, econômica, social e cultural da região nordestina em geral e pernambucana em particular. A 'máquina e fábrica incrível' — como o apelidava Vieira — constituía o centro em torno do qual se estruturava a economia, se agrupavam os homens e se organizavam as funções religiosas, militares e administrativas."[7]

Subprodutos do açúcar

Nem todos os proprietários que cultivavam cana-de-açúcar possuíam dinheiro suficiente, ou capital, para instalar um engenho, embora uns poucos, porém mais poderosos, chegassem a ter um caixeiro-contador no engenho e outro na Holanda.

Alguns colonos recebiam sesmarias e dedicavam-se só ao plantio da cana, que era então processada por algum senhor de engenho. Estes eram chamados de "lavradores". Havia também pequenos proprietários que plantavam a cana-de-açúcar para obter outros derivados.

Era o caso dos donos das engenhocas. A aguardente feita com o melado da cana era parte da "ração" de um escravo na colônia. Exportada para a África, tornou-se um dos produtos mais importantes no tráfico com Angola e fez a fortuna dos alambiques do Rio de Janeiro. O melado, utilizado para acabar de curar o tabaco já torcido em corda, também figurava entre os produtos favorecidos pelos negreiros. A rapadura, de fácil transporte e muito consumida pelos sertanejos, logo passou a ter bom mercado local.

---

[7] Jorge Couto, *A construção do Brasil*, Lisboa, Cosmos, 1998, pp. 293-4.

O "contrato da Europa"

O negócio da produção e comercialização do açúcar formava uma complexa rede de interesses que envolvia não só os senhores de engenho das capitanias da Bahia e Pernambuco — principais centros produtores do açúcar brasileiro —, mas também os negreiros portugueses que operavam na costa ocidental da África, os armadores portugueses, que a partir de 1571 obtiveram exclusividade no comércio com o Brasil, e os comerciantes das cidades dos Países Baixos, sobretudo de Antuérpia, que se encarregavam de redistribuir o açúcar pelo continente europeu, além de fornecer os produtos manufaturados utilizados no comércio com a África ocidental e o Brasil.

Vale ressaltar que muitos capitalistas e homens de negócios estrangeiros investiram diretamente na produção de açúcar. Foi o caso do alemão Erasmo Schetz, que operava em Antuérpia e acabou por comprar o Engenho do Governador na capitania de São Vicente. Administrado por feitores alemães e flamengos enviados de Antuérpia pelo proprietário ausente, passou a ser conhecido como Engenho dos Erasmos, hoje tombado pelo Patrimônio Histórico de São Paulo. E foi também o caso, na década de 1540, dos irmãos Cibaldo e Cristóvão Lins, alemães aportuguesados, representantes da casa bancária dos Fuggers de Augsburgo, que chegaram a Pernambuco para produzir e comercializar o açúcar.

A expansão da cultura da cana, em todas as suas dimensões, constituiu mais uma etapa no domínio português das especiarias tropicais. Tal como no caso da pimenta-da-índia, do cravo e da canela, Portugal manteve durante praticamente um século o monopólio daquele gênero. Toda a empresa colonizadora tinha, na Província de Santa Cruz como nas Índias, embora de formas nitidamente diversas, caráter acentuadamente mercantil.

Lisboa era o principal porto de destino do açúcar americano. Uma parte da produção destinava-se às cidades do Porto, de Viana do Castelo, que a cada ano armava 70 velas destinadas ao comércio com o Brasil, e de Póvoa de Varzim. Não há dúvida de que o investimento necessário para essa expansão nem sempre era português.

A redistribuição, o "contrato da Europa", nunca foi dos portugueses. Inicialmente, concentrava-se no porto e na cidade de Antuérpia, em Flandres, que controlava a distribuição desses produtos. Lá, a pimenta portuguesa era trocada por prata da Europa central. Após a quebra das principais casas bancárias que financiavam as coroas espanhola e portuguesa, cuja bancarrota em 1556 e 1560, respectivamente, anunciava o fim da era dos Fuggers de Augsburgo, o comércio de gêneros tropicais deslocou-se para o norte dos Países Baixos. Mais precisamente para a cidade de Amsterdã.

Uma apreciação atual desse início de formação socioeconômica do Brasil é de autoria do historiador norte-americano Stuart B. Schwartz, um dos principais especialistas naquele período:

> "Combinando grandes quantidades de trabalhadores que labutavam em grupos nos canaviais com a necessidade de mão de obra especializada e experiente na casa do engenho e na de purgar, o engenho criou uma força de trabalho socialmente diferenciada. Contudo, dentro de um regime de várias formas de mão de obra, a escravidão predominou, fixando os parâmetros para todas as outras formas de trabalho e relações sociais e tendendo, por sua própria importância, a desvalorizá-las. A escravidão na grande lavoura baiana não foi improdutiva, nem inerentemente antitética a técnicas inovadoras; todavia, como na Antiguidade clássica, forneceu uma matriz de atitudes e relações sociais com efeitos degradantes sobre toda a força de trabalho. Muito embora a indústria açucareira tenha caracterizado a formação inicial da economia brasileira, a escravidão acabou por revelar-se uma forma de trabalho adaptável a outras atividades agrícolas, bem como a cenários urbanos. Salvador e outras cidades da colônia dependeram totalmente do braço escravo, e nenhuma área rural passou sem a presença de cativos."[8]

A escravidão rural da Antiguidade, que desaparecera da Europa quase por completo no transcorrer da Idade Média, agora adquiria novo impulso e escala no continente americano.

---

[8] Stuart B. Schwartz, *Segredos internos: engenhos e escravos na sociedade colonial (1550-1835)*, São Paulo, Companhia das Letras/CNPq, 1988, p. 120.

8
As guerras contra os holandeses[1]

> "A política de colonização aplicada pelos portugueses no Brasil até meados do século XVII é a mesma utilizada pelos holandeses durante os 35 anos de sua colonização do Nordeste: concentrar atenção e recursos nos núcleos maiores — para os holandeses, apenas o Recife — e controlar indiretamente as demais povoações. Colocados em face das mesmas condições, dois tipos de colonizadores comportavam-se de forma semelhante."
>
> Nestor Goulart Reis Filho[2]

A conquista das terras indígenas e o avanço da fronteira agrícola e pastoril perderam força, por quase meio século, em virtude dos ataques e da ocupação do litoral das capitanias de Pernambuco, Paraíba, Rio Grande (Estado do Brasil), Ceará e Maranhão (Estado do Maranhão)[3] pelos exércitos da Companhia das Índias Ocidentais das Províncias Unidas do Norte. A esse período convencionou-se denominar "Brasil holandês".

Em 1624, mercenários do exército da Companhia atacaram e ocuparam a sede do governo-geral, em Salvador, e lá ficaram durante quase um ano. Em 1630, o ataque a Recife iniciou uma longa guerra de ocupação e recon-

---

[1] Ver também, de Adriana Lopez, *Guerra, açúcar e religião no Brasil dos holandeses*, São Paulo, Editora Senac, 2002.

[2] Nestor Goulart Reis Filho, *A evolução urbana do Brasil (1500-1720)*, 2ª ed. revista e ampliada, São Paulo, Pini, 2000, p. 195.

[3] Em 13 de junho de 1621, durante a união ibérica, o território da América portuguesa foi dividido em duas unidades administrativas autônomas: Estado do Maranhão, ao norte, com capital em São Luís, abrangendo a capitania do Pará, a do Maranhão e a do Ceará (que em 1737 vai receber a denominação Estado do Grão-Pará e Maranhão, com capital em Belém do Pará), cujo território compreendia as regiões dos atuais estados do Amazonas, Roraima, Pará, Amapá, Maranhão e Piauí. E o Estado do Brasil, ao sul, cuja capital era Salvador, abrangendo as demais capitanias. O Estado do Grão-Pará e Maranhão só volta a fazer parte do Brasil em 1823, após a Independência.

quista, na qual todos os recursos materiais e humanos da colônia — até mesmo os das distantes capitanias "de baixo" — foram mobilizados para expulsar os invasores. O violento conflito resultou no que alguns cronistas chamaram de "diminuição" do Brasil — o despovoamento das capitanias ao norte de Pernambuco e o empobrecimento generalizado da população colonial.

A crise do capitalismo comercial europeu

Durante um século e meio, a economia mundial europeia expandiu-se a passos acelerados. A abertura de rotas comerciais marítimas de longa distância, o estabelecimento de colônias de povoamento e feitorias nos quatro cantos do mundo conhecido até então, bem como a descoberta de minas na América resultaram no crescimento do comércio e da produção em escala nunca antes vista. A partir de meados do século XVII, esse crescimento cessou.

A diminuição da moeda circulante nos principais centros comerciais da Europa ocidental foi provocada por vários fatores. O déficit crônico de metais preciosos em praças da Ásia, do Báltico e do Levante agravou-se pela queda da produção das minas americanas e pelo esgotamento das populações nativas, dizimadas por epidemias e trabalho compulsório. A Guerra dos Trinta Anos (1618-1648) e surtos de peste na Europa somaram-se ao quadro de adversidades econômicas que resultou numa crise de graves proporções, com repercussão em todas as orlas oceânicas visitadas pelas embarcações europeias.

No Atlântico Sul, a primeira crise do capitalismo comercial pôs fim a um longo período de expansão da produção de gêneros tropicais destinados ao mercado europeu. Os ataques das províncias rebeldes (protestantes) do norte dos Países Baixos ao império espanhol de Filipe II (católico) assinalaram o início da decadência do poder naval e militar das potências coloniais ibéricas.

A mudança do centro da nascente economia mundial europeia das cidades do norte da Itália para as cidades do norte dos Países Baixos coincidiu com o início das guerras de religião que varreram a Europa durante aproximadamente um século. Motivadas por diferenças religiosas, as prósperas cidades do pequeno território dos Países Baixos rebelaram-se contra a Coroa espanhola. Em 1568 iniciaram uma longa guerra de independência contra o império de Filipe II. Nessa guerra de 80 anos, o império colonial português foi vitimado por ataques persistentes.

Os Países Baixos do Norte

Antes disso, porém, as 17 províncias que formavam os Países Baixos penaram sob o jugo dos Habsburgos. Em 1515, quando contava apenas 15 anos de idade, o futuro imperador Carlos V herdou esses domínios dos duques da Borgonha.

Durante a longa guerra que travou contra Francisco I da França, na primeira metade do século XVI, Carlos serviu-se das frotas (e dos cofres) das cidades marítimas da Holanda e da Zelândia. Estas também foram obrigadas a participar das investidas lançadas pelo imperador contra os turcos, em nome da "verdadeira religião". Em troca desses serviços, a monarquia espanhola oferecia intolerância religiosa.

Os resultados do Concílio de Trento (1545), no qual se traçaram as linhas mestras da Contrarreforma católica, selaram o destino dos inquietos e industriosos habitantes dos Países Baixos.

O "Calvino" do Escorial

Mais diplomático, porém mais intolerante do que o pai, Filipe II herdou os Países Baixos em 1556. Educado na Espanha, o filho de Carlos V, que não falava francês nem holandês, abominava os "flamengos", nome pelo qual chamava os súditos que falavam o neerlandês — nome oficial da língua que, com raízes franco-germânicas, os holandeses popularmente chamam de *hollands* (holandês) e os belgas de *vlaams* (flamengo). Talvez por esse motivo tenha contrariado os privilégios e as isenções de que gozavam as prósperas cidades dessas províncias.

Logo depois de assumir o trono, confinou-se na península Ibérica e nunca mais saiu de lá. Para os Países Baixos, nomeou uma regente, Margarida de Parma, e um lugar-tenente, ou *stathouder*, o príncipe Guilherme de Orange.

Enfurnado no Escorial, o rei católico solapava o poder das autoridades locais dos Países Baixos, açulando a nobreza por meio de intrigas palacianas. Ao desencadear a perseguição aos calvinistas, Filipe II, fanático e cruel defensor da Contrarreforma nos territórios que lhe pertenciam por herança paterna, precipitou o movimento de emancipação dos Países Baixos.

A bancarrota dos Habsburgos, decretada em 1557, pôs fim ao ciclo de prosperidade de Antuérpia, principal centro comercial de Flandres. À crise econômica, provocada pelo colapso das finanças da monarquia espanhola, somaram-se as crises política e religiosa. Estas últimas acabaram por propiciar a expansão das ideias e dos costumes da Reforma calvinista entre os artesãos qualificados da indústria têxtil dessas regiões, o que provocou a brutal reação do rei espanhol.

FÉ A FERRO E FOGO

As atividades repressivas do Tribunal do Santo Ofício inflamaram ainda mais a disputa religiosa entre o rei e os súditos reformistas. Apesar de serem minoria — e graças aos horrores praticados pela Inquisição em Flandres e no Brabante —, pregadores calvinistas iracundos souberam mobilizar a população e direcionar o movimento de independência contra a Espanha. Para os calvinistas, as atividades comerciais eram tão importantes quanto as orações. O corso e a pirataria contra os católicos, por eles considerados inimigos da "verdadeira fé", eram tão edificantes quanto uma pregação.

SOB A ESPADA DO DUQUE DE ALBA

A perseguição aos "hereges", comandada com mão de ferro pelo espanhol Duque de Alba a partir de 1567, agravou ainda mais a situação e disseminou o terror entre os habitantes das províncias do sul. Os Tribunais dos Revoltosos — mais conhecidos como "Tribunais de Sangue" — julgaram os rebeldes sem levar em conta as leis vigentes. Mais de mil pessoas foram executadas por motivos políticos e religiosos.

Enquanto os reformados, tomados de um furor iconoclástico, eram castigados pela vandalização de imagens e igrejas, os católicos eram punidos por terem sido tolerantes, moderados e indulgentes demais com os "hereges" protestantes. Nesse clima de terror, muitos artesãos qualificados e comerciantes abandonaram o país, em que já não se sentiam seguros. O *stathouder* Guilherme de Orange, que veio a ser o líder da revolta contra Filipe II, foi um desses emigrados.

No ano seguinte, 1568, tinha início a guerra pela independência. Graças ao novo ambiente criado com a decretação da liberdade religiosa em 1579 — medida revolucionária para a época —, os Países Baixos do Norte começaram a acolher levas de imigrantes que escapavam das perseguições religiosas nos Países Baixos do Sul (sob domínio espanhol) e em outras partes da Europa, até mesmo Espanha e Portugal. Eram judeus sefarditas, calvinistas e luteranos, a maior parte deles artesãos, comerciantes e capitalistas.

Em pouco tempo, as ruas comerciais de Antuérpia, outrora as mais brilhantes e movimentadas da Europa, tornaram-se sombrias e silenciosas.

A República das Províncias Unidas do Norte

As Províncias Unidas do Norte eram formadas por sete estados minúsculos e densamente povoados.[4] No início do século XVII, sua população equivalia à do reino de Portugal, isto é, tinha por volta de 1,5 milhão de habitantes. Metade destes morava em cidades, o que, na época, representava o índice de urbanização mais alto da Europa. Em 1650, no auge da "idade de ouro", a população dos Países Baixos do Norte atingiu a marca dos 2 milhões de pessoas.

Os industriosos habitantes dessas províncias — sobretudo da Holanda — importavam cereais e dedicavam-se à produção de culturas mais rentáveis. Viviam da agropecuária, entre eles altamente especializada e intensiva, da fabricação de queijos e do acabamento de artigos manufaturados produzidos por outros países. Os tecidos de lã da Inglaterra, por exemplo, eram tingidos e acabados nos Países Baixos. O mesmo ocorria com outros produtos provenientes de Flandres, França e Alemanha, que depois eram reexportados para o resto da Europa, principalmente para a Espanha e Portugal. Com esses produtos, os reinos ibéricos abasteciam os mercados de seus impérios coloniais.

No centro do mundo

O comércio com os países bálticos consolidou o domínio holandês (leia-se República das Províncias Unidas do Norte) sobre as rotas comerciais europeias e ultramarinas de longa distância. Navios holandeses carregados com barricas de peixe salgado atendiam à demanda na região do Báltico, em

---

[4] A República das Províncias Unidas do Norte era formada por Holanda, Zelândia, Frísia, Utrecht, Guéldria, Overissel e Groningen.

competição com os comerciantes da Liga Hanseática,[5] e, de lá, voltavam com madeira e cereais. Diz a lenda que, depois de bater a frota dos inimigos hanseáticos, os holandeses voltaram para casa com vassouras amarradas nos mastros, como sinal de terem "varrido os mares".

Das sete províncias que acabaram por conquistar a independência em relação à Espanha, a Holanda exercia papel preponderante. Concentrava cerca de 40% da população e era responsável por metade do produto nacional. Além disso, contribuía com mais da metade do orçamento dos Estados Gerais, o parlamento neerlandês.

Foi o comércio atacadista de trigo, entretanto, que impulsionou a fortuna de Amsterdã. Batida a Hansa, em 1554, a maior cidade da Holanda tornou-se o principal porto de distribuição de grãos provenientes do Báltico.

Anos mais tarde, 70% do comércio báltico — até mesmo o de madeiras e suprimentos náuticos — estavam nas mãos de comerciantes residentes em Amsterdã e foram a base de sua florescente indústria naval. A partir de então, Amsterdã tornou-se o maior centro de construção naval da Europa. O comércio báltico era, sem sombra de dúvida, a principal fonte da riqueza dos Países Baixos.

Os grãos provenientes do Báltico alimentavam, via Amsterdã, os países da península Ibérica. O vínculo com essas economias acabou por franquear o acesso à prata das minas do México e do Peru e ao sal de Setúbal, em Portugal, essencial para as indústrias neerlandesas da pesca e de queijos. A prata e o arenque salgado garantiam, por sua vez, a supremacia holandesa no Báltico.

Em 1562, antes do início da rebelião contra a Espanha, Holanda, Zelândia e Flandres contavam com pelo menos 700 barcos de pesca, e mais de 20 mil homens eram empregados na indústria do arenque. A marinha mercante dessas três províncias somava de 800 a 1.000 barcos e era tripulada por mais de 30 mil marinheiros, o dobro da inglesa no mesmo período.

Amsterdã, "inventário do possível"

Em pouco tempo, Amsterdã dominou o sistema de fretes da Europa, penetrando até mesmo no Mediterrâneo. Suas embarcações faziam as rotas

---

[5] Aliança de cidades mercantis, de início alemãs (Lubeck, Hamburgo, Bremen são as principais), cujo monopólio comercial manteve-se sobre quase todo o norte da Europa e Báltico entre os séculos XIII e XVII.

entre os portos da península Ibérica e o norte da Europa desde pelo menos 1550. Sua frota era maior do que a de toda a Europa somada. Nenhum outro país europeu concorria com os holandeses quanto aos baixos custos dos fretes.

Amsterdã era também o principal mercado de armamentos da Europa. Capitais holandeses financiaram a construção de altos-fornos na Suécia, capazes de fornecer ferro em quantidade suficiente para abastecer a crescente demanda por peças de artilharia. O consórcio Trip & de Geer dominava o abastecimento de armas destinadas ao uso dos Estados Gerais e seus aliados.

Mais de 2 mil barcos — "cujos mastros e cordames formam uma espécie de floresta tão espessa, que parece que o sol tem dificuldade em penetrar", segundo um viajante francês[6] — ancoravam em Texel e em Vlie, à entrada do Zuydersee, aguardando a vez de descarregar as mercadorias que abarrotavam os armazéns do cais. No início da "idade de ouro", outros tantos navios, formando as armadas das Companhias das Índias neerlandesas, esperavam o tempo propício para a partida em suas viagens.

A superioridade de Amsterdã sobre os portos das demais províncias provinha da imensa capacidade de armazenamento, da disponibilidade de produtos e do grande volume de dinheiro circulante que animava seus negócios. Era o principal centro financeiro da Europa, valendo-se de uma rede comercial interdependente e de crédito abundante.

No final do século XVI, as Províncias Unidas não só despontavam como a nova potência marítima do Atlântico Norte, mas tornaram-se o entreposto por excelência de tudo quanto era produzido no universo. O filósofo francês René Descartes, por muitos anos residente nos Países Baixos,[7] concluiu, em 1631, que Amsterdã era uma espécie de "inventário do possível", pois aí se encontravam todos os tipos de mercadoria, provenientes de diversas regiões do planeta.

Durante a "idade de ouro", Amsterdã passou a sediar vários tipos de indústrias e manufaturas, como as de tecidos de lã e seda, ourivesaria do ouro e da prata, fitas, couros dourados, marroquins, camurças, refinarias de

---

[6] *Le Guide d'Amsterdam* (1701), *apud* Fernand Braudel, *Civilização material, economia e capitalismo, séculos XV-XVIII: o tempo do mundo*, vol. 3, São Paulo, Martins Fontes, 1995, p. 166.

[7] Primeiro, em 1618-1619, quando fez sua instrução militar, e depois, de 1628 a 1649, tendo vivido em diversas cidades.

açúcar, indústrias químicas diversas e lapidação de diamantes. Tornou-se também o principal mercado europeu de embarcações de segunda mão.

MARINHEIROS E MERCENÁRIOS

Muito antes da rebelião contra a Espanha, holandeses, zelandeses e frisões alistavam-se como tripulantes das naves espanholas e portuguesas destinadas à África, ao Brasil e até à Índia. A experiência que possuíam nessas rotas já era meio caminho andado. O suborno fez a outra parte.

Mapas portugueses, considerados mais confiáveis e precisos, eram comprados pelos holandeses a peso de ouro. O corso, exercitado de forma intensiva desde o início da rebelião contra a Espanha, também abriu um rico campo de aquisição de experiência na arte de navegar. Em pouco tempo, a geografia tornou-se o tema de estudo mais popular nos Países Baixos, depois da religião, naturalmente. A publicação de mapas portugueses obtidos por meio de suborno alimentou a fantasia de todo um povo de marinheiros. Os mapas gravados que inundaram as Províncias Unidas na década de 1590 ilustravam os relatos de viagens, ampliando horizontes mentais e estimulando a imaginação e o espírito de aventura.

Uma guerra "mundial"

A guerra contra o "inimigo hereditário" travou-se em quatro continentes e nos sete mares. Essa longa guerra colonial assumiu a forma de luta pelo comércio das especiarias asiáticas, pelo comércio escravista da África ocidental, pelo comércio do açúcar brasileiro e também do sal: o embargo comercial contra os rebeldes (decretado por Filipe II em 1585, 1595 e 1598) privara a indústria de pesca holandesa do sal português de Setúbal.

Em 1598-99, os holandeses atacaram as ilhas de São Tomé e Príncipe e deram início à guerra contra o império ultramarino português.

Em 1612, fundaram uma fortaleza na Costa do Ouro — o forte Nassau — e logo desbancaram o comércio português na região. O forte tornou-se base estratégica para realizar operações no litoral da África e na América. A partir de então, entre 25 e 30 navios neerlandeses partiam anualmente rumo ao litoral da África ocidental, e ali trocavam tecidos por ouro em pó, marfim, couros, goma e escravos. Em 1621, no fim de uma trégua que durara 12 anos, mais de 40 navios faziam essa rota. A maior parte das moedas de ouro cunhadas pela República das Províncias Unidas era feita com ouro da Guiné.

A captura das rotas de comércio de longa distância de produtos asiáticos e americanos efetuou-se por meio de duas companhias de comércio que dividiram o mundo em dois — tal como fizeram em Tordesilhas, em 1494, o papa e as coroas de Castela e Portugal.

Nova partilha do mundo

A Companhia das Índias Orientais, fundada em 1602, incumbiu-se de quebrar o monopólio ibérico das especiarias e drogas do Oriente e controlar as rotas comerciais que o alimentavam. A Companhia demorou quase meio século para conquistar esse objetivo. O domínio da rota do cabo da Boa Esperança por neerlandeses e ingleses só se consolidou a partir de 1640.

No que diz respeito à América, os neerlandeses aproveitaram a trégua de 12 anos assinada com a Espanha (1609-1621) para ocupar as salinas da Costa Selvagem, faixa de terra entre as desembocaduras dos rios Orinoco e Amazonas. As frequentes visitas dos cargueiros de sal da Zelândia e a presença de rebeldes neerlandeses nas Guianas rompiam o princípio do *Mare clausum*, defendido pelas potências ibéricas.[8] De 1613 em diante, os "hereges" intensificaram os esforços de colonização nas Guianas.

Nem todas as tentativas de colonização realizadas nessa fase foram bem-sucedidas. Os fortes Orange e Nassau, na foz do Amazonas, não chegaram a vingar. Os portugueses expulsaram os seus ocupantes da região e construíram o forte de Belém do Pará em 1616, vedando o avanço dos zelandeses na Amazônia.

O negócio do açúcar

Na esfera do comércio e da navegação, entretanto, eles foram muito bem-sucedidos. A trégua com a Espanha acabou por facilitar o avanço da

---

[8] O principal artífice da teoria do *Mare clausum*, ou "mar fechado", foi João III de Portugal. Com apoio do pontificado, procurou afastar potenciais rivais da exploração e conquista de novos territórios no ultramar. A partir do final do século XVI, ficou claro que o pequeno reino de Portugal seria incapaz de manter seus concorrentes afastados da partilha colonial.

navegação neerlandesa no mundo colonial português. Em 1621, os neerlandeses controlavam cerca de 66% dos fretes entre o Brasil e Portugal. Além disso, boa parte do açúcar exportado pela colônia era comprada e financiada por comerciantes flamengos, brabantinos e judeus sefarditas residentes em Amsterdã, que contava então com aproximadamente 25 refinarias para processar açúcar brasileiro já semirrefinado.

Durante a trégua, era voz corrente estarem em mãos de holandeses ou luso-neerlandeses de metade a dois terços, aproximadamente, da navegação, fosse legal ou clandestina, entre o Brasil e a Europa. Depois do fim da trégua, entre 10 e 15 barcos eram anualmente construídos tendo como destino antecipado servir ao comércio com o Brasil. De 40 a 55 caixas de açúcar brasileiro entravam nos portos dos Países Baixos todos os anos.[9]

O período da trégua foi, portanto, de suma importância para a aquisição de experiência e conhecimentos. No final desse interlúdio, os rebeldes estavam preparados para encetar a conquista dos mares do mundo. Dispostas a retomar a guerra contra o "inimigo hereditário", as autoridades da República procuravam ver de que modo podiam infligir dano a esse poderoso inimigo.

A Companhia das Índias Ocidentais

Passados apenas dois meses do fim da trégua — sob forte insistência da Zelândia, principal reduto da "indústria do corso" —, os Estados Gerais autorizaram a fundação da Companhia das Índias Ocidentais (West--Indische Compagnie — WIC).[10] A carta-patente do empreendimento, datada de 3 de junho de 1621, atribuía-lhe o direito de monopólio sobre a conquista, o comércio e a navegação na América e na África.

---

[9] Dados extraídos de Antonil (1711) permitem fazer cálculos aproximados do açúcar "exportado": cada caixa corresponde a cerca de 30 a 50 arrobas. Sabendo-se que cada arroba tem aproximadamente 15 quilos... Na época, a produção anual do Brasil era de 37.020 caixas. Cf. André João Antonil, *Cultura e opulência do Brasil*, São Paulo, Melhoramentos, 1923, p. 172.

[10] A Companhia estava dividida em cinco Câmaras (Amsterdã, Zelândia, Maze, Noorderkwartier e Groningen), sob o comando geral dos Heren XIX (Heren: "senhores, lordes"; XIX: 19 lordes) ou Conselho dos XIX, dos quais 8 eram representantes de Amsterdã, 5 da Zelândia, enquanto Maze, Noorderkwartier e Groningen tinham 2 representantes cada.

A criação de mais essa companhia de comércio teve o efeito prático de "privatizar" as operações de guerra e a colonização no ultramar. Das autoridades civis, exigia-se o juramento de lealdade à Companhia e aos Estados Gerais. Os oficiais e os soldados deviam, além disso, prestar juramento ao príncipe de Orange. A Companhia das Índias Ocidentais estava autorizada a assinar contratos e tratados com "príncipes e nativos" no exterior, em nome dos Estados Gerais. A ela competia construir e aprovisionar fortalezas, nomear governadores e outros funcionários, e contratar soldados.

A ocupação do Nordeste

Em 1624, os holandeses atacaram a cidade de Salvador, que foi ocupada e saqueada. Foram bem-sucedidos nessa ocupação da cidade, sendo expulsos apenas no ano seguinte, mas em 1627 atacaram a cidade novamente. Nessa altura, os holandeses detinham controle quase absoluto do Atlântico Sul, tomando várias presas no litoral do Brasil.

Em 1628, ocuparam a ilha de Fernando de Noronha, tendo sido expulsos por forças enviadas de Pernambuco em 1629. Em 1630, tomaram a vila de Olinda. O irmão do donatário, Matias de Albuquerque, refugiou-se em Recife, àquela altura uma insignificante vila de pescadores com cerca de 150 casas. Mandou atear fogo a 24 navios carregados com 8 mil caixas de açúcar, grande quantidade de pau-brasil, tabaco e algodão. Numa última e desesperada tentativa de repelir o ataque, incendiou os armazéns do porto, ocasionando perdas estimadas em mais de 1 milhão e 600 mil cruzados. Duas semanas depois, o exército invasor ocupou Recife. Matias de Albuquerque e sua gente fugiram para o interior, abrigando-se nos engenhos e fazendas da Várzea de Apipucos. Lá, organizaram a resistência no Arraial do Bom Jesus, entre Recife e Olinda.

Os comandantes do exército de ocupação tentaram, em vão, romper o cerco imposto pelo exército de resistência. A posição dos dois partidos permaneceu inalterada durante os primeiros dois anos de guerra. O invasor dominava o porto, o mar e a cidade; os colonos luso-brasileiros, auxiliados por precários contingentes europeus, dominavam o interior, as roças de mantimentos e o sistema produtivo.

Esse impasse manteve-se até 1632. A partir de então — numa guerra que arruinou boa parte do sistema produtivo —, os holandeses conseguiram romper as linhas da resistência e dominaram todo o nordeste do Estado do Brasil, da foz do rio São Francisco até o Rio Grande.

Em 1633, tomaram o forte do Ceará. Em 1635, ocuparam a Paraíba, Igaraçu, e o Rio Grande do Norte. Nesse mesmo ano, a resistência ibérica perdeu o cabo de Santo Agostinho, local por onde recebia reforços.

NUM BECO SEM SAÍDA

Passados cinco anos do desembarque na praia do Pau Amarelo (14 de fevereiro de 1630), os cofres da Companhia das Índias Ocidentais estavam vazios. Os longos anos de guerra e a entranhada resistência das forças ibéricas transformaram a conquista de Pernambuco numa aventura dispendiosa.

Desde o início de suas atividades, em 1623, até 1636, a Companhia armou 806 navios. Nesses 13 anos, suas frotas capturaram nada menos do que 547 navios ibéricos, avaliados em 37 milhões de florins, incluído aí o valor da pilhagem. À primeira vista, esses números pareceriam auspiciosos, mas os gastos com a armação e manutenção das frotas e dos exércitos ultrapassavam a cifra de 45 milhões de florins. Fora estes, havia também os custos da ocupação de Pernambuco, que superavam largamente o valor obtido com as exportações de açúcar e pau-brasil.

Nesses anos todos, a Companhia havia acumulado uma dívida de 18 milhões de florins, quantia nada desprezível, considerando que a maioria dos subsídios a ela devidos pelos governos provinciais dos Países Baixos começava a atrasar. Mais interessada no negócio do sal português, a Câmara de Amsterdã deixara de recolher sua contribuição à Companhia. Outras províncias sequer haviam contribuído uma única vez.

CONQUISTA E SOBERANIA

A conquista de Pernambuco havia se tornado um imenso sorvedouro de recursos. Inicialmente, a divergência de interesses entre os comandantes militares e o conselho político instalado em Recife adiou a conquista do interior e, consequentemente, prejudicou o bom andamento do negócio do açúcar.

Os comandantes de terra e mar — Van Schkoppe, Arciszewski e Lichthart — não tinham como agir sem a concordância dos cinco conselheiros encarregados do governo civil da Nova Holanda e na ausência dos recursos por eles controlados. A principal preocupação desses conselheiros era o lucro da Companhia, pois, de fato, prestavam mais atenção ao lado comercial da operação, em detrimento da consolidação da conquista e das questões de estratégia militar.

O processo de tomada de decisões era extremamente lento. O coronel Arciszewski reclamava, em seu diário, que, para cada sugestão, eram realizadas "dez conferências e vinte trocas de correspondência". No fim, nada acontecia. Os comandantes ficavam de mãos atadas à espera de ração de boca[11] de suas tropas para dar caça ao inimigo. Isso explica, em grande parte, por que as tropas de ocupação demoraram tanto tempo para controlar as regiões produtoras de açúcar do interior. E explica, também, em face do revés financeiro da Companhia, por que esta resolveu unificar o comando civil e militar em sua colônia americana. Era necessário ir além do corso.

O conde de Nassau-Siegen

Em meados de 1636, a Companhia ofereceu o cargo — ou melhor, o emprego — de governador-general da Nova Holanda ao conde João Maurício de Nassau-Siegen (1604-1679).

Aos 32 anos de idade, Maurício de Nassau reunia as qualidades necessárias ao desempenho da função. Nascido no condado alemão de Dillemburgo, o jovem João Maurício era membro de uma das mais antigas e tradicionais famílias da Europa. Recebeu uma educação humanista e protestante em Herborn, Basileia e Genebra.

Interrompeu os estudos no início da Guerra dos Trinta Anos e iniciou a carreira militar sob a tutela do tio, o *stathouder* da Frísia. Dois anos mais tarde, alistou-se, na condição de voluntário, no Exército dos Estados Gerais da República dos Países Baixos. Destacou-se no cerco a Den Bosch, em 1629, e na captura de Maastricht, em 1632. A tomada de Schenckenshans, em abril de 1636, garantiu-lhe uma reputação europeia.

Durante o recesso das campanhas militares, passava os meses de inverno em Haia, na refinada e cosmopolita corte de seu primo Frederico Henrique, o *stathouder* da Holanda. Lá, acabou por conhecer poetas e escritores, pintores e arquitetos. Entre eles, Pieter Post, ao qual encomendou o projeto

---

[11] Gêneros alimentícios que deveriam ser fornecidos em períodos regulares, mas não chegavam com a quantidade nem a frequência necessárias.

As guerras contra os holandeses

de uma residência. Falava fluentemente alemão, francês e holandês, e conseguia manter uma conversa em latim. Esses talentos serviram-lhe bem na Babel do Recife holandês.

Os elevados custos da construção do suntuoso palácio em Haia, o Mauritshuis,[12] provavelmente o levaram a aceitar o convite do Heren XIX, visto que as condições financeiras ofertadas eram excelentes. O cargo de governador-general pagava ao titular a soma de 1.500 florins por mês e uma ajuda de custo de 6 mil florins para despesas pessoais. Além disso, a Companhia bancava os salários do capelão, do médico e do secretário do conde. Enquanto desempenhasse a função de governador-general, Nassau continuaria recebendo seu salário de coronel do Exército dos Estados Gerais e ainda tinha direito a 2% sobre todas as presas apreendidas no litoral do Brasil, talvez o principal atrativo do cargo. A nomeação valia preliminarmente por cinco anos. Maurício de Nassau aceitou a posição em agosto de 1636.

Durante sua permanência no Brasil, Maurício de Nassau acolheu 46 sábios, cientistas, artistas e artesãos — entre eles, seu médico particular, Guilherme Piso, autor de um dos mais completos tratados sobre medicina tropical da época, e o botânico, naturalista e astrônomo George Marcgraf. Os pintores Frans Post e Albert Eckhout registraram retratos bucólicos da Nova Holanda e seus exóticos habitantes.

GRANDES PLANOS, PARCOS RECURSOS

Inicialmente, os diretores da Companhia traçaram planos ambiciosos para o novo funcionário. Planejavam enviar uma armada de 32 naus e um exército de 7 a 8 mil homens para a conquista americana. A precária situação financeira da Companhia, porém, acabou por impor restrições a mais esse "desígnio", e os diretores tiveram de conformar-se com objetivos mais modestos.

---

[12] José Antonio Gonsalves de Mello, em seu *Tempo dos flamengos*, afirma o seguinte a respeito da Mauritshuis [Casa de Maurício]: "Maurício iniciara a construção de sua casa junto ao Vijver na Haia em 1633 e do Brasil enviou preciosas madeiras para a obra e não menos valiosas caixas de açúcar para fazer face às despesas". José Antonio Gonsalves de Mello, *Tempo dos flamengos*, Recife, Fundação Joaquim Nabuco/Massangana, 1987, 3ª ed., p. 101. Já os membros do Heren XIX o chamavam maliciosamente de "Palácio do Açúcar".

A duras penas, o Heren XIX conseguiu armar uma frota de 12 velas e 2.700 soldados para acompanhar o primeiro governador-general da Nova Holanda. Impaciente com a demora no apresto da expedição, Maurício de Nassau partiu de Texel em 25 de outubro de 1636 com apenas quatro veleiros. Chegou a Recife em 23 de janeiro de 1637 e logo iniciou os preparativos para expulsar as forças de resistência de Porto Calvo. Antes de partir de Recife, ordenou que se rezasse uma prece pública, "para que não parecesse ter encetado alguma empresa sem o auxílio divino".[13] Mas, advertia, "não convém agora que a prática de nossa religião seja abertamente introduzida"...[14]

Em fevereiro, o grosso do exército marchou por terra. A artilharia e os suprimentos foram transportados numa armada de 24 velas comandada pelo almirante Lichthart. Duas semanas depois, o comandante do exército de resistência batia em retirada, e os holandeses capturavam o forte de Povoação. Em 1637, os ibero-brasileiros foram obrigados a recuar para a margem sul do rio São Francisco.

A "idade de ouro" do Brasil holandês

> "Deus está holandês?"
>
> Padre Antonio Vieira[15]

Para apaziguar os senhores de engenho que permaneceram nos territórios dominados pelos holandeses, Nassau prometeu-lhes igualdade perante as leis e liberdade de consciência. Se jurassem fidelidade à Companhia, teriam o direito de portar armas para defender-se dos bandidos, poderiam voltar para suas terras e reconstruir seus engenhos.

De um total de 149 engenhos, 65 foram confiscados pela Companhia quando da chegada de Maurício a Recife. Mas logo se revelou uma qualida-

---

[13] Gaspar Barléu, *História dos feitos recentemente praticados durante oito anos no Brasil*, tradução de Cláudio Brandão, São Paulo, Edusp, 1974, p. 36.

[14] *Ibidem*.

[15] Padre Antonio Vieira, *Sermão pelo Bom Sucesso das Armas de Portugal contra as de Holanda*, pregado na Igreja de Nossa Senhora d'Ajuda da cidade da Bahia, no ano de 1640, com SS. Sacramento Exposto. Disponível em: www.cce.ufsc/~nupill/literatura/BT28030335.html. Acesso em: 14/2/2008.

de na gestão do conde: a brandura, que se devia, em grande parte, ao fato de os holandeses não saberem fazer açúcar. Sem a colaboração dos senhores de engenho luso-brasileiros, a empresa açucareira não tinha como vingar. Um resultado disso foi que tanto holandeses como luso-brasileiros compraram engenhos entre 1637 e 1638. Para isso, contaram com crédito abundante fornecido pela Companhia.

Os "privilégios" concedidos aos moradores pelo conde visavam à reativação do sistema produtivo, desmantelado pela guerra de conquista e pelas investidas de campanhistas vindos da Bahia. Além de perder o poder político, os senhores de engenho tiveram de suportar a ação intermitente daqueles campanhistas, de salteadores e de negros aquilombados. Por outro lado, foi bastante bem-sucedida a política de "terra arrasada" adotada pelas autoridades metropolitanas sediadas na Bahia em todas as fases do conflito.

A astúcia política do conde Nassau-Siegen amenizou, mas não eliminou, o mal-estar existente entre os moradores luso-brasileiros e as forças de ocupação. O abismo entre os dois grupos de colonos ultrapassava a questão religiosa, embora esta fosse, na época, de extrema relevância. Havia diferenças de hábitos e costumes, além da barreira do idioma.

Nassau passou à história como um dos mais bem-sucedidos administradores coloniais. Durante seu governo, a Nova Holanda experimentou um brevíssimo período de paz, que não durou mais do que três meses. Experimentou também um surto de crescimento urbano sem precedentes. Quando deixou Pernambuco, em 1644, Recife e a Cidade Maurícia contavam com mais de 2 mil casas, e sua população era a mais cosmopolita das Américas.

A imagem de Nassau — nobre humanista nos trópicos — é frequentemente contraposta à dos administradores portugueses, cuja incompetência, não raro acompanhada de rapacidade, esfolava os súditos del-rei.[16]

No governo de Nassau, Pernambuco proporcionou uma base a partir da qual se lançaram sucessivos ataques à costa ocidental da África e ao Caribe. O conde João Maurício de Nassau-Siegen foi o arquiteto do império atlântico parcialmente implementado pela Companhia das Índias Ocidentais. Contrariando ordens do Conselho dos XIX, o governador-general da Nova Holanda lançou sucessivos ataques aos entrepostos de escravos africanos controlados, até então, por negreiros portugueses.

---

[16] Ver, entre outros, especialmente o capítulo 4 de Adriana Lopez, *Guerra, açúcar e religião no Brasil dos holandeses*, cit., pp. 121-55.

Em 1641, empreendeu desde Recife um bem-sucedido ataque à ilha de São Paulo de Luanda, em Angola, e à ilha de São Tomé, no golfo da Guiné, com a intenção de controlar as praças que forneciam cativos africanos para o Brasil holandês. Nassau sugeriu à Companhia que Angola e a Costa da Mina fossem administradas desde Recife. Mas os diretores não permitiram que essas conquistas permanecessem sob sua jurisdição. E, no entanto, graças a ele, durante um breve período, o tráfico de escravos angolanos esteve nas mãos dos holandeses.

O CONDE MAURÍCIO DE NASSAU E SUAS AMANTES

Um curioso aspecto da presença holandesa no Brasil foi revelado pelo historiador pernambucano Leonardo Dantas Silva: o tratamento que davam às mulheres. Os holandeses comportavam-se de forma mais liberal que os portugueses "no trato da vida do lar e de suas relações em sociedade".[17]

As mulheres holandesas revelavam jovialidade pouco comum às nativas. Baseando-se em escrito de frei Manuel Calado, datado do Recife em abril de 1641, quando o Duque de Bragança, João IV, ascendeu ao trono de Portugal, é ainda Dantas quem mostra que nas festas "se achavam as mais lindas damas e as mais graves mulheres, holandesas, francesas e inglesas, que em Pernambuco havia, e bebiam alegremente melhor que os homens [...]".[18]

Quanto ao adultério, embora punível (holandesas chegaram a ser vergastadas no pelourinho, em público), não era incomum. Dessa prática não escapou o conde João Maurício de Nassau. Segundo o historiador, ele manteve relacionamentos afetivos com várias mulheres, incluindo Dona Anna Paes, mulher de forte personalidade e proprietária do Engenho Casa Forte, que o tratava "de vossa excelência a muito obediente cativa", segundo fórmula da época.

Quando da invasão holandesa, Dona Anna Paes (1612-1678) fora casada com o capitão Pedro Correia da Silva, morto em combate defendendo o Forte São Jorge. Viúva, a jovem Anna, mulher instruída, casou-se com o capitão holandês Charles de Tourlon, oficial da guarda pessoal do Conde de Nassau, mas continuou a viver em seu engenho em Casa Forte. Ainda segun-

---

[17] Leonardo Dantas Silva, "As amantes de Nassau", *Jornal do Commercio*, Recife, 28/7/2007, p. 5. 18 Ibidem.

[18] *Ibidem.*

do Dantas Silva, "em 1643, acusado por Nassau de crime de traição, foi Charles de Tourlon preso e remetido de volta à Holanda, tendo falecido na Zelândia em 18 de fevereiro de 1644. Novamente viúva, Anna Paes torna a casar com o conselheiro Gisbert de With, do Conselho de Justiça, em companhia de quem se transfere para a Holanda e aonde vem a falecer em 1672".[19]

O conde de Nassau manteve relações com outras mulheres, como Margarita Soler, jovem senhora "casada com um senhor de engenho, que abandonara o marido, segundo o seu próprio pai, em razão de sua frieza [impotência] e de suas ausências com os seus compromissos matrimoniais".[20] Ela era filha de um espanhol de Valência, o reverendo calvinista Vicente Soler, que fora frade agostiniano e, tendo migrado para a França, adotou o calvinismo.

Das aventuras amorosas de Nassau, Dantas Silva (baseado no historiador José Van den Besselaar), evoca suas ligações com Inês Gertrudes Van Byland, esposa do seu mordomo em Cleve, da qual existe um retrato pintado por Jan de Baen (o mesmo que pintou o retrato de Nassau) no museu daquela cidade da Alemanha: "A vida amorosa de Maurício está por se escrever ainda, e talvez seja impossível reconstruí-la [...]. Maurício, ao contrário de muitos outros príncipes da sua época, não deixou bastardos conhecidos como tais".

Além de mulheres, o conde apreciava também cavalos, com disciplina de colecionador. Na verdade, o conde recebia e estimulava "gentilezas" de moradores, "gentilezas" essas que hoje teriam o nome de propinas...

A restauração em Portugal

A expulsão dos holandeses do Brasil pode ser interpretada como apenas um episódio na luta mundial entre holandeses, de um lado, e, de outro, portugueses e espanhóis. Portugal libertou-se do domínio espanhol em 1640, mas, depois de uma breve trégua, continuou em conflito com a Holanda. Finalmente, expulsou os holandeses de Pernambuco e de Angola, mas eles apossaram-se de núcleos comerciais portugueses no Oriente. Resultado: o Estado português entrou numa profunda crise financeira, naval e militar. O

[19] *Ibidem.*

[20] *Ibidem.*

Brasil já não tinha o monopólio da produção de açúcar, pois a concorrência com o açúcar das Antilhas era muito forte. Os senhores de engenho viram-se empobrecidos.

A restauração da monarquia em Portugal, em dezembro de 1640, pouco alterara a situação no Atlântico Sul. Um dos primeiros atos de João IV, de Portugal, foi assinar uma trégua de dez anos com as Províncias Unidas. Em realidade, a trégua vigorou apenas na Europa. No mundo colonial, a guerra entre holandeses e luso-brasileiros seguiria seu curso.

O conde Maurício deixou Recife, com pesar, em 1644. A partir desse momento, o domínio da Companhia sobre Pernambuco deteriorou-se a passos acelerados. Se a restauração da monarquia em Portugal renovou o alento dos moradores luso-brasileiros da Nova Holanda e dos exilados da Bahia, a trégua de dez anos agravou a crise financeira da Companhia.

Logo depois da assinatura da trégua com Portugal (e para poupar os recursos, cada vez mais escassos), a Companhia resolveu cortar efetivos das guarnições da Nova Holanda. Foram dispensados os soldados mercenários — ingleses, franceses e escoceses, com exceção apenas dos holandeses e alemães — e também todos os oficiais com patente superior à de capitão. A reparação dos fortes tinha de ser autorizada pelas autoridades sediadas nos Países Baixos, retardando e dificultando a execução de obras necessárias à defesa das posições da Companhia no Brasil. A adoção dessa política resultou no enfraquecimento do poder militar holandês no Nordeste do Brasil.

Em 1645, moradores luso-brasileiros revoltaram-se contra a cobrança das dívidas. Desta vez, os portugueses contaram com o auxílio inestimável da Inglaterra, que empreendia sua primeira guerra naval contra os Países Baixos. Em 1648, numa expedição organizada por Salvador Correia de Sá e Benevides, governador do Rio de Janeiro, os portugueses recuperaram Luanda, na África. Em 1654, os holandeses abandonaram Recife, expulsos pelas armas que as forças luso-brasileiras tinham adquirido dos próprios comerciantes holandeses.

Resquícios da guerra

Aos moradores, exaustos de tantos anos de guerra e devastações, coube a ingrata tarefa de reconstruir a colônia. No pós-guerra, toda a faixa de terra ao norte de Olinda teve de ser recolonizada a partir do zero. A rendição dos exércitos da Companhia e a retirada dos holandeses não trouxeram alívio para as populações do Nordeste, sobretaxadas e espoliadas durante o conflito. Aos impostos extraordinários criados durante a guerra, somaram-se novos tributos. O declínio no preço do açúcar agravou o quadro. A opulência dos senhores de engenho pernambucanos era coisa do passado.

O Brasil permaneceu nas mãos dos portugueses. Somente em 1661, Portugal e os Países Baixos chegaram a um acordo a respeito da indenização a ser paga pela restituição do Nordeste: 948 milhões de dólares americanos (considerando o valor do dólar em 2014), a serem pagos em 16 anos com o sal de Setúbal. Além disso, Portugal teve de abrir as portas de sua colônia americana para a navegação holandesa, baixar o preço do sal em Setúbal e reconhecer as conquistas holandesas realizadas no Extremo Oriente a suas custas.

Os ataques ao império ultramarino português só cessaram em 1663, após a conquista de Malabar pelos holandeses. Com a perda do Oriente, a economia portuguesa passou a depender quase exclusivamente da reexportação de açúcar e tabaco do Brasil, e dos demais produtos portugueses cuja venda fornecia os recursos que pagavam pela importação de cereais, tecidos e outros produtos manufaturados do norte da Europa.

Depois de 1654, os refugiados do Brasil holandês optaram pelo exílio na Costa Selvagem e nas Antilhas. Levaram consigo as técnicas do cultivo e da manufatura do açúcar. Capitalistas holandeses forneceram créditos para a compra do equipamento necessário aos colonos ingleses e franceses no Caribe. Curaçao tornou-se o principal entreposto de escravos no Caribe — já, agora, *Mare liberum*.

No Brasil, após a derrota e expulsão dos holandeses, o regime escravista permaneceu em vigor. Como fez notar Evaldo Cabral de Mello, em seu livro clássico *Olinda restaurada*:

> "Em meio às mais duras circunstâncias, o senhor tudo fazia para manter a posse do escravo, que podia alugar ou vender em caso de necessidade. Ao renderem o Arraial em 1635, os holandeses surpreenderam duzentos e tantos negros na companhia dos senhores que ali se haviam refugiado. Em Tejucopapo em 1646, os moradores recolheram ao reduto as mulheres e os filhos, de mistura com toda a escravaria das vizinhanças. Ao se retirarem para a Bahia em 1635, os senhores insistiam em levar seus escravos, apesar dos transtornos da viagem e da impossibilidade de alimentar tanta gente. A economia baiana é que se iria beneficiar do dreno de mão de obra escrava que se verificou a partir de então,

passando a dispor da escravaria mais numerosa do Brasil, que até 1630 fora a de Pernambuco. De um dos mais ricos senhores de engenho da capitania, João Paes Barreto, sabe-se que transportou para Salvador 350 escravos. Nos engenhos abandonados da vasta região que se estendia entre o Recife e o rio Una, o conselheiro Schott, em viagem de inspeção, não veria vivalma. Apenas em dois ou três engenhos, alguns velhos e crianças demasiado fracos para a aventura dos caminhos. O preto que não fora para a Bahia com seu senhor, fugira para os matos a habitar os quilombos ou a levar uma vida errante. A guerra não afetou em profundidade a escravidão como sistema nem a noção do escravo como objeto, passível de apropriação, até pela violência e pelo roubo."[21]

[21] Evaldo Cabral de Mello, *Olinda restaurada: guerra e açúcar no Nordeste, 1630-1654*, Rio de Janeiro/São Paulo, Forense Universitária/Edusp, 1975, pp. 177-8. Nova edição: São Paulo, Editora 34, 2007.

9

A conquista das almas: controle e resistência

> "Toda la tierra que han pisado los sacrílegos piés de los de S. Pablo, ha quedado como apestada [...] son lobos carnizeros [...]. Las mujeres de buen parecer, casadas o solteras, ó gentiles, el dueño las encerraba consigo en un aposento, con quien pasaba las noches al modo de un cabrón en un curral de cabras [...] hiriendo y matando con mucha crueldad, poniendo a veces a espada aldeas enteras de indios, no perdonando grande ni à pequeños, matando a veces que no eran los que trouxeron cautivos, como si no fuesen sino perros o caballos [...], dejando solos por aquellos caminos tan esteriles sin comida, à los que cayeren enfermos, afastando los maridos de sus mujeres, hijos de sus padres etc."
>
> Antonio Ruiz de Montoya, 1629[1]

Desde os primórdios da colonização, a monarquia deu mostras de que manteria o controle sobre a vida religiosa dos habitantes do Novo Mundo sob sua jurisdição. A instalação do governo-geral na Bahia coincidiu com o auge da Contrarreforma católica e das guerras de religião na Europa. Não por acaso, desembarcam com Tomé de Sousa seis padres jesuítas tendo a missão (esse o conceito forte) de fundar colégios e converter a população dos novos territórios.

O fundador da Companhia de Jesus foi um soldado espanhol, Inácio de Loyola. Ferido em combate em Pamplona, na Espanha, em 1520, resolveu dedicar sua vida à "glória maior de Deus".[2] Deixou o exército e retirou-se num convento para meditar. Em 1534, foi ordenado sacerdote em Paris. Em 1540, o papa aprovou a formação da Sagrada Companhia de Jesus. Adotando uma hierarquia que, em muitos aspectos, assemelhava-se à dos militares,

---

[1] Trecho de relatório dirigido ao Geral da Bahia, em 1629, pelo padre jesuíta Montoya. Encontra-se em Capistrano de Abreu, *Capítulos de história colonial*, *apud* Paulo Prado, *Paulística etc.*, São Paulo, Companhia das Letras, 2004, p. 35.

[2] Tradução do lema da Companhia de Jesus: *Ad Majorem Dei Gloriam*.

seus membros agiam como "soldados do catolicismo" e eram educados para obedecer. Formados sob rígida disciplina, os jesuítas disseminaram a doutrina católica por meio de missões de catequese que estabeleceram em larga porção do planeta.

Os padres José de Anchieta e Manuel da Nóbrega, integrantes da primeira comitiva de jesuítas destinados ao Novo Mundo, foram exemplos típicos da Igreja da Contrarreforma, militante e conservadora. Dirigiram missões, fundaram colégios e paróquias. Na América portuguesa, a Sociedade de Jesus tinha a atribuição de zelar pelos bons costumes dos colonos — que, dada a falta de mulheres europeias, passavam a viver com as da terra — e de expandir a fé cristã entre o "gentio" local. Os jesuítas também tinham por dever elevar o nível do clero na colônia, pois, dizia o padre Manuel da Nóbrega, "cá há clérigos, mas é a escória que de lá vem [...] não se devia consentir embarcar sacerdote sem ser sua vida muito aprovada, porque estes destroem quanto se edifica".[3]

O Padroado. E as festas

Diversas bulas papais, desde 1514, haviam concedido aos reis de Portugal o Direito de Padroado, ou seja, a competência de nomear os prelados da Igreja. O vínculo estreito entre o poder secular da monarquia e o poder espiritual da Igreja foi uma das principais características do Antigo Regime. A conquista das almas acompanhara a conquista das armas.

Em contrapartida à criação de uma Igreja, por assim dizer, "nacional", a monarquia arrecadava e administrava o dízimo e outros impostos eclesiásticos. Com os recursos provenientes desses impostos, a monarquia pagava pela construção de capelas e igrejas e arcava com os salários dos clérigos.

Os poderes do Padroado não se limitavam à competência fiscal e à administração dos recursos materiais que permitiram a instalação de missões e paróquias na América portuguesa. O Estado português arrogava-se, ainda, o direito de nomear bispos e outros ocupantes de cargos eclesiásticos — passava a controlar mais uma imensa fonte de cargos e benefícios a serem dis-

---

[3] Padre Manuel da Nóbrega, "Carta do padre Nóbrega para o padre mestre Simão, do ano de 1519", em *Revista do Instituto Histórico e Geográfico Brasileiro*, Rio de Janeiro, 1863, p. 433. Também em Manoel da Nóbrega, *Cartas do Brasil (1549-1560)*, Coleção Cartas Jesuíticas I, Belo Horizonte/São Paulo, Itatiaia/Edusp, 1988, p. 77.

tribuídos à mercê daqueles que houvessem por bem servi-la. Nessa esfera, como no restante da burocracia, o principal requisito para ser ordenado padre — de qualquer ordem — era a "pureza de sangue". Os candidatos à ordenação não podiam ter traços de "judeu, mouro, mourisco, mulato, herético ou de *outra alguma infecta nação reprovada*".

Durante a colonização, a Igreja foi responsável pelo registro civil dos eventos principais da existência dos moradores de cada paróquia. Este incluía o registro de nascimentos, casamentos e óbitos. O pároco e o capelão acompanhavam o cotidiano da população colonial e participavam dos momentos mais importantes da vida dos habitantes. Nas localidades mais distantes dos centros urbanos, nas fazendas e nos engenhos, o capelão quase sempre era o encarregado do ensino das primeiras letras aos filhos dos proprietários.

Além disso, a Igreja era responsável pelos raros momentos de diversão da população colonial, pois a vida social da colônia girava em torno das festividades religiosas: procissões, vigílias, missas e outros rituais. O anglo-lusitano protestante Henry Koster, residente em Pernambuco no início do século XIX, notaria a importância dada ao ritual de bênção do engenho antes do início da moenda, pois "sem que essa cerimônia seja realizada nenhuma das pessoas empregadas no engenho, seja homem livre ou escravo, quer começar sua tarefa".[4]

O BISPADO DO BRASIL

Dois anos depois da chegada da comitiva de jesuítas à Bahia, a Coroa solicitou ao chefe da Igreja de Roma autorização para criar o bispado do Brasil. A instituição de um bispado na colônia apenas vinha confirmar o papel que a Igreja Católica Romana teve na complexa sociedade colonial.

Em 25 de fevereiro de 1551, o papa Júlio III separou e desmembrou a cidade de São Salvador do arcebispado de Funchal, na Madeira. A povoação fundada por Tomé de Sousa foi elevada à condição de cidade, e a Igreja do Santo Salvador tornou-se catedral. A partir de então, o bispado do Brasil permaneceu sob a jurisdição do arcebispado de Lisboa. A criação de um bispado na colônia, diretamente subordinado às autoridades eclesiásticas em Lisboa, foi mais um passo dado pela monarquia no sentido de centralizar o

---

[4] Henry Koster, *Viagens ao Nordeste do Brasil*, Recife, Secretaria de Educação e Cultura do Governo do Estado de Pernambuco, 1978, 2ª ed., p. 253. Grifo nosso.

poder em seus domínios americanos e exercitar seu Direito de Padroado. Afinal, os reis de Portugal, assim como os demais reis absolutistas da Europa cristã, eram reis "pela graça de Deus".

O bispo desempenhava funções relevantes. Além de zelar pela manutenção da moral e dos bons costumes cristãos, representava diretamente o poder metropolitano, assumindo o governo da capitania nas ocasiões em que o governador-geral encontrava-se impedido de exercer suas funções administrativas. Isso ocorreu durante a ocupação holandesa de Salvador, em 1624-25. Preso o governador, o bispo D. Marcos Teixeira assumiu o comando da resistência contra o invasor.

O primeiro deles, o bispo Sardinha, bateu de frente com os jesuítas e seu "método" de catequização, considerado excessivamente tolerante com o "gentio". Não lhe interessava converter os não europeus. Acabou devorado pelos tupinambás depois de naufragar no litoral do Maranhão, em 1556, quando retornava ao reino.

A "cruzada" contra o nativo americano justificou a escravização e exaustão das populações submetidas pelas armas portuguesas. A conquista oferecia a possibilidade de "resgatar" as almas dos ímpios. Curiosamente, esse era o termo utilizado pelos colonos que preavam índios e tentavam eludir a proibição ao tráfico e à escravização dos nativos, proibição fortemente recomendada pelos missionários da Companhia de Jesus.

A Companhia de Jesus

A Sagrada Companhia de Jesus teve papel preponderante entre as ordens religiosas que se instalaram na colônia a partir da segunda metade do século XVI. Os jesuítas contaram com total apoio da Coroa para efetuar a "conquista espiritual" dos nativos americanos e para moralizar os costumes do contingente, muito heterogêneo, de colonos, que desembarcavam em números cada vez maiores. Fundaram e criaram colégios, as únicas instituições de ensino abertas ao público que existiram na colônia, frequentadas pelos filhos das elites coloniais.

A primeira missão jesuítica foi fundada pelo padre Manuel da Nóbrega, na Bahia, em 1549. No mesmo ano, fundou-se outra missão, em São Vicente.

126   História do Brasil: uma interpretação

Primeiros colégios

O colégio da Bahia abriu suas portas em 1550 e recebeu sete órfãos de Lisboa. No mesmo ano, ergueu-se o colégio de São Vicente, que, além da "escola de ler e escrever", contava com uma aula de gramática latina. Em 1554, o padre José de Anchieta reuniu doze missionários, para que estudassem gramática e servissem de intérprete entre os índios.

Em torno dessa pequena aldeia, no planalto de Piratininga, surgiu a vila de São Paulo. Em 1566, o colégio de São Paulo foi fechado e transferido para o Rio de Janeiro. Começou a funcionar lá em 1573, no morro do Castelo. Os jesuítas beneficiaram-se imensamente da boa vontade e da proteção dada pelo terceiro governador-geral, Mem de Sá, e seus sucessores, na Bahia e no Rio de Janeiro. A destruição de 160 aldeias tupinambás no Recôncavo baiano, nas guerras do Paraguaçu, rendeu à Companhia milhares de índios "reduzidos". Isso também ocorreu na perseguição aos tamoios da baía de Guanabara.

A promulgação de um alvará, em 1564, criando a redízima de todos os dízimos e direitos que pertenciam à monarquia e alocando-a permanentemente para a sustentação do Colégio da Bahia, garantiu à Companhia de Jesus os recursos necessários à expansão de sua obra missionária no Novo Mundo. Depois disso, foram fundados colégios no Maranhão e em Ilhéus. Em 1619, Recife passou a contar com uma escola de ler e escrever, que se tornou colégio em 1655.

O monopólio da educação — e, portanto, das consciências — mantido pelos jesuítas acabou por isolar o reino e as colônias das principais correntes de pensamento da Europa ocidental. Segundo o historiador inglês Charles Boxer:

> "Tanto os professores como os alunos eram geralmente desencorajados de fazer fosse o que fosse que os levasse a adquirir um juízo crítico independente, ou a avançar propostas que não fossem apoiadas literalmente pelos textos das autoridades estabelecidas e reconhecidas, ou que pudessem pôr em dúvida os princípios e a autoridade filosóficos de Aristóteles e de São Tomás de Aquino."[5]

[5] Charles R. Boxer, *O império colonial português (1415-1825)*, Lisboa, Edições 70, 1981, 2ª ed., p. 333.

Somava-se a essas restrições a vigilante censura literária exercida pelo Concílio de Trento, que promulgou a primeira "lista dos livros proibidos" — o *Index Librorum Prohibitorum* — em 1564. O controle à publicação e circulação de livros garantiu o triunfo da ortodoxia religiosa no reino e no império colonial ultramarino.

A LIBERDADE VIGIADA DOS INDÍGENAS

Os jesuítas tiveram papel importante na pacificação de tupinambás hostis à presença dos portugueses. O caso mais expressivo foi o da "pacificação" dos tamoios do litoral norte do atual Estado de São Paulo. A missão liderada pelo padre Manuel da Nóbrega partiu de São Vicente rumo à baía de Guanabara. Exímio conhecedor da "língua geral" — nome dado à língua falada pela maioria dos habitantes do litoral da terra do Brasil —, um padre da missão, o frágil Anchieta, conseguiu aquietá-los. Depois de três meses de permanência entre eles, "em que mais de uma vez a vida de ambos correu perigo", a missão dos jesuítas "os reduziu à desejada paz".[6]

Uma vez pacificados, ou "reduzidos", os índios eram reunidos em aldeias localizadas nas proximidades dos assentamentos dos colonos. Em outras ocasiões, os cativos das "guerras justas" também acabavam sob a tutela dos jesuítas. Lá, aculturados e destribalizados, cultivavam gêneros de subsistência e serviam de anteparo às investidas de tribos "arredias". Alguns prestavam serviços e trabalhavam nas lavouras dos colonos em troca de salários em espécie.

Segundo o historiador Luiz Felipe de Alencastro,

> "Tratava-se, em primeiro lugar, de criar aldeamentos de índios ditos 'mansos', destinados a proteger os moradores dos índios 'bravos'. Em segundo lugar, os aldeamentos circunscreviam as áreas coloniais, impedindo a fuga para a floresta tropical dos escravos negros das fazendas e dos engenhos. Enfim, autoridades e moradores estimulavam os descimentos de indígenas a fim de manter contingentes de mão de obra compulsória nas proximidades das vilas e

[6] Capistrano de Abreu, *Capítulos de história colonial*, São Paulo, Publifolha, 2000, p. 77.

dos portos. Há, porém, um outro domínio em que os descimentos desempenhavam um papel importante. Estancando o movimento migratório das tribos [...], os descimentos acentuavam a dessocialização dos indígenas, fazendo-os permeáveis à catequese."[7]

Os interesses dos jesuítas logo se chocaram com as pretensões dos colonos portugueses. A expansão da indústria do açúcar exigia um número cada vez maior de trabalhadores cativos. Nada puderam os soldados da Companhia de Jesus para evitar o "resgate", a "guerra justa" e os "saltos" contra as populações indígenas, hostis ou aliadas.

Em Pernambuco, onde o donatário tinha mantido muitas de suas prerrogativas e independência, não havia aldeias jesuíticas nas proximidades da vila de Olinda. Como afirma Stuart B. Schwartz:

> "Na Bahia, sede da autoridade régia e das atividades jesuíticas após 1549, os discípulos de Loyola foram muito mais bem-sucedidos na implementação de sua política de proteção aos aborígines. Estabeleceram-se 12 aldeias nas décadas de 1550 e 1560, a menor das quais, Santo Antônio, abrigava 2 mil almas.
>
> Entre 1559 e 1583 foram batizadas 5 mil pessoas nesse mesmo local, número que, multiplicado pelas 12 aldeias, significa um total de 60 mil índios batizados. Por volta de 1590, quando a peste e os deslocamentos já haviam provocado baixas alarmantes nas aldeias em geral, as da Bahia ainda abrigavam de 3.500 a 5 mil indivíduos, o dobro do encontrado nas de Pernambuco."[8]

Açúcar e religião

A maioria das ordens religiosas que se instalaram nas capitanias do Norte possuía engenhos e escravos africanos. Os carmelitas e os beneditinos contavam com mais de um engenho na Bahia, cujos lucros revertiam em benefício das atividades dessas ordens. Os jesuítas chegaram a possuir seis

---

[7] Luiz Felipe de Alencastro, *O trato dos viventes: formação do Brasil no Atlântico Sul*, São Paulo, Companhia das Letras, 2000, p. 181.

[8] Stuart B. Schwartz, *Segredos internos: engenhos e escravos na sociedade colonial (1550-1835)*, São Paulo, Companhia das Letras/CNPq, 1988, p. 48.

A conquista das almas: controle e resistência

engenhos na Bahia, entre eles, o de Sergipe do Conde, no Recôncavo, e o Engenho Santana, em Ilhéus. Os engenhos das corporações religiosas, bem como aqueles que pertenciam a particulares, utilizavam os mesmos métodos de trabalho e a mesma mão de obra cativa presentes nas demais propriedades na colônia.

Do outro lado do Atlântico, em Angola, os jesuítas participaram ativamente do tráfico de cativos africanos e justificavam o negócio negreiro com a alegação de que salvavam as almas dos desafortunados escravos. É Luiz Felipe de Alencastro quem conclui:

> "Nas esferas do mercado atlântico, a mão invisível de Deus conduzia o africano para o resgate eterno no Brasil. Milagre, 'e grande milagre', resultava da deportação maciça de homens nos tumbeiros, através do oceano. Graças a Nossa Senhora do Rosário, os africanos estavam sendo salvos da África e trazidos para o trabalho redentor nas terras brasileiras."[9]

Os religiosos da época não viam nenhuma contradição entre batizar e escravizar indivíduos, sobretudo se fossem "pessoas de sangue infecto".

O Tribunal do Santo Ofício

O Tribunal do Santo Ofício foi criado em Portugal em 1536. Seu principal objetivo era julgar os "crimes" de heresia, bruxaria, feitiçaria, bigamia e sodomia. Além disso, exercia a censura sobre todo material impresso. Nenhum livro podia ser publicado sem antes passar pelo crivo dos censores do Tribunal.

O Brasil nunca sediou um tribunal da Inquisição, outro nome para o Santo Ofício. Os casos eram remetidos e julgados diretamente na metrópole. Apesar disso, o Tribunal realizou várias visitações na colônia. Nessas ocasiões, o Tribunal enviava um visitador para receber denúncias a respeito de pessoas que teriam cometido crimes punidos pelo Santo Ofício.

---

[9] Luiz Felipe de Alencastro, *O trato dos viventes*, cit., p. 183. A citação interna é do padre Antonio Vieira.

Na primeira dessas, realizada em 1591, o visitador voltou para o reino com 121 confissões e 212 denúncias. A delação foi o método utilizado pelo Santo Ofício para obter denúncias de "crimes contra a fé". Tais denúncias podiam proceder de pessoas que "ouviram dizer" e até de crianças. Os investigados pelo Santo Ofício perdiam os bens e a liberdade. Frequentemente, os réus suportavam longos anos de prisão, além de interrogatórios e torturas.

Esse método de estrito controle social, baseado na delação secreta e sem provas, por motivos que muitas vezes nada tinham a ver com a fé, estimulou a perseguição incansável a certas pessoas. Era comum delatar inimigos pessoais e pessoas indesejadas naquele meio social, como prostitutas e feiticeiras. Escravos que punham em risco a ordem colonial também eram denunciados como feiticeiros. No caso dos cristãos-novos, é evidente que as delações visavam eliminar hereges endinheirados que haviam se refugiado deste lado do Atlântico — e a confiscar seus bens.

Religião e resistência. A "santidade"

Devemos lembrar que a sociedade que se formou na colônia revelou-se fruto da convivência de práticas religiosas de três continentes, a Europa, a América e a África. Os europeus impuseram o catolicismo; para conservar suas crenças, os americanos e africanos resistiram, adaptando-as à nova realidade.

Em alguns casos, houve movimentos de resistência em larga escala. Essa rebelião, chamada pelos portugueses de "santidade", era expressão do sincretismo messiânico adotado por diversas populações indígenas do litoral, como forma de protesto contra a dominação europeia. O culto da santidade reunia crenças dos tupinambás com elementos do catolicismo.

Seus seguidores acreditavam em ídolos que possuíam poderes sagrados e iam dar-lhes forças para resistir aos europeus. Estes trariam de volta o suposto paraíso tupinambá. É novamente Schwartz quem narra:

> "As enxadas lavrariam os campos sozinhas, os arcos disparariam floresta adentro à procura de caça enquanto os caçadores descansariam nas aldeias. Os idosos voltariam à juventude, todos poderiam ter muitas esposas e todos os inimigos seriam destruídos ou capturados e comidos. Em honra aos 'santos' entoavam-se novos cânticos, realizavam-se cerimônias que podiam durar dias a

fio e consumiam-se grandes quantidades de bebida alcoólica e infusões de tabaco."[10]

Os líderes da "santidade" autoproclamavam-se "papas" e nomeavam "bispos". O culto manifestou-se ainda na primeira década do século XVII. Aos seguidores indígenas juntavam-se, cada vez mais, escravos africanos fugidos das plantações de cana-de-açúcar. Em 1610, o governador revelava a presença de mais de 20 mil índios e escravos fugidos numa das aldeias de seguidores da "santidade". E Stuart Schwartz completa:

> "Os registros históricos desse culto, extremamente fragmentários, indicam que durante todo o período de 1560 a 1627 a santidade sobreviveu no sul da Bahia como um movimento religioso sincrético, no qual inicialmente índios e mais tarde africanos ou crioulos fugidos uniam-se em operações militares contra povoados habitados por portugueses e especialmente contra as plantações de cana-de-açúcar e os engenhos do sul do Recôncavo."[11]

Mas, por fim, as autoridades realizaram várias operações militares que acabaram por dispersar os seguidores da santidade.

Os africanos abriram mão do culto às forças que prometiam a fertilidade, pois esta beneficiava exclusivamente os senhores. Em vez da adoração àquelas forças, passaram a cultuar os deuses guerreiros. O espírito de resistência dos africanos foi responsável pela contestação à ordem e pela formação de quilombos, numa tentativa de preservar seus valores. Os calundus, isto é, as cerimônias religiosas afro-brasileiras celebradas pelos negros na colônia, foram a forma encontrada pelos escravos de preservar seus rituais africanos.

A população colonial, mesmo a de europeus, assimilou muitas crenças e rituais de origem americana e africana. As rezas e passes, a utilização de ervas para fins medicinais e outras práticas eram comuns em todos os estratos da sociedade colonial. Muitas dessas práticas ainda são utilizadas. Os candomblés de hoje nada mais são do que os calundus de ontem. As "sim-

[10] Stuart B. Schwartz, *Segredos internos*, cit. p. 54.

[11] *Ibid.*, p. 55.

patias" e outros sortilégios praticados atualmente derivam do sincretismo religioso que se processou durante três séculos da colonização.

A Inquisição e os judeus, segundo Charles Boxer

Em seu livro *O império colonial português (1415-1825)*, Charles Boxer descreveu os métodos da Inquisição católica em sua obsessiva atuação contra os judeus:

> "De 1536 a 1773, [o Tribunal da Inquisição] concentrou as suas principais energias em descobrir e revelar todos os vestígios de judaísmo. Enquanto máquina de perseguição, a Inquisição portuguesa foi considerada mais eficiente e mais cruel do que a célebre Inquisição espanhola pelas vítimas que experimentaram a severidade destas duas infames instituições. As pessoas levadas a responder perante estes tribunais nunca sabiam os nomes dos seus acusadores, nem lhes eram nunca dadas informações adequadas acerca das acusações que lhes eram feitas secretamente. Eram utilizadas livremente tanto lisonjas como ameaças e torturas para extorquirem confissões da culpa real ou pretensa dos acusados e, sobretudo, para os induzir a denunciar outros, a começar pelas próprias famílias."[12]

Tais hábitos e perversões político-ideológicos, cunhados naquele momento de formação de uma certa consciência coletiva na colônia ("o viver em colônias", de que falava Luís dos Santos Vilhena no fim do século XVIII), deixaram marcas profundas em nossa sociedade, ao estigmatizar certos grupos sociais, religiosos e étnicos, fixando quadros mentais que remanesceriam nos períodos imperial e republicano. Vários segmentos sociais, com destaque para negros e judeus, seriam discriminados por muitas e muitas décadas.

---

[12] Charles R. Boxer, *O império colonial português (1415-1825)*, cit., p. 262.

10

As "capitanias de baixo" e as guerras do sertão: jesuítas, bandeirantes e "bugreiros"

> "Pelas vielas do povoado, ou através das lavouras, deslizam sombras. Rebanhos trágicos de negros da terra ou da Guiné. Mamelucos madraços e atrevidos. Potentados de grande séquito, cheios de rudeza e gravidade, que passam e de repente desaparecem, tragados pelo sertão."
>
> Alcântara Machado, 1929[1]

> "A vila de São Paulo há muitos anos que é república de per si, sem observância de lei nenhuma, assim divina como humana."
>
> Câmara Coutinho, março de 1692[2]

Durante o período em que vigorou a monarquia dual (1580-1640), Portugal e seu império colonial foram anexados pela Espanha, passando a fazer parte do império dos Habsburgos. A esse período corresponde um momento de desenvolvimento acelerado da colônia portuguesa na América. A expansão da agroindústria do açúcar na capitania de Pernambuco e na Bahia bem como o aumento da população colonial acabaram por criar um mercado para o fornecimento regular de mantimentos e animais de tração.

Tal demanda, somada à conquista das terras dos cariris e aimorés no interior de Pernambuco e da Bahia, possibilitou o avanço das boiadas rumo ao sertão, onde vastas sesmarias foram concedidas pela Coroa. Lá, extensas regiões às margens do rio São Francisco e de seus afluentes foram desbravadas pelas fazendas de gado, que se tornaram a retaguarda econômica dos

---

[1] Alcântara Machado, *Vida e morte do bandeirante*, introdução de Sérgio Milliet, São Paulo, Martins/INL, 1972, p. 21. A primeira edição é de 1929.

[2] A frase de Câmara Coutinho (governador-geral) foi citada por Paulo Prado em *Paulística*, *apud* Paulo Prado, *Província & nação/Paulística/Retrato do Brasil*, Rio de Janeiro, José Olympio, 1972, 3ª ed., p. 66.

centros agrícolas do litoral. Forneciam animais para os engenhos, alimentos para a população urbana e couros para exportação e consumo interno.

A guerra contra a ocupação do Nordeste pelos holandeses provocou, num primeiro momento, a redistribuição dos habitantes desses territórios. O êxodo demográfico beneficiou a Bahia, que se tornou o centro das operações contra os invasores, e, em menor escala, o Rio de Janeiro. O abandono dos engenhos e a queima dos canaviais, que ocorria à medida que as forças de resistência recuavam, desorganizaram a produção de açúcar. O recrutamento dos moradores livres, principais responsáveis pelas culturas de mantimentos, resultou na mais absoluta falta de víveres e numa profunda, e constante, crise de abastecimento. A chegada dos contingentes europeus agravou essa situação, obrigando as autoridades sediadas na Bahia a solicitar a colaboração dos produtores de alimentos das "capitanias de baixo".

Nesse contexto, as áreas da colônia que se dedicavam à lavoura de mantimentos, "ocupação socialmente desvalorizada, boa só para grupos ou áreas marginais",[3] assumiram papel de destaque e tornaram-se importante apoio das frentes de batalha contra os holandeses no Brasil e na África. A partir de 1625, o governo-geral passa a depender, cada vez mais, das provisões que chegam do Sul.

O governador do Rio de Janeiro, Martim de Sá, nesse mesmo ano manda o filho para São Vicente em busca de homens e suprimentos para reforçar o cerco da Bahia. Em fevereiro de 1625, Salvador Correia de Sá partiu para o Norte acompanhado de 100 índios e 80 brancos, recrutados nas capitanias de São Vicente e do Rio de Janeiro. Os arqueiros indígenas das aldeias dos jesuítas dessas partes fizeram grandes estragos entre as fileiras dos invasores holandeses. Prova disso é que a maioria das mortes entre estes resultava de ferimentos de flechas.

No planalto de Piratininga, a vila de São Paulo torna-se um dos principais centros produtores de mantimentos da colônia. "As praças do Norte e Angola importam de São Paulo cal, farinha de mandioca e de trigo, milho, feijão, carnes salgadas, toucinho, linguiça, marmelada, tecidos rústicos e gibões de algodão à prova de flechas."[4]

---

[3] Evaldo Cabral de Mello, *Olinda restaurada: guerra e açúcar no Nordeste, 1630-1654*, São Paulo, Edusp, 1975, p. 192.

[4] Luiz Felipe de Alencastro, *O trato dos viventes: formação do Brasil no Atlântico Sul*, São Paulo, Companhia das Letras, 2000, pp. 194-5.

A interrupção temporária do tráfico de escravos africanos e da navegação metropolitana resultou, por sua vez, na intensificação das atividades de preação de indígenas exercida pelos habitantes da vila de Piratininga. A demanda por víveres e matalotagens estimula os preadores a partir em busca de mais braços para suas lavouras e mais cativos para efetuar o transporte das mercadorias serra acima e serra abaixo. Os ataques dos bandeirantes paulistas às missões dos jesuítas espanhóis do Guairá ocorrem, em grande parte, para satisfazer essa demanda.

A vila de Piratininga

> "O seu coração é alto, grande e animoso."
>
> Morgado de Mateus, 1766[5]

Enquanto os colonos do Norte do Brasil enriqueciam à custa do açúcar, os colonos das "capitanias de baixo", em São Vicente, devassavam o interior do continente em busca de minas e "gentio".

Em 1554, padres da Companhia de Jesus ergueram alguns poucos casebres de pau-a-pique numa colina situada entre os rios Anhangabaú e Tamanduateí. Auxiliados pelos habitantes da vila de Santo André da Borda do Campo — e como precaução contra ataques do "gentio arredio" —, edificaram uma paliçada em torno do povoado de São Paulo de Piratininga, localizado na proximidade da crista da serra de Paranapiacaba, no interior da capitania de São Vicente.

Alguns poucos anos depois, em 1562, na iminência de mais um ataque dos tamoios, o preador de índios João Ramalho, o chefe Tibiriçá (seu sogro) e seus descendentes mamelucos solicitaram refúgio no colégio fundado pelos jesuítas, considerado local mais seguro do que a vila de Santo André.

---

[5] Ao leitor entusiasmado com as maravilhas do espírito planaltino, um alerta. O dito do Morgado de Mateus se encontra em carta escrita ao rei, em 11 de setembro de 1766, referindo-se aos paulistanos. O que não consta da epígrafe — daí valer completá-la — é que ele prossegue dizendo de "seu juízo, grosseiro e mal limado, mas de um metal muito fino", *apud* Paulo Miceli, "São Paulo e os tempos difíceis do Morgado de Mateus", em Zélio Alves Pinto (org.), *Cadernos paulistas: história e personagens*, São Paulo, Editora Senac/Imprensa Oficial do Estado, 2002, p. 157.

A pedido de Ramalho, São Paulo de Piratininga ganhou o estatuto de vila. A obstinação dos colonizadores acabou por triunfar sobre a hostilidade das comunidades de tamoios, que, pouco a pouco, recuaram, foram submetidas ou exterminadas. A partir de então, o fluxo de colonos provenientes do reino tornou-se mais constante.

No final do século XVI, a vila contava com cerca de 1.500 almas e 150 fogos permanentes. Mas quem eram seus habitantes?

Alguns alegavam parentesco com a pequena nobreza do reino. O certo é que aqueles proprietários que se fixam nesse áspero e distante território o fazem "exatamente porque a sorte lhes foi madrasta na terra natal", como diz o historiador paulista Alcântara Machado em seu clássico *Vida e morte do bandeirante*. Agricultores modestos atraídos pelas promessas dos donatários, pequenos comerciantes de recursos limitados, cristãos-novos em busca de refúgio, artesãos e aventureiros de todo tipo e espécie compunham a maior parte do contingente de colonos. Quase todos chegavam ao planalto sem recursos, embora muitos trouxessem na imaginação os relatos vivos da expedição de Aleixo Garcia às serras da prata e sonhassem com as riquezas escondidas nos "eldorados" do sertão.

Caçadores de "negros da terra"

Enquanto as minas não se revelaram, a posse de grandes sesmarias conferiu *status* aos colonos. Se nas capitanias do Nordeste dedicadas à produção de açúcar os africanos cativos eram "as mãos, e os pés" dos colonos luso-brasileiros, nas "capitanias de baixo" não houve colono que não se servisse do trabalho e da colaboração dos habitantes da terra. Longe dos principais e mais prósperos centros litorâneos de colonização, os paulistas frequentemente partiam rumo ao sertão em busca de minas, e, sobretudo, dos "negros da terra", o "remédio" que lhes tornava mais amena a existência em meio à extrema pobreza em que viviam.

Inicialmente, o "gentio manso" — habitante das aldeias situadas em torno da vila de Piratininga, administradas pelos padres da Companhia de Jesus a partir de 1600 — prestava serviços nas roças dos colonos. Algumas dessas aldeias, como as de São Miguel, Pinheiros, Barueri, Guarulhos, Carapicuíba, Itaquaquecetuba, Itapecerica e Embu, eram densamente povoadas e reuniam mais de mil habitantes. Os tupiniquins aldeados logo se tornaram o grosso dos contingentes que realizavam as "entradas" ao sertão para obrar o "descimento" dos gentios.

138   História do Brasil: uma interpretação

Conheciam as trilhas e contavam com o aguçado sentido de orientação nas matas trilhadas por seus antepassados durante séculos. Os "bandeirantes" (brancos e mamelucos que passaram a organizar e chefiar essas expedições militares) adotaram seus costumes e deles se serviram em suas empresas de preação. Andavam descalços, do mesmo modo que seus aliados tupis. Partiam em suas longas marchas carregando algibeiras cheias de sementes de milho, que semeavam ao longo do caminho, e farinha de guerra. Adotaram como alimento algumas variedades de insetos (formigas, sobretudo) e falavam a "língua geral", misto de tupi-guarani e português predominante no planalto até o último quartel do século XVIII.

Ao longo do século XVII, a escravização fraudulenta do "gentio arredio" tornou-se a principal atividade dos moradores, que, saindo da vila durante longos períodos, às vezes anos, despovoavam Piratininga. Quem, tolhido pela idade ou pelo sexo, não partia pelas veredas do sertão mandava algum parente ou agregado.

Longe dos centros de poder — onde esse tipo de atividade era coibido —, os paulistas dedicaram-se ao tráfico de "gente forra", dos "administrados", da "gente de obrigação", termos cunhados para contornar a proibição, decretada pela Coroa, de escravizar os aborígines.

A questão da "liberdade natural" dos "brasis" também passou a ser motivo de disputa permanente entre os colonos e os padres da Companhia, preocupados em evangelizar e aculturar o "gentio". A situação atingiu um ponto crítico em 1640, quando os jesuítas foram temporariamente expulsos do planalto, depois de tentarem fazer valer um breve do papa Urbano VIII que proclamava, em alto e bom som, a liberdade dos indígenas.

Do sertão, as bandeiras do final do século XVI retornavam com gente apresada dos tupinambás, tamoios, carijós e tupinaés. Além de servir nas lavouras e nas roças dos proprietários de Piratininga, muitos faziam a vez de burros de carga, vencendo as íngremes escarpas da serra do Mar, carregando nas costas, e a pé, mercadorias e pessoas que transitavam entre o planalto e o litoral. Outros, ainda, eram vendidos para os engenhos de São Vicente e do Rio de Janeiro, e para as capitanias "de cima".

Os ataques às missões de Guairá e Tapes. O Peabirú

As incursões dos bandeirantes paulistas às missões dos jesuítas castelhanos do Guairá multiplicaram-se a partir do século XVII. Paulistas e guerreiros tupiniquins enveredavam pelo Caminho do Peabiru, velha trilha tupi, rumo ao Guairá, território situado entre os rios Paranapanema, Iguaçu e Paraná. Nessa região de posse duvidosa, dado que os portugueses sempre consideraram que a linha de Tordesilhas passava pelo estuário do Prata, os jesuítas espanhóis haviam criado, entre 1622 e 1628, onze missões.

Com o estabelecimento dessas reduções, os jesuítas espanhóis projetavam a criação de um Estado teocrático dentro do Estado imperial, ao mesmo tempo que pretendiam deter o avanço dos sertanistas de São Paulo. Isolavam as comunidades guaranis, afastando-as do convívio dos colonos portugueses e espanhóis, que cobiçavam com avidez essa reserva de mão de obra e ressentiam-se do controle exercido pelos jesuítas. As autoridades civis espanholas, coniventes com os preadores paulistas e os colonos do Paraguai, proibiram o uso de armas de fogo pelos moradores das missões, deixando-os à mercê dos ferozes bandeirantes paulistas, que sobre eles se lançaram em várias oportunidades desde o início do século XVII.

Os preadores logo perceberam a vantagem de apresar indígenas aldeados, pois, além de viverem reunidos em grupos numerosos, eles já estavam habituados ao trabalho rural. Em 1602, registra-se a bandeira de Nicolau Barreto, autorizada pelo governador residente na Bahia, Francisco de Sousa. Seguiram-se as bandeiras de Manuel Preto, em 1609 e 1619, a de Sebastião Preto, em 1612, e a de Fernão Dias Pais, em 1623.

Nenhuma delas se compara, porém, à bandeira armada pelo alentejano Antônio Raposo Tavares em 1628. Dois anos depois, seus participantes voltaram com mais de 40 mil cativos presos em ferros e correntes. Das entradas ao sertão realizadas entre os anos de 1627 e 1640, os paulistas trouxeram cerca de 100 mil cativos, "uma das operações escravistas mais predatórias da história moderna", segundo o historiador Luiz Felipe de Alencastro. Dessas levas de trabalhadores cativos beneficiaram-se os "potentados em arcos", grandes proprietários de terras e de escravos indígenas do planalto.

Raposo Tavares: perfil de um bandeirante

No ano de 1618, chegava ao porto de Santos, no litoral da capitania de São Vicente, Antônio Raposo Tavares. Contava então 20 anos e viera acompanhar o pai, que fora designado governador e provedor da fazenda da capitania. Quatro anos depois, em 1622, o pai morre, e o jovem alentejano casa com uma das filhas da "nobreza da terra" paulista. A partir de então, desempenha papel de destaque na organização de entradas ao sertão.

Em 1627, o nome de Raposo Tavares figura nas atas da Câmara de São Paulo, que o denuncia como "amotinador do povo" enquanto organizava bandeira ao sertão. Em 1628, assume a liderança da grande bandeira contra as missões dos jesuítas espanhóis no Guairá. Paradoxalmente, a Câmara Municipal apoia a iniciativa desses "homens bons", até porque um terço de seus membros já havia participado de entradas ao sertão.

A maioria dos guaranis provenientes dos ataques ao Guairá permanecera nas roças e nas estradas dos paulistas.

> "Não era só nas roças de trigo, mandioca e milho que labutavam os índios. Transporte do sertão, equipagem de remadores nos rios e na orla marítima, pesca e caça para ração de tropa, criação de gado nas fazendas jesuíticas e particulares, corte e preparo de madeiras, serviço em olarias e teares, alvenaria nos fortins, paliçadas, casas, barracos, abertura e conserva de caminhos, fabrico de barcos, estiva e trabalho nas embarcações..."[6]

As qualidades reveladas em tantos e tão exigentes tipos de atividades constatadas nesta lista em nada coincidem com a alegada "indolência" e "inaptidão" dos nativos americanos ao trabalho, presente em inúmeros relatos posteriores de cronistas e historiadores.

Alguns poucos são vendidos para engenhos nas capitanias do Norte. A interrupção do tráfico de africanos não chegou a estimular a formação de um mercado interno para os cativos americanos. O butim dos preadores estava destinado, em primeiro lugar, às lavouras de mantimentos. Além disso, deve-se levar em conta que, acima do interesse dos paulistas, havia o interesse dos negreiros fluminenses, representados na figura de Salvador Correia de Sá, que tomam o partido dos jesuítas nas querelas entre os paulistas e as autoridades civis e eclesiásticas.

A legislação filipina condenava abertamente as atividades dos preadores paulistas e a escravização das populações nativas. Mas a distância dos principais centros administrativos e a participação da maioria dos grandes proprietários e do próprio donatário da capitania nas entradas ao sertão tornavam nulas as disposições oficiais a favor da liberdade dos indígenas. Não é por acaso que, logo após os ataques às missões de Guairá e Tapes, no

---

[6] Luiz Felipe de Alencastro, *O trato dos viventes*, cit., pp. 195-6.

atual Estado do Rio Grande do Sul, as autoridades metropolitanas acionam o Tribunal do Santo Ofício, a temível Inquisição, e lançam acusações de judaísmo contra os paulistas. Cogitou-se, até, a instalação de um Tribunal no Rio de Janeiro.

A Coroa espanhola tinha motivos de sobra para temer a união de interesses entre os preadores e os produtores escravistas de Piratininga e do Paraguai. Com base no depoimento de padres jesuítas do Guairá, ordenam-se a prisão de Raposo Tavares e a destituição do governador do Paraguai. O bandeirante é excomungado pelos jesuítas e exonerado do cargo de ouvidor da Câmara.

A punição dura pouco tempo, e o alentejano é logo reabilitado pelas autoridades coloniais sediadas no Rio de Janeiro. Apesar de todo o jogo de cena, fica claro que o poder civil precisava de homens como Raposo Tavares, especialmente em tempos de guerra contra os holandeses.

Em 1636, o temível bandeirante arma outra expedição contra as missões do Tapes. Em 1639, recebe a patente de capitão de companhia para ajudar na leva que o Conde da Torre manda reunir nas capitanias do Sul. No ano seguinte, ainda sob o domínio dos Filipes, é promovido ao cargo de "governador da recruta" e participa ativamente da arregimentação de soldados para a frente de batalha do Norte. Toma parte, ainda, da malsucedida tentativa de recuperação de Recife pela armada do Conde da Torre em janeiro de 1640. Relatórios escritos por holandeses certificam a chegada, em setembro de 1639, de dezesseis navios vindos do Rio de Janeiro com mais de 1.200 soldados e grande quantidade de carne e farinha destinadas ao exército do Conde da Torre.

Depois dos repetidos ataques dos paulistas ao Guairá, os jesuítas espanhóis decidiram abandonar o local. No episódio que ficou conhecido como "o grande êxodo", levaram cerca de 12 mil guaranis para as regiões do rio Uruguai e do Tapes. Lá, estabeleceram quinze reduções. Os ataques às missões dos jesuítas espanhóis só cessaram depois que os padres da Companhia resolveram, por conta própria, revidar com armas de fogo.

Em 1641, a bandeira de Jerônimo Pedroso foi desbaratada à margem do rio Mbororé. Comandados pelo padre jesuíta Domingos de Torres, ex-militar de carreira, 4 mil guaranis munidos com 300 armas de fogo e "tacuaras", canhões feitos de bambu que disparavam cargas de metralha, trucidaram cerca de 300 paulistas e 600 arqueiros tupis. Os paulistas partiram, então, à procura de outras reservas de mão de obra para suas roças.

A expulsão dos jesuítas de São Paulo

Depois do ataque da bandeira de Raposo Tavares às missões dos jesuítas espanhóis no Guairá, os padres da Companhia decidiram formalizar queixa contra os paulistas perante o rei Filipe IV e o papa Urbano VIII. Em 1638, o padre Ruiz de Montoya, que presenciara os ataques bandeirantes às reduções do Guairá, sai do Paraguai munido de documentos fornecidos pelas autoridades civis, comprovando a escravização de índios, para apresentar à corte em Madri.

O rei imediatamente cria uma comissão para tratar do assunto. Em seguida, emite várias ordens proclamando, em termos enérgicos, a liberdade dos indígenas. Às autoridades civis caberia auxiliar os jesuítas na defesa contra os preadores. As leis promulgadas pelo rei obrigavam, ainda, as pessoas a libertar os índios que estivessem em cativeiro, sob pena de serem punidos pela Inquisição e de terem seus bens confiscados pela Coroa. Raposo Tavares e seus asseclas deveriam ser presos e enviados para julgamento no reino. Os espanhóis que teimassem em colaborar com os bandeirantes (*bandoleros*) seriam desterrados para o Paraguai. No final de sua estada na corte, Ruiz de Montoya obteve a tão ansiada permissão para armar seus neófitos.

Um ano antes da missão a Madri, os jesuítas do Guairá enviaram a Roma o padre Francisco Diaz Taño para apresentar protestos contra o brutal ataque desferido pela tropa de Raposo Tavares. Em seu retorno à América, entre seus pertences, o jesuíta espanhol trazia um breve do papa, ameaçando de excomunhão aqueles que escravizassem índios. O breve obrigava o clero a reprimir essa prática criminosa.

Embora tivesse a intenção de ir direto para Buenos Aires, o mau tempo obriga o padre Diaz Taño e os 30 noviços que o acompanhavam a arribar no Rio de Janeiro, em 15 de abril de 1640. "Os jesuítas desembarcaram naquela mesma noite, sendo escoltados por Salvador [Correia de Sá], em pessoa, e uma guarda de honra pertencente à guarnição local, até o colégio, em verdadeira procissão iluminada por archotes, sob a salva da mosquetaria e ao estridor das trombetas."[7]

---

[7] Charles R. Boxer, *Salvador de Sá e a luta pelo Brasil e Angola (1602-1686)*, São Paulo, Companhia Editora Nacional, 1973, p. 143.

Forçado a permanecer no Rio de Janeiro até outubro, à espera de ventos propícios, Diaz Taño resolve divulgar o breve papal que trazia na arca. Dois dias depois, os jesuítas reúnem-se no morro do Castelo e decidem dar publicidade ao breve, antes que chegasse a versão traduzida pelas autoridades portuguesas. Cópias certificadas do breve foram enviadas a São Paulo e Santos, e solicitou-se às autoridades eclesiásticas que noticiassem sua existência. A primeira oposição à publicação do breve manifestou-se no momento em que a assembleia geral das autoridades civis e eclesiásticas do Rio de Janeiro resolveu apelar na Justiça contra a decisão de Taño, na tentativa de ganhar tempo e dissuadir os jesuítas de suas intenções de obter a libertação dos indígenas. No porto de Santos, na capitania de São Vicente, a publicação do breve, alguns dias depois da reunião das autoridades do Rio de Janeiro, provocou um motim. Os jesuítas escaparam por pouco de serem mortos.

No Rio de Janeiro, a reação popular foi idêntica. A multidão dirigiu-se ao colégio dos jesuítas e derrubou a porta a machadadas gritando "mata, mata, bota fora, bota fora da terra, padres da Companhia".[8] Salvador Correia de Sá e seus guarda-costas logo apareceram e salvaram os jesuítas da multidão enfurecida. Depois de uma nova assembleia, as partes conflitantes resolveram travar a batalha judicial em Lisboa, Madri e Roma. O clima na cidade permaneceu tenso até que os padres da Companhia concordaram em manter o *status quo*, permitindo que os colonos continuassem a utilizar os serviços dos índios "particulares". Comprometeram-se, ainda, a "fazer voltar aos seus donos todos os índios que houvessem fugido de seus senhores e buscado asilo nas aldeias das missões".[9]

Em São Paulo, a leitura do breve, realizada na manhã de 13 de maio do mesmo ano, provocou a revolta imediata da multidão e os mesmos gritos de "mata, mata os padres da Companhia, que são a causa de tudo isso". A animosidade do povo de São Paulo contra os padres da Companhia era tão antiga quanto a atividade de preação exercida pela maioria dos potentados da vila de Piratininga. O breve atingia em cheio a principal atividade, o "remédio" dos paulistas, precisamente no momento em que a demanda por mantimentos tinha mercado garantido e praticamente nenhuma concorrência

---

[8] Serafim Leite, *História da Companhia de Jesus no Brasil*, vol. 6, Rio de Janeiro, 1938-1950, p. 37, *apud* Charles R. Boxer, *Salvador de Sá e a luta...*, cit., p. 145.

[9] Charles R. Boxer, *Salvador de Sá e a luta...*, cit., p. 147.

externa. As disposições do breve também atingiam em cheio as demais ordens religiosas, cujos membros participavam frequentemente das expedições de preação. Os jesuítas do Colégio de São Paulo havia muito se queixavam da participação dos oficiais da Câmara, muitos deles ex-alunos seus, e de membros de outras ordens eclesiásticas nas entradas ao sertão.

Entrincheirados no Colégio, os padres da Companhia acharam por bem aguardar a chegada das ordens do rei para fazer valer o breve papal. Apesar da aparente calma — pois os jesuítas não foram importunados nem sofreram ameaça física por parte dos moradores da vila —, ficou resolvido, na reunião dos conselhos municipais de São Paulo e do Rio de Janeiro, que eles seriam expulsos da capitania de São Vicente. Os jesuítas foram intimados a deixar a vila e o Colégio. Seguiram para Santos de onde partiram em 3 de agosto. Os padres da Companhia só puderam permanecer no Rio de Janeiro graças à proteção dispensada pelo governador, Salvador Correia de Sá.

Os rebeldes paulistas e a restauração

Muitos meses depois, em março de 1641, chegava ao Rio de Janeiro a notícia da restauração da monarquia em Portugal. A nova situação política — e o possível não reconhecimento do duque de Bragança enquanto legítimo soberano pelos súditos rebeldes do planalto — fez com que João IV anistiasse os paulistas pelos "crimes cometidos nas entradas ao sertão", como diz o documento lavrado pelo governador do Rio de Janeiro.

O gesto conciliador não era fortuito: procurava eliminar uma das fontes de preocupação, tendo em vista que não eram poucos os desafios realmente graves a se apresentarem ao rei de Portugal. João IV precisava, ainda, obter o reconhecimento internacional da independência do reino, defender as fronteiras contra um possível ataque espanhol e obter a reintegração das colônias americanas, africanas e asiáticas que, durante a união ibérica, haviam sido perdidas para os neerlandeses e os ingleses.

No auto de aclamação do rei João IV de Bragança, o nome de Raposo Tavares figurava logo abaixo da assinatura do representante do donatário. A procuração outorgada pelos moradores e vereadores de São Paulo, para que representasse seus interesses "em toda a capitania, em todo o Brasil e no reino de Portugal, diante de el-rei Nosso Senhor D. João IV, e onde fosse necessário no dito Reino", prova o prestígio que o bandeirante gozava entre os habitantes de Piratininga. Não é por acaso que o novo rei português anistia os paulistas pelos "crimes cometidos nas entradas dos sertões".

As "capitanias de baixo" e as guerras do sertão

Os paulistas aclamaram o novo rei, mas recusaram-se a readmitir os jesuítas. Em Santos, os padres da Companhia de Jesus voltaram sob a escolta de um regimento da guarnição fluminense. Enquanto visitava a cidade, Salvador Correia de Sá tentou estabelecer diálogo com os paulistas, mas estes, tão logo souberam que o governador estava a caminho, bloquearam as trilhas da serra do Mar e cortaram as comunicações com o litoral. No planalto, os paulistas alegaram que tinham obstruído as veredas da serra para evitar uma rebelião de escravos índios, pois já começava a circular a notícia de que Salvador Correia vinha para libertar os índios e "levá-los consigo, vesti-los e dar-lhes bom tratamento".[10] Alegaram, também, que as cartas-patentes do governador sobre as minas e sobre as capitanias de baixo haviam sido obtidas "por meio de manobras ilícitas, não havendo sido registradas em Lisboa, na devida forma", conta-nos o historiador Charles Boxer.

A Câmara de São Paulo permaneceu em estado insurrecional até 1654, mesmo ano em que os holandeses foram expulsos de Recife. Em todo esse período, os paulistas conseguiram manter o banimento dos jesuítas, o confisco de seus bens e o controle sobre as populações das aldeias por eles administradas.

Além de Tordesilhas

Fazendo vistas grossas às atividades dos súditos de Piratininga, a Coroa serviu-se deles para consolidar seus desígnios geopolíticos. Durante todo o século XVII, o território palmilhado pelos preadores e mineradores ampliou-se cada vez mais, visando ao "bem e aumento da república".

A mais célebre dessas epopeias foi, talvez, a impressionante jornada de Raposo Tavares, que se embrenhou pelas matas do Paraguai em 1648, subiu o rio Madeira e, quatro anos depois, alcançou o Amazonas. No fim do século, os inquietos paulistas descobriram grandes depósitos de ouro nas futuras Minas Gerais, de onde foram expulsos pelos "emboabas" (portugueses e baianos vindos do litoral). Depois veio a descoberta das distantes minas de Cuiabá, o ciclo das monções e das tropas de mulas.

Preadores, capitães do mato e incansáveis (para não dizer insaciáveis) sertanistas saídos do arraial de Piratininga ajudaram a desenhar as fronteiras

[10] *Ibid.*, p. 164.

146   História do Brasil: uma interpretação

do Brasil de hoje. Mas a sorte continuaria a lhes ser madrasta durante quase todo o período colonial, durante o qual a vila permaneceu condenada à insignificância, assim como as capitanias "de baixo" nada mais foram do que um imenso sorvedouro de marginais e rudes aventureiros que se apropriaram das fronteiras do Sul.

Nas capitanias do Sul, no começo do século XVII, os mestiços filhos de lusos e índios constituíam o grosso da população. Segundo o historiador Charles Boxer,

> "Essa situação fazia vivo contraste com a da Bahia e Pernambuco, onde a crescente importação de negros deu como resultado o rápido crescimento da comunidade mulata. A diferença entre o mameluco e o mulato acha-se expressa de modo conciso quando se diz que o primeiro não conhecia a mãe, enquanto o último ignorava quem era o pai. O índio meio-sangue seguia, via de regra, as pegadas do pai, tornando-se um preador da raça a que pertencia a própria mãe; o mulato, pelo contrário, continuava escravo, como sua mãe africana."[11]

BANDEIRANTES E "BUGREIROS"

Com o fim da guerra contra os holandeses e a reativação do tráfico de escravos africanos, os paulistas deslocam-se para o Norte, onde se tornam "bugreiros", contratados pelas autoridades das capitanias da Bahia, Pernambuco e Piauí para exterminar as comunidades indígenas que barravam o avanço do gado e para caçar quilombolas que ameaçavam os canaviais e os engenhos das áreas produtoras de açúcar. Em troca desses serviços, receberam sesmarias e tornaram-se criadores de gado.

A expansão da pecuária foi responsável pela lenta e constante ocupação de terras no interior do continente e pela formação de uma rede de caminhos ligando o sertão aos centros urbanos do litoral. Martim Afonso de Sousa e seu primo, Tomé de Sousa, primeiro governador-geral do Brasil, trouxeram os primeiros exemplares de gado bovino, provenientes das ilhas de Cabo Verde.

---

[11] *Ibid.*, p. 39.

A primeira sesmaria destinada à criação de gado foi doada a Garcia d'Ávila, espécie de "criado" de Tomé de Sousa. Os descendentes do fundador da Casa da Torre chegaram a possuir sesmarias de mais de 260 léguas de testada na margem pernambucana do rio São Francisco. Outros grandes proprietários, herdeiros do mestre de campo Antônio Guedes de Brito, possuíam 160 léguas no sertão baiano no início do século XVIII, segundo informação dada pelo jesuíta Antonil, que conclui: "E nestas terras, parte dos donos delas tem currais próprios; e parte são dos que arrendam sítios delas".[12] Naquela região, havia fazendas com mais de 20 mil cabeças de gado.

Caminhos do sertão: a "Guerra dos Bárbaros"

> "Sertão [de origem obscura]. *S.m.* Zona pouco povoada no interior do Brasil, em especial do interior semiárido da parte norte-ocidental, mais seca que a caatinga, onde a criação de gado prevalece sobre a agricultura, e onde perduram tradições e costumes antigos."
>
> *Novo Dicionário Aurélio da Língua Portuguesa*[13]

A despeito da secura da definição do dicionarista, o termo "sertão" é muito denso. De origem remota, já consta em documentos de comerciantes e exploradores portugueses no norte da África no século XV. Para alguns estudiosos, seria uma corruptela de "desertão". Com o passar do tempo, a palavra adquiriu inúmeros e variados sentidos e comentários, muitos dos quais de autoria dos escritores Euclides da Cunha, Afonso Arinos e Guimarães Rosa. Tal conceito continua a ser aplicado até os dias atuais em várias outras regiões do país — e mesmo da África —, que extrapolam em muito a delimitação geográfica definida por Aurélio Buarque de Holanda. Pensando nesse universo rústico, Guimarães Rosa cunhou uma de suas frases mais famosas: "Viver é negócio muito perigoso"...[14]

[12] André João Antonil (João Antonio Andreoni, S. J.), *Cultura e opulência do Brasil*, São Paulo, Melhoramentos, 1923, p. 265.

[13] Aurélio Buarque de Holanda Ferreira *et al.*, *Novo Dicionário Aurélio da Língua Portuguesa*, Curitiba, Positivo, 2004, 3ª ed.

[14] João Guimarães Rosa, *Grande sertão: veredas*, Rio de Janeiro, José Olympio, 1979, 19ª ed., p. 11.

Do interior da Bahia, os criadores avançaram pelo interior em direção ao Piauí. As guerras contra os holandeses estancaram momentaneamente a marcha das boiadas rumo ao Piauí, que só seria retomada novamente após o fim do conflito, mesmo com a aguerrida resistência dos cariris daquele sertão. A partir de 1687, os colonos luso-brasileiros enfrentaram um grande levante de tapuias do Ceará — a "Guerra dos Bárbaros", também conhecida como Confederação dos Cariris —, que se estendeu até 1697. Bugreiros paulistas e veteranos das guerras contra os holandeses foram convocados para dar cabo da rebeldia dos nativos e conquistar aquelas terras para as boiadas.

No início do século XVIII, descendentes de Garcia d'Ávila, Domingos Afonso Mafrense — grande proprietário de terras e gado no interior da Paraíba, Rio Grande e Ceará — e Domingos Jorge Velho, renomado capitão do mato e caçador de quilombolas, empreenderam a conquista do sertão piauiense.

> "A região entre os rios Parnaíba e Gurgueia foi penetrada pela primeira vez com intenções colonizadoras pelo paulista Domingos Jorge Velho, em 1671. Combatente e caçador famoso de ameríndios, mais tarde tomou parte vanguardeira na destruição do quilombo dos Palmares, foi descrito pelo bispo de Pernambuco nos seguintes e pouco lisonjeiros termos: 'Este homem é um dos maiores selvagens com que tenho topado; quando se avistou comigo trouxe consigo língua, porque nem falar sabe, nem se diferencia do mais bárbaro tapuia, mas em dizer que é cristão, e não obstante o haver-se casado de pouco, lhe assistem sete índias concubinas, e daqui se pode inferir como procede no mais'."[15]

Na primeira metade do século XVIII, os jesuítas herdaram as terras pertencentes a Domingos Afonso Mafrense. Em 1739, a ordem religiosa era dona de trinta propriedades de aproximadamente 100 léguas no Piauí. Nestas propriedades, pastavam mais de 30 mil cabeças de gado e 1.500 cavalos.

---

[15] Charles R. Boxer, *A idade de ouro do Brasil*, tradução de Nair de Lacerda, Rio de Janeiro, Nova Fronteira, 3ª ed., p. 253. "Língua" era o nome dado aos intérpretes naquela época.

De carne-seca e pirão

O preparo da carne-seca, ou carne de sol — mantas de carne bovina salgadas e desidratadas ao sol —, tornou-se, ao longo do século XVIII, a principal atividade das capitanias de Rio Grande do Norte, Ceará e Piauí, de onde eram exportadas para Bahia, Pernambuco, Maranhão, Pará e Rio de Janeiro, e também para Portugal. Em 1788, a cidade de Olinda consumiu nada menos do que 14 navios carregados de carne-seca. Cada navio transportava cerca de 72 mil quilos de carne-seca, o equivalente à produção de 2 mil bois.

Tal alimento era consumido por todos os habitantes da colônia, dos menos favorecidos aos mais abastados. No dia a dia das casas-grandes, o prato predileto era carne-seca com pirão de farinha de mandioca. Era também o principal item da dieta dos escravos africanos dos engenhos do litoral e raramente faltava à mesa do sertanejo. Fazia parte da ração dos soldados e da matalotagem das tripulações dos navios que aportavam no Brasil. As secas persistentes que assolaram o Ceará e o Piauí no último quartel do século XVIII praticamente liquidaram a indústria da carne-seca naquela região. A partir de então, muitos criadores transferiram suas "fábricas" para o Rio Grande do Sul, que se tornou importante região produtora de charque, designação local da carne-seca.

Os couros também constituíam importante fonte de renda para os criadores de gado, pois eram vendidos no mercado local e exportados para Portugal. Só para se ter uma ideia do volume desse comércio, antes de 1790, início de uma seca que durou quatro anos, os criadores da região de Aracati, no Ceará, exportavam anualmente mais de 30 mil couros de boi para a metrópole.

Uma fazenda, segundo Caio Prado Jr.

Indicando a existência de uma economia diferente — embora complementar — da brutal escravidão dos engenhos, o historiador e geógrafo paulistano descreveu com as seguintes palavras tais "fazendas", que constituíam os núcleos organizadores desse amplo e disperso universo social sertanejo:

> "As instalações duma fazenda [...] são sumárias: currais e casas de vivenda, tudo de construção tosca, é quanto nelas se encontra. O pessoal empregado é reduzido: o *vaqueiro* e alguns au-

xiliares, os *fábricas*. Aquele, que dirige todos os serviços da fazenda, é remunerado [...] com o próprio produto dela, uma quarta parte das crias. Nas fazendas muito importantes há às vezes dois e até três vaqueiros que repartem então o quarto entre si. Os *fábricas* são em número de dois a quatro, conforme as proporções da fazenda; são subordinados ao vaqueiro e o auxiliam em todos os serviços. Às vezes são escravos, mais comumente assalariados, percebendo remuneração pecuniária por mês ou por ano. Estes *fábricas* também se ocupam das roças que lhes fornecem subsistência, e que são plantadas nas 'vazantes', isto é, o leito descoberto destes rios intermitentes do sertão, e onde na estiagem se refugiam os últimos traços de umidade."[16]

O MUNDO SERTANEJO

O mundo sertanejo tem aí sua origem, e vai desenvolver-se até cobrir vastas porções do território, consolidando a presença luso-brasileira e articulando regiões distantes e isoladas da colônia. Os caminhos e as fronteiras do futuro Estado-nação delinearão a estrutura básica do país. Naqueles interiores longínquos, distantes do litoral e dos principais núcleos urbanos, os fazendeiros e toda a constelação social articulada à sua volta sedimentarão a base da sociedade dos "coronéis", dos "mandões", mas também dos "mandados". E do gado.

Mundo de remanescências socioculturais e de quadros mentais que ensejarão toda uma literatura de notável densidade política e estética, como se lê em *Os sertões* (1902), de Euclides da Cunha, e em *Grande sertão: veredas* (1956), de Guimarães Rosa.

Diversamente, porém, do que concluiu Euclides ("o sertanejo é antes de tudo um forte"), Guimarães Rosa enxergou o mundo dos sertanejos misturando-se com o do gado, peles de gente com pele de couro:

"Todavia, ninguém boi tem culpa de tanta má-sorte, e lá vai ele tirando, afrontado pela soalheira, com o frontispício abaixado, meio guilhotinado pela canga-de-cabeçada, gangorrando no cós

---

[16] Caio Prado Jr., *Formação do Brasil contemporâneo*, São Paulo, Brasiliense, 1987, 20ª ed., pp. 192-3.

da brocha de couro retorcido, que lhe corta em duas a barbela; pesando de-quina contra as mossas e os dentes dos canzis biselados; batendo os vazios; arfando ao ritmo do costelame, que se abre e fecha como um fole; e com o focinho, glabro, largo e engraxado, vazando baba e pingando gotas de suor. Rebufa e sopra:

'Nós somos bois... Bois-de-carro... Os outros, que vêm em manadas, para ficarem um tempo-das-águas pastando na invernada, sem trabalhar, só vivendo e pastando, e vão-se embora para deixar lugar aos novos que chegam magros, esses todos não são como nós...'."[17]

---

[17] João Guimarães Rosa, "Conversa de bois", em *Sagarana*, Rio de Janeiro, José Olympio, 1976, 19ª ed., pp. 291-2.

11

Conflitos e rebeliões coloniais

"Gigantes há ladrões e ladrões gigantes. E, assim, são as unhas suas tão agigantadas que nada lhes para diante e, por isso, com razão todas as temem, e tremem. Estes são os poderosos por nobreza, por ofício, por títulos e outras qualidades que os fazem afoitos, intrépidos e isentos; e quando dão em furtar não há outro remédio que o de pôr em cobro, com temor e pavor, ou aprestar paciência e render à sua revelia as armas e as fazendas a comprar, com a perda delas, o ganho da vida própria."

Anônimo, século XVII[1]

Na segunda metade do século XVII, após a restauração de sua independência em 1640, Portugal continuou a sofrer ameaças externas em várias frentes, tanto na metrópole como nas colônias. Ao hesitante João IV coube a árdua tarefa de obter o reconhecimento internacional do reino, defender da Espanha suas fronteiras e reaver as colônias americanas, africanas e asiáticas perdidas durante a união ibérica.

Empurrado "pela ambição da mulher", Dona Luísa de Gusmão, o duque de Bragança aceitou tornar-se rei de Portugal. Enquanto a nobreza manobrava para torná-lo rei, "o duque esperou nas suas terras do Alentejo que a revolução estalasse na capital, da mesma forma que depois, sendo rei, deixou prolongar-se a guerra contra a Espanha sem nunca comparecer num campo de batalha".[2]

Com efeito, em 1º de dezembro de 1640 Portugal recuperou sua independência da Espanha (a chamada Restauração). O oitavo duque de Bragan-

---

[1] Anônimo (do século XVII), *Arte de furtar*, São Paulo, Martin Claret, 2006, p. 163. Antes atribuída ao padre Antonio Vieira, a obra seria de 1652 ou, mais provável, de 1744, conforme o estudo crítico (1906) de João Ribeiro, reproduzido na introdução da edição citada.

[2] Oliveira Lima, *Pernambuco, seu desenvolvimento histórico*, Recife, Secretaria de Educação e Cultura do Governo do Estado de Pernambuco, 1975, 2ª ed., p. 128.

ça foi aclamado João IV de Portugal, pela nobreza, desejosa do retorno à "forma legítima de Estado e direito" — e antes que se repetisse outra sublevação popular, como a ocorrida em 1637.

Armado de hábeis negociadores, e exercitando a arte de protelar, João IV tratou de fazer as pazes com os Países Baixos, cuja Companhia das Índias Ocidentais ocupava então o litoral Nordeste do Brasil. Tratou também de buscar um aliado suficientemente forte para protegê-lo contra a Espanha.

O fragilizado reino iniciava, em condições financeiras dramáticas, uma longa guerra para manter a independência e recuperar o patrimônio perdido durante o "longo cativeiro". A Coroa ficara sem os polpudos proventos proporcionados pelo comércio da rota Lisboa-Goa, que passou a ser controlada pelas companhias de comércio holandesa e inglesa. Para a monarquia portuguesa restava apenas um terço do movimento comercial anterior a esses ataques.

Embora temporária, a perda dos principais mercados de cativos do litoral africano punha em risco o lucrativo negócio do tráfico transatlântico para as colônias da América espanhola e portuguesa. Durante a união ibérica (1580-1640), negreiros e financistas portugueses operaram o *asiento*, contrato de fornecimento de cativos para o império espanhol na América. A ocupação holandesa do Nordeste do Brasil privava a Coroa de lucros importantes e punha o reino à mercê de um aliado voraz: a Inglaterra.

A "pérfida Albion": Inglaterra, aliada e algoz

Os Braganças pagaram caro a proteção oferecida pela Inglaterra. Apesar de já de início terem sido exorbitantes as exigências dos interesses comerciais e manufatureiros ingleses, Portugal assinou seu primeiro tratado com o Parlamento inglês em 1642. Por meio desse tratado, a Inglaterra obtinha benefícios comerciais importantes e assegurava a liberdade religiosa de seus súditos em território português — sem falar na imunidade contra a Inquisição, arma usada com frequência para livrar-se de bem-sucedidos nos diversos tratos comerciais e financeiros nos reinos em que vigorou a Contrarreforma católica.

Em troca de promessas de amizade e reconhecimento, Portugal passava a considerar a Inglaterra como nação mais favorecida. Os súditos ingleses teriam extraterritorialidade e imunidade legal, não podendo ser julgados pelos tribunais portugueses. O tratado nunca chegou a ser implementado, mas serviu de base para as formulações jurídicas que orientaram as investidas posteriores da Commonwealth nos domínios de Portugal.

Em 1654, vencido o primeiro confronto entre a Inglaterra e os Países Baixos pela primazia nos mares do mundo, Oliver Cromwell, Lorde Protetor da Commonwealth desde dezembro de 1653, aproveita para ratificar, de seu lado, as cláusulas do tratado de 1642 e consolidar a posição privilegiada do comércio inglês — ou seja, de uma ativa burguesia comercial ascendente — nos domínios ultramarinos de Portugal. Em troca, a Inglaterra oferecia apenas amizade.

João IV morre em 1656, sem ratificar o tratado do lado português. Em vida, havia relutado contra a cláusula da liberdade de religião e da imunidade em face da Inquisição. Mas seu sucessor não teria escolha. Diante da ameaça da presença dos navios ingleses, prestes a abocanhar a frota do Brasil, Afonso VI assinou o tratado.

A partir de então, a comunidade de homens de negócios ingleses residentes em Portugal passou a agir de acordo com suas próprias regras, sendo-lhes asseguradas condições melhores mesmo do que as usufruídas pelos portugueses. O acesso ao comércio com o Brasil e a África ocidental, em termos de igualdade com os súditos portugueses, figurava entre as grandes conquistas, primeiro golpe no exclusivo comercial.[3] "Mais uma vez", conclui o historiador inglês Alan K. Manchester, "a Inglaterra limitava suas obrigações à manifestação de amizade, sem nenhuma garantia de assistência militar, enquanto Portugal tornou-se, virtualmente, vassalo comercial da Inglaterra."[4]

Um pós-guerra difícil

Na Europa, o reino enfrentou os exércitos espanhóis até ser reconhecida sua independência, em 1668. Nas longas guerras contra a Holanda, Portugal perdeu alguns de seus principais mercados de escravos na costa ocidental da África e as principais praças comerciais do Estado da Índia. Essas perdas significaram um duro golpe nos já combalidos cofres do tesouro real.

---

[3] Verdade é que, em 1661, os holandeses obtiveram condições semelhantes, como indenização pelos territórios recuperados por Portugal na América do Sul.

[4] Alan K. Manchester, *British Preeminence in Brazil, Its Rise and Decline: A Study in European Expansion*, Nova York, Octagon Books, 1964, p. 9, tradução de Adriana Lopez.

Como se isso tudo não bastasse, Portugal também havia perdido sua marinha mercante e de guerra, passando a depender do arrendamento de navios ingleses, alemães e holandeses para manter o fluxo comercial de produtos tropicais para o reino e o abastecimento de suas colônias no ultramar.

Na América portuguesa, o período que se seguiu à restauração (1640) e à expulsão dos invasores holandeses (1654) foi de crise e empobrecimento. O fim da guerra contra os holandeses no Brasil não trouxe o alívio fiscal esperado pelos colonos luso-brasileiros. Além da pesada carga tributária resultante dos anos de guerra, os produtores de açúcar passaram a enfrentar competidores nas Antilhas francesas e inglesas.

Criou-se com isso uma nova situação de concorrência, que acabou ocasionando a queda do preço do produto no mercado internacional e agravou o endividamento dos produtores com os comerciantes reinóis.

Empobrecidos, os senhores de engenho já não conseguiam importar produtos de luxo e escravos na mesma quantidade que antes do conflito. Em Pernambuco, os comerciantes judeus e holandeses foram substituídos por comerciantes da metrópole, cujos interesses estavam estreitamente ligados aos da Coroa.

A crise financeira obrigou a Coroa a tomar uma série de medidas visando centralizar a administração de sua colônia americana. Nesse processo, as elites locais, sobretudo as das áreas afetadas pela ocupação holandesa, perderam poder político. A resposta da Coroa em face da grave crise econômica foi compensar as perdas sofridas no resto do império colonial português por meio do estabelecimento de uma administração mais presente no Brasil. A burocracia, identificada com as políticas fiscalistas da Coroa, cresce e torna-se mais numerosa.

Depois do fim das guerras de independência, Portugal passou a depender quase exclusivamente da arrecadação dos impostos provenientes do comércio com o Brasil. Apesar de manter o mercado de escravos de Angola, Portugal já não detinha o monopólio da exportação de escravos africanos para a América espanhola, o famoso contrato do *asiento*. A partir de meados do século XVII, os negreiros portugueses tiveram de enfrentar a concorrência de holandeses e ingleses nas costas africanas.

Depois do final da Guerra de Sucessão Espanhola, em 1713, o *asiento* passou para as mãos dos negreiros ingleses.

Conflitos internos na colônia

Nos capítulos anteriores, vimos que a colonização do Brasil pelos portugueses não havia sido nada tranquila. Em primeiro lugar, os colonizadores tiveram de enfrentar feroz resistência dos habitantes nativos. Estes, por sua vez, foram escravizados, empesteados ou tiveram de abandonar suas terras para fugir dos colonos.

A presença cada vez maior de cativos africanos criou mais uma frente de conflitos na colônia. Fugas e revoltas eram frequentes, a ponto de constituírem uma das principais preocupações das elites coloniais, minoria branca em meio à escravaria das lavouras e dos engenhos.

Durante o século XVII, tais conflitos tornaram-se generalizados, atingindo a todos os setores da sociedade colonial. Além disso, as mudanças administrativas introduzidas pela Coroa, visando centralizar e controlar mais de perto a colônia americana, provocaram disputas entre colonos e funcionários do governo, entre colonos e jesuítas, e entre senhores de engenho e comerciantes.

A PRIMEIRA REVOLTA: BARBALHO (1661)

Em 2 de novembro de 1660, os moradores da paróquia de São Gonçalo, hoje Niterói, rebelaram-se contra o pagamento de um imposto *per capita* lançado pelo governador da capitania do Rio de Janeiro. A finalidade desse imposto era saldar os nove meses de salários atrasados devidos aos soldados da guarnição da vila. Aproveitando a ausência do governador — em viagem de reconhecimento às minas de Paranaguá — os colonos pegaram em armas e, liderados por Jerônimo Barbalho, proclamaram que não mais tolerariam a governança de Salvador Correia de Sá e Benevides, "por causa das muitas taxas, impostos e tiranias com que ele aterroriza este extenuado povo".[5]

A rebelião dos moradores de São Gonçalo foi a primeira revolta popular contra os abusos cometidos por autoridades representativas da metrópole na colônia. Um total de 112 pessoas, entre colonos e religiosos, assinaram o auto que depôs o governador Salvador e seu primo Tomé Correia nos dias

---

[5] Charles R. Boxer, *Salvador de Sá e a luta pelo Brasil e Angola (1602-1686)*, São Paulo, Companhia Editora Nacional/Edusp, 1973, p. 326.

que se seguiram à revolta. Esta resultou no estabelecimento do primeiro governo "independente", por assim dizer, na colônia.

O início da trama remonta ao tempo em que o terceiro governador-geral do Brasil, Mem de Sá, consolidou a conquista da baía de Guanabara no terceiro quartel do século XVI. Expulsos os franceses e subjugados os tamoios, o governador deixou o sobrinho Salvador Correia de Sá como seu representante na nova capitania do rei. Ao longo do século, essa família foi se sucedendo no cargo e exerceu mais poder, autoridade e influência do que muitos donatários.

Após a morte do velho Salvador, seu filho Martim de Sá governou a capitania durante vários períodos. Enquanto isso, outros membros da família, tanto Correias como Sás, ocupavam posições administrativas de menor destaque. Ao longo da primeira metade do século XVII, os Correia de Sá enriqueceram graças aos serviços prestados à Coroa nos dois lados do Atlântico e à custa dos cargos oficiais exercidos.

Quando Salvador Correia de Sá e Benevides, o filho de Martim, chegou ao Rio de Janeiro em abril de 1659 para exercer seu terceiro mandato como governador, na condição de general da frota do Brasil e capitão-general do Sul, ele era o homem mais rico da capitania. Contabilizava uma vasta fortuna em terras e canaviais, e possuía mais de 700 escravos, entre "negros da terra" e de Angola.

A rebelião atravessou a baía de Guanabara e alcançou a vila de São Sebastião do Rio de Janeiro, numa clara demonstração do descontentamento dos habitantes com a má administração de recursos e com os métodos despóticos utilizados pela oligarquia dos Correia de Sá no trato da coisa pública. Em 8 de novembro, o povo em armas e a guarnição, que aderira à causa em troca do pagamento dos salários atrasados, iniciaram o saque das casas dos súditos mais abastados da vila, até mesmo a de Salvador. Todos os Correias foram destituídos de seus cargos, e o irmão de Jerônimo, Agostinho, foi obrigado a assumir o cargo de governador.

Em sua proclamação, os amotinados protestavam fidelidade ao rei de Portugal, Afonso VI, e exigiam que se fizesse um rigoroso exame das contas públicas, para verificar por que as fontes de renda da Coroa eram insuficientes para efetuar o pagamento da guarnição. Pediam também o restabelecimento da taxa cobrada sobre o vinho, que havia sido abolida por Salvador, e a redução do número de funcionários da guarnição e de dignitários da Igreja mantidos pelos cofres locais. Poucos dias depois, vários parentes do governador ausente, e até seu primo Tomé Correia, governador interino, foram detidos e embarcados para Portugal. Os amotinados juntaram à bagagem dos presos uma longa lista de acusações contra a família.

A seguir, os rebeldes arrolaram as 38 acusações que pesavam contra Salvador, sendo as mais graves as seguintes:

> "Em chegando ao Rio de Janeiro com a frota do Brasil em 1659, funcionou ele como governador até a ida para a Bahia, dois meses depois, embora durante esse tempo [seu primo] Tomé Correia continuasse a auferir o seu salário, como governador. Forçou os cidadãos e os fazendeiros a lhe fornecerem braços escravos, madeiras e bois para a construção do [galeão] *Padre Eterno* na ilha do Governador, desflorestando-lhes as terras e compelindo-os a trabalhar em seu galeão, quando deviam estar em seus engenhos moendo cana. Abusou de seus poderes, imiscuindo-se arbitrariamente na vida dos comerciantes e dos donos de navios, providenciando a cobrança dos dízimos do açúcar e da taxa sobre o sal pelos seus próprios agentes e restabelecendo a fabricação e a venda de aguardente, que tinham sido proibidas pela Coroa. Possuindo grandes rebanhos de gado bovino, tentava monopolizar o mercado da carne e compelir os açougueiros a venderem somente a procedente de suas pastagens. Fazendo uso da força, ou de trapaças, havia se tornado o maior proprietário territorial e o mais abastado senhor de escravos de todo o Brasil. Tinha instituído muitas taxas ilegais, e coagido o administrador a entregar certa soma, em dinheiro, aos jesuítas."[6]

Foi acusado, também, de ser responsável pelo assassinato de um minerador espanhol em Paranaguá, de instalar mesas de jogo em sua casa, das quais os moradores saíam "depenados", além de malversar e dilapidar o dinheiro público e de praticar fraudes em larga escala com seus parentes e principais cúmplices Tomé Correia de Alvarenga e Pedro de Sousa Pereira.

Em fevereiro de 1661, uma junta de conselheiros, eleita pelos súditos da vila e liderada por Jerônimo Barbalho, assumiu o governo. O objetivo final dos revoltosos era garantir que nem Salvador "nem pessoa alguma de sua família fossem escolhidos para ocupar qualquer cargo no Brasil, não se

---

[6] *Ibid.*, p. 328.

Conflitos e rebeliões coloniais

permitindo também que para lá pudessem voltar".[7] A ausência de reação das autoridades da Bahia e de Lisboa levou os rebeldes a crer que a expulsão do governador era fato consumado. Antes do amanhecer do dia 6 de abril, Salvador entrou na cidade e ocupou seus principais pontos fortificados. No mesmo dia em que retomou o controle da área, convocou uma corte marcial para julgar os rebeldes.

Jerônimo Barbalho foi condenado à morte e executado ao anoitecer. Sua cabeça foi exposta ao público no largo, para servir de exemplo e desencorajar qualquer outra tentativa de insubordinação. Os demais participantes da rebelião foram perdoados pelo governador, porém os membros da junta eleita que governou a cidade naquele período foram presos e enviados à Bahia, onde foram julgados conforme a lei.

Os rebeldes ficaram no poder cinco meses. Durante esse tempo, governaram a cidade sem interferência do governador da Bahia e das autoridades metropolitanas. Tornaram sem efeito todas as taxas impostas por Salvador Correia de Sá. Posteriormente, o Conselho Ultramarino, órgão da administração metropolitana para assuntos coloniais, proibiu que pessoas da família Correia de Sá voltassem a ocupar o cargo de governador da capitania. A Coroa manteve o embargo dos bens de Salvador, decretado pela junta rebelde, e ajudou a pôr um ponto final nos abusos cometidos por essa oligarquia na capitania do Rio de Janeiro.

Esse movimento constitui um marco no longo processo de desidentificação de interesses entre os colonos, por um lado, e as autoridades metropolitanas e seus ávidos representantes na colônia, por outro.

A REVOLTA DE BECKMAN (1684)

Na segunda metade do século XVII, os colonos do Maranhão revoltaram-se contra as autoridades metropolitanas. Na realidade, o protesto dos colonos foi motivado pelas dificuldades que enfrentavam na obtenção de trabalhadores escravos negros e alguns produtos da metrópole.

O Maranhão era uma das regiões mais pobres da América. Seus colonos não dispunham de dinheiro suficiente para comprar escravos africanos e, tal como ocorria em outras áreas marginais da colonização, frequentemente

---

[7] *Ibid.*, p. 340.

escravizavam os índios das missões dos padres jesuítas que se haviam instalado na região em 1653.

O conflito entre os colonos e os padres jesuítas, empenhados em proteger a liberdade dos indígenas, estendeu-se ao longo de vinte anos. Durante esse período, a Coroa apoiou os jesuítas. Mas a falta de trabalhadores precisava ser pelo menos amenizada e, por isso, a metrópole criou a Companhia de Comércio do Maranhão para fornecer escravos negros, bacalhau e azeite de oliva aos colonos.

A Companhia, entretanto, acabou por não cumprir o prometido, e tal fato provocou a revolta dos colonos. Em 1684, o senhor de engenho Manuel Beckman chefiou um movimento contra as autoridades da Companhia e os padres jesuítas que privavam os colonos dos trabalhadores indígenas. Os armazéns da companhia foram ocupados pelos rebeldes, os jesuítas foram presos e o governador, deposto.

Beckman assumiu o governo local, mas não conseguiu resolver os problemas que afligiam os colonos, o que provocou nova revolta. Tentando remediar a situação, a Coroa enviou um novo governador para o Maranhão. Este conseguiu sufocar a rebelião e assumiu o controle dos acontecimentos. Quase todos os participantes da revolta foram presos e deportados. Manuel Beckman foi enforcado.

O quilombo de Zumbi dos Palmares (1692-1694)

A contrapartida do crescimento da população escrava e do brutal regime de trabalho a que eram submetidos os cativos foi a formação de comunidades de fugitivos nas matas e no sertão. Essas comunidades, os quilombos, tornaram-se cada vez mais numerosas a partir do século XVII.

Os quilombolas saqueavam e assaltavam as fazendas e engenhos em busca de armas e munições, representando uma ameaça constante à ordem escravista colonial. Mas ocorria também de alguns quilombos trocarem produtos nas vilas e fazendas mais próximas.

O mais célebre quilombo da colônia foi o de Palmares, localizado na serra da Barriga, nos atuais estados de Alagoas e Pernambuco. Lá, cerca de dez quilombos formaram a União de Palmares, que contava com milhares de quilombolas.

Aproveitando a ocupação de Pernambuco pelos holandeses e a desorganização das atividades de produção dos engenhos, centenas de escravos negros refugiaram-se no quilombo de Palmares. Holandeses e portugueses organizaram expedições para desmantelar o quilombo, sem sucesso. Gilberto Freyre assim o descreveu:

"Entre os negros dos Palmares o capitão holandês Blaer encontrou tanta 'roça abundante', tanto milho, tanta touceira de banana — além da cana-de-açúcar, do feijão, da mandioca e das muitas palmeiras —, que a paisagem contrastava com a dos engenhos: só canavial e resto de mata. A dos Palmares tinha outra variedade e outra alegria. A vida da curiosa organização socialista estava baseada na policultura, embora entre os quilombolas o complexo da palmeira tivesse assumido uma grande variedade de expressões: das palmas grandes faziam os mucambos e as camas onde dormiam; das palmas menores, abanos para abanar o fogo; das quengas de coco pequeno, cachimbos e provavelmente cuias e cocos-de-beber-água — ainda tão comuns entre nossa gente do povo. Ainda se utilizavam da palmeira, comendo o creme ou o catarro dos cocos e fazendo azeite, manteiga e uma espécie de 'vinho de coco'. Provavelmente também o sabongo — doce de coco com mel de cana, quase em ponto de bala. Não desprezavam tampouco uns bichinhos gordos, da grossura de um dedo, que se criavam nas palmeiras: e que para eles eram como se fossem pitus do rio Una para os brancos das casas-grandes."[8]

A essa visão, utópica, contrapõe-se a do Palmares histórico.

"O Palmares edênico era uma sociedade isolada, em luta contra a opressão exterior. O Palmares histórico era um enclave rebelde que mantinha relações de comércio intensas com colonos portugueses e holandeses e núcleos indígenas circundantes. O Palmares edênico era uma sociedade igualitária. O Palmares histórico apresentava estratificação social interna e uma elite dirigente nitidamente definida. O Palmares edênico era o lugar da liberdade, cercado pelo oceano da escravidão. O Palmares histórico era um elemento dissonante, mas integrado ao sistema mercantil-escravista, e, nos quilombos da serra da Barriga, negros e índios captura-

[8] Gilberto Freyre, *Nordeste*, Rio de Janeiro, José Olympio, 1951, 2ª ed., pp. 230-1.

dos pelos rebeldes trabalhavam em regime de escravidão. A usina da reinvenção de Palmares funciona há poucas décadas e já produziu duas versões do mito. Na primeira, o paraíso terreal de Alagoas era um Estado africano puro, metáfora para a formulação original das políticas de cotas raciais. Nesta segunda, adaptada à atual proposta de cotas para negros e índios, ele emerge como Estado afro-indígena das Américas. Mas a muralha do mito continua a rejeitar a presença dos brancos, mulatos e cafuzos que, fugindo das autoridades coloniais, viveram no Palmares histórico."[9]

No final do século, o governador de Pernambuco, a capitania mais ameaçada pela presença do quilombo, contratou um bandeirante paulista, Domingos Jorge Velho, para destruir Palmares. Em 1692, o exército comandado pelo experiente "bugreiro" sofreu sua primeira derrota. Diante do revés, este exigiu mais armas e homens para acabar com os quilombolas de Palmares. A segunda expedição contra os quilombos da serra da Barriga contava com mais de 9 mil homens.

Em 1694, após violentas lutas e um cerco demorado, os paulistas conseguiram derrotar os quilombolas de Palmares. Zumbi, o comandante militar dos quilombolas, escapou e continuou a organizar a resistência dos ex-cativos aos ataques das autoridades coloniais. Com a delação feita por um quilombola preso e torturado, o esconderijo do líder foi revelado em 1695. Morto Zumbi em combate, sua cabeça foi cortada e exposta em Recife.

A derrota de Palmares não significou o fim dos quilombos. Eles existiram em todas as capitanias da colônia e continuaram a ameaçar a ordem escravista. A repressão aos quilombolas foi constante e tornou-se uma das principais preocupações das autoridades e dos colonos.

A Guerra dos Mascates (1710)

A crise econômica resultante do fim da ocupação holandesa no Nordeste provocou uma série de atritos entre os governadores e os colonos dessa região. Naquele momento, mais do que nunca, governar era nomear, dado que os cargos da burocracia representavam uma fonte nada desprezível de poder e renda. A venda ilegal de cargos públicos tornou-se um dos principais

[9] Demétrio Magnoli, "Policiais do passado", em *O Estado de S. Paulo*, São Paulo, 30/11/2006, p. 3.

Conflitos e rebeliões coloniais

recursos dos governadores para complementar o parco salário pago pela Coroa.

Daí os atritos surgidos entre a "nobreza da terra", ciosa de seus privilégios no âmbito do governo municipal, e os governadores. Ambos contavam com clientelas vorazes, compostas de amigos, fâmulos e recomendados, que procuravam garantir a própria sobrevivência por meio de uma colocação na burocracia colonial. A situação tornou-se crítica em Pernambuco, capitania em que os efeitos da guerra contra os holandeses fizeram-se sentir com mais intensidade ao longo da segunda metade do século XVII.

Dez anos depois da expulsão dos holandeses, o sistema produtivo não dava sinais de recuperação. Um terço da capacidade produtiva dos engenhos permanecia inativo, apesar do estímulo fiscal da isenção do dízimo oferecido pela Coroa. À fiscalização escorchante e à queda no preço do açúcar no mercado internacional, somou-se uma epidemia de varíola que vitimou três quartos da escravaria dos engenhos pernambucanos. A carga fiscal excessiva levou à deposição de Mendonça Furtado do governo de Pernambuco em 1666.

À medida que o século chegava ao fim, agravava-se a tensão entre os comerciantes portugueses residentes em Recife e os produtores luso-brasileiros. Esse atrito assumiu a forma de uma contenda municipal entre Recife e Olinda, ou seja, entre o credor urbano e o devedor rural.

Olinda era a principal cidade de Pernambuco e sediava as principais instituições locais. Lá, os senhores de engenho tinham suas casas. Por outro lado, o porto de Recife, a poucos quilômetros de distância, era o principal local de embarque das exportações de açúcar da capitania. Durante a ocupação holandesa, o porto de Recife cresceu e tornou-se cada vez mais importante. Seus habitantes eram ricos comerciantes portugueses, desprezados pela oligarquia de Olinda, que os chamava depreciativamente de "mascates".

A tensão entre os comerciantes e os senhores de engenho chegou a seu ponto mais alto no momento em que o governador da capitania passou a morar em Recife. A situação piorou ainda mais quando Recife foi elevada à categoria de vila, em 1709. Isso significava que Recife já não precisava submeter-se à autoridade da Câmara de Olinda.

Em 1710, um grupo de sediciosos tentou assassinar o governador, que fugiu para a Bahia. Enquanto isso, os senhores de engenho conseguem mobilizar as milícias rurais e o terço de Olinda contra Recife. A situação permanece tensa na capitania até a chegada do novo governador, Felix Machado, em 1711. Trazia ele ordens para prender os chefes da sedição, reprimir os revoltosos e enviá-los para Lisboa.

Onze suspeitos foram embarcados para Lisboa em outubro de 1713. Em novembro, começa a repressão ao movimento no interior. Mais de 70 pessoas foram presas e seus bens sequestrados. Quase todos os presos enviados a Lisboa morreram na prisão do Limoeiro. Apenas quatro recuperaram a liberdade. Os magistrados envolvidos com os rebeldes foram condenados ao ostracismo e nomeados para cargos em lugares remotos. Na visão de Evaldo Cabral de Mello, que examinou com acuidade as lutas entre a oligarquia pernambucana e as autoridades coloniais, a Guerra dos Mascates representou um duro golpe na autoridade exercida até então pela nobreza da terra:

> "A repressão do partido da nobreza liquidou a contestação política da açucarocracia até o começo do século XIX, mas a ascendência dos pró-homens no campo permanecia intocável no meio rural. Não se poderia, aliás, esperar resultado diferente. Afinal, a monarquia e a mascataria eram sócias principais da economia de exportação baseada no açúcar, na escravidão e na grande propriedade. Contudo, se a ação da Coroa não ultrapassou os limites da ofensiva desencadeada no governo de Felix Machado, houve já então quem surpreendentemente instasse por uma política que cerceasse o poder dos pró-homens nas suas relações com a população livre, mas subalterna do interior, derrocando um dos pilares deste poder, a propriedade da terra."[10]

Como se vê, reside aí o ponto de partida de uma história multissecular de contestações, conflitos e de lutas contra os grandes proprietários de terra.

À mesma época, longe da colônia, na Europa, nascia Jean-Jacques Rousseau (1712-1778), que iria escrever, quarenta anos mais tarde, o *Discurso sobre a origem da desigualdade entre os homens* (1755), em que afirmava: "Os frutos são de todos, e a terra não pertence a ninguém".

Suas ideias, porém, como a de outros ilustrados, somente alcançariam a colônia na última quadra do século das Luzes, incandescendo algumas poucas mentes abertas aos novos tempos.

---

[10] Evaldo Cabral de Mello, *A fronda dos mazombos: nobres contra mascates, Pernambuco, 1666-1715*, São Paulo, Companhia das Letras, 1995, p. 448. Nova edição: São Paulo, Editora 34, 2003.

12

O ouro das "Gerais"

> "Os dias nunca amanhecem serenos; o ar é um nublado perpétuo, tudo é frio naquele país menos o vício, que está ardendo sempre [...] a terra parece que evapora tumultos; a água exala motins [...] destilam liberdades os ares; vomitam insolências as nuvens; influem desordens os astros; o clima é tumba da paz e berço da rebelião; a natureza anda inquieta consigo e, amotinada lá por dentro, é como no inferno."
>
> D. Pedro de Almeida, conde de Assumar, 1720[1]

No fim do século XVII, após as longas guerras contra a Holanda e a Espanha, Portugal amargava a perda de suas principais praças comerciais no Oriente. Encontrava-se praticamente desprovido de marinha e, em virtude da concorrência da produção antilhana, sofria as consequências da queda do preço do açúcar, o que tornou ainda mais crítica a situação da balança comercial do reino.

No último quartel do século XVII, Portugal procura reagir à dominação comercial inglesa, mas tem resultado limitado a tentativa de, por meio da contratação de técnicos franceses, instalar uma indústria têxtil competitiva. A criação de companhias de comércio privilegiadas, a fim de tornar mais rentável o comércio de cativos africanos, era apenas uma forma de paliativo para enfrentar a concorrência acirrada dos negreiros ingleses, holandeses e franceses.

A estratégia do reino mudaria radicalmente com a descoberta de ouro de aluvião em quantidades significativas no sertão americano. Graças ao trunfo representado por esse ouro, todas as medidas mercantilistas postas

---

[1] Pedro de Almeida, *Discurso histórico político da sublevação que se intentou em Minas no ano de 1720*, citado em Sylvio de Vasconcellos, *Mineiridade: ensaio de caracterização*, Belo Horizonte, Imprensa Oficial, 1968, *apud* Laura de Mello e Souza, "The Devil in Brazilian History", *Portuguese Studies*, vol. 6, Londres, MHRA, 1990, p. 90.

em prática foram abandonadas. Portugal procurou eliminar o déficit de sua balança comercial externa lançando mão do ouro proveniente do Brasil.

O famoso Tratado de 1703, assinado num momento em que se travava, com plena intensidade, a Guerra de Sucessão Espanhola (1702-1713), abriu o mercado português aos tecidos ingleses em troca de ouro, vinho e de uma base naval na confluência do Atlântico e do Mediterrâneo. Criado em 1694, o Banco da Inglaterra adotou o padrão-ouro graças à vitória comercial selada por Lord Methuen.

Entradas e bandeiras

A partir da segunda metade do século XVI, colonos das "capitanias de baixo" já haviam encontrado pequenas amostras de ouro. No final do século XVII, paulistas errantes descobriram veios de ouro no sertão daquela que seria a capitania de Minas Gerais. A nova descoberta revelou aos colonizadores uma riqueza em metais preciosos jamais vista na América portuguesa.

O encontro dessas jazidas de ouro modificou profundamente a feição da colônia. A mineração ensejou a formação de núcleos populacionais estáveis no interior do continente. Em decorrência desses achados, criaram-se várias novas capitanias. Em 1709, a Coroa desmembrou a capitania de São Paulo da de São Vicente. Em 1720, criou a capitania de Minas Gerais e, em 1744, a de Goiás. A capitania de Mato Grosso foi criada em 1748.

Por outro lado, o ouro estimulou a decadente economia luso-brasileira, permitindo que o reino pagasse as dívidas com a Inglaterra, sua principal aliada e parceira econômica na Europa.

Até então, as fazendas de gado haviam sido responsáveis pela lenta penetração das áreas contíguas aos grandes centros produtores de açúcar e tabaco do litoral, avançando cada vez mais em direção ao interior. O único caso em que essa regra não se cumpriu foi no sul da colônia, na capitania de São Vicente. Baseados em um pequeno povoado situado no planalto de Piratininga, os colonos da vila de São Paulo viviam da preação, em regiões mais selvagens, de índios, vendidos como escravos para os centros agrícolas do litoral da capitania de São Vicente.

Como se recorda, foi a partir de São Paulo que se realizaram as primeiras incursões no interior do continente, logo no início da colonização. Graças a essa ação exploradora, sucedeu que, entre 1693 e 1695, bandos de preadores paulistas descobriram ouro em grandes quantidades, o suficiente para solucionar o problema de desequilíbrio da balança comercial portuguesa.

O "rei ouro"

Em 1707, João V ascendeu ao trono português. Neste período, as hostilidades da Guerra de Sucessão Espanhola estavam longe do final, o que acarretava cobranças e compromissos para o Estado lusitano. Mesmo assim, o novo monarca reinou em condições financeiras excepcionais, para um Bragança, por causa do ouro e dos diamantes brasileiros que chegavam a Portugal. Durante seu longo reinado, não teve de convocar as Cortes uma única vez. Assinado o Tratado de Utrecht, que pôs fim à Guerra de Sucessão Espanhola, o jovem rei teria dito, aliviado: "O meu avô temia e devia; o meu pai devia; eu não temo nem devo".[2]

O fim daquela custosa guerra, à qual Portugal fora arrastado por exigência da Inglaterra, e os parcos resultados obtidos em termos de retificações territoriais prometidas pela poderosa aliada no mundo colonial acabaram por convencer João V a manter a neutralidade em face dos conflitos, de proporções titânicas, entre a Inglaterra e a França, que se anunciavam nesse início de século.

Pôde, então, dedicar-se à construção do gigantesco palácio-mosteiro de Mafra. Iniciado em 1717, chegou a empregar 45 mil operários, na pretensão de rivalizar com Versalhes e o Escorial. Em 1726, nove anos antes de sua conclusão, um soldado suíço em visita àquele que era o maior canteiro de obras da Europa afirmou ser "certo que três quartos dos tesouros do rei e do ouro trazido, pelas frotas, do Brasil foram aqui transformados em pedras".[3] O piedoso Bragança teve também condições de demonstrar sua devoção em cerimônias religiosas extravagantemente luxuosas. Os feriados religiosos celebrados em Portugal durante seu reinado faziam com que restassem apenas 122 dias de trabalho por ano.

Mas João V conseguiu, até certo ponto, recuperar o prestígio de Portugal no cenário europeu. O ouro de Minas Gerais fez de Lisboa, novamente,

[2] Citado por Charles R. Boxer, *O império colonial português (1415-1825)*, Lisboa, Edições 70, 1981, 2ª ed., p. 162.

[3] *Ibid.*, p. 165.

O ouro das "Gerais"

uma das mais ricas, populosas e insalubres cidades da Europa. Tudo isso custava caro ao tesouro e aos habitantes do império dos dois lados do Atlântico, que arcavam com os impostos extraordinários, os "donativos", destinados a financiar suntuosas construções, festas religiosas e, ainda, os casamentos reais.

Não havia ouro e diamantes que bastassem para cobrir o rombo causado pelos gastos da realeza.

> "Na altura em que o rei *Magnânimo*, como o chamavam seus súditos, morre, em 1750, era um fanático imbecil. Longe de 'nem temer nem dever', estava aterrorizado com a morte que se aproximava e crivado de dívidas. Não havia dinheiro suficiente no Tesouro real para pagar seu funeral, e alguns dos criados da casa real, entre os quais o cocheiro da rainha, não recebiam qualquer salário havia cinco anos. Os pagamentos do Exército e da Marinha, especialmente os das guarnições coloniais mais remotas, estavam também frequentemente em atraso, na totalidade ou em parte, durante períodos muito longos."[4]

A DESCOBERTA DO OURO

A mineração e a descoberta sucessiva de novas jazidas atraíram uma boa parte da população e da mão de obra ociosa, tanto dos decadentes centros produtores de açúcar de Pernambuco, da Bahia e do Rio de Janeiro, como de Portugal. Esse movimento não se assemelhou à penetração lenta e persistente das fazendas de gado nas margens do rio São Francisco: foi uma verdadeira migração em massa. A notícia da descoberta das minas trouxe para a região todo tipo de aventureiro e de gente das mais variadas condições. Homens e mulheres, jovens e idosos, brancos, pardos e negros, nobres e plebeus, clérigos e religiosos de várias ordens, vagabundos e prostitutas.

Além disso, atraíram para o interior a mão de obra, escrava e livre, das cidades do litoral e das plantações de açúcar e tabaco. Senhores de engenho abandonaram suas terras e partiram rumo às minas com sua escravaria, dispostos a refazer suas fortunas.

[4] *Ibid.*, p. 166.

Poucos anos depois de descobertas as jazidas de ouro, já não havia trabalhadores em número suficiente para realizar a exploração das minas. As consequências imediatas disso foram o aumento da demanda por escravos africanos para as minas e plantações do Brasil, a intensificação do comércio escravista com a África ocidental, e a procura de novos mercados de escravos nessa região. Estima-se que, na década de 1720, a região das minas recebia entre 5 mil e 6 mil cativos africanos por ano.

Por outro lado, as minas também receberam os excessos demográficos da depauperada metrópole. A expansão da mineração intensificou a corrente migratória do reino para a colônia. A imigração de colonos portugueses para a América assumiu proporções assustadoras e teve como resultado a promulgação de leis visando inibir esse impactante movimento populacional.

No final do século XVIII, o eixo demográfico da colônia deslocou-se definitivamente para as capitanias "de baixo", motivo primeiro pelo qual o governo-geral foi transferido para a cidade do Rio de Janeiro em 1763.

A Guerra dos Emboabas (1708-1709)

A primeira disputa armada pelos territórios auríferos deu-se entre paulistas originários de duas vilas de onde partiam bandeiras: São Paulo e Taubaté. O confronto entre os dois bandos ocorreu perto do arraial de São José, atual Tiradentes, às margens do rio das Mortes, assim chamado por causa do massacre mútuo que esses rivais perpetraram.

O conflito entre os sertanejos paulistas, pioneiros nas descobertas das minas, e os recém-chegados do litoral e da metrópole, alcunhados pelos paulistas de "emboabas", não demorou a acontecer. Os primeiros, senhores dos "descobertos", julgando ter privilégios em relação aos demais forasteiros, passaram a hostilizá-los. Aproveitando a ausência de representantes da Coroa, impunham sua vontade na repartição dos terrenos, ficando com os mais promissores. Os arraiais de mineradores cresciam sob os insultos dos paulistas e a submissão dos emboabas.

O assassinato de um estalajadeiro português provocou a primeira reação armada por parte dos forasteiros. Em 1708 eclode a Guerra dos Emboabas. Os emboabas acabaram por vencer a disputa, com seus aliados baianos, e expulsaram os paulistas dos campos auríferos de Minas Gerais em 1709.

O conflito permitiu que a Coroa firmasse sua autoridade sobre as novas regiões desbravadas, pois os dois grupos rivais imediatamente solicitaram auxílio da metrópole. Com o fim da disputa, a Coroa enviou para as minas um governador e criou uma estrutura administrativa para impor seus interesses. Depois da Guerra dos Emboabas, a Coroa criou conselhos em Ribeirão do Carmo (atual Mariana), Vila Rica de Ouro Preto e Sabará. Estabeleceram-se também quatro comarcas, divisões administrativas dirigidas por funcionários reais. Em 1720, instituiu-se a capitania de Minas Gerais.

Expulsos das minas, os paulistas continuaram preando índios no atual Mato Grosso. Em 1718, a bandeira de Pascoal Moreira Cabral encontrou ouro em Cuiabá. A partir de 1720, iniciaram-se as "monções" rumo aos novos campos auríferos. Na década de 1730, novos veios foram encontrados em Guaporé, o que provocou o deslocamento da população de Cuiabá para essa localidade. Mas a Coroa logo interveio, proibindo a abertura de novos caminhos que levassem às minas.

Esses centros mineradores permaneceram, de certa forma, marginais com relação às Minas Gerais. A distância dos principais centros do litoral, cerca de 7 meses de viagem de canoa atravessando territórios habitados por populações hostis, manteve a população desses núcleos relativamente reduzida.

A LEGISLAÇÃO SOBRE AS MINAS

A legislação portuguesa sobre as minas encontradas na América datava de 1603. Segundo esta, a exploração era livre, mas a Coroa reservava-se o direito a um quinto de todo o ouro extraído. Em 1702, posta à prova pelas grandes descobertas de ouro no território que haveria de constituir a capitania de Minas Gerais, a antiga lei acabou substituída pelo Regimento dos superintendentes, guardas-mores e oficiais deputados para as minas de ouro.

Para executar o Regimento, criou-se a Intendência de Minas, organismo administrativo encarregado de cobrar o quinto, resolver pleitos entre os mineradores, e entre estes e terceiros, além de fomentar o desenvolvimento da indústria mineradora. A poderosa Intendência de Minas era independente das demais autoridades coloniais, pois prestava contas e obediência diretamente ao governo da metrópole.

A Casa de Fundição — onde era recolhido obrigatoriamente todo o ouro extraído e onde ele era fundido, ensaiado, quintado e reduzido a barras cunhadas, que circulavam livremente — estava subordinada à Intendência. Joaquim Felício dos Santos, historiador do Distrito Diamantino, assim caracterizou tal sistema estreitamente baseado na tributação:

"A história de Minas nos primeiros tempos, depois do descobrimento das lavras auríferas, quase que só consiste nas variações das ordens sobre a maneira de tributar o ouro em benefício da Fazenda Real, e na resistência e relutância que faziam os mineiros, com mais ou menos sucesso, ao vexame e severidade com que eram executadas. O Governo não tinha um sistema determinado, variando constantemente entre a capitação e o quinto, ou da circulação livre do ouro em pó ou convertido em barras nas casas de fundição; o que, porém, transpirava em todas as suas determinações era o intuito único de aumentar os interesses do fisco, tendo em pouca monta a sorte dos povos e os sacrifícios que poderiam fazer para suportarem os impostos com que eram sobrecarregados."[5]

A realidade provou ser a preocupação fiscal, o recolhimento do quinto: interesse principal — para não dizer exclusivo — da Intendência e, portanto, da Coroa. Também se revelaram rendosos os tributos sobre as "entradas" às minas, cobrados nos registros situados ao longo da Estrada Real, que ligava o Rio de Janeiro às Minas. Nesses registros, a Coroa cobrava impostos sobre diversas mercadorias, até mesmo escravos. Os impostos sobre o sal e o ferro alcançavam 100% do valor desses produtos.

A EXPLORAÇÃO DAS LAVRAS DE OURO

O Regimento determinava, ainda, a forma pela qual eram distribuídas as jazidas de ouro. Uma vez descoberta alguma, era obrigatório comunicar o fato às autoridades competentes, que iam até o local e demarcavam as "datas", lotes a serem distribuídos aos mineradores. Aquele que tivesse achado ouro tinha direito de escolher, em primeiro lugar, sua data. A seguir, a Fazenda Real separava uma data, que depois era vendida em hasta pública. As demais datas eram leiloadas. Cada minerador recebia uma área proporcional ao número de escravos que possuísse. A exploração das datas deveria ter início no prazo de 40 dias. A venda das datas era proibida, a não ser que o proprietário comprovasse ter perdido todos os escravos.

---

[5] Joaquim Felício dos Santos, *Memórias do Distrito Diamantino da Comarca do Serro Frio*, São Paulo/Belo Horizonte, Edusp/Itatiaia, 1976, 4ª ed., p. 45.

A exploração das jazidas era feita de duas formas. As lavras, também chamadas de "lavagens" — estabelecimentos fixos que exigiam investimento em equipamentos para desviar o curso dos rios e "lavar" o cascalho —, reuniam vários trabalhadores, desde alguns poucos até várias dezenas. Estes trabalhavam sob direção única e em conjunto. A outra modalidade era a faiscação. Os faiscadores eram indivíduos isolados, que trabalhavam por conta própria. Alguns eram escravos que pagavam uma medida fixa ao proprietário. Os instrumentos utilizados pelos faiscadores eram a bateia, o carumbé e outras poucas ferramentas.

CUSTO DE VIDA E POBREZA NAS MINAS

Durante o auge da mineração, a venda de mantimentos e outros produtos aos mineradores propiciou a formação de grandes fortunas. Muitos enriqueceram com boiadas levadas da Bahia para as minas, outros, vendendo comestíveis e aguardente aos escravos.

O padre jesuíta João Antonio Andreoni, o conhecido Antonil, fixou essa nova característica da vida social na região das minas:

> "Porque como os negros, e os índios escondem bastantes oitavas, quando catam nos ribeiros, e nos dias santos, e nas últimas horas do dia tiram ouro para si; a maior parte deste ouro se gasta em comer, e beber: e insensivelmente dá aos vendedores grande lucro [...] E por isso até os homens de maior cabedal não deixaram de se aproveitar por este caminho dessa mina à flor da terra, tendo negras cozinheiras, e mulatas doceiras, e crioulos taverneiros, ocupados nesta rendosíssima lavra, e mandando vir dos portos do mar tudo o que a gula costuma apetecer, e buscar."[6]

Em 1703, no início das atividades de mineração, o preço dos gêneros de subsistência alcançou seu ponto mais alto. Enquanto em São Paulo um alqueire de farinha custava 640 réis, nas minas de ouro valia 43 mil réis. E isso também acontecia com outros comestíveis: o açúcar, que valia 120 réis por libra em São Paulo, era vendido por 1.200 réis nas minas. Uma galinha

---

[6] André João Antonil, *Cultura e opulência do Brasil*, São Paulo, Melhoramentos, 1923, p. 223.

de 160 réis passou a valer, graças à mineração, 4 mil réis. O preço de um boi era 2 mil réis em São Paulo, e 120 mil réis nas minas. Um escravo negro, que na costa valia entre 85 mil e 100 mil réis, era negociado pelo triplo e até por seis vezes mais nas minas.

A inflação provocada pelas atividades de mineração acabou por afetar os preços nas demais regiões da colônia americana. Quem informa ainda é Antonil:

> "E estes preços tão altos, e tão correntes nas minas, foram causa de subirem tanto os preços de todas as cousas, como se experimenta nos portos das cidades e vilas do Brasil, e ficarem desfornecidos muitos engenhos de açúcar das peças necessárias; e de padecerem os moradores grande carestia de mantimentos, por se levarem quase todos, aonde vendidos hão de dar maior lucro."[7]

Os grandes beneficiados foram alguns poucos potentados paulistas e reinóis. A maioria dos que emigraram para as minas padeceu fome e pobreza. Quase todo o ganho dos mineradores escorria para as mãos dos mercadores de gêneros e escravos. Os comerciantes reinóis, sobretudo, ganharam muito ao monopolizar a venda de aguardente, de fumo e de carne de vaca. Em poucos anos, enriqueciam e voltavam para o reino. Em 1740, Vila Rica, principal centro de mineração da capitania, contava com 15 mil habitantes e cerca de 350 estabelecimentos comerciais — lojas, armazéns e vendas — para abastecer a população.

NA ROTA DAS INCONFIDÊNCIAS: A REVOLTA DE FILIPE DOS SANTOS (1720)

Em 1720, eclodiu a primeira revolta causada pelo pagamento do quinto. A implantação de casas de fundição para arrecadar os impostos devidos pelos mineradores provocou a violenta indignação da população local contra as autoridades metropolitanas. Chefiados por Filipe dos Santos, os moradores de Vila Rica rebelaram-se. O governador das Minas, o conde de Assumar, prometeu estudar as reivindicações dos mineradores, mas invadiu a Vila com seus soldados. Os chefes do movimento foram presos e suas casas, incendia-

---

[7] *Ibid.*, p. 220.

das pela tropa. Filipe dos Santos, considerado o principal responsável pela revolta, foi enforcado e esquartejado.

A partir de então, a Coroa limitou ainda mais as vias de acesso às minas e o escoamento da produção, visando inibir o contrabando e a evasão fiscal. Criou-se um sistema de salvo-condutos, postos alfandegários e pedágios, destinado a controlar os caminhos que levavam aos campos de mineração.

O acesso às minas fazia-se pelo Caminho Velho, vindo de São Paulo, e pelo Caminho Novo, desde o Rio de Janeiro, passando por Parati. Do norte, trilhava-se o caminho dos rios das Velhas e São Francisco, até a cidade de Salvador, na Bahia. Havia também o Caminho das Boiadas, ou dos "currais da Bahia", muito transitado, apesar das restrições a seu uso. Por esse caminho, chegavam boiadas, produtos e forasteiros, em busca de oportunidades de enriquecimento fácil nas minas. A viagem entre o litoral e a região das "minas gerais" demorava aproximadamente um mês.

Mesmo assim, a maior parte do ouro extraído em Minas Gerais escapou à fiscalização oficial. A fraude generalizada na cobrança do "quinto real", o imposto de 20% exigido aos mineradores, foi responsável pelo aumento do contrabando interamericano com a região do Prata.

DECADÊNCIA DAS MINAS

A presença de faiscadores em grande quantidade indicava, quase sempre, o esgotamento dos veios. A partir de meados do século XVIII, o declínio paulatino do volume de ouro extraído das minas já apontava essa tendência. No final do século, restavam poucos locais onde a mineração era produtiva. Em 1775, a capitania de Minas Gerais contava com 300 mil habitantes, ou seja, quase 20% do total da população do Estado do Brasil. Metade desse contingente era de cativos.

Com a decadência da mineração, a quase totalidade da população das minas voltou-se para outras atividades, principalmente a pecuária e a produção de gêneros de subsistência, destinados à cidade do Rio de Janeiro, nova sede do Vice-Reinado do Brasil desde 1763. A indústria de laticínios prosperou, assim como a criação de suínos destinados ao consumo nos mercados de Minas Gerais, Rio de Janeiro e São Paulo.

A ovinocultura propiciou a matéria-prima para o surgimento de uma indústria de panos rústicos de lã, com os quais se confeccionavam capotes para uso dos escravos.

A exploração de diamantes

> "Se, porque pode causar incêndios, se houvesse de proibir o fogo,
> que incômodos não padeceria o mundo..."
>
> Câmara da Vila do Ribeirão do Carmo, 1774[8]

A descoberta de diamantes, em 1729, constituiu outro capítulo do ciclo minerador da colônia. Já em 1734, a Coroa portuguesa criou a Intendência dos Diamantes. As rígidas regras estabelecidas pela metrópole com relação à extração dos diamantes não tiveram paralelo no mundo colonial constituído pelos europeus. Ninguém podia estabelecer-se no Distrito Diamantino, nem ao menos aí entrar, ou sair dele, sem autorização especial do intendente. Este tinha o direito, até mesmo, de dispor dos bens dos súditos lá instalados e de decretar a pena de morte civil sem qualquer forma de processo ou recurso algum.

Além disso, embora tenham sido descobertos diamantes no Alto Paraguai, em Mato Grosso, e nos rios Claro e Pilões em Goiás, a exploração dos diamantes ficou limitada ao Distrito Diamantino da comarca do Serro Frio, na capitania de Minas Gerais. A principal preocupação da Coroa, ao criar o Distrito Diamantino, era reduzir a produção e controlar os preços, fora facilitar a cobrança dos impostos devidos e evitar o contrabando. Até 1740, vigorou a livre extração, mediante o pagamento do quinto. A partir dessa data até 1771, a extração de diamantes foi realizada por concessão privilegiada e contrato. Em 1771, a extração passou a ser empreendida diretamente e por conta da própria Coroa.

Para retirar os diamantes das jazidas, a Coroa empregava escravos, que eram alugados de seus proprietários, pois ela própria não possuía escravaria. Em alguns casos, os próprios funcionários da administração podiam ceder seus escravos para a extração. Apesar de toda essa gama de restrições, houve quem desafiasse o monopólio. De qualquer forma, os trabalhadores livres eram exceção.

E havia também o garimpeiro, figura lendária, que infringia o regulamento e invadia os territórios proibidos para neles minerar. Estes indivíduos,

---

[8] Câmara da Vila do Ribeirão do Carmo, "Representação em 17/10/1774", em Carlos Versiani, *Cultura e autonomia em Minas (1768-1788): a construção do ideário não colonial*, dissertação de mestrado, São Paulo, FFLCH-USP, 1996, p. 5.

vivendo à margem da lei, geralmente andavam em grupos e enfrentavam as autoridades, muitas vezes armados.

No início do século XIX, com o intuito de reanimar a mineração de ouro, a Coroa franqueou os territórios diamantíferos para a exploração do ouro neles contido. Embora o resultado, em termos de volume e produtividade, tivesse ficado muito aquém da expectativa criada, essa nova fase da produção teve como consequência a perda da exclusividade da mineração dos diamantes por parte da Coroa. A abertura das regiões diamantíferas assestou o primeiro golpe no monopólio real e no regime fiscal que se estabelecera para aproveitá-las.

Não era possível, como se pensou, obrigar os mineradores de ouro a desprezar as pedras preciosas por acaso encontradas, ou exigir que fossem entregues às autoridades por preços muito inferiores a seu valor real, fixados pela administração, e que geralmente não se pagavam senão com promessas e créditos. O contrabando tornou-se incontrolável, e a administração foi obrigada a fechar os olhos.

O ouro brasileiro na Europa

Da mesma forma, a administração era obrigada a fechar os olhos do outro lado do Atlântico. O ouro brasileiro, quando não era contrabandeado no Rio de Janeiro ou na Bahia, chegava a Portugal e facilmente encontrava o caminho rumo à Inglaterra, maior fornecedora de produtos manufaturados consumidos no reino e na colônia. Embora a exportação de ouro de Portugal fosse estritamente proibida por lei, boa parte do ouro brasileiro era utilizada para equilibrar a balança comercial portuguesa com a Inglaterra, que aumentou o volume de suas exportações para Portugal. Os barcos de guerra ingleses e o navio de passageiros que realizava a carreira semanal entre Lisboa e Falmouth, cujo serviço teve início em 1706, estavam oficialmente isentos de busca por parte das autoridades portuguesas, o que facilitava a ação dos contrabandistas.

Estima-se que, entre 1700 e 1750, o cômputo do fluxo anual de ouro brasileiro de Portugal para a Inglaterra atingiu uma soma entre 1 milhão e 2 milhões de libras esterlinas. Os "moidores", moedas de ouro luso-brasileiras, circulavam correntemente na Inglaterra.

A partir de então, Londres tornou-se o principal mercado de metais preciosos da Europa ocidental, condição que lhe permitiu o domínio das rotas comerciais no Extremo Oriente, além de facilitar a aquisição de suprimentos navais no Báltico. O ouro do Brasil e os lucros acumulados no tráfico de escravos — somados à pilhagem sistemática do subcontinente indiano a partir de 1760 — constituíram as condições financeiras que possibilitaram a Revolução Industrial.

Na Inglaterra, o ouro brasileiro ajudaria a alavancar a Revolução burguesa, que inaugurou uma nova etapa da história do capitalismo, agora baseado no binômio indústria-imperialismo. No Brasil, sua diminuição conduziria às sedições e inconfidências, fazendo ferver ideias de reforma e de revolução, aprofundando a crise do sistema colonial.

13

Despotismo da razão: o marquês de Pombal

> "Fala-se continuamente em sistemas, enredam-se os negócios gerais com disputas; cada Estado tem um conselho político; cada governo entretém poderosas armadas; declara-se a guerra, faz-se a paz [...] Mas não veem que, quando as riquezas do Brasil [por suas minas] se inclinarem para um lado, o poder político da Europa cairá todo para essa parte da balança?"
>
> Sebastião José de Carvalho e Melo, 1756[1]

Durante o século XVIII, o acirramento da rivalidade em torno do controle do comércio e dos produtos coloniais desencadeou uma série de conflitos envolvendo as potências marítimas europeias. A disputa incidia sobre o fluxo desses produtos em direção à Europa, sobre o tráfico de escravos africanos para a América e o abastecimento dos mercados coloniais.

Em luta desigual, Portugal e Espanha, a essa altura potências menores, viram-se obrigadas a defender seus impérios coloniais contra o assédio da Inglaterra, da França e das Províncias Unidas do Norte. Portugal contava com a ambígua proteção inglesa, habilmente selada em 1703 por Lord Methuen, no tratado que leva seu nome. A Espanha, como resultado da disputa dinástica travada na Guerra de Sucessão Espanhola (1702-1713), pendia para o lado da França.

Dependência e submissão

Portugal, ao longo da primeira metade do século XVIII, deixara-se enredar nas malhas da dependência em relação à Inglaterra, principal benefi-

---

[1] Sebastião José de Carvalho e Melo (titulado marquês de Pombal em 1769), "Discurso político sobre as vantagens que o Reino de Portugal pode tirar da sua desgraça por ocasião do terramoto do 1º de novembro de 1755", em *Memórias secretíssimas do marquês de Pombal e outros escritos*, Lisboa/Sintra, Europa-América, s/d, p. 149. O texto (que pode não ser de Pombal, mas do francês Auge Godar), foi encontrado em autógrafo que "estava na livraria do erudito desembargador Gamboa no ano de 1783".

ciária do comércio com o reino e seu império colonial. Da América vinham carregamentos cada vez mais vultosos de ouro, suficientes para eliminar o déficit comercial resultante da compra de produtos manufaturados. Açúcar, couros, tabaco e madeira continuavam a ser os principais gêneros tropicais reexportados a partir de Lisboa, embora a comercialização do açúcar tenha sofrido o impacto da concorrência antilhana.

A Inglaterra passou a lucrar com muito mais do que apenas o fornecimento de tecidos de lã e de manufaturados. Os comerciantes ingleses residentes no Porto e em Lisboa exportavam os lucros comerciais, os juros do crédito comercial e o custo dos fretes e dos seguros, até mesmo aqueles resultantes do comércio colonial.

Enquanto essa situação adversa consolidava-se no plano do comércio legal, o contrabando tornou-se endêmico, corroendo as finanças do reino. Pequenos comerciantes e especuladores utilizavam o sistema de frotas, vigente desde o século anterior, e realizavam a exportação e o transporte de mercadorias destinadas ao contrabando. Tal comércio não oficial assumiu vastas proporções e chegou a movimentar somas maiores do que as do tráfico legítimo. Segundo Kenneth Maxwell, o contrabando tornara-se a marca mais forte desse momento:

> "Os mercadores britânicos, e de outras nacionalidades, estabelecidos em Lisboa, protegidos em seus privilégios especiais, forneciam o crédito e as mercadorias que, pela mão de outros colaboradores de nacionalidade portuguesa (os mercadores itinerantes conhecidos por 'comissários volantes'), sustentavam o contrabando através do Atlântico e com o interior do Brasil. Os comissários volantes, que importavam mercadorias para a metrópole, levavam-nas pessoalmente para a América, onde as vendiam, e regressavam com os lucros, foram elementos essenciais nas ligações comerciais transatlânticas. Muitas vezes viajavam com falsos pretextos e transportavam as mercadorias nas suas cabinas de bordo, evitando gastos com comissões, fretes e armazenagens."[2]

[2] Kenneth Maxwell, *Marquês de Pombal: paradoxo do Iluminismo*, Lisboa, Presença, 2001, pp. 61-2.

O REFORMISMO ILUSTRADO DA ERA POMBALINA

A partir de 1750, como vimos, as minas de ouro do Brasil já apresentavam sinais de esgotamento. O metal não havia acabado, mas os portugueses não dispunham de mineiros nem de técnicos em mineração para perseguir os veios incrustados nas rochas de granito. A nova fase também exigia mais investimentos, e os mineradores não dispunham deles. Enquanto isso, o ouro de aluvião exauria-se rapidamente. A crise instaura-se em Minas Gerais, aprofundada pelo açodamento da fiscalização e da cobrança de impostos.

Portugal estava em via de submergir em face da nova crise expressa na balança de pagamentos, agravada pela destruição quase total da capital do reino. Em 1º de novembro de 1755, um terremoto, seguido de incêndio, praticamente destruiu Lisboa. A reconstrução de dois terços da capital demandava cifras volumosas. Aliás, volumosas demais para uma produção colonial de ouro e diamantes que diminuía a olhos vistos.

Portugal acordava bruscamente de seu sonho dourado. A situação teria assumido proporções catastróficas, não fosse a atuação de um personagem controverso: Sebastião José de Carvalho e Melo, o marquês de Pombal. A partir do início do reinado de José I (1750-1777), Portugal viveu a "era das reformas pombalinas", pois uma parte significativa, se não a totalidade, da vida da metrópole e de suas colônias sofreu o impacto da ação do todo-poderoso ministro do rei.

Uma tentativa de assassinar o rei José I deu a esse ministro o pretexto para submeter a mais alta nobreza do reino de forma cruel e exemplar. O suposto envolvimento de um padre jesuíta no crime desencadeou a fúria de Pombal sobre o poder paralelo exercido pela Companhia de Jesus desde a restauração da monarquia portuguesa em 1640. Ao mesmo tempo, quebrava o predomínio da alta nobreza nos negócios da nação.

O poderoso ministro Sebastião José

> "Uma política nacionalista, imposta pelo poder implacável do Estado, produziu reações precisamente por se cruzar com outros conflitos latentes na sociedade portuguesa: entre a velha aristocracia e os homens de negócios em ascensão social, entre os pedagogos que pretendiam modernizar o ensino e os defensores da tradição, entre pequenos e grandes empresários. Pombal tratou toda a oposição com dureza. No

caso dele, as reformas e o despotismo são inseparáveis. São as duas faces da mesma moeda."

Kenneth Maxwell[3]

A principal característica da nova era foi a recentralização da administração do império português. Nesse sentido, a grande mudança ocorreu de fato com a ascensão do futuro marquês de Pombal ao ministério de José I. Pombal governou Portugal de 1750 a 1777, tendo sido responsável por uma nova visão do papel do Estado. Sua reforma deveria revigorar a política mercantilista monopolista, com rigoroso controle da administração, do orçamento, da polícia e da Justiça.

Superministro, foi ele o artífice da reconstrução de Lisboa após o terremoto em 1755 e da expulsão da Companhia de Jesus de todos os territórios portugueses (1759). Estes dois atos consolidaram seu poder, dando-lhe força para a terceira grande tarefa: a atualização das mentes, com base nas reformas do sistema de educação escolar e da Universidade de Coimbra. Ele e sua equipe foram os polarizadores da *Aufklärung* portuguesa.

O MARQUÊS COM "CABELOS NO CORAÇÃO"

"Sem ser Cromwell, eu me sinto também com poder de imitar seu exemplo, em qualidade de ministro, protetor de Portugal. Fazei logo o que deveis, que eu não farei tudo quanto posso."

Sebastião José de Carvalho e Melo[4]

Nascido em 1699, Sebastião José de Carvalho e Melo viveu mais de três quartos de século. Filho de família da pequena nobreza rural, tendo estudado em Coimbra, passou cerca de quarenta anos na obscuridade. Casou-se com uma viúva aristocrata em 1733. Segundo o historiador Charles Boxer, o rei João V, adivinhando em seu caráter "traços de crueldade sádica", recusou-se a conceder-lhe cargo importante no governo, sob o pretexto de que ele tinha "cabelos no coração".

[3] *Ibid.*, p. 193.

[4] O futuro marquês de Pombal, ainda conde de Oeiras e no início de seu governo, pedindo satisfação ao inglês Lord Chatham, por ter sido queimada uma esquadra francesa na costa do Algarve. A epígrafe citada está em Sebastião José de Carvalho e Melo, *Memórias secretíssimas do marquês de Pombal e outros escritos*, cit., p. 70.

Antes de assumir o poder, no período de 1739 a 1744, Sebastião José representou o rei de Portugal em Londres. Nessa posição privilegiada, pôde compreender melhor as razões da hegemonia britânica, as formas de organização e ação dos ingleses, e o perigo que seu poderio representava para os interesses portugueses, tanto metropolitanos quanto coloniais. Em Londres, filiou-se à Sociedade Real (1740) e estudou as formas de organização comercial e militar que faziam da Inglaterra uma potência.

De Londres passou a Viena, defendendo os interesses da Áustria em face do Vaticano. Em Viena, tornou-se amigo de Manuel Teles da Silva, o duque Silva-Tarouca, português de origem aristocrática que, como vimos, seria presidente do Conselho dos Países Baixos e da Itália, além de confidente da imperatriz Maria Teresa. Viúvo, na capital austríaca casou-se com Maria Leonor Daun, mulher rica e sobrinha do comandante do Exército austríaco, o marechal von Daun. É importante essa união no quadro dos casamentos transnacionais, pois foi Maria Ana da Áustria, a mulher austríaca do morituro João V, que, de Lisboa e na condição de rainha regente, mandou chamar Sebastião José para compor o ministério português. Em julho de 1750, ele assumia o posto de Secretário de Estado para Assuntos Estrangeiros.[5]

O conde de Oeiras, que seria elevado a marquês em 1769, manteve assídua correspondência com o duque Silva-Tarouca nos dez primeiros anos de seu governo, em que sempre denotava seu repúdio à "moda e [...] práticas estrangeiras", além de hábitos a seu ver ultrapassados.[6]

Naquele período, tornara-se direta a relação entre o fortalecimento do poder real, centralizador de toda a máquina administrativa, e a exploração do ouro brasileiro. Mais da metade das receitas do Estado provinha do ul-

---

[5] Embora demasiadamente antipombalino, é importante o estudo de Charles R. Boxer, "A ditadura pombalina e as suas consequências (1755-1825)", em *O império colonial português (1415-1825)*, Lisboa, Edições 70, 1981, 2ª ed., com edição brasileira (com outro título) mais recente, *O império marítimo português (1415-1825)*, tradução de Anna Olga de Barros Barreto, São Paulo, Companhia das Letras, 2006. É compreensível a irritação do notável historiador com Pombal, o anti-inglês que não hesitava em utilizar da violência contra seus inimigos, aliás, também muito violentos... Afinal, Boxer esteve ligado à máquina do sistema imperial inglês na Ásia, foi prisioneiro e torturado pelos japoneses, virando personagem protagonizado pelo ator Alec Guinness no conhecido filme *A ponte do rio Kwai*, de David Lean (1957).

[6] Sebastião José de Carvalho e Melo, *Memórias secretíssimas do marquês de Pompal e outros escritos*, cit.

Despotismo da razão: o marquês de Pombal

tramar, sobretudo do Brasil. A reconstrução de Lisboa e as reformas deveriam beneficiar-se dessas entradas do sistema colonial.

No mesmo ano de 1750, em que o conde Sebastião José assumira o posto de Secretário de Estado, dera-se em janeiro a assinatura do Tratado de Madri, celebrado entre Espanha e Portugal, o primeiro a delimitar os territórios ibéricos na América do Sul. Do lado português, a preocupação voltava-se para a Amazônia, particularmente o limite fluvial interior (rios Guaporé, Mamoré e Madeira). Dessa forma, menos de seis meses depois de assumir o poder, Sebastião José viu-se a braços com um problema internacional de grande porte envolvendo a colônia.

Antes, na primeira metade do século, jesuítas e espanhóis tinham atuado juntos, no sentido de controlar o expansionismo português, convertendo indígenas e confinando-os em aldeamentos. Agora, a preocupação com o poderio dos jesuítas tornou-se um ponto em que existiu concórdia entre Portugal e Espanha, pois os inacianos haviam entrado fundo no continente, instalando-se em territórios situados entre áreas de portugueses, de um lado, e de espanhóis, de outro, sobretudo ao longo dos principais sistemas fluviais.

Nessa perspectiva, segundo o historiador Kenneth Maxwell, a grande mudança nos negócios de Estado, provocada por iniciativa pombalina, começou na periferia do sistema. A questão da Bacia Amazônica acendeu a centelha que incendiou todo o conjunto, pois lá se adotaram as primeiras medidas para combater e suprimir a presença jesuítica, entranhada no Estado e espalhada pelos territórios, e que ia assumindo contornos imperiais. Por aí entrou o reformismo.

A revolução cultural pombalina: uma "escola intelectual"

No dia 22 de setembro de 1772, já tendo assumido o poder havia mais de duas décadas, o marquês de Pombal final e pomposamente retornaria a Coimbra.

Pombal formara-se em direito por essa Universidade, quando ainda uma instituição atrasada, se comparada às contemporâneas inglesas Oxford e Cambridge, embora estas também fossem marcadas pelo torpor intelectual.

Ainda no tópico de sua formação intelectual, segundo Boxer, ele nunca aprendeu inglês, nem durante os seis anos que passou em Londres, mas era muito fluente em francês. E, aparentemente, mostrava-se leitor ávido de livros, papéis e documentos de Estado ingleses, em tradução francesa.

Cumpria agora, em Coimbra, visita oficial meticulosamente preparada para aplicar as deliberações régias de reforma da Universidade, assinadas pelo rei José I no mês anterior. Com "jurisdição privativa e ilimitada", Sebastião José de Carvalho e Melo vinha para pôr em execução novos estatutos e tomar outras providências. Com todo o rigor do ritual universitário, foram nomeados novos professores e instalados os cursos em moldes renovados. O que constituiu verdadeira ruptura, uma vez que os antigos professores, nomeadamente os jesuítas, haviam sido expulsos ou descartados.

O marquês e sua comitiva permaneceram por mais de um mês em Coimbra. A visita revestiu-se de grandiosidade há muito rara na Universidade, e nos "fastos portugueses". A visita do marquês à já tradicional Universidade abriu uma nova era na história do pensamento jurídico luso-brasileiro, com ressonâncias em todo o império português, na Europa e no Novo Mundo.

A reforma dos estudos, um marco nos anais da cultura luso-brasileira, sinalizava o desejo, por parte de setores da elite lusa, de atualizar sua história, compaginando-a com a do mundo civilizado europeu. Reunido à volta do marquês, um brilhante e empenhado grupo de "ilustrados" revelava uma consciência aguda do atraso de Portugal no mundo europeu e do lugar crescentemente periférico e subalternizado que o país ocupava no mundo em geral, sobretudo em relação às formações econômico-culturais europeias em acelerado crescimento, notadamente a inglesa.

Estribada sobretudo em Descartes, Newton e Locke, a filosofia da Ilustração forneceu os ingredientes para a ação reformista pombalina. Em sua cruzada antijesuítica e regalista, o futuro marquês centralizou uma notável constelação de intelectuais — uma "escola intelectual", no dizer de Maxwell. Sebastião José chegou a empenhar-se pessoalmente na redação e distribuição de textos que definiam e propagavam os propósitos daquela ação transformadora, como a *Dedução cronológica e analítica*, compilação de diatribes contra os jesuítas. Mais divulgada foi a *Relação abreviada*, uma narrativa, distribuída e financiada pelo Estado, da campanha conjunta de portugueses e espanhóis contra as missões jesuíticas no Sul da colônia, em 1750. Esse texto, editado em várias línguas e impresso em 20 mil cópias, animou a política europeia que levou, em 1773, à supressão da Companhia de Jesus pelo Vaticano.

Tal "escola intelectual" era integrada por gente do porte de Martinho de Mendonça Pina e Proença (1693-1743), adepto das teorias de Locke, que

Despotismo da razão: o marquês de Pombal

tentou aplicá-las à educação. As ideias de Newton tinham um forte defensor no doutor Jacob de Castro Sarmento (1692-1762), cristão-novo e novo professor.

Da mesma forma tiveram importância as obras de outro médico, também cristão-novo, o prestigioso doutor Antonio Nunes Ribeiro Sanches (1699-1783). Ele saíra de Portugal em 1726, indo para a Inglaterra, depois para a Holanda e a Rússia e, em 1747, para a França (onde viveu até sua morte). Tornou-se a figura-chave desse grupo-geração, estimulando estudos em botânica, medicina, filosofia e educação, além de apoiar viagens de pesquisa.

O médico Ribeiro Sanches, em particular, inovou em vários campos, sobretudo no da saúde e da alimentação. Em 1759, preocupado com a renovação metodológica e de aprendizado da medicina, o que deveria levar à criação uma nova "Universidade Real na cidade do reino que se achasse mais conveniente", defendeu a necessidade do estudo de história natural para a medicina e o incremento da agricultura.

Ribeiro Sanches colaborou com os enciclopedistas franceses nos campos da medicina, da pedagogia e da economia. De sua autoria são as *Cartas sobre a educação da mocidade* (1763), texto reformista e inovador.

Seu propósito era verdadeiramente iluminista, mas o mais influente de todos esses ilustrados foi o padre Luís Antonio Verney (1713-1792), autor do *Verdadeiro método de estudar* (1746). A maior parte de sua vida passou-a em Nápoles e Roma, onde estudou com Antonio Genovesi (1713-1769) (cuja notoriedade em Portugal foi tal, que seu nome chegou a receber grafia em português: Genuense) e tornou-se amigo de Ludovico Antonio Muratori (1672-1750). Mais tarde, já na "Viradeira" (o período de Maria I), os agentes da ordem, a serviço da rainha dementada, veriam com forte desconfiança a obra de Verney nas devassas das Inconfidências no Brasil.

Membro ativo da vanguarda oratoriana católica, estimuladora das ciências naturais, o padre Verney tinha posição firme contra o modelo de educação dos inacianos. Como os outros participantes da equipe pombalina, defensores todos de um ideário nacional, propugnava pelos estudos diretos da língua portuguesa, de sua gramática e ortografia, não privilegiando o latim. Além das preocupações no plano filosófico-educacional e científico, o futuro do ultramar português — o império — constituía outro foco das atenções desses ilustrados. E por aí se adensavam seus interesses pela economia, diplomacia e regulação governamental.

Nacionalização da economia

Duas questões cruciais, imbricadas, foram enfrentadas pela equipe de Pombal. A primeira consistia em procurar saber como estimular a economia de um sistema tão amplo, que abrangia territórios na Ásia, na África e, sobretudo, na América (no Brasil), onde já se estabelecera um processo de colonização bem-sucedido. Em contrapartida, a segunda questão era igualmente dramática: como escapar da aliança com a Inglaterra, foco de intensas ambiguidades e de dependência? Afinal, a aliança tornara-se condição fundamental para Portugal manter, desde 1640, sua independência em relação à Espanha, com a qual, além de tudo, a competição colonial expressava outro problema permanente.

O período pombalino (1750-1777) constitui o momento decisivo da problemática atlântica em que o Estado português esteve envolvido. Portugal e suas colônias, em sua associação com a Inglaterra, mantiveram-se, na *longue durée* de 1660 até 1807, relativamente a salvo dos grandes conflitos europeus. Com seus monopólios coloniais e todo o sistema administrativo e jurídico-político de controle, a Coroa preservara para si essas fontes geradoras de divisas. Somente com a invasão da península Ibérica pelo exército de Bonaparte, em 1808, quando se abriram os portos da ex-colônia "para as nações amigas", tornaram-se dispensáveis os intermediários metropolitanos.

Foi o Estado, por meio da política mercantilista pombalina, que criou a burguesia, e não uma burguesia preexistente que deu outro caráter ao Estado, por passar a fiscalizá-lo, diversamente do que aconteceu no mundo anglo-americano. A tese, de Kenneth Maxwell, deve, entretanto, ser matizada, pois, *de facto*, foi uma nova fração da nobreza, já aburguesada, e representada por Pombal e seu grupo, que se instalou no Estado, provocando sua reforma a partir de dentro. Aliás, o mesmo historiador demonstrou que Portugal manteve uma política de benefícios recíprocos no comércio externo, pretendendo "criar também uma classe poderosa de homens de negócios portugueses, dotada de capitais financeiros e humanos que lhe permitissem desafiar a concorrência estrangeira".[7]

---

[7] Kenneth Maxwell, *Marquês de Pombal: paradoxo do Iluminismo*, cit., p. 193.

Pombal e o poder

Com Pombal, assistiu-se a um conflito nítido entre estamentos da alta aristocracia *versus* lideranças das classes mercantis. Em verdade, foi a antiga aristocracia do reino que mais se opôs à política do marquês, na medida em que a nova classe mercantil a desalojava do poder.

O episódio da tentativa de regicídio em 1758 é bem ilustrativo: Pombal aproveitou a oportunidade para punir exemplarmente aristocratas proeminentes, como os membros da família Távora, o conde de Atouguia e o duque de Aveiro. O mais importante nobre de Portugal, o duque José de Mascarenhas, era presidente da Suprema Corte, o marquês de Távora era comandante da Cavalaria e fora vice-rei da Índia, e o conde de Atouguia era chefe da guarda palaciana.

Verificou-se então uma verdadeira revolução palaciana, pois a punição brutal e exemplar foi efetuada ao arrepio da legislação portuguesa vigente. O tribunal, ou seja, a Suprema Junta de Inconfidência instaurada pelo rei, foi constituído por uma junta com três secretários de Estado e sete juízes, todos controlados por Pombal.

No ano seguinte, seria a vez dos jesuítas. Pombal instalou no comando da Inquisição seu irmão Paulo de Carvalho. O episódio que levou à morte do padre Malagrida — suspeito, com outros sete religiosos, de ser cúmplice dos Távora — havia anteriormente encontrado obstáculo em outro irmão de Pombal, ocupando alto posto no Maranhão. Por garrote e queima na fogueira, em Lisboa em 1761, para horror da Europa, a execução de Malagrida prenunciava o fim da Companhia, com expropriação de todas as suas propriedades no império português. Vitória do marquês, após longo processo, que acabaria com a supressão, pelo papa, da ordem inteira em 1773, um golpe tremendo no enorme poder jesuítico.

Um século mais tarde, vivendo um outro quadro de atraso português, Oliveira Martins, historiador de *O Brasil e as colônias portuguesas* (1880) e *História da civilização ibérica* (1879), membro da "geração de setenta", europeísta e interlocutor de Juan Valera, Antero de Quental e Miguel de Unamuno, descreve em páginas memoráveis como, tendo a justificativa da resistência dos jesuítas na América, Pombal expulsou-os, logo seguido por ação similar de Carlos III da Espanha (1767).

A Europa, "atônita a princípio", segue o exemplo em Nápoles, Parma e na França. Os jesuítas, "renegados pelo próprio papa, vão acolher-se ao seio das nações protestantes contra as quais tinham sido chamados ao mundo!".[8]

POMBAL E A ECONOMIA: REGULAÇÃO E REGULAMENTAÇÕES

Do ponto de vista social e econômico, a política pombalina soldava um novo sistema de interesses, reforçado pelo combate ao contrabando e introduzindo um conceito moderno de regulação do Estado no comércio colonial. E, por implicação, atualizava Portugal como nação competitiva nas relações internacionais.

Desse modo, o império defendia-se, impondo regulação inspirada nos moldes do que Luís da Cunha, Pombal e Manuel Teles da Silva haviam observado na Inglaterra, na Holanda e também em Viena, dando força aos mercadores mais poderosos, ou seja, àqueles que tivessem competência e condição para disputar mercados com o capital internacional. Do ponto de vista cultural e ideológico, quebrava-se a hegemonia da orientação jesuítica, acarretando, porém, um sério problema, que deveria ser reequacionado por meio da educação: o da *formação de quadros pensantes* para a nova ordem.

Com efeito, a expulsão dos jesuítas deixara Portugal sem professores de nível secundário e universitário. Por esse motivo, um novo sistema de educação secundária e a reforma da Universidade de Coimbra tornaram-se pedras de toque da administração pombalina, e os oratorianos — críticos dos jesuítas — forneceriam o instrumental conceitual e ideológico do governo reformista. Os recursos para essas reformas surgiriam "em parte pelas propriedades expropriadas dos jesuítas e aristocratas condenados pelo regicídio".[9]

---

[8] "Por um momento, a resistência de Clemente XIII (1758-69) fez Pombal pensar na independência da Igreja portuguesa; mas o Papa morreu a chorar recusando abolir a Companhia, e Ganganelli (1769-1775) foi eleito para consumar esse fato, exigido por Aranda, por Pombal, por Tanucci, por Choiseul — pela França, pela Espanha, pela Itália e por Portugal, isto é, por todo concerto das nações católicas", em *História da civilização ibérica*, Lisboa, Guimarães, 1994. Esta edição tem prefácio de Fidelino de Figueiredo, de 1954; a 1ª edição é de 1879.

[9] Kenneth Maxwell, "A Amazônia e o fim dos jesuítas", em *Ensaios tropicais e outros*, prefácio de Elio Gaspari, Rio de Janeiro, Paz e Terra, 2002, p. 141.

Despotismo da razão: o marquês de Pombal

A reforma do Estado sob Pombal

Visto em perspectiva, o conflito do Estado português com o papado fez parte de um movimento reformista europeu mais amplo, cujo sentido era diminuir o poderio da Igreja conservadora no continente e nas colônias, além de nacionalizar as igrejas. Toda a sistemática das jurisdições, das esferas do controle político, social e econômico foi abalada.

"Fomentar", "reconstruir", "educar", "regulamentar", "vigiar" e "punir", eis os verbos dominantes no vocabulário político do governo pombalino. Do ponto de vista do Estado, a reforma das leis, dos tribunais e das codificações serviu para redefinir as novas obrigações dos súditos, mas não para garantir direitos individuais. O crime de lesa-majestade foi redefinido, passando a incluir os ataques a ministros do rei. Criou-se um cargo de intendente-geral de polícia, sendo nomeado Inácio Ferreira Souto, amigo do marquês, com o objetivo de combater o banditismo, mas também de vigiar e punir inimigos do governo.

A reconstrução de Lisboa, assolada pelo terremoto em 1755, deu força ao marquês de Pombal para implementar os novos papéis que o Estado português assumiria no mundo atlântico. O reformismo tomou conta do império: empresas manufatureiras — que seguiam, porém, o modelo colbertiano, e não o modelo inglês — e outros tipos de atividade empresarial foram estimuladas.

A custosa reedificação da capital do império mais a diminuição de entrada do ouro brasileiro obrigaram o governo a aperfeiçoar (e apertar) a cobrança de impostos, aprimorando também o equipamento e a estratégia militares. A prioridade devia ser dada à política colonial, sob a coordenação de Mendonça Furtado, outro irmão de Pombal, que tivera forte experiência no Pará, de onde regressou em 1759. Conhecedor da problemática da região Norte, do papel dos jesuítas e tendo participado da Companhia do Grão--Pará e Maranhão, passava agora a fazer parte do gabinete do marquês. Inspirado no exemplo da antiga Companhia de Comércio do Brasil, o governo aplicou esse modelo em outros dois centros importantes de produção, Pernambuco e Paraíba, duas regiões geoeconômicas mais antigas.

E novos produtos coloniais entraram no mercado mundial, como o algodão e o arroz.

Adicionalmente, na metrópole, a política econômica fazia-se com o emprego da regulação de taxas alfandegárias, manipuladas de modo a fomentar a diversificação das produções brasileiras. O conjunto dessas reformas exigiu um sistema reformulado, codificado, regulamentado e fiscalizado, com base em novas definições, justificativas e explicações.

Atualizando-se, o direito misturava-se com a economia e, não menos importante, com a contabilidade.

Mudança de paradigma: resultados

De 1760 a 1769, o governo luso e o papado estiveram rompidos (chegando ao ponto de um filho do marquês ter sido expulso de Roma), com a Igreja reivindicando sua jurisdição sobre Portugal. Pombal utilizou-se de todos os recursos jurídicos (como o *Exequatur*, o *Placet* e o *Recursus ad principem*) para reagir e atenuar a ação do Vaticano, fundamentando-se em direitos históricos que os monarcas católicos portugueses vinham formulando e exercendo desde o século XIII. Juristas foram mobilizados para garantir os avanços do reformismo do marquês.

O resultado foi que a Igreja passou a viver sob duro controle do Estado. Em 1769, a Inquisição deixou de controlar o Tribunal do Santo Ofício, que passou a ser um tribunal régio como os outros. O resultado logo se fez sentir na diminuição do número de réus mortos e, mesmo, simplesmente, condenados. Foi abolida a distinção entre cristãos-novos e cristãos-velhos, e a censura literária passou a ser de responsabilidade da Real Mesa Censória. As propriedades confiscadas dos condenados tornaram-se propriedade do Erário Régio. A morte pelo fogo foi abolida, com os autos-de-fé.

Instalara-se um novo clima de reformas, em que se educaram e vicejaram jovens como Tomás Antônio Gonzaga (o precoce autor do *Tratado de direito natural*, de 1772, dedicado ao ilustrado marquês), Alvarenga Peixoto e muitos outros. Alguns anos depois, o ideólogo da Independência do Brasil, José Bonifácio, nascido em Santos em 1763, ainda se beneficiaria, à sombra do Estado, desse ambiente de renovação.

De certo modo, a Real Mesa Censória era a Inquisição, mas na versão pombalina, para dar forma ao novo horizonte intelectual e político português. Aí residiria um dos paradoxos da Ilustração do tempo de José I, segundo Maxwell: a ideia de que a censura deveria moldar e proporcionar meios de estimular as ideias iluministas.[10] A Mesa Censória chegou a devolver livros proibidos pela Inquisição a livreiros, como foi o caso de obras de tea-

[10] *Ibidem.*

Despotismo da razão: o marquês de Pombal

tro de Voltaire e do *Esprit des lois*, de Montesquieu. Mas o controle continuou, sendo excluídas obras consideradas ateístas ou materialistas, nocivas à religião.

Em qualquer hipótese, em 1761, dez anos antes da reforma universitária, era possível ao médico cristão-novo Antonio Nunes Ribeiro Sanches, que propunha separação total entre Igreja e Estado, manifestar sua intenção de introduzir, na Nação Portuguesa, "O método de comparar os efeitos para vir no conhecimento das suas causas; e de comparar e combinar estas para prever e conhecer os efeitos que delas se poderão seguir", tal como propuseram Bacon, Locke, Gassendi, Newton...[11]

REVOLUÇÃO NAS MENTALIDADES: A NOVA IDEIA DE IMPÉRIO LUSO-BRASILEIRO

A revolução cultural desse período não foi, portanto, obra de um homem só. Em verdade, alguns dos homens reunidos em torno da ação de Pombal provinham da ala reformista da Igreja, como o frei Manuel do Cenáculo Vilas Boas (1724-1814), confessor de José I e futuro bispo de Beja, e frei Inácio de São Caetano, confessor da princesa Maria (depois Maria I). Dessa liderança participaram o citado médico cristão-novo Ribeiro Sanches, o padre oratoriano Antônio Pereira de Figueiredo e João Pereira de Azevedo Coutinho, que estudaram formas jurídicas para a secularização de setores da Igreja. Este último, irmão do brasileiro Francisco de Lemos e Faria, futuro reitor da Universidade de Coimbra, chegou a propor a nomeação de bispos sem autorização de Roma. Com isso, o que se propunha de fato era o aumento do poder dos bispos e a diminuição do número de padres.

A reforma das mentes deveu-se também à atenção com que Pombal acompanhava o que se passava no resto da Europa. Trocava cartas com o jansenista Gabriel Duparc de Bellegarde, no clima reformista de Utrecht, ou fazia traduzir uma obra como a do alemão Justinus Febronius, *Do Estado da Igreja e poder legítimo do pontífice romano* (Lisboa, 1770, 2 vols.). O febronismo, como o regalismo, defendia a superioridade do Estado sobre a

---

[11] Ver o estudo de Maria Odila da Silva Dias, "Aspectos da Ilustração no Brasil", *Revista do Instituto Histórico e Geográfico Brasileiro*, vol. 278, Rio de Janeiro, 1969, p. 116. A respeito de Antonio Nunes Ribeiro Sanches e outros educadores e reformistas portugueses no período pombalino, consulte-se João Cruz Costa, *Contribuição às ideias no Brasil*, Rio de Janeiro, Civilização Brasileira, 1968, 2ª ed., pp. 46-9 e 56-8.

Igreja, embora reconhecesse a necessidade da permanência da religião. Outro livro que teve impacto foi o de Antonio Ribeiro dos Santos (Elpino Durinense), *De Sacerdotio et Imperio* (Lisboa, 1770), que apontou o rumo para a reforma de ensino de direito na Universidade de Coimbra.

Pombal, já balançando no poder e pouco antes de sua queda, quando da inauguração da estátua equestre do monarca em 6 de junho de 1775, escreveu as *Observações secretíssimas entregues por ele mesmo oito dias depois ao senhor rei D. José I*, documento em que faz um balanço de sua atuação como ministro nos 25 anos anteriores. É enfática a avaliação que fez sobre sua obra universitária, julgando tê-la melhorado, o que de fato ocorreu:

> "O estado das ciências maiores, e a restauração da Universidade de Coimbra, pelo estabelecimento do seu opulento e perdurável patrimônio, pelo outro estabelecimento de tantos e tão eruditos professores de todas as ciências e dos estímulos para animar os daqueles cujos estudos são mais árduos e mais escabrosos; pelo outro estabelecimento das sacrossantas leis, que, abolindo os expurgatórios romano-jesuíticos, fecharam aos livros perniciosos as portas que abriram aos de sã e útil erudição, e encheram estes reinos de claríssimas luzes em que hoje abundam [...]."[12]

A colônia ilustra-se. Estudantes brasileiros em Coimbra

> "Portugal e suas colônias afastadas caíram em situação de grande degradação. Como isso aconteceu?"
>
> Abade Guillaume Raynal, 1770[13]

Tal atitude de renovação, por parte de Pombal e sua equipe, inscrevia-se no movimento mais amplo de renascimento científico europeu do século

---

[12] Sebastião José de Carvalho e Melo, "Observações secretíssimas", em *Memórias secretíssimas do marquês de Pombal e outros escritos*, cit., p. 246.

[13] Título do cap. XXVII de *O estabelecimento dos portugueses no Brasil*, Rio de Janeiro, Arquivo Nacional/Editora da UnB, 1998 (Livro 9 de *História filosófica e política das possessões e do comércio dos europeus nas duas Índias*). Sobre o abade Guillaume Raynal (1713-1796), ver, na mesma obra, o excelente estudo introdutório de Berenice Cavalcante, "Dilemas e paradoxos de um filósofo iluminista", pp. 11-33.

XVIII, com a exaltação do papel do homem de ciência na construção de uma nova ordem. A ideia de *bonheur* descia da metafísica para o mundo dos homens, da sociedade, das inovações técnico-científicas, passando a ser inscrita nas constituições. O cientista deveria ser homem prático e de ação, como, aliás, por seus exemplos, demonstraram Monge, Lavoisier, Diderot, Buffon, entre tantos outros, na Revolução Francesa e seus antecessores. Nesse quadro de mudanças, a obra do abade Raynal (em Minas, alguns inconfidentes conheciam trechos de cor) incendiava corações e mentes.

O que era "o homem da Ilustração"? Era o homem da razão, da lógica, da experimentação, da ciência, do direito natural. Era o pesquisador, cosmopolita, reformista, antiabsolutista.[14]

Daí entender-se por que provinham do campo das ciências naturais e exatas um número cada vez maior de estudantes brasileiros formados pela Universidade de Coimbra, mas também por outras, como as de Montpellier, Rouen, Estrasburgo, Paris, Edimburgo. Em seu estudo, já citado, "Aspectos da Ilustração no Brasil", Maria Odila da Silva Dias constatou a pequena repercussão entre os estudantes brasileiros do anti-intelectualismo de Rousseau, "com seu horror aos inventos e cientistas". Eles também não se entusiasmaram com as ideias democráticas do filósofo suíço, "ciosos como eram de seus privilégios de aristocratas". A mecanização, sim, era apreciada como meio de livrar os escravos de seus sofrimentos — recorde-se o caso do inconfidente José Álvares Maciel, na Inglaterra — e libertá-los de uma condição reprovada pelas leis da natureza. Rara exceção, José Bonifácio (1763-1838), leitor de Camões e Heine, tradutor de Buffon e Voltaire, abolicionista radical, levará esse tema ao limite, durante a Constituinte de 1823.[15]

Daí os enciclopedistas franceses, e não Rousseau, terem inspirado tanto a "nossa Ilustração", com Voltaire à frente, alimentando a corrente

[14] Ver Michel Vovelle (org.), *O homem do Iluminismo*, Lisboa, Editorial Presença, 1997. E, ainda, Luís de Oliveira Ramos, *Sob o signo das luzes*, Lisboa, Imprensa Oficial/ Casa da Moeda, 1987. Um ilustrado na colônia foi bispo e criador do Seminário de Olinda: o autor, José Joaquim da Cunha de Azeredo Coutinho, *Obras econômicas (1794-1804)*, apresentação de Sérgio Buarque de Holanda (São Paulo, Companhia Editora Nacional, 1966). O melhor estudo sobre as reformas educacionais em Portugal continua a ser o de Laerte Ramos de Carvalho, *As reformas pombalinas da instrução pública*, São Paulo, Saraiva/Edusp, 1978.

[15] Ver os textos do Patriarca organizados por Miriam Dolhnikoff (org.), *José Bonifácio de Andrada e Silva: projetos para o Brasil*, São Paulo, Companhia das Letras,

de pensamento que valorizava "relações pragmáticas entre intelectuais e a sociedade". Ou, mais diretamente, a reforma — não a revolução — da sociedade.[16]

Tratava-se de um reformismo pragmático, de mudanças, o que, ainda segundo Maria Odila, explica o fato de, entre os 568 estudantes formados em direito (maioria, num total de 866 graduados em Coimbra, de 1722 a 1822), 281 terem se formado, simultaneamente, em leis e matemática ou em ciências naturais, acumulando duas ou três especialidades,[17] o que não era incomum naquele período. Foi assim no caso de José Bonifácio e no de Baltasar da Silva Lisboa, que cursou direito, mas também geometria, história, física experimental e química. A historiadora verificou que, dos outros 282 formados exclusivamente em humanidades, isto é, em leis, teologia e artes, 141 foram diplomados somente em ciências. E, conclui, a maioria dos que deixaram obras escritas voltou-se de preferência para as ciências naturais e a medicina, predominando na produção científica desse período os estudos de ciências naturais, em número superior ao de pesquisas em ciências puras ou exatas.

Tais atitudes de inovação, que valorizavam as ciências experimentais, chegavam na metrópole portuguesa com atraso. Foram grandes os esforços de atualização dessa elite, englobando os procedentes da colônia que vinham graduar-se. Nos dez primeiros anos, após a reforma de 1772, 238 brasileiros diplomaram-se em matemática, ciências naturais e medicina, para 157 em humanidades (principalmente leis). E, na década seguinte (1782 a 1792), 192 estudantes diplomaram-se em ciências, e 105, em leis.[18]

Essa foi a tônica também da Academia Real de Ciências, visível tanto na obra do mineralogista José Bonifácio, como na de Alexandre Rodrigues Ferreira, o naturalista que desvendou a Amazônia: "Em quanto a mim, ne-

---

1998. Além do livro clássico de Octávio Tarquínio de Sousa, *José Bonifácio*, Rio de Janeiro, José Olympio, 1957, ver Emília Viotti da Costa, "José Bonifácio: homem e mito", em Carlos Guilherme Mota (org.), *1822: dimensões*, São Paulo, Perspectiva, 1972; e, também de Carlos Guilherme Mota, o estudo "Projetos para o Brasil", sobre "a civilização dos índios" e sobre a emancipação dos escravos, em Lourenço Dantas Mota (org.), *Introdução ao Brasil: um banquete no trópico*, São Paulo, Editora Senac, 2000).

[16] Cf. Maria Odila da Silva Dias, "Aspectos da Ilustração no Brasil", cit., p. 106.

[17] *Ibid.*, p. 107.

[18] *Ibid.*, p. 116.

nhum obséquio faz à Filosofia quem a estuda por deleitável [...] O grau de aplicação de uma ciência mede-se pela sua utilidade",[19] afirmava em 1783.

No último quartel do século XVIII, um batalhão de viajantes, engenheiros e cientistas espraiou-se pelos domínios do império, fazendo levantamentos, pesquisas, reflexões. Tratava-se de uma ação de Estado politicamente orientada, pois identificava os estudiosos brasileiros com os interesses da elite rural brasileira.[20]

Tal orientação, em que pese sua ênfase nas ciências da natureza, ou talvez justamente devido a isso, estará viva na mentalidade das lideranças da Independência. Proclamada a emancipação política em 1822, constata-se que, na composição da Constituinte de 1823 (logo fechada por Pedro I), 34 deputados eram formados em ciências (12 em matemática e filosofia natural); 9 em matemática; 5 em filosofia natural; 3 em medicina; 3 em medicina e matemática e 2 simultaneamente em matemática, filosofia e medicina, enquanto apenas 21 formaram-se unicamente em direito.[21]

UMA NOVA IDEIA DE IMPÉRIO: CIENTISTAS E BACHARÉIS

A ideia de um império luso-brasileiro estava presente em tais iniciativas, pois a publicação de memórias, estimulada pela Coroa, era fruto de uma necessidade, consciente, de fomentar a produção de matérias-primas para a industrialização de Portugal, em promover o renascimento da agricultura para compensar a baixa do rendimento do "quinto" e a baixa do preço do açúcar por causa da concorrência antilhana, além de outras possibilidades que o Brasil oferecia ao mercado europeu, conturbado pelas revoluções na virada do século XVIII para o XIX e pelo furacão napoleônico. Dão-se então, na Colônia, a introdução do fumo da Virgínia e do arroz da Carolina e a aclimação de produtos novos, como o anil, a cochonilha, o cânhamo, estimulando-se, além disso, o cultivo de algodão, cacau, gengibre e café.

Em suma, houve participação direta do poder central nessa difusão de informações sobre as riquezas da colônia e sua diversificação. Exemplo dessa orientação foi o fato de um juiz de fora, Baltasar da Silva Lisboa, ao

[19] *Ibid.*, p. 107.

[20] *Ibid.*, p. 112.

[21] *Ibid.*, p. 152.

chegar ao Brasil ter sido imediatamente enviado para a serra dos Órgãos, onde pesquisou a natureza durante seis meses.

No fim do século, Rodrigo de Sousa Coutinho, reformista ilustrado, indicado ministro de Maria I, mobiliza uma equipe de bacharéis e cientistas brasileiros. Pensando nos "vastos domínios" da Coroa e esposando as ideias da fisiocracia, à época importante corrente da economia, a política de D. Rodrigo era favorável à agricultura no Brasil, mas não às "manufaturas e artes".[22]

Foi um período em que se inventariou e pesquisou-se quase tudo, do óleo de mamona ao urucu e à cânfora; e foram feitos vários estudos geográficos e levantamentos estatísticos. Em 1810, encontraremos Martim Francisco, por exemplo, elaborando para o Arsenal Real da Corte do Rio de Janeiro a lista de "todos os minerais que se puderem descobrir na Capitania" de São Paulo. Em 1820, prosseguia suas pesquisas, já agora na província de São Paulo, ao lado de seu irmão José Bonifácio, resultando dessas investigações o prospecto *Viagem mineralógica na província de São Paulo* (1823).

No plano da reforma da vida jurídica, destacou-se o absolutista Pascoal José de Mello Freire (1738-1798), autor cuja obra marcou os estudos jurídicos que tinham como centro a Universidade de Coimbra. Este professor criticava agora, na "Viradeira" pós-pombalina, a confusão existente no mundo do direito. Ao contrário de seus pares — que apenas inchavam com sugestões a complicada *Legislação extravagante* —, ao ser indicado por Maria I para participar da comissão da reforma da legislação portuguesa, Mello Freire propôs uma reforma radical no direito legislado. Foi de sua autoria a proposta de um *Código criminal* (1796), para substituir o Livro V das Ordenações Filipinas. No preâmbulo — em que cita autores como Beccaria, Grócio, Locke, Montesquieu, Servan, Vermeil, Voltaire e Brissot — observa: "A Reforma das leis criminais é mais dificultosa do que as civis, mas esta dificuldade [...] não vem tanto da natureza das cousas, como dos prejuízos dos homens".[23] Sobre a natureza do Código Criminal, o professor

---

[22] Ver a posição de D. Rodrigo de Sousa Coutinho, a respeito da política econômica para a colônia, no citado artigo de Maria Odila da Silva Dias, "Aspectos da Ilustração no Brasil", cit., p. 118 e *passim*.

[23] Pascoal José de Mello Freire, "Introdução", em *Código Criminal intentado pela rainha D. Maria I* ("Segunda edição castigada de erros. Corretor o licenciado Francisco Freire de Mello, sobrinho do autor. Em Lisboa estampava no mês de agosto o tipógrafo

Pascoal de Mello Freire, do alto de sua sapiência coimbrã, completa, *cum granum salis*: "Nada interessa mais à humanidade do que um bom Código Criminal: porém eu não sei onde o há...".[24]

Mercantilismo tardio

A criação de companhias de comércio para concentrar o capital do reino nas mãos de alguns poucos poderosos comerciantes e produtores de vinho — em prejuízo dos pequenos comerciantes e produtores, grandes vítimas do despotismo esclarecido do marquês — provocou reações populares, que foram violentamente reprimidas. Ainda assim, o ministro Pombal levou adiante seu plano de reafirmar o poder da realeza e minar os privilégios cedidos aos comerciantes ingleses.

Pela primeira vez, desde a formação do império colonial, o reino adotou uma política colonial em moldes explicitamente mercantilistas, e, agora, Portugal afrontava os privilégios comerciais concedidos à Grã-Bretanha, na tentativa de consolidar um novo regalismo, tão em voga entre os déspotas ilustrados das periferias europeias de então.

Tratava-se de racionalizar e otimizar os recursos fiscais resultantes das atividades coloniais, estimulando a produção de certos gêneros tropicais e a emigração para certas regiões, garantindo assim sua posse, defesa, e o seu povoamento. Desse modo, as chamadas reformas pombalinas visavam conservar os domínios já existentes e ampliar o poder do Estado português onde quer que isso fosse possível.

Tais medidas constituíam uma desesperada — e tardia — tentativa de manter, sob o regime do exclusivo e do monopólio, o domínio efetivo das posses ultramarinas. A criação de companhias de comércio monopolistas, a reativação de indústrias, a reforma do ensino, a criação de escolas técnicas e de comércio visavam diminuir a dependência com relação à Inglaterra, sem eliminar a aliança militar, tão necessária à manutenção da soberania do reino. Nesse contexto, a neutralidade foi a condição de sobrevivência do frágil império português.

Simão Tadeu Ferreira, ... CCCXXIII [1823]"). Acessível no site da Faculdade de Direito da Universidade de Coimbra: http://bibdigital.fd.uc.pt.

[24] *Ibidem.*

O ciclo revolucionário — dentro do qual ocorreria, meio século depois, a perda da mais preciosa colônia portuguesa, o Brasil — teve início em 1776, por influência da Guerra da Independência Americana (1775-1782). Mas o incentivo à ocupação de territórios de fronteira por súditos portugueses teve início alguns lustros antes.

O recrutamento de colonos açorianos, por exemplo, destinava-se a povoar os territórios de fronteira. Imigrantes receberam estímulos para povoar a colônia em pontos importantes, que a imigração espontânea não procurava em número suficiente. Em 1673, os primeiros açorianos haviam chegado ao Estado do Maranhão (no que hoje corresponde ao Estado do Pará). Em 1769, os habitantes portugueses da praça de Mazagão, no norte da África, cedida aos mouros naquele ano, imigraram para a região do agora Estado do Grão-Pará e Maranhão, dando origem à cidade (no atual Amapá) que tomou o nome da que tinham abandonado. No outro extremo da colônia, na ilha de Santa Catarina, casais açorianos receberam terras e sementes e povoaram o Sul da América portuguesa.

Tratava-se de ocupar, de preferência lucrativamente, certas regiões estratégicas da colônia americana. Tornara-se imperioso e urgente povoar o Norte do Brasil, pois, tendo em vista a pressão cada vez maior exercida por Inglaterra, França e Holanda, era preciso criar ali uma sociedade em sintonia com as regiões tradicionais da colonização portuguesa. Alguns desses projetos resultaram em verdadeira catástrofe para as populações locais. Também a esperança de que os indígenas aldeados nas missões dos jesuítas na Amazônia pudessem ser assimilados e aculturados pacificamente provou ser um grande equívoco.

A abolição da escravatura no território metropolitano de Portugal entre 1761 e 1773 pretendia redirecionar o fluxo de mão de obra cativa para as minas e plantações americanas, em vez de utilizá-la no serviço doméstico no reino.

Reforma administrativa

As políticas adotadas por Pombal para estimular as atividades produtivas no Brasil, no Grão-Pará e no Maranhão, atendiam e animavam interesses e anseios dos colonos dessas regiões do império. O aperfeiçoamento da administração e o aumento do controle real sobre as colônias, elementos fundamentais das reformas implementadas, complementavam a política voltada à preservação do exclusivo. Para tanto, o Conselho Ultramarino foi redimensionado, e teve seus poderes reduzidos.

No Brasil, aboliram-se as capitanias privadas restantes. Para fazer face à nova situação demográfica da colônia — e aos conflitos que se anunciavam na fronteira sul —, criou-se em 1751 outra Corte Suprema de Apelação no Rio de Janeiro. Em 1763, Salvador deixou de ser a sede do governo-geral e foi substituída pelo Rio de Janeiro, nova capital do Vice-Reino.

Todas essas medidas foram suplementadas por uma reforma fiscal. No reino, foi criado o Erário Régio, chefiado pelo próprio ministro. Nas capitanias do Estado do Brasil, instauraram-se vários órgãos destinados a arrecadar impostos, numa tentativa de substituir os contratadores, que continuavam a exercer suas atividades. O resultado da implantação dessas novas políticas deixou a desejar: em 1774, o valor dos impostos embarcado no Rio de Janeiro era a metade do total enviado para Lisboa em 1749.

Enfim, as reformas administrativas implantadas na colônia criaram novas oportunidades de emprego para os colonos. As burocracias civil e militar ampliadas, as comissões de inspeção e os novos órgãos arrecadadores contaram com a participação ativa dos moradores luso-brasileiros, até mesmo com a ocupação de altos cargos. Dessa forma, reforçou-se o poder das oligarquias locais sobre a vida política, um claro exemplo de que era possível atingir os objetivos do império e preservar os interesses das diversas "nobrezas da terra".

As reformas, entretanto, não chegaram a alterar o estatuto colonial. Apesar de ter sido realizada a reforma do ensino em Portugal, ainda se proibia o funcionamento de gráficas na colônia, por exemplo. A ausência de uma universidade obrigava os filhos das elites coloniais a frequentar instituições de ensino superior em Coimbra, na França ou na Espanha, para obter seus títulos.

COMPANHIAS DE COMÉRCIO: ALGODÃO, CACAU, ARROZ, AÇÚCAR...

A "redescoberta" do Estado do Grão-Pará e Maranhão (1737-1823), uma capitania até então pobre e de pequena importância, atendera à necessidade de delimitar e defender as áreas "periféricas" da colonização contra o assédio de outras potências e contrabandistas. A presença dos colonizadores deveria, agora, tornar-se força dissuasiva das pretensões de Inglaterra, França e Holanda na Amazônia.

Para tanto, em 1755, Pombal fundou a Companhia Geral de Comércio do Pará e Maranhão, concessionária monopolista do comércio dessa região. Ao mesmo tempo, decretou a expulsão de todos os comissários volantes da capitania, com o intuito de coibir as ligações entre os comerciantes estrangeiros e o contrabando. De uma só vez, garantia-se o objetivo geopolítico e fiscal, e atenuavam-se privilégios cedidos aos comerciantes estrangeiros por meio de tratados comerciais.

A Companhia forneceu créditos, ferramentas e escravos aos lavradores e estimulou o cultivo do algodão, cujo mercado, impulsionado pela Revolução Industrial, expandia-se rapidamente na Inglaterra. A partir de meados do século XVIII, o algodão despontou como a principal matéria-prima industrial do momento, graças aos teares a vapor da Inglaterra, que demandavam quantidades cada vez maiores do produto.

A Companhia da Paraíba e Pernambuco, fundada em 1759, foi responsável pelo reflorescimento temporário do até então estagnado comércio de açúcar dessas capitanias. Muitos produtores luso-brasileiros beneficiaram-se dele e participaram, embora de forma minoritária, das transações comerciais empreendidas pela Companhia.

A QUESTÃO DO TRÁFICO DE ESCRAVOS

Resultado inevitável da expansão da agricultura na colônia foi a intensificação do tráfico de escravos africanos. Entre 1760 e 1775, a Companhia da Paraíba e Pernambuco importou mais de 30 mil cativos da África ocidental para o Brasil. Entre 1757 e 1777, foi importado um total de 25.365 escravos para o Pará e o Maranhão, vindos dos portos da África ocidental, sobretudo de Cacheu e Bissau, na Guiné portuguesa. Até então, os negreiros portugueses frequentavam relativamente pouco esses mercados de escravos.

Vale lembrar que, embora tivesse perdido seus principais mercados de escravos na África ocidental, Portugal manteve ligeira vantagem sobre os demais concorrentes europeus no tráfico de africanos. O tabaco baiano, pincelado com melaço, foi a chave do sucesso português no tráfico durante o século XVIII. Este era o artigo mais desejado pelos parceiros comerciais africanos do outro lado do Atlântico. Tanto assim que os holandeses permitiam o acesso aos mercados de escravos da Guiné, a portugueses e baianos, mediante pagamento de uma taxa em tabaco de terceira.

Despotismo da razão: o marquês de Pombal

A EXPULSÃO DOS JESUÍTAS

Nas reformas pombalinas, a expulsão dos jesuítas foi capítulo dos mais dramáticos, ousados e radicais, demonstrando até que ponto se reafirmava a soberania do Estado português na colônia e procurava-se estendê-la. A partir de meados do século, Portugal tornou-se o centro da propaganda antijesuítica, que acabou por provocar a supressão da Companhia de Jesus pelo papado em 1773.

Além do controle de um grande número de indígenas em suas aldeias, eram de monta os capitais e o poder dos jesuítas no Estado do Grão-Pará e Maranhão. Não por acaso, a nomeação do irmão de Pombal para o cargo de governador tinha, entre outros, o propósito de avaliar a riqueza das propriedades da Companhia de Jesus. Além de fazendas de gado com mais de 100 mil cabeças, os padres administravam um vasto patrimônio de terras e engenhos, sem contar o fato de comercializarem as "drogas do sertão", evadindo impostos devidos à Coroa. Formavam um verdadeiro Estado dentro do Estado. Fora tudo isso, a ordem negava-se a pagar o dízimo e mantinha vínculos comerciais com contrabandistas ingleses.

Atendendo a pedidos dos colonos, que acreditavam ser impossível desenvolver a região se os jesuítas mantivessem o controle quase absoluto da mão de obra e das posições estratégicas que garantiam o exercício do comércio e do contrabando, suspendeu-se o poder temporal da Companhia de Jesus sobre os indígenas. Os jesuítas perderam o direito de manter os índios isolados em suas aldeias e reduções.

A legislação pombalina relativa aos índios, publicada em 1757,[25] visava promover a integração efetiva dos indígenas como colonos. De acordo com a nova legislação, o índio tornava-se um súdito como qualquer outro habitante livre da colônia. Podia trabalhar em troca de salário e era obrigado a prestar serviço militar. A mestiçagem e a aculturação eram decididamente desejadas, quando menos no papel. Proibiu-se o uso da "língua geral". E, logo após a suspensão do poder temporal dos padres jesuítas, em 1759, deram-se a expulsão física e a expropriação de suas propriedades e bens.

Apesar das boas intenções nele presentes, o novo estatuto submeteu a população indígena às formas mais extremas de exploração e abuso. Na prática, manteve-se a concentração dos índios em povoações sujeitas ao governo

---

[25] *Diretório que se deve observar nas povoações dos índios do Pará e Maranhão*, que vigorou de 1757 a 1798.

de um grupo de administradores leigos, o Diretório dos Índios, que deveriam zelar pela sua educação e pelos seus interesses. (Na Assembleia Constituinte de 1823, José Bonifácio defenderá a reativação dessa instituição para a integração dos indígenas, como veremos.) Pressionados pelos colonos, muitos fugiram da aculturação forçada e abandonaram as aldeias. Outros morreram, devido ao contato mais intenso com os europeus e ao alastramento de doenças epidêmicas. No fim do século, quando o sistema do Diretório foi abolido, restavam menos de 20 mil indígenas aculturados na Bacia Amazônica.

Ajustes territoriais: a definição das fronteiras

As guerras coloniais do século XVIII obrigaram as metrópoles ibéricas a redefinir as fronteiras de seus domínios americanos. A disputa não foi tranquila: muitas vezes, a guerra substituiu a diplomacia. Nos 27 anos transcorridos desde a assinatura do Tratado de Madri (1750) e do Tratado de Santo Ildefonso (1777), Portugal e Espanha chegaram ao confronto armado direto na fronteira do Rio Grande, um território correspondente aos presentes estados de Santa Catarina e Rio Grande do Sul. O resultado final beneficiou os portugueses, que anexaram vastos territórios que, pela linha traçada em Tordesilhas, pertenciam à Espanha.

As fronteiras definidas no último quartel do século XVIII correspondem, aproximadamente, às fronteiras do Brasil atual.

A fronteira "viva" sul-americana e a política europeia

A colonização portuguesa no Sul do território teve características diversas das de outras regiões da colônia. Os primeiros colonos portugueses chegaram aos "campos gerais" em 1719. Esse território havia sido disputado entre Castela e Portugal antes mesmo da "descoberta" de terras no Atlântico Sul.

No Novo Mundo, as tensões entre castelhanos e portugueses começaram já por ocasião da expedição de Nuno Manuel ao rio da Prata, em 1514. Nos mapas da época, o rio da Prata figurava dentro dos limites territoriais pertencentes ao rei de Portugal.

Durante o século XVI, os portugueses estavam envolvidos com o comércio de drogas e especiarias orientais e pouca atenção dedicaram ao Atlântico Sul. A união ibérica (1580-1640) afastou ainda mais a possibilidade de atrito entre castelhanos e portugueses, sobretudo enquanto a América portuguesa estava sob cerrado ataque e ocupação dos rebeldes invasores holandeses.

Ao longo desses 60 anos, Espanha e Portugal mantiveram estruturas administrativas separadas. Ainda assim, criaram-se vínculos econômicos entre castelhanos e portugueses no extremo Sul. Comerciantes cristãos-novos portugueses penetraram com sucesso nos circuitos comerciais de Lima, abrindo-se uma rota da prata entre o Peru e o rio da Prata, por volta de 1570-1580, que contou com a participação ativa dos governadores da capitania do Rio de Janeiro.

A prata era fundamental para a realização do comércio local e regional. O ouro, embora fosse moeda corrente no comércio internacional, era considerado muito valioso para as trocas menores. Além disso, não se pode esquecer que o século XVII foi, acima de tudo, o "século da prata". As iniciativas para obter piastras espanholas no extremo Sul coincidiram com a união ibérica, momento em que Portugal viu-se privado da prata obtida no comércio de sal com os holandeses.

Antes da rebelião que resultou na independência da República dos Países Baixos, estes vendiam produtos manufaturados na Espanha e recebiam o pagamento em prata. Na viagem de retorno ao norte, carregavam sal em Setúbal, em Portugal, e pagavam com a prata espanhola. Também houve fatores que prejudicaram o comércio direto entre Portugal e Espanha: a reativação da lavoura açucareira em Motril, situada ao sul de Granada, próxima ao Mediterrâneo, e a instalação, por portugueses, de manufaturas de tabaco em Castela eliminaram um dos meios empregados pelo comércio português para abastecer-se de prata espanhola.

Portugal precisava encontrar outras fontes do metal branco e o fez aproveitando a desguarnecida fronteira sul do Vice-Reinado do Peru. Durante a união ibérica, os peruleiros foram os agentes do comércio clandestino entre as colônias de Espanha e Portugal. Com a restauração da monarquia portuguesa, em 1640, os portugueses viram-se obrigados a criar novos mecanismos para captar a prata peruana que chegava até o porto de Buenos Aires.

A COLÔNIA DO SACRAMENTO

A fundação da Colônia do Sacramento, em 1680, era prova de que os interesses portugueses na região tornavam-se cada vez mais importantes.

Ponto de encontro entre castelhanos e portugueses na América, a obtenção da prata peruana que porventura chegasse até Buenos Aires era sua principal razão de ser. A praça comercial de Colônia do Sacramento, foco isolado de ocupação portuguesa no extremo Sul, logo se tornou a principal base do comércio de contrabando de várias nacionalidades com as colônias do reino de Castela. Cativos angolanos e manufaturas inglesas, holandesas e francesas entravam ilegalmente nos domínios castelhanos, sendo trocados por prata.

Na margem sul do rio da Prata, a 50 quilômetros de Colônia, a aldeia de Buenos Aires era o porto de entrada desse comércio clandestino. Com a perda do *asiento* — o contrato de fornecimento de escravos africanos para as Índias de Castela — para os ingleses em 1713, a Colônia do Sacramento assumiu um papel vital na captação da prata peruana.

Além dessa prata, o porto de Colônia tornou-se um importante mercado de couros. A partir do princípio do século XVIII, as frotas que iam para Lisboa vindas do Rio de Janeiro sempre traziam cargas de prata e couros provenientes de Buenos Aires. O couro teve grande importância no comércio atlântico do século XVIII. Seu volume, se não seu valor, foi comparável ao do açúcar. Durante o século, a criação de gado nas regiões polarizadas por Buenos Aires expandiu-se para alimentar esse comércio exportador que abastecia as indústrias de couro da Europa.

Foco de tensão permanente, a manutenção de Colônia do Sacramento provou ser custosa demais para os cofres portugueses. Os castelhanos jamais toleraram a sua existência e procuraram, por todos os meios, eliminá-la do mapa. Poucos meses depois de fundada, Colônia sofreu o primeiro ataque de forças organizadas em Buenos Aires.

O "CONTINENTE" DO RIO GRANDE

O Rio Grande de São Pedro, área contígua a Santa Catarina, desenvolveu uma indústria de charque muito importante durante a primeira metade do século XVIII. O charque rio-grandense e suas bestas de carga alimentavam os grandes núcleos urbanos da colônia, desbancando a concorrência dos tradicionais centros produtores destes gêneros no Nordeste, sobretudo no Ceará e no Piauí. Em pouco tempo, o Sul assumiu um papel de peso na economia da colônia. No fim do século, produzia grande quantidade de trigo, exportado para as capitanias de Minas Gerais e do Rio de Janeiro.

A presença de colonos açorianos em Santa Catarina indicava que Portugal não pretendia abrir mão de sua fronteira sul. Os primeiros colonos

Despotismo da razão: o marquês de Pombal

começaram a ocupar a região a partir de 1737. Essa região, mais do que a praça comercial de Colônia do Sacramento, tornou-se o principal motivo do litígio entre Portugal e Castela na segunda metade do século XVIII. Em várias ocasiões, a disputa pelo Rio Grande terminou em guerra entre portugueses e castelhanos.

A fronteira pecuária e militar do Rio Grande atraiu boa parcela de população livre das demais capitanias e tornou-se importante frente de povoamento durante a segunda metade do século XVIII. Segundo o historiador Charles Boxer,

"Desertores e colonos insatisfeitos — alguns deles oriundos de Trás--os-Montes — vinham da agitada Colônia do Sacramento; soldados convocados — a maior parte contra a sua vontade — vinham das guarnições do Rio de Janeiro, Bahia e Pernambuco. [E também] vagabundos, prostitutas e mendigos deportados, vinham desses mesmos lugares, ou de São Paulo e Minas Gerais, e, de 1646 em diante, famílias camponesas dos Açores eram para ali mandadas, a expensas da Coroa. Alguns dos primeiros pioneiros uniram-se a mulheres minuanas, e em anos posteriores foram adicionados àquele cadinho de raças os negros, mulatos, carijós e 'bastardos'."[26]

O TRATADO DE SANTO ILDEFONSO (1777)

Celebrado já durante o consulado pombalino, o Tratado de Madri teve curta duração: em 1761, um novo tratado anulou suas cláusulas. Voltava-se ao estado de hostilidade latente entre castelhanos e portugueses. Como vimos, no período que vai desde a ratificação do Tratado de Madri (1750) até a assinatura do Tratado de Santo Ildefonso (1777), viveu-se em um estado de guerra crônica entre os reinos ibéricos no extremo Sul da América.

Utilizando como pretexto o envolvimento de Espanha e Portugal na Guerra dos Sete Anos, em 1762, a Colônia do Sacramento foi atacada por forças castelhanas organizadas em Buenos Aires, sob o comando de Pedro de Cevallos. O mesmo Cevallos penetrou no Rio Grande no ano seguinte.

---

[26] Charles R. Boxer, *A idade de ouro do Brasil*, Rio de Janeiro, Nova Fronteira, 2000, 3ª ed., p. 259.

ATAQUE ÀS MISSÕES JESUÍTICAS ESPANHOLAS

Ao mesmo tempo que eram atacados pelo litoral, no Rio Grande, os portugueses procuravam deter o avanço dos jesuítas castelhanos no interior do continente. O objetivo era eliminar as missões do alto Paraná. Expedições foram enviadas para fortalecer as defesas no Mato Grosso, e várias fortificações, ou presídios, foram construídos naqueles distantes territórios.

A guerra somente terminou em 1776, com a expulsão dos castelhanos do Rio Grande. O Tratado de Santo Ildefonso, assinado no ano seguinte, pôs um ponto final na disputa entre os reinos ibéricos na região. As fronteiras ocidentais correspondem aproximadamente às atuais. Em troca, os portugueses entregaram a praça de Colônia do Sacramento.

A reforma administrativa dos territórios espanhóis realizada durante a segunda metade do século XVIII, parte integrante das chamadas "reformas bourbônicas", não auspiciava um futuro muito tranquilo para aquela praça portuguesa.

O porto de Buenos Aires tornou-se em 1776 capital do novo Vice-Reinado do Prata. A criação de uma base naval em Montevidéu dava a entender que a Espanha não pretendia manter convivência tão estreita com o contrabando realizado por luso-brasileiros, portugueses e outros estrangeiros.

O extremo Sul, mais precisamente a ilha de Santa Catarina, tornou-se a nova base a partir da qual a Inglaterra iria operar seu comércio de contrabando com o Vice-Reinado do Prata. Apesar de todos os esforços do governo de Pombal, o Brasil acabaria por constituir a principal base do comércio de contrabando dos ingleses na América do Sul. As marcas deixadas por seu consulado, porém, foram profundas, como veremos nos capítulos em que trataremos dos reformistas e revolucionários das Inconfidências e da Independência de 1822.

Pombalismo: um balanço

Qual o significado do pombalismo? Segundo Raymundo Faoro, foi ele "o fundamento do Brasil moderno".[27] Em sua percepção, a tese básica dos filósofos da Revolução Francesa está ausente da ideologia pombalina. Qual

[27] Raymundo Faoro, "Aqui a Revolução era (e é) outra coisa", em *IstoÉ/Senhor*, São Paulo, 7/6/1989, pp. 26-7.

Despotismo da razão: o marquês de Pombal

seja, a tese da legitimidade com base na soberania nacional, que se assenta, por sua vez, sobre os direitos do cidadão — o cidadão como "agente único autorizado a constituir e desconstituir o sistema político". Ora, "Pombal queria modernizar Portugal, ajustá-lo ao mundo, sem tocar nos fundamentos da autoridade política".[28]

A obra de Pombal teve papel importante na história de Portugal e do Brasil, deixando traços de cariz liberalizante, "marco extremo do reformismo". De acordo com Faoro, um

> "reformismo que presidirá a Independência, com suas conciliações e transações, na qual, para se perpetuar, os revolucionários nativos cedem seu ideário ao poder, que, na sua estrutura, pouco se modifica. Os sobreviventes da Inconfidência e da Revolução Pernambucana de 1817 aceitam a Independência, promovida pelo trono, um trono descomprometido com a soberania nacional, com muitas crises individuais de arrependimento e muitos atos de conformismo, ora resignado, ora eufórico. Este padrão dura, no Brasil, até hoje. Em Portugal, ao que parece, rompeu-se com a Revolução dos Cravos."[29]

Como veremos, no clima do reformismo pombalista, formaram-se mentes revolucionárias que, arejadas em Coimbra (dentro, embora, dos limites da instituição), sendo depois aceleradas pelo clima das Revoluções Americana e Francesa na segunda metade do século XVIII, foram atuar em conjurações em Minas Gerais, na Bahia e em Pernambuco, e nas insurreições nordestinas de 1817 e 1824, em Pernambuco. Personalidades do mais alto nível, que sofreram a contramarcha da História, após a queda de Pombal em 1777. Criaram-se em um mundo, para atuar em outro, menos avançado no campo das reformas, em franca regressão político-ideológica.

No Brasil do período pós-pombalino, logo após a "Viradeira" (1777), mas sobretudo depois da Restauração (1815), "as coisas se tornaram muito difíceis" para as pessoas formadas no "despotismo da Razão".

---

[28] *Ibidem.*

[29] *Ibidem.*

14

A sociedade colonial: afirmação e ocaso

"Via-se a Liberdade Americana
Que arrastando enormíssimas cadeias
Suspira, e os olhos e a inclinada testa
Nem levanta, de humilde e de medrosa.
Tem diante riquíssimo tributo,
Brilhante pedraria, e prata, e ouro,
Funesto preço por que compra os ferros."

Basílio da Gama, 1766[1]

A sociedade colonial, como fez notar o historiador português Vitorino Magalhães Godinho, é a "sociedade do Antigo Regime, que na esfera política corresponde à monarquia absoluta, nasce com as viagens de descobrimento e fixação além-mar e entra em convulsão, para em boa parte morrer, no final do século XVIII e nas revoluções liberais do primeiro terço do XIX".[2]

Se, para a metrópole portuguesa, a definição do historiador é perfeitamente válida, no mundo colonial português ela deve ser matizada, pois o quadro social sofreu, desde o início, algumas alterações profundas, com a presença (e muitas vezes com a resistência) dos nativos e, pouco depois, com a migração forçada, em massa, de escravos negros africanos — contingentes sociais de variadíssima ordem étnica, cultural e mental, nem sempre dóceis e "enquadráveis" nas molduras do antigo sistema colonial, como se sabe. E vale notar que até os dias atuais persistem muitos traços de estruturas

---

[1] Basílio da Gama, *O Uraguai*, Canto V. Disponível em: www.biblio.com.br/conteudo/basiliodagama/uraguai.html. Acesso em: 18/2/2008. O autor nasceu em Tiradentes, MG, em 1741, e morreu em Lisboa, em 1795.

[2] Cf. o subcapítulo "Estratificação social e discriminações", em Vitorino Magalhães Godinho, *Estrutura da antiga sociedade portuguesa*, Lisboa, Arcádia, 1975, 2ª ed. corrigida e ampliada, pp. 71 e ss.

econômico-sociais, institucionais e mentais plasmadas naquele período histórico, resistindo às tentativas de reforma e revolução ocorridas nos séculos XIX e XX.

Pois bem, já nos primórdios da colonização, Martim Afonso de Sousa pusera tudo "em boa ordem de justiça", ao fundar a vila de São Vicente em 1532. Dessa forma, instaurou o primeiro governo municipal no longínquo Atlântico Sul. Na condição de comandante militar, tinha autoridade plena para julgar casos civis e criminais — exceto quando a ação envolvia "fidalgos" — e distribuir cargos para exercer a justiça na terra.

Dois anos mais tarde, ao criar o regime de capitanias hereditárias, em troca da lealdade dos donatários, a monarquia abriu mão do poder de julgar os súditos. Mas privilégios e poder não foram suficientes para vencer a resistência dos nativos e a inépcia de muitos donatários. A alguns faltou capital para colonizar, a outros a capacidade de administrar a justiça entre os colonos. Aí residia, em última instância, a essência do poder da monarquia durante o Antigo Regime.

Câmaras Municipais

Com a fundação das primeiras vilas, os donatários transplantaram para o Atlântico Sul uma instituição que existia em Portugal desde 1504: o governo municipal. A Câmara Municipal, também chamada de Concelho Municipal, era formada por até seis vereadores, dois juízes ordinários — juízes sem instrução formal em direito — e um procurador.

Além desses, havia oficiais que auxiliavam os trabalhos. O escrivão anotava as sessões e era responsável pela redação das atas. O tesoureiro administrava as finanças. As Câmaras Municipais cuidavam de assuntos essencialmente locais, como a construção e manutenção de estradas, obras públicas e de defesa, organização da milícia e regulamentação de práticas comerciais e de trabalho.

Os almotacés, inspetores de mercados, tinham por dever fiscalizar a qualidade dos produtos, das balanças e réguas utilizadas pelos comerciantes, a fim de evitar fraudes. Subordinados à Câmara, havia também oficiais que não tinham direito de voto, entre eles o juiz dos órfãos. Sob sua autoridade, geriam-se os bens dos órfãos e das viúvas.

No grupo dos oficiais subordinados, contavam-se também: o alferes, ou porta-bandeira, que às vezes fazia o papel do escrivão; o porteiro, que frequentemente cuidava dos arquivos da Câmara; e o carcereiro, pois o edifício da Câmara era também a cadeia.

As vilas mais populosas eram servidas pelos funcionários já citados e, ainda, um vereador de obras, encarregado das construções e obras públicas e da defesa militar.

Os oficiais da Câmara eram eleitos de três em três anos por meio de listas tríplices elaboradas pelos "homens bons" da vila. Estes eram, sempre, os mais ricos e poderosos — os proprietários de terras e de "negros", fossem estes "da terra" ou da África. Um juiz da Coroa — o juiz de fora — supervisionava a eleição das Câmaras Municipais.

Algumas Câmaras tinham a presença de representantes dos trabalhadores. Cada grêmio ou corporação de trabalhadores de determinado ramo elegia seus representantes para a Câmara, cujas reuniões, geralmente, ocorriam duas vezes por semana.

Atribuições das Câmaras

A Câmara supervisionava a distribuição e o arrendamento das terras municipais e comunais. Lançava e cobrava taxas municipais, fixava o preço de venda de muitos produtos e provisões, concedia licenças aos vendedores ambulantes e verificava a qualidade de seus produtos. Concedia licenças para construção e garantia a manutenção de pontes, estradas, cadeia e demais obras públicas. A Câmara também regulamentava os feriados públicos e as procissões religiosas. E cuidava do policiamento da cidade e das diretrizes gerais da saúde pública.

Para realizar essas tarefas, a Câmara contava com a receita proveniente das rendas cobradas sobre as propriedades municipais, dos impostos lançados sobre certos produtos alimentares, e das multas aplicadas pelos almotacés aos vendedores sem licença ou àqueles que roubavam no peso. No dia a dia, o que hoje chamaríamos de "saúde pública" era administrado pelas irmandades leigas, tais como a Santa Casa de Misericórdia, financiada pelos colonos mais abastados.

Os vereadores e os juízes não recebiam salários. Mesmo assim, mantinham certos privilégios enquanto exerciam o cargo. Não podiam ser presos arbitrariamente, estavam dispensados de prestar serviço militar, não eram obrigados a alojar soldados nem terem suas carroças e cavalos confiscados para uso da Coroa. E, mais importante ainda, podiam enviar correspondência diretamente ao rei.

Longe das vistas do rei

As imensas distâncias que separavam Portugal da Província de Santa Cruz eram percorridas pelos veleiros. Nas estações propícias, se os ventos fossem favoráveis, a viagem de ida durava no mínimo de dois a três meses — tal era uma medida do tempo das comunicações na época. Do Rio de Janeiro e das "capitanias de baixo", a viagem costumava demorar pelo menos um mês a mais.

Os obstáculos físicos e a precariedade das comunicações deixaram uma larga margem de autonomia para as Câmaras. Por outro lado, foram elas as responsáveis pela implantação da infraestrutura urbana, como resume o historiador paulistano Nestor Goulart Reis Filho:

> "Entre os encargos transferidos aos cuidados dos donatários e colonos, figuravam com destaque as tarefas correspondentes à instalação da rede urbana. Livrava-se a Coroa da maior parte dos ônus da colonização do novo território, inclusive no que se refere à fundação de vilas e cidades. A grande maioria dos núcleos urbanos instalados nos dois primeiros séculos da colonização o foi pelo esforço e interesse dos colonos e donatários, com o estímulo da Metrópole, mas sem a participação direta desta."[3]

As Câmaras eram responsáveis pela alimentação, manutenção e vestuário das guarnições militares, e pela manutenção das fortificações e equipamentos costeiros de defesa contra piratas. Na maioria das vezes, viviam endividadas — gastavam mais do que podiam em festas religiosas e, frequentemente, concediam empréstimos extraordinários solicitados pela Coroa. Isso explica por que a realização e manutenção das obras públicas eram sempre precárias.

Uma aristocracia nativa

Das regiões mais remotas e inacessíveis aos agitados portos das capitanias do Norte, as Câmaras serviam ao interesse dos potentados locais, grandes proprietários de terras e de gente cativa.

---

[3] Nestor Goulart Reis Filho, *Evolução urbana do Brasil (1500-1720)*, São Paulo, Pini, 2000, 2ª ed., pp. 19-20.

Em Pernambuco, até a ocupação holandesa, em 1630, os Albuquerque Coelho mantiveram praticamente intactas suas prerrogativas de donatários. No Rio de Janeiro, os sobrinhos de Mem de Sá governaram a capitania durante quase um século até a expulsão do governador Salvador Correia de Sá, em 1661, depois de uma revolta popular. Antes disso, porém, o clã Correia de Sá prosperou e participou ativamente do contrabando de cativos africanos para o porto de Buenos Aires em troca da prata peruana, atividade vedada aos súditos portugueses.

Na remota vila de São Paulo, no planalto de Piratininga, em mais de uma oportunidade, a Câmara armou "bandeiras" ao sertão para prear índios, atividade proibida pela Coroa a partir de 1570 e abominada pelo braço espiritual da monarquia, a poderosa Companhia de Jesus. Quanto mais longe do rei, mais distante a lei.

Completavam esse quadro o nepotismo — o emprego de parentes — e a venalidade dos funcionários reais. Durante todo o período colonial, as Câmaras foram símbolo e expressão do prestígio, da influência e do poder dos potentados locais.

A justiça do rei: o ouvidor-geral

Antes da instalação do governo-geral, havia cerca de 16 vilas e povoados de colonos portugueses no litoral do Atlântico Sul. Com a fundação da cidade de Salvador, na capitania da Bahia, a monarquia pretendia coordenar as ações militares e administrativas das capitanias e povoações da colônia. Por outro lado, era sua intenção reduzir os privilégios cedidos aos governadores, entre eles, o de julgar os súditos, visto que os donatários controlavam todas as instâncias da Justiça e estavam isentos das visitas dos corregedores, espécie de inspetores de Justiça.

Com o governador-geral, desembarcaram na baía de Todos os Santos um provedor-mor, encarregado de fiscalizar as finanças do rei, e um ouvidor-geral, que assumia a administração da Justiça. Este magistrado frequentemente acumulou as funções do provedor-mor e tornou-se o verdadeiro responsável pela fiscalização dos interesses da Coroa na colônia. Em alguns casos, como o de Martim Leitão, cuja crueldade na perseguição aos nativos potiguares e franceses valeu-lhe a conquista da Paraíba, os ouvidores eram a mão armada do rei a serviço da conquista.

A sociedade colonial: afirmação e ocaso

Tantas funções acabaram por assoberbar os magistrados. O cargo sobrepunha-se à estrutura já existente de magistrados municipais e de ouvidores nomeados pelos donatários, motivo pelo qual o sistema judiciário da colônia era confuso e ineficaz, e os réus aguardavam anos nas masmorras e calabouços antes de ouvir a sentença. A principal atribuição do ouvidor-geral era visitar — e fiscalizar — as capitanias e servir de intermediário entre os ouvidores locais e a Casa de Suplicação, principal tribunal de apelação, sediado em Lisboa.

Quem havia sido membro da Casa de Suplicação e exercera o cargo de conselheiro do rei fora Mem de Sá, o terceiro governador-geral, um membro da classe dos "letrados", a burocracia profissional dos magistrados, formada na Universidade de Coimbra. Durante seu governo, a Coroa revogou de forma permanente o direito de isenção de visitação. A partir de então, o governador-geral pôde visitar as capitanias e ampliar o controle da monarquia sobre suas posses americanas.

As leis promulgadas pela Coroa valiam apenas para os súditos europeus. Os índios viviam à margem da ordem judicial e contavam apenas com a proteção dos jesuítas. A partir de 1560, criou-se o cargo de "mamposteiro". Este funcionário velava pela liberdade dos indígenas, motivo de frequentes disputas entre os magistrados da Coroa e as Câmaras Municipais.

Funcionários do rei: nascidos para mandar

Quem eram esses servidores de que se valia a monarquia para impor sua soberania no Atlântico Sul? Em sua marcha centralizadora, a realeza havia criado milhares de cargos e cooptado a nobreza com governanças e conquistas. Afinal, os nobres eram parentes do rei; em certo sentido, seus pares. Orgulhosos e altaneiros, acreditavam ter nascido para mandar. Representavam a Coroa nas cortes da Europa e nas colônias. Integravam os conselhos do rei.

Ao longo do século XVI, a monarquia houve por bem assessorar-se, cada vez mais, com os integrantes de uma burocracia profissional, a dos magistrados egressos dos cursos de direito da Universidade de Coimbra. Nas palavras do historiador Stuart B. Schwartz:

"Um observador do século XVII constatou que uma mistura de 'letrados' e nobreza titulada produziria as melhores decisões de conselho. Achava que os 'letrados' sabiam demais e intelectualizavam as coisas ao ponto de impossibilitar a ação; a aristocracia, os 'idiotas', agia com rapidez, mas frequentemente sem sabedoria."[4]

Enquanto o reino permaneceu independente, todos os cargos da burocracia foram preenchidos por portugueses. Com a união ibérica, os colonos nativos começaram a ter um quinhão dos cargos da burocracia real. Durante a crise do século XVII, um longo período de retração econômica, a monarquia criou oportunidades de sobrevivência para fidalgos destituídos, preadores indigentes e velhas viúvas. Mais uma vez, o objetivo era garantir a fidelidade desses setores sociais.

O cargo público suscitava o mesmo fascínio na nobreza tradicional e na burocracia profissional dos "letrados" — era considerado fonte de prestígio social. A monarquia tirava vantagem da disputa entre esses grupos e aproveitava para consolidar seu papel de árbitro supremo.

O "ESTAMENTO BUROCRÁTICO"

> "Diga-se que a *classe política* e a *nomenklatura* estão no lugar do nome próprio e certo, que circula na filosofia e na ciência política desde Hegel e Max Weber: o nome *estamento*."
>
> Raymundo Faoro[5]

Embora tenha faltado lembrar que também na obra de Karl Marx foi utilizado o conceito de *estamento*, ele tornou-se muito útil para a compreensão da história da formação social e política do Brasil.

Se examinarmos mais de perto a administração colonial, notaremos que a burocracia da magistratura formava um grupo reduzido de funcionários especializados. Os "letrados" ocuparam, talvez, apenas 400 cargos durante os dois primeiros séculos da colonização. Esse "estamento burocrático", descrito em pormenores pelo historiador gaúcho Raymundo Faoro, passou a formar um corpo semiautônomo e autoperpetuante, com gerações sucedendo-se a serviço da Coroa.

---

[4] Stuart B. Schwartz, *Sovereignty and Society in Colonial Brazil: The High Court of Bahia and Its Judges, 1609-1751*, Berkeley, University of California Press, 1973, p. 69, tradução de Adriana Lopez.

[5] Raymundo Faoro, "O plano indefinido", *IstoÉ*, São Paulo, 9/6/1993, p. 31.

O principal pré-requisito para ingressar na carreira era possuir um diploma de Direito Canônico ou de Direito Civil da Universidade de Coimbra. No Colégio de São Paulo da Universidade, os jesuítas enfatizavam, em suas lições, que a magistratura era uma criação da monarquia e que aqueles investidos no cargo deviam submissão total à Coroa. Eram funcionários da Coroa, não funcionários públicos. Deviam sua existência à monarquia e eram os guardiães do sistema. Todos os magistrados tinham de passar pelo crivo de Coimbra, mesmo aqueles que nasciam na colônia.

Outro requisito era a "pureza de sangue". O candidato ao cargo — e seus ancestrais — não podia ser descendente de "mouro, mulato, judeu, cristão-novo ou qualquer outra raça infecta", declaravam as normas de admissão. Também estavam excluídos aqueles cujos avós exerceram trabalhos manuais e atividades de comércio. A monarquia queria garantir os serviços de uma burocracia profissional competente, de origem social relativamente homogênea, cuja ortodoxia religiosa e política pudesse ser comprovada.

As Ordenações Filipinas

Com a união entre as coroas de Portugal e Espanha, em 1580, o reino manteve suas leis, costumes, órgãos administrativos e integridade territorial. Para assessorar o rei Filipe II, criaram-se, em Lisboa, um Conselho de Portugal e o cargo de vice-rei. Por mais que o acordo ratificado pelas Cortes de Tomar, em 1581, garantisse autonomia à Justiça do reino, ela tornou-se objeto de tentativas de reforma. O resultado mais visível desse processo foi a revisão da legislação vigente em Portugal — as Ordenações Manuelinas de 1504 e 1521 — e a promulgação de um novo código de leis, as Ordenações Filipinas (1603).

A Relação da Bahia

Antes disso, porém, na colônia era evidente que o sistema de apelação à Casa de Suplicação retardava as decisões da Justiça e tornava o processo moroso. Em 1588, visando agilizar os processos judiciais, criou-se um tribunal em Salvador, a Relação, cujo modelo era a Casa de Suplicação de Lisboa. Mas ventos e tempestades impediram a chegada dos desembargadores deste primeiro tribunal, e o projeto ficou engavetado.

No entanto, acabaram por ser atendidas as queixas constantes das Câmaras Municipais contra abusos cometidos pelos governadores e pelo ouvidor-geral. Em 1609, implantava-se a Relação da Bahia. Com os dez desembargadores do primeiro tribunal da terra, vieram centenas de funcionários menores, praticamente sem qualquer outra função que não a de garantir a lealdade ao rei.

No início do século XIX, às vésperas da Independência, o senhor de engenho inglês Henry Koster fez a seguinte descrição desse "estamento":

> "O número de funcionários civis e militares é enorme; inúmeros inspetores sem objeto a inspecionar, um sem-fim de coronéis sem regimentos para comandar, juízes para dirigir cada ramo da administração, por menor que seja, serviços que podem ser feitos por duas ou três pessoas. Os vencimentos aumentaram, o povo está oprimido, e o Estado não colhe benefício algum."[6]

Na colônia, a presença de um grupo de "letrados" tinha por objetivo zelar pelos réditos da Coroa, os contratos do dízimo e os impostos sobre o açúcar e os escravos africanos, com os quais se pagava a burocracia colonial. Um dos desembargadores era juiz da Coroa e da fazenda, e sua principal missão era coibir o contrabando crescente entre o Brasil e a América espanhola, especialmente a troca de escravos angolanos pela prata de Potosí.

Os desembargadores da Relação formaram, ao fim de um processo, uma classe separada dentro das elites coloniais. Mesmo assim, alguns se envolveram no negócio do tráfico de escravos, outros adquiriram sesmarias e tornaram-se lavradores e senhores de engenho. Apesar da proibição, desembargadores da Relação acabaram por casar com mulheres da terra, geralmente ligadas à açucarocracia local, tanto da Bahia como de Pernambuco.

A nobreza da terra — os grandes proprietários de terras e de cativos — logo procurou firmar uma aliança com a magistratura, com a intenção de proteger seus interesses. Essa aproximação foi, até certo ponto, bem-sucedida, pois os senhores de engenho conseguiram, em caso de endividamento, evitar o arresto de partes de seu patrimônio, argumentando que o engenho era um todo. Terras, caldeiras, equipamentos e escravaria não podiam ser vendidos separadamente. Promulgada pela primeira vez em 1636, a lei proibindo o embargo dos engenhos em partes foi ratificada em 1673, 1681, 1686, 1690 e 1700 na Bahia.

---

[6] Henry Koster, *Viagens ao Nordeste do Brasil*, Recife, Secretaria de Educação e Cultura do Governo do Estado de Pernambuco, 1978, p. 54.

A sociedade colonial: afirmação e ocaso

A Santa Casa de Misericórdia

Outra instituição portuguesa transplantada para o império colonial foi a Santa Casa de Misericórdia. Entidade implantada com a Câmara local, era uma irmandade de caridade, cuja principal tarefa era cuidar dos cristãos menos favorecidos: dar de comer a quem tem fome, dar de beber a quem tem sede, vestir os nus, visitar os doentes e presos, dar abrigo a todos os viajantes, resgatar os cativos e enterrar os mortos em "campo santo".

Em alguns locais, a Santa Casa de Misericórdia mantinha hospitais que ainda hoje levam o nome de Santa Casa. A ação da irmandade limitava-se à comunidade cristã, já incluindo aí os escravos. Administrada pelos senhores locais, mantinha alto padrão de eficiência e honestidade. O patrimônio da irmandade vinha de doações de bens deixados em seu nome. Legavam-se propriedades e escravos, bens imóveis, terrenos urbanos. Os escravos legados eram libertados depois de um certo tempo. Durante a maior parte do período colonial, a Santa Casa de Misericórdia cuidou dos pobres e necessitados, e dos "vadios".

A Misericórdia funcionava também como banco: pagava heranças em vários lugares do império e emprestava dinheiro. Chegou a ser a maior credora dos senhores de engenho do Recôncavo baiano. Os governadores serviam-se dos cofres da Misericórdia em caso de emergência.

> "Em 1660, cerca de um sexto da renda dos beneditinos era derivado de juros sobre empréstimos. Irmandades como a Ordem Terceira de São Francisco, a Ordem Terceira do Carmo e outras também eram credoras. O Convento de Santa Clara do Desterro, das Carmelitas Descalças, era outra fonte de fundos, porém a mais importante dessas instituições emprestadoras na Bahia era a irmandade beneficente da Misericórdia, que, sozinha, respondeu por mais de um quarto do crédito concedido [...]. A Misericórdia incluía entre seus mutuários algumas das pessoas mais abastadas e influentes da capitania, muitas das quais eram também confrades da própria instituição e frequentemente membros de seu conselho diretivo."[7]

[7] Stuart B. Schwartz, *Segredos internos: engenhos e escravos na sociedade colonial (1550-1835)*, São Paulo, Companhia das Letras/CNPq, 1988, p. 180.

Essas instituições — as Câmaras, o governo-geral e a Santa Casa de Misericórdia — foram os pilares da colonização portuguesa na América. Com a Igreja, foram os agentes responsáveis pela consolidação da ordem colonial.

Índios "mansos" e "arredios"

Em páginas anteriores, já fizemos notar que, em 1500, quando chegaram os primeiros europeus, os habitantes do litoral eram comunidades de aborígines semissedentários que não conheciam escrita nem metais. Enquanto esses europeus mantiveram feitorias para obter o pau-brasil, as relações com os indígenas foram relativamente pacíficas.

Durante as primeiras três décadas do século XVI, "lançados" e náufragos europeus uniram-se a mulheres da terra. Os filhos mestiços dessas uniões foram a primeira matriz do povoamento colonial. Eram súditos do rei de Portugal e cristãos, pelo menos em teoria. Na realidade, intermediavam o contato entre as duas culturas. Nos locais em que esse processo ocorreu — em São Vicente, na baía de Todos os Santos e em Pernambuco — o estabelecimento de núcleos de povoamento europeus foi mais bem-sucedido, apesar da acirrada concorrência de franceses, que também deixaram descendência mestiça em todo o litoral da terra do Brasil.

As relações entre indígenas e europeus mudaram quando os portugueses resolveram apossar-se das terras dos nativos. A concessão de capitanias hereditárias e o estabelecimento do governo-geral alteraram o quadro dessas relações.

A criação de núcleos de povoamento estáveis no litoral do continente americano não ocorreu de forma pacífica. Os índios reagiram violentamente à presença cada vez maior de colonos europeus. Não queriam perder suas terras, nem estavam dispostos a admitir a presença de estranhos em seus territórios.

Além disso, os europeus obrigavam-nos a trabalhar em suas lavouras. Muitos índios morreram ou foram escravizados pelos portugueses. Outros se submeteram à dominação dos conquistadores, em busca de proteção contra tribos inimigas. Outros fugiram para o interior do continente, à procura de refúgio nas matas.

Havia, para os portugueses, dois tipos de índios: os "mansos", aldeados e aculturados; e os "índios arredios", aqueles que lutavam para manter seus costumes e sua liberdade. A política indigenista adotada pela Coroa permitia a escravização dos nativos em caso de "guerra justa", isto é, em caso de rebeldia. Aqueles que se deixaram ficar, premidos pela fome ou acossados por inimigos ferozes, permaneceram nas aldeias administradas pelos jesuítas e outras ordens religiosas. Durante mais de 80 anos, forneceram alimentos e mão de obra assalariada para os primeiros engenhos e vilas do litoral.

Uma grande parte dos que mantiveram contato com os europeus morreu vitimada por doenças a que não eram imunes. Na década de 1560, grandes epidemias de varíola e sarampo dizimaram a maioria dos índios que viviam em contato próximo com os europeus.

Outros sucumbiram sob o peso do trabalho. A consolidação da conquista e a implantação da agroindústria do açúcar exigiam cada vez mais trabalhadores. As epidemias e as fugas, além da baixa produtividade dos nativos, induziram os colonos europeus a recorrer ao tráfico de cativos africanos para suprir a demanda crescente de mão de obra dos engenhos.

Imigração forçada de cativos africanos

A maioria dos africanos obrigados a imigrar para este lado do Atlântico Sul provinha de sociedades que se dedicavam à agricultura intensiva e à criação de gado. A maior parte deles conhecia a metalurgia. Essas habilidades garantiram-lhes um *status* superior ao do nativo americano na sociedade colonial. Além disso, a produtividade dos cativos africanos era considerada três vezes maior do que a dos índios. Por conseguinte, o preço de um escravo africano também era três vezes maior que o do nativo americano escravizado.

A partir da segunda década do século XVII, os cativos africanos tornaram-se a maioria da força de trabalho dos engenhos do litoral do Nordeste (Paraíba, Pernambuco e Bahia). Todos os serviços manuais e braçais eram executados por escravos negros. Até os artesãos e artífices da colônia tinham "seus negros" para fazer o trabalho.

Centro e periferia

No limiar do século XVII, portanto, existiam dois tipos de sociedade nas áreas em que os europeus haviam criado colônias de povoamento.

No Nordeste — onde existiam cada vez mais engenhos, e os portos fervilhavam por causa da atividade comercial resultante da exportação de açúcar —, a população de origem portuguesa aumentou significativamente. Nessas áreas, realizou-se com sucesso a transferência de instituições ibéricas, tais como as Câmaras Municipais, a Relação e a igreja. Em 1600, as áreas produtoras de açúcar contavam com aproximadamente 100 mil habitantes, com uma parcela significativa de mulheres europeias e cerca de 30 mil escravos africanos. Estes e seus descendentes afro-americanos e mestiços tornaram-se a maioria da população.

Nas áreas marginais da colonização — Amazônia e capitanias "de baixo" —, a presença europeia era visivelmente menor. Nessas regiões, ligadas de forma secundária aos grandes centros exportadores do litoral, a presença de cativos africanos e de mulheres europeias era rara e quase inexistente. Os padrões de cultura material e social estavam mais próximos da matriz indígena. O idioma falado pela maioria da população era a "língua geral", não o português. Eram tênues e distantes os laços que garantiam a submissão dessas áreas às autoridades metropolitanas, e os colonos, aí, viviam em conflito cotidiano com a Companhia de Jesus e sua missão de "proteger" os indígenas. Segundo Stuart Schwartz:

> "A organização social variava, então, conforme a época e o lugar, assim como variava o número relativo de europeus, africanos e pessoas indígenas de origens diversas. Isso tinha um efeito particular na posição social das pessoas de origem mista. A mudança no *status* dos mestiços e dos mamelucos ocorreu devido à mudança no relacionamento entre portugueses e índios, e devido às transformações ocorridas dentro da própria sociedade colonial. Na medida em que a ameaça dos índios diminuiu, a importância do papel desempenhado pelos mestiços, enquanto mediadores e tradutores, também diminuiu nas áreas mais povoadas das capitanias do litoral. Nestas, o *status* dos mestiços declinou. Nos lugares onde uma economia vibrante, baseada no açúcar, na mineração e no cultivo do algodão se desenvolveu, e onde o fluxo constante de imigrantes europeus, a grande corrente de imigrantes

forçados africanos, e o eventual desenvolvimento de instituições europeias civis e religiosas, assim como a reprodução de hierarquias sociais baseadas em padrões europeus se consolidaram, o papel desempenhado pelos mestiços tendia a permanecer cada vez mais reduzido. Na medida em que continuavam a ser reconhecidos como diferentes dos escravos africanos ou dos negros, havia, não obstante, uma tendência a outorgar um *status* comum a todas as pessoas de origem mista. Além disso, os mestiços passaram a ser, cada vez mais, separados e diferenciados da sociedade branca. Essa mudança constituiu um segundo estágio no processo de integração dos mestiços à sociedade colonial."[8]

A SOCIEDADE DO AÇÚCAR

O engenho foi a instituição social central da vida colonial nas capitanias do Nordeste. O plantio da cana e sua transformação em açúcar branco e mascavo exigiam uma grande quantidade de capital e crédito, além de habilidades específicas. Havia, além dos senhores de engenho e dos escravos, uma parcela de trabalhadores livres assalariados: ferreiros, carpinteiros, tanoeiros, pedreiros e artífices dedicados à preparação do açúcar. Nos eitos e no engenho, propriamente, cativos africanos trabalhavam sem cessar durante os meses da colheita.

No topo da hierarquia social, estava o senhor de engenho, cujo poder e prestígio eram quase absolutos. Com o passar do tempo, a elite dos senhores de engenho tornou-se uma espécie de "nobreza da terra", um estamento que exercia o poder político, social e econômico. Eram-lhes concedidas patentes militares, e eles exerciam, em suas propriedades e mesmo fora delas, o monopólio da violência. Controlavam as instituições municipais e usavam-nas em benefício próprio.

Com incentivos fiscais e outros privilégios, tais como a isenção do embargo dos bens para honrar dívidas, a Coroa garantia a supremacia desse segmento social. O caráter mercantil do empreendimento do plantio da cana e da produção de açúcar e seu vínculo com o mercado europeu transforma-

---

[8] Stuart B. Schwartz, "'Gente da terra braziliense da nasção'. Pensando o Brasil: a construção de um povo", em Carlos Guilherme Mota (org.), *Viagem incompleta (1500-2000): a experiência brasileira*, vol. 1, *Formação: histórias*, São Paulo, Editora Senac, 2000, 2ª ed., pp. 113-4.

vam o senhor de engenho numa espécie de empresário moderno, dependente de uma rede de crédito e distribuição.

A residência do senhor de engenho, a casa-grande, era o foco da vida social. A família patriarcal incluía parentes distantes, afilhados e dependentes, escravos, criados domésticos, e os filhos ilegítimos nascidos na casa-grande. Já os agregados recebiam tratamento diferenciado segundo o *status* de cada um. Esses agrupamentos familiares ampliados entrelaçavam-se e formavam verdadeiros clãs de proprietários, ligados por meio de casamentos e associações.

A maioria dessas redes de famílias patriarcais aliadas — ou hostis, conforme o caso — apresentava atitudes e comportamentos semelhantes. Os homens detinham poder quase absoluto sobre os demais membros da comunidade. As mulheres eram submetidas ao recato e à obediência, embora tenha havido algumas poucas mulheres proprietárias que comandavam a administração de suas terras. A escravidão africana permeava o trabalho e as relações entre as pessoas, criando estruturas e padrões sociais específicos.

No século XVII, um terço dos senhores de engenho era de portugueses, e um terço era constituído da primeira geração nascida na colônia. Vale notar que havia certa mobilidade na classe dos senhores de engenho, não sendo ela uma categoria estática e fechada: comerciantes e magistrados endinheirados compravam engenhos de senhores falidos, outros ascendiam à classe por meio do casamento.

Os lavradores de cana, aqueles que não possuíam capital suficiente para construir um engenho, provinham da mesma classe dos senhores de engenho e aspiravam a essa posição social. Em terras próprias ou arrendadas, cultivavam cana, que depois era moída nos engenhos. Nessa classe, havia desde gente rica até pequenos lavradores. Em todo caso, também eram proprietários de escravos. E mantinham uma relação de cooperação e conflito com os senhores de engenho, aos quais entregavam a cana para moer.

À sombra da casa-grande, na categoria dos homens livres, estavam incluídos ainda os assalariados e profissionais especializados, tais como feitores, capatazes e gerentes, além dos artesãos mencionados anteriormente. A presença de escravos, entretanto, era responsável pelos baixos salários pagos a esses profissionais livres. Conforme a dimensão do empreendimento, o engenho contava também com um advogado, um capelão e um médico, ou "cirurgião-barbeiro", como era chamado então.

Também o cultivo do tabaco atraía uma classe de produtores, mas menos abastada que a dos senhores de engenho e a dos lavradores. A dimensão

A sociedade colonial: afirmação e ocaso

das propriedades e a quantidade de escravos empregados na cultura desse gênero eram menores do que as dos engenhos e das lavouras de cana.

MERCADORES E MASCATES

Dos comerciantes ricos da metrópole, os principais eram os atacadistas, aqueles que exportavam vinho, cobre, ferro e tecidos para a colônia e de lá importavam açúcar, tabaco e couros. Esses mercadores, também chamados de "homens de negócios", formavam parcerias de curta duração com outros comerciantes e capitalistas. Geralmente, contavam com agentes comissionados que cuidavam de seus negócios nos portos coloniais.

Em meados do século XVII, uma parcela da classe dos comerciantes ricos estabeleceu-se nos portos coloniais. E aí procuravam diversificar suas atividades por meio de casamentos com membros da "nobreza da terra". Apesar desse vínculo com os produtores, a maioria deles ainda era de origem portuguesa. O próprio termo "mercadores" era sinônimo de portugueses. A relação entre estes e os produtores nem sempre foi cordial. Muitos senhores deviam dinheiro e viviam sob a pressão dos comerciantes credores.

Na colônia, o mercador "de sobrado" ocupava um escalão mais alto comparativamente ao mercador "de loja". A esses últimos, a "nobreza da terra" chamava respectivamente de "mascates", pois a origem de sua riqueza havia sido, muitas vezes, o comércio ambulante.

BUROCRATAS E IMIGRANTES

Durante o século XVII, houve um fluxo acentuado de imigrantes portugueses para a colônia. Isso explica por que cerca de dois terços dos artesãos e quase todos os comerciantes presentes nos territórios americanos eram portugueses. A eles se juntavam os membros da burocracia, governadores, juízes e advogados, além de soldados e marinheiros.

> "Devido à importância da religião na vida cotidiana, organizações como as irmandades leigas podiam proporcionar uma visão da sociedade portuguesa e da busca de posição e reconhecimento dentro dela. Certos grupos ou profissões costumavam concentrar-se em determinadas irmandades, embora houvesse variações regionais em suas preferências. A Ordem Terceira de São Francisco era, na Bahia, a preferida dos produtores agrícolas aristocratas,

que usavam a proibição do ingresso de cristãos-novos como forma de deixar de fora os mercadores. Estes, por sua vez, preferiam a Ordem Terceira dos Carmelitas. Já em Recife os mercadores controlavam de tal maneira a Ordem Terceira de São Francisco, que os produtores agrícolas eram obrigados a pagar o dobro da taxa de ingresso para serem admitidos como irmãos. Os artesãos também tinham suas confrarias preferidas, de menos prestígio que as dos grandes produtores agrícolas e mercadores, mas que proporcionavam uma certa identidade corporativa."[9]

"Pardos" e destituídos

A categoria dos homens livres não era formada apenas pelos brancos europeus. Havia também os mestiços, ou "pardos", pessoas que não pertenciam às elites coloniais e não eram escravos. Este segmento exercia atividades marginais, que não exigiam muito capital. Nesse meio houve aqueles que se tornaram pequenos fazendeiros. Outros, trabalhadores assalariados, vendedores ambulantes, donos de tabernas e artesãos.

A estrutura de terras e a concentração destas nas mãos de poucos impediram o surgimento de uma classe de pequenos proprietários. Nas terras pouco produtivas e marginais, mas ainda sob o domínio do senhor de engenho, homens livres negros, mulatos e brancos pobres prestavam serviços como vaqueiros e lenhadores, e cultivavam roças de mantimentos. Em caso de guerra — como se deu durante a ocupação holandesa —, formavam o grosso da tropa. Em tempos de paz, sobre eles pesava o odioso recrutamento. Apesar de serem livres, a maioria destes indivíduos não tinha acesso à propriedade nem recursos para comprar escravos, principal medida de riqueza na colônia.

Como a maior parte do trabalho rural e urbano era realizada por escravos, muitos homens livres destituídos não tinham onde trabalhar, nem contavam com um meio de vida garantido. A presença desses indivíduos tinha como principal característica a fluidez, a instabilidade e a realização de trabalho incerto e temporário. Henry Koster, referindo-se à situação dos homens livres que encontrou durante sua residência em Pernambuco no início do século XIX, deixou o seguinte testemunho: "A posição que essas

[9] Stuart B. Schwartz e James Lockhart, *A América Latina na época colonial*, Rio de Janeiro, Civilização Brasileira, 2002, p. 278.

pessoas ocupam nessas terras é insegura, e essa insegurança constitui um dos grandes elementos do poder que um latifundiário desfruta entre seus moradores".[10]

No final do período colonial, esse grupo de pessoas tornou-se cada vez mais numeroso e passou a formar uma parcela crescente da população colonial. Eram os "vadios" e delinquentes, gente que não tinha lugar definido na sociedade de senhores e escravos, vista como ameaça permanente à ordem social da colônia.

Assim como os degredados do início da colonização, muitos desses indivíduos participaram das entradas e bandeiras, as expedições que devassaram os sertões. No caso de serem prisioneiros, trocavam sua pena por uma expedição arriscada. Havia aqueles que se tornavam "bugreiros" (caçadores de índios), ou "capitães-do-mato" (caçadores de escravos fugitivos). Durante o século XVIII, foram mandados para servir nos presídios, estabelecimentos localizados nas "conquistas", as fronteiras mais remotas. Muitas vezes, eram recrutados para construir obras públicas, prisões e estradas, além de trabalharem nas lavouras dos presídios. Visava-se conter o banditismo e eliminar potenciais ameaças à ordem social.

A polícia privada e os exércitos particulares dos potentados sempre contaram com um número significativo de homens livres destituídos, que acabaram por tornar-se jagunços. Os mais turbulentos fugiam para lugares distantes, longe do braço da lei.

A SOCIEDADE DAS MINAS

A principal característica da sociedade dos primeiros tempos da mineração foi a fluidez. Na região das minas, nas primeiras décadas do século XVIII, havia muitos escravos e poucas mulheres europeias, motivo pelo qual a maioria das uniões — entre homens brancos e mulheres negras e pardas, escravas e libertas — dava-se fora da instituição do casamento. Em 1804, ou seja, muito depois do auge do ciclo da mineração, apenas um terço das uniões na região era legal.

Assim como ocorreu em outras áreas da colônia, a população mulata cresceu rapidamente nas minas em razão da alta taxa de alforria. Em 1740, o número de mulatos e brancos era aproximadamente o mesmo.

---

[10] Henry Koster, *Viagens ao Nordeste do Brasil*, cit., p. 344.

No que diz respeito aos escravos, os mineradores preferiam os provenientes da Costa da Mina, pois alguns já conheciam as técnicas e estavam habituados ao trabalho de mineração. Os cativos africanos perfaziam mais da metade da população nas cidades e vilas de Minas Gerais.

A intensidade da vida urbana na região das minas criou uma situação sem precedentes na colônia. A formação do clã patriarcal não se deu nos mesmos moldes que nas lavouras e fazendas de criação de gado do Norte e Nordeste do Brasil. A figura do senhor de escravos também existiu nas minas, mas seu poder foi ofuscado pela proximidade da presença dos administradores enviados pela Coroa.

Por outro lado, conforme dissemos anteriormente, os quilombos proliferaram ali mais do que em qualquer outra região da colônia. A ação dos quilombolas foi constante nas áreas de mineração, e a preocupação com sua presença manifestou-se nos documentos oficiais emitidos pelas autoridades metropolitanas e coloniais.

Ocaso colonial

No fim do século XVIII, constata-se um aumento significativo da população colonial. Em 1816, às vésperas da Independência, segundo cálculo do historiador Hélio Vianna,[11] a população do Brasil chegara aos 3.358.500 habitantes, sendo 1.428.500 pessoas livres, o que incluía negros e pardos forros, e 1.930.000 escravos.

A população escrava formava mais da metade dos habitantes da colônia. O desequilíbrio entre os sexos — importavam-se mais homens do que mulheres —, o trabalho extenuante nas lavouras e nas minas e a libertação de mulheres e crianças são fatores que parecem ter contribuído para que a taxa de crescimento vegetativo da população escrava se mantivesse negativa e se continuasse a importar mão de obra.

Por causa da miscigenação e das alforrias, o grupo que mais cresceu foi o da população livre de cor. Essa parcela da população — aproximadamente 40% do total — apresentou altas taxas de natalidade e mortalidade. Grande parte dos lares era chefiada por mulheres. Estas — graças ao pequeno comércio ambulante: a venda de alimentos nos tabuleiros e nas quitandas

---

[11] Hélio Vianna, *História do Brasil*, São Paulo, Melhoramentos, 1967, p. 220.

nos mercados de bairro — sustentavam a casa e criavam os filhos de uniões não legalizadas.

Sobre o papel social, político e institucional da Misericórdia e das irmandades, e considerando com ironia a dimensão étnica, o historiador Charles Boxer pontuou:

"Enquanto a Misericórdia se preocupava com a caridade em favor de um grupo muito vasto de pobres e necessitados, as outras irmandades leigas ou confrarias das várias ordens religiosas restringiam na generalidade as atividades caritativas aos seus próprios membros e suas respectivas famílias. O estatuto social destas Irmandades (Terciárias, ou Ordens Terceiras, como também eram chamadas) variava desde aquelas em que a categoria de membro estava limitada a brancos 'puros' de boas famílias até aquelas que eram sobretudo constituídas por negros. As confrarias brancas mais exclusivas construíram igrejas maravilhosas e salas de Câmara com retratos dos membros com perucas cuja opulência aparatosa levou um visitante francês contemporâneo a perguntar se não se tratava de 'uma espécie de Jockey Club religioso'. [...] A composição destas Irmandades era feita em termos raciais, tendo os brancos, negros e mulatos as suas respectivas confrarias. Havia algumas que não faziam qualquer distinção de classe ou cor, e que aceitavam tanto escravos como homens livres; mas as irmandades de escravos ou homens livres negros tinham geralmente um branco como tesoureiro, como estava especificado nos seus estatutos."[12]

---

[12] Charles R. Boxer, *O império colonial português (1415-1825)*, Lisboa, Edições 70, 1981, 2ª ed., pp. 280-1.

15

"O viver em colônias"

> "Não é das menores desgraças o viver em colônias."
>
> Luís dos Santos Vilhena, 1801[1]

> "O viver no sertão [...]. Não há um homem capaz, e de probidade, que se queira sujeitar a viver nos sertões no meio de gente tão bruta [...] A desordem nesta terra está já tão arraigada que até parece ser necessário deixá-la continuar no mesmo estado, assim como a um enfermo já muito arruinado. [...]"
>
> José Joaquim da Cunha de Azeredo Coutinho, 1799[2]

Quando os europeus se estabeleceram no continente americano, trouxeram não só suas instituições mas também a religião católica, e impuseram seu rei e suas leis. Apesar disso — e a despeito dos mais de três séculos em que se formou a sociedade colonial —, os habitantes do Estado-nação que veio a ser chamado Brasil continuaram a diferir em tudo dos europeus. Em contrapartida, estes incorporaram elementos nativos e adaptaram suas leis e costumes a uma nova realidade, criada em situação colonial, que alterou profundamente a vida dos habitantes livres e escravos do Brasil. E que resultaria no surgimento de uma cultura própria.

No fim do século XVIII, o que era o Brasil? No início desse século, segundo o provérbio registrado pelo jesuíta Antonil, "O Brasil é inferno dos negros, purgatório dos brancos e paraíso dos mulatos, e das mulatas".[3] No apagar de suas luzes, o diagnóstico do jesuíta ainda se aplicava à realidade

---

[1] Luís dos Santos Vilhena, *Recopilação de notícias soteropolitanas e brasílicas*, vol. 1, Salvador, Imprensa Oficial do Estado, 1921, p. 289.

[2] Ofício do bispo e censor Azeredo Coutinho a D. Rodrigo de Sousa Coutinho, de Recife, 23/3/1799, Pernambuco, Arquivo Histórico Ultramarino, maço 17, p. 8.

[3] André João Antonil, *Cultura e opulência do Brasil*, São Paulo, Melhoramentos, 1923, p. 92.

brasileira. Pois foi diante de um pano de fundo como este que os habitantes da colônia desenvolveram e aprofundaram formas de relacionamento e comunicação específicos, fossem eles brancos, negros, indígenas ou mestiços. Todas permeadas pelo escravismo, pela brutalidade física e moral, sob o olhar vigilante do senhor de engenho, tal como o descreveu Gilberto Freyre em seu clássico *Nordeste*:

> "Impossível imaginá-lo — a esse centauro — fora da rede patriarcal, sem ser o homem a cavalo, chapéu grande, botas pretas, esporas de prata, rebenque na mão, a quem a gente dos mucambos tomava a bênção como a um rei. Do alto do cavalo é que esse verdadeiro rei-nosso-senhor via os canaviais que não enxergava do alto da casa-grande: do alto do cavalo é que ele falava gritando, como do alto da casa-grande, aos escravos, aos trabalhadores, aos moleques do eito. O cavalo dava ao aristocrata do açúcar, quando em movimento ou em ação, quase a mesma altura que lhe dava o alto da casa-grande nas horas de descanso."[4]

Além disso, os colonos também criaram novas formas de resistência à opressão proveniente da metrópole e do governo do Vice-Reinado.

A conquista do interior ampliara e diversificara a sociedade por todo o território, cujas fronteiras delineavam-se agora com menor imprecisão. E novas formas de mandonismo e de violência firmavam-se onde a lei, *per se* autoritária, não alcançava.

O cotidiano na colônia: tensão permanente

No final do século XVIII, o núcleo colonial luso-brasileiro contava com aproximadamente 4 milhões de habitantes espalhados numa rede extensa de vilas e cidades — pois, afinal, os portugueses e espanhóis eram seres essencialmente urbanos — dispersas no imenso território que corresponde ao Brasil atual. Os mais importantes desses polos urbanos eram, geralmente, os portos dos principais centros de exportação de produtos agropecuários, minerais e pedras preciosas.

---

[4] Gilberto Freyre, *Nordeste: aspectos da influência da cana sobre a vida e a paisagem do Nordeste do Brasil*, Rio de Janeiro, José Olympio, 1951, 2ª ed., pp. 124-5.

Até os últimos anos do século XVII, a maioria dos habitantes da colônia vivia no Nordeste, em torno dos núcleos açucareiros da Bahia e de Pernambuco. A descoberta de ouro em Minas Gerais alterou o equilíbrio demográfico da colônia, ao atrair um grande contingente de colonos para o interior das capitanias "de baixo". A mineração foi a grande responsável pela fixação de núcleos populacionais estáveis nas capitanias de Minas Gerais, Goiás e Mato Grosso.

A partir da segunda metade do século XVIII, o Rio de Janeiro polarizou a vasta hinterlândia das Gerais e dos campos de São Pedro. No Norte, o algodão deu impulso significativo ao Maranhão, principal produtor dessa matéria-prima. Nessa região, negros e mestiços formavam a maioria da população, subnutrida e analfabeta.

A violência registrada no cotidiano da vida colonial deve-se, em grande parte, à presença da escravidão em todas as atividades. Era comum os escravos serem brutalizados por seus donos e tratados como animais, podendo ser vendidos a qualquer momento ou punidos por mero capricho do senhor ou do capataz. A vida de um escravo era, quase sempre, sórdida, desumana e curta. As fugas, levantes e castigos eram frequentes. A tensão entre senhores e escravos era permanente, sobretudo no mundo rural, que concentrava o grosso da escravaria africana ou ameríndia. Nessa situação, senhores e escravos, homens e mulheres, brancos, negros e mulatos enfrentavam o dia a dia da casa-grande e das senzalas.

Feitas de pedra e tijolo, cobertas de telhas, as casas-grandes procuravam reproduzir os valores da nobreza europeia — daí a pretensão dos senhores de autointitular-se "nobreza da terra". Os numerosos cômodos da casa-grande eram habitados pela família e os agregados do senhor. Os escravos moravam nas senzalas, habitações precárias e insalubres. As condições de vida nas senzalas eram penosas, a falta de higiene e a promiscuidade faziam parte do "inferno" dos escravos no insuficiente repouso que lhes era permitido. Nos raros momentos de lazer, cantava-se e batucava-se. Rezava-se nos calundus. O trabalho era árduo durante quase todo o ano. Não havia fim de semana, nem feriados religiosos.

Nos meses da entressafra, verificava-se

> "uma época de ócio e, para alguns, de volutuosidade, desde que a monocultura, em parte nenhuma da América, facilitou pequenas culturas úteis, pequenas culturas e indústrias ancilares ao lado da imperial, de cana-de-açúcar. Só as que se podem chamar de entor-

pecentes, de gozo, quase de evasão, favoráveis àquele ócio, àquela volutuosidade: o tabaco, para os senhores; a maconha — plantada nem sempre clandestinamente perto dos canaviais — para os trabalhadores, para os negros, para a gente de cor; a cachaça, a aguardente, a branquinha."[5]

EQUILÍBRIO INSTÁVEL

Os habitantes da colônia viviam num equilíbrio precário, e seu cotidiano estava sujeito às oscilações do preço dos produtos exportados do Brasil para o mercado europeu, além de todo tipo de infortúnio ditado pelos caprichos da natureza, tais como enchentes, secas e epidemias, que periodicamente dizimavam boa parte da população.

A penúria ou a prosperidade dependiam dos ciclos de preços dos gêneros tropicais. Nos momentos em que o mercado internacional mostrava-se favorável, as propriedades eram utilizadas exclusivamente para a produção de açúcar, tabaco ou algodão. Para aproveitar a alta dos preços, os senhores compravam mais escravos e ampliavam a força de trabalho empregada. A contrapartida era a queda drástica da produção de gêneros de subsistência, que ficava em segundo plano. Estes se tornavam escassos e caros.

Com frequência, a população urbana da colônia era atingida pela fome. O abastecimento foi um problema constante para os moradores das cidades, pois os principais centros agrícolas dedicavam-se à produção de gêneros tropicais para exportação. Nas cidades, os alimentos eram poucos, caros e de qualidade duvidosa. A falta de gêneros de subsistência provocou várias revoltas durante o período colonial. Nas minas, a fome contrastava ainda mais com a riqueza, a ostentação e o luxo das procissões religiosas. Os mais atingidos pelo desabastecimento e a carestia crônica eram os que faziam parte da população livre mestiça.

AGRICULTURA PREDATÓRIA

Os engenhos de cana-de-açúcar lidavam ainda com outro inconveniente: dependiam de lenha abundante para purgar e refinar o açúcar. A lenha, principal combustível utilizado na agroindústria do açúcar, provinha das

[5] *Ibid.*, p. 15.

matas que cercavam os engenhos. Quando as matas mais próximas esgotavam-se, muitos engenhos simplesmente fechavam por falta de combustível. A agricultura colonial era, essencialmente, uma agricultura predatória, pois não repunha os elementos que mantinham a produtividade do solo. Três séculos de colonização resultaram em terras desgastadas e abandonadas, além de matas devastadas, apesar de todos os esforços da Coroa, no sentido de regulamentar um uso mais adequado da vegetação nativa, para evitar o desmatamento indiscriminado.

Vilas e cidades

Nas vilas e nas cidades, a vida era igualmente violenta. Era perigoso andar à noite pelas ruas das grandes aglomerações urbanas da colônia. "Todas as manhãs cadáveres de vinte e cinco a trinta pessoas recentemente assassinadas eram encontrados pelas ruas, apesar da vigilância dos soldados que as patrulhavam durante a noite", conforme afirma o historiador inglês Charles Boxer, citando o depoimento de um viajante italiano que esteve em Salvador no ano de 1699.[6]

Em Pernambuco, a violência chegou a tal ponto que, em várias ocasiões, os governadores proibiram os moradores de entrar armados nas vilas e cidades. Nessa capitania, desde a ocupação holandesa, no século XVII, a vida era de uma insegurança crônica. Os homens livres andavam pesadamente armados a toda hora. Afirmava-se que mais pessoas tinham sido mortas no início do século XVIII do que durante toda a guerra contra os holandeses. Além disso, entre a população livre, era voz corrente que "matar não é assassinar". Cometiam-se crimes brutais por motivos fúteis, tais como vingança pessoal, adultério feminino e outras ofensas menores.

Nas regiões onde a principal atividade era a mineração, a violência era ainda maior. Os roubos e assassinatos eram mais frequentes, e a ação de quilombolas atormentava os habitantes das vilas e os tropeiros. A exploração das minas e a expansão da vida urbana facilitavam as fugas e a compra da própria liberdade, motivo pelo qual havia nessas áreas uma proporção maior de negros livres.

---

[6] Charles R. Boxer, *A idade de ouro do Brasil*, Rio de Janeiro, Nova Fronteira, 2000, 3ª ed., p. 164.

LAZER E ENTRETENIMENTO

As vilas e cidades da colônia concentravam os recursos econômicos e humanos, além de sediarem as instituições civis e religiosas, os tribunais, o tesouro, a burocracia civil e militar. Nelas também moravam os comerciantes, advogados, escrivães e artesãos.

A praça desempenhava importante papel na vida cotidiana, pois era local de encontro e servia de mercado. Em seus tabuleiros, mulheres livres e cativas vendiam produtos perecíveis; e escravos de ganho ofereciam seus serviços. Era também o lugar onde se realizavam as cerimônias públicas, as "festas reais", a comemoração de uma coroação ou o nascimento de um herdeiro ao trono, e as festas religiosas. Nela se erguiam o pelourinho e a forca, símbolos do poder do Estado.

As cidades eram divididas em freguesias — jurisdições eclesiais centradas nas igrejas paroquiais, marcos da vida civil e religiosa. A igreja era ponto de encontro, onde se celebrava a missa, procedia-se aos rituais de vida e morte, às festas do santo padroeiro e onde tinham espaço ainda outras atividades. As paróquias também eram encarregadas de serviços sociais, tais como o cuidado dos doentes e dos pobres, além de outros aspectos da vida cotidiana.

O chafariz era outro ponto importante das vilas e cidades. Lá, ao abastecer-se de água, escravos, criados e homens livres pobres encontravam-se para trocar informações de todo tipo. E a população pobre — tanto livre quanto escrava — também se reunia nas tabernas, onde se vendia cachaça. Em 1650, havia mais de duzentas delas em Salvador.

A vida dos colonos era pacata. Não havia grandes diversões, além da chegada de alguma embarcação, trazendo notícias do reino, ou da celebração de festividades religiosas. As missas eram a principal recreação da população urbana. E a Igreja também era responsável pela divulgação de notícias. Naquela época, por causa da inexistência de jornais, as informações eram obtidas por intermédio dos padres ou dos funcionários metropolitanos. Não é de estranhar que os colonizadores dedicassem tanta energia e dinheiro à construção de igrejas. Nas vilas mais prósperas, as igrejas eram ricamente decoradas.

As mulheres dos senhores não participavam da escassa vida social que havia na colônia. Viviam fechadas dentro de casa e só saíam para frequentar a missa. Calcula-se que, nas minas, apenas 5% das mulheres eram chamadas de "donas" ou "senhoras".

História do Brasil: uma interpretação

"Por mais enfadonha que fosse a vida das senhoras baianas, ainda assim era, sob a maior parte dos aspectos, mais digna de inveja do que a de seus escravos. [...] Um despacho régio de 1º de março de 1700, denunciando a barbaridade com a qual muitos dos senhores e senhoras de escravos os tratavam, declarava que tais atrocidades se tinham iniciado nas plantações do interior, mas ultimamente se estavam espalhando pelas cidades e vilas. A Coroa condenava particularmente a vergonhosa prática de viverem as senhoras dos ganhos imorais de suas escravas, que não só eram encorajadas, mas compelidas a entregar-se à prostituição. Tal prática mostrava-se censurável extensão do hábito mais comum pelo qual as mulheres escravas tinham permissão para trabalhar por sua própria conta como cozinheiras, costureiras ou vendedoras ambulantes, contanto que pagassem aos seus donos uma quantia fixa sobre ganhos diários ou semanais."[7]

Nas camadas inferiores da população, muitas mulheres livres trabalhavam para garantir a sobrevivência e o sustento de suas famílias: eram cabeças da casa. A prostituição era meio de vida comum para as mulheres pobres. O casamento não era comum entre a população livre, pois, entre outras razões, a Igreja cobrava muito para formalizá-lo. As pessoas viviam juntas, mas não casavam. Enfim, a colônia não oferecia outras possibilidades de suprir as necessidades básicas dessa camada da população.

A alimentação na colônia

No litoral, o peixe e os mariscos entravam na dieta dos moradores. A carne-seca também era um dos principais alimentos da dieta colonial. Mas o alimento básico da grande maioria da população colonial era a mandioca, o "pão da terra". Introduzida na dieta dos europeus pelos índios, ela era consumida em toda a colônia. No Sul, entretanto, o consumo de milho era maior: sua produção nessas regiões visava suprir também a alimentação dos animais de carga destinados às minas.

Depois da mandioca e do milho, as principais culturas de subsistência

[7] *Ibid.*, p. 162.

da população colonial eram o arroz e o feijão. Já o trigo era cultivado no Sul. Outra fonte de sustento ingerida por grande parte da população colonial eram frutas, mas essas e as hortaliças, em geral, consistiam artigos de luxo na colônia, exceto as bananas (algumas, como a pacoba e uma espécie de "banana-prata", já existentes no Brasil antes do descobrimento) e as laranjas, de cultivo amplamente disseminado no litoral brasileiro na época colonial, iniciado com mudas ou sementes trazidas de outros continentes.

Por problemas alimentares ou, provavelmente, de higiene, brancos, negros e mestiços eram frequentemente vitimados pelas disenterias; aliás, as doenças faziam sofrer a população colonial de forma indiscriminada. O "mal do bicho" — cuja prevenção incluía uma dose de cachaça tomada logo de manhã — atacava em toda a extensão do território. Os vermes e as doenças venéreas acometiam ricos e pobres em igual proporção.

O mar e as "veredas"

O principal meio de comunicação da colônia era o mar. A via marítima articulava os principais centros comerciais do território. No Nordeste, as estradas seguiam as rotas traçadas pelas boiadas e pelos rios. No Centro-Sul, as comunicações com as minas faziam-se a partir de São Paulo, do Rio de Janeiro e da Bahia. As distâncias eram imensas e as comunicações por terra eram difíceis, lentas e perigosas. Bandidos, quilombolas e indígenas hostis atacavam com frequência os viajantes.

O desenvolvimento de alguma atividade lucrativa de exportação determinava a abertura de estradas. Não havia uma rede de conexões que integrasse a população das várias regiões. No período colonial, o que se poderia chamar de "rede" era muito fragmentado e favorecia a criação de sistemas de comunicação isolados e autônomos.

A lentidão nas comunicações ditava o ritmo do tempo na colônia. Às vezes um comunicado ou uma condenação demorava meses, se não anos, até chegar ao destinatário. Isso trazia prejuízos enormes para os colonos, que muitas vezes dependiam de ordens vindas de Portugal.

A justiça do Antigo Regime

Na colônia, a justiça era exercida por toda uma gama de funcionários a serviço do rei. A violência, a coerção e a arbitrariedade foram suas principais características. Entre esses servidores, tinha destaque o capitão-mor das ordenanças, que desempenhava o papel do delegado de polícia e era o braço da lei na colônia, encarregado de punir criminosos e prevenir infrações. Além disso, detinha o poder de julgar e punir os infratores.

A violência da justiça manifestava-se nas prisões arbitrárias, nos castigos exemplares que eram ministrados aos criminosos e na aplicação da pena de morte. Os rigores da lei afetavam especialmente a população mais pobre da colônia e aqueles que não eram proprietários. Os transgressores esperavam suas sentenças durante anos a fio, frequentemente porque não podiam pagar um escrivão. A população de cor — negros forros e mestiços — era castigada com maior severidade.

Nas regiões em que a presença da Coroa era mais distante, os grandes proprietários de terras exerciam considerável autoridade administrativa e judicial. No sertão, os potentados impunham seus interesses à população livre, do alto de seus postos de coronel e capitão-mor da milícia.

OS REGIMENTOS DE LINHA

As unidades militares regulares só foram introduzidas no Brasil no século XVII. O primeiro regimento de infantaria regular chegou à Bahia, em 1625, para lutar contra os holandeses. Os soldados desses regimentos, os "terços regulares", eram profissionais recrutados na metrópole. No século XVIII, para policiar a região das minas, a Coroa criou o Regimento de Dragões, que formavam um corpo profissional e eram recrutados basicamente em Portugal.

Além das tropas regulares, havia também os regimentos locais. O recrutamento desses efetivos era feito entre a população disponível. O alistamento, efetuado para suprir necessidades do momento, era um dos terrores da população, pois não havia critérios para escolher quem deveria prestar o serviço militar. Os habitantes da colônia fugiam do serviço militar e do recrutamento como fugiam do pagamento do dízimo.

O anglo-lusitano Henry Koster deixou um valioso relato sobre como se processava a recruta militar em Pernambuco no início do século XIX.[8] As

---

[8] Henry Koster, *Viagens ao Nordeste do Brasil*, Recife, Secretaria de Educação e Cultura do Estado de Pernambuco, 1978, 2ª ed. As citações a seguir encontram-se, respectivamente, nas páginas 304 e 307.

"O viver em colônias"

prisões estavam em péssimo estado, as execuções eram poucas, e o degredo era a pena mais comum. Os quartéis encontravam-se negligenciados, os soldados de linha eram mal pagos e "recrutados entre os piores indivíduos na província". O recrutamento consistia em prender "pessoas de mau caráter", de 16 a 60 anos, e mandá-las para o Recife. "É nessa ocasião que a tirania tem o seu esplendor, que o capricho e o arbítrio se aliam e que a mais injusta parcialidade prevalece, e se executa a mais intolerável opressão." Koster ressalta os efeitos perniciosos do recrutamento, momento em que a vingança, a fraude, a "quebra de confiança" eram estimuladas. Os recrutadores, homens pobres e sem soldo, fariam melhor se tivessem "permanecido muito calmamente nos seus trabalhos, em casa, sem cometer violências ou barbaridades que realizavam se as perversas instituições do seu país não os estimulassem e ensinassem a ser turbulentos com os direitos legais das pessoas".

O fisco e os monopólios

A manutenção da burocracia — civil, militar e eclesiástica — provou ser o mais pesado dos fardos carregados pelos colonos ao longo de séculos. Além de pagar o dízimo, os habitantes da colônia arcavam com o oneroso sistema de contrato-monopólio que incidia sobre certos artigos — sal, aguardente de cana, vinho, azeite, óleo de baleia, tabaco, escravos, entre outros. O fornecimento desses gêneros e a arrecadação dos impostos devidos eram arrematados pela Coroa a particulares.

Esses agentes exploravam a comercialização de tais produtos em troca de uma quantia fixa, paga antecipadamente à Coroa. O mesmo acontecia com vários impostos: em vez de cobrá-los diretamente, a Coroa arrendava a cobrança, em troca de uma cifra predeterminada em contrato. Os contratadores "financiavam", de certa forma, a Coroa. A população colonial foi, muitas vezes, vítima dos abusos cometidos por contratadores de monopólios. Disso resultava o encarecimento dos produtos e o empobrecimento dos habitantes da colônia.

Além disso, a Coroa ainda lançava mão das alfândegas, estabelecidas nos principais portos do Brasil, onde todos os produtos importados pela colônia pagavam impostos; e, também, todos os produtos embarcados nos portos coloniais. Além das alfândegas, havia as "entradas", os pedágios sobre estradas e pontes.

Esse sistema de cobrança de impostos foi um dos maiores flagelos da população colonial. As alfândegas tornavam os produtos mais caros. O dízimo, cobrado em dinheiro, reduzia a já escassa quantidade de moeda circulante. Além disso, o sistema de monopólio proibia a produção independente daqueles gêneros que apenas a Coroa poderia prover. O sal não podia ser produzido localmente — isso provocou, em 1711, uma rebelião em Salvador, a revolta do Maneta. Era obrigatório comprar o sal dos contratadores da Coroa. A aguardente de cana não podia ser vendida no mercado interno, para não prejudicar o vinho importado pelos contratadores da Coroa. A produção de manufaturas estava expressamente proibida. A Coroa reservava-se o monopólio do fornecimento de manufaturas de ferro e de tecidos.

A CULTURA DA EVASÃO FISCAL

A contrapartida foi o contrabando, que contava com a solícita venalidade dos funcionários encarregados de supervisionar as atividades comerciais. Raro foi o burocrata que não participou de algum ilícito comercial para compensar os baixos salários pagos pela Coroa.

Fraudava-se o fisco sempre que possível. Ao longo do século, o comércio de contrabando foi assumindo proporções incontroláveis e, no fim do século XVIII, um complexo sistema de evasão fiscal desviava recursos, em volumes significativos, regularmente, dos cofres da monarquia.

Em Ajudá, no litoral africano, o intenso comércio de contrabando realizado pelos negreiros baianos chegou a provocar reações por parte da Coroa, que, para evitar a perda de recursos devidos ao tesouro, ameaçou proibir o comércio legal.

A lenta urbanização

O ouro de Minas Gerais escoava pelas trilhas do sertão, chegava à Colônia do Sacramento, nas margens do rio da Prata, e daí seguia para os portos dos dois lados do litoral do Atlântico Sul. Por vezes, ao longo dessas trilhas nasceram povoados ou vilas, articulando regiões distantes.

Em seu livro clássico *Evolução urbana do Brasil (1500-1720)*, o historiador da urbanização e arquiteto Nestor Goulart Reis Filho assim definiu os traços gerais desse início de processo de urbanização, em que as praças das aldeias, vilas e cidades centralizavam a vida social, econômica e religiosa da colônia:

> "As praças acolhiam, desde o início, muitas das principais atividades dos núcleos urbanos; realizavam-se nelas reuniões religiosas, cívicas e recreativas e atividades de comércio, como feiras e mercados. As povoações mais humildes, como as aldeias de índios ou paróquias reunidas em torno de modestas igrejas isoladas, desenvolviam grande parte de suas funções nas praças, as quais, por isso mesmo, eram sempre seus locais de maior importância e muitas vezes a origem das próprias povoações. Em princípio, em frente às igrejas, onde a população se reunia após os ofícios religiosos, abriam-se largos, capazes de acomodá-la, e frequentemente se desenvolvia o comércio, que aproveitava dessas reuniões."[9]

[9] Nestor Goulart Reis Filho, *Evolução urbana do Brasil (1500-1720)*, São Paulo, Pini, 2000, 2ª ed., p. 135. Ver, do mesmo autor, em colaboração com Beatriz P. Bruna e Paulo Julio V. Bruna, *Imagens de vilas e cidades do Brasil colonial*, São Paulo, Edusp/Imprensa Oficial, 2002, com o respectivo CD-ROM.

16

O sistema colonial:
Inconfidências e o sentido geral da crise

> "Contra a Religião [...] e contra o Estado, a negar a subordinação e obediência ao Rei, e suas Leis, exaltando, elevando o sistema Francês, e a sua legislação como também a sua forma do Governo [...] é melhor a regência de muitos, do que de um só [...] uma formal e inteira sublevação, que se pretendia executar nesta Cidade, matando a todas as pessoas da sua Governança, afim de passar para as mãos dos ditos confederados, saqueando os cabedais das pessoas opulentas, e os cofres da arrecadação pública, dando liberdade a todos os criados, estabelecendo uma República de igualdade."

> Manuel de Santana, Salvador, Bahia, 1799,
> da Conjuração de 1798[1]

No último quartel do século XVIII, Portugal tornara-se um Estado colonialista decadente. O sistema colonial, abarcando vastíssimo território transcontinental articulado pela monarquia absolutista, estava prestes a ruir. As reformas implementadas pelo todo-poderoso marquês de Pombal haviam surtido efeito limitado e tardio. De fato, não foram suficientes para diminuir a dependência de Portugal em relação à Inglaterra, nem controlar o contrabando, que minava o exclusivo colonial.

Como diagnosticou o historiador pernambucano Oliveira Lima,

> "Em poucos anos, a negligência dos devedores, a degradação do preço dos gêneros reunida a outras calamidades a que é sujeita a agricultura chegou a tal ponto que nem os juros do dinheiro

[1] Perguntas ao réu Manuel de Santana [Manoel de Santa Anna, pardo, soldado do Segundo Regimento de Linha de Salvador, Bahia, em 11/2/1799], em *Autos de Devassa do levantamento e sedição intentados na Bahia em 1798*, vol. XXXVI, Salvador, Imprensa Oficial, 1961, p. 294.

emprestado podiam ser pagos. A dívida, de tal modo, fazia-se muito maior, e com ela a miséria do agricultor."[2]

Além de corroer o tesouro, as atividades comerciais efetuadas fora do sistema, por contrabandistas de ambos os lados do Atlântico, tornavam cada vez mais evidente que a colônia podia prescindir do reino. O Brasil exportava açúcar, tabaco e couros, contando com um florescente comércio de gado bovino e equinos. Os portos do Norte e o Rio de Janeiro trocavam escravos, carne-seca, barbatanas, óleo de baleia e ouro em pó. Na África, Angola recebia açúcar, aguardente, farinha de mandioca, arroz, tabaco, telhas, doces, cavalos e ouro. E a Costa da Mina mantinha comércio intenso e lucrativo com a Bahia e Pernambuco.

Ruptura irreversível:
da modernidade à contemporaneidade

A essa altura, na Europa e na América do Norte, adensavam-se novos conceitos de sociedade e de civilização. Num espaço de menos de 30 anos, com a Revolução Americana (1775-1783), a primeira Revolução Francesa (1789) e a primeira Revolução Industrial, na Inglaterra (1760-1830), delinearam-se os contornos de um novo processo social, econômico, político e cultural. As três revoluções e os movimentos de independência nas colônias europeias nas Américas abriram uma nova época histórica no Ocidente: a História Contemporânea.

Despontaram a civilização industrial, a democracia representativa, afirmaram-se as ideias de cidadania, de soberania nacional e de independência. E definem-se dois grandes campos do pensamento político e social contemporâneo: o do liberalismo e o do socialismo. Quando as colônias inglesas da América do Norte declararam Independência, em 1776, abriu-se a primeira fissura no sistema colonial atlântico. A constatação de que era possível contemplar os interesses dos proprietários contra a metrópole alastrou-se rapidamente pelo mundo colonial ibero-americano. O reformismo dos filósofos

---

[2] Oliveira Lima, "Anotações à *História da revolução de Pernambuco em 1817*", em Francisco Muniz Tavares, *História da revolução de Pernambuco em 1817*, Recife, Imprensa Industrial, 1917, 3ª ed., pp. CLXIV e CLXV. O monsenhor e ex-capitão de guerrilhas Francisco Muniz Tavares viveu de 1793 a 1876.

ilustrados franceses e a queda do Antigo Regime na França, em 1789, contribuíram para incendiar as mentes dos colonos com ideias de liberdade, igualdade, fraternidade, pátria, constituição, reforma e revolução. Palavras que se transformariam em conceitos-chave do mundo atual.

Não por acaso, em Vila Rica, Tiradentes e outros inconfidentes possuíam exemplares da Constituição dos Estados Unidos. A partir da tríplice revolução do final do século XVIII — a já citada Revolução das colônias inglesas da América do Norte, a Revolução Francesa e a Revolução Industrial inglesa —, o mundo nunca mais foi o mesmo. Os colonos luso-brasileiros inspiraram-se nas várias dimensões desses movimentos para conspirar contra o poder metropolitano e elaborar uma nova constituição para a esperada República mineira.

Nas relações atlânticas entre Europa e América, processou-se uma verdadeira revolução bibliográfica. A biblioteca do cônego brasileiro Luís Vieira da Silva, por exemplo, contava com exemplares de *L'Histoire de l'Amérique*, de William Robertson, da *Encyclopédie* e das obras de Condillac, Voltaire e do barão de Bielefeld. As obras do abade Guillaume Raynal, sobretudo as que continham referências à História do Brasil, eram conhecidas dos inconfidentes, nas mãos dos quais circulava o *Recueil des loix constitutives des États-Unies de l'Amérique*, editado no ano de 1778 em Filadélfia, que incluía os *Artigos da Confederação*, e as Constituições dos estados da Pensilvânia, Delaware, Maryland, Nova Jersey, Carolina do Norte e do Sul, Virgínia e Massachusetts. Também eram conhecidos os comentários à Constituição de autoria de Raynal e de Mably, autor, este, de *Le droit publique de l'Europe*.[3] E há até indícios de que Cláudio Manuel da Costa teria traduzido a *Investigação sobre a natureza e as causas da riqueza das nações* (1776), do pai do liberalismo inglês, Adam Smith.

A LUTA PELA SUPREMACIA NAVAL: PREEMINÊNCIA INGLESA

Durante o século XVIII, a Inglaterra despontou como o centro incontestável da economia mundial europeia. Conquistada à custa de uma agressiva política comercial, ancorada num poder de fogo naval sem precedentes, a supremacia da Inglaterra era inegável. Ao longo do século — e à medida

---

[3] Exemplar semelhante ao citado nos apensos dos *Autos de Devassa*, e desaparecido, foi achado por Kenneth Maxwell na Seção de Obras Raras da Newberry Library, de Chicago.

que a Revolução Industrial se aprofundava —, os produtos ingleses invadiram os mercados de todo o mundo, sobretudo os do mundo colonial. No porto do Rio de Janeiro, em 1800, de cada quatro navios surtos, três eram ingleses.

Ao longo de vários séculos a Inglaterra preparou-se para ocupar o centro da economia mundial. Tal processo teria começado quando a "Inglaterra se tornou uma ilha", conforme observou o historiador francês Fernand Braudel, com sua ironia gaulesa. Após várias tentativas fracassadas de manter um pé na França, os ingleses voltaram-se para a Inglaterra. Drenaram seus brejos, construíram uma agricultura próspera e lançaram-se à experiência da navegação atlântica com os holandeses. Durante o século XVI exercitaram nos mares um bem-sucedido tipo de pirataria e assistiram, de longe, à escalada do poder naval holandês. Os ingleses vendiam panos de lã em Amsterdã, e com eles começaram a construir suas "Índias".

Durante o século XVII, além de criar uma indústria têxtil competitiva, a Inglaterra ensaiou a colonização na América setentrional. De lá provinham madeiras e suprimentos navais, importantíssimos para o desenvolvimento das marinhas mercante e de guerra. A Inglaterra não contava, como a Holanda, com o comércio báltico, mas recebia os mesmos benefícios de suas colônias no norte da América.

As colônias do sul da América do Norte garantiram à Inglaterra um lugar no seleto grupo dos países reexportadores de produtos tropicais, como tabaco, índigo, arroz e, posteriormente, algodão. A Irlanda, mais próxima, seria, entretanto, a colônia inglesa que mais contribuiu para a grandeza da metrópole. Os ciclos econômicos da Irlanda variavam segundo as necessidades dos colonizadores ingleses. A maior contradição desse processo estava no fato de que, mesmo a Irlanda sendo uma exportadora de alimentos, uma grande parcela de sua população morria de fome, o que explica a "sangria" populacional da Irlanda até o século XX. O êxodo de mão de obra irlandesa é, como se sabe, fenômeno multissecular.

DOMINAR OS MARES. AMSTERDÃ *VERSUS* LONDRES

Durante o século XVII, a adoção de práticas mercantilistas — como os Atos de Navegação de 1651 e a vigilante proteção sobre uma produção têxtil cada vez mais próspera — visava eliminar a concorrência holandesa ou, pelo menos, fazer frente a ela. A Inglaterra proibiu a exportação de lã crua e facilitou a imigração de artesãos do continente europeu. Em algumas décadas, a Inglaterra criou sua própria indústria têxtil. A conquista dos mercados ibéricos garantiu o fornecimento de lã espanhola e de materiais tintoriais de Portugal, que voltavam para a península como produtos têxteis, consumidos na metrópole e reexportados para as colônias.

O investimento numa marinha mercante e numa de guerra foi condição fundamental para a captura das rotas do comércio de longa distância, todas elas obtidas à custa da Holanda. Contra ela a Inglaterra empreendeu quatro guerras navais de curta duração, três delas durante a segunda metade do século XVII.

Já no episódio da expulsão dos holandeses de Recife em 1654, por ocasião da primeira guerra anglo-holandesa, a bandeira inglesa chegou a tremular nos mares do Atlântico Sul.

No início do século XVIII, após a Guerra de Sucessão da Espanha, e as vantajosas cláusulas pactuadas em Utrecht (1713), a Inglaterra definiu sua disputa pela supremacia marítima e comercial em nível mundial. A conquista da hegemonia financeira representou o golpe de misericórdia nos concorrentes holandeses e o deslocamento do centro da economia mundial europeia da cidade de Amsterdã para Londres. Desde o início do século XVIII, o mercado financeiro inglês apresentava atrativos cada vez maiores para o capital excedente dos homens de negócios holandeses. Os capitalistas holandeses investiam em bônus do Estado inglês, ações da Companhia das Índias Ocidentais, ações da Companhia dos Mares do Sul ou ações do Banco da Inglaterra.

Muitos ingleses queixavam-se da "invasão" dos capitalistas holandeses, mas está comprovado que o fluxo de crédito holandês foi decisivo para transformar a Inglaterra no centro da economia mundial europeia.

Após as quatro guerras navais anglo-holandesas, os negociantes de Amsterdã ficaram relegados ao papel de meros despachantes marítimos. Durante o século XVIII, os centros produtores de manufaturas e os portos, especialmente aqueles que lidavam com produtos coloniais e com o tráfico de escravos — tais como Liverpool, Bristol ou Glasgow —, experimentaram uma fase de desenvolvimento excepcional. A Inglaterra tornou-se a senhora incontestável da economia mundial — cada vez mais efervescente — nas últimas décadas do século.

Nenhum outro país europeu conseguia bater os custos dos ingleses. Seus fretes eram mais baratos, suas taxas de seguro mais baixas. Os produtos de algodão ingleses rapidamente alimentaram uma demanda insaciável, sobretudo nas colônias ibéricas.

O sistema colonial: Inconfidências e o sentido geral da crise

O PREÇO DA SOBERANIA PORTUGUESA

Como vimos, os dirigentes de Portugal chegaram ao século XVIII com plena consciência da supremacia inglesa — entre eles, Luís da Cunha, embaixador português em Londres, protetor de Sebastião de Carvalho, o futuro marquês de Pombal. Uma série de tratados comerciais havia posto Portugal no papel de vassalo comercial da potência marítima do mar do Norte.

Em 1642, os comerciantes ingleses passaram a auferir grossas vantagens comerciais em Portugal. O tratado comercial assinado com a Inglaterra em 1654 aprofundou a vassalagem comercial do pequeno reino com a nascente potência marítima. Em troca da ampliação dos privilégios obtidos em 1642, a Inglaterra prometeu defender Portugal e suas colônias de ataques inimigos.

Em 1661, o tratado foi renovado e acrescido de novas promessas de amizade. Os portugueses comprometiam-se a garantir o comércio inglês nas Índias Orientais, para prejuízo dos holandeses, em troca da proteção da frota inglesa. A Inglaterra ajudava Portugal a manter suas posses no Oriente e prometia tropas e navios, além de assistência permanente, sobretudo contra a Espanha; em troca, recebia o privilégio de manter comerciantes residentes no Estado da Índia (Goa, Cochim e Diu), e também na América do Sul (Bahia, Pernambuco e Rio de Janeiro). No final do século, quase todos os fretes de Portugal eram feitos em navios ingleses.

O Tratado de Methuen, assinado no contexto da Guerra de Sucessão Espanhola, em 1703, assegurou o mercado português aos panos ingleses, em troca de ouro, vinho e uma base naval na confluência do Atlântico e do Mediterrâneo.

A VÃ TENTATIVA DO MARQUÊS

A partir de 1750, Pombal, ex-embaixador em Londres, tentou diminuir o poderio da Inglaterra nos domínios de Portugal. O máximo que conseguiu foi substituir o fluxo, decrescente, de ouro brasileiro por fornecimento de algodão, pois, logo após a Independência dos Estados Unidos da América, a Inglaterra passou a abastecer-se de algodão cru brasileiro.

Além de representar um grande e promissor mercado para seus produtos manufaturados, o Brasil tornou-se a base do contrabando inglês para as colônias ibéricas meridionais. O porto do Rio de Janeiro e a ilha de Santa Catarina, no litoral do Rio Grande, tornaram-se os principais entrepostos dos contrabandistas ingleses, a partir dos quais atingiam Buenos Aires e

Montevidéu. Na fronteira norte, a ilha de Trinidad era utilizada para atingir a Venezuela e o Grão-Pará e Maranhão.

No último quartel do século XVIII, não foram poucas as lideranças nativas brasileiras que ansiavam pela vinda de franceses e ingleses, que poderiam fornecer ajuda decisiva para revolucionar as relações com a metrópole portuguesa, como se lê nos documentos das devassas de inconfidências, levantes e insurreições.[4] Com o agravamento dos conflitos europeus, a transferência da corte para o Brasil tornara-se questão de tempo: o desenlace deu-se em 1807-1808, com a família real fugindo da invasão napoleônica à península.

Acelera-se dessa forma o processo de Independência, e o sistema colonial chega a seu término, ou quase. No Brasil, ideias de inovação ganham força, transplantando-se ou criando-se alguns institutos, colégios, bibliotecas, cursos, missões e umas poucas escolas de ensino superior. O Rio de Janeiro, nova capital do império, atrai negociantes, pintores, cientistas, viajantes, espiões. Como escreveu Oliveira Lima em seu clássico *D. João VI no Brasil*: "Numa sociedade que ontem só lograria distinguir-se pelo atraso, de um momento para outro ouviram-se até conferências filosóficas, concederam-se patentes de invenção, analisaram-se as águas minerais para serem consumidas e exploradas, ensaiou-se a introdução de tipos de faunas estranhas como o camelo da Arábia e a cabra da Índia".[5]

No Império: como nascem os conflitos

Enquanto Portugal esforçava-se para manter seus domínios ultramarinos dentro do sistema colonial, a insatisfação dos colonos luso-brasileiros atingia seu ponto máximo. Daí às Inconfidências, seria curto o trajeto.

Ao longo dos séculos XVI, XVII e XVIII, assistiu-se na colônia a conflitos crescentes entre colonos e representantes da Coroa. Como vimos, a revolta de Barbalho, no Rio de Janeiro, a revolta de Beckman, no Maranhão, a Guerra dos Mascates, em Pernambuco, e a revolta de Filipe dos Santos, em Minas Gerais, haviam exposto a divergência de interesses entre os colonos e

---

[4] Cf. o capítulo I, "Observações preliminares", de Carlos Guilherme Mota, *Ideia de revolução no Brasil e outras ideias*, São Paulo, Globo, 2008.

[5] Oliveira Lima, *D. João VI no Brasil*, prefácio de Wilson Martins, 1908, 1ª ed.; Rio de Janeiro, Topbooks, 1996, 3ª ed., p. 240. Sobre a adaptação de D. Carlota Joaquina nos trópicos, ver pp. 185-8.

O sistema colonial: Inconfidências e o sentido geral da crise

a metrópole, expressando o descontentamento com os impostos excessivos, o desabastecimento, a perda de poder político e os rigores do fisco. Mesmo assim, esses revoltosos não pretendiam romper com o sistema colonial. Os seus protestos foram localizados contra abusos cometidos por governadores e contratadores.

No final do século XVIII, essas contradições tornaram-se cada vez mais evidentes. Os conflitos que eclodiram na colônia mostravam que, após três séculos de colonização, haviam se formado novos interesses, específicos e típicos dos colonos. Muitos desses interesses acenderam os estopins que detonariam os conflitos internos na colônia. Conflitos em vários níveis: primeiro, entre as elites coloniais e as autoridades que representavam a metrópole; depois, entre senhores e escravos; além disso, entre proprietários e despossuídos; e, mais concretamente, entre os comerciantes metropolitanos e as elites coloniais.

Era inevitável que os interesses dos colonos se chocassem com os da metrópole, cuja única preocupação era lucrar com os monopólios e a arrecadação de impostos. Daí muitos historiadores preferirem localizar na tributação colonial um daqueles estopins para a explicação do porquê dos levantes e inconfidências. Com os olhos no exemplo da Revolução Americana de 1776 e contemporâneos da Grande Revolução que eclodia na França (1789), colonos luso-brasileiros e brasileiros ensaiaram os primeiros passos rumo à independência.

Ideias de revolução

> "A ideia fundamental de D. Rodrigo em matéria administrativa parecia ser a de acelerar extraordinariamente o movimento sem mudar o sistema do maquinismo, apenas aumentando-lhe as peças e carregando demasiado a pressão."
>
> Oliveira Lima, 1908[6]

As ideias de revolução minavam as bases do império, ou melhor, do sistema imperial consolidado no período do consulado pombalino. O império adquirira maior concretude no período da rainha Maria I, denominado "Viradeira", e da regência do príncipe ilustrado João, depois imperador João

---

[6] Oliveira Lima, *D. João VI no Brasil*, cit., p. 125.

VI. Distribuído pelos quatro continentes, a liderança do Império logrou isolá-lo, preservando-o da voragem das revoluções europeias, dos conflitos coloniais e, com menor sucesso, da escalada imperialista da Inglaterra, que em breve provocaria o Bloqueio Continental, ordenado por Bonaparte. Sua absorção ao sistema imperial inglês tornara-se, porém, inexorável, dados os vínculos estabelecidos desde o século anterior e a força da nova economia já industrial.

A crise do sistema colonial repontava também em conflitos e conspirações, como a denominada Inconfidência de Curvelo (Minas Gerais, 1777) — antes das Inconfidências Mineira (1789), Carioca (1794), Baiana (1798) e Pernambucana (1801) —, indicando mudanças estruturais mais profundas que estavam por vir. Do ponto de vista econômico e institucional, o sistema metrópole-colônia já não funcionava, dados o peso da carga tributária e o custo e a desatualização da máquina administrativa e jurídico-política.

Figura das mais inquietas e bem formadas do império luso-brasileiro foi Tomás Antônio Gonzaga (1744-1810), um dos principais inconfidentes de 1789. Gonzaga é um dos melhores exemplos de personagem do mundo jurídico-político de seu tempo. Escreveu um *Tratado de direito natural* em louvor de Pombal. Ao lado de outros dois bacharéis, os doutores Cláudio Manuel da Costa e Inácio José de Alvarenga Peixoto, escritores brilhantes, formou um trio de altíssimo nível cultural desde o período de estudos na Universidade de Coimbra. Os três constituem o que intelectualmente se produziu de melhor na Ilustração luso-brasileira. E o mesmo juízo será verdadeiro, se dissermos "Ilustração portuguesa".[7]

O sentido das Inconfidências, na rota da Independência

Para compreender-se o sentido das Inconfidências e da Independência de 1822, é preciso recuarmos um pouco no tempo. As companhias pombalinas tiveram sucesso num prazo curto, mas essa política de monopólios era excludente em relação a outros interessados, que mais tarde iriam se fazer ouvir em movimentos como a grande insurreição de 1817 no Nordeste.

---

[7] Em 1996, suas obras (ou, mais especialmente, seus poemas) foram organizadas, apresentadas e analisadas competentemente por Domício Proença Filho em *A poesia dos inconfidentes*, Rio de Janeiro, Nova Aguilar, 1996. Aí estão anexados estudos, antigos ou mais recentes, de Manuel Rodrigues Lapa, Manuel Bandeira, João Ribeiro, Eliana Muzzi, entre outros.

Na cidade de Recife, em março de 1817, um dos atos simbólicos dos revolucionários foi o fechamento dos armazéns da Companhia de Comércio de Pernambuco-Paraíba. Simbólicos, de fato, pois a Companhia já estava moribunda, acabada. Lideranças ligadas ao comércio, como Domingos José Martins, Gervásio Pires Ferreira e Bento José da Costa, ainda aguardam estudos, pois suas conexões atlânticas parecem ter sido importantes, incluindo contatos com o libertador Francisco de Miranda, revolucionário venezuelano em Caracas.

Como os inconfidentes mineiros de 1789, os pernambucanos perceberam que, entre os domínios ultramarinos portugueses, somente o Brasil apresentava condições que lhe permitiriam emergir de modo razoável para o mundo contemporâneo, e com alguma identidade.

Embora, na metrópole portuguesa, no século XVIII continuasse a não haver um pensamento jurídico e político que teorizasse sobre o império ultramarino, uma série de iniciativas sinalizou, progressivamente, a tomada de consciência de sua magnitude e do tamanho das dificuldades administrativas, econômicas e diplomáticas com que se defrontava o universo político-cultural português. Nessa direção fizeram-se a reforma do ensino e da universidade, a criação da Real Academia da Marinha, do Colégio Real dos Nobres, o sistema de Aulas Régias, entre outras medidas. Teve o mesmo propósito o envio de bolsistas-pesquisadores pelo mundo: o jovem Hipólito José da Costa foi aos Estados Unidos, chegando a estar com seu presidente; José Bonifácio circulou pela França, Suécia, pesquisou em Freiburg (na atual Alemanha) e em outras cidades e regiões. E muitos pesquisaram nas colônias, desde Macau até Angola, e do Brasil à Colônia do Sacramento.

O império foi mapeado, medido e discutido, gerando-se números e dados, que apareceram até na obra *Histoire philosophique et politique des établissements et du commerce des européens dans les deux Indes*, publicada em Paris, em 1770, pelo abade Guillaume Raynal, o revolucionário francês que, no calor das revoluções e descolonizações de seu tempo, advertira: "Não saberíamos dissimular que Portugal deixou escapar a ocasião mais favorável que jamais encontrou para retornar seu antigo brilho. A política não prepara sozinha as revoluções: fenômenos destruidores podem renovar a face dos impérios".[8]

---

[8] Guillaume Raynal, *O estabelecimento dos portugueses no Brasil*, prefácio de Berenice Cavalcanti, Rio de Janeiro/Brasília, Arquivo Nacional/Editora da UnB, 1998, p. 159. A edição brasileira corresponde ao livro 9 da *Histoire philosophique*.

Raynal era amigo de Luís Pinto de Sousa Coutinho, ministro dos Estrangeiros de Portugal, ex-governador do Mato Grosso e ex-ministro na Grã-Bretanha. Foi Luís Pinto quem deu informações sobre o Brasil a Raynal e quem, em maio de 1790, enviou dois jovens brasileiros à Europa para pesquisas: Manuel Ferreira da Câmara, irmão do inconfidente José de Sá Bettencourt (formado em Coimbra em 1787), e José Bonifácio de Andrada e Silva. Tinham instruções para ir a Paris fazer cursos de física e mineralogia, e mantiveram contatos com os melhores cientistas da França. Passaram, depois, dois anos em Freiburg e, em seguida, visitaram minas na Saxônia, na Boêmia e na Hungria, regressando finalmente a Portugal, mas antes passando pela Suécia e pela Inglaterra.

Desses quadros formados no período pombalino e no seguinte (a famosa "geração de 90") sairiam não só os estadistas da Revolução liberal de 1820, da Independência de 1822, das Cortes e da Assembleia Constituinte de 1823, mas também geógrafos, cientistas de todo tipo, médicos, engenheiros militares com sólida formação e escritores. Menos conhecido, mas também exemplo dessa formação, é o médico baiano Caetano Lopes de Moura, mulato, ex-estudante em Rouen, que lutou nas tropas de Napoleão, de quem escreveu uma biografia.

Em 1798, a fundação em Pernambuco do Seminário de Olinda pelo bispo ilustrado José Joaquim de Azeredo Coutinho, discreto leitor de Rousseau, marcou a mudança de enfoque que se operou nas concepções sobre o Brasil. Do Seminário saíram personalidades reformistas e mesmo revolucionárias, como o padre Manuel de Arruda Câmara (que também estudou na França), e o próprio Frei Caneca.

O que se lia na colônia? As obras consumidas pelas elites coloniais não eram despiciendas, como se observa na lista de livros do padre inconfidente Luís Vieira da Silva apreendidos pelas autoridades policiais, em Minas. Com efeito, acompanhava-se o ritmo das vanguardas intelectuais do século, apesar de alguns filtros ideológicos, alfandegários e policiais. Pode-se mesmo pensar numa revolução bibliográfica alcançando o Brasil, nesse período de crise do sistema colonial. A lista dos autores, composta de grandes juristas, filósofos, literatos, economistas, pensadores políticos, moralistas e historiadores, é longa, a se tomar como exemplos as bibliotecas do cônego Vieira da Silva e do médico José Rezende Costa.

A Inconfidência Mineira (1789)

> "Esta proposta de um estado independente se apresentou, dentro de uma conjuntura crítica, como uma panaceia para os devedores da coroa na Capitania."
>
> Kenneth Maxwell[9]

"Inconfidência" ou revolução? A despeito da crítica de Kenneth Maxwell, e até mesmo a rejeição, ao uso do termo "inconfidência" para definir a tentativa de instauração de uma república em Minas Gerais no último quartel do século XVIII, o projeto de insurreição em Minas carrega um simbolismo político que não é de se desprezar, nem deve ser abandonado. Vamos recapitular os fatos, pois, apesar de tudo, tratava-se de uma séria tentativa de revolução, enfim, de ruptura com a metrópole portuguesa.

Já em 1674, uma bandeira encabeçada por Fernão Dias Pais Leme alcançara o rio das Velhas e Serro Frio (a "bandeira das esmeraldas"), descobrindo, em 1681, pedras preciosas. Nesse ano, a expedição de Borba Gato descobriu ouro no mesmo rio das Velhas. Em 1687 e 1693, também em Minas, descobriu-se ouro no sertão de Caeté e em outros grotões.

Com a corrida do ouro, aumenta o contingente populacional da região, sendo criadas as primeiras vilas de Minas: Vila do Ribeirão de Nossa Senhora do Carmo, hoje Mariana; Vila Rica de Albuquerque, hoje Ouro Preto, e Vila Real de Nossa Senhora de Sabará.

Em 1715, o imposto da mineração era fixado em 30 arrobas anuais em ouro, e os mineradores de Morro Vermelho, Vila Nova da Rainha (atual Caeté) e Sabará rebelaram-se contra a medida. A Coroa portuguesa estabeleceu que a tributação do ouro seria de um quinto (20% sobre o ouro extraído) e, para seu controle, criou as Casas de Fundição.

Em 1720, ocorre o primeiro levante mais sério da capitania. Mineiros de Vila Rica rebelam-se contra o quinto, num levante sufocado com violência pelo governador conde de Assumar, que manda incendiar as moradas dos rebeldes e executar seu líder Filipe dos Santos. A preocupação maior da

---

[9] Kenneth Maxwell, *A devassa da Devassa*, Rio de Janeiro, Paz e Terra, 1978, 2ª ed., p. 148. Ver, também deste historiador, "A Inconfidência Mineira: dimensões internacionais" e "A geração de 1790 e a ideia do império luso-brasileiro", em *Chocolate, piratas e outros malandros*, Rio de Janeiro, Paz e Terra, 1999.

Coroa volta-se para a extração de diamantes, no Distrito Diamantino, formado na comarca de Serro Frio (atual Diamantina): sua extração passa, em 1733, a ser monopólio da Coroa, ficando proibida a retirada do ouro.

Em São José (atual Tiradentes), em 1746, nascia Joaquim José da Silva Xavier, o Tiradentes, um dos principais envolvidos na Inconfidência de 1789, como veremos adiante.

Em meados do século XVIII, as minas de ouro já apresentavam sinais claros de esgotamento. Sua produção diminuía progressivamente, e os habitantes das minas não conseguiam pagar os impostos devidos à Coroa. O Estado reservava-se um quinto do ouro produzido nas minas, utilizando o método de arrecadação desses tributos por arrendamento a particulares, que ficavam encarregados da cobrança.

Da derrama à conspiração

Quando a receita da Coroa começou a diminuir, as autoridades metropolitanas não acreditaram nos relatórios dos funcionários: acharam que, para burlar o fisco, o ouro estava sendo desviado, contrabandeado ou omitido nas prestações de contas. O que, aliás, não deixava de ser verdade: muito ouro foi contrabandeado sob as batinas de padres ou no oco de santos de madeira (os "santos de pau oco"). Em 1763, começa a primeira derrama em Minas, visando arrecadar os impostos atrasados. Uma segunda derrama ocorre em 1768. Período importante para a literatura mineira, pois, em 1769, era publicado O Uraguai, de Basílio da Gama, e, em 1773, o poema "Vila Rica", de Cláudio Manuel da Costa, revelando o alto nível cultural das elites locais na colônia.

A crise aprofundava-se com o esgotamento das minas. Tendo como objetivo recuperar o que vinha deixando de ser arrecadado com o quinto, o governo de Lisboa enviou, em 1788, como governador para as Minas, o visconde de Barbacena, homem de confiança do rei. O novo governador da capitania de Minas Gerais tinha ordens de, por meio de mais uma derrama, cobrar os impostos atrasados. A derrama significava que toda a população das minas — desde proprietários de lavras e simples faiscadores até homens e mulheres livres pobres — deveria contribuir para arrecadar a soma exigida pela Coroa.

Vários contratadores deviam somas elevadas ao tesouro real, entre eles dois dos mais importantes, João Rodrigues de Macedo — cuja dívida era 8 vezes maior que seu ativo — e Joaquim Silvério dos Reis, ambos devedores da Real Fazenda, que tinham função estratégica nesse sistema de arrendamento de tributos (uma espécie de "terceirização" da cobrança que o Estado adotava), privilégio do qual abusaram. Agora, estavam enrascados e atrasados de tal modo no pagamento de dívidas, que a Junta da Fazenda já havia até confiscado a herança de um dos avalistas de Macedo em seu contrato de dízimos.

Nesse ano de 1788, aparecem as *Cartas chilenas*, publicadas como de autor anônimo, com críticas acerbas ao governador. Seu autor (revelado muito tempo depois) era Tomás Antônio Gonzaga, o poeta árcade de *Marília de Dirceu*.

Inspirados pelo movimento revolucionário dos colonos anglo-americanos da América do Norte, vários membros da elite local reuniram-se para conspirar contra a ordem colonial. Não por acaso os principais envolvidos na revolta de 1789 eram contratadores, como o referido João Rodrigues de Macedo, prósperos fazendeiros, como Alvarenga Peixoto e Álvares Maciel, altos funcionários da Câmara de Vila Rica, entre eles o ouvidor Tomás Antônio Gonzaga e o respeitável doutor Cláudio Manuel da Costa, além de contrabandistas de diamantes do Tijuco. Os quatro últimos personagens, mais algumas dezenas de conspiradores, pertenciam à elite mais cultivada de funcionários do império colonial. Do círculo de umas sessenta pessoas gradas envolvidas na Inconfidência, o cônego Luís Vieira da Silva, por exemplo, era dos mais cultos, chegando a possuir uma biblioteca do mesmo porte que a do filósofo Immanuel Kant, em Königsberg.[10]

Abaixo dessa camada sofisticada da elite colonial, estava o alferes Joaquim José da Silva Xavier, conhecido por Tiradentes, encarregado de garantir o apoio militar e popular à revolta planejada pela elite.

Os "inconfidentes" de Minas, tomando como exemplo os revolucionários norte-americanos, pretendiam proclamar uma República independente de Portugal, mantendo, porém, a ordem escravista. Segundo o plano dos conspiradores, o movimento teria início logo depois de decretada a derrama, e previa-se que a guerra com Portugal poderia durar até três anos. Radical, Tomás Antônio Gonzaga era de opinião que se deveria eliminar o governador.

---

[10] A relação de seus livros encontra-se na obra de Eduardo Frieiro, *O diabo na livraria do cônego*, Belo Horizonte/São Paulo, Itatiaia/Edusp, 1981, 2ª ed., com comentários esclarecedores.

Antes disso, porém, Joaquim Silvério dos Reis denunciou a existência do movimento ao visconde de Barbacena, que imediatamente suspendeu a derrama e ordenou uma devassa. Em maio de 1789, Tiradentes foi preso no Rio de Janeiro por militares do batalhão português de Estremoz. Os demais inconfidentes foram detidos e submetidos a processo legal, que terminou em 1792. Alguns réus foram condenados ao degredo, na África, outros à prisão perpétua.

O alferes Tiradentes, o sedicioso de condição social mais modesta, considerado o responsável pela agitação nas minas, foi condenado à morte. Em 21 de abril de 1792, foi enforcado, decapitado e esquartejado no Rio de Janeiro.

Perfil e enigma de Tiradentes

> "Porque as cousas, se não dizem sem consequência nem fim algum."
>
> Inquiridor dos Autos de Perguntas ao Alferes Tiradentes[11]

Joaquim José nasceu em São José d'El Rei em 1746, tendo sido batizado em 1748. Contava pouco mais de 40 anos à época da Inconfidência. Solteiro, agitado, com alguma instrução, era pai de três filhas. Perdera sua casa por dívidas, e passou a pagar aluguel ao padre Joaquim Pereira de Magalhães, para morar em uma casa sua, que, após seu enforcamento, foi arrasada e salgada.

Não era um desqualificado. Embora seu pai tenha sido conselheiro municipal em São João, tampouco era considerado "filho de família", como os doutores Gonzaga, Maciel ou Alvarenga, educados no exterior. Joaquim José circulava em Minas e no Rio, atendia pacientes com seus instrumentos odontológicos, fazia próteses com dentes de osso e madeira, tratava de enfermos. Inquieto (a tal ponto, que muitos o tomavam por "louco"), popular, branco, possivelmente vesgo, ambicioso. Como seu pai, que morreu cedo, Joaquim José não possuía propriedade alguma e foi criado pelo tio, o padre Domingos da Silva Xavier, vigário dos índios manaxos, mexachalis, coma-

---

[11] Advertência de um inquiridor nos Autos de Perguntas ao Alferes Tiradentes (1ª Inquirição, 22/5/1789), em *Autos de Defesa da Inconfidência Mineira*, vol. 4, p. 36. Cf. Carlos Guilherme Mota, *Ideias de revolução no Brasil e outras ideias*, São Paulo, Globo, 2008, p. 159.

O sistema colonial: Inconfidências e o sentido geral da crise

naxos e cuietés. Era primo em primeiro grau de frei José Mariano da Conceição Veloso, o autor da laureada *Flora Fluminensis* (1790).

Endividado, tentou trabalhar no comércio, mascateando em Minas Novas. Entrou para o Batalhão dos Dragões em 1775, no posto de alferes, o primeiro de sua carreira. Passados 13 anos, ainda estava no mesmo posto, preterido nas promoções por quatro vezes, e, por isso mesmo, ressentido. No governo de Rodrigo José de Menezes, chegara a comandar o destacamento que patrulhava o Caminho Real, na serra da Mantiqueira. Teve sesmarias e lavras, que, entretanto, tinham sido penhoradas anteriormente por um ferreiro, inventariadas no sequestro de seus bens, como se lê nas páginas dos *Autos de Devassa*.

Era protegido e padrinho da filha de Domingos de Abreu Vieira, com quem frequentemente jogava cartas. Recebeu, por serviços prestados, pagamentos de Joaquim Silvério dos Reis, seu amigo pessoal. Licenciado de seu batalhão, foi tentar a vida no Rio de Janeiro, com planos de fornecer água potável para a população. Já estivera no Rio em 1778, nas tropas para a defesa da cidade. Agora, tinha projetos para represar o rio Andaraí.

Não muito antes do anúncio da derrama, confabulou com Álvares Maciel, então com 27 anos, recém-chegado da Inglaterra e bem informado sobre o sistema fabril inglês. Nessa ocasião discorreram sobre a riqueza de Minas e a possibilidade de transformar-se a região em uma república independente. A ele e ao tenente-coronel Francisco de Paula Freire de Andrade, comandante dos Dragões, em cuja casa reuniam-se os inconfidentes, caberia a tarefa de cuidar da propaganda da tropa e envolver a cavalaria dos Dragões.

Freire de Andrade (cunhado de Álvares Maciel e, há mais de dez anos, comandante dos Dragões) era membro da nobreza da terra, muito embora fosse filho ilegítimo do segundo conde de Bobadela e de Maria Correia de Sá e Benevides, cujos pai e tio foram governadores de Minas. Mas agora o chefe militar vinha fazendo extorsões abusivas, superdimensionando os gastos militares (das listas de pagamento constavam mais tropas do que na realidade existiam...) e utilizando-se do posto em benefício próprio. De tal modo, que o visconde de Barbacena, presidente da Junta da Fazenda, vinha agora também para "reformar os costumes".

Nesse contexto, Freire de Andrade fora simpático à conspiração para a revolução. A ação seria contundente: com a derrama, eles levantariam o povo amotinado, proclamariam a república; e grupos armados dirigidos pelos inconfidentes iriam para a cidade. Detalhe importante: a tropa dirigida por Freire de Andrade chegaria atrasada, e os revoltosos, infiltrados na escolta do governador visconde de Barbacena, o assassinariam em Vila Rica. Tiradentes, exibindo a cabeça do governador, perguntaria então o que queriam os amotinados. Em Vila Rica, ficariam duzentos homens aquartelados, enquanto cem outros montariam emboscadas ao longo do caminho das serras para o Rio e outros, ainda, guardariam o caminho para São Paulo.[12]

O programa dos inconfidentes

> "A sociedade que conheceu a expansão da cultura do ouro era marcadamente estamental."
>
> Lourival Gomes Machado[13]

O programa da Inconfidência[14] foi elaborado pelos líderes dessa elite ilustrada, em que se incluíam magistrados, padres e advogados que, como vimos, acompanhavam os acontecimentos das lutas de libertação colonial dos Estados Unidos e animavam-se com a obra do abade francês Raynal (dela, como se constata na leitura dos *Autos de Devassa*, o cônego Vieira da Silva sabia trechos de cor).

Das questões a serem resolvidas, a fiscal era a mais urgente: todos os devedores da Fazenda Real deveriam ter suas dívidas perdoadas. Do programa da República a ser implantada, constava a decisão sobre a capital, que deveria ser instalada em São João del-Rei, onde haveria uma Casa da Moeda, operando com taxa fixa de $500 réis por oitava de ouro (havia escassez de moeda circulante em Minas, com taxa de câmbio fixada em nível extremamente baixo).

Gonzaga seria o primeiro governador, durante três anos. Haveria um parlamento central na capital e parlamentos nas cidades principais, subor-

---

[12] A melhor descrição dessa trama encontra-se no capítulo 5 — e depois, também da farsa, no capítulo 6 — do livro de Kenneth Maxwell, *A devassa da Devassa*, cit.

[13] Lourival Gomes Machado, *Barroco mineiro*, introdução de Francisco Iglésias, apresentação de Rodrigo Melo Franco de Andrade, fotografias de Benedito Lima de Toledo, São Paulo, Perspectiva, 1969, p. 127. Ver os capítulos "O barroco e o absolutismo" e "O barroco em Minas Gerais", fundamentais para a compreensão da arte na sociedade colonial.

[14] Ver mais detalhes no referido capítulo 5 da obra de Kenneth Maxwell, *A devassa da Devassa*, cit., pp. 151 e ss.

dinados ao central. Preconizava-se também implantação de indústrias, proibidas pelo famoso alvará de Maria I, de 1785. Para tanto, seriam ampliadas as frentes de mineração e construídos depósitos de ferro. Além disso, criar-se-iam fábricas de pólvora.

Não haveria exército permanente, mas cidadãos autorizados a portar armas e servir à milícia nacional. Os cidadãos deveriam usar roupas produzidas em Minas, e não haveria distinções sociais no vestuário, cada um se vestindo como quisesse. Nos *Autos de Devassa*, há várias menções à existência de apoios ao levante no Rio e em São Paulo, condição que Freire de Andrade considerava essencial para o sucesso da revolução.

Seria criada uma universidade. Há suspeitas — e mesmo indícios — de que, sabendo do que estava por vir, filhos de família deixaram de ir para Coimbra, na expectativa de formarem-se na terra. Além disso, desde que mantivessem professores, casas de caridade e hospitais, padres poderiam recolher dízimos. Mulheres que tivessem um certo número de filhos teriam um prêmio (bolsa) pago pelo Estado. O distrito de diamantes de Serro Frio, controlado por severas restrições de lei, seria liberado.

Houve impasse quanto à execução do governador. Mas Tomás Antônio Gonzaga foi favorável a esse ato revolucionário extremo, para marcar o não retorno da revolução, pois, segundo dizia: "O Bem Comum deve prevalecer sobre o particular".[15]

Também o padre Carlos Correia de Toledo era radical quanto ao destino dos europeus habitantes da capitania, mas o impasse maior foi quanto à abolição da escravidão: Maciel a temia, dado o número de escravos negros, que era elevado e que poderiam extrapolar em suas aspirações, acabando por se contrapor aos brancos. Além disso, quem iria trabalhar nas minas? Alvarenga, grande proprietário de escravos, era por sua libertação, por julgar que eles se animariam na defesa da nova ordem em que teriam um lugar. Segundo ele, "um negro com uma carta de alforria na testa era capaz de tudo".[16]

Também foi aventada uma solução de compromisso: a de que só os negros e mulatos nativos deveriam ser libertados, no interesse da defesa do Estado — não se fazendo menção a compensações.[17]

---

[15] *Apud* Kenneth Maxwell, *A devassa da Devassa*, cit., p. 152.

[16] *Ibidem.*

[17] *Ibidem.* Aí se mostram as controvérsias entre os inconfidentes.

260   História do Brasil: uma interpretação

Finalmente, a bandeira. Tiradentes propôs que fosse adotado o triângulo representando a Santíssima Trindade, com alusão às cinco chagas de Cristo crucificado, presente nas armas portuguesas. Já Alvarenga propôs a imagem de um índio quebrando os grilhões do colonialismo, com a inscrição *"Libertas quae sera tamen"* (Liberdade, ainda que tardia), do poeta latino Virgílio, a que foi adotada e consagrada.

Mais que nativista, poderia, nesses ideólogos da revolução, ser detectado um traço nacionalista? Alvarenga, ao fim de uma reunião de conjurados, recitou o *Canto Genetlíaco*, de sua autoria, de tom indianista. Tal sentimento indianista, todavia — é ainda Maxwell quem observa —, era mais "um reflexo da emoção literária e nacionalista do que de qualquer pretensão a tipo de grandiosa sociedade miscigenada, como a antevista por Pombal e pelo duque Silva-Tarouca 25 anos antes".[18] Gonzaga fala de poderem se "levantar os povos do Brasil", sendo um dos raros personagens que parece pensar o Brasil em termos mais abrangentes, menos regionalistas.

Quanto aos contatos de Tiradentes fora de Minas, é possível que os tivesse, de fato, bem sólidos no Rio, com comerciantes abastados. Talvez o alferes tenha trabalhado a serviço deles, para sondar a reação dos mineiros à proposta de independência, pois, nessa altura, quando por lá andou em setembro de 1788, as manufaturas de produtos têxteis tinham sido fechadas, e o vice-rei obrigara seus proprietários a desmontá-las e enviá-las para os armazéns reais. Treze teares foram remetidos em navios de guerra para Lisboa. Nessa perspectiva, um levante no Rio, associado a apoios em Minas e São Paulo, poderia ser uma boa alternativa para esses cariocas compulsoriamente falidos.

Mas a trama e o arco revolucionário de forças pode ter sido mais amplo, envolvendo ligações interconectadas: José Álvares Maciel e José Joaquim da Maia, ex-colegas em Coimbra; Maciel e Tiradentes, amigos em Vila Rica; e Thomas Jefferson e, novamente, José Joaquim da Maia, em Nîmes. As datas dos contatos são muito próximas para que eles não tivessem ciência uns dos outros e da problemática que viviam.

Com efeito, em 1787, entre 4 e 8 de setembro Tiradentes comparece ante a Chancelaria da Corte,[19] e aí obtém, *in loco*, aprovação por parte do

---

[18] *Ibid.*, p. 153.

[19] Arquivo Histórico Ultramarino, cod. 316, fls. 166, segundo o controvertido estudo de Isolde Helena Brans, "Thomas Jefferson and the Vendek Mission", apresentado

Conselho Ultramarino de sua petição reivindicando licença para "vir a Lisboa cuidar de interesses pessoais". Também paga as taxas dos "novos direitos" devidos ao Tesouro, retirando a autorização ("provisão de licença") em 8 de setembro.

Tal licença permite que se vincule sua discutida ida à Europa à missão secreta de Álvares Maciel, do grupo dos 12 de Coimbra, que fizeram o pacto pela independência. Maciel, aliás, pode ter sido o primeiro a fazer contato com Jefferson, antes de Maia.[20]

Maciel — que foi estudante da Universidade de Coimbra e recebeu, em 1785, o diploma de ciências naturais e filosofia — teria feito parte do tal pacto do grupo de 12 brasileiros e, ao que parece, foi a Paris para contatar Jefferson, o embaixador americano na França. Com a revolução, desejava criar em Minas uma universidade e lecionar matemática.

Em agosto de 1785, José Joaquim da Maia Barbalho, que teria feito parte desse grupo dos pactuantes de Coimbra, vai para a França e inscreve-se como aluno de medicina na Universidade de Montpellier. Escola frequentada por portugueses e brasileiros, nela também se inscreveram, no mesmo curso, em dezembro de 1785, mais dois brasileiros: o carioca José Mariano Leal e o mineiro Domingos Vidal Barbosa, de Juiz de Fora.

Dos pactuantes mineiros citados, José Joaquim da Maia, ao transferir-se para Montpellier em agosto de 1785, encontrava-se em estado adiantado de tuberculose e, pelo visto, emprestou seu nome aos demais. Nesse momento, andavam mal as tratativas de Jefferson com os diplomatas portugueses para acordos comerciais entre os EUA e Portugal, dada a resistência dos lusos, criando-se então o contexto propício para se estabelecerem relações com os revolucionários na colônia.

Em outubro de 1786, o embaixador Jefferson recebia a carta do brasileiro "Vendek" — o primeiro contato feito pelo estudante de medicina em Montpellier, propondo encontro em Paris. Ao pé da carta escreveu: "José da Maia". Não se sabe ao certo se "Vendek" era o nome de guerra apenas de Maia, ou o de vários brasileiros do grupo de Coimbra. O embaixador americano e o estudante mineiro teriam estado juntos, no mesmo hotel em Nî-

em 22/9/1993 no *Seminar Thomas Jefferson and the Independence in the Americas: The Case of the Conjuração Mineira in Brazil*, Washington, Library of Congress, 1993.

[20] Quanto ao encontro com Jefferson, existe um artigo publicado por Felisberto Caldeira Brant Pontes, em 27 de novembro de 1872, no *Jornal do Commercio* (citado também por Isolde Brans).

262   História do Brasil: uma interpretação

mes, discretamente, por sugestão do revolucionário da Independência dos Estados Unidos, em 21 de maio de 1787, quando trocaram informações, tendo "o ministro da América inglesa" prometido barcos e pessoas se os revolucionários brasileiros, além de pagarem os soldados, comprassem "peixe salgado e trigo".[21]

Em maio de 1787, Thomas Jefferson escreve um bem informado relatório a seu governo, descrevendo a situação do Brasil e a disposição para um levante. Em contraposição, sua correspondência ressalta seu ceticismo quanto ao governo português, falando do "caráter letárgico de seu embaixador" Luís Pinto de Sousa Coutinho, e da atitude de "inflexibilidade dos portugueses" em Londres, onde estava em 25 de abril de 1786 com seu patrício John Adams para negociar um Tratado de Amizade e Comércio com a corte de Saint James. "Com essa nação nada foi efetivado, e agora está decidido que eles decidiram nada fazer conosco", escreveu a James Madison na mesma data.[22]

Tiradentes em Portugal?

> "Não é [sou] pessoa que tivesse figura, nem valimento, nem riqueza."
>
> Joaquim José da Silva Xavier[23]

Nesse período, Tiradentes teria estado em Lisboa, e aí entabulou conversações sediciosas.

Maia, estudante de medicina em Montpellier, França, mantinha contatos com Maciel, filho do proprietário da fazenda dos Caldeirões, em Minas, frequentada também pelo comandante Freire de Andrade. Ora, Freire de

---

[21] Cf. *Autos de Devassa da Inconfidência Mineira*, vol. 2, Rio de Janeiro, Biblioteca Nacional, 1936-1938, 2ª ed., pp. 89-91.

[22] Cf. comunicação de Isolde Brans, "Thomas Jefferson and the Vendek Mission", cit., p. 7. E também Fernando A. Novais, *Portugal e Brasil na crise do antigo sistema colonial (1777-1808)*, São Paulo, Hucitec, 1983, 2ª ed., p. 171, sobre o "comportamento não muito abonador do idealismo liberal do autor da Declaração de Independência americana".

[23] Anotação, do escrivão Marcellino Pereira Cleto, do depoimento de Tiradentes, na 1ª Inquirição, em 22/5/1789, no Auto das perguntas feitas ao alferes. Cf. *Autos de Devassa da Inconfidência Mineira*, vol. 4, cit., p. 35.

Andrade era seu cunhado, e dele recebia informações sobre a população das minas, a capacidade de produção e os recursos locais, tendo escolhido o alferes Tiradentes para trabalhar com ele. O governador Menezes, com grande probabilidade, já vinha observando todos, pois em julho de 1786 a fazenda sofreu invasão de soldados em "busca de papéis".

No início do ano seguinte, em janeiro e fevereiro de 1788, três projetos de Tiradentes foram apresentados à rainha de Portugal: o plano de construção de um porto na praia dos Mineiros, no Rio de Janeiro, para o transporte de gado; o segundo, era para a construção de aquedutos, a fim de fornecer água potável para o Rio de Janeiro; e o terceiro, de um silo para armazenar trigo e outros cereais no porto da mesma cidade, entre a ponte da alfândega e o armazém do cais da Lapa. A rainha enviou uma cópia desses projetos ao vice-rei no Rio, solicitando sua opinião.[24] Os documentos foram trazidos pelo barco de guerra *Nossa Senhora de Belém*, que saiu de Lisboa em 7 de fevereiro de 1788 e chegou ao Rio em 24 de maio. A demora na resposta e o governo não ter aceitado os projetos do alferes devem tê-lo precipitado nas águas da insurreição.

Da Inconfidência, restam inúmeras questões aguardando pesquisas mais aprofundadas, como o "suicídio" de Cláudio Manuel da Costa e a participação do governo no assassínio dessa figura proeminente e ilustrada. Ou o envolvimento de tantos membros do governo colonial, bem como o radicalismo de Gonzaga. Outro problema reside, ainda, na decisão do visconde de Barbacena de suspender a derrama, também pela suspeita. E a participação do denunciante Silvério dos Reis (a derrama precedeu a denúncia). Ou os difíceis caminhos trilhados pelas filhas de Tiradentes, obrigadas a fugir, indo em direção a Campanha, na região da serra das Águas, em Minas Gerais.

Outra questão fundamental, mal resolvida ou pouco estudada, é a relacionada aos tipos de consciência dos escravos, pois, por certo, existiu algum tipo de consciência político-social. Ou então uma outra, mais geral: a de seus destinos.

Finalmente, a cabeça decepada de Tiradentes. Ficou exposta com as outras partes esquartejadas de seu corpo, mas, no quinto dia, desapareceu para sempre, engendrando hipóteses, lendas e mitos que alcançam os dias atuais.

Sobre seu martírio, o historiador Kenneth Maxwell concluiu:

[24] Cf. Isolde Helena Brans, *Tiradentes face a face*, Rio de Janeiro, Xerox do Brasil, 1992.

"Era óbvia a sedução que o enforcamento do alferes representava para o governo português: pouca gente levaria a sério um movimento chefiado por um simples Tiradentes (e as autoridades lusas, depois de outubro de 1790, invariavelmente se referiam ao alferes por seu apelido de Tiradentes). Um julgamento-exibição, seguido pela execução pública de Silva Xavier, proporcionaria o impacto máximo, como advertência, ao mesmo tempo que minimizaria e ridicularizaria os objetivos do movimento: Tiradentes seria um perfeito exemplo para outros colonos descontentes e tentados a pedir demais antes do tempo."[25]

A IDEOLOGIA DE TIRADENTES

Acerca da visão de mundo do alferes, sua ideologia e percepção do processo revolucionário, pode-se concluir terem sido elas informadas pelos valores das camadas superiores. Apesar de ele não ter deixado textos ou anotações, dificultando assim o conhecimento efetivo de suas ideias, não é difícil, com base em suas respostas no processo e em informações dadas por denunciantes sobre sua pessoa nos *Autos de Devassa*, surpreender em suas expressões certo classismo — e mesmo racismo —, inerente a tal ideologia.

Tiradentes é certamente um caso de falsa consciência, pois andava anestesiado por valores de uma camada social diferente da sua — a de um segmento desajustado no quadro do sistema colonial, informado pelos valores dos círculos ligados à propriedade. Afinal, não queria revolucionar, mas sim "restaurar". Não cabem, de alguma forma, para Joaquim José, as palavras de seu contemporâneo Luís dos Santos Vilhena, segundo o qual "o certo é que os bons vêm muitas vezes a parecer maus por julgarem os outros homens por si, no que se enganam de ordinário"?[26]

A imagem de Tiradentes seria apagada da memória histórica do país durante todo o período imperial, quando o sistema político-cultural era controlado diligentemente pela ação dos áulicos do nem sempre ilustrado despotismo bragantino. Mas, com nova roupagem, seria reabilitada pela República.

[25] Kenneth Maxwell, *A devassa da Devassa*, cit., p. 216.

[26] Luís dos Santos Vilhena, *Recopilação de notícias soteropolitanas e brasílicas*, Salvador, Imprensa Official do Estado, 1921, *apud* Carlos Guilherme Mota, *Ideia de revolução no Brasil*, cit., p. 129.

Os inconfidentes deixaram frases, palavras de ordem ou de remorso, e ideias — algumas de profundo efeito retórico — que se incluem entre as melhores do pensamento que começava a querer-se brasileiro. Duas delas, de autoria de Gonzaga, são encontráveis nos *Autos de Devassa*. Sobre a tentativa de Revolução, disse ele, procurando escapar de seus algozes, que "[...] não podia ser senão uma hipótese de potência e não de ato".[27]

Quanto às possíveis glórias que a Revolução, se vitoriosa, poderia eventualmente trazer ao advogado Gonzaga, o historiador mineiro Francisco Iglésias sempre lembrava um verso, que considerava o melhor da lavra do poeta inconfidente: "As glórias que vêm tarde já vêm frias".[28]

A crise se aprofunda:
"Conjuração dos Alfaiates", Bahia (1798)

> "Um governo de igualdade, de brancos, pardos e pretos, sem distinção de cores [...] [com gente com] capacidade para mandar e governar [... saqueados] os cofres publicos, e reduzido todos a um só, para dele se pagar as Tropas, e assistir as necessárias despesas do Estado [...] e se devia conservar as Pessoas de Letras e tudo pertencente a Religião por Política [... para] evitar uma guerra civil."
>
> Manuel Faustino dos Santos Lira, 1798[29]

> "O melhor era esperar que viessem os Franceses, os quais andavam nessa mesma diligência pela Europa, e logo cá chegarão [...] cuidado com essa canalha Africana e... que o tempo pede circunspecção."
>
> Cipriano Barata, 1798[30]

---

[27] *Autos de Devassa da Inconfidência Mineira*, vol. 4, Rio de Janeiro, Biblioteca Nacional, 1936-1938, p. 266, nos autos de perguntas a ele feitas.

[28] Opinião manifestada por Francisco Iglésias, em conversa com o autor Carlos Guilherme Mota, em Ouro Preto, em 1970. O verso de Gonzaga citado está na "Lira 14", da primeira parte de *Marília de Dirceu*.

[29] *Autos de Devassa do levantamento e sedição intentados na Bahia em 1798*, vol. 35, cit., pp. 13-4. A respeito de Manuel Faustino dos Santos Lira, mulato, alfaiate, 22 anos, ver Carlos Guilherme Mota, *Ideias de revolução*, cit., pp. 105-9.

[30] *Ibid.*, pp. 16 e 184. Cipriano José Barata de Almeida (1762-1838) era branco, médico e proprietário.

No mesmo ano de 1789, quando eclodiu a sedição nas minas, o Antigo Regime ruiu na França, acelerando e aprofundando o amplo processo revolucionário que culminou com as independências das colônias ibéricas nas Américas do Sul e Central. Processo que adquiriu uma dimensão bicontinental, a ponto de levar os historiadores Jacques Godechot, de Toulouse, e Robert Palmer, de Princeton, a formularem a ideia de uma abrangente "Revolução Atlântica", tese polêmica que vem sendo revalorizada.

Com efeito, o Atlântico tornou-se cenário de circulação de livros e ideias, e de revolucionários, militares, exilados, maçons, bonapartistas, absolutistas, clérigos, artistas, comerciantes, vagabundos e, até mesmo, da transmigração de uma corte imperial inteira, que acompanhou o príncipe regente português, João, da Casa de Bragança, atabalhoadamente para o Brasil. De fato, Jefferson, Miranda, Thomas Paine, Adams, Toussaint Louverture, Arruda Câmara, Tomás Gonzaga, José Bonifácio, entre muitos outros, cruzaram o oceano, com ideias fervilhando em seus cérebros, animados por projetos de reforma — por vezes radical — da ordem do Antigo Regime. Além das ideias dos revolucionários norte-americanos, numa direção, os manifestos dos revolucionários franceses atravessaram o Atlântico na direção contrária, despertando sede de mudanças nas lideranças coloniais.

No Brasil, inventários de bibliotecas de conjurados, letrados, reformistas e revolucionários vêm revelando o alto nível de informação e articulação de ideias e projetos da Época das Luzes, do enciclopedismo e da Revolução.

Em Salvador, na Bahia, a insatisfação difundiu-se pelos vários segmentos da população, sobretudo os mais pobres, em virtude da grave carestia. Tal situação foi diagnosticada com surpreendente agudeza pelo professor de grego Luís dos Santos Vilhena, contemporâneo da Conjuração dos Alfaiates, cuja *Recopilação de notícias soteropolitanas e brasílicas* constitui fonte inesgotável de informações sobre a Bahia daquele tempo, principalmente para a compreensão das condições em que se deram os conflitos sociais e tensões com a Coroa que examinamos nesse período. Fornece dados concretos, como a falta de alimentos e de produtos importados da Europa, o que estimulava queixas constantes contra as autoridades metropolitanas. Além disso, as ideias dos filósofos Rousseau e Voltaire somadas à *Declaração dos direitos do homem*, proclamada na França em 1789, circulavam entre os membros de sociedades secretas de Salvador. O terreno para a revolta estava preparado.

O sistema colonial: Inconfidências e o sentido geral da crise

A REVOLTA. BRUTALIDADE (SELETIVA) DA REPRESSÃO

Em 12 de agosto de 1797, as paredes das casas de Salvador amanheceram cobertas de cartazes convocando a população para aderir à revolução. Os revolucionários baianos eram republicanos. Entre seus líderes, havia alfaiates, sapateiros, militares, cabeleireiros, escravos, e toda sorte de homens livres pobres. Pregavam a liberdade dos indivíduos, e a igualdade e liberdade de comércio. Mas os ideais dos revolucionários baianos diferiam daqueles sustentados pelos rebeldes mineiros, na medida em que pregavam uma revolução contra a ordem escravista da colônia, a "opulência" e a propriedade.[31]

Tal como aconteceu em Minas Gerais, o movimento dos revolucionários baianos foi denunciado às autoridades, neste caso por José da Veiga. Alguns revolucionários conseguiram escapar, outros foram presos e processados. Aqueles de extração social mais baixa foram condenados à morte, ao açoitamento e ao degredo. E os quatro revolucionários principais foram presos e enforcados em ritual de punição exemplar. Conforme a tradição colonial portuguesa, as principais vítimas eram sempre de origem humilde, mulatos, e, no caso, pertenciam à camada dos homens livres pobres. Já os escravos que participaram foram mortos ou vendidos para o Sul da colônia. Mas os membros da elite que participaram do movimento foram absolvidos.

A repressão foi violenta. No dia 8 de novembro de 1799, onze condenados foram levados à forca, construída mais alta que a anterior, para melhor visualização do espetáculo da punição exemplar, rigorosa e pública. Saíram da cadeia acompanhados de "numerosa guarda formada por soldados do Regimento Velho, muitos eclesiásticos regulares e seculares, e comandando o cortejo, segundo o costume, os Juízes de Fora e o do Crime, 'com chapéus desabados na cabeça, cheios de plumas', a cavalo".[32]

---

[31] Ver especialmente os estudos de Ubiratan Castro de Araújo, "A Bahia no tempo dos alfaiates"; de Luís Henrique Dias Tavares, "Questões ainda não resolvidas na história da Sedição de 1798"; e de Marco Morel "O caso de Cipriano Barata em 1798", contidos em *II Centenário da Sedição de 1798 na Bahia*, Salvador/Brasília, Academia de Letras da Bahia/MinC, 1999.

[32] Cf. István Jancsó, *Na Bahia contra o Império: história do ensaio de sedição de 1798*, São Paulo/Salvador, Hucitec/Editora da Universidade Federal da Bahia, 1996, p. 13. A descrição do processo, precedida de uma sólida análise histórico-historiográfica,

Os revolucionários Manuel Faustino dos Santos Lira e Lucas Dantas do Amorim Torres seguiram para o patíbulo escoltados pela guarda em armas e foram executados. Sete outros foram levados juntos, para aplicação de pena vil de açoite e degredo na África, e postos fora das fronteiras do império português, entre eles, Manuel de Santana e Luís da França Pires. Romão Pinheiro, mulato, soldado granadeiro e alfaiate, de 22 anos, teve a pena de morte comutada para a aplicação de açoites e envio ao degredo, com outros 32 réus arrolados no processo.

Francisco Moniz Barreto de Aragão — branco, 32 anos, professor de gramática latina de Rio de Contas, também condenado a açoitamento, forca e esquartejamento — teve sua pena comutada, visto ter recorrido e evocado os privilégios derivados de suas raízes na nobreza dos senhores de Angeja Marialva, Soure de Aveyras e outros. O condenado, "do sangue dos Monizes", teve a pena reduzida para um ano de prisão na cadeia pública da cidade e perda da cadeira de professor. Afinal, um nobre não poderia ser açoitado em praça pública, ao contrário do que ocorreu com o escravo Manoel da Vera Cruz, levado ao pelourinho para 500 chibatadas bem aplicadas.

Os nove condenados foram a pé ao patíbulo, mas João de Deus do Nascimento e Luís Gonzaga das Virgens recusaram-se a participar do ritual, sendo carregados em "palanquins cujas paredes foram retiradas para que o povo os visse agrilhoados aos encostos das cadeiras, 'carregados por negros', para grande consternação — e posterior elevação — de frei José de Monte Carmelo, carmelita descalço, a quem competia obrar pela salvação de suas almas".[33]

Foi dia de muitas missas, atos de misericórdia, efervescência de clérigos, medo e dor. Uma página formidável para historiadores das mentalidades, estudiosos dos rituais, dos costumes, das ideologias, da religiosidade, da violência, da revolução e da contrarrevolução em situação colonial. Para o

encontra-se neste belo livro. As obras precursoras — Luís Henrique Dias Tavares, *História da sedição intentada na Bahia em 1789*, São Paulo/Brasília, Pioneira/INL, 1975; e Katia M. de Queirós Mattoso, *Presença francesa no movimento democrático baiano de 1798*, Salvador, Editora Itapuã, 1969 — são referenciais. Mais recente, o livro de Marco Morel, *Cipriano Barata na Sentinela da Liberdade*, Salvador, Academia de Letras da Bahia/Assembleia Legislativa do Estado da Bahia, 2001, abre nova perspectiva para a compreensão da atuação e dos limites das ideias de revolução no longo processo de descolonização.

[33] István Jancsó, *Na Bahia, contra o Império*, São Paulo, Hucitec, 1995, p. 15.

ato das execuções, a praça foi cercada pelo Regimento Novo e de Artilharia. Quando o cortejo chegou à praça, os soldados apontaram suas armas para a multidão, em posição de tiro, para o caso de haver insurreição ou tumulto. As fardas de Lucas Dantas e de Luís Gonzaga, do Regimento Velho, foram rasgadas por companheiros fardados, e os dois subiram ao patíbulo impenitentes, pois fingiram o tempo todo estarem loucos. Mas acabaram aceitando fazer a confissão, para, abandonados pela misericórdia dos homens, abrigarem-se na de Deus.

Executados e esquartejados, seus pedaços ficaram em espaço público, ao ar livre, como prescrevia a lei. A cabeça de João de Deus foi exposta perto da igreja de Nossa Senhora da Ajuda, e seus pedaços, no cais; a cabeça de Lucas Dantas foi posta no Dique e a de Manoel Faustino, sem teto, na porta da casa de João de Deus, que frequentava. Mas a exposição das partes resultantes do esquartejamento não durou até que "o tempo as consumisse", como mandava a lei, pois intervieram o provedor da Saúde de Salvador e o médico e cirurgião do Senado, para preservação da população, dado o apodrecimento e o mau cheiro.

A PROFUNDIDADE DA REBELIÃO

As atitudes dos revolucionários prenunciavam um tempo no qual os ideais de liberdade e igualdade marcariam os povos do mundo, com as revoluções liberais e nacionais e com a descolonização.

O movimento desenvolvera ramificações no Recôncavo e, tudo leva a crer, também no centro da capitania, irradiando-se para Pernambuco e Maranhão. É importante assinalar que estiveram mais ou menos comprometidos com a insurreição homens da elite colonial dirigente, como José da Silva Lisboa, Cipriano Barata de Almeida e Agostinho Gomes, figuras de crescente destaque no processo de descolonização que se iniciava. O que sugere a existência, a exemplo do que ocorreu na Inconfidência Mineira, de efetivo envolvimento de parcela da elite branca colonial, que logo desempenhará papel de relevo no processo de Independência.

No fim do século XVIII, a Revolução Francesa, sobretudo após seus desdobramentos radical-democráticos em 1793, sinalizou — tanto no plano internacional como na variedade de alternativas batalhadas pelos reformistas e revolucionários de variada gama de extrações sociais — a derrocada do Antigo Regime e a ruína do antigo sistema colonial. De fato, os principais estímulos externos alcançaram os revolucionários baianos, num leque amplo, que ia desde um médico, como Cipriano Barata,[34] até um militar e cabelei-reiro, como Manuel Faustino. As regras do jogo mundial sofreriam mudanças ainda mais profundas ao longo do século seguinte.

O sentido geral das Inconfidências

A análise da extração social dos revolucionários indica claramente que em Minas a inquietação estava lastreada pela propriedade (de lavras, de terras de lavoura, de gado e de escravos): a revolução foi intentada por homens de posse. "Homens de possibilidades", diria Tiradentes. Por esse motivo é que a revolução das colônias inglesas, orientada pela classe dos proprietários, funcionou como modelo estimulante. A afinidade não se dera por acaso. O conceito de "independência" surgiu mais límpido nas minas: para esses homens *proprietários*, devedores da Coroa, a situação colonial pesava. O modelo é tomado em outra área igualmente *colonial*. Por aí se entende a grande divulgação de histórias das colônias inglesas entre os mineiros: simplesmente porque o problema a ser resolvido em Minas era *mais colonial que social*.

Já na Bahia, em 1798, a inquietação era orientada por pessoas de "baixa esfera", pequenos artesãos, ex-proprietários de lavoura de cana, militares de baixo escalão. A revolução foi intentada contra a "opulência". O problema era *mais social que colonial*. O modelo foi buscado na história da França, em área *não colonial*. Por esse motivo verificou-se, em Salvador, maior circulação de conceitos como "riqueza", "miséria", "opulência" que de outros como "independência". De alguma forma, o problema social anestesiou as consciências revolucionárias baianas, fazendo-as esquecer a situação colonial, na medida em que era valorizado um modelo metropolitano europeu, como o francês. A revolução, em Salvador, foi intentada por pessoas de camadas não proprietárias, e só nesse sentido foi mais profundo o movimento do que o de Minas.[35]

---

[34] Sobre a medicina no Brasil no século XVIII, ver o importante livro de Márcia Moisés Ribeiro, *A ciência nos trópicos: a arte médica no Brasil do século XVIII*, São Paulo, Hucitec, 1997.

[35] Carlos Guilherme Mota, *Ideia de revolução no Brasil*, cit., p. 128.

Professor Vilhena:
um reformista ilustrado na colônia

"Não mostra a evidência que tudo isto são obstáculos para a população? [...] Urge acelerar a reforma que se carece no Brasil."

Luís dos Santos Vilhena, 1801[36]

Desse período, quem traçou o melhor retrato social, político e cultural da colônia foi o professor Luís dos Santos Vilhena (1744-1814), escrito tendo como motivação sua vida difícil na cidade de Salvador. Esta era o principal centro urbano do hemisfério sul, e desde 1763 deixara de ser a sede do Vice-Reinado. Vilhena, contemporâneo de Gonzaga, "vivendo em colônia" em outra capitania, também sofreu grave desajustamento em face da ordem estabelecida, agravado com suas doenças de pele e a saúde precária de sua mulher.

A crise geral do sistema foi mais bem percebida na Bahia por esse professor alentejano, autor da já referida *Recopilação de notícias soteropolitanas e brasílicas* (1802), o melhor inventário crítico da vida e dos problemas do sistema colonial na virada do século. Com fina percepção, Vilhena, professor régio tendo formação militar, detectou os conflitos naquele mundo colonial, enfatizando que "as relações de litígio" no interior daquela sociedade só podiam ser resolvidas "por quem pode, quer e manda".

Vilhena era um desses notáveis professores régios da constelação pombalina que, no Brasil, representavam a tendência reformista da Ilustração. Com seus conselhos ao poder central, não desejava a revolução, embora fosse contemporâneo da sedição intentada em Salvador. Era ele professor titular da cadeira de grego em Salvador, cujo primeiro ocupante, de 1783 a 1787, fora José da Silva Lisboa, o futuro visconde de Cairu; e ambos faziam parte da "estrutura de transmissão da cultura" criada por Pombal. Amigo de Rodrigo de Sousa Coutinho, o conde de Linhares, o professor repetia com modéstia: "Escrevo cartas, e não histórias".

---

[36] Esta epígrafe e as demais citações deste item provêm da obra de Vilhena, *Recopilação de notícias soteropolitanas e brasílicas*, vol. 2, cit., pp. 931-7, que mereceu análise, pouco lembrada, de Leopoldo Jobim, *Ideologia e colonialismo: um estudo sobre o pensamento político e econômico no Brasil setecentista*, Rio de Janeiro, Forense Universitária, 1985. Da obra de Vilhena, há edição atualizada, em três volumes, intitulada *A Bahia no século XVIII*, apresentação de Edison Carneiro, Salvador, Editora Itapuã, 1969.

Mas não eram ingênuas histórias, anedóticas ou pitorescas. Dominando um sofisticado instrumental conceitual, bebido nas melhores fontes da Ilustração, não por acaso explicou com maior agudeza que outros a razão dos conflitos que se aprofundavam na colônia portuguesa, avançando a tese de que, "apesar do melindre dos tempos [...] urgia acelerar a reforma que se carece no Brasil". Pois se deveria considerar a enorme "diferença que há do proprietário a quem não o é". A partir de tão clara observação, avança:

> "A sociedade política compõem-se de proprietários e dos que não o são; aqueles são infinitamente menos em número do que estes, o que é sabido. Pretende o proprietário comprar pelo menor preço possível um único bem do não proprietário, ou jornaleiro, como é o seu trabalho."

E Vilhena projeta tais conclusões no plano das relações sociais, em que não há mais homens neutros, mas sim "contendores": "[o não proprietário] se esforça por vendê-lo [o trabalho] pelo mais que pode, e neste litígio sucumbe de ordinário o contendor mais débil, apesar de maior em número".

Para superar tal estado de coisas, o professor propunha uma redistribuição de terras. Dessa forma, "uma infinidade de pequenos proprietários [...] terão subsistência para suas, e muitas outras famílias". Com base nessas reflexões, Vilhena sugere uma Lei Agrária que limitaria a posse das terras por um determinado tempo "pelas famílias que se achassem em cada um dos distritos atendendo não só ao número como à qualidade delas". E mais: o professor tem noção de que a mão de obra deve ser proporcional à extensão da propriedade. Não haveria liberdade total, é claro, mas sim "um Intendente da agricultura com jurisdição para punir, e obrigar os proprietários a umas tantas normas". O processo seguiria normalmente "enquanto no Brasil houvesse [terras] para repartir, e povoar".

A atualidade das ideias do professor Vilhena dispensa comentários, sugerindo, todavia, quão pouco o país avançou nos dois séculos seguintes. Da crise do sistema colonial à crise da monarquia na segunda metade do século XIX, e desta às crises republicanas de 1930, 1945, 1964 e 1984, até a crise revelada pelos atuais movimentos pela redistribuição de terras, pouco se avançou. Quase nada, de fato.

17

Descolonização portuguesa e construção do Império brasileiro (1808-1822). A Revolução da Independência (1822)

> "A construção imperial prometida pelo regente não passou de figura de retórica, com que a Coroa bragantina procurou passar à Europa a impressão de uma retirada decente para seus domínios americanos."
>
> Evaldo Cabral de Mello[1]

Uma visão de conjunto: o "longo" século XIX

Pode-se dizer que, de fato, o século XIX brasileiro teve início somente em 1808, com a chegada de João VI, acompanhado da corte e da família real portuguesa, fugindo das tropas de Napoleão, sob escolta da Armada inglesa. Abriram-se os portos "às nações amigas", dando-se estatuto privilegiado à Inglaterra, sua protetora.

Aparelhou-se o Rio de Janeiro para funcionar como nova capital do império luso-afro-brasileiro. Com enormes dificuldades, tentou-se liquidar o passado colonial e criar um Estado-nação moderno. Fundou-se o Banco do Brasil, a Biblioteca Nacional, a Imprensa Nacional e, decalcada no modelo da ex-capital lisboeta, uma rede de órgãos governamentais. Porém...

Exótica e pitoresca, a cidade do Rio de Janeiro, muito precariamente, tornou-se uma capital cosmopolita. Grande quantidade de pintores, artistas, escritores, comerciantes, diplomatas, financistas, jornalistas e um leque variado de profissionais deram um novo tom à vida social, política, econômica e artística no Brasil. A ex-colônia passou a beneficiar-se de intensa internacionalização, entrando no circuito mundial e livrando-se de alguns entraves do sistema colonial. Seus novos interesses ligaram-se aos movimentos das

---

[1] Evaldo Cabral de Mello, *A ferida de Narciso: ensaio de história regional*, São Paulo, Editora Senac, 2001, p. 76.

principais bolsas dos países centrais e a portos internacionais, como Liverpool, Havre, Nova York, Bordeaux, Baltimore, Bilbao, Barcelona e inúmeros outros. O porto do Rio reforçou sua posição nas rotas para o cabo Horn e o Oceano Pacífico, e para a Cidade do Cabo, a Ásia e a Austrália.

A presença inusitada no Novo Mundo do paciencioso príncipe regente João de Bragança, casado com a inquieta Carlota Joaquina de Bourbon, não evitou que o processo de descolonização continuasse em curso no mundo luso-brasileiro, e nele se afirmassem as novas elites nativas, com suas lideranças formadas e cientes de seu papel nos negócios do Estado e nas relações internacionais.

Tal processo, um tanto desacelerado pela transmigração da corte, revela-se na série de movimentos liberais e liberal-nacionais, desde as insurreições republicanistas no Nordeste, em 1817 e 1824, movimentos com foco em Recife (Pernambuco), a Independência em 1822, prosseguindo depois na expulsão de Pedro I em 1831 e nos conflitos, levantes e revoluções do período regencial (1830-1840). Quando Pedro II, neto de João VI, assumiu a Coroa com o golpe da Maioridade em 1840, definiu-se a "paz" do Segundo Império. Nesse percurso, o novo Estado inseriu-se no sistema mundial de dependências sob a tutela inglesa. O historiador carioca José Honório Rodrigues assinalou que o Brasil tornou-se, praticamente, um protetorado inglês durante pelo menos três décadas.[2]

Nesse longo processo, articulou-se o complexo sistema oligárquico-imperial escravista (1822-1889), cristalizando-se num modelo político e burocrático, já nacionalizado, de grande poder e complexidade administrativa asfixiante. Sob a estabilidade aparente do Império brasileiro ("uno e indivisível"), assistiu-se a uma longa sucessão de lutas e conflitos. Ao final, sob forte pressão da Inglaterra, deu-se a abolição da escravatura (1888), logo seguida da proclamação da República (1889), acontecimentos decisivos para o início da implantação de uma ordem capitalista moderna. Concomitantes, a imigração europeia e a introdução do trabalho assalariado, em substituição ao trabalho escravo, acabariam por mudar bastante a fisionomia do novo Estado-nação.

Única monarquia na América do Sul — com hábitos, mecanismos e até uma nobreza própria, criada artificiosamente após a Independência —, ao

---

[2] José Honório Rodrigues, *Independência: revolução e contrarrevolução. A política internacional*, Rio de Janeiro, Francisco Alves, 1975, ver principalmente as páginas 66-87.

longo do século plasmou-se no Brasil uma sociedade aristocrática de mentalidade arraigadamente escravista. Escravismo que penetrou fundo nas instituições e, sobretudo, nas maneiras de pensar-se a vida social e política. Tinha, pois, razão o estadista da Independência, José Bonifácio de Andrada e Silva, que, sem sucesso, defendera na Assembleia Constituinte de 1823 a abolição gradual, no prazo de cinco anos, dessa "vergonha para qualquer povo civilizado". Como se sabe, o velho Patriarca, apoiador dessa primeira Assembleia (logo fechada por Pedro I), viu-se obrigado a partir, desterrado, para o exílio em Bordeaux, porto francês por excelência da burguesia comercial tricontinental ligada ao negócio de escravos.

José Bonifácio e seus irmãos perderam, pois, a parada abolicionista. Os vencedores foram o senhoriato escravista e os comerciantes "negreiros", senhores "de grossa fortuna", reforçando um padrão civilizatório que seria, anos depois, repudiado *in loco* por um dos ingleses que por aqui passavam, Charles Darwin, o pai da Teoria da Evolução. Em conhecida página de seu diário de viagem, Darwin revelou profundo desencanto — asco mesmo — com os costumes e mentalidades gerados pelo escravismo, esperando não mais ter que pisar estas terras...

Nesse período decisivo de formação histórica do Estado-nação brasileiro, travaram-se embates crescentes — no plano social e na construção da arquitetura política —, que se prolongariam pelo século afora. No Império independente, desde a revolução republicanista da Confederação do Equador em Pernambuco (1824), em que se destacou Frei Caneca, inspirada no modelo republicano estadunidense, até a Guerra dos Farrapos, no Rio Grande do Sul, as lutas sociais sinalizaram os anseios de constituição de uma sociedade fora dos limites estreitos do modelo estamental-colonial dos Bragança. Mais tarde, a Guerra contra o Paraguai (a Guerra da Tríplice Aliança, entre 1865 e 1870) revelaria o lado brutal dessa época,[3] provocando a reação dos jovens militares das camadas médias urbanas que, ao se recusarem a ser "capitães do mato" em terras estrangeiras, ampliaram as razões para o movimento republicano.

[3] Resultado do colóquio realizado na Biblioteca Nacional, sob o mesmo título, coordenado por Carlos Guilherme Mota, a convite do prof. Joaquim Falcão; ver Maria Eduarda Magalhães Marques (org.), *A Guerra do Paraguai: 130 anos depois*, Rio de Janeiro, Relume-Dumará, 1995. Para os objetivos deste livro, ver em especial os estudos de Leslie Bethell, Fernando A. Novais, Alberto da Costa e Silva, Carlos Guilherme Mota e Enrique Amayo.

Proclamada a República em 1889 (fato a indicar que o problema social era mais grave do que imaginavam os republicanos), a Guerra de Canudos[4] pôs em xeque as concepções tradicionais vigentes sobre a natureza de nossa história e de nossa sociedade. Mais adiante, já na virada para o século XX, a obra magistral de Euclides da Cunha, *Os sertões* (1902), revelaria as mazelas do Brasil profundo, mas também sua força e destino. O sertanejo, resultado de séculos de dominação e "antes de tudo um forte", emergia na história como personagem principal.

Em verdade, na história e na historiografia do Brasil, definia-se o povo nesses movimentos no campo, nos movimentos sociais urbanos, iniciados desde pelo menos 1789, indicando que setores da sociedade brasileira procuravam libertar-se das pesadas heranças coloniais.

Rumo à Revolução da Independência

A Revolução da Independência política, em 1822, foi o principal acontecimento da história do Brasil na primeira metade do século XIX.

A Independência, deflagrada no bojo da grande vaga revolucionária de 1820, que atingiu parte do mundo ocidental, inscreve-se no contexto das grandes revoluções e movimentos que marcaram o início da Idade Contemporânea. À revolução logo se seguiu uma contrarrevolução, mas nem por isso deixou de ter havido uma ruptura: embora mantendo o regime monárquico, o Brasil separou-se definitivamente de Portugal no plano político--institucional e diplomático.

Com efeito, a Revolução Americana (1776) e as Revoluções Francesas (a de 1789, mas sobretudo a de 1793), e também, a partir dos anos 1780, a primeira Revolução Industrial na Inglaterra (1760-1830), as revoluções de descolonização na América do Sul, no Caribe e no México mudaram a fisionomia da história, principalmente no mundo atlântico. Esse longo processo revolucionário cobre o intervalo que vai de 1789 a 1848, período de crise e ruptura com o Antigo Regime e com o antigo sistema colonial, denominado, pelo historiador Eric Hobsbawm, *A Era das Revoluções*, título, aliás, de livro clássico de sua autoria.[5]

---

[4] Canudos foi criada em 1893 e destruída em 1897.

[5] Edição brasileira: Rio de Janeiro, Paz e Terra, 1977.

Algumas lideranças das colônias ibéricas na América aproveitaram-se da conjuntura favorável para romper os laços políticos e econômicos com os reinos de Portugal e Espanha. Inspiraram-se, tais lideranças, no ideário fornecido pelas citadas revoluções, especialmente as da França e a das ex-colônias inglesas da América do Norte, que deram origem à República dos Estados Unidos. Entre tantos líderes, destacaram-se Simón Bolívar, San Martín, Francisco de Miranda, Bernardo O'Higgins, os independentistas brasileiros, entre os quais Abreu e Lima, que também lutou sob as ordens de Bolívar.

As guerras napoleônicas (que sucederam à Revolução Francesa), o bloqueio imposto por Napoleão aos produtos britânicos na Europa (1806-1807) e a subsequente invasão da península Ibérica (1807-1808) pelos exércitos franceses selaram a sorte da Casa de Bragança em Portugal, tradicional aliada do Reino Unido da Grã-Bretanha.

No todo, as revoluções de independência da América espanhola e portuguesa redesenharam o mapa do subcontinente: os antigos vice-reinados espanhóis e o conjunto das capitanias portuguesas tornaram-se países independentes.

O fim do regime colonial: João VI no Brasil

> "Um Brasil Soberbo por conter hoje em si o Imortal Príncipe que nele se dignou estabelecer o seu Assento."
>
> Antônio de Brito de Aragão e Vasconcelos[6]

Em 1808, o Brasil tornou-se a "cabeça de um vasto Império", nas palavras do ministro Rodrigo de Sousa Coutinho, principal estrategista português de seu tempo e discípulo do marquês de Pombal.

Nessa perspectiva, a própria transmigração da família real para o Brasil, em 1807-1808, pode ser entendida como solução inescapável na lógica do sistema de relações internacionais vigente naquela conjuntura. Lance a um só tempo trágico e genial, ocorrido num dos cenários possíveis; e de há muito mentado pela linhagem de pensamento estratégico e geopolítico que vai de Luís da Cunha a Rodrigo de Sousa Coutinho, desdobrando-se em

---

[6] Antônio de Brito de Aragão e Vasconcelos, "Memórias sobre o estabelecimento do Império do Brasil, ou Novo Império Lusitano", em *Anais da Biblioteca Nacional*, vols. 43-44. O autor foi advogado dos revolucionários de 1817.

Descolonização portuguesa e construção do Império brasileiro (1808-1822) 279

José Bonifácio. Ação que desconcertou e deixou sem saída a cúpula dirigente do império espanhol, tradicional inimigo, por sua vez vivendo séria crise na metrópole e levantes nas colônias americanas.

Embora o historiador Evaldo Cabral tenha afirmado, no brilhante ensaio "O Império frustrado", que "a elite de poder a quem o monarca confiara a tarefa de criar um novo Império carecia precisamente de visão imperial",[7] é de se obtemperar que Rodrigo de Sousa Coutinho (1745-1813), nomeado logo no início do reinado de Maria I, dera sequência a medidas e iniciativas de defesa do Império. E o historiador nota que, reputado por encarnar o espírito de renovação (e ser homem honesto, na apreciação de Hipólito José da Costa, o editor de 1808 a 1822 do jornal *Correio Braziliense*, exilado em Londres), o estadista Rodrigo "era criticado pela sua incapacidade de traduzir o programa imperial em políticas públicas".

O MENTOR DO PRÍNCIPE REGENTE

Figura controvertida, a de Rodrigo de Sousa Coutinho. Bastante citado, mas não suficientemente estudado, como observou Maria de Lourdes Viana Lyra em seu livro *A utopia do poderoso Império*.[8]

Personalidade surpreendente, o primeiro conde de Linhares marcou a vida política, econômica e cultural do império português de sua época. Apesar do julgamento severo que recebeu do historiador Oliveira Lima, que o considerava, por ser tão autoritário, um absolutista puro, situava-se na vertente ideológica do reformismo ilustrado. Com origem na antiga nobreza lusitana, era bisneto de Matias Barbosa, rico contratador de entradas dos caminhos do Rio e da Bahia para Minas Gerais, filho de Francisco de Sousa Coutinho, o governador de Angola que, no governo de Pombal, tentou unir Angola a Moçambique. Essa união transcontinental era uma velha ideia em Portugal, que seria retomada no fim do século XIX (para constituir o "mapa cor-de-rosa"), mas bloqueada pela Inglaterra imperialista, o que provocou a insurreição republicana do Porto em 1891.

[7] Evaldo Cabral de Mello, "O Império frustrado", em *Um imenso Portugal: história e historiografia*, São Paulo, Editora 34, 2002, p. 48.

[8] Ver especialmente os excelentes capítulos "A estratégia política reformista" e "O novo império lusitano", na obra de Maria de Lourdes Viana Lyra, *A utopia do poderoso Império: Portugal e Brasil, bastidores da política (1798-1822)*, Rio de Janeiro, 7 Letras, 1994.

Mais importante que tudo isso, Rodrigo era afilhado de batismo do marquês de Pombal e, desde a juventude, fora preparado para atuar no governo português. Sua formação inicial deu-se no Colégio Real dos Nobres e na Universidade de Coimbra. Em 1778, foi enviado como ministro plenipotenciário ao reino da Sardenha, passando um ano em viagem de observação e estudos, antes de instalar-se em Turim. Esteve em Madri, onde seu pai era embaixador, em Paris e em Fontainebleau, quando manteve contatos com D'Alembert e o abade Raynal, e finalmente na Suíça, onde observou "o governo democrático".

Nesse circuito, pôde aprimorar sua visão a respeito de impostos e política fiscal, de reforma do Estado, do equilíbrio europeu, da disputa entre as grandes potências e o papel da Marinha, das comunicações, dos recursos minerais; e da abolição do sistema de contratos e da administração em geral. Formou-se no momento adequado para ajudar na orientação do governo de João, que, em 1798, assumiria o título de Príncipe Regente, embora já atuasse desde 1792 em nome de sua mãe dementada, a rainha Maria I.

Em plena maturidade de seus 50 anos, Rodrigo seria o organizador da política geral do Reino e de Ultramar, reunindo informações e estudos dos membros da Academia Real de Ciências de Lisboa, da qual era sócio. Atento, e contra os "abomináveis princípios franceses", elaborou, entretanto, um programa de reformas baseado em ideias do abade Raynal, na concepção de império atlântico de Adam Smith e nas propostas do bispo Azeredo Coutinho. Como se sabe, este foi o fundador do Seminário de Olinda, para a formação das elites dirigentes da colônia, um dos principais focos do reformismo ilustrado e, depois, de ideias de revolução no Brasil.

Na metrópole, após a criação da Casa Literária Arco do Cego, em 1798, recrutaram-se estudantes vindos do Brasil, para tradução dos estudos científicos e técnicos produzidos em países mais avançados e para edição de guias práticos que divulgassem o conhecimento experimental na colônia. Entre membros atuantes do Arco do Cego, citem-se Manuel de Arruda Câmara, frei José Mariano da Conceição Veloso e Hipólito José da Costa. Nesse mesmo ano, após uma década de estudos e pesquisas em centros dos mais adiantados da época, os mineralogistas José Bonifácio de Andrada e Silva e Manuel Ferreira da Câmara retornavam a Portugal. Este último, nomeado intendente geral das Minas na colônia, e José Bonifácio, intendente geral das Minas e Metais no reino, professor de mineralogia em Coimbra e diretor da Casa da Moeda, Minas e Bosques "de todas as partes do império".

Com efeito, Rodrigo, déspota ilustrado que criticara em 1789 as "desordens que há no governo de França", foi o responsável por iniciativas de impacto em todos os sentidos, até mesmo no plano do controle social e da repressão. Pois foi ele também quem ordenou a devassa brutal do "levantamento" em Salvador em 1798, a chamada Conjuração dos Alfaiates — da qual participaram vários mulatos, uns poucos negros e brancos —, em que os revolucionários foram condenados a castigos exemplares e à morte.

Nessa conjuração, uma das lideranças brancas era o doutor Cipriano José Barata de Almeida, o dr. Baratinha, diplomado em Filosofia na Universidade de Coimbra, com licença para exercer assistência em partos, pernas e braços quebrados, que obteve em Lisboa pouco antes de voltar para Salvador, figura que se destacaria como deputado nas Cortes liberais de Lisboa e, logo depois, como personalidade fulgurante do Primeiro Reinado. Com efeito, apesar de encarcerado quase todo o tempo, Cipriano Barata seria uma das maiores figuras de seu tempo.

A crítica a Rodrigo

É antiga a controvérsia quanto aos aspectos positivos da transmigração da corte ao destino utópico do "poderoso Império", e também quanto à efetiva atuação de Rodrigo de Sousa Coutinho, figura-chave do período. A começar pelos critérios de seleção dos quadros dirigentes dos quais ele participava. Muito embora Rodrigo se preocupasse, e muito, com a formação de quadros, o jornalista Hipólito José da Costa, uma das melhores cabeças do Reino Unido, criticava-o acerbamente, de Londres, nas páginas de seu jornal, o *Correio Braziliense*, em 1809:

> "O governo do Brasil arranjou-se exatamente pelo Almanaque de Lisboa, sem nenhuma atenção ao país em que se estabelecia. Mostra, por exemplo, o Almanaque de Lisboa um Desembargo do Paço, um Conselho de Fazenda, uma Junta de Comércio etc.; portanto, quer o Brasil careça desses estabelecimentos, quer não, erigiu-se no Rio de Janeiro, logo que a corte ali chegou, um Desembargo do Paço, um Conselho de Fazenda, uma Junta de Comércio etc."[9]

[9] Hipólito José da Costa, "O governo do Brasil", em *Correio Braziliense*, Londres, 1809, *apud* Evaldo Cabral de Mello, "O Império frustrado", cit., p. 48.

Ora, a seleção dos altos funcionários da Coroa passava ao largo dos grandes aristocratas, pois estes achavam ofensivo à sua condição enviarem os filhos primogênitos a Coimbra. Desse modo, apenas os filhos segundos, que alcançaram os títulos por falecimento do primogênito tornavam-se recrutáveis, e era aí que se escolhiam os presidentes dos conselhos, os quais, por sua vez, eram os que detinham a exclusividade de compor o Conselho de Estado, órgão máximo do sistema institucional. Notava Hipólito ter sido esse "o mesmo Conselho de Estado que passou ao Brasil para lançar os fundamentos àquele novo e grande Império. Que se pode esperar?".[10] Isto levou Evaldo Cabral a concluir que o poder se tornou monopólio de um grupo de incompetentes.

Tal crítica corrobora a ideia de que o ministro do príncipe regente não logrou traduzir o programa imperial em políticas públicas. A posição de Hipólito levou o historiador pernambucano à conclusão de que, em quatro anos de ministério, o ambicioso plano de Rodrigo resultou apenas na criação de um almirantado tão numeroso quanto o britânico, mas com nenhum vaso de guerra construído... E, segundo Hipólito, nem as reformas prometidas aconteceram:

> "De tudo quanto prometera não fez mais do que expedir uma infinidade de leis, alvarás, decretos e avisos, que sempre precisavam de outros para sua explicação, de maneira que houve tal cego em Lisboa [os cegos gozavam do monopólio da venda de publicações oficiais] que se enriqueceu só a vender as leis que publicou D. Rodrigo."[11]

Rodrigo morreu em 1813 (há suspeitas de que por envenenamento, fato não incomum naquele contexto). Hipólito comentou que a corte, instalada havia mais de quatro anos no Rio, "não levantara uma palha com vistas à liquidação do sistema político colonial". O risco era que outras forças viessem a fazê-lo, como de fato aconteceu, no empuxo da economia e da política imperial inglesa.

[10] *Ibid.*, p. 49.

[11] *Ibid.*, p. 50.

Inversão colonial: abrindo os portos

No caso do Brasil, a transferência da corte portuguesa em 1808 marcara o início de um novo período na vida da colônia. A partir desse momento, com a inversão colonial, a cidade do Rio de Janeiro tornara-se a sede do império português. De certa forma, a própria metrópole criou as condições para a autonomia de sua ex-colônia. Aconselhado por José da Silva Lisboa, o futuro visconde de Cairu, a primeira medida adotada pelo príncipe regente pôs fim ao sistema colonial português: em janeiro de 1808, após desembarcar em Salvador, na Bahia, o futuro João VI decretou a abertura dos portos brasileiros "às nações amigas".

A abertura dos portos significou o fim do regime colonial, medida que oficializou a atuação de comerciantes estrangeiros no Brasil. Em realidade, a abertura dos portos beneficiou mais diretamente a Inglaterra, cujos comerciantes já se faziam muito presentes na vida portuária e comercial da América do Sul. Naquele momento, a Inglaterra era a nação mais industrializada da Europa e contava com as marinhas mercante e de guerra mais poderosas do mundo, coordenadas pela famosa Royal Navy, que mantinha uma base para o controle das relações com a América do Sul. Com efeito, a correspondência e os relatórios de seus comandantes são a melhor fonte documental para o conhecimento da atuação política da Inglaterra no Brasil, e também no Caribe e no Pacífico.

Em 1810, o príncipe regente assinou um tratado pelo qual a Inglaterra tornava-se a "nação mais favorecida" no comércio com o Brasil. Isso significava que os produtos ingleses pagavam tarifas alfandegárias menores do que os de outras nações. Iniciava-se o período da "preeminência inglesa no Brasil", segundo o título do livro clássico do historiador Alan K. Manchester.[12]

João VI: de príncipe regente a rei do Brasil

João nasceu e morreu em Lisboa (1767-1826), e foi rei em dois continentes. Um príncipe aparentemente banal, que se tornaria personagem de

---

[12] *British Preeminence in Brazil, Its Rise and Decline: A Study in European Expansion*, Chapel Hill, University of North Carolina Press, 1933.

284   História do Brasil: uma interpretação

uma história brilhante e bicontinental. Primeiro rei do Brasil, até hoje provoca, entre os historiadores, posições antagônicas extremadas.

Filho de Pedro III e de Maria I, "a Louca", com a morte de seu pai, em 1786, e de seu irmão primogênito José, em 1788, tornou-se sucessor direto à autoridade real. Sua mãe, dementada, não poderia ocupar o trono, tendo João que assumi-lo em 10 de fevereiro de 1792. Em 1785, casara-se com a filha do rei espanhol Carlos IV, Carlota Joaquina, então com 10 anos.

Sendo investido na regência, aliou-se à Espanha, em 1793, na guerra contra a França revolucionária, que naquele momento aterrorizava as monarquias absolutistas estabelecidas. Em 1801, na Europa conflagrada, Napoleão, em guerra contra a Inglaterra, impõe o bloqueio continental, pressionando a Espanha para que invadisse Portugal. João, vendo-se encurralado entre dois fogos, sem condições de resistir, promete fechar seus portos à antiga aliada. Em 1806, Bonaparte dá o ultimato: se Portugal não aderisse ao bloqueio, seria invadido. Ademais, em Lisboa, Carlota conspirava contra o marido, tentando tornar-se ela própria regente. Demorando a decisão do Bragança, as tropas de Bonaparte marcham em direção a Portugal.

Foi nesse contexto crítico que João, não logrando mais contemporizar, transferiu a capital do império para o Brasil. Em 22 de janeiro de 1808, chegava com parte de sua corte a Salvador, onde logo decretou a abertura dos portos. Poucas semanas depois, em março, já no Rio de Janeiro, instalou o governo, criou seu ministério, aboliu a proibição de criação de indústrias, atacou a Guiana Francesa, fundou uma biblioteca, criou escolas e, mais tarde, chamou missões francesas e de outros países para pesquisa, formação de quadros, e atividade intelectual e científica variada. Um rei e sua corte nos trópicos, na bela cidade do Rio, passaram a constituir um foco de visitantes, cientistas, pintores, comerciantes e aventureiros de toda sorte.

Não foi descabida sua decisão drástica, acontecimento único na história do Atlântico. Certamente outra teria sido a história do mundo luso-brasileiro, caso o Bragança e sua corte tivessem ficado em Lisboa. Pois, na vizinha Espanha, Napoleão destituiu o rei e nomeou seu irmão José Bonaparte para substituí-lo.

Em 1815, com Napoleão apeado do poder, João criou o Reino Unido de Portugal, Brasil e Algarve. Após a morte da mãe, que se deu em 1816, é proclamado rei, com o título de João VI.

A esse neto bonachão de José I, o déspota esclarecido, agradava-lhe o Brasil, sua vida, os novos hábitos. Aqui, gozava de melhor saúde, longe dos tumultos da Europa napoleônica e, mais tarde, das artimanhas da Restaura-

Descolonização portuguesa e construção do Império brasileiro (1808-1822)   285

ção. Melômano, sua corte atraiu músicos, e ele pôde usar seus poderes sem maiores preocupações, sua mulher vivendo em outro palácio. O choque e a adaptação do príncipe e de sua corte no Rio foram magistralmente descritos por Octávio Tarquínio de Sousa em seu livro *A vida de D. Pedro I*.[13]

Mas o príncipe tinha um olhar positivo para as coisas do país que adotara, e uma curiosidade intensa sobre os episódios de seu governo, bem como do cotidiano caseiro e de seus serviçais, tendo, como um sestro adquirido e persistente, a indagação compulsiva: "Hem?... hem?...". Suas reações, ao contrário das de sua mulher, eram de complacente benevolência com o novo país. Uma singela atitude define bem seu perfil humano:

> "Deleitara-se imenso D. João com a festa na Boa Vista. Não lhe faltara a *Missa* de Marcos Portugal, nem a música de igreja, nem o odor de incenso. Ao bom coração do regente sorria o espetáculo dos seus humildes pretos tocando os instrumentos com acerto, bem ensaiados, afinadíssimos. E como descendente de reis podia rir com doce ironia do negro a representar D. Afonso Henriques e de negros figurando um combate entre mouros e cristãos."[14]

É bem verdade que o clima de conspiração não desaparecera da vida da corte. Ao contrário, como eram inquietantes as notícias chegadas das Américas, onde à Revolução do Norte poderiam suceder as do Sul ("o vórtice da Revolução", temido pelo comerciante inglês John Luccock), espiões da Santa Aliança, diplomatas e mesmo artistas e cientistas tinham muito que reportar, com seus olhos postos nos passos do único rei de dinastia europeia nos trópicos, herdeiro de imenso território produtivo. Em qualquer hipótese, o Bragança conseguira, para o bem e para o mal, ajustar sua política aos interesses da Inglaterra, sendo por ela estritamente tutelado de 1808 a 1815, ou mais.

---

[13] Octávio Tarquínio de Sousa, *A vida de D. Pedro I*, vol. 1, Rio de Janeiro, José Olympio, 1957. Com detalhes interessantes quanto ao clima, as habitações, a sociedade. Algumas descrições de D. João são cruéis, como a contida no livro do comerciante inglês John Luccock: "O príncipe regente aparecia em público com uma apresentação tão miserável quanto a de sua mãe"...

[14] *Ibid.*, pp. 62-3.

Além disso, a sociedade mexia-se, com algumas lideranças nativas inquietas e, agora, mais bem instruídas. A eclosão da insurreição no Nordeste, em 1817, demonstrava que republicanistas estavam por toda parte, irados com o centralismo e os hábitos remanescentes do sistema colonial. O rótulo de Reino Unido não disfarçava a condição colonial. Ao sul, a guerra com os espanhóis no Prata agitava a região, e, mais, a mulher de D. João (duplamente) traidora em casa, que nunca abandonou a ideia de ser rainha de um só reino hispano-brasileiro na América.

Ocorre que a crise econômica atenazava os comerciantes portugueses, que passam a exigir o retorno do rei ao abandonado Portugal. Mais uma vez, a estratégia de contemporização de João — já testada com Bonaparte — tinha esse sentido de protelar qualquer medida, até porque a ex-colônia também dava sinais de rebeldia, de busca de autonomia, e sua retirada para Portugal (de resto indesejada por ele, afeiçoado ao país) punha em risco o domínio do imenso e rico território.

A Revolução que eclodiu no Porto, em 1820, tinha esse sentido de re-colonização. mas também de limitação dos poderes do rei, conforme a nova ordem liberal. Por outro lado, do ponto de vista dos brasileiros, poderia perder-se a autonomia que prosperava.

João, não mais conseguindo postergar a decisão, com tropas portuguesas amotinadas no Rio, cede finalmente, em obediência às determinações das Cortes, retornando a Lisboa em 1821.

No ano seguinte, em Portugal, jura a Constituição, conforme fora pautado pelas Cortes. Em Lisboa e no Porto, os tumultos prosseguem, com a ação de seu filho Miguel e dos miguelistas absolutistas, industriados por Carlota Joaquina. A 29 de agosto de 1825, seu governo consegue reconhecer a Independência do Brasil, sob a liderança do filho dileto, que deixara na ex-colônia. Agora, faltava resolver o problema sucessório na ex-metrópole.

O IMPACTO DA CORTE PORTUGUESA NO BRASIL

Primeiramente instalado com sua família no Rio de Janeiro — no casarão dos governadores coloniais, situado na atual praça 15 de Novembro, e depois em São Cristóvão —, responsável direto pelas cerca de 15 mil pessoas que transmigraram para a ex-colônia, João tomou algumas medidas que alteraram a situação de dependência do Brasil. A administração colonial foi parcialmente substituída pela administração de um Estado-nação independente. O Rio de Janeiro tornou-se a capital e a sede do governo. O príncipe regente criou ministérios e secretarias, passando a governar com o auxílio de três ministérios: o da Guerra e Estrangeiros, o da Marinha, e o da Fazenda e Interior.

A mudança da corte exigiu a formação de uma estrutura administrativa para governar o novo império, e até mesmo um sistema de acomodação habitacional para os recém-chegados da metrópole. Além disso, João instalou o Banco do Brasil, a Junta Geral do Comércio e a Casa de Suplicação, ou Supremo Tribunal. A grande maioria dos funcionários era composta de nobres portugueses que haviam fugido de Portugal com o rei, e que ocupavam os cargos mais importantes do governo. Não foi simples instalar tanta gente na capital do Vice-Reino, ainda acanhada, colonial.[15]

Com a mudança da capital de Salvador para o Rio, em 1763, a Casa dos Governadores fora escolhida como Palácio dos Vice-Reis. Com efeito, foi aí que se instalou a sede do Reino Unido de Portugal, Brasil e Algarve. Quando João VI se transferiu para a Quinta da Boa Vista, a Casa ficou para despachos, festas e o beija-mão. Pedro I fez seu discurso ao povo no Dia do Fico na varanda dessa Casa dos Governadores. Em frente à cidade, bem próxima, ficava a Fortaleza da Ilha das Cobras, que foi também presídio político, onde estiveram presos Tiradentes, Cipriano Barata, Antônio de Macedo Costa e, no século XX, vários tenentes e comunistas, entre outros perseguidos; e, muito próxima, a Ilha Fiscal, local do último baile do Segundo Reinado, em 14 de novembro de 1889.

No fim do século XVIII, a capital do Vice-Reino já era o principal centro distribuidor de escravos para todo o país e para o interior da capitania.

---

[15] Existe farta bibliografia sobre a história urbana do Rio de Janeiro à época de João VI. Por exemplo, o Cemitério dos Ingleses, instalado no bairro marítimo da Gamboa, era vizinho da zona do Valongo, para onde, a partir de 1769, o vice-rei marquês de Lavradio mandou transferir os depósitos e armazéns de escravos recém-chegados da África, em que ficavam até serem vendidos. Do Valongo até o largo da Prainha, situavam-se os trapiches e armazéns comerciais. Já no século XX, no governo republicano de Rodrigues Alves, as regiões da Gamboa, do Valongo e da Saúde transformaram-se no Cais do Porto. No Império, a família real foi instalada no bairro de São Cristóvão, conjugado à Quinta da Boa Vista, bairro nobre. Próximo da atual praça XV de Novembro, em frente ao antigo Convento do Carmo, foram construídas pelas carmelitas casas de aluguel que, demolidas, dariam lugar à Casa da Moeda e aos Armazéns Reais, que, reformados, funcionaram como Casa dos Governadores de 1743 a 1763, e futuro Palácio dos Vice-Reis. No Palácio instalou-se a sede do Reino Unido.

No início do século XIX, chegavam ao porto cerca de 5 mil escravos, mas agora, na segunda década do século, seu número atingia a cifra de 34 mil por ano.

O Brasil fora promovido a Reino Unido em 1815. Em 1821, ano do retorno compulsório de João VI a Portugal, as capitanias passaram a denominar-se províncias.

Em 1826, um ano após o reconhecimento da Independência do Brasil, João VI viria a falecer em Lisboa, aos 58 anos. Num mar de intrigas palacianas, morreu envenenado, como parecem confirmar estudos recentes, a partir do exame de suas vísceras.[16] Em 1823 e 1824 ocorreram duas revoltas absolutistas em Portugal, já relacionadas com sua sucessão; após sua morte, porém, os liberais venceram os absolutistas e obrigaram Miguel a casar-se com sua sobrinha, a filha de Pedro I do Brasil. Mas os conflitos entre os irmãos não terminariam aí, como veremos. Nos choques entre constitucionalistas liberais e miguelistas absolutistas muito sangue iria correr.

Política externa

Em um contexto de tantos desafios internos e externos, o príncipe regente teve que enfrentar as turbulências dos generais de Napoleão na península Ibérica, a constante e tradicional rivalidade e ameaça da Espanha, com uma representante deste país, sua esposa Carlota Joaquina, irmã do rei Fernando VII, instalada em seu próprio palácio. Não bastasse tudo isso, havia ainda a administrar os conflitos entre tropas portuguesas e espanholas no rio da Prata, além da diplomacia dos ingleses em sua ambígua relação com Portugal e Brasil, mais a Santa Aliança com seus espiões por toda parte.

Naquele período, o príncipe regente empreendeu várias campanhas expansionistas, procurando anexar mais territórios. Em 1808 mesmo, tropas portuguesas e inglesas invadiram a Guiana Francesa, território que seria devolvido à França somente ao final das guerras napoleônicas.

Em 1817, tropas luso-brasileiras entraram na cidade de Montevidéu, anexando o território da Província Cisplatina e dando início ao conflito que perduraria por longos anos, até a Independência do Uruguai, em 1828.

---

[16] Jair Rattner, "Pesquisadores revelam que João VI morreu envenenado", em *O Estado de S. Paulo*, São Paulo, 1/6/2000, p. A18. Mas ainda subsistem controvérsias.

A Missão Artística Francesa

A instalação da corte portuguesa no Rio de Janeiro, que tinha cerca de 130 mil habitantes à época da aclamação de João VI como rei do Brasil, trouxe novos elementos à vida cultural da capital. Fundaram-se museus, bibliotecas, teatros e escolas. A cidade, apesar de tudo, vai melhorar de aspecto desde 1809, quando Luccock a descrevera, em seus desregramentos e falta de higiene, até 1828, quando o condescendente reverendo Walsh a definirá como uma urbe razoável e limpa. É o que veremos adiante.

No período joanino, por iniciativa do reformista conde da Barca (Antônio de Araújo), partidário dos franceses, que estivera preso em Paris nos anos mais duros do Terror, destacou-se a vinda da Missão Artística Francesa. Missão que, chegada ao Rio de Janeiro em 1816, ajudou a criar a Academia de Belas-Artes, visando ao ensino e à propagação das artes. Dela, para inquietação do cônsul Maler, representante no Brasil da França da Restauração, participaram vários artistas importantes, mas bonapartistas.

Foi o caso de Jean Baptiste Debret (1768-1848), que depois publicaria, em 1834, a *Viagem pitoresca e histórica ao Brasil*, um dos documentos históricos mais importantes sobre o período da Independência. Documento iconográfico que iria marcar o imaginário a respeito da identidade brasileira nas quadras seguintes.

Foi o sábio Alexander von Humboldt quem, em fim de carreira como diplomata em Paris, aconselhou ao embaixador Marialva e ao encarregado de negócios Francisco de Brito que tratassem com Joachim Lebreton, antigo conservador de Belas-Artes do Império, de um projeto para o governo do Rio. Influente, Lebreton foi um dos fundadores do Institut de France, do Museu do Louvre, do Luxemburgo e cuidara da renovação da Academia de Roma. Lutou para que as obras e peças colecionadas por Bonaparte em suas campanhas ficassem em Paris. E criou um caso diplomático — que provocou sua demissão — com a Inglaterra, ao criticar o inglês Wellington, por este aplaudir idêntica rapinagem da obra de Fídias, em Atenas. Estava, desse modo, disponível para a aventura brasileira, com o aval de Humboldt.

Lebreton arregimentou artistas e mestres-artífices. Foi ele quem convidou os irmãos Auguste-Marie (escultor) e Nicolas-Antoine Taunay (pintor de paisagens), Debret (primo e protegido do pintor David, e responsável pelos retratos dos príncipes de Bragança, começando pelo de João VI), o arquiteto Grandjean de Montigny, o gravador Charles-Simon Pradier, o músico e compositor Sigismund Neukömm e o engenheiro mecânico Fran-

290   História do Brasil: uma interpretação

çois Ovide. Com eles, vieram dois assistentes e auxiliares, um serralheiro, dois carpinteiros de seges, um curtidor, um surrador de peles e um mestre-ferreiro em construção naval. Lebreton vinha no cargo de secretário, e o negociante Pierre Dillon, como agenciador. Um alfaiate e duas empregadas acompanhavam a família Taunay. No Rio, foi o rico comerciante carioca Fernando Carneiro Leão quem teria bancado o embarque dos artistas.

A competência desses artistas logo foi reconhecida, quando dos festejos da aclamação de João VI, com iluminação profusa, platibandas, pedestais, arcos do triunfo etc. Tal trabalho ensejou outros, mais retratos de comendadores e comerciantes. No Campo de Santana seria construído um monumental estádio de madeira por encomenda do Senado da Câmara. Mais importante foi o decreto de 12 de agosto de 1816, redigido pelo conde da Barca, pelo qual se fundava a Escola Real de Ciências, Artes e Ofícios, que deixou marcas profundas na arquitetura e no urbanismo, na pintura e na história da arte. Debret foi nomeado para a cadeira de Pintura Histórica.

A comunidade francesa adensava-se no Rio, e seus membros podiam ser vistos com frequência cruzando-se na rua Direita, na rua do Ouvidor, ou no Terreiro do Paço: ex-bonapartistas em complô contra a Restauração, hoteleiros, costureiras (entre elas, uma certa madame de Ranchoup, ex-amante de Napoleão na campanha do Egito), o holandês afrancesado Hogendorp (ex-general de Napoleão, ao que parece com planos para libertar o corso dos ingleses em Santa Helena), os Taunays (um filho mais velho fora oficial da *Grande Armée* de Bonaparte). Também circulavam os d'Escragnolle, Mallet, Beaurepaire, Labatut e, mais tarde, Ferdinand Denis e os irmãos Ferrez, importantes no ensino artístico da Escola Real, interagindo com outros recém-chegados.

Mas os artistas portugueses da corte reagiam a eles. Auguste Grandjean de Montigny (Paris, 1766 — Rio de Janeiro, 1850), por exemplo, era tachado de ser mero projetista, incapaz de construir um edifício sólido. Puro ciúme. Montigny foi o primeiro professor de Arquitetura do Brasil, introdutor do neoclassicismo, projetista do edifício da praça do Comércio, demolido anos depois, do grande salão da Alfândega e da Academia de Belas-Artes (1816-1826), entre inúmeros projetos e livros.[17]

---

[17] Mais elementos podem ser colhidos no estudo excelente de J. F. de Almeida Prado, *Jean Baptiste Debret*, São Paulo, Companhia Editora Nacional/Edusp, 1973, com reprodução de 40 paisagens do artista, do Rio de Janeiro, São Paulo, Paraná e Santa

A circulação de ideias, de projetos e programas intensificou-se por meio da imprensa, antes proibida, e houve alguma liberdade para a importação de livros. Não por acaso, o jornal mais influente da época no mundo luso--brasileiro, como já vimos, foi editado em Londres de 1808 a 1822, por Hipólito José da Costa, considerado o Pai da Imprensa Brasileira.

Nessa época, teve início na ex-colônia a publicação de livros, jornais e panfletos. Até aquele momento, submetido que estava o Brasil à censura, todas as publicações eram produzidas em Portugal. A abertura dos portos possibilitou um contato mais intenso e direto com ideias estrangeiras: vários cientistas e estudiosos europeus visitaram o Brasil e realizaram investigações sobre o território, a fauna e a flora nativas, deixando comentários fundamentais também sobre a sociedade. Marinheiros estrangeiros traziam as novidades e informações sobre os acontecimentos europeus, contribuindo para difundir, sobretudo, valores e ideias políticas, econômicas e culturais de cunho revolucionário, vindos da França, mas também da República dos Estados Unidos.

Além de fundar museus, teatros, academias e jornais, João VI permitiu a instalação de manufaturas no Brasil, proibidas desde 1785. Em consequência, surgiram algumas fábricas e manufaturas, mas a concorrência inglesa não permitiria que a maior parte desses empreendimentos se desenvolvesse, sufocando-os. Apesar disso, em São Paulo e Minas Gerais, foram bem-sucedidas indústrias de ferro dirigidas por estrangeiros.

Na Europa, a restauração das monarquias

Em 1815, a derrota de Napoleão encerrou um longo período de guerras, que afetou toda a Europa e o mundo colonial. Com o fim do Império napoleônico, em larga medida um prolongamento da Revolução Francesa, os defensores do absolutismo estavam determinados a erradicar os princípios revolucionários de 1789 e, especialmente, os princípios republicanistas jacobinos de 1793. O resultado imediato do fim das guerras napoleônicas foi a

Catarina. Ver também a obra clássica de Affonso d'Escragnolle Taunay, *A Missão Artística de 1816*, da qual há edições do Patrimônio Histórico e Artístico Nacional (Rio de Janeiro, IPHAN-MEC, 1956) e da Universidade de Brasília (Brasília, Editora da UnB, 1983), entre outras.

restauração das monarquias absolutistas que haviam sido destituídas pelos exércitos franceses. O relógio da história voltava a andar para trás.

Em Portugal, a dominação francesa e o tumulto das guerras provocaram uma situação crítica. A retirada das tropas francesas de Junot deixara o reino empobrecido. Pior: o comércio colonial, principal fonte de riqueza dos comerciantes portugueses, desaparecera por causa da abertura dos portos.

De fato, o comércio com o Brasil representava 9/10 das transações externas portuguesas. Com a transferência da corte para os trópicos e a abertura dos portos, o comércio do Brasil passou quase todo para as mãos de comerciantes ingleses. Os produtos destes pagavam menos impostos nas alfândegas dos portos do Brasil do que os importados de Portugal. Tal situação provocou a falência das poucas indústrias existentes em Portugal. Ou seja, o fim do comércio colonial significou a ruína dos comerciantes portugueses.

Insurreição no Nordeste, 1817: Revolução Pernambucana, a matriz da Independência

No quadro geral de libertação que se verificou na América de colonização ibérica, a insurreição nordestina de 1817, a "Revolução de 1817", de inspiração republicana, foi o maior movimento de contestação à ordem monárquica até então ocorrido no mundo luso-afro-brasileiro, abrangendo todo o Nordeste brasileiro.

Na década em que eclodiu a Revolução, forças externas operavam no sentido de acelerar ainda mais o processo de deterioração das relações entre a aristocracia nativa e os antigos mercadores coloniais. Tais forças podiam ser pressentidas, no Nordeste, na ação de agentes comerciais, militares ou consulares das três potências mais ativas no período: Inglaterra, Estados Unidos e França. Observado globalmente, tal processo acompanhava a integração das "economias" brasileiras no mercado mundial. Nessa segunda década, foram intensificados os esforços dos mencionados países para a internacionalização do Brasil.

Embora essas potências continuassem a competir umas com as outras, a dependência brasileira em relação à Inglaterra estava definida, de maneira irreversível, pelos tratados de 1810. Essa data, de fato, representa o momento mais significativo de toda a história das relações internacionais em que o Brasil se envolve durante a primeira metade do século XIX. Tal momento configura o início do predomínio inglês — que iria atingir o clímax em 1827 — e o primeiro abalo mais significativo nas relações entre a colônia e a metrópole portuguesa. A partir de então, a decorrência natural será a convergência entre os interesses da economia inglesa e os dos grandes proprietários rurais brasileiros. Não por acaso algumas das articulações de maior vulto entre revolucionários do mundo ibero-americano verificaram-se em Londres, onde poderiam contar com apoio financeiro e militar, além do auxílio de instituições supranacionais bem organizadas, acobertadas pela maçonaria.

Nessa nova situação, a antiga metrópole ia perdendo significado para os elementos da aristocracia nativa que, em suas atividades, orientavam-se no sentido de fortalecer o regime de dominação patrimonialista-escravista do qual se beneficiavam. A soma de poderes que iam paulatinamente acumulando era ponderável, a ponto de, em torno das causas que lhe eram favoráveis, poderem mobilizar as suas clientelas, isto é, os seus dependentes. Nesse sentido, escapavam à possibilidade de controle dentro dos quadros jurídico-militares do regime. Como não ver em tais manifestações de poder local hipertrofiado as raízes do coronelismo?

Presenças francesa e norte-americana

Além da notória presença inglesa, a presença francesa poderá ser indicada de maneira mais precisa e direta se atentarmos para o fato de que, no Recife de 1817, exemplares das constituições francesas de 1791, 1793 e 1795 estiveram nas mãos dos revolucionários. Foram frequentes as formulações marcadamente jacobinas durante março e abril, ouvidas nas praças e escritas nas paredes de Recife. Houve persistência dos valores da Ilustração francesa, que continuaram a ser veiculados após a repressão, sem contar o fato de que era grande o número de oficiais de Luís do Rego Barreto que falavam correntemente o francês.

A presença francesa pode ser observada, sobretudo, quando for lembrado que desembarcaram no Rio Grande do Norte, vindos numa escuna americana, quatro franceses bonapartistas emigrados nos Estados Unidos e ligados a José Bonaparte, para articular o retorno de Napoleão (preso em Santa Helena) à grande política europeia. Este episódio na história de Napoleão, que parece ter passado despercebido a seus biógrafos, não escapou ao agente da repressão Luís do Rego Barreto.

Também os interesses comerciais americanos relativos ao Brasil começaram a esboçar-se desde o começo do século. No ambiente nordestino — já trabalhado pelas ideias da Ilustração e da Revolução, e marcado por antagonismos sociais crescentes —, o modelo americano polarizava algumas consciências progressistas. A começar pelo próprio líder revolucionário padre João Ribeiro, discípulo dileto de Arruda Câmara, que oscilava entre a leitura de Condorcet e o estudo da Constituição dos Estados Unidos, chegando mesmo a procurar por um revolucionário esclarecido apto a ser "o nosso Franklin". Os principais protagonistas da história da independência das colônias inglesas eram revividos na imaginação dos pernambucanos, a ponto de José Maria de Vasconcelos Bourbon, conselheiro do governo provisório, ter "a vaidade de se não assinar mais senão Wasthon", segundo um observador português.[18]

A insurreição

> "Quem viu uma coisa ser e não ser ao mesmo tempo?"
>
> Padre Francisco de Sales, Limoeiro, 1817[19]

A insurreição de 1817 transcende seus próprios limites cronológicos (de 6 de março a 19 de maio).

A rigor, já na inconfidência dos Cavalcanti de Albuquerque em 1801, podia-se entrever a vaga insurrecional que se ampliaria nos anos que vão de 1817 a 1824. Em 1817, à época das apurações das "culpas", João Nepomuceno Carneiro da Cunha era acusado de já haver pregado a revolução anteriormente (em dezembro de 1815), na presença de Antônio Carlos de Andrada em Igaraçu. Carneiro da Cunha, aliás, não constituía exemplo isolado: a saturação das consciências revolucionárias ia acentuar-se no transcorrer da segunda década, e, dessa forma, pode-se dizer que as ideias de revolução iam se espalhando pelo litoral e pelas povoações interioranas, atingidas pelos mesmos movimentos de conjuntura e alterações climáticas.

Nessa perspectiva, muito antes do motim de 6 de março, a fermentação revolucionária já se desenvolvera a passos largos. O padre Antônio Jácome Bezerra, por exemplo, vigário de Recife, detido em 22 de maio de 1817, era

[18] Ver Carlos Guilherme Mota, *Nordeste 1817: estruturas e argumentos*, São Paulo, Perspectiva, 1972, em que o estudo da insurreição nordestina é aprofundado na perspectiva da história das ideologias e mentalidades.

[19] Interrogação (retórica...) do vigário da vila de Limoeiro, padre Francisco de Sales; cf. Carlos Guilherme Mota, *Nordeste 1817: estruturas e argumentos*, cit., p. 197.

Descolonização portuguesa e construção do Império brasileiro (1808-1822)   295

acusado de tratar da revolução havia sete anos. Da mesma maneira, os padres Muniz Tavares, Albuquerque Cavalcanti e Lins, João Ribeiro (que "aliciava a mocidade à sua aula", no Seminário de Olinda) e Antônio Pereira de Albuquerque eram clérigos que, à sombra da maçonaria, vinham tratando havia tempos de projetos revolucionários. E a atmosfera condensara-se a tal ponto, que não era raro ser dispensado, anos antes da eclosão, o tratamento de "patriota" nas manifestações de sociabilidade. O acirramento dos ânimos passava, assim, a exprimir-se no nível do vocabulário político: indício de descolonização das consciências.

Em contrapartida, não se pode dizer categoricamente que a entrada do almirante Rodrigo Lobo em Recife, no dia 19 de maio, tenha acabado com a insurreição. Da mesma forma, toda a gestão do governador-general Luís do Rego Barreto, até sua expulsão em 1821, foi caracterizada por trepidações que bem mostravam ser impossível o retorno puro e simples ao *statu quo ante*. Não só Rego Barreto, como também Ribeiro Cirne chegaram a falar no perigo de "nova revolução".

Sob esse aspecto, as ocorrências de 1821, 1824, 1831 e 1848 configuram-se como desdobramentos de um mesmo fenômeno político manifestado pela primeira vez em 1817, qual seja, o de afirmação de uma primeira camada dirigente nacional. Algumas formas de pensamento produzidas no transcorrer do processo revolucionário voltariam a emergir nos movimentos posteriores, bem como nas reflexões daqueles que procuraram explicar o universo social nordestino, como Muniz Tavares e Joaquim Nabuco. Pode-se até afirmar que uma certa maneira de enxergar o Nordeste foi então gerada, calcada na perspectiva da camada dominante das elites estamentais.

Da revolução: "uma completa e formal revolução"

A rebelião eclodiu na Fortaleza das Cinco Pontas, em Recife, no dia 6 de março de 1817, estabelecendo-se um conselho de guerra. Paralelamente, as lideranças civis eram detidas por um marechal, o que foi feito sem dificuldades. Do motim militar, que resultou na morte do brigadeiro português Barbosa de Castro e seu ajudante de ordens tenente-coronel Alexandre Tomás, surgiram, enquanto líderes, os capitães José de Barros Lima (vulgo "Leão Coroado") e Pedro da Silva Pedroso, bem como os tenentes Antônio Henriques e José Marino de Albuquerque e Cavalcanti. Tendo notícias desses acontecimentos, o governador Caetano Pinto refugiou-se na Fortaleza do Brum, onde capitularia pouco depois, sem oferecer resistência.

No dia seguinte, o golpe consolidava-se, com a constituição de um governo provisório. Manuel Correia de Araújo, representante da agricultura, Domingos José Martins, do comércio, padre João Ribeiro, do clero, José Luís de Mendonça (autor do célebre *Preciso*), da magistratura, e Domingos Teotônio Jorge, das forças armadas, compunham o primeiro governo nacional brasileiro, secretariado pelo padre Miguelinho e assessorado por um conselho de Estado (verdadeira expressão da *intelligentsia* nativa).

O governo assim constituído estava longe de ser homogêneo: a tendência moderada de José Luís de Mendonça era suplantada pelo radicalismo do comerciante Domingos José Martins e de Pedro da Silva Pedroso, o mulato que anteriormente inquietara o próprio Deão e voltaria, em 1822 e 1823, à cena política pernambucana, tentando pregar o haitianismo.

O sistema republicanista era a meta do governo revolucionário. Nova bandeira, novos tratamentos e novos costumes deveriam ser implantados. Foram adotados os termos "patriota" e "vós", à maneira francesa. Domingos José Martins, jacobino rústico, casara-se com a filha de um dos mais importantes nativos (Maria Teodora, filha de Bento José da Costa) em cerimônia oficiada pelo padre João Ribeiro. Em seguida, num simbolismo digno de registro, fez com que ela cortasse os cabelos à francesa.[20]

Preparando uma Constituinte, porém...

O governo provisório enviou a todas as Câmaras das comarcas "que formavam a antiga Capitania" uma Lei Orgânica, documento fundamental para compreender os alvos da revolução intentada. Nesse texto, ficavam delimitados os poderes do governo provisório da República de Pernambuco, vigente enquanto não se conhecesse a Constituição do Estado elaborada por uma Assembleia Constituinte, a ser posteriormente convocada. Da mesma forma, era fixada a estrutura do governo revolucionário, bem como alguns princípios para a administração da Justiça.

No plano exterior, foram enviados emissários aos Estados Unidos, a Buenos Aires e à Inglaterra. Contribuíram, para a euforia do movimento, certos boatos que aumentavam o radicalismo do processo. O padre José Inácio de Brito, por exemplo, festejava o levante simultâneo de Minas Gerais, do Rio Grande do Sul e de "outras partes do Brasil". Em tal ambiente,

[20] *Ibid.*, pp. 52-4

Descolonização portuguesa e construção do Império brasileiro (1808-1822)   297

tornava-se possível vigorar o boato da morte do conde dos Arcos, tendo "sido passado a fio de espada o 1º Batalhão de Infantaria, denominado dos Úteis; na Bahia, com essa falsa notícia, iluminou-se a cidade e foram repicados os sinos".[21]

Contrarrevolução e repressão

O despreparo do exército revolucionário ficou evidente em múltiplas escaramuças. Dissensões entre os membros do governo provisório revelaram as diferenças de linhas entre Francisco de Paula Cavalcanti de Albuquerque e Domingos José Martins, redundando na falta de coesão da elite dirigente. Além disso, como bem nota Amaro Quintas, tal elite não aproveitou os esforços do mulato capitão Pedro da Silva Pedroso, elemento radical que esboçara um "arremedo do terror". Em verdade, foi a rachadura entre abolicionistas e não abolicionistas que travou o movimento, de nada adiantando os apelos à unidade: "Patriotas, as propriedades, ainda as mais opugnantes, serão respeitadas!",[22] proclamava-se.

Bloqueado o porto de Recife, o capitão dirigia-se aos proprietários, acenando com o perigo de repetição dos eventos de São Domingos (a revolução dos escravos no Haiti em 1791). Mas não deixava de referir-se às propriedades dos portugueses em mãos do governo provisório. Um antagonismo básico ficava, assim, explicitado entre colonizadores e colonizados; outro deles consistia no perigo que representava para os proprietários (fossem portugueses ou brasileiros) a "enchente escrava", simbolizada no exemplo de São Domingos.

O fim da insurreição de 1817

Em 19 de maio, a vila de Recife amanheceu abandonada pelos revolucionários. Há indícios de terem querido partir em direção ao interior para constituir uma utópica "república ideal", uma "república de lavradores". Mas, na realidade, a fuga foi atabalhoada, tendo o padre João Ribeiro se suicidado, no engenho Paulista, à semelhança de seu inspirador, o francês Condorcet.

[21] *Ibid.*, p. 56.

[22] Ver o documento na íntegra em *Nordeste 1817*, cit., p. 154.

298   História do Brasil: uma interpretação

A violência da repressão marcará os momentos seguintes, nos moldes estabelecidos pelas Ordenações do Reino. Em Salvador, morreram fuzilados Domingos José Martins, José Luís de Mendonça e o padre Miguelinho. Em Recife, a Comissão Militar, presidida pelo general Luís do Rego Barreto, mandou enforcar Domingos Teotônio Jorge, José de Barros Lima, o padre Pedro de Sousa Tenório e Antônio Henriques. Na Paraíba, foram igualmente executados Amaro Gomes Coutinho "Vieira", Inácio Leopoldo de Albuquerque Maranhão, o padre Antônio Pereira de Albuquerque e outros.

À famigerada Comissão Militar sucedeu o Tribunal de Alçada, presidido pelo desembargador Bernardo Teixeira, que continuou na linha do mais rígido absolutismo. Luís do Rego Barreto, então governador, começou a adotar uma linha mais branda em relação aos eventos de 1817, sobretudo porque se dava conta das profundas raízes da insurreição e, nesse sentido, passou a desentender-se com o desembargador.

Em fevereiro de 1818, João VI ordenava o encerramento da devassa, sendo libertados então os réus sem culpa formada, enquanto os outros eram enviados para os cárceres baianos. Alguns dos detidos em Salvador obtiveram perdão real; outros lá faleceram; e os restantes foram libertados pela Revolução Constitucionalista de 1820. Da prisão baiana, sairia deputado às Cortes portuguesas Muniz Tavares, o autor da importante *História da revolução de Pernambuco em 1817*.

Concomitantemente, o levante do militar e maçom Gomes Freire de Andrade no Porto, que eclodiu nesse mesmo ano, indicava que o sistema econômico-político português também começara a entrar em colapso. O desenrolar desse processo iria desembocar na Revolução Liberal do Porto, em 1820, na primeira vaga revolucionária europeia do século XIX.

A Revolução do Porto (1820) e o regresso de João VI

"Mudei de ideias [...] agora... podemos não aderir."

Antônio Carlos de Andrada, 1822[23]

[23] Na sessão de 19 de setembro de 1822 das Cortes de Lisboa, o deputado Antônio Carlos de Andrada, lamentando o fracasso da política de união nas condições propostas pelo reino do Brasil, retira sua adesão à Revolução de 1820. A fonte desta citação encontra-se em *Diário das Cortes Geraes e Extraordinárias da Nação Portuguesa*, 88 vols., Lisboa, Imprensa Nacional, 1821-1839, no volume referente à data referida. Todo

Nesse quadro de crise aberta, alastra-se o descontentamento, provocando o movimento de opinião que exigia o retorno imediato da família real a Lisboa.

Em 1820, uma revolução liberal e constitucionalista, conduzida por lideranças ligadas ao comércio na cidade do Porto, obrigou João VI, rei de Portugal, a voltar para a metrópole. Mais que isso: as Cortes liberais portuguesas impuseram ao rei que deixasse de ser um monarca absolutista — pretendiam que ele jurasse uma constituição elaborada pelos representantes dos súditos nas Cortes. Para realizar essa tarefa, convocou representantes de todos os reinos que formavam o império português, entre eles os do Brasil. De fato, do Brasil, destacaram-se deputados — alguns saídos diretamente da prisão em Salvador — do porte de Antônio Carlos Ribeiro de Andrada, Cipriano Barata, Nicolau de Campos Vergueiro, Muniz Tavares e Diogo Antônio Feijó, depois expulsos de Portugal, sob pedradas e cusparadas.

Foram grandes deputados, bem formados e iracundos, tomando posições corajosas, que revelavam a complexidade do momento, as dificuldades dos brasileiros e a do país, e a inevitabilidade, cada vez mais nítida, da Independência. Em Lisboa em 1822, notando a diversidade de interesses dos deputados do Brasil, o deputado paulista e padre Diogo Antônio Feijó constatava, desolado: "Não somos deputados do Brasil [...], porque cada província se governa hoje independente".

A cada embate com os deputados portugueses, porém, os brasileiros, em sua maioria, foram se unindo. De São Paulo, Costa Aguiar e Andrada declaravam, defendendo a subordinação da força armada ao poder civil: "O que os brasileiros querem é ter os mesmos direitos e em tudo ser equiparados aos povos de Portugal" (sessão de 22 de junho de 1822).

Antônio Carlos advertia: "Mandar homens da tropa para o Brasil é uma declaração de guerra" (sessão de 20 de maio de 1822).

O ilustrado José Lino Coutinho, da Bahia, replicava a Braancamp, na sessão de 14 de maio de 1822: "Ele nos lança em rosto o nosso antigo estado de colônia querendo inculcar que a nossa presente categoria é um mimo generoso de Portugal. A marcha progressiva do Brasil, suas riquezas e as luzes do tempo são os únicos motores da nossa elevação".

---

esse material já está digitalizado na base de dados da Assembleia da República Portuguesa. Também citado por Fernando Tomaz no ensaio "Brasileiros nas Cortes Constituintes de 1821-1822", em Carlos Guilherme Mota (org.), *1822: dimensões*, São Paulo, Perspectiva, 1986, 2ª ed., p. 97.

Antônio Carlos, que sustentara ser a união preferível à separação, agora era levado a constatar que era inútil qualquer esforço para argumentar com os portugueses. Para ele, era "estafar-se em pura perda" (sessão de 1º de julho de 1822). Na mesma sessão, o deputado Cipriano Barata lamentava que era esforço baldado advogar e defender os negócios do reino do Brasil. O deputado português Abade de Medrões, pouco mais tarde, finalmente admitira também que achava pura "perda de tempo discutir os problemas do Brasil".

Alguns deputados mostraram-se preparados para discutir os efeitos que decisões mais radicais provocariam no Brasil. O doutor Cipriano, bem aprumado com seu vestuário de nobre sertanejo, longos cabelos brancos soltos, prevendo a hipótese de separação, alertava: "E que fazemos nós Brasileiros? Nada mais nos resta senão chamarmos Deus e a Nação por testemunhas; cobrirmo-nos de luto; pedirmos nossos passaportes e irmos defender nossa pátria" (sessão de 1º de julho de 1822).

O processo acelerara-se, a união agora se configurara impossível, até para surpresa dos próprios brasileiros. Na sessão histórica de 26 de agosto de 1822, Antônio Carlos falava por todos: "Os papéis públicos mostram desgraçadamente uma separação política e absoluta".

Naquela sessão, os deputados paulistas Andrada, Pinheiro Bueno e Costa Aguiar solicitam que o Congresso os dispense, considerando nulas suas representações.

Cipriano, cada vez mais impaciente, já nas sessões de 13 de fevereiro e 22 de março, vinha alertando para a má vontade e rigidez dos recolonizadores portugueses. Até que, na sessão de 22 de julho, em réplica a Fernandes Tomaz, outro deputado, Borges de Barros disparou: "Que quer dizer adeus sr. Brasil? Eu fui para aqui mandado para tratar da união da família portuguesa... e não para desunir... se se trata de desunir, não sou mais Deputado, nem tenho mais lugar neste Congresso".[24]

Em realidade, uma das principais preocupações dos revolucionários portugueses era reenquadrar o Brasil no regime colonial. Irritavam-se com a curatela inglesa, mas, sobretudo, propunham o retorno do rei a Portugal. Não por acaso este teve que jurar mais de uma vez a Constituição. Ou seja, queriam recolonizar o Brasil e, para tanto, contavam com o apoio dos co-

---

[24] *Apud* Fernando Tomaz, "Brasileiros nas Cortes Constituintes de 1821-1822", cit., pp. 79-80. A fonte continua sendo o *Diário das Cortes Geraes e Extraordinárias da Nação Portuguesa*.

merciantes portugueses, tanto aqueles operando em Portugal quanto os que atuavam no Brasil e no resto do império colonial na África e na Ásia. Como ameaçava o deputado português Borges Carneiro em 22 de maio de 1822: "Mostre-se ao Brasil que não queremos avassalar como os antigos déspotas; porém contra os facciosos rebeldes, mostre-se que ainda temos cães de fila, ou leão tal que, se o soltamos, há de trazê-los a obedecer às Cortes, ao Rei, às autoridades constituídas no Brasil".

No Brasil, o movimento constitucionalista português desencadeou uma onda de grande agitação popular. Em 1821, repontaram movimentos a favor das Cortes liberais portuguesas em vários pontos do Brasil. Os partidários das Cortes ameaçavam deixar de reconhecer o rei como seu soberano, pois este não havia jurado a Constituição. Os governadores das províncias foram depostos, e, para substituir essas autoridades que representavam o rei absolutista, criaram-se juntas provisórias de governo. Como resultado desses movimentos, João VI viu-se forçado a voltar para Portugal em 1821 e a submeter-se às decisões das Cortes, ou seja, às regras da revolução liberal e recolonizadora que lá se desenrolava... e à vigilância dos tais "cães de fila".

A Revolução da Independência (1822)

> "Comoções populares não admitem razão [...] O povo não sabe lógica."
>
> O advogado Aragão e Vasconcelos[25]

> "Nas revoluções os fatos marcham mais rápidos do que as ideias."
>
> O revolucionário monsenhor Muniz Tavares[26]

As atitudes recolonizadoras das Cortes portuguesas, mais a agitação popular, apressaram o desenlace do processo de independência.

A reação antiportuguesa generalizara-se desde a insurreição nordestina de 6 de março de 1817, de ampla repercussão pelos centros urbanos da

[25] Antônio de Brito de Aragão e Vasconcelos, "Memórias sobre o estabelecimento do Império do Brasil, ou Novo Império Lusitano", cit.

[26] Monsenhor Muniz Tavares, revolucionário (1817) e constituinte (1820), *apud* Antônio de Brito de Aragão e Vasconcelos, "Memórias sobre o estabelecimento do Império do Brasil, ou Novo Império Lusitano", cit.

ex-colônia. Em carta a amigo, o português Cardoso Machado reclamava que "os boticários, cirurgiões, sangradores não fizeram mais conta de mim; quando eu passava, riam-se. Os cabras, mulatos e criolos andavam atrevidos, pregando igualdade". Nem mesmo seus serviços queriam mais prestar ao luso:

> "Até os barbeiros não me quiseram mais fazer a barba, respondiam que estavam ocupados no serviço da pátria, via-me obrigado a fazer a mim mesmo a barba. Cabras e mulatos e criolos andavam tão atrevidos que diziam éramos iguais, e que haviam de casar, senão com brancas das melhores, e Domingos José Martins [o líder de 1817] andava de braço dado com eles armados de bacamartes, pistolas e espada nua."[27]

Foi nesse clima — mas sobretudo a chamado das Cortes — que João VI viu-se obrigado a retornar a Portugal, todavia indicando seu filho Pedro como príncipe regente do Reino Unido no Brasil. A ruptura com Portugal ia tornando-se inevitável. Havia interesses a favor e contra a emancipação do Brasil, restando saber qual das facções, ou "partidos", assumiria a liderança do processo de independência. Embora sem a estrutura ou feição dos partidos políticos atuais, esses agrupamentos representavam tendências ou grupos de opinião com expressão no cenário político-econômico da ex-colônia.

Dois deles eram dominantes. O "partido" português, formado por comerciantes ligados aos monopólios portugueses, defendia a manutenção dos laços com a metrópole e o retorno ao regime colonial. Contava com o apoio das tropas de linha portuguesas, concentradas no Rio de Janeiro e nos portos do Norte e Nordeste do Brasil.

O outro, o "partido" brasileiro, era formado pelas lideranças dos produtores de gêneros tropicais de exportação. Os adeptos e simpatizantes desta tendência pretendiam continuar vendendo seus produtos diretamente para os consumidores europeus, sem a participação dos intermediários portugueses. Os representantes do partido brasileiro contavam com o apoio dos grupos que se beneficiavam com a manutenção da corte no Brasil: funcionários da administração que haviam ficado após a partida de João VI e, também, financistas e comerciantes europeus, principalmente ingleses e franceses.

---

[27] *Documentos históricos*, vol. 102, Rio de Janeiro, Biblioteca Nacional, 1955, pp. 12-3.

Já as forças populares — por meio de seus porta-vozes, membros do partido liberal-radical, quase todos republicanos — acreditavam que o processo de independência traria uma perspectiva de mudança nas condições de vida da maioria da população. Contavam com o apoio de uma minoria de proprietários rurais do Nordeste, donos de sobrados na cidade e representantes das nascentes camadas médias urbanas, pequenos comerciantes, boticários, jornalistas, padres e homens brancos livres, sem posses.

As Cortes portuguesas insistiam em recolonizar o Brasil. No fim de 1821, quando exigiram com contundência a volta do príncipe regente, o movimento da elite nativa contra a recolonização adquiriu força na ex-colônia. Por outro lado, as tendências republicanas mais radicais, de cunho federalista (presentes desde a Revolução nordestina de 1817), punham em risco a manutenção da monarquia unitarista e de sua principal base de sustentação, o trabalho escravo.

Tanto o partido brasileiro como o partido português temiam as consequências da agitação popular. O fantasma da revolução dos escravos negros do Haiti e das guerras de independência das colônias da América espanhola sugeria que isso pudesse ocorrer também no Brasil. Esse temor era compartilhado pelos comodoros ingleses da South American Station, como se constata em sua correspondência. Mas o temor maior dos membros dessa elite era ter de ampliar a base de participação num futuro governo independente, com a inclusão de representantes populares e — o que lhes parecia insuportável — de negros.

O Grito do Ipiranga, em 7 de setembro de 1822

Embora sustentassem interesses diversos, os membros dos dois partidos agiram rapidamente e utilizaram o príncipe regente Pedro como instrumento em sua luta, a um só tempo contra as Cortes e contra os republicanos. O principal objetivo desses grupos era nítido: manter a monarquia e a escravidão.

Por outro lado, Pedro aproveitou a oportunidade para desobedecer às Cortes. Orientado por um político reformista ilustrado e maduro, o santista e professor da Universidade de Coimbra José Bonifácio de Andrada e Silva (então a figura mais ilustre no mundo luso-brasileiro), o príncipe regente Pedro proclamou a Independência do Brasil em 7 de setembro de 1822 (o "Grito do Ipiranga"). Dessa forma, pensava-se, o absolutismo do príncipe regente e a ordem escravista das elites ficariam a salvo dos ataques das Cortes portuguesas e da "anarquia" dos liberais-radicais brasileiros.

Pedro I foi aclamado imperador do Brasil em outubro do mesmo ano. O imperador do Brasil pretendia favorecer uma futura reunião do império português. Além de ele próprio ser absolutista, tinha também a perspectiva de retornar a Portugal como sucessor de João VI.

José Bonifácio, o ideólogo da Independência

> "Ser obrigado a conduzir-me entre os homens como homem vulgar, quando não penso como eles, é a coisa mais pesada a que devo me sujeitar."
>
> José Bonifácio de Andrada e Silva[28]

Era "um homem pequeno, de rosto magro e pálido",[29] segundo a inglesa Maria Graham, escritora aguda e aquarelista razoável que o conheceu no Rio de Janeiro.

José Bonifácio merece consideração à parte. Tendo assumido o posto de ministro de Estado no gabinete de 16 de janeiro de 1822, foi a figura de maior relevo da Independência do Brasil, tanto por sua ação como por sua formação intelectual e política.

Maria Graham aprofundou sua impressão sobre o Andrada: "Suas maneiras e sua conversa impressionam logo o interlocutor com a ideia daquela atividade mental incansável [...], e que mais parece consumir o corpo em que habita. A primeira vez que o vi na intimidade foi quando deixou de ser ministro".[30]

Homem do século XVIII, o ilustrado Andrada, sempre inquieto e irritado com a mediocridade do ambiente (ainda colonial após 1822), já como ministro, arquitetou a política interna e externa, esboçando — em menos de dois anos decisivos — o projeto do novo Estado nacional. Leitor de clássicos

---

[28] José Bonifácio de Andrada e Silva, "Notas sobre meu caráter", em Miriam Dolhnikoff (org.), *José Bonifácio de Andrada e Silva: projetos para o Brasil*, São Paulo, Companhia das Letras, 1998, p. 357. O Andrada também se perguntava: "Donde vem o pensar muita gente que eu sou alegre?".

[29] Maria Graham, *Diário de uma viagem ao Brasil*, São Paulo, Edusp, 1990, p. 360.

[30] *Ibidem*. Sobre sua biblioteca, sua família e a empatia entre Maria Graham e o Andrada, ver pp. 360-4.

como Camões e os estrangeiros, cientista e tradutor de Heine, Humboldt, Buffon e Voltaire, defendeu a introdução da vacina, do sistema métrico, da meteorologia, preocupou-se com os problemas da população brasileira, da reforma agrária, da língua, da cultura, do voto dos analfabetos (assegurados na Instrução de 19 de junho de 1822), da indústria, da agricultura, da universidade.

Principal artífice da Independência, o Andrada, como vimos, nasceu no porto de Santos, em 1763, filho de família das mais ricas da cidade, dedicada à exportação de açúcar. Após estudar com religiosos em São Paulo, partiu em 1783 para estudar ciências naturais na Universidade de Coimbra, cursando as faculdades de filosofia e de matemática, especialidades em que aí se formou.

Como bolsista, efetuara longa viagem de estudos pela Europa: foi à França (onde esteve em 1790, 1791, 1793 e 1799), a Freiburg, à Áustria, à Itália e, por mais de dois anos, esteve na Suécia e na Dinamarca. Em Paris, entre outros cientistas franceses, frequentou Jussieu e Lavoisier. Em 1789 ingressou na Real Academia das Ciências e Letras de Lisboa, da qual se tornaria um ativo secretário.

Ao voltar a Lisboa, destacou-se como cientista, geólogo e metalurgista, atividades raras em Portugal. "Mr. D'Andrada", como era conhecido, organizou a cadeira de metalurgia da Universidade de Coimbra, a primeira cátedra desta área em Portugal, campo de conhecimento, aliás, do máximo interesse para o reino. Ocupou vários postos técnico-administrativos, tendo sido nomeado intendente-geral das minas de Portugal. Como oficial do Corpo Voluntário Acadêmico, lutou contra as tropas de Napoleão que invadiram Portugal.

Ocupou alguns postos administrativos e, depois, publicou uma série de estudos sobre mineralogia e agricultura, retornando ao Brasil em 1819, onde continuou suas pesquisas mineralógicas em São Paulo, com seu irmão Martim Francisco. Ao concluírem um relatório de viagem ao interior, ambos não deixaram de registrar a beleza das paulistanas...

Quando a família real veio para o Brasil, seu nome não figurava na lista dos escolhidos para participar da administração. "Brasileiro", fora afastado no processo de implantação da corte e de reorganização do governo bragantino nos trópicos. Como já dito, voltaria ao Brasil e, em 1819, obteve o título de conselheiro, conferido por João VI em 1820. Com efeito, em seu círculo de ministros, o regente, depois rei, preferira incluir portugueses da corte lisboeta, tais como Rodrigo de Sousa Coutinho, da vertente pombalina, o discreto liberal Antônio de Araújo de Azevedo e o superministro Tomás Antônio de Vila Nova Portugal.

José Bonifácio fora, a princípio, contra a separação do Brasil em relação a Portugal. Mas tampouco aprovava as medidas recolonizadoras e antiabsolutistas adotadas pelas Cortes portuguesas. Por isso mesmo, foi o mediador entre as aspirações dos produtores locais e as dos grupos que desejavam manter o absolutismo.

Embora tenha escrito relativamente pouco, José Bonifácio tornou-se uma referência fundamental na formação de nossa nacionalidade, vale dizer, de uma cultura que já se pretendia brasileira, peculiar. Isso a despeito de seu sotaque portuense, e do sotaque de sua mulher, Narcisa, de ascendência irlandesa. Além de estudos de mineralogia, traduções e poesias, deixou inúmeros outros estudos — publicados até mesmo na Europa —, apontamentos, ensaios, correspondência, e notas pessoais importantes e curiosas.

Monarquista de índole reformista e liberal, foi também engolfado nas contradições do processo de Independência. Intelectual e cientista dos mais destacados da Europa, personagem proeminente em Portugal, na França e em certos redutos da vida científica europeia em círculos da cultura da Ilustração, era viajado e cosmopolita, um pesquisador, tradutor, crítico, homem de ação e de visão ampla.

Ao regressar à sua terra em 1819, com 56 anos, após 36 anos longe do Brasil, Bonifácio foi o principal artífice na tentativa de consolidação do império luso-brasileiro, projeto ultrapassado não só pela Revolução Liberal de 1820, em Portugal, em que se manifestaram propostas majoritariamente recolonizadoras, mas também pela Revolução da Independência no Brasil. Com efeito, voltava ao Brasil com a companheira Narcisa O'Leary, mulher fora dos padrões comuns, com a filha Gabriela e a filha que tivera com uma amante, Narcisa Cândida, criada por sua mulher.

Como temperamento, para além da *persona* — que a historiografia oficial fixou como austera —, o Patriarca, com o cabelo preso à nuca por uma fivela, era um homem divertido e irreverente, falastrão, anticonvencional, bom dançarino — até sobre mesas — e bom copo.

Com a Revolução do Porto, foi nomeado, em 1820, presidente da Junta Provisória de São Paulo, escrevendo a importante *Lembranças e apontamentos do governo provisório de São Paulo para os seus deputados*, com instruções aos representantes de São Paulo nas Cortes de Lisboa. Durante o processo de Independência, exerceu papel decisivo com Pedro I: foi quem, em 1822, o instou a desobedecer às ordens de Lisboa.

Descolonização portuguesa e construção do Império brasileiro (1808-1822)   307

Nos embates entre a Revolução descolonizadora, a contrarrevolução e a conciliação, o Andrada teve papel decisivo na liderança da construção do moderno Estado brasileiro. Em 1833, foi definitivamente alijado do jogo do poder, mas o Brasil, ainda que dependente e escravocrata, já ocupava lugar estável no concerto das nações, embora numa situação muitíssimo diferente do que preconizara o Patriarca.

Em 1823, eleito deputado à Assembleia Geral Constituinte, atuou durante curto período, quando propôs dois projetos de lei importantíssimos, que examinaremos em detalhes no próximo capítulo. Um, o projeto sobre a integração dos índios na sociedade brasileira, e o outro, mais arrojado, sobre a abolição da escravatura, prevendo a emancipação gradual dos escravos.

Desentendera-se logo com Pedro I, "intrigado por ministros e áulicos, e por mexericos e interesses das Castro" (a marquesa de Santos e sua irmã), e também trombou com os interesses dos comerciantes escravocratas e dos "negreiros". Como escreveu em 12 de novembro de 1823, Pedro I fechou a Constituinte por discordar do projeto de Constituição, exilando-o com outros deputados. Por ordem do imperador, José Bonifácio foi preso, aviltado e exilado para a França, com seus irmãos Martim Francisco e Antônio Carlos (também deputados exilados), passando por Vigo (Espanha) e chegando a Bordeaux em 5 de julho de 1824. Aí, vigiado, viveu no bairro de Talence (onde hoje se localiza a Cidade Universitária), com dificuldades.

Ao retornar do exílio, na vinda para o Brasil, viveria situação dramática, pois sua mulher Narcisa faleceu no barco, nos últimos dias da viagem.

Mas continuava a ser importante, pois o imperador Pedro I, forçado a abdicar em 1831, sem melhor alternativa, indica-o tutor de Pedro II, com 5 anos. Nesse ano, sob o pseudônimo arcádico de Américo Elísio, publica *O poeta desterrado*, livro de poesia escrito em 1825, quando estava em Bordeaux. No ano seguinte foi destituído da tutoria de Pedro II, por força de ação do padre Diogo Antônio Feijó, ministro da Justiça, que o acusara de tentativa de levante armado no Rio em 1831.

Em 1833, é definitivamente afastado da tutoria, retirando-se para Niterói, na condição de preso "por conspiração e perturbação da ordem pública". Em 1835, julgado à revelia, é absolvido, vindo a falecer em Paquetá em 6 de abril de 1838. Entre seus apontamentos, encontrou-se o seguinte:

> "De que serve uma Constituição de papel? A Constituição
> deve estar arraigada em nossas leis, estabelecimentos e costumes.
> Não são comissões militares e medidas ditatoriais que deviam res-

tabelecer a ordem, e sossegar as províncias, mas sim a imediata convocação das câmaras, e um novo ministério sábio, enérgico, e de popularidade."[31]

Como afirmou o historiador José Honório Rodrigues, o projeto de José Bonifácio sobre a abolição do tráfico e da escravidão constitui a mais importante obra brasileira contra o tráfico. O mesmo se poderia dizer do projeto sobre os índios.

Sua compacta correspondência e ação diplomáticas qualificam-no também como o fundador da política exterior brasileira.

As guerras da Independência

As manifestações mais violentas contra a Independência partiram das tropas de linha portuguesas estacionadas na Bahia, no Maranhão, no Piauí, no Grão-Pará e na Província Cisplatina. Felisberto Caldeira Brant Pontes, futuro marquês de Barbacena, havia sido nomeado encarregado de negócios do Brasil em Londres para "engajar oficiais da maruja", propondo-lhes remuneração e condições excelentes. Segundo o historiador Armitage, "as forças de terra também tiveram aumento e, por um decreto de 8 de janeiro, organizou-se também um batalhão de estrangeiros".[32] Como se percebe, a discussão sobre a emancipação de 1822, em termos de nacionalismo, fica relativizada, na medida em que foram arrastadas para o Brasil forças vinculadas a toda uma problemática de equilíbrio europeu e de entrechoques de antigos colonialismos e novos imperialismos.

As lutas contra os adversários do novo Império contaram com ampla participação popular. "Os habitantes em geral, mas especialmente os comerciantes estrangeiros, estão bem satisfeitos por verem as tropas de Lisboa despedidas, porque por muito tempo foram tiranicamente brutais com os estrangeiros", escreve Maria Graham no dia 12 de janeiro de 1822.[33]

[31] Ver Miriam Dolhnikoff (org.), *José Bonifácio de Andrada e Silva: projetos para o Brasil*, cit., p. 235.

[32] John Armitage, *História do Brasil*, Rio de Janeiro, Zélio Valverde, 1943, 3ª ed., p. 94.

[33] Maria Graham, *Diário de uma viagem ao Brasil*, cit., p. 226.

Descolonização portuguesa e construção do Império brasileiro (1808-1822)

A marinha inglesa auxiliou na expulsão das tropas portuguesas que resistiam à nova situação, destacando-se nessa ação o almirante inglês Lord Cochrane, que participou no bloqueio a Salvador. Posteriormente, bloqueou São Luís, no Maranhão, e Belém, no Pará. A última província a reconhecer a Independência do Brasil foi a Cisplatina.

Em 1823, todos os focos de resistência contra o movimento de emancipação haviam sido eliminados.

A PRESENÇA BRITÂNICA: O ALMIRANTE COCHRANE E O REVERENDO WALSH

A forte presença dos britânicos no Brasil tem sido estudada em diversas perspectivas, conforme se considere a ex-colônia portuguesa como "área de influência" do império informal inglês, peça do imperialismo britânico ou simplesmente "protetorado". Mas, além desse interesse despertado pelos britânicos como assunto, como objeto de estudo, algumas das principais fontes de informação — sejam diplomáticas, sejam relatos comerciais, militares ou científicos, sobre a vida brasileira nos tempos da formação do Estado-nação — foram por eles produzidas. As duas primeiras Histórias do Brasil são de autoria de Robert Southey e John Armitage.

De leitura agradável, pois eram bons escritores, os diários de Henry Koster (o luso-abrasileirado "Henrique da Costa"), Maria Graham, John Mawe, Robert Walsh e até mesmo o do neurastênico comerciante escravista John Luccock, entre outros, estão repletos de informações (ou de sensibilidades), que sempre abrem ângulos novos de visão para compreender-se os quadros mentais ingleses, portugueses e brasileiros naquela encruzilhada histórica. Vale a pena variarmos um pouco o foco da análise, servindo-nos dos olhares de dois personagens expressivos: o almirante Thomas Cochrane e o médico e reverendo Robert Walsh.

THOMAS COCHRANE, O "LOBO DO MAR", FUTURO MARQUÊS DO MARANHÃO

Em março de 1823, Thomas Cochrane, um dos mais brilhantes oficiais da *Royal Navy*, chegou ao Rio de Janeiro. Suas façanhas e ousadia durante as guerras napoleônicas haviam lhe valido a alcunha de "lobo do mar", dada pelo próprio Napoleão Bonaparte. Defensor dos direitos das tripulações, que comandava com destreza e competência, elegeu-se duas vezes ao

História do Brasil: uma interpretação

Parlamento britânico, como deputado pelo partido radical, representando o distrito de Westminster. Tornou-se figura extremamente popular e particularmente malquisto pelo Almirantado e seus funcionários corruptos.

O envolvimento num escândalo financeiro na Inglaterra resultou em sua demissão da marinha, perda das condecorações conquistadas durante a guerra e sentença de prisão. Em 1817, desencantado com a ingratidão de seus compatriotas, Cochrane aceitou o convite feito pelos republicanos chilenos para fundar e comandar a marinha desse país e varrer dos mares a ameaça espanhola.

Em 1822, terminada sua tarefa, recebeu correspondência do embaixador brasileiro em Buenos Aires, em nome do imperador Pedro I, convidando-o a servir sob a bandeira brasileira e garantindo-lhe a mesma patente e o mesmo soldo que lhe pagavam no Chile. Não perdeu tempo. Fretou um navio e embarcou com vários oficiais ingleses e norte-americanos para o Brasil.

As negociações em torno de sua patente e soldo foram árduas, tendo em vista que as autoridades imperiais renegaram a oferta feita anteriormente, pretendendo pagar-lhe o salário de almirante português, "notoriamente, os mais mal pagos do mundo".[34] Depois de muitas idas e vindas, nas quais se mostrou inflexível, Cochrane reúne-se, finalmente, com José Bonifácio, indisposto com o que ele chamava de "demandas desrazoáveis" (como, aliás, o soldo que lhe havia sido proposto). Cochrane ameaça partir para a Grécia. Bonifácio baixa o tom e concorda com suas exigências, garantindo-lhe que a "boa-fé era a característica da administração brasileira". Cria-se o cargo de primeiro almirante do Brasil exclusivamente para ele.

Inspecionada a frota, o almirante constata que a maioria dos navios estava em péssimo estado. A tripulação era formada por portugueses da "pior espécie", descartados do serviço mercante. "O pior tipo de economia — a falsa economia — tinha se estabelecido na Administração Naval Brasileira." Os brasileiros a bordo tinham horror aos tripulantes portugueses. Cochrane achou estranho contratarem-se homens que teriam de lutar contra seus próprios compatriotas.

---

[34] Thomas Cochrane, *Narrative of Services in the Liberation of Chili, Peru, and Brazil, from Spanish and Portuguese Domination*, 2 vols., Londres, 1859. Disponível em: www.gutenberg.org/browse/authors/d (a letra D da busca refere-se a Dundonald, Thomas Cochrane, Earl of). Acesso em: 19/2/2008. As demais citações deste item também se encontram aí. Ver também Adriana Lopez, *De cães a lobos-do-mar: súditos ingleses no Brasil*, São Paulo, Editora Senac, 2007.

Descolonização portuguesa e construção do Império brasileiro (1808-1822)   311

Os capitães de navio, quase todos estrangeiros, reclamavam das tripulações, "particularmente os militares embarcados que se consideravam de tal forma *gentlemen*, que se sentiam degradados de terem de limpar seus catres e tinham exigido, e conseguido, empregados para servi-los". Só podiam ser punidos por ofensas cometidas por seus próprios oficiais, ou, "para usar as palavras de um dos capitães, 'eram um tanto quanto seus próprios senhores e estavam inclinados a ser os dele também'. Era evidente que nem os marinheiros, nem os militares obedeciam a qualquer tipo de disciplina". Antes, Cochrane nunca comandara um grupo "tão indiferente". Contratou, então, ingleses e norte-americanos do próprio bolso, para garantir uma equipagem minimamente decente e competente.

Sua primeira missão era recapturar a Bahia, ocupada por forças portuguesas destinadas a restaurar os monopólios comerciais e expulsar os ingleses, "a quem cordialmente detestam". Na nau capitânia, a fragata *Pedro I*, única embarcação apta para combate, ele conta com 160 tripulantes estrangeiros. O restante era complementado pela "vagabundagem da capital e 130 marinheiros negros, recém-emancipados da escravidão".

No primeiro ataque, enfrentou a desobediência dos portugueses a bordo, que se negavam a liberar a pólvora para os canhões. Somava-se a isso outro contratempo, cartuchos úmidos e velames podres. Os militares a bordo não se interessavam pelos exercícios de tiro, além de estorvarem as tarefas dos marinheiros. Cochrane não interfere com essas práticas, mas acha-as inadmissíveis. Sugere contratar meninos de 14 a 20 anos para aprender o ofício, a exemplo do que se fazia na *Royal Navy*, pois os que ali estavam eram velhos demais para aprender.

Quando alcança o litoral da Bahia, Cochrane resolve transformar os navios impróprios e as presas apreendidas em barcos incendiários. Enquanto prepara as embarcações, bloqueia o porto de Salvador com apenas dois navios. Mesmo em situação de franca inferioridade, o bloqueio surte efeito. Aos poucos, o inimigo vai sendo estrangulado e sente a falta de provisões.

Na noite de 12 de junho, faz uma incursão ao porto. Causa pânico entre o comando português, que inicia os preparativos para abandonar Salvador. Os portugueses levam todos os bens que podem embarcar, até mesmo as alfaias das igrejas. Cochrane planeja interceptar e apreender parte da frota, sobretudo os navios mercantes desarmados.

O general Madeira, comandante das tropas portuguesas na Bahia, ordena a retirada. No dia 2 de julho, 13 navios de guerra e mais de 60 navios mercantes deixaram o porto de Salvador. Na Bahia, esse é o dia fixado e celebrado como o da Independência. No encalço dos portugueses, a mingua-da frota do almirante Cochrane. Para suprir a falta de homens, os coman-dantes recebem instruções para deixar as presas apreendidas com água ape-nas suficiente para que fossem obrigadas a retornar a Salvador. Manda içar a bandeira portuguesa em Salvador para ludibriar embarcações portuguesas destinadas a esse porto. Faz com que se cortem os mastros dos navios que transportavam tropas, para que não pudessem fugir. Graças a seu talento, consegue desmantelar a esquadra portuguesa com, de fato, apenas um navio.

O almirante decide prosseguir sua investida até o Maranhão, para evi-tar que a frota portuguesa se refugiasse lá. Na entrada do porto, iça a ban-deira portuguesa para iludir as autoridades, às quais faz crer que o resto da marinha e das tropas imperiais estava a caminho para tomar o Maranhão. Uma vez dentro do porto, em face dos argumentos apresentados por Cochra-ne, os locais rendem-se. Instala-se uma junta de governo, mas esta não lhe inspira confiança.

> "Eles pareciam não ter nenhum outro objetivo além de mos-trar como a liberdade repentinamente adquirida podia degenerar em despotismo. Valendo-se do compadrio e do fato de todos per-tencerem à mesma família, servem-se de exércitos privados para intimidar e expulsar seus credores portugueses."

Quando a notícia da captura das praças do Norte chega ao Rio de Ja-neiro, em gratidão, o imperador outorga-lhe o título de marquês do Mara-nhão e promete doar-lhe uma propriedade, o que nunca veio a acontecer. Já nessa época, a facção portuguesa, que o detestava, tornara-se a mais favore-cida na corte.

As mercadorias — apreendidas a bordo dos 120 navios surtos no porto ou nos armazéns da cidade, superando o valor de "vários milhões de dólares" — pertenciam aos captores, conforme decreto imperial, "uma estipulação violada sem nenhum remorso depois", conclui Lord Cochrane. O pagamen-to devido aos libertadores, referente às presas do Maranhão, foi o pomo da discórdia entre Cochrane e o governo do "partido português", que assumiu o poder depois do afastamento e o exílio de José Bonifácio e da dissolução da Assembleia Constituinte.

Segundo o almirante, o imperador era presa de uma facção que nunca chegaria a controlar e que, no fim, "obrigou-o a abdicar do trono". A pre-dileção portuguesa da administração imperial só vingava, segundo Cochrane, porque os brasileiros eram desunidos, estavam desacostumados a organizar-se politicamente e viam-se obrigados a submeterem-se a uma facção estrangeira. O objetivo dessa facção, ou partido, era separar as províncias do Norte para submetê-las novamente ao domínio de Portugal.

O INTERMINÁVEL LITÍGIO DAS PRESAS

Para compreender-se a complexidade das negociações efetuadas nas lutas pela Independência, registre-se que, a partir de então, o destino das naus apreendidas no Maranhão coube ao Tribunal de Presas. Neste, 9 dos 13 juízes eram portugueses. Teimavam em devolver as presas aos portugueses. Nesse meio-tempo, oficiais da Marinha que tinham participado da ação no Maranhão ficaram detidos durante meses sem processo. Sem receberem os soldos, recusam-se a embarcar para Pernambuco, onde eclodiu a rebelião separatista republicana de 1824, a Confederação do Equador.

Cochrane pede demissão do cargo, mas esta não é aceita. Graças à distribuição de dinheiro para pagar os soldos atrasados, consegue atrair de volta os marinheiros estrangeiros. A esquadra imperial deixa o Rio de Janeiro em agosto de 1824, ao mesmo tempo que outras revoltas estouram no Pará e no Maranhão.

Segundo Cochrane, as revoltas eram incitadas pelo governo antibrasileiro do Rio de Janeiro, cuja tática era criar confusão, o que acabaria por permitir a retomada dessas províncias. Notícias trazidas por um navio vindo do Tejo, apreendido em Pernambuco, davam conta de que em Lisboa estavam sendo preparadas tropas para atacar as províncias do Norte. A isso se somava a corrupção e o despotismo das autoridades, "e a tal ponto esse desgoverno era exercido, que nem as vidas nem as propriedades dos habitantes estavam em segurança".[35] Cochrane recebe notícias do Rio de Janeiro, onde era cada vez mais detestado pelas autoridades.

Com a saúde abalada, decide partir. Na altura dos Açores, com o navio danificado e sem provisões, resolve voltar para a Inglaterra, apesar do risco de, lá chegando, ser importunado por causa do *Foreign Enlistment Bill*, que proibia aos oficiais britânicos servirem no exterior. Ao entrar no porto de Londres seu navio é salvado com tiros, primeiro reconhecimento da bandeira do Império brasileiro em águas europeias. Finalmente, o almirante se

[35] *Ibidem.*

demite. Julgado em ausência, no Rio de Janeiro, é condenado por deserção. Em 1877, depois de anos de litígio, o governo brasileiro concorda em pagar — aos herdeiros de Thomas Cochrane (falecido em 1860) — 100 mil libras, das 400 mil exigidas pelas presas do Maranhão.

Robert Walsh, capelão da Embaixada britânica

Aos 56 anos, o médico e reverendo irlandês Robert Walsh era já um viajante experimentado quando foi indicado para o cargo de capelão da Embaixada britânica no Rio de Janeiro. Depois de uma longa permanência em Istambul, seguida de viagem pela Turquia e outras partes da Ásia e de uma breve estada em São Petersburgo, chegava a um país novo e promissor, "cujo solo se tornaria daqui para a frente o celeiro do mundo",[36] segundo pensava.

O reverendo Walsh tece um relato baseado em "testemunhas oculares" sobre os acontecimentos que se sucederam desde que o Brasil tornou-se independente, "isto é, desde que passou a valer a pena obter informações a respeito do país". No breve tempo (cerca de 200 dias) em que permaneceu no país, viajou pelo interior do Estado do Rio de Janeiro e de Minas Gerais, seguindo a rota feita pela expedição do alemão Langsdorff cinco anos antes.

Walsh aportara na Guanabara, "a mais esplêndida baía do mundo", poucos meses apenas depois do levante dos soldados irlandeses e alemães no Rio de Janeiro. Ao tomar conhecimento da história do local, lamenta o fracasso da empreitada colonizadora liderada por Villegaignon, pois, se o

"portador desse nome tivesse sido digno da confiança depositada nele, o país estaria agora povoado por uma raça de homens que há muito tempo o teriam notabilizado pela industrialização e empreendimentos que geralmente supõem-se estejam relacionados com o progresso da Reforma."

Ao desembarcar na alfândega, pôde "observar a população negra em circunstâncias muito chocantes para um estrangeiro". Era contra o castigo corporal, por achá-lo degradante, e decididamente contra o tráfico e a escra-

---

[36] Robert Walsh, *Notícias do Brasil (1828-1829)*, 2 vols., Belo Horizonte/São Paulo, Itatiaia/Edusp, 1985, p. 69 e *passim*. Esta e as outras citações até o fim do capítulo encontram-se na mesma obra.

Descolonização portuguesa e construção do Império brasileiro (1808-1822)   315

vidão. "A cor da pele era um acidente que afetava apenas o exterior de um homem e que não estava mais relacionado com suas qualidades do que suas roupas", escreveu ele.

No Império escravista, talvez fosse esse

"o tema, entre todos os outros, no qual os interesses e preconceitos de todas as classes estejam mais profundamente envolvidos. A imensa fortuna investida nos escravos e o emprego quase exclusivo deles em todos os ramos da produção e comércio tinham interligado de tal maneira o sistema com todas as coisas no país, que parecia que, se essa instituição fosse abolida, arruinaria toda a indústria e prosperidade no Brasil."

Em Minas Gerais, a utilização do trabalho escravo era responsável pela baixa produtividade e o desperdício de recursos humanos.

"Jamais vi uma roda na região, ou qualquer outro meio de facilitar o trabalho, nem mesmo uma carroça ou carrinho de mão. São os infortunados escravos que transportam o cascalho ou os detritos na cabeça, em pequenos e toscos caixotes, subindo com grande risco as íngremes encostas; no entanto, uma roldana e um balde, ou um plano inclinado, teriam poupado grande parte desse trabalho."

Havia ainda o interesse dos donos de escravos de ganho, alugados ao Estado. Esse grupo de interesses era responsável, segundo Walsh, pela lenta introdução de máquinas no Brasil.

"Várias tentativas foram feitas no Rio para introduzir o uso de máquinas, com o fito de diminuir o trabalho manual, principalmente na alfândega; mas, como isso iria ocasionar a dispensa dos escravos contratados para fazer o trabalho, a medida foi desencorajada pelos seus proprietários."

E isso também acontecia no meio rural, onde os donos de escravos de aluguel por vezes tinham dificuldade de arranjar-lhes emprego.

Já no Rio de Janeiro, hospedado na casa de um ex-oficial da *Royal Navy*, naquele momento comodoro na Marinha brasileira, o reverendo

Walsh visita o comerciante Mr. Price, cuja casa era "padrão de todas as casas de mercadores ingleses", com a parte de baixo reservada à loja. Na hora do almoço, as ruas ficam desertas. À tarde, passeia pela cidade. As lojas estavam abarrotadas de produtos, sobretudo de Manchester, vendidos mais baratos do que na própria origem. "As casas são limpas e estão sempre arrumadas. As ruas não apresentam lixo ou cheiros desagradáveis incomodando os transeuntes."

Os franceses, entretanto, formavam a maior comunidade de estrangeiros do Rio. Esta "cresceu tanto, que ultrapassou aos ingleses que haviam chegado antes, e, hoje em dia, ruas inteiras são tomadas por suas lojas e joalherias". Eram também "os únicos vendedores de livros do Rio". Walsh calculava a população da cidade em 150 mil pessoas, dois terços dos quais eram de escravos.

Não viu mendigos, a não ser marinheiros estrangeiros, "particularmente ingleses e americanos, que, com frequência queixavam-se, de maneira grosseira, que estavam desempregados". A ética protestante era implacável até com os conterrâneos em exílio, pois todos "pareciam pessoas inúteis e desregradas, responsáveis pela própria pobreza". Já os católicos pobres recebiam roupas e alimentos das irmandades e conventos.

Não viu prostitutas. "O decoro dessa grande cidade, nesse aspecto, surpreende bastante aqueles que estão acostumados à horrível exibição de licenciosidade que nos assalta nas ruas e logradouros públicos de Paris e Londres".

PRECARIEDADE DA ORDEM: ALEMÃES E IRLANDESES REBELDES

A contratação de 2.400 mercenários alemães e irlandeses para lutar na Guerra Cisplatina provocou um tumulto de grandes proporções no Rio, e pôs à mostra, segundo Walsh, a "grande aversão" de todas as classes "à vinda de qualquer estrangeiro, a não ser que fossem escravos provenientes da costa africana". Atraídos pela promessa de cumprirem cinco anos de serviço militar em troca de 50 acres de terra, foram de tal forma hostilizados pelo povo, que muitos acabaram por retornar a seus países de origem ou desertar.

A insatisfação dos que ficaram manifestou-se numa tentativa de rebelião. O ministro da Guerra ordenou ao conde do Rio Branco, comandante da tropa imperial: "Mata tudo, Sr. conde, não dá quartel a ninguém, mata esses estrangeiros". Receoso, porém, de que suas ordens não fossem executadas, "lançou mão de um expediente tão terrível para os outros quanto perigoso para eles próprios": autorizou os negros e o "restante da população de classe mais baixa a pegar em armas". Walsh já vira as "consequências apavorantes dessa medida entre os turcos; mas a simples ideia de estar numa cidade onde 50.000 a 60.000 negros se encontram num estado de grande agitação, armados com facas e punhais, soltos pela cidade, era de causar arrepios".

A revolta foi esmagada pelos regimentos franceses e ingleses estacionados no porto do Rio. "Enquanto os militares atuavam de forma humana e louvável, a plebe mostrou-se de uma ferocidade atroz." Os tumultuários foram embarcados; quatrocentos ou quinhentos ainda permaneceram no Brasil, onde levavam vida de relativo conforto.

O reverendo Walsh nota a crescente antipatia contra os ingleses, por causa da suposta intermediação inglesa para obter a paz entre o Brasil e a Argentina e ao esboço de Constituição enviado (quando da morte de João VI) por Pedro I a Portugal, pelas mãos de *Sir* Charles Stuart, em missão oficial no Rio, dando "a impressão de que a Constituição fora elaborada e promulgada com a colaboração do ministério inglês". Em 1828, Walsh constata

> "um imenso preconceito contra os estrangeiros que aumentava cada dia mais, especialmente contra os ingleses, que os brasileiros consideravam como inimigos declarados, quando se tratava de questões ligadas a Portugal, e como não amigos, quando se tratava de questões genuinamente brasileiras, especialmente as relativas à abolição do tráfico de escravos."

Choques de mentalidades

No primeiro domingo em que esteve no Rio, comemorou-se o batizado do filho do imperador, o futuro Pedro II. "Após essa exibição de pompa, retornei à tranquilidade e simplicidade de nosso culto religioso inglês, mais de acordo com os sentimentos que o domingo desperta." Elogia a tolerância dos brasileiros, mas chocam-no certas comemorações, como a do dia de Finados, e a profusão de nichos e altares, a ornamentação espalhafatosa, as "cortinas de cetim bordadas de ouro e prata, que lhes conferiam um ar festivo totalmente oposto à seriedade da ocasião".

Critica os gastos excessivos da Igreja com círios e fogos de artifício. Acredita que as irmandades que pagavam esses festejos poderiam "empregar esse dinheiro de forma mais proveitosa e racional realizando alguns dos programas beneficentes e úteis de que o público realmente necessita". Lembra, por outro lado, as bebedeiras de domingo na Inglaterra, prova de que "nem todos os nossos hábitos são primores de sabedoria humana, como estamos acostumados a considerá-los". No Rio, vê muitos desses "bêbados profanos" rondando a cidade, praguejando em inglês, "sendo súditos dos Estados Unidos ou do Reino Unido".

A educação, majoritariamente pública, adotava o modelo lancasteriano. Havia também as escolas criadas por professores particulares. Aí, "as crianças de classe social mais elevada estudam pagando por sua educação". O internato inglês em Mata-Cavalos era uma delas.

Tendo visto "tudo o que o Rio tinha para mostrar", o pastor aceita o convite para visitar o interior do país em companhia do sr. Milward, superintendente da General Mining Association, primeira companhia inglesa de mineração a estabelecer-se em São José, atual Tiradentes.

Em Valença, assiste a uma cena "altamente repulsiva para os sentimentos europeus". Levas de escravos eram conduzidos do litoral para as minas, "tangidos pelas estradas como um rebanho de ovelhas, para serem vendidos nos diversos povoados".

Improvisa-se um mercado de escravos na porta da estalagem onde estavam hospedados. "De vez em quando o vendedor dava-lhes uma chicotada para fazê-los saltar, mostrando assim que tinham pernas ágeis; fazia-os também gritar e chorar, para que os compradores vissem que tinham bons pulmões."

RAÍZES DA VIOLÊNCIA COTIDIANA

Chama-lhe a atenção a profusão de cruzes estacadas ao longo do caminho, sinal de que nesse local alguém havia sido assassinado. A causa mais frequente desses crimes era "o temperamento irritadiço dos negros e particularmente dos mulatos que acompanham os tropeiros". Armados de facões, para várias finalidades, não hesitavam em "puxar da faca e enterrá-la no corpo do antagonista, diante da menor provocação". Seu uso fora proibido pelas autoridades, mas Walsh afirma que estas continuavam a ser fabricadas em Sheffield e em Birmingham, e havia visto "enormes caixotes cheios delas sendo abertos na alfândega".

Descolonização portuguesa e construção do Império brasileiro (1808-1822)   319

Estranha, ao mesmo tempo, que lhe seja negado o uso da faca durante as refeições. "Sempre que pedíamos uma faca, durante a viagem, diziam-nos que a polícia proibia seu uso! Entretanto, todo escravo negro ou mulato trazia à cintura uma faca de ponta aguçada como uma adaga, enquanto os homens livres se queixavam de que não podiam ter em casa uma faca de mesa." Velho tema.

Ilustração e liberalismo

Em São José (Tiradentes), o reverendo fica surpreso ao verificar a existência, nessas partes remotas, "onde, até há bem pouco tempo, era interdita a difusão de qualquer tipo de conhecimento", de uma biblioteca de mais de mil volumes, com obras em português e espanhol, além da *Enciclopédia* e obras de Voltaire, Rousseau e Raynal. Entre os títulos em inglês, destaca a *Riqueza das nações*, de Adam Smith. "A cidade de São José é considerada, depois de São Paulo, a mais liberal e ativa, intelectualmente, de todo o Brasil".

Visita minas de topázio no caminho de Vila Rica. Lá, conhece as modernas instalações da Imperial Brazilian Mining Association, que explorava a mina de Gongo Soco, outra mineradora inglesa estabelecida naquela comarca, responsável pelo aumento extraordinário da receita. Lamenta a proibição da exploração do ferro, resquício ainda da legislação colonial sobre as minas. "O ouro era o único metal explorado, sendo então dado em pagamento do ferro estrangeiro, embora este fosse encontrado em abundância e mesmo à flor da terra em todas as comarcas."

A caminho da Independência: "arranjo" ou Revolução?

Caio Prado Jr. foi o historiador que melhor definiu o sentido da Revolução da Independência, indicando o caráter de "arranjo" que iria marcar os períodos subsequentes da história do novo Estado-nação. Vejamos o que escreveu, em 1933, o autor de obra fundamental em nossa historiografia.

Segundo ele, não teria havido violência no processo da Independência, interpretação hoje pouco aceitável. Intervêm fatores

"por assim dizer estranhos ao Brasil, e que fazem dele momentaneamente sede da monarquia portuguesa, emprestam à Independência brasileira um caráter em que faltam a violência e os conflitos armados que observamos nas demais colônias americanas. Tivemos um período de transição em que, sem sermos ainda uma nação de todo autônoma, não éramos propriamente uma colônia. Mas, no fundo, o fenômeno é o mesmo."[37]

A economia é determinante:

"Por esta ou aquela forma, a emancipação de uma colônia resulta sempre de sua evolução econômica incompatível com o estatuto colonial. E, se nos foi poupada uma luta de proporções talvez consideráveis, a exemplo da América espanhola ou inglesa, tivemos doutro lado, para o estabelecimento definitivo da nossa autonomia, de arcar com dificuldades não menos sérias, ainda que de outra natureza."[38]

Mais razoável é a interpretação sobre o "arranjo" político. Segundo ele,

"outro efeito da forma pela qual se operou a emancipação do Brasil é o caráter de 'arranjo político', se assim nos podemos exprimir, de que se revestiu. Os meses que medeiam da partida de D. João à proclamação da Independência, período final em que os acontecimentos se precipitam, resultou num ambiente de manobras de bastidores, em que a luta se desenrola exclusivamente em torno do príncipe regente, num trabalho intenso de o afastar da influência das Cortes portuguesas e trazê-lo para o seio dos autonomistas. Resulta daí que a Independência se fez por uma simples transferência política de poderes da metrópole para o novo governo brasileiro."

Polêmica, nos dias atuais, é a interpretação segundo a qual foram poupados sacrifícios ao povo, e não teria havido movimentos populares. Essa leitura esquece o peso da repressão brutal a todo e qualquer movimento

---

[37] Caio Prado Jr., *Evolução política do Brasil*, São Paulo, Brasiliense, 1987, 16ª ed., pp. 52-3.

[38] *Ibidem.*

divergente, republicanista ou simplesmente reformista, que até mesmo levaria várias lideranças à prisão, ao martírio ou ao exílio. Segundo ele,

> "na falta de movimentos populares, na falta de participação direta das massas neste processo, o poder é todo absorvido pelas classes superiores da ex-colônia, naturalmente as únicas em contato direto com o regente e sua política. Fez-se a Independência praticamente à revelia do povo; e, se isto lhe poupou sacrifícios, também afastou por completo sua participação na nova ordem política. A Independência brasileira é fruto mais de uma classe que da nação tomada em conjunto."[39]

A historiografia da Independência, talvez a mais vasta, complexa e densa da história do Brasil, teve, porém, outros pontos altos de referência, além de Caio Prado Jr.. Dois estudos, de Evaldo Cabral de Mello e de Sérgio Buarque de Holanda, inscrevem-se nesse patamar mais elevado, entre tantos outros que vieram à luz desde a publicação da obra inaugural do historiador paulistano. Vejamos.

Para muitos, a transição do império luso-brasileiro para o Império brasileiro viveu seu momento mais crítico nos treze anos de João VI no Brasil (1808-1821). Ora, foi centrada nisso que, segundo a percepção aguda de Evaldo Cabral, consolidou-se a interpretação do período joanino e imperial-nacional como aquele em que se forjou a "fórmula salvadora que permitira a D. Pedro I fundar o Império e a D. Pedro II governá-lo".[40] Em verdade, uma idealização destilada da pena dos publicistas do Rio, comprometida com a fórmula centralista adotada pela Independência.

O historiador nesse ponto endossa a tese clássica de Sérgio Buarque de Holanda, segundo a qual, "no Brasil, as duas aspirações — a da Independência e a da unidade — não nascem juntas e, por longo tempo ainda, não caminham de mãos dadas". Acompanhando aqui o raciocínio do historiador pernambucano, na conclusão de Buarque detectam-se a precariedade das instituições e os riscos de ruptura corridos nessa transição do "poderoso império" para o Império brasileiro. Segundo Evaldo Cabral de Mello:

---

[39] *Ibidem.*

[40] Evaldo Cabral de Mello, "Um Império frustrado", cit., p. 52.

"Essa unidade, que a vinda da corte e a elevação do Brasil a Reino deixara de cimentar em bases mais sólidas, estará a ponto de esfacelar-se nos dias que imediatamente antecedem e sucedem a proclamação da Independência. Daí por diante irá fazer-se a passo lento, de sorte que só em meados do século pode dizer-se consumada."[41]

Da tese de Buarque, o historiador pernambucano retira elementos decisivos para a compreensão da formação do Estado-nação brasileiro. A começar pela ideia que dominou o imaginário construído pela "tradição saquarema da historiografia da corte e de seus epígonos da República", segundo a qual a história da Independência reduziu-se à da construção de um Estado centralista, e o período de João VI foi o marco inicial da construção do "futuro edifício imperial". Com isso, ignorou-se que ele esteve a ponto de "destruir-lhe as frágeis possibilidades, precisamente devido à sua incompetência para superar a retórica do vasto Império, atualizando-o e realizando-o".

A tese de que a idealização do reinado de João VI tenha sua origem e tenha prosperado no Rio "parece algo de perfeitamente natural", uma vez que a sede da corte foi a principal beneficiária da vinda dos Bragança para o Brasil em 1808. Ao passo que as capitanias viram-se adicionalmente taxadas, de modo que bancassem os gastos da capital, para torná-la tolerável, se não para Carlota Joaquina (a insuportável Carlota tinha ojeriza ao Brasil), ao menos para uma parte dos cortesãos e funcionários públicos vindos da ex-metrópole.

Mas esta é, porém, mais uma das questões polêmicas em meio a dezenas de outras que a riquíssima e variada historiografia sobre a descolonização e a Independência vem propondo ao leitor contemporâneo.

[41] *Ibidem.*

Descolonização portuguesa e construção do Império brasileiro (1808-1822)   323

18

Primeiro Reinado: Pedro I (1822-1831)

"O Brasil agora é feito para a democracia, ou para o despotismo — errei em querer dar-lhe uma monarquia constitucional. Onde está uma aristocracia rica e instruída? Onde está um corpo de magistratura honrado e independente? E que pode um clero imoral e ignorante sem crédito e riqueza? Que resta pois? Uma democracia sem experiência, desunida, corrompida e egoísta; ou uma realeza sem confiança e prudência; fogosa e despótica sem as artes de Augusto, nem a dissimulação profunda de Tibério?"

José Bonifácio de Andrada e Silva[1]

Com a Independência de 1822, consolidou-se no Brasil um regime político monárquico de base econômico-social escravista. Ou seja, deu-se o contrário do que ocorreu na maioria das ex-colônias espanholas da América, em que as elites *criollas* implantaram regimes republicanos não baseados no trabalho escravo, mas num sistema de trabalho — ao menos nominalmente — livre.

Peça-chave da política mercantilista portuguesa, o abalado sistema colonial chegou ao fim quando o príncipe regente Pedro de Bragança rompeu os últimos liames que vinculavam o Brasil ao Reino Unido de Portugal e Algarve (criado por carta de lei em 15 de dezembro de 1815). Embora os Braganças tivessem a intenção de continuar a governar nos dois lados do Atlântico, o que de fato acabou por explicitar-se foi a relação de dependência do novo Estado-nação sul-americano à Inglaterra, que, após a queda de Napoleão, afirmava-se como a maior potência imperialista do século XIX.

O reconhecimento da Independência não se deu de imediato: os Estados Unidos da América fizeram-no em 1824, e somente em 1825 o fariam Por-

---

[1] Miriam Dolhnikoff (org.), *José Bonifácio de Andrada e Silva: projetos para o Brasil*, São Paulo, Companhia das Letras, 1998, pp. 256-7. Sua apreensão: "A catástrofe é inevitável — mas qual será e quando? Esperemos pelo tempo que no-lo mostrará. Acontecimentos inesperados vão precipitando esta crise necessária. Mísera liberdade!". Também disponível em: www.obrabonifacio.com.br/principais_obras.

tugal, Inglaterra, França e Áustria. Mais tarde, em 1826, foi a vez de Suécia, Noruega, Santa Sé, Suíça, Parma, Piacenza, Dinamarca, as Cidades Hanseáticas, Toscana, Holanda, Hanover, Prússia e Baviera. Somente em 1834 a Espanha reconhecerá o novo Estado americano.

Em 10 de março de 1826, em Lisboa, aos 58 anos, morria o rei João VI, primeiro rei do Brasil (onde viveu durante 13 anos). Ano importante na história do mundo luso-brasileiro foi este de 1826, pois seu filho e sucessor Pedro I (Pedro IV de Portugal), dividido entre dois mundos, tomou a decisão de outorgar, no mês seguinte, em 29 de abril, uma Carta Constitucional aos portugueses, indicando sua filha Maria da Glória como sucessora ao trono. Em seguida, em 2 de maio de 1826, abdicou da Coroa de Portugal em favor da jovem. Desse modo, estava com os pés assentados na ex-metrópole e na ex-colônia.

Nesses meses intensos e decisivos dos dois lados do Atlântico, os fatos precipitaram-se, pois, em 6 de maio, Pedro I abria, no Brasil, a primeira legislatura da Assembleia Legislativa do Império brasileiro, e logo depois, em 31 de julho, fazia jurar, em Portugal, a Constituição outorgada por ele próprio (como Pedro IV) aos portugueses. Antes desses acontecimentos, entretanto, com a morte do rei João VI, o infante Miguel entrava em Lisboa no dia 22 de fevereiro de 1828, como lugar-tenente de seu irmão Pedro IV e, industriado por Carlota Joaquina, passa a ocupar mais e mais espaço político-institucional, o que aprofunda os conflitos dinásticos entre os dois irmãos. Tudo isso desembocará numa guerra sangrenta, que examinaremos adiante.

Na Europa, o trinômio indústria-império-capital será o registro da nova era. Tanto na ex-metrópole como no Brasil, a estabilidade do recém-autoproclamado governo imperial bragantino era ameaçada pelas forças recolonizadoras portuguesas, agora engrossadas pelos comerciantes portugueses que haviam perdido os privilégios com a abertura dos portos em 1808 e lideraram a Revolução do Porto em 1820.

Para piorar a situação, a Pedro de Alcântara e a José Bonifácio não parecia óbvio que o novo governo independente viria a ter o apoio das principais nações da época; mas, melhorando essa perspectiva, o reconhecimento da Independência pelo governo americano estimulou a adesão das outras nações. Enquanto isso, a presença de colonialistas continuava forte, a ponto de, nos portos brasileiros, ainda se assistirem, ao longo da primeira metade do século XIX, a muitos conflitos com os "corcundas", ou "pés de chumbo", aos gritos de "Mata marinheiro!".

A ambiguidade da Revolução liberal portuguesa era essa: os revolucionários, liberais na metrópole, raciocinavam e agiam como reacionários e recolonizadores em relação à ex-colônia. De fato, a inversão colonial nunca foi por eles bem assimilada: o retorno do rei João VI a Portugal foi cobrado durante todo o período, até que o monarca finalmente se viu obrigado pelas Cortes a voltar a Portugal em 6 de março de 1821, deixando no Rio de Janeiro o príncipe herdeiro como regente do Brasil. Além disso, não se tratava propriamente de uma revolução burguesa, no sentido clássico, pois os comerciantes de 1820 não constituíam uma força ascendente, como na França; ao contrário, tratava-se de uma classe em decadência (embora ilustrada), que procurava assegurar posições ameaçadas pela crise colonial e pela dura competição na esfera do crescente poderio inglês.

Apesar do grito de proclamação de Independência dado às margens do rio Ipiranga, nos arredores de São Paulo, no dia 7 de setembro, o fantasma da recolonização rondava as mentes da aristocracia nativa e dos comerciantes luso-brasileiros, além dos gabinetes do estamento político do Primeiro Reinado. Espectro que, agora, encarnava-se gradativamente no jovem Pedro I, filho do português João VI e da espanhola Carlota Joaquina de Bourbon. Carlota, vale lembrar, irmã do rei Fernando VII, da Espanha.

Pedro I: um perfil

> "Em Lisboa, com sete para oito anos, Laura Junot achara o príncipe lindo, em contraste com a fealdade dos seus; em 1831, ao revê-lo em Paris, descobrir-lhe-ia parecença com um *valet de chambre*, de casa ordinária, desempregado. [...]
>
> Náusea, desgosto e insatisfação lhe dariam a decepcionante experiência da volúpia solitária, como repulsa e asco a prática homossexual. Seria cedo e desde sempre um homem — releve-se a dureza da palavra —, um macho. [...] Deslumbrado com a certeza de ser homem, a delícia de ser homem."
>
> Octávio Tarquínio de Sousa[2]

Um herói romântico, eis a imagem que a historiografia dominante cristalizou. Em todas as dimensões, Pedro de Alcântara, duque de Bragança, foi,

---

[2] Octávio Tarquínio de Sousa, *A vida de D. Pedro I*, vol. II, t. 1, Rio de Janeiro, José Olympio, 1957, 3ª ed., pp. 68 e 81.

antes de tudo, um personagem contraditório: no Brasil, foi um liberal constitucionalista *à rebours*, mas, no fundo (e, depois, na prática), notório absolutista, e mais tarde, na última etapa de sua vida, já em Portugal, outra vez liberal. Não teve educação formal, mas falava francês, articulava planos de Estado, relacionava-se com diplomatas e compunha (a música do *Hino da Independência* é de sua autoria). Amante de várias mulheres, mas cuidando com desvelo da filha Maria da Glória, sua herdeira em Portugal, a futura rainha Maria II. Iracundo e até violento com eventuais inimigos, porém tratando com lhaneza os mais humildes. Parcimonioso nas finanças pessoais, mas generoso com filhos, amigos e amantes. E admirador de Napoleão, supina contradição, visto que tropas bonapartistas foram as responsáveis pela fuga da família real para o Brasil.

O jovem português Pedro, impulsivo e complexo, era filho de um príncipe regente bonachão e de uma espanhola inquieta, pais praticamente separados por razões de Estado, se não outras, e neto de uma rainha dementada, Maria I. Sua mãe, Carlota Joaquina, partira para o Brasil contrariada, quase repudiada, pois pretendera ir para Madri com seus oito filhos. No dia 27 de setembro de 1807, ela escrevera a seus pais dizendo que João decidira que três dos filhos fossem para o Brasil, "para dar seguro a los ingleses". E renovava sua súplica aos pais, para que mandassem encarecer "al Principe que quieren absolutamente que yo vaya para su compania con aquellas hijas que yo quisiere llevar [...] y esto quanto antes por que ya mis hijos estan para ir, y tienen todo embarcado, y en ello partiendo se effectua su projecto, que es mandarme como repudiada [...]".[3]

Com esse quadro familiar tumultuado é que Pedro, duque de Bragança, teve de enfrentar, no Brasil, uma passagem (inconclusa) do *Ancien Régime* para uma precária ordem liberal. Em certa medida, ele assistiu à transição de uma ordem colonial para uma ordem neocolonial, pois, na primeira metade do século XIX, o Brasil tornara-se praticamente um protetorado inglês.

O jovem Pedro, para além de viver todas as mazelas de uma colônia de exploração baseada num regime escravista, sofreria os embates entre pai e mãe. Com o tempo, ele se alinharia com o pai, constitucionalista, enquanto seu irmão Miguel ficaria como executor da política absolutista da mãe espanhola.

---

[3] *Apud* Octávio Tarquínio de Sousa, *A vida de D. Pedro I*, cit., p. 33.

Assim que a real família chegou ao Rio de Janeiro, logo se cuidou da escolha de professores para o príncipe, e disso tratou Rodrigo de Sousa Coutinho, nomeado ministro dos Negócios Estrangeiros e da Guerra do primeiro ministério. Este escolheu o nome do diplomata João Rademacker, poliglota (que mais tarde morre envenenado por uma escrava), para ser preceptor maneiroso de Pedro de 1808 a 1814. Mas Pedro teria também professores de francês (o cônego Boiret, depois também professor de seus filhos Pedro II e Maria da Glória), de inglês (o padre Tilbury e o irlandês padre Joyce, que seria professor régio de Língua Inglesa no Rio, e mais tarde mestre de Evaristo da Veiga), aulas de picaria (ou equitação, com Robert John Damby) e de música (Marcos Antônio Portugal). E, claro, Maria Genoveva do Rego Matos, a preceptora pacienciosa.

Como nota, porém, Octávio Tarquínio de Sousa, Pedro deve ter convivido muito pouco com os homens mais ilustres do grupo de estadistas — Rodrigo de Sousa Coutinho ou Antônio de Araújo de Azevedo — do governo joanino: José Bonifácio ficara na Europa, e o resto não estava "sequer acima de medíocres". Ainda segundo o historiador carioca, do pai receberia a bondade passiva, "ternura sem calor", porém "sem força de simpatia, compreensão"; da mãe, não teria atenção nem carinho.

O jovem, epiléptico como quase todos os seus irmãos, apreciava a marcenaria e o cavalgar. Cavalgava até esfalfar os cavalos, conversando com gente humilde em Santa Cruz ou na ilha do Governador, quando

> "receberia o bafo das senzalas e da escravaria negra. Sentiria o prematuro despertar do sexo, mais intensamente do que na chácara de São Cristóvão, onde o pai em 1812 se demorou mais tempo, fugindo às epidemias que grassavam na cidade e que mataram em poucas semanas mais de mil pessoas. Epidemias que felizmente respeitavam os Braganças."[4]

Criado no ambiente dos gabinetes da contrarrevolução e da restauração — e dado o temor às ideias ilustradas de reforma e de revolução —, não poderia jamais ser um herói completamente moderno. Mas, naquele período, quem o foi? Nem mesmo o proprietário de escravos Thomas Jefferson, embaixador dos EUA na França durante a Revolução e depois presidente da

[4] *Ibid.*, p. 69.

República americana, de quem uma historiografia renovada vem revelando facetas menos brilhantes.

O príncipe nasceu em Portugal, no dia 12 de outubro de 1798, no Paço Real da Quinta de Queluz, no mesmo aposento em que morreria, aos 35 anos, no dia 24 de setembro de 1834. Quarto filho do príncipe regente João, seu nome completo era Pedro de Alcântara Francisco Antônio João Carlos Xavier de Paula Miguel Rafael Joaquim José Gonzaga Pascoal Cipriano Serafim de Bragança e Bourbon. Após abdicar do trono brasileiro, em 1831, vai autodenominar-se apenas duque de Bragança. Era o segundo filho de sexo masculino; com a morte de seu irmão mais velho, Antônio, em 1801, tornou-se o herdeiro da Coroa.

Quando veio para o Brasil, em 1808, tinha 9 anos, e sua formação foi precária, até porque preceptores poderiam estar "contaminados" pelas ideias liberais do tempo.

Um franciscano amigo, leitor dos clássicos, frei Antônio de Arrábida, foi seu educador e confessor durante quase toda a vida. O jovem príncipe da Beira destacava-se por sua vivacidade num meio medíocre e, dada a política de casamentos entre casas governantes, já em 1817 estava casado com a arquiduquesa da Áustria, Carolina Josefa Leopoldina, filha de Francisco I da Áustria, com a qual teve sete filhos. A imperatriz era uma constitucionalista e também liberal, com atitudes que em nada agradariam a Metternich. Em 19 de fevereiro de 1821, contente, escrevera ao pai, dizendo que Pedro compôs para ele uma sinfonia *Te Deum*: "Estou no fim do terceiro mês de gravidez de meu quarto filho, para conservação do renome da Casa de Áustria".

As relações paralelas foram várias (entre 1821 e 1825, nascem 8 filhos seus, reconhecidos), destacando-se entre elas a mais turbulenta e duradoura, com a paulista Domitila de Castro Canto e Melo, a marquesa de Santos, com a qual também teve filhos (em sua correspondência com ela, além de "Imperador", por vezes assinava-se "Demonão" ou "Fogo Foguinho"...).

O "Fico" (Rio de Janeiro, 9 de janeiro de 1822)

Com o retorno compulsório de seu pai a Portugal, Pedro ficou como príncipe regente do Brasil, com poderes para administrar a Justiça, a Fazenda e a Economia, fazer guerras, e pactuar tréguas e tratados diplomáticos. Antes de partir, em 26 de abril de 1821, o rei João VI, pressionado pelos liberais brasileiros, assinara decreto dispondo sobre a eleição de deputados brasileiros para as Cortes de Lisboa. E da bancada brasileira participaram intelectuais aguerridos como Antônio Carlos, Feijó, Muniz Tavares, Cipriano Barata, entre outros.

Com efeito, os problemas haviam se avolumado para o príncipe quando, em 9 de dezembro, chegaram ao Rio dois decretos das Cortes: um, desmembrando o Brasil em várias províncias portuguesas, extinguindo o governo central e substituindo-o por juntas provinciais desligadas da administração da Fazenda e das Armas, isto é, as duas fontes básicas de poder. Com isso, esvaziava-se o poder de Pedro. No segundo decreto, ordenava-se seu retorno imediato a Portugal.

A resistência liberal uniu-se em torno dele, que recebeu um manifesto, em 9 de janeiro de 1822, reclamando sua permanência na terra e, ainda, a instauração de poderes autônomos no Brasil, embora reconhecendo a condição deste como parte do Reino Unido. Era presidente do Senado e da Câmara José Clemente Pereira, que entregou ao príncipe regente o requerimento das províncias do Rio de Janeiro, São Paulo e Minas pedindo-lhe que permanecesse no Brasil. Foi Clemente também quem leu a resposta de Pedro, da sacada do paço, alguns dias depois, com a frase que logo ficou célebre, sobretudo nos livros didáticos independentistas: "Diga ao povo que fico".

Quem era José Clemente Pereira? Figura proeminente naquele momento, era grão-mestre da maçonaria do Grande Oriente do Brasil, organização que atuava como verdadeiro partido político. Em seu discurso, pediu ainda a Pedro que convocasse uma Assembleia Constituinte e Legislativa, independente das Cortes de Lisboa. Mas logo bateu de frente com José Bonifácio, sendo deportado para a França (caminho que seria seguido pelo Patriarca no ano seguinte).

Nascido em Portugal em 1787, doutorou-se em direito canônico pela Universidade de Coimbra, mudando-se para o Rio em 1815, e aí se tornou líder dos comerciantes portugueses, no chamado "partido português". Foi juiz de fora, em Niterói em 1819, logo se transferindo para a capital, onde atuou até ser exilado. Regressou do exílio em 1828, elegeu-se deputado e foi o autor do Código Criminal, que, com emendas feitas por Bernardo Pereira de Vasconcelos, adquiriu força de lei em 1830. Ministro do Império, participou da negociação em que o Brasil reconheceu a independência do Uruguai (1828). Também fez parte do grupo que elaborou o Código Comercial (1834) e do movimento da Maioridade de Pedro II (um golpe, em verdade). Foi importante, ademais, seu papel na criação do Hospital dos Alienados e da Santa Casa de Misericórdia, no Rio de Janeiro.

Primeiro Reinado: Pedro I (1822-1831)

Pois bem, em seguida ao "Fico", Pedro demitiu o Ministério da Regência e nomeou outro, chefiado por José Bonifácio de Andrada e Silva, recentralizando o poder. Agora, todas as ordens vindas de Lisboa deveriam ser submetidas ao regente. De janeiro a junho ocorreram várias manobras e movimentos de afirmação e pressões para uma nova ordem político-institucional, até que em 3 de junho, atendendo-se à petição de 9 de janeiro, foi convocada uma Assembleia Geral Constituinte e Legislativa.

A maçonaria atuou rapidamente no sentido de envolver Pedro, o que conseguiu em 2 de agosto, tornando-o grão-mestre da entidade (sob o nome de Guatimozim), em substituição a José Bonifácio, o reorganizador desta sociedade semissecreta no Brasil.

A RUPTURA

O conflito com Portugal aprofundou-se quando as Cortes reduziram Pedro a simples governante a elas submetido e, mais, ordenaram fossem processados e julgados os membros do governo que assinaram a petição pela permanência dele no Brasil. Um acinte, segundo Pedro. Foi a gota d'água para a proclamação unilateral da Independência: o decreto chegou ao Rio em 28 de agosto, quando o príncipe estava em São Paulo. Pedro recebeu-o no dia 7 de setembro no riacho do Ipiranga, nos arredores da cidade de São Paulo.

Percebera ele que qualquer recuo seria impossível, e o perigo do republicanismo já não podia ser descartado. Além disso, os aliados ingleses não tolerariam perder o espaço que conquistaram no comércio com a ex-colônia, e já estavam passando a financiar armas e fornecer comandantes militares para a previsível resistência que deveria formar-se contra os portugueses. Não por acaso, o modelo adotado pelo príncipe regente foi o de uma monarquia constitucional, à semelhança do molde britânico, contrapondo-se à maré republicanista.

No Rio, Pedro foi aclamado imperador constitucional em 12 de outubro no Campo de Santana, e coroado em 1º de dezembro de 1822 como Pedro I. Nesse processo, não se deve desconsiderar sua notória habilidade política; ele tinha, ao mesmo tempo, destemor total para preservar sua "Sagrada Autoridade" diante das ameaças emanadas das Cortes, entre elas, essa, agora, das tropas portuguesas que zarparam para o Brasil para coagi-lo a retornar a Lisboa:

"Com a maior estranheza, e cheio de indignação, vi a representação que acabam de fazer-me os comandantes e oficiais dos corpos dessa Divisão [Auxiliadora, estacionada na base de Santa Cruz]. Que delírio é o vosso, Soldados!"[5]

Pedro não passava por cima apenas desses "leões esfaimados", como os denominara. Do ponto de vista jurídico, talvez inconscientemente, passava por cima do fato de seu pai ter-lhe confiado a regência por ato exclusivo e pessoal, e fingia-se distraído do fato de que, pelos decretos de 29 de setembro de 1821, as Cortes haviam estabelecido um novo sistema de governo para o Brasil, o que o obrigava, além disso, a voltar a Portugal.

Ora, as Cortes haviam acabado com a regência no Brasil, tornando as províncias diretamente ligadas a Portugal, e determinado que Pedro fosse passear pela Europa para educar-se... O príncipe regente não somente ficou na terra, como, em seu nome, o ministro José Bonifácio ordenou, incisivamente (como gostava de fazer), que todos os governos provisórios das províncias se subordinassem à Regência de Pedro. Com desassombro, o príncipe foi pessoalmente a bordo do navio principal, e reuniu os comandantes que revelaram "bastante soberba". Exigindo o embarque imediato e o retorno das tropas a Portugal, ameaçou: "Já ordenei, e, se não executarem amanhã, começo-lhes a fazer fogo".[6]

Poderia ter sido preso. Mas o forte impacto de sua atitude arrefeceu os ânimos dos militares. Os "leões" mostravam-se agora "mansos como uns cordeiros", como escreveu a João VI em 12 de fevereiro de 1822.

Esse foi o momento decisivo em que Pedro, com sua ação, definiu a ruptura, em termos irreversíveis. No dia 6 de fevereiro de 1823, aconselhado por José Bonifácio, criou o Conselho de Procuradores das Províncias, esboço de uma Assembleia de Deputados. Não era uma Constituinte, mas um Conselho de Estado. Na intensa correspondência trocada com o pai, Pedro ainda falava em uma "monarquia luso-brasílica", mas já se notava que não era mais o acuado capitão-general de uma só província a que as Cortes tentaram reduzi-lo. A 15 de fevereiro, escrevia a João VI: "Sou constitucional, e ninguém mais do que eu, mas não sou louco nem faccioso".[7]

[5] *Ibid.*, p. 368.

[6] *Ibid.*, p. 373.

[7] *Ibid.*, p. 373.

Primeiro Reinado: Pedro I (1822-1831)

"Sou constitucional..., mas..."

Que tipo de constitucionalismo? Eis o problema. Quais suas fontes?

Pedro lia e escrevia em francês, entendia o inglês, e aprendera bem o latim. Não era um homem culto, mas era bom em aritmética, como Bonaparte. O que lia era intuitiva e rapidamente apreendido, e acrescido com sua capacidade de extrair dos livros e relatórios o que lhe interessasse no momento.

Leu Gaetano Filangieri, o jurista napolitano que escreveu *La scienza della legislazione*, traduzida e comentada por Benjamin Constant. Deste, teria lido e conhecido a fundo toda a obra, em momentos diferentes; com certeza a leu para a formulação da Constituição de 1824, pois a ideia de um Poder Moderador foi daí extraída. Em sua biblioteca, compareciam alguns publicistas franceses, bem como os discursos do general Foy. Pedro também leu — não se sabe como e quanto — Edmund Burke, um pouco de Antonio Vieira, as cartas de Madame de Sévigné, alguns livros de Voltaire.

Se os ventos da Revolução que pôs abaixo o Antigo Regime não o agradavam, Pedro, atento aos fatos de sua contemporaneidade, tampouco apreciava a Restauração. Como se lê na carta de Leopoldina a seu pai, em 9 de junho de 1821: "O meu esposo, Deus nos valha, ama as novas ideias".[8]

Isso no plano de suas leituras teóricas e das ideias. Na prática, formado numa tradição de mando, nunca recebera com agrado as críticas e sugestões, não importa se da imprensa ou dos parlamentares, ou admoestações de militares, fossem eles de Portugal ou do Brasil.

Um Bragança enérgico

Como líder, um episódio exemplar demonstra sua qualidade, tão diferente de seu pai no plano da ação direta. Com o surgimento de notícias de possível sedição em Minas, o destemido Pedro resolve dirigir-se rapidamente à distante província para aplacar o esboço de reação a seu governo. De sua diminuta, mas seleta comitiva, faziam parte Estevão Muniz de Rezende e o ex-inconfidente José de Rezende Costa.

---

[8] *Ibid.*, p. 135. Ver alguns aspectos da vida cultural e conjugal de Leopoldina e Pedro, "le meilleur des pères", nas pp. 123-35.

Noticiava-se que José Maria Pinto Peixoto, um tenente-coronel arvorado em brigadeiro, ia opor-se à ascensão do príncipe como regente constitucional do Brasil. E, agora, impediria sua entrada na capital, Vila Rica. Com extremo senso político-tático, Pedro, muito saudado nas vilas pelas quais passava, num roteiro que incluía Barbacena e São João del Rei, parou antes de entrar na capital, e inverteu o jogo: ameaçou, esperou e negociou com enviados dos sublevados, suspendendo do exercício o verdadeiro responsável pela insubordinação, o juiz de fora Cassiano de Melo Matos, despachando-o para o Rio de Janeiro e tocando-lhe uma devassa. Enquadrou Minas, afastando alguns membros da junta governativa e mandando soltar presos. Mais: transferiu a vara de ouvidor da comarca de Vila Rica para a de Mariana, facilitou a circulação de militares de um corpo para outro, e impôs a eleição da junta provisória do governo de Minas. Mandou recolher ao Tesouro, no Rio, as barras de ouro e ouro em pó para ser cunhado em moeda provincial, depois ordenando o retorno desse ouro a Minas, em dinheiro. De quebra, trouxe o insubordinado militar Pinto Peixoto, agora "amigo", para seus serviços no Rio. Poderia ter sido duríssimo, pois até fora advertido por José Bonifácio: "Não se fie V.A.R. em tudo o que lhe disserem os mineiros, pois passam no Brasil pelos mais finos e trapaceiros do Universo, fazem do preto branco, mormente nas atuais circunstâncias em que pretendem mercês e cargos públicos...".[9] Ah! os mineiros...

Os passos seguintes de sua biografia são marcados pela aceitação, em 13 de maio, do título de Defensor Perpétuo do Brasil, pouco antes de sua eleição como grão-mestre da maçonaria em 28 de maio de 1822. No dia 3 de junho, convoca-se a Assembleia Geral Constituinte. Depois da proclamação da Independência em 7 de setembro, por proposta de José Clemente Pereira, em 1º de dezembro Pedro é coroado e sagrado na capela imperial como imperador constitucional do Brasil, criando-se, no mesmo ato, sua Guarda de Honra. Pedro I tinha então 24 anos.

A Bahia, último foco de reação portuguesa, cai em 2 de julho de 1823. Meses turbulentos, pois a Assembleia Constituinte, instalada em 3 de maio,

---

[9] A análise mais interessante desse período continua a ser de autoria do historiador e escritor Octávio Tarquínio de Sousa, nos três volumes da obra *A vida de D. Pedro I*, cit. Para mais detalhes sobre os episódios aqui narrados, consulte-se o capítulo XII do primeiro volume. Consulte-se, também, o extremamente rico e minucioso estudo de Roderick J. Barman, *Brazil: the Forging of a Nation (1798-1852)*, Stanford, CA, Stanford University Press, 1988.

Primeiro Reinado: Pedro I (1822-1831)

fora fechada na noite de 11 para 12 de novembro, a chamada "Noite da Agonia", criando-se então o Conselho de Estado.

No ano seguinte, em 25 de março de 1824, Pedro I outorgou a primeira Constituição brasileira, jurando-a em seguida. Na verdade, a Carta de 1824, liberal, tinha forte traço centralizador, o que provocaria três meses depois a Revolução da Confederação do Equador, em Pernambuco, na qual se destacou Frei Caneca. E Pedro I reprimiu esta Revolução com extrema violência, terminando com a liquidação dos revolucionários. A perseguição dramática ao grupo de Frei Caneca pelo sertão, onde ainda pensava fundar "uma ideal república", foi narrada por ele até sua captura, quando foi sumariamente julgado e arcabuzado. Mancha negra na biografia do imperador.

Reprimida a Revolução republicanista no Brasil, Pedro agora teria, em contrapartida, que enfrentar, em Portugal, seu irmão Miguel, líder da revolta da Abrilada, sob inspiração de sua mãe Carlota Joaquina.

Dado pessoal curioso da vida amorosa do imperador: em meio a tantas manobras político-institucionais, na primeira semana de dezembro, nascem no Brasil dois de seus filhos: no dia 2, no Palácio de São Cristóvão, no Rio de Janeiro, Pedro II, sétimo filho com Leopoldina; no dia 7, Pedro de Alcântara Brasileiro, filho dele e de Domitila de Castro Canto e Melo, que viveria umas poucas semanas. No ano anterior, desses mesmos conúbios, nasceram a princesa Francisca (com Leopoldina) e Isabel de Alcântara Brasileira, legitimada como filha do casal em 1826 e titulada Duquesa de Goiás. Em 11 de dezembro, aos 29 anos, morria no Rio a primeira imperatriz do Brasil, Leopoldina. Seis meses depois, em 13 de agosto de 1827, Domitila, a marquesa de Santos, é agraciada com o título de Duquesa do Ceará.

A futura mulher de Pedro, Amélia, chegará ao Rio de Janeiro em 16 de outubro de 1829, mesmo ano em que nasceram José, filho de Pedro I com Joana Mosquera, e outro Pedro de Alcântara Brasileiro, filho do imperador com madame Saisset. Fato pouco conhecido é que este último, quando maior, desapareceu do Brasil por um tempo, indo tentar a sorte nas minas da Califórnia, de lá retornando para solicitar, bem mais tarde, em situação duplamente constrangedora, uma pensão a seu irmão, quase sósia, o imperador Pedro II.

Ameaças externas

No plano das relações internacionais, na frente americana, em 13 de março de 1827, pressionado, o governo imperial assinara acordo com a Inglaterra sobre a extinção do tráfico negreiro. Em 27 de agosto de 1828, declara-se o fim da Guerra da Cisplatina, com a derrota do Brasil e a independência do Uruguai.

Enquanto isso, na frente europeia, Miguel, partindo da Inglaterra, chega nesse mesmo ano de 1828 a Portugal, sendo aclamado rei absoluto no dia 19 de fevereiro. Abriu-se então a guerra civil, que duraria mais de seis anos. Como se recorda, ele fora nomeado por Pedro, numa solução de compromisso, para governar o reino durante a menoridade de sua filha pré-adolescente, em favor da qual abdicara da Coroa, casando-a com o tio Miguel (casamento que nunca teria se consumado). Agora em 22 de fevereiro, o usurpador Miguel, aclamado rei absoluto do reino de Portugal e Algarve, desfaz o casamento com a sobrinha Maria da Glória, devolvida ao Brasil.

Ocorreu que os partidários da monarquia constitucional em Portugal reagiram. Os liberais e os moderados, sobretudo os do norte, temiam o absolutismo, rebelando-se contra a ação repressiva miguelista, em face de tantas prisões e condenações à forca de juristas, oficiais militares, estudantes, comerciantes e até clérigos. Em 18 de maio de 1828, o 6º Regimento de Infantaria do Porto declara seu apoio a Pedro IV, à Carta Constitucional por ele outorgada e a Maria da Glória, agora rainha Maria II. A ação de Pedro foi imediata, nomeando uma junta provisória para dirigir o reino.

Nesse meio-tempo, no Brasil, negociou-se, em 1829, o casamento do imperador com Dona Amélia de Leuchtenberg, realizado em Munique por procuração pelo marquês de Barbacena.

O ASTUTO MARQUÊS DE BARBACENA

Quem era esse astuto marquês de Barbacena? Mineiro nascido em Mariana (1778-1842), "Barbacena era o próprio Primeiro Reinado", segundo Pandiá Calógeras, seu melhor biógrafo.[10] Ele foi não apenas o negociador de casamentos internacionais de Pedro I, mas sua biografia revela, também, uma personalidade mais complexa do que a comumente apresentada ao leitor.

Felisberto Caldeira Brant Pontes, filho de seu homônimo, o conhecido contratador de Diamantina, estudou em Portugal no Colégio dos Nobres e,

---

[10] Pandiá Calógeras, *Formação histórica do Brasil*, São Paulo, Companhia Editora Nacional, 1957.

no Rio, na Academia Militar. Em terras britânicas, torna-se amigo de George Canning.

Interlocutor de José Bonifácio, Felisberto Caldeira apoiou os deputados brasileiros nas Cortes, foi organizador do Exército na Guerra da Cisplatina, e depois garantidor da rainha Maria II de Portugal, de quem fora preceptor. Antimiguelista, conseguira vencer, na diplomacia, Metternich e a Santa Aliança, o que não era pouco. Por intriga de Clemente Pereira, incompatibilizou-se com Pedro I, no clima que levaria este à abdicação. O regente Feijó ainda utilizaria seus serviços para a obtenção de empréstimos da Inglaterra.

Outro ano crucial na vida de Pedro I foi 1830. A morte de sua mãe Carlota Joaquina como que o libera para o combate ao irmão usurpador. Conjuntura difícil: a Inglaterra pressiona-o, proibindo em 1831 o tráfico de escravos para o Brasil. O imperador, inclinado aos interesses dos comerciantes luso-brasileiros escravistas, tornara-se cada vez mais autoritário e antipopular, provocando a ira de líderes de variado espectro ideológico, de José Bonifácio (que retornara do exílio) ao jornalista Evaristo da Veiga, o vibrante porta-voz das camadas médias urbanas em franco crescimento.

Da "Noite das Garrafadas" à abdicação

A nação despontava e organizava-se — foi criada a Guarda Nacional e executou-se pela vez primeira o *Hino Nacional Brasileiro* —, mas a insatisfação popular aumentara e, em 13 de março, ocorreram os distúrbios no Rio, conhecidos como a "Noite das Garrafadas". O imperador reagiu, demitiu o ministério e nomeou outro, o conservador "Ministério dos marqueses", que provocou mais revolta, levando-o à abdicação. A crise aprofundou-se, vendo-se Pedro na contingência de nomear, por decreto de 6 de abril, a José Bonifácio como tutor de seus filhos menores. E a abdicar, em 7 de abril, da Coroa em favor de seu filho menor Pedro II.

Para governar o país, formou-se, de 8 de abril a 18 de julho, a Regência Trina Provisória e, de 18 de julho de 1831 a 12 de outubro de 1835, a Regência Trina Permanente, como examinaremos no próximo capítulo.

Efetivada a abdicação, mas garantida a sucessão em nome de seu filho Pedro II, cumpria agora salvar o reino de Portugal de seu irmão absolutista.

Pedro, agora apenas duque de Bragança, fez seu testamento em Paris e um mês depois desembarca na ilha de São Miguel, nos Açores, em 22 de fevereiro de 1832. No dia 3 de março assumia a regência durante a menoridade de sua filha Maria II. Em guerra total ao irmão, durante um ano inteiro os combates circunscrevem-se ao cerco do Porto, com tremenda despro-porção numérica de tropas: quase 80 mil homens miguelistas contra 8 mil liberais pedristas. Mas Lisboa é ocupada em 24 de julho, e logo após se dá o reconhecimento do governo liberal de Portugal pela França e pela Ingla-terra. Após mais de um ano de lutas encarniçadas, os liberais liderados por Pedro obtiveram, em 1834, a capitulação dos miguelistas em Évora Monte. Miguel foi magnanimamente poupado, partindo para o exílio.

O romântico duque de Bragança morreu em 1834, aos 35 anos, herói em dois continentes. No Brasil, deixou no poder seu filho Pedro II, o primei-ro governante nascido no país, que reinaria de 1840 a 1889, vindo a falecer em Paris, no exílio, em 1891. E, em Portugal, deixava no poder Maria II, com apenas 15 anos de idade, rainha que morreria em Lisboa em 1853. Ambos filhos também de Leopoldina. Deixou para a posteridade duas ima-gens contraditórias: autoritário e despótico no Brasil, liberal e libertador em Portugal. Coisas da História.

Pedro I e a maçonaria

Do ponto de vista organizacional, não existiam ainda partidos políticos, mas facções ou tendências. O "partido brasileiro" ou dos "patriotas", por exemplo, era infiltrado pela maçonaria, pelo menos desde as Inconfidências, e sua presença era detectada em Salvador, Recife e Rio de Janeiro. No clima das Luzes, a Razão "iluminaria" as sombras criadas pelo absolutismo, e nesse sentido era instrumento útil no processo de libertação colonial: não por acaso Miranda, da Venezuela, e o capixaba Domingos José Martins,[11] líder da insurreição nordestina de 1817, encontraram-se em Londres para conspirar, com o militar português Gomes Freire de Andrade, líder do levan-te de 1817 em Portugal. O prestigioso jornalista brasileiro Hipólito José da Costa, exilado em Londres, também inseria notícias da organização em seu *Correio Braziliense*.

Embora haja pouca pesquisa histórica sobre a questão, sabe-se que a primeira foi a Loja Reunião, trazida ao Brasil em 1801 e ligada ao Grand

---

[11] A biografia desse importante revolucionário, de sua mulher Maria Teodora da Costa (filha do poderoso comerciante Bento José da Costa), do Padre Roma, de João Ribeiro, Miguelinho e outros está no livro de Norberto Bahiense, *Domingos José Martins e a Revolução Pernambucana de 1817*, prefácio de Barbosa Lima Sobrinho, Belo Horizonte, Littera Maciel, 1974.

Primeiro Reinado: Pedro I (1822-1831)

Orient d'Île de France, por iniciativa de um certo "*chevalier* Laurent", cujo navio de guerra *Hydre* fizera escala no Brasil em sua viagem para a ilha Bourbon.

Após 1808, surgiram várias associações no Brasil, sejam de cunho filantrópico, político ou comercial. Em 1817 e 1822 no Brasil, como em 1820 em Portugal, a maçonaria atuou no sentido de organizar os "patriotas". Quase sempre em caráter reservado, como é óbvio, pois ser "patriota" e organizar uma instituição paraestatal era praticar subversão, e o destino de quem o tentasse poderia ser o mesmo de Tiradentes.

Agora, a situação era complexa, pois o imperador era subversivo, um insubordinado em relação às Cortes de Lisboa. E, no Brasil, um repressor, pois não poderia deixar espaço aos republicanos, nem às teses de monarquistas demasiado reformistas, como as de José Bonifácio.

O Grande Oriente Brasileiro teve papel importante na articulação das províncias a favor da Independência e da constituição de um novo Império. Pautada no modelo francês "moderno", com seus ritos, uniformes e símbolos, estava situada na rua do Conde (hoje rua Visconde de Rio Branco, no Rio de Janeiro). Reconhecida pelos Grandes Orientes da França, Inglaterra, Estados Unidos, entre seus principais líderes independentistas estavam os "sócios" José Bonifácio (primeiro grão-mestre do Grande Oriente do Brasil), Gonçalves Ledo (depois obrigado a exilar-se em Buenos Aires), Diogo Antônio Feijó e, por brevíssimo tempo, Pedro I, graças à manobra do Andrada, de acordo com uma tática de envolvimento do príncipe reinante, comum na época.

Do Grande Oriente participavam três lojas no Rio de Janeiro: a Comércio e Artes; a União e Tranquilidade; e a Esperança de Niterói. Mas desde logo seus trabalhos, como o de todas as associações políticas, seriam proibidos durante o Primeiro Reinado, por decreto de Pedro I (o irmão Guatimozim). Com efeito, o imperador assinou o documento logo depois de ser escolhido grão-mestre com um nome composto do seu próprio e o do chefe asteca assassinado pelos colonizadores espanhóis: Pedro "Guatimozim".

A clandestinidade, antes por conta do absolutismo, agora se devia à oposição ao absolutismo do imperador. A Apostolado, que surge em 1823, e a Vigilância da Pátria, em 1825, são liberais, militando nesta última Nicolau de Campos Vergueiro, ex-deputado às Cortes, futuro senador em 1828 e regente em 1831.

No período regencial e no Segundo Reinado multiplicaram-se as lojas maçônicas, sobretudo na capital, geralmente em confronto com a Igreja

Católica, mas sem o vigor do período da Independência. E, ao longo do tempo, entre seus membros listavam-se Joaquim Nabuco, Carlos Gomes, Rui Barbosa, Quintino Bocaiúva, Caxias, Cairu. Já na República, Deodoro da Fonseca, Floriano Peixoto, Prudente de Morais, Campos Sales, Hermes da Fonseca, Wenceslau Brás, Washington Luís e Jânio Quadros. Em outras nações, incluíam-se em seus quadros os nomes de Simón Bolívar, San Martín, George Washington, Robespierre, Danton, Franklin Delano Roosevelt e Winston Churchill...

ÀS VÉSPERAS DA INDEPENDÊNCIA

Voltemos um pouco nessa história. À época da Independência, o Brasil ocupava aproximadamente o mesmo território que ocupa atualmente. As fronteiras traçadas pelo Tratado de Madri (1750) e o de Santo Ildefonso (1777) foram mantidas, com poucas alterações. Ao sul, a Província Cisplatina havia sido anexada em 1817, quando tropas luso-brasileiras ocuparam o porto de Montevidéu.

A população do Brasil perfazia, então, aproximadamente 4 milhões de habitantes. A grande maioria concentrava-se no litoral; mais da metade desses habitantes era composta de escravos. Enormes extensões do território ainda eram desconhecidas, e vastas áreas achavam-se ocupadas por indígenas, não por acaso hostis, resistindo ao avanço da colonização. Como observara José Bonifácio, os índios foram muito maltratados ao longo de séculos, o que se esperava que fosse ocorrer agora? E reformulava a questão:

> "Por causa nossa recrescem iguais dificuldades, e vêm a ser os medos contínuos, e arreigados, que os têm posto os cativeiros antigos; o desprezo com que geralmente os tratamos, o roubo contínuo das suas melhores terras, os serviços a que os sujeitamos, pagando-lhes pequenos ou nenhum jornais, alimentando-os mal, enganando-os nos contratos de compra, e venda, que com eles fazemos, e tirando-os anos e anos de suas famílias, e roças para os serviços do Estado, e dos particulares; e por fim enxertando-lhes todos os nossos vícios, e moléstias, sem lhes comunicarmos nossas virtudes, e talentos."[12]

---

[12] Cf. "Apontamentos para a civilização dos índios bravos do Império do Brasil",

No Norte e Nordeste, a população do litoral dedicava-se à produção de gêneros tropicais para o mercado internacional. Nos sertões, as fazendas de gado avançavam, tomando a terra ao índio. Em Minas Gerais, minerado-res tornaram-se produtores de gêneros de subsistência para abastecer a cida-de do Rio de Janeiro, o maior centro urbano do Império. No Sul, a criação de gado e muares para São Paulo e Minas Gerais tornou-se a principal ati-vidade econômica, diversamente do que constatara Antonil, um século antes: "Na vila de São Paulo matam as reses, que tem em suas fazendas, que não são muito grandes: e só nos campos de Curitiba vai crescendo, e multipli-cando cada vez mais o gado".[13]

Com efeito, no Nordeste e no Norte, as descrições do jesuíta já indica-vam, em 1711, a existência de enormes extensões cobertas por centenas de fazendas e currais de gado no Piauí, na Bahia e em Pernambuco. Fazendas em mãos de poucas famílias, como a da Casa da Torre, que possuía 260 lé-guas de terra pelo rio São Francisco acima, do lado direito, na direção sul, e em direção ao norte abrangendo cerca de 80 léguas. A esses pouquíssimos proprietários

"pertencem tantos currais, que chegam a ter seis mil, oito mil, dez mil, quinze mil e mais de vinte mil cabeças de gado; donde se tiram cada ano muitas boiadas, conforme os tempos são mais ou menos favoráveis à parição, e multiplicação do mesmo gado, e aos pastos, assim nos sítios como também nos caminhos."[14]

As províncias do Império nada mais eram do que as antigas capitanias da colônia, a mesma divisão administrativa tendo sido preservada pelo go-verno do Império. Durante o sistema colonial criaram-se núcleos isolados, verdadeiras "ilhas", que produziam para o mercado europeu. A comunicação entre as capitanias era precária, difícil, intermitente e muito vigiada.

Durante o período colonial, as capitanias foram administradas por capitães-generais enviados da metrópole. O vice-rei, cuja sede de governo

em Miriam Dolhnikoff (org.), *José Bonifácio de Andrada e Silva: projetos para o Brasil*, cit., p. 91.

[13] André João Antonil, *Cultura e opulência do Brasil*, São Paulo, Melhoramentos, 1923, p. 264.

[14] *Ibid.*, p. 265.

342   História do Brasil: uma interpretação

era a cidade do Rio de Janeiro, não interferia na administração das capitanias mais distantes, como as do Norte e do Nordeste. Em muitos casos, as Câmaras Municipais eram a única autoridade presente. Tal situação permitiu o fortalecimento dos poderes locais, que gozavam de larga margem de autonomia.

Agora, com Pedro I à frente do Estado, a emancipação iria significar a criação de um novo perfil de autoridade, personificada no imperador. A partir da Independência, as províncias passaram a ser governadas diretamente por ele e seus funcionários: o filho do rei João VI prestou-se bastante bem para esse papel. Tanto que, ao assumir o governo, Pedro I criou o Exército Imperial, passando a contar com a participação de um grande contingente de mercenários europeus, sobretudo ingleses.

A oficialidade do Exército era formada por representantes da recém-criada nobreza imperial e por alguns mercenários remanescentes das guerras napoleônicas. Já a tropa era recrutada segundo os métodos tradicionais — e brutais — da época. Ou seja, à força.

A Independência

> "A proclamação da Independência do Brasil seguiu-se, e até certo ponto foi, uma reação à revolução em Portugal."
>
> E. Bradford Burns[15]

Após o retorno de João VI a Portugal, o regente Pedro tivera de enfrentar os movimentos constitucionalistas, especialmente o da praça do Comércio, em que agiu com inaudita violência (no edifício da Bolsa, alguém afixou um cartaz em que se lia: "Açougue dos Bragança"). Na tropa, ele não tinha completa segurança, pois discutia-se a autoria da ação repressiva, fulminante e impopular. O comércio estava intranquilo, temeroso, não mais frequentando a Bolsa. O Rio estava em estado de sítio, pois o conde dos Arcos (Marcos de Noronha e Brito, uma espécie de primeiro-ministro, como denominavam seus inimigos) instalara canhões e destacamentos nas principais praças.

---

[15] E. Bradford Burns, *A History of Brazil*, Nova York, Columbia University Press, 1980, 2ª ed., p. 151.

Primeiro Reinado: Pedro I (1822-1831)

Ainda sem a existência de uma Constituição em Portugal (ou no Brasil), Pedro deu início a seu governo com forte proclamação, talvez da pena do conde dos Arcos, anunciando reformas. Segundo o documento, o governo cuidaria de tudo: agricultura, comércio, educação, economia, direitos e suas aplicações (cuidando até mesmo de ir contra os mecanismos de escamoteação das leis).

Ora, Pedro assumia a direção de um país em bancarrota. Daí o decreto de 29 de abril de 1822, suprimindo a taxação sobre o sal nas províncias centrais, em benefício da agricultura, da criação de gado e da indústria; o decreto de 13 de maio, suprimindo o imposto sobre o comércio de cabotagem; o do dia 21, firmando regras liberais na desapropriação de bens particulares, respeitando o "Sagrado Direito de Propriedade" e coibindo as "atrocidades que se praticavam". Em 23 de maio, é emitido o importante decreto dando garantias para a liberdade individual. Desse modo, o príncipe, com tais decretos, antecipava "os benefícios de uma Constituição liberal", ao determinar:

a) que nenhuma pessoa livre (excluídos os escravos) pudesse jamais ser presa no Brasil sem ordem por escrito de um juiz ou magistrado, salvo em caso de flagrante delito;

b) que nenhum juiz expedisse ordem de prisão sem proceder culpa formada e por fato declarado por lei anterior como passível de pena;

c) que o processo se fizesse dentro de 48 horas, confrontado o réu com as testemunhas e facilitados todos os meios de defesa;

d) que em caso algum fosse alguém "lançado em degredo ou masmorra estreita, escura ou infecta", ficando abolido para sempre "o uso de correntes, algemas, grilhões e outros ferros inventados para martirizar homens ainda não julgados".

Finalmente, a transgressão legalmente provada dessas disposições acarretaria ao responsável "perda do emprego e inabilidade perpétua para qualquer outro".[16]

Como se vê, dentro do ideário liberal, a eliminação da taxação diminuía o peso do Estado, a propriedade estava garantida, bem como a liberdade individual. Como conclui Octávio Tarquínio, não faltara Pedro às promessas da proclamação de 27 de abril e permanecia fiel ao juramento prestado na

---

[16] Octávio Tarquínio de Sousa, *A vida de D. Pedro I*, cit., pp. 270-1.

manhã de 26 de fevereiro, na praça do Rossio: "Iniciava sua regência como um governante liberal".[17]

Antes mesmo da declaração de Independência, o príncipe regente já havia manifestado intenção de tornar-se o imperador do Brasil. As Cortes de Lisboa, por sua vez, procuravam minar sua base de poder, ao exigirem que as províncias ficassem submetidas às autoridades em Lisboa. Pedro, príncipe regente pressionado pelas Cortes e por setores da elite liberal nativa para fortalecer sua posição, em junho de 1822, convocou uma Assembleia Constituinte.

No diapasão das revoluções liberais da época, a Assembleia ficaria encarregada de elaborar as leis que definissem e regulassem o novo Estado independente.

PEDRO I E A PRIMEIRA ASSEMBLEIA CONSTITUINTE (1823)

A convocação de Pedro de Bragança não pretendia incluir os representantes do "partido liberal-radical". Por isso mesmo, entre a convocação e a reunião da Assembleia Constituinte, os liberais-radicais e republicanos foram perseguidos e censurados, tendo seus jornais sido apreendidos e seus representantes presos e exilados.

Com a declaração da Independência, Pedro I manteve a mesma estrutura administrativa criada por João VI. Na Assembleia Constituinte, reunida no Rio de Janeiro em maio de 1823, as lideranças dos partidos que apoiaram a declaração entenderam que o Brasil deveria ser governado por uma monarquia constitucional.

Em 19 de junho fixam-se os critérios para o recrutamento do eleitorado que deveria escolher os deputados à Constituinte. Concedia-se o direito de voto a todo cidadão casado ou solteiro de mais de 20 anos, mas eram excluídos os que recebessem salários ou soldados, exceções feitas aos caixeiros de casas de comércio, criados da Casa Real mais graduados e os administradores das fazendas rurais e fábricas. Ficavam impedidos de votar os religiosos regulares (pertencentes a ordens religiosas), os estrangeiros não naturalizados e os criminosos. Os escravos desde logo não existiam enquanto cidadãos. Mas podiam votar os analfabetos, até porque, no novo Estado independente, muitos senhores não sabiam ler.

---

[17] *Ibidem.*

Primeiro Reinado: Pedro I (1822-1831)

A ideia da Constituinte.
O revolucionário João Soares Lisboa

A ideia de um Conselho de Procuradores fora de José Bonifácio, e está em seu discurso de 26 de janeiro de 1822, pelo qual a deputação paulista dá seu apoio ao príncipe quando do "Fico", na Primeira Reunião dos Procuradores Gerais das Províncias. "A Assembleia Constituinte foi um desdobramento mais avançado, mais ousado, mais livre do Conselho de Procuradores",[18] na percepção do historiador José Honório Rodrigues.

Com a precipitação da Revolução, visto que o Conselho de Procuradores não conseguia promover a união das províncias nem oferecer garantias de liberdade, a ala liberal moderada, composta por Gonçalves Ledo, Clemente Pereira, Cunha Barbosa e outros, propôs a convocação de uma Assembleia Nacional Constituinte.

A ideia partiu de João Soares Lisboa, mais radical, agora unido ao grupo liberal. Soares Lisboa, em pouco tempo se afastará da cena política, sendo perseguido, preso e depois foragido em Pernambuco, onde morrerá lutando ao lado de Frei Caneca contra a dissolução da Assembleia Constituinte e contra a Constituição outorgada.

João Soares Lisboa, que deixara de ser português "por amor à liberdade", tinha um jornal, *Correio do Rio de Janeiro*, que formava com a *Sentinela da Liberdade*, do médico baiano Cipriano Barata, a extrema-esquerda da Revolução. Nessa busca de pátria, Lisboa dizia que também poderia deixar de ser brasileiro, se a liberdade aqui fosse suprimida. Como se sabe, esse personagem, tão esquecido, morreu lutando por ela.

O tema da liberdade estava no ar, e até liberais muito moderados, como o jornalista Luís Augusto May, defensor da união luso-brasileira, propunham a transferência do Poder Legislativo para o Brasil, na tentativa de assegurar a unidade do império.

A ideia de uma Constituinte vinha também da França revolucionária. De início, José Bonifácio não fora favorável a essa iniciativa perigosamente liberal, tão diferente do Conselho de Procuradores por ele proposto, órgão meramente consultivo, que atuava "do alto", como ele apreciava. O perigo de uma Assembleia Constituinte era ela arrogar-se, como de fato ocorreu, a encarnação da soberania nacional, sobrepondo-se ao poder do príncipe.

---

[18] José Honório Rodrigues, *A Assembleia Constituinte de 1823*, Petrópolis, Vozes, 1974, p. 21.

Note-se que, já em 28 de abril de 1822, o próprio Pedro escreve ao pai para que fizesse as Cortes Gerais saberem "que a opinião pública, e a de todo homem sensato, que deseje a segurança e a integridade da monarquia, é que haja aqui Cortes Gerais do Brasil e particulares relativamente ao Reino Unido para fazerem as nossas leis municipais".[19]

No mês de maio, acirra-se o conflito.[20] Após constantes provocações das Cortes de Lisboa, patriotas liberais, liderados por Ledo e Januário da Cunha Barbosa, entregam uma *Representação*, por eles redigida em nome do povo do Rio de Janeiro, a José Clemente, que a faz adotar pelo Senado da Câmara do Rio. Nela, falam do "perigo da recolonização", da opressão, da censura e do "menoscabo à representação brasileira". É forte o documento e o tom da *Representação*:

> "O congresso [as Cortes] faltou para com o Brasil aos princípios da moral, e da igualdade, e da natureza, e da política, e da razão. Por tudo isso ligaram-se as províncias do meio-dia do Brasil, Rio de Janeiro, São Paulo, Rio Grande do Sul no zelo pelo sistema constitucional, franco e liberal, para impedir a isolação das províncias, para evitar a divisão e o enfraquecimento, para persistir na demonstração de que era impossível delas tratar a mais de 2.000 léguas de distância, com verdadeira igualdade de direitos, a justiça de sua causa."[21]

Nesse quadro revolucionário, impunha-se "declarar a Portugal, que se rebelara, que o Brasil tinha o mesmo direito de rebeldia e estabelecer um novo pacto social".[22] Atinge-se aqui o ponto de ruptura. Num lance habilidoso, porém, envolve-se o príncipe no novo pacto:

[19] *Ibid.*, p. 22.

[20] Ver *Diário das Cortes*, t. 6, *apud* Zília Osório de Castro, *Cultura e política: Manuel Borges Carneiro e o Vintismo*, Lisboa, Instituto Nacional de Investigação Científica/Universidade Nova de Lisboa, 1990, pp. 60, 116, 132-3, 136-7 (Borges Carneiro criticando aí a abertura dos portos de 1808) e 141. A violenta discussão nas Cortes a propósito das relações Portugal-Brasil e da política protecionista recolonizadora pode ser encontrada também em Marcia Regina Berbel, *A nação como artefato: deputados do Brasil nas Cortes Portuguesas (1821-1822)*, São Paulo, Hucitec, 1999, pp. 149-54.

[21] José Honório Rodrigues, *A Assembleia Constituinte de 1823*, cit., p. 23.

[22] *Ibidem.*

"O Brasil, portanto, composto de elementos tão diversos dos de Portugal, carece de uma administração própria, de uma legislação bebida na natureza de suas necessidades e circunstâncias... Portanto, Senhor, em nome nosso e no das províncias coligadas, cuja causa e sentimentos são os mesmos, pretendemos e requeremos com a maior instância e com a mais justa esperança ao título que V. A. Real aceitou de defensor constitucional e perpétuo do Brasil, que a bem da prosperidade dos habitantes deste Reino, da integridade e grandeza da monarquia luso-brasileira, da nossa constitucionalidade e de V. A. Real, que se convoque já nesta corte uma assembleia geral das províncias do Brasil, representadas por um número competente de deputados, *que não poderão ser menos de cem.*"[23]

Estava aberta a brecha. Hábil e moderadamente, falava-se da manutenção da unidade luso-brasileira, com exame e adaptação das bases constitucionais portuguesas. Os radicais não aceitariam falar dessa unidade, nem admitiriam apenas emendar ou reformar a constituição que as Cortes estavam fabricando.

A ASSEMBLEIA CONSTITUINTE DE 1823, NA PRÁTICA

Foi José Honório Rodrigues quem chamou a atenção para o fato de que, pela representação, a Assembleia Constituinte "era e não era ainda a independência". Não era, ao pretender manter a comunicação com as Cortes e a união com Portugal, mas ao mesmo tempo afirmava que a independência era "inata nas colônias, como a separação das famílias o era na humanidade". Dizia mais: "A natureza não formou satélites maiores que seus planetas. A América deve pertencer à América, a Europa à Europa".[24]

Tratava-se de uma tese precursoramente americanista, pois, como se sabe, a Doutrina Monroe apareceu também naquele ano. Vale registrar que tudo isso não chocava os sentimentos do príncipe e, ao mesmo tempo, satisfazia a tese gradualista de José Bonifácio. Pedro declarou estar ciente da

[23] *Ibidem.*

[24] *Ibid.*, p. 24

vontade do povo do Rio, aguardando as opiniões de outras províncias e, se favoráveis, se conformaria com aquele voto.

O documento é incisivo:

> "Convoque V. A. Real já nesta corte uma assembleia geral das províncias do Brasil, e a união com Portugal será mantida e a das províncias do Brasil consolidada. Nesta assembleia representativa terá o Brasil acordado sentinelas que vigiem sobre a sua liberdade, outros tantos fiéis procuradores que promovam os seus direitos, destemidos atletas que defendam os seus foros, zelosos pais da grande família que trabalhem infatigáveis por achar as verdadeiras fontes da sua prosperidade e ativos promotores da sua população, civilização e ciências, agricultura, indústria, navegação e comércio."

INSTALAÇÃO DA ASSEMBLEIA CONSTITUINTE: A RUPTURA

Em 3 de junho de 1823, Pedro convoca a Assembleia Geral Constituinte e Legislativa, num texto ambíguo,

> "para mantença da integridade da monarquia portuguesa e justo decoro do Brasil [...] uma assembleia *luso-brasiliense* que, investida daquela porção de soberania que essencialmente reside no povo deste grande e riquíssimo continente, constitua as bases sobre que se deva erigir a sua independência, que a natureza marcara e de que já estava de posse, e a sua união a todas as outras partes integrantes da grande família portuguesa, que cordialmente deseja."[25]

Em 19 de junho, José Bonifácio assina as instruções para a eleição dos deputados, baseadas no princípio das populações livre e escrava, sem discriminação, como viria a ser adotado pelo artigo 97 da Constituição do Império, sem afastar, tal como nas eleições coloniais, os analfabetos, que só vão ser expulsos do processo político pela Lei Saraiva de 1881.

Nesse mesmo dia, 19 de junho, Pedro I escreve ao pai informando do rompimento com as Cortes portuguesas. Tais notícias, porém, repercutem

---

[25] *Ibid.*, pp. 24-5.

Primeiro Reinado: Pedro I (1822-1831)

pouco em Portugal, por lá se considerarem inócuas tais medidas: "Nulo, írrito e de nenhum efeito o decreto de 16 de fevereiro", que convocara o Conselho de Procuradores, do mesmo modo que o parecer de 3 de junho, que convocava a Constituinte, porquanto o ato excedia "a autoridade de quem o promulgou, e era contrário à vontade geral do povo do Brasil, representado neste congresso". Criticava ainda "o desfazimento do pacto estabelecido por uma vontade geral" e denunciava que se espalhavam assim as "sementes da anarquia".[26]

José Bonifácio responde, na prática, aumentando as deputações de todas as províncias que haviam mandado deputados às Cortes: a do Rio de Janeiro passa de 5 para 8, a de Pernambuco de 8 para 13, a de São Paulo de 7 para 9. Para estabelecer esses números, baseava-se no censo de 1819, levantado por um desembargador, Veloso de Oliveira.

OS DEPUTADOS DA CONSTITUINTE: NÚMERO E QUALIDADE

A representação à Constituinte no Brasil era bem superior à das Cortes, em vários sentidos. Vejamos.

A deputação do Rio de Janeiro às Cortes de Lisboa era muito fraca, pois suas melhores figuras perceberam que deveriam ficar aqui, onde se jogaria o jogo maior, o mesmo acontecendo com os mineiros, entre os quais estavam grandes nomes que, aliás, se destacariam na história do Império.[27]

Já a bancada baiana era notável, renovada, tendo sido reeleito apenas Cipriano Barata, que entretanto não tomou assento, sendo substituído por José da Silva Lisboa, que se tornaria uma das maiores figuras da Constituinte. Outros nomes se destacariam nessa bancada homogênea, forte e talentosa: Carneiro de Campos e Carvalho e Melo, dois grandes juristas, Ferreira França e Montezuma (Francisco Gê de Acaiaba), muito combativos.

[26] *Ibid.*, pp. 25-6.

[27] Memória da Constituinte foi coligida em 1862 por Francisco Ignácio Marcondes Homem de Mello (1837-1902), sob o título *A Constituinte perante a História*, Brasília, Senado Federal, 1996. Homem de Mello, personagem da vida política e intelectual do Império, nasceu em Pindamonhangaba e, formado em Direito em São Paulo em 1858, foi professor, historiador e presidente das províncias de São Paulo, Ceará, Rio Grande do Sul e Bahia, além de deputado e ministro dos Negócios do Império no Gabinete Saraiva.

Nas negociações diplomáticas para o reconhecimento da Independência, Felisberto Caldeira Brant (depois brilhante senador), e Miguel Calmon, na economia e administração.

São Paulo havia enviado a melhor bancada às Cortes, mas agora não reelegera Feijó. Reforçou, porém, a equipe com José Bonifácio, Antônio Rodrigues Veloso de Oliveira e José Arouche de Toledo Rendon, muito superiores aos antecedentes.

Outros nomes destacavam-se, como o liberal moderado Muniz Tavares, revolucionário de 1817 e historiador da Revolução, e Pedro de Araújo Lima, futuro marquês de Olinda e regente único.

Outros destacáveis eram: do Ceará, Costa Barros e José Martiniano de Alencar; da Paraíba, o bravo Carneiro da Cunha; do Rio Grande do Sul, Fernandes Pinheiro, santista de origem, representante competente, mas tímido. Alagoas foi representada por Lopes Gama, pernambucano, "servil e um exemplo de sipaio".[28]

O bispo D. José Caetano da Silva Coutinho foi o primeiro presidente. Ao todo, na Assembleia havia 16 padres, 2 matemáticos, 2 médicos, 2 funcionários públicos, 7 militares, mas a grande maioria era constituída de bacharéis em direito, juízes e desembargadores.

Quanto ao comparecimento, no começo eram poucos os que a frequentavam, 50 em média, mas houve sessões em que não se atingiu 51, número mínimo. Segundo José Honório Rodrigues, em seu importante estudo *A Assembleia Constituinte de 1823*:

> "O problema é que, apesar de se proporem 100 deputados, foram eleitos apenas 90, por causa das dissidências do Maranhão, Pará e Piauí. Mas houve dias de grande comparecimento, sobretudo no final, com 75, 73, e nos dias 11 e 12 de novembro, auge da crise de dissolução, o número caiu para 64, quando na véspera fora 75. A comissão de Constituição, já com o projeto apresentado em setembro, deu parecer para que em todas as matérias o mínimo fosse de 52 votos e não 46."[29]

[28] José Honório Rodrigues, *A Assembleia Constituinte de 1823*, cit., p. 28.

[29] *Ibid.*, p. 29. José Honório nem sempre poupou alguns constituintes de seu julgamento. Lopes Gama, por exemplo, p. 28.

Primeiro Reinado: Pedro I (1822-1831)

A abertura da Assembleia:
"mostrando ao mundo que é império"

Após reuniões preparatórias, o dia 3 de maio de 1823 foi definido para abertura da Assembleia. Chegado esse dia, o ambiente era festivo, com as cortinas de seda e bordados nos balcões das casas, rojões e folhas aromáticas no caminho pelo qual Pedro passaria com Leopoldina e Maria da Glória, do Palácio de São Cristóvão em direção ao Paço das Cortes. O cortejo foi composto por 10 coches, com os grandes do Império, criados e oficiais-mores da Casa Imperial e ministros de Estado.

Pedro entrou na sala de sessões descoberto, sendo a coroa e o cetro conduzidos por seus oficiais, depositados em uma mesa à direita do trono. Falou forte:

> "É hoje o dia maior que povo Brasil tem tido, dia em que ele, pela primeira vez, começa a mostrar ao mundo que é império, e império livre. Quão grande é o meu prazer, vendo juntos representantes de quase todas as províncias, fazerem conhecer umas às outras seus interesses, e sobre eles basearem uma justa e liberal constituição que os reja."[30]

O jovem imperador então critica o colonialismo e o indigno nome de "colônia", exalta o pai, critica as Cortes, fala da situação econômico-financeira, menciona os três poderes (mas não o Poder Moderador) e manifesta uma opinião que criará, desde logo, polêmica e repulsa dos liberais:

> "Como Imperador constitucional, e mui principalmente como defensor perpétuo deste Império, disse ao povo no dia 1º de dezembro do ano passado, em que fui coroado e sagrado, que com minha espada defenderia a pátria, a nação e a constituição, se fosse digna do Brasil e de mim."[31]

Essa cláusula restritiva foi ainda reforçada com a frase pré-final: "Espero que a Constituição que façais mereça a minha imperial aceitação, seja

[30] *Ibid.*, p. 32.
[31] *Ibid.*, p. 33.

tão sábia e tão justa quanto apropriada à localidade e civilização do povo brasileiro".[32]

A resposta veio pronta e clara do presidente da Assembleia, o bispo do Rio de Janeiro, Silva Coutinho, falando do "Brasil civilizado", que "já não podia perfeitamente constituir-se e organizar-se, senão adotando formas e estabelecendo as garantias, e criando as instituições políticas que têm feito a felicidade e a opulência dos povos mais ilustrados do mundo". E encerrou sua fala fixando a separação dos poderes: "A distinção dos poderes políticos é a primeira base de todo o edifício constitucional; estes poderes se acham já distintamente no recinto augusto desta sala; a sabedoria coletiva da nação; a autoridade constituinte e legislativa; o chefe do Poder Executivo".[33]

Em suma, esse foi o momento de fundação da vida parlamentar brasileira. Ou seja, da primeira tentativa de institucionalização do liberalismo na vida política brasileira e do nascimento do direito constitucional no país. Com efeito, o Parlamento brasileiro nasceu em 3 de maio de 1823.

A obra legislativa

> "O Tietê vale bem o Mondego."
>
> Fernandes Pinheiro, deputado constituinte

Para fazer funcionar a Constituinte, criaram-se 16 comissões, como a do Regimento e a da Constituição, a das Minas e Bosques, a de Justiça, a de Instrução Pública, a de Política Interna, a de Saúde Pública.

A obra legislativa foi relevante, levando-se em conta os 38 projetos de lei, sem contar o do regimento interno, o projeto de Constituição e as 147 propostas e os 238 pareceres dos deputados e das comissões. José Honório Rodrigues detecta a "contradição fundamental entre a caducidade das instituições legais, determinada pela revolução e pela inexistência de predecessores na própria Casa Reinante, e a criação do novo", o Estado-nação brasileiro. "D. Pedro, neto de 27 reis, tem que abdicar de toda sua ascendência, para começar tudo de novo no Brasil."[34]

---

[32] *Ibidem.*

[33] *Ibid.*, p. 34.

[34] *Ibid.*, pp. 48-9.

Primeiro Reinado: Pedro I (1822-1831)

Um radical como o padre pernambucano Henrique de Resende afirmava que nada mais tínhamos "com Portugal nem com a dinastia de Bragança, porque a nossa casa reinante começa com o atual imperador, sem que aquela dinastia possa nunca aspirar ao trono deste império".[35] Ouviram-se muitas falas notáveis, inspiradas por Mirabeau e por outros revolucionários franceses (em geral liberais moderados, monarquistas constitucionais), como a intervenção de Carneiro de Campos, que foi, sem dúvida, o maior conhecedor de Direito Público de seu tempo, no juízo de José Honório. Afinal, para o deputado:

> "Nós não somos selvagens, vindos nus das margens do Orinoco para formar uma sociedade. Estas palavras de Mirabeau têm grande aplicação ao estado em que nos achamos, quando para um semelhante fim nos congregamos neste recinto. Já então nos tínhamos ajustado e firmado o nosso pacto social, já formávamos uma nação; só nos restava especificar as condições indispensáveis para fazer aquele pacto profícuo, estável e firme. Se toda a legislação que viera de Portugal estava caduca, a Assembleia podia legislar por isso mesmo que não éramos selvagens, nem estávamos despidos de todas as formas de disciplina política e social. Legislar reautorizando as leis antigas, ou recriando novas. Essa é a função legislativa da Assembleia [...] não se pode fazer tudo negando apenas o passado."[36]

Discutiu-se de tudo, de anistia a sociedades secretas (como a maçonaria), do Conselho de Procuradores de Província à naturalização de portugueses, política protecionista e liberdade de comércio, liberdade de imprensa, lei marcial, proibição de emprego por deputados. E, na temática que nos interessa mais de perto, a da formação de quadros para o novo Estado, houve a iniciativa de Fernandes Pinheiro propondo a criação de uma universidade em São Paulo para formar cidadãos hábeis para os empregos do Estado. Rompia-se, de certo modo, com Coimbra, pois, segundo ele, afinal, "o Tietê vale bem o Mondego"...

[35] *Ibid.*, p. 49.
[36] *Ibidem.*

A Ilustração prolonga-se na proposta do baiano José da Silva Lisboa, quando fala em criar um "sistema na Roma americana",[37] a partir de uma Universidade das Ciências, Belas Letras e Artes, como veremos adiante.

Para Silva Lisboa, o futuro visconde de Cairu, uma revolução nacional mais profunda estaria em curso, impondo-se discutir a língua, reconhecendo o "dialeto de São Paulo como o mais notável", entre tantos: "Nas províncias há dialetos com seus particulares defeitos".[38]

Falou-se também em um Instituto Brasílico, com cadeiras de direito, porém tal proposta não teve seguimento.

Mas rondava a Assembleia um surdo temor, sobretudo quando as discussões voltavam-se sobre o que fazer com os escravos libertos, em debates que envolviam deputados do nível de Muniz Tavares, Silva Lisboa e Maciel da Costa. O medo do exemplo da revolução de São Domingos dava o limite histórico-concreto para as utopias liberais e republicanistas. Em síntese, uma luta feroz travou-se dentro da Assembleia Constituinte de 1823 entre o "partido brasileiro" e o "partido português", que sustentavam interesses diversos. O "partido brasileiro", como vimos, representando os interesses dos proprietários rurais e dos funcionários; o "partido português" representando os interesses dos comerciantes portugueses.

Acima dessa disputa de interesses, pairava a ameaça da recolonização. Desse modo, alguns representantes na Assembleia adotaram posturas antiportuguesas, e tal lusofobismo estaria presente em todas as grandes lutas travadas até meados do século XIX no Brasil. O ódio popular contra o comerciante português, presença mais visível da ex-metrópole, tornara-se uma constante. Demais, além da ameaça da recolonização, a Assembleia teve de enfrentar outro desafio: o príncipe era português, o que desagradava uma parcela dos deputados e da população em geral.

Entre as principais proposições da Assembleia Constituinte de 1823, o imperador, chefe do Poder Executivo, teria seus poderes limitados pela Constituição. O Poder Legislativo seria exercido pela Câmara de Deputados, e esta não poderia ser dissolvida pelo imperador. O Exército ficaria submetido ao Parlamento.

Além disso, os grandes proprietários rurais seriam os únicos que exerceriam seus direitos políticos. A liberdade econômica ampla seria assegura-

[37] *Ibid.*, p. 89.

[38] *Ibid.*, p. 90.

da pela Constituição, e a escravidão seria mantida: a Constituição garantiria e reconheceria os contratos entre os senhores e seus escravos...

Como seria de se esperar, o "partido português" logo se manifestou contra o projeto de Constituição elaborado pela Assembleia. Seus interesses colonialistas já haviam sido feridos pela adoção da liberdade econômica; agora, a Constituição permitiria o comércio com qualquer nação. Seus membros eram declaradamente absolutistas: não admitiam que o poder do imperador fosse controlado pelo Parlamento. Os "liberais-radicais" presentes na Assembleia também estavam descontentes: pretendiam eles que o projeto incorporasse medidas que garantissem mudanças profundas na sociedade.

Pedro I aproveitou o descontentamento desses grupos antagônicos e inconciliáveis e fechou a Assembleia em novembro de 1823. No Nordeste, em Recife, o revolucionário Frei Caneca (1774-1825) foi morto arcabuzado, entre outros, após resistência ("Quem pode obrar livremente com canhões no peito? Para quando se guardam os jovens do Brasil?"). Os deputados "liberais-radicais" ou reformistas foram presos e desterrados.

Parecia impossível construir um novo país no Atlântico Sul conforme a norma liberal mais avançada: o passado ainda estava demasiado presente.

José Bonifácio e a sociedade civil nos trópicos

> "A *sociedade civil* tem por base primeira a justiça, e por fim principal a felicidade dos homens. Mas que justiça tem um homem para roubar a liberdade de outro homem e, o que é pior, dos filhos deste homem, e dos filhos destes filhos? [...] A propriedade foi sancionada para o bem de todos. [...]
> Os brasileiros empreendem muito, acabam pouco."
>
> José Bonifácio, 1823[39]

Na Constituinte, a despeito de ser um reformista e monarquista constitucional, foi José Bonifácio quem apresentou o projeto mais importante e

---

[39] Em Miriam Dolhnikoff (org.), *José Bonifácio de Andrada e Silva: projetos para o Brasil*, cit., pp. 60 e 184.

radical, a respeito da abolição do tráfico e da escravidão, revelando sua grandeza de estadista.

Muito se poderia dizer também do projeto sobre os índios e sobre sua compacta correspondência e ação diplomáticas, que o qualificam como o fundador da política exterior brasileira, como vimos. Homem da Ilustração, leitor de Rousseau, Dante e Milton, avançado para seu tempo, foi logo posto fora da História, tendo sido sua imagem quase apagada com o revigoramento da mentalidade atrasada do Segundo Reinado. Os principais problemas que levantou ainda aguardam resposta, como o da reforma agrária, da construção da sociedade civil e da educação.

Criar uma sociedade civil nos trópicos constituía (e constitui) tarefa complicada, pois o Brasil era uma colônia de exploração, e não de povoamento, como o foram as colônias inglesas da América do Norte (depois República dos Estados Unidos da América), e isso ficou indelevelmente fixado em nossa história social e das mentalidades.

Bonifácio, conhecedor do mundo político, tinha clara noção das dificuldades de construção, no Atlântico Sul, de um novo país. Para formar-se uma "nação", sabia ele, requer-se um "povo", uma "identidade nacional", com certa homogeneidade étnica e cultural. Atento às ideias de seu tempo — como as de Fichte, de Goethe, ou dos *founding fathers* norte-americanos —, Bonifácio preocupa-se, desde o início do século XIX, com a definição de "nossa identidade cultural". E mais, como preconizava, mulata...

Base e componente indissociável da Questão Nacional, a temática da identidade seria muitas vezes rediscutida, em conjunturas de impasses e redescobrimentos da "nacionalidade", por historiadores, ideólogos e críticos da cultura do século XX, como Euclides da Cunha, Caio Prado Jr., Gilberto Freyre e Florestan Fernandes, pois o fato é que a nação, a República, essa cultura que se quer brasileira e o Estado *precisam de um povo*, um fundamento sociocultural, uma autoexplicação. De uma *identidade*, em suma.

No caso do Brasil da Independência, antecipando Rondon, e também Freyre, José Bonifácio entende que:

> "o mulato deve ser a raça mais ativa e empreendedora, pois reúne
> a vivacidade impetuosa e a robustez do negro com a mobilidade e
> sensibilidade do europeu; pois o índio é naturalmente melancólico
> e apático, estado de que não sai senão por grande efervescência

Primeiro Reinado: Pedro I (1822-1831)

das paixões, ou pela embriaguez; a sua música é lúgubre, e a sua dança mais ronceira e imóvel que a do negro."[40]

Daí entender-se, hoje, por que seus principais textos — os mais coerentes em termos de um *programa* e de uma teoria do Brasil de todo o século XIX — versem sobre os índios e os negros na ex-colônia. Para Bonifácio, mente ilustrada que conhecera Paris durante a Revolução Francesa, impunha-se eliminar o cancro da escravidão e redefinir o papel do elemento nativo, para ele o mais autenticamente "nacional". Mais: em sua teoria, o equacionamento dos dois temas está associado à *questão da terra*.

A QUESTÃO DOS ÍNDIOS, DA TERRA E DOS ESCRAVOS, SEGUNDO JOSÉ BONIFÁCIO

A questão do elemento indígena ocupa importante espaço nas teorias de José Bonifácio. Com efeito, a integração dos índios ao Estado-nação projetado aparece, de saída, no documento que o deputado apresentara na fervente Assembleia Constituinte em 1823 (da qual, pouco depois, sairia preso para o exílio).

Embora o título de seu estudo seja discreto e despretensioso, *Apontamentos para a civilização dos índios bravos do Império do Brasil* (1823),[41] o deputado por São Paulo propõe, em vigorosa intervenção, uma série de medidas avançadas e bem articuladas, definindo o espaço político, geográfico, o método de educação e da participação social do indígena na construção do novo país. Em síntese, uma metodologia para sua integração. O nascente Estado brasileiro ensaiava, pela ação do Andrada, os primeiros passos na irresolvida questão social e étnica, embora agindo sem uma estrutura predefinida, mas, de qualquer forma, procurando livrar-se de concepções, amarras, mentalidade e métodos tacanhos do Antigo Regime.

Desde o fim do século anterior, o Estado português decretara guerra de extermínio a tribos como as dos botocudos e bugres. Daí a importância, ainda hoje, desse documento: em 1910, o jovem tenente-coronel Candido Mariano Rondon, ao inaugurar o Serviço de Proteção ao Índio, retomou as

---

[40] *Ibid.*, p. 126.

[41] Acessável em: www.obrabonifacio.com.br/principais_obras. Exceto indicação explícita, as citações deste item, com grafia atualizada, referem-se a esta obra.

ideias propostas por José Bonifácio sobre a civilização dos índios. Inspirava-se, Rondon, nas teses dos republicanos positivistas que revalorizaram o desconsiderado papel dos Andradas na Independência.

Bonifácio, político hábil, ao querer tornar dominante na Constituinte sua política indigenista, também procurava exibir aos autóctones, na aplicação dessa política, a superioridade "das altas ideias do nosso poder". Ou seja, da superioridade de uma cultura que já utilizava "máquina elétrica com aparelhos precisos", procurando demonstrar as "experiências mais curiosas e belas da eletricidade, e igualmente fósforos e gás inflamável para o mesmo fim", para impressioná-los. Sugeria, desse modo, a superioridade dos brancos em termos de inovações científicas, e não por meio de carabinas e bacamartes.

Apontamentos (1823) está dividida em duas partes. De acordo com sua teoria racionalista, primeiro constata os problemas; depois, propõe soluções. Na primeira parte, apresenta uma série de comentários sobre a complexidade da política indigenista e as dificuldades de aplicação das medidas que iria propor. Na segunda, desenvolve propostas para a "pronta e sucessiva civilização dos índios, que a razão e a experiência têm ensinado". Conforme a filosofia das Luzes, tudo é exposto por ele com critério e lógica, com visão marcada pelo humanismo cientificista, baseado na razão, na experiência da ideia de progresso, como se vê em Voltaire.

Cientista, não adota falsos princípios cristãos, "corrompidos", para envolver os nativos. Ao relembrar o diálogo entre um francês e um carijó, narrado no século XVI pelo notável cronista calvinista Jean de Léry, ele conclui não faltar "aos índios bravos o lume natural da razão".

Para o deputado, as dificuldades de execução de uma política de catequização e aldeamento são de duas ordens. Primeiro, as que decorrem da própria situação em que se encontram; segundo, o modo errado com que os portugueses têm tratado os índios, "ainda quando desejamos domesticá-los e fazê-los felizes".

Quanto à situação em que se acham, faz uma série de observações que, embora marcadas pelo reformismo do despotismo esclarecido, revelam os juízos de uma sociedade ainda presa aos valores estabelecidos, europeizada, branca e pré-capitalista. Daí dizer serem os "índios povos vagabundos", envolvidos em guerras contínuas e roubos, não terem freio religioso ou civil, sendo-lhes "insuportável sujeitarem-se a leis, e costumes regulares". Entregues naturalmente à preguiça, diz ele, fogem dos trabalhos regulares e aturados; temem sofrer fomes, se abandonarem sua vida de caçadores. As "nações" inimigas dos brancos temem ser aldeadas, com medo de vingança depois, ou, presumidamente valentes, desprezam os brancos por não terem sido castigados, preferindo continuar a "roubar-nos a servir-nos".

Mas o deputado das Luzes mostra o outro lado da mesma questão, vista agora da perspectiva do mau comportamento dos brancos. O medo que os indígenas têm derivaria dos cativeiros antigos, do desprezo com o qual foram tratados, "o roubo contínuo de suas melhores terras", os serviços a que os sujeitamos, pagando pouco ou nenhum salário ("jornais"), alimentando-os mal, "enganando-os nos contratos de compra, e venda, que com eles fazemos". E completa seu arrazoado denunciando o fato de que os índios são tirados por anos e anos de suas famílias e roças para os serviços do Estado e de particulares. Em suma, damos-lhes todos nossos vícios e doenças, sem lhes comunicar nossas virtudes e talentos. Em contraste com a visão que o Estado luso-brasileiro tinha do assunto, isso é revolucionário. Vejamos sua sugestão: "Se quisermos pois vencer estas dificuldades devemos mudar absolutamente de maneiras e comportamento, conhecendo primeiro o que são e devem ser naturalmente os índios bravos, para depois acharmos os meios de os converter no que nos cumpre que sejam".

Quanto aos escravos africanos, o deputado, consciente do papel deles na construção da nova ordem, observa que os negros da África, apesar de terem contato há séculos com os europeus, ainda estão "quase" no mesmo "estado de barbaridade" que os "nossos índios do Brasil".

Sua lógica é notável, nesse movimento, hábil e dialético, de rotação de posições. Algo de Rousseau ronda sua teoria das civilizações e das culturas. Segundo pensa, "o homem em estado selvático, e mormente o índio bravo do Brasil, deve ser preguiçoso". Tese radical. E aqui nasce uma prefiguração de sua curiosa antropologia, que faria escola no Brasil no século seguinte, ao constatar que esse indígena pode arranchar-se em terrenos abundantes de caça e pesca, de frutos silvestres, vivendo cômodo todos os dias exposto ao tempo, "sem os melindres de nosso luxo". O índio "não tem ideia de prosperidade, nem desejo de distinções e vaidades sociais, que são as molas poderosas que põem em atividade o homem civilizado". Tem, sim, uma "razão sem exercício", pouco treinada, é "falto de uma razão apurada, falto de precaução", por não se preocupar mais senão com sua conservação física.

Ressaltam-se, em *Apontamentos*, conceitos que iriam marcar o nascimento do mundo contemporâneo, como os de nação (nos sentidos político e antropológico), contrato (traço da sociedade capitalista), governos regulares (característica da democracia moderna).

Uma teoria do Estado abriga-se na teoria da cultura de Bonifácio. É a necessidade provocada pelo elemento externo — no caso, a colonização — que provoca a definição da nova ordem. Agora, criticados e justificados os dois lados (o indígena e o nacional brasileiro em formação), somente um "governo regular" pode encaminhar a história. Não se deve concluir, diz ele, que seja impossível converter esses bárbaros em homens civilizados, pois, como advertia, "mudadas as circunstâncias, mudam-se os costumes". Mais, indicava a existência de "diferentes raças de índios" vivendo em diferentes níveis, algumas delas deixadas a si próprias, sem comunicação. Outras delas, a exemplo de nações civilizadas, já tendo realizado "alguns progressos sociais", como os tupiniquins e potiguares de Pernambuco, Itamaracá e Paraíba, grandes lavradores, e os carijós da lagoa dos Patos, que já tinham casas bem cobertas e defendidas do frio. E, além de tudo, já não comiam carne humana...

José Bonifácio, ainda com alguns traços da ideologia pombalina, mostra o equívoco dos jesuítas em relação aos indígenas, em suas missões no Paraguai e no Brasil. E mais teriam feito, ironiza ele, "se o seu sistema não fora de os separar da comunicação dos brancos", e de os governar por uma "teocracia absurda e interessada". Mas, citando Nóbrega — por sua vez citado por Vieira —, mostra a facilidade de, com o evangelho numa mão e com presentes, música, "paciência e bom modo" na outra, conseguir-se tudo deles. E conclui, numa tese que o situa ao lado do filósofo Rousseau: "Com efeito, o homem primitivo não é bom, nem é mau naturalmente, é um mero autômato, cujas molas podem ser postas em ação pelo exemplo, educação e benefícios".

E, mais uma vez, fala o cientista ilustrado: "Newton, se nascera entre os Guarani, seria mais um bípede, que pisara a superfície da Terra; mas um guarani criado por Newton talvez ocupasse o seu lugar".

Dessa forma, Bonifácio demonstra os equívocos dos brancos sobre a questão. Para ele, não falta aos índios bravos "o lume natural da razão", diversamente do que pensam muitos portugueses. Difícil entender isso, e adquirir sua natural confiança, "porque eles nos odeiam, nos temem, e podendo nos matam, e devoram [...] E havemos de desculpá-los, porque, com o pretexto de os fazermos cristãos, lhes temos feito e fazemos muitas injustiças e crueldades".

Baseando-se em cálculos do padre Vieira, denuncia: somente no século XVII, num curto período de trinta anos, foram mortos mais de 2 milhões de índios! "Faz horror refletir sobre a rápida despovoação destes miseráveis depois que chegamos ao Brasil." E conclui que, apesar de várias legislações sobre as liberdades dos índios, os colonos sempre os maltrataram, escravizando-os e até os vendendo para mercados estrangeiros. Pior, "num século tão alumiado como o nosso", a corte do Brasil ainda fez guerra aos botocudos e puris no Norte, e aos bugres de Guarapuava, "convertidos outra vez de prisioneiros de guerra em miseráveis escravos".

Bonifácio, antes de relacionar 44 medidas para "pronta e sucessiva" civilização dos índios,[42] relembra a instituição do Diretório, criado por José I em 1755, que representou uma melhoria para o gentio, mas que ainda o mantinha em situação de "menoridade, obediência fradesca, ignorância e vileza". Diante disso, pergunta e cobra, irritado: "Onde estão as escolas que [o marquês de Pombal] ordenou em cada povoação?".

José Bonifácio, revolucionário da Independência

"Tema o Brasil que se formem novos Palmares de negros!"

José Bonifácio de Andrada e Silva[43]

Radical em suas ideias e ação, como se vê, aliás, muito mais que Thomas Jefferson nos Estados Unidos (embora ambos fossem amigos do abade ilustrado Corrêa da Serra), José Bonifácio organiza e justifica todo o seu projeto redefinindo o conceito de *propriedade*, afastando-se da ideologia colonialista-escravista até então dominante:

> "Não vos iludais, senhores, a propriedade foi sancionada para bem de todos, e qual é o bem que tira o escravo de perder todos os seus direitos naturais, e se tornar de pessoa a coisa, na frase dos jurisconsultos? Não é pois o direito de propriedade, que querem defender, é o direito da força, pois que o homem, não podendo ser coisa, não pode ser objeto de propriedade."[44]

---

[42] Ver as 44 propostas para a integração dos índios na coletânea organizada por Miriam Dolhnikoff, *José Bonifácio de Andrada e Silva: projetos para o Brasil*, cit., ou no site www.obrabonifacio.com.br.

[43] *Ibid.*, p. 88.

[44] *Ibid.*, p. 60.

Pragmático, antes de apresentar uma série de medidas para a abolição gradual, o deputado enfatiza:

"Torno a dizer que não desejo ver abolida de repente a escravidão; tal acontecimento traria consigo grandes males. Para emancipar escravos sem prejuízo da sociedade, cumpre fazê-los primeiramente dignos da liberdade: cumpre que sejamos forçados pela razão e pela lei a convertê-los gradualmente de vis escravos em homens livres e ativos."[45]

Com o andar do tempo, segundo pensava o Patriarca, seriam postos em livre circulação cabedais mortos, que não eram absorvidos com a adoção desse sistema, livrando as famílias do mau exemplo e da tirania, e poupando o Estado de seus inimigos, ou seja, dessa gente que "hoje não tem pátria, e que podem a vir a ser nossos irmãos e nossos compatriotas".[46]

Fazendo apelo a uma inspiração profunda na religião de Cristo, "e não em momices e superstições", propõe que seja dada aos escravos toda a civilização de que são capazes em seu desgraçado estado, "despojando-os o menos que pudermos da dignidade de homens e cidadãos".[47]

Nessa perspectiva, cidadania, pátria, propriedade, fraternidade, liberdade, imigração, miscigenação delineariam os contornos da nova ideia de Estado-nação independente, sustentada por uma sólida *sociedade civil*.

Os interesses dos comerciantes negreiros (que se faziam atender pela Coroa), associados aos interesses de grandes proprietários de terras que ainda se utilizavam do trabalho escravo e que começavam a ver renascer sua força com o crescimento da economia cafeeira, conseguiram alijar Bonifácio da cena histórica brasileira.

Monarquista e constitucionalista ferrenho, a figura mais importante e visível da jovem nação (tanto quanto Benjamin Franklin, "The Doctor", nos Estados Unidos), nosso sábio foi apeado do poder, aviltado e exilado com pouquíssimos recursos financeiros em Talence, nos arredores de Bordeaux, na França.

[45] *Ibid.*, pp. 62-3.
[46] *Ibid.*, p. 63.
[47] *Ibid.*, pp. 63-4.

Primeiro Reinado: Pedro I (1822-1831)

Fez-se a Independência, mas escravos e índios continuariam no limbo de sua "incorrigível barbaridade", sem saber exatamente qual era seu lugar no mundo que o português criou...

Dissolução da Assembleia

A melhor análise de nossa primeira Constituinte e de sua dissolução foi escrita por José Honório Rodrigues, em páginas antológicas. Para o historiador da Independência, a explicitação mais aguda do antagonismo entre portugueses e brasileiros ocorreu na discussão sobre a extinção do juízo dos defuntos e ausentes, conforme projeto proposto na Constituinte. Estavam envolvidos nessa questão enormes interesses econômicos portugueses. O problema agravou-se ao tentar-se bloquear a remessa de capitais para Portugal, liberando para uso brasileiro recursos de ausentes e defuntos, em grande parte, portugueses.

Nesse contexto é que surge a figura reacionária de Maciel da Costa (brasileiro e acólito de Pedro I), que, mesmo estando na presidência da Assembleia, ameaçou dissolvê-la; e conseguiu... A resposta partiu de Vergueiro, português de nascimento e ex-deputado às Cortes de Lisboa, independentista, e provocou uma série de confrontos. A reprovação do projeto aumentava a desconfiança contra os portugueses, ao mesmo tempo que revelava o grupo econômico que pressionara fortemente para que José Bonifácio fosse demitido. Tornava-se claro que a Assembleia não poderia avançar na revisão da legislação protetora desses portugueses.

Ao nacionalismo político havia agora o perigo de somar-se o nacionalismo econômico que os Andradas e seus aliados defendiam na Assembleia, segundo a análise de José Honório. O conflito tomou vulto com os Andradas à frente, mais José de Rezende Costa (ex-inconfidente de 1789), Vergueiro e outros, contra os futuros ministros do golpe do Gabinete da dissolução, Maciel da Costa e Carvalho e Melo, futuros marquês de Queluz e visconde de Cachoeira, do grupo de Domitila, por sua vez ligada ao grupo português (*"la clique portugaise"*, segundo o barão Wenzel de Mareschall) e, notoriamente, a Pedro I. Os debates e escaramuças regimentais, com presença e por vezes pressão popular (Mareschall menciona cerca de mil pessoas), acabam levando à dissolução da Assembleia Geral Legislativa e Constituinte em 12 de novembro de 1823, acarretando, segundo o citado historiador, "a arbitrariedade da Constituição outorgada e, por melhor que esta tenha sido, concorreu de 1823 a 1826 para o enfraquecimento do espírito público, a debilitação moral do povo e a redução do civismo político".[48]

A Carta Constitucional outorgada (1824)

Após a dissolução da Assembleia Constituinte, o imperador nomeou uma comissão para elaborar uma Carta Constitucional. Tal comissão foi chamada de Conselho de Estado.

Obviamente, os representantes do "partido brasileiro" não viram com bons olhos a iniciativa de Pedro I. Temiam que o imperador viesse a concentrar todos os poderes e, também, queriam preservar uma parcela da autonomia que desfrutavam desde o período colonial. A nomeação do Conselho de Estado aprofundou a distância entre o imperador e a elite de proprietários locais.

O "partido português" apoiava as ambições absolutistas de Pedro I. Seus membros esperavam que o imperador assumisse o trono português, reunificando as duas coroas.

A Carta elaborada pelo Conselho de Estado reproduziu posições inspiradas em constituições europeias da época. Tal como elas, a Carta outorgada por Pedro I, em 1824, era incompatível com o republicanismo democrático, mas não com o liberalismo. O documento reforçava o poder do imperador por meio da criação do Poder Moderador, que permitia ao imperador dissolver a Câmara, mobilizar as forças armadas de mar e terra, escolher os senadores com base em uma lista tríplice, escolher os ministros de Estado, sancionar e vetar os atos do Poder Legislativo, formar o Conselho de Estado para assessorá-lo, nomear os juízes e designar os presidentes das províncias.

A Carta estabelecia um sistema de eleições indiretas em dois graus, ou seja, um colegiado de eleitores elegia aqueles que votariam nos deputados. O voto era censitário: apenas os proprietários podiam votar.

A Constituição de 1824 instituiu uma monarquia liberal de fachada, parlamentarista e centralizadora. Era o liberalismo monárquico da Restauração.[49] Apesar disso, abraçava os princípios do liberalismo econômico mais

[48] José Honório Rodrigues, *A Assembleia Constituinte de 1823*, cit., p. 199. José Honório evoca a conclusão de Barbosa Lima Sobrinho: "A função histórica da Constituinte foi apenas a de contemporizar", p. 16.

[49] Ver Fernando A. Novais e Carlos Guilherme Mota, "O processo ideológico", em *A Independência política do Brasil*, São Paulo, Hucitec, 1996, 2ª ed., em que se retoma

Primeiro Reinado: Pedro I (1822-1831)

amplo e irrestrito. O respeito à liberdade de imprensa e de opinião estava incluído na Constituição. Tais direitos não foram, porém, observados durante o reinado de Pedro I.

De acordo com a Constituição, o imperador tornou-se o patrono da Igreja Católica no Brasil, isto é, o Direito de Padroado, exercido pelos reis de Portugal, foi assumido pelo imperador, os sacerdotes da Igreja tornando--se funcionários do governo. Em poucas palavras, o governo pagaria as contas da Igreja e manteria toda a estrutura eclesiástica. Em troca disso, a Coroa arrecadava o dízimo, a décima parte de tudo aquilo que fosse produzido.

As ordens religiosas foram mantidas, e a Igreja continuaria desempenhando seu papel de responsável pela educação da população durante todo o período em que durou o regime imperial, e também pelo registro civil dos súditos do Império, realizando casamentos, batismos e enterrando os mortos.

O teste do novo Império: a insurreição nordestina de 1824

> "Uma constituição não é outra coisa que a ata do pacto social que fazem entre si os homens, quando se ajuntam e associam para viver em reunião ou sociedade."
>
> Frei Caneca, 1824[50]

Uma vez promulgada, a Constituição foi enviada para ser ratificada pelos Conselhos das províncias do Império. O caráter centralizador da Carta foi amplamente criticado pelos representantes dos poderes locais. Estes, como vimos, estavam interessados em manter alguma autonomia. As Câmaras Municipais perderam seus poderes: tudo passava a ser controlado pelo governo central. A reação maior à Carta outorgada por Pedro I ocorreu nas províncias do Nordeste do Brasil.

a tese exposta por Vicente Barreto em *A ideologia liberal no processo de Independência (1789-1824)*, Brasília, Câmara dos Deputados, 1973.

[50] Frei Caneca, "Crítica da constituição outorgada", em Antônio Paim e Celina Junqueira (orgs.), *Ensaios políticos*, Rio de Janeiro/Brasília, Documentário/PUC-Rio/ Conselho Federal de Cultura, 1976. Agradecemos ao professor Joaquim Falcão por ter nos chamado a atenção para esse texto do Frei Caneca.

Conforme vimos antes, eram elas que arrecadavam as maiores receitas nas alfândegas, embora não fossem as que consumiam a maior parte dos produtos importados. De fato, a corte, no Rio de Janeiro, era responsável pelo aumento do consumo de produtos importados.

A população crescera significativamente. Antes da chegada da corte portuguesa em 1808, o Rio de Janeiro tinha aproximadamente 50 mil habitantes. Em 1818, a população da sede do governo contava com 110 mil habitantes.

Cada vez que o governo central via-se em dificuldades financeiras, recorria às províncias. Para tanto, emitia novos impostos e taxas. Em 1821, o governo do Rio de Janeiro teve sérias dificuldades: as principais províncias exportadoras, entre as quais Pernambuco, suspenderam a remessa dos impostos arrecadados para o governo central. Após a Independência, uma das grandes preocupações do governo imperial foi regulamentar a arrecadação de impostos e taxas, procurando garantir as finanças do Estado independente.

As províncias foram pressionadas pelo poder central, sobretudo as mais produtivas, com maior presença no mercado internacional, o que fez piorar suas relações com o governo imperial, cuja máquina político-administrativa complexa e uma corte custosa revelavam-se insaciáveis do ponto de vista financeiro e fiscal. As insurreições do período das Regências explicitariam tantos e variados descontentamentos originados dessas pressões.

A Confederação esmagada: Nordeste, 1824

Contra o modelo autocrático-imperial de Pedro I, uma nova *revolução republicana e separatista* eclodiu, em 1824, no Nordeste brasileiro. Era a revolução da Confederação do Equador.

A proclamação da Confederação do Equador demonstrava que as aspirações e projetos republicanistas e federalistas dos revolucionários de 1817 estavam vivas. A Confederação pretendeu ser uma república federativa formada pelas províncias do Nordeste do Brasil. Os motivos imediatos que detonaram a revolução foram a ação absolutista de Pedro I, a dissolução da Assembleia Constituinte, o intervencionismo do poder central nas presidências das províncias e a promulgação, em 1824, da Carta outorgada.

As lideranças do Nordeste consideravam tais medidas atos explícitos de despotismo afrontoso. Em 1824, as elites locais pernambucanas entraram em rota de colisão violenta com o centralismo imperial, não aceitando o presidente de província nomeado pelo imperador. Em julho de 1824, as elites pernambucanas reagiram contra o intervencionismo do governo central e proclamaram a Confederação do Equador. Em pouco tempo, o antagonismo entre a elite local e o poder central transformou-se numa revolta social, que mobilizou a participação das camadas populares. A rebelião republicana contra o governo imperial durou 79 dias e ganhou notoriedade internacional.

Os revolucionários lutaram por uma república independente do Império. Reunindo as províncias do Norte, constituíram uma federação. Era representativo e republicano o governo da Confederação, a ela tendo aderido as províncias do Ceará, da Paraíba e do Rio Grande do Norte.

Frei Caneca

Frei Caneca, que já participara da insurreição de 1817, acompanhava em Recife as lutas pela emancipação das colônias espanholas. Em julho de 1824, escrevia em seu jornal:

> "Todos sabem que a América do Sul está toda livre: Buenos Aires, Chile, Colômbia, México e outras províncias não têm um soldado espanhol. Há apenas uma guarnição de trezentos, no castelo de S. João de Ulloa, e, no Peru, a muito arrebentar poderá haver cinco a seis mil homens reiunos. [...] Passo a transcrever os seguintes artigos da *Gazeta Nacional*, de Filadélfia, de 5 de janeiro, e do *Constitucional*, de março:
>
> 'O presidente libertador, general Bolívar, fez uma entrada triunfal na cidade de Lima, na qual ocasião houve um geral e entusiástico regozijo. Um congresso se reuniu, e elegeu-se um presidente. O general Bolívar foi nomeado ao supremo comando de todos os exércitos do Peru, até que os espanhóis sejam de todo lançados do território daquela importante seção do sul da América. A maior alegria se manifestou, e todos, descansando sobre os talentos e princípios do chefe colombiano, antecipam já prontos e completos sucessos'.
>
> O *Constitucional*, de 19 de março, traz a seguinte correspondência do Panamá: 'Notícias do Peru anunciam que este país tem estado em perigo. Riva-Aguero, o ídolo do povo, presidente da

República do Peru, tinha traído sua pátria e se correspondia com os espanhóis, mas Bolívar, o gênio da liberdade, o penetrou; e Aguero assim como todos os seus cúmplices têm sido capturados e estão agora presos em Guaiaquil. Tudo parece reviver e tomar um novo aspecto. Teretagle foi nomeado presidente da República, mas o comando civil e militar está nas mãos de Bolívar, que tem um poder ilimitado para a continuação da guerra'.

As outras notícias do Peru são muito satisfatórias. 'Nossas tropas têm destruído muitos destacamentos inimigos. O Libertador tem agora debaixo das suas ordens quinze mil homens, e o general Sucre tem cinco mil. Ele vai dar um grande golpe, e não se pode duvidar do seu sucesso. Mas fiquem certos de que as ex--Américas espanholas estão tão perdidas para Espanha como o Brasil para Portugal. Fernando VII sem recursos, porque na Europa ninguém está disposto a emprestar dinheiro a um mau pagador, já consente — são palavras do *Constitucional* — que se pronuncie em toda Espanha, o terrível nome de Cortes, pois que só elas poderão fazer aquilo que a impotente camarela é incapaz de fazer'.

Como, pois, poderá ela tentar coisa alguma contra a América do Sul? Qualquer que seja a forma de governo que ela adote, a independência é certa. A Inglaterra e Estados Unidos gritam fora, fora; quanto mais que uma planta chamada Itúrbide não se pode climatizar no terreno daqueles Estados. É pois, Sr. redator, para meter raiva à *Estrela* e à *Pernambucana*, que rogo a vosmecê queira dar lugar no seu periódico a estas poucas linhas de um seu Amigo Liberal. Cautela, união, valor constante. Andar, assim, é bom andar.

Frei Joaquim do Amor Divino Caneca, praia da Boa Viagem, quinta-feira, 1º de julho de 1824"[51]

Uma das primeiras medidas adotadas pelos revolucionários foi a abolição do tráfico de escravos no porto de Recife. Essa atitude provocou, à semelhança da insurreição de 1817, a primeira dissidência no grupo dos revolucionários. Uma parcela de proprietários de terras que participavam do

---

[51] Extraído de *O Typhis Pernambucano*, Recife, pp. 215-6, edição comemorativa do 160º aniversário da Confederação do Equador, Brasília, Senado Federal, 1984.

movimento dependia do trabalho escravo e, por tal motivo, abandonou a sublevação. Uma vez que membros da elite local recuaram, o movimento passou a ser conduzido pelo intendente-geral da Marinha, o comerciante Paes de Andrade, e pelo carmelita Frei Caneca. Tal comportamento contraditório das elites pernambucanas repetiu-se muitas vezes durante as rebeliões que marcaram o período regencial (1831-1840) e reapareceria em 1848, na Revolução Praieira.

Enquanto isso, no Rio de Janeiro, o governo central organizou a repressão à insurreição. Os revolucionários convocaram e organizaram tropas para resistir às forças imperiais. A participação da população nas "brigadas populares" foi intensa: a maioria dos homens livres estava armada para repelir o inimigo, e os mais identificados como tal eram os comerciantes portugueses, principais vítimas da ira popular. A massa urbana assaltou e depredou as lojas e os bares aos gritos de "Mata marinheiro!".

Imediatamente após a proclamação da Confederação do Equador, o imperador organizou a reação ao movimento, contando com empréstimos e auxílio de mercenários ingleses. O almirante Cochrane, contratado pelo novo Império, participou ativamente da repressão. As forças terrestres foram comandadas pelo brigadeiro Lima e Silva, pai do futuro duque de Caxias, figura decisiva no episódio da abdicação de Pedro I (1831) e, depois, regente do Império.

Após quatro meses de lutas, os revolucionários renderam-se no Ceará, último reduto da Confederação. Os líderes do movimento foram julgados pelas autoridades imperiais, e enforcados. Frei Caneca foi fuzilado. Apesar da repressão brutal à Confederação, ideias democráticas e republicanas continuaram profundamente arraigadas na população pernambucana.

O absolutismo de Pedro I aprofundou o descontentamento das elites locais. Afastadas do centro das decisões pelos membros do "partido português", que apoiavam o imperador, sua insatisfação aumentou em relação ao regime. O imperador tornara-se cada vez mais impopular, cercado de auxiliares portugueses: a maioria de seus auxiliares mais diretos e sua corte eram compostas de portugueses que haviam permanecido no Brasil após a partida de João VI. Os interesses dos comerciantes de escravos e as ameaças de recolonização provocaram fortes reações por parte de vários setores da sociedade, descontentes com o governo imperial.

O episódio de 1824 foi o prelúdio da abdicação, em 1831.

O significado da Constituição de 1824

Se a Confederação do Equador (1824) define o limite da Revolução, a Constituinte de 1823 e a Constituição de 1824 representam um *tournant* na história do Império brasileiro.

Com efeito, a historiografia vem demonstrando interesse crescente em relação às matrizes político-ideológicas da Carta de 1824. Entre os estudos sobre seu contexto histórico, destacam-se os comentários de Raymundo Faoro, em *Os donos do poder*, seu livro clássico. A queda dos Andradas (em julho de 1823), segundo o historiador-jurista,

> "Modifica o roteiro político, mas não quebra o molde traçado por eles. Não subiram os ultraliberais, circunstância que permitiria aos caídos, na oposição, manter a coerência de ideias. A orientação conservadora, que prosseguiria no futuro partido conservador, continua a predominar, consagrada, a seguir na dissolução da Constituinte (novembro de 1823). Os liberais exaltados, refugiados no antiportuguesismo e nos namoros republicanos, não logram nenhum posto com a desgraça de seu opositor máximo. Suas esperanças, daí por diante, se voltarão para a rebeldia armada, com a jornada dos otários de 1831, de permeio — nas derrotas sucessivas de 1824 e nas agitações regenciais. D. Pedro não consolidou seu poder com a popularidade."[52]

Faoro observa que "o Estado retrai-se na cúpula, assentado sobre o barro amorfo das bases locais".[53] E, quanto à Constituinte, faz notar que nela se encontra a *matriz* de nossa vida política imperial:

> "A Constituinte organizou o governo das províncias, em sentido contrário ao imperativo recolonizador, definido como a 'hidra de muitas cabeças, que mutuamente se dilaceram', com um presidente nomeado pelo imperador, esquema que, com as modi-

---

[52] Raymundo Faoro, *Os donos do poder: formação do patronato político brasileiro*, vol. 1, São Paulo, Globo, 2000, edição comemorativa dos 50 anos, p. 322.

[53] *Ibid.*, p. 323.

ficações da Constituição de 1824 e o Ato Adicional, vigorou até o fim do Império."[54]

A sociedade do novo Estado independente

A sociedade do novo Império não mudara quase nada em relação à sociedade colonial. Esta era formada de escravos e de homens livres. Os escravos eram considerados uma casta, tanto do ponto de vista sociológico como do político: filhos de escravos já nasciam escravos.

A sociedade colonial era uma sociedade de estamentos e castas. Na camada dominante, os estamentos eram formados pelos senhores proprietários de terras, de escravos e com poder político. Todos os elementos que viviam à margem da sociedade de castas e estamentos, ou seja, os mestiços, negros forros e brancos pobres, formavam a imensa camada dos "despossuídos". Ou melhor, para fugirmos ao eufemismo corrente em nossa melhor historiografia, dos pobres e miseráveis, gente indiferenciada, étnica e socialmente. Os "despossuídos" eram homens livres que não tinham lugar definido na estrutura da sociedade de castas e estamentos. Não sendo escravos, tampouco pertenciam ao estamento senhorial dos grandes proprietários e altos funcionários.

A presença da escravidão em todas as esferas da atividade econômica foi a principal característica da sociedade colonial. Em todos os setores da vida colonial notava-se a presença do trabalho servil: desde as atividades produtivas até o serviço doméstico. O escravo estava presente em todas as partes. No plano da História das Mentalidades, uma das consequências mais profundas (e graves) da utilização tão prolongada do trabalho escravo foi a desqualificação da noção mesma de trabalho aos olhos dos homens livres.

Após a Independência, a sociedade brasileira diversificou-se bastante. A presença da corte trouxe novos elementos sociais e novas perspectivas de emprego em cargos da burocracia civil e militar. Forneceu, digamos, um pouco de humanismo para a ex-colônia de exploração.

O contingente de funcionários públicos ampliou-se. Estes participavam da administração pública e dependiam do Estado para viver: eram, em geral,

---

[54] *Ibidem*, citando Antônio Carlos.

História do Brasil: uma interpretação

letrados e filhos de proprietários empobrecidos, que garantiam sua sobrevivência por meio do emprego nos aparelhos de Estado.

A diversificação das atividades econômicas, em razão da abertura dos portos, teve como resultado a ampliação dos setores médios da população que prestavam serviços aos comerciantes. Eram comissários, caixeiros e representantes de casas comerciais estrangeiras. Gradualmente, o grande comércio passou das mãos dos monopolistas portugueses para as dos grandes comerciantes ingleses e, em menor escala, franceses. A maior parte do comércio varejista, entretanto, permaneceu nas mãos dos portugueses, donos de lojas, botequins e armazéns. A imagem do português do armazém, da mercearia, da padaria ou do botequim possui longínquas raízes históricas, mesmo estando seus atuais conterrâneos e descendentes transmutados, no século XX, em donos de *shoppings* e poderosas redes de supermercados...

A economia escravista do novo Império

A abertura dos portos em 1808 teve como principal efeito a expansão do comércio de produtos tropicais. Com ela, reverberações de liberalismo tiveram sua primeira entrada oficial nestes trópicos. Não por acaso, um livro até então defeso, como *A riqueza das nações*, de Adam Smith, o pai do liberalismo, passa a ser admitido nos círculos do poder, a começar por seu adepto mais eminente, o futuro visconde de Cairu.

Nesse período, as guerras napoleônicas favoreceram os produtos tropicais brasileiros, por vários motivos. O colapso do Antigo Regime na Europa, acompanhado da ruptura dos laços coloniais, provocou a desorganização da produção de gêneros tropicais nas colônias espanholas e francesas, principais concorrentes do Brasil na produção desses gêneros. A falta de produtos tropicais no mercado europeu provocou uma alta dos preços, beneficiando os produtores luso-brasileiros.

A insurreição republicana de 1817, em Pernambuco, por exemplo, ocorreu num momento de subida dos preços dos produtos de exportação (e mesmo do algodão) nas praças europeias. Produtos tropicais tradicionalmente exportados pelo Brasil, especialmente açúcar, algodão e tabaco, tiveram mercado garantido na Europa enquanto duraram as guerras napoleônicas. Com o fim dessas guerras, a produção de certos gêneros tropicais, sobretudo de açúcar e de algodão, foi reativada em regiões que haviam sido afetadas pelas insurreições e guerras de Independência. Já as províncias do Sul prosperavam em virtude da expansão da criação de gado. O charque e os couros do Rio Grande eram exportados para outras províncias do Império e para o exterior.[55]

A reativação da produção teve como consequência a intensificação do tráfico de escravos. O novo Império continuava dependente da importação de escravos, o que explica o fato de, durante a primeira metade do século XIX, as importações de escravos terem sido maiores do que em qualquer época anterior. Ou seja, a Independência não diminuiu, antes revitalizou o sistema escravista, ao contrário do que pensavam José Bonifácio e outros abolicionistas. E criou-se um novo impasse, que se prolongaria por todo o período imperial: de um lado, o Império necessitava da importação de trabalhadores escravos provenientes da África, e, de outro, viu-se obrigado a enfrentar a oposição da Inglaterra ao tráfico.

Reconhecimento da Independência. A hegemonia inglesa

> "Com a amizade da Inglaterra, podemos estender nossos dedos ao resto do mundo."
>
> Felisberto Caldeira Brant Pontes, 1823[56]

Os Estados Unidos reconheceram a Independência do Brasil em 1824, aplicando a Doutrina Monroe (1823), que apregoava a "América para os americanos". Portugal reconheceu a Independência do Brasil em 1825, graças à pressão diplomática exercida pela Inglaterra, protetora e principal parceira comercial do novo Império. A Inglaterra reconheceu a Independência do Brasil em 1825 e consolidou seus privilégios de nação mais favorecida no comércio com o país. Além disso, renovou sua jurisdição extraterritorial no Brasil: os súditos ingleses não podiam ser julgados pelas leis locais, constituindo uma sociedade à parte, superior. Como já vimos, o Brasil da

---

[55] Cf. Carlos Guilherme Mota, *Nordeste 1817: estruturas e argumentos*, São Paulo, Perspectiva, 1972.

[56] Felisberto Caldeira Brant Pontes, mineiro, marquês de Barbacena, foi agente brasileiro em Londres e negociador do reconhecimento da Independência; a epígrafe citada encontra-se em ofício a José Bonifácio, em 23 de julho de 1823. Em República do Brasil, *Archivo Diplomático da Independência*, vol. I, Rio de Janeiro, Lithotypographia Fluminense, 1922, p. 278.

primeira metade do século XIX funcionou como um verdadeiro "protetorado" inglês.

Nos primeiros tratados comerciais assinados com a Inglaterra, João VI comprometera-se a abolir o tráfico de escravos africanos. A questão do tráfico foi, desde o início, um dos principais pontos de atrito entre o Brasil absolutista e a Inglaterra liberal. E a luta foi desigual, pois a Inglaterra contava com a maior marinha mercante e de guerra do mundo, capaz de realizar revistas e apreensões em alto-mar. Aos poucos, o Império brasileiro teve que ceder às suas imposições, mas o tráfico de escravos africanos somente seria abolido em 1850, no Segundo Reinado.

A monarquia cedeu desde logo às exigências comerciais da Inglaterra. Em 1827, um novo tratado comercial reafirmou os termos do tratado de 1810, ou seja, a Inglaterra renovou o privilégio de ser a "nação mais favorecida" no comércio com o Brasil.

O Brasil passou a ser o maior comprador de produtos ingleses na América Latina. A precária economia brasileira precisava importar todo tipo de produtos manufaturados: a Inglaterra tornou-se a principal fornecedora de armas, munições, ferragens, tecidos, implementos agrícolas e outras manufaturas. Estacionada em um barco inglês, Maria Graham, aquarelista e escritora, fixou esse momento em páginas antológicas no seu *Diário de uma viagem ao Brasil*:

> "Fui à terra fazer compras com Glennie. Há muitas casas inglesas tais como seleiros e armazéns, não diferentes do que chamamos na Inglaterra um armazém italiano, de secos e molhados; mas, em geral, os ingleses aqui vendem suas mercadorias em grosso a retalhistas nativos ou franceses. Os últimos têm muitas lojas de fazendas, armarinho e modistas. Quanto a alfaiates, penso que há mais ingleses que franceses, mas poucos de uns e outros. Há padarias de ambas as nações, e abundantes tavernas inglesas, cujas insígnias com a bandeira da União, leões vermelhos, marinheiros alegres e tabuletas inglesas, competem com as de Greenwich ou Depford."[57]

---

[57] Maria Graham, *Diário de uma viagem ao Brasil e de uma estada nesse país durante parte dos anos de 1821, 1822 e 1823*, tradução de A. Jacobina Lacombe, São Paulo, Companhia Editora Nacional, 1956, pp. 210-1.

A Revolução Industrial inglesa dinamizava as relações comerciais, e vice-versa. O Brasil da época da Independência já funcionava como área de consumo de mercadorias industrializadas, nesse contexto em que se processava a montagem do imperialismo inglês que iria definir todo o século XIX brasileiro até, pelo menos, a crise de 1929.

Aos 42 anos de idade, a escocesa Maria Graham exercitaria seu olhar experimentado e crítico sobre as comunidades de comerciantes ingleses ao longo do litoral do Brasil. Simpatizante da causa da Independência, acreditava piamente no futuro brilhante reservado à jovem nação, sobretudo se seu destino fosse comandado por José Bonifácio de Andrada e pelas elites de São Paulo. Seu diário constitui preciosa fonte de informações (simpáticas, diga-se) para compreender-se o choque de mentalidades entre a cultura dos ingleses e a dos brasileiros (ou luso-brasileiros):

> "As ruas estão, em geral, repletas de mercadorias inglesas. A cada porta as palavras Superfino de Londres saltam aos olhos: algodão estampado, panos largos, louça de barro, mas acima de tudo ferragens de Birmingham, podem-se obter um pouco mais caro do que em nossa terra nas lojas do Brasil, além de sedas, crepes e outros artigos da China. Mas qualquer cousa comprada a retalho numa loja inglesa ou francesa é, geralmente falando, muito cara. Divirto-me com a visível apatia dos caixeiros brasileiros. Se estão empenhados, como atualmente não é raro, em falar de política, preferirão dizer, na maior parte das vezes, que não têm a mercadoria pedida a se levantar para procurá-la. E, se o freguês insistir e apontá-las na loja, é friamente convidado a apanhá-la ele próprio e deixar o dinheiro. Isto aconteceu várias vezes enquanto procurávamos algumas ferramentas em nosso percurso ao longo da rua Direita, onde em cada duas casas há uma loja de ferragens com fornecimentos de Sheffield e Birmingham."[58]

O Império brasileiro também precisava importar alimentos, pois as lavouras concentravam-se na produção de gêneros tropicais para exportação.

---

[58] *Ibidem*. Ver também o estudo de Carlos Guilherme Mota, "Europeus no Brasil à época da Independência", em *Ideias de revolução no Brasil e outras ideias*, São Paulo, Globo, 2008. Sobre a presença dessa amiga de Lord Cochrane no Chile, consulte-se a obra de Mary Louise Pratt, *Imperial Eyes*, Nova York, Routledge, 1992.

A alta dos preços dos produtos tropicais significava que os proprietários dedicavam-se exclusivamente à produção desses gêneros. Como a produção local de alimentos era insuficiente para suprir as necessidades básicas da população, o desabastecimento tornara-se frequente. A maior parte da população passava fome, e a subnutrição era crônica.

Com o fim das guerras napoleônicas, os produtores brasileiros tiveram de enfrentar a concorrência estrangeira, ou, mais precisamente, a do nascente imperialismo inglês: a Inglaterra estimulava a produção de açúcar nas Antilhas e a produção de algodão na Índia. Ou seja, a potência hegemônica não dependia exclusivamente dos produtos brasileiros, embora o Império tropical dependesse exclusivamente das manufaturas britânicas.

CHOQUE DE MENTALIDADES: IMPERIALISMO *VERSUS* ESCRAVIDÃO

Mas nem tudo era economia. Também o choque de mentalidades pode ser captado em Maria Graham, quando notava com horror a brutalidade da ordem escravista luso-brasileira nestas plagas.

No primeiro passeio por Recife, depara-se com o mercado de escravos. "Era a primeira vez que tanto os rapazes quanto eu estávamos num país de escravidão",[59] acrescenta Graham, "e por mais que os sentimentos sejam penosos e fortes quando em nossa terra imaginamos a servidão, não são nada em comparação com a visão tremenda de um mercado de escravos." Voltam para o navio sombrios e com pensamentos de que "tudo o que pudéssemos fazer no sentido da abolição ou da atenuação da escravatura seria considerado pouco". Em outra ocasião, assistem a uma mulher branca surrando uma escrava. Esta grita, até que "nossos homens interferiram". Enquanto permanecem em Recife, toda a sua atenção volta-se para denunciar as condições de degradação provocadas pela existência da escravidão.

No retorno de uma visita a Olinda, registra uma cena inesquecível. "Os cães já haviam começado uma tarefa abominável. Eu vi um que arrastava o braço de um negro sob algumas polegadas de areia, que o senhor havia feito atirar sobre os seus rostos. É nesta praia que a medida dos insultos dispensados aos pobres negros atinge o máximo." Compara esse enterro com o de

[59] Esta e as citações seguintes, exceto especificadas, provêm de Maria Graham, *Diário de uma viagem ao Brasil e de uma estada nesse país durante parte dos anos de 1821, 1822 e 1823*, cit., *passim*.

Primeiro Reinado: Pedro I (1822-1831)

um monge, ao qual foram dispensadas "todas as solenidades que o sentimento humano inventou para controlar seus próprios temores e aflições, sob o pretexto de honrar os mortos, e para os quais a Igreja Romana [...] acrescentou todo o seu fausto". Um horror, em suma.

A crise financeira do Império

A principal fonte de receita do novo Império — isto é, o dinheiro utilizado para a manutenção da corte, para o pagamento do funcionalismo e do Exército e da Marinha — eram as taxas cobradas nas alfândegas. Nada menos que 70% das rendas da Coroa provinham desses impostos.

A queda das exportações provocou uma forte baixa da arrecadação e a insolvência do Tesouro, pois a corte do Império, instalada no Rio de Janeiro, não diminuía seus gastos. O resultado foi catastrófico para as finanças e provocou tensões entre o governo central, que procurava afirmar-se enquanto Estado nacional, e os governos das províncias exportadoras, que pagavam a conta do funcionalismo herdado da corte portuguesa e do Exército nacional, cuja oficialidade era formada, em grande parte, por mercenários europeus, principalmente ingleses. O Império importava mais do que exportava para a Inglaterra. Desse modo, o déficit comercial era permanente, aumentando a dependência em relação aos ingleses.

Para cobrir a diferença entre os gastos da corte e do funcionalismo e a arrecadação, as autoridades imperiais contrataram empréstimos com bancos estrangeiros. As consequências se fizeram sentir imediatamente. A dependência do crédito dos banqueiros ingleses provocava o endividamento externo, tornando o governo vulnerável à pressão de interesses econômicos estrangeiros. A escassez de moeda em circulação para as transações comerciais agravava o quadro: a crise financeira era permanente.

Desse modo, a elite nativa da primeira metade do século XIX podia imaginar-se num figurino liberal, mas encontrava dificuldades para ser "nacional". Além disso, mirando-se na Inglaterra, como defender o instituto e as barbaridades da escravidão?

O fim do reinado de Pedro I

Na verdade, a Constituição de 1824 instituíra uma monarquia de fachada, parlamentarista e centralizadora. Apesar disso, abraçava os princípios do liberalismo econômico mais amplo e irrestrito. Por outro lado, o direito e o respeito à liberdade de imprensa e de opinião, incluídos na Constituição, jamais foram respeitados durante o reinado de Pedro I.

A ameaça da recolonização provocou reações por parte de vários setores da sociedade, descontentes com o governo do imperador. Uma série de medidas adotadas por ele tornou sua situação insustentável. Segundo os tratados comerciais assinados com a Inglaterra em 1827, o Brasil comprometia-se a abolir o tráfico de escravos em 1830; tal medida gerou descontentamento entre os proprietários rurais, que dependiam do trabalho escravo.

A oscilação dos preços dos produtos tropicais no mercado internacional e a volta dos concorrentes ao mercado provocaram uma queda nas exportações desses gêneros: uma grave crise financeira acarretou a necessidade de contrair empréstimos para saldar a balança de pagamentos.

PEDRO E MIGUEL, OS IRMÃOS INIMIGOS

Cada vez mais isolado, Pedro I abdicou em 7 de abril de 1831, optando por tornar-se o rei de uma monarquia constitucional em Portugal, como Pedro IV, enfrentando e batendo os absolutistas liderados por seu irmão Miguel. No Brasil, entretanto, não abrira mão de afirmar-se como um monarca absolutista. O colonialismo português, prolongado no absolutismo de Pedro I, terá seu fim com o movimento do 7 de abril, que examinaremos no próximo capítulo.

Nessa perspectiva, o 7 de abril pode ser considerado a data mais decisiva do processo de Independência. Teve início, então, o período regencial (1831 a 1840), um dos mais turbulentos de nossa história, quando eclodiram movimentos separatistas e revoltas populares em diversos pontos do país. O Estado centralizador reprimiu-os, sob o comando de Lima e Silva e, depois, de Caxias. A tese da *unidade nacional*, a ser mantida a qualquer custo, baseada na ideologia da história incruenta, constituiria um dos mais resistentes e duradouros mitos históricos criados à época da Independência.

Resta aqui um tema a ser discutido: o lugar dos negros na nova ordem pós-Independência. Ubiratan de Araújo examinou com rigor esse importante aspecto da descolonização inconclusa, centrada no mundo do trabalho.[60] Ao longo de todo o período o Império temeu o perigo do haitianismo. Temor

---

[60] Ubiratan Castro de Araújo, "A política dos homens de cor no tempo da Independência", em *Clio — Revista de Pesquisa Histórica*, nº 19, Recife, 2001.

que seria alimentado pelos constantes levantes e até assaltos a centros urbanos, como ocorreu, em 1835, em Salvador, uma das principais cidades do hemisfério naquela época.

Da Independência à condição neocolonial

Bradford Burns observou que "um número crescente de mercadores, profissionais e burocratas concentrados nas poucas cidades estratégicas, receptivas à mudança, deram o impulso inicial à modernização".[61]

Com efeito, no período regencial inaugura-se uma nova etapa da História do Brasil, com um Estado centralizador que reprimiu as rebeliões populares e fortaleceu-se em nome da "unidade nacional", a qual também interessava aos mentores do Estado inglês. Com os desequilíbrios internos acentuando-se cada vez mais ao longo do século XIX, *o Império brasileiro afirmou-se paulatinamente com base na repressão a todos os movimentos dissidentes e de emancipação com caráter regional, republicanista, federalista, liberal-democrático ou abolicionista.*

No plano macro-histórico, constata-se que o Império tornado independente havia pouco, assim como as ex-colônias espanholas, passou da esfera do antigo sistema colonial para a esfera do sistema mundial de dependências. Ou, mais precisamente, o Brasil entrava para os quadros do *neocolonialismo*, na conceituação de Stanley J. Stein e na de Tulio Halperín Donghi.[62]

Em síntese, consolidam-se o regime monárquico, em contraste com as repúblicas latino-americanas, e também — *manu militari* — a unidade nacional, revitalizando-se, como assinalamos, a ordem escravocrata. A dependência neocolonial com relação à Inglaterra vai formalizar-se por meio de tratados comerciais, que atrelaram a economia brasileira ao sistema imperialista daquela potência hegemônica ao longo de todo o século XIX e da primeira metade do XX.

---

[61] E. Bradford Burns, "The Intellectuals as Agents of Change", em A. J. R. Russel-Wood (org.), *From Colony to Nation: Essays on the Independence of Brazil*, Baltimore, The John Hopkins University Press, 1975, p. 213.

[62] Cf. Stanley J. Stein, *The Colonial Heritage of Latin America*, Nova York, Oxford University Press, 1970; e Tulio Halperín Donghi, *The Contemporary History of Latin America*, Durham, Duke University Press, 1993. Há traduções para o português.

19

Consolidação do Estado nacional (1831-1840): regências, insurreições e revoluções

> "A Regência foi, talvez, a fase mais rica da História do Brasil como manifestação popular e tomada de consciência [...] A prova está nos nomes plebeus dos movimentos: Cabanos, Balaios, Farrapos, característicos de rebeldia primitiva."
>
> Francisco Iglésias, 1989[1]

> "Ocupemo-nos de coisas, de princípios, e os homens sejam colocados dentro do quadro das doutrinas; sejam exemplos das regras e não a regra deles mesmos: é então que seremos livres e dignos de rivalizar com os nossos conterrâneos e primogênitos — os cidadãos dos Estados Unidos."
>
> Evaristo da Veiga, 1831[2]

A queda do imperador Pedro I deu início ao processo de consolidação do Estado nacional, período que alguns historiadores denominaram "nacionalização da Independência".

O período das Regências teve início em 1831, com a saída de Pedro I, quando se verificaram agitações que se prolongariam até a Maioridade de seu filho Pedro II, alternando-se no poder diversos grupos e facções de variadas tendências político-ideológicas. Agindo por vezes "às tontas" (no dizer de Caio Prado Jr.), até mesmo traços republicanistas afloraram em alguns desses movimentos, no esforço de controlar o processo insurrecional de descolonização iniciado à época da Independência, em 1822.

Observado na *longue durée*, o período regencial inscreve-se num processo mais amplo, que teve início com a insurreição nordestina de 1817 e encerrou-se com a Revolução Praieira, em Pernambuco, em 1848.

Como vimos, ao aprofundar-se a crise político-institucional e administrativa em que se engolfara o recém-criado Estado brasileiro, Pedro I vira-se

---

[1] Francisco Iglésias, *História geral e do Brasil*, São Paulo, Ática, 1989, p. 161.

[2] Evaristo da Veiga, em seu jornal *Aurora Fluminense*, nº 477, Rio de Janeiro, 27/4/1831.

obrigado a deixar o poder, o que se deu em 7 de abril de 1831. Quem ganhou com a abdicação do imperador?

Ganharam os liberais e o liberalismo, mas sem condições de imediata aplicação de seus projetos, até porque, à sombra do absolutismo de Pedro I, continuavam a operar grupos e facções que propunham o retorno da ordem anterior. Daí os embates, revoluções e contrainsurreições que marcaram o período. Como Sérgio Buarque de Holanda notou,

> "de nenhum dos homens que subiram ao poder com o 7 de abril e que contavam entre seus guias um pequeno livreiro [Evaristo da Veiga], e entre seus chefes mais acatados um padre de origem obscura [Feijó], pode-se dizer que vinha de ilustre linhagem. Além disso, não é apenas um exagero, é positivamente uma inverdade, dizer-se, como já se tem dito, que esses homens representavam bem o latifúndio e a grande lavoura."[3]

Questão polêmica, essa, pois, nos anos 1940, um dos melhores biógrafos de Evaristo da Veiga, Octávio Tarquínio de Sousa, indicava que a história não foi bem nessa direção.[4]

Oriundo da classe média, homem da cidade, pequeno-burguês não titulado, Evaristo era, de modo geral, uma exceção em um meio político-social de bacharéis formados em Coimbra, Pernambuco e São Paulo, cujas lideranças favoreceram o latifúndio e a grande propriedade, com defensores "quase todos apegados às fórmulas liberais em voga, mas quase sempre oriundos e a serviço da grande propriedade territorial, dos senhores de engenho e fazendeiros".[5]

---

[3] Sérgio Buarque de Holanda, "Prefácio", em Jeanne Berrance de Castro, *A milícia cidadã: a Guarda Nacional de 1831 a 1851*, São Paulo, Companhia Editora Nacional, 1977, p. XXIII.

[4] Octávio Tarquínio de Sousa, *História dos fundadores do Império do Brasil: Evaristo da Veiga*, vol. VI, Rio de Janeiro, José Olympio, 1957, 2ª ed. Utilizamos também, com maior frequência, a seguinte edição: Belo Horizonte/São Paulo, Itatiaia/Edusp, 1988, que traz apresentação de Francisco de Assis Barbosa; as páginas das citações referem-se a esta edição.

[5] Cf. Octávio Tarquínio de Sousa, *História dos fundadores do Império do Brasil: Evaristo da Veiga*, cit., p. 175.

Os nove anos do período regencial foram marcados pela eclosão de conflitos sociais em vários pontos do território e devem ser entendidos como prolongamentos da descolonização. Foram constantes os movimentos separatistas populares e os levantes de escravos. Nos principais portos, portugueses eram hostilizados e perseguidos, aos gritos de "Mata marinheiro!". Praticamente todos os setores da sociedade manifestaram seu descontentamento com os frutos trazidos pela Independência, sobretudo o centralismo da Coroa.

Pouco tempo depois, o sentido da história posterior a 1831 ficará claro para radicais como Teófilo Ottoni, "o 7 de abril foi uma verdadeira *journée des dupes*", como escreveu na *Circular dedicada aos srs. eleitores de senadores pela província de Minas Gerais*:

> "Projetado por homens de ideias liberais muito avançadas, jurado sobre o sangue dos Canecas e Ratclifes, o movimento tinha por fim o estabelecimento do governo do povo por si mesmo, na significação mais lata da palavra. Secretário do Clube dos Amigos Unidos, iniciado em outras sessões secretas, que nos dois últimos anos espreitavam somente a ocasião de dar com segurança o grande golpe, eu vi com pesar os moderados ao leme da revolução, eles que só na última hora tinham apelado para o juízo de Deus!"[6]

Os "exaltados" queriam a Federação e a República, modelo que para Evaristo da Veiga esfacelaria o país. Como analisou Octávio Tarquínio de Sousa, Evaristo da Veiga apropriou-se da Revolução "no dia mesmo em que ela triunfou, frustrando os propósitos dos que a queriam levar às últimas consequências". Nada surpreendente, pois, em finais de 1829, já alertava: "Nada de jacobinismo de qualquer cor que seja. Nada de excessos. A linha está traçada — é a da Constituição. Tornar prática a Constituição que existe sobre o papel deve ser o esforço dos liberais".[7]

O golpe de 1831 atalhou uma revolução republicanista, pois até setores do Exército — decisivos no afastamento do imperador — estavam ao lado

---

[6] *Apud* Octávio Tarquínio de Sousa, *História dos fundadores do Império do Brasil: Evaristo da Veiga*, cit., pp. 99-100. Evaristo foi o autor da letra (em música preexistente, de D. Pedro I) do *Hino da Independência* (com o estribilho "Brava gente brasileira"), que começa com os versos "Já podeis, da Pátria filhos,/ ver contente a mãe gentil".

[7] *Aurora Fluminense*, Rio de Janeiro, 9/12/1829.

das "aspirações do país", já com manifestações de indisciplina, obrigando os primeiros regentes a tomar medidas para o controle da ordem. Evaristo, que em seu prestigioso jornal *Aurora Fluminense* defendia a liberdade constitucional, o sistema representativo e a liberdade de imprensa, agora conclamava e advertia: "Queremos a Constituição, não queremos a Revolução!".[8]

Esse livreiro, que lera e relera as *Cartas chilenas* aos 13 anos de idade, agora leitor de Benjamin Constant, Bentham, Virgílio (talvez o poeta mais lido e citado, desde a Inconfidência Mineira até os parlamentares do fim do Império...), Horácio, Cícero, Blackstone, Ricardo, Say, Sismondi e Foy, tradutor de trechos de *Athalie* de Racine, era o homem da hora. Do balcão de sua livraria (numa cidade então com 8 livrarias), dominava o debate público do país, orientando a conturbada e precária opinião pública. Embora fosse poeta medíocre, falava várias línguas e agora exercia influência decisiva nos destinos da jovem nação.

Americanista e federalista, seu prestígio nacional só era rivalizado pelo do liberal Bernardo Pereira de Vasconcelos, deputado por Minas Gerais, cujas opiniões confluíam com as dele. O clima era nitidamente liberal quando da abertura da Câmara em 1826, e até 1830. O grupo-geração de deputados de primeira linha, que se exercitou nas manhas do poder e da máquina do Estado, incluía gente como Odorico Mendes (Maranhão), José Martiniano de Alencar (Minas e Ceará), Carneiro da Cunha (Paraíba do Norte), Araújo Lima, os irmãos Cavalcanti, Venâncio Henriques de Rezende e os dois Rego Barros (de Pernambuco), Lino Coutinho, Antônio Ferreira França, Costa Carvalho (Bahia), Antônio José do Amaral, e Vieira Souto (Rio), Bernardo de Vasconcelos, Limpo de Abreu, Honório Hermeto, e o próprio Evaristo (Minas Gerais), Paulo Sousa, Feijó, Rafael Tobias de Aguiar, e Joaquim Floriano de Toledo (São Paulo). Em Minas, Bernardo orientava politicamente o Conselho Provincial; em São Paulo, tal papel era exercido por Feijó. Portanto, com o marquês de Barbacena defendendo "estreita união das Câmaras com o Governo, do Governo com as Câmaras", as coisas poderiam ter-se passado tranquilamente.

Mas não foi assim que tudo sucedeu, pois alguns ministros de Pedro I violaram continuadamente a Constituição (outorgada), o grupo português

---

[8] Octávio Tarquínio de Sousa, *História dos fundadores do Império do Brasil: Evaristo da Veiga*, cit., p. 67.

passou a exercer influência cada vez maior sobre ele, ocorreram incidentes envolvendo portugueses e brasileiros (o "ressentimento nativista"), até que, em 1830, o *Aurora Fluminense* passa a lembrar que a posse do rei fundamentou-se em ato de aclamação, uma investidura popular, e não de origem dinástica ou de direito divino. No começo de 1831, a naturalização de Pedro I como brasileiro é cassada. Daí à sua queda, foi um instante.

Raízes da revolta

De todos os cantos do Império surgiram contestações à ordem imperial, algumas delas com propostas republicanistas, como a revolta da Cabanagem, no Pará (1832-1840); a Balaiada, no Maranhão e no Piauí (1833-1841); a Sabinada, na Bahia (1837-1838); a Farroupilha, no Rio Grande do Sul e Santa Catarina (1835-1845). Em Pernambuco, em 1831, o nativismo antiluso manifestou-se na Setembrizada e na Novembrada e, em 1832, na Abrilada, levantes de origem militar que, reprimidos na cidade, irradiaram-se pelo interior. Levantes menores também ocorreram em Minas em 1833: a revolta dos escravos de Carrancas, no sul, e a sedição militar em Ouro Preto, contra o centralismo do governo imperial. Em 1838, na província de São Paulo, registra-se a Anselmada, movimento liderado por Anselmo Ferreira de Barcelos, que invadiu a vila de Franca, tendo assassinado o juiz de paz, representante do poder central na região.

Portanto, ao longo do período, além da elite dirigente (já nacional), também os despossuídos e miseráveis (balaios, cabanos, farrapos, escravos) puseram em xeque os fundamentos do Império, em particular o escravismo e a grande propriedade rural.

Durante a menoridade do futuro Pedro II, o governo central, conduzido por sucessivos regentes, reprimiu com pulso forte todas as insurreições e rebeldias. Contratou mercenários para o Exército e a Armada, e criou a Guarda Nacional, a chamada "milícia cidadã", para conter os movimentos populares e separatistas.

Os esmagamentos sucessivos desses movimentos reafirmaram a ordem imperial e consolidaram o Estado nacional. Com efeito, *a modelagem do Estado nacional resultou da repressão a tais movimentos contestatários, regionalistas, descentralizadores e, por vezes, republicanistas*, expressão de conflitos econômico-sociais e ideológicos que aprofundavam o processo de *descolonização* das primeiras duas décadas do século XIX.

A gravidade dos problemas enfrentados no período regencial deixou patente a necessidade de reforma administrativa e política, para garantir a governabilidade da monarquia bragantina.

O novo Império nos planos internacional e nacional

No Primeiro Reinado, a Assembleia Geral, instalada em 1826, tomara as principais iniciativas no sentido de dotar o país de uma legislação própria, distinta da metropolitana. De fato, as ordens régias e os decretos destinados à colônia e ao Reino Unido não se adequavam ao novo Estado independente. Ainda no diapasão da Constituinte, decidiu-se, à falta de legislação nova, pela utilização transitória da anterior (lei de 30 de outubro de 1823).

Como se recorda, a Constituinte fora fechada, e o cenário político, depurado dos liberais exaltados e de monarquistas reformistas, como os Andradas. A Assembleia tornou-se, a partir de 1826, o centro político e ideológico que impulsionou o Estado recém-tornado independente, quando começa a firmar-se, enfrentando problemas cruciais internos e externos.

O momento era de criação e afirmação de outros Estados-nação, como Grécia, Peru, Venezuela e México (1821), Equador (1822), Províncias Unidas da América Central (1823), Bolívia (1825), Uruguai (1828) e Bélgica (1830). No compasso dessa época de construção de Estados liberais-nacionais, no Brasil tornara-se questão crucial a definição do estatuto jurídico-administrativo e sociopolítico do Império, desenhando sua fisionomia enquanto nação emergente no concerto internacional.

Várias iniciativas foram tomadas então, como a fundação dos cursos jurídicos em São Paulo e Olinda (1827) e da Sociedade Auxiliadora da Indústria Nacional (1828) e, nesse mesmo ano, a criação do Supremo Tribunal de Justiça, abolindo-se os órgãos judiciários anteriores. Tardiamente, em 1832, em clima social conturbado em vários pontos do país, entrava em vigor o novo Código do Processo Penal.

Ao longo do Primeiro Reinado, o Império e o imperador depararam-se, como se viu, com problemas de alta complexidade — como a insurreição republicana da Confederação do Equador no Nordeste (1824), a busca do reconhecimento da Independência (1824 e 1825) e as dívidas daí decorrentes —, agravados pelos conflitos criados com a sucessão em Portugal após a morte de João VI e a abdicação de Pedro à Coroa portuguesa em favor de sua filha Maria da Glória (1826).

386   História do Brasil: uma interpretação

No plano externo, a Inglaterra aumentara a pressão diplomática e naval sobre o Brasil, impondo ao país tratados comerciais leoninos e, ao mesmo tempo, exigindo a abolição do tráfico. O ano de 1830 deveria ser o último em que se importariam escravos africanos para cá, o que acarretaria prejuízos óbvios à lavoura e ao comércio da economia escravista, mas tal abolição não ocorreu, abrindo uma nova frente de conflitos.

As hostilidades entre o Parlamento e o imperador aumentavam, pois os pactos definidos com outras nações, como a França, só eram levados à Assembleia depois de previamente ratificados. Neste caso, o impasse era total, já que a Coroa não mudava de conduta, nem o Parlamento tomava conhecimento dos tratados, o que acentuava as divergências entre os ministros e o chefe de Estado.

No plano social, tentara-se a imigração europeia, sobretudo de alemães e irlandeses, que chegavam primeiramente como soldados mercenários, mas, ao tentarem adaptar-se à ordem escravista, provocavam tensões e conflitos. As experiências fracassadas provocavam uma péssima imagem do país no exterior.

Além disso, havia a arraigada mentalidade escravocrata. Pandiá Calógeras cita o caso de Nicolau Vergueiro, uma das figuras mais lúcidas do Império, responsável pela introdução do sistema de parceria entre fazendeiros e colonos na economia cafeeira, de modo que o regime escravista fosse se transformando em assalariado. Ora, o próprio Vergueiro foi um dos redatores do complicado projeto sobre contrato de trabalho votado em 1830 na Assembleia, prevendo intervenções de polícia e cadeia. "Serviu somente para piorar as coisas",[9] concluiu Calógeras.

Para culminar, recorde-se que Pedro I viu-se envolvido na questão do rio da Prata. Ou seja, na "Banda Oriental" (como os argentinos chamavam a Cisplatina), incorporada em 1821 pelas forças de João VI ao Reino Unido de Portugal, Brasil e Algarve sob o nome de Província Cisplatina. Ao combater a insurreição, o governo de Pedro I defrontou-se com uma cisão no próprio exército de ocupação: a metade portuguesa obedecia a Álvaro da Costa e às Cortes, a outra metade ao general Lecor e ao novo Império. Ou seja, tratava-se do francês Carlos Frederico Lecor (depois barão de Laguna), contratado pelo governo brasileiro, que, com suas tropas, inspirava horror aos hispânicos nas duas bandas do rio da Prata. Após a insurreição dos cis-

---

[9] Pandiá Calógeras, *Formação histórica do Brasil*, São Paulo, Companhia Editora Nacional, 1957, pp. 157 e 160-4.

platinos, o governo brasileiro, desde 1825 em guerra com a Argentina, interessada em ter um Estado-tampão de "Banda Oriental", finalmente em 1828 aceitou a independência do território. Nascia então o Uruguai.

A herança do governo de Pedro

A despeito desses problemas, houve desenvolvimento econômico-financeiro no Primeiro Reinado, e o principal responsável por isso foi o Banco do Brasil, ampliando o crédito para operações comerciais e marcando um rumo para o país. Segundo cálculos de Calógeras, autor de *Politique monétaire du Brésil*, obra publicada no Rio em 1910, as importações, que em 1828 andavam por volta de 15 milhões de dólares, equilibravam-se com as exportações. Mas o Banco foi fechado em 1829, "por boatos exagerados de gestão desonesta de campanha de descrédito".[10]

O resultado disso foi que, durante anos, banco algum existiu no país, e o Tesouro Nacional, respondendo pela dívida da nação, viu-se obrigado a operar em condições muito desfavoráveis. Como enfrentar, por exemplo, o problema criado pela emissão de papel-moeda, que afugentou os metais nobres do mercado e provocou o uso do cobre para forjar moedas? Ora, esse metal facilitava a falsificação grosseira, tanto da parte do governo como da de fraudadores. Por fim, todas as moedas foram recolhidas — falsas ou verdadeiras — pelo Tesouro, que as reconheceu como autênticas. A operação terminou em 1837, provocando um rombo de 35 mil contos no Erário. Outro problema grave era o câmbio, que, dada a falta de um sistema de comunicações moderno, variava de praça a praça.

Nesse chão cediço, como construir um Estado-nação economicamente estável, se nem sequer orçamento havia? Como estimular o comércio interno, regulado, criar uma indústria que desse a partida para uma nova ordem capitalista, liderada por uma burguesia ágil e avançada, rompendo o modelo estamental-escravista, ao fim e ao cabo sacramentado pelo jovem Bragança? Como, se o próprio imperador dava ordens diretas, muitas vezes desastradas, ao Tesouro para pagamentos não regulamentados?

Desde a abertura dos portos não emergira uma burguesia moderna (o velhíssimo visconde de Cairu ainda deblaterava com o jovem Evaristo...): ao

[10] *Ibid.*, p. 155.

contrário, forjava-se uma nobreza escravista tropicalizada. Para aliciar o novo patronato, a Coroa acenava com os títulos e as comendas nobilitadoras e, segundo Faoro, inúteis.[11]

Impasse total. Os últimos anos de Pedro I no poder foram de desencontros com a Assembleia, com seus sucessivos ministros e com a nascente opinião pública. Entre brasileiros e portugueses absolutistas, Pedro optava sempre por estes, ao mesmo tempo que o Parlamento aumentava sua competência na gestão das questões públicas. Sua vida particular estando complicada — graças, entre outras, à sua ligação com a poderosa Domitila e com seu discutível amigo Chalaça (futriqueiro e causador da demissão do estadista marquês de Barbacena) —, o imperador, cada vez mais irascível, passou a fazer nomeações descabidas. Sem ouvir ministros ou verificar a adequação de alçada, quebrou normas constitucionais, agrediu verbalmente deputados e (mais grave ainda) inclinou-se para o convívio quase exclusivo com a tropa, o que acabou por gerar tensão entre o Exército e o Legislativo.

Vergueiro, Evaristo, Barbacena

Nesse clima conturbado, a imprensa alvoroçava-se, de modo semelhante ao que se passava na Europa e nos Estados Unidos. Ideias republicanas e federalistas estavam na ordem do dia, e no cenário nacional começaram a destacar-se importantes figuras oposicionistas, como Nicolau de Campos Vergueiro, que adotou o Brasil como pátria.

Vergueiro nasceu em 1778, em Valporto, perto de Bragança, e faleceu com pouco mais de 80 anos. Além de agricultor, especializou-se em direito civil (Coimbra) e naturalizou-se brasileiro. Como o jornalista Evaristo da Veiga — diretor do influente *Aurora Fluminense*, criado em 1827 —, tornou-se um crítico liberal da ordem estabelecida.

Liberal moderado, é verdade. Mas Vergueiro já atuara em Portugal na Revolução constitucional de 1820, como deputado do Brasil. Ao retornar, morou em São Paulo e em Piracicaba, foi membro da Constituinte e, com José Bonifácio, preso na Fortaleza de Santa Cruz. Mais tarde, eleito depu-

---

[11] Segundo Faoro, a distribuição de títulos foi até módica. Ver Raymundo Faoro, *Os donos do poder: formação do patronato político brasileiro*, vol. 1, São Paulo, Globo/ Publifolha, 2000, 10ª ed., p. 293. Com efeito, módica; sobretudo se for considerada a farta distribuição de medalhas, comendas e títulos, de 1964 a 2006, pelos presidentes da República e seus ministros, e mesmo depois de 2006...

tado, tomou assento na Câmara no Rio de Janeiro em 1826. Com a abdicação do imperador, foi eleito para a Regência Trina Provisória e, após 1831, firmou-se no Partido Liberal. De 1837 a 1842 foi diretor do Curso Jurídico de São Paulo.

Indiciado como um dos responsáveis pela Revolução de São Paulo de 1842, foi absolvido pelo Senado, chegando ainda a ocupar a pasta da Justiça. Decano de seu partido, mente aberta, foi um dos promotores da colonização por imigrantes em suas terras na província de São Paulo, nas quais, aliás, ocorreram levantes de trabalhadores.

Já o carioca Evaristo da Veiga nasceu em 1799. De família pequeno-burguesa modesta, seu pai era professor de primeiras letras com "aula aberta" na rua de São Pedro e, mais tarde, mercador de livros à rua da Alfândega. Evaristo estudou gramática latina, filosofia, línguas francesa, inglesa e italiana. Sua livraria ficava na esquina da rua da Quitanda com a rua de São Pedro, mudando-se depois para a rua dos Pescadores. Em 1828, quando batalhões alemães e irlandeses sublevaram-se no Rio, e o vice-almirante francês Roussin entrou baía adentro insultando as fraquezas do Brasil, Evaristo rebelou-se, exaltando a nacionalidade no *Aurora Fluminense*, periódico que passou a ser sua trincheira, defensor das liberdades públicas.

O nome de Evaristo adquiriu força no país e no exterior. Minas o elege por três vezes para a Câmara dos Deputados, e mais tarde o Rio o consagra. Em 1830, dirigiu a oposição parlamentar, assumindo papel decisivo, da abdicação até 1837, quando faleceu. Morreu cedo, é verdade, mas pelo menos não teve o desprazer de ver o "regresso" político e mental de seu país, protagonizado por contemporâneos seus, do porte de Bernardo de Vasconcelos, Honório Hermeto, Paulino de Sousa e muitos outros. *"Regresso" harmonizador, que evitou revolução mais profunda e talvez sangrenta, mas que contaminou a história do Brasil com o vírus da Conciliação, o permanente e reiterado "pacto das elites", que alcança os dias atuais.*

Como concluiu Octávio Tarquínio, ao encerrar seu empenhado estudo biográfico, Evaristo representava o *juste-milieu*, na linha do programa que, à mesma época da abdicação, instalara-se na França com a Revolução de 1830, deixando

"evidente a procedência e a marca de homem da cidade. [De] representante da classe média, de burguês, ao contrário de tantos outros políticos que se revezaram no cenário da vida imperial, bacharéis primeiro de Coimbra, depois de Pernambuco e São Paulo, apegados às fórmulas liberais em voga, mas sempre oriundos e a serviço da grande propriedade territorial, dos senhores de engenho e fazendeiros. E tão poderosos eram os interesses dessa classe, em cujo benefício se fizera a emancipação nacional, que, a não morrer cedo, seria certamente Evaristo, com o triunfo do 'regresso', impelido a retrair-se, a retirar-se da política."[12]

O balconista dera corpo à ideia de Pátria, dela tornando-se um ícone, e, ao mesmo tempo, representando, de certa maneira, uma emergente (por assim dizer) "classe média brasileira". Fazia ecoar, 30 anos depois da advertência do professor ilustrado Luís dos Santos Vilhena, autor da *Recopilação de notícias soteropolitanas e brasílicas*, escritas em Salvador em 1801, uma ideia central da bandeira dos liberais nacionais: "Quem gera o cidadão é a propriedade [...] O cidadão-jornaleiro não tem vínculo que o una à pátria".[13]

O ano de 1826 foi muito difícil para Pedro I, com a morte de João VI em Portugal, o estabelecimento do acordo entre o Brasil e a Inglaterra para a extinção do tráfico negreiro e com a instalação da Assembleia Legislativa. O jovem imperador vê-se obrigado a estar com seus aliados liberais brasileiros, que o legitimavam, reconheciam seus direitos. Distanciava-se deles, porém, em virtude das críticas que recebia, o que o jogava para o "partido dos lusos", a ponto de não figurar brasileiro algum em seu ministério.

"Tudo farei para o povo, mas nada pelo povo",[14] diria pouco antes de abdicar em 1831, com a Constituição na mão, a emissários que voltavam da reunião do Campo de Santana, onde se concentraram mais de 2 mil pessoas, às quais haviam arengado Evaristo da Veiga, Odorico Mendes e Borges da Fonseca.

No plano internacional, para reforçar sua posição, Pedro procurara o apoio do imperador da Áustria, avô de sua filha, contra o usurpador Miguel, mas logo percebeu que o austríaco era protetor do irmão. Decisivo nesse episódio foi, então, o papel do negociador Felisberto Caldeira Brant Pontes,

---

[12] Cf. Octávio Tarquínio de Sousa, *História dos fundadores do Império do Brasil: Evaristo da Veiga*, cit., p. 175.

[13] Luís dos Santos Vilhena, *Recopilação de notícias soteropolitanas e brasílicas*, Salvador, Imprensa Official do Estado, 1921, p. 931.

[14] Octávio Tarquínio de Sousa, *História dos fundadores do Império do Brasil: Evaristo da Veiga*, cit., pp. 89-9.

marquês de Barbacena, até mesmo em Londres, sobretudo por tornar pública a legitimidade da jovem rainha sucessora de Pedro e da contestada Carta Constitucional portuguesa. Se no plano externo Barbacena atuara de modo exemplar — desde o reconhecimento da Independência às negociações da política de matrimônios do imperador —, era agora no plano interno que a ação de Barbacena tornara-se determinante, principalmente no esforço de esvaziar o poder dos portugueses e absolutistas que envolviam o imperador.

Figura decisiva nesse processo, o mineiro Barbacena tentou ganhar a vida no comércio em Salvador (1808), introduziu a vacina jenneriana contra a varíola, cuidou do transporte fluvial, atuou em 1816 como militar na ocupação da Banda Oriental, mais tarde Uruguai. Na política, durante a Revolução do Porto, tomou o partido brasileiro, depois foi membro da Constituinte de 1823 e o negociador brasileiro do reconhecimento da Independência em Londres, onde levantou um vultoso empréstimo. Ministro da Fazenda e senador, comandou depois o Exército brasileiro nas províncias do Prata (1825-1828). Diplomata, cuidou dos negócios da família real, seja como tutor de Maria da Glória (depois Maria II de Portugal), seja como negociador do segundo casamento de Pedro I (com Amélia de Leuchtenberg). Criou o Banco Nacional, mas logo se incompatibilizou com Pedro I e foi exonerado. Foi um livreto sobre sua demissão, de sua autoria, que contribuiu para a queda do imperador em 1831. Sua vida política terminou sob o governo de Feijó, em nova missão a Londres.

Os Andradas, retornados do sofrido exílio e reconciliados com Pedro, defendem a formação de um gabinete brasileiro, o mesmo ocorrendo com Barbacena, que tentara formar um gabinete (em 4 de dezembro de 1829) para dar efetivo rumo constitucional à monarquia, rumo que fosse baseado num governo parlamentar. Mas a pressão sobre o imperador foi brutal, e Barbacena demite-se em 4 de outubro de 1830. Erro crasso, pois o gabinete era uma articulação de figuras em prol do Império, como Carneiro de Campos (ministro do Império), Francisco Vilela Barbosa (Estrangeiros), João Inácio da Cunha (Justiça), Tomás Pereira Valente, conde do Rio Pardo (Guerra), Antônio Francisco de Paula Holanda Cavalcanti de Albuquerque, além do citado mineiro marquês (Fazenda).

Para o novo ministério, medíocre, tornou-se necessário o apoio parlamentar de Minas, cujo espírito liberal e mesmo republicano vinha dos tempos da Inconfidência; e, para isso, o imperador foi (mais uma vez) até lá. Ocorreu nesse momento em São Paulo o assassínio de Líbero Badaró, jornalista italiano, defensor dos princípios liberais franceses de 1830, sendo acusado o juiz como mandante do crime. A notícia correu o país, e o imperador, diversamente da recepção que tivera em São Paulo em 1822, ouviu em Minas repiques de sinos pela morte do jornalista liberal. A partir do grave episódio, nascia o lema: "Morre um liberal, mas não morre o liberalismo".

Pedro I decide-se aí, com o chão cedendo sob seus pés, pela abdicação ao trono para cuidar da causa da filha em Portugal. No Rio, foi recebido com saudações restritivas ("Viva o imperador, enquanto constitucional"), num ambiente polarizado entre portugueses absolutistas "adotivos" e liberais "exaltados". As noites de 12, 13 e 14 de março, em que ocorreram conflitos sangrentos, ficaram conhecidas como as Noites das Garrafadas.

Evaristo, com a ideia de aconselhar os adeptos a usar distintivo nacional verde-amarelo, permitiu que se avaliasse o grande número efetivo de aderentes, o que encorajou a manifestação da cidadania. O "Grupo dos 24", como ficaram denominados os participantes do *Aurora Fluminense*, reunidos com Vergueiro à frente, apresentou a seguinte alternativa ao imperador: refrear a violência de seus adeptos e obedecer à Constituição, ou ser deposto.

Nesse clima, organizou-se projeto para a Câmara dos Deputados propondo a deposição. Chegou-se até a discutir a abolição da monarquia e a implantação de um regime republicano, mas Vergueiro e Evaristo opuseram-se, por temerem a desagregação da já delicada unidade nacional. Como resposta, Pedro I mudou o ministério em 19 de março de 1831, sem nenhum membro parlamentar de qualidade que o aconselhasse. De fato, incidia em nova inconstitucionalidade.

O colapso do Primeiro Reinado

> "O amor-próprio nacional tem sido no Brasil pisado aos pés pelos homens da privança, pelo partido que goza e tem gozado da especial confiança de quem governa."
>
> Evaristo da Veiga[15]

Correndo o boato de prisão dos 24 membros do jornal *Aurora Fluminense* — além de poderoso formador de opinião, a essa altura funcionando

---

[15] A frase de Evaristo da Veiga foi publicada em artigo do *Aurora Fluminense* no dia 6 de abril de 1831, *apud* Octávio Tarquínio de Sousa, *História dos fundadores do Império do Brasil: Evaristo da Veiga*, cit., p. 96.

Consolidação do Estado nacional (1831-1840)

como partido —, convocou-se uma assembleia popular no Campo de Santana, atual praça da República.

Foi um momento crítico, em que tropas postaram-se face a face com a sociedade civil. O imperador envia mensagem dizendo que obedeceria à lei, mas o documento foi rasgado pela "populaça enfurecida" (na linguagem de Calógeras). Três juízes de paz foram ao Palácio de São Cristóvão para, em nome do povo, exigir que fossem reconduzidos os antigos ministros, mas Pedro I não aceitou a exigência.

O brigadeiro Francisco de Lima e Silva, que tentou intermediar o conflito, não logrou sucesso. Ouviram-se gritos de "Morra o tirano!", enquanto as tropas aderiam à massa no Campo de Santana. No Palácio, o próprio "Batalhão do Imperador" desertou, para reunir-se com a multidão no Campo.

O imperador ficou só, isolado com a família. No Palácio, o ambiente era tranquilo; fora, a repulsa tornou-se geral. Em 7 de abril, usando o direito que a Constituição lhe concedia, o imperador declarava abdicar voluntariamente em favor de seu filho Pedro de Alcântara.

Terminava a trajetória brasileira de Pedro I, monarca autoritário, que não soubera conviver numa ordem constitucional. Ao regressar a Portugal, nascia Pedro IV, herói romântico e liberal antimiguelista.

A MENORIDADE E AS REGÊNCIAS: "REPÚBLICA DE FATO"?

O período regencial, ou da "menoridade" do futuro Pedro II, abarca a década de 1831 a 1840, na qual o sucessor de Pedro I ainda não era considerado apto a governar. Quando se viu obrigado a abdicar, seu filho tinha apenas 5 anos de idade. Até ser considerado maior, o país seria governado por regentes.

A equipe que assume, Vergueiro à frente, demonstra profundo conhecimento da situação do país. Nesse período, e até a Maioridade de Pedro II em 1840, nos 14 ministérios dos governos regenciais destacaram-se figuras do porte de Bernardo José da Gama (o ministro do Império, no 7 de abril), Lino Coutinho, o padre Diogo Antônio Feijó, Bernardo Pereira de Vasconcelos, Pedro de Araújo Lima, Honório Hermeto Carneiro Leão, Bento da Silva Lisboa, Manuel Alves Branco, Antônio Paulino Limpo de Abreu, Vieira de Carvalho, Manuel do Nascimento Castro e Silva, Francisco Gê de Acaiaba Montezuma, Sebastião do Rego Barros, o padre Lopes Gama, Paulino José Soares de Sousa (o visconde do Uruguai).

Uma verdadeira escola de estadistas, como se vê, com dois momentos mais brilhantes: o de Vergueiro, como ministro do Império (setembro de 1832 a janeiro de 1835), e o de Bernardo Pereira de Vasconcelos (setembro de 1837 a abril de 1839). "A Regência foi a República de fato. A República provisória",[16] disse Joaquim Nabuco, com uma boa dose de exagero.

A primeira Regência Trina, de curta duração (de 7 de abril a 17 de junho de 1831), foi composta por José Joaquim Carneiro de Campos (o conservador marquês de Caravelas, principal redator da Constituição), o liberal e esclarecido Nicolau de Campos Vergueiro, e o general Francisco de Lima e Silva, este o chefe das forças que garantiram o desfecho pacífico da abdicação no dia 7 de abril.

A segunda Regência, a Trina Permanente, foi composta por José da Costa Carvalho (marquês de Monte Alegre), João Bráulio Muniz e o mesmo Lima e Silva (de 17 de junho de 1831 a 12 de outubro de 1835).

A Regência Una do padre Diogo Antônio Feijó durou de 12 de outubro de 1835 a 19 de setembro de 1837, e a última, a Regência Una de Pedro de Araújo Lima (marquês de Olinda), de 19 de setembro de 1837 a 23 de julho de 1840.

Com efeito, em 7 de abril de 1831, os deputados da Câmara e do Senado, embora em férias, reuniram-se em sessão extraordinária no Paço do Senado e aí receberam do general Lima e Silva o documento de renúncia de Pedro I. Definiram, então, o primeiro governo regencial, acertando-se que, inicialmente, a Regência deveria ser Trina. A Constituição de 1824 previa a criação de uma Regência Trina, mas a eleição do primeiro triunvirato não foi tranquila, pois vários grupos disputavam o poder deixado pelo imperador. O novo governo reintegrou o ministério de 20 de março e publicou um manifesto em que eram indicadas as linhas político-administrativas que seguiria. No mesmo ato, obrigava os elementos estrangeiros a saírem do Exército e concedia anistia a todos os acusados de crime político. Motins e movimentos eclodiam em vários pontos.

Em 1831, na capital, além da Guarda Nacional, criou-se o Corpo de Guardas Municipais Permanentes, para debelar movimentos de insubordinação, como os do Batalhão de Infantaria, do Batalhão de Polícia, a rebelião no Teatro Constitucional Fluminense e a no Batalhão de Artilharia da Ma-

---

[16] *Apud* Francisco Iglésias, *Trajetória política do Brasil (1500-1964)*, São Paulo, Companhia das Letras, 1993, p. 145.

Consolidação do Estado nacional (1831-1840)

rinha, todos com dura repressão do ministro da Justiça, o padre Feijó. No ano seguinte, 1832, foi esmagado um levante mais violento, que eclodiu em 3 de abril, com a revolta das guarnições das fortalezas de Villegaignon e Santa Cruz, sob o comando do major Frias, que havia participado da deposição de Pedro I.

Ainda em abril, no dia 17, eis que José Bonifácio, líder dos "caramurus", ou restauradores, tenta uma insurreição (ou melhor, um golpe), sob o comando militar de Augusto Hoiser, conhecido como barão de Bulow, contratado pelo Primeiro Reinado para servir no Exército brasileiro. O golpe foi sufocado, mas o ministro Feijó demitiu-se, por não ter conseguido destituir o velho Andrada da tutoria do futuro imperador.

Em 3 de maio, o Parlamento retomou os trabalhos, delineando as funções da futura Regência Permanente. Desde logo definiu: os regentes não poderiam utilizar-se do Poder Moderador, atributo do rei, e tampouco poderiam dissolver a Câmara ou conceder títulos nobiliárquicos e condecorações, como fizera o ex-monarca, criando uma curiosa "nobreza" nacional.

No conturbado mundo político, distinguiam-se três tendências principais. Na primeira — a dos liberais exaltados, ou "farroupilhas" —, seus membros pretendiam realizar reformas mais profundas no sistema de governo prescrito pela Carta de 1824: queriam abolir o Poder Moderador, estender a representação (ou seja, ampliar o número de eleitores), acabar com o Senado e o Conselho de Estado vitalício e dar mais poderes às províncias. Embora não fossem abertamente republicanos, pretendiam descentralizar o poder. Alguns de seus membros mais exaltados haviam participado da Confederação do Equador.

Uma segunda tendência era a dos restauradores, ou "caramurus", que defendiam a volta do imperador Pedro I e da ordem absolutista. Seus partidários eram membros da nobreza burocrática e comerciantes portugueses. Entre os notáveis deste grupo estavam José Bonifácio, Cairu, e o marquês de Paranaguá. Muitos pertenciam ao antigo "partido português", mas depois, com a morte de Pedro I, em 1834, perderam espaço e tornaram-se uma força política secundária.

Finalmente, os liberais moderados, ou "chimangos", lutavam contra o despotismo do imperador. Eram os "revolucionários da abdicação", que pretendiam preservar a monarquia, manter o escravismo e ampliar os poderes dos municípios e das províncias. Embora sua base fosse composta de elementos das camadas médias, o resultado de sua ação acabaria por favorecer os interesses dos proprietários rurais.

Desses agrupamentos, foi o dos liberais moderados, desde o início, o mais forte e articulado, que ampliou seu espaço de atuação nos anos que vão de 1831 a 1835. Os "exaltados", liberais radicais, sofreram reveses e baixas com a repressão; os "caramurus", ou restauradores, perderam gradativamente seu peso e enfraqueceram-se; os liberais moderados, porém, galgaram postos políticos importantes, o que lhes permitiria também ganhar dimensão *nacional* (tal conceito era uma novidade, ainda) e atuar nos aparelhos administrativos, em boa posição para interagir com outras facções em vários pontos do território.

Em pouco tempo, entretanto, a população que ajudou a derrubar o imperador percebeu que a Regência manteria o mesmo modelo de exclusão política do Primeiro Reinado. As agitações de rua, as depredações e os ataques aos portugueses continuaram após a deposição do imperador. E a tropa do Exército amotinava-se com os populares.

Nesse ambiente social e político conturbado — em que o imperador deposto atritara-se com o Legislativo, e a situação desembocava num perigoso vazio de poder —, impunha-se a questão da legitimidade do próprio regime, pois tudo transcorria à sombra da Carta outorgada de 1824, que somente passou a ser considerada Constituição após o endosso dado pela legislatura eleita para o Ato Adicional de 1834. Endosso que chamava a atenção — a conclusão é de Sérgio Buarque de Holanda, em prefácio ao livro de Jeanne Berrance de Castro — para o fato de que os juristas que a elaboraram

> "tiveram consciência do difícil problema de assegurar a legitimidade do sistema político e, em suma, da própria independência nacional, fazendo apelo aos privilégios derivados da linhagem, quer dizer, da nobreza chamada natural, que era inconsistente no país, ou de uma burguesia triunfal, que era inexistente."[17]

A ECONOMIA E A NACIONALIZAÇÃO DA CLASSE DIRIGENTE

Os filhos de grandes agricultores e mineradores — que compunham a elite pensante e bem formada — já haviam demonstrado suas habilidades e possibilidades de comando dos negócios públicos, como os brasileiros José

---

[17] Sérgio Buarque de Holanda, "Prefácio", em Jeanne Berrance de Castro, *A milícia cidadã: a Guarda Nacional de 1831 a 1851*, cit., p. XXI.

Consolidação do Estado nacional (1831-1840)

Bonifácio, o bispo Azeredo Coutinho, e Cairu, entre muitos, em sua maioria ex-estudantes ou doutores por Coimbra. Já não eram tratados depreciativamente como "mazombos coloniais".

Com o retorno de João VI e seus assessores a Portugal, obedecendo à determinação das Cortes, Pedro I soube escolher entre os membros da elite local, quase todos brasileiros natos (à exceção de Clemente Pereira e Nicolau Vergueiro), os quadros administrativos para a gestão da economia e da máquina do Estado em recomposição. Analisando o período, Heitor Ferreira Lima observou que, entre 1822 e 1840 (Primeiro Reinado e Regência), o Brasil teve 29 ministros da Fazenda, quase todos formados em Coimbra ou então militares de carreira, como Barbacena, Albuquerque e Bernardo Pereira de Vasconcelos.[18]

Ligados às grandes fazendas ou ao comércio, como não ver nesse conjunto de lideranças uma classe dominante, com interesses econômico-sociais nítidos? Excluídas três ou quatro personagens, como Martim Francisco, Vergueiro e Bernardo Pereira de Vasconcelos, eram todos escravocratas ou, quando menos, complacentes com a escravidão. Em qualquer hipótese, a classe social que sustentou a Independência foi a dos grandes senhores da agricultura, classe que, por meio de seus dirigentes, deixara o fisiocratismo para trás, combatia os monopólios e a recolonização portuguesa. O liberalismo — ou melhor, o *livre-cambismo* — era-lhe simpático, porém apenas no plano político.

O NOVO PODER E A INQUIETAÇÃO SOCIAL: A GUARDA NACIONAL

No processo de desdobramento da descolonização, crescia a inquietação da sociedade, já mobilizada pela imprensa nos principais centros urbanos.

Para enfrentar as agitações de rua, a Câmara e o Senado elegeram então a Regência Trina Permanente, cujos membros pertenciam ao grupo dos liberais moderados. A primeira medida do ministro da Justiça escolhido, padre Diogo Antônio Feijó, foi solicitar por escrito inteira liberdade para tratar dos assuntos de seu ministério, especialmente para aplacar os motins que conturbavam o país. Não sem motivo, pois no Rio de Janeiro irromperia,

---

[18] A relação está na excelente obra de Heitor Ferreira Lima, *História do pensamento econômico no Brasil*, São Paulo, Companhia Editora Nacional, 1976, p. 80. Tais ministros "descendiam, geralmente, de grandes fazendeiros ou de prósperos comerciantes, ou a eles eram ligados pelo matrimônio", p. 81.

em 3 de abril de 1832, uma revolta inspirada por José Bonifácio, agora tutor do futuro Pedro II e inimigo da Regência. Ainda de sua inspiração foi um decreto de caráter abolicionista, em que "se declaravam livres todos os escravos vindos de fora do Império", decreto não cumprido.

Por medida tomada pela Assembleia, inclui-se a criação de uma força armada, uma espécie de Guarda Cívica, obedecendo ao poder civil estabelecido, para reprimir os movimentos de rua que agitavam as principais cidades do Império.

Sob o comando do major Luís Alves de Lima e Silva, o futuro duque de Caxias, criou-se o "Batalhão Sagrado", uma tropa de elite formada para reprimir e prender aqueles que se opunham à autoridade da Regência. Foi o embrião da Guarda Nacional.

Aqui nascia a carreira do filho do regente Francisco de Lima e Silva, Luís Alves de Lima e Silva, que participara das campanhas cisplatinas (1825-1828) e, depois, ministro da Guerra por três vezes, teria papel importante na chamada "Paz do Segundo Império", atuando na repressão às sedições liberais de São Paulo e Minas (1842), à Balaiada (1838-1841), na Guerra dos Farrapos (1845), na guerra contra Oribe e Rosas (1851-1852) e na Guerra da Tríplice Aliança contra o Paraguai (1867). Seu pai, o regente e marechal de campo Lima e Silva, carioca, participara da repressão à Confederação do Equador (1824). Foi um liberal abrilista e, como vimos, o braço armado da Regência Trina.

A Guarda Nacional:
de cidadãos-soldados a "coronéis"

Como mecanismo de controle político-social, foi adotado inicialmente o modelo de Guarda Nacional saído da Revolução Francesa, que atuaria da menoridade à República, perdendo importância após a Guerra contra o Paraguai, abrasileirando-se ao longo do período. No início, eram cidadãos--soldados, depois "coronéis" atuando nas políticas locais, engrossando a cultura do mandonismo regional. Em estudo já clássico, publicado em 1977, Jeanne Berrance de Castro mostrou como tal modelo tinha equivalentes nos Estados Unidos (a *National Guard*) e na França (a *Garde Nationale*).

No Brasil regencial — a análise é da historiadora —, as tropas de primeira linha atuavam de modo indisciplinado e eram controladas com dificuldade pelo poder civil, o que determinou a criação dessa "milícia cidadã", com estrutura mais sintonizada com o poder civil. Até porque, nos anos agitados de 1830-1831, mais da metade dos 44 generais do Exército brasileiro (26) era composta de naturais de Portugal, além de um inglês e um francês, enquanto os brasileiros natos eram apenas 16.

O estudo vai mais além, ao examinar como, no Brasil colonial, ao contrário do que aconteceu nos Estados Unidos, essas forças auxiliares permitiram a participação de índios, negros e mestiços em corpos especiais, com atuação importante na guerra aos invasores estrangeiros (holandeses, em particular). Na Guarda Nacional, a inovação foi maior, dada a integração de todos os cidadãos eleitores, independentemente da cor (essa integração aparentemente "fácil" iria ser problemática após 1850).

Primeira grande força nacional, "a Guarda Nacional do Brasil canalizara um movimento popular em direção ao nacionalismo".[19] O próprio nome indicava essa vocação. Lançava-se o ideal do cidadão nacional, firmava-se o do "patriota". A historiadora examina ainda o sistema de qualificação para a Guarda Nacional no Brasil, notando que, em sua primeira fase, ainda eram as camadas mais baixas da sociedade que supriam seus quadros. E, implicação político-social importante, observa que a milícia cidadã (nunca tendo sido considerada uma reserva militar, apesar de sua intensa atuação nas campanhas de pacificação, sobretudo no Sul) teve eventualmente compromissos com movimentos sociais. No caso da Revolução Praieira, por exemplo, uma das questões postas em pauta pelos rebeldes — a nacionalização do comércio de retalho — já fora levantada pelos jornais da Guarda Nacional em 1836 e 1849. Alerta também para o fato de a própria Revolução ter sido defendida pelo jornal O Guarda Nacional.

Em 1850, a milícia já era apontada na Assembleia como "elemento perturbador da tranquilidade pública"[20] e participante dos movimentos revolucionários, como ocorrera na Bahia de 1837 e em Minas Gerais e São Paulo em 1842. Em algumas regiões, tropas que não quiseram participar da repressão (como no caso da Cabanagem, no Pará, e em Minas em 1842) foram dissolvidas.

Essa primeira fase de sua história (1831-1850) foi relativamente democrática, e também popular em sua composição. O Brasil era pesadamente rural, escravocrata, conservador, não havia, como na França, uma burguesia,

---

[19] Jeanne Berrance de Castro, A milícia cidadã: a Guarda Nacional de 1831 a 1851, cit., p. 6.

[20] Ibid., p. 12.

daí ter que aceitar essa atmosfera de homens livres, simples, trabalhadores, mestiços e adaptar-se a ela. Ainda no começo do período regencial, o jornalista Evaristo da Veiga escrevera nas páginas do *Aurora Fluminense*:

> "Não é desonroso a qualquer um ter-se-lhe confiado a defesa de seus bens e a do Estado, entregando-lhe essas espingardas que eram antes trazidas por gente que tantas vezes ameaçou o nosso repouso e propriedades."[21]

É que, àquela altura dos acontecimentos, Evaristo, homem urbano e de modesta condição pequeno-burguesa, confiava mais na superioridade de empregar cidadãos na defesa da segurança nacional, até porque, naquele momento, como se disse, havia inferioridade numérica no Exército.

Tal mudança num mecanismo de poder efetivo foi decisiva, de vez que, com a Guarda Nacional, foram extintos os corpos auxiliares das Milícias e Ordenanças, das Guardas Municipais, cabendo agora exclusivamente à Guarda Nacional cuidar da ordem interna. Com a "Briosa" (como era chamada a milícia no século XIX), a Independência adquiria uma forma concreta e, ao mesmo tempo, simbólica e popular. Em síntese, nas palavras da historiadora:

> "A Guarda Nacional quebrou também a tradição colonial dos altos postos militares [...] O 'coronelismo' é a retomada posterior dessa situação, porém bem alicerçada num passado colonial dos coronéis das ordenanças, assim como numa série de outros fatores dos quais a Guarda Nacional foi apenas parte."[22]

Movimentos sociais e reformas da Regência

Tais medidas não foram suficientes para deter a onda de rebeliões que se alastrou pelo Império. Os movimentos sociais da Regência foram um protesto contra a centralização em torno das províncias do Rio de Janeiro, São Paulo e Minas Gerais, enquanto as províncias que mais contribuíam para o enriquecimento do Tesouro Nacional eram a Bahia, Pernambuco e

[21] *Ibid.*, p. 14, nota 4.

[22] *Ibid.*, p. 241.

Consolidação do Estado nacional (1831-1840)

Maranhão. Além deles, ainda atuavam nesse quadro forças defendendo a restauração com Pedro I, como foi o caso da Abrilada em 1832, movimento ocorrido em Pernambuco.

O padre Diogo Antônio Feijó assumiu a Regência em meio a violentas lutas sociais em todos os cantos do Império. No Sul, nesse mesmo ano de 1835, eclodira havia poucas semanas a Guerra dos Farrapos; no Pará, pouco depois da posse, irrompeu a Cabanagem; e em Salvador, em seguida, a Revolta dos Malês.

Feijó estará só no campo político nesses dois anos decisivos e, assim, atuará até 1837, quando passa a regência para o marquês de Olinda. Nesse curto lapso de tempo, deu-se a morte do antigo imperador, em 1834, cortando as veleidades de uma restauração. Além disso, em 1836, é proclamada a República Rio-Grandense e, no ano seguinte, na Bahia eclode a Sabinada.

A figura central e carismática do padre Feijó sintetiza todos os impasses do período. Como interpretá-lo?

Diogo Antônio Feijó:
parlamentarista, *sans-culotte* ou moderado?

A ele atribuiu-se, equivocadamente, a criação da Guarda Nacional, embora dela se tenha utilizado já em 1831, e com energia, para conter tumultos.

Para seus adversários, embora disfarçado pela capa da moderação, o padre Feijó não passava de um *sans-culotte*. Para o historiador Sérgio Buarque, ele era um exaltado entre os moderados, pois Feijó

> "sempre se comportou muito menos como um parlamentarista do que como um presidencialista, e presidencialista à americana, no resistir constante à preeminência da câmara temporária na ação executiva, de que dará mostras eloquentes quando regente do Império."[23]

Feijó teve vários embates, o primeiro dos quais, como vimos, com uma figura da altitude de José Bonifácio, a quem julgava ser o responsável por tentativa de levante restaurador na capital. Debelado o motim de 1832,

---

[23] Sérgio Buarque de Holanda, "Prefácio", em Jeanne Berrance de Castro, *A milícia cidadã: a Guarda Nacional de 1831 a 1851*, cit., p. XVIII.

Feijó exigiu a sua destituição do cargo de tutor do jovem Pedro. A Câmara aprovou a medida, mas o Senado não, pela diferença de um voto, provocando a demissão de Feijó. Em seguida, após uma série de confrontos com o agora novo ministro da Justiça, o velho Andrada foi demitido em dezembro de 1833 e substituído pelo marquês de Itanhaém.

Com efeito, Feijó defendia as autonomias provinciais numa perspectiva ainda mais ampla do que se propunha no Ato Adicional.

Reformas

As medidas descentralizadoras não se limitaram às Forças Armadas. A Justiça e a administração também sofreram mudanças durante a Regência Trina Permanente. A Regência empreendeu a reforma da Constituição de 1824, cujo principal objetivo era descentralizar o poder, dando mais autonomia às províncias.

Importante foi a promulgação do Código do Processo Penal em 1832, pelo qual as municipalidades retomaram uma parcela de autonomia, voltando a exercer as atribuições da polícia e do Poder Judiciário. Ou seja, podiam prender e julgar sem interferência do poder central. Em contrapartida, as receitas das Câmaras Municipais não foram alteradas, ficando sujeitas ao poder econômico dos grandes proprietários rurais.

O Código do Processo, entretanto, não reforçou o municipalismo: apenas criou as condições para a primazia do poder privado, que frequentemente agia fora dos quadros legais. Nos lugares mais distantes, surgiu a figura do *caudilho*, o futuro coronel que exercia sua autoridade sem limites. O interior tornou-se terra "sem lei, sem ordem e sem rei".

O Ato Adicional de 1834

Tendo por principal redator o mineiro Bernardo Pereira de Vasconcelos, o Ato Adicional, assinado em 12 de agosto de 1834, modificava a Constituição de 1824, adaptando princípios federalistas à monarquia representativa.

Em substituição aos antigos Conselhos Gerais, o Ato Adicional de 1834 criava Assembleias Legislativas provinciais e procurava organizar os poderes, visando à descentralização do peso do governo imperial e à ampliação da autonomia das províncias. O Poder Executivo, ou seja, o presidente da província, continuava, entretanto, a ser indicado pelo imperador ou o regente. As novas assembleias poderiam legislar no que dizia respeito a organização local (civil, judiciária e eclesiástica), educação, funcionalismo, polícia, economia e até ordenar desapropriações. Para capital do Império, definiu-se um município neutro (onde ficaria a corte) na província do Rio de Janeiro, designando outro lugar, a vila de Praia Grande (depois cidade de Niterói), para sede da província e de sua Assembleia.

O Ato determinou, ainda, que a regência fosse una e o mandato do regente, eleito por voto popular, de quatro anos. O Ato Adicional extinguiu o Conselho de Estado e instituiu a Regência Una.

A breve (e brava) regência de Feijó

> "Lembrem-se de que os paulistas são demasiadamente sofredores, mas que, perdida a paciência, nada é capaz de os fazer mudar de opinião."
>
> Diogo Antônio Feijó, 1842[24]

A primeira eleição ocorreu em 1835, tendo sido o padre paulista Diogo Antônio Feijó, do partido moderado e ex-deputado às Cortes de Lisboa, escolhido regente por 6 mil votos. O perdedor, do partido exaltado pernambucano, foi Antônio Francisco de Paula Holanda Cavalcanti.

Com sua formação jansenista, tendo a saúde abalada, Feijó enfrentou deputados do porte de Bernardo Pereira de Vasconcelos, Honório Hermeto Carneiro Leão (o futuro marquês de Paraná) e Maciel Monteiro (depois barão de Itamaracá). Ele e seu grupo ensaiaram a criação de um partido denominado "Progressista", sem sucesso.

Feijó combateu os "exaltados", que viviam, ainda, no clima anárquico-jacobino do chapéu de palha caipira e dos topes verde-amarelos de 1831. Chapéu de palha que Evaristo recusara-se a usar. Em muitos sentidos, o padre foi hábil, pois aceitou propostas de descentralização. E, embora sem dar força à aristocracia e ao governo parlamentar, driblou, ao mesmo tempo, a pressão das províncias e o apelo das vozes da rua. Mas também foi um radical, ao repelir a pressão dos comerciantes e ao detestar a classe proprietária dos fazendeiros, que se comportavam como senhores feudais. E, vigi-

---

[24] A frase — no jornal O Paulista, em 1842 — foi proferida por Feijó enquanto vice-presidente do governo rebelde de São Paulo.

lante em relação aos "caramurus" restauradores, defendeu o partido moderado em seu apego à "propriedade nacional". Na prática, não obedecia à Câmara dos Deputados, apesar de ela ser o centro do poder, na medida em que dela dependiam a Regência e o ministério.[25]

Em sua visão de política, Feijó era contra o governo das maiorias, pois, como pensava, tal governo era "absurdo e subversivo de toda ordem no Brasil, além de inconstitucional". Este era seu temor: "Tal princípio tende a republicanizar o Brasil. O nosso governo é monárquico, isto é, governo de um só, embora modificado. O nosso governo é a lei".[26]

Como se vê, o padre criou um vácuo em torno de si, e, devido a isso, caiu. Como concluiu Raymundo Faoro, em *Os donos do poder*, "o sacerdote, dentro de sua férrea energia, na fria obstinação da autoridade, cultiva o seu delírio, ao esboçar o poder político sem corresponder às forças econômicas e socialmente dominantes".[27]

Seus opositores logo se organizaram num partido denominado "Regressista". Liderados por Bernardo Pereira de Vasconcelos e Araújo Lima, os regressistas — facção composta de antigos restauradores e liberais insatisfeitos com a Regência — deram origem ao Partido Conservador. O Partido Liberal, em confronto com o Conservador, arregimentava os apoiadores de Feijó.

Com a morte de Pedro I em Portugal, em 24 de setembro de 1834, desaparecera o perigo de seu retorno e da restauração de seu governo. Virava-se a última página da história da Independência. O ex-imperador tornara-se um herói internacional, romântico, do liberalismo. Após a abdicação, era acolhido em festas, e com todas as honras, em Londres e Paris. Em

---

[25] Feijó é personagem complexa, de formação jansenista, cuja trajetória merece mais pesquisas aprofundadas. Biografia inovadora de Feijó foi escrita por Miriam Dolhnikoff, *Diogo Antônio Feijó: padre regente*, São Paulo, Imprensa Oficial/Secretaria de Estado da Educação, 2006. Consultar também a coleção clássica de Octávio Tarquínio de Sousa, *História dos fundadores do Império do Brasil: Diogo Antônio Feijó*, vol. VII, Rio de Janeiro, José Olympio, 1957, 2ª ed. Ver, ainda, Jorge Caldeira, *Diogo Antônio Feijó*, São Paulo, Editora 34, 1999.

[26] Raymundo Faoro, *Os donos do poder: formação do patronato político brasileiro*, cit., p. 360.

[27] *Ibid.*, p. 361. Conferir o apoio de Evaristo da Veiga, "fiel colaborador de Feijó", pp. 361-2, em páginas antológicas.

Portugal, como vimos, coordenou o movimento liberal e constitucionalista antimiguelista, sagrando-se vencedor com o título de Pedro IV.

No Brasil, os restauradores aliam-se aos moderados, contra os exaltados. Esboçam-se os partidos políticos que se definirão até 1840 como liberais e conservadores, à maneira inglesa. Mas, o historiador Iglésias, estudioso do período, adverte que os dois partidos eram quase iguais no programa e de todo iguais na prática, resultando inútil discutir a ideologia de cada um, pois, das instituições políticas só participavam os grupos dominantes, e neles eram escolhidos os deputados e senadores.[28]

A eleição de Feijó em 1835 representara um avanço. Foi "um liberal que quase se manifestava republicano", na apreciação de Calógeras.[29] Marcado por "uma energia que não se preocupava com a legalidade e confinava com a violência",[30] tentou eliminar o Senado nesse esforço de elaboração da lei preliminar sobre a reforma constitucional.

Em 1835, oscilando entre as tendências centralizadoras e federalistas, com um Executivo débil e levantes nas províncias, o país necessitava de uma retomada da ordem, num momento em que o sistema de governo provisório passava da Regência Trina à Una. Apoiado por Evaristo da Veiga e seu agrupamento, o padre Feijó volta ao poder, agora como regente único, com a oposição de Bernardo Pereira de Vasconcelos e Honório Hermeto.

Feijó (por assim dizer, liberal) derrotara o pernambucano Holanda Cavalcanti, mas seu governo durou pouco. Voltara ao poder com a saúde combalida, descrente com o país e, sobretudo, tendo atitudes anacrônicas. Viu-se obrigado a renunciar em 19 de setembro de 1837, indicando como regente interino, um dia antes, o senador pernambucano Pedro Araújo Lima (o futuro marquês de Olinda), conservador. A maré liberal foi logo aplacada, em 1838, com a eleição, para regente único, com mandato de quatro anos, de Araújo Lima, também senhor de engenho, como Holanda Cavalcanti de Albuquerque, a quem venceu sem dificuldades.

[28] Ver Francisco Iglésias, *Trajetória política do Brasil (1500-1964)*, São Paulo, Companhia das Letras, 1993, pp. 137, 155-6, 166, 168; e também *História geral e do Brasil*, cit., p. 161.

[29] Pandiá Calógeras, *Formação histórica do Brasil*, cit., p. 167.

[30] *Ibidem.*

A regência do conservador Araújo Lima

> "Direi que o atual Gabinete não faz promessas, não quer prometer, para não se ver, muitas vezes, na dura necessidade de não poder cumprir seus desejos."
>
> Pedro de Araújo Lima, 1848

A frase da epígrafe, proferida em 2 de dezembro de 1848, define bem o político e chefe de gabinete. Quando prometia, era pouco, ou nada. Um conservador, calmo e tolerante, eis o perfil do pernambucano e coimbrão Araújo Lima (1793-1870), visconde ("com grandeza") e depois marquês de Olinda. Ao longo de sua trajetória, o marquês "entra e sai sem arruído, quase sem deixar vestígios de sua passagem", segundo seu melhor biógrafo, o também pernambucano Costa Porto.[31]

Ex-deputado às Cortes de Lisboa e à Constituinte de 1823, tornou-se ministro do Império em 1823, tendo sido eleito deputado à Assembleia Nacional em 1825, e reeleito até 1837.

Moderado, o homem que (ainda em palavras de seu biógrafo) "abundava em excessos de escrúpulos" já se revelava no deputado às Cortes de 1820. Nos conflitos em plenário, quando os deputados brasileiros foram encurralados, agredidos com pedradas e cusparadas, o deputado por Pernambuco Araújo Lima — como sempre o faria — conciliou. Sete deles fugiram para Londres em um navio inglês, driblando a polícia lusa, auxiliados por um brasileiro comerciante em Lisboa, Clemente de Oliveira Mendes: Antônio Carlos, Cipriano Barata, Agostinho Gomes, Silva Bueno, Feijó e Costa Aguiar. Araújo Lima recusou-se a fugir, pois dizia que estava lá para votar a Constituição, em cumprimento de mandato. Lá ficou, jurou a Constituição, com os "exaltados" José Martiniano de Alencar, Vilela Barbosa, Borges de Barros e outros.

Foi nomeado, em 1827, para o cargo de primeiro diretor do Curso Jurídico de Olinda. Um dos fundadores do Partido Conservador, quando da cisão dos moderados em 1831, que derrapou para o "saquaremismo", ficou num plano mais discreto, deixando a liderança para Bernardo de Vasconcelos e Honório Hermeto, mas sob o comando partidário dos chamados "saquaremas" fluminenses (Paulino José Soares de Sousa, visconde do Uru-

---

[31] A biografia de Araújo Lima foi (bem) escrita por Walter Costa Porto, *O marquês de Olinda e seu tempo*, Belo Horizonte/São Paulo, Itatiaia/Edusp, 1985.

Consolidação do Estado nacional (1831-1840)

guai; Joaquim José Rodrigues Torres, visconde de Itaboraí; e Eusébio de Queirós). Em 1832, a convite da Regência Trina, tornou-se ministro do Império pela segunda vez. Em 1838, finalmente, assumiu o poder central como regente uno.

Em 1854, já marquês de Olinda, foi indicado membro do Gabinete de Conciliação, formado pelo marquês de Paraná. Compôs o chamado "ministério das capacidades", com nomes fortes, como: Bernardo de Vasconcelos (no da Justiça, que declarou "fui liberal [...] sou regressista, não sou trânsfuga)"; Miguel Calmon du Pin e Almeida, marquês de Abrantes, no da Fazenda; Rodrigues Torres, no da Marinha; Sebastião do Rego Barros, no da Guerra; e Maciel Monteiro no de Negócios Estrangeiros.

Araújo Lima não terminou o mandato, dada a vitória do movimento da Maioridade, promovida pelos liberais na oposição. A Regência foi interrompida, com a Maioridade proclamada por Francisco Vilela Barbosa, marquês de Paranaguá. Pedro II assume, presta juramento e nomeia seu ministério, do qual fazem parte os dois Andradas restantes, Martim Francisco, ministro da Fazenda, e, no alto posto de ministro do Império, Antônio Carlos.

O marquês de Olinda entra num período de ostracismo, retornando como conselheiro de Estado em 1842 e, mais tarde, em 1854, compondo o Gabinete de Conciliação.

A reação conservadora: o marquês de Paraná

Voltando a Feijó, agora na pasta da Justiça, o fato é que ele topara, em seu caminho, com o deputado Honório Hermeto Carneiro Leão (1801-1856), futuro marquês de Paraná, que derrubou a tentativa de bloqueio à proposta da lei preliminar de reforma constitucional, por considerá-la "inconstitucional e revolucionária". O Senado acedeu, votando a lei preliminar de Carneiro Leão, e Feijó demitiu-se da pasta da Justiça: foram votadas as leis sobre as emendas constitucionais, sobre a Guarda Nacional e sobre o Código do Processo Criminal.

Carneiro Leão, mineiro de Jacuí e formado em Direito na Universidade de Coimbra em 1825, já se destacara como juiz do Supremo Tribunal de São Paulo, depois como deputado eleito por Minas em 1830, e, em 1832, como ministro da Justiça. Na Câmara evitou que se convocasse uma assembleia nacional, passando por cima do Senado, como pretendia o ex-ministro Feijó.

O futuro marquês de Paraná foi fundador do Partido Conservador, com Bernardo de Vasconcelos e Rodrigues Torres, liderando-o até 1840. Governador do Rio, em 1841, abafou o levante desse ano. Chefiou o Gabinete de 1843 e governou Pernambuco, tendo pacificado a província após a Revolução Praieira de 1848. Por fim, atuou na diplomacia no Prata e chefiou o Gabinete de 6 de setembro de 1853, o da política da Conciliação.

O "REGRESSO"

Com a "Lei de Interpretação" do Ato Adicional, votada em 12 de maio de 1840, tinha início o "regresso", ou seja, um retorno à tendência centralizadora. A lei retirou várias atribuições das províncias, fortaleceu o papel do imperador e bloqueou iniciativas democratizantes do período anterior, como a eleição dos membros da Guarda Nacional.

A conjuntura externa, marcada por conflitos na Bacia do Prata e no Rio Grande do Sul, punha novamente em risco a unidade nacional, facilitando a formação de um governo forte. Em 1839, os liberais — Feijó, os dois Andradas restantes, e mais Holanda Cavalcanti e outros — propuseram a antecipação do coroamento do sucessor de Pedro I, sugerida pelo grupo liderado por José de Alencar, amigo de Feijó. Embora opositores do governo, os liberais, que haviam combatido a antecipação do coroamento e sua aprovação pelo Senado, assentiram, votaram e sancionaram a ascensão e posse do novo imperador.

A Maioridade foi um golpe de Estado, conduzido pelos liberais, com o apoio de vários líderes conservadores. No dia 23 de julho de 1840, Pedro II entrava no exercício de suas funções. O denominado "gabinete dos irmãos" (dois Andradas e dois Cavalcantis, estes ministros do Exército e da Marinha) foi visto como oligárquico. Durou pouco: o único de seus membros que faria longa carreira seria Antônio Limpo de Abreu, então ministro da Justiça.

Mais conhecido nesse momento era Antônio Carlos Ribeiro de Andrada Machado e Silva, que participara da insurreição nordestina de 1817, das Cortes de Lisboa em 1820 e da Constituinte de 1823. Culto, liberal, patriota, a respeito de Antônio Carlos, o historiador Pandiá Calógeras, apesar de elogiá-lo, escreveu que ele não tinha "nenhuma noção de administração. Hesitava quando o dever era agir; sinceramente liberal em seus intuitos, inspirava-se, contudo, nas vistas e nos interesses de seu partido".[32]

---

[32] Pandiá Calógeras, *Formação histórica do Brasil*, cit., pp. 224-5.

Consolidação do Estado nacional (1831-1840)

A velha flama revolucionária de Antônio Carlos permanecera viva, num momento em que se esperava fosse mais ajustada ao sistema de governo: no caso da revolta do Rio Grande do Sul, foi simpático, não repressivo, numa luta que já durava cinco anos. Calógeras julga-o acrimoniosamente, como "incapaz e saltitante", tendo enfraquecido a posição oficial do Império naquela província, o que prolongou a revolta por mais cinco anos. O momento era de pacificação, como no caso do Pará e de Santa Catarina, submetida com vigor pelo general Soares Andreia. Mas Antônio Carlos, ministro do Império (num gabinete que incluía, como ministro da Fazenda, seu irmão, Martim Francisco Ribeiro de Andrada), em vez de dar apoio a Soares Andreia, manteve comunicação com os rebeldes, provocando a demissão do general, para cuja substituição não houve alternativa competente, o que logo provocou a queda do Gabinete.

Foi nesse quadro de pacificações — melhor dizendo, de repressões a movimentos separatistas — que avultou a figura do coronel Luís Alves de Lima e Silva, restaurador da tranquilidade no Maranhão em 1841, tendo recebido o título de barão de Caxias. O título de duque seria concedido após a Guerra contra o Paraguai, como veremos, ao examinar sua trajetória no próximo capítulo.

Reação conservadora e Conciliação

Em síntese, a reação conservadora, ocorrida após 1837, reconstituiu o Conselho de Estado, abolido em 1834, sofrendo agora pequena reação da facção liberal, mas com a certeza de que "a oligarquia renasceria do conselho vitalício, centro da burocracia permanente e limitada aos doze membros ordinários e doze extraordinários".[33] A supressão do Conselho descobrira o Poder Moderador, expondo os ministros diante da nação, sem nenhuma reserva de controle do governo. Ora, a supressão do Conselho de Estado fora um passo no sentido de suprimir precisamente o Poder Moderador. Desta vez se dava o regresso, que tornava necessário mostrar a superioridade da monarquia, guardando-se sua condição de árbitro, dos partidos e facções, e sua independência do Parlamento. Para manter o impe-

---

[33] Raymundo Faoro, *Os donos do poder: formação do patronato político brasileiro*, cit., p. 376. Cf. na p. 377 as principais personalidades — "os grandes do teatro", segundo Faoro — que passaram pelo Conselho de Estado.

rador longe "das lutas políticas, era necessário guardá-lo com o muro da oligarquia".[34]

Parlamentarismo à inglesa?

Visto em conjunto, no período regencial, na máquina do Estado, as várias frações das elites exercitaram o *parlamentarismo à inglesa* como forma de governo, ensaio que seria aprimorado no Segundo Reinado. Fora da máquina do Estado, lideranças rústicas fizeram-se atuantes em movimentos sociais e políticos de porte, como os irmãos "cabanos" Vinagre e Eduardo Angelim, no Pará; ou Manuel dos Anjos Ferreira, o "Balaio", no Maranhão. E também lideranças mais sofisticadas, como o médico Sabino da Rocha Vieira, na Bahia, ou, como Bento Gonçalves, no Rio Grande do Sul, abertamente republicanista.

Em 1840, com a reforma do Ato Adicional, restaurou-se o caráter unitário da Constituição de 1824, e encaminhou-se a reforma do Código do Processo para impor limites aos abusos de autoridade, tal como eram entendidos pelos conservadores.

Revolta dos cabanos (1832-1840): a República do Pará

O Pará contava com um longo passado de lutas e agitações. Durante a dominação portuguesa, havia formado um governo separado do resto do Brasil. No período da Independência, o Pará esteve sob a regência de juntas de governo que apoiavam as Cortes de Lisboa. Por isso mesmo, os paraenses só se viram livres do domínio colonial após a intervenção de forças armadas enviadas da capital do novo Império.

A maior parte da população do Pará era formada por despossuídos que habitavam em cabanas à beira dos rios e dos igarapés, os cabanos. Compunha-se de negros forros, índios destribalizados, chamados de "tapuios", e mestiços que viviam numa situação de miséria quase absoluta. As tensões entre os cabanos e as demais camadas da população vinham da época em que o Pará era colônia portuguesa. Os proprietários locais dependiam do

---

[34] A melhor análise do período denominado "regresso", e sobre os liberais inconformados, encontra-se em Raymundo Faoro, *Os donos do poder: formação do patronato político brasileiro*, cit., pp. 376-80.

trabalho escravo de negros africanos e índios caçados no interior. Além disso, as campanhas contra os índios arredios, ou seja, que resistiam à colonização portuguesa, tornaram-se constantes, causando mal-estar entre a população mais pobre.

Após oito anos de relativa calma, recomeçaram as agitações contra o governo da província. A população mais pobre da comarca do Rio Negro, incitada pelo cônego Batista Campos, sublevou-se contra o presidente da província em 1832. A regência nomeou novo presidente em 1833. Ao chegarem a Belém, as novas autoridades enviadas pelo governo central não conseguiram desembarcar: o Conselho da província, sob orientação de Batista Campos, negou-se a dar-lhes posse. Em dezembro do mesmo ano, a Regência envia outras autoridades, que, desta vez, assumem o governo.

Logo depois de assumir, o novo presidente desencadeou violenta repressão: perseguições, prisões, deportações em massa, práticas comuns naquele período. Ao mesmo tempo, iniciou o processo de recrutamento forçado para o Exército e a armada. O recrutamento era, e sempre havia sido, muito impopular. A população logo fez sentir seu descontentamento: começaram as agitações na capital e no interior. Mas à medida que o movimento avançava, suas lideranças recuaram e deixavam os rebeldes à mercê da repressão do governo central.

Os cabanos tomaram o poder e dominaram a capital da província. A insurreição alastrou-se pelo interior. O governo central enviou um novo presidente, mas este não conseguiu desembarcar em Belém. A regência enviou então forças consideráveis sob o comando do novo presidente por ela nomeado. Desta vez, o presidente assumiu o governo. Os cabanos, liderados por Francisco Pedro Vinagre, seus irmãos e Angelim (um revolucionário com pouco mais de 20 anos, que resistira por mais de 5 meses após o fim do movimento), refugiaram-se no interior, onde contavam com o apoio das populações rurais. Tomaram a capital novamente, em 1835, e desta vez proclamaram a República Independente do Pará.

Como resposta, o governo central, comandado pelo regente Diogo Antônio Feijó, tendo Honório Hermeto Carneiro Leão como ministro da Justiça, enviou forças superiores às dos revoltosos e conseguiu sufocar o movimento, após sangrenta repressão. Mas forças remanescentes ainda lutavam. Em 1836, as forças armadas do governo central puseram fim ao movimento popular dos cabanos, por meio de uma negociação. Os revolucionários depuseram as armas, cordatamente, mas foram traídos. Desarmados, viram-se caçados como animais, supliciados de modo bárbaro.

No início da rebelião, a província do Pará contava com 100 mil habitantes. Em 1839, a província estava "pacificada". Na guerra da Cabanagem contra o governo central morreram entre 30 mil e 40 mil pessoas.[35]

A Balaiada, no Maranhão (1833-1841)

A revolta dos "balaios", assim chamada porque um de seus líderes era fabricante de balaios, não chegou a configurar um movimento unificado: foram vários levantes isolados, que ocuparam a porção mais habitada da província do Maranhão e estenderam-se até o interior do Piauí.

No início do século XIX, o Maranhão era uma das províncias mais prósperas do Império. Exportava arroz e algodão e concentrava uma grande quantidade de escravos africanos.

Caio Prado Jr., em sua obra inaugural *Evolução política do Brasil* (1933), em que trouxe para um primeiro plano tais movimentos populares, observou que o Maranhão contava por essa época uma população total de pouco mais de 200 mil habitantes, com cerca de 90 mil escravos e um grande contingente — como em todo o sertão nordestino, segundo o historiador[36] — de trabalhadores rurais empregados na pecuária, uma das principais atividades da região. Essa população engrossava a enorme massa sertaneja que, na revolta dos balaios, desempenhou o papel mais saliente.

A revolta foi incentivada pelos membros do partido dos "bem-te-vis", que reunia os democratas radicais. Estes se opunham à política exclusivista dos grandes proprietários rurais, senhores de engenho e fazendeiros. Mas, quando o movimento havia se aprofundado entre as camadas mais pobres da população, os bem-te-vis recuaram e aderiram à reação. Em pouco tempo, a atividade dos balaios ficou reduzida a desordens e depredações, realizadas por bandos de sertanejos que se reuniam sob o comando de um chefe e escondiam-se no sertão, fugindo das forças legais.

---

[35] Houve também outra importante Guerra dos Cabanos, em Pernambuco nos anos de 1832 e 1833, estudada superiormente em Manuel Correia de Andrade, *A Guerra dos Cabanos*, Rio de Janeiro, Conquista, 1965. Retornam à cena política vários personagens de 1817 e 1824, entre eles, o general e historiador José Inácio de Abreu e Lima, e o comerciante Paes de Andrade, agora em posições diferentes. Uma obra notável.

[36] Aqui, estamos nos referindo à edição de 1987 de Caio Prado Jr., *Evolução política do Brasil*, São Paulo, Brasiliense, 1987, 16ª ed.

Consolidação do Estado nacional (1831-1840)

Enquanto os balaios agiam, os escravos aproveitaram a agitação e rebelaram-se, formando inúmeros quilombos. As forças repressivas tomaram cuidado para que os sertanejos não se unissem aos quilombolas. No início dos levantes, em 1833, os balaios conseguiram alguns sucessos. Chegaram a ocupar Caxias e quase tomaram a capital da província, São Luís. Mas, logo após essas vitórias, foram obrigados a enfrentar as forças enviadas pelo governo central.

Em 1840, o coronel Luís Alves de Lima e Silva, o futuro duque de Caxias, assumiu a presidência da província e o comando das forças legais. Em pouco tempo, o movimento dos balaios foi sufocado.

A Sabinada, na Bahia (1837-1838)

Antes da abdicação de Pedro I, a Bahia havia sido palco de inúmeras manifestações antilusitanas e antiabsolutistas. Em 1831, algumas tropas estacionadas na província rebelam-se, reivindicando o comando de um oficial brasileiro. O governo cedeu aos amotinados, e o movimento propagou-se a outros quartéis.

Com a abdicação de Pedro I, atitudes antilusitanas, cujo grito de guerra era a expressão "Mata maroto!", ressurgiram com força total. O clima de instabilidade continuou até o início da Sabinada, movimento liderado pelo médico Francisco Sabino Álvares da Rocha Vieira, em 1837. Com auxílio da tropa, que aderiu ao movimento, os rebeldes expulsaram as autoridades provinciais e proclamaram a República.

No início de 1838, chegaram à Bahia as forças enviadas pelo governo central para reprimir a rebelião. Contando com o apoio dos grandes proprietários rurais, logo conseguiram sufocar o movimento. Os principais responsáveis pela rebelião foram julgados e condenados à morte. Fracassava mais uma tentativa contra o governo imperial.

A Insurreição Farroupilha, no Rio Grande do Sul (1835-1845). Garibaldi

No Rio Grande do Sul, os proprietários rurais levantaram-se em armas contra o governo central ao sentirem-se prejudicados em seus interesses econômicos. A principal fonte de riqueza da província era a produção de charque e a criação de mulas para abastecer os mercados de Minas Gerais e São Paulo. Os produtores rio-grandenses competiam diretamente com os criadores da Argentina e do Uruguai.

Após a independência das colônias espanholas na América, os governos da Bacia do Prata enfrentaram guerras civis e desordens políticas constantes. Por causa disso, a produção desses gêneros foi prejudicada durante aquele período. Os produtores rio-grandenses viram-se beneficiados por essa situação. Com o fim das guerras civis, porém, os produtos do Rio Grande do Sul passaram a concorrer em situação de inferioridade com os vindos da região do Prata.

Com efeito, o sal era mais barato para os produtores argentinos; as charqueadas rio-grandenses dependiam de mão de obra escrava: a produtividade era mais baixa que a dos concorrentes argentinos; o governo imperial taxava pouco o produto importado da Argentina, e, nessa medida, os consumidores das províncias do Norte preferiam o produto importado, mais barato que o charque rio-grandense.

Os produtores rio-grandenses pretendiam que o governo imperial adotasse uma política protecionista com relação a seus produtos. Até a chegada da corte, os grandes proprietários da província gozavam de certa autonomia. Com a centralização da administração no Rio de Janeiro, começaram os atritos entre os poderes locais, representados pelos proprietários, e o poder central, ávido por controlar todas as esferas da administração pública.

Em 1835, as elites locais rebelaram-se e depuseram o presidente nomeado pelo governo central. O principal fator a provocar a rebelião foi o lançamento de um imposto sobre a propriedade rural no Rio Grande do Sul. Os rebeldes assumiram o governo facilmente, pois controlavam a mais importante força militar da província, organizada em "companhias de guerrilha": derrotaram as tropas do governo central e proclamaram a República de Piratini. Bento Gonçalves tornou-se o presidente da República independente.

Os revolucionários contaram com a participação de Giuseppe Garibaldi, que viria a ser, anos depois, um dos principais líderes do movimento pela unificação italiana, a Jovem Itália. Entretanto, a historiografia mais recente sobre tal personagem vem examinando seu papel na Guerra dos Farrapos, sugerindo ser discutível o caráter heroico dessa participação.[37]

---

[37] Ver o artigo de Alvaro Walmrath Bischoff e Cintia Vieira Souto, "Garibaldi: pi-

Para combater os farrapos, o governo central enviou uma tropa, comandada por John Grenfell, mercenário inglês com grande experiência na repressão de movimentos rebeldes no Império. Apesar disso, o movimento estendeu-se até Santa Catarina.

Com a Maioridade (1840), ou seja, a coroação de Pedro II, os rebeldes gaúchos foram anistiados pelo governo central. Mas preferiram continuar lutando para manter sua República.

Embora o movimento fosse liderado pelos proprietários rurais e seus representantes, a revolução gaúcha ganhou o nome de Farroupilha por causa da grande participação de peões, agregados e despossuídos, que trajavam roupas esfarrapadas. Ao contrário da maioria dos movimentos sociais da Regência, a Insurreição Farroupilha manteve-se sob o comando das elites provinciais.

Em 1842, o barão de Caxias foi nomeado para reprimir o movimento separatista. Naquele momento, os gaúchos enfrentaram uma invasão de uruguaios que vinham do sul: os atritos com os uruguaios, por questões de fronteira, eram constantes durante o período. Caxias aproveita a situação para propor aos rebeldes que se unissem a ele, a fim de enfrentar o invasor estrangeiro. A luta terminou em 1845. Os rebeldes consolidaram certa autonomia: a Assembleia local manteve alguns poderes em face do governo central.

A resistência dos gaúchos deixava ali sua marca histórica mais forte, mostrando que os grupos do Sudeste cafeeiro não levariam tudo de roldão, no nascente jogo do equilíbrio do poder nacional. Irredentos, os gaúchos atuaram como um contrapeso às novas forças da aristocracia cafeeira nascente e ao sistema de poder organizado em torno dela. Em contrapartida, o poder central incorporava habilmente a província da fronteira, que voltaria a emergir com vigor, marcando o diferencial na Revolução de 1930.

A Rebelião dos Malês em 1835

O poder regencial descobrira-se desarmado diante dos movimentos populares, expressões da brutal miséria da população, da qual o desconhecimento pelas elites era até então quase total. Os movimentos de rebeldia dos

rata ou herói?", em revista *Nossa História*, vol. 37, 2006, pp. 34-7. Ver também o livro de Paulo Markun, *Anita Garibaldi, uma heroína brasileira*, São Paulo, Editora Senac, 2003.

escravos foram constantes durante todo o século, com desafios radicais à ordem estabelecida, como foi o levante urbano de escravos africanos e libertos, a impactante Rebelião dos Malês, que sacudiu Salvador na noite do dia 24 para 25 de janeiro de 1835.

Fazendo notar sua dimensão atlântica, o historiador João José Reis observou ter sido o levante de escravos urbanos mais profundo ocorrido nas Américas e com repercussão em toda a ordem escravocrata. Nessa rebelião, os

> "mestres muçulmanos formaram a liderança do movimento da revolta [...] e, durante o levante, seus seguidores ocuparam as ruas usando vestimentas islâmicas e amuletos contendo passagens do Alcorão — e não trechos da Declaração dos Direitos do Homem —, sob cuja proteção acreditavam estar de corpo fechado contra as balas e espadas dos soldados. A própria revolta foi marcada para acontecer no final do mês sagrado do Ramadã. [...] Ou seja, o Islã africano também circulava no mundo atlântico como uma ideologia de transformação social."[38]

[38] João José Reis, "'Nos achamos em campo a tratar da liberdade': a resistência negra no Brasil", em Carlos Guilherme Mota (org.), *Viagem incompleta (1500-2000): a experiência brasileira*, vol. 1, *Formação: histórias*, São Paulo, Editora Senac, 2000, 2ª ed., pp. 241-63. Para uma visão crítica e atualizada de conjunto, além do artigo citado, João José Reis tem estudos importantes sobre o levante, em especial *Rebelião escrava no Brasil: a história do Levante dos Malês em 1835*, São Paulo, Companhia das Letras, 2003, versão ampliada do texto publicado em inglês com o título de *Slave Rebellion in Brazil: The Muslim Uprising of 1835 in Bahia*, Baltimore, The Johns Hopkins University Press, 1993, em que analisa o ciclo de revoltas de escravos africanos na Bahia de 1807, 1809, 1814, 1826, 1827 e 1828 até seu auge, em 1835. Para ele, a conspiração foi malê, e o levante, africano. Para um pano de fundo desses movimentos, ver a obra de Robin Blackburn, *A queda do escravismo colonial (1776-1848)*, Rio de Janeiro, Record, 2003; e, também, João José Reis "Comentário a *A queda do escravismo colonial (1776-1848)* de Robin Blackburn", em *Folha de S. Paulo*, Jornal de Resenhas, São Paulo, 8/2/2003, p. 3. Se foi ou não uma jihad, uma guerra santa, ver o comentário (à obra e às teses de João José Reis) de Alberto da Costa e Silva "Sobre a rebelião de 1835 na Bahia", em *Revista Brasileira*, vol. 8, nº 31, Rio de Janeiro, abr.-jun. de 2002, pp. 9-32. Para Costa e Silva, especialista em História da África e do Atlântico Sul, o movimento tem tudo de uma guerra santa. Faz notar que nem todos os islamitas que viviam em Salvador estiveram

A estratégia da Conciliação: o complô das elites

Para além do período regencial, como se constata, incluem-se no quadro das revoltas e revoluções a Farroupilha no Rio Grande do Sul e em Santa Catarina (1835-1845), da qual participou Garibaldi, a Revolta Liberal em Minas e São Paulo (1842), e a Revolução Praieira em Pernambuco (1848).

Remontando ao início do período, com a deposição de Pedro I, o país viveu de 1831 a 1837 uma fase de radicalismo e liberdade. Em seguida, deu--se o "regresso", em que a elite dominante, conservadora, instrumentou-se para a defesa de seus interesses, fixados na Lei de Interpretação (maio de 1840) do Ato Adicional de 1834, que era liberal e descentralizador. Já a Lei de Interpretação, centralizadora e autoritária, trazia a marca do regressismo conservador.

As "leis regressistas" completam-se, em 1841, com a reforma do Código do Processo Criminal (denominado "carta da anarquia"). Antes, o Código definia que a Justiça e a polícia eram de competência do povo; agora, o poder central passava a controlar tudo, até mesmo as carreiras da Justiça e da polícia, vinculando desde os inspetores de quarteirão e chefes de polícia ao ministro da Justiça. Mais: restaurava-se o Conselho de Estado.

Respostas a tanto autoritarismo foram os movimentos liberais de 1842 e a Revolução Praieira em 1848, esta também socializante, além de liberal.

Ao longo do Segundo Reinado se assistirá ao jogo de poder entre conservadores e liberais, chamados a ocupar cargos pelo imperador, com base na Constituição. Em 1853, formulou-se a Conciliação, cimentando-se o grande pacto imperial que conduzirá à alegada "paz do Segundo Império", muito mais ideologia que realidade.

Uma das maiores expressões desse tempo de ambiguidades e contradições foi Bernardo Pereira de Vasconcelos, ex-liberal e, depois, pai do Partido Conservador, visto como um traidor da causa que inspirou o 7 de abril. Ao reconhecer o malogro da experiência liberal da Regência, fez o discurso memorável, sempre repetido por liberais arrependidos e soturnos, que, ao

---

envolvidos na rebelião. O movimento "não se fez contra os santuários religiosos de nagôs, jejes e angolas: fez-se contra o Império do Brasil, o Governo da Bahia, os senhores de escravos, os brancos, seus aliados e cúmplices", p. 31. Uma reveladora discussão, de alto nível. A notar que uma ancestral em linhagem direta do revolucionário Carlos Marighella era hauçá.

longo do século XIX e nos seguintes, eventualmente avançaram demais em posições progressistas:

> "Fui liberal, então a liberdade era nova no país, estava na aspiração de todos, mas não nas leis, não nas ideias práticas; o poder era tudo; fui liberal. Hoje, porém, é diverso o aspecto da sociedade: os princípios democráticos tudo ganharam e muito comprometeram."[39]

De todo modo, após tanto exercício de poder, encontros e desencontros de partidos, tendências e facções, de insurgências sangrentas, e, sobretudo, de transações das elites regionais, estava consolidado o Estado-nação brasileiro.

Formação de uma consciência nacional: o "Brasil contemporâneo" e a ideia de "Brasil"

No período das Regências, concretizou-se a ideia de uma *história* do Brasil — o termo é forte — *independente*. Do ponto de vista historiográfico, porém, a primeira visão contemporânea, efetivamente crítica do conjunto desse período, somente se consolidaria, tardiamente, em 1933, na obra de Caio Prado Jr., *Evolução política do Brasil*.[40] Obra crítica, por utilizar como categoria analítica os conflitos de classes — ou, mais explicitamente, *lutas de classes* — no jogo do poder. Fornecendo uma chave importante para a compreensão da história do Brasil, escreveu Caio:

> "Assim, encerrada a jornada de 7 de abril, continua a pressão revolucionária, agora naturalmente exacerbada pelas desilusões que trouxera. Ao mesmo tempo, a classe que assume o poder passa, como é natural, a reacionária. A revolta chegara para ela a seu termo natural; era preciso estacar, resistir aos aliados da véspera

[39] *Apud* Raymundo Faoro, *Os donos do poder: formação do patronato político brasileiro*, cit., pp. 364-5.

[40] Aqui, vamos citar pela edição da Brasiliense de 1987: Caio Prado Jr., *Evolução política do Brasil*, cit.

que pretendiam ir adiante. A reação começa logo no dia seguinte à revolta. O impulso dado era contudo por demais violento para que se lhe pudesse pôr com muita facilidade um paradeiro. Em todo o período das regências e dilatando-se pela Maioridade, a agitação lavra intensa. Enquanto isto, os grupos no poder se revezam incessantemente, às tontas, incapazes de dominar a onda revolucionária que se desencadeara.

Toda esta agitação, todos estes movimentos, embora desconexos, que ora aqui, ora acolá abalam o país, têm, contudo, entre si um traço comum de evolução. A pressão revolucionária começa nas camadas logo abaixo da classe dominante. Daí se generaliza por toda a massa, descendo sucessivamente de uma para outra camada inferior. Isto provoca uma contramarcha das próprias classes iniciadoras do movimento, e que de revolucionárias, sob a pressão que as arrasta para onde não querem ir, passam a reacionárias, ou pelo menos abandonam o movimento. Deixam assim à sua sorte os últimos a entrarem na luta, que, por esta forma enfraquecidos, são esmagados pela reação do poder central."[41]

Naquele contexto nascia também a ideia de um Brasil "contemporâneo", pois a consciência de nação afirma-se quando, numa determinada cultura, ocorre a *passagem da crônica* de episódios e do memorialismo à *interpretação histórica* compendiada e "estabilizada". No Brasil, tal passagem constituiu importante indicador na longa transição de colônia a nação politicamente independente.

A construção de uma identidade nacional torna-se efetiva quando se logra formular uma história própria, inventando-se um passado, um povo, uma interpretação da especificidade dos conflitos, das lutas e dos ajustamentos. Processo difícil, o brasileiro, sobretudo por ter se efetuado em relação à antiquíssima história de Portugal, cuja identidade se reitera e reconstrói-se a cada embate, dissolvendo e harmonizando as contradições internas, incorporando as diferenças ou sedições externas.

Nesse sentido, a permanência e o reforço do rígido sistema imperial de blocos no poder, na sustentação dos dois monarcas "estrangeiros" da família dos Braganças à frente do Estado independente, amorteceram o caráter

[41] *Ibid.*, p. 66.

revolucionário da descolonização. Deu-se, em torno do conflito colônia/ metrópole, uma intensa e prolongada "negociação" de sentidos, de interpretações, para acertar-se uma visão histórico-ideológica "equilibrada" do passado com o presente. Visão que, no caso vertente, não poderia ser só de lutas, uma vez que os Braganças continuavam no poder, pois, como se sabe, houve até perigo de retorno de Pedro I, "fantasma político" do qual falava Abreu e Lima. De outra parte, tal história obviamente não era tampouco de quietação, como demonstravam os movimentos e levantes políticos e sociais do período regencial, que se prolongaram pelo Segundo Reinado.

O leitor mais atento aos problemas de história e *historiografia* estará talvez indagando, neste passo: quando se consolida a ideia de Brasil contemporâneo, já distante dos marcos político-culturais e mentais luso-brasileiros?

A ideia de Brasil contemporâneo (como a de qualquer outro Estado--nação da época) funda-se quando uma ideia de nação consolida-se na historiografia. Nação que, na construção de seu imaginário, teve, no caso do Brasil, seu "embrião" na colônia, depois uma origem precisa entre 1817 e 1824, uma guerra (em verdade duas guerras: contra os portugueses de Avilez e Madeira, e a Cisplatina), um lugar de nascimento (no riacho do Ipiranga e, depois, o "berço esplêndido"), mais os traumas de nascimento. Além disso, uma família com o avô liberal (João VI), um pai jovem e impulsivo (o príncipe Pedro), uma mãe austríaca, alourada e sábia (Leopoldina), um inimigo conspirador na família (Miguel, lembrando a velha história dos irmãos inimigos), um hino com letra fantástica, o padrinho velho e sábio José Bonifácio, o Patriarca, que em época de crise volta a ser chamado para cuidar do neto-menino Pedro II. E, completando o quadro, a amante Domitila, a marquesa de Santos, além do "amigo influente" e boêmio Chalaça, que "despachava" com o imperador...

Claro que nessa história ideológica existem problemas, especialmente com a tutela estrangeira (inglesa) e com a mancha da escravidão (de negros africanos), reforçando o paternalismo duro de Pedro e a "bondade" liberal do avô Andrada. Imaginário que se sustenta com a continuidade da dinastia bragantina, prolongamento suavizado com o segundo Pedro, jovem, sábio de província e — sobretudo — já brasileiro.

A Independência nacionalizara-se, nada obstante terem sido exilados todos os três Braganças...

Consolidação do Estado nacional (1831-1840) 421

CONSTRUINDO UMA TEORIA DA INDEPENDÊNCIA: O MÉDICO E O GENERAL

Como e quando nasce a "identidade nacional"? Questão central e difícil, pois não é a mesma coisa descrever, narrar, escrever crônicas, diários, memórias, ficção e, por outro lado, *produzir história*.

Nessa perspectiva, a consciência de nação somente se consolidaria plenamente quando se conseguisse elaborar uma história própria. "Brazil", tema de história das mentalidades, aparece sob diferentes formas, apresentando-se de modo variado no quadro geral das representações mentais do período. Em inúmeras obras de autores estrangeiros, surpreende-se a existência — ou, quando menos, esboços — de formulação e interpretação históricas sobre o que vinha a ser o "Brasil", para além dos registros, da ficção, de anuários e cronologias. Os ingleses, entre os quais o referido Armitage (*History of Brazil*, 1836), talvez o mais importante, deixaram textos históricos de maior valor, por revelarem a compreensão de história enquanto *processo*, e não *cronologia* ou *crônica*, inaugurando uma nova fase de conhecimentos sobre o Brasil.

Uma consciência propriamente nacional, brasileira, somente pode ser captada na historiografia que se define no final dos anos 1930 e início dos anos 1940. É ela que, neste passo, obriga à fixação de novos marcos da historiografia no Brasil, levando, em consequência, a que se repense a história das ideologias e mentalidades no Brasil do século XIX.

Nessa perspectiva, duas obras publicadas em meados do século XIX tornam-se fundamentais, pois revelam perspectiva mais avançada e estimulante que a de Varnhagen, entre outros: a *História do Brasil*, do médico Francisco Solano Constâncio, e o conhecido *Compêndio da história do Brasil*, escrito pelo general José Inácio de Abreu e Lima, o "general das massas". Com eles, dispõe-se de dois marcos que indicam a abertura de um novo período na história de nosso autoconhecimento, ou melhor, da definição de uma *identidade histórica propriamente nacional*. Tais livros aparecem num contexto em que a vida do país atravessava fase de grandes convulsões, valendo notar que Constâncio e o general Abreu e Lima foram contemporâneos de Feijó, de Cousin Fusco, e do barão de Caxias.

Esses dois historiadores foram também contemporâneos da fundação do Instituto Histórico e Geográfico Brasileiro (1838) e viveram no clima político da declaração da Maioridade de Pedro II. Ao localizá-los no contexto da época, não se deve ainda perder de vista o fato de estarem em funcionamento, já havia dez anos, as Faculdades de Direito de São Paulo e de Olinda. Formavam-se as novas elites nacionais, dando-se novo impulso à intensa atividade jornalística já existente, na qual se destacavam figuras como Evaristo da Veiga e Bernardo Pereira de Vasconcelos, lideranças que tanto aborreceram Pedro I, chegando a apeá-lo do poder, como se viu.

O MÉDICO-HISTORIADOR SOLANO CONSTÂNCIO

A obra de Solano Constâncio, nos estudos historiográficos, ficou à sombra durante muitos anos. Médico, foi membro da Sociedade de Medicina e de História Natural de Edimburgo, da Lineana de Nova York e da de Paris, e, ainda, autor do *Dicionário crítico e etimológico da língua portuguesa*.

A obra *História do Brasil: desde o seu descobrimento por Pedro Álvares Cabral até a abdicação do imperador D. Pedro I*, em dois volumes, com quase 500 páginas, apareceu em 1839, editada em Paris pela Livraria Portugueza de J. P. Aillaud. O estudo apresenta, na introdução, um diagnóstico do Brasil em 1831, com cerca de 60 páginas, abrangendo desde aspectos geográficos até dados sobre clima, fósseis, minérios, população, escravidão, longevidade, doenças etc. O resto é História (com agá maiúsculo).

No primeiro volume, trata desde o descobrimento até a expulsão "completa" dos holandeses do Brasil, em 1654. O tomo II abarca da morte de João IV e regência da rainha Luísa, à época das primeiras expedições para descobrir minas (1674-1675), até a abdicação de 1831. Seguindo de perto os acontecimentos, apresentando relato ano por ano conforme uma linha "analytica e chronológica" rigorosa, Constâncio alinhava uma interpretação que revela por inteiro sua teoria da Independência.

Constâncio julga que o limite natural da presente história deveria ser a separação definitiva do Brasil (já com s, note-se), quando foi reconhecida sua Independência pela Coroa de Portugal, começando-se então "uma nova época". Não somente tal interpretação como também o tipo de narrativa de Solano devem ter sido muito impactantes e convincentes, pois é reencontrada, com poucas alterações — e aqui reside a importância da crítica e da reconstrução historiográficas —, em outros historiadores que se lhe seguem, repontando, em meados do século XX, nas interpretações de Octávio Tarquínio de Sousa.

Trata-se do início de uma tradição historiográfica. Ou seja, uma maneira inovadora e "científica", *escrita por um esculápio*, de entender-se o Brasil e interpretar-se a história destas partes na perspectiva da descolonização,

Consolidação do Estado nacional (1831-1840)

articulando uma nova periodização em que se enfatiza o processo de Independência e a expulsão do imperador, contrapondo-se à visão bragantina e reacionária de Varnhagen.

ABREU E LIMA, O "GENERAL DAS MASSAS"

> "A primeira tentativa de um agrupamento de fatos por períodos.
> Mas o Instituto Histórico foi tão injusto em sua crítica a Abreu e Lima..."
>
> José Honório Rodrigues, 1978[42]

Já o outro historiador, o ex-revolucionário de 1817 José Inácio de Abreu e Lima, é mais conhecido, embora não haja estudo aprofundado que o situe no contexto da historiografia nascente. Retomando várias teses de seu famoso *Bosquejo histórico, político e literário do Brasil*, publicado em 1835, ele termina seu *Compêndio de história do Brasil* em 1841, quatro meses depois da coroação de Pedro II, quando ainda se lutava a guerra civil no Rio Grande do Sul. Em 1855, publicou também o livro *O socialismo*.

Abreu e Lima era filho do padre Roma, que foi preso por traição e fuzilado em 1817, quando procurava articular a revolução na Bahia. A nota mais trágica é que o jovem, então preso em Salvador, é constrangido a assistir ao fuzilamento — precedido de um corajoso discurso — do pai algemado.

José Inácio escapa da prisão e, em 1818, com o auxílio da maçonaria, foge com o irmão Luís para os Estados Unidos. Retorna à América do Sul pelo Caribe, ficando um tempo em Porto Rico e seguindo para a Venezuela. Militar, incorporou-se com 24 anos às tropas de Bolívar (então com 23 anos), servindo durante 11 anos nas campanhas de suas forças militares na Venezuela, Nova Granada, Equador e Peru. Chegou ao generalato e apoiou a Revolução Praieira de 1848. Também defendia a liberdade religiosa, os protestantes e as ideias do reformador Lutero, mas achava que a religião católica é que uniria os povos, levando-os ao que pensava ser o socialismo...

Lutou pelas repúblicas latino-americanas, mas, ao retornar ao Brasil, optou pela monarquia e pela manutenção da família real, e pela não separação entre Igreja e Estado. Morreu em 1869, pobre, só e doente; e o bispo

---

[42] José Honório Rodrigues, *Teoria da história do Brasil*, São Paulo/Brasília, Companhia Editora Nacional/INL, 1978, 5ª ed. Foi neste clássico e pouco discutido livro que melhor se comentou a obra de José Inácio de Abreu e Lima na historiografia brasileira, especialmente nas páginas 126-9.

Francisco Cardoso Ayres não permitiu que fosse enterrado no cemitério de Recife. Sepultado no cemitério dos ingleses, permanecia um exilado, mesmo depois de sua morte.[43]

Em seu famoso *Compêndio*, agora em plena maturidade, perguntava o "General das Massas": "Quais serão os futuros do Brasil?".

Havia, de fato, muita expectativa no ar quanto aos destinos da nação, e Abreu e Lima demarca e periodiza a nova etapa:

> "Uma nova era começou no 18 de julho de 1841, assim como dez anos antes tinha marcado a Providência um decênio para o nosso purgatório. Se o mau fado nos não persegue mais, como até aqui, podem [os novos tempos se] anunciar como muito lisonjeiros debaixo do reinado do Segundo Pedro."

Embora controverso, pois revela certa simpatia por Pedro I e esperanças em Pedro II (a quem o livro é dedicado), Abreu e Lima, lutador na Independência e ex-revolucionário internacional, produziu, em geral, uma interpretação por assim dizer progressista da história.

O *Compêndio*, nem sempre bem escrito, revela-se positivo, sobretudo quando descreve movimentos de insurreição, como os de 1817 e 1824, ou fala do fuzilamento de Frei Joaquim Caneca, "homem ameno de variada cultura". Enfatiza o papel e a probidade de José Bonifácio, preocupado em fixar e controlar as atitudes do príncipe regente, analisando a atuação diplomático-militar do Brasil no rio da Prata. Ao criticar a atuação desastrada dos mercenários Cochrane e Grenfell no Maranhão, menciona o trágico episódio em que morreram sufocados 254 insurretos no porão de um navio, acontecimento que bastaria para pôr abaixo a interpretação oficial de uma história harmoniosa e incruenta, do jeito que Francisco Adolfo de Varnhagen, o reacionário visconde de Porto Seguro, gostava...

A CONSTRUÇÃO DE UMA HISTÓRIA NACIONAL

A história, no *Compêndio* de Abreu e Lima, apesar de tratar-se de interpretação cheia de altos e baixos, desigual, elaborada por um homem de

---

[43] Biografia mais recente desta complexa personagem foi escrita por Angelo Diogo Mazin e Miguel Enrique Stedile, *Abreu e Lima: general das massas*, São Paulo, Expressão Popular, 2006, de onde provêm as citações.

Consolidação do Estado nacional (1831-1840)

ação, sustenta-se, entretanto, numa perspectiva nitidamente nacional. Por certo, Abreu e Lima, ex-general, sempre revelou uma visão hierárquica em suas atitudes e apreciava, com alguma complacência — quando não admiração —, a dura atuação de almirantes e comandantes em suas relações com subordinados. Nesse momento em que a ideia de Brasil-nação afirma-se em cada embate, ele oferece informações — por isso mesmo importantes —, até mesmo no tocante à Província Cisplatina, a fronteira mais problemática do território nacional. Construía-se, desse modo, *uma certa ideia desse todo nacional*.

Do contraste entre esses autores com Varnhagen ou Pereira da Silva, dois outros pais-fundadores da denominada *historiografia nacional*, constata-se que uma historiografia propriamente nacional mais consistente e mais sofisticada antecedeu a visão "oficial" do Brasil, embora não tenha se transformado em dominante. Com Abreu e Lima e Solano Constâncio, ela ganha altitude, caso situada no contexto da época, seja em relação a congêneres em Portugal, como a de Almeida Garrett, o autor do importante ensaio sobre revolução e contrarrevolução em *Portugal na balança da Europa* (Lisboa, 1830), seja na França, com as de Charles Fourier e de Horace Say (o autor da *Histoire des relations commerciales entre la France et le Brésil*, publicada em Paris em 1839). Ou, ainda, nos Estados Unidos, na obra de William Lloyd Garrison...

O mito de uma história pacífica, sem rupturas, marcada por supostas continuidades, vem daí. Mas também uma certa maneira de pensar, uma atitude, matriz de um modo de interpretar o mundo que envolve essa ideia essencialmente cultural que evoca a palavra "Brazil", solta, inteligente e generosa, se considerada na vertente que se desdobra de José Bonifácio a Machado de Assis, de Euclides e Lima Barreto a Gilberto Freyre. Ou rígida e aborrecida, conservadora, se cultivada na perspectiva de Von Martius, de Varnhagen e dos ideólogos da Contrarrevolução, grávidos de certezas, quando se posicionavam para escrever sobre o Brasil, sabedores — supunham-se eles, como áulicos do Segundo Reinado e admiradores do suaviloquente Pedro II — do "véritable point de vue où doit se placer tout Historien du Brésil".

Um "verdadeiro" ponto de vista, "outorgado" por um europeu? E, como se não bastasse, ultraconservador? Ora...

20

Segundo Reinado (1840-1889): o universo "imperial" de Pedro II

> "Toda a vigilância e diligência do governo é pouca."
>
> Pedro II, 1871[1]

> "Ainda bem que acabamos com isso. Era tempo. Embora queimemos todas as leis, decretos e avisos, não poderemos acabar com os atos particulares, escrituras e inventários, nem apagar a instituição da História, ou até da Poesia."
>
> Machado de Assis, 1888[2]

Durou quase meio século o Segundo Reinado (1840-1889). Pedro II, também da Casa de Bragança, foi seu único soberano.

Uma certa historiografia costuma definir o período como de "Paz Imperial", desconsiderando ou minimizando os conflitos cruentos que o marcaram, tanto no plano internacional — sobretudo a Guerra contra o Paraguai —, como, no plano nacional, entre outras insurreições, a Revolução Praieira e as lutas prolongadas pela abolição da escravatura. O braço armado do duque de Caxias controlou levantes e convulsões sociais, como na Regência, e atuou na campanha contra o Paraguai.

No Segundo Reinado, um regime parlamentarista peculiar afirmou-se como poderoso mecanismo político de controle social. O quadro partidário que se desenhara no fim do período regencial tornou-se mais nítido com a definição de duas vertentes político-ideológicas: a liberal e a conservadora. A tendência liberal abrigava *grosso modo* os setores médios urbanos, elementos do clero e proprietários rurais de Minas, São Paulo e Rio

---

[1] Pedro II, "Conselhos de Pedro II à regente Dona Isabel, Carta primeira, 1871", em Walter Costa Porto (org.), *Conselhos aos governantes*, Brasília, Senado Federal, 1988, pp. 814-5.

[2] Machado de Assis, *Memorial de Aires*, São Paulo, Globo, 1997, p. 31, referindo-se à abolição da escravidão, no dia 13 de maio de 1888.

Grande do Sul. Na ala conservadora, militavam proprietários rurais do Rio de Janeiro, da Bahia e de Pernambuco, além de comerciantes brasileiros e portugueses.

A noção de identidade nacional firmara-se, em meados do século XIX, na literatura, na arquitetura dos sobrados e mocambos, na política, nas instituições e, como vimos no capítulo anterior, na historiografia. Uma imagem do "tipo brasileiro" já se delineara, como se confirma em obras como *A moreninha* (1844), de Joaquim Manuel de Macedo, ou nas *Memórias de um sargento de milícias* (1852), de Manuel Antônio de Almeida. Muitos estrangeiros e viajantes, como os missionários protestantes norte-americanos Kidder e Fletcher, autores de *Brazil and the Brazilians* (1857), também fixariam os traços peculiares da sociedade que se formava nestas partes da América do Sul. A literatura deixada pelos viajantes possui valor inestimável, visto que a(s) identidade(s) nacional(ais) construídas em cada época se devem, em larga medida, ao olhar externo: de todo modo, uma cultura, por assim dizer, brasileira então se plasmava na periferia, em contexto de marcada dependência externa.[3]

A produção literária sublinhou a tal identidade cultural nacional. Foi o que ocorreu no período regencial, quando Gonçalves de Magalhães, em seu famoso *Discurso sobre a história da literatura brasileira* (1836), indicou uma nova maneira de pensar-se, no Brasil, o Brasil. Naquele mesmo ano de 1836, um olhar externo também auxiliava na construção de uma identidade brasileira, pois, como vimos, surgia em Londres a notável *History of Brazil*, de John Armitage, o já citado amigo de Evaristo da Veiga. O texto, considerado a primeira obra de história do Brasil independente, não por acaso fora escrito por um inglês: tão grande era a proximidade entre os dois, que se acredi-

---

[3] O olhar de estrangeiros em relação à ex-colônia portuguesa foi mais bem estudado depois que se pôde contar com obras referenciais de Gilberto Freyre, Caio Prado Jr., Sérgio Buarque, Rubens Borba de Moraes, Sérgio Milliet e outros, que levantaram, serviram-se e, eventualmente, traduziram escritos dos genericamente chamados "viajantes". A temática adensou-se com os estudos mais recentes de Karen Lisboa, Flora Süssekind e Alberto Dines, entre outros. Nesse vasto campo, a historiografia desenvolveu-se muito, como se constata na obra volumosa e densa organizada por João Cezar de Castro Rocha, *Nenhum Brasil existe: pequena enciclopédia*, Rio de Janeiro, Topbooks/UniverCidade, 2003, em que se analisam as visões sobre o Brasil de Debret, Ferdinand Denis, Stefan Zweig, Roger Bastide, Elizabeth Bishop e Lévi-Strauss, entre outros. Ver também "O Brasil dos viajantes", *Folha de S. Paulo*, Mais, São Paulo, 16/9/2007, a respeito do "Gabinete de curiosidades de Domenico Vandelli".

tou, durante muito tempo, ter sido ela elaborada pelo próprio Evaristo, ou seja, marcada por um "olhar nacional" propriamente dito. Dúvida não esclarecida de todo.

Nessa construção de uma identidade nacional, igualmente emblemática foi a criação, dois anos depois, do Instituto Histórico e Geográfico Brasileiro (1838), núcleo de produção historiográfica que nutriu a visão oficial de uma história incruenta, de um "povo brasileiro" praticamente sem conflitos. Uma história ideológica de transições suaves, branca, à sombra do bondoso imperador que, pessoalmente, concedia bolsas para viagens de intelectuais ao exterior e assistia às provas de seleção de professores e alunos do Colégio D. Pedro II...

No plano internacional, as mudanças nos países industrializados da Europa repercutiram no Brasil, provocando modificações na sociedade, na economia e, em menor grau, na mentalidade e na cultura dos estamentos e das classes dirigentes. A pressão externa foi decisiva para a abolição do tráfico de escravos em 1850. Apesar disso, produtores rurais brasileiros continuaram utilizando mão de obra cativa até alguns anos após a (in)completa abolição do regime escravista, em 1888.

Abolição, de resto, parcial, visível na história social concreta, numa região do planeta em que *o escravismo entranhara-se profundamente nas formas de pensamento e nos costumes*. Com efeito, a mentalidade escravocrata custaria a mudar. E mudou pouco, confirmando a conhecida advertência de Fernand Braudel, segundo a qual "os quadros mentais são prisões de longa duração". Traços fortes dessa mentalidade persistiriam após a proclamação da República em 1889, alguns remanescendo, nostalgicamente, até os dias atuais.

Ao longo do século, o eixo econômico do Império deslocou-se do Norte e Nordeste para o Centro-Sul, graças à expansão do cultivo de café, nova base de sustentação financeira do Império. O café tornou-se o principal gênero de exportação do Brasil, e a corte do Império ficou mais perto de sua mais abundante fonte de receita: os impostos sobre a exportação e importação.

O Império inglês e o mundo

A Inglaterra experimentou, ao longo do século XIX, um acelerado desenvolvimento econômico e articulou o maior império colonial de todos os

Segundo Reinado (1840-1889)

tempos, transformando-se na primeira potência imperial e industrial do mundo, situando-se indiscutivelmente no centro da economia mundial.

Até a década de 1760, a Inglaterra permanecera um país essencialmente rural. A Revolução Industrial começou a alterar esse quadro, de sorte que, em 1811, um censo provou que, pela primeira vez, o número de pessoas que trabalhavam na navegação, na indústria e no comércio era superior ao das pessoas que trabalhavam no campo.

Após a vitória de Lord Nelson na batalha de Trafalgar (1805), a Inglaterra tornou-se senhora absoluta das rotas oceânicas, garantindo para si o acesso aos mercados coloniais, fonte de matérias-primas e de consumidores de produtos manufaturados. O grande desenvolvimento interno estimulou o governo britânico a conquistar novas colônias, sobretudo na África e na Ásia. Daí sua insistência em abolir o tráfico de escravos, pois a Inglaterra começava a criar outros interesses na África. O binômio indústria/império foi a característica dos novos tempos na Europa ocidental.

Até então, o comércio havia sido a principal atividade econômica dos ingleses com os demais países. Com o imperialismo nascente, o investimento de capitais no exterior — para financiar a construção de estradas de ferro, instalar telégrafos, construir portos e cuidar de serviços públicos, tais como iluminação e transportes públicos — tornou-se a principal atividade dos capitalistas ingleses. No final do século XIX, a Inglaterra possuía as maiores companhias de navegação.

Londres era o centro das comunicações telegráficas do mundo e o principal polo econômico-financeiro do globo. Durante o longo reinado de Vitória I (1837-1901), contemporâneo ao de Pedro II, a Inglaterra firmou-se mundialmente como a maior potência imperial, impondo-se econômica, militar e diplomaticamente nos conflitos com a França, Alemanha, Bélgica e Holanda (nas partilhas territoriais na África, na Ásia e na América Latina). Londres, centro financeiro, tornou-se também o principal entreposto para a redistribuição de produtos tropicais.

O Império brasileiro
nas malhas do imperialismo inglês

Nos capítulos anteriores, vimos como o Brasil tornou-se um dos principais "parceiros" comerciais da Inglaterra no continente americano. Em realidade, o Império brasileiro dependia da Inglaterra para sua sobrevivência. A Inglaterra era a maior fornecedora dos produtos manufaturados destinados ao Brasil, oferecendo-os por preços imbatíveis. Além disso, em 1810 e 1827, havia negociado tarifas preferenciais para seus produtos, de modo que o governo imperial dependia do dinheiro dos banqueiros ingleses para saldar o déficit da balança comercial do Brasil com a Inglaterra.

Todos esses fatores permitiram que a Inglaterra, com seu imperialismo informal, interferisse em questões internas do Império brasileiro, ampliando o complexo emaranhado de contradições. Desde a assinatura dos primeiros tratados comerciais, a Inglaterra pressionava o governo a abolir o tráfico de escravos. O tráfico era a única atividade que permanecera sob o controle dos comerciantes portugueses.

Durante os movimentos sociais da Regência, a Inglaterra manteve seu suporte para a consolidação do Império unido, facilitando créditos e fornecendo armas para a luta contra os rebeldes separatistas. A atuação dos comandantes da *Royal Navy* tornou-se intensa e vigilante. O modelo de apoio imperialista foi adotado exemplarmente no caso brasileiro, com a indústria de armamentos e conexos beneficiando-se da guerra colonial, sob o olhar complacente das elites brasileiras ilustradas.

No início do século XIX, o Brasil contava com aproximadamente 4 milhões de habitantes, dos quais cerca de metade era escravizada. Os produtores rurais continuavam a depender da importação de trabalhadores escravos, pois a mortalidade destes era maior do que a natalidade. Se os negreiros ingleses haviam lucrado, até o final do século XVIII, com o tráfico de escravos africanos para a América, agora, sob o impulso da Revolução Industrial, a Inglaterra procurava ampliar seus mercados consumidores, tanto na África como no Brasil. Os escravos não consumiam quase nada daquilo que era exportado pela Inglaterra: a alimentação era produzida nas propriedades ou trazida de outras províncias, e a roupa de algodão rústico era feita localmente.

A pressão da Inglaterra pela abolição do tráfico começara em 1810, já no primeiro tratado comercial assinado com a corte portuguesa refugiada no Rio de Janeiro. Em 1815, no Congresso de Viena, a Inglaterra conseguiu a aprovação da abolição do tráfico de escravos no hemisfério norte: os negreiros luso-brasileiros, principais fornecedores de escravos para o Brasil após a Independência, não podiam mais buscar escravos nos mercados do golfo da Guiné. Em 1817, a Inglaterra instituiu o Direito de Visita. A partir desse ato, julgava-se com autoridade para realizar vistorias nos navios em alto-mar. Finalmente, em 1826, o governo imperial comprometeu-se a abolir o tráfico no prazo de 3 anos, mas soube mobilizar seus juristas escravocratas

Segundo Reinado (1840-1889)

para obter novos adiamentos e brechas legais, acabando por só em 1831 cumprir sua parte. A partir desse ano, o comércio de escravos tornou-se ilegal para as autoridades brasileiras.

Apesar disso, as sucessivas Regências, representando os interesses dos proprietários exportadores, não fizeram cumprir a lei. O número de escravos importados aumentou vertiginosamente durante a Regência. Por outro lado, a repressão da Inglaterra aos negreiros aumentou em igual proporção. A tensão entre as autoridades do Império e a Inglaterra chegou a seu ponto máximo em 1845. Nesse ano, o Parlamento inglês aprovou a Bill Aberdeen, lei que permitia a repressão aberta ao tráfico. O governo de Pedro II protestou contra a pressão da Inglaterra, mas a ação inglesa assumiu proporções inéditas e avassaladoras: navios ingleses percorriam o litoral do Brasil invadindo portos, sob pretexto de perseguir navios negreiros, os "tumbeiros", cuja carga humana muitas vezes foi lançada ao mar.

Em 1850, cedendo à pressão da Inglaterra, o governo imperial, assessorado por seus juristas, finalmente promulgou a Lei Eusébio de Queirós, abolindo o tráfico de escravos africanos. A falta de braços na lavoura foi a consequência imediata da abolição, criando sério problema nas províncias do Norte e do Nordeste. Além disso, o fim do tráfico traria como resultado o aumento do preço dos escravos, o que levou os proprietários sediados nas províncias localizadas nessas regiões a venderem seus escravos para os prósperos cafeicultores do Sul.

Para contar com mais trabalhadores, os proprietários e o governo tentaram atrair braços europeus: entre 1850 e 1889, cerca de 800 mil imigrantes europeus entram no país. Obviamente, a convivência entre trabalhadores escravos e trabalhadores livres não foi bem-sucedida.

A abolição do tráfico teve como um de seus efeitos a liberação de capitais que antes eram utilizados na compra de escravos. Outros setores da economia beneficiaram-se com a medida, sobretudo o setor financeiro, o comércio, o setor de transportes e de serviços públicos. De fato, aquela liberação de capitais ajudou a constituir um novo contexto econômico, em que o dinheiro resultante da exportação do café pôde ser responsável pela construção de sistemas de transportes para facilitar o escoamento da produção. Ainda em 1850, foi inaugurada a São Paulo Railway, ferrovia que ligava Santos a Jundiaí, seguindo-se outras financiadas por capitalistas ingleses.

Durante a maior parte do século XIX, o Império manteve-se isolado do resto do continente. Como veremos, a única região em que, aí, o Império teve participação ativa, chegando à intervenção militar, foi a do Prata. No

432   História do Brasil: uma interpretação

Uruguai, os partidos políticos buscavam apoio do Brasil e da Argentina para sustentar suas disputas internas.

Os conflitos nessa região estavam apenas começando. A livre navegação dos rios ainda seria contestada pelo Paraguai. Era a origem da Guerra contra o Paraguai, o maior conflito armado da história da América do Sul, que seria, duas décadas depois, um dos fatores da derrocada do Império. Após uma guerra cruenta, em 1865 o Exército imperial, com seus aliados argentinos e uruguaios, derrotará as forças paraguaias e consolidará sua posição hegemônica na região do Prata.

O imperialismo inglês e o Império brasileiro

Na linha do tempo, a história do império atlântico luso-brasileiro da época do marquês de Pombal, em meados do século XVIII, desembocou no Império brasileiro, consolidado por volta de 1850. No novo Império tropical, sob o mais ilustrado, suave, porém, não menos autoritário Pedro II, remanesceu — contra a ideologia liberal nascente — a *ideologia do despotismo da Ilustração* do século XVIII, forma persistente de pensamento ideológico que se insinuou e perverteu todas as manifestações político-culturais, institucionais e acadêmicas da vida brasileira, reverberando até os dias atuais.

Naquele momento, estavam em pauta o reconhecimento internacional do novo Império e a intrusão e "interiorização" do império inglês no sistema luso-brasileiro. Ao contrário do que aconteceu nas ex-colônias espanholas da América, a Independência do Brasil, efetivada à sombra do poderio inglês, consolidou um regime monarquista de base escravista. Potência hegemônica, a Inglaterra reconheceria a Independência do Brasil em 1825, ao ver consolidados seus privilégios de nação mais favorecida no comércio com o Brasil e renovados seus "direitos" à jurisdição extraterritorial: ou seja, as leis locais do Império não alcançariam os intocáveis súditos ingleses.

Desse modo, implantava-se oficialmente um outro império, o inglês — modernizante e movido por indústria, comércio e armada —, dentro do Império estamental-escravista brasileiro, atrasado e burocratizante. Ao mundo jurídico e político, caberia adaptar — mais raramente, inovar — ao legado do sistema colonial escravista os valores do mundo capitalista emergente. Nessa medida, não deve ter sido fácil para o visconde de Cairu a tentativa de adaptação das ideias de Adam Smith à jovem nação...

Os privilégios concedidos à Inglaterra contrariaram os patriotas brasileiros, que retiraram o apoio dado a Pedro I. Como vimos em capítulo ante-

Segundo Reinado (1840-1889)

rior, Pedro, isolado, foi deposto em 1831, tendo de retornar a Portugal apenas com o título de duque de Bragança (e agora assumida posição liberal), para combater os partidários de seu irmão absolutista, o usurpador Miguel. Mais tarde, vitorioso, tornou-se o rei Pedro IV. *Nessa perspectiva, vale reiterar, 1831 pode ser considerado o ano da efetiva Independência do Brasil.*

Mas outra força, também imperialista, afirmava-se no cenário internacional, sobretudo o das Américas: a República dos Estados Unidos da América. Como já assinalamos, os Estados Unidos reconheceram a Independência do Brasil logo em 1824, aplicando a Doutrina Monroe (de 1823), com a tese da "América para os americanos". Em contrapartida, à mesma época, no Brasil, os confederados republicanistas de Recife mantiveram conexões com os Estados Unidos, que ensaiavam os primeiros passos em sua disputa imperialista no Caribe e na América do Sul. A influência americana irá crescer também no Brasil, incandescendo mentes republicanas, como, no último quartel do século, as de Rui Barbosa[4] e Amaro Cavalcanti, e inspirando algumas iniciativas de tipo empresarial, no dealbar do século XX, como a do discreto Wenceslau Brás, em Itajubá, Minas Gerais.

Examinada a moldura, esbocemos as linhas fortes do quadro político-social e econômico, já nacional.

Vida política: embates, tendências e periodização

O Segundo Reinado compreende quatro décadas, abrangendo desde o golpe da Maioridade (1840) à proclamação da República (1889), determinando quatro períodos que podem ser apontados como a mais longa fase da história política do Brasil.

Houve um *primeiro período*, de organização, do Segundo Reinado — de 1840 a 1850 —, que primou pela repressão aos levantes regionais do período regencial, preparação do imperador, e montagem do aparato legislativo para garantir a ordem constitucional. Como vimos no capítulo anterior, em 1840 foi posta em vigor a restritiva Lei de Interpretação do Ato Adicional.

---

[4] Sobre Rui, admirador de Lincoln, ver a análise de Tarcísio Costa, "Cidadania em Rui Barbosa: questão social e política no Brasil", em João Cezar de Castro Rocha (org.), *Nenhum Brasil existe: pequena enciclopédia*, Rio de Janeiro, Topbooks/UniverCidade, 2003, pp. 335-42.

Ao longo desse período, eclodiram as revoluções liberais em Minas e São Paulo em 1842 e a revolta de Alagoas em 1844. No Rio Grande do Sul, a Guerra dos Farrapos chegou ao fim em 1845, e, em Pernambuco, em 1848 eclodiu a Revolução Praieira. Em 1847, criou-se a presidência do Conselho de Ministros. Os liberais, no poder desde 1844, foram derrotados em 1848, com o retorno dos conservadores.

Dados os substratos ideológicos e implicações a longo prazo, destacam--se a Revolução Farroupilha (1835-1845), no Rio Grande do Sul, e a Revolução de 1848 em Pernambuco, a "Praieira".

O *segundo período* — de 1850 a 1864 — caracterizou-se por certa estabilidade, quando se implementaram as primeiras iniciativas materiais de porte. Além da fundação de um novo Banco do Brasil, foi a fase dos maiores projetos do barão de Mauá (navegação a vapor, pavimentação de estradas, inauguração da Estrada de Ferro D. Pedro II etc.). Além da Lei de Terras de 1850, entrou em vigor o Código Comercial e foi promulgada a Lei Eusébio de Queirós, extinguindo o tráfico negreiro para o Brasil.

Em 1853, o marquês de Paraná articulou o Ministério da Conciliação. A nação, embora dependente, estava constituída. A Conciliação gerou muitos desgostos, como o expresso pelo republicanista Teófilo Ottoni, já referido: "Eu vi com pesar os moderados ao leme da revolução".[5]

O Brasil, porém, adquirira nova fisionomia. Por volta de meados do século XIX, em seu cotidiano, as pessoas sentiam mais o peso do mundo exterior, as ambiguidades da escravidão, em contraste com os desafios das inovações que emanavam dos principais centros do capitalismo. As usinas, ao substituírem os velhos engenhos, deram novo tom à vida. O mundo dos sobrados e das cidades, do vapor, das pontes de aço e das ferrovias, dos bacharéis, engenheiros, médicos, escritores e publicistas abria outros horizontes mentais. A economia do café decolava: em 1860, representava 43% do total do valor das exportações.

Desde 1808, e sobretudo entre 1817 e 1850, viveu-se a maior mudança da história do subcontinente, até então. Primeiro, a chegada da corte, depois as insurreições, instabilidades, Independência, revoluções, conflitos e levantes de escravos sob a Regência, demarcando a passagem para uma nova fase. Deixava-se de viver em colônia, mas não se sabia o que era *viver em nação independente*, na ordem liberal e pesadamente unitária. Nem em cidades

---

[5] *Apud* Octávio Tarquínio de Sousa, *História dos fundadores do Império do Brasil: Evaristo da Veiga*, vol. VI, Belo Horizonte/São Paulo, Itatiaia/Edusp, 1988, p. 99.

Segundo Reinado (1840-1889)

cosmopolitas: as nossas tinham escravos e não redes de esgoto. Mas, principalmente, temia-se a república, e por essa razão os liberais avançados, os "anarquistas" republicanos, foram alijados da história.

Em resposta às insurreições e levantes, no esforço de abafar a utopia republicana, logo se instaurou a ideologia da contrarrevolução. Tais formas de pensamento contrarrevolucionárias e regressivas marcariam indelevelmente a mentalidade nascente da "Democracia Coroada". Nada obstante, surgem algumas formulações — nas vozes de escritores e ex-participantes das revoluções de 1817, 1822, 1824, 1831, 1842 e 1848 — que permitem detectar essa nova identidade nascente. Trata-se de uma elite liberal, reformista, raramente revolucionária, com uma vertente mais caracterizada pela origem na classe média (o conceito é usado por Caio Prado Jr. e Paulo Mercadante), de leitores de Constant e Bentham, como o citado Evaristo da Veiga. Ou uma vertente mais conservadora, em que se destaca a voz do senador Nicolau Vergueiro, ex-deputado às Cortes e figura de relevo na Regência e nos anos 1850.

A transição — ou melhor, a transação — foi percebida pelo professor e jornalista Justiniano José da Rocha (1812-1862), cujas ideias podem ter o sentido de contraponto e finalização do processo da Independência. Carioca, Justiniano José da Rocha estudou no Liceu Henri IV, em Paris, e formou-se em direito em São Paulo. Deputado, fundou os jornais *Atlante*, *Cronista* e, de 1839 a 1852, o *Brasil*, tendo escrito também uma biografia de Pedro I. Mas sua fama veio da autoria do definitivo documento-panfleto *Ação, reação, transação* (1856), em que denuncia como, no Brasil, os conservadores dos anos 1830 e os liberais dos anos 1840 desempenharam o mesmo papel, com os mesmos erros e acertos, e como a reação monárquica mostrou-se hábil nomeando conservadores no lugar de "democratas". Proclamando seu "progressismo conservador", instaurou a famigerada cultura política da transação.[6]

Constituída a nação, liberais e conservadores assemelhavam-se em sua visão de Brasil e de cultura política, mas, a julgar pelo depoimento do jor-

---

[6] Justiniano José da Rocha, "Ação, reação, transação: duas palavras acerca da atualidade" (1856), em Raymundo Magalhães Júnior, *Três panfletários do Segundo Reinado*, São Paulo, Companhia Editora Nacional, 1956, pp. 161-218. Ver também Carlos Guilherme Mota, "Ideias de Brasil: formação e problemas (1817-1850)", em *Viagem incompleta (1500-2000): a experiência brasileira*, vol. 1, *Formação: histórias*, São Paulo, Editora Senac, 2000, 2ª ed., pp. 197-238.

nalista, despontava também uma dura crítica a esse estado de coisas. O "progresso conservador" vencera, é verdade, soldando as diferenças, mas havia alguma percepção desse processo de desmobilização nacional. O diagnóstico demolidor de Justiniano José da Rocha encerrava um ciclo de reflexões sobre o Brasil.

Justiniano sinalizava o fim de um período, como, meio século depois, Euclides da Cunha documentaria o fim de uma época. Ele, porém, não estava só. A seu lado, vindo também do "grupo de Paris", o contemporâneo Francisco de Sales Torres Homem (1812-1876), formado em Medicina no Rio e em Direito em Paris, um antiescravista que escrevera o *Libelo do povo* (sob o pseudônimo de "Timandro"), publicação em que, radical, também denunciava a volta do "despotismo imperial" e, com este, o retorno dos "inimigos da Nacionalidade". No juízo do historiador mineiro Francisco Iglésias, Timandro, com o *Libelo do povo*, constituiu um dos momentos vivos do jacobinismo nativo, provocado pelos eventos da Revolução de 1848.

Em meados do século, a aparente "estabilidade" do Segundo Reinado e a consolidação de um Estado nacional dependente, nos quadros do neocolonialismo, mal esconderiam tumultos, conflitos, levantes e movimentos revolucionários, como a Cabanada, a Praieira, a Farroupilha. Manifestações de resistência que seriam, cada uma a seu tempo, aplastadas ou cooptadas pelos mecanismos políticos e culturais criados nessa longa história de formação do patronato político brasileiro, detentor da ideia desmobilizadora e sufocante de um Brasil "estável", unitário, denso.

No *terceiro período* — de 1864 a 1870 —, sobressaiu a campanha da Guerra contra o Paraguai, transformada em questão nacional. Caxias dominou o cenário político-militar, assumindo, em 1862, a presidência do Ministério. A queda do Gabinete de Zacarias em 1868 foi o prenúncio da crise que levaria ao colapso da monarquia. Nada obstante, ocorreu modernização em alguns setores da economia e das comunicações.

Na máquina do Estado, Luís Alves de Lima e Silva (1803-1880), o futuro duque de Caxias, já vinha se destacando no cenário nacional desde o período das Regências. Sua trajetória transcorreu durante quase todo o período imperial, sendo considerado um dos principais esteios do regime, braço armado daquela sociedade de estamentos e castas. De uma família de militares, seu pai fizera parte da Regência por duas vezes, logo após a saída de Pedro I, e seu tio, o major João Manuel de Lima e Silva, foi um dos líderes liberais da Revolução Farroupilha. Seu irmão, o coronel José Joaquim, no ano de 1842, salva-o numa batalha em Minas Gerais.

Segundo Reinado (1840-1889)

O duque de Caxias

Caxias nasceu no Rio de Janeiro em 1803, na Fazenda Taquaruçu, filho de Francisco de Lima e Silva. Conforme as regras do estamento familial-militar, foi admitido ainda criança como praça titular do 1º Regimento de Infantaria. Em 1818, matriculara-se na Real Academia Militar, criada por João VI. Promovido a alferes no mesmo ano, e logo a tenente, passou a servir no 1º Batalhão de Fuzileiros, unidade da elite do exército do rei.

Com a Independência, criou-se o Batalhão do Imperador, ficando Luís Alves como 1º ajudante de Ordens. Ele segue no Batalhão, destacado para ir à Bahia impor a Independência. Em 1824, foi promovido a capitão e, já como Cavaleiro da Ordem Imperial do Cruzeiro, segue para a convulsionada Província Cisplatina. Promovido a major em 1829, ao ser criada a Guarda Nacional, em 1831, logo após a abdicação de Pedro I, torna-se dela instrutor. Os restauradores, que pretendiam trazer de volta o imperador, convidam Luís Alves para comandar a rebelião, mas este se nega a tal aventura; o ministro da Justiça Feijó encarrega-o de comandar um regimento provisório, o Batalhão Sagrado, para restabelecer a ordem no Rio. Lá criou, então, patrulhas de capitães e outros oficiais para controlarem as ruas. Para tratar dos problemas urbanos, Lima e Silva formou ainda a Guarda Municipal Permanente, que teve origem na antiga Guarda Municipal.

Em 1832, o major Miguel Frias de Vasconcelos, com seus 300 companheiros presos na Fortaleza de Villegaignon, tentou derrubar a Regência, mas teve suas armas tomadas pelos 123 guardas municipais de Luís Alves. Nessa etapa de sua carreira, ocorreram a Cabanagem no Pará, a Insurreição Farroupilha no Rio Grande do Sul (1835) e a Sabinada na Bahia (1837). Feito tenente-coronel nesse ano, foi promovido a coronel em 1839 e nomeado comandante das Forças Militares e presidente da província do Maranhão. O levante dos balaios, a Balaiada, já contava com cerca de 12 mil revoltosos, incluindo 3 mil negros. Sob suas ordens, as tropas, mais bem estruturadas e adotando a tática de marcha de flanco, sufocam o movimento em 1841. Pelo feito, recebeu o título de barão de Caxias, nome da cidade em que bateu os revoltosos.

No ano seguinte, Caxias é nomeado comandante de Armas da corte, posto que fora ocupado por seu pai. Com a eclosão, em Minas e São Paulo, das revoluções liberais contra o Gabinete conservador, Caxias é nomeado vice-presidente da província de São Paulo e comandante das forças em operação.

O general Caxias sobe a serra

Caxias desembarca em Santos em 17 de maio de 1842, e sobe a serra de Cubatão com seus 400 comandados. Como as tropas dos revoltosos eram de cerca de 2 mil homens, Caxias pede ao presidente da província mantimentos para 2 mil homens, contando que a notícia desse fato enganaria os revoltosos, o que de fato ocorreu. Aproveitou-se do impasse para organizar a reação da Guarda Nacional, em Jacareí, Mogi Mirim e Mogi das Cruzes, lançando as tropas contra os rebeldes comandados por Tobias de Aguiar, derrotando-os, tomando Sorocaba, a sede dos liberais, e mandando prender o padre Feijó, seu ex-chefe quando ministro da Justiça. No dia seguinte, declarava a anistia aos que se apresentassem no prazo de dez dias.

Foi quando recebeu a notícia de que os liberais de Minas levantaram-se contra o governo, vendo-se obrigado, com seu irmão, o coronel José Joaquim, a rumar para Barbacena, foco da rebelião. Com novas informações de que a capital, então Ouro Preto, seria atacada, muda o rumo e acelera a marcha de onze dias. Mas o conflito abre-se em Sabará, e os rebeldes recuam para Santa Luzia, onde uma tropa de mais de 3 mil homens aguardava Caxias. Foi o momento mais difícil de sua carreira, não apenas por conta da inferioridade numérica de suas tropas, mas pelo fato de ter-se enredado numa manobra de salvamento, lutando num espaço exíguo entre as tropas rebeldes e sua própria artilharia. Socorrido pelas tropas do irmão, ganhou a parada e fez cerca de 300 prisioneiros. Entre eles, o mais ilustre, Teófilo Ottoni.

Caxias topara com um republicanista convicto, o que, no Brasil daquela época, significava revolucionário. O mineiro Teófilo Ottoni (1807-1869), da cidade de Serro, apurou suas convicções liberais na vaga revolucionária de 1830. Deixou então a Marinha e passou a dedicar-se ao comércio e à propaganda republicana. Processado, depois eleito deputado provincial, chegou mais tarde a ser eleito deputado geral. Líder da Revolução de 1842, após a derrota foi preso por ano e meio. Eleito novamente deputado geral em 1845, abandonou a Câmara para dedicar-se à colonização do nordeste de Minas e, para desbravá-lo, criou a Empresa de Navegação e Colonização do Vale do Mucuri, fundando as cidades de Teófilo Otoni e Filadélfia. Nos anos 1860, voltaria ao Senado (1864), vendo com pesar os moderados ao leme do regime.

O general Caxias, com fama nacional de "Pacificador" de três províncias, foi designado para o Rio Grande do Sul, como presidente e comandante de Armas. Em 1845, após dois anos de combates, obteve a rendição dos farroupilhas.

Sua estratégia baseava-se em um princípio simples: reorganização administrativa dos poderes locais, reaparelhamento do Exército, envolvimento das bases da região em seu esquema e anistia dos revoltosos. No caso dos farroupilhas, até incorporou os vencidos no Exército imperial, nos postos correspondentes. Não por outro motivo, foram os próprios gaúchos que indicaram o nome de Caxias na lista tríplice para o Senado. Marechal-de-campo e conde, Caxias seria agora indicado por Pedro II para o Senado.

Com 43 anos, o vitorioso dos Farrapos torna-se membro da ala conservadora do Senado, sentando-se com emoção ao lado do pai, Francisco de Lima e Silva. Cinco anos depois, lidera os exércitos brasileiros nas guerras contra Oribe (Uruguai) e Rosas (Argentina). Em 1855, indicado para ministro da Guerra, criou o Colégio de Aplicação do Exército.

A Guerra contra o Paraguai foi declarada, e em 1865 forma-se a rede da Tríplice Aliança do Brasil, Argentina e Uruguai. Após uma série de desastres, como os de Uruguaiana e de Cachoeira, da falta de munições e dinheiro, desencontros com o Gabinete liberal, febres, o ferimento de Osório etc., o marquês de Caxias é nomeado, em 1866, para cuidar da guerra. Reorganizou e moralizou as tropas, começando então a colher, entre outras, as vitórias de Membucu e do forte paraguaio de Humaitá. Em 1869, entrava vitorioso em Assunção, recebeu o título de duque.

No retorno ao Rio, morando na Tijuca, com a saúde abalada, foi nomeado em 1875 pelo imperador — antes de mais uma viagem real pela Europa, que duraria dois anos — para a presidência do Conselho de Ministros, acumulando o Ministério da Guerra. Para seu desgosto, viu-se obrigado a fazer composição com os liberais... agora em clima nacional e internacional muito desfavorável. Nada obstante, seria ele, conservador e hierarca, o sustentáculo do governo da princesa Isabel.

Passados cinco anos, morreu em Vassouras, no Rio de Janeiro, na fazenda do barão de Santa Mônica, seu genro.

Antecâmara da República

O último período — de 1870 a 1889 — foi de desenvolvimento econômico e infraestrutural, mas também de aprofundamento das contradições, ampliadas com a propaganda republicana.

Quando, em 1870, a Guerra do Paraguai teve seu fim, ficara claro ter o conflito aprofundado o crescente desapreço pelos Bragança, tanto por Pedro II como por sua estirpe. E mais: esse desapreço provinha tanto do Exército quanto de outros setores da sociedade, até mesmo do clero.

A própria instituição do Poder Moderador, magnificando o poder do imperador, soava como um excesso inscrito na Constituição. Sua atuação, no juízo de Pandiá Calógeras, era sinceramente patriótica, dedicando "todo seu tempo ao país, mas em grau muito menor cuidava dos indivíduos".[7] Uma sorte de censor romano, que desagradava a muitos. Defendia o Brasil com o espírito de guia da nação, o que o levou a romper relações com a Inglaterra quando do caso Christie (1863)[8] e a responder às afrontas do presidente-ditador paraguaio López, um dos poucos alvos de seu ódio explícito.

Pedro II era abolicionista, mas a seu modo. Sobretudo depois que sentiu, em 1865, o mal-estar que a escravidão provocava nos governantes dos vizinhos Uruguai e Argentina. Em 1870, passados trinta anos, era o único a permanecer no poder após tanta rotatividade de ministros e conselheiros.

O ambiente agrava-se quando, passada a fase da Conciliação — arquitetada em 1853 por Carneiro Leão (o marquês de Paranaguá) e prolongando-se até 1859 —, o quadro político-partidário fragmenta-se. Com efeito, em 1861, na Câmara dos Deputados, três facções delinearam-se: os conservadores extremados, os conservadores moderados, e os liberais. No ano seguinte, formou-se a Liga entre moderados e liberais, o chamado "partido progressista". Os sucessivos gabinetes revelavam o crescimento dos liberais, no poder de 1863 a 1868, sob a liderança de Zacarias de Góis e Vasconcelos.

Estavam em pauta duas questões espinhosas: a abolição da escravatura e a atuação dos militares na política. A primeira sofria a crítica de uma incipiente opinião pública, a que se contrapunha a crença arraigada de que a economia dependia essencialmente da mão de obra escrava, havendo ainda o medo de o país entrar em uma fase de lutas raciais abertas (havia trinta anos, em 1835, a cidade de Salvador vivera o levante de iorubás islâmicos, a chamada Revolta dos Malês, em suas ruas).

---

[7] Pandiá Calógeras, *Formação histórica do Brasil*, São Paulo, Companhia Editora Nacional, 1957, 5ª ed., p. 330.

[8] Protagonizado por um diplomata inglês que se comportou de modo grosseiro, provocando a ruptura de relações de Pedro II com o governo inglês, reatadas após pedido formal de desculpas.

O próprio Pedro II subscreveu listas para libertar escravos e mandá-los para o Exército e, ainda, providenciar a liberdade dos nascituros. Incumbiu juristas de dar uma solução para o problema, fazendo do jurista Pimenta Bueno, o futuro marquês de São Vicente, seu principal conselheiro, contra a posição de Pedro de Araújo Lima, o marquês de Olinda. Seu sucessor, Zacarias, aderiu à proposta, contra a posição da maioria dos conselheiros de Estado, empenhando sua palavra (e a do imperador) diante do governo francês, que pressionava pela abolição. Para o ilustrado Pedro II, uma vergonha internacional.

Zacarias nomeou uma comissão, presidida pelo senador Nabuco de Araújo, "o líder mental do partido liberal", que elaborou o projeto do Conselho de Estado. Este, com emendas, serviu de base para a lei de 28 de setembro de 1871, dando liberdade aos nascituros, complemento da Lei de 1850 de Eusébio de Queirós, abolindo o tráfico. Estava condenada a instituição servil. Mas também a monarquia ficava agravada — o que se depreende de algumas páginas do *Memorial de Aires*, de Machado de Assis[9] —, pois os fazendeiros sentiram-se abandonados pelo monarca viajante, que deixara, agora, o governo nas mãos da princesa Isabel e de seu marido, o conde d'Eu, figura controvertida, porém abolicionista.[10]

Outra questão era a militar, como veremos em capítulo próximo. A monarquia ruía. Naquele mesmo ano de 1870, foi lançado o Manifesto Republicano, e, em 1873, reunia-se a Convenção Republicana em Itu, província de São Paulo. Os debates pela reforma eleitoral e pela eleição direta tomaram os anos de 1870 a 1878, com a vitória da Lei Saraiva, que adotou a eleição direta e o princípio de capacidade eleitoral dos católicos e dos escravos libertos. Nada obstante, a falência dos partidos era óbvia.

No Sul, o fogoso Pinheiro Machado fundou, em 1879, o Partido Republicano Rio-Grandense, e, em 1884, Júlio de Castilhos criou o jornal *A Federação*. Em 1880, Joaquim Nabuco teve rejeitado seu projeto de lei propondo o fim da escravidão em dez anos, compreendendo que somente com intensa propaganda a tese teria sucesso: criou, para tanto, a Sociedade Brasileira contra a Escravidão, logo seguida da Confederação Abolicionista, com ramificações pelo país, mas tendo a sede no Rio de Janeiro, foco central do escravismo.

[9] Machado de Assis, *Memorial de Aires*, cit., *passim*.

[10] Pandiá Calógeras, *Formação histórica do Brasil*, cit., p. 335.

De 1883 a 1888 ocorreram rebeldias, levantes, emancipações espontâneas, criação de fundos para auxiliar em fugas e libertações, do Amazonas ao Rio de Janeiro, de Fortaleza a Porto Alegre. Vários advogados e magistrados deram apoio à causa, impetrando *habeas corpus* para os fugitivos. As lutas pela liquidação do regime servil ganharam impulso também com a fundação, em 1886, da Sociedade Promotora da Imigração.

Em 1888, finalmente, foi promulgada a Lei Áurea, abolindo a escravidão no Brasil. No dia 13 de maio, Machado de Assis anotou em seu *Memorial de Aires*: "Ainda bem que acabamos com aquilo. Era tempo".

Perfil de Pedro II

> "O principal embaraço à colonização, em maior escala, é o preconceito que ainda dura de que o trabalho não há de faltar."
>
> Pedro II, 1876[11]

> "Fingiu nobremente que governava um país livre."
>
> José Maria Bello, 1940[12]

A personagem dominante do Segundo Reinado foi o próprio Pedro II (1825-1891). A imagem mais reiteradamente mencionada é a de um homem equilibrado, culto, austero, e sempre louvado. De modo geral, a historiografia — e a crítica em geral, em um país em que ela é modesta — sobre Pedro II é extremamente louvaminheira, atitude que persiste até os dias atuais. Sua figura imperial e atuação sofreram parcas críticas, e apenas no início do período republicano. "Dir-se-ia que no seu elogio quase incondicional há uma espécie de fuga para o passado. O Império encheria as nossas saudades, e o velho rei, 'neto de Marco Aurélio', seria impecável modelo para os governantes brasileiros", escreveu um dos primeiros e talvez o melhor historiador da Primeira República.[13]

---

[11] Pedro II, "Carta segunda", em Walter Costa Porto (org.), *Conselhos aos governantes*, cit., p. 820.

[12] José Maria Bello, *História da República (1889-1930)*, Rio de Janeiro, Simões, 1940, p. 22.

[13] *Ibid.*, p. 20.

Segundo Reinado (1840-1889)

Filho de Pedro I e da imperatriz Leopoldina, Pedro nasceu no Paço de São Cristóvão, na Quinta da Boa Vista, Rio de Janeiro, no dia 2 de dezembro de 1825. Nome completo: Pedro de Alcântara João Carlos Leopoldo Salvador Bebiano Francisco Xavier de Paula Leocádio Miguel Gabriel Rafael Gonzaga de Bragança. Sua mãe, Leopoldina, morreu um ano depois, tendo sido ele criado pela Condessa de Belmonte, Mariana Carlota Vieira de Magalhães Coutinho.

"Meu filho tem sobre mim a vantagem de ser brasileiro. E todos os brasileiros gostam dele",[14] disse seu pai quando abdicou do trono em favor do menor de 5 anos. Dois dias depois da abdicação, Pedro foi proclamado imperador do Brasil, tendo por tutor, nomeado por Pedro I, José Bonifácio. Ao ex-ministro, conselheiro e ex-exilado pelo próprio Pedro I, caberia o papel de educador do jovem rei Pedro II até sua maioridade.

O país fervilhava em conflitos regionais, nos embates das províncias com o poder central, nas questões de fronteiras, nas lutas entre monarquistas e republicanistas e entre portugueses e brasileiros, entre abolicionistas e negreiros, ambos pressionados pelos ingleses e franceses e pela opinião internacional.

Em 1840, uma proposta de reforma constitucional, de autoria de Honório Hermeto Carneiro Leão, o marquês do Paraná, antecipara a maioridade de Pedro II. Em clima de agitação na Câmara e de manifestações populares, o presidente do Senado, Francisco Vilela Barbosa (marquês de Paranaguá), proclamou a resolução decretando a Maioridade no dia 23 de julho, por muitos considerada um golpe. No mesmo dia, o jovem de 15 anos tomou posse. O "órfão nacional", o "pequeno imperador, nosso patrício", como o qualificara o eufórico Evaristo da Veiga em seu jornal no dia 11 de abril de 1831, consagrava-se como sucessor da Coroa, em revolução que durou menos de 48 horas, "nossa revolução gloriosa", que "em nada teve que invejar aos 3 dias de Paris".

---

[14] "Eles não me querem como governante porque sou português. Não importa como o façam, eles estão determinados a livrarem-se de mim [...] Meu filho tem sobre mim a vantagem de ser brasileiro. E todos os brasileiros gostam dele. Ele reinará sem dificuldade, e a Constituição garantirá as suas prerrogativas. Descerei do trono com a glória de terminar como comecei, constitucionalmente", *apud* Sérgio R. D. Morgado, "Caxias e seu tempo", em *Da Cultura*, vol. 3, nº 5, Rio de Janeiro, maio de 2004, pp. 24-37, revista da Fundação Cultural do Exército Brasileiro.

A criança já marcara sua presença pública no solene *Te Deum* na Capela Imperial, em 1831, quando, embora menor, tornou-se imperador. Foi comovida a descrição que Evaristo fez dessa solenidade em seu jornal:

> "Ao aparecer o menino, que vinha em um coche puxado pelo povo, rompeu imensidade de vivas à Nação, à Constituição, ao Sr. D. Pedro II, ao *imperador brasileiro*! O pequeno imperador correspondia aos vivas acenando com o lenço. Os olhos se arrasavam de água, a tropa e a população simpatizando se mostravam irmãos e despidos da menor lembrança de rancor ainda contra aqueles que nos ofenderam. [...] Após os Juízes de Paz, que iam a cavalo com as bandeiras verdes desenroladas, vinham para mais de 500 cidadãos todos bem vestidos e com os braços entrelaçados, como um sinal de estreita união. Tudo era prazer, os vivas que rompiam os ares não foram, como outrora, dados com o temor do chicote, empunhado na mão dos assassinos."[15]

O processo foi garantido pela espada do general Francisco de Lima e Silva, membro da Regência, e as de seus irmãos. Prosseguia Evaristo, cumprimentando-os e inaugurando uma tradição liberal duvidosa, talvez ingênua, no mesmo jornal: "Recebam os Srs. Lima esta homenagem de quem nunca soube o que é adular, de quem receia muito a espada, quando ela abusa de sua preponderância".

Nacionalizava-se a Independência, e ao mesmo tempo se abafavam os projetos de Federação e de República, mas também — sobretudo — a hipótese, cada vez mais distante, de abolição da escravatura. Daí em diante, os Lima e Silva, família de militares do Exército, estariam presentes em toda a trajetória do jovem Bragança, com a missão de "pacificar" e unificar o Império.

"Pacificação"

Quem foi o silencioso general Francisco de Lima e Silva, personagem tão decisivo — ou mais — que Deodoro da Fonseca em 1889? Como enten-

---

[15] *Apud* Octávio Tarquínio de Sousa, *História dos fundadores do Império do Brasil: Evaristo da Veiga*, cit., pp. 102-3, citando o *Aurora Fluminense*, nº 470, Rio de Janeiro, 11/4/1831.

Segundo Reinado (1840-1889)

der a presença de militares (em verdade, nos dois casos citados, de famílias de militares) nesses dois momentos decisivos, o da Independência e o da passagem para a República?

O general Lima e Silva, carioca, nasceu em 1785. Aos 38 anos, esse austero militar foi nomeado coronel e, no ano seguinte, já general, comandou as tropas que puseram fim à Confederação do Equador, fazendo parte da comissão de julgamento dos revolucionários republicanos, executados. Após o fechamento da Constituinte, foi nomeado membro da Imperial Câmara de Pedro I e, em 1828, governador das Armas de São Paulo, ocupando a mesma posição no Rio de Janeiro em 1829 e 1830.

Achava-se bem situado, com 46 anos, quando da crise da abdicação, que o levou à Regência provisória e, a 17 de junho de 1831, à Regência Trina Permanente, com Bráulio Muniz e José da Costa Carvalho. "Civilizou--se", sendo eleito senador pelo Rio de Janeiro em 1837, e logo condecorado por Pedro II com o título de barão da Barra Grande, em 1841, meses depois do golpe da Maioridade.

Passava-se uma borracha na história recentíssima. Afinal, o prestante general brasileiro Lima e Silva, que em nome do imperador reprimira a Confederação em 1824, ajudara elegantemente na deposição do mesmo imperador em 1831. Agora, o filho do imperador, necessitado de apoio para tantos conflitos que pipocavam no território nacional, nobilitava-o com um desses títulos da terra carioca. Não pararia aí: o filho do general-senador, Luís Alves de Lima e Silva, também militar, viria a auxiliá-lo (e até mais) no controle dos movimentos sociais subversivos e na construção da chamada "Paz Imperial", fazendo jus ao título mais alto do Império: o de duque, concedido uma única vez em toda a História do Brasil. Foi ele o duque de Caxias.

Voltemos à ilustrada biografia de Pedro II. Aos 18 anos de idade, em 1843, casou-se com Teresa Cristina, filha do rei das Duas Sicílias, com quem teve quatro filhos. Apenas as princesas Isabel e Leopoldina sobreviveram, tendo morrido cedo os dois varões, Pedro e Afonso. Isabel se casaria com o francês conde d'Eu, talvez a pessoa mais interessante da família, que lutou na Guerra do Paraguai, aborrecia-se com alguns hábitos da elite brasileira e era abolicionista.

Pedro II era culto, amigo de sábios, de intelectuais e de governantes ilustres, apoiador de iniciativas no campo da pesquisa, da literatura e das artes. E também da historiografia, pois bancava o trabalho de Varnhagen, que deve tudo a ele. Racista, como se sabe, Varnhagen não admitia a ideia de Inconfidência e desconsiderava o papel de Tiradentes.

O imperador, investido na imagem cultivada de "rei-filósofo", recebia viajantes, como o interessantíssimo cônsul britânico em Santos, Richard Burton, ou o racista conde de Gobineau, frequentava academias, institutos e por vezes até aulas no Colégio Pedro II. Um sábio de província, enfim. Auxiliava pesquisadores com bolsas de estudo, gostava de viajar, embora — no juízo do historiador José Maria Bello,

> "correndo apressadamente países e cidades, fazendo sobre as coisas ilustres pelo passado ou pela beleza artística, que visitava, as vulgares observações dos turistas medíocres, confundindo muitas vezes o valor dos homens eminentes que procurava — redimindo-se, no entanto, neste aspecto, pelo pressentimento da revolução musical de Wagner e pelo respeito aos gênios de Pasteur e Edison."[16]

Apesar de ter deixado farta correspondência de viagem, e rubricado e recebido tantos outros documentos que assinou em trânsito, não se ressalta nele qualquer notável preocupação de estadista. As questões de economia passam-lhe distantes, até mesmo as inovações tecnológicas que a Revolução Industrial e o maquinismo traziam à Europa e aos Estados Unidos. Preferia estudar o árabe ou o hebraico, colecionar peças de museu (modestas), deixando que a rotina parlamentar comandasse os destinos do país. Não foi um adepto da indústria, nem das reformas urbanas que se processavam furiosamente na França ou nos Estados Unidos. Em suma, um homem caseiro, pouco espontâneo, excelente leitor de livros, autor de sonetos convencionais.

Pedro II parecia esforçar-se por esquecer os cuidados e as penosas tarefas do governo, sobretudo após a Guerra contra o Paraguai, um divisor de águas em sua biografia. Guerra que o fatigara deveras e, nela, especialmente a perseguição e morte de López, talvez o único ódio explícito do imperador, cedo envelhecido.

Sem ousadia, sem grandes paixões, sem conflitos fulminantes, era o avesso de seu pai. O julgamento de Bello é duríssimo: "Honesto cumpridor de deveres, patriota, sincero, tocado mesmo de certos preconceitos nativis-

---

[16] José Maria Bello, *História da República (1889-1930)*, cit., p. 23.

tas, realizava o melhor tipo do alto funcionário público. [...] Não foi um estadista".[17]

Embora em seu governo tenham ocorrido não só a Lei de Terras, discutível e limitada, e a extinção (tardia) do tráfico de escravos (1850), mas também as iniciativas em favor da imigração, o desenvolvimento da economia do café e a construção de estradas de ferro, de modo geral o país pouco se modernizou. O parque industrial brasileiro, por exemplo, pouco ou nada se desenvolveu. A rede universitária muito menos. E a sociedade permaneceu estamental-escravista, até mesmo depois da abolição da escravatura. Pedro II, aliás, não era um entusiasta da imigração.

As viagens ao exterior funcionaram como parênteses diante das tarefas do Estado e das artimanhas da vida parlamentar que o cercavam: não por acaso, foi a princesa Isabel quem assinou o decreto de abolição da escravatura em 1888. O tédio estamental, educado, esterilizado, marcava essa personalidade plácida, sem especiais alegrias e extroversões. Sem escândalos amorosos, sem sabor.

Seu governo terminou mal, marcado pela inércia, com importantes questões nacionais não resolvidas: a questão militar, a questão religiosa, a gravíssima questão social (a abolição não trouxe efetiva emancipação para os ex-escravos), a questão econômica. A antiga questão da terra tampouco teve equacionamento razoável com a imigração, abolição, criação de mercado interno — todos estes temas passaram ao largo da varanda do último Bragança no poder. Seu destino final foi o exílio. Exílio, eis a palavra que amargou os últimos dias de seu avô, de seu pai e os seus próprios.

Proclamada a República em 15 de novembro de 1889, o velho imperador, diabético e doente, foi intimado no dia 17, por carta, pelo presidente Deodoro da Fonseca — seu admirador, aliás — a partir para o exílio em Portugal, com a família, lá chegando no dia 7 de dezembro. No Porto, no dia 28, morreu Teresa Cristina. Viúvo, doente e envelhecido, cultivou o *hobby* de que mais gostava: bibliotecas, museus, institutos. Naqueles últimos meses, morou em Nice, Cannes, Versalhes e Paris.

A descrição que dele fez o historiador Sérgio Buarque de Holanda é irretocável, indicando ainda o sentido profundo de seu governo:

[17] *Ibid.*, p. 20.

448   História do Brasil: uma interpretação

"Não é seu, com certeza, um poder impessoal e inumano, que o prive de cometer injustiças, e ele deve ter consciência disso. Entra aqui um jogo de contradições, que o imperador todavia não quer ver, sobretudo não gosta que outros o vejam: nada o incomoda tanto como as acusações ao poder pessoal. [...] Sabe [Pedro II] manter conveniente distância com os que dele se aproximam, e toda a sua correspondência particular denota em geral uma cautelosa reserva que lhe é muito chegada. Os hábitos de retraimento e a conduta impessoal, que requeria sua dignidade de chefe de Estado, acabaram aparentemente por transformar-se nele em segunda natureza. [...]

Um dos atrativos que D. Pedro talvez oferecesse ao racista Arthur de Gobineau estava em que aquele homem ainda alourado, se bem que já encanecido, de olhos muito azuis, imponente estatura, barba suficientemente cerrada para esconder o prognatismo da Casa d'Áustria, colocado pelo mau destino à testa de uma gente na maior parte trigueira ou mestiça, avivaria suas arraigadas convicções acerca de fundamental desigualdade das raças humanas. [...] Isso não impedia, entretanto, que muitos se intimidassem facilmente em sua presença, ainda que a todos procurasse tratar com perfeita urbanidade e benevolência. Um dos seus conselheiros disse que era avesso a 'arrastamentos do coração' e que, se sentiu afeições, soube contê-las dentro de limites muito restritos."[18]

O imperador, deposto e exilado, faleceu em 1891 no Hotel Bedford, onde vivia na capital francesa, assistido por seu médico e acompanhante, o doutor conde Motta Maia. Seus restos mortais repousam na Catedral de Petrópolis, que frequentava.

---

[18] Sérgio Buarque de Holanda (org.), *História geral da civilização brasileira. O Brasil monárquico: do Império à República*, vol. 5, São Paulo, Difel, 1972. Todo o volume é de autoria do organizador da coleção. O trecho citado encontra-se nas pp. 16-7 e 19-20.

21

Parlamentarismo sem povo:
a "paz" do Segundo Reinado

> "O Senador Nabuco, que era sobretudo um legista e professava em matéria política um ceticismo de bom quilate, não descobria lugar no Brasil para partidos profundos, partidos, segundo ele dizia, transmissíveis de geração para geração, como os houvera outrora na França, ou dinásticos como na Inglaterra."
>
> Oliveira Lima, 1927[1]

A abolição do tráfico de escravos (1850) foi um dos principais fatores que afetaram a economia do Império na segunda metade do século XIX. O vínculo econômico entre o Império e os países industrializados continuou o mesmo: o Brasil era um país essencialmente agrário-exportador, isto é, especializava-se na produção agrícola para ser vendida no mercado internacional. Se os principais gêneros exportados pelo Brasil durante o período colonial foram o açúcar e o algodão, no século XIX, nas províncias do Rio, Minas e São Paulo, o café tornou-se o produto de exportação mais rentável para os cofres do Tesouro. Já no final do século, a borracha e o cacau assumiriam, no comércio de exportação, lugar de importância comparável.

O café fora introduzido no Brasil na primeira metade do século XVIII. Naquela época, a mineração de ouro e diamantes era a principal atividade econômica da colônia: a maioria dos investimentos em capital e mão de obra era absorvida pelas minas.

No início do século XIX, o café adquiriu importância econômica, tornando-se, na década de 1830, um dos principais gêneros tropicais de exportação para os países industrializados. Londres, Amsterdã e Nova York eram os grandes centros consumidores e mercados do café.

---

[1] Oliveira Lima, *O Império brasileiro (1821-1889)*, Belo Horizonte/São Paulo, Itatiaia/Edusp, 1989, p. 45.

As províncias do Rio de Janeiro, Minas Gerais (sua região sudeste) e São Paulo destacavam-se como as mais importantes regiões produtoras da rubiácea, que aí encontrava solo e clima ideais para sua cultura. No vale do Paraíba, formaram-se grandes fazendas, com seus pomares, bosques e senzalas, e nelas se cultivou um estilo de vida europeizado, com bibliotecas, mestres-escolas e preceptores europeus. Desenvolveu-se um colar de cidades, e arregimentaram-se milhares de escravos.

Sobre a riqueza dessa economia, já em meados do século XIX,

> "a acumulação sem precedentes de terras e escravos, as novas instalações produtivas nas fazendas, a construção de 'palácios' e igrejas na roça, a compra de títulos de nobreza, a importação de objetos de luxo e o embarque dos filhos para estudar na Europa, eram indicativos dos tempos de opulência, do novo *status* e do sucesso na incorporação da estrutura escravista no mercado internacional."[2]

Esvaziada a economia cafeeira, a decadência deixou uma nobreza da terra *déclassée* e as "cidades mortas", tão bem descritas por Monteiro Lobato. E, ainda, uma particular cultura de violência, que pode ser constatada no estudo de Maria Sylvia de Carvalho Franco, *Homens livres na ordem escravocrata*,[3] além de persistente ranço conservador de uma sociedade com marcas profundas de um *ethos* estamental-escravista passadista, asfixiante.

São Paulo: temperando sua rudeza...

Com sua capital em que se dera o Grito de Independência, no Ipiranga, a província do finado José Bonifácio saía das brumas e da pobreza do século anterior. Garoenta, era a preferida do Patriarca, de Maria Graham e de tantos outros viajantes, caracterizando-se por ser uma cidade de estudantes provenientes de outras províncias. O venerável José Bonifácio assim definia a província em que nascera:

[2] João José Reis e Eduardo Silva, *Negociação e conflito: a resistência negra no Brasil escravista*, São Paulo, Companhia das Letras, 1989, pp. 23-4.

[3] Maria Sylvia de Carvalho Franco, *Homens livres na ordem escravocrata*, São Paulo, IEB-USP, 1969.

"São Paulo, montanhoso e áspero em partes, tempera a rudeza, a brutalidade dos povos inteiramente montanheses, e habitantes de países gelados; e é sem dúvida o mais capaz de grandes coisas. Ali misturam-se serras com campos, e veigas deliciosas; o frio vence o calor, e dá aos corpos certa energia, que não conhecem os povos de outros climas quentes."[4]

No ocaso do período colonial e primórdios do século XIX, São Paulo, no calor da Independência, começava a ocupar lugar de destaque no cenário brasileiro. Não apenas os episódios de sua participação no processo emancipatório (com os Andradas à frente), mas também uma série de iniciativas — entre elas a criação da Academia de Direito em 1827, para onde se dirigiam os filhos das elites regionais a fim de realizar seus estudos superiores — situava a antiga cidade colonial na linha de frente do processo de descolonização do país. Mais que os estudos, extremamente dispersos e por vezes muito antiquados, o encontro de jovens provenientes de regiões com problemas tão diversos ampliava o sentido de nacionalidade. Em alguns, um sentimento antiescravista e, por vezes, federalista. A despeito de alguns estudantes virem com seus escravos, espécie de valetes, ou suas "montarias", que ficavam "estacionadas" nas imediações da escola aguardando o "sinhozinho" sair das aulas ou das bebedeiras em alguma bodega vizinha.

As várias e sucessivas lideranças da ex-capitania — desde os Andradas, Nicolau de Campos Vergueiro, o padre jansenista Diogo Antônio Feijó (ex-deputados nas Cortes de Lisboa) até os republicanos de 1870 — deixaram marcas pessoais na construção de um projeto comum, um projeto nacional em fermentação. Com marcante presença estrangeira e sendo cabeça de uma vasta rede hidrográfica, aliada ao clima propício e à fertilidade de suas terras, as linhas fortes do desenvolvimento da vida urbana paulistana e paulista definiram-se já nas primeiras décadas do século XIX.

Observada a história de São Paulo na *longue durée*, o Ato Adicional de 1834 organizou institucionalmente o país já politicamente independente, num processo que se prolongaria até 1929, quando da grande crise internacional que abalou a estrutura agrária gerada na colônia e no Segundo Reinado. Na maior parte da província paulista, o crescimento demográfico e econômico acompanhou, como seria de se esperar, a intensificação da ocupa-

---

[4] José Bonifácio, "Caráter geral dos brasileiros", em Miriam Dolhnikoff (org.), *Projetos para o Brasil*, São Paulo, Companhia das Letras, 1998, p. 193.

Parlamentarismo sem povo: a "paz" do Segundo Reinado

ção territorial.[5] Sua população, que em 1834 era da ordem de 330 mil habitantes, chega, em 1929, a 6 milhões (dos quais cerca de 1 milhão são imigrantes estrangeiros, naturalizados ou não). Do total, quase metade vivia da atividade rural, e, dessa metade, quase um terço era ligado à cultura do café.

O que representava São Paulo no contexto brasileiro? Enquanto o Rio de Janeiro, capital da monarquia, entrara para o mapa-múndi tornando-se o grande polo de atividades econômicas, políticas, diplomáticas e culturais do hemisfério sul, articulando a economia destas partes do Atlântico em seus desdobramentos para o resto da América meridional, São Paulo continuava à margem das grandes correntes econômicas e políticas do Reino Unido.

Na primeira metade do século, no clima das turbulências político-sociais do Primeiro Reinado (1822-1831) e do período regencial (1831-1840), além da capital do Império, poucos centros urbanos adquiriram maior dimensão, recebendo muitos dos habitantes recém-chegados de vários países, como se observa pelo Registro de Estrangeiros na Alfândega do Rio de Janeiro. Embora não vertiginosamente, entraram num novo ritmo vilas e cidades do interior, como Vila Rica, Sabará, Mariana, São Paulo, Sorocaba, Guaratinguetá e outras.

Em São Paulo (como em Olinda), em 1827, como já referimos, criou-se a Academia de Direito para a formação de novos quadros dirigentes. Com a economia do café, que se expandirá no transcorrer do século, alastrando-se pelo vale do Paraíba e litoral e alcançando o chamado Oeste Velho paulista, a cidade irá polarizar toda uma hinterlândia, beneficiando-se dessa posição privilegiada, fortalecendo a condição de cabeça-de-ponte para o interior da província, e mesmo além dele.

São Paulo vivera a extrema depressão e pobreza do fim do período colonial. Não somente a proibição de atividade manufatureira sufocara qualquer iniciativa nesse sentido, como a dispersão populacional e a autonomia das propriedades rurais não estimularam o desenvolvimento de um mercado para produção em escala. A indústria em São Paulo não ia além da fabricação manual de algodões e lãs rústicos, de cunho artesanal. Mas eram apreciadas colchas com desenhos esmerados e redes tecidas, feitas pelas senhoras da "boa sociedade" que se dedicavam ao trabalho de agulha. Outras espe-

---

[5] Richard M. Morse, *Formação histórica de São Paulo*, São Paulo, Difel, 1970. Os dados populacionais, mencionados a seguir, podem ser consultados nas pp. 90, 102, 158, 162, 171, 192, 238-40 e 301.

cialidades paulistanas eram a produção de cerâmica, em pequena escala, por mestiços nos bairros quase fora da cidade, e a de chapéus de feltro.

Os ofícios eram controlados pelos escrivães por meio de exames, antes de serem aprovados pela Câmara os nomes dos que os exerceriam. No Registro Geral (1820-1822), consta que 4 sapateiros, 4 alfaiates, 2 seleiros, 1 caldeireiro e 1 carpinteiro foram qualificados como "mestres examinados" ou tiveram autorização para "trabalhar ao público com sua loja aberta". Note-se que alguns deles eram escravos, e que passar nesse exame era a condição para o trabalho, além de reconhecimento de qualificação. No mundo do trabalho, o resto da população era considerado "desqualificado".

Nada obstante, havia uma certa predisposição, dada pelo bom clima e pelo baixo custo de vida, para São Paulo ser considerada por muitos viajantes e cientistas o lugar ideal para um futuro desenvolvimento de indústrias. Além disso, havia já alguma mão de obra especializada, sobretudo no setor de couros e madeira, com sentido não desprezível de profissionalização.

Tal ambiente deve ter influído na decisão, de João VI, de transferir uma fábrica de armas do Rio para São Paulo, encarregando 10 mestres alemães e 50 trabalhadores do local para tocá-la. Esses alemães ganhavam relativamente bem, mas adaptaram-se demasiado aos excessos da vida nos trópicos, cedendo aos costumes e à cachaça. A inconstância dos aprendizes brasileiros ao trabalho, numa sociedade escravista, com poucas exigências do meio (que não solicitava mobiliário sofisticado nem acessórios), não levou muito longe a experiência, que só continuaria com subsídios do Erário Real. Também uma fábrica de tecidos, estabelecida em 1811 por um português "Mestre e Fabricante de Tecidos de Seda e de Algodão", foi fechada. Uma filial do Banco Central foi criada na capitania de São Paulo, para estimular o comércio e a agricultura, mas também sem sucesso.

A cidade viveria ainda, segundo o historiador Richard Morse, muitos anos de "inocência econômica".[6] Um levantamento das fábricas paulistanas, feito em 1836, mostra que elas ainda obedeciam ao padrão colonial. O fato é que até então se vivia num contexto em que o valor de um escravo com habilitações, ou o de artigos importados, era mais alto que o custo de terrenos, de mobiliário doméstico local ou de serviços (como visita de médico, por exemplo).

[6] *Ibid.*, pp. 148 e 216. Ver também o capítulo XVII, "O temperamento da Metrópole", pp. 273-94.

A partir de 1822, entretanto, ocorre um significativo esforço por parte do governo provisório local, no sentido de estimularem-se as atividades econômicas. Cria-se uma Sociedade Econômica a Benefício da Agricultura e Indústria da Província, com biblioteca, mapas, modelos e "machinas" oferecidas por José Bonifácio. Como vimos, ele passou grande parte de sua vida na Europa, tendo sido professor da Universidade de Coimbra; marcadamente paulista, com seus irmãos Martim Francisco e Antônio Carlos, desenvolveu projetos que deram o estofo político-ideológico para a jovem nação, mas também para a província de São Paulo, conforme a filosofia do reformismo da Ilustração.

Nos anos seguintes a 1822, e ao longo de todo o século, surgiram iniciativas integrando São Paulo na estrutura administrativa do país independente, ao mesmo tempo que a cidade ganhava expressão como centro político da província. Mas houve uma perda relativa da autonomia municipal, pois seus problemas passaram a ser discutidos pelas autoridades da província. Suas necessidades foram diluídas no conjunto da província, com soluções de dentro para fora, e não o contrário. Aí estaria a raiz dos problemas daquela que seria a maior cidade do mundo luso-afro-brasileiro.

Os "barões do café"

Em 1838, as exportações de café superaram as de açúcar, e, a partir desse momento e durante todo o restante do século, a rubiácea foi a fonte de riqueza dos "barões do café" do Rio de Janeiro e do vale do Paraíba, que em geral mandavam seus filhos estudar na corte, na Faculdade de Direito de São Paulo ou na Europa. O estudo modelar de Stanley J. Stein, *Grandeza e decadência do café no vale do Paraíba*,[7] uma pesquisa aprofundada na região do vale, com foco na cidade fluminense de Vassouras, revelou a pulsação

---

[7] Stanley J. Stein, *Grandeza e decadência do café no vale do Paraíba*, São Paulo, Brasiliense, 1961. Esta pesquisa inaugural, hoje clássica, conduzida com metodologia moderna, tese de doutorado na Harvard University, foi editada em português por iniciativa de Caio Prado Jr. Marxista, professor da Princeton University, Stein beneficiou-se dos comentários de Melville Herskovitz e de Charles Wagley, então no Brasil. Uma nova edição do livro saiu pela editora Nova Fronteira, do Rio de Janeiro, em 1990, com o título de *Vassouras: um município brasileiro do café (1850-1900)*. Posteriormente, foram produzidas muitas outras monografias, como a de Warren Dean sobre Rio Claro, no Estado de São Paulo, excelente.

daquele universo econômico-social durante a passagem da economia cafeeira e mesmo depois disso.

Apesar da abolição do tráfico de escravos, os proprietários das fazendas utilizavam trabalhadores escravos importados das províncias do Norte e Nordeste. A economia da rubiácea foi responsável pelo recrudescimento e manutenção do regime de trabalho escravista durante a segunda metade do século XIX.

Na primeira metade do século, o Rio de Janeiro fora o principal porto exportador de café. As regiões produtoras eram relativamente próximas dali. Com o tempo, estas regiões tornaram-se gradativamente menos produtivas: a erosão e o desmatamento indiscriminado foram as principais causas que determinaram a queda na produtividade dessas terras.

Mas havia uma dinâmica própria nessa economia do café, como apontaram os historiadores João José Reis e Eduardo Silva:

> "Controle e vigilância, necessidades primaciais da fazenda escravista, influenciavam tudo, até as técnicas de cultura. Os cafezais eram plantados nos morros, seguindo a linha de maior declive. Esta técnica, como se sabe, era particularmente danosa no vale do Paraíba, onde a inclinação dos terrenos facilitava a erosão, que, em poucos anos, descobria as raízes dos cafeeiros e esterilizava a terra. Hoje, ao criticarem esse sistema, os historiadores têm frequentemente esquecido que os primeiros cafezais foram plantados ao léu, sem qualquer sistema de alinhamento, exatamente para evitar a erosão. Para compreendermos por que esse sistema foi abandonado é necessário ter em conta que o imperativo de organizar, controlar e aumentar a produtividade do trabalho escravo era maior do que a preocupação em conservar as plantações."[8]

Na segunda metade do século XIX, o cultivo de café passou pelo vale do Paraíba, movimentando os portos de Ubatuba e São Sebastião. E continuou se expandindo, até alcançar a região entre Campinas e Ribeirão Preto, e o Oeste paulista. Na cidade de Santos, instalou-se o principal porto de escoamento da produção paulista. As fazendas de café do interior paulista também dependiam do trabalho escravo, e a falta de oferta desta mão de

---

[8] João José Reis e Eduardo Silva, *Negociação e conflito: a resistência negra no Brasil escravista*, cit., pp. 26-7.

obra foi responsável pela introdução de trabalhadores livres assalariados nas fazendas paulistas. Constituíam estes, em sua maioria, imigrantes europeus italianos e, mais tarde, japoneses, especialmente trazidos para trabalhar nas fazendas de café. Apesar disso, os fazendeiros de café, sobretudo os fluminenses e os do vale do Paraíba, defendiam com unhas e dentes a manutenção do regime escravista: muitos deles se opuseram à libertação dos escravos até 1888, ano em que estes foram "emancipados".

No final do século XIX, a província de São Paulo tornou-se responsável por metade da produção de café do Império. As fazendas paulistas assimilaram rapidamente inovações técnicas e a divisão de trabalho, inexistente nas fazendas que utilizavam mão de obra escrava: todos esses fatores, mais a utilização de máquinas, aumentaram a produtividade dos cafeeiros paulistas. Distinguem-se, então, duas regiões produtoras com características diferentes.

Os produtores fluminenses, escravistas, dependiam do financiamento dos comerciantes cariocas, donos dos meios de transportes e que se prevaleciam do fato de terem acumulado capital na venda de produtos de subsistência para as minas.

Os produtores do Oeste paulista contavam com capitais próprios, acumulados nas lavouras de açúcar, algodão e na criação de cavalos e mulas, inclinando-se à contratação de trabalhadores livres assalariados. Registre-se que, na região Sudeste, todo o sistema de comunicações era articulado por uma economia própria, a de muares, com feira em Sorocaba, entroncamentos para o interior da província (em Jundiaí e outras vilas), o raio de sua influência alcançando o Paraná e o Mato Grosso, tendo conexões com o sul de Minas e Goiás, o interior da província do Rio de Janeiro, e ramificações ligadas aos portos de Parati, Ubatuba, São Sebastião e Santos, além do litoral sul da província de São Paulo.

O café e a segunda Revolução Industrial

O dinheiro resultante da exportação do café foi responsável pela construção de sistemas de transportes para facilitar o escoamento da produção. Uma das principais características da chamada segunda Revolução Industrial foi a exportação de capitais. Os banqueiros europeus contavam com excesso de capital, resultante dos lucros gerados pela primeira Revolução Industrial. No Brasil, os capitalistas ingleses investiram no setor de transportes, financiando a construção de ferrovias, criando companhias de navegação e de transportes urbanos.

A introdução de novos meios de transportes e comunicações modificou a vida das populações urbanas e rurais. Hábitos novos foram adotados na hinterlândia, articulando fazendas e cidades do café: à época das reuniões dos republicanos de 1870, uma rede de troles assegurava a comunicação regular no interior de São Paulo. Desse modo, o isolamento das fazendas diminuiu e o escoamento da produção tornou-se mais fácil.

Borracha e cacau, "drogas do sertão"

> "Enquanto isso, a província gosta da crônica social e do ministro sorridente. Acredita na gramática, nas réplicas de Rui Barbosa e nos *shows* de amenidades. Os jovens continuam submetidos a uma moral fracassada, e as faculdades continuam formando incompetentes e defasados. Hoje, Manaus brinca de industrialização para enganar os bestas."
>
> Márcio Souza[9]

No final do século XIX, o café era responsável por 60% das exportações do Brasil para os países industrializados. Momento em que a borracha e, um pouco mais tarde, o cacau já vinham despontando como novos produtos exportados. De 1847 a 1860, a borracha em peles (discos ou bolas de borracha fina) preparadas nos seringais atingiu o primeiro lugar na pauta de exportações, segundo Márcio Souza, "para crescer e devorar as outras atividades e instaurar um período de sensacionalismos".[10]

A história da Amazônia é complexa. Uma vastíssima região, difícil de ser compreendida, dadas as marcas profundas, que se mantêm no século XXI, geradas por (pre)conceitos arcaicos em pleno convívio de civilização e barbárie, a despeito dos esforços críticos de antropólogos, cientistas sociais em geral, ecologistas, médicos, lideranças indígenas, professores, escritores e artistas. E pelas lutas de alguns poucos políticos que, nos combates político-institucionais, não se alinham à ideologia do Boto Tucuxi.[11]

---

[9] Márcio Souza, *A expressão amazonense*, São Paulo, Alfa Ômega, 1978, p. 25. Para uma visão mais abrangente, consulte do mesmo autor, *Breve história da Amazônia*, São Paulo, Marco Zero, 1994.

[10] *Ibid.*, p. 94.

[11] O escritor amazonense Márcio Souza "descreveu" causticamente, em 1982, a

Entre os inúmeros grandes escritores e poetas que estudaram, viveram, sofreram e dialetizaram a região amazônica, Márcio Souza produziu, em 1977, relato histórico-sociológico que abriu novas linhas de reflexão e pesquisa, ainda longe de serem esgotadas. No livro *A expressão amazonense*, ele escreveu, então, o melhor documento contemporâneo sobre a região, com perspectiva histórica, antropológica, política e — *lato sensu* — econômica.

"A Amazônia morre pelos pecados dos brancos", segundo o escritor. O látex, já conhecido pelos índios da região da floresta amazônica, figurava entre as chamadas "drogas do sertão". Em 1842, o norte-americano Charles Goodyear descobrira o processo de vulcanização do látex, o que permitiu sua utilização em escala industrial. No final do século, o surgimento dos automóveis e dos pneus criou um amplo mercado para o látex.

Com o aumento da demanda, o látex explorado no Pará e no Amazonas atraiu os sertanejos nordestinos que fugiam das secas de 1880 e 1887. Cerca de 260 mil migrantes nordestinos tornaram-se seringueiros, e trabalhavam para o seringalista, proprietário das terras, com o qual estavam quase sempre endividados, pois compravam todos os gêneros que precisavam em seu armazém. O seringalista, por sua vez, estava endividado com os comerciantes portuários — fornecedores do crédito para financiar a produção e exportadores do produto.

Já na República, em 1912, a borracha ainda pesava tanto quanto o café na pauta de exportações. O Brasil era seu único produtor. No meio da selva, Manaus tornara-se a capital cultural do Norte do país, com efervescente vida literária, teatral e musical (operística), tendo seu notável teatro chegado a receber cantores do porte de Enrico Caruso e Beniamino Gigli, e a atriz Sarah Bernhardt. A decadência desse universo político-cultural também foi descrita, em páginas inquietantes, antológicas, na obra citada de Márcio Souza.

Apesar do desempenho econômico da região, os ingleses plantaram seringueiras no Ceilão e na Malásia e, em pouco tempo, graças à implantação de métodos mais eficientes de extração e produção, a borracha asiática desbancou o produto brasileiro.

formação dessa patologia sociocultural e política, focalizando a figura de conhecido político amazonense contemporâneo. Em seu livro *A resistível ascensão do Boto Tucuxi* (Rio de Janeiro, Marco Zero, 1982) lemos: "Ele é cínico, demagogo, grosso, mítico, bandido, cafajeste, traficante, corrupto, subversivo, populista, amoral, carismático, moderno. [...] Será ele o político brasileiro do século XXI?".

Ficaram na Amazônia, e no Brasil, vários traços desse período de fastígio, do imperialismo e das mentalidades forjadas à sombra dessa economia. Valores ancestrais, aplastados naquela época, revivescem ou restauram-se.

A própria capital da província (depois estado) do Amazonas, a cidade de Manaus, torna-se assim um campo ideal para a investigação. Márcio Souza é contundente:

> "Foi sempre uma cidade isolada, com grandes chances, florescendo numa das regiões mais fantásticas do planeta. Manaus: o delírio, a cidade dos arrivistas, onde tudo foi sempre feito às pressas e pela metade. Um centro político de importância menor que radicalizou suas contradições sociais, impondo aos homens os gestos capazes de transformá-los em vegetais. Uma cidade que sempre mereceu o desprezo da República, sempre assumida como uma cidadela colônia e ponta avançada dos apetites da metrópole, o que transformou nossa elite em funcionários subalternos e acomodados. Cercada pela selva, Manaus institucionalizou o isolamento como um preciso aspecto ornamental, tomando tudo por uma linguagem insólita e estéril, pela qual gerações inteiras viveram e morreram encarceradas. [...]
>
> Manaus: o aglomerado urbano que emudeceu no centro do choque cultural mais fantástico a que o Brasil já assistiu."[12]

O CACAU NA BAHIA...

> "Andava quase sem pensar, semi-esfomeado. Possivelmente eu acabaria por invadir um daqueles armazéns e furtar o que comer."
>
> Jorge Amado, *Cacau*

[12] Márcio Souza, *A expressão amazonense*, cit., pp. 25-6. A releitura de *A selva*, de Ferrreira de Castro, sempre traz elementos novos, além das obras de Arthur Cezar Ferreira Reis. Mais recentes, as de Barbara Weinstein, *A borracha na Amazônia: expansão e decadência (1850-1920)*, São Paulo, Hucitec/Edusp, 1993; e de Warren Dean, *A luta pela borracha no Brasil: um estudo de história ecológica*, São Paulo, Nobel, 1989; ver, também, o estudo de Candace Slater, *Dance of the Dolphin: Transformation and Desenchantment in the Amazonian Imagination*, Chicago, The University of Chicago Press, 1994. Na crítica contemporânea, a obra de Benedito Nunes é referencial.

O cacau também era uma "droga do sertão" da região amazônica. Mas a exploração e comercialização do cacau ganharam impulso no final do século XIX, quando o sul da Bahia tornou-se o principal centro produtor, por causa de, ali, o terreno ser ideal para o plantio.

Com a crise do setor açucareiro, boa parte da mão de obra dos engenhos do Recôncavo migrara para as plantações de cacau, em que homens e mulheres trabalhavam na colheita dos frutos. As secas que assolaram o Nordeste provocaram o êxodo de populações do sertão também para aquela região da Bahia.

Na África, o cacau também era produzido nas ilhas de São Tomé, na Costa do Ouro, e em Camarões. Apesar desta concorrência, o Brasil vai ser responsável por mais da metade da produção mundial no início do século XX.

A economia e a sociedade do cacau teriam mais tarde, com Jorge Amado, um de seus grandes escritores. Autor que adquiriu renome nacional e internacional, descreveu esse mundo com riqueza e realismo até então inatingidos. Em verdade, produziu documentos que revelaram, e permitiram compreender, o universo do coronelismo, da exploração dos despossuídos e dos miseráveis.

Jorge Amado, nascido no ano de 1912 em Ferradas, município de Itabuna, no sul da Bahia, era filho de um comerciante sergipano que se dedicou à plantação do cacau. Amado fez o curso primário em Ilhéus e o secundário com os jesuítas de Salvador, Bahia. Em 1930, foi para o Rio de Janeiro estudar direito, e lá entrou em contato com o modernismo e os comunistas, tendo escrito uma série de "romances populistas" (na expressão de Alfredo Bosi), como *Cacau, Suor, Jubiabá, Mar morto* e *Capitães da areia*. Sua notoriedade transbordou do ambiente brasileiro, mas também o sentido de suas produções, que ultrapassaram o realismo do início para a adoção de fórmulas de sucesso, provocando apreciações críticas como esta de Alfredo Bosi: "Na última fase [de sua obra], abandonam-se os esquemas de literatura ideológica que nortearam os romances de 30 e 40; e tudo se dissolve no pitoresco, no 'saboroso', no 'gorduroso', no apimentado do regional".[13]

---

[13] Alfredo Bosi, *História concisa da literatura brasileira*, São Paulo, Cultrix, 1978, 2ª ed., p. 457.

A CRISE FINANCEIRA

Os lucros provenientes da exportação do café não evitaram a crise nas finanças do Império. Os motivos eram os mesmos: o déficit na balança comercial, uma vez que o Império importava mais do que exportava, e a queda dos preços dos produtos de exportação, dado que o açúcar brasileiro era duplamente desafiado: pela produção das Antilhas e pelo açúcar de beterraba produzido na França.

O algodão sofria a concorrência dos Estados Unidos, onde se observava maior produtividade nessa cultura, obtida graças à utilização de máquinas descaroçadoras. Já o couro gaúcho tinha de competir com os produtos da região do Prata. E, quanto ao tabaco, com o fim do tráfico de escravos, os produtores perderam seu principal mercado consumidor, os traficantes de escravos.

As exportações de café não bastaram para equilibrar a balança comercial. E o Brasil importava de tudo: tecidos, ferragens, louças, calçados, vidros, vinhos, azeite, farinha de trigo, armas, brinquedos e ferramentas.

A solução foi a contratação de empréstimos no exterior, e as consequências da adoção dessa política de endividamento eram as de sempre: evasão de moeda, juros altos, inflação e alta do custo de vida.

Para agravar esse quadro, o governo arrecadava poucos impostos. A cobrança era feita da mesma forma que durante o período colonial: o governo arrendava ou contratava a coleta com particulares, que se tornavam agentes do governo. O imposto territorial não era arrecadado, pois prejudicava os grandes proprietários rurais. Os tributos alfandegários continuaram a constituir a principal fonte de receita do governo central.

O sistema político do Segundo Reinado

> "Ora, os extremos se tocam, e estes, tocando-se, fechavam o círculo dentro do qual se passavam os terríveis combates de citações, provares, razões principais e finais, e todos esses trejeitos judiciais que se chamava o *processo*."
>
> Manuel Antônio de Almeida, 1852[14]

[14] Manuel Antônio de Almeida, *Memórias de um sargento de milícias*, São Paulo, Martin Claret, 2001, p. 11.

No Segundo Reinado processou-se a grande construção política do período que abrange de 1822, com a Independência, à Revolução de 1930. Num esboço de síntese, constata-se que Pedro II e seus ministros regressistas consolidaram o regime centralizador ensaiado por Pedro I. Como vimos, com o fim do período regencial e das agitações, dos movimentos populares e separatistas, o poder central suprimiu todas as leis descentralizadoras.

Em 1840, a Lei de Interpretação iniciou o processo de recentralização político-administrativa. A polícia e a distribuição dos empregos voltaram para o domínio do poder central. Em 1841, o governo imperial reinstituiu o Conselho de Estado, braço direito do imperador. No mesmo ano, o governo fez uma reforma do Código do Processo. De acordo com esta, as autoridades locais atrelaram-se novamente ao Rio de Janeiro. Como escreveu Faoro: "Os capangas dos senhores territoriais passam a ser capangas do império, conduzidos pelos presidentes de província e seus agentes".[15]

A Justiça e a Guarda Nacional voltaram, em 1850, a ser administradas pelo ministro da Justiça. As medidas centralizadoras ampliaram os poderes do imperador, e, graças a elas, ele passou a controlar inúmeros cargos e empregos na máquina administrativa do Estado.

Como vimos em capítulo anterior, a Carta de 1824 estabeleceu uma monarquia constitucional, e, numa monarquia constitucional, o imperador divide o poder com o Parlamento. No Parlamento, os partidos políticos representam a sociedade. Os representantes da sociedade no Parlamento são eleitos pelos cidadãos. Mas na monarquia constitucional brasileira, como o voto era censitário, apenas os proprietários votavam. Os partidos políticos, portanto, representavam os interesses das pessoas mais ricas e poderosas.

O Partido Liberal defendia a descentralização, e seus membros eram ligados aos proprietários rurais. O Partido Conservador estava mais afinado com os interesses do grande comércio e do sistema financeiro.

No ordenamento político promulgado na Carta de 1824, o imperador exercia o Poder Moderador, ficando dessa forma acima dos partidos políticos e da sociedade como um todo. Além disso, ele podia manipular os membros dos partidos por meio da indicação para cargos e empregos. As eleições também eram manipuladas pelo imperador e seus ministros.

---

[15] Raymundo Faoro, *Os donos do poder: formação do patronato político brasileiro*, vol. 1, Porto Alegre, Globo, 1958, 2ª ed., p. 333.

A verdade é que o sistema político excluía a participação da maioria da população do Império. Apesar disso, as eleições eram o único momento em que a população entrava em contato, ainda que distante, com a política.

O mecanismo era simples: o governo convocava as eleições, o pároco da localidade elaborava a lista dos eleitores, e os poderosos detinham o poder armado, constituído pela polícia e pela Guarda Nacional. Além disso, utilizavam com frequência forças armadas particulares: jagunços. A fraude tornou-se prática comum, e as eleições eram marcadas pela violência, com pessoas espancadas, silenciadas ou desterradas.

O voto censitário eliminara do cenário político e social, e da vida política, os homens livres, despossuídos e miseráveis. As mulheres não tinham direito ao voto, e os escravos não tinham qualquer direito político. Nesse quadro, como falar em "sociedade civil"?

A ELITE POLÍTICA IMPERIAL

A elite política imperial era composta por funcionários do governo e, certamente, por políticos. Após a Independência, o Estado foi dominado por antigos funcionários do governo português, principalmente magistrados e letrados que haviam participado dos quadros administrativos metropolitanos. Os burocratas que administravam a colônia haviam, em sua maioria, estudado direito na Universidade de Coimbra e passado por uma fase de treinamento no funcionalismo público.

De modo geral, esses burocratas não simpatizavam com as ideias revolucionárias. Como indicou José Murilo de Carvalho em sua obra clássica: "Essa elite iria reproduzir-se em condições muito semelhantes após a Independência, ao concentrar a formação de seus futuros membros em duas escolas de Direito, ao fazê-los passar pela magistratura, ao circulá-los por vários cargos políticos e por várias províncias".[16]

As decisões políticas eram tomadas por aqueles que exerciam cargos no Poder Executivo e no Poder Legislativo, ou seja, pelo imperador, pelos conselheiros, ministros, deputados e senadores. A imprensa, relativamente livre, vinculava-se aos partidos ou a determinados políticos e jornalistas que faziam

---

[16] José Murilo de Carvalho, *A construção da ordem: a elite política imperial*, Rio de Janeiro, Campus, 1980, p. 36.

parte da elite imperial. Por seu lado, a Igreja era elemento fundamental da burocracia estatal.

Os ministros — agentes do imperador e por ele escolhidos com total liberdade — eram os membros mais importantes da elite política. Em 1847, foi introduzida a figura do presidente do Conselho de Ministros: o imperador escolhia o presidente, e os dois escolhiam, de comum acordo, os ministros, geralmente entre os parlamentares.

Os senadores, de 50 a 60, eram escolhidos pelo imperador com base em listas tríplices eleitas pelo voto "popular" (aspas necessárias). O cargo era vitalício, e os senadores deviam ter mais de 40 anos de idade e uma renda superior a 800$000 réis.[17]

Os deputados, entre 100 e 125, formavam o grupo mais numeroso, que era, porém, relativamente menos poderoso. O mandato de deputado era considerado passo decisivo na carreira política. Cada um de seus ocupantes devia ter mais de 25 anos de idade e uma renda superior a 400$000 réis.

Finalmente, o Conselho de Estado era formado por 12 conselheiros ordinários e 12 extraordinários nomeados pelo imperador. Embora o cargo fosse vitalício, seus membros podiam ser suspensos pelo imperador. Note-se que quase todos os futuros participantes do Conselho deveriam passar antes pelo ministério e pelo Senado.

---

[17] Para dar uma ideia — aliás bastante imprecisa, em razão da variação sazonal dos preços agrícolas e inúmeras outras variáveis — da equivalência desses valores, o preço médio de uma arroba de café (15 quilos) era de 5$000 réis em 1869; isto é, 800$000 réis seriam o equivalente a 2,4 toneladas de café. E, nessa base, pode-se imaginar a renda dos senadores em outros gêneros, nesse ofício da Câmara de Capivari (SP): "Em ofício de 13 de janeiro de 1869, ao Governo Provincial, a Câmara Municipal de Capivari descreve o estado da lavoura do município, que produz café, algodão, açúcar, aguardente, milho, 'sendo que só o café e o algodão são exportados para o mercado de Santos, e os demais são vendidos neste mesmo município, a compradores daqui mesmo ou de outros municípios que aqui venham comprar. O valor dos produtos é regularmente 5.000 rs por arroba de café, 4$000 rs por arroba de açúcar, 2.500 rs por arroba de algodão, 20$ rs por 32 canadas de aguardente, 1$000 por alqueire de milho, 2$000 por alqueire de arroz, 2$500 por alqueire de feijão, e 3$000 por alqueire de farinha de milho'", pp. 83-4. Cf. José Evando Vieira de Melo, "Café com açúcar: a formação do mercado consumidor de açúcar em São Paulo e o nascimento da grande indústria açucareira paulista na segunda metade do século XIX", *Saeculum — Revista de História*, nº 14, João Pessoa, jan.-jun. de 2006, pp. 74-93.

O caminho rumo ao Parlamento

> "E tu serás o adjetivo dessas orações opacas [...] porque o adjetivo é a alma do idioma, a sua porção idealista e metafísica. O substantivo é a realidade nua e crua, é o naturalismo do vocabulário."
>
> Machado de Assis, 1881[18]

A maioria dos membros da elite política imperial cursara estudos superiores, muitas vezes efetuados na Europa e, mais tarde, nos Estados Unidos. Os próprios estudos secundários das pessoas mais abastadas já eram realizados num estabelecimento especial: o Colégio Pedro II, fundado em 1837. Como definiu José Murilo de Carvalho, "a elite era uma ilha de letrados num mar de analfabetos".[19]

Com efeito, a formação de quadros dirigentes era lenta, restrita, limitada. Como vimos, em 1827, fundaram-se as escolas de Direito de São Paulo e de Olinda (depois transferida para Recife). Em 1839, foi criada a Escola de Farmácia em Ouro Preto, e, em 1858, o curso de Engenharia Civil na Escola Central, no Rio de Janeiro. Apenas em 1874 foi fundada a Escola Politécnica, na capital do Império.

Os cursos de direito repetiam o modelo da Universidade de Coimbra, formando juristas, advogados, deputados, senadores, diplomatas e outros altos funcionários do Estado. O governo mantinha estrita supervisão sobre essas escolas, onde diretores e professores eram nomeados pelo ministro do Império, e os manuais e programas deveriam ser aprovados pelo Parlamento. Tal como o curso de Coimbra, os estudos oferecidos pelas escolas de São Paulo e de Recife conseguiram isolar as ideias revolucionárias da Ilustração francesa, consideradas politicamente perigosas, "jacobinas" e democráticas.

O primeiro passo para o ingresso na carreira política consistia em ocupar um posto na magistratura. O recém-formado numa escola de Direito tornava-se juiz em alguma cidade pequena e distante. No Império, os juízes eram escolhidos pelo ministro da Justiça.

---

[18] "Teoria do medalhão", em John Gledson (org.), *50 contos de Machado de Assis*, São Paulo, Companhia das Letras, 2007, p. 88.

[19] José Murilo de Carvalho, *A construção da ordem: a elite política imperial*, cit., p. 51.

Segundo passo: o candidato a político disputava um cargo na Assembleia provincial ou na Câmara, e, para tanto, precisava contar com apoio de poderosos locais. Desde cedo, o político era levado a conhecer outras províncias.

O passo seguinte era a eleição para a Câmara. A partir desse momento, o político podia ocupar o posto de ministro ou tornar-se presidente de uma das 19 províncias do Império. O cargo de presidente de província era muito importante e prestigioso: a vitória do governo nas eleições dependia do empenho (ou das fraudes) do presidente de província. Era ele quem nomeava os promotores, os delegados e subdelegados de polícia e os oficiais inferiores da Guarda Nacional.

A Câmara e os cargos de ministro ou presidente de província eram o trampolim para o Senado e o Conselho de Estado. Mas, a despeito de toda a formação pela qual passavam numerosos membros da elite dirigente, em escolas no país ou no exterior, *a maioria dos senadores era composta de proprietários rurais sem educação*, conseguindo eleger-se nas listas tríplices graças à influência política que já exerciam.

Numa sociedade escravista, em que a principal atividade econômica era a produção agrícola para a exportação, havia poucas possibilidades de emprego nas cidades. Por isso mesmo, o emprego público, ou o cargo burocrático, tornou-se aspiração e meio de vida de uma grande parcela da população livre das cidades. Naquele período, a maioria da população vivia no campo, e os setores mais esclarecidos (ou menos provincianos) dos moradores na cidade concentravam-se no Rio de Janeiro, em Salvador e em Recife.

Frequentemente, graças ao emprego público, os proprietários empobrecidos conseguiam sobreviver mantendo um certo padrão de vida. Por outro lado, havia homens livres sem posses, gente comum que fazia da burocracia seu canal de ascensão social. Durante o Império, muitos mulatos fizeram carreira nos aparelhos de Estado, tornando-se funcionários exemplares. A burocracia incorporava tanto as oligarquias empobrecidas como os despossuídos em busca de oportunidades. Numa sociedade estamental-escravista, era o único meio em que vigorava certa mobilidade social. Seu contraponto, a simples existência do escravo — como base de sustentação da economia, assim como sua posterior eliminação enquanto mão de obra —, seria uma das razões da derrocada do regime imperial.

Parlamentarismo sem povo

> "Fala-se em parlamentarismo; ora, a Constituição não o referia, nem qualquer lei ordinária."
>
> Francisco Iglésias, 1993[20]

O parlamentarismo foi, segundo o historiador e jurista Raymundo Faoro, "o principal mecanismo político do Segundo Reinado".[21] O regime fixou-se em 1837 e durou cinquenta anos, mesmo com todos os conflitos entre as províncias, uma vez "abrandado o absolutismo do chefe de Estado e aberto ao povo, nominalmente, o processo de circulação das vocações políticas". O regime "não busca a força, a ação, a energia de baixo para cima". Os donos do poder, que constituem um grupo restrito, organizam-se em círculos, e, desse modo, o regime prende-se, em círculos, "aos elementos autônomos da representação, a qual, pobre de autenticidade, ganha relevo na força que lhe infunde a pequena camada que o imperador preside".

A visão que o jurista-historiador oferece do regime de Pedro II é ácida:

> "O parlamento será o polichinelo eleitoral dançando segundo a fantasia de ministérios nomeados pelo imperador, reduzido o povo a uma ficção, mínima e sem densidade, que vota em eleições fantasmas. Excluídos os escravos, os analfabetos, os menores de 25 anos, os filhos-famílias, os religiosos, e os indivíduos desprovidos de renda anual de 100$ por bens de raiz, indústria, comércio ou emprego, poucos são os chamados ao voto e poucos os elegíveis."

Ainda segundo Faoro, apenas entre 1% e 3% do povo participam da formação "da dita vontade nacional, índice não alterado substancialmente na República, nos seus primeiros quarenta anos". Se em 1872, numa população de 10 milhões de habitantes, apenas de 300 mil a 400 mil estavam "aptos" aos comícios eleitorais, em 1886, numa população de 14 milhões,

---

[20] Francisco Iglésias, *Trajetória política do Brasil (1500-1964)*, São Paulo, Companhia das Letras, 1993, 2ª ed., p. 165.

[21] Esta e as outras citações deste item encontram-se em Raymundo Faoro, *Os donos do poder*, vol. 1, cit., pp. 365-6 e *passim*.

o número de comparecentes às eleições diretas para deputados era de apenas 117.671 eleitores.

Tratava-se de um parlamentarismo sem povo. Os partidos, criados pelas camadas economicamente dominantes, sem ideários muito nítidos, coagiam e manipulavam um eleitorado ínfimo, sem traduzir-lhes os interesses concretos. O caráter oligárquico definia tais partidos. Mais que isso, esta definição provinha de uma "oligarquia enriquecida pelo oficialismo", em que só o controle do poder suscitava as maiorias vindas do nada, "levando-as a recear a participação popular, identificada desde José Bonifácio e Feijó, à anarquia". E conclui Faoro: "Anarquia real, na verdade, para os usufrutuários do poder — em lugar de mecanismos de educação, controle e ascensão, mecanismos de substituição da vontade popular".[22]

O romantismo: uma identidade cultural nacional?

> "O Império foi assim. Eruditamos tudo. Esquecemos o gavião de penacho."
>
> Oswald de Andrade, 1924[23]

Do ponto de vista histórico-cultural, qual o sentido e a originalidade desse processo? Qual o lugar e o sentido do romantismo no Brasil? Eruditamos tudo? Talvez não.

No Ocidente, na primeira metade do século XIX, o movimento geral das ideias vinculava-se à formação dos novos Estados-nação e à expansão imperialista. No plano do saber institucionalizado, afirmaram-se os estudos históricos e linguísticos, depois a sociologia, a biologia e a antropologia. As revoluções burguesas de 1820, 1830 e 1848, mais os impulsos do capitalismo industrial nascente, mobilizaram homens de negócios, contingentes de pesquisadores, artistas e escritores, indicando o sentido geral da construção da sociedade contemporânea.

No Brasil, a tônica dada pelo romantismo reforçava a problemática da Independência, com temas do nativismo agora adensados por forte sentimento patriótico. Criou-se, como mostra Antonio Candido,

[22] Raymundo Faoro, *Os donos do poder*, cit., p. 366.

[23] Oswald de Andrade, "Manifesto Pau-Brasil", em *Correio da Manhã*, São Paulo, 18/3/1924.

História do Brasil: uma interpretação

"uma literatura *independente, diversa,* não apenas uma *literatura,* de vez que, aparecendo o Classicismo como manifestação do passado colonial, o nacionalismo literário e a busca de modelos novos, nem clássicos nem portugueses, davam um sentimento de libertação relativamente à mãe-pátria."[24]

Observando-se o perfil dos formadores da nacionalidade, nota-se, ainda nas palavras do autor da *Formação da literatura brasileira,* a passagem do "tipo-ideal do intelectual esclarecedor, reformista ilustrado e universalizante para o do intelectual particularista alinhado na tarefa patriótica da construção nacional".[25] Até o ex-liberal Bernardo Pereira de Vasconcelos dizia ter-se tornado "bárbaro" depois de terminados os estudos na Universidade de Coimbra, vendo-se obrigado a esquecer o que lá aprendeu, para pensar o Brasil...

Nesse processo, o Patriarca da Independência, José Bonifácio, aprisionado nos quadros mentais do classicismo, ficaria marginalizado das novas tendências dominantes de seu tempo. Ele e seus admiradores foram forçados a ceder passo ao movimento de jovens que, com foco em Paris entre 1833 e 1836, estimulados pela liberdade de expressão pregada por seu inimigo Evaristo da Veiga e adeptos, adquiriram consciência da necessidade de promoção de uma literatura autônoma. Liderados por Gonçalves de Magalhães, e a despeito de serem muito marcados pela "Madama" de Staël e outros, adotavam teses que repudiavam a imitação, como se verifica nas conclusões do famoso "Ensaio sobre a história da literatura do Brasil" (1836):

"Como não estudamos a história só com o único fito de conhecer o passado, mas sim com o fim de tirar úteis lições para o presente, assim no estudo do que chamamos modelos não nos devemos limitar à sua reprodução imitativa."[26]

---

[24] Antonio Candido, *Formação da literatura brasileira,* vol. 2, Belo Horizonte/São Paulo, Itaiaia/Edusp, 1975, 5ª ed., p. 11.

[25] *Ibidem.*

[26] Domingos José Gonçalves de Magalhães, "Ensaio sobre a história da literatura do Brasil", em *Niterói,* nº 1, t. I, Paris, 1836; republicado, com correções, como "Discurso sobre a história da literatura do Brasil", em *Obras,* vol. 8 (1865); como *Discurso* foi republicado por Lêdo Ivo na série Papéis Avulsos, 10, Rio de Janeiro, Fundação Casa

O "CORO DOS CONTENTES"[27]

Desse grupo de Paris, liderado por Gonçalves de Magalhães, participavam Francisco de Sales Torres Homem, Manuel de Araújo Porto-Alegre e
João Manuel Pereira da Silva, com o projeto de articular no plano da arte o
que fora a Independência na vida política e social. Tal grupo vivia — e agora é Alfredo Bosi quem observa — sob o "signo áulico manifesto no 'coro
dos contentes'",[28] integrando-se nas correntes do romantismo e do nacionalismo da época, militando na literatura, na política e cultivando os estudos
históricos. Na França, o grupo mantinha contatos diretos e indiretos com
Ferdinand Denis, e com uma "colônia" de gente franco-brasileira, ex-estudantes, políticos, negociantes, livreiros. No Brasil, com Januário da Cunha
Barbosa, ex-diretor do jornal *Reverbero Constitucional Fluminense* (1821-
1822), lutador da Independência, e do *Diário Fluminense* (1830-1831).
Suas relações estendiam-se a Portugal, uma vez que, desse grupo, Porto-
-Alegre tivera contato com o português Almeida Garrett em 1832, apresentando suas ideias a Magalhães, chegado no ano seguinte a Paris, o que talvez
explique a rápida e entusiasmada adesão deste ao romantismo.

O grupo, por sua vez, seguia com atenção e admiração a atividade
jornalística de Evaristo da Veiga, que, com seus modos pequeno-burgueses,
lutava pela expressão de um país livre, empostando firme a voz das camadas
médias urbanas emergentes.

Na busca do nacional idealizado, elaborava-se uma nova linguagem,
no diapasão do tempo, embora — diga-se — um tanto inspirados por Chateaubriand, Madame de Staël e Garrett.

Uma nova linguagem, cheia de tropeços e limitações, dando forma a
uma atitude assumidamente nacional; e dando ouvidos a Magalhães, que,
em seu *Ensaio*, advertia: "Mais vale um voo arrojado deste gênio, que a
marcha refletida e regular da servil imitação".

---

de Rui Barbosa, 1994. Há uma edição portuguesa em *Fatos do espírito humano*, Lisboa, Imprensa Nacional/Casa da Moeda, 2001; e uma edição brasileira, Rio de Janeiro,
ABL/Vozes, 2004.

[27] A expressão é de Joaquim de Sousa Andrade (Sousândrade), para referir-se à
troupe de Magalhães, no poema *O Guesa*, canto X, estrofe 61.

[28] Alfredo Bosi, *História concisa da literatura brasileira*, cit., p. 131.

Tal liberalismo, qual burguesia. Antes da "Revolução"...

O Brasil, cheio de potencialidades, tendo vivido momento de relativo fastígio no auge das economias do açúcar e da mineração, agora atravessava uma conjuntura de dificuldades. Como observou Vicente Licínio Cardoso, engenheiro e positivista:

> "Mauá tinha evidentemente razão: só a *produção* poderia ser o regulador das finanças no Brasil. O ouro não existia mais. D. João VI raspara o fundo do cofre. Pedro I teve depois medo de ver a falência (tese sustentada por Armitage) estourando em suas mãos. A economia nacional era minguada."[29]

Na segunda metade do século XIX, a economia cafeeira impulsionaria as principais transformações do país, sobretudo na infraestrutura, proporcionando a construção de escolas e colégios para instrução e educação das camadas médias urbanas, de centros de pesquisa e outras iniciativas civilizadoras.

A sociedade viu alterada sua fisionomia, pois a falta de braços demandou a imigração em massa. Por sua vez, a dinamização da economia fez ampliar a rede bancária e de companhias de seguros, articulando grupos de interesses com base nas capitais e principais portos.[30]

Em países que estavam vivendo ou assistiram a revoluções burguesas, a ideologia liberal — como o termo indica — abriu espaço para os direitos do cidadão, para a segurança, a propriedade e a resistência à opressão. Em vários Estados nacionais, o liberalismo transformou-se em doutrina política

---

[29] Vicente Licínio Cardoso, *À margem da história do Brasil*, São Paulo, Companhia Editora Nacional, 1979, 4ª ed., p. 79.

[30] Quanto à natureza do liberalismo econômico no Brasil do século XIX, indicando como a política monetária entravou a iniciativa industrial nascente, uma das melhores análises sobre o período está em Heitor Ferreira Lima, *História do pensamento econômico no Brasil*, São Paulo, Companhia Editora Nacional, 1976, pp. 117 e ss., que avalia tal "herança" na formação da economia e do Estado brasileiros. O livro é esclarecedor também acerca do papel de Mauá, Faro, Pimenta Bueno, Saraiva, Paranaguá, Sousa Dantas, Paulino de Sousa, Paranhos, Candido Mendes, entre outros.

e concepção de vida social. Teorias e práticas socialistas ou socializantes repontavam aqui e acolá.

No Brasil, não. Por conta de sua sociedade estamental-escravista, em situação periférica e sem as condições para a ocorrência de uma verdadeira revolução burguesa, as coisas não se passaram do mesmo modo. Embora tenha sido a época de formação da burguesia, tal período não correspondeu à chamada "crise da oligarquia".

A crise assumiu a forma de um reordenamento das estruturas econômicas, sociais e políticas, no qual o estamento oligárquico foi reabsorvido pela nascente sociedade de classes, em lento processo de formação e expansão, sob o controle do primeiro. Em suma, não houve um verdadeiro, um esperado deslocamento das "velhas classes" dominantes pelas "novas classes", de origem contemporânea.

Os estamentos dominantes do "antigo regime" integraram-se às estruturas da ordem social competitiva e da sociedade de classes em processo de formação e expansão, em grau variável conforme a região do país. Daí as dificuldades vividas pelas lideranças burguesas promissoras, como Mauá, no Sul, ou Delmiro Gouveia, no Nordeste, entre tantas outras iniciativas auspiciosas. Já as oligarquias "tradicionais" ou "modernas" foram muito pouco afetadas por tudo isso.

Quanto à unidade nacional, as classes burguesas puderam forjar, dela, uma variante tendo por base seus interesses materiais e estilo de vida, porém sempre de acordo com essa perspectiva. Inicialmente, os interesses agrocomerciais enfrentaram alguns obstáculos nesse processo, o qual, conforme demonstrado pela Revolução de 1930, já se encontrava em estado avançado de decadência, muito antes de os interesses industriais e financeiros atingirem a predominância relativa que alcançariam durante o Estado Novo e durante a Segunda Guerra Mundial.

Desse quadro é que provém a burguesia, segundo Florestan Fernandes. Burguesia que tinha sido "um resíduo social e depois uma camada social atomizada, dispersa pela sociedade brasileira, perdida nos estamentos intermediários e na imitação dos padrões da aristocracia".[31] Esta adquiriu finalmente "uma fisionomia distinta, estabelecendo-se enquanto força social or-

---

[31] Florestan Fernandes, *apud* Carlos Guilherme Mota, "América Latina: o ponto de vista do Brasil moderno", em *Nossa América*, nº 23, São Paulo, 2006, pp. 59-66. Algumas dessas teses ou comentários estão aí desenvolvidos. Sobre essas e outras teses de Florestan Fernandes, ver também, do mesmo autor, "Saindo das brumas: o mundo que

ganizada e ocupando as posições mais altas da sociedade de classes, onde funcionou como a principal força motriz política, cultural e socioeconômica".[32] Força motriz com pouco fôlego e várias limitações. Em sua obra, sobretudo em *Recordações do escrivão Isaías Caminha* (1909), e em sua própria biografia, Lima Barreto dará conta desses limites.

Finalmente — ainda é a formulação de Florestan —, teria sido necessário que

> "a burguesia atingisse uma compreensão própria de sua própria realidade, em termos dos papéis e das tarefas históricas que ela pudesse desempenhar enquanto burguesia de uma sociedade de classes subdesenvolvida e [após a grande crise capitalista de 1929] de uma economia dependente numa era de capitalismo monopolista e imperialismo total."[33]

No Brasil, ao contrário, a burguesia não destruiu nem deu a volta por cima do patrimonialismo e da ideologia deste. Daí os movimentos reiterados de contrarrevolução preventiva quando surge alguma hipótese de renovação social, que esclarecem o significado próprio de nossa formação econômico-social e das formas de pensamento que fundamentam esse sistema.

Eis porque não se pode falar em revolução burguesa no Brasil, pois ela corresponde a

> "algo muito complexo e difícil, não por causa do elemento oligárquico em si, mas porque foi necessário extrair o *ethos* burguês da rede patrimonialista que o enredava, resultado de quase quatro séculos de tradição escravista e de capitalismo comercial rústico [Em suma,] uma série de elementos convergiram para inclinar as classes burguesas rumo a uma *falsa consciência burguesa*, mantendo entre essas classes oligarquizadas [bem mais que 'aburguesadas', diríamos], e no resto da sociedade, ilusões que causaram

o português criou ruiu", em Benjamin Abdala Jr. (org.), *Incertas relações: Brasil-Portugal no século XX*, São Paulo, Editora Senac, 2003, pp. 149-80.

[32] *Ibidem.*

[33] *Ibidem.*

violências ainda maiores que as ideologias importadas da Europa e dos Estados Unidos."[34]

A ideia de nação por certo existe, pelo menos desde os revolucionários da primeira metade do século XIX, dos propagandistas republicanos do século XIX aos modernistas de 1922, depois os tenentes, constitucionalistas e nacionalistas. As lideranças e vanguardas intelectuais dessa burguesia oligarquizada transformaram, entretanto, sua "visão da varanda" em ideologia política, dando-lhe *status* de "civilização brasileira", como o fez seu principal e brilhante ideólogo, Gilberto Freyre, e outros intelectuais filhos da oligarquia decadente.

CONTRARREVOLUÇÃO PERMANENTE, ARRANJOS, GOLPES

Daí poder-se concluir que a nascente burguesia brasileira é histórica e estruturalmente *contrarrevolucionária*. A unidade de classe assume tom crescentemente ultraconservador, facilmente polarizado por valores e comportamentos reacionários, e até profundamente reacionários, seja na agonia do Império, seja durante a organização e, depois, ao longo da República, nos momentos em que teve de enfrentar todas as suas crises.

Foi esse *padrão de dominação burguesa peculiar* que obrigou as classes burguesas a negligenciar, ou até rejeitar, certas tarefas especificamente suas, que poderiam ampliar seu lugar no processo de revolução nacional, assim como o da própria transformação capitalista. Daí a dificuldade do país de inserir-se na ordem competitiva mundial, permanecendo até hoje em condição periférica. A negligência de suas lideranças burguesas e empresariais e a neutralização de suas possíveis capacidades criativas, próprias das classes burguesas em centros avançados do capitalismo, tiveram consequências nefastas, como se verifica até os dias atuais.

Mas a raiz de tudo está lá, nos meados e, sobretudo, na segunda metade do século XIX. O "Fui liberal" de Bernardo de Vasconcelos, o do "regresso", ecoará no célebre "Façamos a Revolução antes que o povo a faça", do segundo Antônio Carlos, o governador mineiro de 1930. Foram lemas que cimentaram historicamente, no plano das ideologias da "realidade nacional", nosso sempre reiterado atraso enquanto nação.

[34] *Ibid.*, p. 65.

Aí reside a explicação da existência de vários focos de desenvolvimento econômico-social pré-capitalista ou subcapitalista, com suas lideranças "liberais" de fachada, que mantêm, indeterminadamente, estruturas socioeconômicas arcaicas ou semiarcaicas, obstruindo a reforma agrária, a valorização do trabalho e a instauração de uma sociedade de contrato, a efetiva proletarização, com assalariamento e legalização do trabalhador (para que não fique condenado a uma semiescravidão), a expansão do mercado interno etc. E, ainda, como decorrência, o desenvolvimento dessa cultura que favorece a especulação selvagem e a corrupção, num contexto que parece ser mais semicolonial do que capitalista moderno, em todas as esferas da vida econômica e social, até os dias atuais.

22

Da Monarquia à República (1868-1889):
o colapso do regime

> "Pedro II não foi um estadista; faltava-lhe visão de conjunto, o gosto da política, a coragem de ousar."
>
> José Maria Bello, 1940[1]

> "O segundo império foi uma parada. Digamos melhor: uma situação de equilíbrio."
>
> Euclides da Cunha, 1901[2]

Em 1850, o segundo imperador do Brasil e seus ministros — sobretudo estes — já haviam logrado consolidar o regime. A centralização realizada pela monarquia quebrou as resistências regionais, colocando a sociedade estamental-escravista sob completo domínio do Estado. Nessa aglomeração social sem sociedade civil para cooptar e absorver forças que contestavam a ordem, a máquina do regime contava com vários mecanismos, desde a distribuição de títulos de nobreza, patentes da Guarda Nacional, nomeações para o Senado e para o Conselho, até a tradicional distribuição de empregos públicos. Instrumentos fartamente utilizados pelo poder central contra as oposições.

A primeira rachadura no edifício imperial ocorreu no ano de 1868, com a queda do gabinete liberal de Zacarias de Góis. O fracasso dessa vertente progressista revelou descontentamentos com o regime monárquico. Para alguns, como Pandiá Calógeras, "a verdade real parece estar no fato de que Zacarias nunca fora um estadista".[3] O fato é que a excessiva centralização

---

[1] José Maria Bello, *História da República (1889-1930): síntese de quarenta anos de vida brasileira*, Rio de Janeiro, Simões, 1952, 2ª ed., p. 20. A primeira edição é de 1940.

[2] Ver o capítulo "Da Independência à República", em Euclides da Cunha, *À margem da história*, São Paulo, Martins Fontes, 1999, p. 170.

[3] Pandiá Calógeras, *Formação histórica do Brasil*, São Paulo, Companhia Editora Nacional, 1957, 5ª ed., p. 342.

sempre foi criticada por grupos liberais, mas agora — e pela primeira vez desde 1831 — liberais progressistas e liberais históricos (radicais) uniram-se contra o gabinete conservador. Outros segmentos da sociedade contribuíram para desestabilizar o regime: a crise envolveu o Exército, sensível às transformações na base escravista da sociedade imperial.

Mas o acontecimento que abalou o Segundo Reinado foi a chamada Guerra do Paraguai (1864-1870), o maior conflito armado sul-americano em todos os tempos. Com efeito, a história contemporânea da América Latina seria fundamente marcada pela Guerra da Tríplice Aliança ou, mais propriamente, pela Guerra contra o Paraguai: ela — mais a crescente campanha pela abolição da escravidão, ocorrida finalmente em 1888 — foi a principal responsável pela lenta derrocada do regime monarquista. Até hoje, o trauma dessa guerra provoca debates e reflexões a respeito de questões culturais, geopolíticas, militares, e de regimes de governo na América Latina. Permanece atual a indagação do argentino Sarmiento: "civilização ou barbárie"?

Neste capítulo, que abrange o apogeu e a crise do Segundo Reinado, examinaremos a política externa do Brasil, a Guerra contra o Paraguai, a Questão Militar e a Questão Religiosa, o movimento abolicionista, a imigração, a contraposição da formação militar à cultura universitária, a urbanização e a ampliação da rede de comunicações. Finalmente, a propaganda republicana, o colapso da monarquia e a proclamação da República.

Política externa: ainda a questão do Prata

Durante a maior parte do século XIX, o Império manteve-se isolado do resto do continente. O Prata foi a única região em que o governo brasileiro havia participado ativamente, chegando à intervenção militar sob João VI, com a ocupação de Montevidéu e anexação, em 1821, da margem oriental do rio da Prata (Província Cisplatina, hoje, Uruguai) ao Reino Unido de Portugal, Brasil e Algarves.[4]

No Uruguai, após a independência em 1828, para sustentar suas disputas internas, os partidos políticos buscavam apoio do Brasil e da Argentina. O Brasil apoiava os membros do partido Colorado, ligado aos interesses dos

[4] Ver estudo a respeito da problemática da região em Gabriela Nunes Ferreira, *O Rio da Prata e a consolidação do Estado imperial*, São Paulo, Hucitec, 2006.

comerciantes de Montevidéu, ao passo que a Argentina apoiava o partido Blanco, ligado aos interesses dos produtores rurais.

Além da interferência na política uruguaia, o Império do Brasil esteve constantemente em atrito com o país vizinho devido à questão das fronteiras. Produtores uruguaios e gaúchos reclamavam de roubo de gado e de incursões de exércitos particulares (dos dois lados), com frequentes violações de fronteiras.

Nesse ínterim, com a navegação a vapor, ganharam importância os portos fluviais dos rios Paraná, Uruguai e Paraguai. Por esses rios, o Brasil garantia acesso à província de Mato Grosso. Entrepostos comerciais surgidos nessa rota, antes monopolizados pelos comerciantes de Buenos Aires, começaram a ser cobiçados por comerciantes de outras nacionalidades, principalmente ingleses. O Império brasileiro, defensor da livre navegação desses rios, facilitava indiretamente, desse modo, os interesses comerciais ingleses na região.

Na Argentina, o Império brasileiro e os interesses ingleses e franceses ajudaram a desestabilizar a ditadura do general Rosas (1829-1852), contrária à quebra do monopólio dos comerciantes de Buenos Aires nas rotas fluviais. O pretexto para intervir nas questões internas da região foi, como sempre, as disputas políticas no Uruguai. Abriu-se o conflito: Rosas apoiava os Blancos, e o Brasil, os Colorados.

Em 1850, o governo imperial cortou relações diplomáticas com a Argentina e aliou-se ao caudilho argentino Urquiza (1801-1870), que governava as províncias de Corrientes e Entre Ríos. Em 1852, tendo derrotado o exército de Rosas na batalha de Monte Caseros, o Império obteve a livre navegação dos rios da Bacia do Prata. Enquanto isso, no Uruguai, com auxílio de tropas brasileiras, os Blancos foram derrotados. Uma fração de 5 mil homens do Exército brasileiro ocupou Montevidéu.

Os uruguaios detestavam a presença militar do Brasil e, em 1855, começaram as manifestações contra a ocupação. O partido Blanco ganhou as eleições, e o país aliou-se ao Paraguai para derrotar as forças imperiais.

Longas negociações diplomáticas para definir, de uma vez por todas, a questão das fronteiras entre o Brasil e o Uruguai iniciaram-se em 1864. A guerra, entretanto, pôs fim à disputa: em 1865, o Exército imperial brasileiro derrotou as forças uruguaias, consolidando sua posição hegemônica na região do Prata.

Mas os conflitos, aí, estavam apenas começando, pois a livre navegação dos rios ainda seria contestada pelo Paraguai. Em novembro de 1864,

Da Monarquia à República (1868-1889)

o Paraguai declarou guerra ao Brasil, invadindo a região de Mato Grosso, zona de disputa entre colonos e seus respectivos governos há mais de 200 anos.

Enredavam-se, nesse episódio, mais de três séculos de história, colocando em confronto dois modelos de colonização, o que culminaria no maior conflito já assistido na América do Sul.

A "Guerra do Paraguai" (1864-1870): uma reavaliação

Nas ruas das cidades, hoje, parece só haver espaço para nomes como Cerro Corá, Paisandu, Humaitá, Riachuelo e o dos nem sempre bem preparados Voluntários da Pátria. Nomes sonoros, muitos deles indígenas, não permitem enxergar o substrato da *cultura guarani* que animava o exército paraguaio de 64 mil homens. Esse silêncio precisa ser quebrado, e revista a historiografia oficial — do Império e da República — que inundou os manuais de história do Brasil.

A "Guerra do Paraguai" (em verdade, a Guerra contra o Paraguai) foi uma chacina em larga escala, uma hecatombe demográfica, um genocídio, sobretudo no final, com a dizimação do que restou do exército paraguaio, formado por crianças. Tal cataclismo desequilibrou o Império, e aí reside uma das chaves para o estudo do movimento republicano e abolicionista no Brasil. A guerra, a Abolição, a proclamação da República e a implantação da ordem neocolonial definem uma nova conjuntura histórica.

Os números de mortos — elevados em escala nunca antes imaginada —, o despreparo das forças da Tríplice Aliança, os conflitos de poder militar no bojo do Império, o novo vigor da opinião popular, tudo resultou na mudança de teor da vida neste subcontinente. Tal abalo teve ressonância nas obras dos principais intelectuais e artistas do período, de Machado de Assis e Juan Bautista Alberdi até Domingo Faustino Sarmiento e Cándido López.

Vamos aos números. Na batalha de Tuiuti, em 24 de maio de 1865, eram 35 mil aliados contra 23 mil homens de López: as baixas foram de 12 mil paraguaios (desses, cerca de 6 mil morreram) e 3 mil brasileiros. Em setembro do mesmo ano, Mitre tentou tomar de assalto a fortaleza de Curupaiti; sem sucesso, o maior desastre de toda a campanha aliada, quando perderam as esperanças de tomar a capital em curto prazo: apenas 100 paraguaios morreram, contra 9 mil dos aliados. Só em 1868 os paraguaios começaram a ceder, após caírem Curupaiti e Humaitá. Em conjunto, embora variem muito as estimativas, pode-se dizer que, no início da guerra, o Paraguai tinha quase 800 mil habitantes. Morreram cerca de 600 mil, restando uma população de menos de 200 mil pessoas, das quais apenas cerca de 15 mil eram do sexo masculino e, destes, cerca de 2/3 tinham menos de 10 anos de idade.[5]

Do lado dos aliados, também se registram tragédias: a Coluna dos Voluntários da Pátria, que partiu do Rio de Janeiro em abril de 1865 com cerca de 3 mil homens, levou dois anos para percorrer 2.112 quilômetros. No trajeto, 1/3 do contingente perdeu-se por febres e fome. No final, após Laguna, a Coluna foi ainda atacada por uma epidemia de cólera. Na campanha da cordilheira, morreram 5 mil soldados paraguaios, o que é muito se nos lembrarmos que o exército reorganizado pelo conde d'Eu, genro de Pedro II, era de 31 mil homens.

Os grandes deslocamentos de tropas avultadas, a estratégia de ataques e retiradas, e de guerras fluviais, abriram nova página na polemologia latino-americana. O reforço da ideia de Estado-nação forte abriu caminho para uma nova concepção do papel das Forças Armadas na vida nacional — um dos seus frutos tardios foi a criação da Escola Superior de Guerra, em agosto de 1949, pelo tenente-general Luís Maria Campos — e, depois, para a disseminação das teorias positivistas, que trabalharam na destruição do sistema escravista.

As várias dimensões da guerra sugerem a complexidade daquele momento, em que capitais estrangeiros — ingleses, principalmente, fortalecendo sua malha imperial — entrelaçavam-se com conflitos locais e com formas de expansionismo, sobretudo do imperialismo inglês, mas também de um subimperialismo brasileiro em relação à nação paraguaia: aí a *origem* da guerra, cujo desenrolar esclarece a natureza dos expansionismos regionais, após exame da inserção das nações envolvidas — Argentina, Brasil, Uruguai e Paraguai — no quadro dos imperialismos europeus e do norte-americano da segunda metade do século XIX.

---

[5] Este dados e outros a respeito da Guerra do (contra o) Paraguai encontram-se no artigo de Carlos Guilherme Mota, "História de um silêncio: a Guerra do Paraguai (1864-1870) 130 anos depois", em *Estudos Avançados*, vol. 9, nº 24, São Paulo, 1995, p. 254. Uma visão mais atualizada do conflito pode ser encontrada na obra de Francisco Doratioto, *Maldita guerra: nova história da Guerra do Paraguai*, São Paulo, Companhia das Letras/Fundação Biblioteca Nacional, 2002. Um balanço da guerra acha-se nas pp. 456-8 desse livro.

Da Monarquia à República (1868-1889)

Brasil e Argentina vinculavam-se intensamente à Europa, em particular à Inglaterra. O Paraguai, por seu lado, manteve-se isolado, em consequência da longa ditadura do doutor Francia (1814-1840), que cortou relações diplomáticas e comerciais com outros países, exceção feita ao Brasil. Ao proibir a imigração e a emigração, tentou certa autossuficiência, baseada na agricultura e na indústria artesanal. Os dois ditadores que o sucederam no poder — Carlos Antonio López (1840-1862) e seu filho Francisco Solano López (1862-1870) — abriram o país ao comércio exterior e trouxeram imigrantes e técnicos estrangeiros. Quando o Paraguai ensaiou essa abertura para sua integração no comércio mundial, o ditador argentino Juan Manuel Rosas impôs o bloqueio econômico ao país vizinho. E nisso reside uma das motivações da guerra: sucedem-se os problemas de fronteira, e Carlos López dedica-se à criação de um bem adestrado exército, preparado por oficiais alemães e equipado com armamentos europeus.

A Argentina, por seu lado, até 1853 cindia-se em duas tendências políticas básicas, ou seja, em duas correntes históricas de opinião: centralistas e federalistas. A Inglaterra pressionava os centralistas, em busca de segurança para o mercado de seus produtos; já os federalistas lutavam pela produção de seus tecidos — de algodão, de linho e de lã —, ameaçada pela concorrência inglesa, e também de açúcar e de vinho. Em face do perigo de absorção pelo imperialismo inglês, estabeleceu-se a aliança dos federalistas com os paraguaios.

No Brasil, vinculado à Inglaterra após os Tratados de 1810, os setores exportadores e os segmentos intermediários beneficiavam-se daquilo que Richard Graham denominou de "lumiar da modernização no Brasil",[6] e, na época, o país era um autêntico *protetorado* inglês. Alguns de nossos notáveis juristas — como Rui Barbosa, jovem político liberal e abolicionista, e o senador Dantas — eram denominados, com ironia, "os nossos ingleses", ou "os ingleses do sr. Dantas". Na segunda metade do século XIX, o "nabuquis-

---

[6] Cf. Richard Graham, *Britain and the Onset of Modernization in Brazil (1850-1914)*, Cambridge, Cambridge University Press, 1968. Em certo sentido, o livro de Graham complementa a famosa obra do professor Alan K. Manchester, *British Preeminence in Brazil, Its Rise and Decline: A Study in European Expansion*, Chapel Hill, University of North Carolina Press, 1933; reeditada em 1964 pela Octagon Books. Também importante é o livro de Leslie Bethell, *A abolição do tráfico de escravos no Brasil: a Grã-Bretanha, o Brasil e a questão do tráfico de escravos (1807-1869)*, Rio de Janeiro/São Paulo, Expressão e Cultura/Edusp, 1976, cuja edição original é da Cambridge University Press, 1970.

mo" chegou a ser um qualificativo, sobretudo depois que, assumidamente, em *Minha formação*, Joaquim Nabuco autodefiniu-se: "Sou um liberal inglês".

DESENHA-SE O CONFLITO

Em meados do século, tudo se misturava aquém e além-Prata: conflitos de fronteira, problemas de navegação em dois grandes rios (Paraná e Paraguai), abertura ao comércio exterior, migrações, caudilhismo e coronelismo, regimes escravistas (aberto no Brasil; semiescravista nas outras regiões), confrontos étnicos e culturais.

Do ponto de vista do Paraguai, o choque agravou-se devido à crença generalizada de que as nações vizinhas seriam responsáveis pela estagnação do país, condenando-o a viver dentro de fronteiras mal delimitadas, sem saída para o mar (aliás, também para a Bolívia um problema atual).

Do ponto de vista da Argentina, o ditador Rosas negava-se a reconhecer a independência do Paraguai, visando a fazer daquele país uma província argentina. De 1845 a 1852, Carlos Antonio López resistiu, mas finalmente declarou guerra à Argentina e penetrou em Corrientes, fazendo recuar as tropas de Rosas. Com a queda de Rosas, assume o general Urquiza (1801-1870), da província de Corrientes. Para Urquiza, o grande desafio era a reincorporação da província de Buenos Aires à Confederação Argentina. Simpatizante da causa paraguaia, ele reconhece a independência do Paraguai em 1852, e os dois países assinam um tratado de navegação e limites. A guerra poderia ter terminado aí. Mas, nessa altura, novamente o Brasil entrou em cena.

Também por questões de fronteiras, o Paraguai já se vira forçado a expulsar brasileiros: o presidente da província do Mato Grosso invadira terras paraguaias e recusava-se a abandonar suas posições. Mais: o Paraguai, para aumentar sua área de influência, para ver-se livre dos brasileiros, tentava estabelecer uma coligação com o Uruguai e com as províncias de Corrientes e Entre Ríos.

ECLOSÃO DA GUERRA CONTRA O PARAGUAI

Uma das causas próximas da eclosão da guerra foi a intervenção político-militar do Brasil no Uruguai em 1864, quando o Paraguai tentava articular uma nova configuração geopolítica na América do Sul.

Da Monarquia à República (1868-1889)

O Uruguai, governado por Atanasio Aguirre (1804-1875), do partido Blanco, era hostilizado pelo governo imperial brasileiro, sob o argumento de que os Blancos não tomavam providências em favor dos brasileiros ali residentes e alegando que estes sofriam prejuízos e eram despojados de seus bens.

A Argentina não logrou ser intermediária no conflito, e o governo brasileiro anunciou que suas tropas, estacionadas na fronteira, agiriam em represália contra os uruguaios. O presidente paraguaio Francisco Solano López protestou contra a intervenção brasileira, enxergando nela um atentado ao equílibrio da região e uma ameaça ao seu país. Localiza-se aí o estopim da guerra.

Em síntese, e no plano dos acontecimentos, pode-se dizer que a conflagração se deve, inicialmente, à firme determinação do presidente paraguaio Solano López de bloquear o esforço expansionista brasileiro. De fato, desde 1855, o Império do Brasil vinha pressionando o Paraguai a assinar tratados — de limites e de navegação —, mas nem Carlos López nem seu filho Solano López estavam dispostos a firmá-los. Emoldurando o cenário, o interesse da Inglaterra em obter a abertura de seu comércio ao Paraguai.

A débil resistência ao imperialismo inglês

A hegemonia comercial e financeira da Inglaterra impôs-se à maioria dos Estados latino-americanos logo após suas Independências. O Paraguai fora exceção: fechou fronteiras aos estrangeiros e promoveu seu desenvolvimento autônomo. Ora, a política isolacionista adotada pelos governantes paraguaios contrastava com a política dos países vizinhos. No Brasil pós-Independência, em contrapartida, fortalecera-se uma sociedade de senhores e escravos, governada por uma monarquia de raiz portuguesa; a Argentina, republicana, era dominada pelos grandes proprietários rurais. Ambos os países vendiam seus produtos para o mercado externo e compravam produtos manufaturados da Inglaterra.

Para a população, o isolamento paraguaio foi benéfico. Em 1840, estava erradicado o analfabetismo. Além disso, a indústria artesanal paraguaia fabricava produtos que substituíam as importações de manufaturados ingleses.

O doutor Francia do Paraguai, "El Supremo"

Na política, destacou-se o controvertido doutor Francia, nascido em Yaguarón (Paraguai), um autoritário "ilustrado", que angariava adeptos e detratores com igual virulência.

Para estudar Direito, José Gaspar Rodríguez de Francia (1756-1840) abandonou cedo a carreira eclesiástica. Alcaide em Assunción, deputado em Buenos Aires e secretário da Junta que expulsou os espanhóis de Buenos Aires em 1811, com a independência do Paraguai foi eleito governador pelo Congresso, mas logo se proclamou ditador vitalício (1817), com o título "El Supremo". Apoiando-se em brutal sistema policial, foi — nada obstante — o modernizador do Paraguai, implantando manufaturas e organizando o comércio, numa política protecionista rigorosa. Fechados os rios, construiu uma barreira em torno da vida local, com alguma exceção feita ao Brasil. "Ninguém entrava, ninguém saía", segundo o diplomata e historiador Pandiá Calógeras. Uma rígida censura evitava a entrada das ideias liberais, favoráveis ao livre-comércio.

Tal exemplo não era visto com bons olhos pela Inglaterra, potência hegemônica mundial. E logo surgiram desentendimentos entre os países vizinhos — fomentados e financiados pelo capital inglês —, até porque a Inglaterra se tornara a principal fornecedora de material bélico e de manufaturados para os países da Bacia do Prata.

O Brasil também tinha suas atenções voltadas para a região. Em 1841, às vésperas da morte de Francia, foram nomeados diplomatas para representar o governo imperial na região, que atuaram até a Guerra contra o Paraguai, eclodida em 1864. Foi o caso de Pimenta Bueno, futuro marquês de São Vicente, que auxiliou o primeiro López a manter sua posição, pois a Argentina protestara, em 1845, contra o fato de o Brasil ter reconhecido o governo paraguaio. Com efeito, ainda não houvera hostilidades em relação ao Brasil, até o momento em que o segundo López (Francisco Solano) tentou criar o Paraguai-Maior, inaugurando-se então o conflito com o Império brasileiro.[7]

---

[7] Pandiá Calógeras, *Formação histórica do Brasil*, cit., p. 310.

Da Monarquia à República (1868-1889)

Tríplice Aliança: Guerra *contra* o Paraguai

"A Guerra do Paraguai pode ser vista como parte da integração
da Bacia do Rio da Prata na economia mundial da Inglaterra."

Eric Hobsbawm[8]

Quando o Brasil levantou as questões da livre navegação no rio Paraguai e das fronteiras entre os dois países, Argentina e Uruguai logo se uniram, em 1865, para garantir a livre navegação nos rios. Temeroso de uma invasão de forças uruguaias, o Paraguai atacou o Brasil e tomou a província de Mato Grosso. Em seguida, atacou a província argentina de Corrientes. Como resposta aos ataques paraguaios, Brasil, Argentina e Uruguai formaram a Tríplice Aliança.

A Guerra contra o Paraguai foi travada em três frentes de batalha: no Mato Grosso, na mesopotâmia argentina, e no Rio Grande do Sul. A Tríplice Aliança usou a Marinha para deter o avanço das tropas paraguaias.

Antes da guerra, o Exército imperial era formado por despossuídos recrutados no Sul do país, a principal área de conflitos. *O Exército, como instituição organizada, não existia no resto do Império*. Nas demais províncias, a Guarda Nacional, comandada pela aristocracia imperial (proprietários, comerciantes e políticos), estava até então encarregada de manter a ordem. Em suma: a guerra obrigou o Império a formar um Exército regular.

A partir de 1865, a Guarda Nacional foi convocada a lutar contra os paraguaios, com o Exército. Para a opinião pública brasileira, a guerra era extremamente impopular, pois o recrutamento era difícil e efetuado segundo os métodos tradicionais da época. Ou seja, à força. Apesar disso, setores da elite imperial formaram batalhões e, em 1866, deram início à ofensiva dos aliados em território paraguaio, num momento em que a crise financeira provocada pelos elevados gastos com a guerra minava o Império. No ano seguinte, Pedro II confiou o comando do Exército ao duque de Caxias, que em 1868 assumiu o controle pleno das forças aliadas.

Na Argentina, a situação não era melhor, pois bandos armados, as *montoneras*, desestabilizavam o governo do presidente Mitre.

---

[8] Eric Hobsbawm, *A era do capital (1848-1875)*, Rio de Janeiro, Paz e Terra, 1979, p. 96.

Após longos anos de guerra, a superioridade bélica dos aliados derrotou o exército paraguaio em seu próprio território. O saldo negativo da guerra foi alto: cerca de 600 mil mortos. O Brasil perdeu 33 mil homens nos campos de batalha.

O fim da guerra significou o fracasso do sonho isolacionista do Paraguai. Invadido e ocupado pelas forças aliadas, o país perdeu mais da metade de sua população no conflito. O Império brasileiro passou a exercer protetorado sobre o novo governo paraguaio, em ocupação militar que só terminaria em 1872.

Para os Aliados, a guerra teve consequências distintas: na Argentina, consolidou-se o Estado nacional, ao serem eliminados e incorporados todos os focos de oposição à república dos proprietários rurais. No Brasil, a guerra foi responsável pelo aumento da dívida externa; mas o Exército saiu fortalecido e prestigiado das chacinas contra os paraguaios.

História de um silêncio: para entender a guerra

> "A burguesia e a 'aristocracia' do Império preferiam ficar longe dos campos inóspitos e mortíferos das batalhas, discutindo e criticando livremente as operações militares."
>
> José Maria Bello[9]

A guerra ocorreu numa época de consolidações nacionais, como a da República dos Estados Unidos da Venezuela, em 1864. No ano seguinte, as Cortes Espanholas viram-se obrigadas a reconhecer a independência de Santo Domingo e o governo de José Maria Cabral. Fato também contemporâneo foi o grito de independência de Lares, em Porto Rico, ocasião em que se constituiu um governo republicano presidido por Francisco Ramirez. Nesse tempo, Santo Domingo, Porto Rico, Panamá e Haiti entraram na esfera de ação direta dos Estados Unidos.

Nessa conjuntura de 1864-1867, adensou-se a *ideia de América Latina*, pois ocorreram, na época da Guerra da Tríplice Aliança, também o fuzilamento do arquiduque Maximiliano, da Áustria (Queretaro, México, 1867), e o retorno do ditador-presidente Benito Juarez. No Peru, deu-se a tomada de poder pelo general Prado, em 1865, contra a Espanha (depois fazendo a

---

[9] José Maria Bello, *História da República (1889-1930): síntese de quarenta anos de vida brasileira*, cit., p. 39.

Guerra do Pacífico, ou *Salitrera*, contra o Chile e Bolívia). Finalmente, nessa mesma altura, teve início a ação de José Martí em Cuba, desdobrando-se, nos anos 1870, na Espanha, novamente em Cuba, nos Estados Unidos e em Cuba outra vez.

Aos investimentos em capitais europeus, somava-se a intensificação da imigração em massa de europeus rumo a Cuba e ao Brasil — sobretudo na região de clima temperado do estuário do rio da Prata. Os números são altos: cerca de 250 mil europeus no Brasil, entre 1855 e 1874, e cerca de 800 mil na Argentina e no Uruguai.

A Guerra Grande pode ser comparada — em violência, em extensão mas não em seus resultados — à Guerra Civil que viveram, na mesma época, os Estados Unidos da América do Norte. Com seus números assustadores, a guerra norte-americana mobilizou cerca de 2,5 milhões de homens numa população de 33 milhões de habitantes.

Com efeito, nem todos os mortos são iguais. E, como sabem os leitores de diários, de livros de história e de memórias, os mortos que importam têm verdadeiramente de reunir certos requisitos.

A historiografia mais recente já consolidou a ideia de que a guerra marca um momento da integração da Bacia do Rio da Prata na economia mundial, sob a preeminência inglesa. A Argentina, o Brasil e o Uruguai opuseram-se à autossuficiência do Paraguai, única área da América Latina onde, de forma efetiva, os índios mais resistiram ao estabelecimento dos brancos, em boa medida graças à organização jesuítica anterior, como notou Eric Hobsbawm.[10]

Nessa era de imperialismos, as nações da região organizaram-se dentro de parâmetros das potências hegemônicas. Não é possível saber o que teria acontecido, por exemplo, ao Uruguai ou a Honduras, caso tivessem se orientado por próprios meios, mas o fato é que o Paraguai, ao tentar, por uma vez, sair fora da esfera do mercado, foi massacrado e obrigado a nele reingressar.[11]

---

[10] Hobsbawm diz ainda: "O restante dos índios que resistiram à conquista branca foram empurrados para a fronteira desta conquista. Apenas no norte da Bacia do Prata os povoados indígenas permaneceram sólidos, e o guarani, em vez de português ou espanhol, permaneceu como o idioma *de facto* para comunicação entre nativos e colonos". Em Eric Hobsbawm, *A era do capital*, cit., p. 96.

[11] Cf. a tese de Eric Hobsbawm, em sua obra *The Age of Empire (1875-1914)*, Nova York, Pantheon, 1987.

Mitre, o fundador da Argentina moderna

Para a região e para as nações envolvidas, a Guerra contra o Paraguai teve repercussões político-culturais, socioeconômicas e diplomáticas. No Brasil, ela produziu enormes efeitos. Única monarquia americana, mergulharia depois no processo que desembocou na abolição da escravatura (1888) e na instalação da República (1889). A guerra também transformou a Argentina, que finalmente se unificou sob o general Bartolomé Mitre — primeiro presidente (1862-1868) e pai da Argentina moderna —, em cuja obra de historiador a Nação — "La Nación Argentina" — é elevada a protagonista única do processo histórico.[12] Em contrapartida, a guerra foi impopular no país, pois as simpatias das províncias estavam com os paraguaios. O recrutamento das tropas foi difícil, ao constatarem que o combate seria "a favor do Brasil". Além disso, os federalistas sempre esperaram que o brigadeiro José Urquiza, primeiro presidente constitucional da Confederação Argentina (1854-1860), se sublevasse contra Mitre, o que não ocorreu. A impopularidade da guerra provocou levantes no interior e deserções pesadas, como a do Exército de Vanguarda — de soldados de Entre Ríos, açulados por inimigos de Mitre. A guerra teve seu fim durante a presidência de Domingo Faustino Sarmiento, sucessor de Mitre.

O Brasil, como a Argentina, apressou-se na disputa pela posse dos territórios dos vencidos, invocando o Tratado da Tríplice Aliança. Como se sabe, o ministro Mariano Varela, da Argentina, advertiu que a vitória não dava às nações aliadas o direito para declararem sozinhas as novas fronteiras. Na época, ante o perigo de novos rompimentos, define-se um sistema de consultas. Mitre, favorável à posição brasileira, vai ao Rio de Janeiro em busca de entendimento. A Argentina submete à arbitragem dos Estados Unidos a questão dos territórios em disputa: em 1878, o presidente Hayes arbitra a favor do Paraguai; afinal, a Argentina sempre pendeu mais para a Inglaterra...

---

[12] Remetemos à brilhante análise desse período — em que nascem a Argentina moderna e uma historiografia não mais baseada apenas na memória coletiva do patriciado portenho como fonte histórica privilegiada —, realizada por Túlio Halperín Donghi em "Mitre e a formulação de uma história nacional para a Argentina", em *Estudos Avançados*, vol. 8, nº 20, São Paulo, 1994, pp. 252 e ss.

Para o Uruguai, a guerra trouxe um fato novo, para além das incursões rio-grandenses e dos levantes colorados, que tanto marcaram o campo antes da crise econômica de 1873. Surge a figura de um militar profissional, Lorenzo Latorre, que governa em nome do Exército (e que na Argentina corresponderia a Manuel Rosas e a Julio Roca). Não era mais um caudilho rural, porém tinha o apoio dos *hacendados* e dos comerciantes exportadores; e, para vencer a resistência da população camponesa, oferecia a força do Estado, ou seja, montou um sistema de trabalho forçado nas estâncias.

Contra o Paraguai, a guerra articulou as forças do Império brasileiro, as da Argentina e as do Uruguai. Um acordo secreto entre o Brasil e a Argentina previa a distribuição de territórios em litígio que correspondiam a mais da metade do Paraguai.

A RESISTÊNCIA DA POPULAÇÃO PARAGUAIA

Surpreendente foi a reação heroica da população paraguaia: em cinco anos de guerra, perdeu-se a quase totalidade da população masculina. Porém, não se atribua tudo apenas à resistência paraguaia. Levem-se em conta a fraqueza e a desorganização das tropas inimigas. Além disso, a unidade interna argentina, devida a Mitre, era mais aparente do que efetiva (o levante federalista de 1866-1867 abalara o interior), e o Império brasileiro, com sua máquina pesada e custosa, agia lenta e prudentemente.

Os paraguaios, em compensação, expulsos das terras conquistadas na Argentina e no Rio Grande do Sul já na primeira fase da guerra, na segunda defenderiam com todo vigor Humaitá, a fortaleza construída por López no rio Paraguai. De derrota em derrota, e até mesmo após o fim da guerra, os paraguaios conseguiram lidar com as contradições e as divisões entre seus vencedores.

O resultado foi assim definido pelo historiador argentino Tulio Halperín Donghi:

> "Afirmou-se a hegemonia brasileira, enquanto os novos governantes presidiam uma alegre liquidação de terras do Estado; a reconstrução do Paraguai se fez sob o signo da grande propriedade privada, e de maneira muito lenta; o país ficou, assim, destinado a manter sua principal vinculação econômica com a Argentina, para onde se dirige a maior parte de suas exportações, e de cujo

sistema de navegação fluvial dependia em sua comunicação com o ultramar."[13]

IMPACTO DA GUERRA NO BRASIL

O Brasil sofreu muito os efeitos da guerra, e a inflação foi um deles. Empréstimos da Inglaterra e emissão exagerada de papel-moeda elevaram o custo de vida, e o consequente descontentamento popular — que aliás já fora observado durante a luta custosa no território paraguaio (para muitos, a simples expulsão dos paraguaios já teria bastado). Contra a Tríplice Aliança se manifestaram também outros países da América Latina, como Peru, Colômbia e Chile.

Assistiu-se, aqui, a forte abalo no Estado, com a emergência do Exército como força organizada e vincada ideologicamente por ideias republicanas. Nascia, então, um tipo novo de oficial militar, criado na escola do autoritarismo progressista, defensor da abolição da escravatura. Deodoro e Floriano, por exemplo, lutaram nessa guerra; e, ulteriormente, tiveram papel de relevo nas transformações políticas do país.

Da Monarquia à República

> "Revelou-se o imenso equívoco que era o Brasil. [...]
> O Brasil republicano reproduzia, depois de quase setenta anos, o drama entre a Constituinte monárquica [de 1823] e D. Pedro I."
>
> José Maria Bello[14]

Nos vinte anos que se seguiram à queda do gabinete liberal de Zacarias de Góis (1868), o país assistiu a transformações profundas, que levaram à implantação do regime republicano em 1889. A imigração europeia em massa, a urbanização, as lutas pela abolição da escravatura, a questão religiosa e a questão militar, entre outros fatores, abalaram o regime monárquico. Monarquia já enfraquecida e marcada pelo que o historiador José Maria

[13] Tulio Halperín Donghi, "Mitre e a formulação de uma história nacional para a Argentina", cit., p. 248.

[14] José Maria Bello, *História da República (1889-1930): síntese de quarenta anos de vida brasileira*, cit., pp. 29 e 104.

Bello denominou de "abulia do imperador". Com efeito, o primeiro mandatário e a maior parte dos políticos que o cercavam "não pareciam compreender a transformação que se operava na mentalidade das novas gerações brasileiras e, sobretudo, da juventude militar".[15] Examinemos alguns desses aspectos.

A Questão Militar: raízes históricas

Nos estudos acerca do século XIX brasileiro, a "Questão Militar" sempre mereceu capítulo destacado. Vista em perspectiva, a problemática militar antecede, e ultrapassa, os episódios que levaram à proclamação da República em 1889, repontando nas revoltas tenentistas de 1922, 1924, 1926, 1930 e 1935. O Tenentismo, presente nesses movimentos até o golpe de Estado de 1964, deita aí suas raízes. No arco do tempo, o general-presidente Ernesto Geisel (1907-1996) pode ser qualificado de "o último tenente".

No Primeiro Reinado, a oficialidade do Exército era formada pela aristocracia. Recorde-se que, em 1779, a antiga Academia Militar fora extinta pelo conde de Rezende, criando-se a Real Academia de Artilharia, Fortificação e Desenho. Após 1808, com a estruturação do ensino acadêmico no Brasil, algumas escolas de engenharia militar foram transformadas em escolas politécnicas, como a Academia Militar do Rio de Janeiro, no modelo da de Paris. Formavam-se oficiais para apoiar a gestão administrativa, sobretudo em projeto e execução de edifícios e em equipamentos de infraestrutura, construção de estradas, portos, pontes e canais. Em 1822, a escola passou a Academia Imperial Militar, com estudos que se ampliaram, em 1842, para as matemáticas, geometria, desenho, arquitetura, hidráulica e geologia. Em 1858, criou-se a Escola Militar de Aplicação, para formar engenheiros civis. A desmilitarização ocorreria somente em 1874, quando passou para o Ministério do Exército, com o nome de Escola Politécnica do Rio de Janeiro.

Após os conflitos de 7 de abril de 1831, o Exército tornou-se corporação vigiada e relegada a segundo plano (para as elites imperiais, "grupo social não confiável"): o número de seus efetivos foi reduzido, e muitos de seus oficiais migraram para a Guarda Nacional. Militares eram tratados de forma diferente da dos funcionários civis, recebendo soldos com atraso e não contando com equipamento adequado. Havia diferença entre civis e militares

---

[15] *Ibid.*, p. 39.

quanto ao tipo de formação: enquanto as elites civis frequentavam escolas da Igreja e cursos de Direito, as escolas militares ministravam instrução técnica.

Na segunda metade do século XIX, aprofundou-se ainda mais o abismo entre os dois grupos de funcionários, com a introdução da filosofia positivista nas escolas militares. Aí, baseados nas teorias de Auguste Comte, cultivadas por professores atilados e disciplinados, os militares começaram a fazer profunda crítica ao regime imperial e, entre eles, tornou-se cada vez mais intenso o desprezo pelo bacharel, o político do Império.

E com razão, pois — como analisou José Maria Bello em páginas antológicas — a elite política bacharelesca que cercava o imperador

> "não procurava enxergar o imenso equívoco que era o Brasil. [...] O egoísmo dessa pequena classe política, do Imperador de casaca, dos barões latifundiários, dos ministros de fardas e dos parlamentares de sobrecasaca, sob uma temperatura de fornalha, e preocupados com a *Revista dos Dois Mundos* e com o que se pensava e dizia no Parlamento da Inglaterra vitoriana [...] toldava sua compreensão do presente e do futuro."[16]

"A PRAGA DO BACHARELISMO"

Realimentando sua mentalidade desenraizada, europeizada, bacharelesca, descompromissada com os graves e complexos problemas da sociedade e da economia brasileiras, reforçava-se a característica principal dessa elite e do imperador, viciados nos fuxicos da corte e das províncias. Eram bacharéis e doutores, "orgulhosos de sua educação clássica de latinistas, o que, aliás, não impedia que escrevessem sem elegância, estropiando a gramática da própria língua".[17] E mau bacharelismo, como sentenciou o citado historiador, fazendo notar que as afinidades entre intelectuais do Brasil e de Portugal eram devidas ao fato de terem saído "do mesmo fundo confuso de

---

[16] Sobre a mentalidade desses grupos, ver José Maria Bello, *História da República (1889-1930): síntese de quarenta anos de vida brasileira*, cit., pp. 29-30.

[17] *Ibid.*, p. 30.

Da Monarquia à República (1868-1889)

cultura mental". Daí a monarquia de Pedro II ter encontrado sua melhor réplica nos reinados constitucionais de Pedro V e de Luís I.[18]

DUAS CULTURAS: A UNIVERSITÁRIA E A MILITAR POSITIVISTA

Por que a *intelligentsia* brasileira não conseguiu fazer o país se modernizar? É que o clima intelectual das escolas superiores do Brasil, sobretudo as de Direito, permaneceu tão tradicionalista e formalista quanto o de Coimbra, com seus bacharéis formados nas mesmas fontes dos rígidos Direito romano e Direito canônico. "O *Corpus Juris* e as *Ordenações do Reino*, eis os seus principais alimentos do espírito."[19] Na capital do Império, a rua do Ouvidor era como um prolongamento do Chiado, em Lisboa.

Apesar da ironia do historiador, leve brisa soprava na renovação da vida político-cultural brasileira, animando as últimas gerações intelectuais do Império. Personalidades como Rui Barbosa, Oliveira Lima, Nabuco e muitos outros tornaram-se ferrenhas inimigas da escravidão, embora reticentes, divididas ou tardas em apoiar convictamente a República.

Ao procurar-se compreender os embates ideológico-culturais da época, é impositivo lembrar que ainda se vivia o conflito entre Direito Natural e Escolástica, e que a ideologia liberal era uma forma de pensamento adaptável a qualquer sistema político, até o monárquico. "Influências", diz Bello, que "não levam forçosamente à ideia republicana."[20] Lia-se muito. Tocqueville e Benjamin Constant, teóricos do Liberalismo, mas também Burke e Bagehot, mais conservadores. E falava-se muito, também. A oratória era a "rainha das disciplinas" cultivadas pela elite.

Nada obstante, o racionalismo e o agnosticismo chegaram ao Brasil nas páginas de Eça de Queiroz e nas de Antero de Quental (que marcara o grupo brasileiro de Paris).

A "ESCOLA DO RECIFE", DE TOBIAS BARRETO

No Nordeste, pontificava o sergipano Tobias Barreto de Menezes (1839-1889), neokantiano arretado, ex-seminarista em Salvador, expulso por boe-

[18] *Ibid.*, p. 37.

[19] *Ibid.*, p. 38.

[20] *Ibidem.*

mia. Deputado provincial (1879 e 1880), foi um dos fundadores de Escola do Recife, de enorme prestígio e muitos discípulos, contraponto brilhante à Escola de São Paulo. Polemista ruidoso, antagonista de Castro Alves, escreveu vários livros de filosofia, direito e política, entre os quais o famoso *Discurso em mangas de camisa* (1879). Jornalista conhecido nacionalmente, mulato, era diretor do pequeno jornal local *Deutscher Kämpfer* (Lutador alemão), em que chegou a escrever artigos em alemão. Com fortes preocupações sociais (não eram exclusividade de Castro Alves...), foi dos primeiros intelectuais brasileiros a escrever a respeito de *Menores e loucos em Direito Criminal* (1884).

A inovadora Escola do Recife,[21] marcada pelo kantismo ("estou amarrado ao manto de Kant", dizia Tobias), acolheu o transformismo de Darwin, o evolucionismo de Spencer e o materialismo de Haeckel. Chateaubriand inspirou nosso indianismo, enquanto as preocupações sociais de Victor Hugo ressoavam em Castro Alves. As ideias de Savigny e Ihering adentraram as salas de aula dos estudantes de direito, mas nada de republicanismo, pois o clima ideológico era marcado pela monarquia parlamentar. Suas ideias de Liberalismo — as genéricas concepções de liberdade e igualdade — eram plásticas, e adaptáveis seja a repúblicas ou a monarquias parlamentares.

Outra era a cultura exercitada na caserna pela mocidade militar. Na Escola Militar do Rio de Janeiro, lecionava um adepto do positivismo de Comte, Benjamin Constant Botelho de Magalhães, escorado nas matemáticas e em concepção bastante primária dos fatos morais, com forte senso de disciplina; e, no campo das ideias, dogmatismo. Para esse segmento, a República ditatorial seria a forma adequada para a moralização do Estado.[22]

Tal clivagem ideológico-cultural marcará indelevelmente a história do Brasil contemporâneo. Duas maneiras distintas de ver o país e o mundo, que

---

[21] Para a compreensão do lugar da "Escola do Recife", no panorama ideológico-cultural do período, consulte-se o subcapítulo "O simbolismo e o 'renoveau catholique'", em Alfredo Bosi, *História concisa da literatura brasileira*, São Paulo, Cultrix, 1978, 2ª ed., pp. 332-6. Consultar também Vamireh Chacon, *Da Escola do Recife ao Código Civil*, Rio de Janeiro, Simões, 1969; e Antônio Paim, *A filosofia da Escola do Recife*, Rio de Janeiro, Saga, 1966; e, de Paulo Mercadante, *Tobias Barreto na cultura brasileira*, São Paulo, Grijalbo/Edusp, 1972. Ver também Carlos Guilherme Mota (org.), *Juristas na formação do Estado-nação brasileiro (1850-1930)*, vol. II, São Paulo, Saraiva, 2008.

[22] José Maria Bello, *História da República (1889-1930): síntese de quarenta anos de vida brasileira*, cit., pp. 38-9.

teriam desencontros; mas também alguns encontros: em golpes de estado, sobretudo.

Do Exército

Durante a Guerra do Paraguai, o Exército experimentou mudanças profundas, tornando-se mais nitidamente um canal de ascensão social. Na tropa, muitos foram os escravos libertos enviados para a frente de batalha. Com o fim da guerra, o Exército ganhara importância social e política, sendo, entretanto, seus quadros de oficiais oriundos das classes médias urbanas antagonizados pela Guarda Nacional. Com efeito, ele se tornara mais representativo da sociedade que se urbanizava.

Na guerra, oficiais do exército imperial mantiveram contato com oficiais das repúblicas vizinhas, e a propaganda republicana alastrou-se pelas suas fileiras. Ao fim da guerra, tornara-se republicano e abolicionista. Inevitável que, excluído da política do Império e desprezado pelas elites, o Exército se voltasse contra a ordem imperial e contra a dinastia bragantina.

Nesse processo avultou a personagem militar dominante do Império, o duque de Caxias, cuja biografia esboçamos no capítulo anterior. Como vimos, a antiga Questão Militar tomou então outra dimensão no regime imperial, abrindo inesperada frente de tensões entre civis e militares.

A Constituição do Império permitia a eleição de oficiais da ativa, o que provocava antagonismo entre a disciplina militar e a atuação partidária. Desde 1845, o marechal Luís Alves de Lima e Silva, futuro marquês e depois duque de Caxias, tornara-se senador pelo Rio Grande do Sul. Conservador, foi ministro por duas vezes, e, depois, presidente do Conselho.

Zacarias *versus* Caxias

Em plena guerra contra o Paraguai, em 1866, o liberal Zacarias de Góis, então presidente do Conselho, escolheu Caxias como o melhor estrategista para comandar as tropas, apesar de conservador e inimigo do então ministro da Guerra, Silva Ferraz, logo destituído. O que interessava, tanto ao liberal como ao conservador, era a Nação, o que não ocorria com os partidos e com a imprensa, que não poupavam o marechal.

Os aliados Flores e Mitre viviam problemas no Uruguai e na Argentina, e os custos principais da campanha ampliavam-se, sendo difíceis os ajustes entre os almirantes Tamandaré e Inhaúma (da esquadra brasileira), os generais Osório e Marques de Sousa e, ainda, o presidente Mitre, comandante em chefe dos aliados (por sua vez, sempre às voltas com retornos a Buenos Aires). Foi numa dessas ausências de Mitre que, em 1868, aos 65 anos de idade, Caxias assumiu o comando geral à frente de uma tropa de 50 mil homens, obtendo a vitória na famosa batalha de Itororó, em que teve desempenho corajoso. Mas a imprensa e lideranças civis combateram o marechal, que pediu demissão, alegando (falso) motivo de saúde.

Na crise no gabinete, Caxias pediu dispensa. Solidário com o comando, o que pareceu, entretanto, é que o gabinete fora derrubado pelas Forças Armadas. Com efeito, em carta particular, Caxias demitira-se dizendo ser difícil, naquele contexto, uma cooperação íntima do poder militar com o poder civil, a seu ver necessária. Aberta a polêmica, Zacarias poderia ter continuado firme, sem ceder à pressão de seus partidários. Mas sua vaidade pesou. (Prova disso é que, tendo lutado com o Conselho de Estado pela discussão da lei da liberdade dos nascituros, passou a combatê-la no Senado, pois tinha sido apresentada pelo Partido Conservador, presidido por José Maria da Silva Paranhos, futuro visconde do Rio Branco.) Assim, o que mais se criticou em sua atuação foi ter deixado o velho marechal Caxias, figura nacional, exposto à crítica, abrindo uma ferida entre civis e militares.

O imperador aceitou a demissão do gabinete e rompeu o costume de solicitar ao cedente — no caso, Zacarias — a indicação do nome para organizar o novo ministério. Havia inúmeros liberais para o posto, mas os conservadores é que foram chamados a organizar o governo. Os liberais passaram a atacar o monarca, e alguns, exaltados, até saíram do partido para as hostes republicanistas.

Desde 1868, Nabuco de Araújo, principal ideólogo do liberalismo e pai de Joaquim Nabuco, advertira do perigo de, uma vez derrogada a monarquia, os liberais ficarem fora do poder, pois apenas duas forças teriam condições de assumi-lo: os republicanos (que certamente absorveriam os liberais) e os conservadores. Ora, já a partir de 1862, os progressistas se batiam por reformas descentralizadoras do governo central, dando aos ministros a responsabilidade dos atos do Poder Moderador, acabando assim com o privilégio imperial, chave da Constituição.[23] Pouco depois, em 1866, pela imprensa, os liberais históricos defendiam a abolição do Poder Moderador e a

[23] Pandiá Calógeras, *Formação histórica do Brasil*, cit., p. 346.

Da Monarquia à República (1868-1889)

temporariedade do mandato senatorial. No momento, em 1868, os radicais já se aproximavam dos republicanos: o próximo passo seria o lançamento do Manifesto Republicano de 1870, propondo o fim do Império.

Como observou Calógeras, os liberais mais arejados — Nabuco, Saraiva, Saldanha Marinho, Quintino Bocaiúva, Aristides Lobo e outros —, "no partido novamente formado, ligariam a aspiração de 1870 à da realização de 1891".[24]

Qual a diferença entre esses liberais e os republicanos? Para os primeiros, o Poder Moderador deveria ser devolvido ao presidente do Conselho, como no modelo inglês; já para os republicanos, a autoridade do chefe do Executivo deveria permanecer como o núcleo do poder central.

Proclamada a República de 1889, o insistente fantasma do Poder Moderador — nas concepções autoritárias do presidencialismo à brasileira — rondaria a cadeira presidencial durante longos anos, tanto na República Velha (1889-1930) quanto nas que a sucederam.

A Questão Religiosa: Igreja contra Império

Na crise, o Império ainda teve de enfrentar outro inimigo interno: a Igreja. Como vimos anteriormente, o imperador detinha o direito de Padroado. A Carta de 1824 criara a instituição do beneplácito e, de acordo com ela, todas as bulas e mensagens do papa deveriam ser sancionadas pelo imperador antes de serem aplicadas. Desse modo, a Igreja estava sob completo domínio da monarquia.

Ora, um grande segmento das elites do Império era filiado a lojas maçônicas. A Maçonaria, no Brasil, não era anticlerical, e, por isso, a convivência entre Igreja e Maçonaria vinha sendo tranquila. Mas o papa Pio IX (1792-1878) iniciou uma campanha pela "purificação" da Igreja, tendo como um de seus objetivos a extirpação de qualquer vestígio de ideologia maçônica entre os católicos, e o retorno à ortodoxia: em 1872, os católicos ficaram proibidos de participar de lojas maçônicas.

Um episódio foi a gota d'água para a crise. As lojas do Rio de Janeiro fizeram uma festa celebrando a Lei do Ventre Livre. Nela, um padre proferiu vibrante discurso todo vazado no jargão da Maçonaria e foi punido com

[24] *Ibidem.*

História do Brasil: uma interpretação

suspensão, do púlpito e do confessionário. As lojas do Rio ofenderam-se e, em abril de 1872, reuniram-se, passando "a atacar o Episcopado brasileiro, declarando guerra à Igreja com todas as forças unidas da maçonaria".[25] Como observou Calógeras, o aspecto mais grave estava no fato de ter sido o visconde de Rio Branco quem aconselhara a medida. E o visconde era o presidente do Conselho; e o grão-mestre em exercício.

Pedro II e sua família também pertenciam a essa vertente. Por isso, em 1872, consideraram ofensa grave "contra a majestade do Império" as atitudes dos bispos D. Vital, de Olinda, e D. Macedo Costa, do Pará. Fiéis ao Vaticano, os bispos tomaram medidas drásticas contra padres simpáticos à Maçonaria, não permitindo qualquer tipo de confraternização com seus membros ou adoção de seus ritos. Nem que fosse para comemorar a Lei do Ventre Livre, como o foi no caso citado.

Processados, os bispos foram punidos, em 1874, com quatro anos de prisão com trabalhos, pena logo transformada pelo imperador em prisão simples. Não bastou tal medida. A opinião levantou-se em todos os quadrantes, e os detentos continuaram a dirigir suas dioceses de dentro da prisão. Girando em esferas distintas, "o poder civil não encontrava quem pudesse tornar executivas suas decisões absurdas. Nesse caso particular, o galicanismo fôra vencido".[26] O país trepidava sob as dissensões religiosas.

O governo viu-se obrigado a voltar atrás, concedendo anistia aos bispos em 17 de setembro de 1875. Mas o erro estava feito: crimes de consciência, de credos, e respectivas perseguições e retificações embaçaram a credibilidade do regime. Apesar de o imperador ter anistiado os bispos, o caso teve ampla repercussão dentro e fora do Brasil. Abaladas as relações entre Igreja e Estado, a monarquia criara mais um foco de descontentamento, agora em um dos esteios do regime.

Não é de estranhar que o bispo do Rio de Janeiro, D. Pedro Maria de Lacerda, na madrugada de 16 de novembro de 1889, ao ver o imperador Pedro e sua família detidos no palácio, tenha dito: "Exatamente o que ele fez aos bispos...".[27]

[25] *Ibid.*, p. 353.
[26] *Ibid.*, p. 362.
[27] *Ibid.*, p. 363.

O impacto da imigração

A imigração não era um dos assuntos preferidos de Pedro II. Nem o exemplo dos Estados Unidos da América do Norte parecia comovê-lo. Nada obstante, o Brasil era um país que, desde a vinda da corte em 1808, sempre atraiu imigrantes, como se constata nos Registros de Estrangeiros. Embora em menor número do que nos Estados Unidos e na Argentina, aqui aportavam trabalhadores de várias proveniências, destacando-se alemães, irlandeses, franceses, espanhóis, russos e até chineses, além dos portugueses. Os portos de partida eram muitos: Viana do Castelo, Porto, Vigo, Marselha, Hamburgo, Hong Kong e outros. Essa imigração foi intermitente, até a migração em massa ocorrida de 1880 até 1930.

O século XIX assistiu a vários ensaios de adaptação de mão de obra não escrava à economia brasileira. A mais conhecida deve-se ao senador Nicolau de Campos Vergueiro, cafeicultor que introduziu imigrantes portugueses, alemães e suíços em sua fazenda Ibicaba, na cidade de Limeira (SP). O sistema adotado, de *parceria*, previa a divisão do lucro da venda do café, subtraídas as despesas de viagem e as compras efetuadas no armazém da fazenda. Eram cobrados juros sobre as dívidas, sobrando pouco, ou nada, para os imigrantes. Pior: não havia liberdade religiosa nem de circulação. A revolta eclodiu em 1857, com repercussões na Europa, pois alguns países proibiram a emigração para o Brasil. Uma vívida descrição da dura condição de vida — e da rebeldia — nessa colônia de Vergueiro foi escrita por Thomas Davatz, em suas *Memórias de um colono no Brasil*.[28]

A solução seria a adoção do trabalho livre, embora dentro das limitações da mentalidade e dos costumes brasileiros na época. Esboça-se, então, uma política imigratória, com propaganda e infraestruturas para incrementá-la. Com efeito, havia estreita correlação entre a imigração em massa e a expansão das lavouras de café. Após 1870, o governo brasileiro passou a estimular a imigração, fundando a Associação Auxiliadora de Colonização (1871) e estabelecendo, por lei, o serviço de propaganda na Europa, com subsídio às passagens (1885). Já a partir de 1875, entretanto, o processo estava definido: a mão de obra estrangeira já supria as necessidades da lavoura, com a falta da mão de obra escrava.

---

[28] Thomas Davatz, *Memórias de um colono no Brasil*, tradução, prefácio e notas de Sérgio Buarque de Holanda, Belo Horizonte, Itatiaia, 1980.

Em 1878, no bairro de Santana, a 4,5 quilômetros da Estação da Luz, foi instalada uma hospedaria para imigrantes em local onde anteriormente funcionara o primeiro núcleo colonial paulista. Em 1882, o governo de São Paulo transferiu essa hospedaria para o bairro do Bom Retiro, em um terreno de cerca de 8 mil metros quadrados, a 1 quilômetro da Estação da Luz. Era o ponto de chegada dos imigrantes, para daí tomar outros rumos. Em 1885, dada a insuficiência das instalações, as doenças (varíola e crupe) e a necessidade de situar-se perto das ferrovias — a do Norte (São Paulo-Rio de Janeiro) e a Inglesa (São Paulo Railway) — o governo transferiu as instalações para o Brás. Delas — lavanderia, correios, capela, enfermaria, estação de trem etc. — constava uma Agência de Colonização e Trabalho, para agenciar empregos. A partir da década de 1930, a Hospedaria dos Imigrantes passou a acolher também migrantes brasileiros.[29]

Um documento da Inspetoria Geral de Imigração, datado de 1887, revela, dentre os inúmeros problemas, a dificuldade em manter "a limpeza e a ventilação dos dormitórios",[30] pois não havia varandas para, durante o dia, quando despejados dos dormitórios, protegê-los das intempéries; também "problemático" era o controle dos cobertores, importantes naquela cidade úmida e fria, extraviados "nas suas trouxas na hora da partida" para as fazendas.

Em 1886, Antônio de Queirós Telles, conde de Parnaíba, criou a Sociedade Promotora da Imigração, que contratava e subvencionava, com apoio financeiro do governo provincial, as passagens de navio dos imigrantes, e as de trem até as fazendas. O trabalho assalariado passou a ser a marca da nova economia, sobretudo no Novo Oeste.

Em sua atividade máxima, a hospedaria teria acolhido cerca de 7 mil imigrantes por dia. Para o café, os principais foram os italianos: São Paulo recebeu mais de 500 mil deles de 1880 a 1930.

A população do Brasil adquiria fisionomia e escala novas, com o café nos estados de São Paulo, Rio de Janeiro e Minas, com a pequena proprie-

---

[29] Sônia de Freitas, *O café e a imigração*, São Paulo, Saraiva, 2001, p. 28. De estrangeiros, o último grupo acolhido foi de coreanos, em 1978.

[30] *Apud* Sônia de Freitas, *O café e a imigração*, cit., p. 42. Ver também Richard Morse, *Formação histórica de São Paulo: de comunidade à metrópole*, São Paulo, Difel, 1970, pp. 238-41; e, na coletânea de estudos de sua autoria, Emília Viotti da Costa, "Da escravidão ao trabalho livre", em *Da Monarquia à República: momentos decisivos*, São Paulo, Editora da Unesp, 1999, 7ª ed., pp. 343-64.

dade em Santa Catarina, Rio Grande do Sul e Espírito Santo, e com a borracha no vale do Amazonas. Em 1872, o Brasil contava com 10.112.061 habitantes. Em 1930, às vésperas da revolução que pôs fim à república oligárquica, atingia-se a marca dos 37.625.436 habitantes.[31]

Desde meados do século XIX, o Império ensaiara a instalação de núcleos de estrangeiros e a vinda de imigrantes. O trabalho escravo competiu com o trabalho livre, numa conjuntura em que se verificava aumento demográfico em alguns países da Europa, melhoria nos transportes marítimos e demanda de artigos tropicais nos centros consumidores de países industrializados.

Por volta de 1870, diminuíra a migração de escravos do Nordeste para o Sul, e São Paulo passou a organizar, desde 1876, um serviço de imigração para suprir o déficit de mão de obra nas fazendas de café. O esquema montado envolvia agentes na Europa, a Hospedaria dos Imigrantes e os fazendeiros de café. Os imigrantes eram italianos, portugueses, espanhóis, alemães, russos e sírios, predominando os primeiros. Em 1908, 70% eram italianos, os restantes distribuindo-se entre portugueses e espanhóis; em 1920, a tendência permanecia a mesma.[32]

O NOVO CAPITALISMO E A URBANIZAÇÃO

Em 1889, o Brasil do fim do Império era um semideserto, com população muito rarefeita. Contando com apenas 12 milhões de habitantes, 1 milhão deles era de escravos, o restante compunha a maioria de mestiços. A população, quase toda analfabeta, estava dispersa principalmente em centros urbanos litorâneos.

Tardiamente, em meados do século, as lideranças de algumas das principais cidades haviam se tornado conscientes de iniciativas que deveriam tomar, no plano econômico e político, para racionalização de recursos e empreendimentos. A criação em São Paulo, por exemplo, da Sociedade Auxiliadora de Agricultura, Comércio e Artes (1853) envolvia 59 figuras de todos os setores — engenheiros, professores, padres, políticos, além de agricultores e industriais —, que propunham a aceitação de "novos conhecimen-

[31] Cf. Edgard Carone, *A República Velha: instituições e classes sociais*, São Paulo, Bertrand Brasil, 1970, p. 9.

[32] *Ibid.*, p. 13. O autor indica ainda as correntes imigratórias para outros estados do sul, o movimento de retorno de imigrantes para seus países de origem etc.

504   História do Brasil: uma interpretação

tos agrários", nacionalização do comércio e substituição do trabalho escravo por métodos mais ligados ao progresso. A essa altura, havia apenas 7 fábricas na Província: 2 em São Paulo (as únicas com proteção oficial), 2 em Sorocaba, e cada uma das 3 outras, respectivamente, em Bananal, Ubatuba e Campinas. Apenas em 1844, a capital receberia seu primeiro esboço de planejamento urbano, ou melhor, uma simples postura de zoneamento, com 4 zonas, definidas por estradas principais cujo centro irradiador era São Paulo, as outras estradas secundárias se estendendo ao longo das artérias principais que continuavam para além de 10 léguas.

Essa cidade começava a viver, então, um processo regular de capitalização, estendendo seu domínio sobre a zona rural sob a forma de empréstimos. Como outras na América Latina (Lima, Cidade do México, Rio de Janeiro), São Paulo liga-se aos grandes centros do comércio mundial, servindo como ponto de conexão de sistemas mais amplos. É o momento em que, no Brasil, a vida da casa-grande (do agricultor da economia do açúcar) desloca-se para o sobrado da burguesia urbana; e, no mundo do trabalho, passa-se das senzalas aos mocambos e, depois, aos cortiços. Com a comercialização de uma produção agrícola em escala, São Paulo começa a atrair um contingente significativo em busca de emprego temporário.

Melhoramentos urbanos — iluminação a gás, abertura de ruas, lojas com mercadorias diferenciadas, edifícios públicos mais imponentes — constituem atrativo não somente para a aristocracia rural, que se desloca para as cidades, como para as massas de lavradores desenraizados.

Ao longo do século XIX, essa nova aristocracia vai afirmar-se, expandindo suas atividades para os campos empresarial e político-administrativo, provincial e nacional. O Manifesto Republicano de 1870 e a Convenção de Itu em 1873 ilustram essa disposição urbana, liberal e nacional de uma elite, por assim dizer, modernizadora. Os anúncios de jornal (como o *Diário de São Paulo*) permitem notar que havia mesmo uma rede de troles para transporte dos republicanistas entre São Paulo, Valinhos, Samambaia, Limeira, Rio Claro. Veículos que, ademais, facilitavam as viagens entre as fazendas e a cidade.

Mas foi o crescimento da economia cafeeira que, nas frentes de expansão dos investimentos, propiciou a construção de estradas de ferro e, em menor escala, de estradas de rodagem. O eixo São Paulo-Santos logo seria expandido para os polos Santos-Jundiaí, abrindo um leque ferroviário para o interior da província, alterando profundamente o mapa colonial. Conforme as linhas de investimento nacionais e estrangeiras, organiza-se, agora, a

Da Monarquia à República (1868-1889)

vida socioeconômica dessas cidades e vilas, acelerada sobretudo com a imigração em massa de contingentes italianos, espanhóis (mais tarde japoneses e outros), que, ao lado do ininterrupto fluxo de portugueses, daria a marca do novo tempo.

O fenômeno das estradas de ferro foi importante para a irradiação de um certo padrão de vida urbana, de capitalização e de articulação do resto da Província com a cidade de São Paulo e, daí, com os principais centros mundiais. Nelas se investiram capitais internacionais, mão de obra (nacional e de imigrantes), além de iniciativas de lideranças locais. A Companhia Paulista (empresa brasileira particular), ligando a São Paulo as cidades de Jundiaí, Campinas, Limeira, Rio Claro e Descalvado; a Companhia Ituana, chegando a Piracicaba; a Sorocabana, em direção a Sorocaba, Ipanema e Tietê; a Mogiana, abrangendo de Campinas a Mogi Mirim, Amparo, Casa Branca, Ribeirão Preto e Poços de Caldas (incorporando o sul de Minas à esfera econômica de São Paulo) demarcariam o novo sistema econômico-social, com fortes implicações políticas — regionais e nacionais.

Entre as companhias, destaque-se a mais empreendedora e moderna, a Companhia Paulista, que, além do transporte ferroviário, estimulou a navegação a vapor, a navegação fluvial em geral. E, ainda, instalou os primeiros frigoríficos no interior, implementou plantações experimentais, até mesmo oferecendo empréstimos a juros baixos e material rodante barato às estradas de ferro tributárias das suas.

São Paulo às vésperas da Proclamação da República

A cidade de São Paulo assiste, às vésperas da Proclamação da República, ao início de sua modernização. Dezessete anos antes (1872), os lampiões a querosene tinham sido substituídos por iluminação a gás (a companhia concessionária era a São Paulo Gás Co., de Londres) e, em 1887, já haviam duplicado os 606 lampiões iniciais, além de haver 1.430 edifícios ligados à rede. Em 1888, eram ligadas no centro da cidade as primeiras luzes elétricas, precariamente. O matadouro municipal foi aberto em 1887, e em 1890 inaugura-se um segundo mercado, pondo fim às barracas populares. Com tanta inovação, os males da civilização moderna também chegavam à nova urbe: com saneamento básico deplorável, a higiene preventiva caminhava a passos lentos. Brejos e enchentes atormentavam a população, com alto índice de mortalidade infantil. E a violência aumentara tanto, que, em 1877, os presos da velha cadeia passaram para uma penitenciária.

Quanto a água e esgotos, também a Companhia Cantareira, controlada por empresários locais, trouxe engenheiros ingleses para abastecer o reservatório da Consolação. No ano de 1888, já estavam ligados à rede 5.008 edifícios. Mas o crescimento desordenado e rápido da cidade era inelutável. Para o historiador Morse,[33] os grandes desajustamentos funcionais de São Paulo vêm desde 1880, não se podendo atribuí-los à inépcia ou ao mau humor herdados da época colonial, mas sim ao fascínio que muita gente tinha pela cidade que começava a se dinamizar. Afinal, comenta o historiador, "as montanhas [da Cantareira] que forneciam água e o Tietê, que carregava o produto dos esgotos de 50.000 ou 100.000 pessoas, tornaram-se insuficientes diante do número dez ou vinte vezes maior".[34]

Em diversas ocasiões o poder público tentou tomar medidas para uma racionalização da vida urbana em São Paulo. É o caso de João Alfredo, presidente da Província que, em 1886, propôs "avenidas circulares" para facilitar aos veículos o trânsito de um subúrbio a outro, sem passar pelo centro, problema que somente seria equacionado meio século depois, por Prestes Maia. Todavia houve certa consciência dos problemas criados pela urbanização acelerada, pois algumas posturas municipais exigiam instalações de esgotos, limpeza e ventilação nas moradias coletivas de classe baixa e, já nessa data, isolamento de "fábricas contaminantes". Tais medidas não eram gratuitas ou assistencialistas, pois derivavam de advertências sérias dos próprios empresários: em 1893, um levantamento das péssimas condições de vida nos cortiços mostrara que o descumprimento dessas determinações municipais estava vitimando grande parte do proletariado. E, na capital, prejudicava a expansão e acumulação do capital.

A suave queda da Monarquia bragantina

> "Sua posição [a de Pedro II] em relação ao regime republicano até o final do reinado foi de estranha simpatia."
>
> José Murilo de Carvalho[35]

---

[33] Richard Morse, *Formação histórica de São Paulo: de comunidade à metrópole*, cit.

[34] *Ibid.*, p. 245.

[35] José Murilo de Carvalho, *D. Pedro II*, São Paulo, Companhia das Letras, 2007, p. 129.

Quatro processos, com dinâmicas próprias, convergem e entrecruzam-se, provocando a derrocada da ordem monárquica: a emergência de um forte segmento militar, o surgimento de uma firme liderança abolicionista, o fortalecimento de uma elite cafeeira republicanista e a debilitação dos condutores dos negócios do Estado monárquico.

Com efeito, o clima social depois do fim da Guerra do Paraguai foi de franca contestação ao regime. Como vimos, em 1864, eleita a Câmara que reunia liberais "históricos" e "progressistas", foram esboçadas algumas reformas para renovar as instituições do Império. Os deputados debateram vários temas nacionais, entre eles o da abolição da escravidão, mas também o da legitimidade do poder do imperador.

As críticas ao Império e suas instituições subiram de tom: ganhou força a propaganda republicana e abolicionista entre as elites econômicas do Império, sobretudo entre os cafeicultores paulistas. O Exército começou a participar das discussões políticas, e criaram-se associações abolicionistas e federalistas em oposição ao regime imperial.

No momento em que lideranças republicanas proclamaram o Manifesto Republicano, em 1870, o governo imperial ensaiou a realização de reformas para evitar a queda do regime. Foi um gabinete conservador que promulgou, em 1871, a Lei do Ventre Livre.

Muitos proprietários aderiram ao republicanismo contra a monarquia, para evitar que se abolisse a escravidão, de tal sorte que, em São Paulo, muitos clubes republicanos contavam com a participação de donos de escravos. Com efeito, na Convenção de Itu, realizada em 1873, reuniram-se em defesa do republicanismo proprietários rurais progressistas e donos de escravos.

A campanha abolicionista

> "A ideia da insurreição indica que a natureza humana ainda vive. Todas as violências em prol da liberdade — violentamente acabrunhada — devem ser saudadas como vinditas santas. A maior tristeza dos abolicionistas é que estas violências não sejam frequentes e a conflagração não seja geral."
>
> Raul Pompeia[36]

---

[36] Em documento defendendo a abolição da escravatura, também assinado por

Enquanto, ainda na década de 1870, a imigração de europeus era incentivada e patrocinada pelos cafeicultores do oeste paulista, dependendo cada vez menos do trabalho escravo nas suas plantações, os produtores rurais do Norte e do Nordeste não podiam arcar com o custo da manutenção de escravos, devido à crise econômica resultante do baixo preço de seus produtos no mercado internacional. Os escravos dos engenhos de açúcar e das plantações de algodão eram vendidos para os prósperos cafeicultores do sul, ou então eram alforriados e transformados em "moradores". Daí terem sido os cafeicultores fluminenses e vale-paraibanos os únicos interessados na manutenção do regime de trabalho servil.

Nos anos 1880, a luta contra a escravidão transformou-se em verdadeira campanha: pronunciamentos militares e manifestações de rua mobilizaram a população contra a manutenção do escravismo. A pregação abolicionista do Exército estimulava fugas de escravos das plantações e fazendas. Ao mesmo tempo, o parlamento constantemente discutia o tema.

Havia duas correntes dentro do movimento abolicionista: os "moderados", que defendiam a abolição da escravidão por meio de uma reforma da legislação, evitando a mobilização popular; e os "radicais", que pregavam a insurreição e o uso da violência.

Mas os grupos em cena também poderiam ser divididos em duas comunidades muito mais nítidas: negros e brancos...

MACHADO DE ASSIS

Machado de Assis, em seu famoso conto "Pai contra a mãe", comenta que "pegar escravos fugidios era um ofício do tempo. Não seria nobre, mas por ser instrumento da força com que se mantêm a lei e a propriedade, trazia esta outra nobreza implícita das ações reivindicadoras".[37] Seu sarcasmo vai mais longe, ao notar que "ninguém se metia em tal ofício por desfastio ou estudo; a pobreza, a necessidade de uma achega, a inaptidão para outros trabalhos, o acaso [...], o gosto de servir também"...[38]

Alberto Torres, Augusto de Lima, Enéas Galvão e Raimundo Corrêa. Ver Carlos Guilherme Mota, "Cultura brasileira ou cultura republicana?", em *Estudos Avançados*, vol. 4, nº 8, São Paulo, 1990, p. 26.

[37] "Pai contra mãe", em John Gledson (org.), *50 contos de Machado de Assis*, São Paulo, Companhia das Letras, 2007, p. 467.

[38] *Ibidem.*

CASTRO ALVES

Um dos precursores do abolicionismo foi Antônio Frederico de Castro Alves, nascido em 1847, em Curralinho, na Bahia, e que morreu muito jovem, aos 24 anos, em Salvador, no ano de 1871. Pertencia a um grupo-geração que representou a renovação mental do Segundo Reinado, marcado pelo grande Fagundes Varela, um vigoroso liberal preocupado com a pátria, "o maior dentre os menores poetas saídos das Arcadas paulistas", segundo o historiador da literatura Alfredo Bosi. Castro Alves, Luís Gama, Tobias Barreto e José Bonifácio, o Moço, colocaram o escravo em cena, pois até então não era tema de livros: havia "só alusões esparsas" na poesia romântica.[39] Com eles, os negros escravos avultam, como no poema "Navio negreiro", de 18 de abril de 1868:

> "Era um sonho dantesco... O tombadilho,
> Que das luzernas avermelha o brilho,
> Em sangue a se banhar.
> Tinir de ferros... estalar do açoite...
> Legiões de homens negros como a noite,
> Horrendos a dançar..."[40]

Filho de médico, Castro Alves fez o curso de Direito em Recife, onde o clima político-ideológico era liberal-abolicionista. Ele e o sergipano Tobias Barreto liderariam essa tendência. Apaixona-se pela atriz Eugênia Câmara, para quem escreve o drama *Gonzaga ou a Inconfidência Mineira*. Muda-se para São Paulo em 1868, momento de um *tournant* na política do país: na

---

[39] É referencial a obra de Alfredo Bosi, *História concisa de literatura brasileira*, cit. No capítulo do romantismo, ver o significado de Fagundes Varela, Casimiro de Abreu e, em particular, Castro Alves, este nas pp. 132-6. Porém, para compreender a construção da nação e o lugar da literatura em nossa formação, todo o capítulo interessa.

[40] Fragmentos do poema "Navio negreiro", em *Castro Alves: o olhar do futuro*, catálogo da Exposição Comemorativa dos 150 Anos de Nascimento de Antônio de Castro Alves (1847-1997), apresentação de Eduardo Portella, Rio de Janeiro, Fundação Biblioteca Nacional, 1997, p. 123. Há uma edição primorosa: *O navio negreiro*, com prefácio de Antonio Candido, apresentação de Jorge Amado e ilustrações de Aldemir Martins, São Paulo, Studioma, 1992.

cidade da garoa encontra Rui Barbosa, Nabuco e Salvador de Mendonça; e também Francisco de Paula Rodrigues Alves, futuro presidente da República. Durante uma caçada no então campestre bairro do Brás, fere gravemente o pé, vai para o Rio, onde tem o pé amputado. Retorna para Salvador, onde, tuberculoso, vem a falecer. Castro Alves se foi, mas ficou o "Auriverde pendão de minha terra"...

Com sua eloquência baiana, grande declamador, era apadrinhado intelectual de José de Alencar e de Machado de Assis, que, a respeito dele, comentou:

"Parece ao poeta que o tablado é pequeno [...]"[41]

No embalo nacionalista, entretanto, saudou o heroísmo dos brasileiros na Guerra do Paraguai, em *O pesadelo de Humaitá*, que recitou se utilizando de uma das melhores mídias da época: a sacada. No caso, a sacada do jornal *Diário do Rio de Janeiro*.

Deixou, nada obstante, obra fundamental para a renovação das ideias sociais e da poética no Brasil. Foi marcado por Fagundes Varela e Gonçalves Dias, mas também por Lamartine, Musset e sobretudo Victor Hugo, no aspecto libertário e democrático, no sentido de denúncia.

"Navio negreiro" valeu por centenas de manifestos:

"Auriverde pendão de minha terra,
Que a brisa do Brasil beija e balança [...]
Antes te houvessem roto na batalha,
Que servires a um povo de mortalha!..."[42]

Ou em "Vozes da África", adentrando as senzalas e os navios negreiros, denuncia à Nação branca — a "elite branca e má" — a trágica condição dos escravos:

"Deus! Ó Deus! Onde estás que não respondes?"[43]

[41] *Ibidem.*

[42] *Apud* Alfredo Bosi, *História concisa de literatura brasileira*, cit., p. 133.

[43] *Ibidem.*

JOAQUIM NABUCO

Mais efetivo, o moderado Joaquim Nabuco (Recife, 1849 — Washington, 1910), com sua bela e fina estampa, denunciava que uma fração da população continuava oprimida e aviltada. Descendente de família de proprietários de engenhos, era filho do senador Nabuco de Araújo, um dos fundadores do Partido Liberal.

Formado em Direito em São Paulo e Recife, embora liberal, tornou-se dos principais defensores da abolição da escravatura. Escreveu duas obras referenciais: *Minha formação*, e sobretudo *O abolicionismo* (1883). E, ainda, sobre seu pai, *Um estadista do Império* (1899), livro em que apresenta os melhores elementos para a compreensão da dinâmica política do Segundo Reinado. Por sua vez, sua filha Carolina Nabuco traçou-lhe o perfil em *A vida de Joaquim Nabuco*, publicada em 1928. Diplomata de mérito, Joaquim Nabuco foi ministro plenipotenciário em Londres e Paris, pertencendo à geração de brilhantes diplomatas — todos monarquistas "esclarecidos" — como o barão do Rio Branco (que o nomeou o primeiro embaixador do Brasil, nos Estados Unidos) e o grande historiador Oliveira Lima, o autor de *Formação histórica da nacionalidade brasileira*. Mas a grande querela de sua vida foi a luta pela Abolição.

Quando de uma sua viagem ao Vaticano, Nabuco não hesitou em dirigir-se ao papa Leão XIII, informando-o sobre a situação dos escravos no Brasil e sobre a luta abolicionista. "Nós abolicionistas, por toda parte acoitamos escravos. Fazemos o que faziam os bispos da Idade Média com os servos". Prossegue Nabuco:

> "O Papa então repetiu-me que a sua encíclica abundaria nos sentimentos do Evangelho, que a causa era tão sua como a nossa [...]. O cardeal Czacki me tinha falado igualmente no dever de dar educação moral aos libertos, e pôs 'em relevo a responsabilidade que nós, abolicionistas, havíamos contraído' no que diz respeito à raça negra, ainda mais degradada que oprimida, e, do ponto de vista católico, me disse que não havia outro meio para fazer desses escravos de ontem homens moralizados, senão espalhar entre eles a educação religiosa que não tiveram nunca."[44]

---

[44] Nabuco assentiu à afirmação do cardeal Czacki. Ver Joaquim Nabuco, *Minha*

Barão do Rio Branco

O carioca José Maria da Silva Paranhos Júnior, barão do Rio Branco (1845-1912), mais conhecido por sua atuação como diplomata, tendo atuado nas questões de fronteiras do país (no Amapá; no conflito com a Bolívia, incorporando o território do Acre; com o Peru etc.), também estudou na Faculdade de Direito de São Paulo e foi um dos jornalistas e deputados que participaram da campanha pela Lei do Ventre Livre em 1871. Equívocos em sua biografia, por certo os cometeu: o apoio à candidatura à presidência do general Hermes da Fonseca contra o civilista Rui Barbosa, e o pouco apoio a Oliveira Lima em sua carreira diplomática... Vaidade, tudo vaidade.

Raul Pompeia

Radical, o carioca Raul Pompeia (1863-1895) estudou no Colégio Pedro II e, por pouco tempo, na Faculdade de Direito de São Paulo, onde bebeu das ideias do republicanismo e do abolicionismo, mudando-se logo para Recife. Artista, professor da Escola Nacional de Belas Artes e diretor da Biblioteca Nacional, foi, porém, demitido pelo liberal presidente Prudente de Morais, por ter pronunciado, em 1895, oração fúnebre junto ao túmulo de Floriano. Inquieto, angustiado, polemista, quase duelou com Bilac. Naquele ano, matou-se.

Silva Jardim

Mais iracundo foi Antônio Silva Jardim. Nascido em 1860, em Capivari, na província do Rio de Janeiro, mudou-se para a capital em 1873 e, em 1875, já estava escrevendo em jornal estudantil contra a tirania, elogiando a ação de Tiradentes. Nada banal, pois o *establishment* monarquista apagara a figura do alferes dos manuais e das conversas a respeito da história do país. Citá-lo era ato afirmativo de nacionalidade, de patriotismo, de crítica à ordem bragantina. Ao mudar-se para São Paulo, Silva Jardim passou a

---

formação, com introdução de Gilberto Freyre, Brasília, Senado Federal, 1998, pp. 221-2. Sobre o encontro de Nabuco com o Papa, oportunidade em que historiou o embate do Partido Liberal com os bispos, em 1873, discorreu sobre o começo do movimento abolicionista e sobre a "trégua de Deus" em que se deu o apaziguamento do que denominou de "estado de guerra entre o liberalismo e a Igreja"; ver pp. 222-6 da obra citada.

Da Monarquia à República (1868-1889)

estudar na Faculdade de Direito e a escrever na *Tribuna Liberal*. Casa-se com a filha do conselheiro Martim Francisco de Andrada, Ana Margarida, e em 1885, vai para Santos, terra dos Andradas, onde dá aulas e advoga, lutando pela abolição. Naquele ano, foi aprovada a Lei dos Sexagenários.

Em Santos, em 1888, o jovem professor e advogado, então com 28 anos, organiza comício que mobiliza o país. Em 1888 e 1889 prega a luta armada, ataca a monarquia e assiste à proclamação da República. Porém, candidato ao Congresso, perde as eleições. Fatigado, vai para a Itália e, naquele ano promissor de 1891, morre na cratera do vulcão Vesúvio, acidentalmente.

José do Patrocínio

Fluminense de Campos, José do Patrocínio (1853-1905) vai para o Rio em 1867 para trabalhar na Santa Casa de Misericórdia, terminando o curso de Farmácia em 1874. No ano seguinte, publica *Os Ferrões*, jornal quinzenal. Já casado, entra na polêmica pela abolição em 1880, tornando-se redator-chefe da *Gazeta da Tarde*. Negro e respeitado, funda a Confederação Abolicionista em 1883. Três anos depois é eleito para a Câmara Municipal do Rio, fundando em seguida o jornal *A Cidade do Rio*.

Patrocínio é, no momento, personalidade pública na capital. No dia 13 de maio de 1888, com a assinatura da Lei Áurea, ele é aclamado. "Era tempo", diria a personagem de Machado de Assis...[45] Entretanto, Patrocínio adere ao Isabelismo — portanto à monarquia —, movimento baseado na "figura bondosa" da filha de Pedro II, que poderia vir a sucedê-lo na direção do país. Participa da Guarda Negra, contra o republicanismo; mas adere ao novo regime no ano seguinte.

Em 1892, por fazer críticas ao governo do Marechal de Ferro, seu jornal é fechado, e ele é preso e desterrado em Cucuí, nas margens do Rio Negro. Rui é seu advogado. Em foto tirada naquele fim de mundo, com outros inimigos de Floriano, ele é o único negro.

Retorna ao Rio. Mas, dessa vez — por ter apoiado os oficiais no conflito da Armada —, seu jornal, posicionado contra a repressão brutal, é novamente fechado, e ele tem que se retirar de cena. No governo de Prudente de Morais, em 1895, o jornal volta a circular (até 1902). Mas o abolicionista estava condenado à morte, por tuberculose.

---

[45] A personagem de Machado de Assis que faz o comentário é o conselheiro Aires, em *Memorial de Aires*, cit.

Foi um inovador em outros campos, tendo importado um automotor. Estudara mecânica, construiu um dirigível dotado de motores e hélice. Uma alegria no fim de vida: em 1905, pouco antes de morrer, pôde conhecer Santos Dumont pessoalmente.

André Rebouças

Mais viajado, André Rebouças, baiano de Cachoeira, nascera em 1838, filho do deputado Antônio Pereira Rebouças. Com seu irmão Antônio, cursaram Engenharia Militar na Escola Militar do Rio, de onde saíram em 1858. Formados, com bolsa de estudos, ambos embarcaram em 1861 para a Europa, onde cursaram Engenharia Civil, analisando canais, pontes, estradas de ferro. Dois anos depois, estão de volta. Mas até mesmo para dois negros educados e bem formados, procurando emprego e, ainda, apadrinhados pelos conselheiros Cristiano Ottoni e Sinimbu, a vida era difícil.

André foi à luta, alista-se para participar da Guerra do Paraguai. Faz amizade com o conde d'Eu, e participa, em 1865, da visita do imperador ao campo de batalha. Doente, com varíola, dá baixa do Exército, e o ministro Zacarias de Góis o nomeia inspetor de alfândegas no Rio. Desentende-se na função, sendo acusado de inoperância (uma inverdade). É demitido e, em 1873, vai circular pela Europa. Em Portugal, visita o Porto, as indústrias pombalinas de Covilhã, Coimbra, Lisboa, Sintra. Segue para Madri, Paris e Turim, onde se encontra com Carlos Gomes para cuidar de assuntos musicais (em Milão, ouviu a ópera *Fosca*, em primeira audição, e escreveu para o conde d'Eu, pedindo apoio para o pobretão Gomes, que o torna padrinho de seu filho recém-nascido). Depois, Nova York, onde, dadas a dificuldades de encontrar hotel, "descobre" que é negro. Ficou no Washington Hotel, mas teve de comer no quarto... e não pôde ir à grande Opera House.

De retorno ao Brasil, adere à campanha abolicionista e, em 1888, torna-se professor da Escola Politécnica (a nomeação era feita pelo imperador). Entra na Confederação Abolicionista e até mesmo a financia. Curiosa trajetória, pois, após a Abolição e a República, Rebouças acompanha Pedro no exílio em Paris.

O imperador exilado morre em 1891, e André Rebouças, mentalmente abalado, vai para a ilha da Madeira. Morreu em Funchal, no ano de 1898, aos 60 anos.

Da Monarquia à República (1868-1889)

Luís Gama

Muito mais difícil foi a vida do ex-escravo Luís Gama (Itaparica, Bahia, 1830 — São Paulo, 1882). Nascido no clima das rebeliões de escravos malês em Salvador, filho de senhor branco com mãe africana, a revolucionária Maria Mahin, aos 10 anos de idade foi vendido pelo pai como escravo, vindo contrabandeado para o Rio, depois para um alferes de Lorena (no vale do Paraíba), o negociante e contrabandista de escravos Antônio Pereira Cardoso. Mas foi posto em um lote de negros para Santos, de onde foi mandado, a pé, em outro lote, para ser negociado em Jundiaí e Campinas. Cidade temida pelos escravos, o menino foi levado para lá ilegalmente, pois já era ilegal o ato de brasileiros filhos de pessoas livres serem vendidos como escravos. Em Campinas, observando o plantel, um "simpático ancião", Francisco Egídio de Souza Aranha, notou a presença do menino, acariciou-o, mas logo o rejeitou ao saber que vinha da Bahia. Após várias peripécias e muito esforço, ele — que aprendera a ler e escrever pela camaradagem com um filho de fazendeiro — continua na casa do alferes, agora morando em São Paulo, e aí trabalhava como copeiro e sapateiro, lavando e costurando roupas. O alferes não lhe concede alforria, mas Luís Gama consegue provar que lá na Bahia não era escravo e foge. Consegue sua alforria aos 17 anos, passando a atuar muito em São Paulo, onde estudou e participou de tentativas de criar-se um Partido Republicano, dedicando-se a libertar escravos pelas vias legais. Foi orador libertário, escreveu obra satírica, como *Trovas burlescas* (1859) e *Novas trovas burlescas* (1861). Quando morreu, em 1882, seu enterro foi acompanhado por centenas de pessoas.

Sobre ele, o educador Sud Menucci escreveu a obra *O precursor do abolicionismo no Brasil*,[46] fundamental para se conhecer essa personalidade notável e suas lutas. Luís Gama escreveu muito, falou muito, mas a maior parte de suas intervenções não foram registradas na imprensa ou nos tribunais. *Et pour cause*. Naquele clima, não devia ser nada fácil o entendimento entre brancos e negros.[47]

---

[46] Sud Menucci, *O precursor do abolicionismo no Brasil: Luiz Gama*, São Paulo, Companhia Editora Nacional, 1938. Os estudos mais recentes sobre esse notável abolicionista são de autoria de Lígia Fonseca Ferreira. Ver, por exemplo, *Com a palavra, Luiz Gama: poemas, artigos, cartas, máximas*, São Paulo, IMESP, 2011.

[47] Pois não o era até mesmo entre brancos e brancos. Sem dizer das dissensões entre brancos e mulatos, este segmento cuja pigmentação de pele é tão variada e sujeita

A campanha abolicionista ganhara as ruas, estimulada por inúmeras associações emancipadoras. Na imprensa, jornais abolicionistas participaram ativamente da campanha. No Norte e no Nordeste, o movimento espalhou--se rapidamente, contando com intensa participação popular. Como analisaram os historiadores João José Reis e Eduardo Silva:

"Abolida a escravidão no Amazonas e Ceará, ambos em 1884, e esvaziadas as províncias do Norte pelo tráfico interprovincial, a batalha decisiva se travaria no coração do Império — Rio, Minas e, sobretudo, São Paulo — onde se concentram as atividades agroexportadoras. [...] Santos, cidade portuária, transforma-se na Meca dos debandados. A área vizinha de Cubatão e o quilombo do Jabaquara — capitaneado pelo crioulo sergipano Quintino de Lacerda e pelo português Santos 'Garrafão' — eram exemplos vivos da quebra do paradigma tradicional e, nesse sentido, de um tipo qualitativamente novo de resistência, que poderíamos chamar 'quilombo abolicionista'. Os quilombolas, que chegam a 10 mil, ergueram seus barracos com dinheiro recolhido entre comerciantes. A população local, inclusive as mulheres, protegeram o quilombo das investidas policiais [...].
A propaganda abolicionista, a abolição progressiva, o fundo de emancipação, a imigração estrangeira, as manumissões festivas dos últimos anos, tudo concorre para tornar o cativeiro insuportável. Por toda parte, na área do café, saem bandos das fazendas e anunciam-se catástrofes. 'Trabalho livre' vira assunto na imprensa e nas praças. A ideia de que o sistema era injusto, ou falido, generaliza-se e a força policial perde o rigor. [...] No Ceará, jangadeiros negam-se a embarcar escravos. Em São Paulo, ferroviários

a tantas "leituras", mais ou menos preconceituosas, como a de Gilberto Freyre. Como se sabe, manuais escolares custaram muito a assumir, em texto, as figuras de Machado ou de Euclides da Cunha enquanto mulatos. Em São Paulo, só muitíssimo mais tarde Mário de Andrade se assumiu como negro; também o baiano Teodoro Sampaio, enquanto tal, só foi assumido quando a Prefeitura deu seu nome a uma das ruas que, mais tarde, seria das mais populares da grande metrópole... Em contrapartida, Lima Barreto dirá em 1920, cáustico a outro cáustico, Monteiro Lobato, que o procurara: "Não sou quilombola" (Lima Barreto, *Correspondência*, t. II, São Paulo, Brasiliense, 1956, p. 77).

e carroceiros ajudam os fugitivos de Antonio Bento e, no largo do Bexiga, meninos de rua, em grandes assuadas, ridicularizam capitães-do-mato sem eira nem beira."[48]

O processo abolicionista ganhou força quando a Lei Saraiva-Cotegipe (1885) libertou os escravos com mais de sessenta anos. Três anos depois, em 13 de maio de 1888, a princesa Isabel assinou a Lei Áurea, libertando os escravos de todas as províncias do Império. Com essa medida, a monarquia perdeu o apoio do único grupo que a sustentava: os fazendeiros escravistas fluminenses e vale-paraibanos.

Abolida a escravidão, restava o problema de saber o destino desses escravos e seus descendentes. Ou seja, o da limitadíssima e parcial integração dos negros da ordem escravocrata na sociedade de classes que, lenta e imperfeitamente, instaurava-se, baseada em modelo de exclusão. Modelo que acarretaria impasses duradouros, estudados por Florestan Fernandes em sua obra clássica *A integração do negro na sociedade de classes*, de 1964.

Qual República? Tendências republicanistas

> "Mas veio a República, e o ascendente nela da política de São Paulo fez apagar-se toda essa fraca disciplina moral, esse freio na consciência dos que possuem fortuna. Todos os meios ficaram sendo bons para se chegar a ela e aumentá-la descaradamente."
>
> Lima Barreto, 1917[49]

A campanha republicanista pela mudança de regime ganhou impulso durante a década de 1880, mas não atingiu o país inteiro. O Partido Republicano era mais forte entre os fazendeiros de café de São Paulo, enquanto no Rio de Janeiro e nas demais províncias do Império o republicanismo se tornou uma aspiração dos setores urbanos. Os partidários da República multiplicaram-se, em campanhas por meio de jornais, clubes republicanos e comícios durante os períodos eleitorais.

[48] João José Reis e Eduardo Silva, *Negociação e conflito: a resistência negra no Brasil escravista*, São Paulo, Companhia das Letras, 1989, pp. 72-4.

[49] Lima Barreto, "O debate", em Lima Barreto, *Melhores crônicas*, Beatriz Rezende (org.), São Paulo, Global, 2005, p. 248.

Os republicanistas dividiam-se em dois grupos: os revolucionários, que pretendiam derrubar a monarquia e proclamar a República por meio de um golpe armado; e os evolucionários, que acreditavam na via eleitoral como o caminho mais correto para realizar a mudança de regime.

Apesar da diferença quanto ao modo de se instaurar o novo regime, os republicanos tinham ideais comuns. A República deveria ser federativa, com separação entre Igreja e Estado, e o Senado deveria ser temporário, em contraposição ao Senado vitalício do regime imperial.

Nos meios militares, o descontentamento com a monarquia atingiu seu ponto mais alto durante a década de 1880. Grassava a tese de que os partidos monárquicos eram contra o Exército, e assim, em 1887, foi fundado o Clube Militar, reunindo setores do Exército que se opunham ao regime imperial. Os oficiais mais jovens aderiram à filosofia positivista, difundida nas Escolas Militares pelo general e professor Benjamin Constant.

Benjamin Constant, o brasileiro

"Fundador da República", eis o título dado a esse militar e professor, positivista pouco ortodoxo, quando de sua morte em 1891, no Rio de Janeiro. Benjamin Constant Botelho de Magalhães nasceu em Niterói, em 1833. Órfão aos 10 anos, estudou com frades beneditinos antes de fazer a Escola Militar. Gostava mais de matemática, o que levou o agora tenente à Escola Central, onde se bacharelou em Ciências Físicas e Matemáticas.

Curiosa sua biografia intelectual, da qual derivou a vocação política, campo que em verdade desprezava. Estudou engenharia militar, prestou vários concursos: o primeiro lugar inegavelmente era dele, mas sempre o preteriam nas nomeações. Foi examinador de matemática nos cursos superiores do Império. Trabalhou no Observatório (1861-1866), foi promovido a capitão, depois professor do Instituto de Meninos Cegos (1862-1869) e seu diretor (1869-1883). Tornara-se um educador.

Constant estivera na Guerra do Paraguai, da qual retornou doente. Agora, licenciado do Exército, seria professor apenas. Em 1873, presta concurso para o Curso Superior da Escola Militar. Em prova pública, com o Imperador presente, ele se declara adepto das ideias de Comte e do positivismo no campo científico. Pedro II faz sinal positivo à banca examinadora e Constant é aprovado. Já major, tornou-se professor da Escola Normal quando de sua criação em 1880; e, em 1889, catedrático da Escola Superior de Guerra. Cristalizou-se em sua mente, nessa ascensão, a ideia de que o regime monárquico devia terminar: era necessária a República. Com seu prestígio junto aos oficiais, muitos deles ex-alunos seus, aderiu ao Partido Republicano, e, com ele, oficiais da Marinha e do Exército, articulados todos pelo ativíssimo Quintino Bocaiúva.

Entre as teses que defendia estavam a dissolução do vínculo conjugal, o casamento civil, a separação entre Igreja e Estado, a reforma do ensino. Ministro da Guerra, foi progressista; enquanto o general Deodoro da Fonseca, contra sua própria formação, fixava-se na linha conservadora, republicanista. Os positivistas acreditavam que a "Ditadura Republicana" resolveria os problemas sociais e políticos do país. Os militares, segundo os positivistas, estariam mais bem preparados para governar, pois eram "puros" e "patrióticos". As oligarquias civis — sustentáculos do regime monárquico — eram seus principais inimigos. Tal clivagem social e ideológica se prolongou pelo século XX adentro, com os levantes do Tenentismo (1922, 1924, 1926, 1930), expressão de um pensamento reformista das camadas médias urbanas, em confronto com as oligarquias regionais.

Os políticos conservadores, reunidos no ministério presidido pelo visconde de Ouro Preto, procuravam aplicar as reformas necessárias para manter o regime monárquico. Os deputados da Câmara se opuseram, e a Câmara foi dissolvida.

Enquanto isso, os membros mais radicais, isto é, aqueles que queriam realizar reformas profundas na sociedade, foram afastados da liderança do Partido Republicano. O grupo moderado, com representação em São Paulo, Minas Gerais e entre os militares positivistas, assumiu o comando do partido.

A monarquia estava em um beco sem saída. Na falta do velho imperador, um Terceiro Reinado seria improvável, pois, como vimos, sua filha Isabel era casada com o francês conde d'Eu, figura polêmica.

No 15 de novembro de 1889, uma conspiração liderada pelos membros do Partido Republicano e do Clube Militar derrubou a monarquia.

Mais uma República na ordem neocolonial

> "Seja um hino de glória que fale/ De esperança de um novo porvir!/ Com visões de triunfo embale/ Quem por ele lutando surgir!"
>
> Medeiros e Albuquerque, 1889[50]

[50] *Hino da Proclamação da República*, letra de Medeiros e Albuquerque; música

Na América do Sul, historicamente, teria sido o Brasil, de fato, "o menos europeu" e o "menos colonial" dos países, conforme a interpretação de Gilberto Freyre?

Nos anos 1880, em ampla perspectiva, dois mundos estavam definidos. Um, avançado, composto de Estados soberanos e autônomos, impulsionado pelos desenvolvimentos econômicos nacionais, com certa homogeneidade territorial, instituições liberais abrigando a representatividade: enfim, um mundo composto por cidadãos, com seus direitos políticos bem definidos em suas relações com o Estado.

A ideia moderna de progresso ligava-se a esse modelo liberal-constitucional de Estado-nação. Ao menos teoricamente, esse modelo de organização do Estado — seja na vertente federalista americana ou na variante centralista francesa — marcava o cenário latino-americano, com suas dezessete repúblicas e um império, o brasileiro (que, aliás, não sobreviveria aos anos 1880).

O outro mundo, o "não desenvolvido", estava longe dessas características: eram colônias ou possessões europeias, ou impérios em decomposição. A rigor, segundo Hobsbawm, apenas a Suíça, a França e os Estados Unidos, e talvez a Dinamarca, baseavam-se nas franquias democráticas. No tocante às repúblicas da América Latina, dizia ele, "impossível descrevê-las como democráticas, em qualquer sentido da palavra".[51]

Esse o quadro geral. E a ideia de *cidadania*, embora muito difundida, estava longe de ser implantada. A sociedade burguesa proclamava seus poderosos princípios, assentada nos *legal free and equal individuals*. A servidão legal já não existia na Europa; e a escravidão legal — abolida nas áreas de influência europeia — persistia apenas em Cuba e no Brasil. Mas não sobreviveria à década de 1880.

"Liberdade legal e igualdade", conclui Hobsbawm, "estavam longe de ser incompatíveis com a desigualdade efetiva."[52]

Eis a encruzilhada em que foram desmobilizados — e jogados para fora da história — os abolicionistas mais avançados e radicais como Raul

---

de Leopoldo Augusto Miguez, 1889. O trecho da epígrafe é o estribilho desse hino, que venceu concurso oficial de escolha em 1889, mas nunca virou hino "mesmo" porque Deodoro — felizmente! — não quis.

[51] Eric Hobsbawm, *The Age of Empire (1875-1914)*, cit., p. 23.

[52] *Ibid.*, p. 24.

Pompeia, marcado por Flaubert e pelos Goncourt, que justificava a ação violenta pela libertação. Para ele, tais atos deveriam "ser saudados como vinditas santas".[53]

A linha vitoriosa, mais moderada, representada por Joaquim Nabuco (1849-1910), marcado por Renan e Taine na mocidade, fazia notar que a propaganda abolicionista não devia dirigir-se aos escravos:

> "A propaganda abolicionista não se dirige, com efeito, aos escravos. Seria uma covardia inepta e criminosa, e, além disso, um suicídio político para o partido abolicionista, incitar à insurreição ou ao crime homens sem defesa e que a lei de Lynch ou a justiça pública imediatamente haveria de esmagar... Suicídio político porque a nação inteira — vendo uma classe, e essa a mais influente e poderosa do Estado, exposta à vingança bárbara e selvagem de uma população mantida até hoje ao nível dos animais... — pensaria que a necessidade urgente era salvar a sociedade a todo custo por um exemplo tremendo e este seria o sinal da morte do Abolicionismo."[54]

Nessa perspectiva, do ponto de vista social, estava desenhado o limite da luta abolicionista, além do qual os ex-escravos e as lideranças revolucionárias não deveriam ousar passar.

A República Oligárquica, uma vez instalada, saberá preservar tal limite, onde "cada um saberá qual o seu lugar" na ordem social...

---

[53] Raul Pompeia, *apud* Carlos Guilherme Mota, "Cultura brasileira ou cultura republicana?", cit., p. 27.

[54] *Ibidem.*

23

A Primeira República
e seus presidentes (1889-1930)

> "Em meio desse cataclismo em preparo, que papel caberá ao Brasil? O da mais completa ignorância do que se passa pelo mundo afora. Dorme o seu sono colonial."
>
> Paulo Prado, 1928[1]

A advertência do paulistano Paulo Prado faz pensar. Pois o texto agônico, extraído de uma carta a seu filho (então nos Estados Unidos), foi escrito em momento difícil, nos estertores da primeira fase da experiência republicana, às vésperas do furacão que se avizinhava. Na mesma carta, datada de 1929, o aristocrata esclarecido, uma espécie de Giuseppe Tomasi di Lampedusa (1896-1957) dos trópicos, prevê a crise mundial que eclodiria no anos seguintes:

> "Não vê [o Brasil] o desastre que se aproxima; não vê o perigo de estarmos à margem dos grandes caminhos mundiais da navegação e da aviação; não vê que a terra se tornou pequena demais para os imperialismos, pacíficos ou guerreiros, e que é um paradoxo a laranjeira à beira da estrada, carregada de laranjas doces. [...] Apesar da aparência de civilização, vivemos assim isolados, cegos e imóveis, dentro da própria mediocridade em que se comprazem governantes e governados. Neste marasmo poderá ser necessário fazer tábua rasa para depois cuidar de renovação total."[2]

---

[1] Paulo Prado, "Post scriptum", em *Retrato do Brasil: ensaio sobre a tristeza brasileira*, Rio de Janeiro, José Olympio, 1972, 7ª ed., pp. 234-5. Na edição italiana desta obra, *Rittrato del Brasile: saggio sulla tristezza brasiliana*, Roma, Bulzoni, 1995, ver o breve estudo de Carlos Guilherme Mota, "Paulo Prado, il Tomasi di Lampedusa brasiliano", pp. 47-51; e, também, Aniello Angelo Avella, "'Odi et amo': rittrato di un amore negato e riaffermato", pp. 9-41.

[2] *Ibidem.*

Com efeito, a crise do capitalismo de 1929 marcaria o fim da Primeira República, o ocaso de uma época, abrindo um novo período da história contemporânea. A herança colonial, a condição periférica, o atraso estrutural e multissecular do país já perturbaram as mentes mais sensíveis e antenadas do Brasil. Triste consolo. Mas vale notar que, naquele retrato-diagnóstico do "Brasil profundo", já se desenhavam as obras de Gilberto Freyre, Sérgio Buarque, Manoel Bomfim e Caio Prado Jr.

O fato é que a transição do Império para a República, proclamada em 1889, constituiu a primeira grande mudança de regime político ocorrida desde a Independência. Republicanistas "puros", como Silva Jardim, defendiam uma mudança de regime que, a exemplo da França, tivesse como resultado maior participação da população na vida política nacional. Mas, vitoriosos, os republicanos conservadores, como Campos Sales, mantiveram o modelo de exclusão política e sociocultural sob nova fachada. Ao "Parlamentarismo sem povo" do Segundo Reinado, sucedeu uma República praticamente "sem povo", ou seja, sem cidadania democrática.

A República, construída em moldes conservadores, teria que enfrentar a passagem de uma ordem unitarista a um regime federativo. Essa a principal tarefa jurídico-política a que se propuseram as lideranças civilistas, a exemplo de Rui Barbosa, Prudente de Morais e Campos Sales.

Os próprios militares que lideraram o golpe armado que pôs fim ao Império não pretendiam expor o novo regime à participação popular. Durante os primeiro cinco anos da República, a presidência foi ocupada por dois militares: Deodoro da Fonseca e Floriano Peixoto. Após 1894, com a eleição do civil Prudente de Morais, o governo esteve sob comando de representantes dos proprietários rurais de São Paulo e Minas Gerais. O regime — denominado República das Oligarquias —, pressionado por diversas forças sociais e tendo agudizado seus conflitos internos, terminou com a Revolução de 1930. Em verdade, tratava-se certamente de uma República sem povo, pois somente 5% da população tinham direito de voto.

Embora atrasado do ponto de vista político-institucional, em algumas regiões, sobretudo no Sudeste, com a imigração, a industrialização e o crescimento urbano, o país ia lentamente mudando de fisionomia. Refletindo a respeito de tantas alterações, algumas lideranças mais atentas e viajadas denunciaram o tremendo atraso a que o país parecia condenado. Surgiram, nesse período após 1930 — depois da República Velha (1889-1930) —, intelectuais formados na Primeira República — como Euclides da Cunha, Manoel Bomfim, Astrojildo Pereira, Monteiro Lobato, Jorge Amado, Miguel

Couto ("o Brasil só tem um problema nacional: a educação do povo"), Gilberto Freyre, Caio Prado Jr., Mário de Andrade, Fernando de Azevedo, Anísio Teixeira, entre outros —, que denunciaram o peso da herança colonial e propuseram novas formas de organização social, política, educacional e cultural para o país.

No Brasil, diagnosticava Paulo Prado, o analfabetismo das classes inferiores — "quase de cem por cento" —, acrescido do vício nacional da imitação, corria emparelhado com a bacharelice romântica dos que recebem o nome de intelectualidade do país. Tudo era copiado: da estrutura política ao "falseamento das manifestações espontâneas do nosso gênio criador. Quarenta anos de experiências mal sucedidas nos trouxeram à situação atual".[3] Tudo estava por construir, como advertiria Gilberto Freyre, em 1933, em um dos prefácios de sua obra inaugural *Casa-grande & senzala*; como se tudo dependesse de sua geração.

Tempo de diagnósticos e revisões profundas. Em 1929, a crise econômica internacional revelaria a vulnerabilidade da nova ordem mundial resultante da Primeira Guerra (1914-1918), abalando as estruturas econômico-financeiras do mundo capitalista, levando ao colapso antigas formas de organização da sociedade e abrindo uma nova etapa, que teve início com a Revolução de 1930. Além disso, a vitória da Revolução Russa, em 1917, demonstrava que as fragilidades de um país poderiam conduzir a soluções fora dos já temidos padrões reformistas do capitalismo. Ou seja, os Estados-nação transformaram-se em monumentos feitos de barro, vulneráveis — como dirá Paulo Prado em 1928 — a qualquer herói providencial que apareça, até mesmo na figura de um "desocupado da Avenida Central, frequentador de cafés como Lênin, freguês paupérrimo do *La Rotonde*, de Montparnasse, meses antes de ser ditador e senhor absoluto de 120 milhões de almas".[4]

No Brasil, a tomada do poder pelo gaúcho Getúlio Vargas e seus apoiadores ocorreu nessa passagem de uma estrutura descentralizada — em que se implantara a ordem oligárquico-liberal — para uma estrutura centralizadora — em que se impunha a necessidade de maior intervenção estatal. Com a Revolução de 1930 iniciou-se a Era Vargas, que somente em 1945 será

---

[3] Paulo Prado, "Post scriptum", *Retrato do Brasil: ensaio sobre a tristeza brasileira*, cit., p. 233.

[4] *Ibid.*, p. 235.

apeado da presidência da República, retornando ao poder em 1950 e governando o país até 1954, quando se suicida.

Ao longo da história republicana, as mudanças estruturais seriam mínimas, tardias e precárias. Numa perspectiva mais ampla, o historiador José Murilo de Carvalho aponta para a estranha evolução do país a partir da segunda metade do século XIX: se, em termos de direito de voto, até 1881 o país situava-se à frente da Inglaterra, a partir de 1881 (até 1945) retrocedeu em matéria de incorporação política da população via processo eleitoral. E observa que, além de incompleta, a inclusão política foi lentíssima. Indicando o sentido geral da vida republicana, o historiador faz notar que:

> "A incorporação significativa da população só começou a partir de 1945. Em 1930, votaram 5,6% da população, a metade de 1881. Em 1945 já votaram 13% e, em 1960, 18%. Mesmo durante o regime militar, o ritmo permaneceu acelerado, quando cerca de 60 milhões de habitantes começaram a votar, número maior do que a população total do país em 1950."[5]

Ao incluir nessa problemática o fator educação, José Murilo assinala que a educação fundamental só se generalizou no fim do século XX, porém com má qualidade:

> "Tivemos assim três fatores negativos: entrada tardia do povo no processo eleitoral; entrada em boa parte sob regime de ditadura, quando o sentido do voto era deturpado pelo estupro de outras instituições democráticas; lento avanço da educação fundamental. Até hoje 60% dos eleitores não completaram o primeiro grau."[6]

Assim, no arco do tempo, o passado e o presente da República se encontram e atropelam-se na atualidade. "O sistema político", diz ele, "entrou em colapso em 1964 porque não foi capaz de absorver o rápido crescimento

---

[5] José Murilo de Carvalho, "Um antídoto contra a bestialização republicana", entrevista a Carlos Haag, *Pesquisa Fapesp*, nº 115, São Paulo, set. 2005, p. 12.

[6] *Ibidem.*

da participação, eleitoral e não eleitoral. Culpa da participação ou do sistema, que só a admitiu tão tarde?"[7]

Passados mais de quarenta anos, o diagnóstico da situação da República em 1964 permanece válido, agora soando como advertência.

Os presidentes: marcha e contramarchas do processo

Em 15 de novembro de 1889, a proclamação da República se efetuara sem estardalhaços. Como vimos, para liderar o golpe armado, foi escolhido o marechal Deodoro da Fonseca, oficial prestigiado nos meios civis e militares que, no alvorecer do dia 15, reuniu as tropas e marchou com os revoltosos para o Ministério da Guerra, com o objetivo de enfrentar os líderes monarquistas.

Um jornalista francês, Max Leclerc, aportando no Rio de Janeiro um mês depois de proclamada a República, procurava sinais da mudança no país, "alguma coisa de trágico no ar". Mas, segundo ele, nada de novo parecia ter ocorrido na vida provinciana da capital, com suas ruas estreitas, suas vendinhas imundas, homens graves de sobrecasaca e cartola, especuladores de olho na Bolsa, senhoras vestidas em pesadas sedas e espartilhos apertados, mendigos e vadios, tílburis e bondinhos puxados por burros.[8]

Com efeito, não houve resistência ao golpe de 15 de novembro. Floriano Peixoto, ajudante general do Exército, simplesmente se negou a obedecer às ordens de Afonso Celso, o visconde de Ouro Preto, que, apoiado por políticos conservadores reunidos no ministério, procurava, de última hora, fazer reformas para prolongar a monarquia. Em face da oposição dos deputados a tais reformas tardias, a Câmara foi dissolvida. Ao avanço das tropas de Deodoro, soldados e oficiais se confraternizaram, depondo os ministros imperiais.

No mesmo dia, a Câmara Municipal do Rio de Janeiro, liderada por José do Patrocínio, declarava instaurada a República. Quarenta e oito horas depois, abatido e doente, diabético, o imperador, "uma espécie de sombra

[7] *Ibidem.*

[8] Cf. José Maria Bello, *História da República (1889-1930): síntese de quarenta anos de vida brasileira*, Rio de Janeiro, Organização Simões, 1952, 2ª ed., p. 60. A primeira edição é de 1940.

de si mesmo" — como o caracteriza José Maria Bello —,[9] embarcava para o exílio com a família real.

A insubordinação do Exército era fato inconteste, e não havia como se lhe opor a Guarda Nacional. Mesmo alguns monarquistas ativos não esboçaram resistência ao golpe, cônscios de que a Nação não desejava um terceiro reinado. Era o fim do reinado dos Bragança e de seu Império americano. Até Paulino de Sousa, presidente do Senado e chefe conservador, parecia inclinar-se à nova ordem; e o próprio ministro José Antônio Saraiva (1823-1895) aguardava o momento para aderir à República, como já o fizera Antônio Prado. Uma transição em que muitos monarquistas e simpatizantes ilustres bandearam-se elegante e discretamente para o novo regime. Entre eles, Rui Barbosa — que, após a vitória do 13 de maio, mobilizara a opinião pública contra o governo e o Parlamento — tornara-se paladino da oposição liberal e federalista, embora resguardando publicamente sua simpatia pela monarquia. A marcha do processo, porém, o levaria ao republicanismo.

Em 1890, o Congresso Constituinte foi eleito e redigiu a primeira Constituição republicana, promulgada em 1891. Ainda em 1891, por eleição indireta, os marechais Deodoro e Floriano foram escolhidos, respectivamente, como presidente e vice-presidente da República.

Após conflitos com o Congresso, o presidente renunciou, assumindo o vice, Floriano, o Marechal de Ferro. Assim, de 1889 a 1894, a direção da República (o Governo Provisório e a presidência) seria ocupada por militares. Deodoro esteve na presidência do Governo Provisório de 1889 até sua renúncia, em 1891; e Floriano, seu vice-presidente, de 1891 a 1894.

No período de 1889 a 1894, o país assistiu a mudanças significativas. Definiu-se, como forma de governo, uma República presidencial-federalista, baseada no sufrágio universal masculino (excluídos analfabetos e soldados rasos), com a separação entre Igreja e Estado, liberdade de cultos e criação do Registro Civil. Foi também um período de grandes conflitos, como os ocorridos entre o Executivo e o Congresso; e tentativas de golpe, como o que levou Deodoro à renúncia.

Já nos primeiros anos, a precária nova ordem republicana teve de enfrentar dois levantes, com traços ideológicos distintos: no Sul, a Revolução Federalista, no Rio Grande (1893-1895), que se alastrou por Santa Catarina

[9] *Ibid.*, p. 47.

e Paraná; no Rio de Janeiro, a Revolta da Armada (1893-1894), movimentos reprimidos com violência pelo Marechal de Ferro.

No plano econômico, a República nasceu com a crise financeira do Encilhamento (1890-1891), *crash* provocado desastradamente por decreto de Reforma Bancária elaborado pelo ministro da Fazenda, Rui Barbosa, o advogado liberal baiano que mais tarde se destacará como combativo civilista e federalista.

Marechal Deodoro da Fonseca, PRIMEIRO PRESIDENTE

Deodoro participara da Guerra contra o Paraguai, tendo entrado para a política quando de seu regresso ao país. No fim do Segundo Reinado, elegeu-se presidente de província do Rio Grande do Sul, aderindo ao republicanismo pouco antes da proclamação de 1889.

Aclamado chefe do Governo Provisório (até novembro de 1891), elegeu-se primeiro presidente do Brasil. Sua escolha deveu-se ao fato de ser moderado, respeitado por seus companheiros de farda, e ter fama de militar equilibrado. Como vimos, o militar alagoano renunciou nesse mesmo ano, sendo substituído pelo vice, o enigmático marechal Floriano.

Personagem aristocrática e conservadora, a figura do marechal Deodoro, com suas botas altas bem lustradas, barba e bigode imponentes, não motivou biógrafos nem ficcionistas a fixar sua atuação. Sua ideologia ou formação intelectual tampouco timbravam por característica digna de nota. Injustiça histórica, segundo alguns historiadores, pois o marechal, em sua experiência dramática com o poder, debateu-se em meio a antagonismos entre os valores de um mundo dominado pelas oligarquias regionais, saudosas da monarquia, e aqueles do mundo emergente, capitaneado por uma pequena burguesia de "jacobinos rancorosos", que não deixavam de enxergar no velho marechal um homem da elite.

Já Floriano, personagem medíocre, taciturno e ambíguo, inspirou algumas das melhores páginas do grande escritor Lima Barreto, o autor progressista ("maximalista") de *Triste fim de Policarpo Quaresma* e *Recordações do escrivão Isaías Caminha*.

Ao assumir o governo da República após o golpe do 15 de novembro, Deodoro assinalava, pela primeira vez na história do Brasil independente, a presença dos militares na chefia do governo. A partir daquele momento — até 1984, quando se encerra a ditadura iniciada em 1964 —, as intervenções militares foram constantes na vida política do país. E, pelo menos até 1988, as Forças Armadas tutelariam, direta ou indiretamente, a nação.

Oposição entre civis e militares

Como vimos, antes mesmo de 1889, no seio do próprio movimento republicano já existia oposição entre civis e militares. Estes se consideravam mais "puros" e "patrióticos" do que os civis. Já os civis — supostamente mais preparados — estavam divididos em vários grupos republicanistas, destacando-se os republicanos históricos de 1870, que pretendiam criar uma república federativa, representativa dos interesses dos cafeicultores paulistas e mineiros, liderados por Quintino Bocaiúva.

Outro agrupamento era o dos positivistas, que defendiam a instalação de uma "ditadura positivista" (o lema da bandeira republicana, "Ordem e Progresso", ilustra bem as aspirações desse grupo, com base no Rio Grande do Sul e ramificação no Rio de Janeiro). O Exército era a principal base de sustentação desses positivistas, com seus jovens oficiais marcados pela atuação de Benjamin Constant Botelho de Magalhães, o dedicado professor da Escola Militar.

Um terceiro agrupamento era o dos republicanos radicais, que pretendiam ampliar a participação popular na vida política e realizar reformas democratizantes, tendo em Silva Jardim um de seus líderes mais inflamados pelos exemplos revolucionários europeus de 1830 e 1848.

E, ainda meio difuso, sem constituir um quarto agrupamento (pois nem isso era), havia um grupo de militares mais velhos — como o alagoano Deodoro, sem qualquer doutrina definida, além do senso profissional de bem servir ao regime — que, penosamente, constatou ter-se esgotado a ordem imperial.

Foi nesse contexto que um grupo de políticos se reuniu, instalou o Governo Provisório e esboçou, pela primeira vez de forma concreta no Brasil, a ideia de República. Tal polarização se deu na pessoa do filho de uma família de militares, o marechal Deodoro (1827-1892), cujo prestígio era maior que o de Caxias ou o de Osório. Sua lealdade para com o Exército permitia-lhe, e agora o inclinava favoravelmente a isto, expressar o desconforto e levar as críticas de sua corporação ao regime.

Quando a conspiração avançou e o regime tomou medidas repressivas, mobilizando a velha Guarda Nacional e aumentando a Polícia Militar, Deodoro aceitou, em 11 de novembro, reunir-se com líderes civis, como Bocaiú-

530 História do Brasil: uma interpretação

va, Rui Barbosa, Francisco Glicério (representante dos republicanos paulistas), Aristides Lobo, e líderes militares, como Benjamin Constant e Sólon Ribeiro. É de Aristides Lobo a frase famosa "O povo assistiu a tudo bestializado, sem compreender o que se passava, julgando ser talvez uma parada militar".[10]

O clima era de impasse, dada a precária saúde do velho marechal (65 anos), a duvidosa adesão do enigmático Floriano Peixoto (1839-1895); além da falta de informação sobre o apoio das guarnições provinciais, e, ainda, a inexistência de um programa. Para o ato final, a adesão de Floriano (por certo já enredado na conspiração) foi decisiva. Tendo participado como capitão da Guerra Cisplatina e da Guerra do Paraguai, esse alagoano de Ipioca, marechal de campo desde 1888, era agora ajudante general do Exército do Gabinete Ouro Preto. Dias antes, em carta, reafirmara sua lealdade ao governo. Duro, silente, com domínio da tropa, foi ele quem deu o golpe final no regime monárquico. Logo seria indicado para o posto de ministro da Guerra no Governo Provisório.

Mas a adesão do velho Deodoro, prestigioso e disciplinado marechal, era a melhor garantia de sucesso do golpe de Estado. Nascido em Alagoas, em 1827, filho de militar e com sete irmãos militares, três dos quais mortos na Guerra do Paraguai, o jovem Deodoro, oficial do Exército aos 20 anos, participou das forças governamentais que reprimiram a Revolução Praieira (1848), em Pernambuco. E, no Sul, esteve nas campanhas militares no Uruguai e no Paraguai, onde, por bravura, foi promovido de capitão a coronel. "Capaz de violências e renúncias extremas",[11] segundo José Maria Bello, o velho marechal era, agora, chamado à indisciplina.

O Governo Provisório (1889-1891)

O Governo Provisório do marechal Deodoro durou apenas dois anos. Enquanto presidente, organizou o novo regime e afiançou a transição entre

---

[10] Carta de Aristides Lobo ao *Diário Popular*, de São Paulo, em 18/11/1889, *apud* José Murilo de Carvalho, *Os bestializados: o Rio de Janeiro e a República que não foi*, São Paulo, Companhia das Letras, 1987, p. 9.

[11] José Maria Bello, *História da República (1889-1930): síntese de quarenta anos de vida brasileira*, cit., p. 56. Cf. também p. 44.

A Primeira República e seus presidentes (1889-1930)

monarquia e república. Também desarticulou instituições da monarquia e ensaiou reformas na economia. A equipe de Deodoro era de primeira qualidade, nela se destacando Rui Barbosa, Quintino Bocaiúva, Campos Sales e Benjamin Constant.

Tendo aderido recentemente à ideia de República, Rui Barbosa (1849-1923) seria o mais importante liberal da equipe, defensor da democracia representativa porém à inglesa, como Nabuco, muito embora admirasse o modelo republicano presidencialista e federalista norte-americano. Tendo labutado para subir na vida, esse quarentão humanista e irônico tornou-se, numa terra de cegos, erudito publicista, mas com dificuldade para síntese. No julgar de José Maria Bello, Rui, excetuando o âmbito do Direito, raramente sabia sintetizar e criar uma interpretação original dos fatos. Foi pelas mãos de Bocaiúva que se aproximou de Deodoro, tornando-se um dos construtores da Primeira República.

Bocaiúva (1836-1912) — menos brilhante que Rui, entretanto combativo jornalista republicanista e bom negociador — preocupou-se em ajustar a nova República ao contexto da repúblicas americanas, com aguda visão de conjunto.

Dessa equipe, o bacharel Campos Sales (1841-1913) desempenhou na Constituinte o papel de federalista aguerrido, enquanto Benjamin Constant Botelho de Magalhães (1836-1891) foi o mais cândido ideólogo do positivismo, nem por isso tão disciplinado como outros adeptos de Auguste Comte, sobretudo os gaúchos.

Como vimos, Constant, filho de família modestíssima, formou-se com dificuldade em engenharia militar, passou incólume pela Guerra do Paraguai e, cultor das matemáticas, tornou-se professor estimado da Escola Militar, onde polarizou um grupo de jovens oficiais idealistas que participaram da conspiração republicana. No Governo Provisório, ocupou a pasta da Guerra, logo transferido para a recém-criada pasta da Instrução, Correios e Telégrafos. A Constituinte, em ato anti-Deodoro, proclama-o "Fundador da República". Vida austera, uma pintura da época mostra sua mulher costurando uma bandeira verde-amarela, do Brasil, com suas pequenas filhas em volta, ajudando-a. Como não ver nesse quadro o traço pequeno-burguês de um Proudhon, com sua economia familiar, todos numa tarefa caseira e unida?

Outros ministros foram Demétrio Ribeiro, da Agricultura, gaúcho e ferrenho positivista, e Aristides Lobo, ministro do Interior, jornalista advogado e republicanista *enragé* desde os tempos da propaganda.

Sem projeto, sem programa, constituíam uma equipe nada homogênea. E sem conhecimento profundo da máquina administrativa do Estado que haviam acabado de assumir. Nada obstante, a República foi aceita sem atropelos, sem receios de restauração. O chefe de polícia Sampaio Ferraz controlava com energia os desordeiros profissionais recrutados por monarquistas para "perturbação da ordem pública". Dada a falta de projeto, os ministros dependiam do prestígio fugaz do presidente-ditador Deodoro. Daí o início da República de 1889 ser marcado por um denso conservadorismo.

Em janeiro de 1890, Rui Barbosa, ministro da Fazenda da República, realizou a radical e malsucedida reforma financeira, o "Encilhamento", que examinaremos adiante.

Restava o fato de os republicanos não terem conseguido a "adesão do setor pobre da população, sobretudo dos negros".[12]

A Constituição republicana de 1891

Pressionado por grupos políticos, o marechal-presidente convocou, em junho de 1890, eleições para deputados à Assembleia Constituinte. Os ministros positivistas de Deodoro apoiavam a existência de um governo fortemente centralizado, postura contrária à de muitos republicanos de outras tendências, que pretendiam criar uma república federativa em que os estados tivessem maior autonomia. Além disso, os republicanos civis defendiam a legalização do regime. Em suma, tinham de ser criadas as leis da República.

No mesmo dia, o governo apresentou um projeto de Constituição, elaborado por uma comissão da qual participaram Rui Barbosa, vigoroso defensor das liberdades públicas, e o paulista Américo Brasiliense. No projeto, adotou-se o modelo norte-americano, ou seja, a república seria federativa e presidencialista.

Na Constituição de 1891 separavam-se os poderes Executivo, Legislativo e Judiciário. E o presidente, chefe do Poder Executivo, deveria ser eleito pelo voto censitário.

A eleição dos deputados constituintes foi manipulada pelo Governo Provisório, que pretendia impor o seu projeto de constituição, passando por cima de velhas práticas políticas como fraudar as eleições e excluir a maioria

---

[12] José Murilo de Carvalho, *Os bestializados: o Rio de Janeiro e a República que não foi*, cit., p. 30.

da população da vida política. Apesar disso, o governo não conseguiu evitar a eleição de deputados oposicionistas. Algumas das reformas propostas por esse grupo de deputados, entre elas a redução do mandato presidencial de seis para quatro anos, desagradaram Deodoro, que não aceitava a diminuição de seu mandato.

Amaro Cavalcanti, um estadista à sombra da República

> "Não; não aceito a teoria do nobre deputado; em uma federação não há Estados soberanos; estes têm e exercem a autonomia de poderes, que lhes são reservados nos limites da Constituição. O soberano único é o povo, a nação. [apoiados]"
>
> Amaro Cavalcanti, 1890[13]

No afã de construir uma nova ordem jurídico-política e administrativa no contexto da Assembleia Constituinte, várias personalidades se destacaram. Ressalta a figura do estadista Amaro Cavalcanti (1849-1922), federalista de alto nível, que negociou com perspicácia a transição para a nova ordem. Pouco considerado pela historiografia, sua atuação, assim como sua formação, mostra o patamar elevado em que se deu o debate entre algumas lideranças daquele momento. Federalista, industrialista e nacionalista, o potiguar Amaro Cavalcanti foi um dos negociadores da transição do regime e liderança das mais importantes na redação da Constituição de 1891. Alguns historiadores atribuem o fato de ele ser mulato e oriundo de um pequeno Estado nordestino como motivo de, mesmo tão competente, Amaro não ter alçado voos mais altos na vida da República. Ora, Deodoro e outros vieram de Alagoas. Sobra a primeira hipótese, a do racismo.

Na Assembleia, ele foi encarregado de saudar Deodoro, ajudou a definir os limites não só do poder do Governo Provisório mas também da própria Constituinte, polemizou vigorosamente com Adolpho Gordo (representante de São Paulo, ligado a Bernardino de Campos, ambos estadualistas defenso-

---

[13] Amaro Cavalcanti, Sessão de 13 de dezembro de 1890 (debate), em Congresso Nacional, *Annaes da Câmara dos Srs. Senadores*, Rio de Janeiro, Imprensa Nacional, 1891, p. 163, *apud* Janice Theodoro da Silva, *Raízes do planejamento no Nordeste (1889-1930)*, São Paulo, Ciências Humanas, 1978, pp. 48 e ss.

res dos interesses dos cafeicultores). Tendo como oponente Rui Barbosa, já figura nacional, debateu com desenvoltura o momento e as características das diferentes formas de governo e de regimes.

Também Amaro já era político de certo destaque, pois compôs a comissão de senadores e deputados que deveriam "durante esse período ditatorial e anormal", em nome da Nação brasileira, cumprimentar o chefe do Governo Provisório. E foi, de fato, o presidente da comissão, integrada entre outros por Elyseu Martins, Almeida Barreto, Theophilo dos Santos, Inocêncio Serzedelo Corrêa e Custódio de Mello, num ambiente político e intelectual de projeção no qual circulavam personalidades como Tavares Bastos, Júlio de Castilhos, Campos Sales, Joaquim Felício dos Santos, Floriano Peixoto, Pinheiro Machado, Alcindo Guanabara, João Pinheiro, Francisco Glicério, Rui Barbosa, Lopes Trovão, entre muitos outros. Figuras que teriam papéis de destaque na República nascente, e na definição da nova fisionomia do Estado-nação.

Tarefa difícil e delicada naquele contexto, pois tratava-se de estabelecer limites entre o poder constituinte e o Poder Executivo. Temerariamente, na sessão do Congresso Nacional de 18 de novembro de 1889, perante o presidente Deodoro, o potiguar Amaro Cavalcanti, autor de *Regime Federativo e a República Federativa*, fixou o limite do poder central, definindo a distância entre o poder constituinte e o Poder Executivo:

> "O poder revolucionário termina logicamente para uma nação no dia em que esta, restituída à posse ativa de sua soberania e convocada, reúne-se para legislar a sua constituição política, ou antes, para lançar as bases fundamentais de sua autonomia, e organizar o códice de todos os seus direitos e das suas liberdades públicas e privadas."[14]

Além de analisar o quadro político-institucional vigente naquele preciso momento e contexto, Amaro faz uma série de considerações acerca da questão fiscal, da política econômica, do federalismo, e da necessidade de

---

[14] Para mais elementos de sua biografia, consultar Dorival Teixeira Vieira, *A obra econômica de Amaro Cavalcanti*, São Paulo, 1948, tese de livre-docência, FFLCH-USP; e o verbete relativo a seu nome em J. F. Velho Sobrinho, *Dicionário bio-bibliográfico*, Rio de Janeiro, Ministério da Educação e Saúde, 1940.

industrializar o país, revelando acendrado e bem informado nacionalismo. Um estadista culto, que a história da República iria aos poucos marginalizar. Afinal, vinha de um estado pequeno, e o processo econômico e político brasileiro não caminharia na direção do federalismo moderno de outros Estados-nação. Ao contrário.

DE ASSEMBLEIA CONSTITUINTE A CONGRESSO NACIONAL

As atitudes ditatoriais do marechal-presidente desagradavam amplos setores de seu próprio governo. Em janeiro de 1891, uma suspeita de corrupção provocou a renúncia coletiva de seu ministério.

Deodoro aceitou a renúncia e convocou um monarquista para organizar o novo ministério. Tal medida provocou a reação dos republicanos excluídos do governo. Enquanto isso, os deputados constituintes decidiram transformar, após a aprovação da Constituição, a Assembleia em Congresso Nacional, que, dividido em duas casas, a Câmara e o Senado, elegeria os primeiros presidente e vice-presidente legais da República.

Deodoro candidatou-se e pressionou o Congresso para garantir sua eleição. Foi eleito presidente, mas por curto período. Para agravar o quadro, o vice-presidente eleito, o marechal Floriano, pertencia à chapa da oposição.

Após a eleição, a agitação política aumentou. Deodoro, agora presidente constitucional, perdeu popularidade rapidamente. A crise econômica parecia incontrolável, e o ministério do monarquista barão de Lucena tornara-se uma vidraça para a imprensa de oposição. Nas tropas e no oficialato, apagava-se o nome de Deodoro e crescia o de Floriano, mais popular e antioligárquico. Nesse quadro crítico, Deodoro fechou o Congresso e, por meio da força, tentou eliminar a oposição ao seu governo. A maioria do Exército, entretanto, aderira aos oposicionistas.

A oposição atingiu outros setores da sociedade. Os ferroviários da Estrada de Ferro Central do Brasil entraram em greve, e Deodoro aumentou a repressão. Inutilmente, pois, sem apoio social e sem apoio do Exército e da Marinha, viu-se obrigado a renunciar à presidência da República. Floriano Peixoto assumiu a chefia do governo em novembro de 1891.

O Encilhamento

> "Quem não viu aquilo não viu nada."
>
> Machado de Assis, 1904[15]

No período do Governo Provisório, acontecimento importante no plano econômico-financeiro foi o "Encilhamento" (1890-1891), cujo responsável foi Rui Barbosa, um dos principais líderes civis emergentes.

Com efeito, a reforma financeira (contra a ortodoxia inglesa em matéria de emissão de moeda) idealizada por Rui, ministro da Fazenda (sem ouvir seus colegas de governo), foi apresentada em 17 de janeiro de 1890, sob forma de Decreto de Reforma Bancária, de sua autoria, criando bancos regionais emissores. Um dos objetivos dessa política econômica era aumentar a quantidade de moeda circulante no país, pois a abolição da escravidão e a transformação dos escravos em trabalhadores assalariados criou — em princípio — a necessidade de pagar-lhes a cada mês.

O novo ministro da Fazenda pretendia, também, favorecer a expansão da indústria por meio de créditos. No fim do regime imperial, algumas indústrias, fabricando tecidos e outros produtos manufaturados, começaram a funcionar no Brasil havendo, até, uma Bolsa de Valores para negociar suas ações. Rui, sem qualquer experiência na esfera dos negócios, acreditava que a implantação de novas indústrias fortaleceria a base social do novo regime. Com isso, os industriais, beneficiados pelos créditos do governo, apoiariam o regime republicano.

Para facilitar o pagamento dos assalariados e a expansão do crédito, Rui ampliou o número de bancos que emitiam moeda. O Brasil foi dividido em três áreas: a do norte, a central e a do sul. Cada região teria o seu banco emissor, e, ele alegava, tal pluralidade emissionista lhe teria sido imposta por pressão dos estados.

O resultado, o Encilhamento, foi a expansão do crédito em larga escala e o aumento da especulação e da inflação. Na bolsa, a negociação desenfreada com títulos de empresas fantasmas (socorridas pelo Estado quando quebravam) operando a juros altíssimos, e a falta de lastro nas operações, minadas pela corrupção (as famosas "concessões"), provocou grave crise

---

[15] Machado de Assis, *Esaú e Jacó*, Porto Alegre, L&PM, 2006, p. 169.

econômica, com fechamento de empresas, desemprego, falências. E, naturalmente, com o enriquecimento de um pequeno círculo de capitalistas.

A euforia durou pouco. A bolsa teve seu auge em 1891, seguida da retumbante crise, que trouxe pânico generalizado ao mercado. A essa política papelista reagiram os metalistas que, no ano de 1892, com Rodrigues Alves no Ministério da Fazenda, forçaram a redução de emissões e adotaram medidas ortodoxas e duras, como a liquidação de empresas que se afundaram no Encilhamento.

Para Rui, tamanho fracasso pesaria durante o resto de sua carreira política. Julgamento sereno e positivo é o de José Maria Bello: "às adulterações propositadas do plano por seus sucessores cabem as maiores culpas pelo ruidoso insucesso".[16]

Rui, finalmente, estadista da República

As intervenções públicas de Rui Barbosa colocam-no como o principal estadista da Primeira República. Bastaria lembrar sua presença no regime recém-inaugurado, na redação definitiva do projeto de Constituição republicana (1890), e na da Constituição de 1891, mesmo ano em que se demitiu do Governo Provisório.

Filho de um médico e político baiano, ingressou precocemente na Faculdade de Direito do Recife em 1866, mas terminou o curso na Faculdade de Direito de São Paulo. Assinou, então, artigos defendendo a abolição, participou da Maçonaria, apresentou projetos sobre educação popular. De volta a Salvador em 1870, advogou no escritório do conselheiro Dantas, tornando-se, em 1872, redator-chefe do *Diário da Bahia*. Em 1878, elegeu-se, pelo Partido Liberal, deputado da província da Bahia e, no fim do ano, deputado geral para a Câmara do Império, quando se transferiu, já casado, para o Rio de Janeiro.

Em 1880, foi o redator do projeto de reforma eleitoral (Lei Saraiva ou Lei do Censo), que propunha substituir o sistema de eleições indiretas existente por um de voto direto.[17] Em 1882, apresentou à Câmara projetos de

---

[16] José Maria Bello, *História da República (1889-1930): síntese de quarenta anos de vida brasileira*, cit., p. 90.

[17] A Lei Saraiva foi promulgada em janeiro de 1881, ou seja, ainda no Império, e pretendia moralizar o processo eleitoral. Mas não "pegou".

reforma do ensino primário, secundário e superior. Em 1884, Pedro II concede-lhe o título de Conselheiro, mesmo ano em que redigiu projeto de emancipação gradual de escravos (Projeto Dantas), rejeitado porque a concessão de liberdade aos cativos com mais de 60 anos não previa indenização aos senhores escravistas. Em 1889, como redator-chefe do *Diário de Notícias*, liderou a campanha federalista pela união política de estados com certa autonomia, que se associariam sob o governo central.

Nomeado vice-chefe do Governo Provisório, e ministro da Fazenda logo após o 15 de novembro, foi responsável pelos principais atos e decretos iniciais do novo regime. Mas o documento máximo que assinou foi mesmo em 1890: o referido texto definitivo do projeto da Constituição, base da Constituição de 1891.

Figura inquieta, reconhecido nacionalmente, tornou-se crítico do governo militarista de Floriano e defendeu os presos políticos no Superior Tribunal Federal (STF), tendo impetrado *habeas corpus* em favor deles, mesmo naquele contexto em que tudo era difícil e podia render desterro ou perseguições. Em 1893, agora sócio-proprietário do *Jornal do Brasil*, fez oposição cerrada a Floriano, o que lhe acarretaria exílio de um ano em Buenos Aires e Londres. Da Inglaterra, escreveu artigos para o *Jornal do Comércio*, sempre em defesa dos direitos civis, dos perseguidos por Floriano, do capitão francês Dreyfus etc.

Ao retornar, participou da fundação da Academia Brasileira de Letras (1897) com Machado de Assis, Joaquim Nabuco, o barão do Rio Branco e Euclides da Cunha, continuando a atividade de publicista. Escritor e orador considerado notável, substituirá Machado na presidência da Academia em 1908, fazendo-lhe o elogio fúnebre. No Senado, é relator do projeto do Código Civil de Clóvis Beviláqua e atua na política externa, representando o Brasil na Conferência Internacional de Paz em Haia, na Holanda.

O jurista, que se destacara ao redigir a Constituição de 1891, agora era seu comentarista, com longas arengas retóricas, polemizando sobre questões de fundo gramatical do Código Civil, de autoria de Clóvis Beviláqua (ortografia revista por Ernesto Carneiro Ribeiro, seu ex-professor). No duro julgamento de Darcy Ribeiro, "atrasa, dessa forma, sua aprovação por quase duas décadas, condenando o país a [continuar a] ser regido pela arcaica legislação portuguesa",[18] as Ordenações.

---

[18] Ver 1902, ano dos *Sertões*, verbete 58, em Darcy Ribeiro, *Aos trancos e barrancos: como o Brasil deu no que deu*, Rio de Janeiro, Guanabara, 1985, s.p. *Observação*

Rui disputará a presidência da República em 1909, dando início à Campanha Civilista. No ano seguinte, denuncia no Senado a manipulação fraudulenta dos resultados, com a eleição do marechal Hermes da Fonseca (1855-1923). Personalidade nacional, o presidente Wenceslau Brás chamou-o, em 1917, durante a Primeira Guerra, para opinar sobre a questão da revogação da neutralidade do Brasil. Conclusão: o Brasil entrou na guerra.

Com a morte de Rodrigues Alves, Rui — que nunca chegará à presidência — volta a concorrer em 1919, com plano de reformas profundas ("Justiça atrasada não é justiça, senão injustiça qualificada e manifesta"), mas perde para Epitácio Pessoa. Ainda atuaria politicamente na Bahia, mas seu prestígio o levaria mais longe, ao ser eleito, em 1921, juiz na Corte de Justiça Internacional de Haia, da Liga das Nações.

Dois anos depois, morria em Petrópolis, sendo enterrado no Rio de Janeiro com honras de chefe de Estado, que não chegou a ser.

Deixou muitas frases que se tornaram célebres. Dentre elas, talvez a mais citada: "De tanto ver triunfar as nulidades, de tanto ver prosperar a desonra, de tanto ver crescer a injustiça, de tanto agigantaram-se os poderes nas mãos dos maus, o homem chega a desanimar da virtude, a rir-se da honra, a ter vergonha de ser honesto".

O ano era 1914. A frase reboa até hoje, não por acaso.

O governo do marechal Floriano Peixoto (1891-1894)

> "Os que tentaram decifrá-lo foram devorados."
>
> Euclides da Cunha[19]

---

importante: as citações que faremos, a partir daqui (neste e em outros capítulos), desta cronologia comentada por Darcy, serão indicadas abreviadamente como *T&B*, com data (ano), subtítulo e número do verbete, pois não há numeração de páginas. Os acontecimentos principais de cada ano, de 1900 a 1980, são comentados com argúcia, às vezes com pesada ironia, sobretudo após o Estado Novo, quando Darcy se tornou personagem ativa e testemunha direta de muitos dos acontecimentos. Em tempo: como diz Darcy na nota introdutória de *T&B*: "Isso não passa de uma versão. Minha versão do que nos sucedeu".

[19] *Apud* José Maria Bello, *História da República (1889-1930): síntese de quarenta anos de vida brasileira*, cit., p. 112.

540   História do Brasil: uma interpretação

Quem foi Floriano? Uma esfinge, segundo Euclides da Cunha. Mas o melhor perfil psicológico do Marechal de Ferro deve-se ao historiador José Maria Bello, em página antológica que, embora longa, merece ser transcrita:

"Não se distinguia Floriano por nenhum dom exterior de fascínio e de domínio. Descuidado de si mesmo, máscara medíocre, de traços inexpressivos e adoentados. Falta-lhe, por exemplo, o porte marcial, o *élan*, o olhar lampejante de Deodoro. Não lhe vibra a voz arrastada de homem do Norte; não se lhe impacientam jamais os gestos e as atitudes. Pela perfeita impassibilidade, como por outras virtudes e defeitos, lembra o mexicano Benito Juárez, vindo da mesma origem ameríndia. Não tem brilho a sua inteligência, que é, especialmente, a intuição divinatória dos homens. Escassa a sua cultura, quase reduzida aos conhecimentos técnicos da profissão. [...] Confundindo-se de bom grado nas multidões humildes das ruas, conserva-se, entretanto, impenetrável a qualquer intimidade. A família, o pequeno estilo burguês, esgota-lhe porventura a capacidade afetiva. [...] Não se abre nunca. Simples e acessível embora, é incapaz de intempestivas familiaridades, de grossas e alegres pilhérias, tão fáceis em Deodoro. No fundo, um triste. A sua ironia, tão frisante no vasto anedotário que corre por sua conta, tem sempre alguma cousa de gélida e de cruel dos temperamentos ressentidos e amargos."[20]

Esse homem de perfil caudilhesco nasceu de modesta família de agricultores, em 1839, num engenho do litoral alagoano (mais um "neurastênico" do litoral, diria Euclides), perto de Maceió. Estudou no Rio, matriculou-se na Escola Militar e, em 1865, já alferes de artilharia, partiu para o Paraguai, onde tomou parte nas batalhas de Tuiuti, Itororó, Lomas Valentinas e outras. Frio, moralista, fez carreira rápida, servindo no Ceará, onde parece ter apoiado a abolição dos escravos. Já brigadeiro, servindo em Mato Grosso, reprimiu com violência índios selvagens. Diversamente de Deodoro (do Partido Conservador), inscrevera-se no Partido Liberal, e apoiara a Abolição.

Após a renúncia de Deodoro, Floriano consolidou o novo regime e manteve um Poder Executivo forte, centralizador e autoritário, com os de-

[20] *Ibid.*, p. 113.

A Primeira República e seus presidentes (1889-1930)

mais poderes submetidos às decisões do Executivo. O poder das armas reforçava ainda mais o Executivo, pois os opositores teriam de enfrentar as baionetas do Exército.

Nesse contexto, duas tendências se definiram. A dos republicanos "históricos", representantes dos interesses dos cafeicultores paulistas, grupo que foi se acercando e tomando conta do governo. Outra tendência crescia, ao mesmo tempo, com Floriano buscando apoio entre as camadas populares urbanas do Rio de Janeiro.

Empregados de lojas e bares, funcionários públicos, artesãos e operários, participando ativamente das agitações de rua, mostravam-se descontentes com a política financeira do novo regime, pois sofriam com a alta dos preços e do custo de vida. Nos primeiros tempos da República, tais representantes da classe média urbana, os "jacobinos", foram cortejados por Floriano. O presidente tomou uma série de medidas para satisfazer as aspirações desse segmento social, abaixando o preço dos aluguéis e diminuindo ou eliminando os impostos sobre alguns gêneros de consumo, provocando assim a baixa dos preços.

Floriano perseguiu os especuladores e estabilizou o preço dos alimentos. Tais medidas, porém, não foram suficientes para deter a onda de protestos e rebeliões contra o novo regime.

Contra a República do Rio

A longa Revolução Federalista (no Rio Grande do Sul) e a breve Revolta da Armada (no Rio de Janeiro) foram as principais reações à nova ordem republicana.

No Rio Grande do Sul, causava preocupação a disputa entre os florianistas positivistas — os "pica-paus" (mais tarde, em 1923, os adversários, também pejorativamente, denominavam-nos "chimangos", que é o nome do carcará rio-grandense, ave de rapina oportunista) —, e os monarquistas, que haviam fundado, em março de 1892, o Partido Federalista — denominados "maragatos" (de início nome pejorativo, associado a estrangeiros vagabundos, ladrões de cavalo). Entre os maragatos, que acabaram por se exilar na Argentina e no Uruguai, destacou-se o unitarista Júlio de Castilhos.

Em 1893, os monarquistas do Partido Federalista tomaram conta do Rio Grande do Sul. Enquanto isso, no Rio de Janeiro, deteriorara-se a situação político-social. De fato, na capital da República, o presidente Floriano se indispôs com o comandante da Marinha, de tradição monarquista. Quando, em setembro de 1893, a Armada revoltou-se contra as autoridades republicanas, os monarquistas, no Sul, aproveitaram a confusão e avançaram, tomando Santa Catarina. Com apoio dos marinheiros rebeldes, pretendiam tomar também a província do Paraná.

Em 1894, em confronto de extrema violência, as forças dos republicanos gaúchos e as dos florianistas derrotaram os monarquistas do Rio Grande do Sul. A Revolução Federalista teve saldo de aproximadamente 10 mil mortos.

Em setembro de 1893, quando da rebelião da Marinha contra Floriano, entre os motivos que provocaram a revolta avultava a rivalidade entre o Exército e a Marinha: esta, elitista e monarquista; aquele, mais popular e republicanista.

Políticos antiflorianistas estimularam a rebelião para enfraquecer o governo. Até porque o almirante Custódio de Mello pretendia ser o sucessor de Floriano na presidência da República.

Durante a Revolta da Armada, os encouraçados da Marinha bombardearam a cidade do Rio de Janeiro. A população, mobilizada, participou ativamente da defesa da cidade. Já em Santa Catarina, os rebeldes tomaram a cidade de Desterro (atual Florianópolis) e proclamaram um governo provisório, realizando contatos com lideranças políticas de outros estados, procurando organizar um movimento contra o presidente. Em Pernambuco, o movimento rebelde fracassou.

Com auxílio de tropas paulistas, o governo retomou as cidades de Curitiba e Desterro. Os rebeldes que conseguiram escapar fugiram da repressão em navios portugueses. Em represália, Floriano Peixoto rompeu relações diplomáticas com Portugal.

Elementos governistas, como o coronel Moreira César, em Santa Catarina exacerbaram-se na violência ao perseguir os revolucionários vencidos (o brutal Moreira César será morto na campanha de Canudos). Foram fuziladas sumariamente figuras prestigiosas — de resto pouco comprometidas nos levantes —, como o marechal Manuel Lobo de Eça, barão de Batovi, e o capitão-de-mar-e-guerra Frederico Lorena, em Santa Catarina; e Ildefonso Pereira Correia, o barão de Cerro Azul, no Paraná. No Rio Grande, causaram impacto as mortes do caudilho Gumercindo Saraiva (em emboscada) e do coronel Fabrício Pilar (em combate), este figura romântica de soldado e gaúcho exemplar. Fuzilamentos sumários ao pé de covas abertas em cemitérios abalaram a República, criando um ambiente de guerra civil, obrigando o próprio presidente a intervir para evitar mais excessos de violência.

A Primeira República e seus presidentes (1889-1930)

Floriano lograra consolidar o regime, porém a um custo altíssimo. A vingança deixara marcas profundas na vida política brasileira.

O "jacobinismo" à brasileira foi violento, embora não no sentido daquele da Revolução Francesa de 1793, de Danton e Robespierre, que propunha um projeto social democrático e considerado de vanguarda para a época. Aqui, não; na verdade, era fruto do clima de guerra civil e servia apenas para preservar a autoridade despótica de Floriano, que tinha sido duro com os próprios colegas de farda e com os políticos, mas leniente com seus jovens correligionários, como no caso daqueles que defendiam a permanência do lema positivista na bandeira nacional, contra projeto de outros membros do governo.

A Revolta da Armada dividiu o país, mas fortaleceu os paulistas. Desde o fim do Império, os cafeicultores paulistas criaram um partido para dar sustentação ao novo regime: o Partido Republicano Federal (PRF), de Francisco Glicério, que vai abrigar várias tendências em conflito.

Contando com a simpatia de Floriano, Glicério funcionou como líder para as questões políticas e parlamentares, e tornou-se o condestável da República. Antigo propagandista da República e ex-ministro da Agricultura do governo de Deodoro, o sagaz Glicério, apesar de seu partido heterogêneo, assegurava ao governo federal o apoio da maioria dos estados e do Congresso.

Floriano, que evitava discutir sua sucessão, não apreciava Prudente de Morais, ex-presidente da Constituinte, que Glicério procurava tornar-lhe palatável. "Com Prudente de Morais, prevejo perseguições aos nossos amigos",[21] alertava. Mas Glicério, conhecedor da *coterie* rural paulista, lograra reunir no PRF gente de todos os quadrantes: republicanos históricos, liberais moderados e conservadores, ex-monarquistas, florianistas radicais, jacobinos, católicos, maçons, parlamentaristas e até simpatizantes da Revolta da Armada. Um "caravançará partidário",[22] segundo José Maria Bello.

A situação era crítica, pois as chamas da guerra civil não se haviam apagado: exaltados florianistas ainda atuavam, e a conjuntura econômico--financeira e administrativa era de descalabro. O PRF endossava a candidatura de Prudente e seria o avalista de seu governo com os florianistas.

Na prática, o Partido Republicano Federal tornou-se o instrumento de poder das elites econômicas paulistas. Por meio dele, os cafeicultores paulis-

---

[21] *Ibid.*, p. 170. Ver também pp. 180-1, 187-8 e 200.

[22] *Ibidem.*

tas exerceriam sua hegemonia sobre o governo republicano, impondo uma presidência civil.

Com efeito, Prudente de Morais toma posse, em 1894, como primeiro presidente civil eleito. Era uma vitória da oposição, desejosa de reintegração na vida republicana, de reconstituição da Federação, com anistia e liderança que representassem os interesses dos cafeicultores. Doente, Floriano resignou-se com a indicação; no dia da posse, ignorou o protocolo e abandonou o palácio do governo, retirando-se para sua casa, falecendo poucos meses depois.

No Itamaraty, Prudente de Morais encontrou apenas um dos ministros do governo cedente, que foi quem lhe transmitiu o cargo. No Palácio do Catete, as salas estavam sujas, com lixo não coletado, restos de comida, um abandono...

Floriano não seria o único caso de ex-presidente que não compareceu à posse de seu sucessor. Na segunda metade do século XX, Figueiredo e Collor seguiriam o exemplo, embora não tenham encontrado biógrafo, ou ficcionista, à altura de Lima Barreto.

Chegava ao fim, também, o primeiro ciclo militar de presidentes da República.

Oligarquias em transe: a República do "café com leite"

> "O povo nada tem a ver com a proclamação do regime republicano, mas se faz sentir no jacobinismo florianista, no apoio à guerra de Canudos, nos fatos posteriores ao atentado contra Prudente de Morais, na revolta contra a vacina obrigatória, na Campanha Civilista e, finalmente, durante os anos de 1920."
>
> Edgard Carone[23]

Pela Constituição de 1891, o Brasil passava a ser uma República federativa em que era assegurada considerável margem de autonomia a cada estado. Estes passaram a arrecadar os impostos, antes recebidos pelo governo central: assim, detinham o controle da receita. Ademais, os estados ganhavam autonomia para contratar diretamente empréstimos com banqueiros

---

[23] Edgard Carone, *A Primeira República: texto e contexto*, São Paulo, Difusão Europeia do Livro, 1969, pp. 8-9.

de outros países. Tais medidas fortaleceram as oligarquias estaduais, pois controlavam a receita e os empregos, antes monitorados pelo governo central. Além disso, passavam a deter, agora oficialmente, o poder armado local e a controlar as eleições.

As oligarquias mais poderosas, de São Paulo, de Minas Gerais e do Rio Grande do Sul, vão controlar o governo central. Ou seja, o poder estava na mão daquelas de estados que detinham o poder econômico e um número de eleitores maior do que o dos estados do Norte e Nordeste juntos. Essas oligarquias mais poderosas passam a alternar-se no comando do governo federal, promovendo seus interesses. As principais medidas do governo federal eram tomadas no sentido de beneficiar tais oligarquias regionais.

Uma das primeiras medidas adotadas pelo governo civil republicano foi a revogação da tarifa alfandegária, que encarecia o preço dos produtos importados. Tal tarifa protecionista pretendia estimular a produção industrial local, porém os interesses dos exportadores de produtos primários eram contrários ao protecionismo e favoráveis ao liberalismo econômico.

PRESIDENTES DA "POLÍTICA DOS GOVERNADORES" (1894-1930)

Como vimos, desde o início da República as revoltas foram brutalmente reprimidas pela lideranças militaristas de Floriano. Encerrado seu mandato em 1894, abre-se período histórico conhecido como o da "política dos governadores", que culminará com a Revolução de 1930. Dado o recorte liberal-oligárquico, a ênfase repressiva mudaria ao longo de todo o período: agora, voltava-se contra os movimentos sociais e grupos dissidentes.

PRUDENTE DE MORAIS,
O FAZENDEIRO REPUBLICANO HISTÓRICO

O primeiro presidente civil, Prudente de Morais (1841-1902), assumiu o poder pela via eleitoral em 1894. Será sucedido em 1898 por Campos Sales, formulador da chamada "política do café com leite".

Prudente José de Morais e Barros, nascido em 1841 numa fazenda paulista, formou-se em Direito em São Paulo. Militando no Partido Liberal, elegeu-se presidente da Câmara Municipal de Piracicaba e deputado provincial. Aderiu à propaganda republicana e participou da Convenção Republicana de Itu (1873), ao lado de Francisco Glicério, Bernardino de Campos, Américo Brasiliense, Américo de Campos e Cesário Mota. Muito sóbrio, antimilitarista e frio, formalista, eis traços definidores de sua personalidade de filho-família de fazendeiros paulistas.

Em 1875, elegeu-se deputado provincial pelo Partido Republicano de São Paulo. Ainda sob o regime monárquico, foi um dos três primeiros republicanistas — com Campos Sales (São Paulo) e Álvaro Botelho (Minas) — a participar do Parlamento. Assumiu o governo provisório de São Paulo quando da Proclamação da República. Participou da Constituinte, sendo eleito seu presidente. Na primeira eleição presidencial, o nome de Prudente de Morais surgira para contrapor-se, enquanto candidatura civil, ao de Deodoro. Nunca fizera declaração formal sobre a postulação de seu nome, o que irritou o marechal. Amigo de Bocaiúva, foi eleito vice-presidente do Senado e sempre o presidiu, dada a impossibilidade do vice-presidente da República, Floriano. Conhecedor da máquina político-administrativa, preparava seu caminho para a presidência.

Ao tomar posse em 15 de novembro de 1894, ainda no clima do terror florianista, teve de enfrentar forte depressão econômica decorrente do Encilhamento, contornada por seu ministro da Fazenda Rodrigues Alves. Pacificou o Rio Grande do Sul, anistiando os perseguidos pelo regime. Na política externa, resolveu a questão dos limites com a Argentina e reatou relações com Portugal (cortadas por Floriano quando navios portugueses deram asilo político a Saldanha da Gama e mais participantes da Revolta da Armada). E recuperou dos ingleses a ilha de Trindade, pouco antes ocupada por eles.

Como veremos adiante, a guerra do arraial de Canudos foi o principal desafio ao seu governo. Esse movimento sócio-religioso, liderado pelo beato cearense Antônio Conselheiro, eclodiu em 1893, no interior da Bahia, junto ao rio Vaza-Barris. De cunho popular e messiânico, nessa comunidade o Conselheiro mobilizou sertanejos analfabetos que, vindos de todo lado, para lá acorreram, provocando reação de fazendeiros e comerciantes da região. O movimento foi brutalmente reprimido pelo Exército da República, após sucessivas tentativas frustradas, incluindo a terceira, liderada por Moreira César, algoz dos federalistas vencidos em Santa Catarina. Não bastaram seus 1.300 homens armados nem a bateria de artilharia ligeira Krupp, pois perdeu a vida e ainda deixou armas e bagagens para os jagunços.

Só na quarta expedição militar, organizada pelo ministro Carlos Bittencourt, composta de seis brigadas, com cerca de 6 mil homens comandados pelo general republicano Artur Guimarães (também repressor dos revoltosos gaúchos), com artilharia de grosso calibre, dinamite e querosene incendiando a cidadela, Canudos foi tomada. Identificado, o corpo de Conselheiro foi decapitado e cerca de 800 sertanejos degolados. Do lado das forças do Exército e policiais, morreram cerca de 4 mil homens. Em 1897, ao receber batalhões que haviam servido em Canudos, Prudente de Morais escapou de atentado com punhaladas do soldado Marcelino Bispo de Melo, mas não o ministro da Guerra, o marechal Carlos Bittencourt.

Na época, Rui pede firmeza ao governo, e Bocaiúva tenta qualificar o crime de político. A comoção pública com o assassinato permitiu ao presidente solicitar ao Congresso a decretação de estado de sítio, e com isso estabilizou a República.

Prudente de Morais, alvo de injúrias no Congresso por parte de radicais, jacobinos e exaltados, isolado no Catete e correndo risco de vida, perdera o controle das ruas. Atentados a jornais monarquistas não eram apurados e sucediam-se os *meetings* no largo de São Francisco, com brigadas patrióticas e lideranças jacobinas. Um "terror branco" no Rio de 1897, dirá Rui, certamente desconhecendo a existência do fenômeno reacionário com essa designação durante a Revolução Francesa.

O presidente fecha o Clube Militar e consegue libertar-se também da tutela do PRF e de Glicério, que se refugia em São Paulo. Aproveita-se da cisão do partido, ficando com a ala mais próxima, de Bernardino de Campos, ministro da Fazenda, e de Campos Sales, presidente de São Paulo. Controla os motins dos jovens florianistas das escolas militares do Rio e do Ceará, desligando os sublevados ("A Escola Militar era o reduto das glórias brasileiras!", defendia Glicério) e reprime os tumultos de rua, depredações e assaltos na capital, nomeando Amaro Cavalcanti para o Ministério do Interior.

Nas ruas, o domínio passava dos "jacobinos" para os "reacionários", no dizer de Bello. Suspeitos de cumplicidade, são presos parlamentares combativos como Pinheiro Machado e Barbosa Lima, ex-governador de Pernambuco. Com outros, o jornalista Alcindo Guanabara é enviado para a ilha-presídio de Fernando de Noronha. Até o vice-presidente Manuel Vitorino, simpático aos jacobinos e que vinha liderando oposição a Prudente, é denunciado.

O governo de Prudente instaurara a ordem e restabelecera os civis no governo. Na prática, descobriu a soma de poderes que o chefe de Estado enfeixa na república presidencialista, descoberta que marcará os governos seguintes.

Mas ficava uma mancha histórica vergonhosa. Em plena *belle époque*, Canudos revelava o Brasil profundo, rural, analfabeto e carente das mínimas condições de sobrevivência, provocando uma revisão de valores culturais e políticos expressa na obra máxima de Euclides da Cunha, *Os sertões* (1902). Obra radical, suas palavras reboaram nos principais centros do país:

> "Canudos não se rendeu [...] caiu [...] quando caíram os seus últimos defensores, que todos morreram. Eram quatro apenas: um velho, dois homens feitos e uma criança, na frente dos quais rugiam raivosamente cinco mil soldados."[24]

Em 1901, Euclides deixava um lema — e um alerta — para uma redefinição da ideia que se tinha do Brasil e do "caráter nacional brasileiro" àquela época: "O sertanejo é, antes de tudo, um forte".[25]

Não se esquecendo de sua formação republicanista, lançou pesadíssima denúncia dos desvios do novo regime, "armado pela indústria bélica alemã":

> "Tivemos na ação um papel singular de mercenários inconscientes. Mal unidos àqueles extraordinários patrícios pelo solo em parte desconhecido, deles de todo nos separa uma coordenada histórica — o tempo. Aquela campanha lembra um refluxo para o passado. E foi, na significação integral da palavra, um crime. Denunciemo-lo."[26]

CAMPOS SALES, ANTI-INDUSTRIALISTA E ANTIFEDERALISTA (1898-1902)

Segundo presidente civil, o paulista Campos Sales assume o poder em 1898 em meio a forte crise econômico-financeira. Em seu governo deu-se o reescalonamento da dívida externa (o *funding loan*), com retração econômica e crise social. Seu ministro Joaquim Murtinho foi o responsável pela enorme recessão. Governou mantendo sob pesada vigilância a oposição e os dissidentes do governo, e criou a Comissão de Verificação de Poderes, que validava ou não as eleições.

O campineiro Campos Sales, conservador, anti-industrialista e último dos republicanos históricos, representava plenamente os interesses agrários

---

[24] Euclides da Cunha, *Os sertões*, Rio de Janeiro, Record, 1998, p. 6.

[25] *Ibid.*, p. 114.

[26] *Ibid.*, p. 6.

dos exportadores de café. Com ele, o ideal federalista sofreu derrota, não só ao ter indicados (e, não, eleitos) os presidentes para os governos dos estados — candidatos por ele escolhidos dentro do círculo das famílias dominantes —, mas também ao ter o controle do Congresso (mantido por escolher deputados e senadores apoiados por sua maioria governista), e ao garantir a submissão do Judiciário, também por meio de indicações. Com ele, afirmava-se o sistema de poder — com a aliança São Paulo-Minas Gerais, base de todo o esquema, servindo-se dos "currais eleitorais". O "coronelismo" define a República.

Campos Sales era agrarista relativamente moderno, se comparado ao senhoriato rural nordestino que manda incendiar o mercado modelo do Derby Club, de Recife (1900), construído pelo empresário progressista Delmiro Gouveia, um dos precursores do nacionalismo econômico moderno no Brasil.

A "modernidade", entretanto, dessa nova aristocracia agrária deve ser relativizada, pois fazendeiros do Sul logo seriam denunciados pelos maus-tratos a imigrantes.

O Sul do país modernizava-se, com a criação no rio Tietê, em Parnaíba, da segunda hidrelétrica do país por uma empresa canadense, a Light, fato importante para a industrialização de São Paulo.

São Paulo, Rio e Santos são agitadas com greves na indústria de calçados, e dos estivadores e cocheiros — importantes, àquela época, no sistema de transportes urbanos. O ano de 1900 entrara com o porto de Santos (já despontando como o mais importante do país) em paralisação total. No Rio, a greve dos tecelões, a maior ocorrida até então, foi sufocada pela cavalaria, com mortos e feridos.

A presença dos imigrantes era considerável, sobretudo se levarmos em conta que muitos eram politizados, recrutados em regiões que não conheceram a escravidão. Vinham "fazer a América", participar de uma sociedade nova, num Brasil em que, segundo o Terceiro Recenseamento Geral de 1900, a população brasileira era de 17.384.340 habitantes, dos quais 1.100.000 portugueses, espanhóis, italianos e alemães. Os japoneses começariam a chegar em 1908. O fato é que a imagem da República se deteriorara, com a publicação, em 1902, do relatório Adolfo Rossi acerca das condições de trabalho dos colonos italianos em São Paulo, levando à proibição da imigração pelo governo italiano.

Diversamente de Prudente, Campos Sales deixou o Palácio do Catete nesse mau clima, sob vaias da população. A política estava mais e mais degradada, com a máquina do Estado clientelista inchando-se de funcionários, à custa de aumento dos impostos. Piorara a higiene nas grandes cidades; a burguesia rural, que anteriormente procurara as cidades, agora retornava a fazendas empobrecidas. O Brasil andara para trás.

RODRIGUES ALVES, UM PRESIDENTE MONARQUISTA (1902-1906)

Sucedeu-lhe o monarquista Rodrigues Alves (1848-1919), paulista de Guaratinguetá, no vale do Paraíba, numa bem-sucedida articulação de Campos Sales com os governadores.

Durante seu mandato, implementaram-se as políticas de saneamento idealizadas pelo médico Osvaldo Cruz e as de reurbanização do Rio de Janeiro e de São Paulo.[27] A situação social crítica revelou-se na oposição à vacina obrigatória, na Revolta da Vacina, no Rio de Janeiro (1904), lugar onde a favelização e as agruras dos cortiços foram, ainda, agravadas com a alta de preços e falta de recursos para a proclamada modernização.

Expressão do pacto dos fazendeiros do café foi o Convênio de Taubaté (1906), em que os governos de São Paulo, Rio e Minas definiram uma política de revalorização do produto, para manter seu preço no mercado internacional, com queima dos excedentes de cada safra. Esse mecanismo perverso socializava as perdas (bancadas pelo Estado oligárquico).[28]

No campo da saúde, algumas vitórias marcam o período, como o controle da febre amarela, da varíola e do cólera, que matavam milhares de pessoas anualmente e afugentavam estrangeiros. A Revolta da Vacina, em novembro de 1904, coincidindo com alto desemprego e com o desalojamento dos moradores e derrubada, em bairros no centro do Rio, de cortiços para a reurbanização, daria ensejo à tentativa de golpe de Lauro Sodré, Barbosa Lima e outros, com os cadetes da Escola Militar, logo controlada. Alguns foram anistiados; o cadete Eurico Gaspar Dutra, futuro presidente do país, foi um deles. Mas a repressão alcançou até setores populares, com

---

[27] Ver as análises de Candido Malta Campos, *Os rumos da cidade: urbanismo e modernização em São Paulo*, São Paulo, Editora Senac, 2000; e de Maurício de Abreu, *Evolução urbana do Rio de Janeiro*, Rio de Janeiro, IPP, 2006, 4ª ed.

[28] Ver a versão de Darcy Ribeiro, no ano de 1904, verbetes 82-84, em *T&B*, cit. A propósito do acerto das oligarquias, ver o livro de Thomas H. Holloway, *Vida e morte do Convênio de Taubaté: a primeira valorização do café*, Rio de Janeiro, Paz e Terra, 1978.

os presos sendo desterrados no Acre. Por defender a vacinação obrigatória, o médico sanitarista Osvaldo Cruz pagou um alto preço junto à opinião pública, essa representante cabal da mentalidade tacanha e retrógrada que grassava (grassa?) no país.

O monarquista José Maria da Silva Paranhos, barão do Rio Branco, destacou-se no campo diplomático, no governo Rodrigues Alves, como ministro das Relações Exteriores. Com perfil oligárquico, mudou a mentalidade provinciana na condução da política externa brasileira (até 1912, quando deixou o cargo), criando uma escola de diplomatas, o Itamaraty, recrutando "intelectuais brancos, cordiais, cultos e de bons modos [...] se possível até bonitos como Nabuco [...] e Oliveira Lima", ou mulatos ricos, como Domício da Gama (um "mulato cor-de-rosa", como todos o chamavam). Pagando e construindo a Estrada de Ferro Madeira-Mamoré, o barão incorporou, em 1903, extenso território da Bolívia, o atual Acre, região inóspita, que foi considerada ótima — por ele, é claro — para enviar subversivos, agitadores e anarquistas.

Em 1906, o barão traz para o Rio de Janeiro a Terceira Conferência Pan-Americana, inserindo o Brasil na política latino-americana.

Nesta época, o médico Manoel Bomfim (1868-1932), autor de livros de interpretação crítica da história do Brasil, foi dos raros intelectuais brasileiros preocupados com a inserção do Brasil na região, com seu livro *A América Latina: males de origem* (1905) e a crítica ao "parasitismo".

No plano social, uma nova fase de politização dos movimentos urbanos teve início também em 1906, com o Primeiro Congresso Operário Brasileiro, de caráter anarco-sindicalista. O governo reagiu tomando medidas repressivas e adotando como política o banimento ou expulsão dos sindicalistas e estrangeiros considerados subversivos.[29]

O centro da vida econômica e política deslocara-se para o Sul, com a decadência da aristocracia rural canavieira. Se em 1872 havia equilíbrio entre as populações do Norte-Nordeste e do Sul, triplicou-se, em 1900, o número de habitantes dos estados de São Paulo, Rio de Janeiro e Rio Grande do Sul, registrando uma população meridional com diferença de 3 milhões de habitantes a mais em relação à população setentrional (Norte-Nordeste). Em 1908, cerca de 100 mil colonos imigrantes estão distribuídos pelo Sul, em sua maioria italianos.

---

[29] Darcy registra tais acontecimentos nos verbetes 120 e 121 de *T&B*, cit.

Afonso Pena, mineiro do Caraça (1906-1909)

O governo seguinte, do mineiro Afonso Pena (1847-1909), representou uma renovação. Personagem que aparece nas memórias de Pedro Nava, ex-político já no Segundo Reinado, formado na escola do Caraça (de inspiração jansenista), compôs seu governo com o denominado "jardim da infância" do presidente, personalidades do nível de Pandiá Calógeras, Davi Campista, Alcindo Guanabara, entre outros. Enfim, gente jovem em oposição aos velhos "carcaças" — Rui, Glicério, Pinheiro Machado, Nilo Peçanha, entre outros, como apontou Darcy Ribeiro.[30]

Em seu governo, construíram-se ferrovias ligando São Paulo, Rio de Janeiro, Rio Grande do Sul e Espírito Santo, dentro do programa ferroviário desenvolvido pelo ministro Miguel Calmon. E, com o intuito não declarado de aumentar o número de "não negros" no país, acelerou-se a imigração, principalmente de espanhóis; e de italianos para o meio "rural", no Sul (Rio Grande do Sul e Santa Catarina). Como quase sempre, o contingente maior foi de portugueses. Mas não só europeus imigraram. É em seu governo que tem início a imigração japonesa (1908), para o Sul (Paraná) e Sudeste (São Paulo), via empresas colonizadoras, com a concessão de terras públicas ainda inabitadas, para formar "colônias". Segundo dados do IBGE, foi também durante seu governo que houve a maior leva de imigrantes sírios e libaneses.[31]

Por outro lado, a repressão a movimentos populares, sobretudo os de cunho anarquista, incluía a deportação de estrangeiros ligados às manifestações operárias. A publicação de livros, revistas e a criação de centros de ação político-intelectual desses movimentos foi notável.

Em 1906, a vitória da greve dos ferroviários pôs o patronato em estado de alerta. No ano seguinte, fundava-se a Confederação Operária Brasileira

---

[30] *Ibid.*, verbetes 109-10.

[31] Num período que abrange parte do governo de Rodrigues Alves, os governos de Afonso Pena e de Nilo Peçanha e quase todo o de Hermes da Fonseca, as estatísticas do IBGE (para o período de 1904-1913) por nacionalidade e por data trazem as seguintes cifras: portugueses, 384.672; espanhóis 224.672; italianos, 196.521; sírios e libaneses, 45.803; alemães, 33.859; japoneses, 11.868; outros 109.222. O que dá um total de 1.006.617, o maior número já alcançado na imigração para o Brasil, pelo menos até 1959, ano que representa o limite dos dados consultados.

— era gritante a miséria da classe operária — e, também, votava-se a Lei de Repressão ao Anarquismo: a Lei Celerada é promulgada, autorizando a expulsão de líderes operários (152 deles foram expulsos) e exigindo-se que esses fossem brasileiros ou naturalizados.[32]

Enquanto isso, no Rio Grande do Sul, começava a despontar o jovem Getúlio Dornelles Vargas, que se elegerá deputado estadual em 1909, já no governo de Nilo Peçanha. O governador gaúcho era Borges de Medeiros, e Pinheiro Machado, uma das figuras mais influentes da República.

Nilo Peçanha, "com paz e amor" (1909-1910)

Com a morte de Afonso Pena em 1909, antes de terminar o mandato, assumiu o vice Nilo Peçanha (1867-1924), completando-o até 1910, governo cujo lema — motivo de chacota — era "com paz e amor".

No curto período de Peçanha, filho de mãe negra (embora a família negasse a raiz africana), foi criado o Serviço de Proteção ao Índio (1910), inspirado no projeto de José Bonifácio (1823), dirigido pelo positivista coronel Candido Rondon, que defendia o amparo leigo do Estado para os índios e o direito de viverem segundo seus costumes. Posição radical, numa época em que se adotava ainda a guerra de extermínio, como propunha Von Ihering, diretor do Museu Paulista, para os indígenas de Santa Catarina. Graças a Rondon, mais de uma centena de povos indígenas foi salva do extermínio.

Na primeira eleição competitiva, apresentaram-se duas candidaturas antagônicas: a do militar gaúcho Hermes da Fonseca, em oposição à "política do café com leite"; e a de Rui Barbosa, representando a Campanha Civilista, com apoio de São Paulo.

Hermes da Fonseca e os vinte sicários (1910-1914)

Em eleição marcada por irregularidades, venceu o gaúcho Hermes da Fonseca, que governou tendo como vice o mineiro Wenceslau Brás, mantido distante do poder. Sobrinho de Deodoro e monarquista, o marechal Hermes servira ao conde d'Eu. Personalidade desfrutável, junto com Nair de Teffé, sua mulher de atitudes "avançadas", marcou uma época de desacertos,

---

[32] Ver o que fala Darcy Ribeiro sobre isso em *T&B*, cit., verbete 146.

que só seriam enfrentados no governo que lhe sucedeu, presidido pelo austero Wenceslau Brás.

Num país já com 23 milhões de habitantes, Hermes representava a acomodação do sistema oligárquico com a esfera militar. Governou sob estado de sítio e tinha, como eminência parda, o caudilho gaúcho Pinheiro Machado.

Durante seu mandato, ocorreu a Revolta da Chibata (1910), dos marinheiros da Armada comandados por João Cândido, que, reivindicando extinção de castigos corporais, apossaram-se do encouraçado Minas Gerais e mais três outros navios, colocando-os em posição de bombardear o Rio de Janeiro. A repressão foi brutal, com centenas de massacrados, degredados para o Acre, fuzilados, calcinados ou presos, provocando estupor por todo o país.

Também ocorreu a Campanha do Contestado (1912-1915), movimento messiânico na fronteira do Paraná com Santa Catarina, liderado pelos carismáticos José e João Maria, em zona disputada pelos latifundiários dos dois estados. O Contestado repetia o exemplo de Canudos, com milhares de despossuídos buscando os beatos. O movimento só será dispersado no governo seguinte, por uma divisão militar com 6 mil soldados, e o governo fixará os limites entre os dois estados.

E, por fim, o Salvacionismo, política proposta em 1911, era inspirada pelo senador gaúcho Pinheiro Machado, apoiado pelo governador Borges de Medeiros, chimango e positivista. A Política das Salvações, de cunho unitarista e centralizador, propugnava intervenção federal nos estados, para substituir as oligarquias regionais. Em verdade, umas por outras, sem alterar o sistema de poder, porém provocando fortes reações na Bahia (J. J. Seabra), em Pernambuco (Dantas Barreto), no Ceará (Acioly), no Pará (Lemos) e em Alagoas (Malta), todos contra a influência do caudilho Pinheiro Machado, líder no Senado, republicano, o "coronel dos coronéis", que, candidato à presidência, seria assassinado em 1915.

O sergipano Sílvio Romero, intelectual prestigioso da época, definiu o país nesse período: "O Brasil não passava de uma ditadura, de joelhos perante o Exército, repartida em 20 oligarquias fechadas, feudos escusos, pertencentes a vinte bandos de sicários".[33]

---

[33] Ver ano de 1909 em Darcy Ribeiro, *T&B*, cit.

Wenceslau Brás (1914-1918):
contra a empregomania e o bacharelismo

Ao desgoverno do marechal Hermes sucedeu o governo de Wenceslau Brás (1868-1966), mineiro de São Caetano da Vargem Grande (hoje Brasópolis), apoiado pelo grupo da "política do café com leite". Em relação ao período anterior, representou um choque de austeridade.

Fazendo notar que a lei "não tem o poder mágico de transformar a sociedade", Wenceslau investiu contra o rotineiro "abuso do poder e fraude". O que o levou, segundo suas próprias advertências, contidas no programa de governo, a "agir desassombradamente perante os funcionários públicos e [a] interessar os chefes políticos para a seriedade do alistamento eleitoral, a plena liberdade nas urnas, reconhecimento dos poderes legitimamente eleitos e sincera, leal e positiva garantia para a efetiva representação das minorias". Admoestava ainda: "Já é tempo de passarmos à realização prática desse programa, tantas vezes apregoado no tempo do Império e da República, quantas vezes esquecido".[34]

A advertência tinha endereço certo: a política personalista e caudilhesca do gaúcho Pinheiro Machado e dos beneficiários do hermismo. Para atalhar os excessos, o presidente Wenceslau defendia o reequilíbrio dos três poderes: "Um Poder Executivo súdito da lei; um Poder Legislativo desassombrado; e um Poder Judiciário verdadeira garantia de todos os direitos, poderes harmônicos e independentes, sem concessões nem usurpações".

Seu lema, aliás, era: "Nem ceder, nem usurpar". Nesta formulação, criticavam-se as exorbitâncias de Hermes e a docilidade do Legislativo ao "coronel" Pinheiro Machado. Em suma, Wenceslau era um civilista, apoiado por civilistas que criticavam o governo Hermes — nas denúncias de Rui e Alfredo Ellis, o "espólio de uma casa roubada".

Em seu governo, no plano das relações internacionais, resolveram-se antigas questões de limites com vizinhos; e, mais, grave, declarou-se guerra à Alemanha. Com efeito, em outubro de 1917, o Brasil rompe relações com o Império Alemão, por seus submarinos terem torpedeado navios brasileiros. A participação do Brasil na Primeira Guerra Mundial vai se resumir a

---

[34] Cf. o livro do marechal Pedro de Alcântara Cavalcanti de Albuquerque, *O perfil de um grande estadista da República: dr. Wenceslau Brás*, Rio de Janeiro, edição do autor, 1956, pp. 23 e ss. Ainda no posto de tenente, foi ajudante-de-ordens da presidência, no governo Wenceslau Brás.

fornecimento de gêneros, envio de um corpo médico e de um corpo de aviadores, e transportes (seis navios).

No plano econômico, dada a plena insolvência do Estado, a situação do país era extremamente grave, com perigo de "quebra irremediável", como advertira Rui Barbosa. Em 1914, Wenceslau, em seu discurso de posse, exorta o patriotismo dos "homens de responsabilidade" propondo "intransigência moral administrativa", denunciando o quadro de desequilíbrio entre exportação e importação, a diminuição das rendas aduaneiras (com a eclosão da guerra, baixaram de 50%; e mais, pouco depois), os enormes déficits mensais, moratória, emissões em excesso, baixa do câmbio, novo *funding*.

Exerceu seu governo durante toda a Primeira Guerra Mundial, quando o Brasil se viu obrigado a isolar-se, com a consequente queda nas importações. Aceitando a política financeira adotada por Campos Sales, fortaleceu-se a entrada de capitais norte-americanos no país. A possibilidade de oferta de gêneros alimentícios e matérias-primas favoreceu nossa economia, assistindo-se a grande surto comercial e de industrialização. Era o início da política de substituição de importações, de profundas consequências — a médio e a longo prazo — para a economia brasileira.

Mas a maior tarefa enfrentada em sua administração foi o bloqueio da "prática de autorizações extraorçamentárias", para equilibrar débitos e créditos do Estado, com severa restrição a estes. Ou seja, nessa política precursora de responsabilidade fiscal, deveriam ser publicadas todas a fontes de receitas e todas a "verbas de dispêndio". Em suma, controle do orçamento da República, incentivo a novas forças econômicas, com as quais poderia enfrentar a difícil volta ao pagamento integral e regular das responsabilidades externas.

Foi dado um novo tom à vida republicana, com a reforma da Lei Eleitoral contra a fraudação de votos ("A magistratura, salvo lamentáveis exceções, cumpriu o seu dever", comentou o presidente); com a conclusão do tão adiado Código Civil (em vigor finalmente a 1º de janeiro de 1917); com a nomeação para o Supremo Tribunal Federal de juristas de mérito, como João Mendes; e com a reorganização do Ministério da Viação e Obras Públicas.

Quanto à reforma do ensino, vinculou-a ao desenvolvimento econômico, fazendo notar, inspirado no modelo norte-americano, que a prática deveria ser inseparável da teoria:

> "Aprender agindo, aprender trabalhando no laboratório, nas oficinas, no campo. Que se instalem escolas industriais, de eletri-

cidade, de mecânica, de química industrial, escolas de comércio. E escolas práticas de agricultura, a inclusão de ensino agrícola nos programas de ensino primário, a difusão das vantagens da mecanização da lavoura."[35]

À objeção de que faltariam professores especializados, Wenceslau dizia "não se admirar, país novo que somos. [...] Contratemos no estrangeiro missão industrial para conter corrente impetuosa e exagerada que atualmente existe para a empregomania e o bacharelismo".

Contra os processos rotineiros do cultivo da terra, que produziam pouco, e um produto caro, ele sugere "serviços de *extensão* e informação, com *práticos ambulantes e competentes*". Em suas palavras: "Difundam-se, pela palavra falada e escrita, por práticos ambulantes e competentes e por todas as formas possíveis, os ensinamentos e a experiência dos povos mais adiantados que o nosso".[36]

Nos conflitos no campo, seu governo conseguiu solucionar o da região do Contestado. Mas ocorreram, nas cidades em fase de crescente industrialização, os primeiros movimentos sociais de grande porte, destacando-se a greve de São Paulo em 1917, com proposições de inspiração anarco-sindicalista, que durou um mês, irradiando-se por várias cidades do Estado.

Na economia, Wenceslau condenou a fixação dos esforços em apenas dois produtos, o café e a borracha. Diversificar era seu outro lema. E, segundo defendia, contrariando interesses estabelecidos, tornara-se necessário erradicar os cafezais antieconômicos e improdutivos.

Atento à riqueza mineral do país, propunha uma política nacionalista de industrialização do minério. Para ele, era importante levar em conta as "cadeias de montanhas de ferro e manganês", chamando a atenção para "soluções que desafiavam a atenção dos estadistas", entre elas a "eletrometalurgia do ferro". Preocupado com os recursos hídricos, que considerava fator essencial para o desenvolvimento, também chamava atenção para "as quedas d'água como base da eletrificação do país".

O presidente pensava o Brasil como um todo, desfocando as atenções da economia do Sul-Sudeste, ao propor uma política econômica especial

---

[35] Cf. Darcy Bessone de Oliveira Andrade, *Wenceslau: um pescador na presidência*, Rio de Janeiro, Sociedade de Estudos Históricos Pedro II, 1968, p. 165.

[36] *Ibidem.*

para o Nordeste e fazendo notar que "zonas riquíssimas do Norte tinham uma produção limitada e perturbada".[37]

Em sua particular visão social cristã, surpreendentemente moderna, notava "a veemente aspiração da população operária para um maior bem-estar, aspiração que concorda com a orientação dos dirigentes de todos os países cultos", voltados para a "solidariedade humana". Em 1913, já antes de ser eleito, afirmava que a situação dos operários da América do Norte era incontestavelmente muito melhor do que nos outros países.

A visão empresarial e humanitária de Wenceslau Brás ainda aguarda um estudo mais profundo. Tendo sido empresário na indústria têxtil, em Itajubá, sua fábrica, administrada com eficiência, chegou a ter mais de 400 operários com garantias ainda não consagradas em lei, entre as quais aposentadoria e outros benefícios, como assistência médica diária e farmácia gratuita, dirigida por farmacêutico profissional em tempo integral. Seus bens, administrados com austeridade exemplar, incluíam o braço financeiro do Banco de Itajubá, de duração efêmera. Esse banco, que operava com caráter incentivador de atividades privadas produtivas, impulsionou durante meio século a economia do sul de Minas e do vale do Paraíba, chegando a ter ampla rede de agências nas cidades dessas regiões. Mais tarde, foi incorporado pelo Banco da Lavoura de Minas Gerais (depois Banco Real), dentro da tendência inexorável de formação de conglomerados financeiros.[38]

No quadro político-institucional conservador da República Velha, destacava-se sua "preocupação com a representação efetiva das minorias" no Parlamento, entendidas enquanto grupos partidariamente organizados. Mas ressaltava, sobretudo, sua preocupação com a má distribuição de renda, que — continuava a afirmar, ainda nos anos 1960 — em longo prazo poderia vir a ser causadora de enormes conflitos sociais.

O governo de Wenceslau Brás teve de enfrentar a calamidade da gripe espanhola, e um episódio define o modo de atuação do presidente. Perguntara ao diretor de Saúde Pública se o país estava preparado para enfrentar a

[37] *Ibidem*, p. 166.

[38] Muito discreto, o presidente era empresário e operava com um parceiro — João Antônio Pereira, o "major" Pereira —, que o auxiliava em sua base mineira, cuidando dos negócios com eficiência e senso administrativo, garantindo o cotidiano das empresas e as iniciativas, enquanto Wenceslau atuava na política local, estadual e nacional. Vale lembrar que em Itajubá já havia instituição de ensino superior, contando em seus quadros com professores e pesquisadores estrangeiros, sobretudo da Bélgica.

A Primeira República e seus presidentes (1889-1930)

epidemia. Resposta positiva. Mas, após uma visita noturna aos cemitérios e tendo sido informado de que haviam ocorrido cerca de mil óbitos naquele dia, Wenceslau chamou o ministro do Interior e fez lavrar, no ato, o decreto de demissão do referido diretor, substituindo-o pelo cientista e médico Carlos Chagas.

Mais tarde, com a eclosão da Revolução de 1930, Olegário Maciel defende a liderança de Wenceslau Brás — já não mais presidente, agora — na vanguarda mineira. Minas tinha compromisso com o Rio Grande do Sul. Wenceslau aceita-a, dizendo que, se a honra de Minas estava em jogo, cabia "ceder e ser revolucionário, contra a minha vontade e os meus sentimentos".[39] E registra em suas memórias: "Sou um revolucionário de última hora".

Mas logo pede armas e munições "para reunir no sul de Minas um ou dois batalhões".[40] Não havia tal possibilidade, entretanto. Num país ainda precário, a carência era total. O movimento eclode e Wenceslau desloca-se para Belo Horizonte, dizendo ao Brasil que está com a revolução. Agora está convicto e responde aos que indagam sobre o futuro incerto:

> "Vitória certíssima dentro de 3 semanas e 21 dias. Podem estar certos de que no momento em que as forças federais do Rio virem, como verão, que foi a Nação que se levantou contra a prepotência de Washington Luís, levantar-se-ão contra ele, que não representa mais a Nação. O Exército não irá contra esta. Reunir-se-ão os chefes e irão dizer a Washington Luís que é indispensável uma solução para o caso, que se evite o derramamento de sangue brasileiro. Como o presidente não receberá bem a comissão, dá-se nova reunião de militares que resolverão prender Washington Luís."[41]

A profecia circulou nos altos escalões mineiros. Mario Brant, entre outros, pergunta a ele: "Então, dr. Wenceslau, 21 dias? Ele responde sempre: 21 dias".

[39] Darcy Bessone de Oliveira Andrade, *Wenceslau: um pescador na presidência*, cit., p. 289.

[40] *Ibidem.*

[41] *Ibid.*, p. 290.

A revolução teve início em 3 de outubro e terminou em 24 de outubro. Mas, em suas memórias (inéditas), o ex-presidente mineiro escreveu: "Tinha certeza da atitude dos militares sem que ninguém m'o tivesse dito, mas quanto ao prazo, foi palpite meu, lançado com mais convicção do que realmente tinha".[42]

Os tempos se passaram, mas Wenceslau Brás, ainda influente em sua região sul-mineira, não deu sua adesão nem a Juscelino nem a Jânio. Faleceu em 1966, aos 98 anos de idade.

Epitácio Pessoa, paraibano culto e... repressivo (1919-1922)

Em 1918, Rodrigues Alves é novamente eleito, mas, doente, não assume a presidência, falecendo em janeiro de 1919. Ainda em 1918, tomou posse o vice-presidente Delfim Moreira, todavia com sinais de desequilíbrio mental, sendo o país governado de fato pelo ministro de Viação Afrânio de Melo Franco.

Em 1919, em nova eleição para completar o quadriênio, foi eleito o paraibano Epitácio Pessoa (1865-1942), graças ao veto dos gaúchos aos políticos do "café com leite". Seu opositor, o civilista Rui Barbosa, novamente se viu derrotado.

O presidente Epitácio era culto e viajado, operoso, fora senador, e ministro da Justiça no governo de Campos Sales. Agora tomava a iniciativa de indicar civis para as pastas militares: Pandiá Calógeras, que seria um bem-sucedido ministro da Guerra, além de historiador de mérito, e Raul Soares, ministro da Marinha.

Em seu governo, foi feroz a repressão ao anarquismo (lei de 17 de janeiro de 1921). Menos dura foi a dispensada à sedição dos 18 do Forte de Copacabana (1922), em que houve a adesão dos alunos da Escola Militar. Ainda está para ser examinada a atuação do ministro da Guerra, o referido Calógeras, pelo que o juízo aqui fica suspenso. Para além da política social, no ano de 1922 houve a estrondosa e fértil celebração do centenário da Independência, e a revogação da lei de banimento da família imperial, num clima de congraçamento com Portugal, apagando mágoas do passado e ensaiando uma ideologia atlântica, machucada desde os tempos de Floriano,

---

[42] *Ibidem.*

que chegara a romper relações com Lisboa. O que procurávamos era nos redescobrir, naquele ano da Semana de Arte Moderna e de outros aconteci-mentos que redefiniriam a identidade cultural e política do Brasil.[43]

ARTUR BERNARDES (1922-1926):
DESMANTELANDO A ESTRUTURA REPUBLICANA DE 1891

> "Governou o Brasil como de dentro de uma fortaleza, sob constante pressão do sítio, realizando, no entanto, frequentes sor-tidas vitoriosas."
>
> José Maria Bello, *História da República*[44]

Nas eleições de 1922, a disputa se deu entre Artur Bernardes (1875-1955), mineiro de Viçosa, da linha da "política do café com leite", e Nilo Peçanha, que representava a "reação republicana", uma aliança de Estados médios (Pernambuco, Bahia, Rio de Janeiro e Rio Grande do Sul). Venceu Bernardes, também ex-aluno do Caraça (tendo por vice Estácio Coimbra, futuro governador de Pernambuco), que governou até 1926, quase o tempo todo em estado de sítio, enfrentando a rebeldia dos tenentes. Em suma, um caracense mal-humorado no poder.

[43] O pensamento da direita católica adquiriu alguma consistência com o sergipano Jackson de Figueiredo, formado em Direito em Salvador em 1913. Estudioso da obra de Pascal e influenciado pelo filósofo Farias Brito, foi o criador da revista *A Ordem* (1921) e fundador do Centro Dom Vital (1922). Morreu afogado em 1928, deixando discípulos, entre os quais o padre Leonel Franca e Alceu Amoroso Lima (Tristão de Ataíde).

[44] José Maria de Albuquerque Bello escreveu, em 1940, a melhor *História da Repú-blica* até então produzida, obra que foi sendo atualizada até 1954. Jornalista e advogado, foi procurador do Distrito Federal e bibliotecário-chefe da Câmara dos Deputados, se-nador durante um ano (1930), logo preso por curto tempo, por ordem de uma comissão revolucionária. Escreveu vários livros importantes, como *Ruy Barbosa e escritos diversos*, Rio de Janeiro, Castilho, 1918; *Inteligência do Brasil: ensaios sobre Machado de Assis, Joaquim Nabuco, Euclides da Cunha e Rui Barbosa*, São Paulo, Companhia Editora Nacional, 1935; *A questão social e a solução brasileira*, Rio de Janeiro, Imprensa Nacio-nal, 1936; *Retrato de Eça de Queiroz*, Rio de Janeiro, Agir, 1945; *Retrato de Machado de Assis*, Rio de Janeiro, A Noite, 1952; *Memórias*, Rio de Janeiro, José Olympio, 1958; *A History of Modern Brazil (1889-1954)*, Palo Alto, Stanford University Press, 1968; e a citada *História da República (1889-1954): síntese de sessenta e cinco anos de vida brasileira*, São Paulo, Companhia Editora Nacional, 1983, 8ª ed.

O período foi marcado pelo levante dos 18 do Forte de Copacabana (início do movimento tenentista) e pela fundação do Partido Comunista, ambos em 1922 — ano também da Semana de Arte Moderna, em São Paulo, e da criação do Centro Dom Vital, quando a direita católica se organiza, com seu ideólogo Jackson de Figueiredo formando lideranças, como Alceu Amoroso Lima e Sobral Pinto.

No Rio Grande do Sul, com o Pacto de Pedras Altas, terminam os conflitos entre os pica-paus de Borges de Medeiros (agora, chimangos) — no poder há 20 anos e propondo-se a um quinto mandato — e os maragatos ou libertadores, de Batista Luzardo, Raul Pilla e Assis Brasil (Pilla será o idealizador e um dos fundadores do Partido Libertador). Nas eleições seguintes para governador (1927), vence o jovem chimango Getúlio Vargas, que, antes, será ministro da Fazenda no governo de Washington Luís.

Em 1923, a já precária liberdade de imprensa foi cerceada pela Lei de Imprensa. No ano seguinte, assistiu-se em São Paulo à Revolução tenentista de 1924, liderada pelo general reformado Isidoro Dias Lopes, com participação da população e dos tenentes Siqueira Campos, Eduardo Gomes, João Alberto, Estillac Leal e Juarez Távora (seu irmão, capitão Joaquim Távora, morreu em combate), além de brigadas internacionais, com os batalhões alemão, húngaro e italiano. Aliás, tal presença estrangeira vai servir ao governo para justificar a repressão que desabou sobre o movimento.[45]

Mas, mesmo vencida, a Revolução de 1924 mobilizou a opinião pública e foi repercutindo no Rio Grande do Sul, Pernambuco, Pará, Amazonas, Sergipe e em outras regiões distantes e isoladas do país. De setembro de 1924 é o depoimento comovido de João de Palma sobre a celebração do 7 de setembro promovida na selva pelo general Mesquita e seus rústicos soldados, cerimônia singela assistida com uma família de indígenas da tribo dos caiowás, documento publicado pelo historiador Edgard Carone:

> "Formando em linha um batalhão revolucionário, em frente ao mastro com a bandeira. Soldados quase nus, ensopados, descalços. [...] Um único clarim tocou a marcha batida e o 'pendão da esperança' subiu, lentamente, dominando, pela primeira

---

[45] Ver a obra de Anna Maria Martinez Corrêa, *A rebelião de 1924 em São Paulo*, São Paulo, Hucitec, 1976; e a tese de mestrado de Laura Christina Mello de Aquino, *A participação de batalhões estrangeiros na rebelião de 1924 em São Paulo*, São Paulo, PUC-SP, 1995.

A Primeira República e seus presidentes (1889-1930)

vez, esta zona do Paraná. O céu continuava enevoado, o rio corria manso e a mata se estendia para todos os lados. O ambiente era augusto. Os índios olhavam deslumbrados. Viam então eles, os brasileiros autênticos que o apostolado rendoso do general Candido Mariano Rondon tem iluminado e protegido, pela primeira vez, o símbolo nacional. Acharam-no lindo. Os último ecos do clarim morriam, escoando-se pelo rio, afogando-se nos florestais densos da margem de Mato Grosso, quando o auriverde pavilhão palpitou, desdobrado por uma aragem brusca, no topo do mastro. Foi um momento de profunda emoção. Todos nós recordávamos...

O general Mesquita adiantou-se e, em voz firme, apontando os índios ali presentes, falou aos soldados. Mostrou-lhes a ignomínia dos governos, que assim abandonavam os elementos autóctones do país.

Ali estava um exemplo triste. Brasileiros que jamais haviam visto a bandeira da pátria. E a causa de tudo isso? O governo capitalista que só cuida dos centros civilizados e lança à mais dolorosa das misérias e relega ao exílio da ignorância os que lhe não proporcionam fartos lucros. E terminou concitando a varrer o capitalismo do Brasil.

Você pode imaginar qual foi o meu pasmo ouvindo, da boca de um general brasileiro, uma arrojada proposição dessas. A solenidade terminou, de modo singelo, com o enterro, sob uma cruz elevada em louvor de Santa Alda, de uma garrafa protegendo um documento com uma ata de fundação com todas as assinaturas dos presentes alfabetizados e com a seguinte frase:

'Só haverá realmente povo, quando desaparecerem as castas. O comunismo é o único processo capaz de resolver esse problema' [...].

Um raio refulgente e cálido da aurora de redenção que se levantou sobre a Rússia, mergulhava, finalmente, na selva brasileira. [...] O meu contentamento subiu tanto que, à noite, ao som de uma sanfona, dancei com as índias, no terreiro improvisado diante da barraca do general. Foi um baile de confraternização... Aos indígenas foi servido um licor de cacau e era de ver a careta de delícia que faziam ao esgotar o último trago, exclamando, com entusiasmo infantil:

— 'Yponá!'"[46]

No Rio Grande do Sul (Alegrete) ocorreu levante de cunho militar e antioligárquico, de raiz tenentista, que, embora também vencido, daria origem à Coluna Prestes.

A coluna — composta de militares jovens e de idealistas revoltosos, de São Paulo e do Rio Grande do Sul; e liderada pelo capitão do Exército, o gaúcho Luís Carlos Prestes —, por onde passava, em extensa parte do território nacional, agregou muitos adeptos militares e civis, marcando o ano de 1926, como veremos. No Nordeste, os coronéis não hesitaram em utilizar-se de cangaceiros sanguinários em sua perseguição. Os conflitos, de grande impacto na opinião pública nacional e internacional, acabaram por repercutir no interior da camada dominante, a tal ponto que, em 1926, criou-se o Partido Democrático (PD), dissidência liberal do Partido Republicano Paulista (PRP). No PD, destacaram-se Júlio de Mesquita Filho, e outros, propondo a renovação dos quadros políticos, da educação pública para todos, da verdade eleitoral e da questão social.[47]

Uma reforma da Constituição de 1891 reforça o Poder Executivo e restringe o *habeas corpus* apenas àqueles que sofressem comprovada violência por meio de atos ilegais de prisão ou de constrangimento à liberdade de locomoção.

WASHINGTON LUÍS, UM *BON VIVANT* CONTRA OS MOVIMENTOS SOCIAIS (1926-1930)

> "O herói providencial é uma criatura das vicissitudes da guerra. Vem muitas vezes das camadas profundas do povo onde o vão encontrar as necessidades da salvação pública. Será entre nós, numa longín-

[46] Citado por Edgard Carone, em *O Tenentismo: acontecimentos, personagens, programas*, São Paulo, Difel, 1975, pp. 301-4, sob o título "Coluna Paulista: julho de 1924 a março de 1925".

[47] Tal dissidência, bem como os esforços para a renovação dos quadros intelectuais e políticos, é examinada em profundidade por Fernando Limongi, "Mentores e clientelas da Universidade de São Paulo", em Sergio Miceli (org.), *História das ciências sociais no Brasil*, vol. 1, São Paulo, Vértice, 1989. No mesmo volume, do mesmo autor, consulte-se "A Escola Livre de Sociologia e Política em São Paulo"; de Fernanda Massi, "Franceses e norte-americanos nas ciências sociais brasileiras"; e de Maria Hermínia Tavares de Almeida, "Dilemas da institucionalização das ciências sociais no Rio de Janeiro".

qua possibilidade, quem sabe, um gaúcho do Sul, ou fazendeiro paulista, ou seringueiro do Acre, ou jagunço do Nordeste."

Paulo Prado, "Post scriptum", *Retrato do Brasil*, 1928[48]

O "herói providencial" não viria nem das camadas profundas do povo, nem de lugar nenhum. Nesse mesmo ano de 1926, Washington Luís (1869-1957), nascido em Macaé, elegeu-se presidente da República, governando até sua deposição em 1930. Fina-flor da oligarquia, esportista e *bon vivant*, foi, todavia, um modernizador que promoveu a reforma portuária e abriu estradas. Em contrapartida, tomou medidas duras contra os movimentos operários, utilizando-se da Lei Celerada.

Seu período foi marcado por tentativa de estabilização financeira, quando o governo deixa de comprar excedentes da produção cafeeira. Seu ministro da Fazenda, Vargas, "instituiu o câmbio vil, que quebra a moeda, já desvalorizada, para atender os cafeicultores e encarecer as importações".[49]

Em 1929, Washington Luís articula com oligarquias dos estados a candidatura de Júlio Prestes, um incorporador de terras em Itapetininga. No mesmo ano, em Belo Horizonte, Antônio Carlos articula a sua, em passeata com centenas de prefeitos mineiros.

Minas, Rio Grande do Sul e Paraíba, excluídos do projeto dos paulistas, organizam-se na Aliança Liberal, defendendo uma candidatura independente. Dividem-se os interesses internacionais: os ingleses apoiam o governo; os norte-americanos, a Aliança. Os investimentos norte-americanos no Brasil alcançavam 500 milhões de libras, um terço do investimento inglês, mas crescendo em ritmo acelerado.

Um acordo secreto é tramado pelo gaúcho Osvaldo Aranha e por Francisco Campos, de Minas, contra a imposição do nome de Júlio Prestes. A Aliança Liberal lança a candidatura de Getúlio Vargas para a presidência e de João Pessoa para vice, contra a do oligarca paulista e de seu vice, o baiano Vital Soares. Com manipulação das urnas, os governistas vencem, provocando a reação de Antônio Carlos, em Minas, e a de Getúlio, no Rio Grande do Sul.

A crise da ordem econômico-financeira internacional, em 1929, da qual o Brasil participa, faz sentir-se na queda acentuada no preço do café.

---

[48] Paulo Prado, *Retrato do Brasil: ensaio sobre a tristeza brasileira*, cit., p. 234.

[49] Ver ano de 1926, verbete 527, em Darcy Ribeiro, *T&B*, cit.

A média de falências anuais sobe de duzentas para seiscentas, e os salários caem pela metade.

A chamada Grande Depressão, pós-crise de 1929, somada aos conflitos entre as oligarquias regionais, a uma profunda crise social — que envolve banqueiros e industriais levando-os a falências e seus assalariados ao desemprego — e, ainda, às agitações e ao inconformismo das camadas médias urbanas e ao desespero no mundo do trabalho, todos juntos criaram condições para a eclosão de uma Revolução. O estopim foi o assassinato (por motivo passional, politicamente aproveitado) de João Pessoa, governador da Paraíba e candidato à vice-presidência pela chapa de oposição, em 26 de julho de 1930. A República entra em pânico.

Faltando-lhe autoridade para controlar o Exército e as polícias regionais, o chão desaparece sob os pés do presidente Washington Luís. E também desapareceria, poucas semanas depois, sob os pés de Luís Carlos Prestes. O Cavaleiro da Esperança, que pouco tempo antes havia se encontrado com Getúlio e Osvaldo Aranha em Porto Alegre, para conspirar, dirá: "Fiquei sozinho, como um comandante sem exército".

Às vésperas da Revolução de 1930... mas que Revolução?

Atentos ao movimento, os tenentes Juarez Távora, Estillac Leal e Alcides Alves conseguem fugir da prisão militar no Rio de Janeiro.[50] Siqueira Campos, que tinha ido a Buenos Aires, acompanhado de João Alberto, para encontrar-se com o exilado Prestes e discutir a posição deste em relação à Revolução, morre no rio da Prata, em 10 de maio de 1930, ao tentar retornar, em um acidente do pequeno avião da linha francesa Aeropostale, salvando-se apenas João Alberto.

O tenentista Prestes vem a Porto Alegre para reunir-se com Getúlio e Osvaldo Aranha, mas não chegam a um acordo, pois Prestes era de opinião que seria "uma simples luta entre as oligarquias dominantes" (manifesto de abril de 1930).[51] Uma quantia que Osvaldo Aranha havia passado a Prestes, em abril de 1930, para comprar armas (800 contos de réis, de origem norte-

---

[50] Foram resgatados em uma canoa que se aproximou do forte, na calada da noite, pelo tenente Lourival Serôa da Mota e dois outros.

[51] Manifestos, personagens, atuações e programas do movimento tenentista foram compilados e examinados por Edgard Carone em O *Tenentismo: acontecimentos, personagens, programas*, cit., com apresentação de Fernando Henrique Cardoso.

-americana) vai ser utilizada somente no levante comunista (1935). Na época, Prestes reclamou: "Aumenta em mim a convicção de que os tais liberais desejam tudo, menos a revolução".

O chefe dos tenentes ficaria só, perdendo espaço para os tenentes de centro-direita: Cordeiro de Farias, Juarez Távora e Filinto Müller (expulso da Coluna Prestes "por covardia").

Tal fato, como observou Darcy Ribeiro, deixou Getúlio Vargas livre "para fazer a Revolução para o senhorio agrário a que pertencia, sem os riscos da agitação popular tenentista, que já tinha dado a Coluna Prestes".[52]

A SOCIEDADE NAS PRIMEIRAS DÉCADAS REPUBLICANAS

Como vimos, o *coronelismo*, traço dominante da cultura política daquela época, insinuava-se em todas as esferas da vida social e política, traço não de todo apagado pelos movimentos sociais e políticos posteriores.

A Primeira República foi, por excelência, uma república de "coronéis". Se, no plano federal, as oligarquias economicamente mais poderosas e um pouco menos arcaicas tomaram conta do governo central, no plano local a cena política era dominada pela figura do "coronel", grande proprietário rural que quase sempre detinha uma patente militar. O resultado das eleições — nos planos municipal e estadual tanto como no federal — dependia dos coronéis, pois esses potentados controlavam os eleitores e as eleições, dando o tom da vida social e política. Com seus bandos de jagunços ou capangas armados, garantiam a vitória das oligarquias estaduais nas eleições.

Muitas vezes, havia disputas entre as oligarquias para ver quem dominava a cena política estadual. Os coronéis locais participavam ativamente dessas disputas, ligados que eram, por meio de alianças e casamentos, com as oligarquias estaduais. Nas disputas eleitorais, algumas sangrentas, vencia quem contasse com mais capangas, e com meios econômicos, para "comprar" o voto dos eleitores ou para forçá-los ao "cabresto".

A mudança do regime político não modificara a sociedade brasileira. A maioria da população morava e trabalhava no campo, submetida à autoridade dos grandes proprietários rurais. Deviam-lhes "favores", pois esses permitiam que morassem nas suas terras, explorando-lhes a mão de obra. Frequentemente, os trabalhadores rurais estavam ligados ao coronel local

---

[52] Darcy Ribeiro, 1930 — ano da Tiburtina, verbete 631, *T&B*, cit.

por laços de compadrio. O coronel podia, eventualmente, conseguir um emprego público para seu afilhado, ou garantir sua eleição. Muitos políticos deviam suas carreiras aos favores de determinado coronel.

As oligarquias estaduais controlavam o poder político através da diplomação. Após uma eleição, o candidato só assumia o cargo para o qual havia sido eleito se recebesse o diploma do governo, estadual ou federal. Quando o candidato eleito pertencia à oposição, as oligarquias recorriam à prática da "degola"; isto é, não eram "diplomados" pelas oligarquias no governo. Em 1900, por proposta de Campos Sales, a Câmara dos Deputados criou a Comissão de Verificação de Poderes, para não aceitar os dissidentes eleitos.

Ao longo do período, as eleições continuaram sendo momentos especialmente turbulentos. A fraude era comum e, a mando dos poderosos, era frequente a ação de jagunços para definir quem podia votar e quem não podia. Os candidatos da oposição, ou os não confiáveis, eram sistematicamente "degolados". A oposição "política" organizada nada mais era do que outra facção da oligarquia que havia sido afastada do poder pela oligarquia dominante. Assim, a grande maioria da população não integrava a sociedade política.

A República prolongava os hábitos do Império. Os pobres permaneciam excluídos (seja pelo censo, seja pela exigência de alfabetização), assim como as mulheres, os indigentes, os menores de idade, os praças de pré, os membros de ordens religiosas. A exclusão dos analfabetos era duplamente discriminatória, pois a Constituição republicana retirava do governo a obrigação de fornecer instrução primária, que constava do texto imperial. "Exigia-se para a cidadania política uma qualidade que só o direito social da educação poderia fornecer e, simultaneamente, desconhecia-se este direito. Era uma ordem liberal, mas profundamente antidemocrática e resistente a esforços de democratização".[53]

Uma sociedade pré-política, atrasada, rústica

> "A história do Brasil sempre foi um negócio. O Brasil ainda é um país atrasado... Ou melhor: muito atrasado."
>
> Caio Prado Jr., depoimento ao autor, 1978

[53] José Murilo de Carvalho, *Os bestializados: o Rio de Janeiro e a República que não foi*, cit., p. 45.

A Primeira República e seus presidentes (1889-1930)

Apesar da manutenção de velhos padrões de relacionamento social, a transição da ordem política imperial para a republicana propiciou alguma mudança na sociedade. Proclamada a República, intensificou-se a imigração de europeus e asiáticos, estimulada pelos governos estaduais, que com a substituição do escravo pelo imigrante pretendiam resolver o problema da falta de braços na lavoura.

Durante a segunda metade do século XIX, os países americanos receberam enormes contingentes de imigrantes europeus. Naquela conjuntura, as potências industriais europeias enfrentavam sérios problemas sociais, visto que a mecanização deixara muitos trabalhadores desempregados. Greves constantes e movimentos operários ameaçaram derrubar, em diversas ocasiões, a ordem burguesa. O povoamento de novas colônias na África e na Ásia foi uma forma encontrada pelas potências industriais para aliviar a pressão social.

Muitas vezes, trabalhadores que não encontravam emprego nas sociedades industriais preferiam emigrar para terras mais conhecidas. Outras vezes, presos e condenados — os degredados de antanho — eram enviados para essas colônias distantes. Desse modo, milhares de trabalhadores europeus emigraram para os países americanos. A revolução nos meios de transportes foi outro fator que permitiu maior mobilidade espacial da população em geral. As comunicações tornaram-se menos difíceis, embora sempre precárias.

As fazendas de café da Província de São Paulo absorveram o maior número de imigrantes estrangeiros, contratados diretamente na Europa. O governo estadual financiava suas passagens e fazia intensa propaganda das "maravilhas" do viver em fazendas paulistas.

Outros grupos de imigrantes foram para projetos de colonização desenvolvidos no Rio Grande do Sul, Santa Catarina, Paraná e São Paulo, onde se tornavam pequenos proprietários.

Dos imigrantes que vieram para o Brasil durante a Primeira República, mais de um terço era de italianos; os demais, quase todos portugueses e espanhóis. Em menor número, vieram alemães, austríacos, húngaros, japoneses, lituanos, poloneses, russos, sírio-libaneses, suíços, tchecos e outros, não necessariamente nesta ordem, que também não indica um escalonamento.

A sociedade da época republicana tornou-se mais diversificada, com a vinda de povos de outros costumes. Em alguns locais, os imigrantes chegaram a formar a maioria da população. Na cidade de São Paulo, em 1893, cerca de 35% da população era formada por imigrantes italianos.

Nem sempre houve integração harmoniosa no novo continente de adoção. Ao contrário, uma historiografia renovadora vem mostrando os profundos choques culturais, conflitos, diferenças de mentalidade e discriminações vividas pelos recém-chegados. Como analisou Dalmo de Abreu Dallari:

"Acostumados à total submissão dos escravos — e mesmo dos trabalhadores brasileiros refugiados de regiões mais pobres — os fazendeiros paulistas custaram a compreender e a aceitar que os imigrantes estrangeiros tivessem direitos e exigissem um tratamento mais digno, afirmando-se como pessoas, não como coisas. A atitude dos novos trabalhadores pareceu-lhes uma petulância que deveria ser corrigida. E com esse objetivo, valendo-se do seu prestígio de senhores da terra, passaram a utilizar as forças policiais como se fossem guardas de seus interesses particulares, cometendo toda sorte de violências contra os imigrantes e suas famílias. A tal ponto levaram essas violências que no Parlamento italiano, fazendo-se a denúncia dessas ocorrências, chegou a ser proposta a proibição da saída de imigrantes para o Brasil."[54]

Desponta uma nova classe: o proletariado

Com a urbanização, a sociedade tornava-se mais complexa.[55] A população das cidades crescera, despontando uma nova classe de trabalhadores:

[54] Dalmo de Abreu Dallari, *O pequeno exército paulista*, São Paulo, Perspectiva, 1977, p. 33.

[55] Uma visão mais recente, de conjunto, é a encontrada em Nestor Goulart Reis, "Urbanização e modernidade: entre o passado e o futuro (1808-1945)", em Carlos Guilherme Mota (org.), *Viagem incompleta (1500-2000): a experiência brasileira*, vol. 2, *A grande transação*, São Paulo, Editora Senac, 2000. Ver também a obra clássica de Richard Morse, *Formação histórica de São Paulo: de comunidade à metrópole*, São Paulo, Difel, 1970; mais recente e completa, a obra de Candido Malta Campos, *Os rumos da cidade: urbanismo e modernização em São Paulo*, cit.; e, ainda, de Emília Viotti da Costa, "Urbanização no Brasil no século XIX", em sua importante coletânea *Da Monarquia à República: momentos decisivos*, São Paulo, Editora da Unesp, 1999. Sobre a metropolização, ver Nadia Somekh, *A cidade vertical e o urbanismo modernizador: São Paulo (1929-1939)*, São Paulo, Studio Nobel/Fapesp/Edusp, 1997, na sequência da linhagem aberta por Maria Adélia de Souza, *A identidade da metrópole: a verticalização em São Paulo*, São Paulo, Hucitec/Edusp, 1994. Do ponto de vista da produção arquitetônica, a

o proletariado, ou seja, a classe dos operários assalariados de indústrias. Embora o Brasil continuasse sendo um país essencialmente agrário-exportador, algumas indústrias aqui se instalaram no último quartel do século XIX.

No início do século XX, cidades como o Rio de Janeiro e São Paulo já contavam com um contingente significativo de operários, trabalhando em empresas que forneciam serviços urbanos (cocheiros, ferroviários, estivadores, condutores de bondes etc.). Outros eram operários nas indústrias de tecidos. A maioria dos operários era engrossada pelos imigrantes estrangeiros, sobretudo italianos.[56]

AMPLIAÇÃO DOS SETORES MÉDIOS URBANOS

Nas cidades, com o desenvolvimento econômico propiciado pelo café e outros produtos de exportação, os setores médios da sociedade também ganharam importância. A partir do final do século XIX, ampliaram-se significativamente os segmentos da sociedade formados por pequenos comerciantes, artesãos, carpinteiros, donos de pequenas indústrias, funcionários públicos e assalariados em geral (ou, também, "classes médias").

A categoria dos profissionais liberais, ou seja, dos advogados, médicos, dentistas etc., expandiu-se durante o mesmo período. Após 1910, foram criadas escolas de ensino técnico e profissional em vários estados, dado o desenvolvimento industrial e a complexidade crescente da vida urbana (demandando contadores, trabalhadores fabris etc.).

Registre-se, também, o papel cada vez mais importante atribuído aos profissionais liberais. As dezesseis Faculdades de Direito formavam cerca de 408 bacharéis por ano. Em 1934, após a derrota na Revolução de 1932, fundou-se em São Paulo a Universidade de São Paulo, tendo como núcleo centralizador a Faculdade de Filosofia, Ciências e Letras. Na capital federal em 1935, a Universidade do Distrito Federal foi criada por Anísio Teixeira,

---

obra mais abrangente é a de Hugo Segawa, *Arquiteturas no Brasil (1900-1990)*, São Paulo, Edusp, 2002, 2ª ed. Abrindo o foco para a América Latina, é fundamental a obra de José Luís Romero, *América Latina: as cidades e as ideias*, Rio de Janeiro, Editora da UFRJ, 2004, em que propõe uma tipologia das cidades (fidalgas, *criollas*, patrícias, burguesas, massificadas).

[56] Dados sistematizados encontram-se em Manuel Correia de Andrade, na sua pequena obra-prima *A Revolução de 1930: da República Velha ao Estado Novo*, Porto Alegre, Mercado Aberto, 1988, 2ª ed., p. 42.

Secretário Municipal de Educação no governo municipal de Pedro Ernesto, mas logo fechada pela ditadura em 1939, sob o reitorado de Alceu Amoroso Lima. Pois, para os setores conservadores, sobretudo o católico, "tratava-se de liquidar no nascedouro um projeto universitário leigo, estatizante, racionalista e perigosamente propenso à 'contaminação marxista'".[57]

Ampliara-se a rede escolar, pois, em 1930, havia 350 estabelecimentos de ensino secundário e duzentos de ensino superior.

Números modestos, índices de crescimento medíocres. Pois a ampliação das camadas médias urbanas não guardou uma proporção adequada e positiva em relação à expansão da rede escolar, sobretudo o segmento universitário. Os números apresentados por Darcy Ribeiro são acabrunhantes. Lembrando que o Brasil contou apenas, no período colonial, com um "arremedo de universidade" na Bahia, com necessidade de complementação em Portugal, a América espanhola e a zona inglesa da América do Norte produziram quadros muito mais bem formados que o Brasil, para a sonhada "reorganização nacional". Se, na comparação com os Estados Unidos, os números tornam-se avassaladores, no confronto com a América espanhola a posição da colônia portuguesa também é péssima: no período colonial, as universidades hispano-americanas formaram 150 mil graduados, enquanto, no mesmo período, apenas 2.500 jovens nascidos no Brasil seguiram cursos em Coimbra.

Ampliando o foco para toda a América Latina, e projetando a análise da questão educacional para quatro décadas depois, as coisas não se passaram de modo razoável: em 1960, ainda segundo Darcy, o subcontinente latino-americano contava com cerca de 150 universidades e aproximadamente 500 estabelecimentos autônomos de ensino superior, frequentados por cerca de 600 mil estudantes. "O Estados Unidos contavam, então, com 205 universidades e com 1.800 estabelecimentos de ensino de terceiro nível com um total de 3.610.000 estudantes". Feitas as comparações, em 1960, o Brasil, com a população de 70 milhões de habitantes, apresentava 100 mil estudantes matriculados no ensino superior, enquanto os Estados Unidos já contavam com 240 mil no início do século XX.[58] Ou seja, sessenta anos antes!

---

[57] Cf. Maria Hermínia Tavares de Almeida, "Dilemas da institucionalização", cit., p. 197. Ver também Darcy Ribeiro, "Tentativas de renovação", cap. III, em *Universidade necessária*, Rio de Janeiro, Paz e Terra, 1969, pp. 118-9, especialmente.

[58] Darcy Ribeiro, *Universidade necessária*, cit., pp. 76-7.

A raiz do problema da formação de quadros dirigentes para gerir um Estado-nação moderno encontra-se naquele período decisivo, em que a instauração de um regime republicano, ao mesmo tempo em que ocorria a abolição da escravatura, a imigração em massa e a urbanização abriam novos horizontes para a "nacionalidade". A temática da renovação, da modernização e da atualização das elites e da sociedade passava a ser discutida com maior intensidade.

Expressão política desses setores médios emergentes, os *Tenentes*, jovens oficiais inconformados com o atraso do país, fariam sentir sua presença nos movimentos de 1922, 1924, 1926, 1930 e 1935. Reformistas, eram antioligárquicos e, a seu modo, modernizadores. Como examinaremos em outro capítulo, o seu setor mais radical tornou-se revolucionário, aderindo à III Internacional Comunista, sob a liderança de Luís Carlos Prestes.

Uma república para poucos: coronelismo, apatia e voto

> "Aí, nesses caixotins humanos [dos subúrbios], é que se encontra a fauna menos observada da nossa vida, sobre a qual a miséria paira com um rigor londrino. Não se podem imaginar profissões mais tristes e mais inopinadas da gente que habita tais caixinhas. Além dos serventes de repartições, contínuos de escritórios, podemos deparar velhas fabricantes de rendas de bilros, compradores de garrafas vazias, castradores de gatos, cães e galos, mandingueiros, catadores de ervas medicinais, enfim, uma variedade de profissões miseráveis que as nossas pequena e grande burguesias não podem advinhar."
>
> Lima Barreto[59]

> "Além de ser inútil, votar era muito perigoso. Desde o Império, as eleições na capital eram marcadas pela presença dos capoeiras, contratados pelos candidatos para garantir os resultados."
>
> José Murilo de Carvalho[60]

[59] Lima Barreto, *Triste fim de Policarpo Quaresma*, São Paulo, Abril Cultural, 1984, p. 107.

[60] José Murilo de Carvalho, *Os bestializados: o Rio de Janeiro e a República que não foi*, cit., p. 87.

O crescimento dos setores médios não modificara substancialmente a situação do restante da sociedade. A grande maioria da população brasileira ainda vivia no campo, nas fazendas ou nos sertões, era analfabeta e desnutrida, sofrendo as mesmas violências dos períodos anteriores, sem participar da vida política do país.

A Primeira República pretendia ser uma democracia. Como se viu, uma democracia em que apenas 6% da população votavam. Em realidade, era uma "democracia dos mais iguais", de oligarquias que disputavam entre si o controle do governo, da política, dos empregos públicos. Como a mudança de regime político não alterou a situação da grande maioria da população, as expectativas não cumpridas foram logo cobradas pelos diversos setores da sociedade, em vários pontos do país.

A violência dos costumes políticos trouxe um tipo peculiar de banditismo para a vida pública: os capoeiras. É bem verdade que a República combateu os capoeiras, mas o uso de capangas nas disputas pelos votos aumentou. Como analisou José Murilo de Carvalho em seu livro *Os bestializados*, o escritor Lima Barreto indicou em *Os Bruzundangas* (1917) que, às vésperas de eleição, a cidade do Rio de Janeiro (na ficção, Bosomsy) parecia pronta para uma batalha. O historiador também cita o romance *Numa e a ninfa* (1915):

> "Conhecidos assassinos desfilavam em carros pelas ruas ao lado dos candidatos. Em *Numa e a ninfa*, referindo-se certamente a fato verídico, [Lima Barreto] menciona determinado coronel da Guarda Nacional que incluía entre os preparativos para as eleições a contratação de um médico para atendimento aos possíveis feridos, que seriam, sem dúvida, vítimas de seus próprios capangas. As eleições eram decididas por bandos que atuavam em determinados pontos da cidade e alugavam seus serviços aos políticos. [...] além de ser mínima a participação eleitoral, o processo era totalmente deturpado. Ironicamente, eram em geral elementos provenientes da população pobre que se prestavam à tarefa de ganhar as eleições a todo o custo. [...] O exercício da cidadania política tornava-se assim caricatura. O cidadão republicano era o marginal mancomunado com os políticos; os verdadeiros cidadãos mantinham-se afastados da participação do governo da cidade e do país. Os representantes do povo não representavam ninguém, os

representados não existiam, o ato de votar era uma operação de capangagem."[61]

Semana de Arte Moderna: o "anticapitalismo" da elite

> "Está fundado o Desvairismo. [...] O passado é lição para se meditar, não para reproduzir [...]. E não quero discípulos. Em arte: escola = imbecilidade de muitos para vaidade de um só."
>
> Mário de Andrade, 1921[62]

A República não lograra atualizar-se ou "modernizar-se" no mesmo diapasão de outros Estados-nação — como Inglaterra, França, Alemanha e Estados Unidos —, onde o capitalismo e os movimentos sociais construíram novos valores sociais, políticos e estéticos. A medíocre vida político-institucional e cultural era objeto de chacotas pesadas, como se constata em periódicos da época. Em quase todas as regiões do país, a sensação de atraso atingia alguns membros das elites, para quem a superação desse descompasso, a reforma, impunha-se em todos os níveis, até no das artes e da literatura.

Nesse clima de reformas e revisões, fez-se a Semana de Arte Moderna, em São Paulo. Para alguns historiadores, a Semana de 22 não passou de uma festa de jovens "bem-nascidos" no bojo da oligarquia.

Nada obstante, no fim do século XIX, aprofundara-se a discussão sobre a identidade nacional, problemática enfrentada por personalidades que expressavam radicalmente suas visões de mundo, como Euclides da Cunha e Lima Barreto.

Na Semana de 22, as questões do nacionalismo cultural e da identidade do Brasil voltavam à ordem do dia. Sucediam-se os manifestos e reuniões de intelectuais preocupados com a atualização do país. Poucos anos depois, em 1925, Carlos Drummond pontuará a temática "brasileira", ao comentar *cum grano salis* o nacionalismo de Oswald de Andrade: "A grande tolice do amigo Oswald de Andrade é imaginar que descobriu o Brasil.

---

[61] José Murilo de Carvalho, *Os bestializados: o Rio de Janeiro e a República que não foi*, cit., pp. 87-9.

[62] Mário de Andrade, "Prefácio interessantíssimo", *Pauliceia desvairada*, São Paulo, Casa Mayença, 1922, pp. 7, 35, 39.

Absolutamente não descobriu tal. O que fez foi descobrir-se a si mesmo. Verificou que era brasileiro, achou graça na história e acabou levando a sério a ideia de pátria".

A Semana de 22 marca, assim, um *tournant* na vida histórico-cultural do país. Dela derivaram quase todas produções em que se procurava desvendar o sentido de nossa "modernidade"; e dar conta de nosso "atraso". Disse quase todas, mas nem todas diretamente: haja vista os estudos precursores de Gilberto Freyre, *Casa-grande & senzala* e *Sobrados & mocambos*, no Recife, na abertura dos anos 1930. Já obras como *Macunaíma*, de Mário de Andrade, a poesia inteira de Murilo Mendes e de Carlos Drummond de Andrade, a crítica de Sérgio Milliet, o movimento da Antropofagia, liderado por Oswald de Andrade, as pinturas de Tarsila do Amaral e Anita Malfatti, as pesquisas e produções musicais de Villa-Lobos, entretanto, todas se vinculam à fermentação de ideias e experiências estimuladas pela Semana.

Vistos em conjunto, os "bem-nascidos" talvez pudessem, sem exceção, ser designados como *anticapitalistas de elite*. Em "Ode ao burguês", o genial Mário de Andrade marcou posição:

> "Eu insulto o burguês! O burguês-níquel,
> o burguês-burguês!
> A digestão bem feita de São Paulo!
> O homem-curva! O homem-nádegas!
> O homem que sendo francês, brasileiro, italiano,
> é sempre um cauteloso pouco-a-pouco!
>
> Eu insulto as aristocracias cautelosas! [...]
> Fora os que algarismam os amanhãs!"[63]

Mais tarde, no fim da vida, uma frase, amarga e mais crítica, que poderia servir de epitáfio para seu grupo-geração: "Meu aristocracismo me puniu".[64]

---

[63] Mário de Andrade, "Ode ao burguês", em *Poesias completas*, Rio de Janeiro, Martins, 1972, pp. 37-8.

[64] "Elegia de Abril", conferência no Itamaraty em 30 de abril de 1942. Ver Carlos Guilherme Mota, *Ideologia da cultura brasileira (1933-1974)*, cap. 2, "O 'quinto ato conclusivo': *Testamento de uma geração* (1944)", 3ª ed., São Paulo, Editora 34, 2008, pp. 123-48.

Epitáfio que poderia servir, também, às elites do país que, passado bem mais de meio século da Semana de 22, e mais de um século da Proclamação da República, ignoram os efeitos de seu próprio "aristocracismo": violência urbana, baixíssimos índices nas esferas da educação, da saúde, do saneamento básico, da habitação.

Elites irresponsáveis que, praticantes da secular política morna da Conciliação, datada do século XIX, assistem na televisão à persistente condição periférica do país.

24

Contra a República Oligárquica:
movimentos sociais e contestações dos Tenentes

> "Aquela campanha [contra Canudos] lembra um refluxo para o passado. E foi, na significação integral da palavra, um crime. Denunciemo-lo."
>
> Euclides da Cunha, 1901[1]

> "Não nos enganemos. Somos governados por uma minoria que, proprietária das fazendas e latifúndios e senhora dos meios de produção e apoiada nos imperialismos estrangeiros que nos exploram e dividem, só será dominada pela verdadeira insurreição generalizada, pelo levantamento consciente das nossas populações nos sertões e nas cidades."
>
> Luís Carlos Prestes, 1930[2]

Não demorou muito para que a mudança de regime político ocorrida em 1889 frustrasse as expectativas de vários setores da sociedade. Uns defendiam a volta da monarquia; outros protestavam abertamente contra os métodos autoritários e exclusivistas do novo regime republicano. De todo modo, o regime viu-se obrigado a enfrentar movimentos dos "desclassificados", dos condenados da terra, dos "desenraizados", dos "bárbaros", dos cangaceiros e, mais tarde, também de dissidências dos excluídos do processo político, que colocaram em xeque a estabilidade institucional.

O protesto contra as desigualdades vinha tanto do fundão dos sertões como das cidades. A República Oligárquica utilizou os mais modernos equi-

---

[1] Euclides da Cunha, "Nota preliminar", *Os sertões*, São Paulo, Francisco Alves, 1957, 25ª ed., p. 6.

[2] Luís Carlos Prestes, "Manifesto de Maio (1930)" [rompendo com o Tenentismo], *apud* Edgard Carone, *O Tenentismo: acontecimentos, personagens, programas*, São Paulo, Difel, 1975, p. 348.

pamentos bélicos da época para reprimir esses movimentos, desencadeando, em alguns casos, campanhas "nacionais" contra os revoltosos, acusados de inimigos da República.

Como a mudança de regime não estendeu a cidadania à grande maioria da população, o resultado dessa política de exclusão fez-se sentir de imediato. A boa vontade dos políticos republicanos e positivistas não bastava para transformar a crescente massa de *desclassificados* em cidadãos.

O período foi marcado por guerras internas, como a de Canudos, mas também por dissidências nas classes dominantes. Revoltas — como as dos Tenentes em 1922, 1924, 1926 e 1930 — e levantes — como o dos comunistas já em 1935 — indicam que, com a industrialização e a urbanização, as lutas de classes aprofundaram-se, adquirindo novas características nas cidades. Examinemos mais de perto esses movimentos de reação à República Oligárquica.

A Guerra de Canudos (1893-1897)

> "A velha sociedade não teve energia para transformar a revolta feliz numa revolução fecunda."
>
> Euclides da Cunha[3]

Como vimos em capítulos anteriores, o Nordeste experimentou um longo período de decadência econômica durante a segunda metade do século XIX. O principal motivo a provocar tal decadência foi a queda do preço do açúcar no mercado internacional. No agreste e na zona da mata nordestinos, além da crise na produção do açúcar, os produtos do sertão, o gado e seus derivados ficaram sem seu mercado tradicional. O charque e os couros do Rio Grande do Sul tomaram o lugar dos produtos do Nordeste.

---

[3] "Em trecho de *Os sertões*, que não foi incluído na versão [final] do livro, Euclides da Cunha observou que o novo regime fora incapaz de romper com o passado. 'A república poderia ser a regeneração. Não o foi [...] a velha sociedade não teve energia para transformar a revolta feliz numa revolução fecunda'." Cf. Roberto Ventura, "Um Brasil mestiço: raça e cultura na passagem da Monarquia à República", em Carlos Guilherme Mota (org.), *Viagem incompleta (1500-2000): a experiência brasileira*, vol. 1, *Formação: histórias*, São Paulo, Editora Senac, 2000, p. 351.

Os engenhos faliram. Foram reduzindo-se as grandes fazendas de gado, que antes ocupavam o sertão. A população nordestina passou a dedicar-se à produção de gêneros estritamente necessários para a subsistência.

Na segunda metade do século XIX, a Guerra Civil norte-americana (1861-1865) estimulou a produção local de algodão. No Brasil, nesse período, foram construídas algumas estradas de ferro; e a navegação a vapor chegou aos portos do Norte e Nordeste. Com o fim da guerra nos Estados Unidos, a produção de algodão do Nordeste brasileiro teve de enfrentar a concorrência do algodão proveniente daquele país.

Além disso, por causa das fortes secas de 1877 e anos seguintes, agravou-se a crise econômica, pois, durante esses períodos, o sertão transformava-se num imenso deserto, e os sertanejos deixavam suas terras em busca de água. Quase sempre não voltavam mais.

Aos poucos, os trabalhadores nordestinos foram atraídos para as regiões produtoras de café no Centro-Sul, para os seringais da Amazônia e para as plantações de cacau no sul da Bahia. No fim do século XIX, os principais produtos de exportação do Brasil eram o café e a borracha.

Grande parte da população nordestina engrossou o fluxo migratório, e tal onda de migrações do Nordeste para outras regiões do Brasil afetou a estrutura de poder no sertão. O *coronel* viu esvaziada sua "clientela", pois grande parte de seus eleitores e apadrinhados migraram para outros lugares. Ao mesmo tempo, os sertanejos que permaneceram e resistiram à seca ficaram à mercê de bandos de cangaceiros armados. Outros, formaram ajuntamentos de cunho religioso, como o de Antônio Conselheiro, na Bahia.

Na segunda metade do século XIX, a Igreja também passaria por uma série de transformações. O movimento interno da Igreja tinha como objetivo "purificar" a fé, eliminando vestígios da maçonaria e procurando deter os avanços do positivismo, do protestantismo, do judaísmo e de outras práticas religiosas intoleradas.

No Nordeste, a reforma teve como resultado maior aproximação entre a Igreja e a população. Assistiu-se, então, a um reavivamento dos nexos político-espirituais entre a população leiga e os clérigos. No sertão, surgiram pessoas que se dedicavam a realizar obras de caridade — *beatos* e *beatas* —, reconstruindo capelas, cemitérios, e construindo açudes para amenizar os efeitos da seca.

O beato Antônio Conselheiro e a sua "outra gente"

O Conselheiro realizava esse tipo de atividade no sertão. Embora não fosse membro da Igreja, dedicava-se à realização de obras de caridade para a população mais pobre. E a Igreja, sem quadros suficientes, permitia que os beatos pregassem para os sertanejos.

A fama de Antônio Conselheiro espalhou-se pelo sertão, envolvendo pessoas que o seguiam e auxiliavam-no a realizar essas obras. Com o advento da República, a situação mudou: Antônio Conselheiro voltou-se contra a separação entre Igreja e Estado e contra a intromissão do Estado em assuntos como o casamento e o sepultamento, considerados "de religião".[4]

Em 1893, o beato promoveu a queima de editais republicanos na localidade de Bom Conselho, no sertão da Bahia. As autoridades republicanas enviaram uma pequena tropa para prendê-lo, mas o Conselheiro refugiou-se em Canudos, numa fazenda de gado abandonada, próxima a uma curva do rio Vaza-Barris.

Aos poucos, seguidores seus começaram a chegar ao arraial de Canudos: mais de 30 mil pessoas instalaram-se, foram construindo igrejas e casas. Entregavam tudo que possuíam para o Conselheiro: a propriedade tornou-se coletiva.

As autoridades republicanas estaduais não sabiam o que fazer com o ajuntamento de "fanáticos" reunidos em Canudos. A Igreja, vendo que o movimento escapava de seu controle, enviou dois frades para realizar uma "santa missão". O real objetivo dos frades, todavia, era dispersar a população do arraial. Mas o Conselheiro contava com a proteção de jagunços e,

---

[4] Além da excelente tradução de *Os sertões: campanha de Canudos*, efetuada por Berthold Zilly para a língua alemã, consultem-se os estudos percucientes de Marco Antônio Villa, Roberto Ventura e sobretudo de Walnice Nogueira Galvão. Desta última, veja-se também (em colaboração com Oswaldo Galotti), *Correspondência de Euclides*, São Paulo, Edusp, 1997; *Desconversa: ensaios críticos*, Rio de Janeiro, Editora UFRJ, 1998; e a excelente coletânea *Euclides da Cunha*, por ela organizada para a coleção Grandes Cientistas Sociais, coordenada por Florestan Fernandes, São Paulo, Ática, 1984. Mesmo não sendo obra recente, mencione-se, ainda, a tradução da obra para a língua inglesa, feita por Samuel Putnam, *Rebellion in the Backlands*, Chicago, Chicago University Press, 1944, com uma brilhante introdução. A respeito dos "desertos mentais do Brasil", denunciados por Euclides em sua correspondência pessoal, ver o oportuno artigo de Daniel Piza, "Tristes trópicos", na revista *República*, ano 1, n° 3, São Paulo, jan. 1997, pp. 79-81.

além disso, segundo pregava, Canudos era o lugar daqueles que procuravam a salvação. O resto do país estava "contaminado" pela República.

Na capital da República, falava-se abertamente em uma conspiração monarquista para derrubar o regime republicano. Quando as notícias sobre Canudos chegaram até o Rio de Janeiro, a primeira reação, das autoridades e da população, foi afirmar que o arraial do Conselheiro era o centro da conspiração monarquista. Os seus seguidores "eram muito perigosos" e ameaçavam a estabilidade do novo regime. Era necessário destruir Canudos.

As expedições contra Canudos

Em 1896, o governo estadual resolveu atacar Canudos. As autoridades baianas enviaram uma tropa de cem praças para dispersar os seguidores do Conselheiro, mas a expedição foi um fracasso. Cercada por mais de mil jagunços, foi dispersada antes mesmo de chegar ao Arraial. Os relatórios e os boatos sobre o confronto eram cada vez mais aterradores, repercutindo no Rio, nas capitais das províncias, nas redações de jornais, na rua do Ouvidor, em repartições públicas, restaurantes, livrarias e nos ministérios, onde ainda reinava a incredulidade, a autoconfiança tranquila e ingênua, pois, para eles, tratava-se de mais um episódio a ser abafado pelas forças da ordem, como ocorrera ao longo do Império (e, depois — como se veria).

Sobre esta Primeira Expedição, em seu *Diário*, Euclides registra o "combate de Uauá, heroicamente sustentado pela primeira expedição do tenente Pires Ferreira".[5] E o relatório do tenente Pires Ferreira, comandante da I Expedição contra Canudos, datado do Quartel da Palma, na Bahia, 10 de dezembro de 1896, assustava, ao denunciar atrocidades — os soldados sendo mortos a golpes de facão, e o estado lamentável das tropas legalistas:

> "O fardamento dos soldados que compuseram a força de meu comando ficou bastante estragado, em estado mesmo de não poder

---

[5] Euclides da Cunha, *Diário de uma expedição*, em Juan C. P. de Andrade (org.), *Vida e obra de Euclides da Cunha*, site com a obra completa de Euclides da Cunha em meio eletrônico (http://www.euclides.site.br.com). Acesso em: 22/2/2008. Digitalizado de Euclides da Cunha, "Fragmentos e relíquias", em *Obra completa*, Afrânio Coutinho (org.), vol. 1, Rio de Janeiro, Nova Aguilar, 1995, 2ª ed., pp. 585-691. Cotejado com a edição organizada por Walnice Nogueira Galvão, São Paulo, Companhia das Letras, 2000 (Retratos do Brasil, 18).

continuar a servir, devida a ação dos raios solares, da chuva e da poeira. E ainda do uso constante que dele fizeram, por necessidade, pois que não só marchavam, como dormiam com ele à noite, sobre o solo nu e barrento das estradas, pela falta de barracas; e também pela necessidade de conservar-se a força sempre em armas em sítios cuja topografia nos era desconhecida, e onde não podíamos fiar em informações adrede preparadas, com o título de nos iludir. Muitos praças [soldados rasos] tiveram ainda algumas peças de seu uniforme perdidas e ou completamente inutilizadas [...], rasgadas pelos galhos de árvores e espinhos das picadas, estradas etc. Alguns perderam na marcha as gravatas de couro, outros tiveram nos combates os gorros e capotes crivados de balas ou cutilados a facão, em farrapos e ensanguentados. Ainda outros perderam os gorros, levados pelas balas. O calçado, incapaz de resistir a uma marcha tão longa, e por tão maus caminhos, estragou-se, ficando um grande número de praças descalços."[6]

O relatório do tenente comandante da primeira — e fracassada — das quatro expedições contra o arraial de Canudos, a base do líder messiânico Antônio Conselheiro, sintetiza todo o drama vivido no Brasil naquele início de República. Explicitava-se aí o conflito de civilizações, de mentalidades, o colapso de valores de uma civilização, de modelos e até de figurinos.

A partir desse momento, o governo federal, atemorizado, tomou a iniciativa de organizar expedições militares para destruir Canudos. A segunda expedição contra o aldeamento contava com mais de quinhentos praças, armados com equipamentos bélicos modernos: nada menos que dois canhões Krupp (alemães) e duas metralhadoras. Mas a expedição foi repelida em janeiro de 1897. Agravara-se a situação, e, nos principais centros urbanos, a opinião pública pôs-se alerta.

A terceira expedição, sob o comando do coronel Moreira César, contava com quase 1.300 combatentes, armados com baionetas e canhões. Em

---

[6] Nos arquivos dos autores há uma cópia deste relatório, da qual não consta a fonte. Embora desse modo não configure documento, trata-se de texto que dá ideia da precariedade e rusticidade das tropas, e da avaliação equivocada que, no início, o governo fazia de Canudos. Os autores agradecem, de antemão, qualquer informação que restaure a fonte.

março de 1897, a expedição de Moreira César foi dispersada, deixando farto carregamento de armas e munição para os jagunços.

A quarta expedição reuniu forças militares de todos os destacamentos do país. Dela participaram mais de 2.300 soldados portando armas modernas.

Incumbido, pelo jornal *O Estado de S. Paulo*, de fazer uma série de reportagens sobre o conflito, Euclides da Cunha, em *Os sertões* (1902), escreveu páginas memoráveis, que se transformaram na obra-prima da literatura brasileira pré-modernista. Segundo ele, havia "discordância absoluta e radical entre as cidades da costa e as malocas de telha do interior, que desequilibra tanto o ritmo de nosso desenvolvimento evolutivo e perturba deploravelmente a unidade nacional".[7]

Os soldados republicanos, convocados para uma guerra com um povo que não conheciam, "viam-se em terra estranha". Prossegue Euclides:

> "Outros hábitos. Outros quadros. Outra gente. Outra língua mesmo, articulada em gíria original e pinturesca. Invadia-os o sentimento exato de seguirem para uma guerra externa. Sentiam-se fora do Brasil. A separação social completa dilatava a distância geográfica; criava a sensação nostálgica do longo afastamento da pátria."[8]

O grande escritor explicitou o conflito vivido por esses jovens oficiais e soldados, que não tinham noção do que faziam naquela campanha militar fratricida:

> "Além disto, a missão que ali os conduzia frisava, mais fundo, o antagonismo. O inimigo lá estava, para leste e para o norte, homiziado nos sem-fins das chapadas, e no extremo delas ao longe, se desenrolava um drama formidável... Convinha-se em que era terrivelmente paradoxal uma pátria que os filhos procuravam armados até os dentes, em som de guerra, despedaçando as suas entranhas a disparos de Krupps, desconhecendo-a de todo, nunca a tendo visto, surpreendidos ante a própria forma da terra árida,

---

[7] Euclides da Cunha, *Os sertões*, São Paulo, Francisco Alves, 1957, 25ª ed., p. 461.

[8] *Ibidem*.

e revolta, e brutal, esvurmando espinheiros, tumultuando em pedregais, esboroando em montanhas derruídas, escancelada em grotões, ondeando em tabuleiros secos, estirando-se em planuras nuas, de estepes..."[9]

Após três meses de lutas contra os jagunços do Conselheiro, as tropas do governo conseguiram tomar Canudos. Seus seguidores não se renderam: resistiram até o fim. A República estava salva...

A Guerra do Contestado (outubro de 1912-agosto de 1916)

Em 1912, a região que fica entre os estados do Paraná (municípios de Palmas, União da Vitória, Três Barras, Timbó, Itaiópolis e Rio Negro, na época) e Santa Catarina (municípios de Canoinhas, Campos Novos, Curitibanos e Lages, na época) foi ocupada por membros de um movimento religioso semelhante ao de Antônio Conselheiro. Também aqui os fiéis acreditavam ser aquele o lugar da salvação: todos os que não participassem do movimento não alcançariam o perdão divino.[10]

A região estava sendo disputada judicialmente entre os dois estados: daí o nome de Contestado. No início do século, agricultores posseiros ocupavam a região e pretendiam a regularização de suas terras. Mas foram expulsos do local pela construção de uma linha de estrada de ferro. Além disso, madeireiras pretendiam instalar-se na região, rica em erva-mate e madeira.

Há algum tempo, tinham surgido aí vários movimentos messiânicos, liderados por "monges" (também apelidados de beatos ou profetas). Tais movimentos apresentavam características comuns: os fiéis julgavam que o fim do mundo estava próximo, e a adesão ao movimento ajudava a salvar a

---

[9] *Ibidem.*

[10] Obra clássica sobre este movimento foi escrita por Duglas Teixeira Monteiro, *Os errantes do novo século: um estudo sobre o surto milenarista do Contestado*, São Paulo, Duas Cidades, 1974. Ver também os excelentes estudos de Jean-Claude Bernardet, *Guerra camponesa no Contestado*, São Paulo, Global, 1979; Maria Isaura P. de Queiroz, *A guerra santa no Brasil: o movimento messiânico no Contestado*, São Paulo, Brasiliense, 1980; e Maurício Vinhas de Queirós, *Messianismo e conflito social: guerra santa no Contestado (1912-1916)*, Rio de Janeiro, Civilização Brasileira, 1966.

alma da pessoa. Acreditavam que, após uma "guerra santa", um novo reino surgiria. Tal reino, nesses movimentos, geralmente seria governado por D. Sebastião, o rei português morto na batalha de Alcácer-Quibir, no Marrocos, em 1578, que voltaria ressurgido.

Durante a comemoração dos festejos de São Bom Jesus, os caboclos e posseiros da região reuniram-se em Taquaruçu. No fim da festa, continuaram lá, para ouvir o monge José Maria de Santo Agostinho (o terceiro milagreiro que se dizia chamar José Maria a aparecer na região depois de 1870), que havia comparecido acompanhado de algumas centenas de seguidores; e não foram mais embora. Coronéis da região, que haviam perdido poder devido ao avanço da estrada de ferro e das indústrias de extração de madeira e erva--mate (e principalmente um cuja esposa teria sido "curada" pelo beato), deram guarida à comunidade de fiéis, que logo foi considerada movimento. Daí até adversários políticos desses coronéis passarem a considerar que o movimento era subversivo e monarquista foi um passo. A repressão não demorou a chegar: os fiéis foram dispersados.

Apesar disso, o grupo seguiu o monge até Irani (hoje Concórdia), centro das disputas de terras entre os dois estados. As autoridades paranaenses acreditavam que o movimento era insuflado pelo governo de Santa Catarina, visando à ocupação das terras. Em pouco tempo, as tropas do governo do Paraná se encarregaram de reprimir os fiéis. Durante os combates, o monge José Maria foi morto.

Os seguidores novamente se reuniram em Taquaruçu. A partir de então, os fiéis acreditavam que o monge voltaria com um grande exército, para ajudá-los a derrotar as forças enviadas pelas autoridades. Estas, prepararam um novo ataque: dessa vez o exército, a força pública de Santa Catarina e vaqueanos — jagunços a mando dos coronéis locais — participaram. O ataque começou em fins de 1913.

Vieram tropas armadas com canhões e outras armas modernas.[11] Os fiéis enfrentaram-nas, com muitas baixas entre eles. Os sobreviventes mais uma vez se reagruparam e começaram a saquear as fazendas vizinhas, rou-

---

[11] O Exército chegou a tentar o uso de avião para reconhecimento aéreo, por sugestão do tenente Ricardo Kirk, que estudara na França. O tenente morreu em 1914, no Contestado, em missão de reconhecimento das posições "inimigas", na queda de seu avião durante tentativa de pouso forçado por causa do mau tempo. Ver Frank D. McCann, *Soldiers of the Patria: a History of the Brazilian Army (1989-1937)*, Stanford, Stanford University Press, 2004.

bando gado para se sustentar. Chegaram a incendiar uma estação da Brazil Railway e uma serraria.

Próximo ao final de 1915, o movimento dos seguidores do monge José Maria foi esmagado por mais de 6 mil soldados do Exército e da polícia de Santa Catarina. Em agosto de 1916, o último líder dos fiéis, Deodato Manuel Ramos (Adeodato), caiu prisioneiro das forças oficiais.

A Revolta da Vacina (1904)

> "Além dos mortos, a principal vítima foi Osvaldo Cruz, que passou a ouvir, ressabiado, vaias estrondosas por onde passasse. O povo não lutava contra a vacina, lutava contra o desalojamento. Centenas de presos da revolta da vacina são deportados para o Acre, prática que daí por diante se torna habitual."
>
> Darcy Ribeiro[12]

Os destituídos de Canudos e do Contestado estavam em meios rurais, distantes do centro do poder. Mas, nesse ínterim, em meio urbano praticamente equidistante no espaço — e no tempo —, a cidade do Rio de Janeiro, capital da República, foi palco de uma das mais violentas manifestações contra o regime republicano. Em novembro de 1904, a população do Rio iniciou um protesto acirrado, que durou vários dias. A maioria dos habitantes protestava contra a vacina obrigatória.

Na última década do século XIX, o Rio de Janeiro havia passado por várias transformações. O fim oficial da escravidão provocou aumento do número de pessoas subempregadas e desempregadas. Houve êxodo de ex-escravos das fazendas de café fluminenses para a capital. E, durante esse período, a imigração estrangeira, principalmente de portugueses, aumentou muito.

Entre 1872 e 1890, a população da capital dobrou. Dela, mais da metade era formada por destituídos sem atividade fixa, que passaram a ser chamados de "classes perigosas".

---

[12] Ver 1904, ano da Vacina, verbete 82, em Darcy Ribeiro, *Aos trancos e barrancos: como o Brasil deu no que deu*, Rio de Janeiro, Guanabara, 1985, s.p.

Por causa do aumento repentino de sua população, a cidade enfrentava problemas: faltavam, principalmente, casas para abrigar tantas pessoas, e havia deficiência de abastecimento de água, de saneamento e de higiene. Em 1891, ocorreram surtos de epidemias de varíola e de febre amarela. Além disso, a tuberculose e a malária eram doenças frequentes. O Rio de Janeiro tornou-se uma cidade insalubre, onde era perigoso viver.

Reforma urbana e a vacinação. Nossa *belle époque*

No início do século XX, começou a reforma da cidade. Muitos bairros populares e cortiços foram atingidos pelo "bota-abaixo". Como analisou José Murilo de Carvalho:

> "Abriu-se espaço para o mundo elegante que anteriormente se limitava aos bairros chiques, como Botafogo, e se espremia na rua do Ouvidor. O *footing* passou a ser feito nos 33 metros de largura da avenida Central, quando não se preferia um passeio de carro pela avenida Beira-Mar."[13]

Sobre a elite da *belle époque*, envergonhada do Brasil, escreveu o historiador:

> "No Rio reformado circulava o mundo *belle époque* fascinado com a Europa, envergonhado do Brasil, em particular do Brasil pobre, do Brasil negro e dos imigrantes. Era o mundo do barão do Rio Branco, ministro das Relações Exteriores do presidente que promoveu as reformas. O mesmo barão, que na juventude tinha sido capoeira e que agora se esforçava em oferecer à visão do estrangeiro um Brasil branco, europeizado, civilizado."[14]

A reforma do prefeito Pereira Passos não agradou a população mais pobre da cidade, que se espremeu ainda mais nos cortiços que restaram,

---

[13] José Murilo de Carvalho, *Os bestializados: o Rio de Janeiro e a República que não foi*, São Paulo, Companhia das Letras, 1989, p. 40.

[14] *Ibid.*, p. 41.

subiu os morros ou teve de deslocar-se para os subúrbios. Suas casas foram desapropriadas e demolidas.

Enquanto isso, Osvaldo Cruz, o diretor do Serviço de Saúde do Rio de Janeiro, iniciou uma campanha para combater a febre amarela e a peste bubônica. O trabalho das brigadas de sanitaristas começou em 1903, desinfetando casas e interditando as habitações mais pobres, "sem condições" de higiene. Em meio a esse clima de insatisfação popular, o governo iniciou a campanha pela implantação da vacina obrigatória contra a varíola.

A REVOLTA

A revolta contra a vacina começou no Congresso Nacional. A imprensa logo aderiu aos protestos. Os positivistas eram contrários à intromissão dos médicos e sanitaristas na saúde pública, campo reservado ao poder espiritual. Associações de operários e militares enviaram abaixo-assinados para a imprensa local.

Os tumultos de rua começaram em novembro de 1904, e duraram vários dias. O inimigo não era a vacina: era o governo, que invadia os lares sem consultar os habitantes. A revolta contou com a participação de quase todos os segmentos da população: operários, comerciantes, estudantes, militares, pivetes e membros das chamadas "classes perigosas". Estes últimos eram os *desclassificados*, que formavam a maioria da população da cidade.

Durante a revolta contra a vacina, foram depredados muitos edifícios públicos. Operários da indústria têxtil depredaram fábricas. Oficiais militares aderiram ao movimento e tentaram utilizá-lo para derrubar o governo, que reagiu, reprimindo os revoltosos. No fim da revolta, o governo voltou atrás e suspendeu a vacinação.

Ficava patente a ambiguidade ideológico-cultural e política do país "urbano" nesse episódio. Em um país de analfabetos e semiescravos andando por ruas com esgotos a céu aberto, país em que o conhecimento científico e as inovações tecnológicas penetravam com extrema dificuldade, choca o leitor do século XXI a insensibilidade e impercepção dos Positivistas — que, em princípio, deveriam ser defensores da Ciência — bem como a mentalidade rústica do popular ouvido pelo repórter, contente em reagir à iniciativa governamental de caráter tão progressista para a época.

A *belle époque* brasileira foi também a fase em que se deu a "subida do morro" por setores da população pobre. Ou seja, a proliferação das favelas no Rio de Janeiro. Suprema ironia histórica: favela é o nome de um arbusto

(*Jatropha phyllacantha* Mart.), eivado de espinhos até nos frutos, que dava nome ao ponto mais alto do Monte Santo — o morro da Favela —, onde os militares que foram combater o beato Conselheiro na Bahia ajustavam a alça de mira de suas armas durante as batalhas...

Uma economia em crise

A proclamação da República trouxe mudanças na economia. O encilhamento provocou um aumento de circulação de moeda. No Estado do Rio, os cafeicultores precisavam de moeda para pagar os salários de seus trabalhadores. Um dos resultados dessa política econômica adotada pelo ministro da Fazenda Rui Barbosa foi a inflação galopante (para usarmos uma expressão daquele tempo).

Em uma história de sucessos, a política de Rui foi um retumbante fracasso, que o marcaria para sempre. Nos primeiros cinco anos da República, os preços aumentaram 300%. Enquanto isso, os salários aumentaram apenas 100%.

A população assalariada tornava-se cada vez mais pobre. Além disso, os trabalhadores brasileiros enfrentavam a concorrência dos imigrantes portugueses, aumentando a disputa pelos poucos empregos oferecidos e desencadeando movimentos contra esses imigrantes. Estes, por sua vez, controlavam grande parte do pequeno comércio e eram donos das casas de aluguel. Detinham 70% do capital financeiro comercial e imobiliário. Em 1890, os estrangeiros representavam 30% da população da cidade.

Em 1895, a queda do preço do café no mercado internacional agravou a situação econômica. Os que haviam sido excluídos do jogo político durante o Império tinham expectativas — com a proclamação do novo regime — de mudança e renovação política. Durante os primeiros anos da República, as agitações foram constantes, e o Rio de Janeiro presenciou a Revolta da Armada e as primeiras greves: ferroviários, marítimos, estivadores, cocheiros e condutores de bondes, todos lutavam por melhores condições.

Instabilidade política

Os clubes "jacobinos" (em que se reuniam nossos rústicos jacobinos, ideologicamente bastante distantes de seus homônimos da Revolução Francesa) e os batalhões patrióticos eram os principais responsáveis pelo clima de tensão política. Eles pressionavam o governo a adotar reformas que beneficiassem os setores populares da cidade do Rio de Janeiro, mas o governo respondia com repressão. Os *capoeiras* (gente pobre do lumpesinato urbano, que formava bandos organizados a mando de políticos) foram deportados para Fernando de Noronha. Os anarquistas estrangeiros, responsáveis pelas greves, também foram perseguidos e deportados.

Em pouco tempo, a população mais pobre se deu conta de que a República não podia nem pretendia satisfazer suas expectativas de mudanças. Esse setor da população, sobretudo os negros, não aderiu ao regime republicano. Por outro lado, o governo procurava estabilizar a situação política. Para tanto, precisava neutralizar as forças populares que agitavam a capital, articular as oligarquias em torno da ordem estabelecida, fortalecendo-as em seus estados, e respeitar sua força política regional, ainda que mantida por meios violentos, como em geral o faziam.

Para negociar a dívida externa com os banqueiros ingleses, o governo republicano precisava de paz interna. Em 1900, as oligarquias no poder formaram um grande partido de governo, com sustentação nas oligarquias estaduais: o Partido Republicano. Por meio dele, as mais poderosas do ponto de vista econômico governaram o país de acordo com seus interesses. Mais uma vez, a maioria da população viu-se excluída do jogo político.

As vozes de oposição ao regime republicano logo silenciaram ou foram silenciadas, ou absorvidas pelo sistema: os intelectuais descontentes receberam cargos no Ministério das Relações Exteriores, o Itamaraty; ao passo que os anarquistas e socialistas que resistiram às perseguições do governo viraram *pelegos*, ou seja, sindicalistas a serviço dos patrões. Os "jacobinos" foram eliminados da cena política.

No Rio de Janeiro, a participação popular se restringiu às colônias de imigrantes, às colônias étnicas e aos cortiços. A maioria da população só podia se expressar, limitadamente, por meio da imprensa.

O novo sistema mundial: EUA, URSS, Brasil...

Se recuarmos um pouco no tempo, notar-se-á que, na última década do século XIX, já vinha se desenhando uma nova ordem internacional. O sistema mundial de dependências sofrera profunda alteração, com a partilha afro-asiática, as duas grandes guerras mundiais e a revolução socialista na Rússia. Após a Primeira Guerra Mundial, o mapa-múndi era outro, totalmente diverso daquele de 1914, sobretudo com a desarticulação de grandes impérios.

Na América, os Estados Unidos despontavam como potência imperialista, provocando a redefinição das forças imperiais europeias presentes no subcontinente, já agora denominado latino-americano. A partir de 1895, o preço do café no mercado internacional começou a cair. A queda do preço estava ligada à superprodução. Para manter as cotações do café, os governos estaduais de São Paulo, Minas Gerais e Rio de Janeiro criaram mecanismos (formação — e queimas — de estoque, sobretudo) de valorização do café. Apesar disso, o Brasil não conseguiu manter-se distanciado das mudanças que se processavam na economia mundial.

No plano internacional, após a Primeira Guerra (1914-1918), a Inglaterra deixava de ser o centro da economia mundial. Com efeito, surgia uma nova potência, os Estados Unidos.

No bojo da Grande Guerra, a Revolução Russa inaugurou, em 1917, seu regime socialista. No Brasil, internamente, as oligarquias enfrentavam o descontentamento de vários setores da sociedade. Enquanto isso, o país se industrializava lentamente, aproveitando a mudança da conjuntura internacional e o isolamento provocado pelos conflitos mundiais.

Na década de 1920, os Tenentes, grupos de jovens reformistas, todos eles oficiais do exército, mostraram que a República Oligárquica estava longe de ser aquela de seus sonhos na Escola Militar, em 1889. Não havia autonomia, faltava cidadania.

A maioria dos produtos industrializados consumidos no Brasil era fabricada na Inglaterra, pois, até o início do século XX, o Brasil esteve atrelado à hegemonia inglesa, que não se limitava aos produtos manufaturados importados. Banqueiros e capitalistas ingleses realizavam investimentos nos setores de transportes e comunicações. Ajudavam a financiar o déficit da balança comercial e a produção de gêneros agrícolas destinados à exportação. A economia brasileira especializou-se na produção de produtos primários para o mercado externo.

Mas, conforme vimos em capítulos anteriores, a Inglaterra não comprava produtos primários exclusivamente do Brasil. No fim do século XIX, as potências industriais europeias lançaram-se à conquista de colônias na África e na Ásia, colônias essas que forneciam matérias-primas às metrópoles. Nessa medida, tais potências europeias não dependiam da produção dos países americanos. Mas a eclosão da Primeira Guerra Mundial modificaria a situação internacional.

Os Estados Unidos, potência industrial emergente, foram os grandes vitoriosos do conflito mundial. A decadência da Europa no pós-guerra tornou-se evidente: todos os países que dela participaram, os vencedores inclusive, estavam arruinados. Os Estados Unidos tornaram-se os grandes credores do mundo do primeiro pós-guerra: o centro da economia mundial transferiu-se para o continente americano.

Em 1919, a libra esterlina inglesa deixava de ser a principal moeda utilizada nas relações comerciais e financeiras entre os países.

NA VIRADA DO SÉCULO, AVANÇO DA INDÚSTRIA E MUDANÇA DE MENTALIDADE

No fim do século XIX, assistiu-se no Brasil à confluência de quatro processos históricos importantes:

— a propaganda abolicionista e abolição da escravatura (1888);

— a propaganda e instauração do regime republicano (1889);

— a surto de industrialização;

— a imigração; que ao fazer surgir uma *nova mentalidade* (a mais profunda consequência, diga-se), rompeu — ou quando menos, abalou — velhos padrões ideológico-culturais de matriz oligárquico-estamental.

A tais processos correspondeu, já nos quadros da Federação republicana, o reequacionamento do equilíbrio político nacional.

Embora cada um desses quatro processos histórico-sociais tivesse sua dimensão própria, eles interligavam-se, acarretando, como resultado geral, um significativo deslocamento de capitais e de mão de obra do campo para a cidade, provocando um novo tipo de urbanização. Esse acontecimento marca a entrada da cidade de São Paulo no século XX, preparando-a para a "modernidade" (tal como entendida na época).

Também associada à continuidade do fluxo imigratório, criou-se em São Paulo uma economia industrial que — se comparada à economia dominante anterior, a do café, e como ela foi administrada — tinha certa estabilidade. Mas ainda era preponderantemente agrícola e sujeita às crises do setor, sobretudo oscilações do mercado externo e de intempéries. Como denunciaria Paulo Pinto de Carvalho, meio século depois:

"A cultura extrativa da terra, que o lavrador se viu obrigado a praticar, não pode ser chamada de agricultura. Ela despovoa os campos e faz deles desertos. Não traz bem-estar nem oferece segurança de estabilidade. Isto mostra que o Brasil tem exportado o seu próprio patrimônio, o seu capital, a sua riqueza representada pela fertilidade da terra, em benefício de um pequeno número de intermediários. Explica-se assim a pobreza de nossa população rural e a prosperidade das cidades."[15]

Novos horizontes:
São Paulo afirma-se no cenário nacional

O que era a cidade de São Paulo nesse início de século XX? Guardando ainda traços da vila imperial, ela tornara-se centro de uma constelação urbana mais ampla, que incluía as cidades de Sorocaba, Campinas e Mogi das Cruzes. Era o núcleo da rede urbana, que se beneficiava de estradas de ferro e de rodagem com acesso ao porto de Santos. Além disso, constituía um mercado consumidor já populoso, diferenciado do resto do país, dotado de matérias-primas para indústrias básicas (como madeiras para móveis e construção), alimentos, tecidos, cerâmica e olarias. E a excelente localização geográfica para continuar a desempenhar o papel de centro comercial, de serviços e de agenciamento das relações internacionais, daquelas empresas com outros estados brasileiros e das regionais.

O tom da vida na velha urbe, agora renovada, era dado pela agitação na Bolsa de Valores (criada em 23 de agosto de 1890, por Emílio Rangel Pestana), a série de hotéis, lojas, farmácias, a Academia de Direito no largo de São Francisco, duas Escolas de Engenharia, e escolas secundárias, livrarias, jornais, confeitarias, restaurantes, a Santa Casa e hospitais, consultórios, prostíbulos de certo nível e escritórios de profissionais liberais, despachantes e serviços em geral (às vezes em ruas que se especializavam em tal ou qual ramo de atividade). Defronte à Catedral da Sé, no largo do Café e no largo do Paisandu, reuniam-se profissionais e artesãos (marceneiros, ferreiros, pintores, encanadores etc.) para troca de informações e contratação de possíveis trabalhos.[16]

---

[15] Paulo Pinto de Carvalho, *Aspectos de nossa economia rural*, São Paulo, Brasiliense, 1943, *apud* Richard M. Morse, *Formação histórica de São Paulo: de comunidade à metrópole*, São Paulo, Difusão Europeia do Livro, 1970, p. 231.

[16] Para compreenderem-se as mudanças urbanas ocorridas na São Paulo dessa época, ver o livro de Heloisa Barbuy, *A cidade-exposição: comércio e cosmopolitismo em*

Talvez tenha ocorrido fenômeno mais importante com o capital. Embora a origem de grande parcela dele tenha sido o café, são conhecidas as histórias de fortunas amealhadas por imigrantes que para cá trouxeram sua capacidade de trabalho e um "alto senso de negócios", em especial italianos, sírios, judeus e libaneses. No início muito modestos, no curto espaço de duas ou três gerações lograram construir impérios, atraindo com isso maiores contingentes, como na "febre do ouro". A imigração foi massiva, pois, entre 1908 e 1920, entraram pelo porto de Santos 190 mil imigrantes subvencionados, indo direto para as fazendas; e 340 mil não subvencionados, ou seja, espontâneos, 80% dos quais foram trabalhar na indústria, no comércio ou em estradas de ferro.

Muitos desses imigrantes supriram as deficiências de uma sociedade de passado escravista, servindo como técnicos, metalúrgicos e mecânicos, pois, nas escolas do Estado brasileiro, ainda não havia cursos de formação técnica e empresarial. Com as restrições à entrada de estrangeiros nos anos 1930, por conta da Segunda Guerra, a migração interna — sobretudo do Nordeste e de Minas — supriu a necessidade de mão de obra fabril e agrícola. E tal processo não pararia por aí: mais tarde, só a seca de 1952 trouxe do Nordeste para São Paulo cerca de 1.100 pessoas por dia.

Importante para o arranque industrial foi a construção de fontes de energia elétrica barata, sobretudo num país em que os combustíveis eram reduzidos e de baixa qualidade. São Paulo teve sua primeira iluminação elétrica estável em 1891, logo absorvida pela The São Paulo Railway, Light & Power Co. Ltd. (nome mais tarde mudado para The São Paulo Tramway, Light & Power Co. Ltd., para evitar confusões com a empresa da linha férrea; e, mais adiante, conhecida como a "popular" Light), canadense, que também foi incumbida dos sistemas de transporte da cidade. Logo seriam construídas uma represa e uma usina de força; e, também, um sistema de barragens para ampliar o potencial da região. A demanda no futuro vai

São Paulo (1860-1914), São Paulo, Edusp, 2006. No livro principal de Morse, já citado, *Formação histórica de São Paulo*, vejam-se os capítulos: "Expansão econômica e imigrantes", "Expansão física", "A nova configuração da vida" e o brilhante "O temperamento da metrópole". Para o período seguinte, o subcapítulo "São Paulo" (pp. 117-31), da obra de Claude Lévi-Strauss, *Tristes trópicos*, Lisboa, Portugália/Martins Fontes, s/d, na terceira parte ("O Novo Mundo"), constitui leitura fundamental para o leitor interessado em história das mentalidades.

tornar-se espantosa: em São Paulo, em 1953, a procura de energia elétrica, para cada residência, era maior que a de Chicago.

Na virada do século, surgiu um novo setor da sociedade que não pertencia à aristocracia rural ou urbana, mas tampouco era de proletários. Tratava-se de uma camada social intermediária, com frações sociais de várias origens, desde a pequena nobreza decadente, profissionais de vários ramos do comércio, funcionários de lojas, banqueteiros e cozinheiras para a alta sociedade, alfaiates, costureiras e chapeleiros, professores e assim por diante. Muitos deles, estrangeiros. Sobrados elegantes do centro da cidade iam sendo readaptados para receber essa espécie de "classe média", virando pensões que serviam a estudantes, normalistas, advogados, caixeiros, comerciantes, funcionários públicos, agentes de negócios e toda uma gama de profissionais urbanos.

A cidade assistia ao advento da "classe média", como se pode ler no *Diário Popular* de 12 de março de 1892:

> "A classe média está sendo absorvida pelo elemento estrangeiro, pela considerável massa dos que emigraram para aqui e tomaram conta de toda a pequena indústria, de todo o pequeno comércio, de toda a pequena propriedade e que [está] enriquecida porque trabalha em seu exclusivo proveito."[17]

Nesse comentário com sabor de antecipação, detecta-se o perfil de nossa história empresarial na primeira metade do século XX: a nova classe, operosa, trabalha muito e gasta pouco, amealha, capitaliza, poupa, não é consumista — e, além de tudo, vai dando vida às pequenas empresas industriais e comerciais. Essa, por assim dizer, vocação paulistana, será marca sociocultural que o tempo confirmará.

Com a industrialização, a vida paulistana adquiriu um novo sentido. Os homens de negócio, que já procuravam diferenciar-se dos "coronéis" do mundo rural, os trabalhadores politizados e uma classe média esclarecida viviam um clima que pode ser sintetizado numa frase colhida em documento do Departamento Estadual do Trabalho, à época da primeira crise industrial, em 1912:

---

[17] *Apud* Richard M. Morse, *Formação histórica de São Paulo: de comunidade à metrópole*, cit., p. 263.

Contra a República Oligárquica: movimentos sociais e contestações

"São Paulo é um foco, enfim, pronto para projetar, talvez em breve, uma corrente enérgica em todas as esferas da atividade."[18]

E, em 1914, em um relatório da Prefeitura, lia-se a delaração premonitória (e algo ingênua, segundo Morse):

"São Paulo está se aparelhando para ser um grande centro industrial, alguma coisa como Chicago e Manchester juntas."[19]

A Primeira Guerra provocara uma série de mudanças na economia brasileira. Durante o conflito, os exportadores não tiveram acesso ao mercado internacional e, além disso, os países industrializados deixaram de fornecer seus produtos manufaturados aos países agrário-exportadores. O resultado foi a expansão da indústria local. Ou seja, a guerra criara, para algumas indústrias, condições de crescimento e conquista do mercado interno.

Desde 1889, quando da proclamação da República, os industriais vinham pedindo a adoção de tarifas protecionistas para estimular o desenvolvimento da indústria nacional. Mesmo as oligarquias exportadoras sendo adeptas do liberalismo econômico, os produtos das indústrias locais não tinham como concorrer com os produtos manufaturados importados, de melhor qualidade e mais baratos.

Com a Primeira Guerra, foi suspenso o fornecimento de manufaturas importadas. Como as indústrias brasileiras produziam bens de consumo não duráveis, as indústrias locais aproveitaram a oportunidade para substituir os produtos manufaturados importados pelos similares nacionais.

MUNDO DO TRABALHO: A CLASSE OPERÁRIA

A expansão industrial aumentou o número de operários nas grandes urbes do Brasil. A classe operária era formada sobretudo por imigrantes italianos, espanhóis e portugueses que, em sua maioria, constituíam o proletariado nas cidades de São Paulo, Santos e Rio de Janeiro, as detentoras do

[18] *Boletim do Departamento Estadual do Trabalho*, vol. I, tomos 1-2, p. 9, *apud* Richard M. Morse, *Formação histórica de São Paulo*, cit., p. 280.

[19] *Boletim do Departamento Estadual do Trabalho*, vol. III, tomos 12-13 (1911-1912), *apud* Richard M. Morse, *Formação histórica de São Paulo*, cit., p. 283, n. 17.

maior número de estabelecimentos industriais e comerciais do início do século XX.

Durante a Primeira República, os operários não contavam com nenhuma proteção das autoridades do Estado: ainda não existia a legislação trabalhista, regulamentando o horário de trabalho e o salário. Nas empresas, vigorava o *regulamento de fábrica*, mas cada fábrica instituía multas e castigos específicos. Não havia descanso semanal nem férias, e os operários trabalhavam entre 10 e 12 horas por dia. A aliança entre os empresários e as forças de repressão garantiam a ordem dentro das fábricas, apesar dos protestos dos operários. As condições de trabalho e de higiene eram degradantes, e o salário dava apenas para sobreviver.

Para protestar contra essa situação, os operários criaram, como na Europa e nos Estados Unidos, organizações próprias, os sindicatos. Em sua maioria, os operários do início do século XX eram anarquistas, para quem os sindicatos deviam liderar a luta contra o Estado e contra os patrões. A greve era a principal arma de luta contra a exploração. Para evitar as greves e controlar o operariado, os industriais utilizavam-se das forças de repressão: a polícia prendia e deportava os líderes do movimento operário (e sindical), quase todos estrangeiros (muitos italianos e portugueses), considerados elementos indesejáveis para o país, como o português Neno Vasco e os italianos Gigi Damiani e Oresti Ristori, este considerado o maior agitador que apareceu no Brasil.[20]

Além dos anarco-sindicalistas, havia operários que reivindicavam melhores condições de trabalho e de vida por meio de reformas. Essa tendência foi chamada de reformista. De modo geral, esses trabalhadores pertenciam às empresas estatais, ou seja, do governo, e contavam com o apoio de todos os setores, exceto os que se identificavam com os interesses agrários. Eram ferroviários, marítimos e estivadores, em geral brasileiros e eleitores.

A partir da década de 1920, a tendência anarco-sindicalista perdeu força no movimento operário. Os anarquistas viram-se obrigados a enfrentar a concorrência do Partido Comunista, fundado em 1922, e dos sindicatos nas empresas estatais, que contavam com apoio oficial.

---

[20] Cf. a excelente matéria de Lená Medeiros de Menezes, "A devolução dos indesejáveis", em *Nossa História*, vol. 2, n° 24, São Paulo, out. 2005, p. 28.

A criação do Partido Comunista Brasileiro (PCB)

O Partido Comunista Brasileiro nasceu filiado à III Internacional Socialista, criada por Lênin, em 1921, na União Soviética, que pregava a revolução nacional proletária em cada país. O objetivo dos comunistas era desenvolver a união sindical. Para isso, fundam o Comitê Central, para depois criar a Confederação Geral dos Trabalhadores, a CGT.

Fundado em 1922, por um grupo seleto liderado por Astrojildo Pereira, o Partido Comunista funcionou na legalidade durante quatro meses. Os comunistas apoiaram o levante dos tenentes do Forte de Copacabana. Tal grupo reformista e nacionalista, que expressava anseios das classes médias urbanas, gerou a ideologia tenentista, de raiz militar, que teria desdobramentos até o governo do general Ernesto Geisel.

Em 1927, os comunistas iniciaram contatos com Luís Carlos Prestes, um dos líderes dos tenentes. A partir de então, surgiu o *prestismo* dentro do partido, rompendo com o *tenentismo* em 1930.

Sociedade do café em crise. A política de valorização

A indústria era novidade numa República essencialmente agrária. A grande maioria da população morava no campo, e a atividade mais lucrativa ainda era a produção e exportação de café, cujo preço variava de acordo com as oscilações do mercado internacional. A partir do fim do século XIX, a cotação do café no mercado internacional havia começado a cair, pois outros países também produziam café. O excesso de oferta do produto derrubou os preços. Os produtores brasileiros não se conformavam com a queda na cotação do produto. Os cafeicultores pressionaram o governo a assumir uma política de valorização do café. Em 1906, os governadores de São Paulo, Minas Gerais e Rio de Janeiro, os principais estados produtores de café, firmaram um convênio na cidade paulista de Taubaté, no vale do Paraíba, como vimos.

Várias medidas forma tomadas para garantir tal economia. O governo responsabilizava-se pela compra prévia do café, desde que observado o plantio em áreas apropriadas e demarcadas. Deu-se então, mais uma vez, a entrada dos interesses externos em nossa economia, por meio dos bancos estrangeiros, que bancavam os governos provinciais para essa operação. Com isso, dominavam a comercialização do produto que, uma vez entregue, seria guardado em estoques oficiais, a serem fornecidos aos mercados internacionais à medida que houvesse procura. Daí as famosas e frequentes queimas de café excedente, dada a necessidade de se destruírem os estoques — bancados pelo governo e pela sociedade, que involuntariamente se via envolvida em mais esse processo de expropriação através dos impostos. Por esse mecanismo, o preço do café aumentava, e os prejuízos futuros não alcançavam os cafeicultores, que tinham a compra da safra garantida.

Fortaleciam-se — e cristalizavam-se — as oligarquias em São Paulo, Rio e Minas Gerais. Mas, no espaço de duas ou três gerações, seriam atingidas por crise social, e mais adiante pela crise internacional de 1929, como descreveu o dramaturgo Jorge Andrade em obras magistrais como *A moratória*.

Foi dessa forma que as oligarquias de São Paulo, Minas Gerais e Rio de Janeiro garantiram, durante certo período, a hegemonia econômica sobre os demais exportadores. O mecanismo de valorização do café foi colocado em prática cada vez que o preço caiu muito.

O restante da população, inclusive oligarquias de outros estados, pagava o preço da hegemonia econômica dos cafeicultores. A situação financeira dos demais estados ficou tão insuportável na década de 1920, que eles puseram-se a reclamar uma maior participação no poder. As críticas mais violentas partiram do Rio Grande do Sul, exportador de charque e couros. Pela primeira vez, houve uma cisão nas oligarquias que governavam o Brasil.

Enquanto a população urbana reclamava contra a inflação causada pela política de valorização do café — e os industriais pressionavam pela adoção do protecionismo —, as oligarquias de outros estados reclamavam a valorização de outros produtos de exportação, além do café. E, por seu lado, os estados do Nordeste reclamavam contra o abandono das obras contra a seca.

Em suma, a sociedade brasileira deixara de ser a mesma. Outros interesses colocavam em xeque a ordem oligárquica dos exportadores de café, e as críticas se voltavam contra as elites dirigentes, as manipulações eleitorais, judiciárias e clientelísticas, a justiça falha, a cultura bacharelesca, a corrupção generalizada.

Projetos reformistas e revolucionários.
Tenentes e socialistas

O Exército, apesar dos equívocos, saíra valorizado da Proclamação e das campanhas da virada do século — as guerras de Canudos e do Contestado —, principalmente pelas classes médias das regiões menos urbanizadas do Sul e do Nordeste. Mas parte de seus quadros, formados nos inícios da consolidação da República, tinha outra visão de seu papel no Estado. Das personagens criadas nesse período de mudanças e efervescências dos ânimos, algumas eram oriundas desses quadros militares, sobretudo os chamados "tenentes". Alguns anos depois, o capitão Luís Carlos Prestes e o capitão Juarez Távora tipificarão duas tendências dessa vontade de mudança político-institucional, crescente na Primeira República (1889-1930), principalmente em sua última fase. Em maio de 1930, ainda líder tenentista, Prestes denunciava o rumo equivocado da Revolução em curso, que daria início ao Estado Novo, passando então a combater a grande propriedade territorial e o imperialismo anglo-americano.

A pronta resposta do tenente Juarez Távora, ao criticar a posição dos prestistas em seus ataques sistemáticos à burguesia, deixou claro o divórcio que se operava entre tenentes e prestistas.

Explicitava-se, no debate entre o gaúcho Prestes e o cearense Juarez, o antagonismo nascente entre o pensamento revolucionário e o reformista. Embora tivessem participado juntos da Marcha da Coluna e de outros lances de rebeldia contra o governo da República Velha, agora os dois tenentes, representando duas correntes "ponderáveis" dentro do Exército — e com desdobramentos na incipiente sociedade civil —, separavam-se por diferenças de concepção de estratégias e táticas de tomada do poder, mas, sobretudo, de visão de Brasil e do papel das classes sociais no processo de mudança. Divergência que se aprofundará nas décadas seguintes, permanecendo ambos na cena político-institucional. Vejamos os antecedentes.

Revoltas tenentistas (1922 e 1924)

Entre os grupos sociais que reivindicavam maior participação e a moralização dos costumes políticos estavam os *tenentes*, jovens oficiais do Exército, quase todos provenientes de famílias modestas. Durante o fim do regime imperial, a tensão entre civis e militares havia aumentado.

Em capítulo anterior, ao examinarmos a Questão Militar no fim do Segundo Reinado, viu-se que os militares já desprezavam o "bacharelismo" dos civis, acreditando que apenas eles eram "puros" e "patrióticos". Afinal, a vitória na guerra contra o Paraguai se devia ao esforço deles. Daí o golpe do dia 15 de novembro, comandado pela cúpula militar, ter sido aplaudido pelos jovens oficiais positivistas.

A partir da proclamação da República, o país ficou à mercê de outras intervenções militares. Em realidade, os militares acreditavam que podiam (e, por imperativo cívico, deviam) tutelar os civis e ditar os rumos do governo. A República Oligárquica manteve os militares longe do poder, a não ser no caso da eleição do marechal Hermes da Fonseca, sobrinho de Deodoro, em 1908. Durante a campanha, um movimento civilista comandado pelo candidato da oposição, Rui Barbosa, ganhou as ruas do país. Rui Barbosa era contra a intervenção dos militares na política, as chamadas Salvações.

Apesar disso, os militares conquistavam cada vez mais espaço institucional. A partir de 1918, com a extinção da Guarda Nacional, o Exército monopolizou o poder armado no plano nacional, contratando inclusive uma missão na França para instruí-lo. Alguns estados, sobretudo os mais poderosos do ponto de vista econômico e que contavam com Forças Públicas, seguiram o exemplo, no intuito de modernizá-las.

A FORMAÇÃO DOS MILITARES REPUBLICANOS: OS BACHARÉIS DE FARDA

No início do regime republicano, havia dois tipos de oficiais no Exército: aqueles que frequentaram as Escolas Militares, os chamados *bacharéis de farda*, adeptos da filosofia positivista; e os *tarimbeiros*, oficiais mais velhos, ex-combatentes da Guerra do Paraguai. Os *tarimbeiros*, em geral, não haviam passado por nenhuma Escola Militar.

O relacionamento entre os dois grupos de militares não era fácil. Durante o golpe que derrubou o Império, os dois grupos uniram-se: o grupo mais jovem contribuiu com as ideias, e os *tarimbeiros* trouxeram o apoio do restante da corporação, pois gozavam de imenso prestígio. Era gente *tarimbada*.

Os jovens oficiais aderiram aos distúrbios de rua dos primeiros anos da República, apoiando o jacobinismo e alinhando-se com setores populares.

Em 1904, após a Revolta da Vacina, a Escola Militar da Praia Vermelha foi fechada, devido à participação de jovens oficiais na revolta e à tentativa de golpe, voltando a funcionar, em 1911, no Realengo. Entre 1904 e 1911, o ensino militar foi ministrado em Porto Alegre, na Escola de Guerra.

Durante esse período, alguns oficiais foram para a Alemanha, onde realizaram cursos. Ao voltar, tentaram modernizar o Exército, trazendo ideias novas do exterior. Esse grupo de oficiais recebeu o nome de *jovens turcos*. A partir desse momento, a filosofia positivista passou para segundo plano no ensino das Escolas Militares.

Em 1920, uma missão de oficiais franceses ministrou cursos para os oficiais do Exército brasileiro.[21] A partir da missão francesa, o ensino militar tornou-se mais técnico. Um dos resultados da passagem da missão foi a formação de um Estado-Maior do Exército. Em 1927, criou-se um Conselho de Defesa Nacional, com o objetivo de planejar a mobilização nacional durante situações de defesa em caso de beligerância com outro país.

OS MILITARES E A RECONSTRUÇÃO DA REPÚBLICA

Durante a Primeira República, os militares triplicaram o número de seus efetivos. A organização militar cresceu rapidamente, aumentando seu poder. Entre suas principais atividades, estavam a guarda de fronteiras potencialmente conflitivas, principalmente a do Sul, e o controle de certos centros urbanos litorâneos, onde agitações sociais eram tradicionalmente intensas. A maioria das guarnições estava localizada no Rio Grande do Sul e no Rio de Janeiro. Ainda uma vez é o historiador José Murilo de Carvalho quem observa:

> "Com a República, algumas mudanças se fizeram na distribuição de tropas. A mudança principal se deu no aumento das guarnições de Minas e São Paulo, com a redução relativa das de Mato Grosso e de estados do Nordeste, inclusive Bahia e Pernambuco. Foi também aumentada a concentração de tropas no agora Distrito Federal e algo reduzida a do Rio Grande do Sul. Mas estas duas guarnições ainda continuaram a controlar quase 50% dos efetivos. Estas mudanças indicam uma tendência de concentrar forças militares onde se concentrava o poder político. A guarda de fronteiras se mantém apenas no Sul e o policiamento se torna atribuição das polícias estaduais. A guarnição da capital federal se torna ainda mais decisiva. Seu controle total ou parcial, continua fundamental para o êxito de qualquer movimento. O único con-

---

[21] A respeito da Missão Militar Francesa no Brasil do pós-Primeira Guerra Mundial, ver João Quartim de Morais, *A esquerda militar no Brasil*, São Paulo, Expressão Popular, 2005, 2ª ed., pp. 186-95.

trapeso militar a esta guarnição era a Marinha, também quase totalmente concentrada do Rio."[22]

Havia três correntes dentro do *tenentismo* e do oficialato do Exército. A primeira, adepta da ideia do soldado-cidadão. Este podia intervir na vida política para romper a hegemonia política dos civis e realizar reformas. Sendo militares de formação positivista, cooperar para o progresso nacional era considerado, por eles, um dever.

A segunda afirmava que o soldado-profissional não devia intervir na vida política do país. Este grupo de oficiais, ligado ao pensamento dos *jovens turcos*, era o mais progressista dentro do Exército. Segundo seus membros, os militares deviam ficar afastados da política e dos cargos públicos, obedecendo estritamente a seus superiores hierárquicos.

A terceira, a dos soldados-corporação, acreditava que os militares deveriam exercer a intervenção "moderadora" cada vez que as forças populares ameaçassem liderar o processo político. Este grupo admitia a intervenção direta na política, quando os civis se mostrassem "despreparados" para governar. Para eles, a intervenção armada era legítima: as Forças Armadas tinham o direito de tutelar os civis.

No roteiro da Revolução. Das intervenções militares

Entende-se, daí, por que as intervenções militares contra a República Oligárquica partiram todas elas dos jovens oficiais, variando apenas segundo as linhagens antes referidas.

Ao longo da Primeira República, os *tenentes* formaram o grupo de oficiais mais numeroso da corporação. Por serem muitos, enfrentavam problemas funcionais, sobretudo nas promoções e na aposentadoria. As promoções, lentas, geravam insatisfação profissional entre eles. Suas origens sociais, ligadas aos setores mais modestos da população, e o treinamento recebido incentivavam o seu envolvimento em lutas contestadoras do sistema.

Grosso modo aspiravam ao voto secreto, à moralização da política, à reforma administrativa com centralização do Estado, à existência de um

---

[22] José Murilo de Carvalho, "As Forças Armadas na Primeira República", em Boris Fausto (org.), *História geral da civilização brasileira. O Brasil republicano: sociedade e instituições (1889-1930)*, t. III, vol. 2, São Paulo, Difel, 1977, p. 204.

Contra a República Oligárquica: movimentos sociais e contestações

Poder Judiciário independente, à reforma do ensino e à instituição do ensino público gratuito generalizado.

Em 1922, os *tenentes* da Escola Militar do Realengo e do Forte de Copacabana, somados à guarnição local do Mato Grosso, pegaram em armas contra o governo civil da República. A revolta foi sufocada, mas os ideais dos jovens tenentes foram bem recebidos por diferentes segmentos da sociedade, interessados em mudar o sistema. O governo decretou o estado de sítio.

Mas foi em 1924 que, com foco em São Paulo e liderada por *tenentes*, uma revolução de grande porte tentou desestabilizar o governo civil e alterar o sentido do processo inaugurado em 1889. Também em Santa Maria, no Rio Grande do Sul, deu-se um levante das guarnições militares ali sediadas, que não eram de pequena monta. Revolução e levante foram reprimidos, mas deixaram profunda marca na trajetória desses militares.

Tornou-se comum a dissidência entre militares progressistas, ou reformistas, e os defensores da "Ordem". A insurreição de 1924, em São Paulo, foi liderada por um general, Isidoro Dias Lopes, e o movimento comunista nasceu com o apoio e posterior adesão de um capitão, Prestes, que se tornaria um dos líderes máximos do comunismo no país e no continente.

A MARCHA DA COLUNA PRESTES

O ano de 1924 assistiu à tomada da cidade de São Paulo durante três semanas, sob a liderança do general Isidoro. Com ele, além do tenente Cabanas, em torno do qual logo se criou um mito, estavam os tenentes Eduardo Gomes, Estillac Leal, João Alberto, os irmãos Joaquim e Juarez Távora, e Siqueira Campos. O grupo consegue levar adiante a insurreição, que se estende pelo interior do estado e alcança Sergipe, Mato Grosso, Pernambuco e Amazonas (Manaus). A repressão por tropas federais reuniu cerca de 15 mil homens. No conflito, morreram mais de 500 pessoas, desencadeando uma contrarrevolução brutal. Em Manaus, o movimento durou cinco meses.

Nesse contexto, no Rio Grande do Sul, nasceu a Coluna Prestes, iniciando marcha por vários estados. Durante três anos, cerca de 1.600 militantes combatem não só forças do Exército mas também tropas e milícias, estaduais e municipais. Sua trajetória só termina em 1927, quando se dissolve na Bolívia.

Sua ideologia não era nítida, embora o inimigo fosse o governo Bernardes. Em 1926, Siqueira Campos destrói o navio para transporte de tropas federais que iam combater a Coluna; também se esperava um levante de militares no Rio de Janeiro, que não ocorreu. Com todas essas "sedições", os presidentes Bernardes e, a partir de 1926, Washington Luís governaram acionando o tempo inteiro a Lei Celerada, de repressão, desterro e deportação dos dissidentes e revolucionários. Sem falar das mortes e torturas de comunistas na capital da República, na Polícia Central, que, mais tarde, vai tornar-se hábito em outros locais e dependências...[23]

Não obstante, no ano seguinte, os comunistas, provisoriamente na legalidade, continuam ativos, com seu diário *A Nação*, dirigido por Leônidas de Rezende, que influenciou mais de uma geração de estudantes de Direito. Ainda na Bolívia, Prestes reingressa no Partido Comunista por insistência de Astrojildo Pereira, enquanto Mário Pedrosa vai estudar em Moscou. Porém, em suas idas a Berlim e a Paris, Pedrosa adere à tendência trotskista, da qual será o expoente máximo no Brasil, além de notável crítico de cultura.[24]

Programa para uma revolução. "Pífio"?

No *Programa* de 1926 daqueles militares descontentes inscrevia-se uma série de exigências gerais:

> "Somos contra: os impostos exorbitantes, a incompetência administrativa, a falta de justiça, a mentira do voto, o amordaçamento da imprensa, as perseguições políticas, o desrespeito à autonomia dos estados, a falta de legislação social, o estado de sítio. Somos a favor: do ensino primário gratuito, da instrução profissionalizante e técnica, da liberdade de pensamento, da unificação e autonomia da justiça, da reforma da lei eleitoral e do fisco, do voto secreto obrigatório, da liberdade sindical, do castigo aos defraudadores do patrimônio do povo e aos políticos corruptos e do auxílio estatal às forças econômicas."[25]

Tal declaração — que Darcy Ribeiro, em 1985, considerou "pífia", por sua agenda revelar inconsistência e generalidade — sintetizava, entretanto,

---

[23] Informações provenientes dos verbetes 530 e 547 (1926), em Darcy Ribeiro, *T&B*, cit.

[24] *Ibid.*, verbete 557 (1927).

[25] *Ibid.*, ano de 1926, verbete 531.

as propostas político-sociais de uma frente de opositores ao regime, com a simpatia das camadas médias urbanas. O governo daquela República, sobretudo o de Artur Bernardes, governara apelando compulsivamente ao estado de sítio como resposta às crescentes demandas e conflitos sociais abertos. Mais recentes, a grande greve de 1917, os conflitos portuários e operários, e a Revolução de 1924 estavam vivos na memória social, agora acesa com a vitória dos bolcheviques na Rússia soviética.

Tais demandas revelavam o atraso profundo a que o país parecia condenado, já enredado nas peias da "reforma eleitoral", na peste da corrupção, e na teia de impostos exorbitantes. E mais, sem liberdade de expressão: por motivos reles, professores, intelectuais e operários viam-se perseguidos, demitidos ou desterrados, em uma época em que as comunicações eram precaríssimas.

Avolumava-se a crise internacional, provocando efeitos na queda do preço do café e de outros gêneros, redundando em falências e reduções drásticas nos salários. Ou seja, aprofundando a crise social interna. Isso precisava mudar. De fato, nesse país com 37 milhões de habitantes, recém-entrado na industrialização e com graves problemas no campo, surgiu, dentre as soluções aventadas, a candidatura de Getúlio Vargas à presidência da República.

Nesse contexto, Vargas, ministro da Fazenda de Washington Luís, tornou-se candidato por proposta da Aliança Liberal, sendo indicado para a vice-presidência João Pessoa, que recusou seu apoio aos candidatos oficiais do Catete: Júlio Prestes (de São Paulo) e Vital Soares (da Bahia). Contestada a vitória de Júlio Prestes, define-se o processo que levará Getúlio ao poder, com o apoio de Antônio Carlos, de Minas, onde irrompe um levante.

Os *tenentes*, por seu lado, até então consideravam Luís Carlos Prestes seu líder. Agora isolado — por condenar a candidatura de Vargas e de Antônio Carlos —, Prestes distanciara-se de Juarez e de Cordeiro de Farias.

O prestismo afirma-se agora como corrente político-ideológica propriamente revolucionária, ao propor a mobilização de operários, soldados, camponeses, marinheiros, e o confisco de latifúdios, o combate ao imperialismo e uma série de medidas radicais de cunho nacionalista. Voltava-se sobretudo para os trabalhadores urbanos, acenando com a redução das horas de trabalho, questão até aí tratada com total descaso, como todas as outras relacionadas aos direitos dos trabalhadores.

Outros pontos — que se tornariam as linhas fortes da plataforma dos comunistas nos cinquenta anos seguintes e que se encontram no famoso

Manifesto de Maio — foram a nacionalização dos serviços públicos (eletricidade, saneamento etc.), das comunicações, minas e bancos e a anulação da dívida.[26]

Também entre os comunistas se deu a divisão. Ao romper com a Aliança Liberal, Prestes criara a Liga da Ação Revolucionária (LAR), com Silo Meireles, Emídio Miranda e Aristides Lobo. Mais à esquerda, os comunistas, com Otávio Brandão à frente, atacam Prestes, tachando-o de divisionista, "classista" e acentuando sua origem de militar "pequeno-burguês".[27]

Esse o quadro político-ideológico em que eclodiu a chamada Revolução de 1930. Em páginas antológicas, Manuel Correia de Andrade, na obra *A Revolução de 1930: da República Velha ao Estado Novo*, fez o balanço desse período — que inclui a deposição de Washington Luís, indo até 1932 — e sublinha a dificuldade que os próprios revolucionários encontravam para definir os rumos do processo. Dar uma ideologia e um rumo à revolução — ou, quando menos, indicar um programa — eis o problema...

Menos antológica foi a afirmação do general Góes Monteiro, chefe militar da "Revolução", que por mais de vinte anos estaria presente na vida político-institucional do país, inclusive na suave deposição de Vargas em 1945:

> "Mussolini, Hitler, Mustafá Kemal Pacha, Roosevelt e Salazar [...] Todos eles para mim são grandes homens, porque querem realizar uma ideia nacional em acordo com as aspirações da coletividades a que pertencem."[28]

Perfeito o comentário do historiador e geógrafo pernambucano, que se segue ao "dito" do dito general:

> "Roosevelt estava visivelmente mal-acompanhado, pois sua orientação política era bem diversa da dos seus contemporâneos de citação. Mas a simples escolha dos homens de sua admiração

---

[26] *Ibid.*, ano de 1930, verbete 634.

[27] *Ibid.*, ano de 1930, verbete 632.

[28] Manuel Correia de Andrade, *A Revolução de 1930*, Porto Alegre, Mercado Aberto, 1988, p. 56.

indica pouca preparação político-ideológica de quem por mais de 20 anos teria grande influência na política brasileira."[29]

O fim da "República Velha"

A República Oligárquica enfrentou sua crise mais profunda ao término da década de 1920, quando se combinaram fatores internos e externos. Num clima de colapso do modelo vigente de capitalismo liberal ou concorrencial, coincidindo com os impasses de uma sucessão presidencial mal-equacionada, eclodiu outro levante militar, agora liderado por oficiais superiores que, aproveitando-se dos desencontros entre oligarquias regionais, conseguiram depor o presidente em 1930.

Um presidente eleito pelo senhoriato paulista, Washington Luís, agora se via obrigado, com sua *coterie*, a perder o poder para um grupo que representava o patriciado burocrático nacionalista. E, pior, fora do eixo até então hegemônico Rio-São Paulo.

Segundo Darcy Ribeiro, tratava-se de um *novo patriciado* — nacionalista, mas também paternalista —, com aberturas para o senhoriato rural e para os trabalhadores urbanos. "Nos anos de ascensão do fascismo no mundo, Getúlio entra na moda, debilitando ainda mais o patriciado político liberal e fortalecendo o burocrático civil e militar."[30]

Vargas, um tanto perplexo com o poder que lhe caía no colo, tinha conhecimento das graves questões econômicas do país, pois atuara como ministro da Fazenda de Washington Luís. Afinal, fora ele quem instituíra o *câmbio vil*, que quebrou a moeda já fraca, para atender aos cafeicultores, e fizera subir o preço das importações, agradando o setor comercial. Agora, no comando supremo da Nação, teria os instrumentos necessários para, por meio de uma política de centralização, ter o controle da máquina do Estado nos próximos vinte anos, ou mais.

Getúlio, bacharel gaúcho e *maragato*, concentrava em si todas as qualidades (e os defeitos) para coordenar a transição do país entre dois tipos de capitalismo, como, também, para administrar a lenta passagem da hegemo-

[29] *Ibid.*, pp. 56 e ss.

[30] Verbete 671, em Darcy Ribeiro, *Aos trancos e barrancos: como o Brasil deu no que deu*, cit.

nia de grupos econômicos e políticos do campo para os da cidade. Carismático, de bombachas e tomando chimarrão (ou vestido como dândi carioca e jogando golfe), soube compor uma *persona* ímpar. Cercado de gente como o general Góes Monteiro e Filinto Müller, ou Gustavo Capanema e (mais distante) Carlos Drummond de Andrade, suas ambiguidades, mais que suas determinações, foi que o levaram ao poder. No trágico fim de sua vida, dar-se-ia o inverso, com sua determinação em não aceitar as regras do imperialismo e dos conservadores golpistas.

A ascensão de Vargas representou o término da Primeira República. A República "Velha", dos "carcomidos", cedia o lugar à República dos burocratas autoritários — civis e militares.

25

Revolução de 1930 e República Nova (1930-1937): Vargas e sua "herança"[1]

> "Uma contrarrevolução para readquirir a liberdade, para restaurar a pureza do regime republicano e para a reconstrução nacional."
>
> Getúlio Vargas, 1930

> "Um jornalista identificou Vargas, nesta hora, ao chuchu, sem gosto e inodoro, que assume o sabor do molho com que o condimentam. Ele 'protela, procrastina, transfere, demora, adia, prorroga (haverá mais alguns sinônimos), esperando ninguém sabe o quê. Bem que ele sabia o que esperava'."
>
> Raymundo Faoro[2]

Era Getuliana (1930-1964): demarcando períodos e fases

A Revolução de 1930, em que assumiu a presidência da República o gaúcho Getúlio Dornelles Vargas (1883-1954), inaugurou um longo e turbulento período histórico de reformas, levantes, repressões, contrarreformas e tentativas de superação da condição de país "atrasado", "subdesenvolvido", "periférico" e "dependente", termos que se tornaram correntes em momentos sucessivos. Período que se encerrou com o golpe de Estado de 1964, de caráter civil-militar, instalando um regime ditatorial que se prolongou pelos vinte anos seguintes.

Afonso Arinos de Melo Franco, um liberal circunspecto — que, política e ideologicamente, flutuaria bastante ao longo da vida — assim definiu o papel de Getúlio, gaúcho de São Borja, e seu grupo:

---

[1] A Era Getuliana, da qual se oferece uma informação geral, vai além desse período, com extrapolações e menções feitas pelos autores a outros períodos, contextos, personalidades. Vargas, principal personagem dessa trama, está situado em uma pesada tradição histórica, que deixou marcas, heranças, fardos, ranços e seguidores.

[2] Raymundo Faoro, *Os donos do poder: formação do patronato político brasileiro*, vol. 2, São Paulo, Globo/Publifolha, 2000, p. 320. O jornalista citado é Vivaldo Coaracy.

"O que houve de especificamente pampeiro foi a sagacidade e pertinácia com que eles aproveitaram o impulso geral para, estimulando choques e rivalidades, poderem manter, por tantos anos, a República de bombachas."[3]

A Era Getuliana abrangeu os anos de 1930 a 1964, marcada por três etapas distintas: de 1930 a 1937, a *República Nova*; de 1937 a 1945,[4] a *Ditadura do Estado Novo*; de 1946 a 1964, a *República Populista e a República Patricial*.[5]

Na República Nova, de 1930 a 1937, distinguem-se duas fases: a do Governo Provisório (1930-1934) e a do Governo Constitucional (1934-1937). A historiografia consagrou a expressão República Nova, referida ao período de 1930 a 1937. Dentro desse período, a Segunda República abrange do ano de 1934 ao de 1937.

Na última etapa, a da República Populista (1946-1964), distinguem-se duas fases: a da democracia liberal presidencialista, de 1945 até o suicídio de Vargas em 1954; e a fase seguinte, de 1954 ao golpe de Estado em 1964, ainda na moldura da democracia liberal presidencialista, porém com forte inflexão para o reformismo desenvolvimentista e populista. Esta segunda fase (1954-1964) foi denominada por Darcy Ribeiro, com acerto, de *democracia patricial*; sem embargo, o traço definidor desse tipo de presidencialismo ainda era o populismo.

O sentido do processo

> "O liberalismo, já reduzido a uma franja, ocupa o lugar da toalha sobre a mesa do banquete."
>
> Raymundo Faoro[6]

Vargas, que se tornaria principal liderança do movimento insurrecional de 1930, ascendeu à presidência num quadro de rearranjos das oligarquias

---

[3] *Idem*, p. 328.

[4] Ver o capítulo 26, a seguir.

[5] Ver capítulo 27.

[6] Raymundo Faoro, *Os donos do poder*, vol. 2, cit., p. 326.

regionais abaladas com a grande crise de 1929. Instaurou-se um novo sistema de poder, combinando ideias de reforma de uma burguesia liberal-conservadora, porém modernizadora, com práticas neocoronelísticas e burocráticas na máquina do Estado, mobilizador das aspirações populares do mundo do trabalhismo. Sistema complexo, do qual o próprio getulismo tornou-se a expressão mais forte.

Centralizador, pertencente a uma facção das oligarquias gaúchas, Vargas aprimorou, em nome de um projeto nacional, um sistema de hábeis manipulações, em que a eliminação das dissidências foi a pedra angular.

O movimento de 1930, embora abra um novo período (a República Nova, de 1930 a 1937), não configura uma revolução, pois não provocou mudança radical — nem dela foi expressão — nas estruturas de produção e de distribuição da propriedade rural e urbana, nem nas do capital.

O Estado nacional implementou, nada obstante, mudanças no campo das relações trabalhistas, nas indústrias de base, no sistema educacional e na organização da cultura.

Num segundo momento, o da Ditadura do Estado Novo (1937-1945), Vargas reafirmou seu poder jogando alternadamente com os grupos progressistas e conservadores, optando finalmente por estes, mas implementando algumas iniciativas reformistas. No plano internacional, aproveitando-se do contexto da Segunda Guerra Mundial, jogou alternadamente com a frente dos Aliados — capitaneados por Roosevelt e Churchill — e as forças nazifascistas da Alemanha, Itália e Japão, acabando por aderir aos Aliados.

Com o término da guerra em 1945 — e pelo fato de o Brasil ter lutado ao lado das democracias liberais e dos soviéticos —, o sistema de poder do Estado Novo não se manteve. Vargas foi apeado do poder, abrindo-se uma etapa liberal-democrática, consagrada na Constituição de 1946. Etapa mais liberal que democrática, pois apenas durante uns poucos meses os partidos de esquerda teriam espaço no que se considerava a "legalidade democrática" republicana, ainda que reformista. O Partido Comunista logo seria posto fora de cena.

A eleição do general Eurico Gaspar Dutra desenhou os limites estreitos da nova ordem "liberal", definida pela Constituição de 1946 (o "livrinho" de Dutra), que se prolongou até 1964 — o mais extenso período de relativa estabilidade institucional até então experimentado pelo regime republicano. Dentro da esfera do imperialismo norte-americano, como padrão civilizatório, implantou-se no Brasil o *American way of life*, em oposição à crescente presença de ideias socialistas e comunistas emanadas da União Soviética.

Revolução de 1930 e República Nova (1930-1937)   615

Vargas, entretanto, permaneceu na cena política de 1946 a 1954, atuando nos bastidores durante o mandato de Dutra. Atendendo aos estímulos do mundo do trabalho — em particular os dos sindicatos atrelados ao Estado —, Vargas, pelo voto, retornou à presidência em 1950, mas, pressionado pelas forças conservadoras, foi levado ao suicídio em 1954.

Na fase seguinte, de 1954 a 1964, o país foi marcado por políticas de cunho desenvolvimentista, reformista e populista. Na presidência de Juscelino Kubitschek, políticas públicas novas definiram o padrão civilizatório que as lideranças modernizadoras desejavam para Brasil. Era como se as ideias do *New Deal* estivessem, finalmente, chegando ao país...

A tônica foi dada pela ideologia do planejamento, sobretudo nos planos econômico e político. O novo bloco no poder, liderado por burguesias reformistas, tentou sobrepor-se às estruturas coronelísticas (o principal teórico e agente do desenvolvimentismo foi Celso Furtado), fomentando a industrialização (sobretudo a automobilística), procurando modernizar a infraestrutura viária e aeroviária, iniciando um processo de reforma educacional, a começar pela redefinição da Escola Pública (com Fernando de Azevedo e outros), um novo método de combate ao analfabetismo (Paulo Freire), e a revisão do modelo universitário (Anísio Teixeira e Darcy Ribeiro). Foi o momento da interiorização geográfica de iniciativas econômico-sociais por parte do Estado (como a construção de Brasília), da discussão de propostas de reformas de base (urbana, agrária, habitacional, educacional etc.), além de tentativas de implementação de uma política externa independente.

Mas foi também a fase em que se revelaram os conflitos latentes no campo — sobretudo as Ligas Camponesas, criadas por Francisco Julião, em Vitória de Santo Antão (PE), em 1954, que daí vão expandir-se —, e de mobilização de frações da pequena burguesia urbana, que se radicalizaram nos partidos, na universidade e nas escolas, nas associações de classe e nos centros populares de cultura. A resposta a esse esboço de reformas estruturais — pelo fato de algumas iniciativas ou simplesmente projetos soarem revolucionários (reforma agrária, controle da evasão de capitais etc.) — veio com a contrarrevolução preventiva de 1964.

Em agosto de 1949, fora criada a Escola Superior de Guerra (ESG), com seus ideólogos embebidos pelos valores de um anticomunismo rústico, característico daquele período da Guerra Fria, e preocupados com a soberania nacional, sobretudo com a criação de uma infraestrutura que sustentasse e alavancasse o desenvolvimento autônomo do país. Logo após o suicídio de Vargas, o titubeante presidente Café Filho, pressionado, assinou decreto em

1955 criando o Instituto Superior de Estudos Brasileiros (ISEB), para repensar o Brasil, agora em moldes desenvolvimentistas. Os isebianos eram, em sua maioria, intelectuais nacionalistas de variada coloração ideológica, como Hélio Jaguaribe, Álvaro Vieira Pinto, Roland Corbisier, Nelson Werneck Sodré e, ainda, o jurista Miguel Reale.[7]

No quadro mundial de descolonizações da época (Revolução Cubana em 1959, Revolução Argelina em 1962 etc.), o perigo de uma "Revolução Brasileira" parecia iminente aos olhos da direita latifundiária e das elites civil-militares formadas durante a Guerra Fria, alinhadas com os Estados Unidos. O "Brasil profundo", na verdade o país arcaico, revelava-se à luz do dia. A burguesia conservadora soube encontrar nos militares "esclarecidos", que se alinharam desde a Segunda Guerra na luta contra o totalitarismo, seus principais aliados. Ou seja, alguns dos mesmos "tenentes", sugerindo que, do ponto de vista histórico, ao *tenentismo* sucedeu o *generalismo*. Mudava-se o rótulo, mas as pessoas eram as mesmas: Cordeiro de Farias, Juarez Távora e, mais jovem, Ernesto Geisel, dentre outros; e, na oposição, Luís Carlos Prestes, em meio a várias frentes e personalidades de oposição.

Diga-se que, mesmo após o golpe de Estado de 1964, o general Cordeiro de Farias continuava a exigir que o regime ditatorial tratasse com respeito o ex-tenente Prestes, depois capitão, seu ex-companheiro na Escola Militar e na Coluna.[8]

---

[7] Miguel Reale foi um dos líderes nacionais do movimento integralista na década de 1930. Mais tarde, infletiu discreta e suavemente para as searas liberais, dando sua contribuição à Constituição de 1969, no período do general Costa e Silva, e, com mais de 90 anos, foi o supervisor do novo Código Civil brasileiro, que entrou em vigor no ano de 2003, ainda na presidência de Fernando Henrique Cardoso. Já o ISEB foi extinto pelo golpe militar de 1964, e alguns de seus integrantes, exilados do Brasil.

[8] Ver a biografia de Prestes (1898-1990) escrita pela filha (sua e de Olga), a historiadora Anita Leocádia Prestes, *Luiz Carlos Prestes: patriota, revolucionário e comunista*, São Paulo, Expressão Popular, 2006. Sobre a Coluna Prestes, da mesma autora, *A Coluna Prestes*, São Paulo, Brasiliense, 1990. Ver, também, o perfil de Prestes traçado por Florestan Fernandes em *A contestação necessária*, São Paulo, Ática, 1995; e, ainda, os de Carlos Marighella, Caio Prado Jr., Hermínio Sacchetta, Cláudio Abramo, Antonio Candido e Gregório Bezerra, entre outros.

A República Nova (1930-1937)

"O primeiro e fundamental problema é o seguinte: ficaremos ou não solidários com a eclosão da desordem? Se ficarmos, renegaremos de vez nosso passado orgânico, a tradição conservadora do castilhismo e far-nos-emos copartícipes, senão os maiores responsáveis pelo que vier a acontecer. E que acontecerá? Vencida a revolução, estaremos desmoralizados e exaustos. Vencedora, quem terá vencido? Nós, ou os revolucionários de escola? Quem recolherá o fruto da vitória material: tu, ou o Luís Carlos Prestes? Cito este nome como símbolo."

Carta de Lindolfo Collor a Getúlio, 1930[9]

A radiografia que Faoro oferece de Vargas[10] é nítida e precisa. Menos pela qualificação de tutelador, que todo liberal o é em menor ou maior grau, do que pelo estranho amálgama de seu condicionamento liberal com traços de positivismo. Misturas curiosas, essas, na América Latina: afinal, à beira do Oceano Pacífico, o pensador peruano José Carlos Mariátegui combinava em sua visão de mundo traços do pensamento positivista com elementos do marxismo, mais uma pitada das teorias de Freud. Guardadas as devidas distâncias, está claro, pois Mariátegui era um teórico sofisticado... enquanto Vargas sequer evitou a deportação, para a Alemanha nazista, de Olga, a mulher de Prestes, judia e grávida.

Em todo caso, Getúlio Vargas representava um amplo espectro de forças políticas, contrárias à hegemonia dos estados do Sudeste, sobretudo de setores civis e militares que propunham reformas políticas e sociais. Os *tenentes* haviam sido porta-vozes dessas aspirações durante a década de 1920. Em 1926, grupos dissidentes da oligarquia paulista e profissionais liberais fundaram o Partido Democrático, defendendo a realização de reformas políticas, com a adoção do voto secreto e obrigatório, a independência dos poderes, e a fiscalização das eleições pelo Poder Judiciário.

Nas eleições de 1930, o programa de governo da Aliança Liberal, que lançava a candidatura de Getúlio à presidência, tendo João Pessoa como vice, incluía vários pontos defendidos pelos membros do Partido Democrático. Embora congregasse um grupo maior de interesses do que seu concor-

---

[9] Lindolfo Collor, em carta a Getúlio Vargas, 1930, *apud* Raymundo Faoro, *Os donos do poder*, vol. 2, cit., p. 313.

[10] Ver Raymundo Faoro, *Os donos do poder*, vol. 2, cit., p. 238.

rente, Vargas perdeu a eleição para o paulista Júlio Prestes e o baiano Vital Soares, que não chegaram a tomar posse.

Os políticos das oligarquias dissidentes e os *tenentes* articularam uma conspiração entre março e outubro de 1930. O movimento contra o presidente eleito eclodiu no Rio Grande do Sul, nos estados do Nordeste e em Minas Gerais.

Para compreender o sentido da Revolução de 1930 e de seus desdobramentos, vale considerar o contexto internacional em que o Brasil se inseria quando de sua eclosão e pelo qual transitou até os anos 1960. Ou seja, o processo em que a República assumiu o *projeto getulista* em suas variadas dimensões, que levaram à Ditadura do Estado Novo em 1937, à deposição de Vargas em 1945, ao seu retorno à presidência pela via eleitoral em 1950, ao suicídio em 1954 e à transformação de seu legado em duas vertentes principais: o governo de JK, do Partido Social Democrático (PSD), e o de João Goulart, do Partido Trabalhista Brasileiro (PTB).

Nessa medida, em perspectiva ampla, pode-se afirmar que a *Era Getuliana* se estende até a deposição de João (Jango) Goulart, com o golpe militar em 1964.

A CRISE INTERNACIONAL BATE À PORTA: ANTECEDENTES DA REVOLUÇÃO

A crise mundial de 1929 representou um duro golpe nas oligarquias exportadoras brasileiras. A quebra do sistema financeiro mundial repercutiu intensamente no Brasil, tendo como principal consequência a falência do modelo agrário-exportador, vigente desde a Independência. Os efeitos negativos da crise atingiram toda a sociedade, sobretudo o mundo do trabalho, duramente penalizado. Mais uma vez, ocorria o fenômeno a que Celso Furtado denominou de "socialização das perdas".

A crise da hegemonia europeia — sobretudo inglesa — e a passagem para a hegemonia norte-americana provocou mudanças profundas na sociedade brasileira, com a ascensão de novos grupos sociais e redefinição do monopólio político das elites.

Aos poucos, o Brasil tornara-se um país semi-industrializado. A partir de 1930, o campo foi cedendo lugar à cidade: um número cada vez maior de brasileiros passou a morar nos centros urbanos. Do ponto de vista político, durante o Estado Novo, a democracia liberal das oligarquias foi substituída pelo regime corporativista, de inspiração fascista. Mais uma vez, a maioria

Revolução de 1930 e República Nova (1930-1937)

da população foi excluída do processo político. As eleições foram suspensas, o Congresso fechado. O controle das decisões de governo coube a um único homem: Getúlio Vargas.

Era o fim dos anos loucos, dos "ruidosos anos vinte" (os *roaring twenties*). Ou seja, do período do capitalismo desenfreado, concorrencial ou liberal do primeiro pós-guerra. A Grande Guerra foi um marco, o primeiro conflito de proporções inimaginadas, no qual lutaram muitos norte-americanos, dentre os quais Edmund Wilson, John Dos Passos e Ernest Hemingway.

Nos anos 1920, Paris fora uma referência mundial para a intelectualidade mais cosmopolita, como se pode ler em *Paris é uma festa*, de Hemingway, livro escrito entre 1959 e 1960, cobrindo o período de 1921 a 1926. Em suas páginas desfilam personagens como James Joyce, Ezra Pound, Pablo Picasso, os Fitzgerald, Jean Cocteau, Archibald MacLeish e muitos outros, que inaugurariam um novo conceito de cultura contemporânea, influenciando, inclusive, fração significativa da intelectualidade brasileira.

Fora da esfera do capitalismo, a Revolução Socialista de 1917, na esteira da impactante literatura russa, abria outros horizontes utópicos para a intelectualidade e o mundo do trabalho no Brasil. A física de Einstein revolucionava as concepções acerca do Universo, difundia-se o evolucionismo darwinista, a psicanálise e a psiquiatria revelavam, em profundidade, dimensões insuspeitadas do homem, enquanto a antropologia ampliava em extensão o conhecimento da vida e das mentalidades de outras culturas e civilizações. Um dos resultados positivos — ao lado de tantos outros negativos — da corrida imperialista do século XIX e das descolonizações do século XX reside na revolução ocorrida nos conceitos de Cultura, História, Tempo e Civilização.

O conceito de Cultura adquiriu *status* e grande relevo na definição dessa nova Contemporaneidade, fato percebido no Brasil por alguns jovens inquietos e cosmopolitas, como o pernambucano Gilberto Freyre, o paulista Monteiro Lobato, o baiano Anísio Teixeira e os paulistanos Sérgio Milliet e Sérgio Buarque de Holanda, filhos educados de elites regionais, que seriam alguns de nossos principais "atualizadores".[11]

---

[11] Para uma breve incursão nesse universo artístico e literário, consulte-se a excelente coletânea de críticas, comentários e crônicas de Sérgio Milliet, em Regina Salgado Campos (org.), *Sérgio Milliet*, Coleção Melhores Crônicas, São Paulo, Global, 2006. Inclui brilhante prefácio e uma biografia de Milliet.

Na Europa, Paris era uma festa intelectual, artística e política para a qual convergiam pintores, escritores, filósofos e políticos de todos os quadrantes, em busca das lições estéticas, literárias, políticas, filosóficas e existenciais do impressionismo e do pós-impressionismo, do expressionismo, do cubismo, do surrealismo e do dadaísmo; e para aspirar o clima criado pelas manifestações de Paul Cézanne (1839-1906), Claude Monet (1840-1926), Auguste Renoir (1841-1919), Paul Gauguin (1849-1903), do holandês Vincent Van Gogh (1853-1890) e, também, conhecer os novíssimos, como o espanhol Pablo Picasso (1881-1973) ou o italiano Amedeo Modigliani (1884-1920). Clima parisiense em que se misturavam escritores como Tristan Tzara, Louis Aragon, Elsa Triolet e músicos como Erik Satie, Darius Milhaud e Villa-Lobos. Além de numerosos agrupamentos de vanguardistas de tendências indefinidas, boêmios, desempregados e desterrados de vários quadrantes. Ou musas como Kiki de Montparnasse e, mais produtiva, a notável Tarsila do Amaral.

Nos Estados Unidos, o mundo do capitalismo desenfreado e selvagem do primeiro pós-guerra foi captado no romance *O grande Gatsby* (1925), de Francis Scott Fitzgerald (1896-1940), pertencente à denominada "geração perdida", também autor de *Suave é a noite* e *Deste lado do paraíso*.

O mundo se internacionalizava: o *charleston* atravessava o Atlântico, e o cinema vai ampliar, em múltiplas e inspiradíssimas dimensões, a concepção de sociedade capitalista. É nesse contexto internacional dos "anos loucos", de aberturas de mentes e busca de frentes de inovação, que filhos da elite brasileira — entre tantos outros, Paulo Prado, o filho de cafeicultor e oligarca paulista ilustrado — vão parar nos Estados Unidos, por diferentes motivos e em momentos diversos. Quando, nos anos 1930, as missões culturais e educacionais europeias, dentre as quais se destacava a francesa, chegaram ao Brasil para auxiliar na criação das universidades oficiais em São Paulo e no Rio de Janeiro, aqui encontraram filhos da elite bastante bem informados, fluentes em várias línguas e entrosados com as culturas europeias e a norte-americana.

Descoberto o enorme atraso a que parecia condenado o Brasil ("Era como se tudo dependesse de mim e de minha geração", escreveu Gilberto Freyre, então com 23 anos), agora urgia construir um outro país, em novas bases culturais e políticas.

Revolução de 1930 e República Nova (1930-1937)

A crise de 1929 e o Brasil

Os "anos loucos" terminaram no dia 24 de outubro de 1929, quando "quebrou" a Bolsa de Nova York, novo centro da economia mundial. Foi o fim do período de prosperidade entre 1922 e 1929, apogeu do capitalismo norte-americano. De 1929 a 1932, a produção industrial caiu pela metade e despencou o preço dos produtos primários. Em todo o mundo, milhares de pessoas perderam seus empregos. O capitalismo vivia a sua mais profunda crise mundial.

A crise repercutiu imediatamente na economia agrário-exportadora do Brasil. Caiu, ou melhor, desabou o preço do café, principal produto de exportação, embora não fosse a primeira vez que isso acontecia, pois desde 1895 a cotação do produto apresentava baixas significativas e a tal ponto que os Estados produtores iniciaram, em 1906, a política de valorização do café.

Com a queda no preço das cotações, o país podia importar menos produtos manufaturados. Como vimos, até 1929, as diferenças entre o que o Brasil importava e o que exportava eram cobertas por empréstimos de banqueiros estrangeiros, sobretudo ingleses. Cada vez que a cotação do café caía, o governo recorria a mais empréstimos estrangeiros.

Tal situação se modificaria com a crise de 1929. Após a Primeira Guerra Mundial, a Inglaterra deixara de ser o centro da economia mundial. No fim da guerra, a Inglaterra devia dinheiro aos industriais e banqueiros norte-americanos; estes que, durante a guerra, forneceram créditos para comprar armas e alimentos. Além disso, uma boa parte do capital de banqueiros ingleses estava aplicada nos Estados Unidos. Quando a Bolsa de Nova York quebrou, o sistema financeiro mundial entrou em colapso. A crise mundial afetou várias partes do mundo ocidental, e em portos como os de Nápoles, Gênova e Trieste na Itália, ou o porto de Pireu, na Grécia, assistia-se à partida de imigrantes para as Américas. No Brasil, o êxodo não era apenas do Nordeste para o Sul ou para a Amazônia; de Minas, do sertão da Bahia e mesmo do Sul, famílias dirigiam-se para as cidades, principalmente para a do Rio de Janeiro e a de São Paulo, em busca de trabalho ou sobrevivência. São impactantes as descrições de grupos de pessoas deambulando sem rumo pelos sertões, campos e cerrados.

Nessa primeira grande depressão mundial, as pessoas não tinham dinheiro para comprar, os fabricantes não tinham a quem vender seus produtos e os trabalhadores, por não terem serviço, eram sumariamente despedidos. O nível de atividade industrial mundial caiu pela metade; metade da população ficou sem emprego.

No Brasil, a primeira consequência da crise de 1929 foi a diminuição do poder de compra no país. Ou seja, não havia dinheiro para comprar produtos manufaturados de outras economias. O dinheiro que se recebia das exportações de produtos primários não era suficiente para pagar os produtos manufaturados. Além disso, a quem pedir empréstimos, se o sistema financeiro internacional estava quebrado?

A maioria da população ainda morava no campo e dedicava-se à produção de produtos primários para exportação. Com a crise de 1929, muitas fazendas deixaram de produzir, e grande parte da população rural ficou subocupada: começava a migração do campo para a cidade. Em contrapartida, com mão de obra abundante e salários baixos, as indústrias nacionais desenvolveram-se, aproveitando-se da impossibilidade de importarem-se produtos manufaturados.

DO CAPITALISMO LIBERAL AO *NEW DEAL*. REFLEXOS NO BRASIL

Nos Estados Unidos, novo centro da economia mundial, a crise foi resolvida por meio de bem articulada intervenção do Estado na economia. O presidente norte-americano Franklin Delano Roosevelt procurou reativar a produção com uma série de medidas na agricultura, procurando manter os preços dos produtos agrícolas. Ao mesmo tempo, lançou um amplo programa de obras públicas visando à reativação da produção industrial. Em seguida, interveio com vigor na produção industrial, regulamentando os preços dos produtos e fixando acordos sobre preços. "Planejamento", eis a palavra-chave da nova etapa da vida econômica e social nos Estados Unidos, que chegaria ao Brasil vinte anos depois.

Ao mesmo tempo, os trabalhadores foram beneficiados com a regulamentação do horário de trabalho e do salário mínimo. O programa do presidente Roosevelt, conhecido como *New Deal* (o "novo pacto"), significou o fim da era do liberalismo econômico, dos "anos loucos" e o início da intervenção e planejamento do Estado na economia capitalista.

O *New Deal* (1933-1935) propunha um relançamento econômico-social, mais do que uma correção de rumos no capitalismo liberal. Tomavam-se medidas de urgência contra o afundamento da economia (desvalorização do dólar e abertura de frentes públicas de trabalho para os milhões de desempregados, como a do Tennessee Valley Authority, para a vitalização do vale daquele rio histórico) e ao mesmo tempo, outras, para provocar transformações de estrutura. Simultaneamente, priorizava-se a recuperação da indústria (com o plano da National Industrial Recovery Act [Lei Nacional de Recuperação da Indústria]) e a da agricultura (Agricultural Adjustment Act [Lei de Ajuste Agrícola]), com normas que garantiam indenizações ou preços mínimos aos produtores; e, na indústria, para evitar baixas de preços danosas aos produtores, organizando esquemas para anular a concorrência; além de redução da jornada semanal de trabalho, garantia de um salário semanal mínimo e reconhecimento do direito dos trabalhadores de escolher o seu sindicato. Se o primeiro *New Deal* teve pouco efeito, com a reeleição triunfal de Roosevelt, em 1936, um segundo *New Deal*, mais consistente e articulado, consegue debelar a crise que se instala em 1937, provocando nova queda de preços e aumento do desemprego. Aqueles anos terríveis foram admiravelmente descritos em obras como *As vinhas da ira*, de John Steinbeck.

A tal mudança de política econômica corresponderia uma mudança de mentalidade, que daria o tom do período histórico que se descortinava, reverberando na América do Sul. No compasso das orientações, negociações, exemplos, novos hábitos, filmes e orquestras do novo país líder do capitalismo, também o Brasil sofreria mudanças, embora em ritmo muito mais lento.

Ante o quadro gravíssimo gerado pela maior crise do capitalismo — com o excesso de mão de obra nas cidades, retorno do capital estrangeiro aos centros financeiros, falta de crédito e falta de combustíveis, falências de empresas, fome, greves —, o governo Vargas, em escala muito menor, adotou métodos semelhantes aos norte-americanos.

O governo, centralizador, adotou a velha política de valorização do café, controlada pelo poder federal. O Conselho Nacional do Café, órgão federal, ordenou a queima de milhões de sacas e a proibição do plantio, com a consequente redução dos salários nas fazendas, provocando êxodo rural para as cidades. O liberalismo econômico foi abandonado, e o Estado passou a intervir em todas as instâncias da vida dos cidadãos, inclusive na vida particular. Durante seu governo, o Estado estimulou a industrialização, com a implantação, em Volta Redonda (RJ), da primeira usina siderúrgica brasileira. Aos trabalhadores ofereceu-se a regulamentação da legislação social e a instituição do salário mínimo.

O Brasil em face da ascensão do fascismo na Europa

Enquanto nos Estados Unidos adotou-se o *New Deal* para sair da depressão, a crise mundial propiciou, na Europa, o surgimento de uma nova ideologia política: o fascismo.

A Itália ficou insatisfeita com os resultados da Primeira Guerra Mundial, pois não recebeu as colônias que esperava. Sentimento coletivo que, somado ao empobrecimento do pós-guerra, criou profundo mal-estar social. Ao mesmo tempo em que surgiu o movimento nacionalista, liderado por Benito Mussolini, fundador do Partido Fascista em 1919, também as ideias marxistas encontraram ampla difusão.

Mussolini formulou a teoria do Estado Totalitário, senhor de todos os direitos. O totalitarismo fascista era antiliberal e antidemocrático. Segundo a teoria fascista, tudo deveria estar submetido à autoridade do Estado, numa ditadura exercida pela burguesia, reunida em corporações profissionais e setoriais.

O movimento fascista espalhou-se pela Itália, provocando revoltas e conflitos armados entre fascistas e opositores, chamados genericamente de "comunistas". Em 1922, disposto a tomar o governo pela força, Mussolini empreendeu a famosa Marcha sobre Roma. Com os *camisas negras*, seus partidários organizados militarmente em tropas de choque, estabeleceu uma ditadura fascista.

Nesse regime, todo poder estava nas mãos do chefe de governo, assessorado pelo Grande Conselho Fascista, composto pelos trinta membros mais antigos do partido. A Câmara das Corporações representava os vários segmentos da sociedade: elaborava as leis e cuidava da polícia secreta, encarregada de perseguir os opositores.

Os fascistas opunham-se ao conceito marxista de luta de classes, pregando a união dos trabalhadores com os capitalistas sob a direção do Estado. O governo pretendia, ainda, que a Itália se transformasse numa potência industrial e militar. Para realizar tal projeto, desenvolveu a indústria pesada, introduziu a mecanização no campo e, com a drenagem de pântanos, ganhou novas terras aráveis. Realizou obras públicas, construindo estradas, usinas, ferrovias e, no plano cultural, deu forte apoio à educação, que deveria servir à formação da juventude, segundo os critérios fascistas.

Inspirado na legislação corporativista, o governo italiano regulamentou a legislação trabalhista, com a Carta do Trabalho, e criou um novo Exército e uma apreciável Marinha de Guerra.

Revolução de 1930 e República Nova (1930-1937)

No Brasil, o Estado Novo, que seria implantado por Getúlio Vargas e seu grupo em 1937, não passou de um arremedo do regime fascista italiano, adaptado à mentalidade coronelística dos setores dominantes. Ideias fora do lugar? Talvez não. Antiliberal e antidemocrático, o governo manteve os partidos políticos afastados do centro das decisões políticas. Os sindicatos e as organizações de trabalhadores ficaram atrelados ao Estado, cujo condutor--chefe era o próprio Getúlio Vargas, o "pai dos pobres".

Getúlio Vargas chega ao poder nesse contexto de afirmação e conflitos de Estados-nação com ideologias nacionalistas radicais, sobretudo Estados--nação de origem recente, como a Itália e a Alemanha, unificadas somente na segunda metade do século XIX. Contexto em que se redefiniam o próprio capitalismo e as democracias liberais, e que o "socialismo real" se enraizava na União Soviética. O desfecho tornara-se inevitável: como a opção varguista, estribada no regime ditatorial, voltara-se para as potências do Eixo, as oposições liberal-democratas e de esquerda uniram-se e, em 1945, puseram fim ao Estado Novo.

1930: Revolução ou Contrarrevolução?

Segundo o próprio Vargas, uma contrarrevolução. Mas a discussão não termina aí.

A historiografia recente vem se debatendo sobre a definição do movimento de 1930, perguntando-se: afinal, tratava-se de levante, insurreição, contrarrevolução ou revolução? Houve continuidade, um simples rearranjo? Uma ruptura histórica? Examinemos o processo, retomando a narrativa.

Na efervescência da grande crise político-social, contestada a eleição do paulista Júlio Prestes, ampliou-se a conjuração contra sua posse, com levantes articulando-se em diversos pontos do país. Nos encontros conspiratórios, ainda estavam vivas as lembranças, frustrações e experiências adquiridas nos movimentos de 1922, 1924 e 1926. Enquanto a "tenentada árdega" se impacientava, Luís Carlos Prestes e seus seguidores buscavam novos rumos.

A insurreição eclodiu às 17h30 do dia 3 de outubro de 1930, quando, com apenas cinquenta homens, Osvaldo Aranha e Flores da Cunha tomaram o Quartel-General de Porto Alegre, iniciando o movimento armado. No dia 5, da capital gaúcha partiu uma coluna armada em direção a Santa Catarina e Paraná, sob a direção de Alcides Etchegoyen e João Alberto, este como delegado militar. Pelo litoral, avançou o general Valdomiro Lima ao mesmo objetivo, enquanto Miguel Costa seguia pela Estrada de Ferro São Paulo-Rio

Grande. O governo constitucional do Paraná foi derrubado, em Santa Catarina as tropas debandaram. Em Minas, o movimento segue a mesma diretriz, tendo os rebeldes tomado os pontos estratégicos em Belo Horizonte.

Ao mesmo tempo, outra coluna armada saiu da Paraíba, comandada pelo *tenente* Juarez Távora, depôs Estácio Coimbra, o governador de Pernambuco, e dirigiu-se para Alagoas, Sergipe e Bahia. Não houve resistência no Piauí, ao passo que, no Pará, os combates contra as forças do governo puseram em fuga seus defensores. "No Rio Grande do Norte, Ceará, Maranhão, Alagoas e Sergipe, os governadores fugiam antes de resistir ou no correr dos pequenos combates."[12]

O fato é que o presidente Washington Luís, convencido de que a situação estava sob seu domínio, mal informado por seu Estado-Maior, perdera o controle das Forças Armadas e das polícias. O país e o conjunto de suas instituições pareciam entrar em colapso. Em Itararé, cidade estratégica para a ocupação de São Paulo, as tropas federais preparavam-se para atacar os sublevados que vinham do Sul, quando um grupo de generais e almirantes da Capital resolveu intervir, obrigando o presidente a entregar o poder aos emissários do chefe do movimento revolucionário. Como se sabe, a "batalha de Itararé", que seria decisiva, não ocorreu.

Criou-se uma Junta Pacificadora com os generais Mena Barreto e Tasso Fragoso, mais o almirante Isaías Noronha. Há indícios de que a Junta estava informada da gravidade e dos detalhes da crise e tudo fez para evitar uma guerra civil. Tanto que, quase sem discussão, aceitou o nome de Getúlio Vargas como solução de compromisso, para o que concorreram a atuação

---

[12] Descrição do quadro nacional naquela conjuntura, bem como das forças político-militares, lideranças e ideologias, pode ser encontrada em Edgard Carone, em seu livro *Revoluções do Brasil contemporâneo (1922-1938)*, São Paulo, Ática, 1989, 4ª ed., pequena obra precursora das interpretações posteriores sobre a Revolução de 1930 (ver, sobretudo — no capítulo "De Washington Luís a outubro de 1930" —, o subcapítulo "A revolução de 1930", pp. 70-2). Para um cotejo de interpretações, consultem-se, além da obra de Carone, *A República Nova (1930-1937)*, já citada (especialmente pp. 283-311), as análises de Thomas Skidmore, *Brasil: de Getúlio a Castelo*, Rio de Janeiro, Paz e Terra, 1975 (principalmente cap. I, "Era de Vargas, 1930-1945", subcapítulo "Uma revolução de elite", pp. 21-54); e, também, de Boris Fausto, "A crise dos Anos Vinte e a Revolução de 1930", em Boris Fausto (org.), *História geral da civilização brasileira. O Brasil republicano: sociedade e instituições (1889-1930)*, t. III, vol. 2, Rio de Janeiro, Difel, 1977, pp. 401-26. Para um leitor que deseje ir além da vida política, sugere-se, no mesmo volume, o artigo de Alfredo Bosi, "As letras na Primeira República", pp. 292-319.

Revolução de 1930 e República Nova (1930-1937)

de Osvaldo Aranha, que em 25 de outubro chegou de avião ao Rio, proveniente de Porto Alegre, e de Juarez Távora, vindo do Nordeste no dia 28. Naqueles dias, o general Tasso Fragoso tornara-se a figura-chave na negociação; de fato, ocupou a direção do país e das negociações do dia 24 de outubro ao dia 3 de novembro de 1930.

Nessa última data, Vargas chegou à Capital, logo assumindo provisoriamente a presidência. Entretanto, a Junta não aceitou que ele assumisse o governo como presidente *eleito* para o quadriênio 1930-1934 (no cabresto ou não, quem vencera as eleições fora Júlio Prestes).

Embora considerando Getúlio delegado da Revolução, a Aliança Liberal foi cautelosa, pois lançou uma declaração, aceita por ele, descrevendo sua luta como "uma contrarrevolução para readquirir a liberdade, para restaurar a pureza do regime republicano e para a reconstrução nacional". Cauteloso, em seu discurso de posse em 3 de novembro de 1930, define a revolução como ato da "vontade do povo", fugindo "ao exclusivismo de determinadas classes. Nem os elementos civis venceram, nem estas impuseram àquelas o fato consumado". Mas do discurso também consta:

> "Assumo, provisoriamente, o Governo da República, como delegado da Revolução, em nome do Exército, da Marinha e do povo brasileiro."[13]

Insurreição, revolução ou contrarrevolução? Nem o empresariado, nem as forças populares e sindicais tiveram participação direta no movimento... Afinal, qual o projeto da Revolução?

O PROJETO DA REVOLUÇÃO

Em suas linhas gerais, um esboço de projeto do programa da Aliança Liberal aparecera no *Manifesto* (redigido pelo ministro Lindolfo Collor, gaúcho progressista, culto e independente), "primeiro sistema efetivo de

---

[13] Edgard Carone, *A República Nova (1930-1937)*, São Paulo, Difel, 1974, p. 283. O historiador oferece excelente narrativa, nessa obra já referida, acerca do papel do Governo Provisório e seus limites, mas também da posição de São Paulo em face do tenentismo, das oligarquias dissidentes, da consolidação do tenentismo nos Estados, da resistência à Constituinte e a Revolução de 1932, e também da tentativa de golpe do general Góes Monteiro e da consolidação das novas oligarquias, pp. 283-325.

garantias do trabalho frente ao capital", segundo Darcy Ribeiro. Nele se propunha:

> "a adoção de um código de trabalho que assegurasse seguro social, salário mínimo e férias a todos os trabalhadores; reforma da lei eleitoral, do sistema judiciário e do ensino; anistia a revolucionários de 1922 e 1926; liberdade de pensamento; a defesa do café e da pecuária."[14]

Presidida por Getúlio, a equipe do novo governo foi composta por: Osvaldo Aranha, ministro da Justiça; Lindolfo Collor, ministro do Trabalho, Indústria e Comércio; José Maria Whitaker, ministro da Fazenda; general Leite de Castro, ministro da Guerra; Isaías Noronha, ministro da Marinha; Joaquim Francisco de Assis Brasil, ministro da Agricultura; Afrânio de Melo Franco, ministro do Exterior; José Américo, ministro da Viação; e Francisco Campos, ministro da Educação. Por discordar da política da queima de café, o paulista Whitaker foi substituído, em novembro de 1931, por Osvaldo Aranha.

Em plena crise, com a queda brutal do preço do café, a situação social tornara-se gravíssima, com cerca de 2 milhões de desempregados. Em 1931, a dívida externa obrigaria o governo a declarar moratória unilateral.

O gaúcho Osvaldo Aranha — bem preparado, decidido e cosmopolita — será doravante a figura de proa do regime. Nascido em Alegrete em 1894, formou-se em Direito no Rio de Janeiro, comandou as forças do governo na repressão à Revolução Federalista de 1923, foi Secretário do Interior e da Justiça do presidente da província Getúlio Vargas. Conspirador do movimento que levou a 1930, foi ministro do governo provisório de Vargas nas pastas da Fazenda, do Interior e da Justiça. Embaixador em Washington em 1934, chefiou a delegação brasileira em Nova York na criação da ONU, em

---

[14] Cf. A Revolução de Trinta, verbete 660, em Darcy Ribeiro, *Aos trancos e barrancos: como o Brasil deu no que deu* [*T&B*], Rio de Janeiro, Guanabara, 1985, s.p. Ver também os verbetes 658 e 659. Em 1931, ano do cordeiro, cf. os verbetes 674 e 684 (neste lê-se, ainda segundo Darcy: "Os ventos de Moscou desencadeiam o *obreirismo*: os operários tomam o poder no Partido Comunista, expulsando intelectuais pequeno-burgueses: Astrojildo Pereira, Leôncio Basbaum, Rachel de Queiroz, e recusando a inscrição de Prestes, que só conseguiria ingressar no partido muitos anos depois, por ordem expressa do Komintern").

Revolução de 1930 e República Nova (1930-1937)

1947, tendo presidido uma das sessões (com atuação decisiva na criação do Estado de Israel). Saiu do governo de Vargas em 1944 e com ele retornaria, então como ministro da Fazenda (1953-1954).

Morreu no Rio de Janeiro em 1960, deixando uma legenda de herói romântico e galante, o que não era difícil naquela galeria de personagens opacos (muitos deles caricaturais, como Lourival Fontes e Góes Monteiro) que se acercou de Getúlio Vargas; ou foram por ele escolhidos. Figuras que pareciam ter saído de pinturas do expressionismo alemão, do clima de pesadelo do precursor dos filmes de horror *O gabinete do doutor Caligari* (Alemanha, direção de Robert Wiene, 1919) ou de algum filme mudo de terceira categoria.

O Ministério do Trabalho foi oferecido ao gaúcho Lindolfo Collor, que se cercou de juristas socialistas, como Evaristo de Moraes e Joaquim Pimenta, os primeiros a propor, na perspectiva do Estado, garantias para os trabalhadores frente ao capital. Ao notar traços de continuísmo, Collor logo se desligaria de Vargas. Em 1931, o governo reconhece oficialmente o primeiro sindicato operário, enquanto anula contratos com empresas estrangeiras, como o firmado em 1920 com a Itabira Iron Ore Company, de Percival Farquhar, assumindo uma atitude nacionalista.

Tais propostas chocavam-se com a mentalidade do empresariado retrógrado, intimidado com movimentos paralelos de tomada de poder, com propostas de cunho socialista revolucionário, como ocorreu em Itaqui.[15] Além disso, três mil gaúchos de bombachas e lenço vermelho (agora símbolo dos maragatos mas também da Coluna Prestes) dirigiram-se à Capital da República, amarrando seus cavalos no obelisco da avenida Rio Branco, em pleno centro do Rio de Janeiro, sob aplausos dos cariocas. Pouco tempo depois as oligarquias paulista, mineira e carioca evocariam com ódio tal ato simbólico dessa "subida dos bárbaros do Sul".

A partir de então, na história da República, o Rio Grande do Sul deixava de ser uma província distante, marginal, meramente uma região fronteiriça do país. Revelava-se uma nova elite, com seus valores e métodos de fazer política, com sua cultura. As elites polidas e internacionais de Pelotas e outras cidades gaúchas se faziam conhecer.

---

[15] O movimento revolucionário de cunho socialista que ocorreu em Itaqui (RS), em 1930, visava à instalação de um governo de soldados, operários e camponeses (cf. A Revolução de Trinta, verbete 661, em Darcy Ribeiro, *T&B*, cit.).

O Gabinete Negro

Getúlio assume o poder orientando-se pelo seu reservado *Gabinete Negro*, do qual participavam Osvaldo Aranha, Góes Monteiro, Juarez Távora, João Alberto e Pedro Ernesto. Com exceção de Minas, o presidente entrega o governo dos Estados a *tenentes* ou a seus aliados civis, interventores, como foi o caso de Juracy Magalhães (na Bahia), Moreira Lima (no Ceará), Ari Parreiras (no Rio) e Pedro Ernesto (no Distrito Federal). Por curto período, Juarez Távora (o vice-rei do Norte) ocupou-se dos Estados do Norte e Nordeste.

Góes Monteiro e Osvaldo Aranha criam a Legião de Outubro, para organizar o movimento e combater não só os "carcomidos" da República Velha como também os radicais, ou seja, os direitistas reacionários e os comunistas. Osvaldo Aranha, a personagem mais cosmopolita e interessante do movimento, em 5 de novembro de 1930, dirá ao jornal *Correio da Manhã* que o governo não tinha programa:

> "O programa da revolução é moralizar e poupar. Hei de cumpri-lo. Serei inflexível com tudo o que for supérfluo e acabaremos com os esbanjamentos."

Góes Monteiro — já chefe militar da revolução, com tendência "radicalmente nacionalista" — propunha a "eliminação dos quistos latifundiários e de outras excrescências mortas".[16]

Contra os "carcomidos" da República, que passava a ser denominada "República Velha", buscando esses seus inimigos, o movimento revolucionário criou um tribunal especial de cinco membros para julgá-los. Alguns se refugiaram em embaixadas e consulados (como Júlio Prestes), outros fugiram para o exílio. Denúncias levaram ao tribunal gente que serviu o governo de Washington Luís ou apoiou a candidatura de Júlio Prestes, como Gilberto Amado, João Mangabeira e Manuel Vilaboim. Também foi detido (e logo solto) o liberal José Maria Bello, que, no calor da hora, resguardados os traços ideológicos de sua visão de mundo, escreveria a conhecida *História*

---

[16] Ver a análise de Manuel Correia de Andrade, *A Revolução de 1930*, São Paulo, Mercado Aberto, 1988, 2ª ed., pp. 57-60 (a primeira edição é de 1980, publicada na Coleção Contemporânea, da Moderna, sob o título *1930: a atualidade da Revolução*).

da República, obra de referência e de grande atualidade. Não por acaso escreveria no fim de seu livro:

> "O sr. Getúlio Vargas, calmo, sorridente e enigmático, parecia comprazer-se em discreto plano [...] A revolução 'democratizante', salvo as velhas e definidas aspirações de 'justiça e representação', marchava, à sombra do pânico tão bem estimulado dos extremismos da direita e da esquerda e das angustiosas apreensões da nova guerra mundial, como todas as do seu tipo, para a ditadura salvadora sobre a base, tão nova no Brasil, do direto apoio emocional das massas."[17]

Um tribunal indiciou até partidários da candidatura Vargas, como Artur Bernardes e Epitácio Pessoa, e muitos tiveram seus direitos políticos cassados.[18]

O Partido Democrático de São Paulo apoiara Vargas na campanha eleitoral e agora cobrava dividendos... Como interventor em São Paulo, Vargas acabou por nomear o capitão João Alberto, pernambucano, que constituiu um secretariado composto de personalidades da linha de frente do mundo financeiro e da administração paulista. O que não bastou para evitar o confronto, que poucas semanas depois levaria à Revolução Constitucionalista de 1932.

O novo governo, marcado por centralismo ao mesmo tempo autoritário e progressista, concede anistia aos militares e civis condenados desde 1922. Numa primeira hora conduzido pelos *tenentes*, o processo logo daria espaço à criação de um patriciado burocrático, nacionalista e paternalista.

Derrotada, a "República Velha" — sustentada na política familiar e coronelística de proprietários rurais, como os Acioly, no Ceará; os Rosa e Silva, em Pernambuco; os Pires Ferreira, no Piauí; os Caiado, em Goiás; os Néry, no Amazonas — via-se substituída por esses aguerridos jovens reformistas da burguesia e da pequena burguesia ascendente. O centralismo do novo governo, já agora assumido como revolucionário, diminuiu a força dos

---

[17] José Maria Bello, *História da República (1889-1930): síntese de quarenta anos de vida brasileira* (nova edição revista e acrescida de nove capítulos), Rio de Janeiro, Organização Simões, 1952, p. 340.

[18] Cf. Manuel Correia de Andrade, *A Revolução de 1930*, cit., p. 56.

poderes locais, profissionalizando o Exército, que, cada vez mais, responde aos anseios da pequena e média burguesias. O novo governo oferece programas de incentivo à industrialização, amenizando o impacto da legislação trabalhista, e dá início à conquista do empresariado rural, estimulando pecuaristas e beneficiando os agricultores, com socialização das perdas na venda das safras.

Assim, esboçava-se um *capitalismo de Estado* e fortalecia-se o estamento burocrático e militar, diminuindo o poderio das classes empresariais liberais, com suas lideranças praticamente anuladas.

A Revolução Constitucionalista de 1932 constituirá uma reação a essa situação.

Perfil de Vargas: da ascensão ao suicídio

O gaúcho Getúlio Dornelles Vargas nasceu em São Borja, Rio Grande do Sul, em 19 de abril de 1883 e suicidou-se no Palácio do Catete, no Rio de Janeiro, no dia 24 de agosto de 1954.

Homem da fronteira, em 1930 Vargas já apresentava uma razoável folha de serviços, pois fora ministro da Fazenda do governo Washington Luís (1926-1930) e elegera-se presidente do Estado do Rio Grande do Sul em 1927.

Quem foi esse personagem que marcou o século XX brasileiro?

Para Gustavo Capanema, futuro ministro de Educação, Saúde e Cultura (na composição com os políticos mineiros que apoiaram seu nome), o primeiro encontro com Vargas no Catete foi decepcionante. O novo presidente causou-lhe uma "impressão penosa". O mineiro traçou um perfil péssimo de Getúlio: "Homem frio, inexpressivo; não achei nenhuma flama, nenhuma simpatia para aquele momento criador".

Capanema, em reunião na companhia de Francisco Campos, o futuro jurista da Carta de 1937 e do Estado Novo, anotou ainda, com aguda ironia:

> "Cheio de reticências, de silêncios, de ausência; olhando para cima, não olhando para a gente; um riso difícil, um riso sem alegria, sem malícia, mas com maldade; um físico redondo, com pequena estatura, com um ventre dilatado, as pernas apertadas numas calças brancas curtas; sapatos de fantasia; sem gravidade, sem emoção; uma pronunciação estranha do gaúcho; enfim, uma figura incapaz de seduzir, de incitar ao trabalho, de convocar

Revolução de 1930 e República Nova (1930-1937)

ao sacrifício, de organizar uma nação apenas saída da fornalha revolucionária."[19]

Talvez o ilustrado católico Capanema tenha se arrependido do que escreveu, pois sua convivência no ministério com o ditador (e sobretudo com maior domínio do poder por parte de Vargas, menos cauteloso em seus passos), por certo tal descrição de primeira hora seria alterada em vários aspectos. Além disso, o homem da fronteira gaúcha e o homem do interior mineiro encontravam-se, naquele momento, face a um país traumatizado, atolado numa crise nacional e internacional sem precedentes (e seu presidente, recém-apeado do poder, exilado). Mesmo para o próprio Getúlio, que vinha da periferia (da região das antigas Missões jesuíticas), sua ascensão não era dada como certa; e, em contexto com tantos outros pretendentes ao poder central, foi mesmo quase surpreendente.

Não que o poder lhe fosse estranho. O pai de Vargas tinha sido general na Guerra do Paraguai e fora prefeito de sua cidade. Com efeito, o general Manuel Nascimento Vargas, casado com dona Cândida Dornelles, fazia parte do esquema político de Júlio de Castilhos (1860-1903) e do presidente do estado Borges de Medeiros. O jovem Getúlio quis ser militar, mas não obteve vaga na Escola de Cadetes, envolvendo-se em uma série de peripécias, inclusive em rebelião de caserna; como punição, suas pretensões ficaram limitadas a simples soldado raso, servindo no batalhão de Infantaria de Porto Alegre. Custou a engajar-se na vida profissional, frequentando apenas como aluno ouvinte as aulas na Faculdade de Direito da capital gaúcha. Quando o país, por questões de fronteiras, entrou em conflito com a Bolívia, Vargas foi anistiado para lutar no Acre. Ao regressar, começou a estudar formalmente, participando da corrente castilhista, marcada pela filosofia positivista.

Formou-se em Direito em 1907, tendo sido o orador de sua turma. No ano seguinte, casou-se com dona Darci e, dois anos depois, elegeu-se deputado à Assembleia Legislativa gaúcha. Em 1921 era líder da maioria. Ativo, falante e conciliador, não deixou, porém, de participar de vários entreveros entre os borgistas e seus inimigos. Em 1922, o governo de Borges de Medeiros rompeu com o governo federal e apoiou Nilo Peçanha, candidato da oposição à presidência. A oposição a Borges (que tentava sua recondução ao governo pela quinta vez) foi liderada por Assis Brasil e seus maragatos, mas,

---

[19] Ver A Revolução de Trinta, verbete 673, em Darcy Ribeiro, *T&B*, cit.

derrotada nas eleições, revoltou-se, reabrindo a luta entre federalistas e republicanos. Getúlio, deputado federal, conseguiu evitar a intervenção federal no Rio Grande do Sul em 1923. A seu lado, já estava atuando o jovem Osvaldo Aranha.

Com a eleição de Washington Luís, Getúlio foi nomeado ministro da Fazenda. Logo se elegeu presidente de seu estado (1927), sempre na linha do borgismo, criando o Banco do Rio Grande do Sul. Matreiro, incluiu em seu governo gente do Partido Libertador, proveniente das hostes de Assis Brasil (1857-1938), inimigo de Borges de Medeiros e líder do levante de 1923. Assis Brasil seria, depois de 1930, ministro da Agricultura e embaixador em Buenos Aires.

Quando foi lançada a candidatura do paulista Júlio Prestes à presidência e os mineiros contrapuseram a de Vargas, para dar sustentação a ela foi criada uma frente política nacional. O paulista ganhou nos votos, mas não assumiu o governo, pois ocorreu o levante que terminou por fechar o Congresso Nacional e empossou Getúlio, algo titubeante. O novo presidente logo teria que enfrentar a oposição de São Paulo, que se levantou em 1932 e perdeu, mas no campo de batalha, pois o governo federal ficou abalado, vendo-se obrigado a convocar eleições para uma Assembleia Constituinte em 1933.

A Constituinte fez a carta de 1934 e elegeu Getúlio para o quadriênio 1934-1938. Várias medidas centralizadoras e de caráter social foram tomadas por ele, atendendo usineiros, "flagelados" (expressão da época) pelas secas, o comércio e as classes médias emergentes (educação, saúde, atenção aos idosos, aposentadoria etc.).

Em 1935, houve novo levante, agora conduzido pela Aliança Nacional Libertadora. Vargas aproveitou o ensejo para ampliar suas bases militares e, como o Congresso demorasse a marcar as eleições presidenciais de 1938, ele fecha o Congresso, em 10 de novembro de 1937, e decreta a implantação do Estado Novo. O jurista Francisco Campos (1891-1968), extremamente conservador, estendeu o mandato para seis anos, com o instituto de reeleição e concentrando mais poderes na presidência.

No dia 27 de novembro, Vargas mandou queimar as bandeiras estaduais e, em 2 de dezembro, extinguiu os partidos políticos. Vargas tomara gosto pelo poder. Era a Ditadura do Estado Novo.

As hesitações de Getúlio cessaram. Agora, com o apoio dos generais Góes Monteiro e Gaspar Dutra, o gaúcho dominava a máquina. Passou a criticar a "democracia dos partidos", defendeu o regime forte, suspendeu o pagamento da dívida externa (em março de 1940), cortou o imposto interestadual e sufocou a liberdade de imprensa. Numa época de ditadores e de fortalecimento dos Estados-nação pelo mundo todo, Getúlio, carismático e sem oposição forte, com total controle do sistema radiofônico (a principal mídia da época), agora tornara-se ídolo nacional. Sua artimanha era conquistar, seduzir, cooptar as oligarquias regionais nos estados, para controlá-las de perto. O que fez, inclusive, com São Paulo, tendo Armando de Salles Oliveira e Adhemar de Barros como seus representantes na "terra do café".

Endossou várias medidas sociais, voltadas para o mundo do trabalho. Mas, preocupado com a questão da independência nacional, obteve do governo Roosevelt, em 1940, financiamento para as instalações da usina siderúrgica de Volta Redonda e da hidrelétrica de Paulo Afonso, e para a compra de navios para o Lloyd Brasileiro e equipamento militar para modernização das Forças Armadas.

Símbolo concreto desse momento foi a construção do vetusto Ministério da Guerra, em 1931, pelo arquiteto e professor Cristiano Stockler das Neves, professor da Escola Mackenzie, cuja contraposição, no campo da Arquitetura, foi a construção do edifício arrojado e moderno do Ministério da Educação, Cultura e Saúde, projeto de 1936, coordenado por Lúcio Costa e tendo como consultor Le Corbusier.[20]

Iniciado o esforço de guerra, iria ocorrer, por fim, a participação sempre protelada do Brasil ao lado dos Aliados. Com sua posição hesitante, Getúlio jogara habilmente entre o Eixo e os Aliados, obtendo recursos de ambos os lados. Nesse jogo, procurou construir a infraestrutura que os governos da República Velha tinham deixado de fazer, implementando iniciativas no plano industrial (a Fábrica Nacional de Motores), no plano energético ("O Petróleo é Nosso") e na indústria do papel (grupo Klabin).

Favoreceu interesses e atendeu a pressões dos norte-americanos (bases aéreas no Nordeste, sobretudo em Natal e Recife), e conseguiu que o governo inglês passasse as minas de ferro da Itabira Iron Company para o governo brasileiro (a mineração do ferro que tanto amargurou o poeta e chefe de gabinete de Capanema, Carlos Drummond, vendo aquela "perda irrepará-

---

[20] Colaboraram, ainda, no projeto: Oscar Niemeyer, Affonso Eduardo Reidy, Carlos Leão, Jorge Moreira e Ernani Vasconcellos. Ver Lúcio Costa, *Sobre arquitetura*, Porto Alegre, Centro dos Estudantes Universitários de Arquitetura, 1962, p. 355.

vel"), expropriação cobrada pelos ingleses, quando se instalou a Companhia Vale do Rio Doce.[21]

Com o fim da guerra, em 1945, o Brasil garantira seu lugar na ordem internacional, contando não só com a simpatia de Roosevelt e da política externa norte-americana mas também com a ação de Osvaldo Aranha. Com a criação da ONU, por oposição da Inglaterra e da União Soviética, o Brasil não foi indicado como membro permanente do Conselho de Segurança, embora agora estivesse automática e inescapavelmente alinhado à política dos norte-americanos; e por muito tempo, como se verá.

Pressionado, Vargas foi deposto em 29 de outubro de 1945, mas ainda conseguiu criar dois partidos: o Partido Social Democrático (PSD) e o Partido Trabalhista Brasileiro (PTB), em verdade, um contraforte aos comunistas. E, sobretudo, logrou enredar o movimento operário nas malhas do Estado, controlando-o por meio de um sindicalismo de "pelegos" e de uma política corporativista — talvez o legado mais nocivo, que impediria a construção de uma sociedade moderna no segundo pós-guerra.

Antes de deixar o governo, concedeu anistia, libertou presos políticos (alguns em estado lamentável), permitiu a volta de exilados e restabeleceu relações diplomáticas com a União Soviética. Quem organizou sua deposição foi o general Góes Monteiro, que o denunciou por preparar novo golpe com o PTB e os comunistas.

Vargas retirou-se para São Borja, mas ajudou a eleger Gaspar Dutra, medíocre militar do Exército, que derrotou nas urnas o brigadeiro Eduardo Gomes (tenentista, participante dos 18 do Forte e de todas as revoluções de 1924 a 1935, frequentador de prisões; e um dos que depuseram Vargas), da UDN, partido de orientação liberal moderna, mas que reunia também velhas raposas das oligarquias e até ex-integralistas.

Já então Vargas denuncia que sua queda se devera a "forças internacionais". Passa a condenar o anti-industrialismo de Dutra (em verdade, um apático). Nas eleições de 1950, candidato de uma aliança do PTB com o PSP (do populista e paulista Adhemar de Barros), volta ao poder com 48,7% dos votos, batendo Eduardo Gomes, da UDN.

---

[21] Tal problema se prolongou até os anos 1980, como se lê na obra do combativo senador nacionalista Severo Gomes, *Companhia Vale do Rio Doce: uma investigação truncada*, prefácio de Paulo Sérgio Pinheiro, Rio de Janeiro, Paz e Terra, 1987. E o problema ainda persiste, sob outra roupagem.

Os desdobramentos da "Revolução"

Mas voltemos um pouco atrás, para melhor compreensão do sentido geral do movimento de 1930.

Já no ano seguinte, 1931, verificou-se que o quadro geral do país era bem mais dramático do que as novas lideranças imaginavam. Atolado em uma dívida de 267 milhões de libras-ouro, impunha-se a declaração de um moratória unilateral; a situação era tão grave, que, poucos meses mais tarde, Osvaldo Aranha viu-se obrigado a negociar outro *funding-loan*, em nome do governo brasileiro, ampliando prazos de pagamento da dívida.

No campo social, o governo reconheceu o primeiro sindicato operário (estivadores do porto da cidade do Rio de Janeiro), iniciando a implantação de uma série de leis trabalhistas. E, no campo econômico-político, anulou o contrato com a Itabira Iron, firmado em 1920, ato simbólico que dava início a uma série de nacionalizações.

Na educação, o mineiro Francisco Campos, de perfil direitista, reestruturou o recém-criado Ministério de Educação e Saúde. E redefiniu o ensino, criando as bases do novo ensino médio, que se expande a partir de então. Chico Campos abriu a discussão sobre a tardia criação da universidade e criou o Conselho Federal de Educação. Os católicos, tradicionais donos da Educação, vendo seus interesses ameaçados, reagiram, julgando o ministro "comunista". Ironias da história. Vargas, aliás, era visto pela Igreja como ateu e positivista, mas amenizou o fato, ao permitir o ensino religioso nas escolas públicas, proibido desde 1924, para decepção dos positivistas (já em declínio) e para os defensores da escola laica...

O decreto que criou a Lei de Sindicalização legalizava a luta pelas reivindicações operárias, mas criava a figura dos "pelegos", permitindo assembleias com a presença de fiscais do governo. São proibidas as "ideologias sectárias", ou seja, todas as que não estivessem de acordo com a nova ordem. Os sindicatos são reconhecidos como órgãos representativos das diversas categorias, e até como órgãos auxiliares do Estado, porém com seu funcionamento dependendo da chancela do recém-criado Ministério do Trabalho, Indústria e Comércio.

Mas havia uma faceta repressora ativa na atenção do governo aos problemas sociais, pois Batista Luzardo, chefe de polícia do Rio, traz do Departamento de Polícia de Nova York dois consultores especializados em técnicas antissubversivas, para dar instruções no combate ao comunismo no país.

Como referido no capítulo anterior, Prestes rompeu com o governo logo no início da Revolução, em manifesto dirigido ao proletariado urbano, aos trabalhadores do campo e aos pobres, despossuídos e desenraizados em geral. A Revolução, achava ele, ia perder-se caso não atacasse os latifundiários e o imperialismo norte-americano. Era a ruptura do *prestismo* com o *tenentismo*. Na esquerda, Astrojildo Pereira deixara (ou fora obrigado a deixar) o Partido Comunista e, com autocrítica, passara a escrever novos ensaios marxistas, somente voltando à militância em 1945, com Prestes. Tais conflitos internos marcaram a História dos Partidos Comunistas no Brasil, como revelou Gildo Marçal Brandão em sua obra *A esquerda positiva: as duas almas do Partido Comunista (1920-1964)*.[22]

Ainda na esquerda, organiza-se a Liga Internacionalista, defensora da "revolução permanente"; em São Paulo, com Mário Pedrosa, Lívio Xavier, Aristides Lobo; e, no Rio, com Edmundo Moniz, Rodolfo Coutinho e outros trotskistas.

O empresariado industrial permanece preso a velhas fórmulas, com raras exceções de inovadores com alguma visão social, que, entre outras, construíram vilas operárias de boa qualidade, como dois cariocas — mas fundadores da Ciesp, depois Fiesp (1928) — Jorge Street (1863-1939) e, mais jovem, Roberto Cochrane Simonsen (1889-1948).

A direita se organiza e promove a marcha, em Belo Horizonte, dos *camisas verdes* do Integralismo, com Capanema, Chico Campos, Afonso Arinos, Benedito Valadares e Olegário Maciel (este, envergonhado, veste paletó comum sobre o uniforme.). O regime corporativo é defendido por gente como Oliveira Vianna, Tristão de Ataíde, Plínio Salgado, todos ideólogos ativos da Direita, alguns seguindo o modelo italiano. No Rio, Lourival Fontes lança a revista *Hierarquia*, com San Thiago Dantas, Otávio de Faria, Plínio Salgado e outros.

No plano cultural, a efervescência inicia-se com Lúcio Costa revolucionando a Escola Nacional de Belas Artes,[23] ao inaugurar o XXXIX Salão Nacional de Belas Artes (o *Salão Tenentista*, que não se perdia pelo nome),

---

[22] Gildo Marçal Brandão, *A esquerda positiva*, São Paulo, Hucitec, 1997. Nessa obra, escrita com rigor e brilho pelo sociólogo-historiador e cientista político paulista, esmiúçam-se os principais conflitos travados na esquerda brasileira de modo geral, em estudo que auxilia a compreensão de muitos impasses e ambiguidades atuais.

[23] Lúcio Costa dirigiu a Escola Nacional de Belas Artes apenas de 8 de dezembro de 1930 a 10 de setembro de 1931. Cf. Lúcio Costa, *Sobre arquitetura*, cit., p. 41.

com Anita Malfatti, Brecheret, Di Cavalcanti, Guignard, Cícero Dias e Ismael Nery.

Num quadro econômico grave, voltava-se à política de revalorização do café, com a queima de 2,8 milhões de sacas. No ano seguinte, queimavam-se 9 milhões; em 1933, metade da safra (14 milhões) e, em 1944, a enormidade de 78 milhões de sacas.

Mais uma vez, o Nordeste é assolado por uma seca devastadora, abalando a economia pecuária. O paraibano José Américo de Almeida, ministro da Viação e Obras Públicas nomeado por Getúlio, criou frentes de trabalho, empregando 200 mil flagelados, despossuídos sobrevivendo abaixo da linha da miséria. Antes de se tornar ministro, escreveu o livro clássico *A bagaceira* (1928), que, com a obra *O quinze* (1930), da cearense Rachel de Queiroz, abriu a vertente regionalista da moderna ficção literária brasileira. Muito jovem, Jorge Amado publica *País do Carnaval* (1931), *Cacau* (1933) e *Suor* (1934), dando início a uma produção centrada na questão social.

A mudança de mentalidade ocorrida nesse período pode ser acompanhada pela produção de obras literárias da maior importância, combinando em tom de denúncia o realismo, o modernismo e o regionalismo. Como escreveu Alfredo Bosi:

> "Essa compreensão viril dos velhos e novos problemas estaria reservada aos escritores que amadureceram depois de 1930: Graciliano Ramos, José Lins do Rego, Carlos Drummond de Andrade... O Modernismo foi para eles uma porta aberta: só que o caminho já era outro."[24]

O CENTRALISMO DE VARGAS

Num golpe frontal às oligarquias e às autonomias estaduais, Vargas federaliza setores básicos da economia, começando pela criação do Departamento Nacional do Café, procurando atender às elites da economia cafeeira. O Departamento, comprador e depositário das enormes safras, vai transformar-se na maior agência do poder econômico federal, controlando, ao mesmo tempo, não só comissários oficiais mas também contrabandistas. Para envolver e pautar o empresariado paulista, nomeia interventor em São

---

[24] Alfredo Bosi, *História concisa da literatura brasileira*, São Paulo, Cultrix, 1976, 2ª ed., p. 430.

Paulo o paulistano Armando de Salles Oliveira, filho da oligarquia liberal--conservadora local. Vargas criaria, em seguida, o Instituto do Cacau (Bahia, 1931), o Instituto do Açúcar e do Álcool (1932), e, mais tarde, o do Mate (1938), o do Pinho e o do Sal (ambos em 1941).

O valor da produção industrial igualava-se então àquele da agrícola, mas isso não ocorria com o peso político do empresariado urbano em relação ao coronelato rural. Com efeito, os patrões urbanos tinham menor controle político de seus empregados que os rurais. Em consequência, como observou Darcy Ribeiro, as atenções do governo voltaram-se mais para o campo, como no caso da "moratória decretada para a dívida dos agricultores com a redução simultânea de 25% do salário, imposta pela maioria das empresas privadas".[25]

A Revolução demorara a institucionalizar-se, o que deu ensejo aos motins que ocorreram em algumas capitais, com os tenentistas depondo interventores. As Forças Públicas de São Paulo e de Pernambuco levantaram-se, foram reprimidas, e logo anistiadas. O "governo provisório" e Vargas pareciam querer eternizar-se como provisórios (à semelhança de "medidas" que também levam tal adjetivo atualmente). Os inquietos *tenentes* propuseram reformas, não desejando a reconstitucionalização, temerosos da retomada da máquina estatal pelas oligarquias. A legalidade, ou seja, a defesa do *status quo* anterior, passa então a ser defendida pelas elites, sobretudo em São Paulo.

Revolucionários como Batista Luzardo, João Neves da Fontoura e Lindolfo Collor afastam-se do governo, pressionando Getúlio pela reconstitucionalização e liberdade de imprensa. *O Diário Carioca*, defensor da recons-

---

[25] Cf. ano de 1931, verbete 695, em Darcy Ribeiro, *T&B*, cit. Vale notar que Darcy foi, a um só tempo, participante e estudioso de muitos dos acontecimentos por ele verbetados, motivo pelo qual utilizamos sua cronologia — nem sempre agradável à academia — como referência constante para o período tratado. Nascido em Montes Claros (MG), em 26 de outubro de 1922, tendo falecido em Brasília em 17 de fevereiro de 1997, Darcy foi membro do Partido Comunista, como tantos outros intelectuais jovens. Com 23 anos no fim do Estado Novo, torna-se também personagem da história contemporânea brasileira. Um pouco de sua formação pode ser encontrada em "Depoimento de Darcy Ribeiro" (dado a Luís Grupioni e Maria Denise Fajardo Grupioni), em *BIB — Revista Brasileira de Informação Bibliográfica em Ciências Sociais*, nº 44, Rio de Janeiro, jul.-dez. de 1997, pp. 3-30. Mais recente é a excelente coleção de suas entrevistas, com o título *Darcy Ribeiro: encontros*, apresentação de Guilherme Zarvos, Rio de Janeiro, Azougue, 2007. Ver também suas *Confissões*, São Paulo, Companhia das Letras, 1997.

titucionalização, é empastelado por *tenentes* e, desses, são afastados do governo aqueles que exigiam reformas radicais.

São Paulo, o mais importante estado da Federação, tornara-se o polo central da resistência à Revolução de 1930. Para o Partido Republicano Paulista (PRP), a nomeação do pernambucano João Alberto como interventor federal (26/11/1930) configurava uma afronta, invasão indevida nos negócios de um Estado economicamente forte e que fornecera tantos quadros dirigentes para a República.

A propaganda foi violenta, culminando com o apelo à convocação imediata da Constituinte. João Alberto é obrigado a demitir-se (25/9/1932), mas nem sua substituição por um triunvirato, presidido por Pedro de Toledo (1932), acalmou a opinião pública paulista. A Faculdade de Direito, com seus estudantes — um reduto de representantes do republicanismo histórico, de onde saíram alguns dos ex-presidentes da República Oligárquica —, torna-se o principal foco político-ideológico do país.

São Paulo, 1932: contrarrevolução ou revolução?

Em 1932, as oligarquias paulistas rebelaram-se contra a nomeação de um pernambucano como interventor para o governo do Estado, deflagrando a *Revolução Constitucionalista*, assim chamada porque as lideranças paulistas exigiam respeito aos princípios federalistas estabelecidos na Constituição republicana de 1891. Mobilizou-se então grande parte da população do estado contra o governo Vargas e seus interventores.

Contando com a Força Pública estadual, mais bem armada e equipada em relação ao Exército, os rebeldes paulistas resistiram durante três meses às forças do governo federal, mas, após meses de duras batalhas, renderam-se. Dalmo de Abreu Dallari assim descreveu o movimento:

> "Empolgados pelo ambiente de grande exaltação cívica e entusiasmados com as demonstrações de eficiência da Força Pública, os civis aderiram amplamente ao movimento. Indústrias foram rapidamente adaptadas para o fabrico de armas, munições e demais materiais de guerra. Surgiram, da noite para o dia, carros de assalto, trens blindados e, o que teve maior importância, muitos batalhões de voluntários, apoiados por organizações femininas que cuidavam da preparação de roupas, alimentos, medicamentos de emergência e tudo o mais que fosse necessário para auxiliar os

combatentes. O governo paulista recorreu a empréstimos públicos de emergência e emitiu sua própria moeda, procurando doações espontâneas da população. [...] Era o Brasil contra São Paulo, fortalecendo-se a ideia de que a riqueza e o progresso de São Paulo eram os responsáveis pelo atraso por assim dizer *normal* do país. Em todas as instâncias e organizações, ideias de separatismo marcavam o debate."[26]

Sobre a mobilização contra São Paulo, prossegue Dallari:

"Para fazer frente a essa poderosa oposição armada, num Estado cuja contribuição era essencial para a estabilidade econômica do país, Getúlio Vargas mobilizou, praticamente, todo o resto do Brasil, com exceção de Mato Grosso, cuja guarnição federal aderiu a São Paulo. Não foi difícil essa mobilização, uma vez que as lideranças de muitos estados já vinham sustentando que o acúmulo de riqueza em São Paulo é que determinava o atraso das outras regiões."[27]

Juntaram-se então o PRP e o Partido Democrático em uma "frente única", com apoio das oligarquias paulistas e líderes de direita do Centro Dom Vital. O movimento — armado e cruento, com traços separatistas — deixou centenas de mortos. Destaquem-se a participação de um batalhão de negros e o morticínio dos cadiués do sul do Mato Grosso, envolvidos na guerra civil.

Sem a adesão do Rio Grande do Sul e de Minas, a Revolução Constitucionalista fracassou. Forte repressão — com prisões, cassações e deportações — abateu-se sobre as lideranças, inclusive as liberal-democratas. Júlio de Mesquita Filho, Paulo Duarte, Prudente de Morais, Isidoro Dias Lopes, Euclides Figueiredo, Agildo Barata, Bertoldo Klinger e Goffredo da Silva Telles foram exilados.

Também nesse ano, uma greve de ferroviários paralisou São Paulo e foi sufocada com violência.

[26] Dalmo de Abreu Dallari, *O pequeno exército paulista*, São Paulo, Perspectiva, 1977, pp. 60-1.

[27] *Idem*, p. 61.

A Revolução getuliana se aprofunda

Mas no campo social o governo federal avançava, institucionalizando a Carteira de Trabalho, decretando "salário igual para trabalho igual", jornada de oito horas, e licença-maternidade de um mês. E, sobretudo, incorporando os trabalhadores como força da ordem, desse modo descolando-os do movimento anarquista e do comunista, e criando um *mores* de peleguismo trabalhista, que marcará fundamente o movimento proletário até o fim dos anos 1970. Em 1933, a Revolução regulamenta a concessão de férias anuais para comerciários e bancários, estendido depois a trabalhadores da indústria e portuários. Finalmente, o governo, cumprindo item do programa da Aliança Liberal, promulga o Código Eleitoral, pelo qual se adotam a justiça eleitoral, o voto secreto e o voto feminino.

Em contrapartida — e revelando seu caráter fortemente classista —, Vargas decretou em 1933 a *Lei de Usura*, em princípio contra a usura, mas que, ao propor rebaixar os juros dos empréstimos, liberava os fazendeiros do pagamento de suas dívidas. Ainda em 1933, outro decreto, o de *Reajustamento*, socializava os prejuízos advindos com a crise econômica mundial, fazendo com que o Banco do Brasil assumisse metade da dívida dos cafeicultores e devolvesse centenas de fazendas de café hipotecadas por dívidas; e, ainda, pondo mais dinheiro nas mãos dos fazendeiros.[28]

Ainda em 1933, o governo aprofundou sua atuação no mundo do trabalho, com a criação do Instituto de Aposentadoria e Pensões dos Marítimos e, no ano seguinte, a do Instituto de Aposentadoria e Pensões dos Comerciários e a do Instituto dos Industriários, assegurando a todos direito a estabilidade no emprego.

A ideologia do Estado Novo começa a ser fermentada e cristalizada por Azevedo Amaral, Francisco Campos e pelo próprio Getúlio Vargas (que, aliás, escreveu pouco e de modo fragmentário, sem ter deixado um conjunto de ideias bem estruturadas). O debate é aberto com obras como *Problemas de nosso tempo*, de Hermes Lima, da esquerda reformista; o *tenente* Virgínio Santa Rosa publica o importante livro *Sentido do tenentismo*, contestado por Alcindo Sodré (que denuncia o tenentismo como golpe de militares contra a República liberal).

---

[28] Cf. Ano 1933, verbete 752, Darcy Ribeiro, *T&B*, cit.

Dentre os liberais, destacam-se Afonso Arinos, com *Introdução à realidade brasileira*; e, na direita, Plínio Salgado, ideólogo dos Integralistas, publica *Psicologia da revolução*, pitoresco estudo sobre o caráter brasileiro.

O pobre "sistema cultural" do país: o Brasil se redescobre

> "Nunca chegamos a possuir uma 'cultura própria'."
>
> Fernando de Azevedo, Anísio Teixeira e outros,
> *Manifesto dos Pioneiros da Educação Nova* (1932)

> "Em países de tradição universitária, a cultura une, solidariza e coordena o pensamento e a ação. No Brasil, a cultura isola, diferencia, separa. E isso, por quê? Porque os processos para adquiri-la são pessoais [...] O homem culto, à medida que se cultiva, mais se desenraiza, mais se afasta do meio comum e mais se afirma pelo exclusivismo e particularismo da sua luta pessoal pelo saber."
>
> Denúncia do educador baiano
> Anísio Teixeira, na década de 1930

Os anos 1930 foram marcados por um clima de grande efervescência cultural. Vivia-se como que um redescobrimento do Brasil, como se constata em (quando menos) duas análises inovadoras que surgem nesse momento, com os livros-fundadores *Casa-grande & senzala*, de Gilberto Freyre, e *Evolução política do Brasil*, de Caio Prado Jr. Essas obras inauguram as duas principais matrizes do pensamento brasileiro contemporâneo: a culturalista liberal moderna e a marxista não dogmática.

Contemporâneas são as obras de Graciliano Ramos (como *Caetés*), e a primeira audição da *Bachiana brasileira nº 1*, de Villa-Lobos.

O poeta mineiro Carlos Drummond de Andrade — que, atuando como chefe de gabinete do ministro de Educação, Cultura e Saúde Gustavo Capanema, vai tornar-se uma das personalidades mais importantes no governo "ilustrado" de Getúlio — publica em 1930 seu primeiro livro, *Alguma poesia*. Embora muito discreto, uma figura-chave do Brasil moderno, que atuará ao longo das cinco décadas seguintes.

Outro marco político-cultural importantíssimo daquele período foi o *Manifesto dos Pioneiros da Educação Nova* (1932), assinado pelo grupo-geração de Anísio Teixeira, Fernando de Azevedo, Hermes Lima, Paschoal

Revolução de 1930 e República Nova (1930-1937)

Lemme, Noemy Silveira, Cecília Meireles, Afrânio Peixoto, Almeida Júnior, Delgado de Carvalho, Roquette Pinto, Frota Pessoa, Francisco Venâncio Filho, Júlio de Mesquita Filho, entre outros, propondo uma reforma educacional em profundidade, pela Escola Pública de qualidade, laica, obrigatória e gratuita.[29] Era um grupo-geração que na época deveria estar, em média, por volta dos 30 anos de idade.

Refletindo sobre o "sistema cultural do país", o *Manifesto dos Pioneiros da Educação* faz um diagnóstico duro do ensino no Brasil, discutindo o papel do Estado e focalizando a educação como função pública, enumerando os valores educacionais a serem cultivados, defendendo a laicidade, gratuidade e obrigatoriedade, a coeducação; e, ainda, a descentralização, o alargamento do campo educativo das universidades e a formação de professores. Termina conceituando a democracia como "um programa de longos deveres". Importante é que, ao criticar duramente o empirismo grosseiro da administração escolar e propor a reconstrução total do sistema educacional, punham-se em combate contra a ordem anterior:

> "Esse empirismo grosseiro que tem presidido ao estudo dos problemas pedagógicos, postos e discutidos numa atmosfera de horizontes estreitos, tem as suas origens na ausência total de uma cultura universitária e na formação meramente literária de nossa cultura."

Mais radicais, os pioneiros da Educação Nova denunciam:

> "Nunca chegamos a possuir uma 'cultura própria', nem mesmo uma 'cultura geral' que nos convencesse da existência de um problema sobre objetivos e fins da educação."

Tal constatação soava como um brado de alerta que, nas próximas décadas, iria mobilizar vários setores da *intelligentsia* nacional em defesa da

---

[29] Paulo Ghiraldelli Júnior, *História da educação*, São Paulo, Cortez, 1994. Ver também o "Manifesto dos Educadores de 1959", em Roque S. Maciel de Barros (org.), *Diretrizes e bases da educação nacional*, São Paulo, Pioneira, 1960. E ainda "Anísio Teixeira, pensador radical", de Marta Maria de Araújo, Carlos Guilherme Mota e Jader de Medeiros Britto, em *Educação, contraideologia e cultura*, de Carlos Guilherme Mota, São Paulo, Globo, 2011.

Escola Pública, laica, universal e gratuita. Educadores como Darcy Ribeiro, Florestan Fernandes, Paulo Freire e inúmeros outros militantes da Educação (sobretudo os defensores da Escola Pública) foram tributários desse grupo-geração que os antecedeu. E pensadores, como o jurista e historiador Raymundo Faoro, também lhes são devedores: como não ver, na conclusão que encerra *Os donos do poder*, a inspiração proveniente do *Manifesto*, ao constatar, em 1958, a "frustração do aparecimento da genuína cultura brasileira"?

A Assembleia Constituinte de 1933 e a Constituição de 1934. A brevíssima Segunda República (1934-1937)[30]

Ainda no clima revolucionário, a recém-criada Justiça Eleitoral, pressionada, procedeu ao alistamento de eleitores para deputados à Assembleia Constituinte da Segunda República. Apesar de ser um avanço, com participação feminina e de "deputados classistas" eleitos pelos sindicatos profissionais de patrões e empregados (e com os mesmos direitos parlamentares), despontava então um embrião do corporativismo estatal.

Em 10 de novembro de 1933, foi aberta a Assembleia Constituinte para discutir um anteprojeto de Constituição, elaborado por comissão indicada pelo governo federal.

Promulgada no dia 16 de julho de 1934, a Constituição durou pouco, pois, em face das convulsões sociais, foi decretado Estado de Sítio em 1935. Os legisladores da Constituição da República de 1934 inspiraram-se na social-democracia da República de Weimar. A nova Carta determinava que o presidente fosse eleito pela própria Assembleia, definindo um mandato de quatro anos, com data marcada para expirar em 3 de maio de 1938. Extinguia-se o cargo de vice-presidente, prevendo que o presidente da Câmara Federal seria o substituto do Presidente em seus impedimentos. O número de senadores ficava reduzido a dois por Estado, independentemente do número de eleitores e de suas populações.

---

[30] Importante: vale lembrar, para bom entendimento das denominações, que *República Nova* refere-se ao período de 1930 a 1937, em oposição a *República Velha* (1889-1930). A brevíssima *Segunda República*, regida pela Constituição de 1934, logo se encerrou, com o golpe de 1937.

A Constituição criava a Justiça do Trabalho e fixava os interesses da nação no capítulo "Da ordem econômica e social". Quanto ao trabalhador, o artigo 120 garantia a pluralidade e autonomia dos sindicatos, fixava um salário mínimo, jornada de 8 horas e repouso semanal obrigatório, além de férias remuneradas e indenização por dispensa sem justa causa.

Todos os cidadãos passavam a ter direito ao recurso de *mandato de segurança* "na defesa de direito certo e incontestável ameaçado por ato manifestamente ilegal". Atendendo à direita católica, o casamento era considerado indissolúvel, tornando-se facultativo o ensino religioso (proibido nas escolas públicas desde 1924). A palavra "Deus" é, então, inscrita no preâmbulo da Constituição. Quanto à nova sociedade, o documento estabelece cota de 2% como máximo de imigrantes para cada etnia que entrasse anualmente no país.

Afirmando sua política econômica nacionalista, o governo cria novos órgãos estatais de controle da economia nacional.

Naquele mesmo ano, o governo promulgava o Código de Minas e o Código de Águas, base para a nacionalização das riquezas do subsolo, pelos quais se procurava defender os interesses nacionais face a grupos estrangeiros.

Finalmente, em 1934, uma jogada hábil ilustra bem o método getuliano no uso do poder, ao nomear para o Ministério de Educação e Saúde o mineiro Gustavo Capanema, por indicação do combativo e influente Alceu Amoroso Lima. O "dr. Alceu", católico então extremamente conservador, representava a ala mais conservadora da Igreja, e era importante sua avaliação do governo. (Como veremos, a presença mineira fará sentir-se ao longo do período, junto a Capanema e ao governo, sobretudo quando Carlos Drummond de Andrade, em pleno Estado Novo, foi indicado chefe de gabinete de Capanema.)

Ainda naquele ano de 1934, Juscelino Kubitschek, jovem ex-secretário do governador mineiro Benedito Valadares, elegia-se deputado estadual. Ele representaria, vinte anos depois, uma das duas vertentes mais importantes da política de *matriz getuliana*, a do PSD. Pouco depois, o paciencioso Tancredo Neves seria também expressão forte dessa linhagem do PSD mineiro; como se recorda, marcou sua trajetória por essa tendência obsessiva pela Conciliação, tornando-se o primeiro presidente civil eleito (não chegando a tomar posse), ao final da ditadura de 1964.

Vale a pena abrir parênteses para lembrar que tal PSD constituía uma cultura muito particular, de raiz mineira, mas com importantes ramificações pelo país, destacando-se, além de Tancredo e do almirante Amaral Peixoto (genro de Vargas), personalidades como Ulysses Guimarães, Renato Archer, Vieira de Melo, José Joffily, Oliveira Brito e Nestor Jost.[31]

Como se pode recordar, Tancredo, mineiro de São João del Rei, foi ministro de Getúlio, primeiro-ministro no regime parlamentarista nos anos 1960 e eleito para o governo de transição em 15 de janeiro de 1985, por um colégio eleitoral restrito, tendo por suplente o maranhense José Sarney, integrante da futura ala reformista e nacionalista da UDN, a "bossa nova", que deu apoio à reforma agrária e ao programa de estabilização econômica de João Goulart (o Plano Trienal, de Celso Furtado). Doente, foi internado em 14 de março, falecendo em 21 de abril. Com Tancredo internado, o vice Sarney assumiu a presidência em 15 de março, tornando-se presidente no dia 21 de abril de 1985.

Pois bem. Um dos traços neocoronelísticos de Vargas revelou-se quando da indicação do irritadiço Valadares, por ele nomeado, inesperadamente, para o governo de Minas. Ninguém entendeu a decisão, pois sua indicação deu-se em detrimento de interlocutores amigos de Vargas, nomes fortes como os dos citados mineiros Capanema, Francisco Campos e Virgílio de Melo Franco.

Qual a razão? A chave do mistério residia no fato de Benedito Valadares ser concunhado do primo de Getúlio e futuro governador do Rio Grande do Sul, Ernesto Dornelles. Agora, o presidente não só compensava o fiel católico Capanema — que não entrara na composição do governo Vargas na primeira hora — com o Ministério da Educação, mas também, de quebra, agradava à Igreja Católica, que o apoiava.

O cenário internacional mudara após a Primeira Guerra. Com a Revolução Russa de 1917 e a crise de 1929, o mundo polarizou-se entre duas tendências político-ideológicas antagônicas: a comunista, turbinada pela revolução soviética na Rússia; e a fascista (animada pela Itália fascista desde 1922) associada à nazista, em crescimento vertiginoso na Alemanha, sobretudo nos anos 1930.

A repercussão desses modelos no Brasil traduzia-se na Aliança Nacional Libertadora, à esquerda, que reunia vários grupos antifascistas e anti-imperialistas, sob a presidência de Prestes, apoiado pelos "tenentes" Miguel Costa, Agildo Barata, Silo Meireles e mais alguns jovens, como Caio Prado Jr.,

---

[31] Ver o inovador estudo de Lucia Hippolito, *PSD, de raposas e reformistas (1945-1964)*, Rio de Janeiro, Paz e Terra, 1985.

então com 23 anos. E, à direita, a Ação Integralista Brasileira (AIB, de orientação fascista, com Plínio Salgado, Miguel Reale, Gustavo Capanema, San Thiago Dantas, entre outros).

Os conflitos na Espanha conduziriam pouco depois, em 1936, à brutal Guerra Civil, verdadeira prefiguração da Segunda Guerra; na França, o *Front Populaire* se articulava diante do crescimento da direita fascista, enquanto os trabalhistas ingleses se reorganizavam após a Primeira Guerra. Nos Estados Unidos da América do Norte, o presidente Franklin Roosevelt punha em marcha o *New Deal*, programa mobilizador baseado em rígido planejamento de revitalização econômico-social, considerado muito progressista.

No Brasil, a intelectualidade mais atenta saía das brumas de sua amena consciência de atraso, denunciando a situação crítica do país em termos de miséria social, mesmo quando comparado a outros países, como a África do Sul e a Austrália. Descobria-se nosso atraso endêmico, com denúncias multiplicando-se nos escritos e estudos de Gilberto Freyre, Monteiro Lobato, Manoel Bomfim, Anísio Teixeira, entre tantos outros filhos de oligarquias empobrecidas, mas que tiveram o privilégio de sair para o exterior. De fato, era deprimente registrar-se apenas 1,5 milhão de eleitores para 20 milhões de habitantes adultos; e irrisórios 27% de matrículas para a população de 8 milhões de crianças e jovens em idade escolar.

Remoendo a derrota da Revolução Constitucionalista, frações da moderna elite paulista criaram, em 1934, a Universidade de São Paulo, centralizada idealmente pela Faculdade de Filosofia, Ciências e Letras, para a formação de uma nova elite e implantação de linhas de pesquisa sistematizada, num espírito interdisciplinar. Foi decisivo o apoio do interventor Armando de Salles Oliveira (21/8/1933-11/4/1935), que ofereceu condições a Paulo Duarte e Teodoro Ramos para contratarem missões de franceses, italianos, alemães e portugueses para a desprovincianização cultural. No ano anterior, aliás, entrara em funcionamento a Escola Livre de Sociologia e Política, a primeira voltada à implantação das ciências sociais modernas, também com professores estrangeiros de alto nível (Darcy Ribeiro e Florestan Fernandes foram alunos das primeiras turmas; e Roberto Cochrane Simonsen e Almeida Júnior seus fundadores e primeiros professores nacionais).

O LEVANTE COMUNISTA DE 1935 ("INTENTONA")

O ex-tenente Prestes fora indicado, em 1934, presidente de honra da Aliança Nacional Libertadora, por proposta de Carlos Lacerda, então comunista combativo. Seu programa era simples porém radical, ao defender o cancelamento da dívida externa, a nacionalização das empresas estrangeiras, a garantia das liberdades individuais e a reforma agrária.

O quadro político-institucional, porém, agravou-se com a insurreição comunista de 1935, que a ordem estabelecida denominou de "Intentona". Em julho de 1935, Getúlio Vargas dissolveu a Aliança (dirigida por Prestes, com apoio dos tenentes Miguel Costa, Silo Meireles, Agildo Barata e outros), que já contava com 1.600 núcleos em todo o território e, no Distrito Federal, conquistava a adesão de 50 mil eleitores. Com o fechamento, seus membros foram perseguidos e tiveram de agir, a partir de então, na ilegalidade ou no exílio.

Aos poucos, os liberais e moderados afastaram-se da ANL, quando o movimento passou a ser controlado por comunistas. A ação militar contra o governo Vargas ficou sob o comando de *tenentes* que haviam ingressado no Partido Comunista.

Em 23 de novembro de 1935, precipitadamente, o levante eclodiu em Natal, no Rio Grande do Norte. Agindo em nome da ANL, os rebeldes conseguiram controlar o governo do Estado durante quatro dias e fundaram uma Junta Governativa.

No dia seguinte, liderados por um grupo de "tenentes", os rebeldes tentaram tomar Recife, mas foram repelidos por tropas do governo, deixando mais de mil mortos. Em 25 de novembro, o governo central decretou estado de sítio em todo o país.

No Rio de Janeiro, liderados por Prestes e Agildo, os rebelados tentaram sublevar algumas unidades militares, inclusive em outros estados, mas sem sucesso, pois o levante em Natal dera a Getúlio tempo para preparar a reação. Em poucos dias, as tropas leais ao governo dominaram a situação. Agildo tomou o 3º Regimento de Infantaria, mas foi cercado e preso por Dutra, comandante do I Exército. Na Escola de Aviação, Eduardo Gomes domina o levante.

Os membros da ANL foram duramente perseguidos pelo governo Vargas. O presidente aproveitou a oportunidade para suspender todas as garantias civis que constavam da Constituição de 1934. No linguajar oficial, o movimento foi denominado como "intentona comunista",[32] em vez de usar as temidas palavras "reforma" ou "revolução".

---

[32] A escolha "intentava" depreciar o movimento, pois o significado da palavra remete a "plano insensato, motim frustrado".

Por que o movimento não deu certo? A versão dada pelo secretário-geral do partido, Antônio Bonfim, codinome Miranda (um neto de Antônio Conselheiro), era a de que o mesmo teria 100 mil membros. Só mais tarde se constatou que Miranda mentira, lamentava Prestes: "Era muito mais fácil [...] construir um partido nos quartéis que nas fábricas".[33]

Como concluiu Darcy Ribeiro, "nenhum operário aderiu ao levante, como alardeava Miranda, e ele se reduziu a uma quartelada".[34]

A repressão ao levante

> "Muitos anos seriam precisos para despertar essas massas enganadas, sonolentas — e a propaganda feita em alguns meses fora escassa. Organização precária. [...] Lembrava-me de um desses conselhos, negro, em piche, escrito no muro: 'índios, uni-vos'. Nunca vi maior disparate, pois naquele subúrbio da capital pequena não vivia nenhum índio. [...] Não davam mostras de querer submeter-nos a julgamento. E era possível que já nos tivessem julgado e cumpríssemos pena, sem saber. Suprimiam-nos assim todos os direitos, os últimos vestígios deles. Desconhecíamos até o foro que nos sentenciava. Possivelmente operava nisso uma cabeça apenas: a do general. [...] Numa perseguição generalizada, éramos insignificâncias, miudezas supressas do organismo social."
>
> Graciliano Ramos, *Memórias do cárcere*[35]

A partir daquele momento, o governo perseguiu e reprimiu todas as forças de oposição. A versão corrente era a de que oficiais haviam sido barbaramente assassinados pelos comunistas. Militares revoltosos, operários, comunistas e socialistas foram então presos e torturados. Luís Carlos Prestes, o líder da conspiração, foi condenado por crime comum e ficou preso durante todo o governo Vargas, até 1945.

A partir do levante comunista, o Alto-Comando das Forças Armadas deu apoio irrestrito a Getúlio Vargas. O governo pende para a direita, Dutra

---

[33] Ver A Intentona, 1935, verbete 827, em Darcy Ribeiro, *T&B*, cit.

[34] *Ibidem.*

[35] Graciliano Ramos, *Memórias do cárcere*, Rio de Janeiro, Record, 2008, 44ª ed., pp. 62, 68 e 72. Supervisão e posfácio do professor Wander Melo Miranda.

e Góes Monteiro fortalecem-se, com o duro chefe de polícia Filinto Müller, ex-oficial da Coluna Prestes. Os integralistas contam com 400 mil camisas-verdes. O Secretário de Instrução, o liberal Anísio Teixeira, é substituído pelo autodenominado fascista Francisco Campos.

O governo endurece, promulgando a Lei de Segurança Nacional, escrita pelo jurista Vicente Rao, e cria-se o Tribunal de Segurança que, de 1936 a 1945, persegue, vigia e condena não só os dissidentes mas também uma ampla gama de esquerdistas. Presos, foram jogados em calabouços juristas como Hermes Lima, Castro Rebelo, Leônidas de Rezende (um mestre de várias gerações), Edgar Süssekind de Mendonça e Joaquim Ribeiro, dentre tantos. Carlos Lacerda, então ainda comunista, logra escapar para a Bahia.

Terror

Getúlio Vargas decreta o Estado de Guerra e institui a pena de morte. Foi uma época de terror. Seu governo manda prender milhares de pessoas, jornalistas, sindicalistas e professores, como o socialista Rodolfo Coutinho, presidente do Sindicato dos Professores. O jornal *The New York Times* informa que o regime tem 7 mil presos políticos no país; o *L'Humanité* fala em 17 mil. Dentre eles, Graciliano Ramos, que começa seu calvário de um presídio a outro, com cabeça raspada e uniforme de prisioneiro. As prisões ficam famosas, como a de Ilha Grande (Rio de Janeiro), a Maria Zélia (São Paulo), e a da ilha de Fernando de Noronha (então Território), além do navio *Pedro I*.

Foi preso também Pedro Ernesto, o popular prefeito eleito do Rio de Janeiro, bem como Prestes e Olga Benário, grávida. Esta, com a mulher de Harry Berger,[36] ambas judias, foram entregues por Filinto Müller ao governo de Hitler, tendo sido assassinadas em campo de concentração. Olga estava grávida de uma criança que sobreviveu, Anita Leocádia Prestes, hoje historiadora e professora de mérito. Harry Berger, judeu polaco-alemão naturalizado norte-americano, era considerado o "mentor de Luís Carlos Pres-

---

[36] Cf. o periódico fundado por J. E. de Macedo Soares, *Diário Carioca*, Rio de Janeiro, 7/1/1936. Arthur Ewert, nome verdadeiro de Harry Berger, era o "estranho morador da rua Paul Redfern, 33". Segundo o *Diário*, os comunistas contavam com mais de 7 mil partidários numa brigada de choque, o que se constatou ser total exagero. Ver, especialmente, Harry Berger, "Ideias e lutas", capítulo 4 do livro de José Joffily, *Harry Berger*, Rio de Janeiro/Curitiba, Paz e Terra/Universidade Federal do Paraná, 1987.

tes", tido como o verdadeiro chefe da "insurreição vermelha". Vicente Rao, ministro da Justiça, faz o papel do jurista eficiente da extrema-direita: serviçal, cria a Comissão de Repressão ao Comunismo, manda prender o senador Abel Chermond e deputados, entre os quais Abguar Bastos, João Mangabeira e Herculano Cascardo, presidente da ANL.

Os integralistas, a Polícia Política e o Tribunal de Segurança Nacional agem em perfeita harmonia. Presos tinham dentes e unhas arrancados com alicate ou eram queimados com maçaricos; outros ficavam em solitárias, com água gotejando na cabeça, na fria São Paulo. Autos de fé, queima de livros em praça pública animavam o ambiente em São Paulo, no Rio, no Paraná, em Santa Catarina.

"Chovia, ventava, fazia frio em São Paulo", escreveu Carlos Drummond de Andrade no poema "O medo", em *A rosa do povo*.

Pagu, a bela e romântica revolucionária

Talvez o episódio de pior lembrança ocorrido nesse contexto — o fascismo à brasileira expondo-se em sua plenitude — refira-se a Pagu, a Patrícia Galvão, líder trotskista e autora do livro *Parque industrial* (sob o pseudônimo de Mara Lobo). Intelectual, ex-mulher de Oswald de Andrade, foi presa no Rio. Segundo Darcy Ribeiro, foi violentada com buchas de mostarda e martirizada com arame incandescente na uretra.[37]

No ódio àquela criatura bela e inteligente, condensavam-se quatrocentos anos de sadismo escravista, com suas cultivadas técnicas de tortura, embaladas pelo horror patriarcal à dissidência, à inteligência e à autonomia feminina.

Pagu sobreviveu.

---

[37] Cf. A Intentona, verbete 834, em Darcy Ribeiro, *T&B*, cit.

26

A Ditadura do Estado Novo (1937-1945): política e cultura

> "Com a fundação do Estado Novo, rompem-se as últimas ligações de Getúlio com o tenentismo. As Forças Armadas são entregues a Dutra, a Góes e a outros oficiais que queriam um Exército nominalmente apolítico e hierárquico, corporativo, imune às pregações democráticas, vale dizer, um Exército superpolítico de manutenção da velha ordem num Estado paternalista. Um Exército que se impusesse à Nação como estamento de conquistadores sobre um povo avassalado."
>
> Darcy Ribeiro, 1985[1]

Para além da violência aberta, o quadro político-institucional do país tornara-se mais instável. Inquietações nos quartéis, o terror implantado pela repressão às esquerdas, as limitações impostas aos liberais, mais as ambições de Getúlio, a polarização ideológica internacional, tudo contribuía para o fechamento da República de 1934. O regime liberal-democrático, ainda que restrito (ou seja, mais liberal que democrático), tinha pouca chance de sobreviver na República Nova.

Na apreciação contundente de Darcy Ribeiro:

> "A democracia e a liberdade, que só eram consentidas no Brasil Monárquico entre os pares, senhores de escravos, continuam limitadas na República Velha pelo antiliberalismo da Igreja e dos positivistas. Na República Nova não tem melhor sorte, perseguida pelos getulistas, integralistas e depreciada pelos comunistas."[2]

---

[1] Cf. O autogolpe, verbete 898, em Darcy Ribeiro, *Aos trancos e barrancos: como o Brasil deu no que deu* [*T&B*], Rio de Janeiro, Guanabara, 1985, s.p.

[2] *Ibid.*, 1936, ano de Capanema, verbete 845.

As forças progressistas se internacionalizavam, participando de uma razoável articulação supranacional. A exemplo do que houve em São Paulo (com a brigada de revolucionários espanhóis na Revolução de 1924), durante a Guerra Civil Espanhola muitos brasileiros — inclusive pilotos de avião — alistaram-se e lutaram ao lado das Brigadas Internacionais. Um exemplo: perdida a Guerra Civil na Espanha, já na retirada dos republicanos, o historiador Caio Prado Jr. (então alistado no Partido Comunista Francês) auxiliou, nos contrafortes dos Pirineus, espanhóis republicanos a fugirem em direção ao exílio. E, nessa atualização das oposições de esquerda, não foram poucos os militantes que agiram no Brasil, inclusive comunistas norte-americanos.

Ambiguidade, eis a característica dessa República. Para além da repressão odiosa e odienta do regime, Gustavo Capanema, ministro da pasta de Educação e Saúde, polarizou durante dez anos uma constelação excepcional de intelectuais e artistas, dando novo sentido à problemática da identidade nacional. Afinal, tínhamos uma República, a fisionomia — a tão procurada *identidade* — de um povo estava sendo descoberta, discutida, polemizada, inspecionada nas obras de Euclides da Cunha, Gilberto Freyre, Manoel Bomfim, Afonso Arinos, Fernando de Azevedo, na ação indigenista de Rondon, e assim por diante. Faltava agora dar um sentido a tudo isso — e Capanema logrou reunir uma plêiade de alto nível, articulando para tal fim um sistema cultural que envolvia os campos da educação, da música, do patrimônio histórico e artístico, da arquitetura, sob coordenação de seu chefe de gabinete, o meticuloso Drummond. Na arquitetura, convocam-se Oscar Niemeyer e Lúcio Costa, e o arquiteto francês de origem suíça Le Corbusier, que projeta, com os brasileiros, o edifício do Ministério de Educação e Saúde, com os famosos painéis de azulejo de Candido Portinari. Na música, Villa--Lobos — que tivera, em 1936, a primeira audição de sua *Bachiana brasileira nº 1* — é nomeado (1940) diretor da Associação de Canto Coral, ideia que se multiplica pelos principais centros do país, sobretudo nas escolas, com a divulgação de músicas de inspiração e raízes brasileiras.

Outros movimentos intelectuais marcaram o horizonte, pelo menos desde 1935, ano em que Gilberto Freyre e Artur Ramos lideram um manifesto antinazista, contra as teorias "raciais" dos integralistas. (Também Mário de Andrade, Anísio Teixeira, entre outros, e os socialistas Hermes Lima, Castro Rebelo, Sérgio Buarque de Holanda eram antirracistas.) Nesse mesmo ano, em São Paulo, o prefeito Fábio Prado criara o Departamento de Cultura, dirigido por Mário de Andrade, que aí desenvolveu notável projeto de pesquisa, publicações e atualização de acervos, arregimentando intelectuais como Sérgio Milliet, Rubens Borba de Moraes e Paulo Duarte.[3]

Os integralistas também se empenhavam nessa busca de uma identidade nacional. Não por acaso, ao lado de Plínio Salgado e Vicente Rao, inscreviam-se nomes como os de San Thiago Dantas, Roland Corbisier, Gerardo de Mello Mourão, Lauro Escorel, Jaime de Azevedo Rodrigues, Luís da Câmara Cascudo e inclusive negros como Guerreiro Ramos e Abdias Nascimento. Darcy justifica-os, dizendo que buscavam uma "saída nacional e popular para o atraso brasileiro, mas logo tomaram outros rumos". Já os mineiros eram maneiros, havendo criado "seu próprio integralismo autônomo" — usando camisas pardas, não verdes —, como Chico Campos, Afonso Arinos, Gustavo Capanema, e dele desistido depois.[4]

O ano de 1936 foi um momento de redescobrimentos do Brasil em suas várias dimensões — e de críticas às limitações causadoras do atraso nacional —, quando a intelectualidade mais ativa e cosmopolita publicou obras contendo denúncias e revisões político-ideológicas, como *Raízes do Brasil*, de Sérgio Buarque de Holanda; *O escândalo do petróleo*, de Monteiro Lobato (que, na defesa da exploração do petróleo e do ferro, foi preso); *Educação para a democracia*, de Anísio Teixeira; *A questão social e a solução brasileira*, de José Maria Bello. Na poesia, Manuel Bandeira lança *Estrela da manhã*; em 1932, José Lins do Rego vê publicado seu romance *Menino de engenho*. Ainda em 1936, Gilberto Freyre publica seu livro mais importante, *Sobrados & mucambos*.

Sinalizando o novo lugar que as mulheres deveriam ocupar no cenário nacional, Berta Lutz, bióloga do Museu Nacional — eleita deputada, porém roubada na apuração —, retoma seu mandato pela Justiça.

---

[3] Ver "A criação da USP, segundo Paulo Duarte", entrevista a Tjerk G. Franken e Ricardo Guedes, em *Ciência Hoje*, Especial USP 50 Anos, vol. 3, n° 13, jul.-ago. 1984, pp. 40-4.

[4] Pelo flanco da literatura, o tema da identidade é esmiuçado com senso crítico por Alfredo Bosi na *História concisa da literatura brasileira* (São Paulo, Cultrix, 1976) — no item "Desdobramentos: da Semana ao Modernismo" (pp. 383-9) —, em que localiza os vários personagens e autores, mapeando as várias correntes (Pau-Brasil, Anta, Klaxon, Estética etc.) e localizando figuras nacionais como Cassiano Ricardo, Prudente de Moraes Neto, Ronald de Carvalho, Menotti del Picchia, Raul Bopp, Sérgio Buarque de Holanda, Antonio de Alcântara Machado, além do poeta maior Manuel Bandeira.

Todas as noites, a partir de julho de 1935, a identidade nacional também era evocada, reafirmada e polida ao som da impactante abertura da ópera *O Guarani*, de Carlos Gomes, em ondas longas, médias e curtas. Era a *Hora do Brasil*, que (a partir de 1938 até hoje, em rede radiofônica obrigatória em todo o país) ia ao ar pontualmente às 19 horas, com o noticiário oficial do governo, informações meteorológicas "para todo o território nacional" etc.[5] Tornou-se célebre o bordão:

"Aviso aos navegantes: não há aviso..."

O autogolpe do Estado Novo (1937)

"Governar é prender."

Francisco Campos, jurista[6]

Nesse clima de ambiguidades político-culturais, Getúlio acerta-se com os integralistas, mas prepara o golpe com Benedito Valadares e Chico Campos. Um golpe preventivo também contra o integralismo, que vinha ganhando força, e contra os comunistas e liberais. Seus braços armados eram Dutra e Góes, tendo o apoio de Filinto Müller, João Alberto e Juarez Távora, ex-*tenentes*. Ficaram de fora do complô dois outros ex-*tenentes*, Juracy Magalhães, da Bahia, e Lima Cavalcanti, do Amazonas.

A ameaça comunista foi utilizada pelo governo para decretar o estado de guerra; mas também a alegada fraqueza do Congresso, a violência verbal da campanha eleitoral e o crescimento dos integralistas, com suas conexões internacionais. O verdadeiro objetivo de Getúlio era adiar a realização das eleições para presidente: queria permanecer no poder, ainda que por um

---

[5] A partir de 1962, quando as casas legislativas passam a participar do programa, seu nome foi mudado para *Voz do Brasil*. É o mais antigo programa radiofônico brasileiro e sul-americano ainda no ar, embora várias rádios, alegando inconstitucionalidade, tenham entrado com liminares para não transmiti-lo ou, pelo menos, não no horário das 19 horas.

[6] Luiz Flávio Gomes, "Nossa barbárie prisional: Brasil rumo ao troféu mundial da violência e da corrupção", *Jus Navigandi*, ano 13, n° 1712, Teresina, 9/3/2008, disponível em: http://jus2.uol.com.br/doutrina/texto.asp?id=11034. Acesso em: 11/3/2008.

golpe militar. Os militares, por sua vez, apoiavam os planos de Vargas, pois não acreditavam que um governo constitucional fosse capaz de afastar a "ameaça comunista". Além disso, só um golpe podia deter a indisciplina reinante entre os oficiais mais jovens do Exército.

O CRESCIMENTO DA DIREITA FASCISTA

Em setembro de 1937, jornais publicaram o "Plano Cohen". Supostamente, era um plano elaborado pelos comunistas para tomar o poder. Em realidade, toda a história havia sido forjada para assustar a população e justificar uma intervenção armada no governo. O mentor era o Estado-Maior do Exército, e seu autor, um jovem oficial integralista, o capitão Mourão Filho, que 27 anos depois marcharia com suas tropas de Minas para o Rio, para o golpe de Estado de 1964.[7] Enquanto isso, Getúlio firmava alianças com políticos de outros estados, procurando apoio jurídico-político para sua tentativa de golpe. Seus partidários redigiriam uma nova carta constitucional, semelhante à constituição fascista da Polônia ocupada pelos nazistas alemães.

No dia 10 de novembro de 1937, o governo publicou no *Diário Oficial* a nova Constituição (a "polaca"). No mesmo dia, tropas leais ao golpe fecharam o Senado e a Câmara dos Deputados. À noite, Getúlio Vargas explicava ao país, pelo rádio, porque havia desfechado o golpe militar. Era o início do Estado Novo, com extinção do sistema representativo, anulação das liberdades públicas, o Estado tutelando a sociedade. Nacionalista e antiliberal, com preocupação reformista voltada para os assalariados urbanos.

Inicialmente sintonizado com a Itália de Mussolini, a Espanha de Franco e o Portugal de Salazar, o governo Vargas inflectiu para a direita; com a Segunda Guerra, desenhando-se a vitória dos Aliados, volta-se para uma aliança contra as potências do Eixo. Hábil, Vargas lança os integralistas na ilegalidade, muito embora o regime continuasse organizado em moldes fascistas, supervisionado pelo legislador Francisco Campos. Da equipe de intelectuais e juristas que deram conteúdo ideológico ao Estado Novo, além de Chico Campos, inscrevem-se os nomes de Azevedo Amaral,[8] Pontes de Mi-

---

[7] Cf. O autogolpe, verbetes 893 e 896, em Darcy Ribeiro, *T&B*, cit.

[8] É o autor de O *Estado autoritário e a realidade nacional*, Rio de Janeiro, José Olympio, 1938.

randa, Oliveira Vianna, Macedo Soares, Temístocles Cavalcanti, Genolino Amado, Agamenon Magalhães, Lourival Fontes (que implantou o DIP, o Departamento de Imprensa e Propaganda), e o historiador Hélio Vianna. E, ainda, um prestativo jurista de plantão, Vicente Rao, para medidas "jurídicas" mais serenas contra as pessoas consideradas "subversivas". Paradoxo: Rao foi um dos signatários da criação da Faculdade de Filosofia, Ciências e Letras da Universidade de São Paulo, em 1934; e, também, da Lei de Segurança Nacional de 1935.

Nota curiosa, digna de registro: o jovem que datilografou a Carta de 1937 foi o prestativo advogado Carlos Medeiros Silva, o mesmo autor (agora denominado jurista) do Ato Institucional de 1964.

Um Executivo forte. Vargas ditador

Getúlio extinguiu os partidos políticos e, durante sete anos, governou em estado de emergência, jogando com a direita e com a esquerda, sem que seus atos fossem julgados por qualquer poder. Durante o Estado Novo, o presidente, chefe do Poder Executivo, concentrou todos os poderes do Estado. Deixaram de existir o Senado e a Câmara dos Deputados. Os governos dos estados ficaram subordinados ao governo central, e a oposição — tanto a liberal como a comunista — foi perseguida e presa. A imprensa escrita e o rádio estavam submetidos à censura, e os protestos contra o governo simplesmente não tinham como existir, ou foram silenciados por métodos repressivos do governo.

A centralização, na pessoa do presidente, de todas as decisões teve como resultado a consolidação de uma ampla *reforma administrativa*. Os interventores, nomeados pelo presidente para os governos dos estados, controlavam a polícia, e Vargas neles se apoiava: em São Paulo, Adhemar de Barros (que nomeou Prestes Maia, o modernizador da capital) e Fernando Costa; Pedro Ludovico em Goiás (onde concluiu, em 1938, a construção de Goiânia, a nova capital); no Rio Grande do Sul, Ernesto Dornelles e Cordeiro de Farias; no Estado do Rio, Amaral Peixoto (genro de Vargas, casado com Alzira); no Distrito Federal, Henrique Dodsworth; em Santa Catarina, Nereu Ramos; em Pernambuco, Agamenon Magalhães e Etelvino Lins; e Magalhães Barata, no Pará. As bandeiras estaduais foram queimadas em praça pública, símbolos do "ultrapassado" federalismo.

O centralismo antifederalista vencera. Como analisou Lourdes Sola:

"Pela nova Carta, o presidente dispunha de plenos poderes, legislativos e executivos; era-lhe permitido também demitir e transferir funcionários, reformar e afastar militares que representassem ameaça 'aos interesses nacionais'. Pelo artigo 186, era declarado *estado de emergência* em todo o território nacional, o que tornava possível ordenar prisões, exílio, invasão de domicílio; instituía-se a prisão preventiva; tornava-se legal a censura de todas as comunicações."[9]

A partir da criação do Departamento de Imprensa e Propaganda (DIP), a opinião pública passou a ser controlada pelo áulico Lourival Fontes. Personagem sombrio, com poder pleno de censura, dirigia esse órgão diretamente ligado à presidência. Dedicava-se ao culto a Getúlio, utilizando-se do sistema de comunicações, como a popular Rádio Nacional (que dá início à radionovela no país), integrando ainda jornais ao organismo oficial. Os donos de várias empresas viram-nas incorporadas ao Patrimônio da União, como *O Estado de S. Paulo*, e, do Rio, *A Manhã*.

Músicos populares, como Ari Barroso e Lamartine Babo, e escritores, como Orígenes Lessa e Cassiano Ricardo, foram envolvidos nesse esquema de propaganda aberta ou sutil do país, em clima de samba-exaltação. Alguns de grande sucesso, como "Aquarela do Brasil" (1939), de Ari Barroso, na voz de Francisco Alves, e de enorme valor, apesar de conter o "esse coqueiro que dá coco"...

Mas havia certa confusão ideológica, pois colaboravam, na revista *Cultura Política*, Azevedo Amaral e o coronel marxista Nelson Werneck Sodré. Mais crítica e alinhada, a revista semanal *Diretrizes*, que Samuel Wainer lança com Joel Silveira e outros, engrossa a oposição ao fascismo, embora apoiando as posições nacionalistas e trabalhistas do governo. (Wainer será um dos maiores getulistas históricos, prolongando-se sua atuação no jornalismo até o início dos anos 1980.)

Emblemática, naquele momento nacional, foi a inauguração da Justiça do Trabalho, em 1º de maio de 1941. Vargas, principal orador (seu bordão ficou famoso: "Trabalhadores do Brasil!"), mandou organizar a concentra-

---

[9] Lourdes Sola, "O Golpe de 37 e o Estado Novo", em Carlos Guilherme Mota (org.), *Brasil em perspectiva*, Rio de Janeiro, Bertrand Brasil, 2001, 21ª ed., p. 266.

ção de trabalhadores no Campo do Vasco, com cantos e músicas regidos por Villa-Lobos.[10]

Vargas rompia, assim, com o *tenentismo*, dando poder total às Forças Armadas (com Dutra e Góes Monteiro à frente) e à todo-poderosa polícia política de Filinto Müller. Personagem sinistro, rancoroso, desertado à força da Coluna Prestes.

O GOLPISMO DA INTENTONA INTEGRALISTA

Na noite de 10 de maio de 1938, o Palácio do Catete (Palácio Guanabara) foi assaltado por algumas dezenas de integralistas que, sob o comando de Severo Fournier, mantiveram Vargas e alguns familiares cercados por mais de três horas.[11] Sem que polícia ou Exército socorressem, o grupo resistiu com armas na mão. Chegada a segurança, morreram quatro guardas e oito dos atacantes. Segundo Darcy, "em represália, são perseguidos e presos mais de mil integralistas e deportados alguns líderes liberais que os apoiavam, como Otávio Mangabeira, Júlio de Mesquita Filho, Armando de Salles Oliveira, Paulo Duarte e Flores da Cunha".[12] Plínio Salgado e Gustavo Barroso, chefes dos camisas-verdes, permaneceram intocados e apoiando Vargas, enquanto Severo Fournier foi para o calabouço (onde, abandonado e amargurado, morreria por causa de maus-tratos e tuberculose). Lá, recebeu carta de outro prisioneiro, Prestes:

[10] A bibliografia sobre o notável compositor é vasta. Ver o ensaio de Alejo Carpentier, escrito quando ainda jovem em Paris, republicado na revista do Memorial da América Latina: "Villa-Lobos", *Nossa América*, nº 1, São Paulo, mar.-abr. 1989, pp. 84-8.

[11] Eis como Getúlio, em seu diário publicado em 1995, descreve o ataque: "10 de maio — [Seis meses depois do golpe, os integralistas atacam o palácio com tiros. O Exército e a polícia são avisados, mas não se mobilizam para defender o presidente e sua família. O general Eurico Dutra, ministro da Guerra, foi até o local — sozinho.] À noite, após o despacho, fui deitar-me. Não havia ainda adormecido, quando sobressaltou-me cerrada fuzilaria e descargas de metralhadoras. Era o ataque ao palácio, feito de surpresa. O ministro da Guerra veio até o portão, mas não pôde penetrar porque o espaço era varrido pelas metralhadoras. As forças do Exército e da polícia cercavam os arredores, mas não podiam penetrar. Essa situação manteve-se até a madrugada, quando os rebeldes se renderam". Do diário de Getúlio, em Paulo Moreira Leite, "Getúlio volta à cena", *Veja*, São Paulo, 13/12/1995.

[12] Cf. 1938, verbete 910, Darcy Ribeiro, *T&B*, cit.

"Nessa luta, meu amigo, não devemos ver os homens e apoiar até o próprio Getúlio se amanhã se compreender a necessidade nacional de tal programa."[13]

Vargas conseguira encarcerar lideranças da esquerda e da direita. O governo nacionaliza cerca de setecentas escolas em áreas de colonização alemã e italiana, que orientavam seus alunos a favor do Eixo; em contrapartida, fecha a Frente Negra e seu jornal, que voltaria a existir após 1945, com a Associação dos Negros do Brasil. Para domesticar o movimento estudantil, cria a União Nacional dos Estudantes, que logo escapará ao seu controle.

Uma ditadura nada cordial. Da barbárie tropical

No campo, foi finalmente vencido o bando de Lampião e Maria Bonita, tendo suas cabeças, degoladas, mostradas como troféu de guerra pelo Brasil afora, chegando a serem até expostas no Museu Nina Rodrigues, em Salvador.[14] A figura de Lampião será depois exaltada — em filmes, livros, músicas — como bandoleiro-herói do sertão.

A barbárie, todavia, não era apenas sertaneja. No Rio, o advogado católico Sobral Pinto, conservador porém humanista, defende a aplicação da Lei de Proteção aos Animais ao preso político Harry Berger (codinome de Arthur Ewert, acusado de ser o principal contato de Prestes com o comunismo soviético), dementado, conseguindo mostrá-lo ao ministro da Justiça, semivivo, há um ano no fundo de um calabouço imundo, dormindo em cascalhos, gritando a noite toda, sem luz, sem banho, e sem cortar cabelo, unhas e barba. Como disse Darcy Ribeiro, "era um monstro, criatura de Filinto". Seu companheiro de cela era Prestes, que ficaria preso mais alguns anos; o chefe de polícia Filinto não queria matá-lo, mas enlouquecê-lo. Prestes não enlouqueceu. Aguentou, ampliando-se o mito em torno de sua figura carismática.

---

[13] *Ibid.*, 1939, verbete 937. Prossegue Prestes: "E quem lhe escreve isto é o homem que, pessoalmente, tem a Getúlio o mais justificável ódio. Você deve saber que foi ele quem mandou entregar a Hitler minha dedicada companheira em estado de adiantada gravidez".

[14] As cabeças de Lampião, Maria Bonita e demais cangaceiros só foram sepultadas em fevereiro de 1969.

A Ditadura do Estado Novo (1937-1945)

Ignorante da barbárie por causa da censura, a vida urbana adquiria novo alento modernizador, com Prestes Maia, como já referimos, tocando sua reforma urbanística em São Paulo, preparando-a para ser uma metrópole, e com Pedro Ludovico concluindo a construção de Goiânia.

O Estado Novo tinha sua constelação de ideólogos, de Chico Campos a Vasco Leitão da Cunha, que, a seu modo, ajudam a reformular a política externa, o ensino e a produção historiográfica. Augusto Frederico Schmidt e até Vinicius de Moraes namoraram o verde-amarelismo. Na política econômica, pontificavam Osvaldo Aranha, a família Guinle e também Valentim Bouças, ex-*office boy* nas docas de Santos e depois testa de ferro de capitalistas estrangeiros.

O Departamento Administrativo do Serviço Público (DASP), então criado, fiscalizava as medidas tomadas pelos interventores. Assim, definia-se um sistema hierarquizado, federal, de controle da administração pública, adotando concursos para a carreira. O presidente e seus auxiliares controlavam tudo: por exemplo, um professor de universidade, para viajar ao exterior, dependia da assinatura do presidente da República. E foi criada a figura do funcionário "extranumerário", sem concurso, para continuar o atendimento no velho modelo clientelista.[15]

A reforma administrativa do Estado Novo introduziu no cenário político-administrativo um novo tipo de funcionário público: o burocrata de formação técnica, o futuro tecnocrata.

Uma economia dirigida pelo Estado

> "Getúlio era de fato o órgão central de planejamento econômico do governo."
>
> Darcy Ribeiro[16]

No plano econômico, o Estado Novo continuou com o sistema das "cotas de sacrifício", ou seja, a queima de café para controlar os preços e

---

[15] Ver 1938, ano de Lampião, verbete 931; e 1939, ano da Aquarela, verbete 933, em Darcy Ribeiro, *T&B*, cit.

[16] *Ibid.*, 1940, ano do Mínimo, verbete 959.

regular a produção. Criou-se o Conselho Técnico de Economia e Finanças, pois o Conselho de Economia Nacional, criado pela Carta de 37, nunca foi implantado. Proibia-se aos seus funcionários o uso das palavras plano, planificação, quinquenal, talvez por soarem demasiado subversivas, soviéticas, bolchevistas. Só mais tarde, em 1942, foi criada a Comissão de Planejamento Econômico, aliás sem qualquer formulação clara para um projeto integrado de desenvolvimento nacional.

Por outro lado, o Estado interveio para estimular a diversificação da produção agrícola: criaram-se, como vimos, os institutos do açúcar, do mate, e do pinho etc. O governo financiava os produtores e auxiliava na experimentação e na divulgação de técnicas mais aperfeiçoadas de cultivo. Também incentivou o cultivo do algodão no Estado de São Paulo: durante a primeira fase da Segunda Guerra Mundial, a Alemanha e o Japão consumiram boa parte da produção paulista.

Em 1937, foram abolidas todas as taxas interestaduais de exportação. A partir desse momento, os estados do Brasil passaram a formar, ao menos em tese, um mercado nacional. Mas, em 1940, o país era ainda atrasado, com uma população de 41.565.083 habitantes, a metade de analfabetos e, dentre estes, uma imensa maioria de pardos e pretos, consumidores com pouca capacidade aquisitiva.

O problema educacional estava posto, mas somente em 1942 seria reestruturado o ensino secundário (com formação clássica, por pressão da Igreja), para "expansão da rede privada e para a formação de elites masculinas, católicas, bem-pensantes, humanísticas e ordeiras". Ao mesmo tempo, foi criado, pelo Ministério do Trabalho, o Serviço de Aprendizagem Industrial (Senai). "Um embuste", segundo Darcy Ribeiro, pois era entendido como alternativa à educação secundária (formadora de elites para a universidade), enquanto o Senai formaria mão de obra especializada para a indústria. Ou seja, os trabalhadores competentes e bem-comportados do "sonhado regime corporativista".[17]

Foram tomadas medidas para pôr em execução a *Lei do Salário Mínimo*, a fim de assegurar ao trabalhador adulto da indústria, de ambos os sexos, salário mensal suficiente para alimentação, moradia, vestuário, transporte e higiene de uma família de cinco membros, o que beneficiou cerca de

---

[17] Cf. 1942, verbetes 1.021 e 1.022, Darcy Ribeiro, *T&B*, cit.

um milhão de trabalhadores. Mais importante, porém, seria a promulgação da *Consolidação das Leis do Trabalho* (CLT).[18]

O Estado Novo assumira uma postura francamente industrializante. Durante a Segunda Guerra Mundial, as indústrias brasileiras desenvolveram-se graças à impossibilidade de importar, e o mercado consumidor interno cresceu por causa da intensificação da urbanização. As indústrias locais produziam bens de consumo não duráveis. Tornou-se necessário, então, importar todas as máquinas que produzissem tais bens de consumo. Para garantir uma maior independência com relação aos países que produziam essas máquinas, Getúlio Vargas decidiu criar condições para produzir máquinas aqui no Brasil.

A SIDERÚRGICA DE VOLTA REDONDA (CSN)

Os militares varguistas que implantaram a Ditadura do Estado Novo preocuparam-se com a industrialização do país e com a produção interna de bens de capital, ou seja, de máquinas utilizadas na produção de outras máquinas. Para eles, a produção de bens de capital era fator de *segurança nacional*: assim, os militares não dependeriam mais do fornecimento externo para reequipar as Forças Armadas. Além disso, a produção interna desses bens daria impulso ao desenvolvimento de outras indústrias e, também, condições de autonomia política do país diante das potências industrializadas.

Em 1940, o governo Vargas recebeu um empréstimo de 20 milhões de dólares para construir a usina de Volta Redonda. A partir da construção dessa siderúrgica, o Estado assumiu o papel de principal investidor em um empreendimento de vulto. Até então, a ação do Estado limitara-se ao fornecimento de créditos para os industriais; agora, ele próprio se tornava empresário. Em 1941, criou-se a Companhia Siderúrgica Nacional.

O BRASIL NA SEGUNDA GUERRA MUNDIAL

Durante a década de 1930, a renovação e o reequipamento das Forças Armadas haviam sido as principais preocupações dos oficiais superiores. A crise econômica mundial dificultou a compra de material bélico. Os mili-

---

[18] *Ibid.*, 1943, verbete 1.051.

tares pressionavam o governo Vargas, no sentido de dar prioridade às suas reivindicações.

A forma encontrada para satisfazê-las foi a intensificação do comércio entre o Brasil e a Alemanha. Durante a depressão, o governo alemão lançara-se numa ofensiva comercial à América do Sul, com os exportadores alemães subsidiados pelo governo nazista. Os bancos alemães ofereciam créditos mais vantajosos do que os bancos ingleses e norte-americanos; daí o governo do Brasil ter assinado, em 1938, um contrato com as usinas alemãs Krupp, comprando grande quantidade de equipamento bélico.

Em fevereiro de 1939, o general Góes Monteiro esteve na Alemanha, assistindo a manobras do exército alemão. Gostou. Oficiais realizaram estágios na força aérea alemã e um filho de Vargas (Lutero) até foi estudar na Alemanha. Perante chefes militares brasileiros, Vargas profetizaria — erradamente — no dia 11 de junho de 1940, em discurso a bordo do *Minas Gerais*, a liquidação das "decadentes democracias" e o sucesso dos regimes de força em todo o mundo.

Porém, em 1942, o torpedeamento de dois navios brasileiros nas costas dos Estados Unidos e mais um nas Antilhas, meses depois mais seis (matando, no último, 652 pessoas e provocando — sublinhe-se — comoção nacional), a decisiva entrada dos Estados Unidos na guerra e as derrotas dos países nazifascistas levariam o governo de Vargas a abandonar sua simpatia pelo Eixo. O oficialato germanófilo, liderado pelo simpatizante da Alemanha nazista general Góes Monteiro,[19] afasta-se do governo.

Vencera o grupo de Osvaldo Aranha, que contabilizaria os benefícios advindos com a opção de alinhamento com os Aliados. Além disso, as pressões populares contra e pró-Aliados repercutiram no governo, do qual se exoneram Chico Campos, ministro da Justiça e notório fascista, e o torturador chefe de polícia Filinto Müller, bem como Lourival Fontes.[20]

Com efeito, após o bombardeio da base americana de Pearl Harbor pelos japoneses, em dezembro de 1941, a neutralidade já não era possível. Sobretudo porque, em 1940, o governo do Brasil assinara um empréstimo

---

[19] Personagem bastante controversa, de inclinações direitistas, que ainda aguarda uma biografia mais abrangente e completa. Em Thomas Skidmore, *Brasil: de Getúlio a Castelo*, Rio de Janeiro, Paz e Terra, 1975, 4ª ed. — especialmente pp. 77-8, em que analisa a perda, por parte de Vargas, do controle do governo no fim do Estado Novo — podem ser encontrados elementos para algumas ações em sua sinuosa trajetória.

[20] Cf. 1942, ano da Praça, verbetes 1.013 e 1.026, em Darcy Ribeiro, *T&B*, cit.

A Ditadura do Estado Novo (1937-1945)

com bancos norte-americanos para a construção da siderúrgica de Volta Redonda. Uma usina longe dos minérios e do carvão, mas inserida na esfera de poder estadual de seu genro, o almirante Amaral Peixoto.

O governo Vargas, por fim, rompeu com o Eixo, no dia 22 de agosto de 1942. Para colaborar com os Aliados, cedeu bases aéreas aos norte-americanos em Natal, Belém, Salvador e Recife. O presidente Roosevelt vem a Natal, pressiona Vargas e promete-lhe um lugar de membro fundador na futura ONU. Vargas aceita enviar uma força de combate à Europa; pouco depois, reabre relações diplomáticas com a URSS.

O Superior Tribunal Federal concede *habeas corpus* a Armando de Salles Oliveira, Otávio Mangabeira e outros exilados, que retornam à cena política. Ainda no exílio, articulam um partido de perfil moderno para reunir forças anti-Estado Novo, com personalidades como Prado Kelly, Virgílio de Melo Franco, Juarez Magalhães e Juarez Távora, que escolhem o brigadeiro Eduardo Gomes (amigo íntimo do prestigioso *tenente* Siqueira Campos, falecido em acidente de avião no rio da Prata em 1930) para candidato da oposição. O paraibano José Américo, também candidato, abre mão de sua candidatura e adere ao novo partido. Nascia a União Democrática Nacional (UDN).

Tudo concorre para o colapso do Estado Novo: o movimento estudantil, a reorganização do Partido Comunista (Prestes, ainda na prisão, é escolhido Secretário-Geral), o indulto a Flores da Cunha, preso na Ilha Grande, a dissidência militar (com os generais Horta Barbosa e Estillac Leal), a mobilização de uma força expedicionária militar para ir à guerra combater o nazifascismo. Manifesto, de Prestes, apoia a posição de Getúlio Vargas contra o nazismo; nas ruas, intensificam-se e se multiplicam as manifestações populares.

A Força Expedicionária Brasileira (FEB)
CONTRA O NAZIFASCISMO

No dia 23 de novembro de 1943, criou-se a Força Expedicionária Brasileira. Como em situações anteriores, a maioria dos soldados provinha de camadas mais pobres da população. A maioria dos filhos dos setores médios e altos da população encontrou meios para evitar a participação na guerra: rapazes em idade de serem convocados casavam-se às pressas, subornavam os recrutadores ou conseguiam empregos no governo e eram repentinamente requisitados a permanecer no Brasil. O mesmo aconteceu no corpo de oficiais. O professor Eurípedes Simões de Paula, da Faculdade de Filosofia da USP, uma das honrosas exceções, foi lutar na Itália.

A FEB — integrada por 23.334 pracinhas, dentre os quais Celso Furtado, Rubem Braga, Boris Schnaiderman, Jacob Gorender e Joel Silveira — entrou em combate na Itália em setembro de 1944. Os praças lutaram contra os alemães em Monte Castello (sua principal batalha), Montese e Collecchio. A Marinha manteve as comunicações entre a FEB e os portos do Atlântico Sul, ao passo que a Força Aérea Brasileira afundou alguns submarinos no litoral brasileiro.

Em 1945, os oficiais brasileiros que estiveram com os norte-americanos na Itália retornam com propostas de democratização, exigindo eleições efetivas. Entre eles, o então coronel Castello Branco, primeiro presidente do futuro regime militar de 1964, que pôs fim à República de 1946...

O FIM DO ESTADO NOVO E A DEMOCRATIZAÇÃO: 1945

Já em 1943 o Estado Novo começara a ruir, com Vargas perdendo gradativamente o controle do governo. Quanto aos rumos da economia brasileira, duas posições antagônicas se digladiavam: de um lado, o grupo de Jesus Soares Pereira e Rômulo Almeida, criadores do Conselho de Planejamento Econômico, defendido por Roberto Simonsen (1889-1948) e os industrialistas, que viam no Estado uma alavanca para o desenvolvimento nacional. De outro, o grupo liderado por Eugênio Gudin (1886-1986), defensor — em nome do "liberalismo" — do capital internacional, em que atuavam anti-industrialistas como Gastão Vidigal. Revivia-se, assim, a clivagem já observada na época da Proclamação da República, quando se opunham duas fortes tendências: a nacional-desenvolvimentista e a favorável à integração internacional. Tal antagonismo repercutiu fortemente no Banco do Brasil e no Ministério da Fazenda.

O antigo *tenente* Juarez Távora denuncia a Light por irregularidades danosas aos interesses nacionais. O bacharel Afonso Arinos preside a Comissão Parlamentar de Inquérito, mas desativa o protesto.

Ainda em 1944, coordenado por Pedro Aleixo, Virgílio de Melo Franco, Afonso Arinos, Artur Bernardes, Milton Campos e mais setenta personalidades (muitas comparecem como personagens nas memórias de Pedro Nava), foi lançado o *Manifesto dos Mineiros*, exigindo do governo o plebiscito previsto pela Carta de 1937. Mais: propunha a redemocratização do país, visto que o Brasil declarara guerra ao Eixo.

A Ditadura do Estado Novo (1937-1945)

As sucessivas derrotas do Eixo e a proximidade do fim da guerra deu alento às forças sociais que desejavam a volta da democracia representativa. Vargas, percebendo o colapso do regime, tomou medidas para restaurar a ordem constitucional democrática.

Em fevereiro de 1945, um Ato Adicional estabeleceu que deviam ser realizadas eleições gerais; e, em abril, o governo decretou a anistia e a liberdade de organização dos partidos.

Vargas pretendia permanecer no poder por meio do apoio popular, contra os setores militares que haviam apoiado o Estado Novo, representados pelo general Góes Monteiro (outra vez, e sempre, ele) e por seu ministro da Guerra, o general Eurico Gaspar Dutra. Ao mesmo tempo, assumiu o compromisso de convocar uma Assembleia Constituinte para elaborar uma nova Constituição.

Em maio de 1945, fixou-se a data para a eleição do presidente e dos deputados à Assembleia Constituinte. As eleições seriam no dia 2 de dezembro daquele mesmo ano.[21]

MOBILIZAÇÃO CONTRA A ORDEM ESTADO-NOVISTA

Dada a reorganização da economia mundial, a questão do nacionalismo ressurgia no Brasil com nova força e ingredientes novos. O Brasil participa, em 1944, da Conferência de Bretton Woods, com o delegado Roberto Campos (diplomata e futuro ministro do Planejamento do governo militar de 1964), assinando o acordo que criou o Fundo Monetário Internacional (FMI), o General Agreement on Tariffs and Trade (GATT) e o Banco Internacional para Reconstrução e Desenvolvimento (BIRD).[22]

Em 1945, já terminada a guerra e com as diretrizes emanadas de Bretton Woods, consolida-se a hegemonia do dólar, dando fim à política de empréstimos governo a governo. Nesse quadro, facilita-se a presença das empresas norte-americanas no mercado brasileiro e a retomada de fontes de riqueza nacionalizadas pelo governo. Getúlio leva a cabo a construção da

---

[21] O Decreto-Lei nº 7.586, de 28 de maio de 1945, regulamentava a criação de partidos políticos — cuja liberação fora decretada no dia 18 de abril, junto com a anistia política (Decreto-Lei nº 7.474) — e marcava as eleições: o citado dia 2 de dezembro para a presidência e parlamentos; para os governos estaduais, a data era o dia 6 de maio de 1946.

[22] Cf. 1944, ano da Pua, verbetes 1.092 e 1.094, em Darcy Ribeiro, *T&B*, cit.

usina de Volta Redonda, com equipamento construído pelas aciarias norte-
-americanas durante a guerra.

Em contrapartida, a industrialização sofre retrocesso. Os nacionalistas, com o coronel Macedo Soares à frente, defendem-na contra os ataques de Gudin nos jornais. Note-se que, sob censura, a imprensa somente então afrontaria Getúlio (o *Correio da Manhã*, do Rio de Janeiro, foi o primeiro, publicando entrevista de José Américo de Almeida, no dia 22 de fevereiro). Pressionado, Vargas promulga a Lei Antitruste, provocando revolta dos que não queriam controle (a Lei Malaia), liderados por Raul Fernandes, Daudt de Oliveira, Sobral Pinto e Assis Chateaubriand. A lei "não pega", observa Darcy Ribeiro, e suas propostas serão retomadas na Lei de Remessa de Lucros, sancionada somente no governo de João Goulart. Nascem, nessa época, a imagem e a crítica à postura anti-imperialista de Getúlio e dos getulistas, e serão o principal motivo da mobilização da Direita, num cerco cada vez mais cerrado, que o levará ao suicídio dez anos depois.[23]

A mobilização contra o regime do Estado Novo aumenta, com o comício pela Anistia (enfrentado a tiros no Recife), a fundação da Confederação Geral dos Trabalhadores do Brasil (CGTB) e seu congresso, com 1.752 delegados e 1.494 entidades sindicais. Tentando apoiar Getúlio nessa transição, surgem o movimento do "queremismo" ("Queremos Getúlio de volta") e a "Constituinte com Getúlio", que propunham a permanência de Getúlio na presidência, referendada pela aprovação de uma Assembleia Nacional Constituinte a ser instalada.

Intelectuais liberais e da esquerda reúnem-se em São Paulo, em 22 de janeiro de 1945, no I Congresso Brasileiro de Escritores, na Biblioteca Municipal, sob a presidência de Aníbal Machado, tendo como vice-presidentes Sérgio Milliet, Dionélio Machado, Murilo Rubião e Jorge Amado, quando lançam uma declaração pela legalidade democrática, eleições livres e respeito à soberania popular. Dela participaram, entre outros, Antonio Candido, Caio Prado Jr., com o apoio de Monteiro Lobato e (por telegrama) Carlos Drummond de Andrade; e também com a presença de alguns escritores latino-americanos exilados no Brasil.[24]

---

[23] *Ibid.*, 1945, ano da Praça, verbete 1.112.

[24] A Primeira Sessão Plenária realizou-se sob a presidência de Sérgio Milliet. As informações completas encontram-se em *Primeiro Congresso Brasileiro de Escritores: promovido pela Associação Brasileira de Escritores* (ABDE), São Paulo, Revista dos

O COLAPSO DO REGIME DITATORIAL: 1945

No fim de 1945, apresentaram-se, entre outros, para as eleições no dia 2 de dezembro, dois candidatos: o general Eurico Gaspar Dutra, do Partido Social-Democrático (PSD), e o brigadeiro Eduardo Gomes, da União Democrática Nacional (UDN), que contava com apoio de forças de oposição aos generais estado-novistas. Getúlio, por seu lado, contava com o apoio dos sindicatos, dos operários e dos comunistas, novamente na legalidade desde a anistia. Os inimigos da véspera transformavam-se em aliados. Juntos, defendiam a continuação de seu governo.

Em outubro de 1945, setores militares tinham dado um golpe preventivo para evitar a permanência de Getúlio Vargas no poder. O golpe contou com apoio explícito da embaixada norte-americana no Brasil.

O motivo alegado para o golpe de 29 de outubro foi o fato de Getúlio substituir, na chefia da polícia do Distrito Federal, João Alberto por seu irmão Benjamim, o que deu a entender que estava em curso manobra continuísta, pois a figura de "Bejo" Vargas representava uma extensão de Getúlio, ocupando cargo que sempre estivera sob controle do Exército, o que não agradava às Forças Armadas.

O ex-companheiro (e um dos líderes de 1930) Góes Monteiro e um grupo de militares agora democratizantes tomaram o controle da situação, dando um golpe preventivo, que levou Vargas à renúncia.

O presidente do Supremo Tribunal Federal, José Linhares, assumiu a presidência, segundo fórmula proposta pela UDN, ou seja, "todo o poder ao Judiciário". A ele coube presidir as eleições e transferir o governo ao vencedor.

Sobre a ambiguidade do regime em queda, Carlos Drummond de Andrade registrou em seu diário, no dia 23 de agosto de 1944, o clima na capital da República, quando se comemoravam dois anos da entrada do Brasil na Segunda Guerra:

Tribunais, 22-27 de janeiro de 1945. Mais acessível, para a análise de algumas personalidades participantes e grupos temáticos desse Congresso tão representativo, é a obra de Carlos Guilherme Mota, *Ideologia da cultura brasileira*, cap. 3, "Raízes do pensamento radical", 3ª ed., São Paulo, Editora 34, 2008, pp. 149-91. De 1945 é, também, *Plataforma da nova geração*, entrevistas de 29 intelectuais coordenadas por Mário Neme. Darcy (ao lado de nomes como Antonio Candido, Mário Schenberg) cita, ainda, mais "uma quantidade de gente promissora que não deu certo" (*T&B*, verbete 1.127).

"Tudo preparado meticulosamente, comércio fechado à tarde, e nenhuma vibração. Na grande faixa de pano erguida junto ao Teatro Municipal, a inscrição 'Ordem e disciplina', indicando que o Governo pensa menos em ganhar a guerra do que em salvar-se. Anuncia-se a saída de Osvaldo Aranha, ministro do Exterior e vice-presidente da Sociedade dos Amigos da América, fechada pela polícia na véspera de sua posse [...]"[25]

E com seu humor preciso, Drummond ainda acrescenta, crítico:

"Assim se comemora duplamente o aniversário de uma guerra *sui generis*, do fascismo interno contra o fascismo externo."[26]

Redemocratização. A Constituição de 1946

O Estado Novo termina com o golpe militar dado por Góes Monteiro e Gaspar Dutra, generais "fiadores" do regime, que agora depõem Vargas. Linhares, então, assume e convoca eleições livres.

Dentro do sistema político, dão as cartas a UDN, reunindo liberais conservadores e de oposição a Getúlio, e o PSD, com burocratas que deram suporte à ditadura.[27]

Na UDN, partido elitista, congregam-se novas lideranças como Otávio Mangabeira, Afonso Arinos, Adauto Lúcio Cardoso, Juracy Magalhães, Aliomar Baleeiro, Pedro Aleixo, apoiados por grande banqueiros, como Magalhães Pinto, Clemente Mariani, Herbert Levy e Bilac Pinto. Todos eles, em maior ou menor grau, doravante desempenharão papel de relevo na vida republicana, inclusive com gente das altas finanças atuando, indiretamente, nos ministérios, no STF, no Senado; e, diretamente, no golpe de Estado de 1964.

No conservador PSD — segundo Darcy Ribeiro o "partido dos ricos e dos que governaram com ele [Getúlio] durante o Estado Novo" —, arti-

---

[25] Carlos Drummond de Andrade, *O observador no escritório*, Rio de Janeiro, Record, 1985, p. 15.

[26] *Ibidem.*

[27] Ver 1945, A democratização, verbete 1.139, em Darcy Ribeiro, *T&B*, cit. No mesmo item, ver também os verbetes 1.141-1.144 e 1.147-1.156.

A Ditadura do Estado Novo (1937-1945)

culam-se figuras como Auro de Moura Andrade, Ulysses Guimarães e Pacheco e Chaves (São Paulo); Amaral Peixoto, genro de Vargas (Rio); Benedito Valadares e Israel Pinheiro (Minas); Agamenon Magalhães e Etelvino Lins (Nordeste); Nereu Ramos, Moisés Lupion e Walter Só Jobim (avô de Nelson Jobim) (Sul); Filinto Müller e Pedro Ludovico (Centro-Oeste).

Antes de ser apeado do sistema, Getúlio também havia criado outro partido, o PTB,[28] para mobilizar e controlar os assalariados, para que não ingressassem no PC, novamente na legalidade. O PCB, de Prestes, em dois anos passou de 2 mil a 150 mil membros. Cite-se também a diminuta ala da UDN, a Esquerda Democrática, de cunho intelectual socialista, que daria origem ao Partido Socialista Brasileiro (PSB).

Na campanha para as eleições no dia 2 de dezembro de 1945 estavam, como já dito, concorrendo: pela UDN, Eduardo Gomes, ex-tenente da Aeronáutica e do levante de 1922, antigetulista; pelo PSD, Eurico Gaspar Dutra, direitista, "soturno e bronco", ex-ministro da Guerra de Vargas (que na convenção do partido havia indicado o nome de seu ministro para concorrer ao cargo); e, ainda, pelo PCB, o engenheiro Iedo Fiúza, que fora prefeito de Petrópolis.

A campanha eleitoral se aquece quando Vargas, em sua fazenda do Itu (São Borja, RS), usando Jango Goulart como emissário, dá seu apoio público a Dutra (que o havia deposto), por articulação do trabalhista Hugo Borghi, líder empresarial agrícola e dono de uma poderosa cadeia de rádios (o "marmiteiro", líder da populaça de trabalhadores getulistas, segundo o aristocrático Eduardo Gomes). O lema para votar em Dutra era: "Ele [Vargas] disse".

O ex-ditador, candidato a senador pelo Rio Grande do Sul e São Paulo em coligação PTB-PSD, obtém nas eleições mais de um milhão de votos. Desses, cerca de 318 mil também o elegem deputado pelo Distrito Federal, Rio de Janeiro, Minas, Bahia e Paraná (opta pela representação gaúcha no Senado). Prestes é eleito senador pelo Distrito Federal e pelo Rio Grande do Sul. O Partido Comunista elege 14 deputados federais e 46 deputados estaduais e vários vereadores. O general Gaspar Dutra venceu as eleições (55% dos votos) e tornou-se o presidente do Brasil. Getúlio "deixava" o poder

---

[28] O PTB foi criado em 15 de abril de 1945, pelos interventores do Estado Novo, com o aval de Getúlio, que também foi o presidente da primeira comissão diretora do PSD, na convenção que o criou, no dia 17 de julho de 1945, no Teatro Municipal do Rio de Janeiro.

após quinze anos de governo.[29] A UDN, essa perderá as eleições não só em 1945 mas também em 1950, 1955.[30]

Ditadura, Modernismo e Revolução

> "Nossa geração é bem convencidinha [...] Muito contente de si mesma."
>
> Maria Eugênia Franco, 1945[31]

> "Agora o que me interessa é isso: envenenar, angustiar, solapar, num voltairismo estético que ajude ou apresse um novo Oitenta e Nove."
>
> Mário de Andrade, 1945[32]

Nos anos compreendidos entre a Primeira e a Segunda Guerra Mundiais (1918-1939), denominado o entreguerras, assistiu-se em São Paulo, Rio e nas principais capitais do país às primeiras manifestações mais ou menos

---

[29] Getúlio Vargas — com o suporte do PSD, sempre em aliança com o PTB (como visto na nota anterior, ambos criados por ele) — retorna ao poder em 1950, elegendo-se presidente.

[30] E perderá todos os golpes que intentou (1951, 1955, 1961). Mesmo participando ativamente das conspirações para a derrubada do governo reformista, desenvolvimentista e populista de Goulart, também se dará mal no golpe de 1964, no qual se comprometeu antidemocraticamente, empenhou-se a fundo mas não conseguiu assumir. De fato, o estouvado Carlos Lacerda vai perder a confiança dos militares. Jornais liberais ligados à UDN e à direita, vitoriosos na primeira hora, foram depois censurados pelos esbirros do regime. Alguns udenistas ganharam ministérios, é verdade, mas perderam espaço e brilho, e Lacerda acabou cassado.

[31] Cf. Mário Neme (org.), *Plataforma de uma geração*, Porto Alegre, Globo, 1945, p. 198. Maria Eugênia, a única mulher ouvida na *Plataforma*, revela-se distanciada em relação ao seu grupo-geração, quando diz que "o intelectualismo chega ao ponto máximo no ciclo da evolução apenas nestes dias, com um quase caráter de mal coletivo. É por isso que não concordo com Antonio Candido, quando vê todos os problemas de nosso tempo em 'função' do nosso espírito crítico. Acredito que todos existem numa dependência total do nosso intelectualismo, porque é ele que explica muita coisa, inclusive um desvirtuamento do criticismo puro, muito encontrável na nossa prodigalidade crítica", pp. 196-7.

[32] Mário de Andrade, *O banquete*, apresentação de Jorge Coli e Luiz Carlos da Silva Dantas, São Paulo, Duas Cidades, 1977, p. 69. Texto datado de 1945, já às vésperas de sua morte.

coletivas de "modernidade". Modernismo e ideias de revolução misturavam-se de modos variados e por vezes antagônicos.

A extensa greve operária de 1917, no Estado de São Paulo, como que havia aberto um novo período da história do Brasil. Na sequência, a fundação do Partido Comunista Brasileiro e a Semana de Arte Moderna em 1922, os movimentos tenentistas de 1922, 1924 e 1926, a Revolução de 1930 e a Revolução Constitucionalista de 1932, o levante comunista de 1935, a revolta integralista de 1937 e a implantação do Estado Novo (1937-1945) sinalizam um longo, intenso e contraditório processo de transição da ordem oligárquico-rural para uma sociedade marcada pelas forças urbano-industriais. Ou de uma sociedade de estamentos e castas para uma sociedade de classes.

São Paulo foi o principal centro dessas tentativas de renovação. Com efeito, nesse período, procurou-se construir aí uma nova identidade e uma nova memória histórico-social e política. Definiu-se uma nova mentalidade, marcadamente urbana e cosmopolita; firmou-se, nas palavras de Richard Morse, o "temperamento da metrópole", título de capítulo de sua obra clássica, *Formação histórica de São Paulo*.

Nessa época, a historiografia acorda para um arranque notável, com as obras de Taunay, Capistrano, Belmonte, Wasth Rodrigues, Caio Prado Jr., Pierre Monbeig, Ernani Silva Bruno, Mário Neme, Richard Morse, Luís Saia e tantos outros. Alfredo Ellis Júnior descobre a "raça de gigantes", reforçando uma estranhável mitologia bandeirante que vinha de ser contestada pelo *Macunaíma* (1928), de Mário de Andrade. Até Sérgio Buarque de Holanda participou da voga ideológico-bandeirológica, que retomará depois, com maior rigor, em seus estudos posteriores. Bem mais tarde, quarenta anos depois, os imigrantes, salvo alguma discreta exceção, começam a entrar na historiografia, porém ainda como assunto. E muito mais tarde, sessenta anos passados, são aceitos como professores da Universidade.

Os esforços pela industrialização, pela construção de uma sociedade moderna, com o crescimento de cidades, intensificação das comunicações e adoção de hábitos cosmopolitas desencadearam uma forte crítica ao Brasil "arcaico", "atrasado", "feudal". Na ordem do dia, a reforma social e a atualização da cultura, das poucas universidades (instituições que Pedro II se esquecera de criar), escolas públicas e institutos de pesquisa, logo reconhecidos internacionalmente.

Nas mentes mais arejadas e viajadas, urgia que o Brasil se tornasse "moderno" (embora nem todos lograssem ser "eternos", como ironizou

Drummond). Nesse clima, o combate ao corporativismo — e ao coronelismo do Império (1822-1889), ao aristocratismo da República Velha (1889-1930), ao reacionarismo baseado no controle de clientelas e "currais" eleitorais em todos os rincões do país (sobretudo nas regiões menos urbanizadas) — e a crítica às velhas formas de expressão político-cultural dos chamados "carcomidos" trouxe uma lufada de ventos novos, sobretudo para a província paulista, que se industrializava, começando a competir com a capital carioca, sede política e cultural da antiga corte.

O reformismo social e político impôs-se com a organização de sindicatos, a febril atividade da imprensa e, como já vimos, com os movimentos tenentistas. Em São Paulo, a praça da Sé era o centro do movimento político--social e, nela, ao lado da Catedral, o Palacete Santa Helena reunia representantes dessa nova sociedade.

Em *Tristes trópicos* — livro de memórias de Lévi-Strauss, professor visitante das missões francesas na USP —, o arguto antropólogo retrata esse momento com acuidade, indicando "duas" sociedades distintas que se defrontavam na capital paulista.[33] No capítulo XI,[34] de um lado da calçada do Largo do Arouche, desfilavam os paulistanos tradicionais, com ares e poses oligárquicos; e, do outro, caminhavam os imigrantes emergentes, já enriquecidos e conscientes de sua importância econômico-social na cidade, com suas fábricas, e no estado, com suas fazendas. Ambas as "sociedades" mirando-se uma na outra, com soberba e desprezo, no *footing* de fim de semana. São páginas antológicas, narrando episódios de cunho sociológico que ressoam na poesia de Mário de Andrade, como a "Ode ao burguês", ou no

[33] Menos citada, outra memória desse período é de Jean Maugüé, *Les dents agacées*, Paris, Buchet-Chastel, 1982. O professor Maugüé veio em missão para cooperar na fundação da Faculdade de Filosofia, Ciências e Letras da Universidade de São Paulo, onde ficou até 1939, engajando-se em seguida nas Forças Francesas Livres (para terminar a guerra na Áustria), numa divisão de atiradores marroquinos. Foi depois diplomata durante dez anos (Buenos Aires, Toronto etc.) e, mais adiante, professor da área de Ciências Humanas nas Grandes Écoles Commerciales. Amigo do professor João Cruz Costa (um dos fundadores da Faculdade de Filosofia), seus ex-alunos Antonio Candido e Severo Gomes o consideravam o mais brilhante professor da missão francesa.

[34] Ver as páginas antológicas de Claude Lévi-Strauss, *Tristes trópicos*, Lisboa, Edições 70, 1993, pp. 86-96 (a primeira edição é da Librairie Plon, 1955). Seu comentário não é nada sutil: "A elite paulista, abrigada por essa fauna pétrea, formava, à semelhança das sua orquídeas prediletas, uma flora indolente e mais exótica do que julgava ser", p. 91.

A Ditadura do Estado Novo (1937-1945)

citado livro *Parque industrial*, de Patrícia Galvão, a anticonvencional e revolucionária Pagu, ex-companheira de Oswald de Andrade.

A crise econômica mundial de 1929 expusera a precariedade do Estado brasileiro e de seus mecanismos para administrar os problemas nacionais, revelando ainda a falta de infraestrutura portuária, rodoviária e aeroviária. Até os anos 1940, a estrada que ligava Rio-São Paulo era pista única e de terra em longos trechos, assim como a estrada São Paulo-Santos.

Foi nessa conjuntura que a América do Sul transitou da esfera da libra inglesa para a esfera do dólar norte-americano. No plano da construção do imaginário cultural, dos costumes e das mentalidades, a Europa cedia o passo para os Estados Unidos da América do Norte. No plano das mentalidades, "o país transitava da consciência amena de atraso para a consciência de país subdesenvolvido" (Antonio Candido).[35] Inspirado no *New Deal* de Roosevelt, Celso Furtado, figura-chave da política econômica e social nos anos 1955-1965, formou-se nesse período, tendo inclusive participado da campanha da FEB na Itália, como já se mencionou.

A Revolução de 1930 — como vimos, um rearranjo de oligarquias regionais —, impulsionou o gaúcho Getúlio Vargas para o primeiro plano da história do país, quebrando o círculo de ferro das oligarquias de São Paulo e Minas Gerais, na chamada política do "café com leite". A pressão dos setores médios urbanos, demandando reformas no sentido da modernização das instituições, criou o clima para maior participação popular nas eleições. A atualização do país entrava na ordem do dia: naquele contexto, filhos e netos das oligarquias imperiais e coloniais "descobriam" o atraso em que se achava o país. Gestavam-se, então, algumas interpretações renovadoras — que denunciavam o atraso, a "herança colonial", os dramas do "caráter nacional brasileiro" — à esquerda das teses de Oliveira Vianna, Azevedo Amaral ou Alberto Torres e Francisco Campos (o jurista da Constituição de 1937). Com efeito, redescobria-se o Brasil com as análises inovadoras de Caio Prado Jr., Gilberto Freyre, Sérgio Buarque, Manoel Bomfim, Monteiro Lobato, Roberto Simonsen, Fernando de Azevedo, Astrojildo Pereira e, logo depois, João Cruz Costa, dentre muitos outros.

De 1930 a 1933, a Revolução extirpou alguns (poucos) vícios do clientelismo. Entretanto, apoiada nas massas populares urbanas, desenvolveu um

---

[35] Antonio Candido, "Literatura e subdesenvolvimento", em *Argumento*, nº 1, Rio de Janeiro, out. 1973, pp. 9-10.

ethos político que se denominou "populista", de cunho autoritário e baseado na manipulação do povo.

Foram anistiados militantes de movimentos de 1922 a 1930, criou-se o Ministério do Trabalho, Indústria e Comércio, decretaram-se leis trabalhistas (aposentadoria, fixação de horários de trabalho, estabilidade, férias remuneradas, assistência médica); mas, ao mesmo tempo, tais leis atrelaram os sindicatos ao Estado. O nacionalismo — ou melhor, o projeto nacional — torna-se presente nos principais episódios desse período. A criação do Conselho Nacional do Petróleo, em 1938, e a da Companhia Siderúrgica Nacional, em 1945, sinalizavam a necessidade de atualização da economia e da sociedade brasileiras em relação às nações hegemônicas. Ou "adiantadas", no vocabulário da época.

Do ponto de vista histórico-cultural, o caráter da Revolução paulista de 1932 — da qual participaram Paulo Duarte, Júlio de Mesquita Filho, Antônio Gomide, entre tantos outros intelectuais — é ambivalente. De um lado, foi regionalista e envolveu setores ligados à ordem social e política anterior à Revolução de 1930. Mas trouxe ao debate nacional novo conteúdo democratizante e, sobretudo, o tom constitucionalista liberal-democrático às formulações acerca da política do Brasil contemporâneo. Vencida pela forças federais, a Revolução de 1932 deixou nas lideranças paulistas intensa preocupação com a formação de uma nova elite dirigente, para o que concorreu a fundação da Universidade de São Paulo em 1934, animada, durante certo tempo (sobretudo entre 1944 e 1968) pela inovadora Faculdade de Filosofia, Ciências e Letras, foco do pensamento radical de classe média, em que se formaram Florestan Fernandes, Antonio Candido, Cleonice Serôa da Mota Berardinelli, Dante Moreira Leite, Lourival Gomes Machado e inúmeros químicos, físicos, biólogos, filósofos, antropólogos, matemáticos etc. que iriam redefinir os rumos do pensamento crítico brasileiro.

Como vimos, após a Revolução de 1932 (vista como uma derrota de São Paulo no quadro federativo), o Brasil ainda viveria os combates ideológicos da Assembleia Nacional Constituinte em 1933, a chamada "Intentona" Comunista de 1935 e o golpe de novembro de 1937, que suspendia as eleições, abrindo o dramático período ditatorial do Estado Novo (1937-1945). Nesse período ocorreu forte centralização do poder, com uma série de medidas de intervenção do Estado na economia, nos sindicatos, na cultura, e as liberdades públicas foram eliminadas.

Em São Paulo, a ideia dominante era a de que, embora vencidas suas lideranças em 1932, a batalha seria ganha no plano da cultura, da formação de quadros de pesquisa científica, das inovações tecnológicas. No âmbito federal, definiram-se alguns órgãos de incentivo à cultura, à preservação do patrimônio histórico e artístico nacional, e assim por diante.

Centrada no ministro da Educação, Cultura e Saúde, Gustavo Capanema, e em seu chefe de gabinete Drummond, articulou-se uma constelação de produtores culturais de variada ordem, que, como mencionado, dariam conteúdo a um *projeto nacional moderno*, de Villa-Lobos a Portinari, de Lúcio Costa e Niemeyer a Sérgio Buarque de Holanda e, em São Paulo, de Mário de Andrade e Luís Saia a Sérgio Milliet.

Radiografou-se, em angulação variada, o Brasil na sua fugidia modernidade. Importante notar que, enquanto funcionários — federais, estaduais, municipais —, esses intelectuais circulavam de um lado para outro e comunicavam-se, ocupando postos em repartições públicas (bibliotecas, arquivos, departamentos de cultura etc.). O comentário sardônico de Mário de Andrade em 1941, na *Elegia de abril*, é eloquente:

> "E tempo houve [...] em que o Estado se preocupou de exigir do intelectual a sua integração no corpo do regime, tempo houve em que, ao lado de movimentos mais sérios e honestos, o intelectual viveu de namorar com as novas ideologias do telégrafo. Foi a fase serenatista dos simpatizantes."[36]

Contra o Estado Novo: os intelectuais se organizam

> "Se fôssemos esperar no Brasil que a realidade alcançasse o nível das leis sábias para decretá-las, só as teríamos impostas pelas revoluções."
>
> Sérgio Milliet, 1938[37]

Como, porém, no Brasil se pensava o Brasil? O país precisava *atualizar-se*: palavra-chave do educador Anísio Teixeira, um dos redatores do *Manifesto da Escola Nova* (1932).

[36] Cf. Carlos Guilherme Mota, *Ideologia da cultura brasileira*, cit., p. 332.

[37] Sérgio Milliet, *Ensaios*, São Paulo, Brusco & Cia., 1938, p. 53.

A Segunda Guerra Mundial foi a principal responsável por uma profunda tomada de consciência da vanguarda intelectual sobre seu próprio lugar — e o de nossa cultura — na história contemporânea.

Atuações mais visíveis, políticas, não eram incomuns nesse tempo em que grandes conflitos e revoluções abalavam o mundo. Rio e São Paulo repolarizavam a vida político-cultural do país, embora Minas também permanecesse referência, apesar de parte significativa de sua intelectualidade ter migrado para a capital federal. As reminiscências de Pedro Nava constituem repositório inestimável dessa memória histórica.

Com a guerra, o mundo abrira-se de outro modo para as elites brasileiras, até então muito conservadoras. Recorde-se, a propósito, que o jovem paraibano Celso Furtado, nascido num engenho, lutou na Força Expedicionária Brasileira, e que o aristocrata Caio Prado Jr. atuou no fim da Guerra Civil Espanhola, na fronteira com a França, tornando-se personagem de ficção na obra de Jorge Amado, *Os subterrâneos da liberdade*, de resto um de seus livros menos inspirados.

Naquele momento histórico, em que filhos das oligarquias dominantes podiam "escapar" do recrutamento e da guerra, muitos não o fizeram. Convocados a lutar na Europa, não hesitaram; se houve, na Revolução de 1924, brigadas internacionais de europeus em São Paulo, nas guerras europeias houve pracinhas e aviadores brasileiros (como os da Guerra Civil na Espanha). A universidade praticamente dava seus primeiros passos, com Faculdades reacionárias contrastando com o clima instaurado pelos novos professores, nacionais e estrangeiros, à sombra de Fernando de Azevedo, Almeida Júnior, Júlio de Mesquita Filho, Sérgio Milliet, Paulo Duarte. No Rio, atuava o educador baiano Anísio Teixeira, entre outros.

À esquerda ou à direita, atuava a militância, aberta e decisiva. Em *Memórias do cárcere*, de Graciliano Ramos, há referências a São Paulo e aos militantes paulistanos. Em *O observador no escritório*, de Carlos Drummond de Andrade, tem-se a medida desse turbulento estar no mundo no Brasil dos anos 1930-1940, sobretudo no fim do governo ditatorial de Vargas. Mais abrangentes, estudos como os de Edgard Carone, em particular *Brasil: anos de crise (1930-1945)*,[38] desvendam os movimentos, as organizações e a recuperação das esquerdas na crise do Estado Novo.

[38] Edgard Carone, *Brasil: anos de crise (1930-1945)*, São Paulo, Ática, 1991.

A conflagração mundial — e sobretudo a necessidade histórica de se tomar posição num tempo de partidos e "de homens partidos" (Drummond) — obrigou à definição das frentes e correntes de opinião. Impôs reavaliação profunda da camada brumosa de escritores, historiadores, artistas, críticos e produtores culturais que vinham de lutas sociais dos anos 1920 e 1930; e de movimentos estético-políticos, como a Semana de 22. Movimento que, embora de raiz aristocrática, detonou uma série de reflexões e novas formas de pensamento, que marcariam o nascimento de um novo país. Mário de Andrade, sobretudo na *Elegia de abril*, talvez seja a consciência-limite do pensamento crítico daquele momento, o documento mais corajoso produzido por um intelectual brasileiro.[39]

Após a guerra, surge um novo tipo de intelectual — mais empenhado, mais crítico, politizado e sobretudo mais instrumentado teórica e metodologicamente. Novos contingentes da população foram chamados a "participar do desaparecimento de um Brasil formal e do nascimento de uma nação" — que é como Paulo Emílio Salles Gomes concluiu seu denso depoimento no inquérito *Plataforma de uma geração*, dirigido pelo historiador piracicabano Mário Neme e publicado no jornal *O Estado de S. Paulo* de meados de 1943 a princípios de 1944.[40]

Da *Plataforma* participaram vinte e nove "figuras da intelectualidade brasileira", desenhando os horizontes de uma nova época que, apesar de tudo, despontava e poderia ser promissora. Eram enormes a insegurança e a indefinição dos rumos da guerra e da história, e aqui chegavam sem cessar os exilados do conflito europeu que se tornara mundial. Os pracinhas brasileiros estavam na Europa lutando contra o Eixo, mas aqui o Estado Novo — com seus presídios, perseguições e seus "galinhas-verdes" — sugeria que o fascismo acaboclado poderia vencer. Getúlio vacilava.

Na chamada Política de Boa Vizinhança com os Estados Unidos, para cá se deslocavam intelectuais e produtores culturais (Orson Welles, a fotó-

---

[39] Sobre o movimento modernista, sua história e seus limites, ver os balanços críticos, fundamentais, "A elegia de abril" (1941) e "O movimento modernista" (1942), em Mário de Andrade, *Aspectos da literatura brasileira*, Belo Horizonte, Itatiaia, 2002, 6ª ed. Dois documentos decisivos para a compreensão do Modernismo e das ideologias culturais no Brasil no século XX.

[40] Mário Neme (org.), *Plataforma de uma geração*, cit., p. 233.

grafa Genevieve Naylor, o pintor Misha Reznikoff e tantos outros), cuja ação procurava reequilibrar o peso da propaganda alemã. E os serviços de inteligência norte-americanos informavam sobre a *entourage* pró-nazi que cercava Getúlio, como se constata no catálogo da exposição com obras de Naylor e Reznikoff, realizada com curadoria de Emanoel Araújo na Pinacoteca do Estado de São Paulo, em novembro de 1994. Se, porém, os nazifascistas metiam medo, havia certa reserva em relação aos desdobramentos de uma eventual vitória dos Aliados, quando a União Soviética haveria de querer recolher sua parte.

Nesse clima de ambiguidade — não só internacional mas também dos intelectuais brasileiros (exceto alguns da esquerda propriamente comunista), em geral mais ou menos ligados ao Estado — é que se organizam as várias manifestações de resistência democrática, como esse notável repositório de opiniões, diagnósticos, teorias e informes do grupo da *Plataforma*.

Já em 1945, o citado I Congresso Brasileiro de Escritores reuniu uma forte e diversificada linha de frente de intelectuais democratas brasileiros e estrangeiros. Entre estes, o historiador português exilado Jaime Cortesão, propondo uma Sociedade Luso-Afro-Brasileira ("Portugal e Brasil têm uma dívida em aberto com a África Negra", dizia ele), com apoio de Agostinho da Silva, José Honório Rodrigues, Fernando de Azevedo. E também de Roger Bastide, falando em nome dos escritores franceses e assinalando a aliança, sob a Ocupação, de intelectuais tão distintos como o católico François Mauriac e o "escritor de esquerda André Malraux".

Nunca as dúvidas em relação ao futuro foram tão profundas neste país. Dúvida principal: vitória dos Aliados ou do Eixo? No primeiro caso, como equacionar o papel da União Soviética na nova ordem mundial e na divisão do mundo? Capitalismo, socialismo, ou o quê? Além disso, a *intelligentsia*, bastante dividida, ainda acertava contas estético-políticas com as "gerações" anteriores, visualizadas pelos jovens de então na "geração de 22" e na "geração de 30".

A guerra provocou ruptura fundamental com o passado, criando outra concepção de cultura e, para citarmos uma expressão cara a Cortesão, outro *paradigma histórico*. A cultura oligárquica e suas remanescências ficaram abaladas com a guerra e com as decorrentes polarizações; mas também com a *modernidade propriamente dita*, que não vinha apenas da poesia do pessoal da Semana de Arte Moderna, mas dos tanques, dos produtos industrializados dos Estados Unidos (filmes inclusive), da vitória do *American way of life* nestas plagas.

A Ditadura do Estado Novo (1937-1945)

Uma nova visão de Brasil e de mundo desenhava-se nos depoimentos da *Plataforma da nova geração*, reflexões feitas no calor da hora.[41] Daí o seu valor inestimável.

Lourival Gomes Machado vê a guerra nessa perspectiva radical e ampla: "Quem, de juízo calibrado, diria seu, por exemplo, o grande problema dessa guerra?", pergunta ele; e, apelidado por Oswald de Andrade como um dos "*chato boys*", Lourival provoca: "Agora que os nossos predecessores mais eminentes — os modernistas de São Paulo — estão chegando na maciez de cinquentões repousados, à compreensão de seus problemas, basta para os moços marcar tendências".[42]

A palavra de ordem é: *crítica*. O direito à crítica define-se como princípio de ação, registro desse grupo-geração que se afirma na demolição dos antecessores (ou melhor, de *muitos* antecessores). Ainda Lourival:

> "Se temos necessidade de uma tomada geral de consciência, dum ajuste de valores velhos e novos, essa necessidade se faz mais urgente num momento em que conscientemente falamos de renovação e nos predispomos para um futuro ninguém sabe bem qual seja, apesar de todos os palpites e de todas as torcidas. Precisamos conhecer cada uma das peças do mosaico da inteligência nacional para escapar dos padrões velhos da civilização que se esvai e iniciarmos uma nova escala de valores por que possa se medir a criação nova, a ciência nova e, principalmente, a nova crítica."[43]

A esse restrito grupo-geração pertence Antonio Candido, que nomeia seus interlocutores (de Décio de Almeida Prado a Florestan, de Schenberg a Escorel), avalia os antecedentes e os precursores (escapa somente Milliet, uma "ponte entre 22 e nós"), define a função de sua geração ("crítica, crítica e mais crítica"), os alvos ("combate a todas a formas de reação") e o método de luta ("esclarecer o pensamento e pôr ordem nas ideias"). Acha-se em seu depoimento a mais contundente crítica ao pensamento liberal, que

---

[41] Esse grupo-geração dará o tom, mais tarde, nos anos 1960, no "Suplemento Literário" do jornal *O Estado de S. Paulo*. Ver o livro de Elizabeth Lorenzotti, *Suplemento Literário: que falta ele faz!*, São Paulo, Imprensa Oficial, 2007.

[42] Mário Neme (org.), *Plataforma de uma geração*, cit., p. 28.

[43] *Ibid.*, p. 27.

justifica todas as desarmonias sociais, e à sociologia cultural de Gilberto Freyre, "enamorado de seu ciclo cultural luso-brasileiro". Tal crítica é muito antecipatória, e corajosa, pois Freyre estava na "moda", em alta, a visão culturalista tropical.

Segundo alertava, o problema de sua geração era o do *medo*, o que até levou Drummond, já no Rio de Janeiro, a utilizar uma frase do jovem crítico como epígrafe de um poema que se tornou célebre, "O medo", a ele dedicado,[44] e, não por acaso, lido em muitas salas de aula e cárceres durante o período ditatorial pós-64 e pós-68. A epígrafe é desafiadora, e o poema é forte:

> "Porque há para todos nós um problema sério... Este problema é o do medo."
>
> (Antonio Candido, *Plataforma de uma geração*)

> "Refugiamo-nos no amor,
> Este célebre sentimento,
> E o amor faltou: chovia,
> Ventava, fazia frio em São Paulo.
> [...]
> Assim nos criam burgueses.
> Nosso caminho: traçado.
> Por que morrer em conjunto?
> E se todos nós vivêssemos?"

Naquele clima, Carlos Drummond de Andrade escreveu outros poemas, como "Nosso tempo":

> "Este é tempo de partido,
> tempo de homens partidos..."

Referência para esses paulistas que expressavam um pensamento radical de classe média, Drummond era contundente em seus poemas, como podemos constatar em "Elegia 1938":

---

[44] "O medo" e "Nosso tempo", em Carlos Drummond de Andrade, *Nova reunião: 19 livros de poesia*, Rio de Janeiro, José Olympio, 1985, 2ª ed., pp. 118 e 126.

"Aceitas a chuva, a guerra, o desemprego e a injusta distribuição porque não podes, sozinho, dinamitar a ilha de Manhattan."

Mas, qual o significado desse medo? Um problema que levava muitos a procurar, naquele entrechoque de valores, uma regra de conduta, custasse o que custasse:

"O medo que nos toma a todos [dizia Candido em seu depoimento] de estarmos sendo inferiores à nossa tarefa; ou de não conseguirmos fazer *algo de definitivamente útil* para o nosso tempo, como, de um modo ou de outro, fizeram os rapazes de Vinte."[45]

Ainda na *Plataforma*, constata-se que o impacto da guerra foi bem percebido pelo historiador Ernani Silva Bruno. Em seu depoimento, este comenta o papel de Graciliano, Freyre, Jorge Amado, Jorge de Lima e tantos outros, mostrando como revelaram um Brasil tão diverso de sua geração ou da dos modernistas: "Os modernistas em parte olharam de cima o povo e as suas manifestações. Os escritores de 30 se confundem com o povo".

O problema para sua geração, segundo pensava, era o de elaborar um reajustamento profundo, para *universalizar-se honestamente*. "O risco era o de uma fração de sua geração desgarrar-se para um tipo de literatura ou de atividade intelectual sem compromissos com o meio ou com o povo". Essa subliteratura neutra e vaga, talvez a guerra a liquidasse:

"E se nas linhas gerais desses trabalhos de reconstrução nós temos que aprender com outras gentes, os nossos escritores, por outro lado, deverão ser os intérpretes do nosso povo, os reveladores de nossa personalidade, dos nossos caracteres nacionais ou regionais de cultura. E não uns embasbacados e passivos diante do que porventura quisessem nos impingir de fora."[46]

Mais duas posições esclarecem a complexidade das visões de mundo dos intelectuais no fim da guerra: a de Maria Eugênia Franco e a de Luís

---

[45] Mário Neme (org.), *Plataforma de uma geração*, cit., p. 40.

[46] *Ibid.*, pp. 191-2.

Saia. A crítica Maria Eugênia, jornalista e organizadora rigorosa da Seção de Arte da Biblioteca Municipal, indaga-se sobre sua própria geração:

"Nós não somos criadores por sermos críticos, ou somos críticos por não sermos criadores?"[47]

Ela mesma responde:

"Nossa geração é bem convencidinha, Mário Neme, muito contente de si mesma [...]. Existe um excesso de conformismo comodista nos moços de hoje, muita condescendência diante do que *não* são. Os de 22 pelo menos tinham mais vitalidade do que nós. [...] Nós ficamos excessivamente resignados com o nosso destino de tempo sem criação, como alguém que se afirmasse incapaz de cantar sem sequer experimentar se tinha voz. E nos conservamos fechados entre paredes de vidro."[48]

Mais contundente, sobre a guerra e seu tempo, Maria Eugênia Franco bombardeia:

"A gente aqui não pode esquecer, aliás, que nunca participamos nem tão cedo participaremos profundamente de nada. [...] E nós aqui o que fazemos? Testamentos, plataformas. Juro que me encabula estar dizendo tantas palavras que não importarão em nada, quando neste momento só deveríamos fazer coisas que 'importassem', isto é, que não fossem mistificação."[49]

O outro depoimento marcante é de Luís Saia. Cursando então a seção de Arquitetura da Escola Politécnica e dirigindo a seção paulista do Serviço do Patrimônio Histórico e Artístico Nacional, defendia, como outros, as quatro liberdades fundamentais propaladas por Roosevelt. Sobre a guerra, reafirmava a necessidade de "ser antifascista até o dia em que não houver no mundo nem sombra de fascismo, com camisas ou sem camisas", chamando

[47] *Ibid.*, p. 198.

[48] *Ibidem.*

[49] *Ibid.*, pp. 202-3.

A Ditadura do Estado Novo (1937-1945)

a atenção até para os pequenos atos cotidianos em que deveria haver a repulsa aos falsos parceiros da hora e por parte daqueles que, "de forma nenhuma, querem perder a posição que conquistaram dentro do mundo burguês e capitalista". Sua preocupação: o mundo do amanhã não pode permanecer "nas mesmas bases injustas do mundo de pré-guerra".[50]

Em 1945, no Brasil os intelectuais já adquiriram uma consciência mais nítida do quadro contemporâneo. Abrindo o primeiro grande Congresso de Escritores Brasileiros, na Biblioteca Municipal de São Paulo, em 1945, Aníbal Machado observa que a Segunda Guerra vem de mais longe, sendo a culminância sangrenta de um processo de pelo menos três décadas, com a "crise [...] [que] agitou a vida dos grandes países industrializados e alcançou também todos os povos da terra".[51]

Deu-se, então, a subversão de valores culturais ameaçando-lhes a autonomia política. "Enquanto a lição da guerra de 1914 indicava aos povos a união fraternal, antagonismos econômicos e sociais determinavam o autofechamento das pátrias e a consequente formação de nacionalismos agressivos."[52] Importante é que, falando dos temas da liberdade e da democracia em seu discurso inaugural, citando Alfonso Reyes (que dizia não darmos tempo, na América, à sedimentação cultural, e queimarmos etapas), Aníbal define o congresso como dos "escritores da América Latina". Mas com matiz próprio e espectro amplo. E, após denunciar o "mau profeta" Keyserling, filósofo do fascismo, Aníbal procura apaziguar os temerosos e tíbios com as eventuais vitórias do socialismo:

> "Tranquilizem-se os que temem as planificação das ideias para o combate às que pretendem destruir o pensamento: porque muito espaço, o maior, ainda sobra ao espírito do indivíduo para a sua aventura lírica pessoal e as surpresas do conhecimento. Somente quando o homem se vir liberto da servidão econômica começará a ser realmente humano."[53]

[50] *Ibid.*, p. 203.

[51] *Primeiro Congresso Brasileiro de Escritores*, cit., p. 25. Ver também o cap. 3, "Raízes do pensamento radical", em Carlos Guilherme Mota, *Ideologia da cultura brasileira (1933-1974)*, 3ª ed., São Paulo, Editora 34, 2008.

[52] *Primeiro Congresso Brasileiro de Escritores*, cit., p. 25 [grafia atualizada].

[53] *Ibid.*, p. 28.

Para esse período decisivo da história da cultura do Brasil moderno (e para a atuação de inúmeros intelectuais brasileiros) vale a observação de um contemporâneo da época, Walter Benjamin, que não teve a sorte de escapar dos tormentos físicos e morais do nazifascismo europeu:

> "Entre os grandes criadores sempre existiram homens implacáveis que operaram a partir de uma tábula rasa. Queriam uma prancheta: foram construtores."[54]

Ainda está por ser sistematizada nossa história intelectual que, percorrendo dos grandes centros às províncias mais remotas, mostre a fermentação político-ideológica regional, as pulsações locais e a produção da época. Nela forjaram-se *matrizes de pensamento* que presidem o "fazer história" até os dias presentes. À esquerda, mas também à direita, que, metamorfoseada, "modernizada" (aspas necessárias) e com poderosos e sofisticados mecanismos de apagamento da memória coletiva mais crítica e empenhada, continuam bem vivas em nosso país.

Milliet: uma visão do mundo cosmopolita e... nacional

> "A geração de 22 falou francês e leu os poetas. A de 44 lê inglês e faz sociologia. A esta bem leviana se apresenta aquela. Em compensação, à de 22 bem pesada se afigura a sucessora. Simples resultado de perspectiva histórica em que cada uma se coloca."
>
> Sérgio Milliet, 1962[55]

Naquele contexto histórico, em São Paulo (como em outras regiões do planeta, com suas particularidades) definiu-se uma visão peculiar das coisas, a partir da qual se interpreta a vida, o mundo contemporâneo, a história.

Em se tratando aqui da busca de matrizes de um pensamento nacional — porém definido a partir de uma visão de mundo cosmopolita —, um per-

---

[54] Walter Benjamin, "Experiência e pobreza" (1933), em *Obras escolhidas: magia e técnica, arte e política. Ensaios sobre literatura e história da cultura*, tradução de Sérgio Paulo Rouanet, vol. 1, São Paulo, Brasiliense, 1987, pp. 114-9.

[55] Sérgio Milliet, "Diário crítico II", em Regina Salgado Campos (org.), *Sérgio Milliet*, Coleção Melhores Crônicas, São Paulo, Global, 2006, pp. 43-4.

sonagem pouco estudado, o paulista Sérgio Milliet, sintetiza o que se produziu, em São Paulo, de mais profundo. Um tipo paulistano marcante, do mesmo modo que Drummond sintetiza o "ser mineiro", ou Erico Veríssimo o "ser gaúcho".

Para uma futura revisão da história da cultura no Brasil, vale a pena percorrer a biografia de Sérgio Milliet. Nascido em São Paulo em 1898, esse discreto neto de português, ex-diretor da Biblioteca Municipal, polarizava a cidade e a colocava nos circuitos internacionais e nacionais.[56]

Milliet, informado e sereno, foi o crítico mais agudo das letras, das artes, dos costumes, e da historiografia de seu tempo. Uma insuperável mente por assim dizer aristocrática de esquerda que a cidade produziu. Simbolizava o lado do paulistano da lhaneza discreta, simples, abrigando sentido de amizade cerimoniosa porém profunda. Diversamente do pensador português António Sérgio (1883-1968),[57] o nosso disperso Sérgio, presente em tantas ações da vanguarda, não teve um grupo ou escola como o da revista *Seara Nova* para continuar suas lições...

Milliet não foi apenas um grande escritor. Ele deixou ensaios e estudos de surpreendente atualidade, mas foi o atualizador também de nossa *intelligentsia*, pois com traduções exemplares, informações, bibliografia e atitudes renovadas alimentava os círculos e instituições que frequentava ou, muitas vezes, criava. "Intelectual oblíquo", legou sobretudo uma atitude, uma postura.

---

[56] Uma excelente seleção de comentários seus extraídos do *Diário crítico* e de alguns de seus livros de crônicas foi organizada por Regina Salgado Campos, em *Sérgio Milliet*, São Paulo, Global, 2006, Coleção Melhores Crônicas, dirigida por Edla van Steen, com biografia e bibliografia do escritor. Ver também de Lisbeth Rebollo Gonçalves (org.), *Sérgio Milliet 100 anos: trajetória, crítica de arte e ação cultural*, São Paulo, Imprensa Oficial/ABCA, 2005. E, de Francisco Alambert, *Sérgio Milliet, um intelectual oblíquo*, tese de doutorado, São Paulo, FFLCH-USP, 1995.

[57] António Sérgio foi um dos mais importantes intelectuais portugueses do século XX, defensor de um humanismo racionalista e crítico. Ou melhor, de um neoiluminismo filosófico. Ex-ministro da Instrução Pública, foi depois opositor ao regime do ditador Salazar. Um dos fundadores da revista *Seara Nova* — multidisciplinar e renovadora do pensamento em Portugal —, é autor de obra variada, enfeixada em *Obras completas*, pela Editora e Livraria Sá da Costa. Destaque-se sua conhecida *Breve interpretação da história de Portugal*, Lisboa, Sá da Costa, 1989, 13ª ed. Sobre ele, consulte-se o número especial da *Revista de História das Ideias: António Sérgio*, vol. 5 (2 tomos), Faculdade de Letras, Instituto de História e Teoria das Ideias, Universidade de Coimbra, 1983.

"Nenhum entusiasmo barato, mas também nenhuma passividade intelectual", definiu-o Carlos Drummond de Andrade. Percorrendo o índice onomástico dos dez volumes de seu *Diário crítico* (1940-1956), o leitor encontra a parte mais significativa do mapa intelectual do século XX, nacional e internacional.

A um só tempo nacional, moderno e cosmopolita, Milliet cultivava visão e sentimento de Brasil deveras fortes, mas, ao mesmo tempo, distanciados e céticos. Ceticismo banhado nas leituras de Montaigne e Pascal, André Gide e Péguy, Alain e Claudel, mas também num Dostoiévski e num humorista e tradutor como Millôr Fernandes.

Além de Montaigne e Gide, sua referência maior foi Mário de Andrade, sobre o qual escreveu:

> "Mário de Andrade era por definição pública um homem de esquerda. Não o entusiasmariam entretanto os sectarismos, e muito lhe custaria sacrificar sua orientação literária a injunções políticas e mesmo ideológicas."[58]

Tal caracterização, pode-se dizer hoje, valia para o próprio Sérgio Milliet, que, no mesmo diário, escrevera (em 22 de novembro de 1956) sobre a nova geração: "Chega de pesquisa. É preciso começar a falar".[59]

Atualíssimo, o crítico e ensaísta Milliet. Defensor do ceticismo e crítico dos dogmas que mobilizavam sociedades em direção a regimes autoritários, preocupava-se com a vulnerabilidade do Brasil, onde, dizia, o que dominava não eram os dogmas, mas o simples palpite...

Sua primeira produção poética é pouco apreciada pela crítica; porém, em *Cartas à dançarina*, de 1959, Milliet se supera. Ressalte-se, sobretudo, suas contribuições para a historiografia: o *Roteiro do café* permanece obra de referência. Com Rubens Borba de Moraes, Milliet ajudou a redescobrir o Brasil, os pintores, os viajantes cronistas, inclusive o esquecido acervo de Ferdinand Denis, na Bibliothèque Sainte-Geneviève (Paris), e a republicar clássicos da formação de nossa identidade. Merecem melhor atenção as andanças de ambos em Paris, em busca de nossos traços, convivendo com

---

[58] Sérgio Milliet, *De ontem, de hoje, de sempre (1957-1959)*, vol. I, 4/5/1958, *apud* Regina Salgado Campos (org.), *Sérgio Milliet*, cit., p. 194.

[59] *Ibid.*, p. 160.

Blaise Cendrars, Léger e outros, flanando com músicos, pintores e poetas, esquadrinhando bibliotecas, arquivos e sebos.

Difícil não encontrar o autor de *O sal da heresia*, *Pintura quase sempre* e *Terminus seco e outros cocktails* nas mais importantes iniciativas político--culturais do país. Seja na vanguarda modernista de 1922, predominantemente paulista, seja na direção do antifascista I Congresso Brasileiro de Escritores (1945), em São Paulo, de caráter mais abrangentemente nacional, seja na Europa do entreguerras com Júlio de Mesquita Filho ("León Blum acabou com a França de 1914", dizia este), Orígenes Lessa, Guimarães Rosa, Sérgio Buarque, Cícero Dias, Vinicius, Ungaretti. Ou na redação de *O Estado*, com Luís Martins e tantos mais. Ou ainda como tradutor notável (de Montaigne, mas também de Sartre e Simone de Beauvoir), ou amigo, antes de Romain Rolland e depois de André Malraux, que recebeu no Brasil quando este veio visitar Brasília e apresentar o seu *museu imaginário*.[60] Foi um dos fundadores da Escola Livre de Sociologia e Política (1933) e, por breve período, professor de Crítica e Estética na Universidade Presbiteriana Mackenzie (1948).

Mais tarde, seu nome sempre esteve associado a causas que os estudantes dos anos 1950-1960 enfeixavam sob a rubrica "descolonização": por seu intermédio, o Brasil ia conhecendo poetas como Aimé Césaire, Leopold Senghor, Pablo Neruda, Nicolás Guillén. Não raro, alguns desses intelectuais passavam por São Paulo, e Milliet era o contato, a ponte, o discreto articulador, o nome de referência para eles no país.

Diretor e animador da Biblioteca Pública Municipal, centro cultural sério e atualizado, Milliet também foi o elo principal entre os intelectuais progressistas formados contra o Estado Novo e o grupo-geração dos anos 1950 e 1960. Na Biblioteca, deu forma, espírito e cor à vanguardeira Seção de Artes, criada por ele e Maria Eugênia Franco. Tendo sido interlocutor de Mário, Oswald e todos os modernistas — e de tantos intelectuais europeus e norte-americanos —, ele centrava a vida intelectual da complexa e variadíssima galáxia paulistana.

Milliet cultivava suave ceticismo em relação a coisas da política e das instituições. Mas seu ceticismo carregava um fundo de cálida esperança no futuro e nos jovens. Um dos fundadores da USP, dela nunca fez parte, como

---

[60] André Malraux, *Psychologie de l'art: le musée imaginaire*, vol. 1, Genève, Albert Skira, 1947.

tantos outros intelectuais de alto mérito: Caio Prado Jr., Ernani Silva Bruno, Luís Saia, Paulo Duarte. Por que não? Tema a ser meditado e pesquisado.

A essa altura, o leitor poderá estar se perguntando: por que incluir Sérgio Milliet com destaque neste livro de história do Brasil? A resposta é simples: para fugirmos dos modismos e dos trilhos dos manuais convencionais. Entendermos melhor nosso próprio tempo, o "temperamento da metrópole", detectado por seu amigo Richard Morse no belo e pouco frequentado livro *Formação histórica de São Paulo*. O "temperamento do país"...

Vale a pena reler os ensaios e crônicas de Milliet para compreender-se o papel do intelectual — e atualizá-lo — neste "cemitério de conceitos" (Luís Fernando Veríssimo), o Brasil. E examinar o lugar do crítico e das instituições das quais participou com Mário de Andrade, Paulo Duarte, Luís Saia, Ciccillo Matarazzo, Pietro Maria e Lina Bo Bardi nesta cidade-metrópole, uma "anticidade" tumultuada que ainda se quer (e se pensa) vanguarda da América Latina.

Metrópole hoje escassa de poesia, em que as nuvens — no outono e na primavera — ainda carregam, em dias frios, um particular azul plúmbeo, porém delicado e profundo, como notou o escritor.

A Ditadura do Estado Novo (1937-1945)

27

A República Populista e a República Patricial (1946-1964): modernização e subdesenvolvimento

> "Quando, há mais de um decênio, comecei a preocupar-me com o subdesenvolvimento, a Ciência Econômica ensinada nas universidades, tanto na Europa como nos Estados Unidos, dificilmente oferecia qualquer ponto de partida para a abordagem da matéria. [...]
>
> A falta de percepção objetiva da realidade deveu-se, no passado, à persistência de ideologias voltadas para a restauração de uma estrutura econômica superada. No futuro imediato, ela poderá resultar do temor à perda de privilégios que são a contrapartida do elevado custo social do desenvolvimento recente."
>
> Celso Furtado, 1961[1]

Após a Segunda Guerra Mundial, desenharam-se mais nitidamente "dois Brasis", como definiram os estudiosos dualistas daquele período, Jacques Lambert à frente.[2] "Dualismo" foi a palavra-chave que as lideranças políticas e intelectuais mais progressistas encontraram para pensar o país naquela época, buscando seu alinhamento com as potências desenvolvidas, vitoriosas na Segunda Guerra. O conceito firmar-se-ia com a publicação, em 1957, do estudo *Dualidade básica da economia brasileira*, de Ignácio Rangel, obra em que ele examina o perfil das economias do país, com vistas à afirmação do Estado-nação na ordem mundial.

O "Brasil" da região Sul compreendia os estados do Rio de Janeiro, Minas Gerais, São Paulo, Paraná, Santa Catarina e Rio Grande do Sul, constituindo o país "moderno", industrializado, "desenvolvido" e urbano, onde

---

[1] Celso Furtado, *Desenvolvimento e subdesenvolvimento*, Rio de Janeiro, Fundo de Cultura, 1961, pp. 12 e 268.

[2] Jacques Lambert, *Os dois Brasis*, São Paulo, Companhia Editora Nacional, 1967, 2ª ed. A obra de Lambert, fruto de pesquisa junto ao Centro Brasileiro de Pesquisas Educacionais, criado por Anísio Teixeira, marcou época e aguarda reavaliação, pois abriu um leque amplo de novas perspectivas acerca dos problemas brasileiros. O livro deve muito a José Honório Rodrigues, Costa Pinto, Darcy Ribeiro, Anísio, Roberto Moreira, Alceu Amoroso Lima, Djacir Menezes.

se fazia presente o trabalho assalariado e o braço do imigrante. O outro Brasil compreendia os estados do Norte e do Nordeste, dominados por latifundiários, proprietários de grandes extensões de terras improdutivas, o país "arcaico", rural, "subdesenvolvido", segundo o vocabulário da época. Neste, eram ainda mais visíveis as permanências político-culturais da sociedade patriarcal e da mentalidade escravista, cristalizadas ao longo da colonização de exploração. O sertanejo era "antes de tudo um forte", porém distante dos padrões sociais e de educação de uma sociedade de classes moderna, baseada no contrato. E os índices de analfabetismo e de pobreza continuavam aterradores.

Nesse período, ocorreram no país transformações populacionais significativas, concomitantemente "às transformações globais que conduzem uma sociedade ao modo de via urbano-industrial". Assistiu-se então, segundo a demógrafa Neide Patarra, ao fenômeno que se convencionou chamar de *transição demográfica*.[3]

Após 1945, o "país do futuro" passava de "atrasado" a subdesenvolvido (para utilizarmos duas palavras correntes na linguagem daquele longo período que se estende até 1964). Novas formas de capitalismo iam sendo implantadas aqui e ali, em lentíssima transição: a "modernidade" instalava-se em apenas algumas regiões ou microrregiões do país. Em verdade, uma transição bastante incompleta, pois a atuação das lideranças no plano econômico-social e cultural jamais fez o país saltar fora das molduras de sua condição periférica.

Em 1945, a nova ordem liberal-democrática não começara bem. O primeiro presidente eleito, o capixaba Eurico Gaspar Dutra, representou a continuidade dos conservadores no poder; e uma só palavra define o seu governo: mediocridade.

Dutra, figura apagada, submisso a Vargas e a Góes Monteiro, não teve atuação marcante na governança da República. O tom político-ideológico de seu período na presidência foi dado pelos partidos recém-criados, UDN e PSD, a despeito do crescimento das esquerdas trabalhista e comunista. Esses dois partidos hegemônicos representavam os interesses de setores exportadores e proprietário-rurais, e o que se assistiu no país foi o retrocesso

---

[3] Para um visão geral, consulte-se Neide Patarra, "Dinâmica populacional e urbanização no Brasil: o período pós-30", em Boris Fausto (org.), *História geral da civilização brasileira. O Brasil republicano: sociedade e instituições (1889-1930)*, t. III, vol. 4, São Paulo, Difel, 1984, pp. 249-68.

da industrialização e a diminuição no processo de atualização do Estado. Como veremos, foi um governo reacionário, que, segundo Darcy Ribeiro, "só não tocou na legislação trabalhista e nas grandes empresas estatais porque não pôde".[4]

Nos anos seguintes, entretanto, o eleitorado foi mudando a posição relativa dos partidos. O depoimento é ainda de Darcy Ribeiro, então jovem membro do Partido Comunista:

> "A *representação parlamentar* de 1945 a 1962 progride da seguinte forma: o PSD cai de 151 (51,8%) deputados para 118 (28,8%); a UDN, de 91 (26,9%) para 77 (22,9%); enquanto o PTB cresce de 22 (7,6%) para 116 (28,4%). Aí nos derrubaram, senão seguramente faríamos a maioria em 1965."[5]

Em perspectiva ampla, o golpe de 1964 cortou o caminho — pelo menos o visível — da UDN e do PSD; mas também o do PTB (depois PDT) e o do PCB. Remanescentes dessas vertentes político-ideológicas permaneceram atuantes, como Ulysses Guimarães, Miguel Arraes, Tancredo Neves, Antônio Carlos Magalhães, José Sarney, José Aparecido e, mais tarde, Almino Affonso, o próprio Darcy Ribeiro, Roberto Freire, entre tantos outros políticos.

O Brasil, a despeito dos esforços para a exploração do petróleo, continuou deficitário, com a economia definida por suas exportações, cujo exemplo maior era a do café. Mas a guerra mudara a fisionomia do país. O desenvolvimento industrial, estimulado pelo lento processo nacionalizante de substituição de importações por produtos fabricados no país, agora acentuava ainda mais as disparidades entre as diversas regiões do território.

O governo Dutra representou a consolidação dos políticos conservadores — temerosos com o avanço eleitoral dos comunistas, pois Luís Carlos Prestes, como visto no capítulo anterior, fora eleito senador pelo Distrito Federal e, também, deputado pelo Rio Grande do Sul e Pernambuco; e o Partido Comunista elegera 14 deputados federais, 46 estaduais, e inclusive vereadores em várias cidades —, mas em relação à economia seu governo

---

[4] Cf. 1945, a democratização, verbete 1.153, em Darcy Ribeiro, *Aos trancos e barrancos: como o Brasil deu no que deu* [*T&B*], Rio de Janeiro, Guanabara, 1985, s.p.

[5] *Ibid.*, *T&B*, verbete 1.156.

A República Populista e a República Patricial (1946-1964)

foi abertíssimo, visto que a maior parte das reservas acumuladas durante a Segunda Guerra foi gasta na compra de produtos manufaturados importados. Essa atitude descontentou os setores sociais comprometidos com a industrialização, que enxergavam nela a única saída para a autossuficiência do país.

Duas vertentes político-ideológicas: liberais e nacionalistas

> "A autocracia autoritária pode operar sem que o povo perceba seu caráter ditatorial, só emergente nos conflitos e nas tensões, quando os órgãos estatais e a carta constitucional cedem ao real, verdadeiro e atuante centro de poder político. Em última análise, a soberania popular não existe, senão como farsa, escamoteação e engodo."
>
> Raymundo Faoro[6]

Abre-se então o conflito entre os conservadores liberais, acusados de favorecer o "imperialismo", e os nacionalistas.

Aqui esbarramos no complexo campo das *mentalidades* e *ideologias* políticas e culturais. Dadas suas cargas ideológicas, esses rótulos solicitam melhor explicação, pois muito raramente, no Brasil, os liberais adotaram posições de fato liberais, revolucionárias, renovadoras e progressistas, como ocorreu em vários países onde ocorreram revoluções burguesas no século XIX e XX. A tônica foi — sempre e antes de tudo — invariavelmente conservadora, com escassa atenção para o campo social, embora resguardassem seus direitos (mas não observassem os deveres) enquanto elites, defendidos pela *ideologia* democrático-liberal. Abertas ao capital internacional, a regra foi sua inclinação à direita e ao centro-direita, sobretudo em momentos de crise. Já frações da burguesia nacionalista, preocupadas em defender os interesses nacionais, quase sempre se inclinaram para a esquerda, ou centro-esquerda, embora tenham existido nacionalistas na direita; e, até, na extrema-direita.

---

[6] Raymundo Faoro, *Os donos do poder: formação do patronato político brasileiro*, vol. 2, Porto Alegre/São Paulo, Globo/Edusp, 1975, pp. 741-2.

A República Populista: primeira fase (1950-1954)

Essa linhagem nacionalista chega ao poder em 1950, com Vargas eleito para a presidência da República,[7] apoiado pelos comunistas e sindicalistas, obtendo 49% dos votos pelo PTB e firmando o partido como uma das principais forças políticas nacionais. Nesse período, assim como acontecera anteriormente na siderurgia, a ala nacionalista pretendia que o Estado se encarregasse da exploração e importação de petróleo, com apoio de setores militares que, em caso de guerra, viam no controle das reservas de energia uma questão de segurança nacional.

Em 1954, Vargas criou a Petrobras, cabendo o monopólio da importação e exploração exclusivamente ao Estado. Tal acontecimento provocou a reação de militares, que lançam o *Manifesto dos coronéis*,[8] denunciando o perigo da "subversão comunista", embora a questão real fosse de recomposição salarial e também de defesa nacional, pois, além da Petrobras, Vargas criara a Eletrobras em abril. Esses coronéis — que estudaram em escolas militares americanas, tendo sido formados no clima ideológico da Guerra Fria e, agora, eram líderes da caserna — posicionaram-se contra o ministro do Trabalho João Goulart, logo demitido por Getúlio. Uma história de paradoxos, pois Goulart era, também, grande proprietário e herdeiro de latifúndio com milhares de cabeças de gado...

Getúlio vai aos poucos perdendo o apoio dos militares, e por várias razões, explicitadas mais adiante,[9] aumentam as denúncias de clientelismo e corrupção em seu governo.

A campanha contra a corrupção no governo Vargas ganha corpo, levando-o ao suicídio em 1954. Em carta-testamento, ele denuncia a conspiração internacional nas campanhas contra a Petrobras, contra a Eletrobras e contra os direitos trabalhistas: "Lutei contra a espoliação do Brasil", escreveu ele, no célebre documento de 24 de agosto.

---

[7] Derrotando o candidato da UDN, o liberal-conservador Eduardo Gomes, ex-tenente da Aeronáutica, único sobrevivente do levante dos 18 do Forte de Copacabana, em 1922.

[8] Assinado por 48 coronéis e 30 tenentes-coronéis, liderados pelos coronéis "ilustrados" Jurandir Bizarria Mamede e Golbery do Couto e Silva, que depois terão papel de relevo na ditadura de 1964-1985.

[9] Ver o item "O segundo Governo Vargas (1950-1954): o líder de massa", mais adiante.

A República Populista e a República Patricial (1946-1964)

A primeira fase do período da República Populista encerra-se com a morte de Getúlio. A segunda tem início com a tentativa de golpe, com o grupo direitista reunido em torno de Café Filho, vice-presidente (1954-1955). Apesar das conspirações da direita, de greves e tentativas de golpe para desestabilizar o governo, Juscelino Kubitschek (1956-1961) e seu vice João Goulart, vitoriosos nas eleições, tomaram posse em 1956, pondo em andamento seu Plano de Metas, de fato inovador, cujo ponto central era a aceleração do processo industrial brasileiro.

Uma vez equilibrado, o governo JK articulou um amplo projeto nacional-desenvolvimentista.

A "DEMOCRACIA PATRICIAL": UM CONCEITO A SER DEBATIDO

A segunda fase da República Populista teve, pois, início com o suicídio de Vargas em 1954. Afirma-se, então, a *democracia patricial*, como bem a definiu Darcy Ribeiro.[10]

Grupos de interesses internacionais articularam-se com o patriciado político tradicional, e as transformações modernizadoras daí provenientes tiveram como contrapartida a desnacionalização. Nesse contexto, numa sociedade em fase de intensa urbanização, ampliaram-se as condições para a expansão de partidos e para a ação sindical. A direita reorganiza-se (no plano ideológico e na prática), tendo à frente a UDN e Lacerda (na *Tribuna da Imprensa* e na Câmara); toda a imprensa (exceto a *Última Hora*, de Samuel Wainer) toma posição contra a Eletrobras e a favor da Light (aglutinando Eugênio Gudin, Roberto Campos, Octavio Gouveia de Bulhões, Marcondes Ferraz e muitos outros), estimulando o golpismo — desde a tentativa de impedimento da posse de JK ao levante de Jacareacanga.

Em contrapartida, com cerca de setenta deputados, surge na Câmara a Frente Parlamentar Nacionalista, liderada por Abguar Bastos, defendendo — contra os interesses do capital estrangeiro — a nacionalização do petróleo, os trabalhadores rurais, e o combate ao desemprego e à fome. Também no PSD surge uma facção nacionalista-esquerdista, com Vieira de Melo, Oliveira Brito, José Joffily e Cid Sampaio.

---

[10] Cf. ano 1955, verbete 1.445, Darcy Ribeiro, *T&B*, cit.

Ideologia do Planejamento. Celso Furtado

> "Na atividade universitária, o mais difícil é romper as inibições e resistências mentais, quando se busca, pelo diálogo, criar algo em comum. [...] Uma peculiaridade do Rio de Janeiro dessa época era que o debate de ideias praticamente escapava aos círculos universitários. A função de polarizar ideias ia sendo cumprida, bem ou mal, graças à iniciativa de certas pessoas."
>
> Celso Furtado, 1997[11]

No plano político, criou-se um novo conceito de administração, baseado no *planejamento*, tendo por teórico o economista paraibano Celso Furtado, uma das personalidades mais bem-articuladas daquele período. Formado em Direito pela Universidade do Brasil (1944) e com doutorado em Economia pela Universidade de Paris (1948), depois pesquisador na Universidade de Cambridge (Inglaterra), Furtado abriu novas perspectivas para a compreensão da história do Brasil e de sua inserção na ordem mundial, sobretudo após participar, como economista, nas conferências da Cepal, realizadas a partir de 1950 no Uruguai (Montevidéu), no México (Cidade do México), no Brasil (Rio), na Colômbia (Bogotá) e no Peru (La Paz), e atuar em reuniões da Unesco, então uma agência da ONU (Organização das Nações Unidas) cuja acentuada preocupação era voltada aos países do chamado Terceiro Mundo. Seu livro *Formação econômica do Brasil* (1959) — de grande impacto no mundo universitário, econômico e político latino-americano, inaugurando uma importante vertente crítica da historiografia não marxista, de recorte neocapitalista — tornou-se uma interpretação clássica do Brasil, alinhando-se a ele outros poucos estudos acerca desse assunto.

Brasília ficou como símbolo dessa época de interiorização, aceleração econômico-financeira e integração nacional. No plano cultural, verificou-se notável florescimento em todos os campos, da literatura à música, do teatro ao cinema, da pesquisa científica à criação de universidades e escolas. A te-

---

[11] Celso Furtado, *A fantasia organizada*, apresentação de Francisco Iglésias, Rio de Janeiro, Paz e Terra, 1997, pp. 282-3. Ver, também, o papel da revista *Cultura Brasileira* (do grupo que tinha dado origem ao ISEB e Hélio Jaguaribe); e, mais especificamente, as páginas 267-9, em que escreve a respeito de Roberto Campos: "O nacionalismo lhe parecia uma força negativa, não pelos valores que continha, mas pelas paixões que despertava", p. 269.

levisão começava a se difundir: no ano de 1956, 260 mil aparelhos receptores alcançavam cerca de um milhão de espectadores.

Entretanto, sob a capa da "modernidade", visível apenas em algumas poucas "ilhas" esparsas de capitalismo moderno, descobria-se o país subdesenvolvido. Inflação, endividamento externo, fome, analfabetismo, desemprego, excessivos gastos com o Estado, persistência do coronelismo no campo, tudo isso provocou forte reação à política de JK. A "luta contra a carestia" e a greve geral de 1956 em São Paulo, organizada pelos trabalhistas e comunistas, constituíam o contraponto à euforia desenvolvimentista. Ao mesmo tempo, o Brasil despertava para o mundo, na nova ordem internacional desenhada após a Conferência de Bandung (1955), reunião internacional em que se associaram países não alinhados ou em processo de descolonização, com a perspectiva de organizarem-se em uma espécie de terceira via. O Brasil surgia como integrante de peso no bloco dos países emergentes do Terceiro Mundo (expressão cunhada naquele período).[12]

No governo breve e tumultuoso de Jânio Quadros (1961), propôs-se o combate à corrupção e a adoção de uma política externa independente. Como veremos, sua renúncia, intempestiva e obscura, abriu violenta crise, que revelava as mazelas políticas e sociais do país.

No governo de João Goulart (1961-1964), vice-presidente que o substituiu, aprofundaram-se os conflitos gerados por uma política populista e pelos graves problemas urbanos e rurais. No Nordeste, as Ligas Camponesas acenavam a perspectiva de uma revolução "camponesa" socialista, nos moldes da Revolução Cubana (1959). Na comparação com outras regiões do globo, descobria-se que o país, além de subdesenvolvido, era "dependente", conceito que ganhará densidade ao longo do período. Descolonização, dependência, reforma e revolução tornaram-se palavras-chave nos livros, na mídia, nas salas de aula e nas guerrilhas.

Nesse quadro de crise, Goulart tentou implementar um plano de Reformas de Base: reforma agrária, contra os latifúndios; reforma política, com o voto dos analfabetos; reforma militar, pela participação de suboficiais na política; reforma educacional, a favor da Escola Pública e contra a hegemonia da Igreja; e ampliação da política externa independente.

---

[12] O principal e mais inspirado estudo sobre o tema é de autoria de Joseph L. Love, *A construção do Terceiro Mundo: teorias do subdesenvolvimento na Romênia e no Brasil*, Rio de Janeiro, Paz e Terra, 1998.

Com o país dividido, um golpe de Estado depôs Goulart em 1964. Bem-visto pelos Estados Unidos, o golpe iniciou o mais longo ciclo de governos militares — vinte anos de ditadura — na história do Brasil. Como se sabe, somente em 1984, em eleição indireta pelo Congresso, seria escolhido um presidente civil, Tancredo Neves, que antes de tomar posse faleceu, em 1985, assumindo o vice-presidente José Sarney. Era o retorno do governo civil, dentro, porém, de um modelo mais fechado e restrito que o do período 1946-1964.

O MODELO AUTOCRÁTICO-BURGUÊS

Com efeito, foi um golpe civil-militar, o de 1964 — reunindo representantes da incipiente burguesia nacional, do capitalismo associado internacional, mais os militares da Segunda Guerra e os coronéis do Manifesto —, que deu a forma definitiva ao *modelo autocrático-burguês* que vinha se estruturando no país desde 1945. A variada composição do Ministério do marechal Castello Branco representava, de modo eloquente, o arco econômico, político e ideológico dos interesses envolvidos, com Roberto Campos à frente do Ministério do Planejamento e Coordenação Econômica, mais o senador Milton Campos (constitucionalista de Minas Gerais, candidato duas vezes derrotado à vice-presidência pela UDN) como ministro da Justiça, o marechal Juarez Távora (derrotado à presidência em 1955) como ministro dos Transportes e Obras Públicas, os direitistas Suplicy de Lacerda, na Educação, e Raimundo de Brito, na Saúde, o ex-integralista Vasco Leitão da Cunha para o Ministério das Relações Exteriores. O chefe da Casa Militar era Ernesto Geisel, e o da Casa Civil, o historiador baiano Luís Viana Filho, da UDN. O Ministério da Fazenda ficou com o monetarista Octavio Gouveia de Bulhões e, para o Ministério da Coordenação das Agências Regionais, foi nomeado o general Cordeiro de Farias, um ex-tenente. Estava bem sedimentada a composição político-ideológica da UDN com os antigos tenentes...

O Brasil "liberal" do pós-guerra (1945-1964): mudança do paradigma político-cultural

> "Mas eis que o tempo é de inquietude e de melancolia; de entusiasmos nervosos que se gastam por nada; de desesperos bruscos que

quebram uma vida. [...] A nossa tarefa máxima deve ser o combate a todas as formas de pensamento reacionário."

Antonio Candido, 1944[13]

"A planificação é um sistema indicado para o desenvolvimento progressista da economia liberal e pode ser estendida às demais atividades públicas."

Alberto Passos Guimarães[14]

O fim da Segunda Guerra Mundial abriu novo período na história do Brasil e da América Latina. Com a vitória dos Aliados, a ideia de democratização adquirira novos conteúdos e solicitava novas formas jurídico-políticas, que a Constituinte de 1945 iria discutir; e a ideia de *modernidade*, saindo das brumas da cultura oligárquico-estamental, demandava maior concretude, como previram Mário de Andrade (em sua famosa conferência-testamento de 1942) e os participantes da *Plataforma da nova geração* (1945).

No vocabulário da época, "redemocratização" tornou-se a principal palavra de ordem na política. E, logo em seguida e sucessivamente até 1964, as palavras e expressões seriam "mudança", "combate às resistências à mudança", "modernização", "subdesenvolvimento", "planejamento". E, por fim, "reforma estrutural", "pré-revolução" e "revolução". Tais mudanças no vocabulário, num crescendo irrevogável, traduziam o que se passava nas batalhas pela implantação de um Estado moderno no país. Até que um poderoso sistema civil-militar impusesse, com o golpe de Estado de 1964,

[13] Antonio Candido, aos 26 anos de idade, *apud* Mário Neme (org.), *Plataforma da nova geração*, Porto Alegre, Globo, 1945, pp. 31 e 37.

[14] Alberto Passos Guimarães, em *Primeiro Congresso Brasileiro de Escritores: promovido pela Associação Brasileira de Escritores* (ABDE), São Paulo, Revista dos Tribunais, 22-27 de janeiro de 1945, p. 146; em parecer a respeito do estudo de Pontes de Miranda, "Democracia e planificação", pp. 222-8, na 5ª sessão plenária, no Centro do Professorado Paulista, em 27/1/1945. Ver, também, a tese de Hélio Pelegrino ("Os escritores devem se organizar numa frente intelectual antifascista"), que, segundo Caio Prado Jr. continha afirmações da maior gravidade ("Na Comissão, todos concordamos em que essa tese não deve ser publicada nos Anais"), com o que Hélio Pelegrino concorda. "Mas eu sou socialista e firmaria qualquer documento contra o nacional-socialismo", pontua Pedro Motta Lima, p. 95.

as suas palavras de ordem: "contrarrevolução preventiva" e "segurança e desenvolvimento".

Nos anos 1940, o surgimento de novas elites e o despertar de amplos setores das classes médias mobilizadas pela guerra levaram o país a procurar acertar o passo com a "modernização" do mundo, na tentativa de superar o seu "atraso", como fora diagnosticado nos anos 1930. Ou seja, ajustar-se às inovações tecnológicas, econômicas, institucionais e culturais da nova ordem mundial. De "país atrasado" a "país subdesenvolvido", como vimos, assistiu-se a uma mudança de mentalidade. Ou, dentro do jargão da época, a "uma tomada de consciência da realidade nacional". Anos mais tarde — observaria Michel Debrun —, construiu-se uma ideologia firme e compacta da "realidade nacional", da qual, ao lado do PCB e do PTB, o ISEB seria um dos porta-bandeiras.[15]

A experiência vivida na Europa, ao lado dos bem-nutridos, equipados e treinados militares foi muito instrutiva. Experiência que mostrara às elites locais quão defasada estavam a economia, a sociedade e a cultura científico--tecnológica dos países latino-americanos, tanto em relação às potências vencedoras — Estados Unidos, França e Inglaterra — como em relação às vencidas, sobretudo Alemanha e Japão.

As elites brasileiras haviam constatado, durante a Segunda Guerra, seu despreparo tecnológico e industrial. E também cultural, até porque sua rede universitária fora criada recentemente, e a formação militar permanecera tacanha. "Cultura" era, até então, assunto para a hora da sobremesa das oligarquias nativas, bacharelescas, diletantes e viajoras. Urgia agora criar novos quadros científico-intelectuais, uma nova elite para ultrapassar o atraso alarmante do país "arcaico".

No Brasil, como em toda a América Latina, repercutiu a reorganização mundial nascida da Segunda Guerra. O país sofreu mudanças, em vários níveis, que tiveram rebatimentos e repercussões profundas ao longo de toda a sua história futura. A guerra redesenhara o mapa-múndi, e agora as elites educadas e politizadas viam-se na contingência de redescobrir seu lugar na ordem das coisas.

---

[15] Ver o estudo de Daniel Pécaut, *Os intelectuais e a política no Brasil*, São Paulo, Ática, 1990. Em 1985, em seminário na EHESS (École des Hautes Études en Sciences Sociales), o professor Pécaut previa a ascensão de Fernando Henrique Cardoso à presidência da República! Já as considerações de Debrun encontram-se em *Ideologia da realidade nacional*, com capítulos e esboços de capítulos, obra incompleta não publicada.

Da Guerra Fria: Estados Unidos *versus* URSS

A Europa perdia gradativamente sua posição hegemônica mundial. A partir de então, duas novas potências passaram a disputar a supremacia econômica e militar mundial: os Estados Unidos da América do Norte (EUA) e a União das Repúblicas Socialistas Soviéticas (URSS). Os tempos haviam mudado, e o Brasil, ao alinhar-se com as potências vencedoras do conflito, necessitava atualizar-se para entrar em nova etapa: a indústria pesada de guerra, a indústria de alimentos e a de bens de consumo começavam a demonstrar que um novo tipo de capitalismo internacional chegara para ficar, e com ele um novo conceito de vida, sintetizado na fórmula do *American way of life*, o estilo americano de vida, baseado nos valores de uma "classe média moderna", bem-instalada, bem-nutrida e — vale mencionar — higienizada. País líder opulento, altamente tecnologizado e educado, os Estados Unidos foram mobilizados na Segunda Guerra e conduzidos por gente saída de sólidas Escolas Militares (West Point etc.) e de universidades formadoras de elites dirigentes (Princeton, Harvard, Stanford, Columbia, Yale etc.). Gente lida, bem-alimentada e bem-vestida, o que contrastava com nossa subalimentada e mal-educada sociedade, ainda atolada no passado colonial, com suas elites regionais europeizadas, sim, porém cultivando hábitos de oligarquias desatualizadas, *demodées*.

Às profundas transformações do capitalismo — que, sobretudo após a crise econômica mundial de 1929 e a Segunda Guerra, revelaram o fato de que Brasil era atrasado, "arcaico", "rural" — correspondeu uma série de iniciativas na economia, na política, na diplomacia e na vida cultural institucionalizada do país. Brotaram denúncias e críticas de nosso atraso, feitas por iracundos intelectuais de meia-idade, como Gilberto Freyre, Monteiro Lobato, Anísio Teixeira, Erico Veríssimo, entre muitos outros.

O modelo de substituição de importações ganhara força até o fim da Segunda Guerra, quando novas medidas foram tomadas visando à autonomia no campo dos combustíveis, da siderurgia e também na indústria. Em 1945, no pós-guerra, entretanto, o cobrado alinhamento do Brasil com os Estados Unidos e o progressivo isolamento imposto ao mundo soviético — cuja revolução entusiasmara boa parte da opinião pública mais progressista, Carlos Drummond de Andrade inclusive — recolocaram o país no diapasão pan-americanista.

O resultado dessa disputa foi o confronto entre dois conceitos e duas formas de vida radicalmente opostas: a do comunismo soviético e a do capitalismo norte-americano. A disputa entre as duas superpotências e seus países satélites resultou na formação de dois blocos mundiais. No meio, a Europa ocidental pendia para o bloco capitalista.

Em 1947, instalou-se a Guerra Fria entre o mundo capitalista e o mundo comunista, marcando o cenário internacional do pós-guerra. O bloco comunista seria ampliado em 1949, com a Revolução Chinesa, porém somente mais tarde teria efetiva importância no cenário mundial.

A Guerra Fria progressivamente nos congelara como nação vassala do bloco capitalista ocidental. O grande modelo, agora, era o da república americana do norte, e não o europeu ocidental. A importação de automóveis europeus para a América do Sul, por exemplo, começava a declinar, substituída pela de veículos norte-americanos. Ou seja, ao longo do período, adotava-se o capitalismo à americana, com esforços voltados à implantação de um conceito peculiar de sociedade e cultura de consumo.

No Brasil, os governos do pós-guerra procuraram manter uma certa independência do conflito ideológico entre as superpotências, porém pressões internas e externas acabaram forçando seu alinhamento com o chamado "mundo livre", no bloco liderado pelos Estados Unidos. Assistiu-se, então, à aceleração do processo de passagem do modelo de substituição de importações para o da política do nacional-desenvolvimentismo (1945-1964). Na prática, mais desenvolvimentista que nacionalista: cada vez que algum esforço em defesa dos interesses nacionais foi esboçado, logo houve reação dos interesses do capital internacional, capitaneados pelos Estados Unidos e pela Inglaterra.

Uma nova identidade brasileira: antecedentes

Nesse contexto, colocava-se de modo agudo a confrontação mundial de políticas, de organizações econômicas, de questões culturais e de valores; e, principalmente, a questão da identidade cultural do Brasil. Quem éramos nós?[16] O que valíamos enquanto povo e — dentro do quadro conceitual da

---

[16] De um ponto de vista histórico-cultural, ver o importante ensaio de Alberto da Costa e Silva, "Quem fomos nós no século XX: grandes interpretações do Brasil", em Carlos Guilherme Mota (org.), *Viagem incompleta (1500-2000): a experiência brasileira*, vol. 2, *A grande transação*, São Paulo, Editora Senac, 2000, 2ª ed. No mesmo volume, consultar os estudos de Carlos Fico, "O Brasil no contexto da Guerra Fria: democracia, subdesenvolvimento e ideologia do planejamento (1946-1964)"; de José Paulo Netto,

época — "Nação"? Qual nosso lugar no cenário internacional e, concretamente, na recém-criada ONU, junto à qual Osvaldo Aranha tanto batalhara para incluir o Brasil no Conselho de Segurança?

Quanto ao legado cultural do período do Estado Novo, apesar de tudo, não foi nada desprezível. Naquele período, tivera início a revolução nos meios de comunicação, sobretudo com o rádio, com difusão de formas culturais variadas, da música sertaneja à música clássica, como a Rádio Gazeta, em São Paulo, segundo seu próprio *slogan*, "a Emissora de Elite", com óperas e "música fina", que ilustravam a burguesia e a pequena burguesia ascendentes.

Mais populares foram a Rádio Mayrink Veiga e os programas de auditório da Rádio Nacional do Rio de Janeiro, as novelas da Rádio São Paulo e a referida Rádio Nacional, no então Distrito Federal. Nos rincões do país, ecoava a oficial *Hora do Brasil* (depois, *Voz do Brasil*), que permanece ainda hoje no ar. Durante a guerra, emissoras de rádio como a BBC de Londres, ou a Voz da América, dos EUA, mantiveram alertas as atenções ocidentais. Emissões das províncias platinas eram captadas no Brasil, em ondas curtas. Em muitas cidades do interior e do litoral brasileiro, ouviam-se tangos na noite... No interior do Rio Grande do Sul, no pós-guerra, havia mais contato com os países do Prata que com o resto do Brasil, não só pelo rádio, mas também revistas etc. A "saída internacional" do Sul eram Mar del Plata e a temporada de ópera do Colón, em Buenos Aires.

O cinema nacional dava seus primeiros passos, mal competindo com a avassaladora presença do cinema norte-americano e, em menor escala, com o europeu. Uma consistente cultura urbana florescia nos bares, teatros, cinema e imprensa. A música popular ganhara espaço com compositores como Pixinguinha, Guerra Peixe, Camargo Guarnieri, Hekel Tavares, Dorival Caymmi, com marcas bem-impressas do sentimento popular (folclorizado ou não) e "nacional". Ao longo dos anos 1930, surgiram cantores e compositores de música popular — como Noel Rosa ("Feitiço da vila", "Fita amarela"), Almirante, Lamartine Babo, João de Barro ("Copacabana"), Orlando

"Em busca da contemporaneidade perdida: a esquerda brasileira pós-64"; de Brasilio Sallum Jr., "A condição periférica: o Brasil nos quadros do capitalismo mundial (1945-2000)"; de Maria Lígia Prado, "Davi e Golias: as relações entre Brasil e Estados Unidos no século XX"; de Maria Helena Capelato, "O 'gigante brasileiro' na América Latina: ser ou não ser latino-americano"; e, de Hélgio Trindade, "Brasil em perspectiva: conservadorismo liberal e democracia bloqueada".

Silva, Orestes Barbosa ("Chão de estrelas") — representando uma nova geração de sambistas oriundos das classes médias, em contraste com figuras anteriores, de raiz mais popular, como Cartola e Ismael Silva. Mas a grande viragem ocorreu entre 1937, ano em que Pixinguinha gravou "Carinhoso", com letra de João de Barro (Braguinha), cantada por Orlando Silva, e 1939, quando foi gravado por Francisco Alves o samba-exaltação "Aquarela do Brasil", composição de autoria de Ari Barroso.

O "Brasil mulato e negro" substitui o padrão cultural do branco europeu das oligarquias. Da música americana, via cinema, também nos chegavam, além dos brancos — Glenn Miller ("Moonlight Serenade"), os sofisticados Cole Porter, Benny Goodman e os irmãos Gershwin —, as músicas dos negros Duke Ellington, Louis Armstrong, Paul Robeson, com suas orquestras, canções ou vozes diferentes, e atitudes políticas idem (sobretudo o negro e comunista norte-americano Robeson, com sua voz muito grave). Da França, Edith Piaf, Charles Trenet, Jean Sablon (com seu modelo de blusão tropical e dono de sítio em São Roque, no Estado de São Paulo) e, bem mais tarde, Yves Montand e Charles Aznavour. No Brasil, no Cassino da Urca, tocava a famosa orquestra francesa de Ray Ventura, acompanhando a cantora Juliette Gréco, musa dos existencialistas. Em contrapartida, lá fora, Marlene Dietrich cantava, em português, "Luar do sertão", de Catulo da Paixão Cearense, e "O mar", de Caymmi. Existíamos, enfim...

Tornou-se importante a presença de intelectuais europeus, muitos deles fugindo das malhas do nazismo, como ocorreu com Otto Maria Carpeaux (austríaco), Paulo Rónai (romeno), Georges Bernanos e Robert Garric (franceses), Anatol Rosenfeld (alemão), Ziembinski (polonês), entre os mais conhecidos. Segundo Darcy Ribeiro, Thomas Mann quis vir, mas o Itamaraty negou-lhe passaporte, como a muitos outros.[17]

Nos anos 1940, destaque-se presença de Stefan Zweig (Viena, 1881 — Petrópolis, 1942), o autor de *Brasil, país do futuro*, das conhecidas biografias de Maria Antonieta e Fouché, além de outros escritos. Escritor famoso, judeu, "um dos maiores sucessos literários mundiais", não era um "turista acidental" segundo Alberto Dines, autor de *Morte no paraíso: a tragédia de Stefan Zweig*, um estudo exemplar sobre o autor austríaco. Nele, Dines acompanha os percursos do escritor famoso nestes trópicos, examinando o quadro cultural e político nacional naqueles anos em que o fantas-

---

[17] Cf. ano 1939, verbete 942, em Darcy Ribeiro, *T&B*, cit.

ma do nazismo se fazia mais presente. Zweig mobilizou a opinião pública, intelectuais, políticos e autoridades estrangeiras de passagem pelo Brasil, e deixou fortes impressões em seus diários. O suicídio, seu e de sua mulher Charlotte Altmann (em Petrópolis, em 1942), estremeceu o país.[18] Ainda nos anos 1940, para o Brasil vieram os jovens historiadores norte-americanos Richard Morse e Stanley e Barbara Stein.

O legado maior desse período, no entanto, foi a reforma do ensino conduzida sob a coordenação do ministro Gustavo Capanema, incorporando ideias de educadores como Anísio Teixeira, Fernando de Azevedo, Almeida Júnior e outros. Sua importância deveu-se ao fato de serem homens de ideias e de pesquisa, professores, formadores de "escolas" de pensamento e, também, de atuarem em políticas públicas. Aquele foi um momento de impactante expansão da Escola Pública, democratizante e laica, e de uniformização do ensino em escala nacional, fato que colocou a Igreja Católica em posição defensiva, provocando sua reação, pois considerava-se possuidora do monopólio das consciências, adotando em todo o país uma "política de campanário", como denunciavam com veemência os professores militantes e defensores do ensino público crítico e de qualidade. Nesse clima, formaram-se jovens como Florestan Fernandes e Darcy Ribeiro, Leite Lopes e Mário Schenberg, para ficarmos em uns poucos exemplos. E atuaram personalidades como Mário de Andrade, Drummond e Paulo Duarte. Este defendia publicamente as novas gerações de professoras que, em remotas cidades do interior do país, tinham de enfrentar o reacionarismo das direitas locais, que não admitiam sequer a discussão a respeito das teorias de Darwin, muito menos da psicanálise, do marxismo e daquilo que se denominava, então, "higiene sexual". Os quadros mentais estabelecidos eram impermeáveis a tantas ideias inovadoras, e, nesse sentido, a chamada "influência" america-

---

[18] Nenhum escritor brasileiro compareceu ao enterro, exceto Clementino Fraga. Um denso quadro histórico-cultural, ilustrado, é traçado desde o primeiro capítulo, "Amok, uma paixão", em que o leitor encontra as figuras de Thomas, Heinrich e Klaus Mann, de seus amigos Romain Rolland e Roger Martin du Gard, de Luís Carlos Prestes, da cantora Bidu Saião, de Fábio Prado (em São Paulo, onde não conheceu Mário de Andrade e Paulo Prado, mas apenas Lasar Segall), de Filinto Müller, a descrição dos ambientes sociais do Rio de Janeiro (Copacabana Palace etc.) e de São Paulo, e também algumas reações à sua presença e à sua obra, como a do então comunista Carlos Lacerda. Antológicos os capítulos finais, "Uma partida de xadrez", "O candelabro enterrado" e "Pobre Stefan". Cf. Alberto Dines, *Morte no paraíso*, Rio de Janeiro, Rocco, 2004.

na, sobretudo nos filmes importados, foi de grande utilidade. Para a mentalidade provinciana, sobretudo nas cidades do interior do país, considerava-se mesmo Franklin Delano Roosevelt demasiado progressista, "esquerdista" até...

As relações trabalhistas — a despeito dos avanços do capitalismo industrial, da urbanização, da modernização das capitais e da expansão da escola pública — ainda permaneciam pesadamente corporativistas, com a sociedade sufocada ideologicamente pela Igreja Católica e por uma mentalidade de raiz colonial e senzaleira. Dar "folga" aos trabalhadores aos sábados e mesmo nas manhãs de domingo ainda soava como um "luxo", uma demasia.

Nos anos 1950 e seguintes, o padrão de desenvolvimento — baseado na indústria automobilística e no conceito de urbanização "racional" inspirado nos Estados Unidos — e intelectuais introdutores do planejamento econômico (como Celso Furtado) ainda traziam as marcas da política e filosofia do *New Deal*, do presidente norte-americano Franklin Delano Roosevelt, no poder de 1930 a 1945. Um fruto exemplar da ideologia do planejamento do *New Deal* é Furtado, que, aliás, ganhou, em 1946, prêmio da Embaixada americana por um trabalho cujo enfoque eram as relações Brasil-Estados Unidos.

Observe-se que, no início dos anos 1950, cidades industriais como Chicago, Pittsburgh e São Paulo pareciam-se bastante, a ponto de terem provocado espanto e confusão em viajantes distraídos (e etilizados, como William Faulkner, em São Paulo, exclamando ao olhar pela janela do hotel: "Oh, my God, I missed my plane?!") ou atentos, como Erico Veríssimo (em Los Angeles, Oakland e San Francisco). Em contrapartida, muitos intelectuais brasileiros tiveram seus livros traduzidos e lá editados, como Euclides da Cunha, Pandiá Calógeras, Gilberto Freyre, Fernando de Azevedo, Vianna Moog, Cruz Costa. Ou foram marcados por suas vivências nos Estados Unidos, como o cônsul Vinicius de Moraes.

O gaúcho Erico Veríssimo, marcado pela derrota dos republicanos na Guerra Civil Espanhola e pelos embates ideológicos da Segunda Guerra, sintetizaria o estado de espírito de tantos socialistas democráticos independentes e antitotalitários:

> "É que eu estava saturado da hipocrisia do mundo burguês e
> ao mesmo tempo desnorteado ante o cinismo stalinista. Repugnavam-me também as tendências claramente direitistas de membros

A República Populista e a República Patricial (1946-1964)   711 de nosso próprio governo, a par da indiferença de tantos de nossos homens de letras."[19]

Agora, no fim dos anos 1950, a ideologia do planejamento encontrara campo fértil para sua propagação no Brasil e na América Latina, sob inspiração do *New Deal* de Roosevelt, mas sobretudo por conta da ação da Cepal. O subdesenvolvimento era o inimigo, a condição trágica que, no Brasil, precisava ser superada, erradicada, ou seja: dar cabo da fome, do analfabetismo, e do latifúndio e politicagem dos "coronéis".

Era chocante o contraste entre o grupo-geração de Furtado, Darcy, Florestan e tantos outros e o dos antigos "coronéis" da política; e entre catedráticos da universidade e os novos "explicadores" da chamada cultura brasileira. Visto como reformista radical, Furtado, a principal expressão político-intelectual reformista da Cepal, neocapitalista, aliás, seria cassado pelo governo militar em 1964, acusado de ser "comunista"... Como se sabe, foi lecionar em universidades europeias conservadoras, como Cambridge e Sorbonne, e não em Cuba, União Soviética, Argélia ou China.

Americanização à brasileira

> "Chegou o homem [F. D. Roosevelt]. Tudo correu de acordo com o programa estabelecido e que consta nos jornais [...] [Ele é] de uma simpatia irradiante, de um idealismo pacifista sincero. É um orador claro, simples e cheio de imaginação, mas despido das hipérboles *criollas*. Mostrou-se muito interessado em auxiliar o Brasil na solução dos problemas de sua defesa militar e econômica."
>
> Getúlio Vargas[20]

> "Nelson Rockefeller dominava, praticamente sozinho, a política de seu país para a América Latina."
>
> Antonio Pedro Tota[21]

[19] Daniel Fresnot, *O pensamento político de Erico Veríssimo*, Rio de Janeiro, Edições Graal, 1977.

[20] Getúlio Vargas, em seu diário, dia 27 de novembro de 1936, quando da visita de Roosevelt ao Brasil, *apud* Antonio Pedro Tota, *O imperialismo sedutor*, São Paulo, Companhia das Letras, 2000, p. 185.

[21] *Ibidem.*

Eclodida a Segunda Guerra, a Política da Boa Vizinhança adotada pelos Estados Unidos em relação à América Latina nos anos 1940 pode ser entendida como uma atualização mais ativada da Doutrina Monroe, do início do século XIX ("a América para os americanos").

Fortalecia-se, agora, a ideologia historiográfico-cultural segundo a qual nossos povos têm uma história comum, além de um passado colonial semelhante. Daí as Américas precisarem unir-se para a defesa dessa cultura "comum", diante do perigo crescente e assustador do esquema bélico-industrial do Eixo (Alemanha, Japão, Itália); e, finda a guerra, do perigo comunista (URSS). Como vimos, pressionado pelos Estados Unidos, o governo de Getúlio Vargas finalmente voltou-se para os Aliados: em 1943, para encontrar-se com Vargas, Roosevelt veio ao Brasil pela segunda vez (a primeira esteve no Rio de Janeiro, em 1936), agora no Rio Grande do Norte, pressionando-o, na base aérea construída pelos americanos em Natal (Parnamirim Field), para que aceitasse utilizá-la como trampolim para a aviação de guerra na África.

Em seu livro *O imperialismo sedutor*, o historiador da cultura Antonio Pedro Tota esmiúça em detalhes a presença e as ligações de norte-americanos com o Brasil, revelando aspectos inéditos, em particular, de figuras como Orson Welles (até em suas manifestações de arrogância, pouco citadas) e Errol Flynn, mas também a do afável presidente Roosevelt, a do embaixador Jefferson Caffery e sua atuação; e, ainda, a sensibilidade de uma personalidade especial como Waldo Frank, intelectual nada convencional.

Personagem independente, que via a América Latina como "um continente sangrando", Waldo Frank era um "americano intranquilo", diversamente do reacionário Walt Disney, em cuja visão da Bahia não estavam incluídos os negros, por serem negros... Em contrapartida, o historiador Tota examina a presença brasileira nos Estados Unidos, não só de Carmen Miranda e outras personalidades, mas também da arquitetura brasileira, na Feira Internacional de Nova York, a New York World's Fair. O pavilhão brasileiro, projetado em 1938 por Lúcio Costa e Oscar Niemeyer, teve a festa do lançamento de sua pedra fundamental a 16 de abril de 1939. A novidade é que a festa foi irradiada em ondas curtas para o Brasil, dos estúdios da Radio City Music Hall, pelo Departamento de Imprensa e Propaganda (DIP):

"This is Brazil under the behalf of Department of Press and Propaganda, we hear the Brazilian anthem."[22]

Tal política de alinhamento teve forte projeção na formação de uma mentalidade pró-americana, logo bem consolidada. Para a integração de mercados, a aproximação das Américas tornara-se objetivo primordial e, nesse "imaginário pan-americano", agora irmanado, tornaram-se figuras populares Carmen Miranda (a "pequena notável", com sua roupagem tropical brasileira tipo exportação), Orson Welles e Walt Disney, que inventou Mickey, o tedioso rato "classe média", Pato Donald e Zé Carioca, com sua camisa listrada andando por aí — criação especial que contemplava a América do Sul. Como dizia Linda Batista, outra cantora muito popular na época, em conversa desencontrada com Orson Welles, irradiada do Cassino da Urca em 18 de abril de 1948, numa festa em homenagem ao aniversário de Vargas, em frase com pouco, muito... ou nenhum sentido: "Brazilians are Brazilians. Correct?".[23]

Um novo padrão civilizatório instituiu-se no pós-guerra na América do Sul, tornando-se dominante a ideologia do *American way of life*. Na periferia do sistema capitalista mundial desenvolveu-se com eficiência a concepção de mundo e de sociedades "democráticas" amalgamadas, muito difundidas por revistas formadoras de opinião como *Seleções do Reader's Digest*, de larga circulação tanto nas elites como em setores ilustrados das classes médias das grandes capitais e das pequenas cidades. A contrapartida não era verdadeira, pois, nos Estados Unidos, permanecia a política racista de exclusão dos negros; o *New York Times* não acolheu sequer comentários sobre a obra de Gilberto Freyre.

O papel dessa ideologia modernizadora, "branca", tornou-se decisivo, pois implantaram-se os valores da sociedade capitalista de consumo americana, pouco ou nada seguidos dos benefícios sociais, econômicos e culturais da América do Norte. Curioso paradoxo: o chauvinismo cultural do "brasileiro", nativista, abrigava agora um americanismo ingênuo, porém muito combativo, anticomunista. Um caso de consciência ingênua e feliz à sombra da "Pax Americana".

[22] *Ibid.*, p. 96.

[23] *Ibid.*, p. 124.

Nessa altura, criaram-se no Brasil instituições para intensificar as relações Brasil-Estados Unidos, como as famosas Uniões Culturais, em que muitos adolescentes, filhos das novas classes médias emergentes, aprenderam inglês e traços da cultura americana. Nesse clima, fundou-se o Museu de Arte Moderna, seguindo determinações (da 3ª Reunião de Consulta, realizada no Rio de Janeiro) que enfatizavam a necessidade de organismos para intercâmbio artístico vivo e permanente entre os povos americanos. Tratava-se não só de intercâmbio mas também de propaganda, e o MAM do Rio de Janeiro deveria manter relações estreitas com o Museu de Arte Moderna de Nova York, para exposição de obras e, inclusive, para criações mais "típicas da arte popular". Nessa cooperação empenharam-se, lá, Nelson Rockefeller e, aqui, personalidades como Manuel Bandeira, Rodrigo de Melo Franco, Carlos Drummond de Andrade e até Astrojildo Pereira, um dos fundadores do Partido Comunista em 1922. Rockefeller tornou-se figura-chave nesse esquema binacional.

Ao Brasil enviaram-se pesquisadores e bolsistas em várias missões, dentre os quais jovens escritores, historiadores e antropólogos como Richard Morse, Donald Pierson[24] e Stanley e Barbara Stein. Como vimos anteriormente, durante o Estado Novo foram enviados para cá, dentre outros, a fotógrafa Genevieve Naylor e o pintor Misha Reznikoff.[25]

Naquele contexto e em tal clima político-intelectual, o lado positivo residiu na tradução de clássicos do pensamento americano, como Ralph Waldo Emerson, William James, Salinger, Thoreau, John Dewey; e de romancistas, como John Steinbeck, Ernest Hemingway, Dos Passos, Faulkner e muitos outros, traduzidos pelo Clube do Livro e por outras editoras. Intelectuais brasileiros de vários quadrantes teóricos dirigiram-se para os Estados Unidos, entre eles o educador baiano Anísio Teixeira, que estudou com Dewey e introduziu seu sistema em nossas escolas e bibliotecas, além de ter sido, mais tarde, o criador da Universidade de Brasília. Também participaram dessa cooperação os historiadores e bibliógrafos Sérgio Buarque de Holanda, Rubens Borba de Moraes, José Honório Rodrigues e Leda Boechat Ro-

---

[24] Sobre Morse, ver Helena Bomeny (org.), *Um americano intranquilo*, Rio de Janeiro, CPDOC, 1992, com textos de Antonio Candido, Roberto DaMatta, José Murilo de Carvalho, entre outros.

[25] Ver o catálogo de sua exposição: Emanoel Araújo (org.), *Rostos e lugares no Brasil*, Pinacoteca do Estado de São Paulo, novembro de 1994, com texto introdutório de Carlos Guilherme Mota.

A República Populista e a República Patricial (1946-1964)

drigues, entre tantos outros, como os escritores gaúchos Erico Veríssimo e Vianna Moog, ou o diplomata Vinicius de Moraes. Também cientistas políticos, como Hélio Jaguaribe, teriam suas vocações estimuladas pelo paradigma da "grande república irmã" do Norte.

UMA NOVA IDEIA DE MODERNIDADE

Aqui, a cultura "moderna" afinava-se por meio do rádio e, sobretudo, do cinema, que derramavam as "novidades" e definiam horizontes para a nascente sociedade de massas, que o inglês Charles Chaplin (depois rejeitado pelo governo americano) tão bem caracterizara. Hollywood sinalizou a nova era: das mentes e vestuário às marcas de automóvel e cigarro. Alguns músicos assumiram uma personalidade "americanizada", "moderna", como o cantor Bill Farr (Antônio Medeiros Francisco), e os compositores, cantores e pianistas Johnny Alf (Alfredo José da Silva) e Dick Farney (o nome verdadeiro desse carioca — irmão do ator de cinema Cyl Farney — era Farnésio Dutra, amigo de Frank Sinatra e Dave Brubeck), todos de excelente qualidade musical e introdutores do jazz entre nós. E também pais da "bossa nova".[26]

Agora, a ideia de modernidade provinha sobretudo dos Estados Unidos, principal potência vencedora do conflito. Nova York e Chicago eram as novas referências, modelos de cidade moderna, com atividade financeira febril e intensa vida cultural de vanguarda. Os produtos industrializados, desde automóveis a máquinas de costura, e de ferramentas até produtos de "matéria plástica", tudo sugeria nosso atraso. Ouviam-se, como até hoje, as eternas canções compostas por George (música) e Ira (letra) Gershwin, o polivalente compositor, pianista e *bandleader* Duke Ellington, e o inconfundível intérprete e trumpetista Louis Armstrong, com sua voz rouca; e, nestes trópicos, era Hollywood que pautava os valores da sociedade civil e de consumo.

Tal ideia prosperaria ao longos dos anos 1950, com a urbanização e uma nova concepção de cidade, a industrialização, as mutantes demandas da burguesia emergente, a construção de vias de comunicação, o florescimen-

---

[26] Para a questão das "influências" recíprocas, vêm sendo publicados estudos e ensaios importantes, como os de Zuza Homem de Mello, Ruy Castro, Sérgio Augusto, Augusto de Campos, e entrevistas com Carlinhos Lyra, Antônio Carlos Jobim, Vinicius de Moraes e muitos outros, como Luís Bonfá.

to de centros universitários e de pesquisa, de bienais internacionais de arte, da indústria cinematográfica.

A Europa, embora continuasse marcando os horizontes culturais do senhoriato remanescente da República Velha (1889-1930), agora representava o passado. Apesar disso, ao longo da década, a cultura francesa contemporânea ainda estaria presente, de forma crítica, funcionando como resposta à massificação das ideias, com inquietações de ordem existencial, com seus diretores de cinema, músicos, escritores e pensadores como Sartre, Simone de Beauvoir, Raymond Aron, André Malraux e, mais tarde, Roland Barthes e Michel Foucault, retransmitindo à periferia o mal-estar da civilização ocidental e do Humanismo em crise.

As descolonizações, a revisão da Igreja (com o papa João XXIII), as revoluções de Cuba e da Argélia, a renovação musical, das artes plásticas e dos costumes, mais o realinhamento internacional, iriam alargar os conceitos de cultura — no teatro, música, arquitetura, cinema, na criação dos centros populares de cultura — e, também, os conceitos de política, de educação e sociedade vigentes no Brasil. Enfim, despontava uma nova identidade nacional e popular.

Em direção oposta, como reação a esse clima de reformas, inclusão social e terceiro-mundismo, armava-se a *contrarrevolução preventiva de 1964.*

A construção de uma sociedade "liberal-democrática"

> "Bota o retrato do velho outra vez,
> bota no mesmo lugar.
> O sorriso do velhinho
> faz a gente trabalhar."
>
> Haroldo Lobo e Marino Pinto, 1950[27]

Após 1945, em alguns centros do país se instaurou uma ideologia de modernização, do tipo urbano-industrial, que repontará nos planos político-ideológico e sociocultural. Mas a sombra do carismático Vargas continuará rondando a República.

---

[27] Haroldo Lobo e Marino Pinto, "Bota o retrato do velho", 1950, marchinha cantada por Francisco Alves.

Com o fim da Segunda Guerra Mundial, teve início uma nova fase de governos civis, porém com pesadas heranças históricas, pois as mudanças assistidas no país nos quinze anos transcorridos desde que Getúlio Vargas assumira o poder haviam marcado profundamente a sociedade brasileira. Entre tais marcas, ressaltam as ideias de reforma, de afirmação nacional, de atualização cultural e de necessidade de modernização das instituições e da economia; mas, em contrapartida, revelou-se também o medo colonial atávico do progresso, dos "excessos" da democratização e, sobretudo, do comunismo internacional.

O que era a sociedade brasileira, recém-saída do Estado Novo?

A população do país vinha assistindo a um acentuado crescimento demográfico. No início do século, o Brasil contava com 17.384.340 habitantes; em 1930, a população atingiria a marca dos 37,6 milhões de habitantes; em 1940, 41.565.083 habitantes e, em 1950, 51.722.000 habitantes. A curva de crescimento prosseguiria: em 1960, a população atingiu a cifra de 70.992.343 habitantes; e de 99.901.037 habitantes em 1970.[28]

A essa altura, a maioria da população deixara de morar no campo: cerca de 52 milhões viviam na cidade; e 41 milhões, no campo, dedicando-se à produção de gêneros agrícolas para exportação. No Recenseamento Nacional de 1980, a população saltara para a cifra de 119.070.875 habitantes. Como Darcy Ribeiro prognosticara em 1985, errando por pouco, "se continuarmos crescendo no mesmo ritmo, chegaremos a duzentos milhões no ano 2000", e Rio e São Paulo vão tornar-se "calcutás".

Uma das principais características da sociedade brasileira do pós-guerra foi a intensificação das migrações internas e da mobilidade da população brasileira. Em termos gerais, a sociedade tornou-se mais urbana. Mesmo assim, do total em 1970, 18 milhões eram analfabetos e metade da população ativa de 26.079.171 ganhava menos de um salário mínimo. O conceito de subdesenvolvimento não era um conceito vazio de sentido e, contrariamente ao que se pensava — supunha-se que tal condição seria superada dentro de alguns anos —, ainda hoje mantém atualidade. Em verdade, uma estranha (in)atualidade.

O êxodo rural, ou seja, a migração da população subocupada do campo para as cidades, que ainda continua nos dias atuais, foi marcante na-

---

[28] Números recolhidos por Darcy Ribeiro em *T&B*, cit., extraídos dos Recenseamentos Gerais do Brasil. Alguns incluem índice de alfabetização e de participação da renda nacional.

quele período. Com efeito, a população nordestina, vendo-se assolada pelas constantes secas e pela estagnação das atividades econômicas locais, migrou para os centros urbanos, em busca de oportunidades de emprego nas indústrias e no setor de serviços.

Com a intensificação da industrialização, a sociedade brasileira tornou-se cada vez mais urbana, já que os trabalhadores rurais dos centros agrário-exportadores dirigiram-se para as cidades em busca de melhores oportunidades de vida. Tal crescimento acelerado da população urbana já provocava inúmeros problemas, pois as cidades não estavam preparadas para receber grandes quantidades de novos habitantes. Faltavam habitações e, aí, as condições de vida dos migrantes eram extremamente precárias.

Como consequência, multiplicaram-se os cortiços e as favelas, abrigando cada vez mais migrantes. O caso de São Paulo é o mais eloquente, como indicou a professora Maria Cristina da Silva Leme: entre 1911 e 1920, chegam 33.927 nordestinos à metrópole; e, entre 1930 e 1939, a cifra é de 435.864. Já a urbanista Nadia Somekh amplia o significado de tais ocorrências, associando-as a uma rede de fatores históricos, políticos, jurídicos e econômicos no processo de verticalização da cidade.[29]

Os salários eram baixos, pois, além da falta de qualificação, os trabalhadores que chegavam do campo não eram sindicalizados, isto é, não pertenciam a sindicatos que defendessem seus direitos. Além disso, em pouco tempo, os operários migrantes se tornaram mais numerosos do que os operários estrangeiros, até então preferidos pelos empresários, por suas habilidades técnicas, constituindo mão de obra mais qualificada. Entretanto, se antes um segmento dos primeiros operários era marcado pelas ideias anarquistas, que criaram sindicatos para defender seus interesses e lutar contra a ordem burguesa, agora os novos operários, recém-chegados do interior e do sertão, e menos qualificados, não tinham qualquer tradição de luta sindical.

---

[29] Para compreensão desse processo, associado à verticalização urbana, consulte-se o estudo de Nadia Somekh, *A cidade vertical e o urbanismo modernizador: São Paulo (1920-1939)*, São Paulo, Nobel/Fapesp/Edusp, 1997, que oferece uma periodização mais abrangente e dados de base sobre população, produção industrial etc. Sobre as modificações no centro de São Paulo, ver a obra coletiva de Candido Malta Campos e José Geraldo Simões Jr. (orgs.), *Palacete Santa Helena: um pioneiro da modernidade em São Paulo*, São Paulo, Imprensa Oficial/Senac, 2006; e, de Hugo Segawa, *Prelúdio da metrópole: arquitetura e urbanismo em São Paulo na passagem do século XIX*, São Paulo, Ateliê, 2000; e, ainda, de Carlos Lemos, *A República ensina a morar (melhor)*, São Paulo, Hucitec, 1999.

Após 1930 e durante o Estado Novo, Getúlio Vargas criara uma estrutura sindical atrelada ao Estado. Com a ação de sindicatos monitorados pelo Estado, a classe operária obteve alguns benefícios, assegurados na legislação trabalhista, e também modesta melhoria do padrão de vida. Por isso mesmo, Getúlio tornou-se muito popular entre os setores mais pobres da sociedade. Na percepção dos despossuídos e dos trabalhadores sindicalizados, era o "pai dos pobres".

As chamadas classes médias, ou melhor, a pequena e a média burguesia urbanas ampliavam seus contingentes, criando novos bairros nas grandes cidades, ou expandindo-se em direção a centros urbanos, antigos ou novos, mais prósperos, sobretudo em regiões de fronteira econômica, a exemplo do que se verificou no interior de São Paulo e no norte do Paraná. Ou seja, abriam-se novos horizontes e despontavam novas constelações de cidades e, para construí-las e afirmá-las, era solicitada a participação dos novos segmentos da pequena burguesia emergente (que já começava a sofrer, por haver excesso de mão de obra qualificada e, dada a competição, ter menores chances de emprego nas cidades já estabilizadas).

Esse processo de "interiorização das metrópoles" ocorreu, com intensidade assinalável, no período de 1945 a 1964. O "interior" tornou-se uma realidade mais próxima, com repercussões na educação, na literatura, na economia etc. Em 1956, o "sertão" reaparece vestido em nova linguagem — erudita e ao mesmo tempo rústica, regional e universal —, na obra-mestra de Guimarães Rosa, *Grande sertão: veredas*.

Tal mudança de clima político-ideológico traduzia-se até mesmo em atitudes de alguns militares, como foi o caso do deputado Euclides Figueiredo, general reformado e que participara da Revolução de 1932. Durante o Estado Novo, ele condenava as torturas em prisioneiros. Em 1946, exige a criação, na Câmara Federal, de uma comissão para apurar os crimes da ditadura (o que seu filho, João Baptista, presidente da República, não fez em 1981, quando do atentado ao Riocentro), inclusive para apurar "o gasto de fundos públicos para coibir a liberdade de pensamento":

> "Precisamos recordar esses fatos para a história; se silenciarmos agora, tudo cairá no esquecimento."[30]

---

[30] Cf. ano 1946, verbete 1.168, em Darcy Ribeiro, *T&B*, cit.

O clima era confuso, pois, enquanto nesse mesmo ano de 1946 era criado o Partido Socialista Brasileiro, liderado por Hermes Lima, Barbosa Lima Sobrinho e outros, a polícia abria fogo contra uma manifestação política no Largo da Carioca, no Rio; e muito em breve o Partido Comunista seria posto na ilegalidade.

O conflito ideológico também se dava entre os militares: o bisonho e reacionário presidente Dutra demite e prende o general nacionalista Horta Barbosa (por defender a existência de petróleo na Bahia), atemorizado com a atuação de militares politizados, como o almirante Álvaro Alberto e o coronel Nelson Werneck Sodré. Prestes também era militar, mas estava fora desse quadro.

O grupo do general Horta Barbosa era nacionalista e mobilizador; o outro grupo era o dos ex-*tenentes*, agora, segundo Darcy Ribeiro, "reacionário-entreguista, liderado por Juarez Távora, Eduardo Gomes, Cordeiro de Farias e Juracy Magalhães, que recrutam uma nova geração ultragolpista, com Castello, Golbery, Mamede e outros".[31]

Um outro Brasil revelava-se nesses embates em que se afirmava um novo tipo de nacionalismo. Em São Paulo, toda a obra de Monteiro Lobato (1882-1948) é editada por Caio Prado Jr., incluídos seus dois maiores clássicos, *Urupês* e *Cidades mortas*. Repudiando todos os "ismos", o modelo (não atingido) era Eça de Queiroz, segundo o historiador da literatura Alfredo Bosi. Mas atingiu outras dimensões, sobretudo em sua literatura infantojuvenil e em artigos de combate. Morreu nas margens da esquerda intelectual brasileira e da academia.

No plano internacional, a Guerra Fria impôs uma pesada noção de "ocidentalidade", veiculada pela mídia da época, em filmes, documentários e noticiosos etc. O Brasil, oficialmente católico, agora aparecia e afirmava-se, em todos os esquemas classificatórios, como "país ocidental e vinculado aos valores 'ocidentais'". Nos mapas-múndi escolares, ao mundo ocidental contrapunha-se o Extremo Oriente, o Oriente Médio, os países da "Cortina de Ferro", os futuros "Tigres Asiáticos" etc.

Nas brechas da Guerra Fria, uma terceira tendência se consolidava. Adquirem então conteúdo as noções de descolonização, de Terceiro Mundo e de lutas de libertação nacional, que somente iriam amadurecer e mostrar resultados no fim da década de 1950 (Cuba, Argélia etc.).

---

[31] *Ibid.*, verbete 1.174.

Os problemas das regiões pobres do planeta, porém, eram debatidos e estudados, como em *Geografia da fome*, de Josué de Castro, publicada em 1946. Várias monografias chegam às livrarias, descortinando a problemática das culturas indígenas, das pequenas aldeias e de comunidades rústicas abandonadas.

Na tentativa de competir com o denso *O Estado de S. Paulo*, os jornais começam a mudar sua linguagem, passando para um estilo mais ágil, como é o caso do *Diário Carioca*, com Pompeu de Toledo, e da *Folha de S. Paulo*, com Nabantino Ramos, sinalizando a necessidade de modernizar o país. Um país com uma cultura e valores mais urbanos, cosmopolitas e voltados para a discussão da questão nacional.[32]

BRANDOS VENTOS DE MUDANÇA

Esse foi o contexto político-cultural e internacional em que se alterou o processo político do pós-guerra, considerando o modo como era exercida a dominação política das oligarquias agrárias da Primeira República. Como vimos, antes de 1930, as oligarquias estaduais mais poderosas dominavam a cena política, com seus capangas e jagunços, vencendo as eleições e dominando diretamente os governos dos estados e da federação. O poder econômico das oligarquias garantia seu domínio sobre os demais setores da sociedade local.

Após 1930, a chamada revolução que colocou Vargas no poder adotou medidas para diminuir os poderes regionais e acabar com o federalismo. A partir de 1930, os estados perderam poder para o governo central, que passou a ditar as regras do processo econômico e centralizou os recursos provenientes dos impostos. Com as eleições suspensas, o presidente nomeava todos os governadores (interventores) e prefeitos do país. A centralização absoluta das decisões políticas e econômicas nas mãos do governo federal

---

[32] Sobre o jornal paulistano, ver Maria Helena Capelato e Carlos Guilherme Mota, *História da Folha de S. Paulo*, São Paulo, Impres, 1981. Inclui uma seleção de editoriais e ilustrações da época, cobrindo os anos de 1921 a 1981. No arco do tempo, à frente da *Folha*, em sua direção, destacaram-se duas personalidades: Nabantino Ramos e Octávio Frias de Oliveira. Por sua redação, passaram jornalistas de grosso calibre, de Cláudio Abramo a Clóvis Rossi, de Alberto Dines a Samuel Wainer; e teve, como colaboradores, de Paulo Francis e Flávio Rangel a Mino Carta e Florestan Fernandes.

substituiu o liberalismo econômico das oligarquias da Primeira República; mas elas não desapareceram da cena histórica.

O Rio de Janeiro, capital da República, voltara a ser o centro nervoso da vida nacional, com todas as atividades da sociedade passando a ser controladas pelo Estado nacional. As transmissões de rádio (a *Hora do Brasil*, em particular, e os programas da oficiosa Rádio Nacional) chegavam a todos os quadrantes do território nacional, ditando ao resto do país os padrões culturais oficiais da capital. Dessa forma, o coronelismo das oligarquias da Primeira República foi sendo substituído pelo governo personalista de Getúlio Vargas.

Apesar disso, o coronelismo e o clientelismo não desapareceram da cena política, pois Getúlio continuou distribuindo empregos e benefícios para os aliados políticos. A velha máquina burocrática, herança dos tempos imperiais, não fora desmontada. Paralelamente, Vargas criou uma nova burocracia de técnicos e, com seu auxílio, realizou uma ampla reforma administrativa.

Passaram a coexistir duas burocracias de funcionários: no plano local, a política continuou sendo dominada pelos coronéis mais poderosos, que controlavam os empregos e apadrinhavam seus protegidos. Ao mesmo tempo, em âmbito federal, surgiu uma burocracia de formação técnica especializada. Os cargos e funções criados na reforma administrativa realizada por Getúlio Vargas foram ocupados por tais funcionários, mais qualificados do que as clientelas despreparadas dos coronéis.

Ainda se faziam ouvir algumas vozes da Primeira República, como a do ex-presidente Artur Bernardes, que se elegeu deputado por Minas Gerais e vociferou no Congresso em defesa da Amazônia brasileira, contra o que denominava infiltração, por meio do Instituto Internacional Hileia Amazônica (IIHA), orientado pela Unesco. Mas eram poucas, excetuadas as de alguns ex-*tenentes* golpistas e políticos nordestinos, que ganhariam novo fôlego. Um ex-*tenente* (agora general), Juarez Távora, defenderá no Clube Militar a ruptura do monopólio do petróleo, e sua exploração vai ser permitida por Dutra para algumas refinarias privadas...

PSD, PTB, UDN...

Nessa nova etapa, os partidos políticos traziam uma certa "racionalidade" ao quadro político nacional. Criados no fim do Estado Novo, ainda sob a tutela Vargas para abrigar seus aliados, dois partidos políticos — PSD e PTB — definiriam cada vez mais os horizontes político-ideológicos da República de 1946.

Nesse processo histórico-político, que marcaria a conformação de tipos diferentes de mentalidade, porém dentro de um mesmo sistema ideológico, o Partido Social Democrata (PSD), incrustado nos aparelhos de Estado, passou a representar os interesses dos setores exportadores e dos grandes proprietários rurais (as oligarquias regionais); enquanto o Partido Trabalhista Brasileiro (PTB), ancorado no Ministério do Trabalho, encarnou as forças urbanas e os sindicatos atrelados ao Estado, ainda com lideranças criadas sob o Estado Novo.

Já a União Democrática Nacional (UDN), criada no Rio em 1945, tem origem na luta contra o Estado Novo, agregando liberais históricos, socialistas e personalidades perseguidas pela ditadura. A socialista Esquerda Democrática da UDN (não marxista nem antimarxista) fazia parte do arco de adeptos, mas deixou a UDN para criar o Partido Socialista Brasileiro (com seus líderes Hermes Lima e João Mangabeira, Barbosa Lima Sobrinho à frente, como vimos), fundindo-se mais tarde no PTB.

O antigetulismo tornara-se a bandeira de quase todos. A UDN, que deveria ser o partido modernizador, acabou por aglutinar empresários, financistas, ex-militares, advogados, direitistas: seu liberalismo caminhou para a direita, enquanto os democratas infletiram para a esquerda. Completando o quadro, o Partido Comunista Brasileiro (PCB), com Prestes, que estivera preso por dez anos, agora passara a apoiar Vargas. Afastando-se da direita, ele agora atraía os comunistas, pois representavam a possibilidade de alinhamento com os trabalhadores. "Não foram poucos os analistas que viram uma tremenda dose de oportunismo de cada uma das partes." Esse seria o esquema básico partidário dos próximos vinte anos.[33]

O *TAKE OFF*: BRASIL URBANO OU RURAL? COMO FAZER O PAÍS DECOLAR?

Nesse quadro, a vitória do PSD nas eleições de 1945 mostrava que o Brasil rural, considerado mais arcaico do que o Brasil urbano e industrial, ainda tinha esperanças de retomar o controle do processo político, utilizando em benefício próprio seus velhos métodos eleitorais, como a mobilização

---

[33] Ver a análise de Edgard Luiz de Barros, *O Brasil de 1945 a 1964*, São Paulo, Contexto, 1990, p. 20.

das clientelas políticas rurais, os "currais eleitorais". Efetivamente, o setor agrário-exportador ainda era responsável pela maior parte da riqueza nacional. Para equilibrar sua balança comercial, apesar de estar em vias de industrialização, o Brasil não podia prescindir das exportações de café. Como analisou o historiador argentino Tulio Halperín Donghi:

> "O Brasil, com Volta Redonda, inaugurou, no início da década de 1940, a tendência a criar uma indústria siderúrgica, como ponto de partida para uma indústria pesada. Mas — apesar da utilização de créditos norte-americanos — este setor (que contava com possibilidades imensas, devido à riqueza mineral do país) se desenvolveu mais lentamente que o esperado. Igualmente, apesar da criação de uma empresa estatal para explorar o petróleo, o Brasil continuou sendo deficitário em combustíveis."[34]

A dependência externa ainda era um fato, pois, na apreciação de Halperín Donghi, a economia cafeeira continuava essencial para o desenvolvimento brasileiro. Essencial e vulnerável, dependendo das flutuações do mercado internacional:

> "O pós-guerra revelou então um país profundamente transformado, mas sempre governado pela sorte de suas exportações; o café, que as continuava dominando, após gozar da bonança de quase dez anos, sofreu, no final da década de 1950, o impacto da concorrência africana, que provocou a queda vertiginosa dos preços mundiais."[35]

Nessa perspectiva, a médio prazo, a industrialização — sobretudo a indústria de automóveis — tornar-se-ia uma alternativa inescapável para a decolagem do esperado desenvolvimento econômico. "Decolagem" — ou seja, o *take-off*, noção maldita, dado o tipo de capitalismo a que ela se referia —, conceito introduzido e defendido por Walt Whitman Rostow, do Departamento de Estado norte-americano, por toda a América Latina, in-

---

[34] Tulio Halperín Donghi, *Historia contemporánea de América Latina*, Barcelona, Alianza, 1979, p. 386.

[35] *Ibidem.*

A República Populista e a República Patricial (1946-1964)

clusive para empresários despreparados e bisonhos na Federação da Indústrias de São Paulo, no fim dos anos 1950 e início dos anos 1960...

Governo Dutra (1946-1951): anticomunismo alinhado

O primeiro presidente "civil" após a queda do Estado Novo foi um... militar. A deposição do ditador Vargas foi rápida e sem melancolia. Precipitou-se quando manifestações populares — bem-urdidas pelo PCB e pelo trabalhismo sindicalista — passaram a reivindicar, no segundo semestre de 1945, a convocação de uma Assembleia Constituinte, mas também a permanência de Getúlio (a "Constituinte com Getúlio"). O presidente tentara manipular o Código Eleitoral, antecipando a eleição de governadores de estado, a ser realizada em maio de 1946, para a mesma data da eleição presidencial e das eleições parlamentares (2 de dezembro de 1945).

Tal manobra beneficiaria o PSD, que tinha por candidato Dutra, seu ex-ministro da Guerra, e controlava seus esquemas montados nos estados, ao contrário da novel UDN que, com seu candidato Eduardo Gomes, o "puro" e moralista herói do Forte de Copacabana, não tivera tempo para articulações estaduais. A UDN aproximou-se então dos quartéis, transfundindo seu medo em relação às "massas açuladas a favor de Vargas pelos comunistas e trabalhistas".

Quando Vargas comete o equívoco político de nomear seu irmão Benjamin para a chefia da polícia do Distrito Federal, um cargo da alçada das Forças Armadas, é deposto pelas tropas do novo ministro da Guerra, general Góes Monteiro, que defendia o calendário eleitoral.[36] No dia 29 de outubro de 1945, Vargas retira-se para sua Fazenda do Itu, em São Borja, no Rio Grande do Sul.

Em 1949, ainda em seu retiro na fazenda, em entrevista a Samuel Wainer, Getúlio dirá que, em 1945, "não foi derrubado pelo Exército, mas sim pelo embaixador americano Spruille Braden, que já derrubara Perón com as mãos dos militares argentinos".[37]

---

[36] Sobre o coronel, depois general Góes Monteiro (apresentado por Osvaldo Aranha a Getúlio), considerado "o técnico" que teria colocado em prática as ideias de Clausewitz no Brasil, consulte-se o livro de Leonardo Trevisan, *O pensamento militar brasileiro*, São Paulo, Global, 1985, em especial o capítulo III.

[37] Cf. ano 1949, verbete 1.252, em Darcy Ribeiro, *T&B*, cit.

Como vimos no capítulo anterior, o presidente do Supremo Tribunal, Federal, José Linhares, assumiu a presidência (1945-1946) para efetivar as eleições presidenciais e transmitir o governo ao eleito, além de convocar a Constituinte e reformar a Lei Eleitoral, que não previa poderes constituintes aos parlamentares eleitos no dia 2 de dezembro.

Ocorre que a campanha da UDN ganhara velocidade, e os getulistas e mandachuvas regionais — coligados do PSD, instalados nos aparelhos de seus respectivos estados —, para obterem adesão das massas populares de eleitores à candidatura de Dutra, viram-se obrigados a buscar o apoio dos trabalhistas do PTB.

Como se sabe, o general Eurico Gaspar Dutra, candidato da coligação PSD-PTB, venceu as eleições e assumiu a presidência da República em 31 de janeiro de 1946. Em uma população de 46 milhões e 215 mil habitantes, com um total de 7.459.849 eleitores inscritos (apenas 16,22% da população), votaram 6.200.005 eleitores (15,9% de absenteísmo: 1.259.884 não compareceram) e a porcentagem de brancos e nulos foi de 5,32% (329.337 votos).

Dutra obteve 3.251.507 votos (55% dos votos válidos) contra 2.039.342 (ou seja, 35%) dados para Eduardo Gomes, da UDN. O obscuro candidato do Partido Comunista, Iedo Fiúza, alcançou 569.818 votos (9,83%), cifra nada desprezível, principalmente se considerarmos a votação do candidato ruralista Mário Rolim Teles, com 10.001 votos, isto é, apenas 0,17% dos votos válidos.[38]

A ASSEMBLEIA CONSTITUINTE

> "A nova Constituição da República, de 1946, [...] regeria o país até 1964. A melhorzinha que tivemos, apesar de acanhada e liberal-
> -reacionária."
>
> Darcy Ribeiro, 1985[39]

Empossado em 31 de janeiro de 1946, pressionado por vários setores da sociedade e pelos partidos, o novo presidente convocou, no dia 2 de fevereiro, uma Assembleia Constituinte para elaborar a quinta Constituição

---

[38] Ver a análise de Thomas Skidmore, "Fim do Estado Novo: governo Dutra (1945-1950)", em *Brasil: de Getúlio a Castelo*, Rio de Janeiro, Paz e Terra, 1975, 3ª ed., apresentação de Francisco de Assis Barbosa, pp. 72-109.

[39] Cf. 1946, ano dos Xavantes, verbete 1.169, em Darcy Ribeiro, *T&B*, cit.

do país. Agrupamentos políticos e personalidades organizam-se e os impactantes comícios de Prestes lotam os estádios de futebol de São Januário, no Rio, e do Pacaembu, em São Paulo, assombrando os setores conservadores. Todos os partidos políticos, inclusive o PCB, participaram da elaboração dessa nova Constituição, por meio de uma comissão interpartidária de 37 membros, distribuídos proporcionalmente às representações partidárias. Desse modo, na Assembleia, dominaram os representantes do liberalismo conservador, vinculados aos setores rurais, principal base eleitoral do PSD.

Partido mais votado nas eleições de 2 de dezembro, o PSD elegeu ao todo 151 deputados (de um total de 286): sendo, entre outros, 20 por Minas, 16 por São Paulo, 17 pelo Rio Grande do Sul, 10 pelo Rio de Janeiro e 10 por Pernambuco. A UDN teve boa votação na Bahia (12 deputados), tendo feito ainda 10 pelo Ceará, 7 por São Paulo, 7 por Minas e 4 pelo Estado do Rio. O PTB elegeu 9 pelo Distrito Federal, 6 por São Paulo, 4 pelo Estado do Rio e 2 por Minas. O PCB elegeu 4 por São Paulo, 3 pelo Distrito Federal, 3 por Pernambuco e 2 pelo Estado do Rio.

Sem esforço, Vargas foi eleito senador com 1 milhão e 300 mil votos por dois estados, Rio Grande do Sul e São Paulo (optando pela representação do Rio Grande do Sul), e deputado federal pelo Distrito Federal e mais seis estados. O PSD elegeu 26 dos 42 senadores, tendo maioria absoluta também no Senado.

A CONSTITUIÇÃO DE 18 DE SETEMBRO DE 1946

Com escassa preocupação social, os constituintes procuraram, entretanto, equilibrar os contrastes regionais, criando fundos de desenvolvimento regional — recursos que, é bem verdade, logo se evaporaram, não somente nas obras contra as secas, mas também na Amazônia e no vale do rio São Francisco. Nada obstante, a Constituinte, sob a presidência de Fernando de Mello Vianna, pessedista de Minas Gerais, suprimiu o Departamento Nacional do Café, uma autarquia centralizadora, o que abriu disputa feroz entre Paraná e São Paulo; atribuiu ao DASP a tarefa de redigir a proposta orçamentária do Estado, esvaziando-o, porém, de suas funções na definição de políticas governamentais e desautorizando-o em sua função de fixar critérios de promoção do funcionalismo público, criando com isso excelentes condições para o renascimento do clientelismo e do nepotismo.

Um dos membros mais ativos da mesa constituinte, Aliomar Baleeiro, da UDN, definiu o significado social da Constituinte de modo irretocável:

"Representantes de uma elite, saída das classes beneficiadas pela situação atual, se se fizer um inquérito sobre a composição social e profissional desta assembleia, verificaremos que todos nós, ou pelo menos nossos parentes, saímos das classes agrárias, que se tem libertado sempre do pagamento de impostos, que então passam a recair sempre sobre o proletariado."[40]

A Constituição de 1946, terceira da República e quarta da história do país, restaurou a democracia representativa. Consagrou a divisão de poderes e sua independência; também instituiu eleições diretas para escolher os candidatos aos cargos públicos legislativos e executivos, no plano federal, estadual e municipal. Os analfabetos, entretanto, que formavam grande parte da população, foram excluídos do processo político-eleitoral, bem como os praças de pré. Os sargentos foram considerados inelegíveis.

A Justiça do Trabalho ficou intocada, com a mesma função que se observava no Estado Novo, permanecendo as estruturas corporativistas. O governo ensaiou alguns passos (medíocres) no campo social e econômico, através de plano integrado de saúde, alimentação, transportes e educação, o Plano Salte, de 1947, primeiro plano governamental do gênero, colocado em prática em 1949 e logo abandonado em 1951.

O governo Dutra logo pôs em prática os limites do liberalismo do PSD e dos partidos menores, representantes dos proprietários. A coalizão, agora PSD-UDN, dispensava o apoio popular das massas trabalhadoras, enquanto aumentava a atuação e o espaço de Carlos Lacerda na UDN e na imprensa.

No dia 7 de maio de 1947, o Ministério da Justiça mandava lacrar a sede do PCB, ordenava a intervenção em 14 sindicatos e decretava o fechamento da Confederação Geral dos Trabalhadores do Brasil (CGTB). Ao mesmo tempo, uma série de iniciativas punha em funcionamento a estrutura oficialista sindical, de "pelegos", com intervenções em 143 sindicatos e esmagamento de cerca de quatrocentas direções sindicais. Em 1948, dois anos depois da proclamação da Constituição que permitia a liberdade de organização de partidos políticos, o Partido Comunista era colocado na ilegalidade, pois os setores mais conservadores da sociedade temiam o avanço eleitoral dos comunistas; e os alertas terrificantes da direita macartista norte-americana somavam-se às notícias da sombria Rússia stalinista. O PCB,

---

[40] *Apud* Edgard Luiz de Barros, *O Brasil de 1945 a 1964*, cit., p. 24.

A República Populista e a República Patricial (1946-1964)

agora, passa a defender a luta armada, a reforma agrária e ensaia táticas de guerrilha no Paraná e em Goiás, com pouco fôlego.

Quanto ao mundo do trabalho, Dutra suprimiu o direito de greve, garantido em lei pelo decreto 9.070, continuando o arrocho dos salários, congelados desde 1942. Em 1949, 234 sindicatos estavam sob intervenção. Em contrapartida, do ponto de vista econômico, o governo Dutra assumiu postura liberal face ao capital estrangeiro. A maior parte das reservas acumuladas durante a Segunda Guerra Mundial foram gastas na compra de produtos manufaturados importados. A política econômica liberal de Eugênio Gudin e Octavio Gouveia de Bulhões favorece os interesses estrangeiros (por exemplo, com a Instrução 113) e, em dois anos, esgotam-se 80% das reservas acumuladas.[41]

O "liberalismo" do governo Dutra provocou o descontentamento dos setores sociais comprometidos com a industrialização, que consideravam o desenvolvimento de uma indústria nacional — garantindo a autossuficiência do país — como a única condição capaz de tornar o Brasil economicamente independente, o que significava não mais precisar comprar produtos manufaturados do exterior. Para isso, tornava-se necessário desenvolver a indústria pesada. E Getúlio já tinha dado o primeiro passo: a construção da usina siderúrgica de Volta Redonda havia criado condições efetivas para o desenvolvimento da indústria de bens de capital.

Os liberais, acusados de favorecer o "imperialismo" americano, entraram em choque com os nacionalistas, que chegam ao poder em 1950, ano em que Vargas foi eleito presidente da República pelo PTB. Este retornou ao poder com o apoio dos comunistas, que lutavam pelo nacionalismo econômico e contra a influência norte-americana.

O SEGUNDO GOVERNO VARGAS (1950-1954): O LÍDER DE MASSA

> "Sim, voltarei não como líder político mas como líder de massa [...]. Em 1945 não fui derrubado pelo Exército, mas pelo embaixador norte-americano Spruille Braden."
>
> Getúlio Vargas, 1949[42]

[41] Cf. ano 1946, verbetes 1.164 a 1.166, Darcy Ribeiro, *T&B*, cit.

[42] Getúlio Vargas, em entrevista a Samuel Wainer em São Borja, RS, na Fazenda do Itu (1949). Cf. ano 1949, verbete 1.252, em Darcy Ribeiro, *T&B*, cit.

A sociedade brasileira mudara bastante. Em 1950, o 6º Recenseamento Geral do Brasil registra a população de 51.772.000 habitantes, dos quais apenas 1.256.307 eram operários fabris, meio milhão de burocratas civis e militares, e milhões de analfabetos com mais de 15 anos. Dado impressionante: mais de 5 mil brasileiras tiveram, cada uma, mais de 25 filhos.[43]

Nesse mesmo ano, com a erradicação dos cafezais pouco produtivos, então subsidiados pelo governo, milhões de trabalhadores rurais perdem emprego: eram os "camas de vara", antecessores dos "boias-frias". Na imprensa, há denúncias de tráfico de flagelados nordestinos, vendidos por caminhoneiros para fazendeiros do Paraná, São Paulo, Mato Grosso e Goiás: eram os "paus-de-arara".

Findo o governo Dutra, Getúlio Vargas, candidato do PTB, retornou à presidência pelo voto. O adversário derrotado foi, novamente, o brigadeiro Eduardo Gomes, da União Democrática Nacional; também o PSD, com seu candidato Cristiano Machado, perdeu. Vargas, tendo como vice Café Filho, obteve 49% dos votos. Com uma estratégia eleitoral habilidosa e versátil, o PTB se firmara como uma das principais forças políticas nacionais; além disso, Vargas contou com apoio do governador de São Paulo, Adhemar de Barros, cuja máquina eleitoral foi decisiva no Distrito Federal e em São Paulo, ao vencer em 18 das 24 unidades da Federação, com 3.849.040 votos, enquanto o Brigadeiro obteve apenas 29,7% e Cristiano Machado 21,5%.[44]

Nesse novo mandato, Getúlio aprimora as relações com os Estados Unidos, com a Comissão Mista para o Desenvolvimento Econômico (1951-1954), que deu origem ao Banco Nacional do Desenvolvimento Econômico (BNDES). Operando com taxa flexível de câmbio (conforme a operação), o governo incentivou importações necessárias ao desenvolvimento, facilitou investimentos estrangeiros e aumentou a competitividade das exportações. Portanto, o nacionalismo de Vargas, em verdade, era de ajuste ao ritmo do mercado internacional, aos mecanismos do sistema financeiro, mas com os olhos postos na necessidade de industrialização do país. Em âmbito nacional

---

[43] Ver "População", no capítulo "O Estado Novo (1937-1945)", em Edgard Carone, *Brasil: anos de crise (1930-1945)*, São Paulo, Ática, 1991, pp. 5-8, que inclui uma extensa bibliografia.

[44] Cf. Thomas Skidmore, *Brasil: de Getúlio a Castelo*, cit., pp. 108-9. Ver também o capítulo III, "Nova Era de Vargas (1951-1954)".

A República Populista e a República Patricial (1946-1964)

e internacional, Vargas adquirira nome, agindo com desenvoltura de estadista. A Eletrobras, a Petrobras e outras iniciativas de cunho estatizante colocavam-no bem na mira de interesses internacionais. Outras lideranças mundiais — na África (Egito), no Oriente Médio e na própria América Latina — também se encontravam na mesma posição. No caso de Getúlio, porém, seu nacionalismo era paradoxal, pois sabia conciliá-lo, inclusive, com a facilitação do ingresso de capitais externos. Apesar disso tudo, tal nacionalismo soava como esquerdista e pró-comunista, naquela quadra em que a Guerra Fria impunha limites estreitos às iniciativas dos Estados latino-americanos e terceiro-mundistas: Estados-nação subdesenvolvidos, que emergiam com extrema dificuldade, pois todos carregavam pesadíssimas heranças coloniais.

Vargas, embora houvesse procurado, jamais obteve apoio da UDN; e também falhou o aval de setores nacionalistas do Exército, quando seu ministro da Guerra, Estillac Leal (1893-1962), um ativo nacionalista de centro--direita, viu-se obrigado a renunciar.

Em 1953, Vargas nomeou, como ministro do Trabalho, o jovem João Goulart, gaúcho e do PTB, mas os ataques acentuaram-se, pois as oposições viam nele uma tendência do tipo sindicalista, a la Perón. Ao mesmo tempo, nomeou Osvaldo Aranha para o Ministério das Relações Exteriores, e lançou um programa de combate à inflação.

Em 1953, no clima da Guerra Fria e do macartismo nos Estados Unidos, apertou-se o cerco a Vargas: os Estados Unidos suspendem a Comissão Mista com o Brasil e ameaçam não comprar o café brasileiro. Em janeiro de 1954, Vargas acusa empresas estrangeiras de fraude no faturamento das exportações, acobertando remessas ilegais de lucros. O custo de vida cresce com a inflação, a classe média está asfixiada.

A direita se organiza: os filhos da Guerra Fria

No mês seguinte (fevereiro), um grupo de coronéis envia um memorial ao ministro da Guerra, denunciando salários baixos. A imprensa alinha-se contra Vargas (os Diários Associados, de Assis Chateubriand, *O Estado de S. Paulo*, *O Globo*). Para tentar fugir ao cerco, ele obtém do Banco do Brasil o financiamento de uma rede de jornais (sob a direção de Samuel Wainer) em defesa de seu governo. Foi o pretexto para que, acolitada pela UDN, a direita lhe movesse uma guerra, tentando seu *impeachment*.

A crise é deflagrada com o atentado a Carlos Lacerda — ex-comunista e agora o mais acerbo crítico de Vargas nas páginas da *Tribuna da Imprensa*

— em que morre o major Rubens Vaz, um dos acompanhantes de Lacerda. Prova-se que, no episódio, estava envolvida gente da guarda pessoal de Vargas. A Aeronáutica reúne-se, promove inquérito e aperta o cerco a Vargas.

Um dos pontos mais difíceis para Getúlio era decidir, com seu Ministério reunido, quem prenderia Juarez Távora e Eduardo Gomes, os ex-*tenentes* que participavam do cerco. O desfecho é conhecido: um tiro no coração. Como, aliás, ele declarara muitos anos antes, em outra circunstância menos crítica e muito menos dramática. A releitura da carta-testamento, um dos mais importantes documentos produzido na história do Brasil no século XX, sempre sugere novas interpretações:

> "Mais uma vez, as forças e os interesses contra o povo coordenaram-se..."

Já não era o maragato de 1923, mas o líder popular, cuja morte provocou, de fato, a maior comoção popular a que o país jamais havia assistido, assustando a direita e as forças conservadoras do país.

Getúlio tornara-se o grande líder populista, nacionalista e sindicalista, e o varguismo, uma ideologia reconhecida nacional e internacionalmente. Durante seu governo (1937-1945), iniciara-se a campanha pela nacionalização do petróleo, principal combustível utilizado no país. Mas as ambiguidades persistiram, pois, em 1946, ao sucedê-lo, Dutra demitira e prendera o general nacionalista Horta Barbosa, por insistência em afirmar que havia petróleo na Bahia.

Agora, o tom geral da política era abertamente nacionalista e anti-imperialista. Seu ministério revelava o sentido que pretendia imprimir ao atual governo, com os nacionalistas Estillac Leal (Ministério da Guerra), Nero Moura (Aeronáutica), Lourival Fontes (Casa Civil), Danton Coelho e depois João Goulart (Ministério do Trabalho), e o pró-americano João Neves da Fontoura (Itamaraty), secretariado por San Thiago Dantas.[45] Reúne assessores econômicos de alto nível, dentre os quais Rômulo Almeida, Jesus Soares Pereira, Ignácio Rangel e Cleanto de Paiva Leite.

Em 1952, uma série de medidas e mensagens ao Congresso Nacional

---

[45] Sobre San Thiago Dantas, ver o artigo de Guilherme Figueiredo Leite, "San Tiago Dantas e a revolução brasileira", na revista *Getúlio*, ano 1, n° 3, São Paulo, maio 2007, pp. 42-5.

A República Populista e a República Patricial (1946-1964)

sinalizam o percurso que Vargas deseja para o país: uma reforma administrativa, dando ao governo instrumentos para gestão nos campos econômico e social; a criação do Banco Nacional de Desenvolvimento Econômico (BNDES), para recolher fundos para a criação de empresas estatais de energia, transporte, siderurgia; a criação do Instituto Brasileiro do Café (IBC) e a do Ministério da Saúde (que se desliga do Ministério da Educação); a formulação de um Plano Geral de Industrialização; a criação do Serviço de Bem-Estar Social, do Instituto de Migração e Colonização, do Banco Nacional de Crédito Cooperativo, do Serviço Social Rural, do Parque Nacional do Xingu e do CNPq.

A pressão americana leva o governo brasileiro a firmar acordo com os Estados Unidos, comprometendo-se a não vender materiais estratégicos, inclusive minério de ferro, a países socialistas.

A esquerda articula a campanha popular "O Petróleo é Nosso", que toma vulto, sendo aprovado o projeto que institui o monopólio, de autoria de Artur Bernardes e Eusébio Rocha. A reação logo se manifesta com a "banda de música" (Afonso Arinos, Prado Kelly, Aliomar Baleeiro, Bilac Pinto etc.) da UDN, antigetulista, que denuncia corrupção no governo e defende o golpe para apear Vargas da presidência, via *impeachment* pelo Congresso.

A pressão americana aumenta, com a visita do ministro Dean Acheson ao Catete para mostrar preocupação quanto ao decreto que regulamentava a remessa de lucros de empresas estrangeiras ao exterior, antecipatória da Lei de Lucros Extraordinários, de 1954, que permitiria o controle de subfaturamento das exportações. Ainda no ano de 1953, a Superintendência da Moeda e do Crédito (Sumoc) — criada para controlar a política cambial de importações e exportações, e o capital estrangeiro no país — baixa uma regulamentação para estimular a indústria nacional. O ministro americano também foi manifestar discordância quanto ao projeto de instalação da Petrobras. Na sequência, o presidente Eisenhower suspende a Comissão Mista Brasil-Estados Unidos. Tendo o petróleo como estopim, o governo americano revela-se favorável à derrubada de Vargas, no que é secundado por Cordeiro de Farias e militares do Clube Militar. O sistema brasileiro de transportes dependia do petróleo, pois, após 1945, as ferrovias foram sendo rapidamente substituídas pelas estradas de asfalto. Associado a isso, além de muitas indústrias, também as usinas e geradores de eletricidade eram movidos a petróleo. O país, entretanto, não era autossuficiente, precisando importar de outros países a maior parte desse hidrocarboneto.

Não havia empresários brasileiros com capital suficiente para explorar o petróleo em território brasileiro. Assim como aconteceu no caso da siderurgia, os nacionalistas pretendiam que o Estado ficasse encarregado da exploração e da importação de petróleo. Setores militares apoiavam a medida, pois o controle das reservas de energia era, para eles, no caso de uma guerra, uma questão de "segurança nacional".

Em 1954, após uma intensa campanha nacional, o governo Vargas criou a Petrobras, e, a partir de então, o monopólio da extração e refino de petróleo coube exclusivamente à empresa estatal.

JANGO E TANCREDO DESPONTAM NO CENÁRIO POLÍTICO NACIONAL...

A reação a Vargas partiu inicialmente de oficiais das Forças Armadas: o já mencionado Manifesto dos Coronéis, documento elaborado por oficiais que estudaram em escolas militares americanas, pediam a substituição de seu ministro do Trabalho, João Goulart. Criticava-se a ineficiência no combate à inflação e as medidas nacionalistas no campo da economia. As lideranças militares politizavam-se em dois sentidos antagônicos: a facção democrata-nacionalista — num arco que incluía do general Horta Barbosa e o almirante Álvaro Alberto ao coronel Nelson Werneck Sodré —; e a facção "entreguista" (termo da época), com os militares aglutinados em torno da UDN, os ex-*tenentes* Juarez Távora, Eduardo Gomes, Cordeiro de Farias, Juracy Magalhães, geração essa inspiradora de jovens militares intelectualizados, como Golbery, Castello Branco e Bizarria Mamede.

A turbulência marca o mundo do trabalho. Os movimentos populares ganham as ruas, embora o ex-*tenente* Prestes permaneça à margem. Ainda em 1953, era criado o Pacto de Unidade Intersindical (PUA), que articulou greves e reuniu milhares de operários, como o meio milhão de manifestantes quando das Marchas das Panelas Vazias. No campo, sobretudo no Nordeste, os flagelados da seca eram recrutados em frentes de trabalho ou migravam em massa para o Sudeste. Em São Paulo, o populismo ganha nova coloração, com Jânio Quadros, eleito prefeito com a campanha "Tostão contra o Milhão".

A base de apoio de militares nacionalistas de Getúlio diminuía, enquanto ampliava-se a dos adversários, como os linhas-duras generais Zenóbio da Costa e Canrobert da Costa. Em 1950, o ilustrado almirante Álvaro Alberto, representante do governo na Comissão Atômica da ONU, fora declarado *persona non grata*, por defender a reserva e monopólio estatal dos materiais estratégicos, como os minérios radiativos, e exigir compensação, na forma de transferência de tecnologia nuclear, para sua exploração.[46]

Em discurso no dia 1º de maio de 1954, no Dia do Trabalhador, Getúlio discursava, anunciando 100% de aumento no salário mínimo e aprofundando o conflito:

> "Como classe, podeis imprimir ao vosso sufrágio a força decisória do número. Constituís maioria. Hoje, estais com o governo. Amanhã, sereis governo."[47]

Enquanto isso, na imprensa, vinha se intensificando a campanha denunciando o clientelismo e a corrupção de seu governo. Nos jornais, apenas o *Última Hora*, de Samuel Wainer, fazia a defesa de Getúlio, contra o poderio de Assis Chateaubriand e Carlos Lacerda, apoiados nessa campanha pelo *Globo* e *O Jornal* — que, aliás, também se beneficiaram de empréstimos do Banco do Brasil, que agora denunciavam. No ano anterior, advogados pagos pela Standard Oil e outras multinacionais haviam denunciado Wainer como estrangeiro e emprestador do mesmo banco, fato já citado.

O estopim da crise que levou Vargas ao ato extremo foi a participação do chefe de sua guarda pessoal, Gregório Fortunato, no atentado ao jornalista e deputado Carlos Lacerda, da UDN, indicando que o presidente se utilizava de capangas para a solução de problemas políticos. Getúlio manda Tancredo Neves, seu ministro da Justiça, apurar as responsabilidades e designa um promotor público para acompanhar o inquérito da Aeronáutica que apurava o assassínio do major Vaz (guarda-costas de Lacerda), morto na tentativa, até hoje não bem esclarecido.

Eduardo Gomes, Juarez Távora e outros militares pressionam o ministro da Guerra a retirar o apoio do Exército ao presidente. Ao golpe, aderem almirantes, e Gregório é preso pela chamada República do Galeão (na Aeronáutica), onde se conduzia o inquérito, o que intensifica os pedidos da renúncia de Vargas. Na Câmara, no dia 13 de agosto, o deputado udenista Afonso Arinos — ainda ele, mais uma vez — denuncia o "mar de lama e de sangue que saía dos porões do Catete", enquanto o deputado Gustavo Ca-

---

[46] Cf. 1950, ano do Retorno, verbete 1.269, Darcy Ribeiro, *T&B*, cit.

[47] Getúlio, em discurso no Dia do Trabalhador (1/5/1954). Cf. 1954, O suicídio de Getúlio Vargas, verbete 1.396, em Darcy Ribeiro, *T&B*, cit.

panema defende a família Vargas e declara que a "exigência de renúncia não é do povo brasileiro, mas de um partido político cujos líderes instigam as Forças Armadas ao golpismo".[48]

Suicídio de Vargas: 24 de agosto de 1954

Na madrugada de 24 de agosto, às 3 horas, em reunião do ministério, com a presença da filha Alzira e do irmão Lutero, o ministro Zenóbio e os ministros militares mostram a Vargas que não tinham controle da situação e que o confronto seria sangrento. Os ministros civis definem-se pela licença, com exceção de Tancredo Neves, que exige firmemente dos ministros militares que defendam a legalidade. Alzira é pela resistência, mas o almirante Amaral Peixoto, seu marido, e ainda José Américo e Osvaldo Aranha são pela conciliação, ou seja, pela licença. Vargas acede, com a condição de que os militares garantissem a ordem pública.

Às 6 horas da manhã do mesmo dia, Benjamin Vargas é chamado a depor no inquérito policial militar (IPM) do Galeão. Às 7 horas, em ultimato, os militares exigem a renúncia. Pressionado, sentindo-se em xeque-mate, Getúlio suicidou-se às 8h30, em 24 de agosto de 1954, deixando a carta-testamento, um dos documentos mais contundentes da história do Brasil. Às 9 horas, a carta é lida na Rádio Nacional, provocando comoção no país. Com o impacto que tal ato causou na população — que ocupa as praças, manifestando-se desordenadamente, sem rumo e sem condutores —, a direita momentaneamente se desarticula: a UDN e o governo americano são vistos como os responsáveis, a Embaixada e consulados dos Estados Unidos são apedrejados, bem como as sedes da Standard Oil (Esso) e da Light.

Nos funerais, o maciço cortejo fúnebre seguiu-o até o aeroporto Santos Dumont, e, quando a guarda da Aeronáutica pretende assumir o caixão para levá-lo a bordo do avião que o conduziria a São Borja, a população e os amigos que o acompanhavam não o permitem, entre eles Tancredo Neves, que segurava uma das alças do ataúde. Os soldados, apavorados, abrem fogo contra a multidão, ferem e matam; mas finalmente o corpo é embarcado.

Como Getúlio anunciara, na última frase da carta-testamento:

[48] Cf. verbete 1.410, Darcy Ribeiro, *T&B*, cit. Uma cronologia detalhada dos fatos que levaram Vargas ao suicídio, bem como a carta-testamento em sua íntegra, encontram-se nessas páginas (verbetes 1.369 a 1.432).

A República Populista e a República Patricial (1946-1964)

"Serenamente dou o primeiro passo no caminho da eternidade e saio da vida para entrar na história."

A sombra de Getúlio Vargas (trabalhista, populista e nacionalista) prolongar-se-ia nas eleições de Juscelino Kubitschek, em sua gestão também populista, que prestigiou reformas e desenvolvimento; e, ainda, nas duas vezes em que João (Jango) Goulart foi eleito vice-presidente, a segunda como vice de Jânio Quadros (de quem completou o mandato, até o golpe de 1964), quando tentou implementar as Reformas de Base.

Perfil de estadista carismático, "pai dos pobres", nacionalista e populista, eis a imagem que Getúlio deixou para a história — ou pelo menos para a história atual. Quase conseguindo apagar seus traços de insegurança e dubiedade — e mesmo de pusilanimidade ou indiferença, como nos casos de Olga Benario, Pagu, Harry Berger e inúmeras outras vítimas de sua ditadura. A queda final, provocada pelo ex-comunista Lacerda, agora direitista caricatural, deveu-se ao fato, banal e melancólico, de Vargas ter acobertado corrupção palaciana — fenômeno de menor porte se comparado com o que se repetiria, em muito maior escala, na ditadura de 1964 e sob governos pós-ditatoriais.

Café Filho, o medíocre fundamental (1954-1955): interregno da direita

No Sudeste, Rio e São Paulo encontravam-se agitadas por greves; no Nordeste, em Pernambuco, haviam se iniciado os movimentos no campo com as Ligas Camponesas, criadas por Francisco Julião, tendo como foco principal o Engenho Galileia.

O vice-presidente Café Filho, potiguar, de modesta formação intelectual, assume a presidência e organiza um ministério de direita, basicamente udenista, com Eugênio Gudin (da Bond & Share) e Raul Fernandes (da Light), cuja política econômica é implementada por Clemente Mariani e Octavio Gouveia de Bulhões. Para o Ministério da Guerra, é nomeado o general Teixeira Lott, legalista e fiel à Constituição.

O medo era de que os nacionalistas tomassem o poder pela via popular. Quando, em 1955, foi lançada a chapa Juscelino e João Goulart para a presidência, Lacerda passou a atacar Goulart, tentando impedir a eleição presidencial de novembro, para o que açulou os militares.

Na política econômica, Café Filho, instruído por Gudin, tomou medidas que escancaravam as portas para o capital estrangeiro, o que fez o PUA deflagrar uma greve reunindo um milhão de trabalhadores! Os militares passaram a conspirar abertamente, tentando impedir a posse, mas não contaram com a reação de lideranças parlamentares antigolpistas e personalidades da sociedade civil.

Aos ataques dos golpistas, o general Odílio Denis, comandante do 1º Exército, e mais doze generais legalistas pressionaram o general Lott para que garantisse a legalidade.

A vitória da chapa JK-Goulart (PSD-PTB), com 36% de votos, provocou tremenda reação da direita civil e militar. Furibundo, Lacerda pede na *Tribuna da Imprensa* e na Câmara a suspensão da Constituição e dos direitos individuais.

Café Filho, amedrontado e oportunista, simula um infarto e passa o governo ao udenista mineiro Carlos Luz, que, para impedir a posse dos eleitos, tenta demitir Lott. O general não aceita, enfrenta o presidente em exercício e dá o chamado "golpe da legalidade": o Exército, com o aval do Congresso, dá posse ao presidente do Senado, o catarinense Nereu Ramos, para garantir por sua vez a posse dos eleitos.[49]

Os verdadeiros golpistas tentam organizar a reação a partir de São Paulo, na base aérea de Cumbica, onde, esperando articular um "contragolpe" fulminante, estavam aquartelados Eduardo Gomes e alguns oficiais. Lacerda, Prado Kelly, Carlos Luz e vários anticomunistas ferrenhos — como o caricatural almirante Pena Boto — fogem espavoridos do Catete para essa base aérea, mas não logram o apoio de Jânio para a tomada do poder por Carlos Luz. Amedrontado, Lacerda se exila em Cuba, o paraíso dos norte-americanos no Caribe, então sob o regime de Fulgêncio Batista.

O GOVERNO JK (1956-1961): DESENVOLVIMENTO E POPULISMO

> "É a democracia patricial."
>
> Darcy Ribeiro, 1985

O período que correspondeu à presidência de Juscelino Kubitschek (1956-1961) pode ser definido por uma palavra: desenvolvimentismo. Em

---

[49] *Ibid.*, verbete 1.439 e *passim*.

seu governo, abre-se o período de luta pela sonhada modernidade do país, que marcaria todo o período 1956-1964. Desencadearam-se vigorosas iniciativas econômico-sociais e também, em vários setores, animaram-se profundas mudanças de caráter ideológico-cultural. À política desenvolvimentista corresponderia uma visível aceleração histórica ("50 anos em 5", era o lema de JK) e uma mudança nos costumes e mentalidades.

Como vimos, após a Segunda Guerra, com o mundo dividido em dois blocos antagônicos — o capitalista e o comunista —, o Brasil, dadas as pressões internas e externas, alinhou-se com o primeiro. O governo Dutra (1946-1951) favorecera o imperialismo e um padrão norte-americano de vida social: boa parte das reservas acumuladas durante a guerra foi gasta na compra de produtos manufaturados. Vargas voltara ao poder pelo voto popular e apoiado pelos comunistas, que lutavam pelo nacionalismo econômico — cujo símbolo máximo foi a Petrobras, criada numa época (1954) em que o sistema de transportes, muitas indústrias e usinas de eletricidade dependiam do petróleo. Definiu-se, então, um novo paradigma, com o monopólio do Estado no setor. A atuação de Vargas com a Petrobras, a Eletrobras e os direitos trabalhistas provocou a reação de direita, que o levaria ao suicídio em 1954, abrindo profunda crise.

Agora, tendo conquistado a presidência após eleições tumultuadas, o mineiro e pessedista Juscelino Kubitschek (1956-1961) orientou sua política no sentido de transformar profundamente a estrutura econômica e política do país, o que conseguiu só em termos, pois beneficiou as frações burguesas ligadas às multinacionais e não ampliou a distribuição de renda aos trabalhadores. O Plano de Metas, primeiro projeto de planejamento para o desenvolvimento econômico, desencadeou crescimento industrial sem precedentes. As multinacionais estrangeiras instalaram-se no país, sendo implantada a indústria automobilística, mas também a farmacêutica e a de alimentos, entre outras.

A ação política de seu governo voltou-se para a realização de uma reforma profunda na estrutura econômica do país, apostando sobretudo na aceleração do processo de desenvolvimento industrial brasileiro. De fato, o Plano teve como resultado um crescimento industrial sem precedentes.[50]

[50] Ver a análise precursora de Amélia Cohn, *Crise regional e planejamento*, São Paulo, Perspectiva, 1978; Rômulo Almeida, *Nordeste: desenvolvimento social e industrialização*, São Paulo, Paz e Terra/CNPq, 1985; Francisco de Oliveira, *Elegia para uma re(li)gião*, São Paulo, Paz e Terra, 1977.

Paralelamente, pretendia superar o subdesenvolvimento resultante do "atraso" do setor primário da economia, isto é, do setor rural. Para cuidar dos problemas regionais, havia sido criada a Superintendência para o Desenvolvimento do Nordeste (Sudene), em 1959, que Furtado passou a dirigir. Chico de Oliveira, que foi superintendente-adjunto desse órgão, analisou com rigor esse período em seu livro *Elegia para uma re(li)gião*, importante documento acerca dessa região; e, também, desse grupo-geração altamente qualificado.

No ano anterior (1958), Luís Carlos Prestes reaparecera em público após dez anos na clandestinidade. Os movimentos sociais urbanos, greves e partidos passam a ter maior participação de comunistas.

Contemporânea a tais acontecimentos, a Revolução Cubana, no início não socialista mas libertária, chamava a atenção tanto do governo norte-americano como dos setores conservadores brasileiros para o fato de que a situação agrária do país poderia provocar uma revolução social radical, de profundidade: as Ligas Camponesas e a poesia de João Cabral de Melo Neto (*Morte e vida severina*) sinalizavam a existência de uma problemática herança social multissecular, a ser resolvida. Ariano Suassuna, na peça teatral *Auto da compadecida*, revela a vertente profunda da história, das mentalidades e da cultura sertanejas, de raiz medieval e colonial. A herança colonial tornara-se um fardo concreto.

As secas continuam a afligir e esfomear o Nordeste. Em 1959, cidades são invadidas — no Rio Grande do Norte, por exemplo, a população de Natal dobra nesse ano — e o governo abre frentes de trabalho, mas, com as verbas públicas, fazendeiros fazem obras em seus latifúndios. Em Pernambuco, tendo à frente Pelópidas da Silveira e Miguel Arraes, surge a Frente Popular, de esquerda, que irá bater as oligarquias nas eleições seguintes.

A efervescência político-cultural, religiosa e educacional é enorme, com figuras como Guimarães Rosa, Jorge Amado, Dalton Trevisan, Glauber Rocha, Niemeyer, Darcy, Ferreira Gullar, o pessoal do jornal *O Pasquim*, e os suplementos literários dos jornais *O Estado de S. Paulo* e *Jornal do Brasil*. A essa altura, no Nordeste, Paulo Freire testa seu método de alfabetização, que terá repercussão nacional e internacional.

No Rio, o pessoal da "bossa nova" desponta em 1957, com a música "Chega de saudade", de Vinicius e Tom Jobim. Em 1958, em São Paulo, o ator Gianfrancesco Guarnieri lança o Teatro de Arena e a peça *Eles não usam black-tie*, uma revolução na temática, na linguagem e no conceito de teatro engajado; José Celso Martinez Corrêa lança o seu Teatro Oficina, dando os

A República Populista e a República Patricial (1946-1964)

primeiros passos com o Teatro Experimental, levando a peça *A incubadeira*. Até os dias atuais, o Oficina continuará a abrir novas fronteiras no conceito de teatro. Mas a explosão internacional do Brasil no exterior ocorre com o filme *Orfeu negro*, tragédia grega encenada em favela carioca, com roteiro de Vinicius de Moraes, cenografia de Niemeyer e direção do francês Marcel Camus. Em 1959, finalmente, com Jobim, Vinicius, Carlos Lyra, Menescal, Nara Leão, Silvinha Telles e muitos outros, como o violonista e compositor Baden Powell, eclode o movimento musical da bossa nova, que expressava uma profunda mudança de mentalidade, tanto na temática como na harmonia musical e, ainda, na concepção de Brasil. Uma revolução no plano da história das mentalidades no Brasil.

O "Brasil profundo" fazia-se presente também no êxodo de sertanejos, cuja mão de obra poderia servir na edificação urbana, mas era sem qualificação para os desafios nas cidades industrializadas. A saga desses migrantes é revelada nas composições geniais de Luiz Gonzaga. Os sertões brasileiros, o chamado "campesinato" espoliado nos latifúndios e a cultura rústica adquiriam nova dimensão e dramaticidade nas discussões de políticas públicas, nas artes e nas teses universitárias. A reforma universitária precisava ser agitada, para pesquisar, compreender e solucionar tantos problemas multisseculares não resolvidos.

A construção da nova capital Brasília, símbolo do Brasil moderno e industrializado, significou a abertura de uma nova frente de povoamento e de geração de empregos. A participação popular tornou-se mais viva, na figura emblemática do candango (mais tarde nas composições de Chico Buarque, "Pedro pedreiro" e "Construção"), *o novo* — desqualificado, sim, mas operoso e sofrido — *trabalhador urbano*. A transferência do centro das decisões políticas para o centro do território funcionou como fator de integração nacional.

Juscelino Kubitschek — o denominado "presidente bossa-nova" na simpática composição do músico Juca Chaves — era, entretanto, muito astucioso e determinado. Rompeu com o Fundo Monetário Internacional (FMI), em 1959, ao ser por ele pressionado a abandonar seu Plano de Metas, e demitiu Roberto Campos e Lucas Lopes, agentes econômicos da instituição, ligados a banqueiros internacionais. O depoimento é, ainda, de Darcy:

> "A concluir seu mandato, JK começa a incomodar-se com a crítica de que a seu governo faltou dimensão humana. Um dia me chamou ao Palácio da Alvorada para pedir um projeto de lei de

alcance social — tal como era o da Universidade de Brasília, no plano cultural — para ser remetido ao Congresso como sua última mensagem. Propus um projeto de *Reforma Agrária* — o mesmo que, anos depois, Jango mandaria na Mensagem Presidencial de 1964. Juscelino, receoso, me mandou consultar San Thiago Dantas, que desconversou:

'Estou comprando um fazendão às margens do São Francisco', me disse."[51]

BRASÍLIA, O HORIZONTE DE UMA ÉPOCA

> "Após 1945, a afirmação de identidade nacional reage ao enquadramento do país num bloco ocidental dominado por Washington. A arquitetura moderna brasileira se torna emblema da resistência ao imperialismo norte-americano, reacionário por definição."
>
> Carlos Eduardo Comas, 2006[52]

O ponto máximo do processo de modernização do país residiu, com efeito, na construção célere de Brasília, nova capital do país plantada no Brasil Central, pensada por Lúcio Costa e Oscar Niemeyer e construída em três anos.[53] A Empresa Construtora de Brasília (a Novacap), sob a direção de Israel Pinheiro, abre uma época de esforço neocapitalista de aprofundamento da discussão sobre a integração nacional, que se torna item presente em todas as pautas governamentais. Em 1960, mesmo ano de inauguração

---

[51] Cf. ano 1960, verbete 1.587, Darcy Ribeiro, *T&B*, cit.

[52] Carlos Eduardo Comas, "Moderno e nacional, uma incompatibilidade a questionar", em José Pessoa *et al.* (orgs.), *Moderno e nacional*, Niterói, EdUFF, 2006, pp. 67-82.

[53] A bibliografia é fartíssima, como se sabe. Remetemos o leitor a outras leituras, em especial Lúcio Costa, *Registro de uma vivência*, São Paulo, Empresa das Artes, 1995; e também os estudos de Julio Katinsky, *Brasília em três tempos*, Rio de Janeiro, Revan, 1991; de Miguel Alves Pereira, *Architecture, Text and Context: The Discourse of Oscar Niemeyer*, Sheffield, The University of Sheffield, 1993; de David Underwood, *Oscar Niemeyer and the Architecture in Brazil*, Nova York, Rizzoli, 1994. Mais recentes, de Maria Alice J. Bastos, *Pós-Brasília: rumos da arquitetura brasileira*, São Paulo, Perspectiva, 2003, e a coletânea José Pessoa *et al.* (orgs.), *Moderno e nacional*, cit., com especial atenção aos estudos críticos de Carlos Eduardo Comas, Ana Tostões, Hugo Segawa e Andrey Rosenthal Schlee.

de Brasília, abre-se a rodovia Belém-Brasília, um marco no processo de interiorização. Ainda nesse ano, Juscelino indica Darcy Ribeiro para planejar a Universidade de Brasília, com auxílio de Niemeyer e Ciro dos Anjos.

A questão nacional repontava em várias iniciativas parlamentares, em Comissões Parlamentares de Inquérito (CPI) contra a Shell, Esso, American Can etc. No Rio Grande do Sul, o governador Leonel Brizola encampa duas empresas multinacionais norte-americanas, a Bond & Share e a International Telegraph and Telephone Corporation (ITT).

Em 1957, o governo suspendera a exportação de tório e de rádio para os Estados Unidos, e, no ano seguinte, era instalado na Universidade de São Paulo o primeiro reator nuclear brasileiro. Em 1958, o governo desatende as exigências do FMI, mas à americana Hanna Mining Company são autorizadas 31 concessões de exploração mineral no quadrilátero ferrífero,[54] anuladas mais tarde no governo Goulart.

Nesse clima de combate ao subdesenvolvimento, surgem projetos de inovação para a atualização do país. "Atualização" era a palavra-chave do educador Anísio Teixeira, com o lema (e o livro) *Educação não é privilégio*. A expressão "superação do subdesenvolvimento" repontava em quase todos os diagnósticos sobre a "realidade brasileira". Parecia curto o trajeto — da superação do subdesenvolvimento à "pré-revolução brasileira" — a ser percorrido nos anos seguintes. O sentimento coletivo era de que a Revolução (com R maiúsculo) aguardava o país na próxima esquina; e que o futuro parecia sempre próximo... Até porque, em 1960, vitoriosa a Revolução Cubana, Fidel Castro vem ao Rio de Janeiro, visitando JK, Jânio e o próprio Lacerda, despertando entusiasmo da União Nacional dos Estudantes (UNE).

As "reformas de base"

Nesse contexto de nacional-desenvolvimentismo e discussões de cunho reformista e populista, ampliavam-se as reivindicações do mundo do trabalho e das novas camadas médias urbanas radicalizadas, exigindo *reformas de base* e iniciativas progressistas, ou seja, *reforma agrária, política externa independente, expansão da escola pública democrática e laica, e assim por diante*. Nos vários quadrantes do país, foram expressões intelectuais e polí-

---

[54] Região de Minas Gerais, em torno de Belo Horizonte, compreendendo municípios como Itabira, Sabará, Ouro Preto e outros, onde o minério surge a céu aberto, como verdadeiras montanhas de ferro.

744   História do Brasil: uma interpretação

ticas desse momento Celso Furtado, Darcy Ribeiro, Anísio Teixeira, Hermes Lima e San Thiago Dantas, entre muitos e muitos outros.

As reformas tornaram-se uma questão nacional, envolvendo estudantes, lideranças sindicais, políticos progressistas e até alguns segmentos militares e da diplomacia. Para os defensores da reforma, o país era visto como força viva, integrante do bloco dos países e povos do Terceiro Mundo. "Terceiro Mundo", uma noção positiva que permitia ao país vislumbrar *horizontes promissores dentro dos marcos de uma democracia socialista*, que haveria de vir... Mas não veio.

Revolução cultural: outros horizontes

Essa foi uma época de florescência cultural intensa, de estudos abordando especificidades de nossa história, de tomada de consciência dos problemas nacionais, sociais e internacionais. O mercado norte-americano abriu-se ao consumo da "bossa nova" do Brasil: o "Samba de uma nota só" ("One Note Samba") e "Desafinado" ("Slightly Out of Tune") venderam mais de um milhão de cópias.[55]

A figura carismática e "moderna" de Juscelino inspirava novas iniciativas, trazendo consigo outras personagens. Ideias de reforma estavam no ar, o país começava a "tomar consciência da necessidade de mudanças estruturais" (jargão da época) na economia, nas formas de vida e na educação. Para combater o analfabetismo, Paulo Freire, educador discreto, punha em funcionamento sua metodologia simples e eficaz, começando pelo Ceará e Rio Grande do Norte.

O ainda jovem economista Celso Furtado, que lutara na Força Expedicionária Brasileira (FEB) na Itália, representava um novo tipo de intelectual nordestino, formado em Direito mas com perfil de economista moderno, não tecnocrático e antibacharelesco, bem-formado e aprumado. Um intelectual do tipo "calvinista", firme em seus princípios (fenômeno raro neste país), definiu-o Gilberto Freyre, matreiramente.

O Brasil parecia querer desintoxicar-se de tantos coronelismos rurais, autoritarismos de caserna e de populismos estatizadores. As memórias de Celso Furtado, em três tomos, documentam o que de melhor intentou ao longo dos períodos históricos em que se desenrolou sua vida, permitindo

---

[55] Cf. verbete 1.612, Darcy Ribeiro, *T&B*, cit.

A República Populista e a República Patricial (1946-1964)

acompanhar, ao mesmo tempo, os principais acontecimentos da Segunda Guerra à atualidade. Destaque-se sua atuação frente à Sudene, quando enfrentou com dureza (e frieza) governos respaldados por "coronéis" latifundiários de mentalidade colonial, e, também, sua ação nos governos de Jânio Quadros e de João Goulart, como ministro para Assuntos de Planejamento e Desenvolvimento.[56]

Nos principais centros urbanos, o novo cosmopolitismo arejava as produções nacionais, fossem elas musicais, teatrais, literárias ou jornalísticas, animando a crítica, o jornalismo e a pesquisa nas escolas, sobretudo nas escolas do Estado. O Brasil ia mudando, com a "bossa nova", o jazz mais moderno, o teatro se politizando, voltando-se — agora de modo atualizado e sofisticado — para o nacional e o popular. A música sertaneja nordestina e toda sua poética social e cultural mostravam enorme vigor por todo o país, com Luiz Gonzaga e sua sanfona à frente: em muitas de suas letras, reponta a crítica aos coronéis, à indústria da seca, ao êxodo para o Sul.

Ampliava-se a noção de vanguarda, principalmente na Bahia, com o grupo de produtores culturais reunidos pelo reitor Edgar Santos, da Universidade da Bahia, incluindo a arquiteta Lina Bo Bardi, o professor de música e compositor Hans-Joachim Koellreutter e muitos outros mestres nacionais e internacionais: era a *avant-garde* da Bahia, que teria, entre seus frutos, os ex-alunos Caetano Veloso, Emanoel Araújo, Gilberto Gil, Glauber Rocha, para citar uns poucos.[57]

---

[56] Ver o artigo, brilhante, de Francisco de Oliveira, "Celso Furtado e o pensamento econômico brasileiro", em Ricardo Antunes *et al.*, *Inteligência brasileira*, São Paulo, Brasiliense, 1986. Também de Francisco de Oliveira, *Crítica à razão dualista*, São Paulo, Cebrap, 1972. Ver, de Paul Singer, *A crise do milagre*, Rio de Janeiro, Paz e Terra, 1976; e, do autor que vem estudando e mapeando o pensamento econômico brasileiro, Luiz Carlos Bresser-Pereira, *Desenvolvimento e crise no Brasil (1930-1967)*, Rio de Janeiro, Zahar, 1968, com reedição atualizada pela Editora 34 em 2003; e, também, *Economia brasileira: uma introdução crítica*, São Paulo, Brasiliense, 1982.

[57] Sobre esse movimento, consulte-se o importante livro de Antonio Risério, *Avant-garde na Bahia*, São Paulo, Instituto Lina Bo e P. M. Bardi, 1995, que é apresentado por Caetano Veloso e traz nota de Marcelo Ferraz, com excelente álbum de fotos. Também de Caetano, *Verdade tropical*, São Paulo, Companhia das Letras, 1997, é um excelente documento de época, fornecendo mais elementos para se compreender a formação de seu grupo-geração e um pouco do clima cultural, existencial e político daquela época.

A ESQUERDA ABRE-SE, INTERNACIONALIZA-SE E SE SOFISTICA

"Cultura, fator de libertação? Não, libertação, fator de cultura."

Amílcar Cabral, revolucionário de Guiné-Bissau,
assassinado em 1973[58]

Foi o momento máximo e decisivo da luta pela Escola Pública, com os novos professores formados no fim do Estado Novo e que o criticam, em todas as áreas do conhecimento. Nos bons colégios e nas faculdades, além de cadernos literários de nível, liam-se revistas semanais ou mensais de cultura e política (como *Anhembi*, de Paulo Duarte, e *Revista Brasiliense*, de Caio Prado Jr.); na imprensa escrita e falada, seguia-se a política internacional, animada pelos movimentos de descolonização na África (a feita pelo educado presidente-poeta Senghor, do Senegal, simbolizava a descolonização "civilizada", mas admiravam-se de outras, mais radicais e conflituosas) e de revolução na Ásia (com atenção especial o elegante — e nem por isso menos revolucionário — Chu En-Lai, braço direito de Mao Tse-Tung).

Após o XX Congresso do Partido Comunista da URSS (1956) abriu-se a brecha para desestalinização das esquerdas mundiais e aeração do marxismo, que demorou um tanto para ser revisto no Brasil... Foi um tempo de renovação cultural da Europa democrática e, também, dos Estados Unidos, onde despontavam novas formas do pensamento liberal (Aron, Galbraith), mas também do ideário marxista (são bons exemplos: Wright Mills, Sweezy e Huberman, nos EUA; Hobsbawm e a *New Left Review*, na Inglaterra; *Les Temps Modernes*, de Sartre e Simone de Beauvoir, na França). As personalidades e os embates entre Kruschev e Kennedy ajudaram a atualizar os termos da Guerra Fria, e a problemática da descolonização aprofundou-se com o papel de De Gaulle, herói da Segunda Guerra, no confronto com a Revolução Argelina (1962). Seu mentor Ben Bella, junto com Fidel e Guevara, era nome corrente na esquerda brasileira, ilustrada ou não.

---

[58] Cf. Carlos Guilherme Mota, "Democracia e desigualdades sociais: em busca de uma memória comum", em *Revista Crítica de Ciências Sociais*, n° 32, Coimbra, jun. 1991, p. 42 (trabalho apresentado no I Congresso Luso-Afro-Brasileiro de Ciências Sociais). Ver também, organizada pelo saudoso Aquino de Bragança juntamente com Immanuel Wallerstein, a coletânea de estudos *Quem é o inimigo?*, 3 vols., Lisboa, Iniciativas Editoriais, 1978, onde se encontra, do angolano Mário Pinto de Andrade, o contundente artigo "O que é lusotropicalismo?".

A República Populista e a República Patricial (1946-1964)

As figuras românticas de Che Guevara, Fidel e Camilo Cienfuegos abriam a possibilidade, para a América terceiro-mundista, de uma revolução tropicalizada, heterodoxa e até alegre. Guevara, em particular, com sua estampa de herói romântico, fugindo dos velhos clichês do marxismo dogmático, sugeria a possibilidade de um caminho tropical e cálido para a Revolução socialista...

Naqueles anos, vozes diferentes sobre o mundo afro-luso-brasileiro chegavam ao Brasil, provenientes das colônias portuguesas na África, nas críticas do angolano antiluso-tropicalista Mário Pinto de Andrade e do guineense Amílcar Cabral. Com efeito, em 1961 iniciavam-se as guerrilhas nas colônias portuguesas na África contra o regime salazarista, e a jovem esquerda brasileira acompanhava o processo com as poucas informações filtradas, passadas por exilados portugueses da oposição a Salazar que viviam no Brasil.

Em algumas salas de aula da universidade, era frequente encontrarem-se estudantes africanos de Angola, da República dos Camarões, do Caribe e de outras regiões, com seus vestuários coloridos e exuberantes. Em Salvador, Rio ou Recife, atuavam o Centro de Cultura Popular e o Movimento de Cultura Popular. Na Bahia, em particular, eram conhecidos os cursos de línguas africanas (iorubá, basicamente), no Centro de Estudos Afro-Orientais. Nos currículos universitários, começavam-se a incluir (tardiamente, está claro) disciplinas e aulas de História e Cultura da África e da Ásia, dois continentes que — inexistindo, na época, internet e DDD —, pareciam culturalmente mais próximos de nós do que hoje.

Enfim, com os Beatles na Inglaterra, Bob Dylan nos Estados Unidos e João Gilberto mais Tom Jobim no Brasil, o mundo — decididamente — mudara...

"Democracia patricial" e legitimação do pacto populista

A reação às políticas inovadoras e até arrojadas de Juscelino partiu de vários setores da sociedade. Já em 1957, Juscelino enfrentara *lockout* de cafeicultores de São Paulo, Minas e Paraná que, pelas estradas, mobilizam agricultores com suas máquinas (a "Marcha da Produção"), enquanto o Pacto de Unidade Intersindical (PUI) articula, em São Paulo, 450 mil operários na greve contra a carestia. No fim do governo, as classes médias, embora tenham experimentado melhora em suas condições de vida, estavam insatisfeitas com a política desenvolvimentista, por ter provocado uma significativa aceleração da inflação e aumento no endividamento do país com o exterior. Não se resolveram os problemas da fome, do analfabetismo, da reforma — ainda que moderada — agrária, e do desemprego, a despeito das medidas de interiorização, como a construção de Brasília, e das de industrialização, em alguns centros urbanos do país. Por um lado, a construção da nova capital demandou enorme utilização de mão de obra, mas, por outro, aumentou a inflação por conta dos vultosos recursos gastos. Capítulo à parte foi o crescimento de grupos e pessoas que se beneficiaram, amealhando fortuna, por meio de empreiteiras e benefícios concedidos pelo governo, a fornecedores de pedregulhos e de material elétrico e hidráulico — e até de vidros — para os edifícios públicos da nova capital, como se verificou àquela altura.

Os setores rurais modernizados também não se beneficiavam com a política de modernização, pois a resistência clientelista dos coronéis emperrava qualquer iniciativa inovadora. Acentuaram-se os desequilíbrios entre campo e cidade, e agudizavam-se as lutas de classes, tanto no campo como na cidade: a questão agrária provocou a produção de inúmeras pesquisas, projetos, debates e iniciativas. No campo do trabalho, as lutas sindicais ampliavam-se, retomando e aprofundando o sentido de suas reivindicações: em 1959 ocorreu o Comício do Feijão, convocado pelo Pacto de Unidade Intersindical, apoiado por Jango e Brizola, contra a política salarial de JK, provocando crise no governo. Mais tarde, em 1962 e já no governo, o presidente Goulart aprovaria o Plano Trienal, de autoria de seu ministro Furtado, destinado a estancar a inflação, manter o desenvolvimento e garantir as conquistas trabalhistas. "Se os preços subirem, eu aumento os salários", era a frase com que Goulart ameaçava o empresariado, sentindo-se suficientemente respaldado pelas lideranças operárias e trabalhistas. O clima do país era de pré-revolução.

Conflitos internos, pressões externas. Como vimos, naquele mesmo ano de 1959, ao condicionar o empréstimo de 300 milhões de dólares à adoção pelo governo de uma política deflacionária e ao abandono do Plano de Metas, o FMI provocou o ato mais forte da política externa do governo de JK, ao romper com o Fundo e demitir seus assessores econômicos, Roberto Campos e Lucas Lopes.[59]

---

[59] Cf. verbete 1.564, Darcy Ribeiro, *T&B*, cit.

A questão do nacionalismo e da luta anti-imperialista estava novamente posta, e de modo inesperado, em um governo que se suporia conservador, ocidentalista e pró-imperialista. Também a questão social e econômica seria agravada e aprofundada nos governos seguintes, de Jânio e de Goulart, com passeatas, atuação de lideranças sindicais, atuação da CGT e da UNE, luta pelo plebiscito sobre o parlamentarismo (1962), num crescendo até o golpe de 1964.

Como avaliar o período JK? O governo de Juscelino preservou as liberdades civis e propiciou um salto de qualidade nos debates e projetos relativos ao Brasil, colocando-o no mapa internacional como país civilizado. Mas é objeto de avaliações diversas e controvertidas, pois, segundo alguns historiadores, para muitos, foi o período em que o capital internacional se instalou no país, coarctando iniciativas nacionais de desenvolvimento autônomo; para outros, foi o momento em que o país, aproveitando-se da nova etapa vivida pelo capitalismo internacional, quebrou seus entraves internos para a implantação de uma ordem competitiva moderna, ampliando e consolidando o mercado interno de modo irreversível. Para outros ainda, foi período de grande desenvolvimento, porém com um custo social altíssimo e significativa corrosão do poder de compra dos assalariados, mercê da inflação galopante. Para ainda muitos, foi uma época de consideráveis desvios de verbas públicas para amigos do presidente, envolvidos na construção de Brasília. Uma "democracia patricial", como Darcy Ribeiro definiu o período de Juscelino.

Darcy Ribeiro

Mineiro de Montes Claros, Darcy estudou na Escola Livre de Sociologia e Política de São Paulo; antropólogo, foi militante da esquerda comunista e controvertido personagem daquele período, tendo sido nomeado por JK, em 1960, para planejar, com Oscar Niemeyer e Ciro dos Anjos, a Universidade de Brasília, da qual se tornou reitor; em 1962, ocupou o posto de ministro da Educação. O golpe de 1964 vai encontrá-lo como ministro-chefe da Casa Civil da Presidência da República. Como já dissemos, sua análise, que vimos acompanhando de perto, tomando-a como fio condutor para a compreensão do período, interessa sobremaneira por ter sido ele um dos atores principais do processo político-ideológico e institucional, com epicentro na nova capital do país, polarizando toda uma constelação de políticos (San Thiago Dantas e Hermes Lima, entre outros), diplomatas, intelectuais — como seu mes-

750   História do Brasil: uma interpretação

tre Anísio Teixeira e Celso Furtado — e professores pesquisadores do mais alto nível.

Segundo Darcy, a *democracia patricial* caracterizou-se já no início do governo de Juscelino, quando "implantou um pacto entre os representantes estrangeiros e o patriciado político tradicional, para uma política tão modernizadora como desnacionalizadora". Nada obstante, conseguiu "abrir espaço para uma ação mais livre dos partidos políticos e sindicatos".[60] Com esse pacto, o capitalismo monopolista de Estado implantou-se no fim do período do governo JK, subordinando-se a economia nacional ao capital estrangeiro — um sucesso, no setor público, de aprimoramento da máquina do Estado. Nacionalista na aparência, com novo recorte, tal política abria o mercado crescente ao capital externo, por meio de estímulos do Estado, importando indústrias de base (a Volkswagen, por exemplo) e tecnologias avançadas. Nos campos de energia (a criação do Ministério de Minas e Energia é de 1960), refino de petróleo e transporte e também no setor privado, os incentivos favoreceram o surgimento da indústria automobilística e de aparelhos elétricos. Nas indústrias de base, além da fabricação de veículos (incluindo caminhões), o salto deu-se no aço, na construção naval e no cimento.

No fim de seu mandato, JK inaugura Brasília, a nova Capital Federal. A ex-capital, a cidade do Rio, passou a chamar-se Estado da Guanabara, e vai beneficiar-se com reformas, construindo o aterro do Flamengo, a avenida Perimetral, o túnel Catumbi-Laranjeiras etc.

Juscelino terminou seu mandato com imagem, para alguns, de bom governante; mas, para outros, considerado péssimo, acoimado de responsável pela altíssima inflação e pelos discutíveis gastos governamentais com benefícios a figuras de sua grei, como Sette Câmara, o que provocou fortes críticas das suas posições. Deixava porém satisfeitas a burguesia associada, a elite rural e o capital financeiro (que permaneceu controlado pelo PSD). A Juscelino deve-se, sobretudo, a implantação da indústria moderna no país. Modernização que teve como subproduto o surgimento de um novo sindicalismo, uma articulação atualizada e moderna de trabalhadores, no parque industrial de São Paulo, o maior da América Latina.

Sob Juscelino, despontava a aristocracia operária, que alcançará a presidência quarenta anos mais tarde, anos depois da ditadura de 1964-1985.

---

[60] Cf. ano de 1955, verbete 1.445, Darcy Ribeiro, *T&B*, cit. A definição de "democracia patricial" encontra-se neste verbete.

A República Populista e a República Patricial (1946-1964)

O BREVE E FRUSTRANTE GOVERNO POPULISTA DE JÂNIO (1961)

> "No dia em que Jânio Quadros renunciou, faltou alguém que o trancasse num banheiro do Palácio."
>
> Golbery do Couto e Silva, 1980[61]

> "Certa gente, inclusive eu, gostava do Jânio Quadros. Achávamos que, com sua brava descompostura, ele seria capaz de enfrentar e podia talvez até vencer o nosso patriciado político, tão impostado como imprestável."
>
> Darcy Ribeiro[62]

Doce engano, de Golbery a Darcy. Os "gênios da raça", como os definiu o polêmico e nem sempre genial diretor de cinema Glauber Rocha, estavam muito longe de conseguir mentar, articular e levar adiante um projeto modernizador, reformista e democrático para o país. Jânio tinha o mesmo fôlego curto das classes médias urbanas brasileiras, que, então, não conseguiram dar respaldo a qualquer projeto de construção de uma sociedade civil moderna e democrática em profundidade.

Pois bem. Para a sucessão de JK e Jango, definiram-se duas chapas: a do legalista general Lott com o trabalhista Jango (PSD-PTB) e a de Jânio--Milton Campos (UDN, PL, PTN, PDC). Como não havia vinculação partidária obrigatória para a formação de chapa, articulou-se informal e sub--repticiamente a dobradinha Jânio-Jango (Jan-Jan), vencedora nas urnas.

A UDN — justo a UDN! — descobrira no mato-grossense Jânio da Silva Quadros seu candidato. Ex-vereador, ex-professor, ex-deputado, ex-prefeito e ex-governador populista de São Paulo, Jânio era um fenômeno eleitoral. Carismático, demagogo, cismático, já era personagem nacional controvertido, tendo chegado a tomar injeção no palanque, durante a campanha para o governo de São Paulo.

Em um país cujo 7º Censo Geral, em 1960, registrava a população de 70.992.343 habitantes, com cerca de 15,816 milhões de analfabetos maiores de 10 anos. Jânio venceu, assumindo a presidência com 5,6 milhões de votos, 48% do total, e seu vice, Goulart (do PTB), com 4,5 milhões.

---

[61] Cf. "O que diz Golbery", em *Veja*, nº 602, São Paulo, 19/3/1980, p. 30.

[62] Cf. 1961, ano da Renúncia, verbete 1625, Darcy Ribeiro, *T&B*, cit.

Sua eleição pode ser interpretada, em larga medida, como reação à política de Juscelino Kubitschek, sobretudo por parte das sempre flutuantes camadas médias urbanas. Jânio tornou-se uma expressão e ídolo da crescente massa dessa pequena burguesia urbana. Durante seu breve governo, a bandeira principal era o combate à corrupção, nos moldes do moralismo das classes médias: seu símbolo era a vassoura, com o qual fustigava um de seus antagonistas prediletos, o ex-interventor e ex-prefeito de São Paulo, o também populista Adhemar de Barros, acusado de corrupção. Cercou-se de figuras nacionais conhecidas, como o (digamos) conspícuo Afonso Arinos, Candido Mendes, José Aparecido e Carlos Castello Branco. Convocou Anísio Teixeira e Darcy Ribeiro para a apresentação do Plano Nacional de Educação (PNE), que seria o objetivo principal de seu governo a partir de 1962. Seria?

Também da UDN — mais precisamente, da ala "bossa-nova" do partido, com leve tonalidade nacionalista — era o líder do governo na Câmara, José Sarney, do Estado do Maranhão, que despontava como liderança renovadora, liberal e nacionalista, tendo sido objeto de um filme-documentário de Glauber Rocha...

Ao adotar uma política externa independente, ou seja, não alinhada aos Estados Unidos, Jânio provocou total desgosto dos udenistas. Na primeira mensagem à nação, irradiada pela televisão, ele rompeu com o jornal *O Estado de S. Paulo*, atirando um exemplar no lixo, denunciando o aumento da dívida externa, o déficit orçamentário e a inflação galopante, herdados do período anterior. Algumas de suas propostas tinham sentido, porém várias atitudes e medidas populistas resvalavam para o campo do estapafúrdio, como a proibição do uso de biquínis nas praias, do lança-perfume no Carnaval ou de corridas de cavalo em dias de semana. Adotou terninhos estilo safári, governava por meio dos famosos bilhetinhos e, de tempos em tempos, refugiava-se em Londres para pintar à beira do Tâmisa. Uma decepção amarga para a UDN, sobretudo para o sisudo Afonso Arinos, que, ministro das Relações Exteriores de Jânio, fora obrigado a acompanhá-lo até Havana, Cuba, sob um sol escaldante, para nada...

Para escândalo da direita, Jânio reatou relações com a URSS e com a China, e nomeou um embaixador negro para um país africano; e não apoiou os EUA na proposta de expulsar Cuba da Organização dos Estados Americanos (OEA). Em contrapartida, para suavizar o impacto de tais medidas, serviu-se de Roberto Campos na retomada de negociações com o FMI e, por meio da Superintendência da Moeda e do Crédito (Sumoc), abriu as portas

A República Populista e a República Patricial (1946-1964)

do país para empresas estrangeiras, sobretudo as produtoras de mercadorias de consumo popular.

A gota d'água foi a condecoração que o presidente ofereceu a Ernesto "Che" Guevara, de passagem pelo Rio quando retornava de reunião pan-americana em Punta del Este. Em rota de colisão direta com os Estados Unidos, nem o ridículo beija-mão de Otávio Mangabeira, líder da UDN, em Eisenhower, na sua visita à Câmara dos Deputados, foi suficiente para amortecer os desentendimentos Brasil-Estados Unidos. Alegando a atuação de "forças ocultas", Jânio renunciou ao cargo em 25 de agosto de 1961. Seu governo durou apenas sete meses, deflagrando profunda crise no país.

O GOVERNO GOULART (1961-1964): AS "REFORMAS DE BASE"[63]

Com efeito, o vice-presidente João Goulart assume o governo no dia 7 de setembro de 1961, após superar resistência dos ministros militares, que tentaram impedir sua posse. Formula-se uma emenda constitucional, que muda o regime para parlamentarista — um regime de compromisso que dura até 6 de janeiro de 1963, quando foi restaurado o regime presidencialista. Os militares direitistas opuseram-se à posse de Goulart (que estava na China em missão diplomática) e, para tornar claro seu veto, chegaram a prender o general Lott e a ameaçar a derrubada do avião presidencial, na prolongada e cautelosa viagem que trazia Jango de volta ao Brasil. No sul, o governador Brizola, seu cunhado, lança a Campanha pela Legalidade, defendendo a posse.

Aberto o confronto, os golpistas recuam. Numa solução de compromisso para evitar um golpe militar, o Congresso, no início de setembro, em votação irregular, implantou o *sistema parlamentarista*. Jango assume a presidência tendo Tancredo Neves como primeiro-ministro, ficando os poderes do presidente bastante reduzidos.

Não eram poucas as dificuldades econômicas, tampouco as políticas, pois a sucessão de primeiros-ministros — todos de alto nível e competência

---

[63] As interpretações desse período decisivo da história do Brasil são inúmeras. Menos valorizada nos congressos e debates, nacionais e internacionais voltados para esta quadra da história da América Latina, a análise de Darcy Ribeiro em sua cronologia crítica *Aos trancos e barrancos: como o Brasil deu no que deu*, cit., oferece uma visão empenhada de um homem de esquerda, assim como o genial *Confissões* (São Paulo, Companhia das Letras, 1997).

754   História do Brasil: uma interpretação

— nomeados pelo presidente e rejeitados pelo Congresso mostraram a dificuldade de se implantar esse tipo de governo com partidos de escassa representatividade popular.

Num arco de forças representativas, o presidente Goulart reuniu um conjunto de figuras públicas de primeira linha, como Tancredo Neves, Hermes Lima, Evandro Lins e Silva, Carvalho Pinto, João Mangabeira, Celso Furtado, Darcy Ribeiro, Waldir Pires, Paulo Freire, Cibilis Viana, Brochado da Rocha, Gabriel Passos, José Ermírio de Moraes. No mundo sindical, teve apoio (por vezes, também pressão) de líderes sindicais de peso nacional, como Roberto Morena, Clodesmidt Riani, Dante Pellacani, Benedito Cerqueira, uma coleção de lideranças que viviam nas águas turvas em que a política populista misturava correntes de comunistas (já divididas entre PCB, pró-soviético, e PC do B, pró-chinês), de "pelegos" e de trabalhistas-nacionalistas.

Mais tarde, em 1963, no mundo das lideranças da burguesia de esquerda, dar-se-á a distinção entre a esquerda positiva, do agora trabalhista San Thiago Dantas, e a esquerda ideológica, de Miguel Arraes, Francisco Julião (que pregava a luta socialista no campo) e Leonel Brizola.

Também na direita não havia consenso, sobretudo dada a atuação de udenistas *enragés* e ultrarreacionários como Herbert Levy, Lacerda e outros, então acolitados por D. Helder Câmara, que ainda não havia feito sua inflexão à esquerda (o papa João XXIII abriu o caminho para as frentes progressistas da Igreja no ano de 1961). Em 1961, na UDN, deu-se a cisão na "banda de música", surgindo o grupo da "bossa nova", menos conservador, com José Aparecido (Minas), Seixas Dória (Sergipe) e Ferro Costas (Pará), que seriam cassados em 1964, mais José Sarney (do Maranhão, que se manifestaria contra o golpe de 1964). A esse grupo também pertencia Petrônio Portella, do Piauí, liberal que, mais tarde, será presidente do Senado no governo Geisel e terá importante papel na abertura de negociações com a sociedade civil (Sociedade Brasileira para o Progresso da Ciência [SBPC], por exemplo, na negociação sobre a Lei da Anistia) para o fim da ditadura.[64]

---

[64] Autorizado pelo presidente Geisel, o senador Petrônio Portella convidou a diretoria da Sociedade Brasileira para o Progresso da Ciência, a respeitável SBPC, então dirigida pelo físico Oscar Sala e secretariada pelo biólogo Luiz Edmundo Magalhães e pela psicóloga Carolina Bori, da USP, para discutir os termos da anistia para os professores cassados pelo AI-5. Da comissão que foi ao Ministério da Justiça, participaram os professores Crodowaldo Pavan, Mário Schenberg, Carolina Bori, Moysés Nussenzveig e

Interlúdio "bossa-nova"

"Bossa-nova"... Tal adjetivação não era original. O presidente JK, como vimos, dados seus modos educados embora firmes, sua mentalidade aberta para novos projetos e novas atitudes, personalidade marcada por sua urbanidade bem mineira no trato, chegou a ser alcunhado de "presidente bossa-nova".

A adoção da expressão musical, suave e modernizante naquele ano de 1962, era emprestada da dupla Tom Jobim e Vinicius de Moraes, autores da composição "Garota de Ipanema", música que consagrou o novo ritmo — em verdade, uma sofisticada atitude de espírito, inovadora, baseada em denso sentido de musicalidade — que ganharia o mundo. Uma mudança de mentalidade, enfim.

Nesse contexto de radicalização política e intensificação de lutas de classes, o mundo da cultura — da música, no caso — parecia distante dos embates. Ledo engano, pois havia gente como Carlinhos Lyra que, com Chico de Assis, lança a canção "Subdesenvolvimento" (que se difunde nacionalmente, entoada pelos estudantes da UNE), e mais gente como Oduvaldo Vianna Filho, Glauber Rocha, Flávio Rangel, Ferreira Gullar, Paulo Pontes, João das Neves, Sérgio Ricardo, Gianfrancesco Guarnieri, Chico Buarque, logo seguidos por Paulinho da Viola, Edu Lobo, Maria Bethânia ("Carcará"), Milton Nascimento, Caetano Veloso, Gilberto Gil e muitos outros e outras. Entre todos, e todas, Nara Leão, a musa eterna da bossa nova.

Desenhava-se o "novo dia", "o dia virá", "o amanhecer", num país-nação que tinha futuro e utopias, e que, mesmo na denúncia cortante das iníquas condições sociopolíticas e culturais, sabia sorrir de suas mazelas. Os cartunistas desse período eram engraçados, irreverentes e imbatíveis: Fortuna, Millôr, Jaguar, Lan, Azulay, Appe, Sábat e muitos outros. Não por acaso, à direita não havia caricaturistas: era ela a própria caricatura da realidade.

Apesar da crescente oposição da direita nacional, associada à pressão direta ou indireta do governo e dos interesses norte-americanos, Jango avançava, conseguindo tomar várias iniciativas importantes nos planos econômico, social, educacional, de política energética e de mineração. Aprovou, em

Carlos Guilherme Mota. Houve impasse, pois, segundo o governo, os professores cassados deveriam requerer por escrito suas readmissões — o que era inaceitável, pois, como protestamos, não pediram para ser cassados...

1962, o Plano Trienal, de Celso Furtado, para combater a inflação; promulgou a lei de imposto único sobre o consumo de energia elétrica, que daria a base financeira para a expansão da Eletrobras; legalizou a organização de sindicatos rurais no país, enquanto, no Sul, Brizola desapropriou duas fazendas de sua família para a reforma que desse terras aos despossuídos; fez aprovar a Lei de Diretrizes e Bases da Educação, pela qual o Estado assumia plenamente sua obrigação de garantir o sistema público de qualidade na educação popular; fez aprovar, por lei, a Eletrobras, contra o monopólio de produção e distribuição de energia elétrica pelos grupos canadenses da Light e da Amforp (American & Foreign Power Company); cancelou o registro das jazidas de minério do quadrilátero ferrífero para a Hanna Mining Company (o que iria acontecer outra vez no governo Castello Branco); reestruturou o Conselho Nacional de Energia Nuclear e, finalmente, nomeou Darcy Ribeiro ministro da Educação (1962) para pôr em execução a Lei de Diretrizes e Bases, que instituía fundos iguais para os três graus (9% da Receita Federal), colocando em andamento o Plano Nacional de Educação e lançando a Campanha Nacional de Educação, para alfabetização e publicação de livros didáticos.

Reformas de base, planejamento e mobilização popular

A *ideologia do planejamento* tomava corpo nesses planos e projetos, amplamente discutidos, fundamentados e aplicados.

Quanto à delicada questão agrária, em 1963 Jango faz promulgar a lei que institui o Estatuto do Trabalhador Rural, fruto de uma organização preliminar de sindicatos rurais, desenvolvida nos anos anteriores, garantindo direitos já conquistados pelos trabalhadores urbanos (embora nem sempre aplicados). Ao estender os benefícios da Previdência Social aos trabalhadores rurais e estabelecer escala móvel para a revisão de salários, seu governo tocara no ponto talvez mais sensível da ordem estabelecida ao longo de séculos de colonização e exploração da ordem colonial e imperial: a propriedade rural e os viventes que nela labutavam.[65]

Goulart não tinha imprensa para divulgar suas ideias, à exceção da *Última Hora*, do combativo Samuel Wainer. Sua concepção de socialismo passava pela permanência, e não pela abolição, da propriedade. Segundo

[65] Cf. 1963, ano do Jango, verbetes 1.687-1.688, *T&B*, cit.

Darcy, seu ex-ministro da Educação e chefe da Casa Civil em 1963-64, o presidente repetia incessantemente:

"Com cinco, dez milhões de pequenas propriedades rurais, a propriedade estará muito mais defendida e muito mais gente comerá e educará os filhos."[66]

Somente em janeiro de 1963, Goulart e seus deputados e senadores conseguiriam o retorno ao sistema presidencialista, por meio de um *plebiscito*. O país voltava a ser governado pela Constituição de 1946. Mas o trabalhismo getulista perdera força, e o populismo, estratégia política que (bem ou mal) beneficiava os operários, entrou em colapso. Ampliavam-se os problemas sociais do país e, cada vez mais, a população protestava em comícios, greves e passeatas. No Nordeste, a situação chegara a um ponto crítico: as Ligas Camponesas, lideradas pelo advogado Francisco Julião, acirravam os ânimos da Direita com a perspectiva de uma revolução camponesa socialista, nos moldes da Revolução Cubana.[67]

Para enfrentar esses problemas, aliás antigos, Jango vinha propondo desde os primeiros meses de seu governo a realização de um Plano de Reformas de Base, exigindo do Congresso as medidas legais para sua efetivação. Para tanto, não hesitou em mobilizar sindicatos, estudantes e intelectuais de variada ordem para as seguintes reformas:

— a reforma urbana, com vistas a definir uma Lei do Inquilinato que melhorasse as condições de vida da classe média não proprietária e dos trabalhadores;

— a reforma agrária, facilitando aos trabalhadores rurais acesso à terra, atacando os latifúndios improdutivos ao instituir o princípio do *uso lícito* da terra;

---

[66] *Apud* Darcy Ribeiro, ano de 1962, verbete 1.659, *T&B*, cit.

[67] "A pressão da esquerda radical, no entanto, estava longe de ser homogênea. Por um lado, existiam os esquerdistas sinceros mas amadores, algumas vezes chamados de 'jacobinos', que desprezavam a disciplina do PCB e se impacientavam com a política de cooperação com a 'burguesia nacional'". Conforme escreveu Thomas Skidmore em *Brasil: de Getúlio a Castelo*, cit., p. 276. Ver, nessa obra, a análise de Skidmore a respeito das reações dos militares a Goulart, bem como os conflitos internos do governo, as reformas de base e o colapso, nos capítulos VII, "Goulart no poder (1961-1964)", e VIII, "Colapso democrático (1963-1964)".

— a reforma político-eleitoral, instituindo o voto aos analfabetos;

— a reforma educacional, para ampliar a rede pública, assegurando a todos o direito à Educação com qualidade, dentro dos princípios do Estado laico;

— a reforma administrativa, para modernizar o corpo funcional, racionalizando a máquina do Estado e combatendo a corrupção;

— a reforma bancária, para ampliar crédito e financiamento às forças produtivas, abaixando e controlando juros;

— a reforma tributária, para corrigir as distorções de tributação entre proprietários e assalariados;

— a reforma militar, para permitir a participação dos suboficiais na política;

— a reforma nos planos de contrato com empresas multinacionais, regulados pela Lei de Remessa de Lucros.[68]

E tal plano de reformas, em todos os seus pontos, mexia em vespeiros, pois atacava interesses estabelecidos, vários deles já seculares, como os do latifúndio, os do capital financeiro, os da Igreja e os da Educação. Não por acaso, os velhos coronéis da política punham-se a postos para o combate ao plano, bem como os "liberais" do figurino de Herbert Levy, da UDN paulista, ou os próceres da Igreja Católica, detentora oficial do monopólio das consciências.

A pressão externa aumentou depois que o presidente brasileiro enviou, em 1962, documento a Kennedy contra a invasão de Cuba. Segundo ele, tratava-se do direito à *autodeterminação dos povos*, bandeira que vinha sendo empunhada pelo Brasil desde 1955. Em contrapartida, também fez ver a Fidel que se preocupava com os mísseis lá instalados pelos soviéticos, o que poderia deflagrar uma guerra mundial com foco no continente americano. Em 1963, a visita ao Brasil de Robert Kennedy, dentro do programa da Aliança para o Progresso, deixava claro os interesses dos Estados Unidos, ao "reclamar a Jango contra o programa brasileiro de produção de aço para exportação, contra a aplicação da Lei de Remessa de Lucros aprovada pelo Congresso, e contra a desapropriação das empresas da ITT e da Bond & Share".[69]

[68] Cf. 1963, as reformas de Jango, verbete 1.725, em Darcy Ribeiro, *T&B*, cit.

[69] *Ibid.*, verbete 1.689.

A República Populista e a República Patricial (1946-1964)

Naquela grave conjuntura, o professor Carvalho Pinto (1910-1987), o austero ministro da Fazenda, diverge do FMI quanto à questão da dívida externa e propõe moratória unilateral (o professor paulista, de perfil conservador, logo apoiaria o golpe militar que derrubou Goulart). Nas ruas, trabalhadores e a massa da pequena burguesia multiplicam-se em marchas contra a carestia — a inflação atingia a marca dos 80% — e de apoio às reformas de base.

Com o país em efervescência social e política, a União Nacional dos Estudantes atuava por meio dos Movimentos de Cultura Popular (MCPs) e dos Centros Populares de Cultura (CPCs), polos irradiadores de produção cultural variada, da música de protesto (Sérgio Ricardo, Carlos Lyra, Zé Kéti) ao teatro e à dança, além de estudos políticos e culturais. O dramaturgo Oduvaldo Vianna Filho é fruto desse clima e desse tipo de ação, bem como Joaquim Pedro, diretor de filmes-documentários. O ápice da atuação da UNE, nesse momento, foi o célebre Comício do 13 de março de 1964, em que o presidente da UNE, José Serra, da Ação Popular (AP), esteve presente e atuante, sendo obrigado a exilar-se no Chile após o golpe militar.[70]

Naquele contexto, também tiveram início os cursos da recém-criada Universidade de Brasília, mentada por uma equipe constituída por membros da austera Sociedade Brasileira para o Progresso da Ciência, com intelectuais e cientistas de notável saber. Dirigida por Darcy Ribeiro, com um modelo inovador no tocante à docência e à pesquisa inter e transdisciplinar, ela teria o papel de articular em Brasília um polo cultural para intercâmbio com o resto do país, para além dos regionalismos que sufoca(va)m as universidades federais e estaduais em seus respectivos estados. Com a ditadura, seus professores sofreram expurgos e vexações de todo tipo, merecendo o apoio internacional por parte de intelectuais e de dirigentes de universidades de todo o mundo. Um reitor de extrema-direita, em seguida um militar, preposto do regime, e um outro, dipsomaníaco, igualmente interventor, foram os sucessores de Darcy, seu criador e primeiro reitor. Lamentava ele:

[70] O golpe militar chileno, com Pinochet, instituiu um regime brutal, do qual Serra escaparia também com enorme dificuldade do estádio de prisioneiros. Formado por escola pública, o Colégio Estadual Presidente Roosevelt, em São Paulo, e pela Escola Politécnica da Universidade de São Paulo, José Serra foi dos mais brilhantes alunos de sua geração, da qual fazem parte, entre outros, Sedi Hirano, Eduardo Kugelmas, Marilena Chaui, Caio Navarro de Toledo, Heleny Guariba (assassinada pela repressão em 1971), Gabriel Cohn, Nadir Curi Meserani e muitos outros.

"Pobre filha minha, tão bela, caiu na vida. Mas vai regenerar, tenho certeza, mesmo porque o Brasil não pode passar sem ela."[71]

De fato, após anos de tormenta, quebrada, reencontrou parcialmente seu caminho. Mas o mundo e seus desafios já eram outros.

Ainda naquele contexto, o clima reinante no país, embora tenso, permitia entrever um país mais justo e generoso — ou, quando menos, sonhar com ele. Em vários planos, sugeria-se que o futuro poderia ser melhor, e uma série de iniciativas indicava tal possibilidade. Era a execução da Lei de Diretrizes e Bases da Educação, que Darcy, ministro da Educação, pôs em prática, definindo três fundos iguais para o financiamento do ensino de primeiro, segundo e terceiro graus; era o caso da reestruturação do Conselho Nacional de Energia Nuclear como autarquia, definindo-se o monopólio estatal dos materiais nucleares; surgiam livros que sugeriam o caminho a ser trilhado pelo país, como o de Wanderley Guilherme dos Santos, *Reforma e revolução*; eram os artigos de Carlos Castello Branco, que na época inicia sua coluna de comentários políticos no *Jornal do Brasil*.

Para além desses indícios, na música, em 1962, Vinicius de Moraes iniciava sua produção mais fértil e intensa, escrevendo a letra da já citada "Garota de Ipanema", com música de Tom Jobim. Ambos, mais Baden Powell, Carlinhos Lyra e uma dezena de outros músicos e poetas-letristas de altíssimo valor, marcaram o novo momento do país.

O PLANO INCLINADO[72]

No cerco ao governo progressista e terceiro-mundista de Goulart, os setores que se consideravam prejudicados pelo reformismo do governo passam à ação. Até então hostis entre si, Assis Chateaubriand, o dono da rede Diários Associados, e Júlio de Mesquita Filho, de *O Estado de S. Paulo*, associam-se em frente comum. Mas o real agrupamento da direita da "linha dura" — o grupo denominado "Sorbonne" — reúne-se em torno do Instituto de Pesquisas e Estudos Sociais (IPES), foco difusor da ideologia de Planejamento Estratégico, gestada na Escola do Estado-Maior, sob a coordena-

---

[71] Cf. 1962, ano do Chute, verbetes 1.667-1.668, em Darcy Ribeiro, *T&B*, cit.

[72] Ainda neste passo, a fonte principal utilizada, embora não exclusiva, é Darcy Ribeiro, protagonista.

ção de um general intelectualizado do Exército, Golbery do Couto e Silva. Em uma costura política iniciada na década anterior, conspiradores direitistas das Forças Armadas articularam-se com setores das classes dirigentes, destacando-se dentre os militares o próprio Golbery,[73] Ernesto Geisel, Augusto Corte, Jurandir Bizarria Mamede, Cordeiro de Farias, todos sob a coordenação de Castello Branco, um general ilustrado. A esse grupo, agregavam-se Antônio Galloti, Gustavo Borghoff, José Cecil Polland, Gilbert Huber Júnior, ligados a interesses multinacionais, mais Paulo Aires Filho, José Garrido Torres, assessorados pelos economistas Alexander Kafka, Glycon de Paiva, mais Mario Henrique Simonsen, Roberto Campos e Delfim Netto — três economistas que serão ministros da Fazenda do regime militar pós-64 — e muitos civis, militares, além de uma variadíssima gama de testas de ferro de empresas multinacionais ou representantes da Federação das Indústrias de São Paulo. Conferências eram realizadas em São Paulo e no Rio, com longuíssimos encontros para análise do quadro nacional e internacional, em que algumas exposições demoravam mais de três horas, segundo depoimento do próprio Golbery, um general polido, considerado um gênio por essa burguesia — sobretudo a paulista — com mentalidade dos tempos da pedra lascada. Financiados pelo capital internacional, o IPES e o IBAD (Instituto Brasileiro de Ação Democrática) esmeraram-se no envolvimento de políticos e de jornais, rádios e televisões.[74]

Os setores mais conservadores da sociedade logo protestaram contra as iniciativas de reforma. Com o voto do analfabeto, os políticos do PSD temiam perder suas clientelas eleitorais. Os latifundiários recusavam-se a dividir suas terras entre aqueles que as trabalhavam. Os altos oficiais das Forças Armadas temiam a participação política dos suboficiais, considerados "radicais" e "bolcheviques", supostamente partidários do socialismo soviético. Mesmo em seu quadro de oficiais, o Exército registrava a presença de muitos com tendências esquerdistas e terceiro-mundistas, leitores da obra — muito divulgada — do coronel da reserva Nelson Werneck Sodré, mar-

---

[73] Já em plena abertura política, em conferência na Escola Superior de Guerra, em julho de 1980, José Honório Rodrigues menciona a formação desse grupo na ESG. Originalmente publicada no *Jornal do Brasil*, Rio de Janeiro, 26/4/1981, caderno especial, pp. 1-2, ver a íntegra da conferência em "Fala do ministro Golbery do Couto e Silva: tese e prognóstico", em Leda Boechat Rodrigues (org.), *Ensaios livres*, prefácio de Carlos Guilherme Mota, São Paulo, Imaginário, 1991.

[74] Cf. ano de 1962, verbetes 1.664-1.665, Darcy Ribeiro, *T&B*, cit.

xista e nacionalista dogmático, como se constata em *Formação histórica do Brasil*, obra publicada pela primeira vez em 1962. Não era impossível encontrar alguns desses oficiais em meio de carreira, nacionalistas de esquerda, tendo sob o braço a *História da riqueza do homem*, de Leo Huberman, marxista norte-americano. Todos eles militares cassados depois de 1964, alguns cursando ou tendo sido formados na Escola Superior de Aperfeiçoamento de Oficiais (ESAO), como o capitão Hélio de Alcântara Pinto, que, passado para a reserva, se tornou brilhante professor e, mais tarde, assessor do deputado constituinte Florestan Fernandes, junto com Vladimir Sacchetta.

Agora, porém, dada a instabilidade do regime, as classes médias mudaram, demonstrando seu descontentamento em passeatas e comícios, açuladas e mobilizadas pelos meios de comunicação concertados contra o regime liberal-democrático, que estaria "correndo risco" de ser subvertido.

Também no bloco do governo ocorreram rachaduras, como a provocada pelo afastamento de Almino Affonso do Ministério do Trabalho — agora procurando criar, no PTB, o Bloco Compacto, a partir do qual sairia um novo partido sindicalista de esquerda, com apoio dos comunistas, divergindo do governo Goulart.

Inicialmente apoiando Jango, a Frente Parlamentar Nacionalista (FPN) do Congresso transforma-se na Frente de Mobilização Popular (liderada por Brizola, em oposição de esquerda ao governo), composta por parlamentares de peso como Neiva Moreira, Rubens Paiva, Almino Affonso, Temperani Pereira, Sergio Magalhães, Max da Costa Santos. Na Frente Parlamentar, Miguel Arraes tinha seus próprios projetos, e os janguistas Doutel de Andrade e Bocayuva Cunha não aderiram. Como Darcy Ribeiro informa, Marco Antônio Coelho e Fernando Santana tentam conciliá-los, mas em vão.[75]

O governador de São Paulo, o populista e direitista Adhemar de Barros, prestigiado pelo governo norte-americano, e os deputados do PSP (Partido Social Progressista, com base em São Paulo) por ele instruídos propõem o *impeachment* de Jango, enquanto seus cupinchas (como os ademaristas se autodefiniam) distribuem metralhadoras para fazendeiros e apaniguados em várias cidades. O fato é que se iniciavam conflitos armados entre fazendeiros e posseiros, em Minas Gerais e em São Paulo. E — ainda é Darcy quem depõe — líderes das Ligas Camponesas haviam se deslocado para Goiás à procura de bases para guerrilhas, "com apoio do governo cubano".

[75] *Ibid.*, ano de 1963, verbete 1.733.

Dos Estados Unidos, Lacerda, com a autoridade de governador do Estado da Guanabara, faz apelos para uma intervenção norte-americana, o que desagrada os ministros militares, que alertam Jango no sentido de adotar medidas excepcionais para prevenir um golpe que poderia levar a uma guerra civil.[76] No dia 18 de setembro, seiscentos sargentos do Exército e da Aeronáutica amotinaram-se, por conta da decisão judicial que lhes negava o direito de serem eleitos. Prendem um ministro do STF e o presidente da Câmara dos Deputados. O governo debela, contorna o problema e os anistia, mas o estrago estava feito: era o que a direita militar precisava.

A atitude golpista dos governadores dos estados mais importantes da Federação dão azo a que, em 4 de outubro de 1963, o Congresso decrete o estado de sítio. Depois, com sua suspensão, Goulart é colocado em xeque. "Situação paradoxal dos regimes reformistas", pontua Darcy:

> "A autenticidade de sua ação reformadora, vista como revolucionária pela reação, conduz à contrarrevolução. Frente a ela, o governo se paralisa. Não pode recuar na luta reformista, aderindo à direita. Nem pode abandonar o caminho legalista e persuasório das reformas consentidas para aderir à esquerda e marchar para a revolução social. Nos dois casos, estaria fracassando como um regime reformista. É o plano inclinado."[77]

No governo há defecções, como a saída do ministro Paulo de Tarso, da Educação, que não concorda com a "política de conciliação" do presidente.

Os movimentos populares alastram-se pelo país e a radicalização ganha forma pela ação de Leonel Brizola, que lança a Frente de Mobilização Popular, aglutinando a CGT, a UNE, a FPN, as Ligas Camponesas e o Comando dos Sargentos e Marinheiros "para a luta revolucionária de libertação nacional".[78]

Em seu programa radiofônico na Rádio Mayrink Veiga, e no jornal de Neiva Moreira (*Panfleto*), Brizola assume o comando da campanha de recrutamento dos Grupos dos 11 para resistência ao golpe e combate às forças da nova ordem sob a forma de guerrilhas, que se alastram pelo país.

[76] *Ibid.*, verbetes 1.699, 1.702 e 1.703.

[77] *Ibid.*, verbete 1.705.

[78] *Ibid.*, verbete 1.710.

A mobilização da direita

Em contrapartida, a Marcha com Deus pela Liberdade ganha as ruas em diversas cidades. Para esses setores da sociedade, o presidente João Goulart era um agente do comunismo internacional.

Nada obstante, já se lançavam nomes para a sucessão presidencial: do PSD, novamente JK, mas sem o apoio do PTB; pela UDN, o nome óbvio era o de Lacerda; no PTB, o nome de Brizola, que teria de superar o dispositivo constitucional que proibia parentes na sucessão ("Cunhado não é parente").

Associam-se os governadores de São Paulo, Rio (Guanabara) e Minas (o banqueiro Magalhães Pinto) e, também, o até então apoiador de Jango, Mauro Borges, governador de Goiás, mais tarde cassado. Oportunisticamente, Magalhães Pinto adere ao esquema golpista, lançando um novo — porém muito mais velho em ideias — Manifesto dos Mineiros; à esquerda, em defesa do governo, Darcy tenta, sem sucesso, articular Prestes e Arraes em favor de Brizola.

Sucedem-se fatos graves, precipitando o golpe. Na óptica de Darcy, combativo chefe da Casa Civil da Presidência da República em 1963 e 1964, no dia 13 de janeiro de 1964, em frente ao Ministério da Guerra, teve lugar o grande comício pelas reformas. Brizola e Arraes falaram contra as obstruções às reformas e "o reacionarismo do Congresso". Jango anuncia várias medidas, inclusive a assinatura do decreto de nacionalização das refinarias privadas, definindo de vez o monopólio estatal do petróleo e cortando os gastos excessivos com sua importação.

No dia 20 de março, 1.200 fuzileiros navais e marinheiros comandados pelo "cabo" Anselmo passam a atuar contra a prisão de dirigentes de sua associação, culminando com a realização, no Sindicato dos Metalúrgicos, de manifestação proibida pelo Almirantado. O "cabo" sequer era militar, mas agente infiltrado da CIA (Central Intelligence Agency, dos Estados Unidos), como depois se descobriu; chegou a ter apoio de Cuba, e delatou cerca de 200 militantes à polícia política, até mesmo sua mulher, revelando antes de tudo a vulnerabilidade da esquerda brasileira naquele momento.[79] Em seguida, sucedem-se manifestações de indisciplina mais graves na Marinha, inclu-

---

[79] *Ibid.*, o golpe de 1964, verbete 1.786.

A República Populista e a República Patricial (1946-1964)

sive no aristocrático Clube Naval. Para os militares, a situação tornara-se insuportável.

No mesmo dia 20, Castello Branco, chefe do Estado-Maior das Forças Armadas, envia manifesto oficioso aos comandantes das diversas regiões militares, denunciando a existência, no governo, de uma cúpula sindical agitadora "com orientação de Moscou".

No dia 30 de março, Jango vai a um ato no Automóvel Clube do Rio de Janeiro. Organizado (aparentemente) "pelos sargentos, para apresentar as reivindicações da classe", mas, em realidade, tratava-se de "outro ato de provocação, contra a hierarquia militar", com o objetivo de jogar a oficialidade contra o governo.[80]

Do lado dos possíveis apoiadores do governo não havia unanimidade nem clareza no diagnóstico da real situação vivida. O fato é que a esquerda estava desorientada. Prestes, por exemplo, julgando que o Partido já estava no poder, dizia que Jango era "o porta-bandeira da revolução brasileira":

> "Não há condições para o golpe reacionário, e se os golpistas tentarem, terão suas cabeças cortadas."[81]

Ledo engano. Outro fato grave era a existência da Operação Brother Sam, ou seja, o apoio logístico e militar do governo dos Estados Unidos no caso de luta armada.[82]

Assumindo-se como nova liderança do país, o governador de Minas Magalhães Pinto, da UDN, monta o secretariado de seu governo como se fora um ministério nacional. O "ministério" das Relações Exteriores foi dado a Afonso Arinos, que imediatamente solicitou a intervenção armada norte-americana. O governo de Lyndon Johnson enviou um porta-aviões, um porta-helicópteros, seis destróieres de apoio, quatro petroleiros, sete aviões de carga C-125, 8 aviões de caça e oito aviões-tanques, um avião de comando aéreo e 110 toneladas de munições. Primeiro enviados em direção a Santos, pois a base dos golpistas seria em São Paulo, e, depois, ao Espírito Santo, pois a base contrarrevolucionária se mudara para Minas.

---

[80] *Ibid.*, verbete 1.791.

[81] *Ibid.*, ano de 1964, verbete 1.789.

[82] *Ibid.*, verbetes 1.793-4.

Um golpe cruento, e sem resistência armada

"Por ordem minha não começa uma guerra civil no Brasil."

João Goulart[83]

No dia 31 de março de 1964, precipitadamente, uma guarnição de Juiz de Fora marcha em direção ao Rio de Janeiro, comandada pelo general Olímpio Mourão Filho, o mesmo integralista que forjara o Plano Cohen em 1937. Um bem-urdido golpe militar — embora previsto pelo governo para maio — depôs o presidente João Goulart, golpe bem-visto pelo governo dos Estados Unidos, preocupados com o avanço do nacionalismo econômico e social pregado pelo presidente civil.

Não teria sido difícil reprimir o levante de Juiz de Fora, composto de recrutas. Goulart teria forças mais do que suficientes para esse primeiro embate, pois tinha militares com ele afinados. Mas Jango não opôs resistência. Segundo o depoimento de Darcy Ribeiro, chefe da Casa Civil que atuava junto ao presidente, este não autorizou a repressão, "pois sabia bem que, aberta a luta, não haveria como interrompê-la: '— Por ordem minha, não começa uma guerra civil no Brasil'".[84]

A versão de Darcy é polêmica, como todas as demais, mas, diversamente das outras, contém um dado fundamental: além de ser ele, como dissemos, testemunha ocular e personagem que viveu tais acontecimentos, tendo resistido com coragem e firmeza, também definira e tentara executar um projeto socializante para o Brasil, integrador das populações marginalizadas. Um projeto nacionalista de alto nível. Segundo ele, Juscelino e o general Amaury Kruel propuseram, na primeira hora, "uma virada total para a direita, expressa através do fechamento da UNE e da CGT", seguida da demissão de Raul Ryff, porta-voz de Goulart, e dele próprio.[85]

Ainda segundo seu depoimento, San Thiago Dantas e Samuel Wainer teriam aconselhado Jango a não resistir. San Thiago alertava para o fato de

---

[83] João Goulart, às vésperas do golpe de 1964; *ibid.*, verbete 1.796.

[84] *Ibidem*. Diz Darcy Ribeiro: "A insurreição [...] de Juiz de Fora era fácil de ser debelada porque se compunha de recrutas e era comandada por um palhaço [Mourão Filho]. Para isso bastava varrê-la com a metralha dos aviões que o presidente tinha fiéis ao seu comando".

[85] *Ibid.*, verbete 1.797.

A República Populista e a República Patricial (1946-1964)

que um ataque ao palácio do governador Lacerda certamente provocaria a invasão da baía de Guanabara por navios da armada americana, já preventivamente estacionados ao largo da costa. Mais polêmica é a versão segundo a qual Wainer teria insinuado que a saída de Jango seria como a de Vargas, "premissa necessária para um retorno vitorioso". Segundo Darcy, em afirmação contundente, para ambos (San Thiago e Wainer) e muitos outros companheiros, "o pior era Jango ficar e implantar as 'reformas de base', disputando o poder com as esquerdas radicais"...[86]

Logo o governador de Pernambuco Miguel Arraes foi preso pelo comandante do IV Exército. A adesão dos outros militares também foi rápida. Em Brasília, declarada vacante a presidência, apesar de, no Rio Grande do Sul, o presidente ainda estar em território nacional, assume o posto o deputado Ranieri Mazzilli.

> "Acolitado por civis e protegido por militares, Mazzilli entra no Palácio da Alvorada, vai ao terceiro andar e se senta na cadeira presidencial. Por mais de uma hora, lá ficam apreensivos, esperando que saísse o chefe da Casa Civil,[87] que teimava em permanecer no quarto andar, sem que ninguém ousasse prendê-lo. Afinal sai."[88]

Prossegue Darcy Ribeiro, um dos personagens-chave daquele momento histórico:

> "As primeiras prisões foram de líderes da CGT, que tentavam, às pressas, improvisadamente, resistir ao golpe. A verdade é que ninguém, nem eu, esperava o golpe antes de 1º de maio. Depois

---

[86] *Ibid.*, verbete 1.798.

[87] Ou seja, o próprio Darcy, que declarara expressamente, em carta a Auro de Moura Andrade, presidente do Congresso — lida no Congresso por Tancredo Neves — estar o presidente Goulart ainda em território nacional.

[88] Cf. "O golpe de 64 e A Redentora", verbete 1.803, em Darcy Ribeiro, *T&B*, cit. Ver os bofetões que o deputado Rogê Ferreira desferiu no presidente do Senado Auro de Moura Andrade, que encerrara precipitadamente a sessão interna e se esquivara pelos corredores.

sim, ele era certo. Ainda creio que Mourão [o general no comando dos recrutas de Juiz de Fora] foi uma 'fagulha saltada'."[89]

Quanto ao seu destino pessoal, Darcy recorda:

"Três dias depois, Waldir Pires — procurador-geral da República — e eu voamos num aviãozinho monomotor, conseguido por Rubens Paiva — deputado morto anos depois, assassinado por torturadores da Base Aérea do Galeão —, para irmos ao encontro de Jango. Acabamos em Montevidéu. Era o exílio. [...] Começo então a debulhar meus demasiados anos de desterro, feitos de intermináveis meses de dias incontáveis."[90]

O golpe, sem resistência armada — por ele descrito de modo direto nas suas anotações, publicadas em *Aos trancos e barrancos*, seu livro-cronologia do qual foram extraídos aqui tantos verbetes e depoimentos — foi cruento sobretudo para os trabalhadores rurais das ligas de Julião:

"Assaltados e assassinados em seus ranchos, em atos de pura crueldade, pelas polícias regionais e pelos jagunços dos senhores de engenho, a fim de demonstrar ao povo nordestino que seu destino é o cambão."[91]

Sobre o governo Goulart, Darcy pontua:

"O importante é que o governo de Jango não caiu em razão de seus eventuais defeitos; ele foi derrubado por suas qualidades: representava uma ameaça tanto para o domínio norte-americano sobre a América Latina como para o latifúndio."[92]

Também trágico foi, para o país, o afastamento da vida política, institucional e educacional de personalidades como Celso Furtado, Darcy Ribei-

[89] *Ibid.*, "O golpe de 64 e A Redentora", verbete 1.805.

[90] *Ibid.*, verbete 1.806.

[91] *Ibid.*, verbete 1.808.

[92] *Ibid.*, verbete 1.811.

ro, Anísio Teixeira, Victor Nunes Leal e centenas de cientistas e intelectuais de primeira plana nacional e internacional. Um segundo golpe, o golpe dentro do golpe em 1968, completaria o serviço da Direita, revelando o "potencial", inimaginado, de um país ainda atolado no obscurantismo e no atraso.

A condição periférica do Brasil vai reafirmar-se com a ação de um esquema de primitivos que, sem resolver seus problemas básicos — em profundidade e extensão —, julgavam poder transformar o país numa "potência emergente". Os golpes de 1964 e 1968 (em verdade, parte inicial da sucessão de golpes quase mensais do período ditatorial) constituíram a vitória do "Sistema", para utilizarmos um "conceito" daquela época, elaborado por Michel Debrun.[93]

Quase-epílogo:
a vitória da autocracia burguesa (1946-1964)

Se examinarmos o lugar do Brasil no sistema internacional, notar-se-á que foi nesse período de 1946 a 1964 que, no país, no plano da política externa, assistiu-se a uma lenta porém profunda mudança de mentalidade. De alinhadas e caudatárias da política externa americana — ao mesmo tempo que procuravam enfrentar a problemática do subdesenvolvimento e as questões de base da economia e sociedade brasileiras —, as lideranças mais esclarecidas do país notavam que o Brasil poderia vir a desempenhar papel de relevo junto aos países "não alinhados".

No início dos anos 1960, o Estado brasileiro chegara mesmo a despontar como possível líder desse bloco, num tumultuado cenário internacional de revoluções e descolonizações, baseado nas teorias da Política Externa Independente (também nome, aliás, de uma revista importante na época). Com o golpe de 1964, o Brasil voltou a alinhar-se com a política imperialista americana. Era o fim da política externa independente, com a vitória das forças burguesas ativadoras do capitalismo associado e dependente. Não por

---

[93] Sobre a noção de "Sistema" (e de "sisteminha" e "sistemão"), consulte-se a brilhante entrevista do professor, filósofo e cientista político Michel Debrun, "Temível conciliação", em *IstoÉ*, São Paulo, 5/7/1978, publicada em seu livro *Conciliação e outras estratégias*, São Paulo, Brasiliense, 1983, com prefácio de Paulo Sérgio Pinheiro. O conjunto de artigos e entrevistas de Debrun constitui um dos melhores repositórios para o entendimento do período de 1976 a 1983, inclusive de seus antecedentes (em larga medida por iniciativa do jornalista Mino Carta).

acaso, nesse período, publicaram-se — e foram alvo de muitos debates — livros sobre a Teoria da Dependência, como os de Cardoso-Faletto, Florestan, José Nun, Gunder Frank, Ruy Mauro Marini e do próprio Furtado, entre outros, ao lado dos que abordavam teorias da Revolução.[94]

Como vimos, o mundo do pós-guerra foi dominado pelo conflito entre as duas potências principais vencedoras da Segunda Guerra Mundial: os Estados Unidos e a União Soviética. Nesse novo contexto, com os países que viviam em suas órbitas obrigados a um novo e radical alinhamento geopolítico e ideológico, seus quadros dirigentes e os respectivos Estados foram compelidos a uma mudança radical no plano dos costumes e mentalidades.

A Guerra Fria propiciou o surgimento de dois blocos econômicos e militares antagônicos: enquanto os soviéticos acenavam com a possibilidade de expandir e implantar o socialismo em outros países, os Estados Unidos pretendiam preservar os valores do chamado "mundo livre", isto é, a democracia liberal (tal como entendida por Washington) e o capitalismo (com a devida política protecionista de seus produtos e mercadorias), para expandir seus mercados e consolidar zonas de influência. Desde Roosevelt, todos os presidentes norte-americanos, republicanos ou democratas, tiveram idêntica atitude em relação aos países da América Latina, considerando o Brasil peça-chave nesse esquema de poder.

O SISTEMA PAN-AMERICANO

Como vimos no capítulo anterior, o Brasil e o resto da América Latina alinharam-se com o bloco capitalista, defendendo os interesses e valores do mundo ocidental e atlântico. Para consolidar o alinhamento dos países americanos, os Estados Unidos incentivaram a formação de um "sistema pan-americano". No pós-guerra, a consolidação de tal sistema deu-se sob o auspício da "política de boa vizinhança" americana, pela qual os Estados Unidos procuravam manter o subcontinente sob seu controle, dentro de sua esfera de influência. A ruptura dos vínculos econômicos com a Europa e o

---

[94] Ver artigo de Carlos Guilherme Mota, "As ciências sociais na América Latina: proposta de periodização (1945-1983)", em Reginaldo Moraes *et al.* (orgs.), *Inteligência brasileira*, São Paulo, Brasiliense, 1986. Ver também, na mesma obra, os estudos de Raquel Gandini, sobre Anísio Teixeira; de Francisco de Oliveira, sobre Celso Furtado; de Gabriel Cohn, sobre Florestan; de Caio Navarro de Toledo, sobre o ISEB. E sobre a *Revista Brasiliense*, dirigida por Caio Prado Jr., o artigo de Heitor Ferreira Lima.

A República Populista e a República Patricial (1946-1964)

surgimento de uma nova ordem internacional, regida pela ONU, fortaleceram tal sistema pan-americano.

Em 1948, foi criada a Organização dos Estados Americanos (OEA), organismo pan-americano patrocinado basicamente pelos Estados Unidos, que funcionou como instrumento de política regional na Guerra Fria: os americanos acreditavam-se capazes de manter o subcontinente sul-americano afastado do bloco soviético.

TERCEIRO-MUNDISMO: O BLOCO DOS "NÃO ALINHADOS"

Ao mesmo tempo, no Brasil e na América Latina, as forças progressistas e não alinhadas ideologicamente com os Estados Unidos e a União Soviética assistiam atentamente ao processo de descolonização em curso na África e na Ásia. Naquele etapa, as descolonizações tiveram como resultado o surgimento do "terceiro-mundismo", quando os países terceiro-mundistas (de modo geral, países que tinham vivido um passado colonial ou dele ainda procuravam libertar-se) aproveitaram a polarização da Guerra Fria para manter uma postura relativamente neutra diante do conflito entre os dois blocos principais. Como se sabe, na Conferência de Bandung, em 1955, criou-se o bloco dos países "não alinhados", isto é, dos países que pretendiam ficar fora da esfera de alcance das superpotências mundiais.

Os "não alinhados", independentes, passavam a ter assento na ONU e, como tática, buscavam obter o melhor dos dois mundos, acelerando o processo de desenvolvimento econômico e criando condições para consolidar a plena independência política e econômica. As superpotências concediam auxílio financeiro a essas nações, que passavam a integrar a ordem internacional regida pela ONU em troca de apoio político e militar. Naquele momento, os Estados Unidos e a União Soviética aparentavam desfrutar praticamente do mesmo nível de desenvolvimento econômico e científico.

O Brasil e a Operação Pan-Americana

> "Queremos ser ouvidos antes das decisões, queremos influir."
> Juscelino Kubitschek, 1959[95]

---

[95] JK, em carta a Eisenhower, 1959, *apud* Darcy Ribeiro, *T&B*, verbete 1.563.

A Operação Pan-Americana — proposta ao presidente Eisenhower pelo presidente Kubitschek, em 1959 — pretendia reformular o sistema pan-americano:

> "O Brasil e a América Latina não se conformam mais em constituir no mundo um mero conjunto coral no fundo do quadro político exterior norte-americano [...]. Inclusive para que os esforços internacionais não sejam simplesmente de reconstrução como o Plano Marshall, mas também se orientem para o desenvolvimento."[96]

A Operação Pan-Americana buscava oferecer uma alternativa ao neutralismo terceiro-mundista, evocando a "defesa da democracia" e a "segurança" do hemisfério.

Em contrapartida, os Estados Unidos forneceriam os créditos para garantir o desenvolvimento econômico dos países do continente. Em realidade, o presidente pretendia, em troca de créditos vultosos, barganhar o alinhamento político do Brasil na Guerra Fria. Através desses créditos, o governo pretendia realizar reformas econômicas que levariam à superação do subdesenvolvimento, evitando uma revolução social.

Com a Revolução Cubana (1959), a alternativa reformista inicial foi ultrapassada e logo cedeu lugar à primeira revolução socialista do hemisfério. O continente americano tornava-se palco do conflito entre as superpotências. A Revolução de Cuba foi um divisor de águas e marcou o ingresso pleno da América Latina no cenário da Guerra Fria. A opção socialista do governo revolucionário cubano agravou sensivelmente as tensões na ordem internacional: os Estados Unidos viram-se forçados a conviver com o inimigo socialista no mesmo hemisfério, a menos de 100 quilômetros de sua costa.

A partir de então, os Estados Unidos optaram pela intervenção direta (além da informal) na política dos países do subcontinente, visando a preservar sua hegemonia econômica e militar. Para tanto, contaram com aliados internos que se dispuseram a salvaguardar o "mundo livre". No Panamá, chegaram a instalar sofisticado centro de treinamento para combate à guerrilha em todo o subcontinente, onde eram instruídos militares dos países envolvidos, inclusive brasileiros. Muitas vezes, os aliados internos dos norte-

---

[96] *Ibidem.*

A República Populista e a República Patricial (1946-1964)

-americanos exerceram ditaduras sangrentas em seus países, em nome da preservação da "liberdade" e da "segurança" do continente. Mas, na realidade, para manter o *American way of life*; e garantir o mercado para a economia americana.

Em perspectiva mundial, o início da guerra no Vietnã — em 1962, prolongando-se até 1975 — deixava claro, uma vez mais, até que ponto os Estados Unidos não tolerariam a expansão do comunismo. Sua indústria de guerra estava preparada e, mais do que isso, necessitada de conflitos de qualquer ordem. Perderam no Vietnã — como já haviam se atrapalhado em 1950 na Coreia — mas logo encontrariam outras frentes de batalha para escoamento da produção de sua complexa e ampla indústria armamentista.

Epílogo: a breve experiência terceiro-mundista do Brasil

> "Os ciclos aqui são longos, feitos quase que exclusivamente para corredores de fundo."
>
> Fernando Gabeira[97]

Os graves problemas sociais acumulados entre 1954 e 1964 provocaram debates e mobilizações que guardavam afinidades com os de outros países do Terceiro Mundo, notadamente Cuba e Argélia, vivendo suas revoluções socialistas sob liderança de Fidel e "Che" Guevara, e de Ben Bella, respectivamente.

Frações de uma burguesia reformista associavam-se nessa composição de centro-esquerda. Ao adotar política externa independente, o Brasil começava a disputar, com a Índia e o Egito, a liderança dos países do Terceiro Mundo. Movimentos no campo e nas cidades, discussões nas universidades, nos sindicatos e mesmo em alguns setores das Forças Armadas explicitavam o agravamento das contradições histórico-sociais acumuladas desde pelo menos a proclamação da República: as Reformas de Base entraram na ordem do dia, tornando pré-revolucionário esse período. Celso Furtado chegou a escrever um livro, de grande circulação na época: *A pré-revolução brasileira* (1962).

---

[97] Fernando Gabeira, em *Folha de S. Paulo*, São Paulo, 26/5/2007, p. 2.

Da reforma à revolução — conceito que carregava uma boa variedade de alternativas para soluções de nossos problemas seculares —, o caminho parecia curto.

Quanto a seu significado, o golpe militar de 1964 encerrou a mais longa experiência liberal do país, iniciada com a Constituição de 1946. Um liberalismo bastante limitado, vale ressaltar. O temor de uma eventual república sindicalista de esquerda provocou a organização de um rígido bloco no poder, gestor do modelo político e social autocrático-burguês. Após 1964, cortado o caminho para uma ordem socializante e democrática, o país reenquadrou-se rigidamente nos marcos da Guerra Fria, não sendo mais possível uma política externa independente até os anos 1980, pelo menos.

Visto em perspectiva, é grave o fato de, nesse novo período, o Brasil ver-se obrigado a distanciar-se dos movimentos contemporâneos de *descolonização* que ocorreram em outros países da América Latina, da África e Ásia; e de reformas político-institucionais e sociais que ocorreram na Europa e mesmo na América do Norte. O realinhamento com os Estados Unidos tornou-se inevitável, sob a divisa da "interdependência" (termo da época).

Nos anos 1960, o Brasil, de subdesenvolvido, tornara-se efetivamente dependente, como conceituou naquela época o sociólogo Fernando Henrique Cardoso, então um dos principais críticos da dependência e, depois, presidente da República pelo PSDB (1995-2003). O golpe de 1964 seria apenas a explicitação de nossa condição periférica e inspiração militarista de direita no padrão sul-americano.

À mesma época, o sociólogo paulista Florestan Fernandes, ex-professor de Cardoso, desvendava não só a peculiaridade e os limites dessa revolução burguesa no Brasil mas também os dinamismos específicos da malformada sociedade de *classes* em nossa história. Otimista, para ele o "modelo autocrático-burguês de transformação capitalista estará condenado a uma duração relativamente curta".[98] Não estava. Nesta sociedade, dadas as pesadas remanescências estamental-escravistas, a *autocracia burguesa*, travestida em formas aparentemente liberais ou socializantes, não seria facilmente desmontada.

---

[98] Cf. a obra clássica de Florestan Fernandes, *A revolução burguesa no Brasil: ensaio de interpretação sociológica*, prefácio de José de Souza Martins, São Paulo, Globo, 2006, 5ª ed. Notar que a 1ª edição é de 1975, Rio de Janeiro, Zahar. A 2ª edição, pela mesma editora, é de 1976, e traz um notável prefácio, não incluído nessa 5ª edição.

A República Populista e a República Patricial (1946-1964)

Como não o foi até os dias atuais. Ao contrário, *a autocracia burguesa apenas se sofisticou*, afirmando-se cada vez mais e aprimorando mecanismos político-ideológicos que vêm desmobilizando todos os eventuais (e nem sempre consistentes, diga-se) projetos democratizantes ou socializantes. Autocracia cega a todos os efeitos negativos desse padrão de acumulação capitalista periférico, que tem como contrapartida miséria, analfabetismo, desmobilização social, violência no campo e na cidade, caos urbano, confusão nos papéis do Executivo, Legislativo e Judiciário e, sobretudo, total impunidade de infratores e especuladores perante a lei.

Tal quadro vem aprofundando todo o *malaise* psicossocial e o desencanto paralisante que marcam a sociedade brasileira atual, desmobilizando e minando os esforços de lideranças vigilantes e operosas da nova sociedade civil. E, o que é pior, das melhores iniciativas — de então como de hoje — renovadoras da história do Brasil.

28

A República Civil-Militar (1964-1985)

> "A Revolução vitoriosa, como um poder constituinte, se legitima a si mesma."
>
> Ato Institucional nº 1, 1964[1]

> "Eu quero que os cadáveres desses desaparecidos saiam do meu armário. Quero tirá-los daqui. Que fiquem no gramado aí em frente ao Planalto. Haverá um período de assombro, de horror, mas o problema desaparece."
>
> Golbery do Couto e Silva, 1974[2]

O golpe político-militar de 31 de março de 1964 deu início ao mais longo período de governo ditatorial da história do Brasil. Ou, melhor dizendo, explicitamente ditatorial. Ainda uma vez, a contrarrevolução preventiva — recurso costumeiramente aplicado pelas classes e estamentos dominantes ao longo de nossa vida político-social — alterava os rumos do processo histórico.

"Segurança e Desenvolvimento" foi o lema do regime; instaurado em 1964, duraria mais de vinte anos. Embora não inscritas na bandeira nacional, tais palavras agora se sobrepunham ao lema da República, de 1889, "Ordem e Progresso", incorporado à bandeira por pressão dos militares positivistas. O golpe de 1964 mantinha o velho modelo de exclusão política e social, gestado desde a época da fundação do regime republicano. Agora, a ruptura institucional — deflagrada por militares (entre eles, alguns ex-integralistas e ex-*tenentes*) com apoio de setores sociais conservadores —, pretendia manter

---

[1] A redação do Ato Institucional nº 1 (AI-1) é de autoria de Francisco Campos e Carlos Medeiros Silva.

[2] O general Golbery do Couto e Silva proferiu esta frase em maio de 1974, quando surgiu a primeira lista de desaparecidos do regime. Cf. "O que diz Golbery", em *Veja*, nº 602, São Paulo, 19/3/1980, p. 27.

afastada das decisões políticas a maioria da população, que, desde a morte de Vargas, vinha se politizando.

A antiga questão do militarismo *versus* civilismo adquiriu nova dimensão, plena de implicações. Os antigos *tenentes* voltavam ao poder, agora generais,[3] porém num contexto socioeconômico nacional e internacional marcado pelo capitalismo monopolista e associado, pelas multinacionais, pelas lutas de libertação colonial, pelo terceiro-mundismo desafiador e pelas lutas de classes em um país que, a despeito de suas vastas regiões ainda atrasadas e rústicas, entrava na era urbano-industrial.

Filhos da Guerra Fria, os militares brasileiros das alas mais conservadoras eliminaram gradativamente todos os focos de oposição ao regime. A partir de 1964, nas três armas, numerosa oficialidade progressista foi marginalizada e metodicamente desmobilizada. Ao mesmo tempo, os militares empenharam-se no processo de modernização da economia, criando a infraestrutura necessária para o desenvolvimento industrial. O regime militar de exceção desativou o processo de reformas estruturais e de ampliação das liberdades democráticas em curso no país até então, bloqueou o reformismo nacional-desenvolvimentista e anulou os esforços na busca de uma política externa independente, ou seja, fora da esfera de dominação americana.

Com efeito, o que ocorreu em 1964 pode ser definido como uma contrarrevolução preventiva, na tradição da história do Brasil que remonta à revolução e contrarrevolução da Independência. Ou, mais simplesmente, um golpe de Estado.[4]

---

[3] Cf. o artigo de José Honório Rodrigues, "Os generais-presidentes. O generalismo presidencial", em *História combatente*, Rio de Janeiro, Nova Fronteira, 1982, pp. 159-74. Sobre o papel do senador Petrônio Portella nas negociações para a abertura do regime, ver, na mesma obra, "A Missão Portella e seu sentido histórico nacional", pp. 321-7.

[4] Na apreciação de Carlos Marchi, "Foi um golpe de Estado clássico, do tipo que pontuou a história dos países subdesenvolvidos, embora, no caso, aplicado a um país que ganhava complexidade econômica e social [...]. Ali chegaram a um ponto crucial de ebulição dois modelos arcaicos e autoritários — um de esquerda, com raízes populistas e corporativas, outro de direita, com vínculo liberal selvagem e excludente". Carlos Marchi, num artigo, em *O Estado de S. Paulo*, Antes, Caderno "40 Anos Esta Noite", São Paulo, 31 de março de 2004, p. H2. Também aí, ver depoimentos de Ruy Mesquita, Fernando Henrique Cardoso, José Serra (presidente da União Nacional dos Estudantes em 1964), Lincoln Gordon, Jarbas Passarinho e a matéria de Fausto Macedo sobre os porões do regime.

O contexto mundial: prolongando a Guerra Fria

Como vimos no capítulo anterior, o Brasil começara a descobrir sua identidade como país do Terceiro Mundo — com possibilidades, até, de ocupar posição de liderança internacional — no fim da década de 1950. Seu parque industrial já era considerável, e havia uma pequena elite bem formada, capaz de articular seu próprio pensamento progressista.

As reformas de base estavam na ordem do dia. O combate aos latifúndios, principal razão do "atraso" e do "subdesenvolvimento", dominava o debate político. A crítica ao imperialismo americano crescia. Mais: o governo Goulart mostrara-se francamente hostil à participação de empresas estrangeiras no processo de desenvolvimento brasileiro. Antes de ser obrigado a deixar a presidência, Jango Goulart decretara o monopólio estatal do petróleo e limitara a remessa de lucros das empresas multinacionais estabelecidas no Brasil.

Diante desse quadro, o golpe de 1964 desarticulou uma república populista-reformista, com suas propostas apoiadas por sindicatos, estudantes e parte da burguesia progressista. Tratava-se de uma *contrarrevolução preventiva*, visando a realinhar a nação brasileira com os valores do "mundo ocidental e cristão", justificaram os chefes militares golpistas. Em verdade, o movimento realocava o país nos quadros da dominação americana.

O MOVIMENTO GOLPISTA DE 1964

> "Na maior parte das decisões decide-se apenas decidir."
>
> Golbery do Couto e Silva[5]

Em 1964, o Brasil contava com aproximadamente 80 milhões de habitantes. Do golpe participaram latifundiários do Nordeste e do Sudeste, lideranças das Forças Armadas e do empresariado industrial, magnatas do capital financeiro — como o mineiro Magalhães Pinto, prócer da UDN — e setores das classes médias asfixiadas pela inflação.

Os latifundiários temiam a revolução e a reforma agrária; e, naquele momento, as Ligas Camponesas ampliavam suas atividades. Os empresários

---

[5] *Veja*, nº 602, São Paulo, 19/3/1980, p. 31.

industriais, associados às multinacionais estrangeiras pelo menos desde o governo Kubitschek, apoiaram o golpe, temendo a implantação de uma república sindicalista-populista, a exemplo daquela produzida pela ação peronista na Argentina. Ou, pior, apavoravam-se com a possibilidade de eclosão de uma revolução socialista nos moldes da ocorrida em Cuba, liderada por Fidel e Guevara.

O golpe foi imediatamente apoiado pelo governo americano, que já havia deslocado porta-aviões e navios de guerra para os portos brasileiros, a fim de, em caso de dificuldades, auxiliar no combate às forças locais do "comunismo". Além disso, recorde-se que alguns líderes militares do golpe haviam participado da FEB e lutaram na Europa, durante a Segunda Guerra Mundial. No contato com os militares americanos, adquiriram técnicas, armamentos, viaturas ágeis de guerra (o popular Jeep, por exemplo, útil nos grotões do país, onde as estradas ainda "eram" de terra, em sua maior parte) e embeberam-se da concepção militar de alinhamento automático com os Estados Unidos contra os países socialistas da Cortina de Ferro (comandada pela URSS) e da Cortina de Bambu (a China). Profundo conhecedor do Brasil, o general americano Vernon Walters, amigo do general Castello Branco desde a Segunda Guerra, teve papel decisivo naquele contexto; e, nos anos seguintes, seria um "monitor" do estamento dirigente brasiliense.

Do golpe de 1964 à Constituição de 1988: a curva do processo

> "Não dou entrevista. Meu mistério é não dar entrevista. Por que acabar com meu mistério? Segredo só conta quem não sabe. [...] A esquerda é indispensável, inevitável. Algo como o sal da terra."
>
> Golbery do Couto e Silva[6]

---

[6] *Veja*, nº 602, cit., pp. 28 e 31. Nessa mesma revista, ver "O fabricante de nuvens" (ou "O mago da abertura" e "Revelações do general Golbery"). Ver também a matéria de capa "Por que Golbery foi embora", com "O feiticeiro desistiu", em *Veja*, nº 675, São Paulo, 12/8/1981, pp. 20-33, especialmente os boxes: "A demissão leva o medo ao meio da oposição" (com fotos de Tancredo e Ulysses) e "O ministro queria novo inquérito sobre o atentado ao Riocentro". Criada por Mino Carta, *Veja* era então dirigida por José Roberto Guzzo, tendo por diretor-adjunto Elio Gaspari e redator-chefe Dirceu Brisola. Elio Gaspari tornar-se-ia o maior conhecedor desse período.

A curva do processo *soi-disant* "revolucionário" (ou seja, do golpe de 1964 ao retorno à ordem liberal-democrática em 1985) pode ser acompanhada, cronologicamente, em uma série de atos e medidas jurídico-institucionais que deram forma ao novo regime. Regime que entraria em colapso somente vinte anos depois, às vésperas do governo Figueiredo, tendo seu fim em 1985.

Com efeito, já em 9 de abril de 1964, a junta militar decretou o AI-1. O marechal Humberto Castello Branco, cearense "ilustrado", assume a presidência da República em 11 de abril de 1964. Em outubro do ano seguinte decreta o Ato Institucional nº 2 (AI-2).

Atos e medidas discricionárias sucedem-se, com o novo governo tentando responder às turbulências da ordem republicana abalada, num contexto em que oposições e movimentos sociais bastante politizados manifestavam-se com força crescente. Ocorre que os problemas nacionais avolumaram-se, e as lideranças progressistas e democráticas reagiram ao autoritarismo do novo regime. A visão por assim dizer "liberal" do presidente Castello Branco não dava conta de sua missão "regeneradora", mostrando-se incapaz de reconduzir o país à "normalidade democrática". Nesse crescendo, em fevereiro de 1966, o governo decreta o Ato Institucional nº 3 (AI-3); em dezembro de 1966 decreta o Ato Institucional nº 4 (AI-4), ambos apertando o cerco às aspirações de segmentos democráticos da sociedade civil.

Vale notar, entretanto, que segmentos não democráticos da mesma sociedade civil deram apoio decisivo às Forças Armadas (por exemplo, lideranças expressivas como Herbert Levy), que contavam, ainda, com o apoio indireto de empresas multinacionais e de escritórios de consultoria a empresas estrangeiras, como a Consultec, de Roberto Campos (hábil negociador de multinacionais, agora também ministro do Planejamento), Mauro Thibau (ministro de Minas e Energia de 1964 a 1967, um dos criadores do Banco Nacional de Desenvolvimento Econômico, voltado para fomento e investimento de infraestrutura) e Garrido Torres. No Ministério, a pasta da Fazenda ficou com Octavio Gouveia de Bulhões (responsável pelo aumento de 100% aos militares); o Serviço Nacional de Informações, com o general Golbery do Couto e Silva, o principal ideólogo do regime que se afirmava;[7] e, no

---

[7] Ver o livro de Ana Lagôa, *SNI: como nasceu, como funciona*, prefácio de Alberto Dines, São Paulo, Brasiliense, 1983. Em entrevista à GloboNews, em novembro de 2013, Paulo Egydio Martins afirmou desconhecer empresários paulistas que *não* tenham dado verbas à repressão.

Conselho Monetário Nacional, com o professor Delfim Netto. Do Ministério do Trabalho, esteve à frente Arnaldo Sussekind, que interveio em mais de mil sindicatos.

Uma voz dissonante pouco repercute no sistema: a do general Taurino de Resende, chefe da Comissão Geral de Inquéritos, que reclama ao presidente não poder continuar investigando subversivos, "enquanto a Revolução acoberta corruptos".[8]

Em janeiro de 1967, o governo outorgou à nação uma nova Carta Constitucional. Para controle mais rigoroso dos movimentos contestatários, agora com a mobilização de alguns setores que partiram para a luta armada, o governo decreta, em março de 1967, a Lei de Segurança Nacional.

Castello Branco não conseguiu indicar seu sucessor à presidência, escolhido dentro de um colegiado militar restrito. Em março de 1967, o segundo presidente militar, o marechal Costa e Silva, gaúcho, assume o governo. Em face da ocorrência de manifestações de rua reunindo milhares de pessoas contra o regime militar, o governo promulga o Ato Institucional nº 5 (AI-5), em 13 de dezembro de 1968.

Foi o golpe dentro do golpe, com a vitória da direita e dos setores mais radicais das Forças Armadas contra a linha da chamada "Sorbonne" (a dos militares "ilustrados", conforme vimos no capítulo anterior, como Golbery, Bizarria Mamede, Muricy e os próprios Castello Branco e Ernesto Geisel). Em agosto de 1969, entretanto, o marechal Costa e Silva sofreu uma trombose cerebral. Imediatamente, setores militares criam uma espécie de "regência trina", formada pelos ministros do Exército, da Marinha e da Aeronáutica. Em verdade, um triunvirato da "linha dura".

Em outubro de 1969, a cúpula militar escolheu o novo presidente do Brasil: Emílio Garrastazu Médici, da "linha dura" e também gaúcho, que se torna, no dia 30 desse mesmo mês, o terceiro presidente militar. Foram os anos mais negros do regime obscurantista instaurado em 1964, os "Anos de Chumbo". Ao fim de seu mandato, em 1974, após negociações complexas em que se digladiavam as tendências acima apontadas, o general Ernesto Geisel, outro gaúcho, foi escolhido como o quarto militar para a presidência, com o apoio decisivo de seu irmão Orlando, ministro do Exército.

[8] Taurino de Resende, *apud* Darcy Ribeiro, "A Redentora", 1964, verbete 1.830, em *Aos trancos e barrancos: como o Brasil deu no que deu* [*T&B*], Rio de Janeiro, Guanabara, 1985, s.p.

Geisel representava o grupo ilustrado da "Sorbonne militar" e tinha como proposta, explicitada em seu discurso de posse, a abertura "lenta, gradual e segura" do regime. Até porque a luta armada, os movimentos de guerrilha e as facções de esquerda já estavam liquidadas ou desarticuladas, e a pressão internacional e nacional em defesa dos direitos humanos aumentava a cada dia. Tal processo, em suas implicações e detalhes, foi examinado com acuidade e rigor por Elio Gaspari.[9]

A abertura lenta e gradual proposta pelo presidente Geisel sofreu, entretanto, sério revés quando do assassinato do jornalista e professor Vladimir Herzog, em outubro de 1975, nos porões da ditadura em São Paulo, morte seguida, no início de 1976, pela do operário Manuel Fiel Filho, ambos os crimes cometidos em dependências dos serviços de segurança do Exército (na rua Tutoia, em São Paulo). Jornalistas importantes foram barbaramente torturados e aviltados, como Duque Estrada, Rodolfo Konder e Paulo Markun, entre outros. Do mesmo modo, sofreu as maiores crueldades uma personalidade excepcional, como o mineiro Marco Antônio Coelho, membro do Partido Comunista e expoente de seu grupo-geração.[10]

O fato é que as forças da extrema-direita mostravam-se vivas e muito bem articuladas, revelando sua frontal discordância das iniciativas do Palácio do Planalto, e até desafiando os gerentes da "abertura" Geisel e Golbery. Desagradava-lhes até mesmo o fato de Geisel ter sido o responsável pela retirada da censura dos jornais (*O Estado de S. Paulo*, por exemplo, ficou seis anos sob censura). Momento culminante de um processo crescente de

---

[9] Os livros do jornalista Elio Gaspari, solidamente documentados, constituem obras de referência fundamental para a compreensão do período. Publicados pela Companhia das Letras, de São Paulo, são eles *A ditadura envergonhada* (As ilusões armadas), vol. 1 (2002); *A ditadura escancarada* (As ilusões armadas), vol. 2 (2002); *A ditadura derrotada* (O sacerdote e o feiticeiro), vol. 3 (2003); e *A ditadura encurralada* (O sacerdote e o feiticeiro), vol. 4 (2004). Do volume 2, destaque-se a parte II, "A derrota", especialmente o capítulo "Marighella, início e fim". De *A ditadura envergonhada*, destaque-se a parte III, "A construção", em que se analisa como o regime se articulou. Do volume 4, destaquem-se as partes I e II, "O sacerdote e o feiticeiro", ou seja, Geisel e Golbery, e "O caminho de volta". Em 2014 a série foi reeditada pela Intrínseca, do Rio de Janeiro.

[10] Marco Antônio Tavares Coelho é considerado uma das maiores inteligências de sua geração. Importante testemunho de sua trajetória encontra-se em seu livro *Herança de um sonho: as memórias de um comunista*, Rio de Janeiro, Record, 2000. Sobre o "caso Herzog", é fundamental a leitura do livro de Paulo Markun, *Meu querido Vlado*, Rio de Janeiro, Objetiva, 2005.

violências, aquela sequência de prisões, torturas e mortes provocou ampla mobilização da sociedade civil contra o regime.

Avizinhando-se o momento da sucessão do presidente Geisel, surge a articulação do ministro do Exército, general Sílvio Frota, da chamada "linha dura". Foi sumariamente demitido por Geisel, com apoio das tropas, incluindo os paraquedistas comandados pelo general Hugo Abreu, chefe da Casa Militar. Frota acusara Geisel de coalescente com a subversão, e publicou uma lista de 95 "comunistas" infiltrados no governo, entre eles, Delfim Netto...[11]

Hugo Abreu, animado, também se arvora em candidato à sucessão de Geisel, mas o presidente impõe o nome do chefe do SNI, general João Baptista Figueiredo, da Cavalaria. Ou seja, o comando da Revolução deixava de estar diretamente nas mãos das Forças Armadas, voltando a ser controlado pelo SNI, aparelho de Estado montado pelo general Golbery.[12]

O "PACOTE" DE ABRIL (1977): "ESTE MAÇO DE DESPAUTÉRIOS"

> "É preciso ter sempre na cabeça o lance seguinte: pelo menos."
>
> Golbery do Couto e Silva[13]

Apesar de ter sofrido sucessivas operações para restringir a participação dos grupos e tendências liberais e de centro-esquerda, o modelo político-eleitoral recauchutado ainda não garantia a vitória do regime, desejada por Geisel, nas eleições parlamentares. Em face de uma derrota anunciada, previsível, o presidente, que vinha propondo a "abertura", queixou-se de que estava sob uma "ditadura da minoria" e decretou o recesso do Congresso Nacional, assumindo poderes plenos.

---

[11] Ver 1977, ano do pacote, verbetes 2.254 e 2.255, em Darcy Ribeiro, *Aos trancos e barrancos: como o Brasil deu no que deu* [*T&B*], cit. Sobre essa tendência mais à direita no estamento militar, ver o livro-depoimento de Sílvio Frota, *Ideais traídos*, Rio de Janeiro, Zahar, 2006. Note-se que, nele, cidadãos são tratados como "elementos".

[12] Análises mais detalhadas desses embates encontram-se nas obras de Gaspari, já citadas, e em Thomas Skidmore, *Brasil: de Castelo a Tancredo*, Rio de Janeiro, Paz e Terra, 1988, 3ª ed.

[13] Golbery do Couto e Silva pronunciou esta frase enquanto ministro-chefe da Casa Civil da Presidência da República. Ver "O fabricante de nuvens: o que diz Golbery", em *Veja*, nº 602, São Paulo, 19/3/1980, p. 31. A reportagem de capa traz o título: "O mago da abertura".

Num "pacote" de medidas jurídico-políticas, Geisel prorroga o mandato do futuro presidente, impõe eleições indiretas para governadores (na prática, são nomeações), impõe ao Senado dezessete senadores "biônicos" por ele nomeados, para garantir maioria do governo no Congresso, fixa o número de deputados por Estado sem atenção às diferenças populacionais, dando assim maior peso a políticos de Estados supostamente manipuláveis. Mais grave é o fato de determinar que qualquer mensagem presidencial enviada ao Congresso Nacional deveria ser automaticamente aprovada se, no prazo de 40 dias, não fosse examinada e votada pelos parlamentares. Sobre o "pacote", diz Darcy Ribeiro, carregando na ironia:

> "Este maço de despautérios é que passou a ser chamado o 'Pacote de Abril'. Para engendrá-lo, Geisel se fecha, dez dias, sozinho, calado, enfeixando poderes totais, comendo raízes amargas, fazendo continência a si mesmo e ruminando sobre os destinos gloriosos do Brasil Potência."[14]

A essa altura, várias lideranças da sociedade civil já estavam atuando no caminho da abertura, pressionando para a aceleração do processo. O "pacote" configurou o retrocesso, gerando uma série de manifestações por parte da imprensa, da universidade e em várias organizações representativas da sociedade civil. Algumas declarações críticas individuais sinalizavam na direção da urgência da redemocratização, entre elas a impactante *Carta aos brasileiros*, do professor Goffredo da Silva Telles Júnior, ainda em 1977.

Finalmente, em outubro de 1978, o general-presidente Geisel, acuado, revoga os Atos Institucionais promulgados durante os governos militares anteriores. No ano seguinte, o general João Baptista Figueiredo, ex-chefe do Serviço Nacional de Informações, é escolhido como quinto presidente. Em agosto desse mesmo ano de 1979, o projeto de anistia política é aprovado pelo Congresso.

Em face do clamor popular estimulado por instituições da sociedade civil (OAB, ABI, SBPC, Comissão de Justiça e Paz, CNBB, Sindicatos dos Jornalistas, Adusp, alguns jornais e personalidades), o governo estabelece,

---

[14] Cf. 1977, ano do pacote, verbete 2.256, em Darcy Ribeiro, *T&B*, cit. O melhor perfil biográfico de Ernesto Geisel foi escrito por Elio Gaspari em *A ditadura derrotada*, cit., sob o subtítulo "Moita, é o Alemão".

A República Civil-Militar (1964-1985)

em 1981, *eleições diretas* para todos os cargos executivos, excetuando-se os de presidente e de prefeito das capitais e das áreas de segurança nacional.

A sucessão dos acontecimentos seguintes, que levaram à implantação da atual ordem republicana, é conhecida: em fins de 1984 ocorreria a negociação que levou, em 15 de janeiro de 1985, à eleição indireta, pelo Congresso, de Tancredo Neves, um presidente civil. Mas ele adoece gravemente e submete-se a uma cirurgia na véspera da posse, que deveria se dar em 15 de março, vindo a falecer pouco mais de um mês depois, e, por isso, assumindo o vice-presidente José Sarney, abrindo-se o período que se denominou — exageradamente, está claro — "Nova República". Em 1988, culminando todo o processo, é aprovada a nova Constituição.

A Constituição de 1988

Em 1986, fez-se a eleição de deputados para o Congresso Constituinte. Em 1988, o Congresso, sob a presidência de Ulysses Guimarães, promulga uma nova Constituição, de caráter liberal-democrático, denominada "Constituição cidadã". Da elaboração dessa constituição participaram, entre outras personalidades, Severo Gomes, Florestan Fernandes, José Genoino, Roberto Campos, Delfim Netto, como veremos mais adiante.

Para a maioria de seus deputados, a Constituição foi considerada a mais completa de todas as constituições da história do Brasil. Para Roberto Campos, tratava-se de uma "Constituição para os pobres", um "dicionário de utopias", "um avanço no retrocesso".[15] De todo modo, tornou-se um marco fundamental na história contemporânea do Brasil.

De 1988 aos dias atuais, a República estabilizou-se do ponto de vista político-institucional e, após o Plano Real, também do ponto de vista econômico-financeiro. Claro, não sem solavancos ou vícios herdados dos períodos anteriores (como a infidelidade partidária, o *impeachment* do presidente Collor, crises inflacionárias até o Plano Real, planos econômicos desencontrados, inúmeras medidas provisórias, casos gritantes de corrupção inter-

---

[15] Ver a tese de doutorado de Tarcisio Costa, *A Profile of Contemporary Political Discourse in Brazil: The Rhetoric of Intransigence in the 1987-1988 Constituent Experience*, Cambridge, University of Cambridge, 1998. Nela o autor apresenta interessante contraponto entre as ideias de dois deputados com posições muito antagônicas: Florestan Fernandes e Roberto Campos. Ver, em especial, os capítulos "Faust in the Tropics" e "Todos somos constituintes".

mitente e, mais recentemente, os escândalos do "mensalão", de impunidades em todas as esferas etc.).

Tal estabilidade, entretanto, não foi aproveitada no sentido de criarem--se condições efetivas para as reformas estruturais de base, que propiciassem efetiva distribuição de renda e melhor condição de vida para a cidadania — ou melhor, *pré-cidadania* — mais humilde, para os "desenraizados", os "condenados da terra", os miseráveis.

O regime militar de 1964
e seus presidentes: uma síntese

> "Brasileiro não gosta da fase de operação dos projetos."
>
> Golbery do Couto e Silva[16]

Examinado o sentido geral do processo, voltemos a 1964, para uma apreciação crítica do período que então se abre: os difíceis anos da mais longa ditadura ocorrida na história do Brasil.

Diversamente de 1930, 1945 e 1955, as Forças Armadas em 1964 não entregaram o poder a um civil. A partir do golpe até 1985, a história republicana assistiria, pela primeira vez, a um longo desfile de presidentes militares, cuja "eleição" dava-se dentro do círculo do poder militar. Em suma, a sociedade civil não participava do processo.

Tais "eleições" não passavam de golpes sucessivos dentro do alto estamento do generalato: o Congresso apenas referendava a escolha do general--presidente, legitimando seu mandato.

O GOVERNO DO "ILUSTRADO"
MARECHAL CASTELLO BRANCO (1964-1967)

Na origem do processo, já em 1964, ocorreu um fato inusitado: o general Arthur da Costa e Silva, porta-voz da "linha dura", nomeou a si próprio ministro da Guerra, antes mesmo que o general Mourão Filho (o autodenominado "Vaca Fardada") tivesse tempo de alcançar o Rio com suas

---

[16] Ver "O fabricante de nuvens: o que diz Golbery", cit., p. 31.

A República Civil-Militar (1964-1985)

tropas. Tal fato teria desagradado o marechal Castello Branco, de uma linha mais "esclarecida" e um dos líderes mais intelectualizados do movimento.

Os civis já estavam, desde logo, marginalizados das decisões. Os governadores de Minas, São Paulo, Rio, Paraná, Santa Catarina, Goiás e Rio Grande do Norte, reunidos com Lacerda no Palácio Guanabara, foram tomados de surpresa com a comunicação, feita pelo general Augusto César Moniz de Aragão, da escolha, pelo Exército, do novo presidente: o cearense Humberto Castello Branco.

Em 9 de abril os militares emitiram o Ato Institucional nº 1. Descartados outros nomes, como os de Eurico Gaspar Dutra e Cordeiro de Farias, o agora escolhido presidente pela maioria civil e militar golpista, Humberto de Alencar Castello Branco, teve seu nome aprovado pelo Congresso em 11 de abril por 361 votos, contra 75 abstenções e 5 votos para outros militares. Deixando claro ao Congresso que este recebia sua legitimidade do Ato — e não o contrário —, os juristas direitistas Francisco Campos, o mesmo da Carta de 1937, e Carlos Medeiros Silva escreveram no preâmbulo do texto do primeiro Ato: "A revolução vitoriosa, como um poder constituinte, se legitima a si mesma".[17]

Tal documento inaugurava, menos que um modelo, um estilo "jurídico" que o regime adotaria, nos anos seguintes, ao "editar duas 'constituições'", alteradas por "25 atos institucionais e 35 atos complementares" e "mais de dois mil decretos-leis", entre os quais o que estabelecia "o *decreto secreto*, para legalizar, clandestinamente, ilegitimidades inconfessáveis".[18] Como prática, por decurso de prazo, aprovaram-se leis via Congresso, como as que instituíam o estado de sítio, salvaguardas institucionais, senadores biônicos, e assim por diante.

Os políticos mais reformistas tiveram seus mandatos cassados. Até 1965, foram expedidos 3.535 atos punitivos. Os militares, entre abril e junho, expulsaram de seus quadros 122 oficiais mais críticos e nacionalistas; depois, seriam centenas deles, de modo "discreto" ou não, como se pode constatar pelo surpreendente número de pedidos de indenização nos últimos anos, abrangendo o período de 1964-1985.

O novo governo arrogou-se o direito de suspender os direitos políticos dos cidadãos durante um período de dez anos. Voltava-se ao modelo políti-

---

[17] A Redentora, verbete 1.819, em Darcy Ribeiro, *T&B*, cit.

[18] *Ibid.*, verbete 1.820.

História do Brasil: uma interpretação

co experimentado durante o Estado Novo, no qual o Poder Executivo tinha ampla margem de autonomia para tomar decisões de governo. De acordo com o AI-1, o Executivo podia decretar o estado de sítio sem prévia consulta ao Congresso.

O passo seguinte foi a intervenção nos sindicatos, seguida da repressão e desmobilização dos movimentos populares. O número de detidos pode ter alcançado até 50 mil cidadãos, nas estimativas de Thomas Skidmore.[19] As Ligas Camponesas foram combatidas e dispersadas, e a sede da União Nacional dos Estudantes (UNE), incendiada. A sede do ISEB foi destruída, liquidou-se o núcleo de pesquisas de Manguinhos, desmontaram-se o Centro Nacional de Pesquisas Educacionais e os Centros Regionais, ativíssimos e referenciais, criados pelo professor Anísio Teixeira. Também a campanha de alfabetização de Paulo Freire foi dissolvida, e perseguiram-se os professores da Faculdade Nacional de Filosofia, que tiveram suas vidas e casas devassadas.

Em São Paulo, os professores Mário Schenberg, Florestan Fernandes, Vilanova Artigas, entre outros, foram presos, provocando protestos e manifestos de seus colegas, publicados na imprensa. Em Curitiba e em várias cidades do Paraná, estado de origem do ministro da Educação Suplicy de Lacerda, ocorreram autos de fé em praça pública, com a queima de livros considerados subversivos. O mesmo ocorreu em Santa Catarina (ali, como no Paraná, até a Bíblia protestante foi queimada), em Pernambuco e em outros estados do Nordeste. No interior do Estado de São Paulo, os professores das faculdades de Filosofia — inovadoras em ideias e costumes — também sofreram os males da mentalidade provinciana e reacionária. O que constituía sério paradoxo, num regime cujo presidente era considerado um dos intelectuais mais sérios do Exército.

Ao mesmo tempo, a junta militar, pela voz do marechal Castello Branco, afirmava que pretendia respeitar a "ordem constitucional", já danificada, justificando a intervenção no processo político por almejar a permanência da democracia representativa. Na prática, porém, o movimento de 1964 mudaria em ritmo acelerado as regras mais comezinhas do jogo democrático formal, servindo-se de parlamentares da República, como Ulysses Guimarães (PSD), Pedro Aleixo (UDN) e Arnaldo Cerdeira (PSP), que, em 8 de maio de 1964 redigiram anteprojeto de Ato Institucional — preterido pelo de Chico

---

[19] Thomas Skidmore, *Brasil: de Castelo a Tancredo*, cit., p. 58.

A República Civil-Militar (1964-1985)

Campos e Carlos Medeiros — que delegava plenos poderes ao Comando Revolucionário militar, permitindo a cassação por quinze anos dos direitos dos parlamentares e cidadãos tidos por subversivos, o fechamento de entidades de classe etc.

O marechal Humberto Castello Branco, um dos comandantes da FEB na Itália, que, apoiado pela UDN, assumira a presidência da República, não tinha o perfil de um caudilho latino-americano. Seria, antes, um representante tardio do despotismo ilustrado, militar com verniz cultural e certos escrúpulos que não permitiam identificá-lo com a extrema-direita das Forças Armadas. De resto, o quadro não era tranquilo: por exemplo, pressionado por Magalhães Pinto (candidato à sua sucessão), Castello teve enorme dificuldade em punir Juscelino, suspendendo seus direitos políticos por dez anos, apesar da oposição da Embaixada americana e, até, de Roberto Campos, que era contra tal cassação.[20] Castello tampouco conseguiria enfrentar a pressão do general Costa e Silva e da "linha dura" açulada por Carlos Lacerda, candidato, como JK, à sucessão de Castello.[21]

Seu ministério revela a disposição e o clima político-ideológico que marcariam a nova ordem. Para o Ministério da Justiça foi convidado o austero senador Milton Campos, constitucionalista mineiro e udenista "esclarecido", que perdera por duas vezes em eleições para a vice-presidência da República; para o Ministério da Fazenda, o monetarista Octavio Gouveia de

---

[20] Roberto Campos foi personagem ambíguo, contraditório, culto e inteligente daquelas décadas. Prestigioso nos meios financeiros e diplomáticos das altas rodas do capitalismo internacional, deixou vários livros (alguns em parceria com Mario Henrique Simonsen) e um livro de memórias pleno de informações e observações desfrutáveis, *A lanterna na popa: memórias*, Rio de Janeiro, Topbooks, 1994.

[21] A trama é descrita na parte II no livro de Thomas Skidmore, *Brasil: de Castelo a Tancredo*, cit. Sobre esse período, ver Alberto Dines *et al.*, *Os idos de março e a queda em abril*, Rio de Janeiro, José Álvaro, 1964; Luís Viana Filho, *O governo Castello Branco*, Rio de Janeiro, José Olympio, 1975; Carlos Castello Branco, *Os militares no poder*, Rio de Janeiro, Nova Fronteira, 1976; Carlos Chagas, *A guerra das estrelas: nos bastidores das sucessões presidenciais*, Porto Alegre, L&PM, 1985. Para um mapeamento das oposições de esquerda, é fundamental o livro de Daniel Aarão Reis Filho e Jair Ferreira de Sá, *Imagens da Revolução: documentos políticos das organizações clandestinas de esquerda dos anos 1961-1971*, Rio de Janeiro, Marco Zero, 1985. Há uma razoável quantidade de livros de *brazilianists* sobre o período e o marechal-presidente, alguns declaradamente favoráveis, como John W. F. Dulles, *Castello Branco: o presidente reformador*, tradução de Heitor A. Herrera, Brasília, Editora da UnB, 1983.

Bulhões; e, para o Ministério de Planejamento e Coordenação Econômica, Roberto Campos, economista e diplomata que servira na Comissão Econômica Mista Brasil-Estados Unidos. Como se recorda, em face da crescente inflação, Campos foi encarregado por Juscelino de criar, em 1958 e 1959, um plano de estabilização econômica, que não teve êxito. Agora tinha nova chance.

O ex-*tenente* Juarez Távora, também derrotado em 1955 como candidato à presidência e também da UDN, ficou com o Ministério dos Transportes e Obras Públicas; outro ex-*tenente*, o general Cordeiro de Farias, ficou com o Ministério de Coordenação de Agências Regionais; para a Saúde Pública foi indicado Raimundo de Brito, da UDN; e para o Ministério da Educação, Flávio Suplicy de Lacerda, da extrema-direita mais obscurantista da UDN paranaense. O ex-integralista e diplomata Vasco Leitão da Cunha, de perfil reacionário, foi para o Ministério das Relações Exteriores, e Daniel Faraco, do PSD do Rio Grande do Sul, para o da Indústria e Comércio. Para a chefia da Casa Civil, foi o historiador baiano Luís Viana Filho,[22] da UDN da Bahia, e a chefia da Casa Militar ficou com o general Ernesto Geisel.

O primeiro ministério de Castello ostentava uma fisionomia udenista, com inserções de ex-*tenentes*. Após algumas mudanças, no final de seu governo o Ministério era composto por Carlos Medeiros Silva, indicado para o Ministério da Justiça; o general Ademar de Queirós, para o do Exército, substituindo Costa e Silva; o ex-*tenente* Juracy Magalhães, para o das Relações Exteriores; Juarez Távora mudava a denominação de seu ministério para Ministério da Viação; o ex-*tenente* Eduardo Gomes, prócer da UDN, foi para o da Aeronáutica; Mauro Thibau, para o das Minas e Energia; Nascimento e Silva, para o do Trabalho; Moniz de Aragão, para o da Educação; e, de São Paulo, Severo Gomes, para o da Agricultura, e Paulo Egydio Martins, para o da Indústria e Comércio.

Por fim, permaneceram intocados em seus postos Geisel, Roberto Campos e Bulhões...

Ao presidente da República delegaram-se poderes excepcionais para controlar a inflação, realizar a "regeneração" institucional e o "expurgo" de cidadãos do processo político e social. Por meio desses novos mecanismos, os militares pretendiam eliminar todo e qualquer foco de oposição ao golpe.

---

[22] Ver a perseguição, no período, ao pensamento crítico na Bahia, na entrevista do historiador Luís Henrique Dias Tavares, "1968: militares para atingir Luís Viana Filho me atingem", *A Tarde*, Salvador, 12/1/2002, pp. 2-5.

A República Civil-Militar (1964-1985)

Na primeira onda de cassações de direitos políticos, professores, escritores, embaixadores, sindicalistas, juízes, trabalhadores e até militares democratas, nacionalistas e legalistas, suspeitos de subversão, foram proibidos de participar da vida política nacional. Os sindicatos foram desmantelados, a Igreja progressista — embalada pela Teologia da Libertação —, perseguida, e a escola pública e as universidades, vigiadas. Emblemático o caso da Universidade de Brasília, que sofreu intervenção radical e aplastadora, sendo "expurgados" (a nova ordem inaugurou o emprego do termo nesta acepção) notáveis professores e cientistas convidados pelo reitor Darcy Ribeiro, também cassado.

DITADURA

O presidente Castello Branco aos poucos se revelava, por "força das circunstâncias", mais déspota do que "esclarecido". Foram cassados os direitos políticos de 41 parlamentares e dos ex-presidentes Jango e Jânio, dos governadores Brizola e Arraes, de Prestes, Djalma Maranhão, Pelópidas da Silveira, de intelectuais como Celso Furtado, Josué de Castro, o já citado Darcy Ribeiro, Osny Duarte Pereira, Jesus Soares Pereira. Na onda seguinte, mais 67 civis e 24 oficiais do Exército, incluindo os generais Assis Brasil, Zerbini e Crisanto de Almeida, mais dois almirantes e dois brigadeiros. Mais tarde, para espanto da nação, também o ex-presidente Juscelino, a despeito dos titubeios do marechal-presidente Castello, que não conseguiu resistir à pressão da extrema-direita. No Itamaraty, o expurgo foi coordenado pelos embaixadores Vasco Leitão da Cunha, ex-integralista, e pelo ultraconservador Pio Correia: brecavam-se a política externa independente e o ideal de uma nação autônoma, e voltava-se ao clima da Guerra Fria e de alinhamento automático com os Estados Unidos.

Os negócios do Estado foram redirecionados para enfoque mais agressivamente capitalista, com baixa preocupação social e maior abertura ao capital estrangeiro. A equipe econômica passou a ser coordenada por Roberto Campos, Delfim Netto, Mario Henrique Simonsen e Octavio Gouveia de Bulhões; a equipe jurídica, por Chico Campos e Carlos Medeiros, com auxílio dos "juristas"-censores Armando Falcão, Alfredo Buzaid e Luiz Antônio da Gama e Silva, este último redator do Ato Institucional nº 5, cuja versão inicial foi considerada demasiado dura pelos próprios militares. A gestão ou construção das grandes iniciativas do Estado (Petrobras, hidrelétricas, rodovias etc.) ficou por conta de um grupo de administradores, como

Costa Cavalcanti, Mário Andreazza, César Cals, Paulo de Almeida Nogueira e Shigeaki Ueki (os três primeiros oriundos da caserna).

O presidente não conseguiu dar conta do desafio que a corrupção representava, e que aumentaria à sombra da ditadura, por fim institucionalizada. Os militares foram se distanciando dos melhores ideais dos *tenentes*, ineptos para atuar num contexto em que o capitalismo avançado das multinacionais impunha um novo ritmo ao país.

O resultado mais nítido dessa virada histórica foi a instalação, no governo, de um grupo ligado ao capital internacional, com Roberto Campos à frente do Ministério do Planejamento, posto anteriormente ocupado por Celso Furtado, nacionalista. Não causa surpresa o fato de ter o regime logo se beneficiado da facilitação de empréstimos por parte da Aliança para o Progresso, braço da política externa americana para a América Latina, lançada no governo Kennedy.

Com o Plano de Ação Econômica do Governo (PAEG), impôs-se uma política de compressão dos salários, privatização da economia e de ações tópicas, como a suspensão de subsídios ao trigo, petróleo e papel. O governo promoveu a devolução das refinarias particulares encampadas por Jango, e concedeu à Light o poder de aumentar tarifas com correção automática e reavaliação de seus ativos. E, ainda, concedeu anistia fiscal para os brasileiros repatriarem seus depósitos clandestinos no exterior (não utilizada, por razões óbvias). Roberto Campos, o "cérebro do regime" e ministro do Planejamento, ditou as linhas gerais da nova política econômica, aplicando-a com rigor.

No plano social, com mais rigor ainda, o governo classista tornou ilegal o direito de greve. A gestão do ministro do Trabalho Arnaldo Sussekind destacou-se pela intervenção em cerca de mil sindicatos pelo prazo de dez anos, com destituição de suas direções: uma foto do ministro, andando de bicicleta virado para trás, tornou-se emblemática das diretrizes sociais do governo de 1964. Para culminar sua política econômico-social, o governo decretou a revogação da Lei de Remessa de Lucros, abrindo as comportas para os interesses externos.

O governo militar promoveu a cassação dos direitos políticos de eminentes professores, como Leite Lopes, Jaime Tiomno, Roberto Salmeron, Luís Hildebrando Pereira da Silva. Além disso, prendeu o físico Mário Schenberg e o biólogo Warwick Kerr, um dos fundadores da Fundação de Amparo à Pesquisa do Estado de São Paulo (Fapesp), tratando-os de modo humilhante. Houve manifestos de solidariedade aos professores e repúdio ao

A República Civil-Militar (1964-1985)

governo, mas também se registraram ruidosos apoios às medidas ditatoriais, até mesmo às cassações na Universidade de Brasília, como as subscritas pelo Movimento de Arregimentação Feminina (MAF), que congregava donas de casa extremamente conservadoras. A Direita mostrava, com estridência cada vez maior, sua disposição de defender o *status quo*.

GOLBERY, O IDEÓLOGO DO REGIME

> "Mas esta é a trágica realidade de nossa época conturbada: fora do poder, não há salvação."
>
> Golbery do Couto e Silva[23]

O novo governo militar criou um instrumento de inteligência muito temido, que marcou todo o período ditatorial: o Serviço Nacional de Informações (SNI), inspirado pelo general Golbery do Couto e Silva, militar intelectualizado da Escola Superior de Guerra. O SNI multiplicou seus tentáculos por todo o país, passando a vigiar e inspecionar secretamente a vida de muitos cidadãos, até mesmo das Forças Armadas, especializando-se em escutas telefônicas, em seguir "suspeitos" e outros expedientes. "Criei um monstro", dirá, na virada dos anos 1970, o general Golbery, ele próprio agora vigiado pelos remanescentes da "linha dura" do regime em crise. Ironias da história.

A trajetória de Golbery desenvolveu-se ao longo de quase cinquenta anos do século passado. Nascido em 1911, na cidade gaúcha de Rio Grande, aí cursou o Ginásio Lemos Júnior, ingressando depois na Escola Militar do Realengo, no Rio de Janeiro, e tornando-se aspirante na arma de Infantaria em 1930. Na década de 1930, serviu em várias unidades do Exército no Rio Grande do Sul. Em 1941, prestou admissão à Escola de Estado-Maior, tendo concluído este curso em 1943, passando a servir no Estado-Maior da 3ª Região Militar. Em 1944, fez estágio no Exército americano, sendo logo transferido para a Força Expedicionária Brasileira, na Itália. Ao retornar, foi promovido a major e, em 1947, foi servir por três anos como membro da Missão Militar Brasileira de Instrução, no Exército do Paraguai, país que havia muito se tornara uma espécie de "satélite" do Brasil.

---

[23] Golbery do Couto e Silva, *Planejamento estratégico*, Brasília, Editora da UnB, 1981, 2ª ed., p. 200.

Em 1950, Golbery passa a fazer parte do Estado-Maior, sendo designado adjunto da Seção de Informações. Tenente-coronel em 1951, em 1952 é nomeado adjunto do Departamento de Estudos da Escola Superior de Guerra, na divisão de Assuntos Internacionais e, depois, na Divisão Executiva. Exonerado em 1955 da Escola Superior de Guerra, publica seu primeiro livro, *Planejamento estratégico*. Em 1956, foi promovido a coronel e transferido para o Estado-Maior do Exército, Seção de Operações, Subseção de Doutrina.

Nomeado em 1960 para o Estado-Maior das Forças Armadas como chefe da Seção de Operações, no ano seguinte passou a chefe de gabinete da Secretaria Geral do Conselho de Segurança Nacional, logo solicitando sua transferência para a reserva. Na reserva, deu início à sua vida de ideólogo--conspirador. A partir de então, chefiou o grupo de pesquisa do Instituto de Pesquisas e Estudos Sociais, o IPES, no Rio de Janeiro.

Seus dois livros, *Planejamento estratégico* e *Geopolítica do Brasil*,[24] de ensaios e conferências escritos na década de 1950, dão a dimensão que adquiria o pensamento do futuro general, no transcorrer da década de 1950 e início da de 1960. Os dois livros resultam de conferências na Escola Superior de Guerra, entre as quais consta uma proferida às "entidades das mais representativas da cultura paulista".[25] Com efeito, nessas conferências, por vezes longuíssimas, procurava articular empresários.

UM "NOVO" CONCEITO DE "SEGURANÇA NACIONAL"

> "Estabelecer em bases sólidas a segurança nacional, com o fim sobretudo de disciplinar o povo e obter o máximo rendimento em todos os ramos da atividade pública, é justamente adotar os princípios da organização militar, contanto que seja isentada do espírito militarista."
>
> General Pedro Aurélio de Góes Monteiro[26]

---

[24] Golbery do Couto e Silva, *Geopolítica do Brasil*, Rio de Janeiro, José Olympio, 1967.

[25] *Ibid.*, pp. 25 e 460.

[26] Pedro Aurélio de Góes Monteiro, *A Revolução de 30 e a finalidade política do Exército*, Rio de Janeiro, Andersen, [1934?], *apud* Leonardo Trevisan, "A doutrina de Góes", em *O que todo cidadão precisa saber sobre o pensamento militar brasileiro*, São Paulo, Global, 1985, p. 38.

A "segurança nacional" — em verdade, um conjunto de normas que passaram a ser postas em prática após a renúncia de Jânio Quadros, em 1961 — passou a ser teorizada pelo grupo capitaneado por Golbery. De projeto mobilizador em torno da "nacionalidade", tornou-se doutrina, agora com caráter autoritário e crescentemente desmobilizador. Planejar para a "segurança nacional", formar planejadores com uma clara "consciência" do que fosse essa segurança nacional, eis algumas das metas ensinadas na Escola Superior de Guerra:

> "Melhor justificativa talvez não se pudesse encontrar nesses períodos tão rudes, mas tão cheios de verdades, para esforços despendidos nesta Escola no debater, estudar e ensaiar exaustivamente, ano após ano, o método, os processos e as várias técnicas do planejamento da segurança nacional, sem que a mova a determinação orgulhosa de impor soluções ou de substituir-se aos órgãos credenciados para tais tarefas, mas com o objetivo fundamental e superior de forjar uma doutrina, de acumular e transmitir uma experiência e, sobretudo, de formar planejadores."[27]

No pós-guerra, a presença efetiva e o exemplo dos Estados Unidos, principalmente da ideologia do planejamento inscrita no *New Deal* de Roosevelt, eram dominantes. Em suas conferências demoradas e de frases complicadas, Golbery pontificava, exercitando sua dialética:

> "Anomia ou totalitarismo — eis o dilema que se oferece à sociedade de nossos dias, se não formos capazes de formular, em termos precisos e seguros, um planejamento democrático que, como síntese feliz daquela oposição dialética, abra uma nova era para a história da humanidade, a era de planejamento, de liberdade e de justiça — eficácia de pleno rendimento para as atividades humanas, ampla e livre expansão à personalidade consciente de seus deveres sociais, reconhecimento do direito de todos ao gozo real das quatro liberdades que Roosevelt soube anunciar à humanidade como um valioso evangelho dos novos tempos."[28]

[27] Golbery do Couto e Silva, *Planejamento estratégico*, cit., p. 332.

[28] *Ibid.*, p. 23.

Em *Geopolítica do Brasil*, o estrategista Golbery alinha os "objetivos nacionais permanentes", entre os quais está a manutenção de "um estilo de vida democrático, com bases cada vez mais amplas na participação efetiva e consciente do povo". Quanto à questão territorial, ex-aluno do geógrafo Delgado de Carvalho, defendia a "manutenção do *status quo* territorial na América do Sul, contra quaisquer tendências revisionistas ou a formação de blocos regionais, políticos ou simplesmente econômicos, que possam vir a constituir ameaça à própria paz do continente".[29]

Golbery alocava o Brasil neste "golfão excêntrico do Atlântico Sul", ligado aos destinos da "civilização ocidental". Nessa medida, entende-se que seu conceito de nacionalismo, o "bom nacionalismo", seja antissoviético e anticomunista, diverso do "mau nacionalismo". Este seria

> "um nacionalismo que só apresenta, como única constante, a moeda falsificada cujo verso é a admiração, o endeusamento, a submissão desfibrada de tudo que vem da Rússia e cujo anverso é o ódio sistemático e mesquinho, o denegrir constante, o ataque insidioso ou brutal às democracias do Ocidente, evidenciando claramente que seus fins supremos são outros, muito outros e diversos da soberania e do engrandecimento nacionais."[30]

Seu grupo de opinião dentro das Forças Armadas e do empresariado vislumbrava o surgimento do Brasil Potência, o que, depois de 1964, passou a ser denominado Brasil Potência Emergente.

No início da década de 1960, dada a mobilização popular que resultou na tentativa de implantação das Reformas de Base durante o breve governo Goulart, a doutrina de segurança nacional assumiu seu viés desmobilizador, pois tratava-se, nesse caso, de um "mau nacionalismo". Ou, como Golbery dizia, era necessário combater todo tipo de incursão do que possa ser identificado como "comunista" no plano interno. Em suas palavras, "essa poderosa quinta coluna agindo, tanto prévia como simultaneamente, sempre em estreita coordenação com quaisquer planos de agressão arquitetados no Kremlin"...[31]

[29] *Ibid.*, p. 252.

[30] *Ibid.*, pp. 99-100.

[31] Golbery do Couto e Silva, *Planejamento estratégico*, cit., p. 46.

A República Civil-Militar (1964-1985)

Extinção dos partidos políticos de 1946: nascem a Arena e o MDB

Após as cassações e o anúncio do Plano de Ação Econômica do Governo, o passo seguinte foi acabar com os partidos políticos. Depois de perder as eleições em Minas Gerais, em Goiás e no Estado da Guanabara, o governo federal reagiu, editando, em 27 de outubro de 1965, o Ato Institucional nº 2, que extinguia os partidos políticos tradicionais, instituindo eleições indiretas para presidente da República e criando o bipartidarismo.

Houve vigorosa reação de deputados, como a do líder do PTB na Câmara Federal, Doutel de Andrade, que, em nota oficial, afirma que "combaterá energicamente as mensagens enviadas pelo presidente da República ao Congresso Nacional". E acusa o governo de pedir ao Congresso "uma edição requentada e mais requintada da famosa 'polaca', de 1937".[32] Mas o deputado indica com clareza a diferença entre a Constituição de 1937 e a legislação de 1965, pois aquela seria aplicada apenas nos casos de perturbação da ordem:

> "Agora, não. A intervenção é admitida mediante razões abstratas, isto é, sempre que o governo federal entender conveniente 'impedir' subversão interna. [...] É claro que se trata de intervenção preventiva, baseada em sintomas subjetivos, ao arbítrio exclusivo do presidente da República."

Em outras palavras, "uma simples greve de estudantes pode servir de pretexto para sacrificar-se a autonomia de um Estado".[33]

Quanto ao Estatuto dos Cassados, a nota de Doutel de Andrade qualifica-o de "iníquo, pois, inspirando-se na crueldade da 'polaca', com a preocupação de tripudiar sobre os vencidos, agravando *a posteriori* as penas aplicadas e atirando-os para os tribunais de exceção, porque não se confia na independência dos juízes togados".[34]

O deputado lembrava que o marechal-presidente vinha impondo as

---

[32] "PTB decide combater energicamente o governo", *Folha de S. Paulo*, São Paulo, 17/10/1965.

[33] *Ibidem.*

[34] *Ibidem.*

regras do jogo, chegando a "ir pessoalmente à sede do Supremo Tribunal Eleitoral comunicar que a 'revolução' não admitia o registro de determinados candidatos, sendo eliminados, em consequência, os nomes de Hélio de Almeida, Teixeira Lott e Paes de Almeida".[35] Ainda assim, o novo regime, apesar de contar com políticos fiéis ao governo, como Magalhães Pinto (Minas) e Nei Braga (Paraná), não lograra obter o controle de onze estados, por isso dissolveu os partidos tradicionais.

Inventou-se então o bipartidarismo da ditadura, quando foi permitida a formação da Aliança Renovadora Nacional (Arena), governista e logo majoritária, arregimentando muitos ex-membros da UDN, do PSP e de partidos menores; e o Movimento Democrático Brasileiro (MDB), que, reunindo as oposições, deveria atuar como uma frente liderada por veteranos do PSD (como Tancredo Neves e Ulysses Guimarães), aliados a integrantes do PTB e de partidos menores, mas sem contestar o regime. O Poder Executivo continuava a exercer poderes ditatoriais, para suspender direitos políticos, cassar mandatos de deputados e senadores, e fechar o Congresso sempre que achasse necessário. O AI-2 determinava, ainda, que os crimes contra a segurança nacional seriam julgados por tribunais militares.

Desse modo, o governo militar criou um sistema político em que a Arena, partido que apoiava o governo, sempre obtinha maioria no Congresso. Com a crescente escalada da oposição, o MDB elegia um número maior de parlamentares, pondo em risco o controle do Congresso, o que fazia o governo reagir, nomeando por decreto elementos de sua confiança. Os políticos simpáticos ao regime obtinham mandatos de representação sem concorrer às eleições. Desse modo, prefeitos e governadores, deputados e senadores dóceis ajudavam os militares a governar o Brasil.

O COLAPSO DO POPULISMO (DE ESQUERDA...)

Os militares acabaram com o populismo dos governos anteriores, mas também com as liberdades públicas. Após a dissolução dos partidos, e a criação da Arena e do MDB, os políticos que apoiavam o governo militar passaram a ganhar as eleições. A Arena reuniu os representantes dos setores mais conservadores da sociedade, avessos a qualquer tipo de reforma que minasse seus privilégios.

[35] *Ibidem.*

Em fevereiro de 1966, o presidente Castello Branco editou o Ato Institucional nº 3, pelo qual as eleições para os governos estaduais também passariam a ser indiretas. A questão da sucessão presidencial entrava na ordem do dia, e aproximavam-se as eleições para o Congresso.

Em outubro, tropas cercam o Congresso Nacional e fecham-no. Com o Ato Institucional nº 4, de dezembro de 1966, fixando as normas de aprovação, o Congresso somente seria reaberto para, em janeiro de 1967, ratificar uma *nova Constituição*, elaborada pelo governo, e eleger o novo presidente e candidato único, o já marechal Costa e Silva, que tomaria posse em 15 de março de 1967. Note-se que oficiais tendentes à liberalização do regime foram paulatinamente afastados, preteridos nas promoções, deixados sem comando de tropa, e, embora não fosse o candidato de Castello, o marechal surgia como elemento de conciliação entre os militares "duros" e os "liberais". Chegou a haver expectativa de que ele até poderia, para eventual surpresa da nação, abrir o regime. Outro ledo engano.

A Constituição de 1967: a "segurança nacional"

A nova carta constitucional, redigida por Carlos Medeiros Silva e Pedro Aleixo e aprovada pelo Congresso depurado, dava amplos poderes ao Executivo. O presidente da República tinha as atribuições de propor projetos de lei sobre segurança e orçamento, de dirigir (de forma centralizada) a estrutura administrativa do Estado, controlando diretamente, desse modo, os empregos públicos.

Apesar disso, a carta manteve os princípios da imunidade parlamentar, a independência do Judiciário e o *habeas corpus*. Na prática, a liberdade partidária e o direito de greve e de organização sindical haviam sido cassados pelos Atos Institucionais. Durante esse período, o governo militar decretou uma Lei de Imprensa, impondo rígida censura aos meios de comunicação: até artigos moderados em jornal poderiam provocar o enquadramento de seus autores.

Naquele mesmo mês de março, quando da posse de Costa e Silva, o governo decretou a Lei de Segurança Nacional. De acordo com essa lei, "toda pessoa natural ou jurídica torna-se responsável pela segurança nacional, nos limites definidos em lei".[36]

---

[36] Cf. o capítulo "A nova estrutura jurídica", em Edgard Luiz de Barros, *Os governos militares*, São Paulo, Contexto, 1991, pp. 30-1.

Os movimentos estudantis prosseguiam, agora lutando por mais vagas nas escolas, enquanto um novo sindicalismo despontava, com o Movimento Intersindical Antiarrocho (MIA), na preparação das greves de Contagem (MG), Osasco (SP) e São Paulo, em 1968.

Nos subterrâneos da esquerda, para combate armado ao regime, Marighella fundava, àquela altura, a Aliança Libertadora Nacional (ALN). Carlos Marighella (1911-1969), que iniciara seus estudos na Escola Politécnica na Bahia, entrou para o Partido Comunista Brasileiro em 1934, tendo sido preso e torturado em 1936 e 1939, e passando nessa época seis anos confinado em presídios, entre os quais o da ilha de Fernando de Noronha e o da Ilha Grande. Deputado federal à Constituinte em 1945, foi cassado em 1947. Atuou na clandestinidade e, em 1964, ao ser descoberto, foi baleado e preso.

No ano de 1966, por discordar da linha pacífica do PCB, de cuja Comissão Executiva era membro, Marighella foi expulso do partido e fundou a ALN, atuando pessoalmente em ações de guerrilha urbana em 1968 e 1969. Foi morto em uma emboscada comandada pelo delegado Sérgio Fleury, do DOPS, na alameda Casa Branca, em São Paulo.[37]

O Sistema mantinha-se graças a um poderoso e bem equipado aparato de informação e repressão, com penetração em vários segmentos da sociedade. Atuante que era nos porões da ditadura, o delegado Fleury tornou-se emblemático do regime, tendo merecido estudos, como *Autópsia do medo*, do jornalista Percival de Souza.[38]

O GOVERNO "LINHA-DURA" DE COSTA E SILVA (1967-1969)

A nomeação do ministério de Costa e Silva já sinalizava os tempos de obscurantismo que estavam por vir: dos 16 ministros, 8 eram militares. Para o SNI, foi indicado o general Médici, da "linha dura".

---

[37] Descendente pela linha materna de Rosa, uma negra de origem sudanesa, revolucionária hauçá, do levante em 1835 em Salvador (Bahia), Marighella vem merecendo pesquisas. Além das referências de Thomas Skidmore, *Brasil: de Castelo a Tancredo*, cit., p. 207 e *passim*, ver Florestan Fernandes, *A contestação necessária*, São Paulo, Ática, 1995. Sobre o delegado Fleury, não se sabe com clareza das estranhas condições de sua morte em Ilhabela em 1979: estaria ligada a tóxicos ou foi "queima de arquivo"?

[38] Ver Percival de Souza, *Autópsia do medo: vida e morte do delegado Sérgio Paranhos Fleury*, Rio de Janeiro, Globo, 2000. Do mesmo autor, *Eu, cabo Anselmo*, Rio de Janeiro, Globo, 1999.

Na pasta da Fazenda, o ministro Delfim Netto passava da política deflacionária de contenção defendida pela equipe castellista, dirigida por Campos e Bulhões, para a fase de expansão. Delfim Netto, professor da Faculdade de Economia e Administração da USP, podia contar com o apoio dos médios empresários nacionais que, apesar de defenderem o governo, vinham reclamando da política de contenção. Chegara o momento de Delfim, o todo-poderoso ministro, deflagrar a política de aceleração do crescimento, porém controlando a inflação. Jogou pesado com dois fatores: duríssimo arrocho salarial sobre os trabalhadores e intenso financiamento de capitais externos. "Além disso, Delfim acelerou um conjunto de medidas para reduzir as taxas de juros, facilitar o crédito e criar subsídios capazes de estimular ainda mais as empresas multinacionais."[39]

Sob a ditadura, a politização da vida cultural

"É proibido proibir."

Caetano Veloso e Gilberto Gil[40]

A despeito do processo de fechamento político-institucional imposto pela ditadura (ou, talvez, provocado por ele), o fato é que as questões culturais foram sendo tratadas com crescente competência nos diversos quadrantes intelectuais da República. A sociedade civil, aviltada, descobriu um outro Brasil, rude, autoritário, diverso daquele país generoso e "cordial" dos anos de Juscelino e seus sucessores.

Nos anos 1960 registra-se uma série de jornais e revistas alternativos, da chamada imprensa nanica. Uma rede de supermercados criaria, no final

---

[39] Cf. Edgard Luiz de Barros, *Os governos militares*, cit., p. 34.

[40] Título, e verso, do manifesto — desclassificado — lançado por Caetano e Gil na seção paulista do Festival Internacional da Canção, em setembro de 1968, no Teatro da Universidade Católica (TUCA), em São Paulo. Recebidos pelos estudantes com uma vaia estrondosa, Caetano saiu-se com o que ele mesmo classifica de "um esporro": "Mas será que é essa a juventude que quer tomar o poder? Vocês no fundo são iguais àqueles que invadiram *Roda Viva* e espancaram os atores. Se vocês são em política o que são em estética, estamos feitos", *apud* Tárik de Souza, "Esta noite se improvisa", em *Vogue Brasil*, nº 151, São Paulo, fev. 1988, pp. 141-2. Três meses depois, os dois são presos e, em 1969, partem para o exílio.

História do Brasil: uma interpretação

dos anos 1960, um pequeno jornal inovador, *Bondinho*, lançado com êxito por Granville Ponce, dando início a publicações de caráter alternativo à grande imprensa, em geral apoiadora da ordem estabelecida. Raimundo Pereira será o responsável por vários jornais e semanários alternativos, e a atuação de Fernando Gasparian aquecerá esse mercado, até então alternativo, favorecendo o pensamento crítico.

Para além de todas essas iniciativas, o semanário O *Pasquim* (criado em 1969), em suas históricas e variadas entrevistas, seus editoriais, charges, sua musa Leila Diniz, fotomontagens e uma série de outras intervenções, representava o pensamento mais iracundo, irônico e crítico do período.[41] Seus fundadores — Jaguar, Millôr Fernandes, Sérgio Augusto, Henfil, Fortuna, Sérgio Porto, Tarso de Castro, Sérgio Cabral, Ziraldo e Paulo Francis — tiveram frequentes problemas com a censura e com o regime, chegando a ser presos mais de uma vez. Sempre ameaçada de atentados a bomba, a sede de sua redação funcionou como centro do pensamento mais vivo no Rio de Janeiro.

Numa época em que o país era inundado por siglas governamentais, um dos colaboradores de O *Pasquim*, o jornalista Sérgio Porto (Stanislaw Ponte Preta), lançou em 1966 seu livro *Febeapá: o Festival de Besteira que Assola o País*, o primeiro de uma série, ironizando as falas oficiais e mostrando esse avesso do Brasil.

E o clima de resistência à ditadura já se anunciara em shows, como *Opinião*,[42] estreado em dezembro de 1964. Nele Zé Kéti, empostando a voz da favela, entra no palco cantando, de sua autoria, "Podem me prender, podem me bater, que eu não mudo de opinião", seguido por Nara Leão cantando "Carcará" (em 1965, em seu lugar, entra Maria Bethânia e essa música de João do Vale e José Cândido vira hino contra a ditadura militar): era o sinal de um tempo de resistência ao autoritarismo, que depois, no governo Médici, transforma-se em fascismo aberto.

---

[41] Uma antologia com algumas (não todas) das melhores matérias editadas ao longo de sua vida, encontra-se em O *Pasquim: antologia*, organização e apresentação de Jaguar e Sérgio Augusto, vol. I (1969-1971) e vol. II (1972-1973). Houve várias prisões de seus diretores e colaboradores, e até hoje há suspeita sobre a morte de Sérgio Porto. A censura teve dificuldades com O *Pasquim*...

[42] O show *Opinião* foi escrito por Oduvaldo Vianna Filho, Armando Costa e Paulo Pontes.

A CULTURA EM REVISTA

Expressões mais permanentes desse pensamento crítico foram quatro revistas, importantes por sua abrangência e qualidade, dirigidas por intelectuais, editores de grande visibilidade no cenário nacional e internacional: a *Revista Brasiliense*, dirigida por Caio Prado Jr.; a revista *Anhembi*, dirigida por Paulo Duarte; a *Revista Civilização Brasileira*, mensal, com tiragem de 40 mil exemplares, dirigida por Ênio Silveira; e a revista *Tempo Brasileiro*, dirigida por Eduardo Portella. A revista *Convivium*, ligada ao pensamento conservador, também revelava bom nível.

Para quem desejar conhecer melhor aquele período, essas quatro revistas de crítica e atualização cultural e científica oferecem rico material para o aprofundamento da discussão a respeito das determinações básicas do pensamento brasileiro. Foram importantes tanto no que traziam de peculiar e local, como de interação com outros centros de produção e reflexão, tanto da cultura contemporânea como da chamada "cultura brasileira".

A *Revista Brasiliense* marcou época, sobretudo com os longos e lúcidos editoriais de Caio Prado Jr., historiador e economista de formação marxista e extremamente bem articulado do ponto de vista intelectual e político. Seus textos dão o norte da revista e constituem uma fonte inestimável para estudar-se a esquerda no Brasil, de vez que polemiza com diversas frentes do *establishment*, e com vanguardas e retaguardas das esquerdas, dos movimentos operário, intelectual e estudantil. A revista abrigava estudos sólidos, como os de Gérard Lebrun, Michel Debrun, Cruz Costa, Florestan Fernandes, José Arthur Giannotti e muitos outros professores e intelectuais, e alguns militantes, como Elias Chaves Neto. Estudos sobre a chamada "Questão Nacional" mereceram muitas páginas, abrangendo reflexões sobre instituições culturais como o ISEB. O tema da reforma agrária, sempre atual nesta história de impasses, comparece em todos os números.[43]

---

[43] Em *A contestação necessária*, obra póstuma, já citada, Florestan Fernandes descreveria com maestria a "rebelião moral" de Caio Prado. Nele, o sociólogo, analisando as biografias e ideias de vários personagens históricos e intelectuais, indica o despontar de aspirações utópicas que foram destroçadas pelas classes dominantes e pelo recurso extremo a duas ditaduras (1937 e 1964), assinalando "as esperanças frustradas que se encontram pairando sobre a sociedade brasileira" (pp. 12-3). O livro de pequenos ensaios biográficos de Florestan torna-se aqui referência importante, não somente por conta do citado artigo sobre Caio Prado Jr., mas também por conter outros estudos sobre personagens decisivos desse período — como Fernando de Azevedo, Octavio Ianni, An-

Anhembi, iniciada ainda nos anos 1950, foi outra revista importante desse período crítico. O recorte básico de seus textos é dado pela atuação de seu diretor e animador, Paulo Duarte, oriundo do Partido Democrático de 1928. Essa forma de liberalismo marcou um certo tipo de dissidência da oligarquia paulista ilustrada e sofreu um avanço com a atuação de Paulo Duarte, jornalista ligado à família Mesquita (com a qual muito mais tarde rompeu), do jornal *O Estado de S. Paulo*.

A revista publicava, além dos editoriais de Paulo Duarte, vários textos e estudos de universitários sobre variados assuntos, de arte e arqueologia até educação (ficaram famosos alguns artigos sobre a escola pública, tema a que o publicista muito se dedicou, tendo sido um dos líderes da conhecida Campanha da Escola Pública dos anos 1950 e 1960, com Florestan, Fernando de Azevedo e muitos outros intelectuais e professores).

Na revista *Anhembi*, muito lida por universitários e jornalistas, acompanha-se parte da atuação de Lívio Xavier, crítico empenhado e antigo intelectual trotskista. E também textos de Sérgio Milliet, o notável crítico de arte e literatura internacional.

Polemista, Paulo Duarte, que se pensava socialista democrático, deixou vários volumes de memórias,[44] que constituem um notável bloco de informações sobre a vida cultural, institucional, política, universitária, jornalística etc. de São Paulo e do Brasil. Tem-se aí um painel amplo e detalhado da vida político-cultural do século XX, dos anos 1920 até os anos 1960, incluindo relatos sobre a presença de intelectuais de porte em São Paulo nos anos 1950, como Braudel, Métraux, Faulkner, Frost e muitos outros.

A revista *Civilização Brasileira*, dirigida por Ênio Silveira (responsável pela editora de mesmo nome que — como a Zahar, também no Rio de Janeiro — divulgava a produção da esquerda nacional e internacional), acolheu importantes reflexões e estudos atualizadores das frentes progressistas, sobretudo após sua inflexão e renovação por volta de 1967. A revista estava

---

tonio Candido, além de Prestes, Marighella —, sem falarmos de latino-americanos que inspiraram ou tornaram-se pontos de referência naquele contexto, como Martí e Mariátegui; ou ainda Richard Morse, sólido intelectual americano, especializado em Brasil, que escreveu livro definitivo sobre a *Formação histórica de São Paulo*, São Paulo, Difel, 1970, até hoje insuperado.

[44] Paulo Duarte foi um notável agitador cultural, um liberal que, no último período de sua vida, combateu a ditadura de 1964. Os livros da série *Memórias*, em cinco volumes, foram editados pela Hucitec, de São Paulo, de 1974 a 1977.

A República Civil-Militar (1964-1985)

ligada à editora Civilização Brasileira (com participação, na revista, de muitos membros da direção da editora) e teve um papel fundamental na articulação de uma "cultura da esquerda", em geral ligada ao Partido Comunista Brasileiro. De caráter essencialmente nacionalista, terceiro-mundista, defendia uma política externa independente. O fato é que havia uma ampla participação de intelectuais progressistas desvinculados do Partido, e muitas traduções de textos de intelectuais e estudiosos do Terceiro Mundo, inclusive de norte-americanos progressistas. Após a inflexão de 1967, a abertura da revista, capitaneada pelo poeta e editor Moacyr Félix (com resistências da dogmática "linha dura" do "Partidão"), duraria mais algum tempo, sendo fechada em seguida.

Importante o papel que foi desempenhado por algumas figuras muito ativas e bastante avançadas, que, com o editor Ênio Silveira, recriariam a revista sob novo nome, nos anos 1970: a *Encontros da Civilização Brasileira*, mais aberta e no compasso das transformações da esquerda, sobretudo com os ventos do denominado eurocomunismo. Mencione-se, nessa vertente da produção editorial, a importância de artigos e livros de intelectuais marxistas heterodoxos, como Carlos Nelson Coutinho e Leandro Konder, entre muitos outros. Com a morte daquele notável editor, surgiram algumas publicações, com depoimentos de várias personalidades, sobre ele e seu projeto. Intelectuais como Celso Furtado participaram da referida iniciativa. Como veremos em outro capítulo, Furtado seria ministro da Cultura do governo Sarney, embora, obviamente, o país pudesse estar mais bem servido com ele no Ministério do Planejamento...

Outra revista marcante foi a *Tempo Brasileiro*, também ligada a uma editora, com o mesmo nome. De menor envergadura comercial, teve, entretanto, uma importância muito grande, nesse panorama que estamos avaliando, por ter publicado autores já bem conhecidos, como Sartre, e, também, lançado no Brasil intelectuais como Michel Foucault e os da Escola de Frankfurt, além de alguns que viriam a ter importância no cenário nacional, como Sérgio Paulo Rouanet, crítico e estudioso da psicanálise e da história da cultura, que seria ministro da Cultura no início dos anos 1990, no governo Collor.

A revista prossegue sua trajetória de modo contínuo, até hoje, tendo completado 50 anos de atividade em 2012. Destaque-se o papel de seu principal animador e diretor, o crítico Eduardo Portella, que, por curto período, também chegaria a ser ministro da Educação e Cultura (governo Figueiredo). "Estou ministro, não sou ministro", eis a frase que o tornaria célebre em sua passagem por Brasília, abreviada com o bloqueio de suas propostas democratizantes e avançadas no campo da educação.

Os projetos de Portella, Furtado, Rouanet e outros intelectuais com participação em postos de primeiro escalão, em diferentes governos, aguardam melhor estudo, pois todos produziram leis e projetos ou escreveram ensaios sobre cultura e poder, muitas vezes ultrapassando os horizontes da velha e desmobilizadora ideologia da "Cultura Brasileira".

Além dessas revistas e do já citado *O Pasquim*, publicações semanais como *Opinião*, *Movimento*, *Veja* e, mais tarde, *IstoÉ* e *Senhor* trouxeram — para o pesado clima de abafamento da informação jornalística e da produção cultural — lufadas de ar renovado.

BRASIL-ESTADOS UNIDOS: OUTRAS (E ANTIGAS) RELAÇÕES

Recuando no tempo, quanto à presença da cultura norte-americana, vale mencionar a presença de autores e personalidades brasileiras nos Estados Unidos, de intelectuais como Anísio Teixeira (que estudou com John Dewey) e Erico Veríssimo. E também, no reverso dessa temática, de intelectuais norte-americanos no Brasil, como é o caso de Richard Morse, Donald Pierson, Emilio Willems (alemão, tendo vivido e pesquisado no Brasil, mudou-se para os Estados Unidos, e de lá voltou várias vezes para estudar temas brasileiros), Stanley e Barbara Stein, que escreveram livros fundamentais, anteriores à voga dos chamados *brazilianists*, presença esta ampliada depois da Revolução Cubana (1959), quando o *establishment* americano quis aprofundar seus conhecimentos sobre o Brasil das Ligas Camponesas, do terceiro-mundismo nascente, das lutas pelas reformas estruturais. Lançaram a Aliança para o Progresso e também os Peace Corps (Corpos da Paz), jovens que vinham em missão oficial, muitos dos quais, politizando-se, acabaram por aderir à cultura local e antagonizar-se com os Estados Unidos, como foram os casos dos historiadores Peter Eisenberg e Michael Hall, ex-professores da Unicamp.

Em fenômeno ainda não bem avaliado, note-se que todo um brilhante grupo-geração de brasileiros teve impacto e acolhida nos Estados Unidos. Gilberto Freyre sempre foi o intelectual mais conhecido, por conta de sua estada nos Estados Unidos, tendo ali estudado com Franz Boas e Giddings: sua obra foi constantemente discutida, até porque tratava de questão espinhosa da cultura americana, a das relações raciais, dando o exemplo do sucesso da miscigenação no Brasil. Outros de sua geração, como o historia-

A República Civil-Militar (1964-1985)

dor das ideias Cruz Costa ou o sociólogo Fernando de Azevedo, foram deixados à sombra, dado o brilho, o impacto e a divulgação das teses de Freyre. Mas, mesmo assim, *A cultura brasileira*, o clássico livro-inventário de Fernando de Azevedo, e a obra *Contribuição à história das ideias no Brasil*, de Cruz Costa, foram traduzidos pela importante editora Macmillan, como, também, *Os sertões*, de Euclides da Cunha.

A obra-mestra de Euclides foi traduzida por um notável intelectual norte-americano de esquerda, o escritor Samuel Putnam, que a prefaciou. Até hoje, pouco ou nada se pesquisou sobre Putnam, intelectual de grande mérito. Além das de Euclides, ele foi também tradutor de obras de Rabelais, Cervantes, Pirandello. Putnam, como Karl Loewenstein e outros, conhecia bem o Brasil: era divulgador de sua literatura e daquele conjunto de manifestações e símbolos que passava a ser denominado, com maior ênfase, "Cultura Brasileira".

Quando, nos anos 1920 e 1930, Anísio Teixeira e Erico Veríssimo embarcaram para os Estados Unidos, já havia por lá, portanto, uma corrente de relações e informação bem fundamentada sobre nosso país. Era integrada por intelectuais como Putnam, por pesquisadores como Casper Branner, reitor de Stanford, ou por historiadores como Percy Alvin Martin, da mesma universidade. Universidades como Yale, Columbia ou Stanford recebiam sistematicamente intelectuais ou diplomatas brasileiros, como Joaquim Nabuco, Oliveira Lima, Erico Veríssimo. As relações Brasil-Estados Unidos estavam bem consolidadas quando, em 1941, articulou-se a "Política da Boa Vizinhança".

A orientação diplomática *pan-americanista* fora esboçada na primeira metade do século XIX. Em verdade, da parte do Brasil, já se notara tal inclinação muito antes, na ação de José Bonifácio, o grande articulador da Independência e do reconhecimento da nova nação. Do mesmo modo na de Paes de Andrade, o líder da Confederação do Equador de 1824. Não é, pois, de causar surpresa que, no século seguinte, tantos intelectuais brasileiros formados entre os anos 1920 e 1940 tenham voltado seu olhar para a grande potência do Norte. Afinal, como vimos, o país transitava, naqueles anos loucos, da esfera econômica da libra — e, da cultural, do franco — para a do dólar.

Não é, portanto, de espantar o fato de Gilberto Freyre ter sido convidado para o posto de ministro da Educação do primeiro governo saído do golpe de Estado de 1964, naquele contexto de realinhamento do país na esfera de dominação americana.

O AUGE DO CICLO MILITAR.
O TERROR "BRANCO" E A REAÇÃO CIVIL

Em contrapartida, a formação intelectual dos presidentes militares que governaram o Brasil durante mais de vinte anos era bastante modesta. Na verdade, bastante medíocre. Costa e Silva e Garrastazu Médici, particularmente, constrangiam seus assessores do Itamaraty nas reuniões em fóruns e visitas internacionais. Instruídos no auge da Guerra Fria, ambos defendiam de modo rude a implantação de uma infraestrutura moderna no país, necessária para a "segurança nacional".

Apesar de se autoproclamarem nacionalistas e advogarem a necessidade de o país entrar em ritmo de desenvolvimento autossustentado, isto é, sem a participação do capital estrangeiro, optaram, na prática, pelo alinhamento irrestrito com os Estados Unidos, tanto do ponto de vista militar como do econômico-financeiro, permitindo (e até promovendo) o enraizamento das multinacionais nos centros econômicos e políticos do país.

A criação de uma indústria bélica que garantisse o reequipamento das Forças Armadas foi estimulada pelas lideranças militares. A associação de industriais brasileiros com a cúpula militar era absoluto segredo de Estado, assunto de segurança nacional. Com efeito, o Brasil tornou-se, nesse período, um dos maiores exportadores de material bélico convencional (isto é, não nuclear) do mundo, estando entre seus fregueses a Líbia, o Iraque, a Colômbia (utilizando tanques e caminhões brasileiros na luta contra as Farc) e Angola.[45] Em contrapartida, as liberdades civis foram sufocadas, e os porões da ditadura encheram-se de prisioneiros de todos os quadrantes ideológicos da esquerda e, até, do centro liberal. Muitos cidadãos democratas tornaram--se "suspeitos de serem suspeitos"...

A caserna, em sua concepção ingênua e linear de sociedade, imaginava poder tomar medidas para o crescimento do país "considerando" sua popu-

[45] Outros países clientes da Engesa (Engenheiros Especializados S.A.): Dubai, Zimbabwe, Paraguai, Gabão, Bolívia e Venezuela. Foram fornecidos caminhões a dezoito países, mas os veículos comercializados eram, sobretudo, os tanques Cascavel, Urutu e Osório. Além das exportações, está claro, o cliente preferencial era o Exército brasileiro. Também a Engex (Equipamentos Especializados S.A.), controlada pela Engesa, operava nessa área.

A República Civil-Militar (1964-1985)

lação "pacífica", "passiva", "cordial", agradecida pelas benfeitorias e medidas tecnoburocráticas tomadas arbitrariamente, que supunham propiciar benefícios à população. Nessa medida, aceitaram cândida e docilmente as receitas de "magos" ou "professores" da Economia, uma "ciência" vista como "exata", manejada pelo todo-poderoso professor Delfim, ou por "sábios" como Mario Henrique Simonsen, verdadeiros demiurgos da realidade, que, além do mais, mantinham íntimas relações com o mundo da banca internacional.

A SOCIEDADE CIVIL REAGE (MAS PERDE).
A "BARREIRA HISTÓRICA"

> "A revolução [...] não é uma criação de sociólogos. Mas um fato da sociedade. Não se fazem ao arbítrio dos cientistas e muito menos dos sociólogos. As 'potencialidades explosivas' da América Latina não nos devem fazer esquecer quão fracas e inconsistentes ainda são as impulsões revolucionárias (nacionalistas e socialistas) na maioria dos países. Mais fortes e encarniçadas que elas, até o presente, são as forças contrarrevolucionárias internas e externas, unificadas pelo subdesenvolvimento e pelo capitalismo dependente. Essa é uma barreira histórica."
>
> Florestan Fernandes[46]

Apesar da retomada do crescimento econômico durante esse período, setores da sociedade reagiram ao regime de exclusão política, imposto pelos militares em nome da "segurança nacional". Trabalhadores, intelectuais, estudantes, membros da Igreja e de associações de classe protestaram contra a suspensão dos direitos civis.

Sobre a atuação dos advogados democratas daquele momento, o professor e jurista Miguel Reale Júnior, então presidente da Associação dos Advogados do Estado de São Paulo, fez o seguinte depoimento:

> "Foi de especial relevo a atuação de advogados, inclusive criminalistas, forjados na proteção do indivíduo no confronto com a repressão policial, muitas vezes desmedida e ilícita, com prisões

---

[46] Florestan Fernandes, *Capitalismo dependente e classes sociais na América Latina*, Rio de Janeiro, Zahar, 1973, pp. 150-1.

para averiguação, flagrantes preparados, exigências de favores indevidos. O *habeas corpus* constituía o instrumento básico de trabalho na contenção do abuso de poder. A edição do Ato Institucional nº 5, de 13 de dezembro de 1968, provocou imediata revolta dos advogados, especialmente os criminais, que, dentre outras medidas autoritárias, vedava a garantia do *habeas corpus* em crimes contra a segurança nacional e a economia popular. Àquela época convivia diariamente com advogados que se notabilizaram na defesa de presos políticos, como José Carlos Dias, Raymundo Paschoal Barbosa e tantos outros."[47]

Embora tendo atuado relativamente pouco na Justiça Militar, o professor e jurista Miguel Reale Júnior testemunha:

> "Ficou marcada em meu espírito a defesa, a meu cargo, de Antonio Funari, advogado do líder estudantil Luiz Travassos, injustamente acusado de haver na carceragem passado informes ao cliente, como uma forma de aviltamento e de desprestígio da figura do advogado. Acompanhei, contudo, *pari passu* as agruras da defesa de presos políticos, frequentando, ao menos uma vez por semana, a Auditoria Militar, para acompanhar os julgamentos, principalmente sendo advogado José Carlos Dias."[48]

Durante a ditadura, as situações de constrangimento à ação dos advogados provocaram a revolta crescente desses profissionais, que, nos tribunais e na imprensa (e nos limitados debates públicos), passaram a assumir a liderança da sociedade civil diretamente, em confronto com o estamento militar, que entendia ter seus próprios valores jurídicos. Naquele contexto, numa visão simplista, "sociedade civil" era, para muitos, um conceito que se opunha ao de "sociedade militar", algo com que sequer o general Golbery estava de acordo...

---

[47] Depoimento de Miguel Reale Júnior aos autores em 20 de fevereiro de 2007.

[48] *Ibidem.*

O ano de 1968: versos e reversos

"Vem, vamos embora/ que esperar não é saber"

Geraldo Vandré[49]

Em 1968 ocorreram manifestações de rua reunindo milhares de pessoas contra o regime militar. No Rio de Janeiro, o enterro de Edson Luís Lima Souto, morto quando participava de movimento pela abertura do restaurante do Calabouço (28/3/1968), reuniu 50 mil pessoas: o jovem estudante foi enterrado envolto na bandeira nacional. Ainda no Rio, a "Passeata dos 100 mil", liderada por estudantes, artistas e intelectuais (Paulo Autran, Chico Buarque, José Celso Martinez Corrêa, Betty Faria e outros), exigia a abertura do regime.

Estudantes e operários participaram intensamente de greves em protesto contra o regime militar. O 1º de maio daquele ano em São Paulo também foi violento, tendo o governador Abreu Sodré sido atingido por uma pedrada. Os secundaristas começaram também a participar dos movimentos. Em 3 de outubro, nos violentos conflitos da rua Maria Antônia — onde, em um lado, estava instalada a Faculdade de Filosofia, escola da Universidade de São Paulo, em que predominava a esquerda universitária, e, na calçada oposta, a Universidade Mackenzie, escola em que predominavam lideranças estudantis de direita então dominadas pelo Comando de Caça aos Comunistas (o CCC) e protegidas pela Reitoria —, morreu José Carlos Guimarães, um estudante secundarista.

Logo depois, Rodney Chandler, agente da CIA, foi morto em São Paulo pelos primeiros guerrilheiros, que partem para uma série de atentados e assaltos a bancos.[50] Os militares, temendo o alastramento dos protestos e manifestações coletivas, adotaram medidas de força para conter os movimentos populares. Foram então violentamente reprimidos os atos públicos e as greves. Apesar disso, os militares da "linha dura" exigiam medidas de

---

[49] Verso da canção (letra e música) de Geraldo Vandré, "Pra não dizer que não falei das flores", também conhecida como "Caminhando", com que Vandré participou do III Festival Internacional da Canção, em 1968.

[50] Ver, de Zuenir Ventura, *1968, o ano que não terminou: a aventura de uma geração*, Rio de Janeiro, Nova Fronteira, 1995, 28ª ed.; e de Luís Mir, *Revolução impossível: a esquerda e a luta armada no Brasil*, São Paulo, Best Seller, 1994.

maior profundidade. Os protestos começaram a chegar ao Congresso e, lá, Márcio Moreira Alves, um deputado brioso, fez um discurso público apoiando as manifestações, propondo boicote à parada de 7 de setembro, chamando os quartéis de "covis de torturadores" e aconselhando as noivas dos cadetes a não dançarem com seus pares nos bailes da festa de Independência...

O discurso desse deputado foi a gota d'água para o regime, que necessitava um pretexto: em dezembro de 1968, o governo promulgou o Ato Institucional nº 5, eliminando a participação da sociedade no processo político.

A partir do AI-5, toda a vida brasileira passou a ser regulada por um regime policial-militar estrito e rigoroso. O Congresso, as Assembleias Estaduais e as Câmaras Municipais podiam ser dissolvidas quando o governo achasse necessário. Além disso, absoluta, a censura "instaurava-se" (na passiva, à moda do discurso da época da ditadura, sem sujeitos agentes, acobertando os responsáveis...) na imprensa, nos meios de comunicação, nas escolas e universidades. Indo mais longe na escalada repressiva, houve suspensão dos direitos de muitos cidadãos, cassações de mandatos, prisões preventivas de civis por militares, demissões do serviço público e perseguições em empresas particulares, reforma de militares, confiscos etc.

Fechado o Congresso, foram cassados os mandatos de 110 deputados federais, 161 estaduais, 163 vereadores, 28 prefeitos e 4 ministros do STF. Milhares de pessoas foram presas, entre as quais Juscelino, Carlos Lacerda e o general Teixeira Lott, cujo neto seria torturado mais tarde.

Darcy Ribeiro é preso, julgado por um Tribunal da Marinha e mandado para o exílio. O *campus* da Universidade de Brasília, mais uma vez invadido, abrigou tropas do Exército durante três meses.

A extrema-direita, é claro, também aproveitou o ensejo para tentar atos de terrorismo, como o projetado no Rio pelo Para-Sar, grupo de paraquedistas de salvamento da FAB. Depois, soube-se que o plano — felizmente frustrado por denúncia de um paraquedista da Aeronáutica (Sérgio "Macaco", depois perseguido) — era o de explodir a Companhia de Gás em hora de grande movimento, sequestrando, em seguida, Lacerda e Mourão, um brigadeiro, mais quarenta deputados, atirando-os ao mar, e atribuindo toda essa ação aos comunistas.

Com tais medidas, o regime garantia a exclusão, do processo político, de trabalhadores, assalariados, estudantes (filhos de uma classe média emergente) e despossuídos. Do ponto de vista cultural, o regime militar desmantelou a escola pública, deixando-a à míngua, optando rápida, gradual e seguramente pelo modelo de educação paga. Proliferaram os "cursinhos", que

A República Civil-Militar (1964-1985)

se transformariam em "faculdades" e "universidades", que, salvo poucas exceções, seriam máquinas de fazer dinheiro (estabelecimentos comerciais de "ensino"...): eliminava-se a pesquisa, aumentava-se o número de alunos em cada sala de aula, fortaleciam-se os *lobbies* atuando em comunicação com o Conselho Federal de Educação, tendo o objetivo de oficializar tais instituições ditas universitárias. O diretor de um desses "cursinhos", que se transformaria em dono de uma potência do ensino particular — por assim dizer, universitário e de "excelência" —, chegou a ter papel mais importante na "República dos militares" que o próprio ministro da Educação.

A formação cívica passava a ser dada, *oficialmente*, por meio das disciplinas enfeixadas no rótulo "estudos sociais", em que se dissolviam os cursos tradicionais de história, geografia, filosofia etc. Cursos de "problemas brasileiros", "pasteurizados", tornaram-se a pedra de toque do ensino em todo o país, em geral ministrados ou supervisionados por pessoas indicadas pela Associação dos Diplomados da Escola Superior de Guerra (Adesg).

Um marco desse processo de abastardamento do ensino foi a reação ao congresso estudantil em Ibiúna (SP), desmantelado por meio de ação policial-militar: os estudantes foram cercados em operação de guerra, tendo cerca de setecentos deles sido presos e fichados. A ditadura explicitava seu rompimento com a sociedade e com as novas gerações. Paralelamente a isso, produções e manifestações culturais eram vigiadas e censuradas no teatro, na música, nos espetáculos em geral.

Vários festivais e espetáculos teatrais foram proibidos (não podiam nem mesmo ser citados pela imprensa), como *Calabar*, de Chico Buarque em parceria com Ruy Guerra, ou *Gota d'água*, de Paulo Pontes e Chico Buarque, escolhidos como os melhores autores teatrais de 1975. O refrão do tema principal desta última peça era desafiador: "E qualquer desatenção, faça não, pode ser a gota d'água".

Na festa de premiação, em protesto, nenhum dos dois compareceu ao teatro do Hotel Nacional, pois, nesse mesmo ano, foram censuradas *Abajur lilás*, de Plínio Marcos, e *Rasga coração*, de Oduvaldo Vianna Filho.

Ao longo do período, a Censura trabalhou intensamente, cortando cenas, falas, palavras. Um célebre verso de Chico Buarque, que evocava texto do Brasil holandês do século XVII, sobre um surreal "boi voador", foi censurado, pois o censor desconfiava de seu eventual conteúdo provocador. Não havia, mas o compositor, no LP *Chico canta*, responderia com outra música, em que ironizava: "boi voar não pode"... Com dificuldade, foram liberadas pela Censura músicas como "O que será". De acordo com um depoimento do próprio Chico, em 1976, pouco depois do lançamento de seu LP *Meus caros amigos*:

> "Mas surgia a ideia de que, se estavam me proibindo, proibindo tudo que fazia, isso devia ter alguma importância. Meu trabalho, então, parecia poder ser útil a alguém. Minha resistência também. Daí eu só podia resistir. [...] Hoje, sinto meus colegas muito atuantes. O pessoal de teatro se junta para mudar uma injusta lei de regulamentação de sua profissão. Um filme como *Xica da Silva*, de Cacá Diegues, um show como *Doces bárbaros*, dos baianos [Caetano, Gil, Bethânia e Gal], são provas de que a arte brasileira está aí, viva, produtiva."[51]

Um ano após o assassínio de Herzog, Chico propõe incisiva e frontalmente: "Eliminação da censura. Liberdade para criar e ver o Brasil".[52]

Desde 1968, a rebeldia ia tomando vulto nestas plagas, quando os movimentos estudantis começavam a alastrar-se pelos principais centros urbanos do planeta, de Tóquio a San Francisco e Berkeley, de Paris e Berlim a Nova York e Londres. No Brasil, as cidades de São Paulo, Rio, Recife e outras capitais descobriam novas dimensões, mais conflituosas, da modernidade.

Não foram poucos os compositores e escritores que deixaram seu protesto em músicas e poesias. A canção de Geraldo Vandré "Pra não dizer que não falei das flores" rendeu-lhe prisão e exílio, sobretudo pelo verso: "Nos quartéis lhes ensinam uma antiga lição/ de morrer pela pátria e viver sem razão".[53]

Mas a composição de Vandré se tornaria o canto geral da juventude desse momento (retornando de tempos em tempos, por vezes até em estádios de futebol), com o refrão: "Quem sabe faz a hora/ não espera acontecer...".[54]

---

[51] Entrevista a Antônio Chrysóstomo, publicada em *Veja*, São Paulo, 27/10/1976, p. 5.

[52] *Ibid.*, p. 3.

[53] Ver, neste capítulo, nota 50.

[54] *Ibidem.*

A República Civil-Militar (1964-1985)

A sucessão do general Costa e Silva

Em agosto de 1969, o marechal Costa e Silva sofre uma trombose cerebral, ficando semiparalítico. Imediatamente, os militares da "linha dura" criaram, por assim dizer, uma nova "regência trina", constituída pelos ministros do Exército, da Marinha e da Aeronáutica. Os comandantes das Forças Armadas assumiram o governo, com o pífio argumento de que isto era necessário para impedir a posse do vice-presidente civil, Pedro Aleixo. Ou seja, "imperativos da segurança nacional" impediam, até mesmo, o cumprimento de uma legislação editada pelo próprio poder vigente.

Enquanto isso, os opositores ao regime eram violentamente reprimidos e perseguidos. Na luta armada empenharam-se dezenas e dezenas de jovens, assaltando bancos e praticando sequestros de diplomatas, para trocá-los por prisioneiros políticos. Surgem as dissidências do PCB e do PC do B, com intensos debates prático-teóricos sobre os caminhos e meios para a derrubada não apenas do regime, mas do sistema capitalista, com a deflagração da Revolução.

O capitão do Exército Carlos Lamarca deixa a corporação, adere à luta armada e comanda o assalto ao cofre da amante de Adhemar de Barros, ex-governador de São Paulo, um dos líderes civis do golpe de 1964. Enquanto isso, Carlos Marighella, que escreveu um manual de guerrilha urbana, intensifica a atuação nos principais centros.

Em outubro de 1969, a cúpula militar, consultados 140 oficiais mais antigos (118 generais, segundo Elio Gaspari), escolheu o ex-comandante do III Exército Emílio Garrastazu Médici como novo presidente da República, em vez do general nacionalista Albuquerque Lima, que teria a simpatia dos jovens oficiais (discretamente) nacionalistas. O Congresso, expurgado de 93 deputados, cassados na ocasião, chancela o escolhido.

Governo Médici (1969-1974): fim da luta armada

O período que então se abriu, conhecido como o do "milagre econômico brasileiro", correspondeu ao governo de mais um general gaúcho, o mais fascista de todos. Sob Médici, deu-se o fim da luta armada. (Prenunciando tempos terríveis para a América Latina, no Chile, um violento golpe militar derruba o governo socialista e democrático do presidente Salvador Allende, no último ano de seu mandato, 1973.)

A economia do Brasil, após o período recessivo que caracterizou o governo Castello Branco, experimentaria uma nova fase de acentuado desenvolvimento industrial. Em verdade, este surto de crescimento beneficiava apenas os 5% mais ricos, que, em 1960, auferiam 27,3% da renda nacional e, agora, em 1970, haviam chegado a 36%.

Segundo o 8º Recenseamento Geral do Brasil, a população aumentara para 99.901.037 habitantes; mais da metade (52 milhões) nas cidades. O número de analfabetos maiores de 10 anos é de 18 milhões. 26.079.171 de pessoas (metade da população ativa) ganham menos de um salário mínimo.

Nesse quadro de crise, em que o salário mínimo real foi mantido no nível de 1967, as classes médias emergentes beneficiaram-se de aumentos salariais, pois melhorou a remuneração de técnicos e profissionais de nível superior, começando-se a usufruir então de um mercado de consumo mais sofisticado. Segmentos dessas classes médias também deram seus primeiros passos como investidores — na Bolsa de Valores e na especulação financeira —, deflagrando a impressionante euforia, que duraria até 1976, com a economia brasileira batendo todos os recordes de expansão.

No fim desse ciclo, surgem os Movimentos contra a Carestia, liderados por mulheres, e o Movimento Feminino pela Anistia, que entrega a Rosalynn Carter (mulher do presidente americano Jimmy Carter) documento relatando a situação de presos, exilados e desaparecidos políticos, e isso repercute no governo Geisel. Brizola, exilado no Uruguai, vê-se obrigado a voltar ao Brasil, pedindo entretanto asilo nos Estados Unidos. No Relatório Carter, cita-se a violação dos direitos humanos no Brasil, fazendo com que Geisel rompa o Acordo de Assistência Militar Brasil-Estados Unidos, de 1952, e ponha fim à Missão Naval Brasil-Estados Unidos.

O "MILAGRE ECONÔMICO" DE DELFIM NETTO

O chamado "milagre" deveu-se às excelentes condições do mercado internacional, permitindo a expansão da economia brasileira a uma taxa de 8,8% em 1970, saltando para 14% em 1973. Neste ano, desencadeou-se uma crise mundial, quando os países produtores de petróleo, unidos na OPEP (criada em 1960), decidiram aumentar os preços dessa matéria-prima, contra os controladores tradicionais dos preços, ou seja, as principais potências ocidentais, o que não ocorria desde 1912.

Antônio Delfim Netto, nascido em São Paulo em 1928, no antigo bairro de pequena burguesia do Cambuci, tornou-se a principal personagem

A República Civil-Militar (1964-1985)

desse período do "milagre". Considerado o "mago da Economia" dos governos militares durante a ditadura, ocupou as pastas da Fazenda, Agricultura, Planejamento e outros postos importantes na área econômica. Foi um dos signatários do AI-5, que fechou o Congresso Nacional, suspendeu as garantias constitucionais e impôs pesada censura a todo tipo de manifestação (real ou imaginada) no país.

Delfim tornou-se o todo-poderoso ministro no governo Médici (do final de 1969 a 1974). Tentou sair governador por São Paulo, em 1974, mas o presidente "eleito" Geisel escolheu outro paulista, Paulo Egydio Martins. Foi designado, então, para a Embaixada do Brasil em Paris (Roberto Campos estava na de Londres), retornando para ser ministro da Agricultura e, depois, do Planejamento do governo Figueiredo (1979-1985).

Em entrevista recente à revista *Nossa História*,[55] falando do "milagre", ele pontua:

> "Chamar de 'milagre econômico'... Tenho as minhas dúvidas. Milagre é efeito sem causa. Aqui as causas são muito sensíveis e claras. É simplesmente um Estado que entendeu que podia expandir as exportações, contra todas as teorias vigentes, sobretudo as da Cepal. O que esta teoria dizia? Não adianta mexer no câmbio porque isso não aumenta as exportações: o Brasil é exportador de matéria-prima e existe uma tendência secular ao declínio dos preços das matérias-primas. Uma política apoiada em uma teoria obviamente falsa [...]. Acredito que o Geisel fez muito bem endividando o país para mantê-lo funcionando. Se ele não tivesse feito isso, o Brasil teria virado Bangladesh."[56]

Sobre o AI-5, indagado se o assinaria outra vez, Delfim afirmou:

> "O que está escrito lá [no Projeto História Oral do Exército] é que nas circunstâncias, as mesmas circunstâncias, eu assinaria de novo. Estávamos caminhando para uma desordem total. Não tenho dúvida. E também não adianta querer esconder que o Ato,

[55] Sônia Araripe e Nívia Pombo, "Delfim Netto: 'Chega de fazer história sonhada'", em *Nossa História*, vol. 4, n° 38, São Paulo, dez. 2006, pp. 54-9.

[56] *Ibid.*, p. 56.

a Revolução — ou, se vocês quiserem, do [*sic*] regime autoritário —, foi produto da vontade do povo mesmo [...]. O que houve foi uma guerra."[57]

Segundo o historiador Edgard Luiz de Barros, tal "milagre" se devia à concentração de riqueza nas mãos de 25% da população, e a uma "tempestade contínua de dólares" provocada pela favorável conjuntura econômica internacional:

"Os efeitos do 'milagre' se espalhariam pelos principais centros urbanos do país, especialmente do Sudeste e Sul. O mercado foi invadido por toda sorte de produtos, de iogurtes a luxuosos modelos de eletrodomésticos e carros. Enormes supermercados e sofisticados *shopping centers*, verdadeiros 'templos do consumo', começaram a surgir com grande rapidez. As cidades agigantaram-se e ganharam seus contornos definitivos de metrópole. Viadutos e avenidas tomaram o lugar de pacatas ruas e residências [...]."[58]

A luta armada

No período do "milagre", várias guerrilhas urbanas e rurais enfrentavam o governo. Grupos armados de guerrilheiros tentaram derrubar o regime militar e implantar a revolução socialista no Brasil. Com estratégias e táticas diversas, as organizações armadas de esquerda ora praticavam assaltos a bancos, a fim de obter dinheiro para financiar a luta armada, ora sequestravam embaixadores estrangeiros para obter a libertação de presos políticos e pressionar o governo ditatorial. Em contrapartida, surge o "Esquadrão da Morte", ligado a grupos policiais, que, matando a torto e a direito (sobretudo políticos de esquerda), logo mais seria denunciado e combatido por um promotor extremamente corajoso, Hélio Bicudo.

O clima era de terror, o que levou o crítico de arte Mário Pedrosa a denunciar publicamente a existência de tortura no país, pelo que foi preso, provocando a reação de intelectuais do mundo todo, e a solidariedade até mesmo de Pablo Picasso (1881-1973) e de Alexander Calder (1898-1976).

---

[57] *Ibid.*, p. 57.

[58] Edgard Luiz de Barros, *Os governos militares*, cit., p. 59.

A República Civil-Militar (1964-1985)

Multiplicavam-se os sequestros de autoridades praticados por guerrilheiros, ocorrendo, nesse período, o caso de um funcionário do Banco do Brasil, Jorge Medeiros Valle, com o pitoresco apelido de "Bom Burguês", que desviava fundos da instituição para movimentos de guerrilha, e que foi preso e torturado. A corrupção da máquina policial, já óbvia, torna-se pública a partir desse caso.

O delegado Sérgio Fleury tornara-se figura proeminente do regime. Acabou preso anos mais tarde, numa conjuntura difícil, em que se discutiam a anistia e o perigo do revanchismo, no último ano do governo Geisel. Nesse momento, o combativo jornalista Mino Carta escreveria, na *IstoÉ*, em março de 1978, cuja capa ostentava o rosto do delegado com o título "A prisão do delegado Fleury":[59]

> "No fundo, Fleury é um mito da classe média brasileira, um herói pequeno-burguês — como os xerifes-pistoleiros eram os heróis dos pequenos-burgueses do Oeste americano e selvagem, dos pioneiros que chegavam da Costa Leste em busca de fortuna fácil e terra ao sol."[60]

Enfim, a tardia reação liberal

No governo Médici, as liberdades civis foram totalmente eliminadas. Pelo Decreto-Lei 1.077, Médici instituiu a censura prévia a jornais, livros, revistas, músicas, filmes e peças de teatro. Liberais protestaram, como foi o caso de um juiz do Supremo Tribunal Federal (STF), Adauto Lúcio Cardoso,

---

[59] Mino Carta, "O xerife, o general e o nosso *West*", *IstoÉ*, São Paulo, 1/3/1978, pp. 4-10. Na mesma revista e mesma reportagem de capa, ver a matéria de Percival de Souza, "O réu Sérgio Fleury", pp. 6-10. Trata-se de uma edição histórica, que, entre outras matérias importantes, traz entrevista com o jurista Raymundo Faoro, "A anistia não cura todos os males". Registre-se que Mino Carta — ao lado de Faoro, Cláudio Abramo, Sérgio Augusto, Nirlando Beirão, Chico e Paulo Caruso, Marcos Sá Corrêa, Villas-Boas Corrêa, Aloysio Biondi, entre outros — havia muito vinha arrostando o regime, em editoriais e matérias que constituem peças históricas: "Quem se lembraria que o delegado Fleury, no início da carreira, era um simples encarregado da segurança do cantor Roberto Carlos, em seus antigos *shows* da Jovem Guarda, na rua da Consolação, em frente ao Teatro Record?".

[60] *Ibid.*, p. 5.

que chegou a jogar sua toga no chão, em protesto. Foi o primeiro sinal mais eloquente da reação liberal — sempre tão débil ao longo da história do Brasil —, mas seu exemplo repercutiu pelo país afora. Com efeito, representantes da sociedade civil de uma forma geral — de diferentes linhas, sejam liberais, comunistas ou socialistas; e com diversas inserções sociais, sejam defensores de minorias, trabalhadores ou estudantes — foram tratados com violência. Professores foram tirados de suas cátedras, tiveram suas casas invadidas, seus livros confiscados, como aconteceu com professores da Universidade Federal do Rio de Janeiro, entre os quais Evaristo de Moraes Filho, Maria Yedda Linhares, Eulália Lobo e, também, com o compositor e ator Mário Lago, além do editor Ênio Silveira.

No esforço de repressão, logo se deu a junção das Forças Armadas, sendo criado o Centro de Informações do Exército (CIEX), seguido de outros órgãos, como a OBAN, o DOI-CODI, o Cenimar da Marinha (que chegou a ter uma Escola de Tortura na ilha das Flores, na baía de Guanabara, com assistência de americanos) e o CISA da Aeronáutica. O grave é que, enquanto a repressão se unificava, as esquerdas multiplicavam-se em direções distintas: derivados dos Partidos Comunistas, surgiram o MR-8, no Rio, e a ALN, em São Paulo, por vezes atuando conjuntamente. Da Polop e do MNR surgiram o POC, a VPR, a VAR,[61] e uma infinidade de grupos com teses, teorias, estratégias e táticas variadas, ligados uns à linha chinesa, outros à Revolução Cubana e às teorias de Régis Debray, alguns adeptos da linha camponesa, outros ainda concentrando suas energias e sonhos no foquismo urbano.[62] Segundo Darcy Ribeiro, "em conjunto, essas microrganizações mobilizam cerca de mil combatentes",[63] o que não era muito.

---

[61] MR-8 (Movimento Revolucionário 8 de Outubro); ALN (Ação Libertadora Nacional); MNR (Movimento Nacionalista Revolucionário); POC (Partido Operário Comunista); VPR (Vanguarda Popular Revolucionária); VAR (Vanguarda Armada Revolucionária). Para essas e outras siglas revolucionárias, há um glossário, em Jacob Gorender, *Combate nas trevas*, São Paulo, Ática, 1999, 6ª ed. ampliada, pp. 292-4, livro importante e esclarecedor.

[62] Técnica de criar vários focos (daí o nome) de guerrilha (no caso, urbanas) — inspirada em Louis Auguste Blanqui (1803-1881), em seu manual de guerrilha urbana, *Instructions pour une prise d'armes* (1867-68) —, utilizada por Che Guevara e muito difundida entre as esquerdas na década de 1960.

[63] 1969, ano do *Pasquim*, verbete 2.005, em Darcy Ribeiro, *T&B*, cit.

A República Civil-Militar (1964-1985)

A luta aprofundava-se. O empresário Boilesen, da Ultragás, foi morto por guerrilheiros em São Paulo, pois essa empresa era uma das acusadas de financiar os torturadores.[64] No Rio, na Base do Galeão, oficiais da Aeronáutica assassinaram o industrial e deputado federal Rubens Paiva.[65]

No ano anterior, Marighella fora morto em emboscada em São Paulo, como descreveu Jacob Gorender em seu polêmico livro *Combate nas trevas*, mas, com Lamarca, as guerrilhas continuaram no vale do Ribeira. Meses depois Lamarca seria perseguido e morto já no sertão da Bahia, e sua companheira, Iara Iavelberg, foi executada em Salvador.[66] Como tantas outras personagens importantes da luta armada em sua busca pela melhoria das condições de vida da população brasileira, Iara, psicóloga de sólida formação intelectual, traduzia as inquietudes, sonhos e aspirações de uma pequena burguesia paulista, de origem modesta, empenhada em mudanças rápidas do país. E, como tantas outras, foi morta pela reação.

Já no fim do período da luta armada, que só terminou de fato em 1976, ainda se deu o massacre da Lapa, em São Paulo. Numa emboscada — em verdade, uma chacina —, foram mortos sem resistência militantes da cúpula do PC do B, liderados pelo paraense Valter Pomar, pelo paulista Ângelo Arroyo e pelo mineiro João Batista Drummond.[67]

A máquina repressiva aprimorou-se, os serviços de informação sofisticaram-se, os financiamentos de empresas ajudaram, e a luta armada começou a ser desmontada.

Os revolucionários presos foram submetidos a torturas impensáveis, como no caso de Mário Alves, morto por empalamento.[68] Os "Esquadrões da Morte" atuaram nas principais cidades, "justiçando" criminosos, mas misturando com frequência suas funções com a luta contra a subversão política, mancha indelével na história das Forças Armadas.

---

[64] *Ibid.*, 1971, ano do Lamarca, verbete 2.090.

[65] *Ibid.*, verbete 2.086.

[66] *Ibidem.* Ver também o importante livro de Judith Patarra, *Iara*, Rio de Janeiro, Rosa dos Tempos, 1992.

[67] Cf. de Wladimir Pomar, *Pedro Pomar: uma vida em vermelho*, São Paulo, Fundação Perseu Abramo, 2002.

[68] 1970, ano dos sequestros, verbete 2.056, em Darcy Ribeiro, *T&B*, cit.

O LIMITE DAS GUERRILHAS:
UM NOVO "DESCOBRIMENTO" DO BRASIL

Na região do Araguaia, no Brasil Central, os guerrilheiros do PC do B ocuparam a região do Bico do Papagaio, entre os estados do Pará, do Maranhão e o norte de Goiás (região que pertence atualmente ao Estado do Tocantins).

O Exército interveio dura e ativamente na eliminação física dos componentes dos grupos armados de esquerda. Na região do Araguaia, o Exército mobilizou mais de 20 mil efetivos para reprimir a guerrilha rural. Os militantes foram presos, torturados, mortos ou banidos do país.

No Brasil, como no resto da América Latina, a guerrilha foi desmobilizada pelas forças de repressão. Desde 1971, com as primeiras derrotas, havia, entre os movimentos de esquerda, quem tentasse fazer notar que o Brasil não era Cuba, que o proletariado não alcançara ainda formas de organização que dessem sustentação a guerrilhas e que o campesinato (conceito discutível, mesmo à época) estava longe de qualquer tipo de consciência revolucionária mobilizadora. A trágica morte de Guevara em 1967 demonstrava isso, além das ordens provenientes da China e do Vietnã, para mudança nas estratégias da luta armada, em face de tantas derrotas. Ordens que nem sempre chegaram ao destino, ou não foram aceitas, o que explicaria o prolongamento dos conflitos e também dos fracassos. Ou diretrizes que chegaram muito tarde, levando à morte vários militantes.

Por seu lado, impopulares, com o tempo os militares deixaram, por motivo de segurança, de andar fardados em público, diferentemente do que faziam nos anos 1950 e 1960, quando eventualmente eram até admirados. Nas camadas mais altas da hierarquia, surgem nos ministérios, nas presidências de estatais, ou na condução de companhias, os militares "civis", como foram os casos de César Cals, Mário Andreazza, Costa Cavalcanti e muitíssimos outros, presentes mesmo na empresa privada, como o general Golbery, que exerceu cargo na multinacional Dow Chemical.

O Brasil utópico dos socialistas e comunistas e o Brasil republicano dos democratas liberais viram-se confrontados e ultrapassados pelo Brasil real, das multinacionais, das empreiteiras e de seus defensores — "nacionalistas" com aspas —, agora sem farda.

A República Civil-Militar (1964-1985)

O diálogo que não houve:
Darcy Ribeiro e Roberto Schwarz

> "É verdade, Roberto, [...] porém..."
>
> Darcy Ribeiro[69]

Os meios de comunicação (a televisão em particular) só podiam veicular o que fosse positivo para a imagem do país, e do jeito como o regime enxergava o "seu" Brasil. Mas que Brasil e qual "Cultura Brasileira"? Como falar de uma "identidade nacional", noção ideológica apropriada pela direita?

A chamada "Cultura Brasileira" reduzia-se a um círculo limitado de muito pouca gente ilustrada. A visão estamental de cultura permanecia dominante. Como disse Roberto Schwarz, em 1970: em um país com 70 milhões de habitantes, apenas 50 mil pessoas eram bafejadas pela "cultura erudita", ou seja, dominavam um código culto, letrado. O que provocou em Darcy Ribeiro uma reflexão irada, paradoxal e desconcertante:

> "É verdade, Roberto, esses são os letrados de nosso país de analfabetos. Somam muitos milhões, porém, os brasileiros que guardam, transmitem, expressam, nas suas várias vertentes, a verdadeira cultura brasileira, no que ela tem de patrimônio coparticipado que nos identifica e nos singulariza entre os povos. Graças a ela é que todos somos brasileiros, pela fala que falamos, pelos modos só nossos de fazer e de conviver, mas também pelo nosso jeito de crer, de vadiar e ainda pelos nossos estilos de criar. Reduzidos a nós mesmos, os intelectuais e nossos consumidores seríamos uns colonos exóticos, perdidos em terras ignotas, a pregar ou perorar. E não seremos?"[70]

Mais uma (antiga, bem antiga) pergunta que não quer calar.

---

[69] *Ibid.*, verbete 2.066.

[70] *Ibidem.*

824   História do Brasil: uma interpretação

O colapso de um modelo: a crise do petróleo

Como vimos, em 1970, dos seus 99,8 milhões de habitantes, apenas um quarto tinha acesso ao mercado de consumo criado durante o "milagre" econômico. O restante continuava vivendo na mais absoluta pobreza e miséria: alijados da educação, da saúde e do mercado de trabalho. Apesar disso, a economia continuava crescendo num ritmo acelerado.

O primeiro abalo ocorreu em 1973, com a primeira crise mundial do petróleo. Naquele ano, os principais países exportadores de petróleo decidiram aumentar vertiginosamente o preço do produto no mercado mundial. Para o abastecimento energético do país, o Brasil dependia de importações de petróleo e a Petrobras não o produzia em quantidade suficiente para suprir o mercado interno.

Ao mesmo tempo, as taxas de juros cobradas pelas instituições financeiras internacionais subiram. O Brasil devia muito dinheiro aos bancos estrangeiros, pois havia solicitado empréstimos para realizar grandes obras públicas de infraestrutura, visando à expansão industrial.

A partir de então, começou a ruir o modelo de desenvolvimento adotado pelos militares, que pressupunha petróleo barato e empréstimos com juros baixos. Apesar disso, os governos militares continuaram a tomar empréstimos no mercado financeiro internacional, e o resultado, óbvio, dessa política foi o aumento, muito acima do habitual, da dívida externa.

Dentro do governo, entretanto, começam as dissidências, como a do ministro da Agricultura Cirne Lima, que rompe ruidosamente com Delfim e denuncia a desnacionalização da economia agrícola, utilizando-se publicamente de argumentos de ordem ética.

O governo Geisel (1974-1979): o último tenente

> "Desde o início de 1970 [Geisel] era um dos nomes mais fortes para a sucessão de Médici. No final de 1971 dizia: 'Não mexo uma palha, mas também não me nego'. Não mostrava entusiasmo pelo lugar: 'Como é que se chega ao meu nome? Ora, porque fulano é cretino, sicrano é burro, beltrano é safado! Isso é jeito?'."
>
> Heitor Aquino Ferreira[71]

[71] Heitor Aquino Ferreira, "13/11/1971" e "26/1/1972", em *Diário* (inédito), *apud*

Na sucessão do presidente Médici, o grupo militar "esclarecido", sob a coordenação do general Golbery do Couto e Silva — que ajudara a articular o golpe de 1964 e que, depois de 1968, fora afastado pela "linha dura" —, retornou ao poder, conseguindo impor a candidatura do general Ernesto Geisel, não sem o apoio de seu irmão e também general Orlando Geisel, da "linha dura" e ex-ministro do Exército do presidente Médici. Desse grupo faziam parte João Baptista Figueiredo (filho do general liberal Euclides Figueiredo, da Revolução de 1932), Heitor Aquino Ferreira, Otávio Medeiros, Armando Falcão. Este, que fora igualmente ministro da Justiça no governo JK, agora funcionaria no governo como uma espécie de relações públicas, mantendo a imprensa à distância com a monocórdica frase "Nada a declarar". Falcão, porta-voz de um governo que se pretendia ilustrado, "diante das reclamações das famílias desesperadas [...] declara que sua pasta não é um balcão de achados e perdidos"...[72]

Em 1974, o general Ernesto Geisel assumiu a presidência, e defensor da abertura do regime, seu governo foi importante. De formação luterana, empenhou-se com determinação a fazer a "distensão lenta e gradual", isto é, pretendia devolver o país, "saneado", a um regime constitucional civil. Para realizar o projeto de "abertura" política, seu governo teve de enfrentar a oposição dos militares da "linha dura", que pretendiam manter o regime de exceção política, ou seja, uma cerrada ditadura militar. Em 20 de janeiro de 1975, Geisel, talvez ainda com algumas lembranças do *tenentismo*, já reclamava:

> "Revolução, Revolução, Revolução, bom, mas qual é a ideia
> nova que nós trazemos? O que nós queremos realmente?"[73]

Extinguia-se o prazo das cassações (10 anos), mas os cassados não recuperaram seus direitos políticos. Com a realização — excluídos os cassados — das primeiras eleições livres, a Arena, partido oficial, é derrotada em vários estados, e a Câmara renova-se, com 16 senadores e 175 deputados de

---

Elio Gaspari, *A ditadura derrotada*, São Paulo, Companhia das Letras, 2003, p. 28, nota 12.

[72] Cf. 1974, ano dos trombadinhas, verbete 2.154, em Darcy Ribeiro, *Aos trancos e barrancos: como o Brasil deu no que deu* [*T&B*], cit.

[73] Ernesto Geisel, *apud* Elio Gaspari, *A ditadura encurralada*, cit., p. 32.

oposição. Contra os candidatos do regime, elegem-se como senadores, em São Paulo, Orestes Quércia; em Pernambuco, Marcos Freire; em Minas, Itamar Franco; e Paulo Brossard no Rio Grande do Sul.

A essa altura, novas figuras surgem no cenário, como Teotônio Vilela, empresário do açúcar alagoano e deputado da Arena, que se converte num defensor da anistia, da democracia e da justiça social. A respeito disso, Darcy Ribeiro comentaria com sarcasmo ter a esquerda ficado extasiada, pois para ela "nada há de mais irresistível que um burguês progressista".[74] Caso também do culto e nacionalista Severo Gomes, que, ministro da Indústria e Comércio de Geisel e tendo sido uma das "faces ocultas" do presidente, fará com Teotônio uma dobradinha brilhante e operosa, militando no sentido da abertura do regime.[75]

Em 1975, ainda mal instalado na presidência, Ernesto Geisel vê-se obrigado a enfrentar o já mencionado problema criado pelo assassínio brutal do jornalista e professor Vladimir Herzog e, em seguida, do operário Manuel Fiel Filho, nas dependências dos serviços de segurança do Exército em São Paulo.

Que havia um governo paralelo no Sistema, o próprio general-presidente sabia. Daí seu desabafo:

> "Por que não fazem uma ditadura bem botocuda? E me botam para fora! Porque eu não vou ficar quatro anos aqui aguentando as besteiras dos coronéis, majores e capitães. [...] Depois

[74] Darcy Ribeiro, 1974, ano dos trombadinhas, verbete 2.153, *T&B*, cit.

[75] Cf. reportagem sobre Severo Gomes, em *Veja*, n° 425, São Paulo, 27/10/1976, pp. 20-6. Ver aí o depoimento de Carlos Castello Branco. Segundo ele, Simonsen desabafou: "Não sei que graça o presidente acha nesse Severo". Segundo Castellinho, Severo "trocou a ênfase na exportação pela ênfase no mercado interno, com substancial política de distribuição de renda; quis incentivar a empresa nacional para que aqui permaneçam os centros de decisão, e defendeu abertamente a estatização de setores da economia que não estão ao alcance da poupança privada nacional. A partir dele, ganhou alento o debate sobre a estatização e multinacionais, e sua posição no governo não parece ser tão solitária. Do contrário não teria permanecido no Ministério por dois anos e meio e sempre a repetir seu catecismo. Há indícios mesmo de que ele espelhe na sua linguagem a face oculta do presidente Geisel", depõe Castello, p. 25. Alguns dos enfrentamentos vividos no governo por Severo podem ser encontrados em Elio Gaspari, "A tortura da pessoa jurídica", em *A ditadura encurralada*, cit., pp. 333-47.

A República Civil-Militar (1964-1985)

a gente reclama quando dizem que há governo paralelo. E há mesmo!"[76]

A partir desse momento, a *sociedade civil* volta a pressionar com maior vigor o governo, no sentido de garantir as liberdades públicas dos cidadãos. Advogados, médicos, jornalistas, cientistas, membros da Igreja e líderes sindicais protestavam insistentemente contra os métodos bárbaros do regime. Ao mesmo tempo, reforçaram a vitória dos militares liberais dentro do círculo de ferro do poder central. Apesar das reações dos militares da "linha dura", Geisel impôs seu sucessor, o general João Baptista Figueiredo, ex--chefe do SNI, dando continuidade ao processo de "abertura" política.

Antes de entregar o governo a seu sucessor, realizou reformas políticas para apressar a "distensão", como vimos anteriormente. O "Pacote de Abril" constituiu um fechamento do regime, um choque, um retrocesso, quando parecia que tudo estava "normal". Essa intervenção brutal na vida político--institucional, entretanto, garantiu a Geisel-Golbery o controle do processo sucessório.[77]

A NOVA SOCIEDADE CIVIL REAGE: UMA LONGA BATALHA JURÍDICA

A Ordem dos Advogados do Brasil (OAB) e entidades profissionais, como a Associação dos Advogados de São Paulo, estavam atreladas ao Ministério da Justiça e pouco podiam fazer pela restauração da ordem democrática. Os advogados iniciaram uma luta árdua pelo restabelecimento da importância de seu papel e da liberdade para defender seus clientes.[78] Sob a

---

[76] Presidente Geisel, citado em Heitor Aquino Ferreira, "5/2/1975", em *Diário* (inédito), *apud* Elio Gaspari, em *A ditadura encurralada*, cit., p. 38.

[77] Ver Thomas Skidmore, *Brasil: de Castelo a Tancredo*, cit., pp. 372-5.

[78] Bacharéis civis também desempenhavam o papel de zeladores do sistema, como se confirma no depoimento do jurista Miguel Reale Júnior aos autores, em 20/2/2007: "Foi nos idos de 1973 que me empenhei na luta contra a submissão da Ordem dos Advogados ao Ministério do Trabalho decretada pela ditadura. Na condição de membro da Diretoria da Associação dos Advogados de São Paulo, fui a uma audiência com o então ministro da Justiça, Alfredo Buzaid. O ministro negou, de início, que soubesse da medida legal. Pediu para se localizar o processo no Ministério, no qual verificou existir mesmo um despacho seu favorável à matéria. Mostramos a contradição intransponível de se

presidência de Miguel Reale Júnior, a Associação dos Advogados de São Paulo, com apoio de seu Conselho, foi encaminhada no sentido de inscrever--se na linha de frente na campanha pela revogação do Ato Institucional n° 5, defendendo ainda o restabelecimento urgente do *habeas corpus* e propondo a anistia. Tornara-se coadjuvante de peso no processo então denominado, pelos membros do governo Geisel, *distensão*. Segundo seu depoimento:

> "A Associação passou a ser um celeiro de propostas, dentre as quais destaco a comissão instituída para apresentar críticas e sugestões à reforma constitucional proposta pelo Ministério da Justiça, então ocupado por Petrônio Portella. A comissão era composta por Goffredo da Silva Telles Júnior, Celso Bastos, Walter Ceneviva, Manoel Alceu Affonso Ferreira e por mim. As sugestões da associação apontavam no sentido do retorno da normalidade democrática e cuidavam em grande parte dos partidos políticos e do sistema eleitoral e muito especialmente de formas de democracia direta: iniciativa popular, referendo, plebiscito."[79]

A Associação, daí em diante, deu guarida aos líderes políticos da oposição, e organizou duas grandes reuniões para ouvir, de uma feita, Paulo Brossard, líder da oposição no Senado, e, de outra, o senador Teotônio Vilela, especialmente para analisar as consequências nefastas de perenizar-se a dominação política da ditadura por via do "Pacote de Abril" de 1977. Com essa atividade, a Associação dos Advogados de São Paulo cada vez mais ocupava espaços na imprensa, na qual continuamente se reivindicavam avanços no processo de redemocratização. Ainda quem depõe é o jurista Reale Júnior:

submeter o advogado que luta contra o Estado, em todos os seus níveis, ao próprio Estado. O ministro apenas disse que daria atenção ao problema. A questão foi resolvida graças à tenacidade do *batonnier* federal, José Ribeiro de Castro, que organizou uma coletânea de pareceres de juristas indicando a ilegalidade e ilegitimidade da subordinação da OAB ao Ministério do Trabalho, por suas características específicas, pois o exercício da advocacia não poderia ser objeto da atuação disciplinar ditada por uma OAB destituída de independência e autonomia, colocada em linha como entidade da Administração Direta. A ditadura sabia a quem devia silenciar para se manter, e os reclamos a serem emudecidos vinham, em grande parte, dos órgãos de classe dos advogados".

[79] *Ibidem.*

A República Civil-Militar (1964-1985)

"Foram realizados painéis sobre temas candentes de análise da realidade brasileira sob múltiplos enfoques, trazendo as visões de Flávio Rangel, Gianfrancesco Guarnieri, Carlos Guilherme Mota, Celso Lafer, Oliveiros Ferreira, Henry Sobel e outros. Relevante foi a Conferência Nacional da Ordem dos Advogados em junho de 1978, em Curitiba, que tinha por tema central o estado de direito. Participei como palestrante na qualidade de presidente da Associação dos Advogados, falando sobre o tema 'Tecnoburocracia e estado de direito'. Mas relevante mesmo foi o confronto liderado por São Paulo, tendo-se à frente Goffredo da Silva Telles, em face da tendência pretendida pela direção da Ordem no sentido de se aceitar o gradualismo no processo de redemocratização. Nos opúnhamos a essa linha, defendida principalmente pelo então advogado Oscar Dias Corrêa, pois para nós não havia meia liberdade política, nem a democracia deveria ser apenas a *possível*, mas sim a democracia sem adjetivos. Nossa tese prevaleceu e foram rejeitadas em plenário as teses gradualistas, tão desejadas por Petrônio Portella."[80]

Após abril de 1977, a reação da sociedade civil intensificara-se. Um documento contundente, a *Carta aos brasileiros*, de autoria do jurista e professor Goffredo da Silva Telles, da Universidade de São Paulo, já dera um sonoro alerta democratizante à nação e ao regime.

A *Carta aos brasileiros* (1977): desafiando o regime

"Declaramos ilegítima a Constituição outorgada."

Goffredo da Silva Telles Júnior[81]

A *Carta aos brasileiros* fora lançada em momento particularmente difícil: o processo de lentíssima abertura do regime vivia grave impasse. Havia, por parte do governo Geisel, a disposição de abertura, mas dentro de parâmetros muito estritos. Mesmo após o assassínio do jornalista e professor

---

[80] *Ibidem.*

[81] Goffredo da Silva Telles Júnior, *Carta aos brasileiros*, lida em 8/8/1977.

Vladimir Herzog (1975) e o do operário Manuel Fiel Filho (1976) e a demissão sumária do general comandante do II Exército, o clima era pesado, com a ultradireita ainda muito ativa.

Entre os perseguidos pelo regime no governo anterior, foram inúmeros os mortos e desaparecidos, como o deputado Rubens Paiva e a filósofa e diretora de teatro Heleny Guariba. Os generais Geisel e Golbery sabiam que não podiam distrair-se com essa direita pré-megalítica, e eram criticados, dentro do Sistema, por serem muito liberais e condescendentes com a esquerda e com os anseios da sociedade civil. Em seus livros, já citados, Elio Gaspari analisa detalhadamente essa quadra difícil, particularmente em *A ditadura escancarada*.

Após 1975-1976, a sociedade civil começou a organizar-se de modo mais sistemático, ao notar que havia risco de um retorno à ditadura cruenta dos tempos do general Garrastazu Médici, e aumentou então a pressão sobre o regime, para acelerar a abertura.

Nesse processo, foi muito importante, decisiva mesmo, a atuação de entidades da sociedade civil, como a OAB, a ABI, a SBPC, a Comissão de Justiça e Paz, a CNBB e a Associação dos Advogados de São Paulo, além da ação de personalidades como D. Paulo Evaristo Arns, Raymundo Faoro, Dalmo Dallari, Hélio Bicudo, André Franco Montoro, Mário Covas, Ênio Silveira, Carlos Heitor Cony, Tristão de Ataíde, Otto Maria Carpeaux, Barbosa Lima Sobrinho, Audálio Dantas, Goffredo da Silva Telles Júnior, Miguel Reale Júnior, José Carlos Dias, José Gregori, Severo Gomes, entre outras.

Em 1977, a admiração pela figura do professor Goffredo, personagem romântica nessa era de massificação, havia muito extrapolava o largo de São Francisco, embora não tivesse presença constante em periódicos e na mídia da época. Mas sabia-se de sua pessoa, de sua postura sempre firme, de sua discreta atuação em favor de alunos e colegas perseguidos:[82]

"Das Arcadas do Largo de São Francisco, do 'Território Livre' da Academia de Direito de São Paulo, dirigimos a todos os

---

[82] Lembro-me de episódio em que o professor e jurista esteve discretamente à frente de estudantes, ajudando, em meio a estouros de bombas de gás lacrimogêneo, a fugirmos de um cerco da polícia à Faculdade. Saímos por um corredor pouco conhecido do convento de São Francisco até os fundos deste e ganhamos a rua. Aquela presença serena, elegante em seu terno e gravata, nos dava uma tremenda sensação de segurança em tempos de total insegurança (Carlos Guilherme Mota).

A República Civil-Militar (1964-1985)

brasileiros esta Mensagem de Aniversário, que é a *Proclamação de Princípios* de nossas convicções políticas.

Na qualidade de herdeiros do patrimônio recebido de nossos maiores, ao ensejo do Sesquicentenário dos Cursos Jurídicos no Brasil, queremos dar o testemunho, para as gerações futuras, de que os ideais do Estado de Direito, apesar da conjuntura da hora presente, vivem e atuam, hoje como ontem, no espírito vigilante da nacionalidade."

Naqueles meses, alguns empresários acordaram do sono que o "milagre econômico" da ditadura lhes trouxera. Vale notar que sempre houve um tipo de empresário esclarecido, como José Mindlin (o caso Herzog, ocorrido em clima brumoso de antissemitismo, deu-se em sua gestão na Secretaria Estadual da Cultura do governo Paulo Egydio Martins) e Severo Gomes.[83]

Note-se também que, no plano internacional, a *détente* amaciava os governos fortes que foram apoiados, até mesmo financiados, pelos Estados Unidos e pelas *corporations*. No plano nacional, imitadores eméritos, passamos a usar o termo "distensão", que correspondeu à suavização dos tempos duros da Guerra Fria; àquela época, veio ao Brasil o presidente dos Estados Unidos, o democrata Jimmy Carter, para fazer negócios e arrefecer os ânimos da direita, encontrando-se ostensivamente com representantes da sociedade civil democrática envolvida com a negociação da abertura (D. Paulo, Raymundo Faoro, José Mindlin, Candido Mendes e outros).

Ocorre que, em 1977, as oposições começaram a forçar a abertura do regime para além do tolerável por Geisel-Golbery. Nas eleições, os deputados e os poucos senadores democratas ganhavam mais espaço, o que, como vimos, levou a presidência a outorgar o famoso "Pacote de Abril", fechando o Congresso por um breve período, para a implantação de medidas restritivas que segurassem a "abertura" ou, pelo menos, diminuíssem seu ritmo.

---

[83] No ano seguinte, 1978, Magalhães Pinto e Severo Gomes lançam-se candidatos a presidente e a vice, em tentativa frustrada, e são desconsiderados pelos militares. Pouco depois, Severo, nacionalista, sai do governo (era ministro da Indústria e Comércio, muito estimado por Geisel), sendo substituído por Ângelo Calmon de Sá, homem do capital estrangeiro. Segundo Darcy, "O nosso Severo toma um bom pileque, diz umas verdades sobre seus colegas de ministério e é renunciado do cargo", Darcy Ribeiro, "1978, ano do Portella", verbete 2.281, em *Aos trancos e barrancos: como o Brasil deu no que deu* [*T&B*], cit. A partir de então, Severo Gomes radicaliza suas posições a favor de uma nova sociedade civil.

Tratava-se de um recuo. Foi nesse contexto que surgiu a *Carta aos brasileiros*, advertindo contra o perigo de retrocesso e estimulando as forças democráticas a redobrar sua pressão e iniciativas nas lutas pela abertura. *E propondo uma Assembleia Nacional Constituinte*. Foi um ato de coragem.

A Associação dos Advogados de São Paulo, contrariando a tradição de não se manifestar em matéria política, foi a primeira entidade a subscrever a Carta, com a compreensão de que não se tratava de questão político-partidária, mas institucional.

Alguns trechos desse documento bem fundamentado, subscrito no primeiro momento unicamente pelo professor Goffredo da Silva Telles, permitem compreender a gravidade do momento.[84] O governo Geisel, representante do regime, foi posto em xeque.

O impacto político da *Carta aos brasileiros*

A *Carta* teve um impacto fortíssimo, gerando no Congresso Nacional e nos vários fóruns da sociedade civil um intenso debate, pois seu autor era personalidade conhecida, sóbria e independente. Na USP, o professor Goffredo, exemplo de antibacharel, era mestre querido de seus alunos, mesmo daqueles de outras faculdades e universidades. Alunos de outras escolas acorriam às Arcadas (a Faculdade de Direito da USP, no largo de São Francisco, centro de São Paulo) para assistir a suas palestras brilhantes.

Homem desvinculado de posições ou agrupamentos partidários, já atuara contra o golpe de 1964, denunciando abusos, acobertando estudantes, aconselhando calmamente, em época de tantas destemperanças, o que fazer para a manutenção de equilíbrio durante os conflitos. Foi dos primeiros a subscrever vários documentos de protesto contra a ditadura. Preocupava-se, por outro lado, com as tentativas de "assaltos ao céu" de grupos de extrema-esquerda, que muito acirraram os cães de guarda do regime, entre os quais estavam alguns com assento seja na própria Faculdade de Direito da Universidade de São Paulo (como Moacir Amaral Santos, Gama e Silva e Alfredo Buzaid), seja nos conselhos universitários do país (como no Conselho Universitário da USP) ou no recôndito dos departamentos das faculdades e, sobretudo, nas casernas.

---

[84] Com efeito, em outras passagens da *Carta aos brasileiros* proclama-se a ilegitimidade do regime e se propõe, com sólida fundamentação, a necessidade de uma Assembleia Nacional Constituinte.

A *Carta aos brasileiros* antecipou-se a algumas iniciativas de juristas liberais e democratas, acelerou outras menos notadas, embora na mesma direção e com propósito semelhante. Muito bem redigido, incisivo, nítido e frontal, o documento fez acordarem setores adormecidos da sociedade, deu alento a outros. Não provinha de alguém da esquerda formal, tampouco de alguma associação. Saía da pena de um jurista respeitado, figura pública, embora discreta. Alguns jornais e revistas (como a *IstoÉ*, então dirigida pelo combativo Mino Carta, personagem importante nesse contexto, ou como a *Folha de S. Paulo*, o *Estadão* e o *Jornal do Brasil*) deram cobertura e multiplicaram os efeitos da *Carta*.

O fato é que esse documento teve o sentido de um contundente alerta e surgiu num contexto de retomada do processo de redemocratização. O impasse era preocupante, pois, apesar das críticas, depositava-se alguma esperança na abertura de Geisel. Sobretudo após Costa e Silva e Médici, o "Alemão" parecia confiável. Outras muitas iniciativas deram sequência ao que a *Carta* propunha nessa luta pela abertura. Valendo recordar que os serviços da repressão ainda atuavam, vigiando os democratas (até mesmo dentro das universidades), o que ocorreu pelo menos até 1983, como se pode constatar na documentação do Deops recolhida no Arquivo do Estado de São Paulo.[85]

Em julho de 1977, a Sociedade Brasileira para o Progresso da Ciência (SBPC) — que se tornara fórum de debates em que se reuniam anualmente pesquisadores, professores, mas também outros representantes da sociedade civil — ainda se revelava muito tímida em relação à "distensão e abertura" do regime. A reunião realizada em São Paulo na segunda semana daquele mês, na PUC-SP, congregava em média 3 mil pessoas por dia. Sua direção,

---

[85] Os dossiês contra os professores Goffredo, Florestan, Antonio Candido e outros são maçudos. Note-se, ainda, que a bomba no Riocentro, detonada pela extrema-direita em 1981, revela que o regime ditatorial estava bem vivo e ativo, e que o governo Figueiredo era pela abertura, mas impotente, como se revelou naquele episódio e em outros. Ele próprio não foi muito eficiente na tal abertura negociada. A *Folha de S. Paulo* fez cobertura excelente de 1980 a 1983 ou 1984, já com Otavio Frias Filho, ex-aluno das Arcadas, à frente do jornal. Pude [Carlos Guilherme Mota] observar de perto seu trabalho nessa direção. Vale a pena rever os editoriais corajosos da *Folha*, bem como os que Mino Carta produziu em sua revista semanal. Momento de virada político-ideológica. No Rio, Elio Gaspari, no *JB*, também foi muito importante, até porque tinha formação de historiador e conhecia como nenhum outro jornalista os meandros do regime e o esforço efetivo do general Golbery no sentido de uma abertura controlada do regime.

História do Brasil: uma interpretação

sob a presidência do físico Oscar Sala, pedia ao governo anistia para os professores cassados, porém negava-se a votar a Constituinte.

Os intelectuais e pesquisadores, provenientes de todos os quadrantes do país — muitos vinham dos estados mais distantes da Federação —, apontavam os modelos de governo distorcidos (quando menos) desde 1945, reivindicavam liberdade acadêmica, criticavam o autoritarismo desmobilizador do governo, o uso de verbas vultosas para pesquisa tecnológica e científica sem consulta à comunidade acadêmica, o dificultar a participação de cientistas em viagens a congressos internacionais, a triagem ideológica nas contratações de professores, a censura interna à universidade, e assim por diante. Nesse encontro, propôs-se todavia a extinção do AI-5 e discutiu-se a necessidade de uma Assembleia Constituinte com plenas liberdades. Tese vencida naquele momento, mas que vingaria dez longos anos depois...[86]

Não por acaso, alguns historiadores da época — nacionais e internacionais — observaram, com uma pitada de ironia, que a propalada "transição para a democracia" no Brasil era das mais longas da história. E das mais incompletas.

A ditadura encurralada: refletindo sobre o poder militar

"Geisel queria menos ditadura tornando-se mais ditador."

Elio Gaspari[87]

[86] Cf. "SBPC pede anistia, mas nega-se a votar Constituinte", em *O Estado de S. Paulo*, 12/7/1977, p. 16. A mesa-redonda no anfiteatro da PUC-SP estava constituída pelos professores Paulo Sérgio Pinheiro (coordenador), Dalmo Dallari, Marilena Chaui, Francisco de Oliveira, Lúcio Kowarick, Francisco Weffort e Carlos Guilherme Mota. Segundo Weffort, "o liberalismo está morto. Mas fala". Contra a ideia de uma sociedade anômica, Kowarick indicou formas variadas de participação popular. Chico de Oliveira apontou o impasse do fim do capitalismo autoritário *versus* pleno fascismo. Chaui indicou que a Constituição pode ser parte de um processo na direção da democracia. Dallari fez restrições à tese da Constituinte, parecendo-lhe mais correto lutar naquele momento pela extinção do AI-5. Carlos Guilherme Mota "foi o primeiro a levantar a tese da convocação de uma Assembleia Constituinte, com plenas liberdades, como saída para o atual impasse", *ibidem*.

[87] Elio Gaspari, *A ditadura encurralada*, cit., p. 34.

Quem melhor lapidou o conceito de poder que marcou a atuação e a época do general-presidente Ernesto Geisel (o "sacerdote") e de seu chefe da Casa Civil, o general Golbery (o "feiticeiro"), foi Elio Gaspari. O jornalista--historiador conheceu — como poucos, e não sem riscos — as entranhas desse poder e soube amealhar, organizar e dar sentido às informações colhidas na documentação pessoal de personagens importantes, algumas das quais se tornaram seus interlocutores. Nomeadamente, o próprio general Golbery e o secretário de Geisel, Heitor Aquino Ferreira, autor de um minucioso *Diário* (inédito) do dia a dia da presidência.

Seus livros permitem compreender esse período de transição (da "distensão à abertura") e representam uma profunda revisão historiográfica. Neles, prova-se que, embora empedernida, a direita não era tão compacta como se pensava e que, nos partidos, a esquerda não atuava com tanta eficiência como proclamavam seus militantes e mitômanos. Mais: que o empresariado andou a esmo, balbuciante e perdido nesse tiroteio sobre privatização *versus* estatização; e que Geisel não era tão "liberal" como se imaginava. Afinal, chegara a admitir tortura. E, finalmente, conclui que o ideólogo Golbery, homem cultivado e doentio, não logrou conduzir o processo de democratização para um desfecho que evitasse as trombadas no período de Figueiredo, "um primitivo", segundo Gaspari. Tudo nos leva a pensar, ao folhearmos as páginas dessa obra, que houve mais transação que "transição".

Com efeito, as análises dos livros da série parecem, desde o primeiro volume, já se encaminhar para uma interpretação do papel de Geisel-Golbery, a dupla que — bem ou mal — logrou dar um significado mais profundo ao regime militar, sobretudo ao explicitar suas contradições. Papel pressentido por um historiador como José Honório Rodrigues, que, em seu apartamento-biblioteca em Ipanema, alertava em setembro de 1967: "Essa ditadura vai longe. É preciso ficar de olho nesses irmãos Geisel [Orlando e Ernesto], que estão galgando o poder".[88]

José Honório acertava em 1967 no diagnóstico, mas errava o alvo: quem ascendia de fato era uma outra direita, a pré-megalítica, responsável pelo que Gaspari denomina "anarquia militar" (sobretudo o grupo reunido em torno do ministro do Exército Sílvio Frota), a ser domada pelo poder republicano, altamente centralizado, encarnado por Geisel-Golbery-Heitor.

---

[88] José Honório Rodrigues, em depoimento ao autor [Carlos Guilherme Mota], em setembro de 1967, em seu apartamento na rua Paulo Redfern, 23, C01, no bairro de Ipanema, Rio de Janeiro.

A Geisel ficaria reservado um papel distinto nesse quadro ditatorial: o de enquadrar a "anarquia militar" que desfigurava o regime. Nas palavras de Gaspari, em nota explicativa:

> "Entre as últimas semanas de 1974 e a jornada de 12 de outubro de 1977, quando Ernesto Geisel demitiu o ministro de Exército, general Sílvio Frota, a anarquia militar e o poder republicano do presidente enfrentaram-se. Era o confronto que o regime evitava desde 1964. À noite, quando Frota transmitiu o cargo ao seu sucessor, Fernando Bethlem, a anarquia estava enquadrada. Coube ao general Ernesto Geisel a defesa do poder constitucional. Logo ele, que participara das desordens militares de 1922, 24, 30, 37, 45, 61, 65, 68 e 69."[89]

Efetivamente, Geisel, o "último tenente", pode ser entendido como expressão tardia dessa vertente reformista e antioligárquica que emergiu na República Velha, atravessou boa parte do século XX, e viu-se confrontada com os dilemas e opções criados pela Guerra Fria, pelo reformismo desenvolvimentista-populista, pelas tentativas de revolução do tipo socialista, pela "necessidade" de privatizações e de reforma do Estado, pelo capitalismo selvagem, pela ultradireita e pela internacionalização do país. Expressão tardia e anacrônica do Tenentismo.

Um breve perfil biográfico do ex-*tenente* já se delineia nas páginas iniciais de *A ditadura derrotada*, jogando luz no modo como enfrentou os dilemas criados com a "distensão", por ele iniciada: com Golbery e Heitor (mais Humberto Barreto, seu afilhado), incomodava-se e sensibilizava-se com os reclamos da sociedade civil. Mas, até o fim, cultivou pétreo senso hierárquico, graças ao qual o país escapou do pior, uma ditadura jurássica.[90]

Das lutas pela garantia dos direitos civis — e das estratégias do jurista Raymundo Faoro — até chegar à direita ilustrada de Golbery, passando por

---

[89] Elio Gaspari, *A ditadura encurralada*, cit., p. 14. Sobre a atuação de Geisel nesses episódios, ver a nota 2, na mesma página.

[90] Cf. capítulo "Um saiu", em Elio Gaspari, *A ditadura encurralada*, cit., pp. 475-81. A formação de historiador, então marxista, de Gaspari no Rio de Janeiro, na universidade polarizada entre direita e esquerda, num caldo populista, temperado com generoso terceiro-mundismo, aguçou a percepção daquele que se transformaria num dos principais jornalistas-historiadores do país, interlocutor qualificado de esquerdas e direitas.

personagens destacados como o republicano Severo Gomes, ex-ministro de Castello e de Geisel, Elio Gaspari deu destaque e polimento ao papel de figuras como o senador Petrônio Portella, um ativista liberal da abertura. Descreveu cuidadosamente as peripécias do empresariado paulista. Nessa obra, são registradas algumas perplexidades do patronato, como, em 1977, a exclamação irônica de Antônio Gallotti, o controverso e "esperto" presidente da Light (essa "mãe de todos", na expressão da época, fornecedora de energia e luz, mas também de bons empregos a direitistas e liberais de plumagem variada): "O governo passado torturava pessoas físicas. O atual tortura as pessoas jurídicas".[91]

Fazendo falar as personagens — há inúmeros debates, diálogos, como o de Golbery com Severo, quando de sua demissão, e até explosões de ira de Geisel com seu secretário Heitor, quando lhe atirou o telefone —, pessoas que o jornalista conheceu e das quais extraiu o que havia de melhor, o livro oferece uma visão de conjunto inédita, muitas vezes surpreendente, num período decisivo de nossa história contemporânea. Não foram poucos, nesta fase, os jornalistas, políticos e historiadores (como o já citado Thomas Skidmore, Ralph Della Cava e outros mais) em busca de velados sinais e informação, e também os agentes vigilantes, que seguiram — por vezes literalmente — os passos de Gaspari. No *Diário* inédito (mas que um dia será publicado) de Heitor Aquino Ferreira, o estrategista da hora, certamente haverá informação sobre o próprio Gaspari...

Geisel: a difícil "abertura"

Na análise de ideias e intervenções de Geisel, encontram-se alguns dos pontos altos do livro mencionado acima. Nessa precária galeria de presidentes militares, marcados por rudimentar visão da história, o "Alemão" destaca-se. E não apenas por suas frases de impacto e ações fulminantes, vindas do alto: o presidente, ciente do poder paralelo, subterrâneo, feroz, e da existência nem sempre discreta de uma guerra de extermínio e de forças do "porão" manipuladas pela "tigrada" ultradireitista (como conceitua Gaspari), teve alto senso histórico de seu papel.

Já em 20 de janeiro de 1975, no Palácio do Planalto, em exposição para o Alto-Comando das Forças Armadas (reunido a seu convite), tem-se,

---

[91] *Ibid.*, p. 332.

838   História do Brasil: uma interpretação

na óptica presidencial, um diagnóstico da situação como ocorreu em poucos momentos da história do Brasil. Nessa sessão, recomposta por Gaspari com rigor, Geisel analisa a situação mundial, a inflação e o desemprego, o desprestígio dos Estados Unidos, o avanço da esquerda na Europa e um possível perigo soviético renovado, além da renúncia de Nixon, da queda de Salazar, seguida da do general Spínola, e o golpe (e prisão) dos coronéis na Grécia. Em seguida, passa a examinar o quadro interno, mencionando a derrota do governo nas eleições de novembro, quando o Sistema foi apanhado de surpresa. "Por baixo, nós não sabíamos o que estava acontecendo." Critica o comodismo de seus pares e define a Arena, o partido oficial do governo, como partido "extremamente fraco". Suas palavras abrem uma nova etapa na vida política do período ditatorial: "O governo despreocupou-se muito com a política. [...] Agora, ou nós cuidamos desse problema, ou então continuamos a não gostar de política e vamos sonhar com uma ditadura, que eu acho a pior solução".[92]

Sua percepção histórica — aprimorada no convívio com seu estrategista Golbery — leva-o a analisar o quadro eleitoral, o peso e as inovações da esquerda, sua infiltração na imprensa, os problemas da Previdência, conflitos com a Igreja, problemas da saúde pública, desfiguração do governo, e assim por diante. Mais: segundo Geisel, urgia conhecer as mudanças na esquerda, ver como atuava, para encontrar-se novos métodos. "Não podemos cristalizar nosso sistema de repressão." O regime, dizia, não podia continuar como em 1969 e 1970. Percebe-se por aí o quanto as acusações de arbitrariedade, de torturas e procedimentos ilegais cumulativamente calavam fundo no presidente: "Isto é um fator muito negativo para o governo, e nós temos que examinar, ver até onde nós podemos ir para atender a este problema que se apresenta aí, dos direitos da pessoa humana e não sei mais o quê".[93]

Conhecedor da história, Geisel louvava a "unidade militar", mas temia um "esgarçamento das bases", advertindo: "Não sou um fetichista nessa história, mas acho que nós temos que ter cuidado para que isso não vire um bumerangue contra nós".[94]

---

[92] *Ibid.*, p. 29. Documento extraído de uma gravação, revisto por Heitor Aquino Ferreira.

[93] *Ibid.*, p. 31.

[94] *Ibid.*, p. 30.

A essa altura dos acontecimentos, estava posta a questão do Estado de Direito. O MDB, partido em que se reunia uma frente de oposições, lançara a luta contra o AI-5, "objetivo remoto que nós devemos procurar atingir, mas, antes de atingir o estado de direito, nós temos que nos preocupar em manter a ordem no país". Geisel, em sua fala, repleta de termos como "renovação", "criação", "ideias novas de ação", deu todos os recados que queria, até mesmo ao ministro do Exército Sílvio Frota, acerca dos excessos (no julgamento de "subversivos"), cujo dano recaiu no próprio regime.

Dias depois, quando se aventou a possibilidade de nova reunião do Alto-Comando, Ernesto Geisel, em raro transbordamento de ironia cáustica, disparou:

"Não vou fazer, todo mês, uma pastoral para o Exército."[95]

Desse modo, já em seu início, o governo Geisel trazia a mensagem da necessidade de uma lenta distensão do regime, começando seu debate entre dois polos. O porão estimulava mais prisões, torturas, desaparecimentos e "suicídios"; e a ala branda alimentava a distensão. Geisel-Golbery-Heitor davam a partida em uma série de avanços, recuos, permissões e negações, marchas e contramarchas, exercitando em novos moldes uma complicada — para não dizer perversa — dialética do poder. Em síntese, eis a chave para a compreensão do período, segundo Gaspari:

"Colocando-se na posição de árbitro do gradualismo, estava a um só tempo descomprimindo o processo e cristalizando na sua vontade o arbítrio da ditadura. Queria a distensão, desde que tivesse a prerrogativa de dizer qual, como e quando. Queria menos ditadura tornando-se mais ditador. Abrindo o regime, exercia sobre ele uma pressão maior que aquela usada por Médici para mantê-lo fechado."[96]

A partir dessa tese, Gaspari elabora uma série de ideias sobre o poder, para além de narrativas minuciosas e bem calçadas por documentação de

---

[95] Heitor Aquino Ferreira, "13/2/1975", em *Diário* (inédito), *apud* Elio Gaspari, *A ditadura encurralada*, cit., p. 34.

[96] *Ibid.*, p. 35.

arquivos pessoais, notícias, entrevistas, o conjunto resultando numa tessitura bem amarrada, em que ideologias, modelos, tendências e instituições (até mesmo partidárias) sustentam a ação das personagens. Personagens que cobrem todo o espectro jurídico-político, econômico e jornalístico brasileiro, desde a firmeza do dr. Ulysses Guimarães, do cardeal D. Paulo Evaristo Arns até as peripécias de Marcos Vianna; da pressão do embaixador americano Crimmins (com o apoio do cônsul presbiteriano Chapin, contra a tortura) à ação decisiva do jurista Raymundo Faoro no caso do *habeas corpus*; e da atuação da imprensa (*O Estado*, *Jornal do Brasil*, e os jornalistas Mino Carta, Otavio Frias Filho, Cláudio Abramo, Audálio Dantas, entre outros) chegando às de Marco Maciel e Fernando Henrique Cardoso (o episódio da tentativa de sua cassação é risível). E, naturalmente, as personalidades que tiveram destino trágico, como Vladimir Herzog, o professor-jornalista "suicidado" pelo regime.

Esse estudo sobre a história e os projetos de Brasil cultivados pela caserna merece, pois, destaque neste capítulo. É um mapeamento que localiza desde militares modernizantes, como o brigadeiro Délio Jardim de Mattos, de fortes pendores udenistas,[97] até trogloditas como o tenente-coronel Carlos Ustra, e as opacas figuras de energúmenos do "porão", que torturaram barbaramente homens dignos, personalidades de ideias e ação, como o fizeram com o mineiro Marco Antônio Coelho, figura das mais nobres e bem formadas de sua geração.[98]

Finalmente, vale registrar a atuação da Conferência Nacional dos Bispos do Brasil (CNBB), que não poupou críticas à ditadura. Na CNBB, teve papel de destaque o gaúcho D. Ivo Lorscheiter (1928-2007), primeiro como secretário-geral (1971-1978), depois como presidente (1979-1986), tendo atuado com o maior desassombro e serenidade durante os anos duros do regime militar (1964-1985). Deu apoio às famílias de presos políticos, denunciou torturas e assassinatos, defendeu padres, freiras e bispos ameaçados, enfrentou generais que, nele, viam "exorbitâncias da Igreja", defendeu D. Pedro Casaldáliga nos conflitos de terras em São Félix do Araguaia (note-se: enfrentando o governo militar e, também, o Vaticano), apoiou D. Waldir Ca-

---

[97] Era o predileto do brigadeiro Eduardo Gomes. Ver a publicação de Délio Jardim de Mattos, *Palavras do tenente-brigadeiro do ar Délio Jardim de Mattos, ministro da Aeronáutica*, Brasília, Palácio do Planalto/Secom, 1980.

[98] Assim o avaliam intelectuais de seu grupo-geração, como Francisco Iglésias, Sábato Magaldi e Antonio Candido.

lheiros no confronto com militares do Exército em Volta Redonda (RJ), e D. Adriano Hipólito, sequestrado por agentes de segurança na Baixada Santista, e assim por diante. Foi um incentivador das Comunidades Eclesiais de Base e, ainda, dos padres da Teologia da Libertação. Primo de D. Aloísio Lorscheiter, outro notável contestador da ditadura, D. Ivo faleceu em 5 de março de 2007.[99]

O MODELO AUTOCRÁTICO-BURGUÊS SOFISTICA-SE

Por fim, muito se discutiu a transição para a democracia, quase sempre "pelo alto". Ocorre que o modelo autocrático-burguês, descrito por Florestan Fernandes, era — e continua a ser — movido por pessoas: os livros de Gaspari revelam as faces, máscaras e caras desse modelo. Ao longo de suas páginas, no chão da história, todas as personagens podem ser encontradas em sua verdadeira grandeza — ou baixeza. Nessa obra encerra-se um período da historiografia brasileira e abre-se uma nova pauta, com perguntas inquietantes, ainda não respondidas. Por exemplo, qual o efetivo papel dos empresários, mesmo os que financiaram a repressão, e que não comparecem, ou pouco repontam nesses volumes?

O modelo é autocrático-burguês, como se sabe, mas a burguesia, nativa e multinacionalizada, pouco aparece; quase tangencialmente. E, do outro lado do balcão, não valeria examinar em profundidade a atuação de personalidades dessa nova sociedade civil, como o próprio jurista Faoro, que Gaspari e Mino Carta conheceram tão bem? Ou Barbosa Lima Sobrinho, Audálio Dantas, Cláudio e Perseu Abramo, o bispo Casaldáliga, Alberto Dines, Fernando Pedreira, Carlos Castello Branco, Moacir Werneck de Castro, Villas-Boas Corrêa, Joel Silveira e tantos outros espalhados por todo o país?

Finalmente, permanecem dúvidas, como a hipótese de, semanas antes de assumir, Geisel ter providenciado "limpeza" prévia, radical, em certos porões dominados pela ultradireita.

Naquela difícil conjuntura, figuras representativas como Dalmo de Abreu Dallari, presidente da Comissão de Justiça e Paz da Arquidiocese de São Paulo; José Carlos Dias, imbatível em suas defesas *pro bono* de réus, na

---

[99] Cf. José Maria Mayrink *et al.*, *O Estado de S. Paulo*, São Paulo, 6/3/2007, p. A14.

Auditoria Militar à rua Brigadeiro Luís Antônio (em São Paulo); Miguel Reale Júnior agitando ideias[100] e formulando propostas democratizantes na Associação dos Advogados e depois na OAB; Barbosa Lima Sobrinho na ABI; José Gregori em vários fóruns; André Franco Montoro no Senado; e muitos outros — valorizaram ações, muitas vezes audaciosas, nas quais se desdobraram. Esse novo perfil de advogado-jurista (que se contrapunha ao bacharelismo tradicionalista e reacionário) solicita novas pesquisas e interpretações. Na seara religiosa, ainda se aguardam estudos aprofundados sobre a participação decisiva de D. Paulo Evaristo Arns e seus bispos, padres e freiras, de enorme valor e coragem, e também do corajoso pastor James Wright e do rabino Henry Sobel (que não admitiu o enterro de Herzog em cemitério comum, dos suicidas, por ter considerado que ele fora assassinado, como depois se comprovou), entre as lideranças mais destacadas.

Finalmente, em outubro de 1978, o general Ernesto Geisel acabou por revogar os Atos Institucionais promulgados pelos governos militares anteriores. E, em 1979, seu candidato, o general João Baptista Figueiredo, assumiu a presidência.

Governo Figueiredo (1979-1985): transição ou transação?

> "É para abrir mesmo e quem quiser que eu não abra, eu prendo e arrebento."
>
> João Baptista Figueiredo, 1979[101]

Ao tornar-se presidente, o general Figueiredo, carioca (mas de formação gaúcha), militar da Arma da Cavalaria, suspendeu o AI-5, admitiu eleições diretas para os governos estaduais, propôs uma política externa mais aberta, e levantou uma série de polêmicas sobre o próprio poder militar.

---

[100] Entre as inúmeras personalidades que Miguel Reale Júnior, à frente da AASP, convidou para discutir a necessidade de abertura do regime, estiveram Gianfrancesco Guarnieri, Oliveiros Ferreira, Mino Carta, Franco Montoro, Mário Covas e Eduardo Suplicy.

[101] *Apud* 1979, ano da Anistia, verbete 2.318, em Darcy Ribeiro, *Aos trancos e barrancos: como o Brasil deu no que deu [T&B]*, cit., reproduzindo uma das inesquecíveis "pérolas" do presidente Figueiredo. Mesmo a pedido, como esquecê-lo?

Em suas reivindicações e propostas de redemocratização, a sociedade civil avançava, mas setores mais críticos advertiam quanto a não se poder falar, no Brasil, em *re*democratização, e sim em democratização, pois *democracia de facto* era algo desconhecido em nossa história. Pairava no ar o perigo de um recrudescimento da ditadura, tanto que, a cada iniciativa mais vigorosa das forças democratizantes — pelas *Diretas*, pela Assembleia Constituinte ou pela abolição da censura —, o general advertia, ampliando e adensando o vocabulário e a imaginação política nacional: "Não me ameacem, nem ao regime, senão eu recrudesço"...[102]

Anistia para os cassados e exilados. "Conciliação"?

Em outubro de 1978, o general Figueiredo pusera novamente em circulação o termo "conciliação". O meio político agita-se, debatendo e procurando saber o que estaria "na outra mão" do militar. As lideranças mais progressistas não admitiam a volta à velha metodologia da "conciliação pelo alto", pois vários setores da sociedade começavam a exigir que fossem ouvidos os canais de representação da sociedade civil; e a anistia, concedida de forma irrestrita.

> "Uma Constituinte seria a única maneira de resolver os problemas do país. A ideia genuína de Conciliação seria a Constituinte, como no final da ditadura de Vargas, solução que não trouxe o caos, mas a normalidade verdadeira. [...] Com paliativos e medidas casuísticas vindas de cima para baixo não se conseguirá conciliar coisa alguma."[103]

---

[102] O presidente Figueiredo foi prolífico em frases de efeito (duvidoso). Essa, que nos foge onde foi dita, provocou inúmeras discussões de língua portuguesa, pela conjugação do verbo recrudescer; o mesmo aconteceu com seu famoso "eu expludo". Esta última não é aceita pelos redutos puristas da língua, que consideram o verbo explodir defectivo, em que falta, entre outras, a 1ª pessoa do singular do presente do modo indicativo. O *Dicionário Houaiss*, esse não afirma a existência do "expludo", mas sai pela tangente. Lá está: "geralmente considerado defectivo, não teria as formas"... Será esta "defectividade" o que torna os brasileiros tão "cordatos"?

[103] Declaração do autor [Carlos Guilherme Mota], veiculada em matéria de Fernando José Dias da Silva, "Um tema que volta a fazer parte da nossa história", em *Jornal da Tarde*, São Paulo, 12/2/1979, p. 8. Ver também, na mesma matéria, as posições de José

Em agosto de 1979, o Congresso aprovou o projeto de anistia para os presos políticos e para os cidadãos que haviam sido banidos pelo regime militar. A anistia passara a ser a questão essencial. Em 1979, apresentado o projeto de lei da anistia, o professor Miguel Reale Júnior — que terminara seu mandato de presidente da Associação dos Advogados — passou a ocupar a representação de São Paulo no Conselho Federal da OAB e, nessa condição, veio a efetivar, em nome da Ordem, juntamente com José de Castro Bigi, emendas ao projeto de anistia que, oficialmente, foram propostas por parlamentares do MDB.

Em tais propostas, os juristas opunham-se ao tratamento diferenciado, concedendo-se anistia aos que teriam cometido crimes conexos, eufemismo usado pelo regime para referir-se aos crimes praticados por militares e policiais agentes da tortura e da morte de presos políticos, sem que, de outro lado, se estendesse a anistia aos que haviam participado da luta armada contra a ditadura. Segundo o jurista e professor: "A anistia deveria ser uma estrada de mão dupla, se o argumento para se anistiar os torturadores era o da pacificação nacional. Creio que obtivemos bom resultado nessa empreitada, especialmente graças à interpretação dada à lei pelo Tribunal Superior Militar".[104]

A maioria das pessoas cassadas pelos militares pôde retomar suas atividades. Os líderes Brizola, Arraes e Prestes retornaram do exterior. Também Fernando Gabeira regressa do exílio e lança o depoimento *O que é isso, companheiro?*[105] — um forte documento de geração, amplamente divulgado — inovando e atualizando as concepções das — e a respeito das — esquerdas (a política e a cultural), rançosas e tradicionalistas.

No Ministério do governo do general Figueiredo uma séria tentativa de reforma educacional em profundidade foi ensaiada pelo ministro da Educação, o professor e crítico respeitado Eduardo Portella (os ministros anteriores eram ou militares ou abertamente fascistas, com exceção do general Ru-

---

Honório Rodrigues, Cláudio Lembo, Ulysses Guimarães, Paulo Brossard, Freitas Nobre, Airton Soares, Bolívar Lamounier e Nelson Marchezan.

[104] Depoimento dado por Miguel Reale Júnior aos autores em 20/2/2007. No ano de 1980, restabelecido o pluripartidarismo, foi convidado por Mário Covas, presidente do agora PMDB (ex-MDB) de São Paulo, para integrar o partido, participando da direção da Fundação Pedroso Horta. Miguel Reale Júnior passava, então, da militância em órgãos da sociedade civil para a atuação em instituição político-partidária.

[105] Fernando Gabeira, *O que é isso, companheiro?*, Rio de Janeiro, Codecri, 1979.

bem Ludwig). Suas entrevistas e projetos em defesa da escola pública e de uma educação crítica em todos os graus estavam em desarmonia, no conjunto da equipe ministerial, com o *establishment*.

Pouco depois, dadas suas ideias avançadas, Portella seria demitido. Mas deixou uma lição e — segundo Faoro, na conclusão de *Os donos do poder* —, ironicamente, uma boa frase esclarecedora da ideologia da Cultura Brasileira: "luz coada em vidro fosco, figura vaga e transparente, trajada de névoas, toucada de reflexos, sem contornos, sombra que ambula entre as sombras, ser e não ser, ir e não ir, a indefinição das formas e da vontade criadora"...[106]

Eleições diretas. A "nação ameaçada"

> "E, se é verdade que os resultados alcançados ficaram aquém do nosso desejo, e não nos satisfazem, não é menos verdade que em outros países [...]"
>
> Presidente João Baptista Figueiredo, 1980[107]

> "O modelo dependente só convém às multinacionais, ao sistema financeiro e à pequena fração do grande empresariado que, há muito, se aliou às multinacionais. Por tudo isso, cumpre encerrar o ciclo histórico da Revolução de 1964."
>
> General Antônio Carlos de Andrada Serpa, 1981[108]

[106] Eduardo Portella, *apud* Raymundo Faoro, *Os donos do poder: formação do patronato político brasileiro*, vol. 2, São Paulo, Publifolha, 2000, 10ª ed., pp. 380-1.

[107] *Discurso do senhor João Figueiredo, presidente da República Federativa do Brasil*, Brasília, Secom, 1980. Resposta à saudação do ministro da Justiça, Ibrahim Abi-Ackel, pela passagem de um ano de governo (na presença do vice-presidente, Aureliano Chaves).

[108] Antônio Carlos de Andrada Serpa, *Em defesa da nação ameaçada*, São Paulo, [edição restrita], 1981, p. 31. Trata-se de palestra feita em 15 de dezembro de 1980, no Instituto de Engenharia de São Paulo, transformada no manifesto *Em defesa da nação ameaçada*, "assinado por 32 brasileiros": Alceu Amoroso Lima, Antonio Candido, Antônio Carlos de Andrada Serpa, Antônio Didier Viana, Antônio Ermírio de Moraes, Antônio Houaiss, Ariano Suassuna, Armando Pereira Peixoto, Aurélio Buarque de Holanda, Barbosa Lima Sobrinho, Caio Amaral, Carlos Guilherme Mota, Cleanto de Paiva Leite, Cyro Martins, Euler Bentes Monteiro, Evandro Paranaguá, Fernando Henrique Cardoso, Goffredo da Silva Telles (autor da *Carta aos brasileiros*), João Camarão Telles

Em 1981, o governo estabeleceu eleições diretas para todos os cargos executivos do país, menos para o de presidente e para os de prefeitos das capitais e das áreas de segurança nacional, isto é, das áreas onde havia refinarias, indústrias etc. Nesse mesmo ano, o governo promoveu uma ampla reforma partidária, procurando obter resultados melhores nas eleições já próximas.[109]

Na política econômica, o ministro Mario Henrique Simonsen foi substituído por Delfim Netto, que, em face de grave crise econômica e social, promoveu a maxidesvalorização. Com o aumento da dívida interna e externa, somado ao desemprego e à inflação, amplia-se a insatisfação da sociedade com o regime. Em 1979, ainda no governo Geisel, Chico Buarque havia lançado seu disco com músicas censuradas, como "Cálice", "Chame o ladrão" e "Apesar de você", que assinara sob o nome de Julinho da Adelaide. "Apesar de você" tornou-se uma espécie de hino das oposições.

Em 1978 e 1979, o quadro inflacionário agravara-se, indicando o esgotamento do modelo econômico. Com a queda do crescimento, a política de "fazer crescer o bolo para depois dividi-lo" já soava (novamente) como engodo para a população. A crise internacional agravava-se, com o aumento do custo da dívida externa. Complicavam-se as negociações com credores norte-americanos, contrários à redução do valor da dívida.

A crise da dívida externa latino-americana (que eclode em 1982 e mergulha o país na recessão) teve duas consequências imediatas: a fundação do Partido dos Trabalhadores, organização inédita no mundo do trabalho no país, e o lançamento da Campanha pelas Eleições Diretas, movimento político-social que se tornaria irreversível.

De fato, com a reforma, surgiram novos partidos políticos, ampliando o arco de interesses de outras camadas da sociedade: a Arena, partido que apoiava o governo, passou a denominar-se Partido Democrático Social (PDS);

Ribeiro, José Honório Rodrigues, José Walter Bautista Vidal, Luiz Carlos Bresser-Pereira, Marco Antônio Campos Martins, Paulo Duarte, Pompeu de Souza, Roberto Saturnino Braga, Rogério C. Cerqueira Leite, Rômulo Almeida, Ruy Lopes, Sérgio Buarque de Holanda, Severo Gomes e Sinval Guazzelli.

[109] Sobre a nova sociedade civil emergente e a problemática nacional, consulte-se a seleção de editoriais de combate desse período do jornal *Folha de S. Paulo* em Carlos Guilherme Mota e Maria Helena Capelato, *História da Folha de S. Paulo (1921-1981)*, São Paulo, Impres, 1981. Para o mesmo período, vejam-se os números temáticos do *Folhetim*, então sob a coordenação de Oswaldo Mendes.

e o MDB, partido de oposição, optou pela denominação Partido do Movimento Democrático Brasileiro (PMDB).

O Partido dos Trabalhadores (PT), que surgiu do movimento dos operários metalúrgicos da região do ABC, na Grande São Paulo, disputou sua primeira eleição em 1982. Despontava, então, a liderança de Lula.

O confronto operário no ABC paulista, com as greves de 1978 a 1980, indicava a profundidade das transformações vividas pelo país, sobretudo aquelas localizadas no mundo do trabalho. Agora, o movimento dos trabalhadores impunha um novo padrão de relacionamento contratual, de cunho sindical moderno. A esse estímulo, frações do empresariado progressista responderam com um novo padrão de participação política e empresarial. Um dos números do *Folhetim*, da *Folha de S. Paulo*,[110] foi dedicado ao que se denominou "República de São Bernardo", que o historiador Ricardo Antunes mais tarde analisaria em profundidade em *A rebeldia do trabalho*.[111]

Já o Partido Democrático Trabalhista (PDT) reunia simpatizantes do varguismo e de João Goulart. A figura principal desse agrupamento era o carismático Leonel Brizola, um representante forte da esquerda, temido pelos empresários e militares. A sigla requerida pelo PDT era a de Partido Trabalhista Brasileiro (PTB), mas Ivete Vargas, sobrinha de Getúlio, disputando com Brizola, apropriou-se da sigla histórica, pretendendo reviver a legenda partidária criada pelo tio após 1945. Sem chance.

Durante o governo Figueiredo, uma série de violentos atentados — entre outros, o do Riocentro, o da OAB — a personalidades de destaque da sociedade civil indicava que a "linha dura" pretendia reagir ao processo de devolução do poder político aos civis. Na apreciação de Darcy Ribeiro, "de salto a salto, Figueiredo supera todas as expectativas".[112] De fato, o presidente, oriundo da Arma da Cavalaria, granjeia a simpatia da população com seu modo popularesco de fazer-se o cavaleiro armado na luta pela abertura do regime; mas não enfrenta a extrema-direita, perdendo a oportunidade de

---

[110] *Folha de S. Paulo, Folhetim* nº 173, São Paulo, 11/5/1980, que traz análises e debates dos quais participaram Oswaldo Mendes (editor), Jaime Klintowitz, Ricardo Kotscho, Paulo Sérgio Pinheiro, Fernando Henrique Cardoso, Mino Carta, Leôncio Martins Rodrigues, Tito Costa, Celso Frederico, José Augusto Guilhon Albuquerque, Almir Pazzianotto, D. Cláudio Hummes (na época, bispo de Santo André), J. Maluly, Angeli, Grilo e Glauco.

[111] São Paulo/Campinas, Ensaio/Editora da Unicamp, 1988.

[112] 1979, ano da Anistia, verbete 2.321, em Darcy Ribeiro, *T&B*, cit.

quebrá-la de vez no trágico episódio do Riocentro, que custaria a demissão de Golbery pouco tempo depois. É ainda Darcy, em sua conceituação muito própria, quem diz de Figueiredo:

> "Poderia ter entrado na história brasileira como um herói libertador se convocasse eleições diretas e livres. Em lugar disso, de repente veta Aureliano [Chaves, vice de Figueiredo, pretendente à sucessão], se enjoa de [Mário] Andreazza e dá para trás, como burro teimoso que empaca, escoiceia e recua. Quase malufa. Afinal, dá uma de Pilatos: lava as mãos e tancreda."[113]

Já a avaliação do jornalismo mais empenhado da época fazia notar que voltava ao Planalto a "paisagem antiga, como no tempo de Médici".[114] Saía Golbery e voltava o ministro-chefe da Casa Civil Leitão de Abreu, um dos poderosos da era medicista. Como se sabe, Golbery defendia, quase isoladamente, novo inquérito sobre o atentado terrorista ao Riocentro executado por militares da direita, pois o resultado oficial não lhe parecera confiável.[115]

No início de 1985, a abertura consumou-se, com a eleição (indireta, no Congresso) de um presidente civil, após negociações que ocuparam o final de 1984. O mineiro Tancredo Neves foi eleito presidente pelo Colégio Eleitoral, formado pelos deputados e senadores.

Eleição e morte de Tancredo.
O governo Sarney (1985-1990)

Embora num modelo ainda fechado, restrito, a eleição de Tancredo simbolizava o retorno do governo civil. Inaugurava-se o período que passou a denominar-se "Nova República", em verdade uma habilíssima "conciliação

---

[113] *Ibidem*. Darcy cita várias de suas frases e atitudes que ficaram famosas. Em Florianópolis, num conflito com estudantes, desabafou: "O que eu gosto mesmo é de clarim e de quartel" (verbete 2.319). A um menino, disse "que se ganhasse salário mínimo, 'dava um tiro no coco'" (verbete 2.320). Depois, mais direto, afirmou que "preferia cheiro de cavalo a cheiro de povo". Esportivo, procurou melhorar sua imagem aparecendo de sunga em jornais, fazendo exercícios físicos... (verbete 2.318).

[114] *Veja*, nº 675, São Paulo, 12/8/1981, p. 30.

[115] *Ibid.*, pp. 26-7.

A República Civil-Militar (1964-1985)

pelo alto". Ou, no juízo de alguns cientistas políticos, como Michel Debrun, não se verificara uma transição de regime a outro, mas uma transação.[116]

Tancredo faleceu em 21 de abril em 1985, antes de tomar posse. O vice--presidente eleito pelo Colégio Eleitoral, José Sarney, assumiu a presidência da República. E novamente as várias forças organizadas da sociedade civil manifestaram-se e impuseram a *convocação de uma Assembleia Nacional Constituinte*. Para tanto, deputados foram eleitos e, em 1986, instalou-se não a Assembleia, mas um Congresso Constituinte...

Em 1988, o Congresso promulgou uma nova Constituição, denominada "Constituição cidadã", que examinaremos mais adiante.

Fim do ciclo militar

Em 1960 a população do país era de 71 milhões de habitantes, com 16 milhões de analfabetos maiores de 10 anos. Em 1980, a população aumentara para 120 milhões, registrando-se 25% de analfabetismo adulto.

O balanço do período militar não é brilhante: dívida externa, até então a mais alta da história da República, inflação, desemprego, miséria e analfabetismo (60% da população do Brasil permaneciam analfabetos e semianalfabetos). Nada obstante, registrem-se inegáveis avanços, resultantes do planejamento estratégico — para utilizarmos expressão cara à Escola Superior de Guerra, que se difundiria até nas universidades em geral — que esses militares estatistas adotaram. No plano das comunicações, na esfera da economia (com os PNDs), dos recursos energéticos e dos recursos minerais (Vale do Rio Doce), bem como na da indústria aeronáutica, houve progresso significativo. A Usina de Itaipu e a consolidação da Petrobras são ganhos indiscutíveis.

Em 1974, pouco antes de seu falecimento, Oduvaldo Vianna Filho, um dos dramaturgos mais brilhantes de sua geração, alertara:

> "Reduzir uma sociedade de 100 milhões de pessoas a um mercado de 25 milhões exige um processo cultural muito intenso

---

[116] Ideia que está no título e nos conteúdos dos artigos dos diversos autores na obra organizada por Carlos Guilherme Mota, *Viagem incompleta (1500-2000): a experiência brasileira*, vol. 2, *A grande transação*, São Paulo, Editora Senac, 2000.

e muito sofisticado. É preciso embrutecer esta sociedade de uma forma que só se consegue com o refinamento dos meios de comunicação, dos meios de publicidade, com um certo paisagismo urbano que disfarça a favela, que esconde as coisas."[117]

O regime civil-militar se exaurira. Em larga medida, também a sociedade brasileira descobria-se exausta, dividida entre patrícios, plebeus e párias. Cumpria-se a triste profecia do dramaturgo.

Soava a hora de construir-se uma nova cidadania, desembrutecer esta sociedade. Tarefa hercúlea, mal assumida, e tão tardiamente, que permaneceria, décadas depois, muito longe de alcançar resultados apreciáveis.

[117] *Apud* Carlos Guilherme Mota, *Ideologia da cultura brasileira (1933-1974)*, São Paulo, 3ª ed., Editora 34, 2008, p. 381.

29

A República Autocrático-Burguesa: do fim da ditadura aos governos "democráticos". De Tancredo a Lula (1985-2007)

> "O Brasil, um monumento à negligência social..."
>
> Eric Hobsbawm[1]

> "Todos os presidentes da República brasileira foram herdeiros políticos dos Bragança, protótipos da grande esperteza brasileira de simular uma História para não ter que fazê-la. É poeticamente justo, ou pelo menos simétrico, que a fase republicana da Era Bragança acabe como acabou a fase monárquica: com um homem bom no poder, um filósofo moderno e um cidadão do mundo, um Pedro II sem, espero, exílio. Éfe Agá era o melhor que nossa oligarquia esclarecida podia produzir, sem ironia [...]. Lula não significará, claro, a tomada do poder pela 'classe perigosa', para finalmente se apossar da sua própria história. Ele também dependerá de uma casta intelectual a seu lado e da boa vontade do patriciado, sem falar no Congresso e no 'mercado' para poder governar."
>
> Luís Fernando Veríssimo[2]

Os diagnósticos do historiador e do cronista sintetizam o sentido geral de nossa história nas últimas décadas. No caso do cronista, referindo-se a Lula, diga-se todavia que a "casta intelectual" ao lado dele revelou-se medíocre; e que a "boa vontade do patriciado" não surpreendeu, dadas as vultosas benesses recebidas do presidente-operário.

No Brasil, o período histórico — que abarca desde a eleição indireta de Tancredo Neves pelo Colégio Eleitoral, em 1984, quando derrotou o candidato do sistema Paulo Maluf, até a reeleição do presidente Lula, novamente pelo voto direto, em 2006, quando derrotou o candidato Geraldo Alckmin

---

[1] Eric Hobsbawm, *Era dos extremos: o breve século XX (1914-1991)*, São Paulo, Companhia das Letras, 1995, p. 555.

[2] Luís Fernando Veríssimo, "O último Bragança e o primeiro Silva", em *O Estado de S. Paulo*, São Paulo, 30/1/2002, p. A4.

(PSDB) — caracterizou-se por um aprofundamento das discussões e conflitos nos planos social e político-institucional. Em contrapartida, foi também período de graves impasses no processo de reestruturação democrática. O país assistiu a embates político-institucionais, conflitos sociais, pactos políticos os mais díspares e, ainda, surpreendentes "deslizamentos" ideológicos — de partidos e de atores políticos, sociais e culturais.

A crise político-ideológica generalizou-se. Em maio de 2007, numa só palavra, o ex-presidente Fernando Henrique sintetizou o desempenho do PSDB, seu partido: "Patético". Já Francisco de Oliveira, um dos fundadores e ex-militante do PT, observando os novos tempos, fazia notar, em julho de 2006:

> "A política interna se tornara irrelevante no país. [...] O papel transformador do PT se esgotou [...]. E o PSOL está em busca de uma miragem."[3]

Mais contundente foi o diagnóstico do conservador liberal renitente Cláudio Lembo, do Partido Democratas, então governador do Estado de São Paulo, ao criticar frontalmente a "minoria branca e má", fazendo, em dezembro de 2006, um duro balanço-denúncia da realidade que enfrentou:

> "O estado representa 45% da economia brasileira. Porém no ventre de São Paulo existe muita desigualdade e miserabilidade. Locais como Alphaville, em São Paulo, têm renda per capita de 15 mil dólares/ano; municípios como Ferraz de Vasconcelos, 300 dólares/ano."[4]

A CURVA DO PROCESSO

Em ampla perspectiva, observa-se que, de Tancredo a Lula, a travessia foi longa, cheia de percalços. A começar pelo falecimento de Tancredo Neves, o astuto presidente eleito pelo voto indireto; e, mais tarde, pelo desaparecimento de um dos principais artífices da transição política, Ulysses Gui-

---

[3] Entrevista de Francisco de Oliveira, em *Folha de S. Paulo*, São Paulo, 24/7/2006, p. A12.

[4] Cláudio Lembo [entrevista a Mônica Bergamo], em *Folha de S. Paulo*, São Paulo, 31/12/2006, p. A11.

marães, o "senhor Diretas", no estranho acidente de helicóptero em que também morreu o nacionalista Severo Gomes. Como se recorda, vinham de reunião com Renato Archer em Angra dos Reis, onde Ulysses teve longa conversa telefônica com Itamar Franco. Tudo muito suspeito...

Nessa transição para a nova ordem, ocorreram vários movimentos sociais e políticos, destacando-se a greve de 40 dias, em São Paulo, em 1981, liderada por Lula da Silva, quando 335 mil operários pararam e opuseram-se ao sistema (naqueles dia, instalara-se a, assim denominada, "República de São Bernardo"). Em 1983 criou-se a Central Única dos Trabalhadores e, no ano seguinte, deslanchou o movimento pelas eleições diretas.

Com efeito, em 1984, a campanha das *Diretas Já* mobilizou milhares de pessoas nas principais capitais. Mobilização logo frustrada, naquele mesmo ano, retardando o avanço da democracia representativa, com a rejeição pelo Congresso da emenda do deputado Dante de Oliveira, que instituiria o voto direto. Como podemos lembrar, as eleições diretas para governador dos estados, desativadas desde 1966, haviam sido restabelecidas em 1982; para a presidência da República, porém, permaneciam suspensas.

Em seguida, assistiu-se no país à nova mobilização da sociedade, agora voltada para a convocação de uma Assembleia Nacional Constituinte. Ou, melhor dizendo, de um *Congresso Constituinte*. Aí, como vimos — uma vez instalado, com novos deputados eleitos e presidido pelo deputado Ulysses Guimarães —, até a redação final e aprovação da Constituição de 1988, de tudo se discutiu. A Constituição resultante, apesar de tudo, representa o marco de um novo período na história do Brasil contemporâneo.

A República ainda sofreria vários impasses e desafios, sobretudo no âmbito econômico, com a imposição de diversos planos fracassados, até a atual e relativa estabilização. Impasses institucionais, políticos, econômicos, sociais e, até, no âmbito dos costumes — corrupção generalizada e impunidade, que se prolongam até os dias atuais — sinalizaram as dificuldades a serem enfrentadas pela nova ordem republicana, não isenta de contradições e de vícios do antigo regime.[5]

---

[5] Para uma visão de conjunto entre as obras mais recentes, remetemos o leitor às análises contidas em Ignacy Sachs, Jorge Wilheim e Paulo Sérgio Pinheiro (orgs.), *Brasil: um século de transformações*, São Paulo, Companhia das Letras, 2001. A coletânea abarca estudos que tratam desde as transformações demográfica, agrária e econômica (este, assinado por Paul Singer), até questões urbanas, do federalismo, das relações inter-

De Sarney a Lula: o sentido geral do processo

> "Como se vê, o momento é ainda de instabilidade e de preocupações múltiplas, requerendo ímpar mestria na condução política, boa dose de tolerância e capacidade de negociação."
>
> Golbery do Couto e Silva, 1980[6]

O fim do regime militar transcorreu de forma relativamente pacífica, a despeito do atentado no Riocentro, onde, desastradamente, a extrema-direita fez explodir uma bomba. Endereçada ao enorme público que assistia a um espetáculo musical, o artefato, ao ser manipulado num automóvel Puma, estourou no colo de um militar, matando-o; revelando, ao mesmo tempo, a violência e — felizmente — a incompetência dos golpistas.

Além das vísceras do desajeitado terrorista, tragicamente se expunham, no episódio, as entranhas do "Sistema" que ruía. A ação escapou ao controle de Brasília, ao general Golbery e à vigilância de um setor do Serviço Nacional de Informações (SNI), que o próprio general criara. O todo-poderoso, tomado de surpresa, também se tornara objeto de escutas telefônicas e já não coordenava com eficiência a máquina que montara. Sobre o SNI, o estrategista-mor da abertura lamentara meses antes à imprensa: "Criei um monstro". De fato, mesmo após a eleição de Tancredo, políticos, intelectuais,

nacionais, dos direitos humanos, da identidade nacional e da cultura. Na perspectiva deste livro de interpretação, interessam particularmente os artigos de Luiz Carlos Bresser-Pereira ("Do Estado patrimonial ao gerencial") e de Eduardo Portella ("Modernidade no vermelho"). Também nessa mesma perspectiva, o ensaio de Celso Furtado ("Quando o futuro chegar").

[6] Ver conferência na Escola Superior de Guerra, Brasília, DF, em Golbery do Couto e Silva, *Conjuntura política nacional: o Poder Executivo*, mimeo., Brasília, ESG, 1980, p. 45. Documento importante para compreender as metas do governo Figueiredo, "ainda com mais cinco anos pela frente". Ver também a evocação inicial que o general faz de militares — seus colegas na Escola em que viveu entre 1952 e 1955 —, entre eles Juarez Távora, Cordeiro de Farias, Ernesto Geisel, Bizarria Mamede, Heitor Herrera, Rodrigo Otávio Jordão Ramos; dos diplomatas Geraldo Eulálio e Lauro Escorel e do "convívio com estagiários da estatura de um Mário Pedrosa ou de um José Honório Rodrigues, para não citar senão nomes de quem se viria a afastar de nós por contingências dissociadoras naturais dos períodos dinâmicos das revoluções, sempre apaixonantes e sempre dramáticas, quase nunca justas" (palavras iniciais).

sindicalistas, e até militares continuavam a ser vigiados por agentes da ordem, vários deles semianalfabetos.

O regime parecia ter chegado ao fim. O presidente Figueiredo — equivocadamente, como a história mostraria — recusou-se, no ritual de transmissão da faixa presidencial, a passá-la pessoalmente ao vice-presidente eleito pelo Colégio Eleitoral. No processo de retorno ao estado de direito, o hábil maranhense Sarney tornara-se, agora, expressão viva da "conciliação pelo alto", com sua retórica discretamente nortista, marcada pelo uso de expressões parnasianas. No início de sua carreira, no Maranhão, como podemos recordar, fora personagem de um documentário do jovem cineasta baiano Glauber Rocha, que, mais tarde, dirigiria o filme *Terra em transe* (1967), denso documento de época para se entender o *mores* político e mental do país daquelas décadas.[7]

Mas a recusa de Figueiredo em passar a faixa a Sarney soou como metáfora da vida política do país pós-ditadura: no dia da transmissão de poder, o último general-presidente, ex-chefe do SNI, saía pela porta dos fundos do Palácio da Planalto, do mesmo modo que, em 1964, os militares golpistas entraram pela porta dos fundos da história do Brasil. "Quero que me esqueçam", foram as últimas palavras do pitoresco estadista-general. Mas quem há-de?

De qualquer modo, a eleição indireta de um presidente civil pelos deputados e senadores selou a transição do regime de exceção para um regime (por assim dizer) liberal-democrático. Concretamente, o que se desenhava no horizonte não era uma República propriamente liberal nem muito menos democrática. A população, agora razoavelmente politizada, assistia "bestificada" ao melancólico espetáculo brasiliense da Conciliação pelo alto, a "temível Conciliação", embutida na transição para a democracia, baseada na teoria e na velha metodologia político-ideológica que o professor Michel Debrun vinha analisando de 1977 a 1983, em luminosos artigos e entrevis-

---

[7] Revelador de nosso atraso, dado que os quadros mentais e políticos permanecem praticamente os mesmos, com alterações estruturais mínimas ao longo da história do Brasil republicano, Sarney foi presidente do Senado em 1995-1997, 2003-2005 e 2009-2013, impávido, influente, intocado, sucedido no cargo nas duas últimas vezes por Renan Calheiros, do "Centrão" do PMDB. Ambos deram apoio aos presidentes FHC, Lula e Dilma para garantir a *tal* governabilidade. Finalmente, em 2014, Sarney decidiu não mais concorrer às eleições para o Senado.

tas a Mino Carta na revista *IstoÉ*, depois reunidas em seu livro-chave *A conciliação e outras estratégias*.[8]

Com efeito, Debrun, um dos melhores analistas daquele momento, circulando extramuros dos cansativos debates dos marxismos tropicalizados, dos cientistas políticos — quase sempre PhDs que, com suas "ideias fora do lugar", desapareceriam nas névoas da ideologia "tucana" —, dos dependentismos e dos liberais de ocasião, merece ter seus artigos e ensaios (muitos deles servindo para os dias atuais) relidos e reconsiderados, como testemunho histórico-crítico daquela época de brumas ideológicas densas. Por uma dessas ironias da história, no dia mesmo da eleição de Tancredo, em seu retiro campineiro em Barão Geraldo, o filósofo alertou, *cum granum salis*, vários amigos, em tom de blague, sobre uma possibilidade histórica então impensável:

> "Agora, o que pode acontecer ao país é Tancredo vir a falecer
> e Sarney assumir..."

Premonições à parte, naqueles dias falava-se muito em "retorno à democracia", em "redemocratização", mas a expressão e o termo eram criticados por muitos, que, com razão, negavam a existência de um regime anterior efetivamente democrático, em qualquer momento de toda a nossa história política. Em meio a intensos debates e confrontos político-ideológicos, alguns analistas faziam notar que sequer no período de 1946-1964 houvera no país democracia de fato, recordando que, desde logo, foram postos fora partidos de esquerda, cassados os seus deputados mais engajados, como Jorge Amado, Carlos Marighella e Caio Prado Jr., dentre outros, inclusive Prestes.

MOLDANDO O BRASIL CONTEMPORÂNEO.
SARNEY, ACM, BORNHAUSEN...

O que significava a chegada de José Sarney ao posto de primeiro mandatário do país?

---

[8] Organizado pelo professor Paulo Sérgio Pinheiro, em 1983, para a editora Brasiliense, de São Paulo.

Tal ascensão configurava, sobretudo, a vitória da antiga UDN. Considerado o quadro partidário do período de 1946 a 1965, uma análise do ministério escolhido por Sarney revela que a UDN conseguiu maioria em relação ao seu tradicional adversário, o PSD. Como se sabe, oficialmente, as siglas UDN, PTB e PSD haviam desaparecido em 1965, por ato do governo da ditadura, mas seus próceres — Sarney, Leonel Brizola, Tancredo e Ulysses — permaneciam como expressões das três correntes ou famílias político-ideológicas. E, correndo por fora dos agrupamentos formais (e legais) e das vertentes político-ideológicas dominantes desde 1946, permaneciam atuantes Luís Carlos Prestes, do PCB, e João Amazonas, do PC do B, agremiações que, nos anos 1970, multiplicaram-se em várias dissidências.

Do recém-criado Partido dos Trabalhadores, Lula simbolizava o fato novo, prenúncio de um hipotético novo tempo, mas ainda sem expressão político-partidária nacional.

Conhecendo-se os mecanismos da vida político-ideológica brasileira, não seria impossível imaginar que, passados trinta anos, *o lulismo ultrapassaria em força e popularidade o petismo.*

A UDN HISTÓRICA. VENDO A "BANDA" PASSAR

A UDN nasceu em 1945, na reorganização partidária do segundo pós-guerra, e foi extinta, junto com todos os partidos existentes na época, pelo AI-2 em 1965. Vinte anos de história explícita, em que o partido fez oposição cerrada a Vargas (1951-1954) e ao varguismo, depois a JK (1956-1961) e a Jango (1961-1964), mas poupou Dutra (1945-1951), Café Filho (1954-1955) e Jânio (janeiro a agosto de 1961).

De sua fundação participaram Daniel Krieger (1909-1990), Virgílio de Melo Franco (1897-1948), Otávio Mangabeira (1886-1960), Paulo Nogueira Filho (1898-1969), todos de perfil liberal.

Seus deputados federais ganhariam a denominação "banda de música", por terem atuado com estridência nos anos 1950 (e até 1964), quase sempre na oposição. Os representantes sentavam-se nas cadeiras da primeira fila do plenário da Câmara dos Deputados, aparteando asperamente os oradores. Entre os udenistas, o carioca Carlos Lacerda (1914-1977) — filho do antigo líder popular e arengador de massas Maurício de Lacerda — era o mais iracundo, aparteador vigoroso, ex-comunista (agora católico). Nos anos 1940, frequentara São Paulo, encontrando-se (Lacerda, quem diria) com intelectuais da esquerda democrática, como Décio de Almeida Prado, Paulo

Emílio, Lourival Gomes Machado, Clóvis Graciano e Antonio Candido. Vereador e jornalista militante, deputado federal de 1955 a 1960, o "Corvo" (segundo seus inimigos) inflectiu para a facção ultradireitista e golpista da UDN, tornando-se governador eleito do, hoje extinto, Estado da Guanabara até 1965. Muito atuante, contou com o apoio de sucessivos governos norte-americanos e das classes médias conservadoras.

O nome de Lacerda está ligado à denúncia de corrupção do governo Vargas, que levou o presidente ao suicídio em 24 de agosto de 1954. O jornalista udenista escapara de um atentado praticado por elementos da segurança do presidente, em que morreu um oficial da Aeronáutica, provocando o escândalo que levou Getúlio ao gesto extremo. Em seguida, Lacerda apoiou a tentativa de golpe contra JK, foi contra a posse do vice-presidente Jango após a renúncia de Jânio (1961), e, mais tarde, em março de 1964, conspirou para a queda de Jango. Vendo o regime ditatorial fechar-se, inclusive barrando suas pretensões à presidência, passou para a oposição, motivo da cassação de seus direitos políticos por dez anos pelos militares.

Mais austero e com atitudes aristocratizantes, Afonso Arinos de Melo Franco era o coordenador da "banda" na UDN, liderando a bancada do partido na Câmara. Culto, jurista e historiador, foi deputado federal de 1947 a 1959, senador de 1959 a 1967, e ministro das Relações Exteriores nos governos de Café Filho (1954-1955), Jânio Quadros e Jango (durante o regime parlamentarista, no gabinete de Brochado da Rocha).[9] Foi autor da Lei Afonso Arinos, que proíbe a discriminação racial. Na Constituinte, instalada em março de 1987, Arinos teve papel central na Comissão de Estudos Constitucionais.

A UDN congregava também um grupo seleto de políticos e intelectuais conservadores que, eventualmente, atuavam na "banda de música", como o jurista Adauto Lúcio Cardoso, e Aliomar Baleeiro, Bilac Pinto, José Bonifácio Lafayette de Andrada, além dos mais antigos, entre os quais Odilon Braga, Milton Campos, Prado Kelly, Tarso Dutra, Juracy Magalhães, Petrônio Portella.

Ex-filiados ou simpatizantes do partido — pois a UDN como tal não foi restaurada na reabertura —, e comungando de suas ideias, foram deputados muito ativos Luís Viana Filho (PDS-BA, ex-chefe da Casa Civil de

---

[9] Sobre o Conselho de Ministros de Brochado da Rocha, em 1962, consulte-se o livro de Roberto Lyra, *Contribuição para a história do primeiro governo de esquerda no Brasil*, Rio de Janeiro, Sophia Rosa, 1980.

Castello Branco) e João Agripino (PMDB-PB). Ligados explicitamente ao capital financeiro estavam Magalhães Pinto (mais tarde PDS-MG) e Herbert Levy (mais tarde PFL-SP). Vale recordar que, no fim do Estado Novo, Bilac Pinto, Magalhães Pinto, Arinos e Milton Campos tinham sido signatários do *Manifesto Mineiro*, uma das manifestações que ajudaram na derrubada do regime de Vargas. Sobre Milton Campos, Arinos e seu grupo-geração, o escritor e memorialista mineiro Pedro Nava escreveu páginas antológicas em seus livros de memórias.

O partido variou com o tempo — do mesmo modo que, com o tempo, variou Afonso Arinos. Em 1946, com pretensões a partido de perfil moderno, a UDN defendia a autonomia e o pluralismo sindical, representação dos trabalhadores na gestão das empresas, participação nos lucros, direito de greve, reforma agrária, redução dos impostos e ampliação do mercado interno. Nos anos 1950, a questão social já não era prioritária para a agremiação, seus líderes começavam a criticar o papel das estatais, defendendo a moralização administrativa, e, a partir de 1957, passaram a adotar um "moralismo cristão" estrito, contra o comunismo e o populismo. A UDN julgava deter o monopólio da moralidade, com Lacerda à frente e o sisudo Arinos na retaguarda. Apoiada pelo *Estadão* (*O Estado de S. Paulo*), pela *Tribuna da Imprensa*, *O Globo*, pela cadeia dos Diários Associados de Assis Chateaubriand (revistas, jornais, TV e rádio) e, parcialmente, pelo *Correio da Manhã*, tinha um amplo poder, sobretudo ideológico, que incluía desde velhos personagens como José Américo, na Paraíba, aos mais jovens, como o gaúcho Paulo Brossard, no Rio Grande do Sul.[10] Na política internacional, era favorável ao alinhamento com os Estados Unidos, ao favorecimento da entrada de capitais estrangeiros — e ferrenhamente anticomunista.

Agora, Sarney com a nova (velha) constelação

> "Sarney sempre mencionava [1992] o 'Sacro Colégio dos Cardeais', ou seja, um grupo de políticos de vários partidos que, por sua

---

[10] Cf. o artigo "A UDN chega ao poder no governo Sarney", em *Folha de S. Paulo*, São Paulo, 23/2/1986, p. 8. Para uma visão mais aprofundada desse partido, ver a obra de Maria Victoria Benevides, *A UDN e o udenismo: ambiguidades do liberalismo brasileiro*, Rio de Janeiro, Paz e Terra, 1981.

> experiência e responsabilidade, têm uma visão institucional. Na hora das crises, considerava, é a esses que se deve apelar."
>
> Fernando Henrique Cardoso, 2006[11]

Com Sarney na presidência da República, a nova constelação do poder tornava-se mais nítida, com a distribuição dos cargos ministeriais: sete ministérios ficaram para a antiga UDN, e o PSD ficou com apenas dois. Além disso, o próprio Sarney tinha sido da UDN, à qual também pertenceram José Aparecido, governador do Distrito Federal, e Hélio Beltrão, presidente da Petrobras. Assim, perdiam terreno Tancredo Neves e Ulysses Guimarães, os antigos próceres do PSD.

No ministério, eram udenistas o potiguar Aluízio Alves (Administração), os baianos Antônio Carlos Magalhães (Comunicações) e Roberto Santos (Saúde), o catarinense Jorge Bornhausen (Educação), o mineiro Aureliano Chaves (Minas e Energia), o paulista Roberto de Abreu Sodré (Relações Exteriores) e o carioca Raphael de Almeida Magalhães (Previdência Social). Do PSD, minoritários, eram o goiano Iris Rezende (Agricultura) e o maranhense Renato Archer (Ciência e Tecnologia). A chefia da Casa Civil ficou com o professor pernambucano Marco Maciel, ligado ao senador pessedista Nilo Coelho (então já falecido), que se unira à UDN às vésperas do golpe de 1964. As maiores verbas eram as do ministério de Aureliano Chaves. Em suma, tais lideranças, oriundas de vários Estados e regiões, davam o *tom nacional* dessa composição que iria marcar o novo momento do país.

Não seria bem a UDN clássica no poder, mas o grupo do chamado "jardim da infância". A UDN clássica era a de Arinos, Bilac Pinto, Magalhães Pinto e Carlos Lacerda, valendo recordar que, antes de 1964, ainda não haviam se destacado no cenário nacional José Sarney, Roberto Santos, Antônio Carlos Magalhães, Aureliano Chaves e José Aparecido.

O mineiro José Aparecido de Oliveira (1929-2007) foi das figuras mais ambíguas do grupo. Segundo Alberto Dines, era um "jornalista que fazia política; político que fazia jornalismo", tendo protagonizado episódios marcantes, sempre como um "agregador em tempo integral".[12] Foi o primeiro político a ocupar o Ministério da Cultura e, também, embaixador brasileiro

---

[11] Fernando Henrique Cardoso, *A arte da política: a história que vivi*, Rio de Janeiro, Civilização Brasileira, 2006, 3ª ed., p. 37.

[12] Alberto Dines, *Observatório da Imprensa*, São Paulo, 23/10/2007.

em Portugal, tendo participado da criação da PALOP, a comunidade dos Países Africanos de Língua Oficial Portuguesa. Intimamente ligado a Magalhães Pinto, o último cacique da UDN mineira, empresário que criou o inovador Banco Nacional de Minas Gerais, José Aparecido foi secretário particular do presidente Jânio Quadros, que renunciou ruidosamente (1961). Como lembra Dines, o impasse que produziu a renúncia resultou de um confronto palaciano entre duas figuras-chave da equipe janista: o mineiro Aparecido e o paulista Oscar Pedroso Horta, então ministro da Justiça.

> "Estranha polarização: Aparecido, oriundo da 'bossa nova' da UDN, estimulava Jânio a optar pela linha nacionalista, terceiro-mundista, enquanto Horta queria manter o presidente recém-empossado fiel ao eleitorado udenista, anti-JK, que o elegera. Jânio não aguentou a refrega, capitulou. Por ironia, graças ao golpe de 1964, os dois adversários tornaram-se amigos fraternos reunidos sob o mesmo teto — o MDB."[13]

Figuras menos destacadas também compunham essa facção da UDN. Do Rio Grande do Norte, Aluízio Alves já existia no cenário nacional. Dono de uma biografia política por assim dizer complexa, ziguezagueante, fôra deputado constituinte em 1946 e redator-chefe da *Tribuna da Imprensa*, quando seu diretor era Carlos Lacerda. Em 1959, mais uma vez deputado por seu Estado, manifestou-se contra a criação da Sudene, modernizadora. Apoiou a candidatura de Juracy Magalhães, ex-*tenente* baiano, à presidência da República — perdeu para Jânio mas ganhou o governo de seu Estado, a Bahia. No governo de Goulart, durante o intervalo parlamentarista, Alves se aliara aos governadores Magalhães Pinto, de Minas, Petrônio Portella, do Piauí, e Ney Braga, do Paraná, que defendiam o plebiscito para a volta do presidencialismo; e participara da articulação do golpe de Estado... que o deporia em 1964. Em 1965, extintos os partidos, Aluízio entrou para a Arena, agremiação do governo, mas inflectiu para a ala do PSD contra a ala da UDN. Cassado em 1969, no ano seguinte aproximou-se do MDB.

De Santa Catarina provém Jorge Bornhausen. Com perfil modesto — até ser escolhido governador indireto em 1979 —, pertencia à UDN por

---

[13] *Ibidem.* "Não existem biografias singulares: a de Aparecido soma-se às de seus grandes amigos Otto Lara Resende, Carlos Castello Branco e Evandro Carlos de Andrade. Está na hora de escrevê-la", conclui o escritor e jornalista.

A República Autocrático-Burguesa (1985-2007)

tradição familiar, seu pai tendo sido governador (Irineu Bornhausen); e sua família combatera os governos Vargas, Juscelino e Goulart.

Das águas de Carlos Lacerda, ex-governador da Guanabara, emergiu Raphael de Almeida Magalhães. Para a sucessão do general Castello Branco, intentou uma frente alternativa ao nome do general Costa e Silva, propondo a candidatura do general Bizarria Mamede, udenista da "Sorbonne";[14] sem sucesso. Quando da cassação de seu amigo, o combativo deputado Márcio Moreira Alves (1968), Raphael rompeu com o governo, alinhando-se na oposição, embora sem abandonar sua postura udenista.

UDN de São Paulo, um capítulo à parte. Em terras do "dr. Julinho"

Em São Paulo, a UDN apresentou diversas facetas. Destacam-se, quando menos, duas: a do ex-governador Abreu Sodré, que favoreceu a "linha dura" do regime militar, sendo-lhe completamente subserviente; e a de Júlio de Mesquita Filho, altaneiro, bem formado e liberal, a partir de certo momento declarando-se abertamente contra o regime.

Abreu Sodré, responsável por aproximar Lacerda de Jânio (de quem se distanciou depois da renúncia deste), foi um dos udenistas articuladores do golpe de 1964. Escolhido pela Arena como governador de São Paulo de 1967 a 1970, deu apoio à repressão e aos grupos de tortura, e foi um dos responsáveis pela ofensiva brutal aos conflitos estudantis da rua Maria Antônia, em São Paulo, e pela mudança forçada da combativa Faculdade de Filosofia, Ciências e Letras da Universidade de São Paulo para o *campus* do Butantã. Longe dos movimentos urbanos, com várias de suas lideranças cassadas, a Faculdade ainda sofreria a "reforma universitária" de 1970, que fraturou a escola, dividindo-a em institutos praticamente desvinculados uns dos outros. A "obra" de Sodré contrapunha-se aos próprios ideais da ala modernizadora dos liberais paulistas, representada por Júlio de Mesquita Filho, Paulo Duarte e outros, logo fustigados pelo regime de 1964.

[14] A denominação dessa ala de militares esclarecidos (um tanto diferentes dos "gorilas" e "trogloditas" da linha dura) provocaria uma cena curiosa, quando o jornalista Reali Júnior referiu-se a ela ao presidente francês Giscard d'Estaing e ouviu como resposta: "Sorbonne?". Ver Reali Júnior, *Às margens do Sena* [depoimento a Gianni Carta], Rio de Janeiro, Ediouro, 2007, p. 189.

Crítico implacável do regime de 1937 e, mais tarde, do de 1964, Paulo Duarte, criado no clima ideológico e cultural do antigo Partido Democrático (PD), que deu origem à UDN, era amigo de Júlio de Mesquita Filho. Com ele e outros fôra exilado durante o Estado Novo. Ferrenho defensor da Escola Pública, passou a denunciar, logo após o golpe de 64, a falta de liberdade de pensamento e expressão na imprensa, na universidade e no país em geral, e o poder desmesurado dos catedráticos "rinocerontes" da USP — sobretudo da direita que nela se encastelara após o golpe, com assento e voto no Conselho Universitário. Tinha razão, pois a lista de cassações dos professores da USP não foi definida em Brasília, mas, sim, pelos tais "rinocerontes"...

O sóbrio Júlio de Mesquita Filho, o "dr. Julinho", era um dos nomes mais respeitados da UDN em São Paulo e no país. No panorama nacional e internacional, com seu jornal *O Estado de S. Paulo*, constituía uma referência conservadora e, ao mesmo tempo, inovadora e firme. Um de seus aliados era o brigadeiro, ex-*tenente* e udenista histórico Eduardo Gomes (1896-1981), a quem apoiou nas eleições de 1945 e 1950. Em larga medida, o falecimento do jornalista, em 1969, deveu-se ao desgosto com os rumos do regime de 1964 (que ele próprio ajudara a instalar) e da República, cuja causa seu pai defendera.[15]

Embora seus editoriais traduzissem a linha liberal conservadora, o jornal (inclusive entre seus redatores de editoriais) contava com jornalistas de variadas tendências, dois deles de filiação comunista. Durante a Campanha da Escola Pública, Júlio de Mesquita Filho conversava amiúde com Florestan Fernandes e outras figuras exponenciais do movimento, além de patrocinar e estimular o excelente "Suplemento Literário", dirigido por Décio de Almeida Prado, durante anos acolhendo o que havia de melhor na crítica da cultura no país. Também liberal, embora *enragé*, Paulo Duarte fazia o mesmo na revista *Anhembi*.

Nascido em 1892, Júlio de Mesquita Filho estudou em São Paulo, depois em Lisboa e Genebra, onde descobriu a importância da educação renovada. De volta a São Paulo, ingressou, em 1911, na Faculdade de Direito, mas a estreiteza curricular da escola levou-o a estudar sociologia, história e

---

[15] Cf. Ruy Mesquita Filho (org.), *Cartas do exílio*, São Paulo, Terceiro Nome, 2006. Trata-se da correspondência de Júlio de Mesquita Filho com sua mulher Marina. Ver, também, artigos de Antônio Gonçalves Filho e Gilberto Kujawski, em *O Estado de S. Paulo*, São Paulo, 20/6/2006, pp. D1-D3.

política. A partir de 1915, dedicou-se ao jornalismo, iniciando-se no *Estadinho*, versão vespertina do *Estadão*.

Seu pai, que passou de funcionário do jornal a empresário, era um militante republicanista — para a época, um inovador.[16] O jornal nascera ligado ao Partido Republicano Paulista, com ideologia definida, mas Júlio de Mesquita (pai) transformara o periódico de jornal partidário em jornal de notícias, determinando a produção de relatos de eventos e deixando as opiniões para análise em editoriais.

Como no modelo norte-americano, Mesquita tinha contratado repórteres, entre os quais Euclides da Cunha, militante republicano, mas que abandonou a "linha justa", doutrinária, da redação para narrar a trágica realidade do sertão e descobrir o Brasil real, mostrando que Conselheiro não era propriamente antimonarquista, que havia um Brasil profundo, que o sertanejo não era um "bárbaro" e assim por diante, resultando dessas reportagens sua obra clássica *Os sertões*.

Ainda sob a direção de Júlio de Mesquita (pai), em 1920, a tiragem do jornal paulistano alcançava a cifra de 20 mil exemplares diários. Em 1921, surgiria a *Folha da Manhã*, anos mais tarde seu principal competidor.

Com a morte do pai em 1927, o "dr. Julinho" assumiu a direção da empresa, envolvendo-se em vários movimentos da década de 1920 contra as oligarquias, a corrupção e desvios eleitorais. Um de seus filhos foi batizado com o nome de Luís Carlos, em homenagem a Prestes; o outro, de Ruy, em homenagem ao causídico baiano; e o terceiro, de Júlio, em homenagem ao pai. Defensor do voto secreto e do serviço militar obrigatório, apoiou a Revolução de 1930, tendo escrito em editorial: "É um Brasil novo que surge".[17]

Tal apoio, no entanto, não durou muito, pois Vargas logo hostilizaria São Paulo, sobretudo quando se apresentou a questão da convocação de uma Constituinte. O "dr. Julinho" foi um dos organizadores da Revolução Constitucionalista de 1932 contra o poder central, que ele denominava de "caudilhesco". Exilado em 1932 e depois em 1938, já sob o Estado Novo, teve seu jornal confiscado pela ditadura de 1940 a 1945 — período que, segundo determinação do próprio "dr. Julinho", não viria a constar na história do periódico.

[16] Ver "80 anos sem Júlio Mesquita", em *O Estado de S. Paulo*, São Paulo, 18/3/2007, p. A20.

[17] Cf. *O Estado de S. Paulo*, Caderno Cultura, São Paulo, 11/7/1999, p. D2, dedicado aos trinta anos de seu falecimento.

Mais tarde, nos anos 1960, ele via o governo de Jango Goulart como prolongamento do varguismo e temia um golpe, para montagem de uma República sindicalista, nos moldes da República Argentina peronista. Quadro tanto mais grave quando se constatava que Goulart contava com apoio do flamejante deputado Brizola, seu cunhado, e dos comunistas de Prestes, o que bastava para justificar o "contragolpe" preventivo que vinha sendo tramado...

Após o golpe de 1964, em 13 de julho de 1966, o jornalista rompe com o marechal Castello Branco (1964-1967), comparando-o aos "coronéis" do sertão do Ceará, "habituados a dar ordens em seus imensos latifúndios". E denuncia o regime que, procurando a retomada, na aparência, da democracia representativa, ia apertando as malhas da ditadura, instalando o "império da força". E estava certo, pois em 13 de dezembro de 1968 foi aplicado à nação o Ato Institucional n° 5 (o famigerado AI-5, redigido por um "jurista" da Faculdade de Direito da USP, Luís Antônio da Gama e Silva), que o motivou a redigir um violento editorial, sob o título "Instituições em frangalhos", contra os métodos de governo do presidente Costa e Silva, que tratava — denunciava Júlio de Mesquita Filho — o país como uma caserna. Na madrugada, o jornal foi cercado e o número não saiu, tendo sido apreendida toda a edição e instalada a censura. O editorial não saiu, mas circulou clandestinamente. Dr. Julinho parou de escrever, recolhendo-se ao silêncio, e morreu no dia 12 de julho de 1969.[18]

Diga-se que, à volta desse liberal, circulavam figuras menos liberais, ou "liberais" de aparência — na realidade, a fina flor do reacionarismo paulista pseudo-aristocrático, como Herbert Levy, Sodré e várias outras figuras. Estes, em nome da "normalidade democrática" e do combate ao comunismo, beneficiavam-se dos favores dos novos donos do regime aquartelado em Brasília. Na verdade, exerciam uma ação constante em defesa da ordem di-

---

[18] *Ibidem*. Mais elementos para a biografia do jornalista e sua época podem ser colhidos nas *Memórias* de Paulo Duarte. Sobre suas ideias, ver o artigo de Roque Spencer M. de Barros, "Contra qualquer espécie de totalitarismo", no mesmo Caderno Cultura (11/7/1999), em que compara as posições do historiador republicano José Maria Bello (mais próximo do socialismo democrático) e Júlio de Mesquita Filho, cultor do liberalismo democrático. Sobre José Maria Bello, Lima Barreto escreveu, em carta para Monteiro Lobato (24/2/1920): "Este José Maria Bello é engraçado. É visto em toda parte menos no Rio de Janeiro onde reside". Lima Barreto, *Correspondência*, t. II, São Paulo, Brasiliense, 1956, p. 73.

A República Autocrático-Burguesa (1985-2007)

tatorial, do capital financeiro, dos interesses de fazendeiros retrógrados (ainda com mentalidade semiescravocrata) junto aos órgãos de repressão, junto à "boa sociedade paulistana e paulista" e às entidades da classe patronal (Ciesp, Fiesp, Fórum Roberto Simonsen, a Sociedade Rural etc.). Ainda em nome da Revolução de 32 e do constitucionalismo, cultivavam uma aura conservadora, "liberal" e moralista — mas, na verdade, reacionária e falsamente "pura" — em defesa do regionalismo "bandeirante", do quatrocentismo (genealogicamente falso) e contra a Federação.

A USP herdaria — refinada e sutilmente — muito dessa ideologia regionalista em que se eclipsava a ideia do "nacional". Uma bruma udenista continuou a pairar durante muitos anos sobre a principal universidade do país, em que ecoava o desafio do líder industrial e historiador Roberto Simonsen, lançado logo após a derrota de 1932: "Vamos conquistar no campo da cultura e das ideias o que perdemos no campo de batalha em 32".

Os "novos donos do poder" e a velha "Conciliação como bandeira"...

Depois desse interlúdio absolutamente necessário para entendermos o espírito da época e a ideologia paulista e paulistana, retomemos o fio da meada.

Como vimos, Sarney e José Aparecido eram da ala "bossa nova" da UDN, dispostos a dar apoio a medidas nacionalistas e reformistas do governo anterior a 1964. Com eles alinhavam-se também Seixas Dória (Sergipe) e Ferro Costas (Pará), cassados pelo regime vitorioso. Para a derrubada de Jango, o mineiro José Aparecido, eterno conspirador ligado a Magalhães Pinto, foi um dos articuladores dessa facção ou tendência, aliás igualmente cassado depois pela "Revolução". O que pretendiam seus membros?

Em primeiro lugar, essas lideranças defendiam — também — as "reformas de base", embora de modo discreto, sem a antiga flama oposicionista "a qualquer preço" da tradição udenista iracunda. Tratava-se, agora, de adotar uma linha branda, negociadora, a favor da anistia, da reformulação partidária e da abertura do regime, defendendo o diálogo com a oposição. Retomavam a velha metodologia da Conciliação das elites políticas brasileiras, antiga de mais de século e meio. Entre esses moderados, destacaram-se, em 1979, Petrônio Portella, Sarney e Aparecido, além de Magalhães Pinto (este, mais ardiloso, cultivando obsessivamente a hipótese de sua própria candidatura à presidência).

Aqui se reencontra o leito profundo da "história" em que as elites brasileiras atuam. História antiga, que remonta ao marquês de Paraná, nos meados do século XIX, quando se logrou estabelecer a discutida "paz imperial" costurada entre os senhoriatos regionais. O impasse — agora embutido nessa "transação pelo alto" em que se deu a passagem do governo de Figueiredo para o de Sarney — marcou o contexto político ambíguo e brumoso que, sonegando a participação popular pelo voto direto, fazia recordar o clima, a mentalidade e os costumes do Segundo Reinado, às vésperas daquele impasse de 1868, quando o barão de São Lourenço desabafara:

> "Opus-me à conciliação como bandeira, porque logo receei alguma mistificação. A nação, porém, tomou-a a sério, porque de fato havia cansaço e o caráter brasileiro tende sempre a fraternizar..."[19]

Diretas Já, contra o "entulho do regime autoritário"

> "Se o historiador é um artífice das identidades — porque formula, organiza, pergunta e sugere sentidos — há, na História do Direito brasileiro, toda uma identidade ainda a desvelar."
>
> Judith Martins-Costa, 2005[20]

Sarney chegar à presidência da República constituiu, absolutamente, mais uma ironia da história, sobretudo dada a forma como ocorreu. O fato novo é que, vendo-se excluída do processo sucessório, a população aplaudia e apoiava nas praças — e ampliava nas eleições — o espaço público e insti-

---

[19] Francisco Gonçalves Martins, barão de São Lourenço, em discurso no Senado, junho de 1864, *apud* José Honório Rodrigues, *Conciliação e reforma no Brasil: um desafio histórico-cultural*, Rio de Janeiro, Nova Fronteira, 1982, 2ª ed., p. 26. Na introdução de seu conhecido ensaio, José Honório adverte: "O processo histórico brasileiro compõe-se mais de instantes de retardamento de que instantes de aceleração, e a liderança tem sido mais dominadora que criadora. A metamorfose pode ainda se demorar, embora o prazo histórico esteja se esgotando", p. 24.

[20] No prefácio à obra de Laura Beck Varela, *Das sesmarias à propriedade moderna: um estudo de história do direito brasileiro*, Rio de Janeiro, Renovar, 2005, ao referir-se a uma afirmação de Gunter Axt, no prefácio à obra coletiva *Intérpretes do Brasil*, Porto Alegre, Artes e Ofícios, 2004, p. 11.

A República Autocrático-Burguesa (1985-2007)

tucional crescente das estremunhadas lideranças da sociedade civil que, agora mais despertas, numa intensa e crescente campanha popular, exigiam eleições diretas em todos os níveis, inclusive para presidente.

A campanha *Diretas Já*, organizada pelas oposições ao regime, mobilizou amplos segmentos da população brasileira em escala e forma jamais vistas antes. Pois ficara claro que os anseios de parte significativa da sociedade mais uma vez haviam sido frustrados com a eleição indireta, via Colégio Eleitoral; e que, até aquele momento, a desejada transição para a democracia não poderia ir além de uma velha "transação", sob o controle das classes dominantes, fenômeno por demais conhecido na história da Monarquia e da República.

Como vimos, o Congresso mantivera, por meio do Colégio Eleitoral, a eleição *indireta* do sucessor do general Figueiredo. Além disso, o legado do regime autocrático militar ainda se fazia sentir, provocando cada vez mais, em diversos setores, a crítica ao "entulho autoritário"[21] na legislação, nas instituições, na economia e na vida em geral. Criticava-se a má utilização do dinheiro público, a fragilidade dos partidos políticos.

A corrupção produziu novos ricos a granel, e milionários, desde o "milagre" até aqueles dias — personagens que alimentaram a sociedade do espetáculo e da imprensa "de amenidades" em escala nunca vista. Floresceu uma cultura política e financeira neoclientelista, acolitada por fortes empreiteiras, construtoras de grandes obras do Estado e de material bélico (operando inclusive no exterior, como no caso do Iraque e de vários países árabes, na África etc.), adotando práticas monopolistas corriqueiras no cenário nacional. Esses "novos donos do poder", aconchegados e acobertados no estamento burocrático-militar, passaram a atuar à luz do dia, com toda a galhardia de uma nova classe social, como ocorreu em outros países em que novas burguesias arrivistas ocuparam gradativamente o lugar das aristocracias *declassées*.[22]

No caso do Brasil, o que mais chocava era o fato de essa nova classe emergente — que incluía seus guardiães, os austeros militares que assumiram

---

[21] A expressão foi criada por Otavio Frias Filho, em 1980, num editorial da *Folha de S. Paulo*.

[22] Uma das análises mais rigorosas e agudas sobre esse processo foi efetuada por Sebastião C. Velasco e Cruz, no livro *Empresariado e Estado na transição brasileira: um estudo sobre a economia política do autoritarismo (1974-1977)*, São Paulo, Fapesp/ Unicamp, 1995.

o poder em nome da restauração moralizadora (Castello Branco e Geisel, expressões de uma classe média educada e discreta) — ter se tornado promíscua com o capital. Nova formação societária, agora incluindo militares-administradores que, em trajes civis de executivos, não resistiram às "gentilezas" no convívio com as multinacionais, empreiteiras, indústrias de automóveis, de autopeças, de material bélico, companhias de seguros, de aviação etc.

Nova classe promíscua e deslumbrada com o capitalismo e com as colunas sociais dos jornais e revistas, o mesmo capitalismo, agora selvagem (a expressão surgiu naquele anos), que pagou contas do DOI-CODI e financiou a igualmente selvagem OBAN — a temida Operação Bandeirantes (e seu "assessor" de maleva memória, o delegado Sérgio Paranhos Fleury, condecorado "por seus préstimos" pelo então governador de São Paulo, Roberto de Abreu Sodré, que também prestigiou a inauguração da sede da OBAN). Não raro tais empresas multinacionais utilizaram-se de "altos funcionários" recrutados nas beiradas da aristocracia *declassée* paulista para, com algum domínio da língua alemã, inglesa ou francesa, atuarem como relações públicas nesses jogos do capitalismo associado e dependente. Semelhante ao que ocorreu na Alemanha nazista ou na França da Ocupação, processava-se aqui a velha cumplicidade de estamentos pretéritos com as novas frações da malformada classe burguesa. Como o liberal Cláudio Lembo (em 1979, em entrevista a A. P. Quartim de Moraes, publicada na revista *Visão*) já apontara, muitas vezes — quando não sempre —, sugestões e soluções para os problemas nacionais passaram ao largo da vontade popular:

> "Eram equivocadas, pois nasciam nos gabinetes frios dos tecnocratas. Esses senhores dos novos tempos que, graças ao próprio tempo e ao clamor da sociedade, vão refluindo para suas funções de assessoria, de onde nunca deveriam ter saído."[23]

---

[23] *Visão*, São Paulo, 25/6/1979, republicada em Cláudio Lembo, *O jogo da coragem: testemunho de um liberal*, São Paulo, Cultura, 1979, p. 211. Suas intervenções e entrevistas na década de 1970 constituem documentos importantes, na medida em que, embora ligado à Arena, não abria mão de suas opiniões independentes. Ver outras entrevistas suas, com jornalistas — também personalidades aguerridas, a quem a democratização do país deve muito — como Samuel Wainer (*Aqui*, 1976), Getúlio Bittencourt (*Folha de S. Paulo* e *Folhetim*), Mino Carta e Silvio Lancelotti (*IstoÉ*), José Augusto

O controverso termo "globalização" ainda não era empregado no sentido que adquiriu hoje em dia, embora o fenômeno já despontasse, com a entrada avassaladora dessas empresas internacionais e de seus executivos desenraizados, que se regalavam com as facilidades do mercado, a "cordialidade" desses anfitriões e com o excesso de mão de obra barata. São Paulo, como se viu, estava muito longe de Volksburg, a cidade alemã centrada nos automóveis da marca Volkswagen — em todos os sentidos...

Apesar dessa moldura, o quadro interno da vida política-institucional foi redesenhando-se e sendo renovado, com figuras expressivas como o professor e senador Franco Montoro, Mário Covas (ex-prefeito de Santos, cassado), Roberto Freire, Paulo Brossard, Tasso Jereissati, Sinval Guazelli e muitos outros.

Entre eles, sem demérito dos outros, Mário Covas é considerado por muitos um capítulo à parte. Na reportagem que relata as cerimônias de sepultamento desse político e sua inteireza moral, retidão de caráter, o jornalista Alexandre Secco resume:

"Pelo contraponto de sua vida com as histórias de corrupção que dominam o Brasil, Mário Covas se tornou um símbolo do que o país quer de seus políticos."[24]

Também frações do próprio empresariado vinham despertando da letargia, adquirida do período ditatorial, até porque as facilidades diminuíram, por conta das crises e solavancos da ordem internacional. Uma pequena fração da vanguarda empresarial da sociedade civil — grupo significativo

---

Ribeiro (*O Globo*), José Nêumanne Pinto (*Jornal do Brasil*), Mino Carta (*Status*), Ennio Pesce (*Jornal da Tarde*), Roberto Muylaert (*Visão*) e várias outras ao *Estado de S. Paulo*, *Folha de S. Paulo* e *Gazeta Mercantil*. Seu pensamento a respeito da Constituinte, das *Diretas*, dos conservadores e a Constituinte, da Nova República, da Frente Liberal (com destaque para Marco Maciel), do parlamentarismo, do voto distrital e da democracia populista pode ser rastreado em sua coletânea de artigos: Cláudio Lembo, *A opção liberal*, São Paulo, Companhia Editora Nacional, 1985. Vale lembrar que, já em 1979, liberais mais à esquerda defendiam a anistia e a Constituinte, como é o caso de Bolívar Lamounier, em entrevista a Fernando José Dias da Silva, "Conciliação", em *Jornal da Tarde*, São Paulo, 12/2/1979, p. 8.

[24] Cf. Alexandre Secco, "A força do contraste", em *Veja*, São Paulo, 14/3/2001 (matéria de capa: "Ética e política").

de empresários de perfil moderno em maior ou menor grau, com José Mindlin, Einar Kok, Cláudio Bardella, Laerte Setúbal, Antônio Ermírio de Moraes, Severo Gomes, Paulo Francini, Oded Grajew, entre outros — passou a atuar discreta e cuidadosamente na crítica ao *mores* político, econômico e cultural do governo cedente. A imprensa passava a dar mais espaço para tais personalidades, cujas intervenções — Severo, Mindlin e Kok à frente — revelavam pouco a pouco o atraso do país em relação aos centros econômica e culturalmente mais desenvolvidos.[25]

Mas o velho Brasil dos *coronéis*, da indústria da seca e dos parasitas do Estado continuava onipresente, reanimado com o choque de pseudomodernidade de uma extensa e nova classe média emergente, inclusive de militares, enriquecida durante a ditadura. Assim, metamorfoseados, reapareceram na cena política velhos caciques da política, da "banda de música" e do grupo da "bossa nova" da UDN, dentre outros, ostentando, os últimos, um *new look* em suas indefectíveis gravatas Hermès, de gosto discutível, compradas apressadamente nos *free shops* de aeroportos internacionais. Uma estranha geleia sociológico-política, em que se afundavam as iniciativas mais inovadoras da sociedade civil.

O paradoxo aparente é que algumas dessas figuras jurássicas da ex--UDN e da ex-Arena agora se transfiguravam em paladinos "convictos" das liberdades democráticas, revelando uma capacidade inimaginável de atravessar os tempos, assemelhando-se ao esperto abade Sieyès durante a Revolução Francesa.[26]

Esses neocoronéis do velho Brasil, hábeis manipuladores dos mecanismos da contrarrevolução preventiva, gente que há mais de 150 anos nunca deixou de estar aferrada aos aparelhos de Estado, ressurgiam bastante "atualizados". No período ditatorial, tais neocoronéis pouco tiveram que enfrentar e combater deputados ou líderes revolucionários de recorte (por assim

---

[25] Registre-se o espaço aberto pelo jornalista Roberto Müller na *Gazeta Mercantil*, criando um clima em que despontaram jornalistas como Lillian Witte Fibe e a brilhante e combativa Miriam Leitão. Pouco mais tarde, Roberto Müller criou um importante programa de debates na TV, o *Crítica e autocrítica*, em que se destacaria o jornalista Alexandre Machado.

[26] De fato, nada deixavam a desejar ao célebre e oportunista abade Sieyès, personagem da Revolução Francesa, participante, com o primeiro Bonaparte, do golpe do 18 Brumário (1799). Perguntado como atravessou tantos conflitos e sucessivas clandestinidades ao longo do processo revolucionário, respondeu secamente: "Sobrevivi"...

A República Autocrático-Burguesa (1985-2007)

dizer) jacobino, girondino ou *sans-culotte*, mas lograram desmobilizar — cassando e perseguindo — as vanguardas brasileiras nas lutas parlamentares, ou derrotá-las na repressão às lutas armadas, evitando o quanto puderam as eleições diretas e o livre debate.

Pressionados, o problema, para eles, era o de atualizarem-se, agora para enfrentar a atuação crescente das várias lideranças modernas, escoradas em segmentos de uma *nova sociedade civil*, cujos membros levantavam a voz de novos agrupamentos, de um grupo muito pequeno porém ativo de empresários esclarecidos, de novos sindicatos, de organizações urbanas e rurais, laicas e eclesiásticas, de associações universitárias e de jornalistas, professores, advogados, médicos, arquitetos etc. Gente formada no calor das campanhas contra a tortura, contra a censura, pela redemocratização política, atuando junto à OAB, à SBPC, à ABI, à CNBB, à ABA, à AASP e a uma dezena de outras, inclusive muitas associações de professores, como a Adusp e a Apeoesp.

Lutas de classes: a nova feição

Não se tratava mais da "sociedade civil" dos tempos liberais de outrora, do patriciado reunido à volta de JK, mas de novas frações de classe que procuravam romper a carapaça dos estamentos senhoriais e administrativos abrigados nos aparelhos de Estado. Manifestavam-se lideranças indígenas, das comunidades eclesiais de base, de vanguardas do protestantismo renovado, das oposições sindicais, agora ampliadas pelo país, além de associações de amigos de bairros, movimentos de ecologistas, de feministas, de lideranças da população negra e de lutas pela democratização da universidade. Todos se tornaram mais presentes, impondo atualização e redirecionamento do debate político nacional.

Uma grita geral ocorreu quando do assassínio do líder rural, o seringalista e ecologista Chico Mendes, por pistoleiros, no Estado do Acre, em dezembro de 1988 — na sequência de vários outros crimes —, que teve ampla repercussão nacional e internacional, mostrando que o velho Brasil dos jagunços assalariados não pretendia admitir melhoria ou reforma das velhas estruturas de propriedade e mando. Nas cidades, a violência crescente — com "arrastões" até em praias como Copacabana e Ipanema, no Rio — e a intensificação do narcotráfico, a violência que chegou à sociedade da "elite branca" e urbana, os sequestros de empresários em seus novos carros recém-blindados, assaltos rocambolescos a bancos e a condomínios fortemente vigiados também sugeriam que novas formas de contravenção e pilhagem obrigavam a sociedade a rever-se em seus fundamentos. No fundo, um novo tipo de luta de classes, próprio de formações pré-capitalistas, em que banditismo e delinquência adquirem proporções e sentidos inesperados, como demonstraram os historiadores Georges Lefebvre — em seu livro clássico *La Grande Peur de 1789*, à época da Revolução Francesa — e Eric Hobsbawm — em sua obra *Bandits*, sobre bandidos e bandoleiros sociais em diversos países e épocas.

Embora tenham sido observados alguns avanços em setores importantes do país (comunicação, telefonia, energia etc.), duas décadas de ditadura civil-militar, marcadas por desmobilização sistemática de projetos de reforma, censura (antes aberta e agora discreta), abertura para as multinacionais — e panaceias de ministros tecnoburocratas, alimentando o consumismo desenfreado (animado pela mídia televisiva) das novas classe médias —, tudo isso, associado a um gravíssimo rebaixamento programado da qualidade da Educação em todos os graus, tornava cada vez mais óbvio que os problemas essenciais da sociedade continuavam sem solução (ou, até, piores). Numerosos países ou centros urbanos do planeta (em Maputo e, inclusive, na periferia de Nova York) adotaram o método de alfabetização do educador "subversivo" Paulo Freire, mas a educação nacional continuava a ser um desastre.

O país continuava atrasado, o que levou Eric Hobsbawm a concluir — em seu livro-balanço sobre o século XX, *Era dos extremos* — na única menção ao "país do futuro", tratar-se o Brasil de "um monumento à negligência social"...

A miséria e a fome crônicas no Brasil tornaram-se temas de discussão obrigatória em todos os fóruns nacionais e internacionais, ao lado das discussões a respeito de corrupção, de reformas política, social, econômica, educacional e sanitária. O ensino público rebaixado, a saúde em colapso, os presídios superlotados, uma justiça lenta e ineficiente, tudo empacado, sem solução, para além do que mostrava a "modernidade" proclamada pelos militares ou pelo governo Collor (1990-1992).

Mais recente (em perspectiva histórica), o pânico que tomou conta de São Paulo no primeiro semestre de 2006, gerado pelo terror desencadeado por delinquentes, tecnologicamente bem instrumentados, a partir dos presídios espalhados pelo Estado, fazia parte de uma antiga crônica já anunciada de violência previsível. A "modernidade" chegara, mas esgueirando-se pela porta dos fundos. Chegara a conta para pagar.

A República Autocrático-Burguesa (1985-2007)

Faziam-se sentir os efeitos de longo prazo da última ditadura — mas, também, a inépcia e a inoperância dos governos subsequentes. O propalado choque de modernidade — no "modelo Primeiro Mundo" do governo Collor — era também muito superficial, de aparência. Na verdade, a cultura do *marketing* e a sociedade do espetáculo encobriam uma enorme rede de interesses particulares, em que estavam envolvidas parte significativa do empresariado e a maioria dos políticos e seus agregados. Somente em 1987 e 1988, "sem a colaboração do empresariado, que só queria derrubar propostas, a Constituinte deu uma cesta de vantagens ao trabalhador".[27]

Collor, em verdade, fora apenas a ponta do *iceberg*, desnudando a natureza do capitalismo na periferia do sistema. Nessa dialética perversa, constatou-se com ele, uma vez mais, que o Brasil não pertencia ao chamado Primeiro Mundo. Após seu *impeachment*, outra vez passou a ser procurada uma *nova identidade nacional* — num trabalho coletivo de Sísifo — por quase todos os segmentos da sociedade.

Uma nova sociedade civil?

Ainda uma vez, uma *nova sociedade civil* despertou, lentamente então, manifestando-se nos vários movimentos populares, revelando suas apreensões e formulando projetos nos setores econômico, habitacional, político-partidário, universitário, ecológico, étnico e assim por diante.

A sucessão de governos eleitos democraticamente — Fernando Collor de Mello (1989-1992), Itamar Franco (1992-1994), Fernando Henrique Cardoso (1995-1998 e 1999-2002), Luiz Inácio Lula da Silva (2003-2006 e 2007-2010) e Dilma Rousseff (2011-2014, reeleita para um novo mandato iniciado em 2015) — sinaliza o percurso e os impasses experimentados pela sociedade brasileira, de vez que ainda há indícios, menores e maiores, de seu

---

[27] Revista *Veja*, São Paulo, 7/9/1988, p. 34-5. Numa reunião com o senador Fernando Henrique Cardoso, os empresários fecharam uma proposta que assegurava a estabilidade como um princípio geral a ser incluído na Constituição. Catorze anos depois, em 2002, no governo de Cardoso, uma regressão social e política esteve em curso. Ver "Novas negociações afrontam o Congresso", que enfoca a reforma da Previdência e a tentativa do Sindicato dos Metalúrgicos de São Paulo de fazer um acordo com as empresas, reduzindo encargos e direitos trabalhistas. *Folha de S. Paulo*, São Paulo, 18/2/1996, pp. 1-9.

aprisionamento no *modelo autocrático-burguês* estruturado ao longo do último século.

Frentes politizadas e atuantes, esboçando no horizonte histórico o perfil dessa *nova sociedade civil* democrática e internacionalista, constituíram o fenômeno novo, que permitia imaginar, e aguardar, a superação do atraso ancestral e estrutural do país, bem como a da ausência de sentido de planejamento e de ética coletiva, sob o comando das novas gerações de atores sociais e lideranças políticas mais críticas.

A difícil passagem do regime militar à democracia representativa

> "Caminhamos na raia da liberdade política, mas a organização política ainda deita raízes na estrutura pensada em 1946, no que tange ao sistema eleitoral e partidário. Nesse campo, nada avançamos."
>
> Miguel Reale Júnior[28]

Na raia da justiça social, a defasagem permanecia ainda maior: retomada do crescimento, desemprego, criação de um mercado interno são temas tão atuais como o eram no início da década de 1980, em plena ditadura. Recorde-se que, após uma intensa campanha nacional pelas eleições diretas, o presidente Figueiredo, explicitando o temor do Sistema em relação à democracia plena, convocara o Colégio Eleitoral para escolher seu sucessor, nos moldes em que até então todos os presidentes militares haviam sido "eleitos". Ou seja, o governo não deu ouvidos ao clamor nacional, convocou o Colégio Eleitoral formado por deputados e senadores. Impôs seu candidato e ponto final. Ponto final?

Ocorre que a articulação nacional pelas *Diretas Já* vinha mobilizando e politizando a sociedade em direção a uma nova ordem democrática. Não se tratava, nos debates, de um retorno aos tempos populistas e de reformas de base de Jango, nem mesmo ao clima liberal-desenvolvimentista do período JK, como temia a direita. Tampouco consistia em discussões centradas somente na economia, como sói acontecer. Tratava-se, muito mais, de atua-

---

[28] Em depoimento do jurista e professor Miguel Reale Júnior, prestado aos autores, na data de 20/2/2007.

A República Autocrático-Burguesa (1985-2007)

lizar a vida político-partidária e sociocultural, em um contexto internacional diferente, com os visivelmente novos e atuantes componentes sociais, culturais e políticos, ou seja, lideranças novas, associações, partidos, centros de estudo e de pesquisa etc. Alguns sem os ranços viciosos da tradição política brasileira, pelo menos na aparência.

A possibilidade de o país eleger um presidente civil após o longo ciclo militar estimulou a oposição e mobilizou grande parte da sociedade e dos meios de comunicação em favor das eleições diretas. Durante todo o ano de 1984, o país assistiria a uma crescente mobilização popular sem precedentes: em todas as cidades e capitais, a população manifestou seu repúdio às eleições indiretas e exigiu o voto direto para presidente. A maior delas, realizada em São Paulo, reuniu aproximadamente 1,5 milhão de pessoas no vale do Anhangabaú.

Mesmo assim o governo resistia com firmeza à abertura completa: a Emenda Constitucional que restabelecia as eleições diretas foi rejeitada pelo Congresso. O próximo presidente da República, uma vez mais, continuaria a ser eleito pelo voto indireto...

Na eleição no Colégio Eleitoral, Paulo Maluf, o candidato do Sistema, representava uma facção do partido do governo, o PDS. Pela oposição, Tancredo de Almeida Neves, do PMDB, ex-ministro de Vargas e ex-primeiro-ministro no interlúdio parlamentarista, representava a aliança da *Frente Liberal*, pactuada entre uma fração do PDS, liderada por José Sarney, e os partidos de oposição ao regime militar, não incluído o Partido dos Trabalhadores (PT). A coligação articulada por essas forças políticas formaram a *Aliança Democrática*.[29]

Tancredo Neves foi eleito pelo voto indireto. Adoecendo, como vimos, às vésperas de 15 de março (dia de sua posse), veio a falecer em 21 de abril de 1985, e a presidência foi assumida pelo vice-presidente José Sarney, da dissidente "bossa nova" da UDN, que, no regime anterior, tivera papel importante desde 1979, quando das articulações para a anistia, a abertura e a reformulação partidária. Com ele, iniciou-se a efetivação da lentíssima transição do regime militar para o regime democrático.

---

[29] Descrição dessas negociações foi feita por Fernando Henrique Cardoso no capítulo "Aprendendo na política", em seu livro *A arte da política: a história que vivi*, cit., pp. 92-100, especialmente.

Da campanha pelas Diretas à Constituição de 1988.
Na casa do dr. Ulysses

Aqui entramos nos bastidores da história, procurando fugir dos caminhos explicativos convencionais de interpretação daquela conjuntura crítica.[30] Vejamos.

A partir de 1980, estreitaram-se as relações entre dois personagens fundamentais no processo de redemocratização: Ulysses Guimarães e André Franco Montoro. Miguel Reale Júnior, o advogado do PMDB nas eleições para governador em 1982, enfrentou a máquina malufista e suas artimanhas, como o panfleto *Cavalo de Troia*, que acusava o democrata-cristão Montoro de trazer, escondidos no seu bojo, os comunistas, anarquistas etc. O depoimento é do advogado e professor Reale Júnior, que viveu o dia a dia das articulações, ocupando a posição de observador privilegiado:

> "Em 1983, com a vitória nas eleições, vim a ser assessor especial do governador Montoro e presidente em exercício da Fundação Pedroso Horta. Desde 1980, frequentava semanalmente a casa do dr. Ulysses, especialmente nas reuniões de domingo à noite para discussão de temas nacionais. Quero lembrar, então, fatos vividos em torno da campanha por eleições diretas, envolvendo o dr. Ulysses e o governador Montoro."[31]

A respeito da iniciativa das *Diretas*, o depoimento do jurista projeta nova luz sobre aqueles acontecimentos:

> "Muito se fala sobre qual teria sido a primeira manifestação pública em favor das eleições diretas. Quero trazer à tona fatos que restam esquecidos, pois antes mesmo da reunião de governadores em 15 de outubro de 1983 em Foz do Iguaçu — para planejar a estratégia da campanha das *Diretas*, encontro esse cuja finalidade política foi disfarçada em debate sobre rumos da economia;

[30] Para a compreensão das artimanhas do poder naquele período, leia-se, também, de Gilberto Dimenstein e Josias de Souza, *A história real: trama de uma sucessão*, São Paulo, Folha de S. Paulo/Ática, 1994.

[31] Este e os outros trechos citados constam de depoimento dado por Miguel Reale Júnior aos autores, em 20/2/2007.

A República Autocrático-Burguesa (1985-2007)

com a presença dos secretários da Fazenda —, houve uma reunião pública em 1º de outubro, no plenário da Assembleia Legislativa de São Paulo."

Em junho de 1983, Reale Júnior passa a ser o presidente de fato da Fundação Pedroso Horta e, nessa condição, foi chamado por Ulysses, que pretendia realizar em agosto um ato público em favor das eleições diretas. Ulysses ficou doente, Teotônio Villela assumiu a presidência do partido. Após retiro em uma fazenda em Araçatuba, já em agosto, retomaram-se as conversas sobre o ato a se realizar, tendo por tema as eleições diretas:

> "Dizia-se que Ulysses estava em sua agonia política. Mas, ressurgindo tal como Fênix das cinzas, Ulysses em agosto chamou-me novamente à sua residência e disse que pretendia realizar um encontro de envergadura nacional reivindicando eleições diretas e outras questões de cunho econômico."

A propósito da atuação de Ulysses Guimarães, prossegue o jurista em seu depoimento:

> "Como era de seu feitio, o dr. Ulysses foi anotando, em folha de bloco de notas da Câmara dos Deputados, os planos a serem implementados, e cujo fac-símile encontra-se publicado na revista *Economie et Culture*, nº 11 [jun.-ago. 1994, p. 37]. Nesta folha podem-se ver anotados, nas garatujas do dr. Ulysses, os seguintes dados: 'dia 18 (sexta) de setembro. Local: 10.000 pessoas. Temas: eleições diretas, moratória, desemprego, dia 18 sexta, 19 sábado, 20 domingo, encerramento'.
> O dr. Ulysses assinalou, também, as pessoas que deveriam estar preseåntes: Dante de Oliveira, presidente nacional (Ulysses), presidente regional, Fernando Henrique, Montoro, presidente da UNE, líder operário, presidente Henrique Santillo (presidia em nível nacional a Fundação Pedroso Horta). Anotava também que deveria haver movimentação de caravanas do interior e de outros estados."[32]

---

[32] Segundo o depoimento: "Guardei esse papel de notas, no qual ficaram registra-

Atuando como braço direito do dr. Ulysses, o papel de Reale Júnior era estratégico em tais articulações, decisivo mesmo. Ele começou a procurar local para a manifestação: inicialmente o Pacaembuzinho, com capacidade para 2 mil pessoas; depois, pensando em número maior de participantes, o salão do Esporte Clube Pinheiros, para 5 mil pessoas, e, por fim, o estádio do Palmeiras, para 10 mil pessoas.

Optou-se, afinal, com receio de um público reduzido, por convocar a manifestação para o plenário da Assembleia Legislativa de São Paulo. Uma carta oficial do partido — assinada por Ulysses, presidente nacional do partido, Fernando Henrique Cardoso, presidente regional, e por Reale Júnior, como diretor da Fundação Pedroso Horta — foi enviada a todos os membros do partido, convocando-os para participar do encontro *Fala Brasil*, em favor das eleições diretas e contra os rumos da economia nacional.

FALA BRASIL. "ESTAMOS NO BOM CAMINHO"

A "carta", redigida por Miguel Reale Júnior e discutida com os principais signatários,[33] tinha o seguinte teor:

> *Fala Brasil*
> O PMDB lançou o grito Basta!, legitimado por 20 milhões de votos recebidos em todos os estados da Federação nas últimas eleições:
> Basta ao Decreto 2.045[34]
> Basta ao desemprego
> Basta à crise e à recessão
> Basta de FMI

das, com minha letra, outras presenças a serem providenciadas, bem como o nome dos participantes de debate econômico que deveria ocorrer. Estão assinalados os seguintes nomes: empresários, Antônio Ermírio e Bardella, líderes coordenadores dos debates, Freitas e Máximo. H. Lucena coordena o encerramento. Celso Furtado, Belluzzo, João Manoel, José Serra, Conceição, Lessa. secretários de Planejamento: São Paulo, Minas, Paraná".

[33] Fac-símile igualmente publicado na citada revista *Economie et Culture*.

[34] Decreto do governo João Baptista Figueiredo, que corrigia os salários abaixo da inflação. O principal ministro do governo era Delfim Netto, ministro-chefe da Secretaria de Planejamento da Presidência da República (1979-1985).

Em primeiro de outubro [de 1983] às 15:00 horas no Plenário da Assembleia Legislativa do Estado de São Paulo, a direção nacional e regional do PMDB, juntamente com a Fundação Pedroso Horta promoverão o encontro *Fala Brasil* ao qual comparecerão as lideranças partidárias reivindicando: eleições diretas; moratória; retomada do crescimento; restabelecimento do mercado interno. Em 2 de outubro, às 15:00 horas, também na Assembleia Legislativa a saída para a crise econômica será debatida por Celso Furtado, João Manuel Cardoso de Mello, José Serra, Luciano Coutinho, Paulo Renato Souza."

Em meados de setembro, seu redator Reale Júnior assumia o cargo de Secretário da Segurança Pública de São Paulo, continuando, porém, a encarregar-se da organização do evento.

"FOI NA CASA DO SEVERO", TANCREDO PRESENTE.
O GRITO PELAS *DIRETAS*

No dia 1º de outubro houve um almoço na casa do senador Severo Gomes, estando presentes os governadores Tancredo Neves, José Richa, bem como os senadores Pedro Simon, Humberto Lucena e o professor Reale Júnior. Lá, ponderava-se acerca da necessidade de logo se reunirem os governadores para planejar a campanha das *Diretas*, o que sucedeu quinze dias depois em Foz do Iguaçu. Terminado o almoço, foram todos para o ato na Assembleia Legislativa. No meio da tarde, por volta das 16 horas, teve início o encontro que reuniu efetivamente as lideranças partidárias e alguns líderes da sociedade civil. Nessa reunião, lançou-se *um grito pelas eleições diretas*, mas a presença de público foi um fracasso, pois, tirando os próceres partidários, não havia mais de cem pessoas.

Na ocasião, Reale Júnior comentou com o dr. Ulysses seu desapontamento com a presença tão diminuta de pessoas, mesmo após a convocatória enviada:

"Mas Ulysses, com seus vivos olhos azuis brilhando, sorriu e apenas disse: 'encontramos o filão, estamos no bom caminho'. Percebi que estava diante de um visionário que via o que eu não via e no qual era preciso acreditar."

Uma encruzilhada da história. O lugar de Montoro

> "Para mim, o Brasil não é uma soma de indivíduos, sob as ordens de um chefe. Como nação é uma comunidade de comunidades. Minha linha de ação é fazer apenas com que cada uma delas tenha vitalidade e vida próprias."
>
> Franco Montoro, 1981[35]

No dia 2 de outubro, houve a reunião de economistas para discutir a saída da crise econômica. Diante da recessão que se iniciara em 1981, revelava-se uma intensa preocupação com a compressão salarial e a urgência na retomada do crescimento e do emprego.

No decorrer de outubro e novembro, além da mencionada reunião de Foz do Iguaçu, houve duas manifestações públicas organizadas pelos governadores Iris Rezende, de Goiás, e José Richa, do Paraná, com grande número de pessoas presentes. Em 15 de novembro, ocorreu um comício em frente ao estádio do Pacaembu, em São Paulo, promovido pelo PT. Foi aí que, de fato, começou o movimento. Em início de janeiro de 1984, o governador Montoro chamou vários secretários para uma reunião, afirmando que pretendia promover um grande comício pelas diretas no dia 25 de janeiro, aniversário da cidade de São Paulo, feriado. Coube ao Secretário de Segurança organizar o evento. O Secretário determinou que se avaliasse a capacidade da praça da Sé, concluindo-se, segundo os metros quadrados da praça em seu setor central, sem ocupação das ruas que a contornam, que aí cabiam cerca de 50 mil pessoas:

> "Temi que, em face do fracasso da reunião de 1º de outubro, não se chegasse a encher sequer esse setor central. Um grupo de oficiais da PM foi a Curitiba para se inteirar de como fora a organização e o desenvolvimento do comício de Curitiba. Aos que alertavam para a possibilidade de fracasso da reunião, o governador

---

[35] "Está na hora de mudar", em *O Estado de S. Paulo*, São Paulo, 29/11/1981, p. 180. O democrata-cristão André Franco Montoro era, na época, candidato a senador. Para as ideias de Montoro, ver seu livro *Memórias em linha reta*, São Paulo, Editora Senac, 2000, tendo seu texto editado após sua morte, em 1999, pelo jornalista Pedro Cavalcanti.

Montoro, com seu entusiasmo e otimismo natural, respondia que o dia 25 mostraria quem estava certo. Ele estava certo. Mais de 300 mil pessoas foram à praça da Sé."[36]

Os riscos de confrontos e tumultos populares eram enormes:

"Inúmeras medidas preventivas foram tomadas e instalei uma central de controle da manifestação no gabinete da Secretaria da Segurança, onde me mantive a maior parte do tempo, apenas passando rapidamente pelo comício. No final da tarde estive no Palácio dos Bandeirantes e os governadores falavam com apreço da organização do evento, transcorrido sem incidentes que o tisnassem. Foi uma grande vitória da sociedade civil e dos partidos de oposição, mormente do PMDB. Mas o grande vitorioso foi sem dúvida o governador Montoro.

Na semana seguinte, pedi exoneração do cargo de Secretário da Segurança Pública, que não se amoldava inteiramente ao meu perfil, apesar de possuir naquele instante o necessário respaldo das duas corporações, a Polícia Civil e a Militar."[37]

Duas manifestações já haviam ocorrido, em outubro e novembro de 1983, na praça da Sé. A primeira delas foi a denominada "Tarde da Oração", promovida pela Igreja sob a liderança do cardeal D. Paulo Evaristo Arns, para rezar pelos assalariados empobrecidos e protestar contra o arrocho salarial promovido pelo governo federal, por meio do Decreto n° 2.045. Por solicitação do governador Montoro, seu Secretário de Segurança, o professor Reale Júnior, esteve na sede do II Exército para parlamentar com o então comandante, general Sérgio Ary Pires, que se opunha radicalmente à manifestação, solicitando que o professor, na qualidade de Secretário da Segurança, não a autorizasse. O Secretário se antepôs ao solicitado pelo general, que o responsabilizou pelo que pudesse acontecer, debitando em suas contas qualquer eventual incidente grave.

[36] Depoimento do professor e jurista Miguel Reale Júnior concedido aos autores em 20/2/2007.

[37] *Ibidem.*

"Após comunicar ao governador do confronto estabelecido, com sua aprovação, tomei imediatas providências para inviabilizar qualquer fato negativo. Oficiais e delegados do meu gabinete mantiveram contato com o padre Dario da catedral da Sé, visto por alguns oficiais como esquerdista, para organizarem com a Igreja a manifestação. Policiais engalanados formaram a guarda de honra em torno do altar, policiais femininos instalaram-se dentro da catedral. Um ônibus-hospital ficou posicionado na rua lateral. Policiais civis se introduziram em meio aos fiéis para controlar atitudes eventualmente suspeitas. Passei uma tarde de cão, à espera de notícias da praça da Sé. O ato transcorreu em perfeita tranquilidade. Imediatamente liguei, eufórico por dentro, para o general comandante do II Exército."[38]

A Polícia Militar: uma nova postura

A Polícia Militar deixara de reprimir atos públicos de protesto contra o governo da ditadura para, em vez disso, protegê-los e até mesmo auxiliar na organização. Ocorria, nesse momento, uma mudança de mentalidade.

Outra manifestação ocorreria na praça da Sé. Agora convocada pelo Sindicato dos Metalúrgicos. Reale Júnior foi novamente convidado a parlamentar com o comandante do II Exército. Seria reunião pública, em um dia da semana, às 18 horas. O general pedia que não autorizasse o comício, especialmente argumentando que a hora marcada envolveria pessoas de retorno para casa, que seriam a contragosto imiscuídas na "agitação", e a possibilidade de conturbação da ordem pública era grande. O Secretário contestou o general, mas comprometeu-se a falar com as lideranças sindicais para transferir a manifestação para as 19 horas. Participou, com a intermediação do Secretário do Trabalho, Almir Pazzianotto, de encontros sigilosos com Joaquinzão e Luiz Antônio Medeiros, respectivamente presidente e secretário do Sindicato dos Metalúrgicos. Foram "dois encontros sigilosos, a pedido dos sindicalistas, pois os trabalhadores, com o vezo da ditadura, jamais entenderiam de plano em que se encontrassem com o Secretário da Segurança. Erasmo Dias deixara marcas".[39]

[38] *Ibidem.*
[39] *Ibidem.*

A República Autocrático-Burguesa (1985-2007)

Acertou-se, então, que o comício seria às 19 horas. O mesmo esquema de segurança da "Tarde da Oração" foi montado, com um curioso acréscimo: oficiais da Polícia Militar mantiveram entendimentos com os "seguranças" do Sindicato dos Metalúrgicos, para cuidarem, em conjunto, das medidas preventivas e da ordem no transcorrer do ato.

Segundo o Secretário, "nada além dos protestos contra o arrocho salarial e a ditadura ocorreram naquele início de noite na praça da Sé. De novo, liguei para o comandante do II Exército...".

A Polícia Militar inaugurava, "como fez também durante as greves, no período em que fui Secretário, uma nova postura frente aos trabalhadores: acompanhar e colaborar para a ordem das manifestações, e não reprimi-las. O mesmo se deu na gestão de Michel Temer, durante o governo Montoro".[40]

Na casa de Ulysses e no escritório de Tancredo, em São Paulo

Perdida a batalha da Emenda Dante de Oliveira, das eleições diretas, restava o dilema: disputar ou não a eleição no Colégio Eleitoral.[41] Para discutir o impasse, houve, em um domingo à noite, reunião mais ampla do que a habitual, na casa do dr. Ulysses. O grupo dividiu-se. Ulysses só ouvia, como sempre, sem opinar, só registrando. Venceu a ideia, por maioria estreita, de ir ao Colégio Eleitoral e disputar a eleição.[42]

Ocorre que a ditadura ainda não acabara. Perigo de novo golpe? As iniciativas em favor da redemocratização multiplicavam-se, mas nada estava muito claro. Continuava proibida a eleição direta para a presidência. Embora longo, o testemunho de Miguel Reale Júnior é de grande importância:

[40] *Ibidem.*

[41] Ainda o depoimento de Miguel Reale Júnior: "Ter uma conduta pautada pela mais exata fidelidade ao princípio de que a legitimidade só advém da eleição direta, ou entrar no jogo e tentar vencer a ditadura segundo suas próprias regras, eis a questão", recorda-se o jurista.

[42] Diz o jurista: "Lembro que me manifestei a favor da ida ao Colégio Eleitoral, argumentando que a recusa em ter um candidato, naquele momento em que o país já estava mobilizado contra o regime, seria asfaltar a estrada do Maluf. No sentido de apresentar candidato no Colégio Eleitoral manifestaram-se, entre outros, Alberto Goldman, Almir Pazzianotto, Fernando Gasparian".

"Um último fato cabe revelar: a ditadura, já nos seus estertores, ainda podia atemorizar. Não me recordo da data exata, mas cerca de um mês antes da eleição pelo Colégio Eleitoral, meu pai [Miguel Reale] fora a Brasília, onde se entrevistara com o ministro Leitão de Abreu, que lhe confidenciara sua preocupação com a possibilidade de um golpe militar que estaria sendo urdido nos quadros do SNI. Ao chegar de Brasília, meu pai pediu-me para jantar em sua casa e contou-me sua apreensão com o revelado por Leitão de Abreu. Liguei, então, para o deputado Flávio Bierrenbach, pedindo que nos encontrássemos em minha casa, pois tinha uma revelação importante a fazer. Ao saber das notícias, Bierrenbach achou conveniente irmos à casa de Fernando Henrique, que, depois de se inteirar dos fatos, ligou para Roberto Gusmão, Secretário de Governo de São Paulo e em contínuo contato com Tancredo. Dirigimo-nos, então, os três, para a casa de Roberto Gusmão, onde foram avaliadas as informações e concluiu-se que Gusmão daria notícias na manhã seguinte a Montoro e Tancredo.

Foram, a partir do dia seguinte, feitos contatos com setores militares, ficando eu incumbido de solicitar o apoio das polícias paulistas, em especial da Polícia Militar, para planejar, até mesmo, uma rota de fuga para Tancredo. A história indica que todos os movimentos sediciosos tiveram definitivo e importante respaldo na Polícia Militar, seja de Minas, de São Paulo ou do Rio Grande do Sul. Era fundamental ter a certeza do respaldo da Polícia Militar de São Paulo. Dei ciência dos fatos ao Secretário da Segurança Pública, Michel Temer, a quem comuniquei que iria entrar em contato com os chefes de ambas as polícias, que puseram suas corporações em absoluto apoio a Tancredo.

Acompanhei o Comandante da Polícia Militar a um encontro em escritório que Tancredo mantinha em São Paulo, no bairro do Itaim, mas o contato foi apenas com Roberto Gusmão, encarregando-se a Polícia Militar do planejamento de ações de proteção a Tancredo."[43]

[43] *Ibidem.*

Como se sabe, nada ocorreu. O país, no entanto, foi vítima de "um duro golpe do destino", que impediu a permanência de Tancredo Neves como presidente. Apesar de tudo, após vários percalços e danos para o país, os militares voltaram para seus quartéis... Alcançava-se a normalidade democrática, consolidada na nova Constituição de 1988.[44]

A pergunta que muitos se faziam naquele contexto era sobre a existência ou não de uma *sociedade civil bem articulada* no Brasil, para respaldar as iniciativas das lideranças democráticas. Afinal, foi no autoritarismo que vicejou o crescimento da sociedade civil e o pluralismo social se fez presente, denunciando a mentira do "consenso" apresentado pela ditadura. O pluralismo social estava vigendo por via de organizações da sociedade civil, entidades de classe, profissionais ou econômicas, entidades estudantis, as Igrejas e instituições culturais diversas. Tais forças sociais organizadas não se limitaram a promover reivindicações em favor de seus interesses imediatos e diretos, mas, traduzindo uma *consciência coletiva de cidadania*, afrontaram o centralismo político autoritário. Como pontuou o jurista, "sem a sociedade civil, sabe-se, o partido e os políticos de oposição não derrotariam a ditadura. Restaurada a democracia, restabelecidos os canais normais de manifestação política, o papel político-institucional das organizações da sociedade civil reduziu-se, como, aliás, deveria mesmo suceder".[45]

Cabe ressaltar que, na convocação da reunião idealizada por Ulysses, o tema das eleições diretas casava-se com a discussão sobre a crise econômica, como fez notar seu fiel escudeiro Reale Júnior. Ao lado da luta pela cidadania política, havia a reivindicação de retomada do crescimento, fim do desemprego, criação de um mercado interno, com vistas à justiça social.[46]

---

[44] *Ibidem*. Ainda é o jurista quem observa: "Inestável sob todos os pontos de vista, inclusive quanto à unidade dos militares, o regime de 1964 procurou consolidar a tutela do Estado sobre a sociedade brasileira. O Estado tecnoburocrático partia da presunção de que o 'caráter do povo brasileiro' (expressão corrente em discursos de Geisel) era bom mas vulnerável, necessitando proteção 'contra ideologias exóticas alienígenas, em descompasso com as nossas tradições cristãs'. Ora, para instituir estabilidade, necessário se fazia suprimir os antagonismos. O resultado, é óbvio, seria a unanimidade cinzenta".

[45] *Ibidem*.

[46] O discurso duro de Ulysses em favor da Constituinte, quando o presidente Sarney a atacou, pode ser encontrado em *Veja*, São Paulo, 3/8/1988, p. 32 (matéria de capa: "As manobras contra a Constituinte"). O então diretor-adjunto Elio Gaspari deu o título: "Ferida, a fera fere". Ver também os números históricos de *IstoÉ/Senhor*, São Paulo, de

O lugar de Ulysses na história. Presidente, por que não?

> "Ulysses Guimarães foi o homem certo, no lugar certo e na hora certa."
>
> Dalmo de Abreu Dallari[47]

Um depoimento que também revela os bastidores da política do período foi o de outro jurista, o professor Dalmo de Abreu Dallari:

> "Com grande capacidade de liderança, visão política, senso de oportunidade, agiu sempre com serenidade e discreta firmeza. Além disso, mostrou prudência e desprendimento. Quando morreu Tancredo Neves antes de empossado na presidência, do ponto de vista constitucional Ulysses Guimarães deveria ter assumido a presidência e convocado novas eleições dentro de trinta dias. Como Tancredo não chegou a ser presidente, não caberia dar posse a José Sarney, eleito para substituto eventual do presidente Tancredo Neves."[48]

Nesse complexo quadro de negociações, o "senhor Diretas" abriu mão da presidência da República. Prossegue Dallari em seu testemunho:

> "Na noite em que o problema estava sendo discutido no Congresso Nacional, Ulysses telefonou para minha casa, como deve ter telefonado para outros juristas, e eu dei essa opinião, ouvin-

---

28/6/1989 (matéria de capa: "Ulysses Guimarães, Senhor Desafio"), com editorial de Mino Carta. Matérias sobre os candidatos Collor, Covas, Brizola e artigo de Faoro ("Façamos a Revolução antes que o povo a faça"). Ver também *IstoÉ/Senhor*, São Paulo, 26/7/1989, com o editorial "O dr. Ulysses faz falta". Seu necrológio está na revista *IstoÉ*, São Paulo, 21/10/1992, matéria de capa "Ulysses Guimarães (1916-1992)". Frase do editorial desse número: "Comparado com Tancredo Neves, Ulysses é muito mais contemporâneo do mundo, porque sensível à gravidade da questão social que assola o Brasil", p. 15.

[47] Depoimento do professor e jurista Dalmo de Abreu Dallari dado aos autores em 15/2/2007.

[48] *Ibidem.*

A República Autocrático-Burguesa (1985-2007)

do dele que essa era também a opinião do grande mestre Afonso Arinos. Mas, segundo eu soube depois, havia medo de que o retardamento da posse de um presidente efetivo fosse tomado como pretexto para novo golpe. Ulysses fez a avaliação política, abriu mão de ser presidente, ainda que interino, e deu posse a Sarney, que, além de tudo, tinha bom trânsito entre os militares, e desse modo ficou garantida a continuidade da caminhada rumo à Constituinte."[49]

O "SENHOR DIRETAS" E A CURVA DO PROCESSO

A campanha das *Diretas Já* teve em Ulysses Guimarães seu principal líder e animador, a despeito da participação intensa de partidos como o PT e de lideranças como as de Franco Montoro e Teotônio Vilela, além de atuação constante de intelectuais "notáveis", como Barbosa Lima Sobrinho, Fernando Henrique Cardoso e Raymundo Faoro. A crescente participação e adesão popular à causa abriu uma nova etapa da história político-social e ideológica do país, desenhando outros horizontes para a discussão da cidadania.

Todavia, na corrida de longo curso, Ulysses não alcançou a presidência da República. A ironia da história é que o candidato vencedor no Colégio Eleitoral, Tancredo, tampouco a exerceu. O vice-presidente eleito pelo mesmo Colégio, Sarney, sim, ampliando seu mandato para cinco anos.

Parafraseando o padre Antonio Vieira: "Estará Deus udenista?".

A crise econômica: herança que Sarney multiplica

No fim do governo Figueiredo, a inflação registrava taxas superiores às de 1963, as maiores já experimentadas pelo país desde sua independência, em 1822. O crescimento da taxa de inflação deveu-se, em grande parte, à desordem das finanças do Estado, ou seja, mais uma vez o Estado passou a gastar mais do que o arrecadado por meio de impostos, em larga medida para pagar a dívida externa — a exemplo do que ocorria com toda a América Latina.

[49] *Ibidem.*

O governo civil do presidente Sarney acentuou essa tendência, pois distribuía favores a políticos e governadores de Estado que demonstrassem apoio ao seu governo. A concessão de financiamentos para obras públicas, em troca de favores políticos, marcou todo o processo de elaboração da nova Constituição.

Apesar disso, o governo Sarney tentou conter o avanço da inflação por meio de vários planos econômicos.[50]

O FRACASSO DO PLANO CRUZADO

Em 1986, o presidente Sarney lançou seu plano de estabilização da economia, conhecido como *Plano Cruzado*, com uma série de medidas para conter a inflação e estabilizar a economia: o cruzeiro foi substituído por uma nova moeda, o cruzado. E todos os preços foram congelados por um ano.[51]

Apesar disso, o governo não cumpriu sua parte, pois continuou a gastar muito mais do que arrecadava. O resultado do plano foi o desaparecimento dos principais gêneros alimentícios e o surgimento de um mercado negro, com preços acima da tabela divulgada pelo governo.

O governo de José Sarney promulgou outros planos semelhantes, tentando deter a onda de desabastecimento e a alta da inflação, mas novamente fracassou.[52]

PAGAMENTO DA DÍVIDA EXTERNA: MORATÓRIA

Além do problema da inflação, o governo Sarney decidiu suspender o pagamento dos juros da dívida externa, declarando a *moratória*. Essa medida provocou uma queda no volume de investimentos destinados ao Brasil

---

[50] A respeito do fracasso do Plano Verão e da eventualidade de renúncia do presidente Sarney, os bastidores palacianos estão descritos em Saulo Ramos, *Código da vida*, São Paulo, Planeta do Brasil, 2007, especialmente pp. 159-62.

[51] Sobre as oscilações políticas, os planos econômicos (Cruzado, Bresser, Verão) e respectivos economistas responsáveis, ver a coleção de ensaios em Lourdes Sola (org.), *O Estado da transição: política e economia da Nova República*, São Paulo, Vértice, 1988, em especial o estudo de Brasilio Sallum Jr., "Por que não tem dado certo: notas sobre a transição política brasileira", pp. 127-44.

[52] Foi o momento dos "fiscais" do Sarney, que, em algum momento, deveriam ter parado para pensar quem, exatamente, deveria ter sido "fiscalizado".

pelos bancos internacionais. Desde então o governo tentou negociar a volta do Brasil à comunidade financeira internacional através de acordos provisórios da dívida externa.

Tais acordos, sempre "provisórios", dependiam do chamado "ajuste" da economia brasileira. Em realidade, a receita de ajuste exigida pelo Fundo Monetário Internacional (FMI) era semelhante à dos planos aplicados no Chile, na Argentina, no México e no Peru para a renegociação da dívida externa. Ou seja, a privatização de empresas estatais; a reforma administrativa do Estado, com redução do quadro de funcionários públicos; e a abertura da economia ao capital estrangeiro.

RUMO AO CONGRESSO CONSTITUINTE

A crise do Estado revelava-se em todas as suas várias dimensões. A questão da democracia estava posta pelas diversas correntes, mesmo aquelas conservadoras, já que não conseguiam dominar o quadro sociopolítico nacional. Um dos mais rigorosos estudiosos desse processo, Brasilio Sallum Jr., em sua obra *Labirintos: dos generais à Nova República*, demonstrou como

> "A derrota do deputado Dante de Oliveira, em 26 de abril de 1984, consagrou legalmente a tendência majoritária entre as classes dominantes e elites dirigentes de impedir que as massas populares e a classe média participassem diretamente da disputa de facções em que elas próprias se polarizavam desde a irrupção da crise."[53]

Inquieta e insegura, a sociedade — por suas associações de classe e pelos partidos mais progressistas — aumentou a pressão pela convocação de uma Assembleia Nacional Constituinte, para substituir a Constituição de 1967, legada pelos militares. A maioria dos deputados, porém, decidiu pela convocação do *Congresso Constituinte*, frustrando, mais uma vez, os anseios

---

[53] Brasilio Sallum Jr., *Labirintos: dos generais à Nova República*, São Paulo, Hucitec, 1996, p. 103; obra escrita no calor da hora, com extrema lucidez, que contou com o apoio do Curso de Pós-Graduação do Departamento de Sociologia da FFLCH-USP. Trata-se de uma das análises mais rigorosas sobre a transição política e a conciliação. Destaquem-se os capítulos "Crise de Estado e democratização" e "Em busca de um novo regime", importantes para a reconstrução histórica do período.

dos *setores mais progressistas da sociedade, que vinham lutando desde meados dos anos 1970 e pretendiam realizar uma eleição exclusiva — uma verdadeira Assembleia Nacional Constituinte — para escolher seus representantes na elaboração da nova carta constitucional.*

Na apreciação do jurista Dalmo de Abreu Dallari,

> "a campanha pela Constituinte foi extremamente importante para despertar a consciência cívica dos brasileiros e estimular a organização da sociedade, criando ambiente propício à manifestação objetiva e clara da vontade do povo quanto a pontos essenciais da organização política e social."[54]

Houve, efetivamente, uma mobilização nacional, pacífica e vigorosa, que foi decisiva para que a Constituinte aprovasse um texto em que ficou evidente o compromisso com valores humanos, com a correção de injustiças tradicionais e com a organização democrática da sociedade. Ainda segundo Dallari:

> "Eu fui dos muitos que percorreram o Brasil explicando o que era a Constituinte e falando de sua importância para todo o povo brasileiro. Em diversos lugares, pude sentir que havia esperança e confiança, com o sentimento generalizado de que a ditadura tinha terminado, o governo já não inspirava temor e os constituintes ouviriam o povo. Assim, por exemplo, falando em Montes Claros, no norte de Minas Gerais, cidade em que nasceu Darcy Ribeiro, recebi de uma associação de mulheres um documento, muito bem elaborado, contendo propostas objetivas e absolutamente razoáveis, com o pedido de que eu o encaminhasse à Constituinte. Eis um exemplo de participação popular consciente e racional, mostrando que o povo está preparado para manifestar opiniões e quer participação, não tutela."[55]

Em 1987, ainda durante o mandato presidencial de Sarney, instala-se finalmente o Congresso Constituinte, presidido pelo deputado Ulysses Gui-

---

[54] Depoimento do professor e jurista Dalmo de Abreu Dallari aos autores, cit.

[55] *Ibidem.*

marães, que adquirira notoriedade nacional como o "senhor Diretas". Em 1988, após inúmeras negociações, marchas e contramarchas, o Congresso promulgou a nova Constituição, consagrando o regime *presidencialista*, com *cinco anos de mandato para o presidente* e a *independência dos poderes*. Era claramente uma vitória de Sarney e da conciliação conservadora.

Mas os deputados progressistas conseguiram inscrever na nova Constituição alguns itens avançados, que ajudaram a desenhar a nova cidadania democrática, num país pouco ou nada habituado a tais valores. Apesar de suas limitações, travaram-se no Congresso memoráveis debates, de altíssimo nível, como, por exemplo, entre Florestan Fernandes, deputado do PT por São Paulo, e Roberto Campos, do PDS.[56]

O tom geral da Constituinte. Seus principais personagens

Quais o principais atores político-sociais da Constituinte?

Houve, talvez, uma *eminência parda*, o ex-udenista Afonso Arinos de Melo Franco, agora do PFL, parlamentarista muito respeitado como jurista por conservadores e progressistas (pelo menos supunha-se que muitos o fossem na época). Sua respeitabilidade solene (naquele universo "carente de bacharelismo"...) e seu conservadorismo estamental afiançavam aquilo que "o sistema" entendia como segurança institucional.[57]

Outro grande nome, acima dos grupos, era o do próprio Ulysses Guimarães, que à Constituição fez a opinião nacional associar a ideia de uma *Carta de Direitos* ("Constituição Cidadã").

Logo abaixo dessas personalidades, mencionem-se alguns operadores que ditaram o tom do processo: entre os progressistas, Mário Covas (então

---

[56] Com foco nesses dois personagens, ver Tarcísio Costa, *A Profile of Contemporary Political Discourse in Brazil: the Rhetoric of Intransigence in the 1987-1988 Constituent Experience*, PhD Thesis, Cambridge, Cambridge University, 1998.

[57] Consulte-se o capítulo "A Constituinte e a Constituição de 1988", em Paulo Bonavides e Paes de Andrade, *História constitucional do Brasil*, Brasília, OAB, 2002, 4ª ed. Ver a relação completa dos deputados no final dessa obra. E também o discurso de Sarney à nação fixando seu próprio mandato em cinco anos (19/3/1987); de Sarney contra as "minorias radicais na Constituinte" (26/2/1988); Sarney em discurso à nação, em 26/7/1988; resposta de Ulysses Guimarães à fala de Sarney contra a Constituinte, em 27/7/1988; discurso do presidente da Constituinte na data da promulgação da Constituição (5/10/1988), entre outros documentos anexados.

PMDB, parlamentarista) foi talvez o principal. Fernando Henrique (então PMDB, parlamentarista) teve, sem dúvida, papel importante como relator do regimento interno da Constituinte, e também Bernardo Cabral (PMDB, parlamentarista), como Relator da Comissão de Sistematização. José Richa (então PMDB, parlamentarista), do Paraná, foi outro articulador forte.

À direita, cabe registrar a ação, mais do que a "teoria" (aspas necessárias, pois não cultivava ideias sofisticadas), do deputado paulista Roberto Cardoso Alves, figura-chave para a criação do "Centrão", o aglomerado fisiológico que tanto desmobilizaria o processo e os projetos de modernização da República nos anos seguintes; Cardoso Alves destacou-se por seus fortes discursos de negociação à base de barganhas.[58] Jarbas Passarinho (PDS, presidencialista), do Pará, também se envolveu bastante para reverter o texto (mais à esquerda do que gostaria) que saiu da Comissão de Sistematização.

No plano ideológico ou temático da ala conservadora, mencione-se o culto e destemido Roberto Campos (PDS, presidencialista, nos temas econômicos e gerais), e Guilherme Afif Domingos (PL, presidencialista, nos temas econômicos, porém com uma visão mais liberal). Francisco Dornelles também teve peso como articulador mais ao centro. Jarbas Passarinho, ex-ministro da ditadura, foi importante na discussão sobre o papel dos militares, tendo como contraponto José Genoino (PT, presidencialista). Na discussão do sistema de governo, foi importante Delfim Netto (PDS, parlamentarista), outro ex-ministro da ditadura, bem como Marco Maciel, Severo Gomes (ex-ministro de Castello e Geisel, que passara para a oposição à ditadura, agora no PMDB, parlamentarista), Nelson Jobim (PMDB, parlamentarista) e Roberto Freire (então do PCB, parlamentarista), dentre os mais destacáveis.

À esquerda, destacaram-se o professor Florestan Fernandes (educação, ciência e cidadania), Oswaldo Lima Filho e Plínio de Arruda Sampaio (ques-

---

[58] "O estilo Robertão", mostrando suas interferências com política de favores junto à Siderbras, IBC, Instituto do Açúcar e do Álcool, CSN, Cosipa, Açominas, Usiminas etc., é examinado em matéria da *IstoÉ/Senhor*, São Paulo, 8/3/1989, pp. 36-7. No mesmo número, ver a matéria de José Carlos Bardawil, "Sarney vale mais que a democracia", quando este mandou arquivar as denúncias da CPI da Corrupção. Tal matéria revela mecanismos que, postos em funcionamento, alcançam os dias de hoje. Ver a atuação de Inocêncio de Oliveira, Saulo Ramos (então consultor-geral da República), Carlos Chiarelli e Paes de Andrade e, em contrapartida, a do jurista Raymundo Faoro, apontando o primarismo dessas articulações. Tratava-se de acusação que poderia levar ao *impeachment* do presidente. Uma visão pitoresca dos bastidores da Constituinte pode ser lida na obra de Saulo Ramos, *Códigos da vida*, cit., pp. 201-29.

A República Autocrático-Burguesa (1985-2007)

tão agrária), Fabio Feldmann (meio ambiente), Fernando Gasparian (nacionalismo econômico, particularmente quanto à limitação de lucros), os professores Fernando Henrique Cardoso (sistema de governo e outros temas) e José Serra (temas econômicos), Cristina Tavares (ciência e tecnologia, com visão marcadamente nacionalista), Artur da Távola (comunicação e cultura), Egydio Ferreira Lima (sistema de governo). Atuante em várias dessas questões, com boa formação jurídica, foi o já mencionado professor Plínio de Arruda Sampaio (então no PT, presidencialista). No centro-esquerda, situavam-se Nelson Jobim, discutindo as relações entre poderes e sistema de governo, e Severo Gomes, nacionalista *enragé*, sobre economia e a nova ordem econômica internacional.

Houve, naturalmente, diferenças acentuadas dentro deste último grupo. Nomes como Fernando Henrique, Serra, Artur da Távola e Egydio destacavam-se por sua feição mais social-democrata. Os outros eram mais caracterizadamente socialistas ou nacionalistas.

O que representavam os partidos de perfil socialista, sobretudo o PSDB e o PT? Ora, como se sabe, a experiência do PSDB era contrária ao que ocorrera na Europa, onde a social-democracia teve uma forte base sindical. Com isso, o PT despontou com perfil bem mais próximo do modelo europeu (ainda que mais plural), com a participação da Igreja, da base agrária, além da presença do sindicalismo urbano-industrial e dos serviços públicos. Mais uma vez, as tais "ideias fora do lugar"...

Por fim, nasce a Constituição de 1988...

> "A Constituição não cabe no PIB..."
>
> Antônio Delfim Netto[59]

Em termos de direitos e liberdades individuais, a Constituição de 1988 é a mais progressista que o país já teve.[60]

---

[59] Delfim Netto, "Liberais, mas nem tanto", em *Economia e Cultura*, São Paulo, dez. 1993-fev. 1994, pp. 22-3.

[60] "A Constituição, com as correções que faremos, será a guardiã da governabilidade", disse Ulysses Guimarães, em firme resposta à fala de Sarney contra a Constituinte (27/7/1988). Cf. Paulo Bonavides e Paes de Andrade, *História constitucional do Brasil*, cit., p. 909. Não estava longe da verdade, pois o país vivia momentos de difícil go-

A Carta é composta por 245 artigos permanentes e 70 disposições transitórias, isto é, matérias que precisariam ser regulamentadas por lei ordinária. A própria Constituição incluía um dispositivo que determinava a sua revisão em outubro de 1993. A revisão constitucional foi concluída em 1994.

A Carta de 1988 também marcou um plebiscito para definir o regime de governo. Em abril de 1993, os cidadãos brasileiros, após intensa campanha pela televisão e pelos jornais, nas escolas e em praças públicas, optariam entre o regime republicano ou a monarquia constitucional. E também entre o parlamentarismo e o presidencialismo. Resultado: o plebiscito consagrou a vitória do regime republicano e da forma de governo presidencialista.

Além de definir o mandato presidencial de cinco anos, fixou-se a eleição pelo voto direto em dois turnos: no caso de, no primeiro turno, nenhum dos candidatos à presidência obter maioria absoluta, participam no segundo somente os dois primeiros colocados, o mesmo valendo para a eleição dos governadores estaduais e prefeitos. A Carta também reforçou o poder do Legislativo e definiu a independência efetiva do Judiciário, agora capacitado a julgar, e até anular, atos do Poder Executivo.

No capítulo dos direitos individuais e coletivos da cidadania, a Constituição de 1988 permite que qualquer cidadão mova uma ação contra o governo; institui o *habeas data*, que permite aos cidadãos conhecerem as informações de interesse particular ou geral registradas em órgãos públicos ou bancos de dados do governo; estabelece o fim da censura prévia às artes e aos meios de comunicação; proíbe a intervenção do Estado nos sindicatos e garante o direito amplo de greve, ampliando direitos dos trabalhadores. No plano econômico, reservou várias atividades somente para companhias nacionais, protegendo o empresariado brasileiro. No campo político-administrativo, reforçou o federalismo, ampliando a autonomia dos estados.

Finalmente, registre-se que a bancada do PT votou contra a aprovação final da Carta.

Dois comentários à Constituição:
Dalmo Dallari e Tarcísio Costa

Segundo o jurista Dallari, a Constituição de 1988 é, de longe, a mais democrática que no Brasil já se aprovou "e deve ser respeitada e aplicada

---

vernabilidade, quaisquer que fossem os dirigentes, e avultavam as antiquíssimas demandas sociais.

para a correção de injustiças sociais e a democratização da sociedade brasileira". Em sua visão, a atual Constituição é a mais democrática não só pela intensa participação popular na Constituinte mas também pelo conteúdo, pois começa com a afirmação de princípios humanistas e democráticos, consagra os direitos civis e políticos e também os direitos econômicos, sociais e culturais constantes dos Pactos de Direitos Humanos aprovados pelo ONU em 1966, criando vários instrumentos jurídicos destinados à garantia e à efetivação dos direitos:

> "A alegação de que ela é demasiado longa e minuciosa esconde, na realidade, a resistência dos que não querem perder privilégios tradicionais e dos que desejam eliminar da Constituição os direitos econômicos, sociais e culturais, pois tais direitos exigem do Estado um papel positivo, de planejador e realizador, deixando para trás o Estado-Polícia, mero garantidor de privilégios, antes protegidos como direitos. Quanto às minúcias, elas eram e são necessárias para impedir que, sob pretexto da necessidade de esperar por leis regulamentadoras, muitos direitos fiquem apenas na declaração formal, sem efetividade."

Embora na opinião de vários críticos a Constituição de 88 seja demasiado longa e detalhista, Dallari nota que, além de haver outras mais longas, é preciso levar-se em conta que, em muitos casos, "a brevidade é só aparente, como ocorre nos Estados Unidos, onde a Constituição escrita é apenas o ponto de partida, pois ela é complementada por decisões do Congresso e da Suprema Corte que enchem uma biblioteca".[61]

A IDEOLOGIA DA CONSTITUINTE

Outro analista da Constituinte e da Constituição é o cientista político e diplomata Tarcísio Costa, estudioso do ambiente discursivo no Brasil da década de 1980 e autor de tese de doutorado sobre a experiência da Constituinte, defendida em Cambridge, Inglaterra.[62] Ao examinar o discurso político brasileiro na segunda metade dos anos 1980, contexto histórico em

---

[61] Depoimento de Dalmo de Abreu Dallari aos autores, cit.

[62] Tarcísio Costa, *A Profile of Contemporary Political Discourse in Brazil*, cit.

que teve lugar a Constituinte, Tarcísio Costa detectou talvez o melhor cenário possível para uma pesquisa sobre ideologias e partidos políticos. Em depoimento aos autores, ele comenta que, a seu ver,

> "a Assembleia foi bem representativa, apesar de todos os nossos vícios de representação. Além disso, o formato do trabalho constituinte reforçou o caráter participativo do exercício, com as consultas públicas feitas pelas subcomissões, as emendas populares etc. Enfim, não imagino outro 'acervo' de fontes mais apropriado."[63]

Naquele período iniciou-se a fase pós-transição. "O marco final varia, segundo o analista"; para alguns, diz ele:

> "Teria sido o retorno ao poder civil; para outros, a convocação da Constituinte; há quem defenda que somente com sua aprovação arrematamos a longa e gradualíssima saída da ditadura. Daí a relevância de saber se já estávamos, ou se nossos agentes políticos já estavam utilizando uma linguagem democrática."[64]

Até então a intelectualidade brasileira acumulara uma rica tradição de reflexão sobre a democracia, apresentada por Tarcísio Costa em três capítulos de sua tese. Aí Oliveira Vianna aparece como formulador representante dos ditos instrumentais autoritários, conceito que não o agrada, "já que o Estado forte de Vianna não tinha por fim último a democracia, mas um arremedo tupiniquim do modelo corporativista da *Carta del Lavoro* — a tradição das ideias fora do lugar".[65]

A LINGUAGEM NA CONSTRUÇÃO DA DEMOCRACIA: UMA INTERPRETAÇÃO

Iniciava-se então no Brasil, naquela segunda metade dos anos 1980, um ensaio democrático em que surgiu a questão de saber se nossos agentes políticos, à esquerda e à direita, estavam convertidos à linguagem da democra-

---

[63] Depoimento de Tarcísio Costa aos autores, em 12/6/2007.

[64] *Ibidem.*

[65] *Ibidem.*

cia. Que linguagem era aquela? Existiria uma linguagem única? Quem responde é ainda o cientista político:

> "Longe de mim sugerir isto. Apenas recorri a uma interpretação que me parece consagrada por alguns veios respeitáveis do pensamento político (não explicito muito na tese quais veios são estes), como o do grupo do *Socialismo ou Barbárie*, na esteira de Tocqueville. É basicamente a ideia de que o processo histórico, sob uma concepção democrática, (i) não é sujeito a determinismos de qualquer sorte; (ii) é indeterminado (não persegue um fim previamente definido); e (iii) não tem dono (nem classe motora, nem guias esclarecidos)."[66]

Tarcísio Costa deteve-se então, na análise dos discursos, empreitada complexa, a começar pelo esforço em encontrar alguma lógica no que diziam alguns de nossos patrícios.

> "Para ser algo factível, detive-me nos *Anais* das deliberações sobre o capítulo social (não me lembro bem a razão, mas me parece que teve que ver com a qualidade dos nomes, a disponibilidade de material acessório) [...] de todo modo, todos os capítulos serviriam, já que a análise era sobre a natureza do discurso e não sobre os temas em si mesmos."[67]

Como analisar tudo isso? O aparato conceitual utilizado para verificar a adequação ou não do discurso constituinte ao figurino democrático (ou tocquevilliano) foi aquele desenvolvido por Albert Hirschman, em *The Rhetoric of Reaction*:[68]

> "Acho-o um grande livro, e as categorias desenvolvidas por Hirschman de 'argumentos intransigentes' para avaliar o discurso

---

[66] *Ibidem.*

[67] *Ibidem.*

[68] Albert Hirschman, *The Rhetoric of Reaction: Perversity, Futility, Jeopardy*, Cambridge, Harvard University Press, 1991. Albert Hirschman (1915-2012) foi Emeritus Professor do Institute for Advanced Studies da Universidade de Princeton.

conservador ('Perversity' — perversidade; 'futility' — futilidade; e 'jeopardy' — traduzido por ameaça na versão em português) pareciam-me e ainda me parecem adequadas, inclusive porque são acompanhadas da contraparte de cada uma delas do lado progressista, mas, neste caso, igualmente intransigente. [Para mim] tudo se encaixou como uma luva, digo, o discurso constituinte foi um manancial para a exemplificação daquelas categorias [...] o que não faltava era discurso intransigente. Nada soava tentativo, aberto à alteridade. Seria um pouco cansativo sintetizar como a esquerda e a direita incorreram nos diferentes vícios identificados por Hirschman."[69]

UMA CONSTITUIÇÃO À DIREITA OU À ESQUERDA? UM OLHAR RETROSPECTIVO

Para o cientista político, o resultado, insofismável, é de que nem a direita nem a esquerda demonstravam aceitar a autonomia do político; a direita, subordinando-o às supostas exigências da modernidade econômica; enquanto a esquerda o sujeitava aos reclamos sociais. Ou seja:

> "A coisa da democracia social *versus* a formal (de triste e continuada vigência em algumas cabeças), a concepção da história como um processo indeterminado (a direita e a esquerda tinham suas próprias 'marchas da história', opostas entre si, mas igualmente inelutáveis), e a noção de que a história não tem dono, de que todos podemos ser protagonistas. Com efeito, a direita apostava nos exegetas dos novos tempos, sob égide do mercado, enquanto a esquerda, nos deserdados da terra, na velha leitura de que o fato de serem vítimas de tudo e de todos traz uma clarividência hermenêutica ou coisa que o valha."[70]

[69] Na introdução da tese citada, *A Profile of Contemporary Political Discourse in Brazil*, Tarcísio Costa assim faz ao comentar cada capítulo.

[70] "Em minha tese, no capítulo 'Faust in the Tropics', penso ter vasculhado as diversas leituras sobre o conceito e, finalmente, a contribuição de Fernando Henrique Cardoso, reafirmada por Francisco Weffort, em defesa da autonomia do político, algo de

O que extrair de relevante nisso tudo? Talvez duas coisas, conclui Tarcísio Costa:

> "Uma de valor mais histórico, que seria a constatação de que iniciamos a experiência democrática (ou esta nova fase, para os que veem a nossa República Velha e os anos 1950 como democráticos) com uma mentalidade autoritária. A segunda é que a pesquisa traz algo de premonitório em relação ao comportamento da esquerda. Os vícios que se manifestavam no plano do discurso em 1987-88 contaminaram o exercício do poder pelo PT vinte anos depois. Não houve atualização neste meio tempo. Enquanto a social-democracia europeia teve de amargar uma dura renovação no plano do discurso antes de chegar ao poder (com González, Schmidt, Blair etc.), a nossa entrou de chofre em seu exercício e deu no que deu."[71]

Em suma, os embates vividos pelos partidos durante a Constituinte ajudaram, no sentido de serem eles obrigados a demonstrar suas verdadeiras vocações, explicitando mais nitidamente suas identidades ideológicas. O que talvez seja esperar demasiado, dadas suas raízes e experiências históricas, tanto de mobilização como de desmobilização, político-ideológicas.

O fim da ditadura. Agora, as esperadas eleições diretas

> "Somente depois da queda do Estado Novo ocorreu uma verdadeira eclosão das massas na arena política. Ainda assim, sob mediação e controle burgueses. Isso não impediu que o propalado 'pacto político' demagógico-populista provocasse uma prolongada crise de instabilidade política, que nos levou ao golpe de Estado de 1964, à república institucional e à presente 'abertura política'."
>
> Florestan Fernandes[72]

impacto não menor no campo da esquerda, afeiçoada como era a uma leitura instrumental da democracia". Depoimento de Tarcísio Costa aos autores, cit.

[71] *Ibidem.*

[72] Em *A ditadura em questão*, São Paulo, T. A. Queiroz, 1982, p. 71.

Iniciada em 1964, a longuíssima ditadura se esgotara, não sem deixar remanescências de variada ordem.[73] Como queria Geisel, dentro de um compasso "lento, gradual e seguro"... para as classes burguesas.

Agora, derrotada a tese do parlamentarismo, definido o regime presidencialista e ajustado seu *modus*, declarou-se aberta a campanha para as eleições *diretas* à presidência da República.

Chegara, afinal, o momento supremo do ritual político-institucional republicano, concentrado na passagem efetiva de uma ordem autocrática para um regime republicano democrático: o das eleições diretas para presidente. Os partidos tradicionais e majoritários (PMDB, PSDB, PFL e PDS) revelaram pouca condição para uma vitória eleitoral.

Nesse contexto, para a *primeira* e importantíssima *eleição direta para a presidência da República* após o regime ditatorial, lançou-se um candidato novo, jovem — de um pequeno partido pré-fabricado, o PRN —, Fernando Collor de Mello. A "modernidade" redentora emergia do pequeno Estado de Alagoas. A chance maior de vitória seria do PDT, com Brizola, ou do PT, com Lula, em disputa na qual entravam também Mário Covas (defendendo o "choque de capitalismo"), agora no PSDB, e Roberto Freire, do PCB. Com direita e esquerda internamente divididas, a TV Globo teve papel decisivo, apoiando Collor contra o "perigo do brizolismo".

Segundo Freire, protagonista da segunda experiência do PCB na competição à presidência da República (a primeira foi com Iedo Fiúza em 1945, quando obteve quase 10% dos votos), para os partidos socialistas era chegada a hora de democratizarem-se, no clima da *glasnost*: "A figura de Gorbachev, toda essa política de desarmamento e de paz na União Soviética e dos países socialistas, tudo isso é muito positivo". Frase que gerou ódio entre os antigos militantes do "Partidão" e simpatizantes, muitos deles confortavelmente instalados nos aparelhos de Estado, alguns em posição de destaque...[74] Como o fenômeno Collor já começava a inquietar o cenário nacional, Freire, então em alta, ataca:

[73] Para uma visão do quadro geral latino-americano, ver o artigo de Ruy Mauro Marini, "A nova democracia latino-americana", em *Humanidades*, nº 13, Brasília, maio--jun. 1987, pp. 5-11.

[74] Roberto Freire, "A China é muito longe" [entrevista a Bob Fernandes], *IstoÉ/Senhor*, São Paulo, nº 1.033, 5/7/1989, pp. 5-6.

"É difícil a gente descobrir hoje [julho de 1989] o que representa de fato o político Collor. Ele surgiu em cima de uma palavra de ordem, em função de um processo administrativo de Alagoas, que gerou uma grande figura de *marketing*: o marajá."[75]

Alimentada pela mídia eletrônica, segundo Roberto Freire, ex-deputado constituinte comunista, "a figura de Collor passou a ter importância do ponto de vista da política, num país que se degrada moralmente". Sobre sua própria posição, naquele mês de julho de 1989, lembrando que apresentava uma proposta coerente de tentar construir o socialismo no Brasil, defendida por seu partido com 67 anos de tradição de luta, um então flamante Freire esclarecia:

"Eu queria lembrar que os eleitores de Roberto Freire são os únicos que não têm como segunda opção o Fernando Collor, ou seja, são os eleitores de esquerda, os mais conscientes e coerentes. Eles fazem a segunda opção por Covas ou Lula, mas nunca por Collor. São diferentes dos eleitores do PT e dos outros partidos, que têm como segunda opção o Collor."[76]

Governo Collor (1990-1992)

"Como Collor lidou com a oposição? Desprezo total. Considerava a negociação uma afronta."[77]
"Uma aliança informal entre o lúmpen e a direita política."[78]

Raymundo Faoro

[75] *Ibidem.*

[76] *Ibidem.*

[77] Raymundo Faoro, em *Veja*, São Paulo, 12/6/2002.

[78] Raymundo Faoro, em *IstoÉ/Senhor*, São Paulo, 31/5/1989. Ver também o artigo de Faoro "É possível fabricar um presidente?", *IstoÉ/Senhor*, São Paulo, nº 1.033, 5/7/ 1989, p. 31; e, quando a candidatura Collor estava em vertiginosa ascensão, o editorial "O fenômeno Collor", em *IstoÉ/Senhor*, São Paulo, 25/12/91, em que se faz uma análise do quadro político e ideológico nacional; e, ainda, a reveladora entrevista "Collor quer continuar" (a Bob Fernandes e Santana Filho), de Renan Calheiros, futuro presidente do

Os candidatos que chegaram ao embate final no segundo turno representavam dois universos completamente diversos, senão antagônicos: Collor de Mello, oriundo de oligarquia, e Lula da Silva, ex-metalúrgico, saído do mundo do trabalho do ABC paulista.

Com efeito, naquele ano de 1989 realizavam-se as primeiras *eleições diretas* para presidente desde 1960. O candidato Lula, tendo passado à frente de Brizola, foi para o segundo turno.[79] No confronto final entre Fernando Collor de Mello, governador de Alagoas, representante dos setores mais conservadores da sociedade, e Luiz Inácio "Lula" da Silva, ex-sindicalista pernambucano radicado em São Bernardo do Campo, venceu o primeiro, assumindo a presidência em 1990.

Collor de Mello surgira como candidato praticamente desconhecido, sem plano, aparentemente distante dos grupos políticos tradicionais.[80] Montou um ministério de "notáveis" — aos quais, também aparentemente, deu plena liberdade — que incluía o físico José Goldemberg, o médico Adib Jatene, o crítico e embaixador Sérgio Paulo Rouanet, o jurista e filósofo Celso Lafer e o almirante Mário César Flores, militar estudioso das questões nacionais. Mas o núcleo duro da Economia era formado por Zélia Cardoso de Mello no Ministério da Fazenda, Ibrahim Eris (com seu estranho sotaque norte-americanizado) no Banco Central, e Antônio Kandir na Secretaria de Política Econômica.

Senado, então já rompido com Collor ("mas não demonstra nenhum remorso por suas opções políticas do passado"). Um intelectual, Marcos Antônio Coimbra, fala de sua afinidade com Collor, a quem assessorou, em "O intelectual collorido", em *IstoÉ/Senhor*, São Paulo, 21/2/1990. Nesse mesmo número, Luiz Gonzaga Belluzzo faz a crítica do neoliberalismo do governo, em "Falsa moeda do neoliberalismo", p. 39.

[79] Para desespero de alguns setores da esquerda, que julgaram ser o gaúcho o único a conseguir vencer o candidato Collor.

[80] Fernando Affonso Collor de Mello é neto do primeiro ministro do Trabalho de Vargas, Lindolfo Collor (pouco depois seu ferrenho opositor) e filho de Arnon Afonso de Melo, senador por Alagoas, que foi protagonista de uma lamentável cena de "duelo" no plenário do Senado, no dia 4 de dezembro de 1963, em que disparou três tiros contra seu desafeto Silvestre Péricles de Góes Monteiro, também senador por Alagoas, que escapou às balas. No episódio, entretanto, foi ferido de morte o senador suplente do Acre, José Kairala. Um episódio que, eufemisticamente, chamaremos de "falta de decoro parlamentar" e que — mais uma triste faceta da "Conciliação" —, como tornou-se corrente na voz popular, acabou em *pizza*. Como se vê, costume que vai engrossando, lamentavelmente, uma pesada tradição.

A República Autocrático-Burguesa (1985-2007)

Collor elegeu-se prometendo moralizar a administração pública, combatendo os "marajás" e defendendo os "descamisados", ou seja, os pobres, inspirando-se numa expressão do líder populista argentino Juan Domingo Perón. Mas logo se verificou que o falso "caçador de marajás" (ou seja, de funcionários públicos das estatais que ganhavam fortunas, conforme anunciava em sua campanha política, muito bem cuidada pelo crescente *marketing* político-televisivo) e político "modernizador" (desestatizante na economia e contra as reservas de mercado, atuando no gênero "esportivo" e jovem "cabeça", de "Primeiro Mundo") utilizava-se de práticas políticas muito antigas e conhecidas: troca de favores, cobrança de comissões para realizar obras públicas etc.

O Plano Collor

Dois dias antes da posse, Collor solicitou ao presidente Sarney a decretação de feriado bancário durante os seis dias seguintes. Já no primeiro dia de seu governo, entretanto, no dia 13 de março, o presidente Collor promulga um novo plano econômico destinado a conter a inflação.

Collor de Mello procurou controlar a inflação através de um plano econômico "surpresa", dirigido pela inexperiente professora Zélia Cardoso de Mello, que confiscou os ativos financeiros de todos os cidadãos. Comoção nacional, indignação, estupor. Fidel Castro diria, em tom de blague, que nem ele próprio tivera coragem para tanto, no início da revolução em Cuba...

As principais medidas do *Plano Collor* foram o congelamento de preços e salários; a mudança da moeda em vigor, adotando o *cruzado novo*; confisco de ativos financeiros por 24 meses, inclusive das cadernetas de poupança, ou seja, o sequestro de contas bancárias até um certo limite, de poupanças etc.; reforma administrativa do Estado e controle do déficit público. E mais: privatização de empresas estatais; demissão de funcionários públicos; abertura comercial, eliminando restrições às importações; criação de novos impostos e elevação de outros. Foi a maneira encontrada para colocar o Brasil no mapa da globalização, ao adotar esse "neoliberalismo de botequim", conceito que ganhou expressão popular naquele momento.

Tal como os planos anteriores, o Plano Collor fracassou. Após um curto período de aparente estabilidade, a inflação voltou a subir novamente.

A "República de Alagoas"

Neto de Lindolfo Collor, ministro do Trabalho de Vargas na Revolução de 1930, o novo presidente revelou-se uma fraude: representava apenas os setores de uma nova burguesia da periferia do sistema capitalista, ávida de benefícios e privilégios à sombra do Estado. Sua viagem presidencial aos Estados Unidos foi um desastre, porém reveladora: expôs ao mundo nosso subdesenvolvimento político e cultural. A visita oficial a Washington e seu discurso ao lado de um contrariado presidente Bush (pai) marcaram época.

De seu grupo, participavam seus irmãos, centralizados pela mãe, mais seu tesoureiro Paulo César Farias, e Renan Calheiros, Roberto Jefferson, entre outros. Encharcada na ideologia da modernidade e alavancada pela cultura do *marketing*, repontava na República essa constelação que se pretendia nova: os velhos *coronéis* do sertão, com roupagem "moderna". O "Brasil profundo" aflorara, com o que havia de mais atrasado e, ao mesmo tempo, de mais grotesco.

Durante o ano de 1992, as denúncias de corrupção feitas pelo irmão do presidente Collor detonaram uma série de movimentos da sociedade civil exigindo a punição dos responsáveis pelo desvio de dinheiro público, fenômeno que ocorre em conjunturas em que há queda do PIB... Naquele momento, vivia-se a maior queda desde os anos 1960.

A partir de julho daquele mesmo ano, estudantes secundaristas, os "caras pintadas", reapropriaram-se dos símbolos verde-amarelos da nação, ganharam as ruas em diversas cidades do Brasil exigindo o fim da corrupção e da impunidade. O movimento, engrossado por outros setores da sociedade, ajudou a sensibilizar o Congresso, que optou pela cassação do presidente, envolvido em denúncias de irregularidades. Collor renunciou ao mandato antes da cassação, tendo dessa forma limitado a perda de seus direitos políticos a apenas oito anos. Ironia da História (do Brasil).

Candidato a senador da República pelo Estado de Alagoas, Collor foi eleito em 2006, seu partido fazendo parte da coligação de apoio ao presidente Lula...

Durante todo o processo de *impeachment*, a imprensa teve papel fundamental na investigação e na reunião de provas e testemunhas, bem como na mobilização da opinião nacional.

As suspeitas de corrupção se confirmaram: implicado, mais tarde seu tesoureiro PC Farias apareceria assassinado. Em maio de 1992, denunciado na imprensa por seu irmão Pedro, revelaram-se fraude eleitoral, subornos, desvio de dólares, falsificações de concorrências públicas etc. O Congresso instaurou então uma CPI, que confirmou a existência de corrupção de variada ordem.

A manifestação popular ganhou as ruas. Collor foi impedido pelo Congresso de continuar governando: em 30 de dezembro, o Senado votou seu *impedimento*. Tentando não perder seus direitos políticos, Collor renunciou durante a votação que decidiria a continuidade de seu mandato, mediante carta levada ao Congresso por seu advogado Antônio Evaristo de Moraes Filho. Apesar da renúncia, foi cassado.[81]

Em dezembro de 2007, um ex-membro de sua *coterie* alagoana, Renan Calheiros, presidente do Senado, após uma série de denúncias de corrupção e quebra de decoro parlamentar (segundo o relatório do senador Jefferson Peres, do PDT do Amazonas), em processo que praticamente paralisou o Senado durante todo o ano, renunciou à presidência da Casa. Não teve, porém, seu mandato cassado, contando com o apoio do ex-presidente José Sarney e da maioria do PMDB, bem como do Palácio do Planalto. Mais uma vez, a velha Conciliação, o Brasil andando de costas...

Recolhido na rica biblioteca herdada do avô, instalada na Casa da Dinda, em vez do *Dicionário de política*, de Norberto Bobbio (que ostentara publicamente logo após a vitória nas urnas), o alagoano ex-presidente talvez pudesse ter escolhido para ler, dentre os escritos de Saint-Just, o discurso feito à Convenção republicana francesa no dia 13 de novembro de 1792, sobre os usos do poder. Nele, o jovem jacobino refletia:

"Não se pode reinar inocentemente."

Saint-Just foi guilhotinado, acompanhado do incorruptível Robespierre e outros. Já Collor, apenas destituído da presidência. No Brasil, os tempos não haviam mudado. As noções de bem público e bem privado voltavam a misturar-se, irremediavelmente, na Terra de Santa Cruz. Após cumprir pena de oito anos de afastamento, imposta com o *impeachment*, ele voltaria no dia 1º de fevereiro de 2007 como senador da República. Retornava à cena

---

[81] Ver a entrevista de Raymundo Faoro, "O governo da ineficiência", em *IstoÉ/Senhor*, São Paulo, 30/1/1991, pp. 4-8 ("Páginas Vermelhas"). No ano seguinte, dar-se-ia o *impeachment* de Fernando Collor de Mello. Na mesma entrevista, ver a análise das esquerdas, feita por Faoro.

política com 57 anos de idade, depois de perder eleição para retorno ao governo de Alagoas.

Agora, compondo a base de apoio ao governo Lula, tem a gentileza de avaliar que o ex-líder sindical "faz um bom trabalho". Mas o ex-governador de Alagoas "não dá o braço a torcer, procurando deixar claro que foi Lula quem mudou suas convicções políticas ao chegar ao poder".[82] De fato.

Governo Itamar Franco (1992-1995)

> "Você acha que eu sou ingênuo?"
>
> Itamar Franco, 1992[83]
>
> "Uái not?"
>
> Chiste popular, corrente em Minas Gerais
> à época da candidatura de Itamar Franco

O vice-presidente Itamar Franco, oriundo de Juiz de Fora, em Minas Gerais (o segundo maior colégio eleitoral do país), nacionalista, expressão das classes médias urbanas, assumiu o governo e procurou obter o apoio dos partidos políticos que ajudaram a cassar o mandato de Collor. Em seu governo deu-se o plebiscito em que foi aprovado o regime republicano e o sistema presidencialista. Como anunciava, em 6 de janeiro de 1993, em matéria de capa, a revista *Veja*: "Com a renúncia de Collor, chega a hora de Itamar tirar a casaca da interinidade e consertar o governo".

De fato, a matéria, assinada por Elio Gaspari, revelava o fim do breve governo Collor nos seguintes termos: "Lincharam um defunto", referindo-se aos 76 senadores que cassaram os direitos políticos de Fernando Collor de Mello, presidente do país durante 932 dias.

Itamar Franco, com sua mineira discrição, assumiu o governo com 79% de apoio da população e afastou o perigo de medidas voluntaristas ou "pacotes" político-administrativos, insistindo, porém, ser necessária a continuidade das reformas, sobretudo aquelas voltadas à abertura da economia.

---

[82] Cf. Luiz Antonio Magalhães, "Elle está de volta e pode dar trabalho", em *DCI*, São Paulo, 2/2/2007, p. 2.

[83] Respondendo a Fernando Henrique. Cf. Fernando Henrique Cardoso, *A arte da política: a história que vivi*, cit., p. 38.

A República Autocrático-Burguesa (1985-2007)

Até porque tomara posse na presidência de um país que se prometia de "Primeiro Mundo", mas na verdade ostentava cifras alarmantes de miséria e analfabetismo.

Convidou Fernando Henrique Cardoso, além de Paulo Haddad, para o Planejamento; Antônio Britto, para a Previdência; Maurício Corrêa, para o Ministério da Justiça; e Henrique Hargreaves, para a chefia da Casa Civil. Quando senador, destacara-se por seu "nacionalismo extremado e contendor permanente na política mineira", na apreciação de Fernando Henrique:

> "Conhecemo-nos no Senado, em 1983 [...] ele às vezes obstruía uma sessão por várias horas. Ou então infernizava os ministros da área econômica cobrando expressões inglesas não traduzidas em relatórios e discursos."[84]

O Plano Real[85]

> "Ele [Fernando Henrique] sabia que o plano precisava ter mais dois pilares, a reforma tributária e a reforma fiscal. Isso seria feito no início do governo, em 1995. Em vez de fazer as reformas, ele jogou tudo na reeleição."
>
> Itamar Franco[86]

Naquele ano de 1993, o senador Fernando Henrique Cardoso, ministro das Relações Exteriores, aceitou sua transferência para o Ministério da Fazenda e, em março, anunciava novo plano econômico, o *Plano Real*. Em

---

[84] As relações de Cardoso com Itamar estão descritas em Fernando Henrique Cardoso, *A arte da política: a história que vivi*, cit., pp. 36-41.

[85] Até o momento, a melhor descrição do Plano Real é a do ministro da Fazenda no governo Itamar Franco, Fernando Henrique Cardoso, em *A arte da política: a história que vivi*, cit. Ver o capítulo 3, "O Plano Real: da descrença ao apoio popular". No capítulo 1, "Fortuna e alguma *virtù*", narra episódios de cunho pessoal, quando da aceitação do convite "de alto risco" feito por Itamar para o turbulento ministério que, anteriormente, em apenas sete meses, assistira a quatro trocas de ministro. Vale registrar que Itamar coordenou o grupo inicial de economistas brilhantes, destacando-se Edmar Bacha, Persio Arida e André Lara Resende.

[86] Em *O Estado de S. Paulo*, São Paulo, 15/3/2008, p. A6.

julho, entrava em vigor a nova moeda, o real, tendo como primeiro resultado o estancamento do processo inflacionário.[87]

Ocorre que, durante quase dois meses de antecedência, o governo tomara a precaução de preparar a população por meio de uma série de medidas a serem aplicadas gradativamente. Com isso, evitou-se que a opinião pública sofresse outra surpresa, como ocorreu com o Plano Collor, ao ser tirado da cartola. Em agosto de 1993, o cruzeiro foi substituído pelo transitório cruzeiro real, e somente em julho de 1994 o governo anunciou o Plano Real, ficando proibido qualquer tipo de indexação.

O simbolismo incrustado na *memória social* da *inflação* e da *hiperinflação* estava muito presente, com a lembrança da maioria da população aflita, fazendo cálculos de como melhor tocar a vida cotidiana, em tempos de tal descontrole, em que se via obrigada a fazer compras no 1º dia do mês, para não perder ainda mais do que já perdera e perdia...

A população estava escaldada com "choques", pois a política da ministra Zélia deixara famílias falidas e idosos desamparados. Além disso, tornara-se óbvio que os feriados bancários ou os congelamentos de preços e salários que antecederam mudanças na política econômica favoreceram oportunistas bem posicionados. De fato, para essa população atemorizada, desta vez houve tempo para adaptação psicológica; também para a esfera financeira, pois as empresas puderam preparar-se para ajustar os preços de seus produtos antes das medidas que entraram em vigor, o que viria a acontecer no dia 1º de julho. Adotou-se uma nova e efetiva moeda, o real, na proporção de R$ 1 para CR$ 2.750, ao mesmo tempo em que se desacelerava a emissão de moeda.

Apesar da estabilidade econômico-financeira — e a despeito de o governo Lula, que sucedeu ao governo de FHC, ter mantido o Plano Real em suas linhas gerais —, alguma crítica se fez ouvir a tal orientação "neoliberal" para a política econômica (e social, diga-se) da República.

O professor Fernando Henrique se transforma em FHC

> "Temos que nos juntar à economia mundial como parceiros inteligentes. Temos mesmo que liberalizar. Temos mesmo que privatizar.

---

[87] A atuação de José Milton Dallari no Ministério da Fazenda foi importante nessa estratégia de controle de preços.

Temos mesmo que buscar equilíbrio macroeconômico interno e externo [...]. Mas é preciso deixar de lado a modernização apoiada em *slogans* baratos e construí-la efetivamente pensando nos interesses nacionais, pois o mundo é feito de interesses nacionais."

Delfim Netto[88]

Nesse clima de estabilização da moeda, o país se acalmara. Pacificada a nação com o sucesso do Plano Real, a candidatura de FHC impôs-se quase que naturalmente. Com efeito, nas eleições de outubro para a presidência, Fernando Henrique obteve a vitória já no primeiro turno, batendo Lula, Brizola e Roberto Freire, entre os mais populares.

Sua candidatura selava uma coligação com o PFL — que, como vice nessa chapa, indicou seu melhor quadro, o discreto senador pernambucano Marco Maciel, também professor de Direito Constitucional.[89] Após um ano de gestão, os pefelistas comemoravam: "Não necessitamos disputar a presidência. Já estamos no poder...".

Perdera-se a oportunidade de uma coligação do PSDB, o partido dos "tucanos", com o PT, o Partido dos Trabalhadores. Ou seja, o acerto entre PSDB e PT, os dois partidos modernos criados na oposição à ditadura, com Fernando Henrique e Lula atuando juntos em várias lutas na praça da Sé, no ABC paulista, em Brasília, no Rio, na Constituinte e em várias outras frentes do país. Unidos contra o regime autoritário, os dois partidos agora se separavam. Delineadas com alguma nitidez, as bases sociais e ideológicas de ambos partiram para o confronto ideológico e a disputa eleitoral, nos torvelinhos da correnteza que os jogava para as duas margens opostas do rio. Ao fim e ao cabo, um mesmo rio, de águas turvas, como depois se veria nos anos seguintes...

FERNANDO HENRIQUE E SEUS DOIS GOVERNOS (1995-2003)

"Evito pensar que o jogo político é mera mistificação e, portanto, ninguém está nele com propósitos autênticos, visando a melhorar as

---

[88] Ex-ministro da Fazenda do governo Costa e Silva, do governo Médici, e do governo Figueiredo, e interlocutor do presidente Lula. A reiterativa afirmação encontra-se em Delfim Netto, "Liberais, mas nem tanto", *Economia e Cultura*, São Paulo, dez. 1993-fev. 1994, pp. 22-3.

[89] Ver Paulo Markun, *O sapo e o príncipe*, Rio de Janeiro, Objetiva, 2004.

coisas. [...] Na dinâmica entre o Executivo e o Legislativo, toda a arte para um governo levar adiante seu programa — desde que o tenha — consiste em manter a agenda do Congresso sob controle e a sociedade informada de seus propósitos."

Fernando Henrique Cardoso, 2006[90]

O fato é que Cardoso havia elaborado um programa para seu governo, além de levar para o Planalto uma equipe bem articulada, com figuras de combate como Sérgio Motta, economistas viajados e conhecedores da ordem econômico-financeira mundial, além de diplomatas de carreira bem formados. Como escreveu, apesar de "eventuais qualidades minhas para enfrentar adversidades, à minha maneira, dando impressão de suavidade",[91] atuava com obsessiva noção de "processo", palavra-chave em seu vocabulário, como se constata em seu Programa:

"A experiência do Real deixou importante ensinamento sobre o processo de mudança: não devemos nos enganar pela ilusão do caminho fácil ou pela tentativa de buscar um atalho, para chegar mais depressa."[92]

Observador desses idos na América Latina, Albert Hirschman, o autor de *The Rhetoric of Reaction*, entre outros clássicos, comentou que não é comum um intelectual chegar ao poder em qualquer país. Tais palavras, ditas em 1995 pelo professor e economista da universidade de Princeton, social-democrata forjado na resistência ao nazifascismo, adquiriram novo significado no mundo ibero-americano. Até porque ele, um mestre conhecedor de nossas realidades, sabe que tal fenômeno político-sociológico só ocorre onde as elites cultas são pequenas, como no Brasil.

---

[90] Ver o elaborado e bem escrito balanço de seus dois mandatos presidenciais em *A arte da política: a história que vivi*, cit. Aliás, Fernando Henrique Cardoso foi o único presidente da República que, no Brasil, escreveu uma memória detalhada, densa e bem articulada de seu governo. Em dimensão menor, Wenceslau Brás também deixou um texto, breve, e inédito.

[91] *Ibid.*, p. 43.

[92] Fernando Henrique Cardoso, *Por um Brasil mais justo: ação social do governo*, Brasília, Presidência da República, 1996, p. 6.

A República Autocrático-Burguesa (1985-2007)

Em janeiro de 1995, ao tomar posse, FHC — as iniciais do nome do sociólogo, logo adotadas popularmente —, em seu discurso inaugural, apresentou programa em que, no essencial, indicava a necessidade de estabilizar-se a economia, impedindo a volta da inflação e consolidando a nova moeda, o real. Em sua equipe, Pedro Malan, economista com doutorado em Berkeley, sobrinho do direitista general Malan, atuou como austero ministro da Fazenda.

A atuação de Malan foi decisiva para seu governo. O historiador Perry Anderson, comparando a dupla Menem-Cavallo, da Argentina, com a dupla brasileira Cardoso-Malan, faz notar que Fernando Henrique talvez preferisse Malan como seu sucessor. Observa que o presidente argentino Carlos Menem, ignorante em economia, permitiu que Domingo Cavallo, seu ministro da Fazenda, "instalasse a loucura que foi a paridade entre o peso e o dólar".[93] Não é difícil concordar com Anderson, para quem Cardoso era infinitamente mais preparado que Menem, Lopez Portillo ou Carlos Salinas e, enquanto sociólogo, respeitava o economista profissional:

> "O Real foi obra de Malan e da equipe dele — e FHC deve tudo a ele. Essa dívida moral fez com que lhe fosse difícil descartar Malan juntamente com Gustavo Franco no momento em que, politicamente, deveria tê-lo feito para proteger seus próprios interesses. Mas havia um fator adicional: o fato de que Malan, que tinha intimidade com o FMI, representava uma garantia da confiança americana. Enquanto permanecesse no cargo, FHC poderia ter certeza de receber um tratamento excepcional por parte do FMI e do Tesouro americano. Para Fernando Henrique, os Estados Unidos sempre foram ponto de referência externa, em todos os sentidos."[94]

De todo modo, o plano de estabilização econômica trouxe tranquilidade à população — o que não ocorria desde o fim dos anos 1970 — e teve efeitos imediatos nos segmentos mais pobres.

---

[93] Perry Anderson, "Paz e amor é um vocabulário de derrota" [entrevista], em *Folha de S. Paulo*, São Paulo, 10/11/2002, p. A9.

[94] *Ibidem.*

Antes do fim de seu mandato, em 1997, o Congresso, apesar de forte reação oposicionista, aprovou emenda constitucional adotando o instituto da reeleição para o Executivo, no plano federal, estadual e municipal. A despeito da celeuma provocada pelos que criticavam a reeleição de Cardoso,[95] e apesar da resistência de colegas de partido (como Mário Covas), FHC candidatou-se novamente em 1998, vencendo outra vez a disputa para a presidência, batendo Lula, Ciro Gomes e outros representantes de partidos menores (como José Maria de Almeida e Rui Costa Pimenta), já no primeiro turno.

SEGUNDO GOVERNO FERNANDO HENRIQUE (1999-2002)

> "Fernando, yo no creo que vas a dejar flotando el cambio, no? Confío en que no vas a permitir que todo eso explote en el aire."
>
> Carlos Menem, presidente da Argentina,
> a Fernando Henrique, por telefone, 1998[96]

> "[FHC] — Não posso de modo algum desvalorizar o real agora. Não tenho condições de fazer isso. Vai dar a impressão de que enganei o povo.
> — Compreendo — continuou Clinton, acrescentando: — Posso dizer claramente que nós apoiamos a política de vocês. Mas não vai prejudicá-lo nas eleições?
> Disse-lhe que não, e que, ainda que prejudicassem, suas declarações eram importantes para o Brasil."
>
> Fernando Henrique por telefone a Bill Clinton, em 1998[97]

Em 1999, logo após o presidente Cardoso assumir o segundo mandato, o Banco Central pôs fim à "âncora cambial", que consistia em manter o dólar em patamar cambial artificialmente baixo.

Em 2000, a crise da Argentina e a desaceleração mundial afetaram a economia brasileira. Nesse ano, e em 2001, o desemprego revelou-se alto.

---

[95] Fernando Rodrigues, mediador, "O Caso X", em *Caros Amigos*, vol. 1, nº 4, São Paulo, jul. 1997, pp. 30-8. Ver também, na mesma edição, a entrevista de Rodrigues concedida a Marina Amaral e outros, pp. 30-8.

[96] Em Fernando Henrique Cardoso, *A arte da política: a história que vivi*, cit., p. 394.

[97] *Ibidem*. p. 394.

A República Autocrático-Burguesa (1985-2007)

Em julho deste último ano, a crise de energia elétrica provocou os denominados "apagões", levando ao racionamento, de efeitos político-eleitorais bastante negativos.

Em 2002, o candidato Luiz Inácio Lula da Silva do PT venceria as eleições em segundo turno, batendo o candidato José Serra, de São Paulo, e sua vice Rita Camata, do Espírito Santo, da coligação PSDB (o partido de Cardoso) com PMDB. Os partidos situacionistas, entretanto, conservaram a maioria dos governos estaduais. As críticas ao governo de Cardoso não foram poucas, mas vale apenas uma, no plano da política cultural, que traduz bem o clima criado naquele período. O crítico Sérgio Augusto sintetizou a opinião de largos setores ligados à produção cultural:

> "Sempre que lhe parece oportuno, Fernando Henrique Cardoso compara as intenções (ou metas) de seu governo às do governo Juscelino Kubitschek. Sublimar não é proibido, mas no quesito cultura FHC não tem a menor chance de entrar para a história como um Péricles tupinambá. Pelas evidências disponíveis, em seu reinado não desfrutaremos de uma renascença sequer remotamente comparável à dos anos JK, quando à sombra de uma Copa do Mundo (futebol também é cultura) por aqui floresceram a bossa nova, o Cinema Novo e outros movimentos inovadores nas áreas das artes plásticas, da poesia e do jornalismo."[98]

FERNANDO HENRIQUE, PERFIL E TRAJETÓRIA

"Não há dúvida: Fernando Henrique será presidente do Brasil."

Daniel Pécaut, 1985[99]

---

[98] Sérgio Augusto, "*Homo debilis*", em *Lado B*, Rio de Janeiro, Record, 2001, p. 18. Na questão da universidade, surpreendentemente o governo Cardoso não teve melhor desempenho, como se constata nos depoimentos de Aziz Ab'Sáber ("O governo desconsidera trabalhos produzidos na universidade"), de Roberto Romano ("O docente das universidades públicas e da pós-graduação") e de J. Leite Lopes ("Universidade e ciência, as ameaças do governo federal") na *Revista Adusp*, nº 14, São Paulo, julho de 1998, respectivamente pp. 11-2, 7-10 e 17-8.

[99] Daniel Pécaut, sociólogo da École des Hautes Études, de Paris, em 1985, em conversa com o autor Carlos Guilherme Mota, em sua residência.

"Essa sensação de infinitude é um consolo para as rupturas. A mais trágica de todas é a da própria existência. Constrangedora, cruel, inevitável. Só os loucos, no entanto, não a tomam em conta."

Fernando Henrique Cardoso[100]

Cardoso ocupou a presidência do Brasil de 1995 a 2002. Desse modo, tornou-se o primeiro professor da Universidade de São Paulo a ocupar a suprema magistratura do país. Aluno aplicado e discreto, sempre frequentou escolas públicas, desde o Colégio Estadual Presidente Roosevelt até a Faculdade de Filosofia, Ciências e Letras da USP, da qual se tornou professor titular, às vésperas de ser cassado, em 1969, juntamente com todo um grupo-geração aplicado e brilhante, de diversos departamentos da USP e diversas especialidades.

Em sua carreira, Cardoso fora submetido a bancas examinadoras das quais fizeram parte Caio Prado Jr., Sérgio Buarque, Lourival Gomes Machado, Thales de Azevedo, dentre outros expoentes do pensamento crítico brasileiro, tendo seu percurso acadêmico interrompido, no Brasil, pela aposentadoria compulsória da cassação. Mas prosseguiu-o no exterior, no Chile, na Inglaterra, em Paris, nos Estados Unidos (Princeton, Stanford etc.), chegando à presidência da International Sociological Association.[101]

Desde cedo participou das mais variadas iniciativas político-culturais, como a Campanha pela Escola Pública, os movimentos de Reformas de Base, as campanhas pelas *Diretas Já* e pela Constituinte, as reuniões da SBPC

---

[100] Em Fernando Henrique Cardoso, *A arte da política: a história que vivi*, cit., p. 12.

[101] O percurso de Cardoso já vem sendo estudado com maior rigor por historiadores e sociólogos, como na coletânea de seus textos e intervenções organizada por Mauricio Font, *Charting a New Course: The Politics of Globalization and Social Transformation*, Lanham, MD, Rowman & Littlefield, 2001, com seu estudo introdutório. Informativo quanto às suas origens familiares, que evocam o tenentismo reformista, ver o livro-entrevista de Aspásia Camargo e Walder de Góes, *Meio século de combate: diálogo com Cordeiro de Farias*, Rio de Janeiro, Nova Fronteira, 1981. Dois ancestrais seus foram ministros da Guerra (em 1931 e em 1951), ambos de origem tenentista e oriundos da Escola Militar, como Nelson de Melo, Eduardo Gomes, Djalma Dutra, Siqueira Campos, Serôa da Mota e o próprio Cordeiro de Farias. Ver apresentação de Carlos Guilherme Mota à conferência de Fernando Henrique Cardoso, *O Brasil nas relações internacionais*, realizada em 5/5/2005, no Instituto de Estudos Avançados da USP (vídeo).

A República Autocrático-Burguesa (1985-2007)

e também de discussão do país na "República de São Bernardo" (ao lado de Lula, Ulysses Guimarães, Faoro e outros), de conselhos editoriais de revistas como a *Revista Brasiliense*, a *Revista Brasileira de Ciências Sociais* (MG) e a *Argumento*, da Editora Paz e Terra, e muitas outras, nelas publicando artigos que se tornaram referência para o debate político, econômico e cultural da época. O impacto dos livros de seu grupo-geração e de outros, publicados na coleção Corpo e Alma do Brasil, por ele dirigida, foi da maior importância para a renovação crítica das ciências sociais e da historiografia brasileira.[102]

Fernando Henrique nasceu no Rio de Janeiro, em 18 de junho de 1931, filho do oficial do Exército e mais tarde deputado federal, pelo Partido Trabalhista Brasileiro (PTB), Leônidas Fernandes Cardoso, e de Naíde Silva Cardoso. Criou-se no clima ideológico e político do estamento militar brasileiro pois, pelo lado paterno, pertence a antiga linhagem de políticos e militares, e políticos-militares, que remonta ao capitão Felicíssimo do Espírito Santo (1835-1905), um dos líderes do Partido Conservador de Goiás. O capitão Felicíssimo foi deputado, senador, e presidente daquela província por duas vezes, tendo terminado seus dias como brigadeiro do Exército Imperial.

---

[102] Nessa coleção, ver, por exemplo, os estudos de Florestan Fernandes (*Mudanças sociais no Brasil*) e Roger Bastide (*Brasil: terra de contrastes*). E, ainda, a obra coletiva, Carlos Guilherme Mota (org.), *Brasil em perspectiva*, prefácio de J. Cruz Costa, São Paulo, Difusão Europeia do Livro, 1966, em que despontaram autores como Emilia Viotti, Gabriel Cohn, Maria do Carmo Campelo, Fernando Novais, Lourdes Sola e Boris Fausto, dentre outros, "la génération qui monte", segundo o historiador Frédéric Mauro. Esses textos, como os do professor Cardoso (autor de *Capitalismo e escravidão*), trouxeram novas formas de pensar, pesquisar e compreender a História do Brasil, combinando as teorias e conceitos de Marx, Weber, Heckscher, Mannheim, Braudel e também de brasileiros — como Euclides, Caio, Buarque — e, entre outros, latino-americanos. Representaram um avanço nas ciências sociais e nos estudos históricos, dado que seus autores estavam preocupados em captar a *especificidade* dos processos de formação do capital no Brasil, bem como do trabalho e do Estado, buscando as particularidades de nosso passado e o peso da herança colonial, o significado da abolição do trabalho escravo e as dificuldades de implantação do trabalho assalariado, as questões das relações raciais, da industrialização e da urbanização e, embora com menos ênfase, das *lutas de classes*. Observava-se uma outra inovação: de modo geral, considerava-se nesses conflitos a particularidade de nossa *tradição estamental-escravista* e até mesmo das formações de castas (Florestan Fernandes e Octavio Ianni); o problema era explicar as dificuldades de formação da consciência de classe, proletária ou burguesa, em nossa sociedade, problemática que permanece obscura até hoje.

918   História do Brasil: uma interpretação

De seu casamento com Dona Emerenciana Azevedo, surgiram as duas vertentes militares dos Cardoso no Exército.[103]

Seu avô, marechal José Inácio, atuou na propaganda, na proclamação e na consolidação da República, estando, em 16 de novembro de 1889, ao lado do major Sólon Ribeiro, na entrega da intimação ao Imperador para deixar o governo e exilar-se. Além de outros familiares colaterais que atuaram no movimento tenentista, seu pai, o general Leônidas (1889-1965), nascido em Curitiba, integrou o gabinete do ministro da Guerra Eurico Gaspar Dutra, foi contra a Ação Integralista no ataque ao Palácio do Catete, onde residiam Vargas e família. Durante o governo Dutra, atuou nos movimentos nacionalistas, como um dos fundadores do Centro de Estudos de Defesa do Petróleo e da Economia Nacional, em 1948.[104]

O contato de Fernando Henrique com o marxismo tornou-se mais nítido quando criou o grupo de estudos de O Capital, de Karl Marx, com José Arthur Giannotti, do qual participaram Paul Singer, Juarez Rubens Brandão Lopes, Fernando Novais, Bento Prado Jr., Francisco Weffort e Octavio Ianni. Além desses professores que despontavam, sua mulher Ruth, que ministrava aulas de Antropologia na USP, também fazia parte desse grupo que teve importância na utilização de alguns aspectos da teoria marxista e da metodologia do materialismo histórico para consolidar uma interpretação marxista menos ortodoxa do Brasil e para afirmar essa corrente de pensa-

[103] Ver as raízes familiares de Fernando Henrique pesquisadas por Cláudio Moreira Bento, "Raízes familiares do presidente Fernando Henrique Cardoso no Exército", em *Revista do Instituto Histórico e Geográfico Brasileiro*, vol. 162, nº 410, Rio de Janeiro, jan.-mar. de 2001, acessível em: www.resenet.com.br/ahimtb/fhc.htm.

[104] Em 1954, Leônidas Fernandes Cardoso foi eleito deputado federal pelo Partido Trabalhista Brasileiro (PTB), reelegendo-se até 1959. Com perfil nacionalista e populista, nos anos 1950 foi pré-candidato à Prefeitura de São Paulo. Favorável às reformas de Goulart, foi contra o golpe de 1964 e faleceu em 1965, aos 76 anos, quando Fernando Henrique, então com 34 anos, encontrava-se autoexilado no Chile. Fernando Henrique começou seus estudos no Colégio Paulista, no Rio de Janeiro, mas, com a transferência de seu pai militar para São Paulo, em 1940, passou a estudar na capital paulista, no prestigioso Colégio Estadual Presidente Roosevelt (rua São Joaquim). Ainda estudante, engajou-se na política estudantil. Ingressou, em 1949, na antiga Faculdade de Filosofia, Ciências e Letras (atual Faculdade de Filosofia, Letras e Ciências Humanas) da Universidade de São Paulo (USP), instituição universitária com perfil inovador, voltada ao ensino e à pesquisa, onde concluiu o curso de Sociologia em 1952, tendo, em agosto desse mesmo ano, começado a lecionar a disciplina de História Econômica Geral e do Brasil, na

mento crítico no campo das Ciências Sociais. Embora mais tarde alguns dos membros do "grupo d'*O Capital*" tenham ideologicamente se transferido para outras searas e visões de mundo (para o PSDB sobretudo), sua influência foi significativa naquele momento, um dos motivos pelos quais alguns de seus participantes foram aposentados em 1968, depois presos, alguns encapuzados, e todos vigiados durante a ditadura. Da geração anterior, mais radical e também cassado, o professor Florestan não participou do grupo, continuando sua trajetória individual como docente e sociólogo crítico, distanciando-se, política e ideologicamente, de Cardoso, sobretudo depois de 1975, porém com admiração e respeito cordial por seu ex-assistente.[105]

Em 1961, quando a vida universitária ganhava altitude na rua Maria Antonia,[106] Cardoso, em sessão memorável de defesa de tese, obteve o títu-

---

Faculdade de Economia da USP, dirigida então pela historiadora Alice Cannabrava. Prosseguiu seus estudos, especializando-se em Sociologia e tornando-se Auxiliar de Ensino do sociólogo francês Roger Bastide, na Cadeira de Sociologia, naquele momento professor-visitante na USP, e de Florestan Fernandes. Em 1953, casou-se com a também socióloga Ruth Correia Leite. Em 1954, tornou-se o mais jovem membro do Conselho Universitário da USP, como representante dos ex-alunos, exercendo papel importante na reforma universitária, até os anos 1960. Quando Roger Bastide retornou à França em 1955, a cátedra de Sociologia da USP passou a ser dirigida pelo professor Florestan Fernandes, de quem Fernando Henrique Cardoso tornou-se assistente, com Octavio Ianni, Luiz Pereira, Maria Sylvia de Carvalho Franco, Leôncio Martins Rodrigues e Maria Alice Foracchi. Embora nunca tivesse se filiado ao Partido Comunista Brasileiro (PCB), dele era considerado simpatizante, tendo colaborado com seu órgão de divulgação, a revista *Fundamentos*. Seu "namoro" discreto com o PCB seria interrompido com a crise da Revolução Húngara, em 1956, e a consequente invasão daquele país pelos soviéticos, fato que obteve condenação internacional.

[105] Ao fim de sua vida, Florestan também começava a distanciar-se do Partido dos Trabalhadores, como se vislumbra em sua última entrevista ao programa *Roda Viva*, da TV Cultura (SP), em 1994. Dificilmente ele teria suportado episódios como os do "mensalão", dos "aloprados" e as negociações com o chamado "Centrão". E muito menos o encontro de Lula com Maluf na residência deste, em 2012, impensável.

[106] Tal período, de enorme efervescência cultural e política, aguarda a atenção de historiadores das ideias e da cultura. Na Faculdade de Filosofia, Ciências e Letras da Universidade de São Paulo, onde atuavam de Cruz Costa a Florestan, de Dante Moreira Leite a Octavio Ianni, de Ruy Coelho a José Arthur Giannotti e Oliveiros Ferreira, de Mário Schenberg a Crodowaldo Pavan, de Oswaldo Porchat e Bento Prado Jr. a Walnice Nogueira Galvão, de Antonio Candido a Sérgio Buarque de Holanda — além de "nossos franceses", como Michel Debrun e Gérard Lebrun —, vivia-se uma espécie de Renascimento político-intelectual.

lo de Doutor em Ciências Sociais pela USP, com seu trabalho sobre *Capitalismo e escravidão*, hoje contestado por alguns historiadores, a exemplo de João José Reis.[107] Após o golpe de Estado de 1964, Fernando Henrique começou a ser perseguido politicamente.[108] Estabelecido no Chile, com o sociólogo chileno Enzo Faletto elaborou sua obra mais importante sobre a chamada "teoria da dependência", enfatizando a divisão do sistema capitalista mundial entre nações desenvolvidas e não desenvolvidas. Ao contrário do que era voz corrente, seu trabalho afirmava a possibilidade de desenvolvimento destas últimas. Às nações subdesenvolvidas caberia a denominação de "desenvolvimento associado-dependente", devendo elas organizar-se no sentido de instaurarem um processo de industrialização em seus territórios, nos quais a presença do capital estrangeiro não representaria empecilho e, sim, um impulso para o desenvolvimento.

Entre 1967 e 1968, a convite do sociólogo Alain Touraine, da École des Hautes Études (Paris), Cardoso voltou a lecionar na França. Em 1968, retornou ao Brasil, candidatou-se ao posto de professor catedrático na USP; aprovado no concurso, sua atividade duraria pouco, pois logo depois o sistema de cátedras foi abolido e, com o Ato Institucional n° 5 (AI-5), ele foi um dos professores aposentados, sendo impedido de lecionar em instituições

---

[107] Ver o estudo de João José Reis, "Nos achamos em campo a tratar de liberdade: a resistência negra no Brasil oitocentista", em Carlos Guilherme Mota (org.), *Viagem incompleta (1500-2000): a experiência brasileira*, vol. 1, *Formação: histórias*, São Paulo, Editora Senac, 2000, pp. 241-63. Ano pródigo na carreira intelectual de Cardoso foi o de 1962. A convite do sociólogo francês Alain Touraine e de Florestan Fernandes, passou a fazer parte da direção do Cesit (Centro de Sociologia Industrial e do Trabalho) e, ao mesmo tempo, passou a presidir o Conselho Editorial da Coleção Corpo e Alma do Brasil, da Difusão Europeia do Livro (Difel), trazendo novos ares para o debate de temas nacionais. Ainda a convite de Alain Touraine, fez curso de Pós-Graduação em Paris (1962-1963) e, em 1963, defendeu na USP tese de livre-docência sobre o empresariado industrial no Brasil.

[108] O regime militar o considerava "comunista". Logo após o golpe, em abril do mesmo ano, foi para a Argentina, onde passou a integrar a Comissão Econômica para a América Latina (Cepal), pertencente à ONU e sediada no Chile, para onde se mudou em maio de 1964. No Chile, lecionou em diversas instituições, incluindo a prestigiada Flacso (Facultad Latinoamericana de Ciencias Sociales). Na Cepal, os maiores contatos foram com Raúl Prebisch, Celso Furtado (mais tarde ministro da Cultura no governo Sarney) e Francisco Weffort (até então secretário do Partido dos Trabalhadores e, pouco depois — e, para muitos, surpreendentemente —, ministro da Cultura nos dois mandatos de Cardoso na presidência).

A República Autocrático-Burguesa (1985-2007)

públicas. Criou então o Cebrap (Centro Brasileiro de Análise e Planejamento), em 1969, base a partir do qual manteve vivo o diálogo com os principais centros universitários internacionais da época, por onde circulou.

Durante o governo de Itamar Franco (1992-1995), que assumira a presidência após o *impeachment* de Collor, Cardoso passou a ocupar a pasta das Relações Exteriores e, depois, a do Ministério da Fazenda (1993). Eleito presidente em 1995 e reeleito em 1998, terminou seu mandato conduzindo a transição de governo para o novo presidente eleito, Luiz Inácio Lula da Silva, dentro de excepcional normalidade institucional. Embora sujeito a críticas, Fernando Henrique elevou o tom e o *mores* da vida política nacional, recolocando o país no mapa internacional, de onde fora apagado desde o golpe civil-militar de 1964.

Cardoso participara intensamente da imprensa de oposição, a chamada imprensa alternativa, destacando-se no importante semanário paulista *Movimento* (1975-1981), dirigido por Raimundo Pereira, que foi, como outras iniciativas do gênero, duramente perseguido pela censura do regime militar entre 1975 e 1978. Com o professor Antonio Candido e o ativo empresário Fernando Gasparian fundou a revista *Argumento*, que, apesar de logo fechada pela ação da censura política, teve muita repercussão nos meios oposicionistas (seu lema era "Contra fato há argumento").

Importante o primeiro número da revista, de outubro de 1973, número inaugural que trazia artigos de Thomas Skidmore sobre relações raciais no Brasil e nos Estados Unidos; de Antônio Callado sobre meio ambiente; de Furtado sobre o futuro do Terceiro Mundo; de Jean-Claude Bernardet e Paulo Emílio sobre cinema; e uma entrevista sobre teatro e política com Gianfrancesco Guarnieri.

Apenas dois meses depois do golpe contra o governo Allende, no Chile, Fernando Henrique procurava interpretar os mecanismos da sociedade chilena, com destaque para "uma extensa camada de profissionais liberais que se comportam de forma estamental na defesa corporativa de suas prerrogativas sociais: médicos, advogados, engenheiros, dentistas, professores".[109] Ficava claro que a Revolução esperada na América Latina deveria ficar para outros tempos, mais longínquos. Em suma, texto ainda atual para se pensar o Brasil de ontem e de hoje.

---

[109] Fernando Henrique Cardoso, "Chile: um caminho possível", em *Argumento*, vol. 1, nº 1, Rio de Janeiro, out. 1973, p. 96.

A chamada *Escola Histórico-Sociológica de São Paulo* era centralizada no professor Florestan Fernandes. Todos seus componentes diretos, a começar pelo mais destacado dentre eles, Fernando Henrique, aparecem na dedicatória da obra principal do mestre, *A revolução burguesa no Brasil* (1975), obra seminal, que examina em perspectiva histórica como se estruturou o atual *modelo autocrático-burguês*, ainda em vigência. Mas a influência dessa escola extrapolou esse grupo básico, reverberando, em sua época, até mesmo no Uruguai, no México, no Chile, em Cuba, no Haiti. E alcançando até alguns dos chamados *brazilianists*, como Warren Dean, estudioso da história da industrialização em São Paulo e, mais tarde, da depredação do meio ambiente. Importante fazer notar que esses professores-escritores, ao lado de Furtado, Cardoso, Ruy Mauro Marini, Ianni e poucos mais, descortinaram a América Latina para os novos pesquisadores brasileiros. Da geração anterior, a que pertenciam Buarque, Caio Prado Jr., Afonso Arinos e Gilberto Freyre, talvez apenas Manoel Bomfim tenha aberto janelas para a história latino-americana.

Numa perspectiva mais ampla, o grupo-geração de Fernando Henrique formou-se no momento decisivo que se seguiu à Segunda Guerra e ao Estado Novo, quando no Brasil se assistiu à transição de um país que vivia nas brumas de uma "consciência amena do atraso" para a descoberta do país real, subdesenvolvido. Em seguida, viveu momento de profunda revisão de valores (aproximadamente de 1955 a 1964) na etapa da pré-revolução brasileira e latino-americana. (Pré-revolução, diga-se de passagem, de uma revolução que não ocorreu, à exceção da de Cuba.) Momento em que as lideranças de esquerda na América Latina descobriram que a revolução não estava na esquina, como observou um dos críticos, o equatoriano Agustín Cueva... No momento seguinte vivido por esse grupo-geração, substituem-se teorias da revolução por aquelas centradas na problemática da dependência, sobretudo dentro dos conceitos formulados por André Gunder Frank, Fernando Henrique, Faletto e outros.

Naquele contexto, Cardoso aprofundou os estudos sobre o papel das elites e do empresariado, perscrutando o significado dos movimentos sociais, em busca de um modelo político que desse conta das transformações. O golpe de 1964, aprofundado no de 1968, e depois a queda de Allende e de outros governos socializantes em toda a América Latina revelavam a resistência estrutural da história subterrânea do país e de todo o subcontinente.

Como vimos, alijado da Universidade de São Paulo, Cardoso liderou a criação de um importante centro de pesquisa, o Cebrap, para acolher professores e pesquisadores cassados.[110] Nessa longa transição, articulou-se com grandes centros de pesquisa internacionais.[111] A partir de então, ele projetou-se para o mundo, inclusive o mundo político-institucional: primeiro, suplente de senador, depois senador, candidato a prefeito de São Paulo (tendo perdido na eleição para Jânio Quadros), anos depois, ministro das Relações Exteriores e ministro da Fazenda. Finalmente, dado o sucesso do plano de estabilização do governo Itamar, o bem-sucedido Plano Real, elegeu-se presidente da República.

Em seu livro *A arte da política*, o mais importante e menos fragmentário documento escrito por um presidente da República neste país, Fernando Henrique deixa escapar um pouco de suas emoções, "quase sempre contidas por meu temperamento, do dia da posse, quando, ainda no Rolls-Royce presidencial, a caminho da cerimônia no Congresso, enquanto acenava para a multidão reunida na Esplanada dos Ministérios, sentia sobre meus ombros o aterrador peso da história".[112] Outros sentimentos são aí revelados, como a perda de amigos (Sérgio Motta e Luís Eduardo Magalhães, entre outros), ou, mais perturbador, a greve dos petroleiros contra a quebra dos monopólios, logo no início de seu governo.

Com efeito, lembrando o estilo da ex-primeira-ministra inglesa Margaret Thatcher, Fernando Henrique foi surpreendentemente duro no dramático episódio com os petroleiros, determinando demissões e não cedendo sequer um milímetro durante as negociações. Nem mesmo com o Movimento dos Trabalhadores Rurais Sem Terra (MST) foi tão empedernido... Revela Cardoso:

> "Não foi fácil [...]. Até mesmo do ponto de vista subjetivo me custou assumir as posições que adotei, pois meu pai, o general Leônidas Cardoso, foi um dos baluartes da campanha 'O Petró-

---

[110] O funcionamento desse Centro, que se tornaria referência nacional e internacional, foi possível graças a financiamento da Fundação Ford. O Cebrap inspirou a criação de outros centros de pesquisa com objetivos diversos, como o Cedec, o Idesp etc.

[111] A Cepal com Prebisch; a Escola de Altos Estudos, de Paris, com Touraine; a Unesco, o Instituto de Estudos Avançados, de Princeton, com Albert Hirschman; a Fundação Ford, com Morse, quando o Cebrap recebeu grande apoio financeiro, etc. Morse, com alto *sense of humour*, ajudou-o nesse financiamento, porém, em seus escritos, não poupou ironias a alguns personagens paulistanos.

[112] Fernando Henrique Cardoso, *A arte da política: a história que vivi*, cit., p. 17.

leo é Nosso', e eu próprio respondi a inquérito policial-militar e fui processado por haver participado do mesmo movimento como tesoureiro do Centro de Estudos e Defesa do Petróleo, em São Paulo."[113]

Importantes também as primeiras intervenções, enquanto universitário, na vida pública dos anos 1960 e 1970, nos jornais, na TV, em conferências e seminários, dando exemplo a outros colegas. Até porque havia, de modo geral, um fosso entre jornalistas e universitários, desconfianças e, até, preconceitos recíprocos. O fato é que, ao abrir uma brecha na muralha estamental em que vivia a universidade, distanciada ainda mais do que atualmente da sociedade, Cardoso representava um novo tipo de intelectual universitário. Era muito rara a participação de acadêmicos na imprensa, e quase exclusivamente nos cadernos de literatura; e muitos universitários seguiram seus rastros.

Observador de transições de regimes autoritários ou ditatoriais para regimes democráticos, como o da Polônia e o da Espanha, ele preparou-se para atuar na transição para a democracia no Brasil. Mais recentemente, quando presidente da Cúpula dos Países Ibero-Americanos, tornou-se interlocutor privilegiado dos socialistas espanhóis e portugueses,[114] e também de outras personalidades e intelectuais expressivos, constituindo referência nos debates mundiais da atualidade, na ONU ou em outros fóruns, e convidado a lecionar nas principais universidades contemporâneas.

Sua entrada na política formal deu-se em 1974, quando o Cebrap foi contatado pelo partido único de oposição, o Movimento Democrático Brasileiro (MDB), ao procurar atualizar seu programa, com vistas à participação no processo eleitoral daquele ano.[115] Em 1978, com sua estrela em contínua

---

[113] *Ibid.*, p. 20.

[114] Com os socialistas portugueses, ver o livro de diálogo com Mario Soares, *O mundo em português: um diálogo*, São Paulo, Paz e Terra, 1998.

[115] Em 1975 foi um dos organizadores do ato ecumênico em memória e protesto pelo assassínio do jornalista e professor Vladimir Herzog, nas dependências do DOI--CODI (a violenta polícia política, parte do aparato repressivo em São Paulo do regime militar). Circulando pelo exterior, entre 1975 e 1977 lecionou na Universidade de Princeton (EUA) e na cátedra Simon Bolívar da Universidade de Cambridge, na Inglaterra. Em 1978, retornou a Princeton e recebeu o título de doutor *honoris causa* da State University of New Jersey, abrindo uma série deles.

ascensão, começou a participar assiduamente das atividades da Sociedade Brasileira para o Progresso da Ciência (SBPC), que, naquela difícil conjuntura, tornou-se o mais importante fórum aberto de debates políticos, científicos e culturais.[116]

Quando surgiu a "anticandidatura" do general Euler Bentes Monteiro, vista como um desafio simbólico à candidatura oficial do regime, a do general João Baptista Figueiredo, Cardoso a apoiou publicamente, ao lado de Severo Gomes, Saturnino Braga, Sampaio Dória e outros. Em novembro de 1978, concorreu a uma vaga no Senado por São Paulo, com o apoio da Ordem dos Advogados do Brasil (na época sob gestão de Raymundo Faoro, que, generosamente, via Cardoso na mesma linhagem de estadistas de Joaquim Nabuco), da Igreja Católica (sob a liderança do cardeal Arns), do Sindicato dos Metalúrgicos de São Bernardo do Campo (naquele período presidido pela figura ascendente do líder metalúrgico Lula).

Dessa forma, Cardoso tornou-se o primeiro político cassado pelo AI-5 a disputar uma eleição, sendo o segundo mais votado, ficando atrás apenas do democrata-cristão e professor André Franco Montoro. Apesar de participar das articulações para a criação do Partido dos Trabalhadores em seu surgimento (1979), Cardoso dele se afastou, permanecendo no PMDB (sucessor do antigo MDB, após a reforma partidária ocorrida naquele ano). Em 1983, quando Montoro assumiu o governo de São Paulo (eleito em 1982, nas primeiras eleições diretas para governadores depois de 1965), o vice-senador Cardoso assumiu sua cadeira no Senado.

Para o senador de São Paulo, Tancredo Neves criou a função de líder do governo no Congresso Nacional, função que acabou exercendo no go-

---

[116] A SBPC tornara-se importante instrumento de luta contra o autoritarismo do regime militar. Foi marcante a reunião da Sociedade em 1976 (Fortaleza, CE), na gestão do físico Oscar Sala, organizada pela psicóloga Carolina Bori e pelo geneticista Luís Edmundo Magalhães. Nela compareceram Furtado, Florestan, Severo Gomes, Michel Debrun, Darcy Ribeiro e dezenas de outros intelectuais e pesquisadores de expressão, que proclamaram a necessidade de abertura do regime e da universidade. Personalidades internacionais lá deixaram seus traços, como um dos principais ideólogos da descolonização africana, o saudoso moçambicano Aquino de Bragança, braço direito do presidente de Moçambique Samora Machel (ambos morreriam poucos anos depois, de modo suspeito, em desastre aéreo na África). Nos congressos da SBPC, as manifestações pró-democracia, em favor da anistia aos cassados e das eleições diretas, tiveram um fórum privilegiado, pois o prestígio nacional e internacional da SBPC impressionava o presidente-general Geisel, que vinha dando tímidos passos na abertura "lenta e gradual".

verno Sarney. Concorrera ao cargo de prefeito da cidade de São Paulo em 1985, mas foi derrotado por Jânio Quadros, quando parecia certa sua vitória. Dois anos depois, em 1987, juntamente com Mário Covas e Franco Montoro, participou da fundação de um novo partido político, o Partido da Social-Democracia Brasileira (PSDB), onde daria prosseguimento à sua carreira política, de olho no futuro.

Quando da Assembleia Nacional Constituinte, que elaborou a Constituição de 1988, Cardoso foi relator do regimento interno. Seu crescimento efetivo, entretanto, deu-se durante o governo de Itamar Franco, após a renúncia de Collor. O Plano Real, criado durante sua passagem no Ministério da Fazenda, alavancou sua candidatura à presidência da República.

A inclinação de FHC era parlamentarista, mas, sendo perversa a história do Brasil, tornou-se presidente em um regime presidencialista; o que parece ter apreciado, visto que se candidatou à reeleição.[117] Assumiu a presidência em 1° de janeiro de 1995 e foi reeleito para mais um mandato em 1998, inclusive contra a opinião de aliados do PSDB, como Mário Covas, contrário ao instituto da reeleição. Foi presidente da República do Brasil até 1° de janeiro de 2003.[118]

Em 2004, já encerrado o segundo mandato presidencial, fundou o Instituto Fernando Henrique Cardoso (iFHC) que visa a reunir e preservar documentação da presidência no seu período e discutir sua obra, o Brasil e a América Latina. Em 2005, em eleição organizada pela revista inglesa *Pros-*

---

[117] Uma visão irônica de sua vocação parlamentarista — bem como da de Afonso Arinos — pode ser colhida no livro (já citado) *Código da vida*, do controverso ex-consultor-geral da República e ex-ministro da Justiça Saulo Ramos, também ex-oficial de gabinete de Jânio Quadros, em Brasília: "Nunca mais me encontrei com Fernando Henrique no Piantella. Mas lhe reconheço um mérito: em seu governo, promoveu reformas constitucionais, corrigindo os erros mais grosseiros da Constituição, que foram por ele defendidos na Constituinte. O destino sempre cuida um pouco de ironias, pois, com todas as reformas promovidas ao longo de seus oito anos de governo, inclusive a própria reeleição, Fernando Henrique nunca mais nem conversou sobre parlamentarismo. É possível que em particular ainda converse sobre esse regime político com Bolívar Lamounier, um sonhador puro que acredita piamente no sistema, sem explicar como isso seria possível com os nossos atuais partidos políticos, quase todos com elevado número de parlamentares de duvidosos costumes", p. 229. Ver, também, p. 209.

[118] Consulte-se *Folha de S. Paulo*, caderno especial "Anos FHC: mudanças e estagnação", São Paulo, 19/12/2002, com matérias críticas, entre outros, de Clóvis Rossi, Vinicius Mota, Fabrício Vieira, Josias de Souza, Fernando Rodrigues.

pect, foi considerado um dos cem maiores intelectuais vivos do momento. Membro do Clube de Roma, foi escolhido presidente do Clube de Madri e convidado como professor na Universidade de Brown, em Providence (EUA).

Em 7 de setembro de 2006, em meio à crise de credibilidade que alcançou o governo Lula — que demitiu dois de seus principais ministros (José Dirceu, chefe da Casa Civil, e Antonio Palocci, ministro da Fazenda) —, Cardoso lançou uma nova *Carta aos brasileiros*, analisando o momento político e eleitoral, manifestando-se contra os desvios da República, como a corrupção ("mensalão" para deputados, vultosos financiamentos escusos de campanhas políticas com verbas públicas etc.). Permanece como a principal figura da oposição, à qual também nem sempre poupa críticas. Na disputa interna do PSDB entre os nomes de José Serra e Aécio Neves como candidatos à presidência em 2014, deu seu apoio ao segundo. Em 2013, Fernando Henrique foi eleito membro da Academia Brasileira de Letras.

Realizações: breve balanço da modernização tardia

> "Embora os benefícios advindos do Plano Real [...] tenham evitado que o abismo social se tornasse ainda mais calamitoso, a distância se manteve, se é que não se ampliou. O *apartheid* informal que divide a sociedade brasileira não sofreu alteração de monta."
>
> Otavio Frias Filho, 2002[119]

Em síntese: como ministro da Fazenda de Itamar Franco e, depois, na presidência da República, destacam-se duas realizações principais devidas a Fernando Henrique: a primeira, o referido plano de estabilização econômica, o *Plano Real*; a segunda, mais polêmica, a implementação da chamada *Reforma do Estado*, com o projeto de privatizações, retirando do Estado o controle de diversos setores.

Já em seu discurso de posse, o novo presidente tratou desta questão que, para o crescimento do país, considerava vital enfrentar. E, para isso, Cardoso criticava o modelo de desenvolvimento cristalizado pelo getulismo, ou seja, o Estado como principal investidor no país, apontando para a necessidade de diminuição gradativa desse papel, reduzindo o Estado a inves-

---

[119] Otavio Frias Filho, "FHC na história", em *Folha de S. Paulo*, São Paulo, 19/12/2002, p. 2.

tidor exclusivo nos setores de saúde e educação, e a atuar como regulador da economia.

Na prática, uma vez empossado, Fernando Henrique iniciou o ambicioso projeto pela reformulação do conceito de empresa nacional, abrindo as comportas do país para a ampliação da participação do capital estrangeiro. Ao lado disso, vieram o fim da reserva de mercado para navegação e cabotagem e o fim do monopólio das telecomunicações. A privatização do sistema de comunicações, sobretudo da telefonia, ampliou o acesso ao celular para largas camadas da população, bem como à internet.

Em 1997, depois de dificílima negociação política, finalmente foi aprovado pelo Congresso Nacional o projeto de Reforma Administrativa, que vinha com a assinatura do relator, o deputado peemedebista Moreira Franco (RJ), com 309 votos em plenário, apenas um a mais do que o mínimo necessário. Foi elevada a idade da aposentadoria compulsória dos servidores públicos, e aprovada também a manutenção da estabilidade nos empregos estatais — uma das maiores conquistas sociais trabalhistas do Brasil —, mas somente após 5 (cinco) anos de exercício de cargo. Tornava-se, inclusive, possível a demissão desses servidores, desde que justificada por gastos excessivos — acima de 60% da arrecadação. Mais difícil foi o "projeto" de Reforma da Previdência, aprovado somente em janeiro de 1998, com muitas alterações em relação ao texto original e modificando muito pouco o sistema vigente.

Além de destacar-se nessas reformas,[120] o governo Cardoso desempenhou-se com certo sucesso em dois outros setores: o da educação (mas com desempenho medíocre, se for considerada sua política para a universidade) e o da política externa.

---

[120] Mencione-se a enérgica, porém nem sempre eficiente, política de Direitos Humanos, sobretudo no período em que foi ministro da Justiça o jurista José Gregori. Em 1996, no seminário *Negotiating Rights in Brazil*, na Stanford University (EUA), Gregori apresentou os principais objetivos e elementos do Programa Nacional de Direitos Humanos, aprovado pelo presidente Cardoso em 13 de maio de 1996. Dos debates, participaram o jurista Dalmo de Abreu Dallari e, entre outras personalidades, Benedita da Silva, com papel discutível no governo seguinte. O programa foi elaborado a partir de consultas a várias organizações não governamentais. Ver "The Fernando Henrique Cardoso Administration's Human Rights Policy", *Brazilian Papers*, Stanford University, 22 de outubro de 1996, série com "Apresentação" de João Almino, então Cônsul-Geral do Brasil em São Francisco.

A República Autocrático-Burguesa (1985-2007)

Educação: ambiguidades

No plano da Educação, procurou-se inovar. Para reformar o sistema de ensino do país, foi colocado em andamento um plano novo e ambicioso. Com base em projeto do ex-senador Darcy Ribeiro, foi sancionada, em dezembro de 1995, a nova Lei de Diretrizes e Bases, a LDB,[121] que regulamenta o ensino no país, pretendendo eliminar o vestibular para acesso ao ensino superior, o que, na prática, não foi alcançado. O ensino médio manteve sua característica de profissionalização, sendo agora fixadas cinco áreas específicas estabelecidas a partir da segunda série (ciências exatas; artes e comunicação; ciências da vida; ciências sociais e humanas; gerência e informática). Das disciplinas oferecidas, 75% corresponderiam ao currículo básico, competindo aos Estados a variação do restante, segundo necessidades regionais.

Ainda dentro do sistema de ensino, o governo Cardoso foi responsável pela introdução de provas de avaliação do primeiro, segundo e terceiro graus, neste incluídas a graduação e a pós-graduação. Surgiu o Exame Nacional de Cursos, popularmente conhecido como "Provão", que submetia à avaliação os egressos do Ensino Superior, condicionando ao desempenho a obtenção do diploma. As universidades também passaram a ser avaliadas, focalizando-se principalmente a qualificação de seu corpo docente; a titulação (mestrado, doutorado), antes pouco exigida, passou a ser um requisito necessário

---

[121] O Brasil teve duas Leis de Diretrizes e Bases anteriores. A primeira, do início dos anos 1960, surgiu em meio a um rumoroso e longo processo de paralisação das atividades do ensino. A segunda — a temível Lei 5.692, de 1971 — foi elaborada durante o regime militar. Entre outras mudanças, a legislação de 1971 alterou profundamente o atual Ensino Médio, dotando-o de uma característica essencialmente profissionalizante. Embora o discurso fosse o da não terminalidade no fim do Ensino Médio, a legislação não se comprometia, em termos de obrigatoriedade e financiamento, com o Ensino Superior, conferindo ao Ensino Médio o arcabouço de "preparação profissional". Na prática, as disputadas — e escassas — vagas nas universidades públicas, anteriormente ocupadas por egressos das escolas públicas — consideradas de boa qualidade — passaram a ser preenchidas pelos alunos oriundos das (muito) caras escolas privadas. Essa inversão — acompanhada da inexistência de um projeto de expansão de vagas no Ensino Público Superior —, fez com que o Estado financiasse a universidade para os detentores de grande renda, acentuando a desigualdade social. À sombra desse "estado de coisas", cresceu e multiplicou-se o Ensino Superior Privado, de cunho predominantemente comercial e mercadológico (com exceções, é claro, para confirmar a regra).

para a manutenção do registro dos cursos, com a chancela do Ministério da Educação (MEC).

A crítica mais comum a esse modelo refere-se ao estabelecimento de um *ranking* (adotado nesse período, o termo foi importado de matrizes norte--americanas), em que se verifica algum controle de qualidade das universidades privadas, mas ao mesmo tempo as beneficia, pois, uma vez "rankeadas", podem cobrar mais e disputar mercado. Feitas as contas, as universidades particulares tornaram-se as principais beneficiárias, enquanto as da rede federal estagnaram, ficando praticamente à míngua.

POLÍTICA EXTERNA: A "DIPLOMACIA PRESIDENCIAL"

Para além dessas reformas, no plano da política externa o governo Cardoso deu início à chamada "diplomacia presidencial", como ele próprio a conceituou em *A arte da política*.[122] O governo serviu-se de diplomatas experientes, como Luís Felipe Lampreia e Rubens Barbosa, e de intelectuais como Celso Lafer, que fez balanço daquela conjuntura em diversos documentos e ensaios, naturalmente com ênfase em sua gestão à frente do Ministério das Relações Exteriores.[123]

---

[122] A diplomacia do governo Cardoso encontra-se descrita nos capítulos 5, 6 e 10 de *A arte da política: a história que vivi*, cit., na perspectiva do então presidente; ver, também, seu depoimento no Memorial da América Latina, em 2006, registrado em Celso Lafer (org.), *Presidentes da América Latina*, apresentação de Fernando Leça, São Paulo, Fundação Memorial da América Latina/Imprensa Oficial, 2006, pp. 21-44, com debate. Para uma visão mais abrangente da história das relações internacionais no Brasil até 1998, ver Paulo Roberto de Almeida, *Relações internacionais e política externa do Brasil: dos descobrimentos à globalização*, Porto Alegre, Editora da UFRGS, 1998.

[123] Consultem-se Celso Lafer, *Mudam-se os tempos: diplomacia brasileira (2001-2002)*, prefácio de Fernando Henrique Cardoso, Brasília, Fundação Alexandre de Gusmão/Instituto de Pesquisa de Relações Internacionais, 2002; também de sua autoria *A identidade internacional do Brasil e a política externa brasileira*, São Paulo, Perspectiva, 2004; e, ainda, "Reflexões sobre uma gestão", em *Política Externa*, vol. 2, nº 4, Rio de Janeiro, mar. 2003 (publicação coeditada por Paz e Terra/USP). No mesmo número, ver o discurso de posse do chanceler Celso Amorim, do governo Lula, sucessor de Lafer. Ainda sobre a relocalização do Brasil na ordem mundial, ver a já citada conferência do ex-presidente Fernando Henrique no Instituto de Estudos Avançados da USP em 5/5/2005 ("Conferência do mês", consulta em vídeo).

Desafio aos historiadores. O *apartheid* informal

Talvez ainda seja cedo demais para uma avaliação do governo alongado de Fernando Henrique. Ao final de sua gestão, segundo Otavio Frias Filho, diretor da *Folha de S. Paulo*, a sociedade brasileira continuava dividida entre dois grandes setores, um moderno e o outro "manietado por imensas carências materiais que conduzem grandes contingentes a uma vida sem possibilidades".[124] Uma espécie de "*apartheid* informal". Em sua apreciação, "é desolador que o quadro se reproduza após a longa passagem pelo poder de um grupo de intelectuais esclarecidos e reformistas".[125]

Para Otavio Frias Filho, os historiadores terão este desafio: identificar "em que medida o governo deu curso ao desenvolvimento das forças produtivas, derrubando os obstáculos que mantinham o país atado". Incisivo, conclui perguntando em que medida, por outro lado, "pautou-se por uma política demasiado passiva e concessiva, abrindo mão de enfrentamentos em nome da estabilidade e da conservação, agora frustrada, do poder".[126]

Nada obstante, pode-se indicar alguns ganhos para a sociedade brasileira, como o retorno à normalidade democrática, a derrota da inflação galopante e uma razoável estabilidade econômica. O período de Cardoso na presidência foi marcado de fato por estabilidade política, baseada na coalizão com o centro-direita e com o "Centrão" (PMDB), apesar de ampliação das tensões no campo e da desigualdade social. Do ponto de vista político e financeiro, a *Lei de Responsabilidade Fiscal* constitui um nítido avanço, interrompendo uma cadeia de iniciativas nefastas, que aumentavam a dívida pública. Tal lei estabelece uma política fiscal para os estados e municípios, representando a "herança bendita", como a ela se referirá o sucessor de FHC, o presidente Lula, a contragosto.

As desnacionalizações e privatizações, discutidas e muitas vezes contestadas, abriram a economia brasileira para o comércio internacional. Apesar das cinco crises financeiras que enfrentou, o país assistiu a um aumento do consumo, melhorando de modo geral as condições de vida da população.

Aplicando dispositivos da Constituição de 1998, promoveu-se ampliação dos gastos sociais, evitando o aumento da pobreza e piora na distribui-

---

[124] Otavio Frias Filho, "FHC na história", cit., p. 2.

[125] *Ibidem.*

[126] *Ibidem.*

ção de renda. Houve, porém, melhoria no acesso à saúde básica e na medicina preventiva, com campanhas de vacinação e outras medidas.

Mas o maior legado do governo de Fernando Henrique foi a implantação da democracia representativa como valor, que permitiu o crescimento eleitoral da esquerda e a prática da rotatividade no poder, que levaria à derrota o candidato do partido do presidente. Desse modo, Cardoso transmitiu o posto a seu sucessor, Luiz Inácio Lula da Silva, dentro de inusual normalidade democrática.

Mas é um legado pesado. Para o vigilante Perry Anderson, historiador inglês que conhece o Brasil desde os anos 1960 e foi editor da *New Left Review*, o cunho hegemônico-ideológico do tipo de neoliberalismo que Cardoso passou a personificar "permanece, se não intato, largamente dominante no Brasil de hoje, juntamente com a personalização do poder, que ele intensificou". Em suas palavras:

> "Diferentemente de Portillo ou Salinas, FHC nunca foi corrupto [...]. Do mesmo modo que Thatcher pode enxergar Tony Blair como sua realização mais durável, tanto que ela o afirma, FHC também poderá congratular-se pelo fato de que ele tornou a ordem neoliberal irreversível no Brasil por um bom tempo ainda por vir."[127]

Terminada a transição, novos impasses anunciavam-se no horizonte, pois, apesar das medidas no plano econômico e de algumas reformas institucionais encetadas ao longo do governo de Fernando Henrique Cardoso, o modelo autocrático não fora totalmente desmontado, a começar pela utilização de medidas provisórias para resolução de questões que deveriam ser debatidas e votadas pelo Congresso, e terminando com a desmobilização da propalada reforma do Poder Judiciário. Afinal, "impunidade" (em vez de "responsabilização") passou a ser a palavra-chave dos novos tempos, conceito que aprofundaria suas raízes e "métodos" nas instituições da República no governo seguinte.

---

[127] Perry Anderson, "Paz e amor", cit., p. A9. A noção de "neoliberalismo" passava a ser utilizada a torto e a direito sem maior precisão conceitual.

Primeiro governo Luiz Inácio Lula da Silva (2003-2006)

> "Será o primeiro presidente de nossa história a não ter o 'Bragança' implícito no nome."
>
> Luís Fernando Veríssimo, 2002[128]

A posse de Lula na presidência da República transcorreu de forma pacífica, civilizada e festiva. Cardoso passou-lhe a faixa presidencial em clima extremamente cordial. O que não era pouco, pois, além de pertencer à oposição, Lula era o primeiro representante do mundo operário a subir a rampa do Palácio do Planalto.

Apesar de vários prognósticos agourentos de setores do capital nacional e internacional, a política econômica foi mantida, com o controle da inflação por meio de juros altos, fiscalismo cerrado e manutenção de superávit primário elevado. A surpreendente (para muitos, mas nem todos) presença, na direção do Banco Central, do experimentado Henrique Meirelles, oriundo do BankBoston, acalmou desde logo os especuladores e o mundo do capital.

Os economistas do PT estiveram atentos e, de modo geral, foram muito críticos em relação "à lógica do neoliberalismo de Malan", chegando a prever suas consequências fatais, como advertiu Perry Anderson. Em 2002, entretanto, o historiador inglês notava:

> "De modo geral, porém, nem o PT nem o presidente eleito
> têm qualquer alternativa pronta para opor à ortodoxia reinante,
> como deixa clara a imediata adesão deles às diretivas do FMI."[129]

No plano político propriamente dito, o historiador inglês preocupava-se, em 2002, com a possível *sobrestimação* da figura de Lula como presidente recém-eleito, dadas suas origens populares, sempre citadas, inclusive por ele próprio. Com palavras cortantes, porém muito atuais, Anderson adverte:

---

[128] Luís Fernando Veríssimo, "O último Bragança", cit.

[129] Perry Anderson, "Paz e amor", cit., p. A9.

"A cultura brasileira é sentimental, além de cínica, e neste momento a mídia está se fartando de divulgar informações biográficas sobre o presidente. O exemplo de Lech Walesa deveria bastar como aviso contra os excessos nesse departamento. Isto posto, não deixa de ser verdade que Lula personifica uma experiência de vida popular e um registro da luta social e política de baixo para cima inigualado por qualquer outro governante no mundo atual. Além disso, por trás dele está o único partido de massas novo a ter sido criado a partir do movimento sindical desde a Segunda Guerra — um partido que, em termos de números, influência e coesão não tem igual na América Latina. [No entanto,] Lula recebeu o dobro dos votos dados ao PT — o que corre o risco de ser acentuado pela presidência reforçada. Mas a combinação de Lula e PT ainda é muito forte."[130]

No depoimento de Perry Anderson, como se vê, o mais importante residia na percepção do afastamento relativo que já então existia entre Lula e o PT. O historiador conhece as peculiaridades da história do Brasil, sobretudo no tocante ao peso da tradição cultural, que se faz sentir sobre os agentes de qualquer tentativa de renovação:

"Muito mais ainda que na Itália, que lançou o conceito para o mundo, o Brasil é por excelência o país do 'transformismo', a capacidade que possui a ordem estabelecida de abraçar e inverter as forças transformadoras, até que fica impossível distingui-las daquilo que se propunham a combater. É o lado sombrio da cordialidade brasileira. O 'paz e amor' é, por antecipação, um vocabulário de ingestão e derrota."[131]

Na política cultural, o novo governo trouxe uma surpresa positiva, sobretudo para aqueles que imaginavam uma orientação dogmática, ancorada nas bases da militância petista ortodoxa. A escolha, para o Ministério da Cultura, do talentoso compositor e cantor Gilberto Gil — um dos ativistas do movimento da Tropicália, de enorme prestígio nacional e internacio-

[130] *Ibidem.*
[131] *Ibidem.*

A República Autocrático-Burguesa (1985-2007)

nal — abriu outros horizontes, sobretudo ao criticar a "ignorância e a estreiteza dos agentes mercadológicos". Sofrendo oposição de vários intelectuais e artistas do próprio partido do governo, Gil tomou posse no ministério assinalando:

> "O que entendo por cultura vai muito além do âmbito restrito e restritivo das concepções acadêmicas, ou dos ritos e da liturgia de uma suposta 'classe artística e intelectual'. Cultura, como alguém já disse, não é apenas uma 'espécie de ignorância que distingue os estudiosos'."[132]

E observando os conflitos religiosos e étnicos que, na atualidade, ocorrem em várias regiões do globo, advertiu:

> "O Brasil tem lições a dar, apesar do que querem dizer certos representantes de instituições internacionais e seus porta-vozes internos que, a fim de tentar expiar suas culpas raciais, esforçam-se para nos enquadrar numa moldura de hipocrisia e discórdia, compondo de nossa gente um retrato interessado e interesseiro, capaz de convencer apenas a eles mesmos. Sim: o Brasil tem lições a dar, no campo da paz e em outros, com as suas disposições permanentemente sincréticas e transculturativas. E não vamos abrir mão disso."[133]

Criticando o modismo de discussões bem financiadas sobre a chamada "identidade cultural", que gerou diversos livros de amigos e simpatizantes financiados pelo ministério na gestão anterior, Gilberto Gil sinalizou:

[132] Ver artigo de Jotabê Medeiros, "Fragmentos de um discurso rigoroso", em *O Estado de S. Paulo*, São Paulo, 4/1/2003, p. D3; e, também, a entrevista de Gil a Carlos Galilea, "Brasil es un país de saltos inesperados y cuánticos", em *El País*, Madri, 22/5/2004, p. 30. Segundo Gil, o Brasil é "um país que não pagou suas dívidas dos séculos XVII ao XIX, mas já está pedindo crédito para o XXI"... Vale observar que, poucos meses depois de sua posse, ao ser constatada malversação de verbas públicas em projetos arquitetônicos em seu ministério, Gil não teve dúvidas em cortá-los.

[133] Jotabê Medeiros, "Fragmentos", cit. É bem verdade que, para além de tais "disposições sincréticas e transculturativas", as lutas de classes adquiriram contornos e um grau de violência inimaginados pela maioria dos cientistas sociais, como se observa nas grandes capitais ou na Amazônia.

História do Brasil: uma interpretação

"O Brasil não pode continuar sendo sinônimo de uma aventura generosa, mas sempre interrompida."[134]

Vários percalços pontilharam o primeiro período do governo Lula. Em maio de 2003, o MST ampliou as invasões de propriedades, sobretudo no Rio Grande do Sul, com resistência de fazendeiros e alta tensão social no campo.

TENSÃO NO CAMPO, SUAVIZAÇÃO EM BRASÍLIA...

A tensão no campo é permanente, histórica, agora acirrada com as divergências entre a Comissão Pastoral da Terra (CPT), ligada à ala da Teologia da Libertação (da ala progressista da Igreja Católica), e o Movimento dos Trabalhadores Rurais Sem Terra (MST).

A CPT, surgida em 1975 em plena ditadura militar, contou com a cobertura da Igreja aos seus militantes contra as forças da ordem. Apoiou a candidatura de Lula, passando depois a fazer crítica ao governo e, até, tomando iniciativas em Alagoas, Paraíba, Pernambuco e Bahia. Como exemplo de iniciativas independentes desse movimento reivindicatório, a ocupação do porto de Maceió, paralisando o movimento de cargas de açúcar e álcool, e a ocupação, em 2007, da Fazenda Boa Vista, do irmão do ex-presidente do Senado Renan Calheiros, do PMDB, também em Alagoas.

Cerca de 90% dos assentamentos da reforma agrária da Paraíba estão sob bandeira da Pastoral, segundo o geógrafo Marco Mitidiero, que afirma: "quando ocorre uma ocupação, as freiras e os padres estão sempre na linha de frente". A CPT apoia o MST, mas não se confunde com ele, pois tem método próprio de atuação, adaptando-o a cada região e contexto. O MST apoia os movimentos da Pastoral, mas considera os trabalhadores rurais os verdadeiros agentes da mudança. Na Paraíba, o superintendente do Instituto Nacional de Colonização e Reforma Agrária (Incra), Frei Anastácio, é membro do PT e um dos principais líderes da CPT no estado, sempre tendo atuado como líder em ocupações de edifício públicos e de terras.

Já o MST é mais recente, nascido em 1985, quando da transição para a democracia liberal. Tendo surgido com o apoio da Comissão Pastoral, suas lideranças foram formadas por ela. Lula teve seu apoio — para a eleição

---

[134] *Ibidem*. O problema é que continuou...

A República Autocrático-Burguesa (1985-2007)

em 2002 e para a reeleição em 2006 —, mas o MST mantém distância crítica, embora não hostil, de seu governo (aliás o principal motivo de divergência entre as duas entidades). Com o tempo, o MST passou a dominar nas reuniões com a CPT.

Em síntese, o MST tornou-se mais pragmático, com discurso forte, defendendo negociações práticas nas questões relacionadas com a reforma agrária. Tem uma estrutura organizacional mais complexa e ampla, que vai da educação à assistência técnica, e depende de apoios governamentais; a CPT, ao contrário, critica a presidência, defendendo antigas bandeiras, como a imposição de limites ao tamanho da propriedade rural.[135]

PERCALÇOS E SOLUÇÕES: "TUDO QUE É SÓLIDO..."

Em 22 de agosto de 2003, o projeto de programa espacial brasileiro viu-se comprometido, com a explosão de foguete lançador de satélites, matando 21 pessoas na Base de Alcântara (Maranhão). O projeto só seria retomado em 2007.

A essa altura, em primeira votação, a Câmara dos Deputados aprovou o projeto de reforma da Previdência do governo: fixação de limites para aposentadoria (favorecimento do Judiciário) e extensão da cobrança de contribuição previdenciária aos aposentados. Em setembro, também em primeira votação, aprovou projeto de lei de reforma tributária, abrindo espaço para aumento da carga fiscal sobre pessoas físicas e jurídicas.

O ano terminou com o presidente Lula pronunciando discurso em dezembro, na ONU, propondo fundo internacional de combate à fome, o que foi altamente positivo, embora o *Fome Zero* de seu governo não tenha decolado... E o ano, de fato, terminava mal, com o menor PIB de seus governos (0,2%).

No ano seguinte, 2004, é criado o Ministério da Coordenação Política, esvaziado em parte das funções pelo ministro-chefe da Casa Civil, cargo ocupado pelo então deputado federal José Dirceu. O ano termina melhor,

---

[135] Ver as matérias de Roldão Arruda, "CPT vai para linha de frente" e "Pastoral não aceita posição do MST e cobra duramente o governo Lula", em *O Estado de S. Paulo*, São Paulo, 4/8/2007, p. A7. Do mesmo autor, no mesmo periódico, mas em outra data, sobre a questão agrária, ver a matéria "Total de assentados atinge 95% da meta. Incra anuncia atendimento de 381.419 famílias, mas técnicos e sem-terra afirmam que governo infla números", em *O Estado de S. Paulo*, São Paulo, 31/1/2007, p. A10.

com saldo favorável, recorde na balança comercial do país. O crescimento do PIB registrou 5,2%.

Em maio de 2005, verifica-se recorde na arrecadação de tributos pela Receita Federal. A taxa básica de juros, que no começo do governo Lula era de 26,5% e caíra depois para 16%, atingia então 19,75%, a mais alta do mundo. A cotação do dólar caiu ao nível de R$ 2,37.

Acontece, porém, o inesperado — e justamente no Palácio do Planalto. Uma série de denúncias abala o governo Lula, obrigando o todo-poderoso ministro-chefe da Casa Civil José Dirceu, braço direito do presidente, ex-líder estudantil de 1968 e mito da nova esquerda, a demitir-se em junho. A crise aprofunda-se, com inúmeras denúncias de corrupção ("mensalão", "sanguessugas" etc.).

O presidente começa a destacar-se de seu partido, e são afastadas lideranças do PT. Paradoxo aparente: enquanto o partido se emaranha em questões de ordem ética e propriamente política (sobretudo com debates entre o grupo de Tarso Genro e a dupla Ricardo Berzoini/José Dirceu), a popularidade de Lula sobe a níveis antes inimagináveis. Em 2006, apesar do PT, dá-se a reeleição de Lula,[136] em disputa com o eclipsado governador de São Paulo, Geraldo Alckmin, do PSDB, o partido de FHC.

Os passos do novo período de governo indicavam uma mudança de estratégia.

O DIA EM QUE SÃO PAULO PAROU (15/5/2006)

A mais grave crise político-social após o fim da ditadura ocorreu no Estado de São Paulo em maio de 2006, com a rebelião e violência por parte dos presidiários, sob o comando do PCC (Primeiro Comando da Capital, organização criminosa surgida em 1993). No dia 11 daquele mês, o governo obteve informação de levante de presos que ocorreria no domingo, Dia das

---

[136] "Temos sempre que lembrar que o Lula foi eleito presidente da República com quase três vezes mais votos que o PT [...] se você olhar por dentro, vai ver que não há uma unidade no PT para toda a política do governo. Em muitos aspectos, o PT se dividiu quando teve de enfrentar votações importantes para o governo" (p. 40). O "lembrete" é de José Dirceu, personagem que teve papel importante e complexo na confusão que se tornou o Brasil de Lula e do PT, em entrevista a Natalia Viana, Marina Amaral, Marcelo Salles e João de Barros, "Estamos vivendo uma fase macartista", *Caros Amigos*, vol. 106, São Paulo, jan. 2008, pp. 38-45.

Mães, para libertar o líder Marco Camacho (Marcola) e protestar contra o não atendimento de reivindicações várias. Recorde-se que já em 18 de fevereiro de 2001 o PCC comandou o maior levante de presos de todo o país, com a participação de 27 mil presidiários.

Agora, em 2006, o governo paulista se antecipou, transferindo 765 membros do PCC para o presídio de Presidente Venceslau, interior do Estado de São Paulo. Rebeliões em todo o estado contra os policiais foi a violenta resposta, nos dias 12, 13 e 14, com mais atentados. No dia 15, segunda-feira, policiais foram mortos e ônibus queimados. *São Paulo parou, dominada pelo medo*; as ruas da metrópole ficaram desertas. A sociedade civil evanesceu.[137]

Poucos cidadãos, liberais, de esquerda ou não, tiveram coragem de acompanhar Cláudio Lembo, então governador em exercício, naquele enfrentamento sem precedentes, em que o dirigente do mais importante estado da Federação viu-se praticamente só. Não se tratava de um simples episódio policial, muito menos de um ataque à pessoa do governador, mas da crise profunda de todo o sistema social e político-institucional, revelada naquela "Semana do Terror" que parou a capital do estado:

> "Na crise do PCC, figuras da minoria branca queriam a lei de talião. Queriam que matassem todos [os detentos rebelados], para preservar a eles, da minoria branca. Que a polícia fosse para as ruas, à noite, fazer execuções. Isso foi o que me irritou mais. Nós estávamos num momento extremamente difícil e tínhamos que mostrar que o Estado pode vencer dentro da lei. [...] O pânico foi geral. Nunca vi uma sociedade em pânico, sobretudo as suas lideranças, como naquele momento."[138]

Como se alardeava, tratava-se de uma crise anunciada, previsível. Meses depois, no dia 31 de dezembro de 2006, ao deixar o governo, Lembo fazia notar que:

---

[137] Cf. Mônica Cristine Fort e Luís Ronaldo Vaca Alvarez de Oliveira, "Medo e horror na cobertura jornalística dos ataques do PCC em São Paulo", *Logos*, nº 26, ano 14, 1º semestre de 2007.

[138] Entrevista de Cláudio Lembo a Mônica Bergamo, *Folha de S. Paulo*, São Paulo, 31/12/2006, p. A11.

"O Brasil é conservador, reacionário. [...] As pessoas são de esquerda quando estão na oposição. No poder, são conservadores [...]. Sou conservador, mas não sou burro; vejo o vulcão social."[139]

Período longo e complexo, como se vê, em que não poucos militantes nele entraram esquerdistas e, cooptados pela nova ordem de coisas, saíram como lobistas, aproveitadores das benesses do Estado etc.; e pouquíssimos liberais radicalizaram suas posições ou, pelo menos, atualizaram-nas ou mantiveram-nas. De todo modo, a eleição pelo voto direto de um presidente civil e a implantação de uma nova ordem constitucional puseram fim ao ciclo militar, embora isso não extirpasse a maior parte de seus vícios nem eliminasse antigos costumes e personagens do velho coronelismo, dos renitentes populismos e da ditadura civil-militar.

À crise da esquerda, no poder com a eleição do ex-sindicalista Lula, agora às voltas com seus atrativos e ônus — benesses e "aloprados" da lumpemburguesia e do lumpemproletariado —, correspondeu uma crise da direita, ou melhor, do centro-direita. O Liberalismo tornou-se, uma vez mais, ideia fora de lugar. A crise de maio de 2006, em São Paulo, revelou a vulnerabilidade do Estado e da "boa sociedade" (assentada numa das maiores metrópoles do mundo), tendo à frente do governo um professor culto, conservador e político experiente que, paradoxo, viu-se praticamente só naquela semana de terror ("Fui um homem solitário"). Suas duras palavras, que soaram como desabafo, deram a dimensão da profundidade da crise política, social e ideológica vivida no país. Uma crise do sistema, de enormes proporções.[140]

---

[139] Observando que o PMDB é um partido de raiz popular, representando particularmente as classes médias rurais, Cláudio Lembo sinaliza que "o PFL tem que ser um partido de representação das classes médias urbanas. O PT seria o povão, mas o Lula é que consegue trazer voto. Sem o Lula, o PT se desfaz. Pode ser que um dia descubra novamente uma vocação. E o PSDB tem uma forte tendência de virar a UDN". Ver sua citada entrevista, importante, concedida a Mônica Bergamo. Nem a universidade foi poupada, pois, segundo pensa, "virou novamente uma estrutura elitista, isolada da sociedade". Nada obstante, o ex-governador considera que "hoje, sem o Lula, nós teríamos conflitos sociais muito violentos no Brasil [...]. A elite sempre se lambuzou, viveu das benesses do Estado. Mas antes era mais 'cuidadosa'"...

[140] Lembo, aliás, em sua longa trajetória, já vinha escaldado, como recordou na ocasião: "Fui candidato a vice-presidente da República pelo PFL, junto com Aureliano

Lula presidente: perfil e trajetória.
Um novo sindicalismo

Qual o perfil desse personagem que, oriundo do mundo do trabalho, alcançava tão excepcional aceitação do eleitorado brasileiro?

Luiz Inácio Lula da Silva nasceu em 27 de outubro de 1945, em Caetés, no município de Garanhuns, no Estado de Pernambuco. Os pais — Eurídice Ferreira de Melo e Aristides Inácio da Silva —, eram proprietários de uma roça de subsistência, com a qual sustentavam a família.[141] A figura mais forte em sua biografia é, sem dúvida, a de sua mãe, Eurídice.[142] Ao contrário de seus irmãos, que cursaram somente até o 3º ano primário, Lula fez admissão e chegou a cursar até a 5ª série. Posteriormente, prosseguiu seus estudos, cursando o Serviço Nacional de Aprendizagem Industrial (Senai), tornando-se torneiro mecânico.

Antes disso, porém, Lula trabalhou em tinturaria, foi engraxate e *office--boy*. Aos 14 anos, começou como aprendiz nos Armazéns Gerais Colúmbia, onde sua carteira de trabalho foi assinada pela primeira vez. Levado pela mãe, foi fazer um teste e, aprovado, passou a trabalhar na Fábrica de Parafusos Marte, onde permaneceu por quatro anos. Em 1964, tornou-se ope-

Chaves, e fui traído por todo o partido. Todo o partido se calou, salvo o senador Marco Maciel (PFL-PE). É uma história de traição notável dentro do PFL. Eu nunca disse isso. Mas registrei e sei como é o jogo político-partidário. Eles pensaram que eu ia me calar? Não, há momentos em que se está no topo, no vértice do governo, e é preciso ser claro e nítido". Entrevista, concedida a Mônica Bergamo, para a *Folha de S. Paulo*, cit.

[141] O pai, alguns meses após o nascimento de Lula, deixou a família em Pernambuco e veio com uma prima para São Paulo, para trabalhar como carregador do porto de Santos. Retornou, cinco anos mais tarde, acompanhado de dois meninos, seus filhos com a prima que havia levado para o Sul. Dessa sua volta a Pernambuco resultou o último dos irmãos de Lula. Mas o pai novamente deixou a família em Pernambuco, e sua mãe viveu dificuldades para sustentar a família, dependendo exclusivamente de seu trabalho na roça.

[142] Em 1952, Eurídice tomou a decisão de vender a terra e também ela migrar para São Paulo, acreditando que viveria melhor ao lado do marido, em Santos. Mas Aristides já tinha outra família aí constituída. A viagem durou longos 13 dias em caminhão "pau de arara". Instalaram-se em Vicente de Carvalho, bairro pobre do Guarujá. Para ajudar a família, Lula vendeu amendoim, tapioca e laranja nas ruas. As dificuldades de sobrevivência fizeram com que a família migrasse para a cidade de São Paulo, em 1956. Moraram numa casa de um cômodo no bairro do Ipiranga, nos fundos de um bar.

rário da Metalúrgica Independência, chegando a ficar 12 horas à frente de um torno.

Sua militância sindical iniciou-se em 1967, conduzida por seu irmão, José Ferreira da Silva, conhecido como "Frei" Chico, então militante do Partido Comunista Brasileiro (PCB). Em 1969, "Frei" Chico foi convidado a assumir um lugar na chapa para a diretoria do Sindicato dos Metalúrgicos de São Bernardo do Campo e Diadema.

Recusou, mas indicou Lula para uma suplência. A chapa foi vencedora e Lula ficou na suplência, continuando seu trabalho, então, na Villares. Em 1972, em nova eleição para o Sindicato, Lula assumiu o cargo de primeiro--secretário da diretoria, afastando-se da Villares por licença sindical. Nos dois mandatos, a direção da chapa pertencia a Paulo Vidal, que, em 1975, indicou Lula para a presidência da entidade, cargo que passou a ocupar, aprimorando sua formação política.

Em 1975, "Frei" Chico foi preso pelo regime militar. Tal episódio despertou a atenção do irmão para outras dimensões do autoritarismo vigente no país. Aos poucos, Lula desvinculou-se da liderança de Paulo Vidal, aproximando-se de outros militantes sindicais mais engajados.

Em 1977, ano do "Pacote de Abril" do presidente Geisel, Lula comandou a campanha pela recuperação salarial, a queda tendo sido provocada pela manipulação dos índices pelo governo militar entre 1973 e 1974. Tal manipulação ficou conhecida graças à divulgação, pela imprensa internacional, de um relatório secreto do Banco Mundial. Foi a primeira luta pública contra a política econômica do regime militar e, pela primeira vez, Lula aparece em âmbito internacional.

Em abril de 1979, o chanceler alemão Helmut Schmidt, em visita ao Brasil, manifestou desejo de encontrar-se com aquele líder metalúrgico emergente de quem ouvira falar por empresários alemães aqui instalados em São Bernardo do Campo. Foi um acontecimento de grande importância, pois a ditadura estava em plena vigência e o regime evitava de todas as formas esse tipo de encontro. No hotel Hilton, no centro de São Paulo, deu-se o encontro histórico, em que Lula vestiu paletó e gravata e lá foi: para estranheza de alguns de seus companheiros e irritação e horror da direita empresarial, que vivia no *mores* do capitalismo senzaleiro...

Lula começava a ser considerado o fundador do "novo sindicalismo" no Brasil, desta vez um sindicalismo não atrelado ao Estado, distante das práticas dos sindicatos "pelegos", herança getulista. Cristão, sua figura, desde então, só faz crescer, particularmente a partir do apoio de setores progressistas da Igreja Católica aos grandes movimentos sociais provocados pelas greves metalúrgicas de 1978 e 1979. Com a negociação, Lula conseguiu reajuste para os metalúrgicos, a não intervenção no sindicato e a não punição aos grevistas.

Ainda estava por vir, entretanto, a prova definitiva. Ao eclodir nova greve, em 1980, e sendo mais forte a repressão por parte do regime, Lula e toda a diretoria do sindicato — que sofreu intervenção — foram presos no Departamento de Ordem Política e Social (DOPS) de São Paulo e processados pela Lei de Segurança Nacional. Apesar de absolvidos em segunda instância pelo Supremo Tribunal Militar, Lula foi definitivamente afastado da presidência do sindicato. Teve início, então, nova fase de sua vida. Começava seu engajamento político-partidário.

Àquela época, a reforma partidária — que levaria ao pluripartidarismo,[143] parte da estratégia governamental coordenada pelo general Golbery do Couto e Silva e Heitor Aquino Ferreira — estava em gestação, com o fito de manter o governo unido, com apenas um partido que só mudaria de rótulo, enquanto, apostando na tradicional divergência das chamadas "esquerdas", seria dada corda para que a oposição se esfacelasse em vários partidos.

Num primeiro momento, inclusive para ir contra essa maré avassaladora das estratégias governamentais, foi feita uma tentativa de manter toda a oposição dentro do antigo MDB, que à sua sigla só teve acrescido o P de Partido, passando a ser chamado de PMDB (Partido do Movimento Demo-

---

[143] Como se recorda, em 1965, o regime militar, por força de um de seus Atos Institucionais (AIs), dissolveu todos os partidos políticos anteriormente existentes — como o Partido Trabalhista Brasileiro (PTB), o Partido Social Democrático (PSD) e a União Democrática Nacional (UDN), só para ficarmos nas três mais importantes agremiações existentes. Em lugar desses partidos, o governo propôs a criação de um partido de "situação", para apoiar o regime, que viria a ser conhecido como Aliança Renovadora Nacional (Arena), e de um partido de "oposição", para fazer o contraponto ao governo. Este se transformou no Movimento Democrático Brasileiro (MDB). Tal situação permaneceria inalterada até 1979, quando, em meio ao chamado processo de "transição" ou "abertura política", durante o governo do general João Baptista de Oliveira Figueiredo, houve a reforma partidária, que permitiu a volta do pluripartidarismo, surgindo vários partidos. Naquele momento, ficavam proibidos, ainda, partidos que contivessem em suas plataformas a ideia de Revolução Socialista ou Comunista. Isto, por exemplo, deixou de fora a organização do Partido Comunista Brasileiro (PCB), ou a do Partido Comunista do Brasil (PC do B). Foi preciso esperar mais tempo para que eles pudessem ser incorporados ao cenário político e ideológico nacional.

crático Brasileiro).[144] Entretanto, logo se tornou claro que as divergências — que já existiam no interior do MDB, partido "guarda-chuva" — só se aprofundariam, como logo se comprovou. Ponto para Golbery...

Apesar de várias tentativas e de diversas reuniões de Lula com a ala mais "progressista" do MDB,[145] começou a desenhar-se a inviabilidade de manutenção do líder sindical e político na mesma legenda, o mesmo acontecendo com outras lideranças, como a de Leonel Brizola, que, ressurgindo das cinzas, fundou o PDT (Partido Democrático Trabalhista), ainda em litígio com Ivete Vargas pela antiga legenda do PTB (Partido Trabalhista Brasileiro). Nessa briga, Ivete foi vencedora. Quanto a Luiz Inácio Lula da Silva, pôs-se ele à frente da fundação de um novo partido, o Partido dos Trabalhadores (PT), pois entre 1979 e 1980 vinha se articulando com lideranças sindicais, com vários intelectuais simpatizantes, com grupos mais à esquerda — descontentes com alguns "descaminhos" do MDB — e somando-se a movimentos sociais como o das Comunidades Eclesiais de Base (CEBs) da Igreja Católica.

Em 1982, por ocasião das primeiras eleições diretas para governador depois de 1965, o PT lança Luiz Inácio Lula da Silva como candidato a concorrer ao governo do Estado de São Paulo,[146] com plataforma centrada nos direitos dos trabalhadores, construída com *slogans* equivocados como "Trabalhador vota em trabalhador" e "Lula, um brasileiro igualzinho a você", com manifestações de rua muito fortes (os maiores comícios foram os de Lula), e com uma campanha na TV em que seu desempenho foi superior ao dos demais candidatos.

[144] Para a história do MDB, ver a análise de Maria D'Alva Kinzo, *Oposição e autoritarismo: gênese e trajetória do MDB (1966-1979)*, São Paulo, Idesp/Vértice, 1988.

[145] A essa ala "progressista" contrapunha-se, discreta porém eficiente, a ala dos "fisiológicos", com notórios remanescentes até os dias atuais, compondo o chamado "Centrão".

[146] Durante o período que vai de 1945 (fim do primeiro governo de Getúlio Vargas) a 1964 (momento em que um golpe de Estado interrompeu o processo democrático republicano brasileiro) havia eleições para o governo estadual, mas não necessariamente unificadas em todos os estados, de modo que somente alguns deles tiveram eleições em 1965, durante o regime militar, nas últimas eleições estaduais diretas. Depois desse momento, as eleições diretas para governador de estado foram interrompidas, em parte devido ao fato de que resultados — como o da eleição do político Negrão de Lima, da oposição, no Rio de Janeiro — teriam desagradado aos militares. A restauração das eleições diretas para governança estadual ocorreria somente em novembro de 1982.

A República Autocrático-Burguesa (1985-2007)   945

Entretanto, na disputa, capitalizava muitos apoios, com seu grande carisma, o professor Franco Montoro, candidato do PMDB (tradicional partido de oposição ao regime militar), com um passado de militância na Democracia Cristã e, também, um histórico de perseguição durante o Estado autoritário. Montoro conseguiu uma grande vitória, enquanto Lula amargou uma quarta posição. Trabalhador raramente votava em trabalhador...[147]

O PT, apesar das dificuldades eleitorais (elegeu oito deputados federais e vários estaduais), finalmente obteve o seu registro definitivo junto ao Tribunal Superior Eleitoral (TSE), na medida em que, em 1980, obtivera apenas o registro provisório.

No ano de 1983, o PT encampa a ideia de uma luta sistemática pela recuperação do direito ao voto direto para a presidência da República, com apoio do PMDB, do PDT e da CUT (Central Única dos Trabalhadores). O primeiro ato foi realizado no final do ano, em São Paulo, na praça Charles Miller, em frente ao tradicional Estádio Municipal do Pacaembu (não no seu interior, como fizera Prestes logo após o fim da Ditadura do Estado Novo), mas, apesar do apoio de todas essas forças sociais, contou com presença quase exclusiva de petistas militantes.

O engajamento definitivo do PMDB, organizado por Ulysses Guimarães, aconteceria em 1984, com o fortalecimento da articulação dos governadores peemedebistas dos principais estados: Franco Montoro, de São Paulo; José Richa, do Paraná; Tancredo Neves, de Minas Gerais. Foi muito importante o concurso do carismático Leonel Brizola, que trouxe o apoio do PDT.

Em janeiro de 1984, ocorreram dois importantes comícios pelas *Diretas Já* — o movimento já havia adquirido esse contundente *slogan* —, no Paraná e, depois em São Paulo, no dia do aniversário da cidade, 25 de janeiro.

Aí começaria um espetáculo intermitente que, com o mesmo tema e ênfase crescente, iria repetir-se nos demais comícios. Palanque lotado, coordenado pelo homem de comunicações, o comentarista de futebol Osmar Santos, com as presenças de Ulysses Guimarães, Franco Montoro, Tancredo Neves, Leonel Brizola, personagens fortes e carismáticas do período anterior ao golpe de 64. As falas se sucederam, mas a população aguardou a fala final, que foi ovacionada: a do líder metalúrgico Luiz Inácio Lula da Silva.

---

[147] As ideias continuavam fora de lugar. É dessa época a famosa frase do carnavalesco Joãozinho Trinta: "Pobre gosta de luxo; intelectual é que gosta de pobreza".

A luta pelas *Diretas Já* acabou por desdobrar-se no engajamento na campanha pela aprovação, no Congresso Nacional, da chamada Emenda Dante de Oliveira, nome do político que havia sido o autor da proposta de eleições diretas imediatas para a presidência da República. O Congresso, porém, agiu em descompasso com o desejo maciçamente manifesto nas ruas pela população brasileira (as pesquisas davam conta que mais de 80% do povo queria o direito de votar na escolha de seu novo presidente). Como vimos, em 25 de abril de 1984, numa lamentável e histórica votação, a Câmara não aprovou a Emenda Dante de Oliveira.

Novo sindicalismo, novas encruzilhadas

> *"Diário Popular:* — O sr. acredita que vá surgir um Partido Trabalhista no Brasil?
> Cláudio Lembo: — É possível. Não se devem criar títulos pomposos, sem uma ideologia e uma ação partidária que caracterizem efetivamente títulos. No passado, nós tivemos partidos com nomes bastante progressistas e, no entanto, eram dominados por senhores de engenho."
>
> *Diário Popular,* 12/11/1978

"Sonho acabado" — o das eleições diretas —, era hora de partir para o "Plano B". Uma conjuntura política, entretanto, em que as estratégias escolhidas para a continuidade da luta iriam separar os contendores.

O PT apostava todas as fichas na continuidade do movimento para forçar um recuo do regime militar. Já o PMDB, com estratégia mais pragmática, pensava numa candidatura alternativa ao governo federal, no Colégio Eleitoral, por eleições indiretas. Como vimos, o regime militar (rachado) colocou a candidatura de Paulo Maluf, e o PMDB posicionou um candidato forte e palatável ao regime: Tancredo Neves.

Com algumas discordâncias, o PT recusou-se a participar do Colégio Eleitoral. Foram expulsos da legenda os deputados que não aceitaram essa determinação e compareceram à votação. Com boa margem de votos, Tancredo Neves derrotou Paulo Maluf, obtendo apoio, inclusive, de membros do partido da situação, elegendo-se em 15 de janeiro de 1985.

Em 1986, com mais de 650 mil votos, Luiz Inácio elegeu-se deputado federal do Congresso Constituinte, sendo, até então, o deputado mais votado do Brasil, em números absolutos, na Câmara e na Constituinte. Esteve presente em 95% das sessões da Câmara e posicionou-se em causas mais avançadas — do ponto de vista social e econômico — manifestando-se contrário à pena de morte e favorável a uma limitação dos encargos da dívida externa.

Exercia, então, a liderança do PT, oriundo da democracia cristã, o combativo ex-exilado Plínio de Arruda Sampaio. As eleições diretas municipais fortaleceriam o partido, que logrou eleger 39 prefeitos.

Em 1989, nas primeiras eleições diretas depois do regime militar, o nome de Lula foi indicado pelo PT para concorrer ao cargo de presidente da República.

Seria a primeira de uma série de derrotas. Em 1989, em campanha atribulada, como vimos, Lula foi derrotado pelo *outsider* político, Fernando Collor, que sofreria processo de *impeachment* por corrupção, renunciando em 1992. Com Itamar Franco, o vice no poder, o governo permaneceu relativamente estável, apesar da profunda crise política e econômico-financeira. Registre-se que o PT — que apoiara o *impeachment* e revelara-se cordial com Itamar — refreou seu apoio quando da crise em que Luiza Erundina, militante de enorme mérito e prestígio, aceitou, sem ter consultado o partido, a Secretaria de Administração, sendo suspensa.

Lula foi derrotado também em 1994 (quando esperava vencer o pleito), pois, com o concurso de Fernando Henrique Cardoso, Itamar livrara o país temporariamente da grande ameaça daqueles tempos: a espiral inflacionária, que parecia impossível de conter; e, com o sucesso do Plano Real, Cardoso consolidou-se como forte candidato à presidência e venceu-o, inclusive nas eleições seguintes, em 1997, em que o professor-sociólogo, ainda na esteira do Plano Real, foi reeleito após a votação de uma controversa emenda que permitiu sua recandidatura (houve denúncia de compra de votos de deputados, nunca apurada). Enfim, Lula havia sido derrotado pela terceira vez em suas tentativas de chegar à presidência da República.

Não demorou, entretanto, para a população perceber ambiguidades e limites do Plano Real. Em 1998, primeiro ano do segundo mandato de Fernando Henrique, já era de domínio público que os custos sociais eram imensos, assim como a manutenção dos compromissos financeiros internacionais (os famosos acordos com o Fundo Monetário Internacional) prejudicava enormemente os interesses nacionais.

Finalmente em 2002, a quarta candidatura de Luiz Inácio Lula da Silva foi vitoriosa. Ele exerceu um primeiro mandato de 2003 a 2006 e, em outubro desse mesmo ano, reelegeu-se com um percentual extraordinário de cerca de 60% dos votos e com uma aprovação inédita de sua figura política. Isto em meio a uma crise envolvendo grave corrupção política, que se prolongou durante todo o ano de 2005, entrando em 2006 sem solução à vista.

Por tal crise, o PT não passou imune. Derrubava-se a aura mítica de lisura e ética política que o partido alardeava desde sua fundação. Assim Lula e o PT se distanciaram a partir da descoberta de irregularidades graves cometidas por membros da cúpula do partido. Analistas como Arnaldo Jabor e Demétrio Magnoli, entre outros, detectaram nesse processo um fenômeno novo, o *lulismo*, uma ideologia invulnerável, ecumênica, em que oposição e situação se confundem, tornando-se o presidente "um messias sem programa, um messias de si mesmo".[148]

O segundo mandato de Lula: "um messias de si mesmo"?

> "Afinal, o que se está querendo neste país? Que os evangélicos e a polícia resolvam os problemas gerados pela miséria e as desigualdades?"
>
> Luiz Felipe de Alencastro, 2006[149]

> "Lula é apenas um sobrevivente do povo brasileiro. Não vejo riscos em seu governo [...]. Lula não tem tendência a ditador. É um operário de chão de fábrica. Conhece a vida de verdade. É um pequeno burguês, apenas isso."
>
> Cláudio Lembo, 2006[150]

Em 1º de janeiro de 2007, Luiz Inácio Lula da Silva inicia seu segundo mandato como presidente eleito do Brasil, com discurso em que sustenta a necessidade de manutenção de uma política econômica que não traga de volta o "demônio inflacionário", mas que se preocupe, ao mesmo tempo, com a retomada do crescimento econômico, há muito interrompida. O presidente reeleito dá destaque à primazia do desenvolvimento educacional,

---

[148] Arnaldo Jabor, "O troço (ou: O lulismo é uma nova categoria política)", em *O Estado de S. Paulo*, São Paulo, 8/5/2007, p. D14. A conferir.

[149] Luiz Felipe de Alencastro, entrevista a Rafael Cariello, em *Folha de S. Paulo*, São Paulo, 15/12/2006, p. A23.

[150] Cláudio Lembo, em *Folha de S. Paulo*, São Paulo, 31/10/2006, p. A11.

apontado como base para qualquer plataforma de crescimento, bem como ao desenvolvimento industrial e agrícola.

"Lula é a escolha popular", diz o historiador Luiz Felipe de Alencastro, que declarou seu voto a ele em todas as eleições anteriores. Mas agora, no segundo turno no dia 29 de outubro de 2006, votaria nele com "um pé atrás por causa dos erros e atos delituosos da direção do PT".[151] Entretanto, para o historiador, consolidaram-se duas mudanças positivas: o sistema de dois turnos, garantia de resultados não sujeitos a contestação, e o instituto da reeleição. Segundo Alencastro:

> "Quebrou-se um tabu: o presidente candidato à reeleição não é imbatível. Lula levou uma fubecada e foi empurrado para o segundo turno. As sondagens mostram que 66% do eleitorado achou isso bom. Aprendeu a manejar os dois turnos e quer mais explicações. Lula deve estar preparado para explicar o 'mensalão' e o 'dossiegate'.[152] Mas Alckmin talvez seja levado a formular os esclarecimentos que FHC não deu sobre as privatizações e a compra de votos para a emenda da reeleição."[153]

A classe operária sobe/desce ao paraíso. Algumas realizações

> "Eu achava que, pelo menos do ponto de vista da ética, o Brasil iria mudar radicalmente. Não mudou, e isso é desapontador. Mas também não concordo com o velho preconceito que vejo nesse ódio social

---

[151] Para Alencastro, o candidato da oposição, o paulista Geraldo Alckmin, só chegou ao segundo turno "por causa das manobras calamitosas e suicidas do PT". A esses membros do PT envolvidos em manobras escusas, o próprio presidente Lula qualificou de "aloprados". Já Alckmin foi escolhido em um sistema de alianças que abarcou mais da metade do eleitorado, porém sua representatividade política é efetiva. "Mas foi ele próprio que forjou sua imagem de ator secundário na política brasileira, uma imagem de eterno vice-governador que jamais se preocupou — ao contrário de Lula, FHC ou Serra — em estabelecer contato com lideranças políticas estrangeiras." Luiz Felipe de Alencastro, na entrevista do historiador a Rafael Cariello, cit.

[152] "Dossiegate": dossiê forjado, cuja falsidade ficou demonstrada, contra o candidato paulistano José Serra ao governo do Estado de São Paulo, causando mal-estar sobretudo no Palácio do Planalto, que viu prejudicada a imagem do partido do presidente.

[153] *Ibidem.*

ao Lula. Isso existe e é muito grande. Tem uma elite brasileira que, cada vez que sente um cheirinho de povo, fica em pânico. O meu pânico não é esse não. O meu pânico é a minha decepção com o que aconteceu no país em termos de honestidade. Ao mesmo tempo, o sentimento de cidadania cresce no Brasil. Há anos [...], aconteciam essas mesmas sacanagens e ninguém sabia. Hoje, pessoas estão sendo punidas. Não por causa do governo. Mas por causa da sociedade, dos jornais. [...] Eu saio na rua e vejo uma miséria assombrosa. Não precisa ir na favela, apenas dar um pulo na rua. Aí chego em casa, ligo a televisão e leio o jornal, e oposição e governo estão dizendo que a economia vai muito bem. Gostaria de entender o que quer dizer isso."

Cacá Diegues[154]

Do ponto de vista das promessas de campanha, e levando-se em conta as esperanças populares depositadas, Lula da Silva fez em seu primeiro mandato um governo aquém do que se esperava em termos dos compromissos sociais — particularmente, na questão de reduzir de modo significativo as desigualdades. Ainda assim, terminou sua primeira administração com popularidade em escala histórica até hoje insuperável e localizando suas principais realizações nas chamadas questões sociais.

No que se refere à política financeira, o encaminhamento dado pela equipe — inicialmente comandada pelo ministro Antonio Palocci, médico oriundo do movimento estudantil Liberdade e Luta (Libelu, de orientação trotskista) — foi o de, em primeiro lugar, manter a estabilização da economia, o que se traduziu na manutenção e mesmo elevação das já altíssimas taxas de juros, comprometendo inevitavelmente qualquer projeto de crescimento efetivo para o país. O lento e insuficiente processo de redução dessas taxas começou a acontecer somente na fase final do primeiro mandato.

Outro ponto que chegou a assustar os críticos do governo foi a diminuição da dívida externa pública do Brasil, que caiu do patamar de 214 para 169 milhões de dólares. Isto, principalmente, devido à quitação da dívida com o Fundo Monetário Internacional (FMI) — inclusive, por antecipação, o que rendeu muitas críticas relativas ao uso do dinheiro público e quanto à legitimidade desse encargo — dando ao país uma certa indepen-

---

[154] Cacá Diegues, "Insatisfeito, inconveniente e sem-partido", em *O Estado de S. Paulo*, São Paulo, 27/8/2006, p. J4. O desabafo da epígrafe é do conhecido diretor de cinema que, entre outras produções importantes, fez *Bye bye Brasil* (1980).

A República Autocrático-Burguesa (1985-2007)

dência em relação ao "draconiano" órgão internacional. Ainda na questão financeira, é de destacar a acentuada queda do "Risco País".[155]

Quando Fernando Henrique Cardoso deixou o governo, o índice se encontrava em 2.035 pontos. Em 2006, ao término do primeiro mandato do presidente Lula, a queda foi significativa, registrando, em maio daquele ano, 216 pontos. Não só o constante aumento do salário mínimo do país (cerca de 75%), mas também reajustes salariais considerados os melhores dos dez últimos anos e, ainda, o investimento em diversos programas sociais e a menor taxa de juro nominal na nossa história fizeram com que houvesse significativa inclusão social, crescimento da renda dos mais pobres e uma relativa diminuição da desigualdade social. O Produto Interno Bruto (PIB) aumentou, melhorando nossa colocação no *ranking* das maiores economias do mundo.

Apesar de não cumprida a promessa de campanha de geração de 10 milhões de novos empregos, neste quesito o governo de Luiz Inácio Lula da Silva também tem o que mostrar. Foram gerados 3 milhões de empregos diretos e indiretos, com recursos liberados do Banco Nacional de Desenvolvimento Econômico e Social (BNDES) para as empresas. Restam, entretanto, várias problemas a resolver.

Ainda a questão da terra

A questão da terra permanece como uma das mais graves na problemática social brasileira.[156] Como alertou o jurista e professor Dalmo de Abreu

---

[155] Representa um índice, inversamente proporcional, que quantifica o grau de confiança internacional nas possibilidades do país, para medir a futura eficácia, ou não, de investimentos, no caso, no Brasil. Se esse índice se encontrar em patamar elevado (é medido em número de pontos), isto quer sinalizar aos investidores que haveria um alto risco potencial em suas aplicações. À sua maneira, forma um círculo vicioso, na medida em que o país precisa de investimentos para uma plataforma de crescimento, mas, se o seu "risco" for elevado, os investidores afastam-se, condenando-o à exclusão ou à dificuldade de inserção no mercado internacional.

[156] Uma série importante e pouco citada de documentos, informações e depoimentos se encontra em obras — todas sob o título "A questão agrária" e para uma mesma editora — organizadas por João Pedro Stédile, *A questão agrária no Brasil: o debate tradicional (1500-1960)*, vol. I, São Paulo, Expressão Popular, 2005; *O debate na esquerda (1960-1980)*, vol. II, São Paulo, Expressão Popular, 2005; *Programas de reforma agrária (1946-2003)*, vol. III, São Paulo, Expressão Popular, 2005; de Clodomir Santos

Dallari, a Constituição determina, expressamente, a realização da reforma agrária, para eliminação das áreas improdutivas e para a fixação à terra, com garantia de sobrevivência digna, de alguns milhões de trabalhadores rurais, que vivem em condições de escravidão ou semiescravidão ou que são atirados à mendicância. Continua enorme, no Brasil, a extensão das terras sem nenhuma utilização, mantidas apenas como reserva econômica ou como base do poder político de grandes proprietários:

> "O governo Fernando Henrique nada fez em termos de reforma agrária e o governo Lula intensificou os assentamentos, mas grandes latifúndios improdutivos permanecem intocados, provavelmente porque o governo federal não se sente suficientemente forte para enfrentar os grandes grileiros e latifundiários, que são politicamente fortes em vários estados e no Congresso Nacional."[157]

A par disso, existe uma conjugação de outras forças contrárias aos movimentos de trabalhadores rurais (especialmente o MST), que, por meios pacíficos, luta pelo cumprimento das determinações constitucionais. Assim — nota Dallari —, em diversos estados, as instituições jurídicas (incluindo Polícia, Ministério Público e Poder Judiciário) tratam os movimentos de trabalhadores rurais como quadrilhas e associações criminosas. "Ao mesmo tempo [diz Dallari], fingem não ver o uso de jagunços, armados pelos latifundiários, e de forças policiais, para intimidar e coagir os trabalhadores, dando à grilagem, mais do que evidente, a proteção que seria devida à verdadeira defesa do direito de propriedade."[158]

O mesmo acontece, por exemplo, na região do Pontal do Paranapanema, no Estado de São Paulo, onde o Instituto de Terras do Estado fez um levantamento e comprovou que grande número de fazendeiros, que exigem

---

de Morais *et al.*, *História e natureza das Ligas Camponesas (1954-1964)*, vol. IV, São Paulo, Expressão Popular, 2006; e, de Sônia Regina Mendonça, *A classe dominante agrária: natureza e comportamento (1964-1990)*, vol. V, São Paulo, Expressão Popular, 2006. Consulte-se, também, *Reforma Agrária* (revista da Associação Brasileira de Reforma Agrária — ABRA). Do ponto de vista histórico-jurídico, confira a obra de Laura Beck Varela, *Das sesmarias à propriedade moderna*, cit.

[157] Depoimento de Dalmo de Abreu Dallari aos autores, 15/2/2007, cit.

[158] *Ibidem.*

a defesa de suas propriedades, são, na realidade, grileiros de terras públicas. Ainda é Dallari quem denuncia:

> "O caso-símbolo é Eldorado dos Carajás, no Estado do Pará, onde a Polícia Militar do Estado massacrou mais de uma centena de trabalhadores rurais que faziam marcha pacífica pela reforma agrária, ficando comprovado que o próprio governador do estado e o comando da Polícia Militar determinaram o massacre. E os autores diretos e indiretos ficaram impunes."[159]

O governo fez cumprir a lei no que se refere ao combate ao trabalho escravo e infantil, e esse avanço rendeu elogios da Organização Internacional do Trabalho (OIT). Mas o problema está longe de ser resolvido em 2007, como se constata com as denúncias de inspetores de empresas europeias que vêm comprar carne bovina no Brasil, não aceitando aqueles lotes provenientes de fazendas de gado em que é utilizada mão de obra escrava...

Fome Zero e Bolsa Família

> "Trazer para a legalidade os pobres e permitir que se tornem contribuintes talvez seja a melhor forma de conciliar um segundo *round* de combate à pobreza com crescimento."
>
> Paul Singer[160]

Outro ponto de destaque nas realizações do governo Lula foi anunciado já no discurso de posse na presidência, ao iniciar o seu primeiro mandato, o programa que ficou conhecido como *Fome Zero*. A base do programa reside na estratégia de integração dos órgãos governamentais[161] e na garan-

---

[159] *Ibidem.*

[160] Paul Singer, "Um novo *round* na luta contra a pobreza", em *Folha de S. Paulo*, São Paulo, 1/1/2007, p. A6.

[161] Os ministérios que agem de forma integrada no Fome Zero são: Desenvolvimento Social e Combate à Fome; Desenvolvimento Agrário; Saúde; Educação; Agricultura, Pecuária e Abastecimento; Trabalho e Emprego; Ciência e Tecnologia; Integração Nacional; Fazenda; Meio Ambiente; Justiça; e a Secretaria Especial de Políticas de Promoção da Igualdade Racial.

tia do direito à alimentação adequada a todos, visando a um objetivo maior, de inclusão social e conquista da cidadania, para as populações mais vulneráveis aos males da "ignorância e miséria".[162]

Trata-se de ação político-social sujeita a acaloradas controvérsias, como se depreende da leitura do impactante livro-diário do encarregado da mobilização social do *Fome Zero*, Carlos Alberto Libânio Cristo, o Frei Betto, intitulado *Calendário do poder*.[163] Nesse documento, seu autor revela bastidores do governo Lula, suas frustrações enquanto colaborador, inclusive criticando a atuação dos ex-ministros José Dirceu, Benedita da Silva e Luiz Gushiken. Uma equipe complexa e desigual, nem sempre com boa formação político-ideológica e cultural, incapaz de acolher nem sequer ideias de personalidades combativas e críticas como Fernando Gabeira, que muitas vezes esperou horas nas antecâmaras do poder para ser atendido como deputado. Gabeira, entre muitos outros construtores de uma nova sociedade civil democrática no país...

Já o programa que ficou conhecido como *Bolsa Família* foi instituído em outubro de 2003. Gerenciado pelo Ministério de Desenvolvimento Social e Combate à Fome, consiste em amparar financeiramente, com uma pequena renda, segundo o Cadastramento Único do Governo Federal, as famílias consideradas como em situação de pobreza e extrema pobreza.

Para o professor Paul Singer, o cândido Secretário Nacional de Economia Solidária do Ministério do Trabalho e Emprego, tais programas redistributivos reconhecem "o direito dos pobres de não passar fome, de mandar os filhos à escola (inclusive universidade), de ter luz, moradia etc. — serviços essenciais à sobrevivência com um mínimo de dignidade":

---

[162] A referência aqui é ao prefácio da magistral obra de Victor Hugo, *Os miseráveis*, que se inicia com o seguinte trecho: "Enquanto existir, nas leis e nos costumes, uma condenação social que cria artificialmente infernos, em plena civilização, juntando ao destino — que é divino por natureza — um fatalismo que provém dos homens; enquanto não forem resolvidos os três problemas do século: a degradação do homem pela pobreza, o aviltamento da mulher pela fome, a atrofia da criança pela noite; enquanto continuar em certas regiões a asfixia social; ou por outras palavras, e sob um ponto de vista mais claro, enquanto houver no mundo ignorância e miséria, os livros desta natureza poderão não ser de todo inúteis. — Hauteville-House, 1º de janeiro de 1862".

[163] Frei Betto, *Calendário do poder*, Rio de Janeiro, Rocco, 2007.

"Embora alguns desses programas tenham sido iniciados por governos anteriores, eles nunca chegaram a atingir todos os necessitados. Esse mérito se deve ao governo Lula. O Bolsa Família atingiu seu alvo — 11,2 milhões de famílias — e assim cumpriu a promessa do Fome Zero. A votação consagradora de Lula representa o endosso dos eleitores — isto é, dos cidadãos deste país — ao reconhecimento desse direito."[164]

Para o intransigente jurista e professor Fábio Comparato, o problema é mais complexo. Julga ele que o assistencialismo está na base do Bolsa Família, o que explica "a adesão de todas as classes pobres à atual ordem conservadora [pois] é muito mais fácil ao governo distribuir R$ 90 por família pobre do que encontrar, anualmente, vagas para os 2,3 milhões de jovens que chegam ao mercado de trabalho". O jurista e professor, embora não caracterize o que entende por "classes médias" e como elas funcionam, amplia a discussão ao examinar o que vem ocorrendo com tais classes:

"As classes médias foram as mais prejudicadas a partir dos anos 1990 no Brasil. Um levantamento feito com dados do Caged (Cadastro Geral do Emprego e Desemprego do Ministério do Trabalho) mostra que, de 2000 a 2006, o rendimento daqueles que ganham entre 3 e 10 salários mínimos caiu 46%. E mais de 2 milhões de trabalhadores nessa faixa salarial estavam desempregados. Os pobres não têm trabalho, mas têm o Bolsa Família. Os ricos nunca ganharam tanto como no governo do operário Lula. Hoje a sensação de insegurança para a classe média é brutal."[165]

Embora opositores ao governo as considerem como meramente assistencialistas, tais medidas concretas, segundo eles, não vão às raízes dos problemas estruturais do país; mas o fato é que os indicadores sociais do Brasil têm obtido melhoria considerável, a manutenção da preocupante estabilidade econômica é um fato, e o país ruma para uma inexorável liderança, não só na chamada América Latina, mas, eventualmente, também no bloco maior

[164] Paul Singer, "Um novo *round* na luta contra a pobreza", cit., p. A9.

[165] Fábio Comparato (professor-titular da USP e membro do Conselho Federal da OAB), "Um plano de voo para o país", em *O Estado de S. Paulo*, Caderno Aliás, São Paulo, 29/7/2007, p. J4.

História do Brasil: uma interpretação

das nações menos desenvolvidas, que incluiria, entre outras, nações africanas e a Índia. Uma política externa de ampliação dessas relações, bem como de fortalecimento do bloco do Mercosul, vem sendo delineada e tem obtido algum resultado, aliada à tradicional (embora relativa) independência brasileira no campo das relações internacionais.[166]

O "homem cordial" e a cultura do *marketing*

> "O Brasil criou uma nova modalidade de transgressão, em que a norma é corrompida como se estivesse sendo exercida [...] O Estado, em crise, perdeu sua capacidade de controlar um capital que globalizou sua produção e criou um capital financeiro que faz vezes de mediador do Estado."
>
> José Arthur Giannotti[167]

De todo modo, já no segundo mandato, duras críticas ao governo Lula se impõem, sobretudo no tocante ao *mores* político que vem marcando sua gestão. José Arthur Giannotti, em fraseado inteligível, ironiza:

> "Realizamos até o fundo o mito do homem cordial. Por certo não houve na história do Brasil, quiçá do mundo, um presidente mais cordial do que nosso Lula, que paira sobre as águas e derrama suas lágrimas por causa dos sofrimentos alheios, assim como pela sua proeza de transformar, sem estudos, um menino pobre no maior político de sua geração."

Mas o fato que Giannotti aponta é mais grave:

---

[166] Tema controverso, como se lê na análise de Clóvis Rossi, "Lula desce do muro, para o lado de Bush", em *Folha de S. Paulo*, São Paulo, 10/3/2007, p. A9. Ver a matéria de Daniel Ortega, "Lula se presenta en Davos como el gran integrador de América Latina", em *El País*, Madri, 27/1/2007, p. 9. Lembrar que, em Davos 2007, o presidente Felipe Calderón, do México, propôs que seu país fosse o elo entre os Estados Unidos, a União Europeia e o Pacífico.

[167] José Arthur Giannotti, "Lei sem pudor", em *Folha de S. Paulo*, Mais, São Paulo, 15/7/2007, p. 3.

"No entanto, mais além do espelho d'água de Narciso, se embatem as ameaças de confrontos políticos cada vez mais desencontrados. Primeiro, vieram os escândalos do mensalão; depois a gangrena dos sanguessugas e outros casos mais [...]. O único efeito imediato foi Lula perder os colaboradores mais próximos, na medida em que as operações mãos sujas do esquecimento continuam tapando os buracos da legalidade democrática. Se todos os crimes foram reduzidos a triviais incidentes, foi perdido o sentido da transgressão."[168]

À percepção do filósofo, entretanto, escapou o fato de que o padrão histórico-cultural e político em que se vive no país nas últimas duas décadas passou a ser definido pelos valores da sociedade do espetáculo e da cultura do *marketing*. Em verdade, é a propaganda que comanda o jogo político, centralizado na Secretaria de Comunicação da Presidência da República, orientando o tráfego das contas publicitárias.

Como se sabe, a imagem pública do governo Lula foi forjada pelo marqueteiro Duda Mendonça, que teve suas atividades examinadas em Comissão Parlamentar de Inquérito. Foi ele o marqueteiro que substituiu Nizan Guanaes (ex-publicitário do governo FHC, afastado das contas federais de publicidade desde a chegada de Lula à presidência). Este último, em julho de 2007, venceu licitação em conta estatal de primeira grandeza, de empresa do governo (Correios), no caso do "mensalão".[169]

Diante desse quadro, como falar em nova sociedade civil, democrática e moderna, com o país assim?

---

[168] José Arthur Giannotti, "Política sem riscos", em *Folha de S. Paulo*, São Paulo, 1/1/2007, p. A8. Ver também a entrevista de Kenneth Maxwell, "Lula já perdeu quase meio ano", em *Folha de S. Paulo*, São Paulo, 20/5/2007, p. A6, que faz notar a necessidade de uma reforma tributária e ações na área de segurança pública. Já nos aspectos positivos do primeiro mandato, vê a diminuição da vulnerabilidade da economia do país e da desigualdade socioeconômica, "ainda que, no segundo caso, em pequena escala".

[169] Como se recorda, o governo Lula gastou R$ 1,015 bilhão em publicidade estatal federal em 2006. Trata-se de valor recorde desde o início da coleta sistemática de informações, em 1998. Fernando Rodrigues, "Nizan, ex-FHC, ganha a conta dos Correios", em *Folha de S. Paulo*, São Paulo, 6/7/2007, p. A11.

O sentido do processo: de FHC a Lula (1994-2007)

> "As colisões e antagonismos entre as forças renovadoras e a liderança arcaica foram sempre o aspecto político dominante no Brasil, e daí as monstruosidades sociais e educacionais que presenciamos."
>
> José Honório Rodrigues[170]

> "Em resumo, o tope estratégico da burguesia nativa procurou tenazmente uma linha de ação (ou de omissão) coletiva na qual prevalece, unilateralmente, *o menor dos males*."
>
> Florestan Fernandes[171]

Em síntese, a eleição de Fernando Henrique Cardoso em 1994 definiu um novo período histórico, pondo fim à longa transição da ditadura para o regime liberal-democrático, iniciada em 1974 sob o presidente Geisel. Passaram-se vinte anos de movimentos de contestação, de negociação e "conciliação pelo alto".

Apesar de tudo, observando-se a história recente do país em ampla perspectiva, Fernando Henrique Cardoso e seu sucessor, Lula da Silva, representam, em conjunto, um novo momento da história política e histórico-cultural brasileira. Depois de vinte e um anos de Estado autoritário — implementado pelos golpes que instauraram, em 1964, um regime civil-militar e, em 1968, um regime abertamente militar —, FHC e Lula foram eleitos pelo voto direto nos pleitos mais abrangentes da história da República brasileira. E foram, sucessivamente, reeleitos democraticamente, embora em circunstâncias diversas. A despeito de persistirem graves problemas sociais, educacionais, institucionais e de saúde, e, para ficarmos em um só indicador, a simples escolha de um músico e intelectual ativo do porte de Gilberto Gil — que fora exilado no regime militar — como ministro da Cultura do governo Lula sinalizava as mudanças que o país vinha assistindo, hoje mergulhado em impasses.

Examinada no arco do tempo, a história republicana pautou-se, inicialmente, por ser a "República do café com leite", em que eleições viciadas

---

[170] José Honório Rodrigues, *Conciliação e reforma no Brasil*, cit., p. 112.

[171] Florestan Fernandes, *A ditadura em questão*, cit., p. 104.

A República Autocrático-Burguesa (1985-2007)

conduziam à presidência, quase sempre, os representantes de estados mais ricos: São Paulo, o café, e Minas Gerais, o leite, com suas respectivas constelações econômico-financeiras e de senhores de terras. A vida daquela República Velha foi interrompida por um golpe de Estado, erroneamente classificado pelos conservadores como "Revolução" de 1930, e logo desembocou em um período ditatorial.

Naqueles longos quinze anos, sob Vargas, viveu-se no Brasil uma quadra duramente autoritária, a do chamado Estado Novo (1937-1945), marcada por um tipo peculiar de fascismo em que a ideologia liberal-democrática, infiltrada pelas fortes remanescências de uma mentalidade oligárquica e já bastante debilitada, foi aplastada por completo e retirados seus defensores da cena política por vários lustros. Como na Itália de Mussolini, muitos liberais e representantes de uma esquerda combativa e organizada, espalhados pelo país, foram obrigados a tomar óleo de rícino, quando não espancados, exilados ou torturados. Ou mortos.

A partir do fim da Segunda Guerra Mundial (1945), obrigado a ajustar-se no compasso internacional, o Brasil entrou em uma etapa de liberalização política, quando se elaborou, em 1946, uma Constituição considerada a mais democrática (até aquele momento) de nossa República. Ou melhor dizendo: liberal-democrática.

Entre 1946 e 1964, excluído o fato de o Partido Comunista e outras agremiações de esquerda terem sido postos fora da lei, e alguns de seus militantes exilados, as regras da democracia liberal foram preservadas, embora tenham ocorrido momentos de graves conflitos e crises políticas, como a do suicídio de Getúlio Vargas (1954) e a turbulência que a ele se seguiu. Esse acontecimento histórico inaugurou uma fase de golpismo desenfreado, capitaneada pelo partido da União Democrática Nacional (UDN) — que, entretanto, não estava sozinho nessa empreitada e se fazia acompanhar de algumas forças sociais ligadas à propriedade rural e ao empresariado mais conservador, acolitados por setores das Forças Armadas. A todo custo, tais forças manobraram no sentido de interromper o processo democrático em nome de alguns "fantasmas de ocasião", como o famigerado espectro do "comunismo" que, segundo denunciavam, aproximava-se e ameaçava perigosamente a vida e a política nacional do modo como vinha sendo conduzida, adotando o *American way of life*. A Guerra Fria criou as condições para o retorno e fortalecimento desses miasmas político-ideológicos.

Finalmente, em 1964, estes grupos, que não lograram bloquear a posse de JK, conseguiram derrubar o presidente constitucionalmente eleito, o gaúcho João Goulart, instaurando um regime de força, por meio de um golpe de Estado. Como vimos, na passagem de março para abril de 1964, o Congresso Nacional, em reunião extraordinária na madrugada, declarou apressadamente a vacância da presidência da República, sem considerar a presença, ainda em território nacional, do legítimo representante do Poder Executivo.

O Brasil mergulhou num longo período de 21 anos de crescentes arbitrariedades e somente depois de muitas mobilizações populares (os grupos de luta armada, a luta pela anistia ampla, geral e irrestrita, o plebiscito, a campanha pelas *Diretas Já*, entre outros) conseguiu, em 1985, ainda pelo processo de eleições indiretas, eleger um presidente civil com uma certa representatividade, o mineiro Tancredo Neves, grande mestre da Conciliação, que já fora primeiro-ministro no brevíssimo regime parlamentarista. Eleições indiretas, pois que, como se recorda, a Emenda Dante de Oliveira, que propunha eleições diretas em 1984, foi derrotada pelo Congresso Nacional.

A VIAGEM INCOMPLETA

A história, porém, gera suas próprias ironias e surpresas. Tancredo, acometido de doença às vésperas do dia em que tomaria posse, morre em 21 de abril de 1985, depois de longa agonia, tendo assumido a presidência seu vice, o maranhense José Sarney, ex-presidente da Aliança Renovadora Nacional (Arena), o partido criado em 1965 pelo regime militar para ser o "partido do governo". O vice-presidente empossado desde logo passou a defender o mandato de cinco anos para seu governo, o que conseguiu.

Desse modo, as primeiras eleições *diretas e livres* após 1964, aconteceram em 1989. Oriundo de um pequeno estado do Nordeste, Alagoas, foi eleito Fernando Collor de Mello para a presidência do país. Neto de Lindolfo Collor, ex-ministro de Getúlio, Fernando Collor, após turbulenta campanha, bateu todos os outros candidatos, inclusive o líder sindical e metalúrgico Lula. Collor, pertencendo a partido recém-criado e alavancado por esquema baseado em pesado *marketing* eleitoreiro, com discurso em que defendia a modernização rápida do país, depois de um governo caracterizado por um traço "bufão pós-moderno" e alvo de denúncias sucessivas de corrupção, renunciou ao cargo em setembro de 1992, em meio a um processo de *impeachment*. Foi sucedido por seu vice, o mineiro Itamar Franco, que cumpriu o resto do mandato e passou a faixa presidencial para Fernando Henrique Cardoso, que iniciou seu primeiro mandato em janeiro de 1995.

A República Autocrático-Burguesa (1985-2007)

O país, após tantas dificuldades e percalços, tendo sido dirigido por dois vice-presidentes, passava a viver uma fase de estabilidade política e econômica, com a inflação controlada, fase essa em que, apesar da existência de crises, em momento algum as vozes golpistas do passado se fizeram ouvir. Com efeito, tanto Fernando Henrique Cardoso como Lula da Silva foram eleitos e reeleitos democraticamente. Pode-se dizer que o Brasil passou, com esses dois governantes, por um processo de consolidação inequívoca de uma democracia liberal, apesar das remanescências político-institucionais que a Constituição de 1988 não extirpara de todo da vida nacional. Uma democracia por certo imperfeita, em que os três poderes ainda não definiram com rigor suas respectivas identidades e papéis na ordem republicana, mas na qual, apesar de tudo, todas as vertentes do pensamento crítico encontraram espaço para se apresentar.

Da transação à transição: de Cardoso a Silva

"Hoje, passados três anos, com nova e democrática Constituição, permanecem os 'buracos negros'. Como sustentar a institucionalidade democrática em um mar de pobreza e desigualdade?"

Fernando Henrique Cardoso, 1990[172]

"O governo Lula vive de espasmos políticos, como se governar fosse a cada semana apresentar alguma notícia de impacto. [...] O governo Lula conseguiu despolitizar a política. [...] Até hoje, a oposição não apresentou sequer um programa mínimo de governo, instrumento indispensável para o combate político. Quando muito obstruiu os trabalhos legislativos no Congresso Nacional, medida muito mais de desespero do que de estratégia. A maioria dos eleitores não sabe por que a oposição é oposição."

Marco Antonio Villa, 2007[173]

[172] Fernando Henrique Cardoso, "Democracia e desigualdades sociais", palestra ministrada no I Congresso Luso-Afro-Brasileiro de Ciências Sociais, realizado em Coimbra de 2 a 5 de julho de 1990, coordenação de Boaventura de Sousa Santos, e publicada na *Revista Crítica de Ciências Sociais*, jun. 1991, vol. 1, nº 32, pp. 23-7.

[173] Do historiador Marco Antonio Villa, "Qual governo, qual oposição?", em *Folha de S. Paulo*, São Paulo, 9/4/2007, p. A3.

A pergunta que não quer calar permanece irrespondida, tanto nos dois mandatos de Cardoso quanto nos dois mandatos de Lula. A desigualdade social pouco se alterou e a "institucionalidade democrática" continua dando lugar à impunidade geral e à inoperância do Judiciário. A mente criativa do professor Hirschman, inventor do termo "fracassomania", tão engraçado quão inútil, sinalizara que, ao menos na América Latina, o movimento sindical talvez pudesse substituir o movimento operário, negando pouco a pouco seu antigo papel revolucionário. Observa o professor de Princeton, ainda, que a social-democracia, essa difícil combinação histórica de democracia com justiça social, necessita de novos intelectuais aptos a pensarem nas mudanças estruturais, uma vez que está morta a crença de que a única solução possível é a revolução. Ou, vale completar, a "lógica" (dogma?) pura e bruta do capital e do mercado. Estaria, entretanto, no Brasil, ocorrendo tal processo?

De fato, poucos foram os intelectuais-presidentes em toda a história do subcontinente americano (para não dizer da história contemporânea) e, nesse sentido, o caso do professor Fernando Henrique foi deveras excepcional. Não há que negar até a expressividade de sua reeleição, embora com mudança prévia nas regras do jogo. Mudança que, já agora, beneficia o Partido dos Trabalhadores que, a exemplo do PSDB, já sonha com projeto de vinte anos no poder.

No primeiro termo, o professor Fernando Henrique, até então *au dessus de la melée*, ao ser sugado para o mundo da *Realpolitik*, logo virou sigla, transformando-se simbolicamente em FHC. Agora, no movimento pendular de sua própria história, reconstrói com notável habilidade midiática a imagem do antigo professor-sociólogo, consultor internacional e — valor agregado — estadista. Tudo como se estivesse, outra vez, acima da história, dando uma roupagem pós-moderna à teoria da Conciliação, antiga de 150 anos e não justificando por que, em seus dois mandatos, não foi mais fundo na questão social.[174]

Que houve um salto histórico em seu período, não padece dúvida. Até então, o patriciado rústico de empresários e proprietários fundiários não produzira figura pública à altura de Cardoso. Talvez apenas Joaquim Nabu-

---

[174] A mediocridade da constelação internacional de dirigentes o beneficiou, sobretudo no contraste com Bush ou Chávez, e já sem o ofuscamento de Bill Clinton. No cenário nacional, FHC, deixando de ser uma sigla entre outras, recupera o título estamental de professor e estadista.

co, que não chegou a ser presidente. O fato é que "o país é muito atrasado", como repetia o historiador Caio Prado Jr. no fim de sua vida. Quando se recorda que, em solenidades pitorescas em plena *belle époque* tropical, alguns presidentes da República Velha ainda tinham o hábito de cuspir nas calçadas; ou que Jânio, Costa e Silva, Médici e Collor revelaram precariedades constrangedoras quando ocuparam a presidência, pode-se aquilatar melhor a qualidade de sua pessoa e de sua gestão, bem como o crescimento da figura carismática e neopopulista de Lula, em fase de precário polimento.

Quanto a Cardoso, em termos de *mores* republicano, tudo somado, o saldo de seus mandatos é positivo. Praticamente só, calçado no Plano Real, ele representou, *mutatis mutandis*, nosso Pacto de Moncloa, sobretudo no ponto de chegada.[175]

Apesar do alto custo, logrou uma certa estabilidade econômico-financeira, o alijamento tardio, progressivo e incompleto de algumas lideranças mais reacionárias e coronelistas, além de um começo de combate mais sério à corrupção. A seu favor, debitem-se: um esboço de política de direitos humanos; uma política externa positiva; algumas vitórias no campo da saúde e no da educação, ressalvados enormes equívocos em relação à universidade.

Quando de sua primeira eleição, esperava-se — um equívoco, vê-se hoje — que viesse num mergulho de profundidade da direita para a esquerda. Não o fez, enleando-se nos sargaços do oceano estamental-burocrático. Quando de sua segunda eleição, recorde-se que, em 1998, sua trajetória de sucessos acadêmicos e de política conciliatória e ilustrada relativamente fácil ainda aguardava o grande teste: enfrentamento contra grupos conservadores que se opunham à democratização efetiva do país.

Àquela altura, Cardoso ainda maltratava a mesma esquerda que poderia apoiá-lo na resolução de questões estruturais, quando havia a necessidade da "ponte de ouro" de que falava o citado Nabuco, esquecendo-se de que nenhum estadista digno desse nome passou à história sem enfrentamento, sem diálogo e sem resolução dos impasses com as oposições, como se analisou em artigo "Fernando Henrique e a ponte de ouro".[176] O presidente

---

[175] Aspecto menor de sua gestão, reavivou o hábito bragantino de distribuição de medalhas de mérito, aproveitando-se da circunstância de não haver, para sua sorte, nenhum Machado de Assis para comentar...

[176] Carlos Guilherme Mota, "Fernando Henrique e a ponte de ouro", em *O Estado de S. Paulo*, São Paulo, 12/10/1998, p. 2.

reeleito deixou-se, então, enredar uma vez mais pelo "Centrão", por essa gente que se refestelava no *marais* (charco ou pântano) caboclo, para evocarmos as Revoluções Francesas de 1789, de 1793 e, sobretudo a República do Diretório (1795-1799), cujos marcos a República brasileira jamais conseguiu alcançar.

Não percebeu FHC que deveria dialetizar com vigor o visível avanço da centro-esquerda, tentando aproveitar tal impulso para entrar mais e mais na questão urbana e na do desemprego, na política industrial, nas reformas agrária, tributária e da previdência, sem dizer da necessidade de atualização jurídico-política de nosso precário federalismo. Impressiona seu conceito peculiar de "História como processo": processo lento, lentíssimo demais em face das urgências nacionais. Morosidade que explica o fato de somente ter-se encontrado com Lula da Silva no Palácio do Alvorada quase no fim do segundo mandato, num quadro de violência social já fora de controle, quando do assassínio do prefeito de Santo André, Celso Daniel, até hoje não esclarecido, como também não o foi o do prefeito de Campinas, o Toninho do PT (Antônio da Costa Santos), e de outros.

De fato, um intelectual não chega ao poder com frequência. Muito menos — vale aprofundar o comentário do professor Hirschman — um líder metalúrgico com sólida trajetória. Personalidades e lideranças da nova sociedade civil, que ontem batiam à porta, hoje atravessam as antecâmaras da República e alcançam o centro do poder, não sem arrastar consigo uma corte de lumpemproletários e lumpemburgueses, ávida de empregos e benesses. Mudaram as classes (pouco) no bloco do poder; o modelo, entretanto, persistiu.

Momento de transição sem transação? A conferir, quando dos primeiros embates, em que "estamentos pretéritos" veem-se obrigados a ceder passo às "classes futuras", para usarmos conceitos de Marx, teórico não incluído na lista de citações em discursos quando dos festejos da transição *clean* de Cardoso para Lula. Em outras palavras, nessa passagem, tanto o "grupo d'*O Capital*" quanto os companheiros do PT parecem ter-se esquecido do velho intelectual judeu alemão...

Em 2003, a transição/transação pareceu, nada obstante, romper a tradição do patriciado republicano. Sarney, ACM, Lobão permaneceram onde sempre estiveram. *Novas classes sociais ascenderam ao poder e, com elas, novos hábitos de apropriação do espaço e do dinheiro públicos, administrados com a fúria que somente uma lumpemburguesia associada a um lumpemproletariado são capazes de demonstrar.*

Completando a transição?
Para o quê? Para onde?

Em meados de 2005, o país já se encontrava bastante mudado. Postulando em debates públicos a presidência da República, concorreram à sucessão três candidatos bem formados. Mais: ocupavam eles, em conjunto, significativo espaço no quadro de centro-esquerda — significativo embora não total, diga-se, *pois deve-se considerar a parcela da cidadania que não se sintonizava com nenhum dos três*. Até porque, muito além do campo político-ideológico coberto pelas propostas de Lula, Ciro Gomes e José Serra (exclua-se o candidato populista Garotinho, desde logo fora do páreo), existia um espaço, até hoje pouco nítido, em que se situam segmentos do pensamento radical dos estratos médios urbanizados, de certas lideranças modernas dos sem-terra, hoje frequentando escolas e universidades (e que, pensando na longa duração, não viam naquela eleição nada de decisivo), de inconformistas de variada ordem, de muita gente que já foi profissional liberal, professor, médico ou servidor de um Estado minimamente respeitável. De jovens que, embora (mal) empregados, vêm sendo escorchados em serviços de "monitoria", ou "estágio", sem hora certa para estudos, nesse mundo flexibilizado em que o *contrato de trabalho* (e os "contratos", em geral) tornou-se uma ideia vaga...

Espaço também de pessoas que militam em ONGs de diversos tipos e dimensões, ainda não envolvidas pelo abraço "solidário" e sufocante do estamento burocrático do Estado. Inclua-se, nesse arco, além de muitos jovens progressistas, mas que não aguentam o que chamam de "papo dos políticos", a massa silenciosa mas vigilante de idosos que viram seu futuro — que agora chegou! — ser minado por esse "neoliberalismo" que "flexibilizou" os salários e endureceu as condições de subsistência.

Para além das patologias detectáveis nas variadas composições que o quadro político da República de então oferecia (Quércia com Lula; Luiz Antônio Fleury com Ciro; Roriz com Serra; o experiente Miguel Arraes com Garotinho; Newton Cardoso com Lula), algumas dúvidas assaltavam o distraído leitor-cidadão convencional de jornais.

O Brasil cresceu. Mas cresceria, de todo modo, com ou sem Cardoso, Cristovam Buarque ou Mário Covas (que já não estaria vivo para ver tais patologias), candidatos de alto nível à presidência. O problema é que, em seu governo, o vencedor Cardoso negociou demais, transigiu demais, e não somente com o PFL, mas sobretudo com o PFL de ACM, e com o setor conservador e "fisiológico" do PMDB.

O último e emblemático episódio: a não intervenção no Estado do Espírito Santo, quando não acatou a posição de um ministro com o vigor do professor Miguel Reale Júnior, mostrou a sua tendência em transigir e contemporizar, que é um dos traços do mandonismo ilustrado e cordial, que muitos pensam, ou imaginam, ser "Liberalismo". Uma obsessão que deita raízes e continua a nutrir-se na linhagem histórica à qual pertence: a da metodologia da Conciliação, já referida em páginas anteriores, que vem do século XIX, estudada pelo historiador José Honório Rodrigues e pelo cientista político Michel Debrun; e por estudiosos e críticos que o presidente-sociólogo conheceu muito bem.

Finalmente, o processo de sucessão conduzido pelo professor Cardoso teve como um dos seus principais modelos políticos o da transição na Espanha, que acompanhou de perto.

É verdade que, na Espanha, os partidos exerceram seu papel com razoável densidade político-ideológica: a esquerda atualizou-se com lideranças de alto nível, desde pelo menos os tempos do Eurocomunismo (enquanto ficávamos no Brasil a tolerar cientistas políticos encantados com Lech Walesa e outros). Também é verdade que a direita positiva espanhola soube perceber que os tempos mudaram, e que deveria modernizar-se o bastante para ingressar na União Europeia. Mas o pacto a que se chegou pressupunha, no fim da linha, a permanência da Coroa, com o rei Juan Carlos e a rainha Sofia. Ou seja, transição porém com monarquia.

FHC, como Pedro Malan acostumado com as facilidades do "modelo imperial" do estamento burocrático-militar, viu-se obrigado a habituar-se à ideia de uma transição com dessemelhantes e sem regime "imperial".

Fim da transição? O candidato à presidência José Serra — se tivesse chegado lá — talvez não ostentasse tanta bonomia. A origem modesta (que, no caso de Lula, é sempre invocada), sua biografia intelectual e política teriam garantido o ataque imediato às questões que permanecem pendentes? Talvez sim... Ciro Gomes tentou mobilizar — além dos oportunistas de toda ordem — uma gama de gente crítica, que desejava sair da névoa ideológica tucana, cada vez mais espessa com a marginalização de Tasso Jereissati e o cultivo intensivo de um neocaciquismo de executivos tucanos. Neocaciquismo esse que, com roupagem cosmopolita e moderna, embaçou a vida do país, observando-o do alto, em voo de pássaro, como antes os inte-

A República Autocrático-Burguesa (1985-2007)

lectuais do *establishment* da República Velha contemplavam o mundo da varanda.

Lula, mais arguto, adquiriu cancha, alguma postura e credibilidade de negociador, reconhecidas há trinta anos por altas lideranças políticas da República Federal da Alemanha e de outros países, sempre (com seus capitais) de olho no futuro de nosso país. Mas — já se notava em meados de 2005 — deveria ter-se libertado de quadros arcaicos de seu partido com militantes novos-velhos, de seus cristãos primitivos, de assessores e coadjuvantes desse lumpesinato que evoca o atraso, *para construir, efetivamente, o espaço de uma nova esquerda no Brasil.* O que se torna cada vez mais difícil.[177] Sobretudo com o crescimento nos últimos anos de seitas evangélicas e formas degradadas da Reforma religiosa, com sólidas bases financeiras e grande penetração na mídia eletrônica, em redes de rádio e TV.

O presidente Lula, a crise e o clamor nacional

> "Todo mundo fala a todo instante [em reforma política], mas a gente não quebra a casca do ovo."
>
> Presidente Lula, 8/6/2005

> "Muitos colocam o combate à fome e à penúria em primeiro lugar. Contudo, a educação e consciência social clara são os principais substratos dos pobres na luta de classes. Uma população trabalhadora menos rústica não seria reduzida à condição de substituta e sucessora da população escrava e liberta por tanto tempo, se dispusesse de melhor nível educacional e cultural."
>
> Florestan Fernandes, 1991[178]

Ao entrar em seu segundo mandato, a crise político-institucional explicitou-se em todos os seus termos, parecendo ter chegado a hora de, enfim, o

---

[177] Cf. Carlos Guilherme Mota, "O sucessor de FHC", em *O Estado de S. Paulo*, Caderno Aliás, São Paulo, 12/6/2005. Artigo publicado no domingo anterior às denúncias do deputado Roberto Jefferson sobre a existência de propinas que atingiam vários deputados e membros do alto escalão do governo (o então inexplicado "mensalão").

[178] Florestan Fernandes, "Crise da educação", em *Folha de S. Paulo*, São Paulo, 19/8/1991, p. 2.

presidente Luiz Inácio Lula da Silva dar um passo decisivo para a solução do dilema, posto agora em todos os seus termos, no que *parece* constituir o principal embate de sua gestão. Embate decisório, embora o presidente venha protelando medidas mais efetivas para aceleração das sempre citadas mudanças estruturais.[179] Mas, a despeito dos altos índices de aprovação popular, o presidente afogou-se em dilemas.

Desses dilemas, qual o principal? Deixar as coisas como estão para que elas se resolvam "naturalmente", tônica *laissez-faire* do governo do ex-presidente Fernando Henrique Cardoso, confiando no "processo"? Ou, então, cortar o nó górdio político-institucional de nossa vida pública, e tocar, com toda a autoridade de um presidente bem votado, a sempre anunciada Reforma Política. Escapar dessa ideologia da Conciliação compulsiva em que se deixou enredar, traço de nossa vida pública desde 1850, jogar luzes nesse lusco-fusco que só beneficia os detentores do capitalismo selvagem (em detrimento do capitalismo civilizador) e daqueles que, à sombra do Estado sustentado pelos "súditos-contribuintes" (na expressão do professor Maurício Tragtenberg), armam falcatruas e negociatas de toda espécie. Pois um novo conceito começa a definir-se nas mentes das lideranças da nova sociedade civil: não se poderia repetir o que ocorreu no ano de 2006, quando o país assistiu, uma vez mais *bestializado*, ao circo de horrores da corrupção de setores políticos. Não?

Por seu turno, em seu segundo mandato, o presidente Lula viveu momento decisivo de sua trajetória, em um processo que deveria apontar para o aprofundamento de sua ruptura efetiva com os paradigmas do coronelismo,[180] do populismo, do fisiologismo, do nepotismo abertamente defendido pelos deputados Severinos, do "Centrão", da corrupção, inclusive no seio de seu partido de origem. Mais: dispondo de todos os instrumentos da República presidencialista — e não parlamentarista —, a ele competia, com *virtù* e aliados corretos, mudar radicalmente o padrão de ação política — o *mores*, enfim — que vem do Império e das várias fases da República, das

---

[179] "Desde sua posse, o presidente Lula, reeleito, já perdeu meio ano de seu mandato", observa o historiador Kenneth Maxwell, em entrevista à *Folha de S. Paulo*, São Paulo, 20/5/2007, p. 4.

[180] Empresa difícil, como se constata, com a nomeação de um político de currículo discutível, como Edison Lobão (do PMDB de Sarney), para o Ministério das Minas e Energia.

A República Autocrático-Burguesa (1985-2007)

ditaduras e da "redemocratização" de fachada, dentro do modelo autocrático-burguês.

Oriundo do mundo do trabalho e da cultura política urbano-industrial, conhecedor da vida sindical e do capitalismo nacional, dos mecanismos das corporações e do grande capital internacional, o presidente Lula reunia, pela legitimidade que lhe conferiram as urnas, todas as condições para acelerar a reforma política. Nenhum ocupante do principal posto da República — nem mesmo o ilustrado ex-presidente Cardoso — sintetizou em tal profundidade a aspiração nacional de depuração de nossas instituições republicanas. Coronelismo, patronagem e compadrio não fizeram parte de seu vocabulário, de seu projeto e de seu horizonte político-ideológico inicial e não seria de se esperar que isso viesse a ocorrer.[181] Daí não poder haver complacência com "aloprados" (a expressão é sua) de seu próprio partido e de sua *coterie*.

A crise política atual torna-se grave e, se até agora não atingiu de fato a presidência diretamente — nem a governabilidade —, pode sem embargo tornar vulnerável todo o sistema político, ferido o chefe do Poder Executivo em sua credibilidade e na seriedade das instituições da República, e o Poder Legislativo em particular, atualmente tão exposto. Pois tal ordem de coisas revela atraso, mediocridade, o ranço colonial e imperial tão presente nos usos e costumes desta ordem política.[182]

[181] O problema é que ocorreu, como se observou nos anos seguintes.

[182] Como prova de que o regime é vulnerável, um exemplo, emblemático e incompreensível, reside no fato de uma figura como Paes de Andrade ter sido o embaixador do Brasil em Portugal. Mas desse mal padeceu (também embaçou) o brilho do governo anterior, em seus minuetos e composições com os segmentos mais retrógrados do PFL de Antônio Carlos Magalhães, entre outros. O governo Lula, entretanto, vem se esforçando (?) para limpar algumas máculas, como no caso do ex-chefe da Casa Civil José Dirceu de Oliveira e Silva. Ver a estarrecedora entrevista deste, "O consultor", concedida a Daniela Pinheiro, na revista *Piauí*, nº 16, São Paulo, 7/1/2008, pp. 22-34. Na fornalha dos problemas nacionais graves, dos mais candentes, o da corrupção continua, pois, sem solução à vista.

A transição incompleta: o mesmo modelo

> "Para onde você olha, só vê Executivo. O parlamento está esvaziado. Mas esse parlamento assim esvaziado interessa ao Executivo. Além do mais, estamos passando por um processo de centralização muito forte no Brasil."
>
> Luiz Werneck Vianna[183]

> "A gente que trabalha na universidade tem que contestar os cretinos."
>
> Aziz Ab'Sáber[184]

Em 2007, tornara-se impossível fechar o ciclo histórico iniciado com a abertura do regime militar em 1974 sob a ditadura de Geisel. As duas pontas do problema ainda estão aí, expostas e latejantes: trabalho barato combinado à alienação política. Florestan Fernandes viu com clareza tal conexão perversa, e potencialmente explosiva, ao refletir sobre a existência da grande massa de despossuídos e condenados da terra, os "desenraizados":

> "Postas fora da sociedade civil, as populações errantes convertem-se em uma mina de ouro para o sistema de poder. De um lado, delimitam a extensão do perigo representado por uma massa enorme de 'inimigos públicos da ordem'. Esta só pode conjurar o perigo mantendo e reforçando a exclusão, isto é, impedindo ou limitando sua inclusão no mercado, no regime de classes e nos grupos institucionalizados dos trabalhadores assalariados. De outro, deixando-as entregues à própria impotência e desorganização e, concomitantemente, açulando-as ou acorrentando-as às ilusões de um falso paternalismo e clientelismo político."[185]

---

[183] Luiz Werneck Vianna, "O país vive o 'Estado Novo do PT'", em *O Estado de S. Paulo*, São Paulo, 5/8/2007, p. A8.

[184] Aziz Ab'Sáber, "Uma voz contra a corrente", em *Fórum*, vol. 5, nº 52, São Paulo, jul. 2007, p. 10. Entrevista a Glauco Faria, Anselmo Massad e Mouzar Benedito, com fotografias de Gerardo Lazzari.

[185] Florestan Fernandes, "Os desenraizados", em *Folha de S. Paulo*, São Paulo, 21/8/1986, p. 2.

A República Autocrático-Burguesa (1985-2007)

Nesse quadro dramático, como pensar na articulação de uma nova sociedade civil e democraticamente organizada? As burguesias, os proletários ou os trabalhadores rurais do país estariam preparadas para fazer a sua Revolução? Ou, quando menos, as reformas estruturais sempre adiadas?

A massa de despossuídos do período colonial desdobrou-se ao longo do período imperial, sempre mantida fora da ordem estamental-escravista, prolongando-se no período republicano — e ainda em busca de seu lugar na história. Desmemoriada, sem nem sequer ter noção do tempo perdido por seus ancestrais anônimos, a massa de "desenraizados" cresce em contraste e confronto com a "boa sociedade", ciosa de suas raízes e de sua "formação", "ilhas de excelência" numa terra de miseráveis.

Em síntese, como até os dias atuais não se enfrentou a desmontagem do modelo autocrático-burguês, responsável por um padrão civilizatório perverso, reforçado no período ditatorial — ou se o enfrentou com pouca habilidade —, o processo histórico-social jogou no sentido de conceder força política — ou seja, poder decisório — ao atual "Centrão" rústico, agora, capitaneado pelo PMDB.

"Centrão" em que figuras como o deputado cassado Roberto Jefferson, da tropa de choque do ex-presidente Collor de Mello, ou Renan Calheiros, controverso ex-presidente e (por incrível que pareça) atual presidente do Senado Federal, ou o ex-prefeito de Brasília Joaquim Roriz saíram praticamente impunes e puderam ter uma régia sobrevida, desgastando as frágeis instituições republicanas aos olhos da nova cidadania, perplexa, embora cada vez mais vigilante.

A ação de Roberto Jefferson, embora tenha sinalizado o fim de uma etapa, revela a insuficiência de mecanismos jurídico-políticos expurgatórios do atual modelo de República. Tal modelo, marcado pela "liberalidade" excessiva, descaso no trato da coisa pública (inclusive liberdade de mudanças reiteradas de partidos), permite que sempre se deslize para a impunidade e para o oportunismo deslavado, dada a assustadora negligência na aplicação das leis.

Como ocorreu durante a Revolução Francesa — e guardadas as devidas proporções —, o resultado aí está. Passado seu momento mais renovador — de Itamar e Cardoso a Lula — assistiu-se, no refluxo, à vitória dos deputados do Centrão (o *marais* brasileiro), ao triunfo da mediocridade, à Conciliação, como ocorreu durante a República do Diretório na França (1795-1799). A diferença é que ainda não houve, na história do Brasil, nada parecido com o que se passou na França à época da Revolução, com as diversas frações da classe burguesa propondo e defendendo seus sólidos projetos nacionais.[186]

DA REFORMA POLÍTICA ADIADA

Numa cultura em que prospera a *dialética da malandragem*, adquirem pouco peso as palavras do presidente Lula, quando faz notar — e reitera sempre... — que é chegado o momento para se enfrentar de vez o problema da reforma política, tema transformado em tabu dentro do Congresso. E de levá-la adiante, avançando com determinação, o que não vem demonstrando até os dias atuais.

O que se aprende com a história? Que numa república presidencialista o Poder Executivo é muito forte, e que, nessa medida, o presidente deve conciliar menos, procurar melhores aliados, fazer menos "médias", ouvir o que a *nova sociedade civil* tem deveras a lhe dizer. E o que *exige* em inúmeras e crescentes manifestações coletivas. O Poder Executivo deve instigar mais o Poder Legislativo, com atitudes e desafios, escolhendo melhor seus parceiros, e não dele ficar refém como está. Falta-lhe um pouco da ética do antigo jacobinismo dos franceses de 1793, que desconhecem.

UM DISCRETO CLAMOR

Na história do Brasil, de tempos em tempos ressurge, discreto, um clamor nacional, como ocorreu nos tempos das *Diretas Já*, da eleição de Tancredo, da Constituinte, do *impeachment* de Collor. No apagar das luzes do ano de 2007, vanguardas da nova sociedade civil — crítica, moderna, democrática, internacionalista e bem preparada, cansada do "Brasil atrasado" — começam a dar mostras de impaciência.

Traços fortes do Brasil arcaico ainda persistem no *modelo autocrático-burguês* do período ditatorial — e mesmo do anterior — que expressam, ainda, em pleno século XXI, os ranços da tradição estamental-escravista colonial, imperial, da República Velha e do Estado Novo. Modelo mal disfarçado sob as roupagens de uma democracia liberal e de participação, que

---

[186] Além disso, nossos "napoleões" subdesenvolvidos vieram antes, com o golpe de 1964, valendo registrar que esses militares, salvo honrosas exceções, locupletaram-se durante pelo menos vinte anos, associados a empreiteiras, e assim por diante.

A República Autocrático-Burguesa (1985-2007)

abriga a impunidade de graves atos delituosos lesivos à vida republicana moderna.

Em verdade, trata-se, o atual, de modelo mais "liberal à antiga" e autoritário do que de *democracia de participação*, no sentido daquelas vigentes em alguns países avançados contemporâneos, como a Alemanha e a França. Nestes, "medidas provisórias", infidelidade partidária e outra mazelas não têm lugar, soando esdrúxulas.

Na questão da reforma política para a construção de uma democracia efetivamente moderna, tanto os governos de Cardoso como de Lula obtiveram poucos resultados, que realmente permitissem — ou permitam — dizer que a História do Brasil mudou profundamente, e para melhor. Mudou, porém muito pouco.

Nesta história, camuflado, o que resta mesmo — repita-se — é o *modelo autocrático-burguês*, persistente, presente nos dias que fluem como naqueles em que Florestan Fernandes o detectou, em 1975, em sua obra clássica. Tal modelo não foi desmontado, embora as *aparências* de uma democracia liberal levem a pensar estar-se vivendo em um modelo de República democrático-burguesa. Tal modelo é diuturnamente reavivado e realimentado com "retórica", com novos jargões e clichês (inclusão social, desenvolvimento autossustentável, defesa do meio ambiente, democracia, globalização, modernização etc.), por atores político-sociais desradicalizados que operam, em sua maior parte inconscientemente (e de boa-fé?), no sentido de tornarem vãos, e ocos, antigos conceitos, como os de democracia, justiça e representação. Hannah Arendt temia tal mecanismo perverso, qual seja o da *banalização de conceitos e ideias de conteúdo histórico político e cultural*, forjados na prática do processo civilizatório.

No Brasil, a autocracia mudou de forma, modernizou-se, mas as remanescências de uma ordem e do *mores* burocrático-estamental inseriram-se em uma sociedade de classes subdesenvolvida — que ignora o que significa *contrato social* —, malformada e mal-educada, impregnando-a e amoldando--a à sua imagem e semelhança. Suas perversões adquirem formas inesperadas na condição periférica em que se (des)encontra o Brasil, no meio-caminho entre a mentalidade colonial e a pós-moderna. E de tal forma, que juristas advogados e educadores veem-se substituídos por "tropas de elite".

De todo modo, com os governos de Fernando Henrique Cardoso e de Luiz Inácio Lula da Silva, finalmente, quebrou-se o jejum por assim dizer democrático a que o Brasil se viu obrigado — por força de intromissão ilegítima de forças e valores nacionais e internacionais, o que redundou num golpe de Estado, em 1964, com consequências e sequelas catastróficas para o país. Parece ter-se encerrado um longo ciclo? O país caminha a passos largos, embora ziguezagueantes, para a consolidação da democracia representativa, indubitavelmente o maior ganho destes novos tempos. Fernando Henrique e Lula esbarraram no tal modelo e, quase sempre, viram suas ações e projetos iniciais limitados por tentáculos dessa autocracia, à qual, por vezes, cederam, por vezes, manipularam-na; ou foram dela agentes.

DE 2006 PARA 2007

Apesar de, no ano de 2006, termos vivenciado uma crise política sem precedentes na história republicana nacional, nenhuma das vozes "golpistas", outrora de tanta ressonância, fizeram-se ouvir. Definitivamente, vive-se em um outro país.

Seria de se esperar que o aprendizado tenha sido definitivo e que o país que estamos legando às futuras gerações — um Brasil que, embora ainda marcado por problemas graves e que se avolumam, possa ser colocado no patamar das grandes nações democráticas mundiais. Apesar do longo caminho a percorrer para se implantar justiça social para esta sociedade — ou, quando menos, diminuir a injustiça, o que não é pouco — várias conquistas são apreciáveis.

O saldo da consolidação dessa democracia liberal incompleta é, em quaisquer circunstâncias, positivo. Urge preservá-la a todo custo e avançar: a nova sociedade civil é ainda exígua, restando retirar de seu trágico destino os milhares de pessoas que mal sobrevivem abaixo da linha da miséria. Criando condições efetivas — e não paliativas — de vida para todos os brasileiros. Pois, como afirmara Maximilien Robespierre à Convenção Nacional, em 21 de dezembro de 1792:

> "Nenhum homem tem o direito de açambarcar as porções de trigo [dando] às custas de seu semelhante que morre de fome. O primeiro dos direitos é o de existir."[187]

---

[187] "Nul homme n'a le droit d'ammasser des morceaux de blé à cotê de son semblable, qui se meurt de faim. Le premier des droits c'est celui d'exister." *Apud* Amable Guillaume P. Brugière de Barante, *Histoire de la Convention Nationale*, t. 2, Paris, Fur-

Vale lembrar porém que, passados muitos anos da execução desse jacobino incorruptível, entre seus discursos famosos está o datado de 26 de julho de 1794:

"Sou talhado para combater o crime, não para governá-lo."[188]

---

ne, Langlois & Leclerc, 1852, p. 381. O discurso de Robespierre cujo trecho foi citado dirige-se contra os *accapareurs* (monopolistas, especuladores).

[188] "Je suis fait pour combattre le crime non pour le governer." *Apud* Augustin Chalamel, *Histoire-musée de la République Française, depuis l'Assemblée des notables jusqu'a l'Empire*, t. 2, 3ª ed., Paris, Gustave Havard, 1858, p. 56. E Robespierre continua "Le temps n'est point arrivé où les hommes de bien peuvent servir impunément la patrie. Les defenseurs de la liberté ne seront que proscrits tant que la horde des fripons dominera", isto é, "Ainda não chegou o tempo em que os homens de bem podem servir impunemente à pátria. Os defensores da liberdade não passarão de proscritos enquanto dominar a horda de velhacos". Para o "leitor sem medo", vale para meditar acerca da história do Brasil contemporâneo.

30

A transição incompleta:
ainda o mesmo modelo (2007-2014)

> "O país não avança porque não sabe onde é necessário chegar. Para sabê-lo com certeza, era preciso ir ao fundo das coisas, e ao fundo das coisas só se chega com a crítica."
>
> Daniel Cosío Villegas,
> historiador, economista e ensaísta mexicano[1]

Para uma visão de conjunto: a crise do regime

Ao alcançar a segunda década do século XXI, a História do Brasil, marcada mais por continuidades do que rupturas com o passado, apresenta aspectos inquietantes para o observador contemporâneo. Nos governos por assim dizer democráticos, após o fim da última ditadura, notamos que a persistência de vícios multisseculares tornou-se estrutural. Cristalizou-se no país a imagem disforme que levou o historiador-jurista Raymundo Faoro, na conclusão de seu estudo *Existe um pensamento político no Brasil?*, a definir o Estado-nação brasileiro como uma espécie de Hércules-Quasímodo. Ou seja, um Estado forte, hercúleo e pesado, porém disforme como o corcunda da Catedral de Notre-Dame: um Estado cultivador de métodos de governação, hábitos e mentalidades que se supõriam ultrapassados.

Como vimos ao longo deste livro, as transições ocorrem em nosso país sempre de modo incompleto, no bojo de processos que não alcançam um término visível e satisfatório, sobretudo quando o objetivo é a construção de uma ordem democrática efetiva. Na atualidade, a História do Brasil continua

---

[1] Daniel Cosío Villegas (1898-1976), um dos mais importantes intelectuais do México e da América Latina, atuou no governo revolucionário ao lado de José Vasconcelos, na Secretaria de Educação Pública. Sua obra clássica *História moderna do México*, em vários volumes, tem inspiração em Gibbon, Tucídides, Maquiavel, Marx, Weber, entre outros. Citado por Octavio Paz em "As ilusões e as convicções", *O ogro filantrópico*, tradução de Sônia Régis, Rio de Janeiro, Guanabara, 1989, pp. 86-7.

a derrapar dentro do mesmo modelo autocrático-burguês, como analisamos em capítulos anteriores.

Nestes primeiros anos do século XXI, e contrariamente ao que se poderia esperar, assistiu-se ao aumento da falta de transparência na vida e na gestão públicas, sobretudo após a eleição de Luiz Inácio Lula da Silva, então um sindicalista respeitável de renome nacional e internacional, o primeiro ex-operário a assumir uma presidência da República na América Latina. O que ocorreu depois foi o reforço do compadrio, do familismo político e do *neopopulismo* renitente,[2] bem como da conciliação contumaz dos donos do poder. Conciliação que rebrota sempre e quando seus interesses estejam em jogo, tudo empapado no charco do negocismo pedestre e explícito.

Resposta a esse quadro foram as Manifestações de Junho de 2013, que se desdobraram e aumentaram em intensidade até o fim daquele ano, prolongando-se aos dias atuais. No segundo semestre daquele ano, com as condenações dos réus do "mensalão", a sociedade parecia acordar.

"A História do Brasil sempre foi um negócio", sentenciou Caio Prado Jr. há mais de 30 anos, tese indesmentida até hoje. De fato, a incompetência administrativa permaneceu funcionando como parte da estratégia e metodologia brutal de dominação social. Na economia, como nas políticas públicas em geral, não foram registrados avanços convincentes.[3]

Já no final de seu primeiro governo, Lula começou a sofrer significativo desgaste em sua boa imagem de dirigente, abalada com os efeitos das denúncias e o início do processo do "mensalão", mais o escândalo dos Correios. E outros. Não obstante, o presidente revelou pouca disposição em combater os "malfeitos", palavra que seria muito utilizada depois por sua sucessora Dilma Rousseff no primeiro ano de governo (depois cada vez menos).

---

[2] Uma interpretação atual do fenômeno do populismo na América Latina encontra-se na obra do argentino Ernesto Laclau, *A razão populista*, tradução de Carlos Eugênio Marcondes de Moura, São Paulo, Três Estrelas, 2013.

[3] José Alexandre Scheinkman, ex-professor da Universidade de Princeton, atualmente professor da Universidade de Columbia, advertiu que incompetência e a ideologia do governo travam a economia do país: "Há reformas que precisavam ser feitas, mas que não atendiam à ideologia do governo [...]. O governo cobra muito imposto, mas tem gastos enormes e pouca capacidade financeira para investir, além da falta de capacidade e competência do setor público". Entrevista a Érica Fraga, *Folha de S. Paulo*, 29/7/2013, p. A2.

Da candidatura de Dilma às *Jornadas de Junho* de 2013

Inúmeros foram os problemas enfrentados na escolha e preparação da candidata Dilma Rousseff para a presidência, como sucessora de Lula, atropelando o forte pré-candidato José Dirceu, figura dominante e controvertida, também da cúpula do Partido dos Trabalhadores, instalado no Palácio do Planalto. O ex-ministro da Casa Civil viu-se envolvido como chefe do esquema do "mensalão" e teve barrado seu caminho como candidato à presidência da República. Dilma foi a alternativa encontrada por Lula, com a vantagem de dar-lhe menos trabalho do que o faria o ambicioso ex-candidato.

Os compromissos então assumidos pelos dirigentes petistas com outros partidos em alianças espúrias embaçaram a imagem e a proclamada integridade moral do PT, já abalada com o processo do "mensalão" e outros. Membros respeitáveis e atuantes deixaram suas fileiras e passaram a criticar os desvios de rota da agremiação.

Vitoriosa na eleição, Dilma tomou uma série de iniciativas de impacto, a começar pela demissão de ministros de partidos aliados envolvidos em "malfeitos" (alguns depois reconvidados a retomar as funções). De modo geral, porém, suas medidas quase sempre se deveram a pressões da opinião pública e da imprensa, ao menos até janeiro de 2015.

O problema, entretanto, é mais complexo. Um dos dramas conhecidos em uma república presidencialista é, como se sabe, a excessiva concentração de poder. De fato, o manejo do Estado faz com que o detentor do poder central perca eventualmente controle da situação, correndo risco de ingovernabilidade, tanto mais nesse modelo tão discutível de uma "república de coalizões", na estranha fórmula consagrada pelo governo Dilma com seus 39 ministérios, assessorada pelo ex-presidente Lula e pelo marqueteiro de plantão.

O ex-presidente tornou-se *eminência parda* de Dilma desde o primeiro dia em que esta assumiu a presidência. Nesse meio tempo, além de todos os graves problemas da República, deu-se o indiciamento e a condenação dos réus do "mensalão". Foi quando surgiu na cena nacional o jurista Joaquim Barbosa, ministro e depois presidente do STF, relator do processo do "mensalão". De origem humilde, o primeiro negro a assumir tal posição na República, bem formado, adotou linha rigorosa na condução dos trabalhos, impondo-se como personalidade forte, republicana e confiável aos olhos dos cidadãos comuns, numa etapa histórica de total descrédito da população a todas as instituições jurídico-políticas do país e aos políticos em geral.

A transição incompleta: ainda o mesmo modelo (2007-2014)

De fato, na articulação do governo Dilma pactuaram-se compromissos demais, negociaram-se acordos em conciliações inexplicáveis e surpreendentes, muitas vezes confundindo-se interesses públicos e privados. Perigosamente, distanciavam-se os poderes do Estado, exercidos pelo bloco no poder petista-peemedebista, do fragilizado regime liberal-democrático republicano, dando lugar a um Estado marcado por ditadura fiscal e pela total falta de transparência na aplicação dos recursos públicos.

A insensibilidade do Planalto para ouvir o clamor nacional conduziu à saturação de amplos segmentos da sociedade, tomando formas inesperadas de contestação crescente que eclodiriam nas denominadas *Jornadas de Junho* de 2013, para surpresa de quase todos, inclusive detentores dos poderes constituídos, mandatários, oposições, militantes do agora dividido PT, e até de partidos de esquerda como o PSOL.

Como em nossa história são raríssimas as lideranças que aprenderam algo com experiências passadas, vale recordar que há mais de 30 anos foi também um clamor nacional que conduziu às *Diretas Já*, à eleição de Tancredo Neves, em seguida à Constituinte e depois ao *impeachment* de Collor. Não se levou em conta que, no apagar da luzes de 2007, vanguardas da *nova sociedade civil* já davam mostras de impaciência com o quadro político, econômico e social de uma república pseudoliberal e de "participação" que, na verdade, acobertava o rígido modelo autocrático-burguês. Modelo que, sonegador da tão proclamada transparência republicana, em verdade abriga, como já referimos em capítulo anterior, a impunidade de graves atos delituosos, lesivos à nação. Crimes que redundaram em perda de credibilidade do governo, por afetarem áreas sensíveis como saúde, educação, habitação, segurança, transportes de massa da população. Saques, "arrastões", sequestros, insegurança social, violência etc. não aumentaram por acaso.

O detonador dos movimentos de 2013 localizou-se num pequeno aumento das passagens de ônibus... provocando a combustão nacional. Enfim, mais um episódio da crônica da grave crise anunciada, no compasso dos movimentos que adquiriram dimensão internacional, como a "Primavera Árabe".

O que há em comum entre tais movimentos, comentou o economista francês François Chesnais, é o fato de terem sido eles impulsionados pela juventude: "Em muitos casos são conduzidos por jovens líderes que estão emergindo do movimento, todos eles em reação ao extraordinário abismo social num tempo em que o consumismo é projetado mundialmente pela tecnologia contemporânea e pelas estratégias da mídia". Tais movimentos, advertiu o historiador, são a "expressão de uma doença mundial criada pelo neoliberalismo e pela dominação das finanças".[4]

Movimentos urbanos "nunca antes ocorridos": as manifestações de 2013

A reação a esse estado de coisas negativo ocorreria mais cedo ou mais tarde. No caso, bem mais tarde, em 2013, quando se explicitou a crise do regime em ruidosas e até agressivas manifestações sociais por todo o território nacional, sobretudo nas grandes capitais. O fato é que no Brasil vive-se a *crise prolongada* como tema histórico permanente, antigo, com poucos períodos de exceção. Períodos de estabilização econômico-social são raros, como sob o Plano Real do ex-presidente Itamar Franco e seu ministro da Fazenda FHC. Estabilidade relativa, diga-se, pois os movimentos no campo e a violência urbana nunca cessaram.[5]

Agora, a crise anunciada novamente se explicitava nas ruas. Recorde-se que Celso Furtado já previra tal quadro há meio século; porém, o que ele diagnosticava para um futuro imediato iria se prolongar por décadas, intermitentemente, até hoje.

O ápice da crise do regime baseado no tal "presidencialismo de coalizões", com seus 39 ministérios mal geridos e com desencontros em todos os níveis, ocorreu no ano de 2013, quando movimentos urbanos se manifestaram em escala nacional nunca antes ocorrida, inclusive com invasão popular de palácios e prefeituras.

O detonador, não por acaso localizado na esfera dos transportes coletivos (o pequeno aumento de tarifas de ônibus mencionado), parece menos banal quando se sabia da existência de metrôs e ônibus precários apinhados de trabalhadores e população em geral, tratados "como gado", para utilizarmos a expressão forte do escritor Ignácio de Loyola Brandão. Embora revelador, trata-se apenas de um aspecto da crise mais ampla, sistêmica, pois pessoas cientes e padecedoras de problemas em todas as esferas (social, política, econômica, ambiental, étnica, educacional, médica, sanitária, habitacional etc.) ocuparam o espaço público das cidades, se *manifestaram enfim*,

---

[4] Entrevista a Eleonora de Lucena, *Folha de S. Paulo*, 15/8/2011, p. A14.

[5] Para uma visão abrangente desses processos, consulte-se a coletânea de artigos de José Maurício Domingues, *O Brasil entre o presente e o futuro: conjuntura interna e inserção internacional*, Rio de Janeiro, Mauad, 2013.

dando às noções vagas de *manifesto* e *manifestação*, não em texto ou plataforma, mas nas ruas, uma densidade e concretude nova, nacional.

Tais manifestações extrapolaram o campo semântico e o instrumental conceitual até então cultivado pelos politólogos da "sociedade civil" ilustrada e bem comportada, ou pelos cientistas sociais, estudiosos e militantes. O que explica as dificuldades que tiveram todos — cientistas sociais e politólogos inclusive — em compreender os conflitos que ocorriam (e ocorrem!) na sociedade *real*, em nosso *Tiers État* e no *Quatrième État* subdesenvolvido.

A compreensão do fenômeno obrigou as mentes mais atentas a procurarem novos parâmetros para a interpretação histórico-sociológica do país na etapa atual: as denominadas *Jornadas de Junho* de 2013 demonstraram a necessidade de profunda revisão dos paradigmas socioculturais e político-institucionais. Pois o fato é que tais manifestações acordaram a nação e descortinaram a existência viva de novas frações de classe com valores de modo geral democratizantes que já não se enquadram no sociologismo ou economicismo tradicionais, muito menos nos enfoques dos marqueteiros que vinham orientando as lideranças políticas e ditando os caminhos da sociedade e, em última instância, os rumos da República. "Valores" até então vigentes que caducaram, a exemplo da tal "bolha da classe C", ou mesmo do que se entendia por "classe média", que entrou e saiu de moda com a mesma rapidez e vacuidade...

Uma Constituinte? O que há de "novo"?

Até a própria presidência da República, monitorada pelo experiente Lula, desinformada por seus serviços de inteligência, custou a compreender o que se passava. Abalada pelo impacto das insurgências, chegou a propor em agosto de 2013, atabalhoadamente, uma Constituinte e depois um plebiscito sobre a reforma política, proposta não de todo descabida, pois a questão nacional de fato não se esgotava na esfera "política" vista de Brasília, muito ao contrário.

A iniciativa da presidente esbarrou, é claro, em poderosas "forças ocultas" do Congresso (o *marais*, o pântano) e de juristas do patriciado nacional, legalistas temerosos de ruptura da já esbodegada ordem constitucional, de resto violentada todos os dias, todas as horas. O tema é velho, mais que antigo, porém sempre vivo nas mentes defensoras do *establishment*, tendo à frente o "ínclito" presidente do Senado Renan Calheiros e, na retaguarda, o vice-presidente Michel Temer, ambos do PMDB. Temerosos, não se esqueceram que a "ruptura está na Constituinte", como há muito já constatara em 1987 o professor Luiz Werneck Vianna, cientista político atento aos descompassos da História do Brasil.[6]

Mas, o que há de efetivamente *novo* é a constatação pública da saturação histórico-social, de esgotamento ideológico e político-partidário que mobilizou mais de um milhão de pessoas nas principais cidades do país, e se desdobrou (e se desdobra) até os dias atuais.

Daí a necessidade de se buscarem novos paradigmas nas análises da História do Brasil atual, dado que conceitos como sociedade civil e Estado ainda aguardam redefinição, após a eclosão de tais movimentos. Com efeito, tal mobilização constitui fenômeno *novo*, com as redes sociais ativadas pela internet atuando por fora e para além dos partidos, das instituições republicanas formais e da imprensa.

A crônica da crise, na voz de alguns protagonistas

Para uma visão do processo vivido no último período (2007 a 2014), retomemos a linha geral dos acontecimentos que levaram Dilma Rousseff à presidência da República em 2011 e, mais tarde, à grave crise de 2013.

A sucessora do presidente Luiz Inácio Lula da Silva, a ex-ministra-chefe da Casa Civil no governo Lula, sagrou-se vitoriosa nas eleições ao vencer o economista e ex-senador paulistano José Serra, do PSDB, ex-governador e ex-prefeito de São Paulo. Gaúcha-mineira filiada ao PT, Dilma foi a candidata escolhida e apoiada por Lula, que continuou a atuar como sombra e seu mentor na condução das negociações da presidência.

Como se disse, os conflitos sociais acentuaram-se progressivamente até 2013, no período de crises intermitentes em que governos petistas assumiram o comando do país, sobretudo a crise do macroepisódio do escândalo e processo do "mensalão", já referido, que depois se prolongaria em novo escândalo, na Petrobras (o chamado "petrolão").

Analisado o processo em perspectiva, foi esse o *turning point* da política do PT e da liderança de Lula, com reflexos na esfera sindical e em todo

---

[6] Luiz Werneck Vianna, "A ruptura está na Constituinte", em *Presença — Revista de Política e Cultura*, n° 10, julho de 1987, pp. 5-9. Para uma perspectiva histórica, ver no mesmo número da revista citada o artigo crítico "Pacto social na Nova República", de Maria Hermínia Tavares de Almeida.

o sistema político do país, com impacto na própria presidência da República, chegando a afetar a governabilidade por algumas semanas. A queda brutal e imediata na avaliação popular do governo Dilma em julho e agosto de 2013 revelou o tamanho do estrago; a reavaliação posterior não apagaria de todo as marcas deixadas.

A desidratação do governo e a crise do PT já eram visíveis há muito tempo, pois figuras eminentes do Partido dos Trabalhadores foram abandonando o barco, como foi o caso da ex-prefeita de São Paulo, Luiza Erundina, dos juristas Hélio Bicudo e Pedro Dallari, do prestigioso sociólogo Chico de Oliveira, um dos fundadores do PT e figura de destaque na esquerda brasileira. Muitos quadros importantes migraram para outros partidos, como foi o caso de Ivan Valente, Luciana Genro, Cristovam Buarque, Heloísa Helena, Marina Silva, Chico Alencar, alguns dos quais se passaram para o PSOL.

Foi o caso também de Plínio de Arruda Sampaio, um dos coordenadores da primeira campanha de Lula e ex-candidato à presidência em 2010. O professor, socialista e ex-deputado, que militou no PT durante 25 anos e continuou em 2013 a defender uma reforma agrária radical, a socialização da educação e da saúde, foi veemente durante a campanha à presidência.

Pouco depois, do alto de seus 80 anos, denunciava em 2010: "O governo Lula é nefasto. Seu governo cooptou as lideranças, transformou os movimentos em ONGs, terceirizou uma série de serviços que são do Estado como forma de transpassar dinheiro para as entidades". Sobre o PT, disse sentir uma "tremenda tristeza" com seus rumos: "Porque o PT é a primeira grande realização do povo brasileiro. Isso se perdeu. A maioria dos petistas é gente ótima. O que houve foi um desvio da cúpula".[7]

Para o respeitado socialista Arruda Sampaio, o problema era que a cúpula abandonara um projeto de partido para assumir um projeto de poder. Reflexos dessa crise alcançaram nos anos seguintes setores mais novos da militância petista, como no caso do historiador e professor Lincoln Secco, da USP. Para o autor do livro publicado em 2013, *História do PT*, o partido se considera vitorioso, mas ideologicamente foi derrotado.[8]

A chamada "herança maldita" do governo FHC deixou de ser tema do ataque dos petistas e aliados às oposições (sobretudo ao PSDB), dado que a

---

[7] Entrevista a Fernando Gallo, *Folha de S. Paulo*, 1/8/2010, p. A9.

[8] Entrevista a Isadora Peron, *O Estado de S. Paulo*, 12/2/2013, p. A6. Note-se que Dilma estava na metade final do mandato e o partido completava 33 anos.

privatização, o mau uso da máquina do Estado e malversação de fundos públicos passaram a ser característica forte do petismo e do lulo-dilmismo vencedor. Se a ordem estabelecida não sofreu até 2013 maiores abalos, com mais danos para o governo, foi porque a oposição também revelou-se débil, com notável esvaziamento ideológico dos partidos.

Some-se, nesse quadro turbulento, os conflitos entre os três poderes da República, as dissensões no interior do PT, mas também com o partido aliado, o "inconfiável" PMDB, com o qual o governo se engastalhou desde o princípio, além das crises energética, previdenciária, na saúde e na educação, além dos problemas graves de infraestrutura portuária, aeroportuária e viária, e ter-se-á a dimensão dos dramas vividos pela população. Já não se contenta ela com medidas assistencialistas ou discursos protelatórios.

Nova época? Ausência de uma cultura republicana

A insatisfação quase generalizada com os políticos e com os governos (no plural) abriu uma nova época, com movimentos de massa que escapavam a orientações partidárias e sindicais.[9] Se no mundo do capital o empresariado enfrentava as variações da conjuntura com a liderança frágil do ministro Guido Mantega, no mundo do trabalho as coisas não foram melhor, dadas as relações bastardas entre governos e sindicatos, como continuaria a denunciar em 2013 o ex-ministro do Trabalho Almir Pazzianotto.[10]

Como já diagnosticara em janeiro de 2009 o historiador José Murilo de Carvalho, no Brasil não existe cultura republicana. Quando o escândalo do "mensalão" e de outros malfeitos alimentavam críticas da oposição e da

---

[9] A profusão de artigos e ensaios sobre a crise, o lulismo e os destinos da República não datam de hoje. Veja-se o artigo precursor do polêmico Arnaldo Jabor, "O troço (ou: O lulismo é uma nova categoria política)", *O Estado de S. Paulo*, 8/5/2007, Caderno 2, p. D14; de José Álvaro Moisés, "Crise do sistema?", *O Estado de S. Paulo*, 18/3/2012, Caderno Aliás, p. J3; André Lara Resende, "O mal-estar contemporâneo", *Valor Econômico*, 5, 6 e 7 de julho, pp. 4-7, em que mostra que o projeto do PT no governo é retrógrado, essencialmente uma volta do nacional-desenvolvimentismo; de Luiz Werneck Vianna, "Os espectros do desenvolvimentismo", *O Estado de S. Paulo*, 27/5/2012, p. A2; e as entrevistas reveladoras de FHC e Lula: "FHC acusa Lula de agir como 'chefe de facção'", em *O Estado de S. Paulo*, 15/9/2010, p. A8; e "Lula afirma que PT precisa recuperar os 'valores' perdidos", *Folha de S. Paulo*, 5/5/2013, p. A8.

[10] Ver Almir Pazzianotto, "Governos e sindicatos, relações bastardas", *O Estado de S. Paulo*, 25/3/2013.

sociedade civil, alguns indiciados, em suas reações, afirmavam a torto e direito defenderem a tal cultura republicana, evocando-a...[11]

No plano econômico, o consumismo estimulado pelo governo lulo-petista e pela marquetagem (que inventou a tal classe C) não bastou para conter a inflação e os juros altos; a antiga questão indígena, com altíssimo índice de assassinatos, desafia e aterroriza o bom senso do cidadão comum; na questão do meio-ambiente, a agroindústria prospera enquanto o desmatamento atinge cifras nunca antes vistas; o peso dos impostos não é diminuído e a falta de transparência efetiva provoca forte reação social e tomadas de consciência cívica; a violência no campo e na cidade não regride, ao contrário; a sociedade mergulha em processo de despolitização intensa, e assim por diante. Os descaminhos da Petrobras, antes uma referência nacional e mundial, mais as atuações e prioridades do BNDES, somadas à insegurança do ministro da Fazenda Guido Mantega, sugerem que a República ficou desbussolada, desnorteada. O que levou muitos analistas a falarem em desmonte do Estado de Direito.

A CRISE DA REPÚBLICA: DESIDRATAÇÃO DA ÉTICA

Vejamos alguns antecedentes. No ano de 2006, a despeito de dissonâncias, farpas e escaramuças entre o PT no poder e o PSDB na oposição, vivia-se ainda no país a sensação de relativa maturidade político-institucional. De fato, a transição civilizada de FHC para Luiz Inácio Lula da Silva fôra importante, quase uma novidade na vida política e institucional brasileira: como observou Luiz Weis, a nova elite dirigente esteve de acordo em deixar quieto o passado, com a promessa de a elite oposicionista não atrapalhar a administração e a governabilidade.

Àquela altura, Aécio Neves despontava como nova liderança no PSDB, num momento em que o partido aprofundava-se em séria crise de identidade. Fernando Henrique criou seu Instituto, para uma ação de dinamização da sociedade civil e para o exercício de uma oposição "vigilante e responsável" em relação ao governo Lula e ao PT.

Ainda segundo Luiz Weis, as concepções básicas do PSDB e do PT, este estreando na presidência da República com a novidade de ter o país um líder dos trabalhadores à frente, são mais próximas do que os dois lados abomi-

---

[11] José Murilo de Carvalho, "País não tem cultura republicana", *O Estado de S. Paulo*, 2/1/2009, p. A6.

nam reconhecer. Por isso, dizia ele em 2006, "quando se apedrejam, com a agravante de nenhum deles estar credenciado a atirar a primeira pedra, PT e PSDB ficam menores do que o Brasil que ergueram".[12]

Na verdade, desde 2003, quando da posse de Lula, até 2011, assistiu-se no país a uma desidratação da ética e do *mores* político em todos os quadrantes da vida nacional. O surgimento de denúncias de corrupção e a persistência de hábitos que se esperava fossem coisas do passado, propiciou o surgimento ou afirmação de novos atores no jogo, com outros valores, como é o caso de Marina Silva, Heloísa Helena, Chico Alencar, entre vários outros. Ficariam para outra oportunidade as advertências de José Genoino, deputado federal pelo PT, preocupado com o fracasso do atual modelo de Estado e com a perda de referências morais (para utilizarmos sua própria expressão). E tinha razão Genoino, como a História mostraria, quando dizia que era preciso perceber que a esquerda vinha avançando mais empiricamente do que conceitualmente nesse trabalho de atualização.[13] Demasiado empiricamente...

O engastalhamento do PT em suas próprias teias, agremiação da qual a esquerda esperava muito mais, deveu-se ao fato de ter adotado métodos e valores que baixariam ainda mais o tom da vida pública nacional, sobretudo com a compra de votos de deputados, com dinheiro público misturado ao particular. Seus resultados já eram comentados em 2004 por Juan Arias, no jornal espanhol *El País*. No artigo "El declive de Lula", Arias mostrou como as reformas prometidas pelo presidente estavam paralisadas, desde as lutas contra o desemprego (13% em 2003) até a defesa do meio ambiente, além da não decolagem do Fome Zero e da Reforma Agrária. O presidente foi então definido como "el líder más viajero"...[14]

A VIRAGEM DE 2007: DE HERÓIS A RÉUS

2007 foi o ano em que mudou o quadro nacional, dada a enormidade dos desvios de sentido da vida pública republicana, tornados públicos. Pois

[12] Luiz Weis, "O espírito de 2002", *O Estado de S. Paulo*, 22/11/2006, p. A2.

[13] José Genoino, "O aprendizado do PT", *O Estado de S. Paulo*, 22/12/2001. Na mesma página, o jurista Miguel Reale mostrava que no Programa Internacional de Avaliação de Alunos (PISA), entre os 32 países submetidos ao teste de capacitação de compreensão de leitura, os estudantes brasileiros figuraram em último lugar.

[14] *El País*, 4/4/2004, p. 8.

A transição incompleta: ainda o mesmo modelo (2007-2014)

parte da cúpula do PT no primeiro governo Lula virou ré por formação de quadrilha e articulação de um esquema engenhoso. O Supremo Tribunal Federal (STF) decidiu processar quarenta denunciados, envolvendo cinco partidos, três ex-ministros e onze deputados. Todos foram denunciados pelo procurador-geral da República Antonio Fernando de Souza pelos crimes de formação de quadrilha, corrupção ativa e passiva, lavagem de dinheiro, peculato e gestão fraudulenta. O sucessor do procurador, o combativo Roberto Gurgel, manteve-se no mesmo diapasão, assim com o relator do processo, o ministro Joaquim Barbosa.

Naquele mesmo ano, estouraram vários escândalos, denunciados pela imprensa, sobretudo o que envolveu o senador Renan Calheiros, do PMDB de Alagoas, então no seu primeiro mandato como presidente do Senado. Um usineiro daquele Estado, João Lyra, confirmou a sociedade secreta com o presidente do Congresso em rádio e jornal e disse que "usou 'laranjas' a pedido do senador", que teria se utilizado de "jatos e helicópteros do usineiro em passeios e viagens políticas sem pagar um tostão".[15]

Ainda em 2007, Renan Calheiros viu-se envolvido e denunciado numa série de atos indecorosos, e teve pedida sua demissão. Em editorial acachapante do jornal *O Estado de S. Paulo*, toda uma rede de interesses escusos foi denunciada, listando-se os malfeitos do político em conluio com seus paus-mandados (sic), acobertados pelo Senado e gozando de total impunidade.[16] Os embates ocuparam um longo período das atividades senatoriais, além de muita verba e tempo da República, e sobretudo da cidadania pagante: apesar da demora, Calheiros foi levado à demissão. Mas, passada a tormenta, voltaria ele anos depois ao Senado e, como não bastasse, à presidência da Casa, como se viu!

---

[15] "Renan foi um bom sócio", matéria assinada por Alexandre Oltramari, *Veja*, 15/8/2007, pp. 78-80. Nesse mesmo número da revista, ver o artigo contundente de Roberto DaMatta, "Sem culpa e sem vergonha", pp. 76-7. Os personagens do "mensalão" começam a ser indiciados. O problema não era apenas brasileiro, pois à mesma época uma mala com 800 mil dólares foi encontrada em jato particular, expondo as relações entre Chávez, da Venezuela, e o casal Kirchner. O tema da impunidade aparece com toda força e espaço na imprensa: a matéria de capa da *Veja*, edição 2021, de 15/8/2007, é a fotomontagem um imenso rato sorridente, de gravata, atrás das grades, com uma mala na mão. Título: "A praga da impunidade. Por que eles não ficam presos".

[16] "Tudo pela impunidade", editorial de *O Estado de S. Paulo*, 29/8/2007, p. A3.

Semanas antes, Fernando Henrique denunciava em artigo no mesmo jornal, sob o título "Corrupção, voto e orçamento", os mecanismos que conduziam (e o fazem até hoje) ao neocoronelismo da política de favores, em que o orçamento da União é muito afetado, além de atropelar outros quesitos da vida republicana decente. Gera-se com isso, em suas palavras, a podridão dos mensaleiros, a promiscuidade entre empreiteiras, parlamentares e funcionários, o que torna a corrupção, mais do que endêmica, sistêmica.[17]

2008: SURPRESAS... ANTIGAS. ITAMAR LANÇA AÉCIO NEVES

No ano seguinte, 2008, o ex-presidente Itamar Franco saiu do silêncio e investiu contra Fernando Henrique, ao dizer que fez ele uso eleitoral do Plano Real, com sua nova moeda e fortes discursos sobre a estabilização da economia do país. Aparentemente discreto, porém com traços de oportunismo, Itamar sugeriu que o então ministro da Fazenda não deveria ter assinado as novas cédulas. E aproveitou para ir mais longe.

De olho no futuro, Itamar discutiu a paternidade do Plano, que segundo FHC já estava pronto quando ele deixou o ministério. O ex-governador de Minas acusou então FHC de "dizer uma inverdade", e revelou que o ministro seguinte, Rubens Ricupero, lhe contara que o plano não estava pronto. "Eles tinham dúvidas no câmbio e se deviam lançar o plano antes das eleições. Havia grande dúvida na equipe do dr. Fernando." Segundo ele, "Fernando Henrique sabia, desde o começo, que sem sua assinatura na cédula do real não ganharia a eleição". Mas, segundo o jornalista Carlos Marchi, FHC tinha o compromisso com Itamar de não tentar a reeleição, "e não cumpriu". "Um amigo de FH confirmou a versão e sugeriu que Itamar pretendia voltar à presidência em 1998, expectativa frustrada pela recandidatura do tucano." Ainda segundo Itamar, na mesma entrevista, "FHC, na presidência, negligenciou a complementação do Plano Real, que precisaria ter mais dois pilares, a reforma tributária e a reforma fiscal. Isso seria feito no início do governo, em 1995. Em vez de fazer reformas, ele jogou tudo na reeleição". Segundo Marchi, o mineiro defendeu que o presidente a ser elei-

---

[17] "Corrupção, voto e orçamento", *O Estado de S. Paulo*, 3/6/2007, p. A2. Na mesma página, o professor Gaudêncio Torquato investe contra os malfeitos de Calheiros e conluio com seus comparsas, com detalhes que põem a nu graves aspectos da vida republicana, no artigo "Vida privada e vergonha pública", um documento de época. Aliás esquecido por todos, sobretudo pelo próprio Senado.

to em 2010 deveria ser um não paulista: "Não sou contra São Paulo, mas está na hora de os paulistas sossegarem um pouco. Vamos somar: oito anos de Fernando Henrique, oito anos de Lula. Mais oito anos de outro presidente? Aí fica complicado, não fica não?".

Itamar desafia ainda os dois paulistas que governaram depois dele a atingirem os índices de crescimento econômico de seu período na presidência. E nesse embate, surge o "novo": Itamar apresenta o nome de Aécio Neves como candidato para 2010. "Um pensamento moderno, um avanço do ponto de vista estratégico. E à frente dele tem o Estado de Minas Gerais."[18]

A GOVERNABILIDADE EM 2008 E O FATOR CORRUPÇÃO

Naquele ano de 2008 assistia-se também à discussão sobre o uso de cartões corporativos, usado abundante e generosamente por funcionários do alto escalão do Estado, o que resultou na CPI dos Cartões. O problema era que a Controladoria-Geral da União dava publicidade aos volumes de dinheiro, mas não tinha como fiscalizar com eficácia o uso de recursos ou questionar a idoneidade dos beneficiários.

Em 2008, mais grave foi o impasse entre Executivo e o Senado, presidido por Garibaldi Alves (PMDB-RN), em princípio um aliado do Planalto, mas que reagiu à pressão governista, por conta da votação do Orçamento, ou seja, das contas públicas, o que deveria ter ocorrido em dezembro do ano anterior, porém sempre adiada por falta de sintonia entre o Planalto e o bloco de apoio ao governo. A irritação de Lula devia-se ao fato de estar viajando duas vezes por semana para inaugurar obras do PAC, sempre levando consigo Dilma, ministra-chefe da Casa Civil. Pois Dilma já despontava então como a candidata preferencial de Lula à presidência... "Se o orçamento não for votado, terei de apelar para uma enxurrada de medidas provisórias", advertiu. "É muito fácil pôr a culpa nos outros", reagiu o senador Garibaldi Alves, o pitoresco aliado potiguar.

O problema maior era de natureza político-institucional (como nos anos seguintes, e até os dias atuais). Ou melhor, relativo ao próprio formato do Estado. Ora, a ineficiência do Estado é o resultado de muitos fatores (inclusive vícios conhecidos como clientelismo, compadrio, aparelhamento etc.),

---

[18] "Para Itamar, FHC fez uso eleitoral do Real", entrevista a Carlos Marchi, em *O Estado de S. Paulo*, 11/3/2008, p. A6.

não apenas por conta de sua enorme e histórica dimensão, mas por causa do tamanho do ministério do presidente Lula. Foi apenas um desses fatores, além de ser uma das causas do desperdício e da ineficiência do governo.

Segundo Merval Pereira, o tamanho da ineficiência pode ser diagnosticada, como ocorreu em centros de pesquisa até com recurso a modelos matemáticos. "Quanto menos ministros tem, mais eficiente é o governo." Simples assim. Com 39 membros no primeiro escalão, entre ministros e secretarias com *status* ministerial, o ministério de Lula tornou-se o maior da história do país e, segundo o cientista político Octavio Amorim Neto, da FGV do Rio, citado pelo jornalista, tal fato se reflete no resultado da eleição de 2006, que elegeu o Parlamento mais fragmentado da República.[19]

A ideia de que era necessário ampliar as "bases" para garantir a governabilidade adquiriu foros de verdade para o senso comum das militâncias e dos politólogos da hora, empapados no caldo do oportunismo. O problema naturalmente se complica se associarmos ao tamanho do Ministério o *fator corrupção*, que incide no aumento de dificuldades para a Controladoria--Geral da União exercer seu papel com eficiência e rigor. Ou, como em 2013 alertará, no caso de processos de corrupção, o austero e vigilante ministro da CGU Jorge Hage, ex-prefeito de Salvador e ex-deputado à Assembleia Nacional Constituinte: "Não adianta agravar a pena se o processo não tem fim e não há condenação, ou punição, inclusive de empresas corruptoras".[20]

O FORMATO DO ESTADO: UMA "COLCHA DE RETALHOS".
INSEGURANÇA JURÍDICA E MAIS CORRUPÇÃO

Antigos problemas gerados no sistema (por assim dizer) republicano vigente agravam-se, turvando ainda mais a cena nacional. Em 2008, constatou-se que o volume de Medidas Provisórias cresceu no governo Lula e paralisava o Congresso. Era o Executivo que legislava. A imprensa denuncia que o governo edita MPs sobre assuntos que não eram urgentes nem relevantes; parlamentares embutiram outros projetos dentro das MPs para aprovação rápida; votações mais importantes foram atropeladas; os conteúdos

---

[19] Merval Pereira, "O tamanho da ineficiência", *O Globo*, 23/5/2008, p. 4.

[20] Jorge Hage, entrevista a Fábio Fabrini, em *O Estado de S. Paulo*, 7/7/2013, p. A10.

A transição incompleta: ainda o mesmo modelo (2007-2014)

das MPs não eram fiscalizados pelo Judiciário ou pelo próprio Legislativo. A insegurança jurídica dominou o cenário.

Juristas e jornalistas apontaram o fato de que, após a aprovação da Constituição de 1988, a Carta completava 20 anos com um excesso de emendas, mais de sessenta. Ou seja, com a média de quase três emendas por ano, a Constituição tinha ficado pior. Além do texto original, o que havia era uma "colcha de retalhos", de interpretação complicada, segundo a visão do insuspeito crítico Walter Ceneviva.[21] E a questão do voto distrital permaneceria irresolvida por muitos, longos anos, sem fim.[22]

Para além do plano jurídico-político, o grande mal nacional continuava a grassar por toda parte: o da corrupção. No ano anterior, a juíza Raquel de Lima Vasconcelos, de Belo Horizonte, começou a levantar detalhes sobre as origens dos recursos financeiros e rendimentos do empresário Marcos Valério, apontado como operador do "mensalão", que conseguira liberar parte de seus recursos bloqueados pelo STF. A questão da impunidade em face da corrupção tornou-se tema predominante do debate nacional, tanto na mídia escrita como na eletrônica.

O Brasil tradicional coronelista sertanejo do presidente do Congresso, Renan Calheiros, e do populismo urbano de Lula e de Serra contrastava pouco com o esquálido Brasil "moderno", pois tanto Lula como o governador eleito de São Paulo, José Serra, não deixaram de invocar Deus em seus discursos nesse ano (em Lula, doze vezes, segundo matéria em *O Estado de S. Paulo* publicada em 7/1/2007, embora devendo sua popularidade ao "destino" e aos trabalhadores). Enfim...

Grave também foi a incompetência, como no caso do trato do setor aéreo, em que o presidente Lula entrou em conflito com o Clube da Aeronáutica, que chegou a ameaçá-lo de *impeachment* (deposição) por infringir a Constituição. Lula viu-se obrigado a se explicar ao comando da Aeronáutica e do Exército para tentar conter a crise militar, por conta dos controladores de voo amotinados, com ameaça de extensão da greve aos controladores civis, como se lê nas manchetes dos jornais do dia.

[21] Walter Ceneviva, *Folha de S. Paulo*, 4/10/2008, p. C2.

[22] Aos 25 anos da Constituição de 1988, o quadro jurídico-político e as manifestações pelos direitos sociais no país foram analisados em caderno especial de *O Estado de S. Paulo*, 5/10/2013, pp. H1 ss., sob o título "Cidadania 2.0: modos de acessar".

Uma dura avaliação: desgoverno, inépcia e ausência de um projeto de nação

"Popularidade só não faz verão", denunciou a jornalista Dora Kramer em abril de 2007. "Inoperância, displiscência e inépcia são três termos perfeitamente aplicáveis ao Governo Federal no trato da crise do setor aéreo". E faz um julgamento claro e contundente:

> "A personalidade do presidente Lula, seu modo de lidar com as questões, sejam elas sindicais, partidárias ou governamentais, é o pano de fundo desse cenário cuja única definição possível é desgoverno. Lula precisou administrar poucas dificuldades em seus primeiros quatro anos. E todas enfrentou da mesma maneira: ausentando-se enquanto era possível, bravateando nos momentos mais delicados e transferindo aos alheios a responsabilidade quando não tinha outro jeito. No restante do tempo falava, falava, falava, de preferência mudando de assunto, fazendo muita piada, esbanjando simpatia, mostrando-se bastante hábil na arte de manipular a inibição do brasileiro (todos, dos mais desprovidos aos mais bem aquinhoados) diante de gente poderosa."[23]

De todo modo, a consagração da república sindical foi o fato mais relevante registrado em 2008, com a regulamentação das centrais sindicais e mais benefícios aos sindicalistas, além de ocupação em massa de cargos de comando na máquina federal por ex-sindicalistas. Os números e inclusive os salários são expressivos: 45% dos cargos de alto comando dentro do governo foram para as mãos de sindicalizados, enquanto a média nacional era de apenas 14%. A crítica já então era clara: apenas a burocracia sindical foi a beneficiária da política do presidente-trabalhador. Não obstante, "a presença de sindicalistas não tem resultado numa política favorável aos trabalhadores assalariados", concluiu o cientista político Armando Boito Jr.[24]

Enquanto isso, no campo, a Via Campesina avançava, em nova onda de protestos, com o movimento se alastrando em sete estados e resistindo à

---

[23] *O Estado de S. Paulo*, 3/4/2007, p. A6.

[24] *O Estado de S. Paulo*, 6/4/2008, p. A4. Ver os nomes, funções, origens e alguns salários da república sindical. O debate sobre a batalha do imposto sindical foi reportado por Fausto Macedo no mesmo jornal em 13/3/2008, p. A6.

desocupação na cidade de Estreito, entre Maranhão e Tocantins. E um grupo de oitocentos integrantes do Fórum Estadual pela Reforma Agrária, que reúne o Movimento dos Sem-Terra (MST), a Pastoral da Terra e outros ativistas, invadiu a sede do Instituto Nacional de Colonização e Reforma Agrária (INCRA) em Goiânia. De todo modo, informou o Instituto que, nos últimos cinco anos, 7.800 famílias tinham sido assentadas, em 63 projetos.[25]

O FIM DE UMA ÉPOCA DE "APAGÕES"?

Tais problemas no campo se inscreviam num quadro maior, nacional. As cidades também entraram no vórtice da crise nacional, com a improvisação adotada como método. Sobre esse período de apagões, sintetizou o urbanista e historiador Nestor Goulart Reis em seu duro artigo "Apagões urbanos":

> "Estamos na fase dos apagões: de energia elétrica, dos aeroportos, do trânsito em São Paulo, da segurança pública, do gás, da educação e da saúde. Em matéria de infraestrutura e serviços urbanos, estamos certamente no fim de uma época. Não de um governo ou de outro, mas de uma época."

E o historiador e urbanista foi mais direto ao apontar as causas mais profundas: "Os investimentos se concentraram no mercado financeiro. As cidades foram deixadas à própria sorte".[26]

A CONSTITUIÇÃO AOS 20 ANOS. "HERANÇAS MALDITAS"... QUAL O PROBLEMA?

O ano de 2008 assistiu a relativamente poucos debates sobre os 20 anos da Constituição de 1988. Como se houvesse então uma satisfação ampla com documento tão generoso quanto impreciso, com várias normas pouco claras e, algumas, genéricas ou inexequíveis, além de abundância de artigos e emendas.

---

[25] Rubens Santos, "Sem-terra invadem INCRA para impedir mudanças em GO", *O Estado de S. Paulo*, 11/3/2008.

[26] *O Estado de S. Paulo*, 23/10/2008, p. A2.

Nada obstante, há que se notar, como observou o jurista Dalmo de Abreu Dallari, que houve um aumento na porcentagem de brasileiros com acesso a direitos como educação e saúde, como o da exigência de efetivação desses direitos por meio de ações judiciais ou de manifestações de organizações sociais.[27]

Mas o clima nacional era de desconfiança geral, sobretudo no capítulo das então chamadas "heranças malditas", expressão com que os petistas acoimaram o governo anterior como responsável por elas. O que mereceu resposta frontal do ex-ministro da Fazenda do governo FHC, o economista Pedro Malan. Evocando a situação anterior ao Plano Real, o ex-ministro fez notar que a respeitabilidade internacional do país foi assegurada naquele período de estabilização planejada. E que o próprio governo Lula beneficiou-se disso, "por ter mudado", dando continuidade ao processo de estabilização.[28]

Foi o próprio ex-presidente Cardoso quem deu a resposta mais contundente, no clima da eleição de Barack Obama naquele ano. Ao atacar a ideia dos "dois Brasis" mencionada por Lula em discurso no Recife (o da elite branca e o dos oprimidos, "não raro para justificar as práticas políticas mais atrasadas"), ele foi radical na crítica à corrupção:

> "Por que, ao invés de passar a mão na cabeça de quanto aloprado exista ao seu lado, de ver amigos em quem se deixa corromper e inimigos em quem honestamente dele diverge, nosso presidente, com todas as credenciais de homem que nasceu no meio do povo mais pobre e venceu, não une os brasileiros em torno do ideal fundador de toda grande República?"[29]

Àquela altura, o impasse maior residia — e ainda continuaria presente em 2013 — no desencontrado *ethos* político e cultural da coletividade brasileira. O processo civilizatório rumo à democracia social efetiva continuava a ser atropelado e soterrado por valores de uma sociedade estamental-escravista e, mais tarde, republicano-oligárquica e, depois, neopopulista. Era essa a herança maldita que aproximava Lula do despreparado e folclórico ex-

---

[27] "Democrática e progressista", *Folha de S. Paulo*, 4/10/2008, p. A3.

[28] "Grau de confiança, grau de respeito", *O Estado de S. Paulo*, 11/5/2008, p. A2.

[29] "Oportunidade perdida", *O Estado de S. Paulo*, 6/4/2008, p. A2.

-deputado Severino Cavalcanti, seu aliado, que chegou a presidir a Câmara Federal... Não se tratava apenas da chegada, nas últimas décadas, de enormes contingentes populacionais à esfera do mercado e sua entrada no círculo semi-ilustrado de uma incipiente sociedade civil, mas de um sistema de valores baseado na pouca prática de igualdade efetiva e direitos individuais, para o bom convívio em sociedade.[30]

Naquele clima, prosperou no meio petista a ideia de um terceiro mandato para Lula em 2009 ou, se não desse, talvez uma prorrogação, o que equivaleria a um golpe branco, quando se confundiria definitivamente popularidade com legitimidade, tendo à frente o deputado Carlos Willian (PTC de Minas) e o deputado-mensaleiro João Paulo Cunha, do PT.

Do ponto de vista internacional, ganhou vulto a crise financeira de Wall Street, que se transformou em crise global. O que o presidente Lula denominou "marolinha", na verdade foi o ápice de uma recessão que, com foco nos Estados Unidos, vinha grassando desde 2007. Em 2008 ocorreu a quebra do banco centenário Lehman Brothers, atingindo outros bancos de investimento e companhias financeiras, bem como montadoras, alcançando as bolsas no mundo, com repercussões também no mundo do trabalho (desemprego). Apesar da crise e de tudo, foi positiva a visão de William Rhodes, do Citibank, sobre a economia brasileira, bem como a do jornal inglês *Financial Times* e de megainvestidores como Mark Mobius. Do mesmo modo foi positiva a avaliação de Pedro Malan, ex-ministro da Fazenda de FHC, que proclamava em fevereiro de 2008: "O Brasil gradualmente caminha na direção de se transformar em um país normal", mas sem explicitar o que entendia por "normal"...

Internamente, ao lado dos aparelhos de Estado, crescia o número de organizações não governamentais, o que provocou o comentário irônico do ex-ministro da Fazenda Delfim Netto: "O Brasil é o único país do mundo onde as ONGs são sustentadas pelo governo".

O descrédito nas instituições foi marcante, como no caso do Legislativo carioca, objeto da crítica acutilante de Fernando Gabeira, então candidato a prefeito do Rio: "Na Câmara há uma parte corrupta, uma que trabalha pouquinho e outra de matadores"...[31]

---

[30] Roberto DaMatta, "A vida pelo avesso", *O Estado de S. Paulo*, 13/9/2008, p. D12.

[31] "Afirmação indesmentida", *Veja*, 31/12/2008, p. 130.

Enquanto isso, na cúpula de Brasília, a descontração do presidente dava a tônica do governo. Falastrão, o primeiro mandatário, ao transformar em julho a Secretaria da Pesca em ministério, não perdeu a oportunidade para mais uma blague: "Da mesma forma que a gente faz a reforma agrária, vamos fazer uma 'reforma aquária', na água".

Já o sóbrio ex-ministro Maílson da Nóbrega advertia que um dos alicerces para se enfrentar a crise "é um sistema financeiro sólido". E ainda chamava atenção ao perigo de ações irresponsáveis no Congresso, como as que extinguem o fator previdenciário e reajustam aposentadorias. Demonstrava ele medo de "mágicas e ações 'desenvolvimentistas' inconsequentes", mas elogiava "a sensata decisão de Lula de manter a política econômica".[32]

Qual, então, o problema? O problema era que se combinavam, num país sem projeto nacional maduramente formulado, o irresolvido passado rural e a pseudomodernidade urbana, em mistura explosiva.

2009: A CRÍTICA INTERNA SE AMPLIA

O ano de 2009 registrou fortes dissidências dentro do bloco no poder, vocalizadas por figuras de proa da esquerda brasileira, inclusive ex-membros do PT.

Já em 2007 algumas personalidades haviam advertido o governo sobre a condução dos negócios da República, particularmente nas questões energética e ambiental. Foi o caso do geógrafo e humanista Aziz Ab'Sáber, que se manifestou e esclareceu alguns tópicos, dentre os quais a transposição do rio São Francisco. Perguntado se o presidente Lula, com quem antes viajara bastante e a quem prestou assessoria, havia modificado sua visão a respeito do país, o professor foi direto:

> "Não quero falar sobre isso, o Lula está em um momento de vaidade tão grande que pensa apenas no currículo do político que ele é para o futuro. 'Todo mundo falou em transpor as águas do São Francisco, mas eu fiz as obras'. É muito complexo. Escrevi muito sobre o assunto na minha coluna na *Scientific American*. O governo fala que não é transposição do rio, mas de águas, só que

---

[32] Maílson da Nóbrega, "Uma base sólida para enfrentar a crise", *Veja*, 31/12/2008, pp. 190-1.

não diz que as águas do São Francisco estão poluídas devido à descarga de tudo à beira do rio — inclusive o que atende a região de Belo Horizonte [rio das Velhas] —, e os resíduos siderometalúrgicos. Tudo vai para o São Francisco. Descobriram isso tardiamente e decidiram 'revitalizar o rio'."[33]

Ab'Sáber não limita sua crítica ao governo federal: "Vocês que conhecem a região de São Paulo sabem que tudo o que foi feito para 'revitalizar' o Tietê tem sido uma brincadeira de péssimo gosto e demonstra a incapacidade de se entender a poluição hídrica".[34]

Abrindo o foco da análise, observa-se que, por volta do ano 2009, alguns pontos merecem destaque. A começar pela crise que grassava na base do governo.

A questão dos fundos de pensão voltava a ser objeto de crítica, como a do cientista político David Fleischer, da Universidade de Brasília, que atacou o modo como políticos buscam proveito próprio ao direcionar recursos de trabalhadores estatais. Ou seja, podem direcioná-los para amigos ou gente ligada ao partido aliado. Era o caso dos peemedebistas, capitaneados pelo ministro Edison Lobão (de Minas e Energia), na tentativa de assumir o comando do Real Grandeza, fundo de pensão dos funcionários das estatais Furnas e Eletronuclear, no que foi barrado pelo presidente Lula.

Sobre a confusão entre o público e o privado, ocorre que também no governo FHC o fundo de pensão do Banco do Brasil, o Previ, foi utilizado para agenciar a privatização da Telebrás, o que até provocou a demissão de um ministro...

A DENÚNCIA-BOMBA DE JARBAS VASCONCELOS:
TREMOR NAS BASES DO GOVERNO

Pouco antes desses episódios, o senador Jarbas Vasconcelos, de Pernambuco, dera uma entrevista-bomba, denunciando a corrupção alimentada pelo PMDB, que ajudou os sindicatos e pensionistas do Real Grandeza a afastar o partido dessa jogada, obrigando o ministro Lobão, ligado a Sarney,

---

[33] "Uma voz contra a corrente", em *Fórum*, vol. 5, n° 52, julho de 2007, p. 9.

[34] *Ibidem*. O geógrafo não poupou críticas também à ex-ministra Marina Silva: "Marina chamou ONGs para Brasília e nenhum pesquisador", diz.

a recuar. De fato, em sua entrevista, Vasconcelos diz que "boa parte do PMDB quer mesmo é corrupção", e que "a maioria se move por manipulação de licitações e contratações dirigidas". Tendo sido contra a eleição de Sarney para a presidência do Senado ("um retrocesso, um processo tortuoso e constrangedor", isso quando havia um candidato comprometido em recuperar a imagem do Senado, Tião Viana, do PT), Jarbas Vasconcelos tampouco pouparia o presidente Lula: "O *marketing* de Lula mexe com o país. Ele optou pelo assistencialismo, o que é uma chave para a popularidade em um país pobre. O Bolsa Família é o maior programa oficial de compra de votos do mundo".[35]

Sobre o fato do senador Renan Calheiros ter acabado de assumir a liderança do PMDB, o senador Vasconcelos foi direto: "Ele não tem nenhuma condição moral ou política para ser senador, quanto mais para liderar qualquer partido". Sobre seu partido, diz já não ser uma agremiação com grandeza, como fôra no início, pois não tem "bandeiras, propostas, nem norte":

> "É uma confederação de líderes regionais, cada um com seu interesse, sendo que mais de 90% deles praticam o clientelismo, de olho principalmente no cargo, para fazer negócios, ganhar comissões. Manipulação de licitações, contratações dirigidas, corrupção em geral."

Sobre a candidatura de Dilma à presidência, também foi claro. Embora achasse que a transferência de votos de Lula para Dilma não fosse automática, para ele constituía "um erro a oposição subestimar a força de Lula e a capacidade de Dilma como candidata": "Ela é prepotente e autoritária, mas está se moldando. Eu não subestimo o poder de um marqueteiro, da máquina do governo. Da política assistencialista, da linguagem de palanque. Tudo isso estará a favor de Dilma".

---

[35] Entrevista do senador Jarbas Vasconcelos a Otávio Cabral, "O PMDB é corrupto", *Veja*, 18/2/2009, pp. 17-21. Ver também o artigo de José de Souza Martins, "A mutilação do Estado brasileiro", *O Estado de S. Paulo*, 8/3/2009, p. J5. Segundo ele, "de nosso Pacto de Moncloa, a Nova República virou pacto com o parasitismo denunciado por Jarbas Vasconcelos". E completa: "No poder, PT fez alianças com todos os que combatera verbalmente".

Frei Betto: "Não é um projeto de nação"

Outra denúncia pesada partiu de um ex-assessor de Lula, o escritor e religioso Frei Betto: "Bolsa Família é política de governo e projeto de poder. Não é um projeto de nação".

Frei Betto, dominicano, que escreveu entre outros livros *Fidel e a religião* e *Batismo de sangue*, foi coordenador da área de Mobilização Social do Programa Fome Zero (2003-2004), tendo sido assessor especial do presidente Luiz Inácio Lula da Silva para a área social. Ele não nega totalmente o Bolsa Família, que melhorou as condições de vida de milhares de pessoas que viviam na miséria. "Porém, a proposta do Fome Zero (desativada) era mais abrangente, possuía caráter emancipatório. O Bolsa Família possui caráter compensatório. Até hoje não se descobriu a porta de saída das famílias que dele dependem." Já o Fome Zero propunha

"mutirões de políticas públicas — alfabetização, recursos hídricos, cooperativismo, capacitação profissional etc. — coroado pela reforma agrária. Assim, as famílias ficariam apenas dois anos na dependência dos recursos da União e estariam em condições de, em seguida, produzir a própria renda."

Sobre esse tema, Frei Betto lembra que já tratara em detalhes no seu livro *Calendário do poder*. Mas o que faltava, em sua visão, é simples: "A porta de saída todos no governo a conhecem. Falta vontade política de meter a mão na maçaneta da porta e abri-la: a reforma agrária".[36]

A vanguarda do atraso, segundo Chico de Oliveira

A análise mais sistemática e um balanço crítico da história recente do país apareceu em outubro de 2009 na revista *Piauí*, de autoria de Francisco de Oliveira, um dos fundadores (e agora ex-membro) do PT, economista e sociólogo.

---

[36] Entrevista de Frei Betto a Roldão Arruda, *O Estado de S. Paulo*, 9/3/2009, p. A7. Ver no capítulo anterior citação de *Calendário do poder* (2007), e o desalento de Frei Betto...

Julgava o professor que, passados sete anos de exercício da presidência, já era possível uma avaliação "dessa hegemonia às avessas" e dos efeitos que ela produziu. Observa que Lula não recebeu um mandato revolucionário em sua eleição, "apenas se rendeu ao capitalismo periférico". Mas lembra que se tratava de mandato "intensamente reformista no sentido clássico que a sociologia política aplicou ao termo: avanços na socialização da política em termos gerais". E mais especificamente: "Alargamento dos espaços de participação nas decisões da grande massa popular, intensa redistribuição de renda num país obscenamente desigual e, por fim, uma reforma política e adoção de uma política que desse fim à longa persistência do patrimonialismo".

Os resultados concretos, porém, não correspondem; na verdade, "são o oposto dos que o mandato avalizava". Para demonstrá-lo, o sociólogo faz um balanço histórico sobre as causas do atraso e dificuldades para avanços programáticos, evoca as desigualdades regionais, o peso do conservadorismo nacional desde o século XIX e início do XX, examina o sentido da Revolução de 1930 e do golpe de Estado de 1964, chegando à atualidade, com a "manipulação do fetiche da moeda estável" com que Fernando Henrique "retirou do Estado brasileiro a capacidade de fazer política econômica".

Hipercrítico, concluiu Chico de Oliveira que o governo Lula, na senda aberta por Collor e alargada por Fernando Henrique, "só fez aumentar a autonomia do capital, retirando às classes trabalhadoras e à política qualquer possibilidade de diminuir a desigualdade social e aumentar a participação democrática": "Se FHC destruiu os músculos do Estado para implementar o projeto privatista, Lula destrói os músculos da sociedade, que já não se opõe às medidas de desregulamentação". Suas conclusões são pesadas, pois

> "fomos todos mergulhados na cultura do favor [...], a corrupção campeia de alto a baixo [...] o avesso do avesso da 'hegemonia às avessas' é a face, agora inteiramente visível, de alguém que vestiu a roupa às pressas e não percebeu que saiu à rua do avesso. Mas agora é tarde: o lulismo é uma regressão política, a vanguarda do atraso e o atraso da vanguarda."[37]

[37] Artigo de Francisco de Oliveira, "O avesso do avesso", *Piauí*, nº 37, 4/10/2009, pp. 60-2.

Contra o aparelhamento da máquina pública. Tempo das "bondades"

Na cena política nacional, indiferentes às críticas crescentes, o PT e o PSDB se afirmaram como partidos hegemônicos, e antagônicos. O PT continuava a ser orientado por Lula e o PSDB tendo à frente um cardinalato coordenado pelo ex-presidente Fernando Henrique. Nesse meio tempo, na seara tucana, o mineiro Aécio Neves, insatisfeito com a cúpula do partido e incomodado com a polarização Dilma-Serra, entra em cena e avisa ao PSDB que exige prévias. Mas o candidato Serra já estava em ação.

Nas cidades como no campo, a violência parece fora do controle da sociedade civil, pelo que haveria que se intentar um novo, retórico e caudaloso "Pacto Republicano por um sistema de justiça mais acessível, ágil e efetivo", logo denunciado como um convite à demagogia.

Com eleição à vista, nem o antigo *mores* nem os vícios da vida política brasileira foram alterados. Era o tempo das "bondades", o que levava o presidente Lula não a comandar uma política fiscal rigorosa, mas, ao contrário, a aumentar gastos que viessem a fortalecer a candidata pelo PT à presidência em 2010. Para o que abriu os cofres do Tesouro para a concessão de ajuda extra de até R$ 1 bilhão para 5.500 municípios.

No ano eleitoral de 2010: qual esquerda?

Naquele ano eleitoral, as polarizações se acentuaram, mas a névoa liberal sobre o PSDB se adensou e embaçou o meio de campo, enquanto a confusão ideológica turvava as águas da esquerda, inclusive do PT, que se atolou no neopopulismo simplista e eleitoreiro. O resultado é a amenização da esquerda, como escreveu José Arthur Giannotti em janeiro de 2010. Ou seja, PT e PSDB "reivindicam a coroa esquerdista, mas não se dispõem a dar de fato uma voz aos pobres". Seu diagnóstico é preciso:

> "A política brasileira tende para o bipartidarismo, uma luta entre PT e PSDB, tendo, porém, no meio o enorme fantasma guloso do PMDB. Com os pés nas duas canoas, esse partido-ônibus impede que aqueles outros dois encontrem um perfil ideológico mais definido. A ideologia fica a cargo do PV, antes de tudo para

saciar a voz de nossa consciência. Marina não é alternativa de governo."[38]

Após mostrar os impasses e vícios em todas as tendências, resultado da péssima qualidade da democracia brasileira, Giannotti indaga, a partir de uma declaração de João Pedro Stédile, da coordenação nacional do MST, no Fórum Social Mundial, das reais contribuições do MST para o aprofundamento da democracia no Brasil. E propõe, para sair do embaço generalizado, que se criassem possibilidades "para que as massas populares tenham voz, capacidade de decidir, controlar e higienizar os meandros do poder".

Em perspectiva histórica, prenunciava o que ocorreria anos depois, quando em 2013 o inconformismo popular se manifestaria com certa violência nas *Jornadas de Junho*. No início de uma campanha eleitoral que se anunciava feroz, advertia o filósofo, o que vai ocorrer é a ocultação "dos verdadeiros desafios que agora enfrentamos. A tendência é forçar cada candidato a se apresentar como o defensor do bolso do pobre, esvaziando o papel político que ele possa ter". Acertou.

Do "coronelismo de asfalto": alianças para quê?

O país começava em 2010 a se reencontrar e a reavaliar sua história recente. Nesse sentido a questão dos direitos humanos, iniciada com a Lei da Anistia em 1979, voltou a ser ponto crítico, com as reações negativas dos militares ao Programa Nacional dos Direitos Humanos. Nos embates do cauto ministro da Defesa Nelson Jobim (quando ministro da Justiça no governo FHC fôra responsável pela assinatura da Lei nº 9.140 de 1995, que criou a Comissão Especial de Mortos e Desaparecidos Políticos do governo), cresceu a figura de Paulo Vannuchi, que defendeu a criação da Comissão Nacional da Verdade para apurar crimes no período ditatorial, com o direito a acesso aos lugares onde se praticou tortura e à documentação oficial. Nesse clima tenso envolveram-se militares e juristas, como Fábio Comparato, mas também ruralistas (pois denunciaram-se homicídios no campo, que aumentaram), a Igreja e empresários de comunicação.[39]

---

[38] José Arthur Giannotti, "Esquerda amenizada", Caderno Aliás, *O Estado de S. Paulo*, 31/1/2010, p. J3.

[39] Cf. a matéria de Gilberto Nascimento "A utilidade da barriga", *Carta Capital*,

Indicador do baixo padrão civilizatório que passou a definir nossa "modernidade", Brasília, um ícone nacional e marco da suposta modernidade, transformou-se em bastião do coronelato. Imagens fortes de corrupção explícita ganharam a mídia, bem como a violência explícita com policiais a cavalo pisoteando manifestantes, que mostraram a ação de uma verdadeira guarda pretoriana do governador, como denunciou Paulo Kramer, da Universidade de Brasília. Um "coronelismo de asfalto", na definição do cientista político.

Naquele clima de bandalheria, circularam gente como Joaquim Roriz e José Roberto Arruda, figuras do regime frequentes na mídia... Exceção a essa política foi Cristovam Buarque, "primeiro e único governador que ficou fora da bandalheira".[40] Enfim, Brasília consolidou-se como a "vanguarda do atraso".

Àquela mesma época, o PT radicaliza o programa da candidata lançada por Lula à presidência, Dilma Rousseff. Tratava-se de uma guinada à esquerda, com a radicalização do programa de governo da candidata aclamada em 20 de fevereiro após discurso contundente de sabor governista, no 4º Congresso Nacional do PT, quando se aprovou as diretrizes do programa de governo. Além da aproximação do Movimento dos Sem-Terra, houve atualização dos índices de produtividade para efeito de reforma agrária. No documento *A grande transformação* defendeu-se o projeto nacional de desenvolvimento, com ampliação do papel do Estado na economia e fortalecimento dos bancos públicos. Também o controle da mídia foi aprovado nas diretrizes que tratavam do acesso à comunicação, a jornada de 40 horas, a defesa do Plano de Direitos Humanos, o apoio à Comissão da Verdade e, mais polêmica, a aceitação da diversidade homoafetiva nas Forças Armadas. Como disse Lula:

> "Nos congressos do PT sempre aparecem teses para todos os gostos. É que nem uma feira de produtos ideológicos. As pessoas compram o que querem e vendem o que querem. O PT terá sabedoria para não jogar fora a experiência acumulada em quase oito

20/1/2010, pp. 18-22, com ampla informação sobre os pontos polêmicos do programa, e o papel de várias personalidades. A matéria de capa é "Esquecer, nunca".

[40] Cf. matéria de Cinara Menezes, "Vanguarda do atraso", *Carta Capital*, 20/1/2010, pp. 46-9.

anos de governo. Isso é riqueza que nem o mais nervoso trotskista seria capaz de perder."[41]

No Congresso do PT, o plenário deu poder total ao comando para decidir alianças que quisesse e intervir em qualquer seção estadual que não se alinhasse. Grupos à esquerda dos dirigentes fizeram discurso de crítica, com poucos aplausos. Como disse Markus Sokol, da tendência trotskista *O Trabalho*: "Alianças para quê? Para continuar o balcão de negócios que nos levou ao mensalão?".[42]

DILMA, CANDIDATA DE LULA: O "PARA QUÊ DAS ALIANÇAS"

Toda a agitação do PT não teve correspondência no lado da oposição, cujo candidato José Serra, governador do poderoso Estado de São Paulo, continuou com sua estranha estratégia baseada no silêncio e na letargia: não admitia publicamente sua candidatura, embora articulasse palanques estaduais para futuro apoio eleitoral. Do lado tucano e das oposições, apenas o ex-presidente Fernando Henrique respondia mais duramente aos ataques de Lula, em geral deselegantes, no que denominava "herança maldita", esquecendo-se de seus quase sete anos na presidência. Com o senador Álvaro Dias e poucos mais, FHC tornou-se um crítico praticamente solitário, embora bem instrumentado.

Ungida candidata, Dilma passou a construir sua nova imagem, com fortes retoques do marqueteiro de sua campanha. A matéria de capa da revista *Veja* de 24 de fevereiro de 2010 estampa enorme foto da indicada de Lula com a legenda: "A realidade mudou, e nós com ela".[43]

Do lado petista, Lula ("é maior que o PT", dizia-se, justificando-se alianças até então impensáveis) propôs que Henrique Meirelles fosse o for-

---

[41] "PT radicaliza programa de Dilma", por Vera Rosa, Clarissa Oliveira e Wilson Tosta, *O Estado de S. Paulo*, 20/2/2010, p. A4.

[42] *Ibidem*. Na mesma página, ver as matérias "Esquerda vai à feira e sai de mão vazias" (uma tendência propôs que o governo passasse a se apoiar na CUT e no MST, e abandonasse a ampla coligação que sustentava Lula) e "Lula usa discurso para desagravo ao partido por conta da crise que dizimou governo e cúpula petista em 2005".

[43] *Veja*, 24/2/2010. Ver a matéria de autoria de Otávio Cabral e Gustavo Ribeiro, pp. 51-9.

mulador do programa econômico de Dilma Rousseff. Nada obstante, ela anuncia sua disposição em fazer aliança com o PMDB, "um roçado de escândalos semeados", segundo o presidenciável Ciro Gomes, mas para ela "um dos maiores partidos brasileiros, com longa tradição democrática". O fato é que Dilma atuou na Petrobras (com prejuízos à estatal e demissão do diretor Ildo Sauer), no BNDES, no setor energético, na privatização de rodovias e no pré-sal.

Na questão dos transgênicos, garantira em 2008 a aprovação do plantio de grãos transgênicos e enquadrara ministros que se rebelaram e ameaçaram recorrer à Justiça (!) contra a medida. O que provocou a demissão da ministra do Meio Ambiente Marina Silva, que assumira um lugar de maior destaque na cena nacional e internacional.

Dilma entretanto afirmou-se como beneficiária do programa Bolsa Família, do Luz para Todos, do Minha Casa Minha Vida, de obras de saneamento e drenagem do PAC. E do apoio e estilo desabrido do presidente Lula.

A tal "classe C" e a incipiente crítica liberal

O fato é que o país vinha mudando, com o crescimento da "classe C", para utilizarmos a linguagem equivocada da marquetagem. Muito oportunamente foi lançada naquele ano a obra dos sociólogos Bolívar Lamounier e Amaury de Souza, *A classe média brasileira: ambições, valores e projetos de sociedade*, com um diagnóstico rigoroso do momento histórico-social. Em entrevista dada naquele contexto sobre o tema central então em moda, a tal "classe C", o sociólogo contribui nas "Páginas Amarelas" da *Veja* com algumas precisões ao debate.[44]

Na matéria, demonstra-se que, desde 2003, cerca de 30 milhões de brasileiros ascenderam à chamada classe média. Essa noção, menos que um conceito, e que sempre esteve presente nas análises e nas controvérsias sobre a sociedade brasileira, adquire maior nitidez nessa entrevista. "O resultado é que a classe C, como os sociólogos classificam o conjunto de pessoas que acabam de vencer a pobreza, se tornou a mais numerosa do país, com 90

---

[44] Rio de Janeiro, Campus/Elsevier, 2010. Ver a entrevista de Bolívar Lamounier a Luís Guilherme Barrucho, "A classe C quer muito mais", na revista *Veja*, "Páginas Amarelas", 24/2/2010, pp. 15-9.

milhões de brasileiros, praticamente a metade da população. A classe C já detém a maior fatia da renda nacional", informa o entrevistador.

Ora, a imprecisão da noção "classe média" é notória, de vez que tal aglomerado não constitui uma classe social propriamente, mas compõe-se de várias frações de classe que integram um espectro amplo sociocultural, desde a pequena burguesia urbana à lumpemburguesia e ao lumpemproletariado, com as mais variadas origens, inclusive com migrantes do campo e de bairros rurais, que se dirigem às cidades com vistas à integração no mercado de trabalho e no mercado *tout court*. Nessa medida, torna-se impossível ocorrer formação de consciência de classe, no sentido tradicional da Sociologia e da História Social.

Bolívar Lamounier é preciso e claro. Tal "classe" pode ser determinada "por meio da renda ou de seu nível educacional. Mas, em linhas gerais, ela é representada pelas famílias cuja renda mensal vai de 1.115 a 4.807 reais". Precisão espantosa... Para ele, "seu crescimento, nos últimos anos, é uma consequência direta da estabilidade econômica".[45]

Contrastando-a com a classe média tradicional, muito ligada ao serviço público, com emprego estável e acesso a boas escolas públicas, ele mostra a diferença dessa classe C, sem homogeneidade de comportamento político:

> "Não acredito que essa nova classe média tenha fidelidade partidária. Ela forma um grupo social que disputa no mercado, diariamente, a sua sobrevivência. Se um governo a prejudicar de alguma maneira, não terá seu apoio. Ela não é eleitorado cativo do PT."[46]

Perguntado se o Brasil estaria imune à "doença do populismo", Lamounier foi taxativo: "Acredito que sim. O populismo no Brasil existe, mas não é virulento, por inúmeras razões, entre elas a estabilidade econômica. O populismo e a instabilidade são um círculo vicioso. O Brasil, felizmente, tem conseguido evitar essa sina".[47]

[45] Entrevista citada, p. 15.

[46] *Ibidem*.

[47] *Idem*, p. 19. Não tem conseguido evitar, está claro. Ver entrevista de Carlos Guilherme Mota a Gabriel Manzano com crítica ao neopopulismo petista em O *Estado de S. Paulo*, 8/11/2009, sob o título "Defino o cenário como superpresidencialismo".

O problema é no Brasil não se tem evitado tal sina. Certo, o populismo no Brasil não é tão explícito como o dos Kirchners na Argentina, ou do finado Hugo Chávez na Venezuela, mas se revela profundo, estrutural, recorrente, expressão sutil da chamada ideologia da cultura brasileira.

A "CULTURA DA INCULTURA"

Populismo remete à palavra "povo". Neopopulismo, à palavra "novo", sempre abundantemente usada, a qualquer pretexto, num país tão preso ao atraso.

Àquela altura, primeira década do século XXI, todos, mas sobretudo "novos" protagonistas sociais e políticos como Lula (ele mais do que ninguém) falam em nome do povo, essa entidade abstrata, genérica, mas que serve a manipulações econômicas, sociais, religiosas, culturais e ideológicas as mais pedestres. O Brasil de então era (e continua a ser) o país do Big Brother, do banditismo urbano, de altíssimo índice de assassinatos de líderes rurais e até de jornalistas, das novelas modernizantes na TV, em que os negros já têm (embora nem sempre) melhores papéis.

Ano eleitoral, os debates, divergências e contradições entre os protagonistas se explicitaram com maior nitidez. Marina Silva, ex-petista, carismática e com apoio dos evangélicos, adquiriu expressão inusitada. Mas, candidata do Partido Verde (PV), irritava-se ao ser questionada sobre o uso de células de embrião, um dia após os Estados Unidos divulgarem o início de testes. "Não tenho uma posição favorável à pesquisa com célula-tronco embrionária. Sou favorável à pesquisa com célula-tronco adulta".[48] Marina, nada obstante, tornou-se personagem crescentemente importante no cenário nacional.

Num momento em que as críticas a Lula começaram a surgir com tintas mais fortes, ficou claro que ele não lograra conseguir separar o petista do estadista. Atuou todo o tempo como militante e não como um agente institucional que representasse a nação. Recorda-se por exemplo que, quando do encontro em 2003 com o presidente George Bush, dos Estados Unidos, ele ostentava na lapela a estrelinha vermelha do PT, enquanto o norte-americano um discreto broche com a bandeira de seu país.

---

[48] Cf. *Folha de S. Paulo*, 1/8/2010, p. A7.

A DESPOLITIZAÇÃO DE NOSSA ÉPOCA, SEGUNDO JOSÉ ARTHUR GIANNOTTI

Sóbrio, em setembro daquele ano o filósofo José Arthur Giannotti comentava o "espantoso grau de despolitização da campanha eleitoral". De fato, com as campanhas eleitoriais centradas no PT e no PSDB, o simplismo das propagandas parecia não contribuir para um efetivo avanço da vida político-ideológica nacional, pois não estavam sendo ponderados argumentos como já ocorrera em "formas mais antigas de democracia", em que a retórica podia centrar-se no "conhecimento acumulado a respeito de certas questões e do candidato que a representasse". *Representação*, em sua acepção forte, tornou-se uma conceito ôco. Em contrapartida, o "eleitor contemporâneo é conduzido a se identificar com um demiurgo capaz de realizar as maiores aspirações de consumo e de *status* de grande parte da população".

Giannotti sintetiza o embate que se travou entre Dilma (e seu padrinho Lula) e Serra (e seu padrinho Fernando Henrique), em que o presidente petista atuou exacerbadamente, fazendo com que o *marketing* pasteurizasse e engulisse o próprio conceito de política, deglutindo junto os valores de uma democracia verdadeiramente representativa.[49] Em sua análise, o filósofo vai ao ponto:

> "Desde o início [o presidente Lula] tratou de dissolver qualquer oposição política marginal que escapasse ao binômio PSDB e PT. Incorporou os potenciais opositores a seu governo, bloqueou as diferenças que sempre operaram no interior do PT, dependurou os sindicatos nos aparelhos de governo, atraiu as organizações da sociedade civil mediante toda sorte de benesses, tentou até mesmo, neste caso sem sucesso retumbante, embriagar a mídia. Mas, se tratou de dissolver as oposições políticas, foi para se colocar acima do Estado, como demiurgo salvador e inovador, situando-se além do jogo político do Legislativo, reduzido a uma conversa de comadres, sempre se colocando acima de qualquer legalidade."

---

[49] José Arthur Giannotti, "O espelho da identificação", *O Estado de S. Paulo*, Caderno Aliás, 19/9/2010, p. J4, de onde são retiradas todas as citações. Giannotti indica as duas concepções antagônicas de Estado e democracia abrigadas nesse embate.

Para articular tanto poder, necessário se fazia que Lula contracenasse com um opositor "maldito". Diz Giannotti: "Politizando-se a si próprio, não deixou, porém, de configurar seu inimigo principal: FHC e sua herança maldita, resumo de todos os fracassos das políticas anteriores a ele. Isso pouco tem a ver com a política efetiva de Fernando Henrique Cardoso real, mas a imagem do inimigo estava constituída".

Quanto à oposição, Giannotti não foi menos crítico: "Como se pudesse esquecer de seu passado, a oposição deixou de pensar a si mesma, antes de tudo de sua atuação enquanto governo de FHC. Não avaliou seus acertos e seus enganos, apenas tratou timidamente de apontar que os programas sociais lulistas tinham raízes anteriores. Queria apenas ganhar vantagens marginais no novo contexto político, sem pensar num projeto para o país". Sem projeto, sem lideranças carismáticas (Geraldo Alckmin à frente), sem uma defesa forte de sua ideologia liberal-democrática (*ma non troppo*), a oposição não logrou retornar ao poder, enquanto Lula, "messias de si mesmo", bradava insistentemente: "Nunca antes neste país"... etc.

As oposições não conseguiram responder à polarização na campanha eleitoral, com tantos motivos para fazê-lo: a amizade Lula-Ahmadinejad, o caso Waldomiro Diniz envolvendo o então chefe da Casa Civil, José Dirceu, todos os "malfeitos"... Também não deram respostas à quebra forçada do sigilo fiscal da filha do candidato José Serra, restringindo-se "aos minoritários setores mais escolarizados", ou pálidas justificativas às tentativas de contenção da imprensa, da censura, da extirpação de partidos (como o DEM) etc. Em contrapartida, quando veio à luz o caso de Erenice Guerra, braço direito de Dilma acusada de nepotismo e tráfico de influência, Lula atalhou rapidamente com sua demissão para preservar a candidata...

Dilma presidente: objetivo alcançado

Em 31 de outubro de 2010, Dilma Vana Rousseff (PT), aos 62 anos, foi eleita a primeira mulher presidente da República do Brasil, com 56% dos votos. José Serra (PSDB), disputando o cargo pela segunda vez, obteve 44% dos votos, tendo como candidato à vice-presidência Índio da Costa, do DEM. Dilma se tornou a 40ª pessoa a ocupar tal posição, tendo como vice-presidente Michel Temer, do PMDB. Na disputa presidencial, apresentaram-se também Marina Silva, pelo Partido Verde, ex-ministra do Meio Ambiente no governo Lula, e Plínio de Arruda Sampaio, pelo PSOL. Nessas eleições, a grande surpresa foram os quase 20 milhões de votos que Marina recebeu no primeiro turno. Dilma teve 12 milhões de votos a mais que José Serra, sendo 10,7 milhões no Nordeste. Ela venceu também no Sudeste, dadas as votações maciças no Rio e em Minas. Lula conseguiu transferir parte de sua aprovação recorde de 83% para Dilma; por outro lado, a oposição ganhou peso para se contrapor ao poder central: PSDB e DEM passaram a governar 53% dos eleitores brasileiros.[50]

Dilma, nascida em Belo Horizonte em 1947, militou em organizações de esquerda desde a adolescência, tendo sido presa e torturada aos 22 anos. Libertada em 1972, mudou-se para Porto Alegre, onde fez carreira administrativa e estudou Economia. No governo Lula, foi ministra de Minas e Energia e, depois, da Casa Civil, tendo sido gerente do Plano de Aceleração do Crescimento (PAC). Quanto ao vice-presidente eleito, Michel Temer (PMDB de São Paulo), foi presidente da Câmara dos Deputados.[51]

Segundo o cientista político Renato Lessa, "ao contrário de Lula, Dilma não terá um período de graça". Sobre a campanha eleitoral, quando o termo "republicano" passou a ser malbaratado a torto e a direito, e temas envolvendo religião e questões como aborto e célula-tronco estiveram em evidência absurda, Lessa foi preciso: "Não é republicano um debate político onde a religião apareça como divisor de águas".

Julgou Lessa, autor de *Presidencialismo de animação* e *A invenção republicana*, que melhor seria se os candidatos tivessem dito que não tratariam de religião na campanha. De fato. E que adotassem uma posição "ao menos agnóstica como a única capaz de garantir a liberdade religiosa". Disparou ele: "Se tivessem feito isso, o efeito republicano seria notável. Mas não o fizeram por oportunismo, por medo, pela lógica da acusação mútua. Isso mostra como os atores políticos não estão à altura da nossa democracia".[52]

Algum avanço se observou em outras esferas do mundo político e institucional: saiu finalmente ação contra os torturadores de Dilma Rousseff e

---

[50] Mais informações em *Folha de S. Paulo*, caderno "Eleições", 1/11/2010. Em *O Estado de S. Paulo*, ver o caderno "Eleições 2010", inclusive o artigo de Marina Silva "O velado e o revelado"; e ver no caderno "História das Eleições", entre outros, o artigo do jurista e professor Costa Porto, "Participação de Lula não tem precedentes".

[51] Ver a entrevista de Michel Temer a Consuelo Dieguez, "A cara do PMDB", em *Piauí*, nº 45, 4/6/2010, pp. 30-6. Ler seu poema "Ando à procura de mim", p. 36.

[52] "Entrevista da segunda", de Renato Lessa a Claudia Antunes, *Folha de S. Paulo*, 1/11/2010, p. A18.

A transição incompleta: ainda o mesmo modelo (2007-2014)

outros. O Ministério Público Federal denunciou à Justiça elementos que participaram da Operação Bandeirantes nos anos 1970, com declaração de responsabilidade civil de quatro militares reformados — três deles integrantes das Forças Armadas e um da Polícia Militar de São Paulo — sobre mortes ou desaparecimentos forçados de pelo menos seis pessoas, além de torturas contra outras vinte.

2011: DO CAPITALISMO SENZALEIRO. MAIS HERANÇAS MALDITAS, E RESSACA

Foi o antropólogo Roberto DaMatta quem apontou um dos maiores problemas de nossa sociedade. Compulsando dados populacionais, observou que, no país dos números e índices, ressalta o fato de estarmos "ficando mais velhos e morrerem muitos jovens por morte matada". Com efeito, a violência tanto rural como urbana dominou o noticiário, embora não fosse tão visível nas estatísticas. "Violência absurda com a qual pacífica e passivamente convivemos".

Apesar de iniciativas governamentais descontínuas, o tráfico de drogas continuava, citavam-se os líderes mas eram omitidos os consumidores e, sobretudo, permanecia a desigualdade ancestral. DaMatta explicita:

> "Trata-se de uma desigualdade complementar e ligada a um estilo de vida aristocrático que permeia o Brasil das arrumadeiras, babás, milícias, porteiros, mordomos e cozinheiras. A favela da Rocinha é uma metáfora (ou seria uma sobrevivência?) das nossas senzalas. É a ponta de um sistema cuja função é fornecer mão de obra barata. A droga é o chamado serviço doméstico, mantenedor de um clientelismo estrutural e estruturante. Pois acabamos com o tal escravo, mas não liquidamos a escravidão e muito menos os seus senhores e o seu estilo de vida. Percebemos e começamos a corrigir a desigualdade. É um passo capital. Mas a grande questão é instituir a igualdade."[53]

E o ano todo de 2011 seria de esforços para recuperação do lugar das oposições na República, por meio de diagnósticos, críticas, poucas autocrí-

---

[53] Roberto DaMatta, "Sobrevivências", *O Estado de S. Paulo*, 30/11/2011, p. D8.

ticas e algumas propostas, como as de José Serra, ex-prefeito e ex-governador de São Paulo, candidato derrotado nas eleições:

> "Precisamos recuperar o espírito da *res publica* para que o Brasil possa avançar [...]. Nos anos recentes, o patrimonialismo refez-se em duas vertentes: na formação de uma burguesia do capital estatal e na ocupação pura e simples da máquina do Estado. Ocupação voltada para o sistemático desvio de recursos públicos para partidos, pessoas e manipulação eleitoral. E, desde logo, de uma ineficiência wagneriana na organização e no funcionamento do serviço público e, pior ainda, na formulação e execução de um projeto de desenvolvimento nacional."[54]

Quais "heranças malditas"? A "república sindical"

Logo após sua posse, a presidente Dilma Rousseff encontrou pela frente uma série de "heranças malditas", aliás quase todas conhecidas. O Brasil tinha dentro de si "um Chile de miséria". Com efeito, dados do Censo de 2010 mostravam a presença de "miseráveis entre miseráveis", ou seja, mais de 10 milhões de pessoas que viviam com apenas R$ 39,00 mensais, localizando-os, para os quais se voltam as ações do programa social de sua gestão, Brasil sem Miséria. A notar que os mais altos índices foram registrados em São Paulo e no Rio de Janeiro.

Outro problema com que Dilma se defrontou foi o da ação da chamada "república sindical". Uma série de assintonias dificultaram suas relações com as bases de seu governo de estranhas coalizões, e com setores petistas. No fim do ano, a crítica aos "sindicatos de fachada" se explicitava na voz de um antigo defensor dos trabalhadores do ABC, Almir Pazzianotto, ex-ministro do Trabalho e ex-presidente do Tribunal Superior do Trabalho. Publicou ele um forte e esclarecedor artigo, mostrando que "a Constituição de 1988 fortalece o nefasto peleguismo, presente entre nós desde 1939".[55]

Dois meses antes, o ex-ministro José Dirceu, sentindo-se ainda investido como autoridade de demiurgo, ressurgia com altos planos estratégicos e

---

[54] José Serra, "De volta para o futuro", O *Estado de S. Paulo*, 24/11/2011, p. A2.

[55] Almir Pazzianotto, "Sindicatos de fachada", O *Estado de S. Paulo*, 29/11/2011, p. A2.

A transição incompleta: ainda o mesmo modelo (2007-2014)

cobrava do governo da presidente Dilma mais investimento nas Forças Armadas, defendendo a necessidade de modernização do Exército e da Marinha, além "de o Brasil voltar a produzir caças de guerra"...[56]

"Fui um crítico das privatizações..." (Luciano Coutinho)

Outra voz governista que aumentou o volume foi a do economista Luciano Coutinho, presidente do BNDES. O banco estatal ampliou sua ação não só apoiando empresários como o discutível Eike Batista, como também a fusão entre Pão de Açúcar e Carrefour, o que provocou forte reação da opinião pública, obrigando Coutinho a recuar. Como diagnosticou o ex-professor de Economia de Dilma na Unicamp (Universidade Estadual de Campinas), o crescimento da economia brasileira ainda era sustentável ("a euforia brasileira não é uma bolha") e afirmou que valia a pena o investimento estatal na criação de "campeões" globais. O que não era pouco, pois o caixa era de mais de 140 bilhões de reais para investir. Crítico do governo FHC, ele admitiu, tardiamente: "Fui um crítico das privatizações patrocinada pelo BNDES na década de 1990. Hoje reconheço que parte delas foi bem-sucedida. Pode-se dizer que o banco se guiou sempre por um profissionalismo exemplar".[57]

Naquele mesmo mês de julho a imprensa divulgava a ação de um ministro do Tribunal de Contas da União, Valmir Campelo, relator de um dos mais impressionantes levantamentos daquele tribunal, revelando a que ponto chegara a corrupção, negligência e desleixo com o dinheiro do contribuinte. Em suma, o descontrole ético no país, em caso que envolvia por meio de "laranjas" quatro senadores, um ex-senador, um deputado, um ex-diretor do Senado e outras pessoas.[58]

No final do ano, o Senado presidido por José Sarney debatia reformas corretivas, mas sem combater benesses. Conforme denúncias veiculadas pela imprensa, o projeto de reforma administrativa que seria levado a votação mantinha vícios antigos, como o serviço VIP em aeroportos a senadores e

[56] Cf. *O Estado de S. Paulo*, 14/10/2011, p. A8.

[57] Cf. "O Brasil não vive uma bolha", entrevista de Luciano Coutinho a Malu Gaspar, *Veja*, 27/7/2011, pp. 17-21.

[58] A relação dos envolvidos acha-se na reportagem "Pobres homens ricos", *Veja*, 27/7/2011, pp. 61-6.

uma enormidade de servidores graduados, além de limitação do número de servidores por gabinete de senador, que chegava a 80 e poderia cair para apenas 60... além de diminuição do custo de contratos de terceirização de mão de obra, e assim por diante. Mas, sabia-se, contratações de mais de 10 mil funcionários eram feitas por "atos secretos".[59]

De fato, o STF era "o poder menos corrupto", como observou a serena ex-ministra Ellen Gracie, que deixou o tribunal no mês de agosto daquele ano, ao avaliar o papel do Judiciário na vida republicana.[60]

Mas nem tudo era pacífico na esfera do Judiciário. A partir de uma iniciativa de ministros do STF, que viria a ter papel ainda mais importante nos anos seguintes, por conta do "mensalão", deflagrou-se crise envolvendo o Conselho Nacional de Justiça (CNJ, criado em 2005 como órgão de controle externo do Poder Judiciário), reabrindo a discussão sobre a falta de transparência da Justiça, quando dois ministros do STF, em decisões provisórias, tiraram os poderes de investigação do CNJ. De fato, atendiam a pedidos feitos por três associações de juízes, que afirmavam que o CNJ atuava de "forma inconstitucional". Ao que reagiu o jurista Dalmo de Abreu Dallari, entre outros: "A decisão de ministro Marco Aurélio é mais grave, por contrariar, a meu ver, disposição expressa da Constituição. É uma tentativa clara de esvaziar o CNJ".[61]

---

[59] O projeto proibia o nepotismo, referendando decisão do Supremo Tribunal Federal. Entretanto, passava-se por cima do fato de que políticos vários beneficiavam-se de "caronas" em jatinhos privados, de empresários como Eike Batista, Grendene, Tripoloni, e de que o próprio Sarney fez viagem de lazer pessoal em helicóptero do Estado do Maranhão... Tudo muito "normal", diziam.

[60] Em entrevista a Carlos Graieb e Paulo Celso Pereira, *Veja*, "Páginas Amarelas", 31/8/2011, p. 19. A discussão sobre o papel do Judiciário é antiga. "O Judiciário deve repensar seu papel na história do país. O modelo está rachando. Algo novo vai surgir", entrevista de Carlos Guilherme Mota a Carlos Costa, *Diálogos & Debates*, ano 3, nº 1, edição 9, setembro de 2002, pp. 6-14, revista da Escola Paulista da Magistratura.

[61] Cf. *Folha de S. Paulo*, 25/12/2011, p. A9. O caso se desdobraria, pois o ministro Gilmar Mendes, ex-presidente do STF, criticou liminar que bloqueou investigações do CNJ. Além do STF, ele também presidiu o CNJ, e afirmou não concordar com a decisão do colega Ricardo Lewandowski, "no apagar das luzes do ano judiciário, de travar apurações da corregedoria em tribunais do país". Recorde-se que Gilmar Mendes apoiou a corregedora Eliana Calmon, que criticou os "bandidos de toga" em setembro daquele ano. Ver *O Estado de S. Paulo*, 24/12/2011, p. A4.

A transição incompleta: ainda o mesmo modelo (2007-2014)

No campo da esquerda: a lembrança do "primeiro PT"

No campo da esquerda, surgiram alguns novos personagens que procuraram explicar o que se passava no país, e quais as perspectivas que poderiam se abrir para os segmentos progressistas. Em janeiro de 2011, André Singer, ex-porta-voz do governo Lula e professor de Ciência Política da USP, observava que o governo Dilma tenderia, "ao menos de início, a não afastar-se das linhas mestras do projeto político liderado por Lula". Especialista na ideologia do *lulismo*, observou ele em entrevista: "Dentro da ampla coalizão que elegeu Dilma, as forças políticas ligadas ao capital rejeitam medidas mais contundentes, tais como impostos sobre as grandes fortunas ou redução da jornada de trabalho para 40 horas semanais".

Tais propostas, segundo Singer, não eram consensuais na coalizão e "não serão levadas adiante, a menos que no percurso haja uma modificação na correlação de forças, o que nesse momento não está posto".

O tema crucial da distribuição de renda já estava posto — embora não enfrentado efetivamente — desde o governo FHC. O cientista político, perguntado se seria possível continuar adotando medidas de distribuição de renda e ampliação de programas como o Sistema Único de Saúde (SUS) sem realizar-se uma reforma tributária de viés progressivo, que ampliasse os impostos sobre grandes fortunas e sobre o sistema financeiro, demonstrou franco ceticismo:

> "O problema é saber em que grau o dilema se coloca, porque a questão do SUS é fundamental. Nesses primeiros momentos do pós-eleição, já surgiu no âmbito do futuro governo a hipótese de volta de um tributo do tipo CPMF. Entendo que esse é o limite. Eu não acredito que se vá além disso no sentido de uma reforma tributária progressiva, muito menos no que diz respeito a um imposto sobre grandes fortunas [...]. Eram propostas emblemáticas do que eu chamo de antigo PT. Ou seja, o PT tinha até 2002 uma configuração de partido de classe, com elementos de radicalismo explícito. O que havia sido uma grande novidade no panorama partidário brasileiro. De 2002 para cá, o PT muda, sem, a meu ver, deixar de ter dentro de si o que eu chamo de primeiro PT."[62]

[62] *Revista Adusp*, janeiro de 2011, n° 49, p. 9, "Governo Dilma tende à continui-

Não se sabia mais qual era o programa do partido. E para embaçar o quadro geral, "o PMDB se colocou na posição de fazer a mediação com o capital, explicitamente dizendo que faria o diálogo com os empresários, e eles rejeitam as duas propostas".[63] Enfim...

No final do ano, uma voz mais otimista era a de Tarso Genro, ex-prefeito de Porto Alegre (em 1993-1997 e em 2001-2002) e agora governador do Estado do Rio Grande do Sul. Ex-ministro da Educação (2004 a 2005) e da Justiça (2007 a 2010) do governo Lula, Tarso fazia notar, em entrevista ao jornal espanhol *El País*, que enquanto os jovens "indignados" do movimento 15-M da praça Puerta del Sol em Madri se sentiam excluídos e milhares deles desempregados, no Brasil foram incorporados 40 milhões de pessoas ao sistema, para "fazer parte da classe média do país", com um salário entre 800 e 1.000 dólares. "São gente que não consome apenas roupa e sapatos, mas que se incorporaram ao consumo intelectual. Se interessam pela política e querem participar dela porque sabem que é a forma de mudar suas vidas".

Tarso Genro elogiou a aplicação do Orçamento Participativo em Porto Alegre, iniciado em 1989 e aplicado até 2005, quando o PT perdeu a prefeitura e o sistema de assembleias perdeu força. "A grande vitória de Lula foi promover uma revolução democrática",[64] afirmou ele, otimista e conciliador. Vale notar que se referia ele ao próspero e politizado Rio Grande do Sul, e não ao Maranhão e outros Estados brasileiros...

UMA HISTÓRIA DO PT: A CRÍTICA AO "PRAGMATISMO"

Como a história se move, naquele ano era publicado um importante livro sobre o Partido dos Trabalhadores, agremiação que lograra eleger Lula e sua sucessora Dilma à presidência e completava então 31 anos de vida.

---

dade e ao equilíbrio, sem ruptura", entrevista a Pedro Estevam da Rocha Pomar e Kamila el Hage, pp. 7-16.

[63] *Ibidem.*

[64] "Um movimento cheio de futuro", entrevista de Tarso Genro a Francisco Peregil, do jornal *El País*, 8/6/2011, p. 8. Na mesma página, matéria esclarecedora enviada pelo jornalista Juan Arias mostra que, às vésperas da votação do Código Florestal, a enorme desigualdade permanece no país: um brasileiro se declara proprietário de 12 milhões de hectares na selva amazônica (Falb Saraiva de Farias, "um dos maiores latifundiários do mundo").

Trata-se da *História do PT*, de autoria de Lincoln Secco, professor de História Contemporânea da USP e militante do partido.[65]

O livro foi lançado em momento em que a sigla sofria fortes abalos. Era o primeiro ano do terceiro mandato de membro do partido na presidência, num momento marcado por escândalos ("mensalão" e vários outros, até com demissão de ministros habituados a "malfeitos"), desentendimentos na legenda e com outros partidos da base aliada, além de enfrentamentos no debate sobre o marco regulatório e controle da mídia, como anotou o jornalista Gabriel Manzano, que entrevistou o historiador.[66]

Em sua análise, o historiador mostra os conflitos, decepções e o abandono da bandeira da ética. Na entrevista, Secco diz que dois terços dos filiados entraram no PT nos últimos dez anos, período de ascensão do partido ao poder: "É muito diferente entrar num partido que se dizia socialista quando ele já é uma oportunidade de carreira".

Secco critica o "pragmatismo" de prefeitos petistas na utilização do caixa 2 para o partido. Ao analisar as correntes internas, mostra que o lulismo nunca se separou do petismo. Para ele:

> "O lulismo não é só invenção do líder, é também uma construção da base eleitoral que o apoia. E essa base, nascida de seus programas sociais, quer ordem, não radicalismo. Ela tem demandas próprias, mas não quer conflitos com a classe dominante. O sucesso de Lula é ter entendido isso."

A partir da leitura desse livro revisionista e crítico, compreende-se o fato de o PT ter retirado de seus programas a expressão "luta de classes"... Afinal, não se desejavam conflitos com a classe dominante, nem com quaisquer outras. Bastavam os conflitos internos.

Direito à história: abertura de arquivos

Conflitos entretanto se produziam em diferentes esferas, como no caso da "história sonegada", ou seja, na questão das lutas pela abertura dos ar-

---

[65] Lincoln Secco, *História do PT*, São Paulo, Ateliê Editorial, 2011.

[66] "Em livro, o PT dos militantes dá lugar ao partidos dos funcionários", *O Estado de S. Paulo*, 11/9/2011, p. A9.

quivos sobre a repressão à insurgência armada durante a ditadura militar. Na verdade, como bem pontuava o escritor Luís Fernando Veríssimo já em 2009, o problema se resumia na questão de saber se alguém tem o direito de sonegar à nação sua própria História. "A discussão real é sobre quem são os donos de nossa História", indagava ele: "É perguntar se, 25 anos depois do fim da ditadura, os militares têm sobre nossa memória o mesmo poder arbitrário que tiveram durante 20 anos sobre nossa vida cívica".[67]

A questão se coloca também para conhecerem-se os mecanismos de autodefesa do patriciado, ainda presentes em 2011. Já que o tempo era de busca da verdade, dever-se-ia aproveitar a oportunidade para investigar "alguns pontos cegos daqueles tempos, como a participação do empresariado em coisas como o Comando de Caça aos Comunistas e a Operação Bandeirantes, agindo como corpos auxiliares da repressão urbana, não raro com entusiasmo maior do que o dos militares ou polícia política". Inconformava-se Veríssimo: "Mas sei não, há uma tradição brasileira de poupar o patriciado quando este se desencaminha".

No ano de 2011 começavam a brotar mais e mais informações sobre o período militar. Documentos inéditos em centenas de dossiês guardados em Genebra, hoje digitalizados, revelaram como o cardeal D. Paulo Evaristo Arns e a Igreja combateram a ditadura militar.[68]

O questão da revelação de violências ocorridas no período ditatorial tornou-se mais polêmica não apenas dada a resistência de setores conservadores, mas também por conta de desinteligências com setores da esquerda. A deputada Luiza Erundina, por exemplo, viu "jogo" com a Comissão da Verdade. Desconfiava ela da "pressa do governo para aprovar o projeto de lei que criava a Comissão Nacional da Verdade":

> "Em sua avaliação, a correria não se deve a uma preocupação sincera com o esclarecimento de violações de direitos humanos ocorridas na ditadura militar. O objetivo verdadeiro seria dar uma satisfação rápida à Corte Interamericana de Direitos Humanos da

---

[67] Luís Fernando Veríssimo, "História sonegada", *O Estado de S. Paulo*, 25/6/2009, p. A16.

[68] "A luta secreta de D. Paulo Arns", *O Estado de S. Paulo*, 19/6/2011, p. A10. Pelo correspondente em Genebra, Jamil Chade, e nota de Fausto Macedo.

Organização dos Estados Americanos (OEA) e evitar constrangimentos internacionais ao Brasil."[69]

A resposta da ministra da Secretaria Especial de Direitos Humanos, Maria do Rosário, não se fez esperar: "Trata-se de uma agenda de Brasil; não é uma agenda de eleição".[70]

No ano de 2011, muitos pontos obscuros ainda aguardavam (e aguardam) esclarecimentos, dentre eles: por que a Polícia Federal não busca quem matou Toninho?[71] De fato, o caso gravíssimo do ex-prefeito de Campinas, Antônio da Costa Santos, o "Toninho do PT", executado há bem mais de dez anos, não tinha ainda sido esclarecido.

O desaparecimento e assassínio do ex-deputado Rubens Paiva — entre outras pessoas — permanecia também sem esclarecimento, a despeito dos esforços da família, da Secretaria de Direitos Humanos e do ex-presidente Fernando Henrique.

BREVE EPÍLOGO ANTES DO FIM.
A "MARCHA CONTRA A CORRUPÇÃO"

No primeiro governo Dilma exacerbaram-se as visões positivas de seus feitos, que foram glorificados em artigo na edição de fim de ano da revista inglesa *The Economist*, com destaque de capa. No artigo, ela propunha o modelo brasileiro de governação como referência até para países desenvolvidos. A essa altura, o Brasil dispunha-se até a emprestar dinheiro ao Fundo Monetário Internacional, e assim por diante...

Outro ponto positivo foram as demissões de oito ministros acusados de "malfeitos" (eufemismo suave adotado pela chefe de Estado), denunciados pela imprensa. De fato, foi a imprensa que publicou informações sobre a corrupção praticada ao seu redor. Não houve nenhum caso em que a iniciativa de investigar tivesse partido do Palácio do Planalto.

Apesar de tudo, o processo do mensalão avançava. O ministro do STF Joaquim Barbosa apresentou o relatório do final do caso. No documento, o

---

[69] Ver matéria de Roldão Arruda, *O Estado de S. Paulo*, 8/9/2010, p. A11.

[70] *Ibidem*, entrevista a Wilson Tosta.

[71] Ver matéria com esse título de autoria de José Nêumanne Pinto, *O Estado de S. Paulo*, 14/9/2011, p. A2.

ministro descreveu o modo como funcionava o mecanismo utilizado pelo governo Lula para drenar milhões dos cofres público para financiar campanhas políticas e subornar deputados em troca de apoio no Congresso.

O processo se desenrolaria por muitos e muitos meses, polarizando a opinião pública do país, temerosa de que as denúncias se perdessem nos meandros da máquina judiciária e as eventuais penas (ainda a serem estipuladas) fossem objeto de embargos e mais embargos...

O ano de 2011 terminara mais cedo do que se esperava. Ao menos para o governo Dilma, correndo "em tempo real"... Pois no dia 7 de setembro, na festividade de comemoração da Independência em Brasília, um ato público reuniu milhares de manifestantes nas ruas da capital da República, em protesto organizado com auxílio das redes sociais pela internet. Foi a "Marcha contra a Corrupção", que acontecia uma semana após o congresso do PT fixar que não apoiava nenhum ato de "faxina" anticorrupção no governo e denunciar que tais movimentos se deviam a uma conspiração da mídia e uma "forma de promover a 'criminalização generalizada' da base aliada ao Planalto".[72]

O MUNDO DO TRABALHO E LULA: "DESVIRTUOU-SE A AUTONOMIA"

Quanto ao mundo do trabalho, uma análise mais detida da situação e das tendências sindicais no Brasil, com ampliação para o subcontinente latino-americano, foi publicada em outubro daquele ano pelo sociólogo Ricardo Antunes, no livro O *continente do labor*. Nessa obra, ele comenta as greves, examina as tendências dentro da esfera sindical, as privatizações, a situação dos bancários, a legislação e assim por diante. Veicula afirmações contundentes, como as seguintes:

> "O continente do labor é isto: lutar para conseguir o mínimo, especialmente nas categorias que não dispõem de capital cultural para que possam negociar o preço de sua força de trabalho com

---

[72] "Ato contra corrupção ofusca a estreia de Dilma no desfile da Independência", O *Estado de S. Paulo*, 8/9/2011, matéria assinada por Leandro Colon e Rafael Moraes Moura, p. A4. Em São Paulo, o governador Geraldo Alckmin não participou do desfile de 7 de setembro por conta de uma oportuna gripe.

mais intensidade. [...] Aliás, uma das piores coisas do governo Lula, das mais nefastas, foi ter ampliado o imposto sindical para as centrais, coisa que nem Getúlio ousou fazer. As centrais sindicais hoje têm uma fatia de dinheiro enorme, que vai para elas direto. A nenhum associado é perguntado se quer descontar esse imposto ou não. A única entidade sindical que não o aceita e, nesse ponto é absolutamente coerente é a Conlutas. Ela diz que vai viver do pagamento autônomo dos associados. Porque, quando se vive de um recurso que o Estado arrecada e repassa, desvirtuou-se a autonomia."

Em sua avaliação de Lula, o sociólogo é direto:

"O Lula é um dos casos mais bem-sucedidos da política brasileira do *self-made man*, que vai subindo as escadas e chega ao alto. Cada degrau de sua ascensão foi um valor que ele deixou para trás. Já cansou de falar que trabalhador tem que ser descontado, esquecendo seu passado. [...] Ao mesmo tempo, Lula é um conciliador, uma variante de semibonaparte. Não no sentido ditatorial, o que ele nunca foi. É um semibonaparte porque é o pai de todos, concilia os inconciliáveis."[73]

Coincidentemente, quanto à América Latina, era lançado naquele ano o livro do conhecido historiador mexicano Enrique Krauze, *Os redentores*, no qual constatava que o fervor da América Latina pela revolução e redenção em geral descambou para os terrenos pantanosos da direita e da esquerda autoritária... Talvez sim, com exceção do Chile da presidente socialista Michelle Bachelet, que voltaria à presidência em 11 de março de 2014.

O ANO DE 2012: CHOQUE COM A REALIDADE

Naquele ano, o país começou a ver-se frente a frente com a realidade. No plano político-institucional, a máquina jurídica apresentava à nação o

---

[73] Ricardo Antunes, *O continente do labor*, São Paulo, Boitempo, 2011. As citações forma extraídas de sua entrevista a Mônica Manir, "Labor sem rosto", *O Estado de S. Paulo*, Caderno Aliás, 16/10/2011.

resultado do "mensalão", com a condenação à prisão de corruptos. Foi um choque de ética que provocou embates e debates de variada ordem.

Mas esse foi apenas um aspecto da realidade nacional, pois, num plano mais geral, se a carga tributária registrou a maior alta em 10 anos e chegou a 35,3% do PIB, por outro lado o Brasil atingiu a menor desigualdade de renda em 30 anos, segundo estudo do IBGE. A crise nacional entretanto podia ser captada em vários planos e frentes. Os "apagões" ocorreram com intensidade tanto na política como no campo energético, o que levou o físico José Goldemberg, para além da questão das privatizações, das termoelétricas, dos reservatórios de água ou das políticas de FHC, Lula ou Dilma, a constatar que "a Eletrobras perdeu sua capacidade de planejamento e o setor privado não conseguiu tomar seu lugar". "O problema real é a falta de planejamento", alertou, por meio do qual as empresas estatais e privadas talvez conseguissem competir em igualdade de condições: "Mas isso nem Fernando Henrique nem Lula conseguiram fazer. É por essa razão que o sistema elétrico brasileiro, que poderia ser um dos melhores do mundo, com uma matriz limpa e renovável, está correndo sérios riscos".[74]

Um clima de insatisfação começou a se aprofundar pelo país, com paralisações como a da Bahia, onde, em fevereiro daquele ano, policiais militares entraram em greve-motim em Salvador, como ocorrera no Rio de Janeiro em junho de 2011, com os bombeiros militares em luta aberta por aumento salarial. E criando séria confusão entre os limites da inconstitucionalidade e a "ilusão semântica de constitucionalidade", com o que, na apreciação do democrata Mário César Flores, almirante de esquadra reformado, corre-se o risco de se levar o país ao "desmonte do Estado Democrático de Direito".[75]

Outros temas polarizaram a opinião nacional, como o das cotas para negros. Defensores de cotas, como o historiador Joel Rufino dos Santos, professor aposentado da UFRJ, mostraram que no mercado de trabalho os negros, pelo fato de serem negros, ganhavam 30% a menos do que os brancos ("Já foi mais"). Ele próprio, enquanto intelectual aberto a todos os ares do mundo, é um documento vivo: quando convidado a debater alguma coi-

---

[74] José Goldemberg, "'Apagões' e política", *O Estado de S. Paulo*, 19/11/2012, p. A2.

[75] Mário César Flores, "O desmonte do Estado de Direito", *O Estado de S. Paulo*, 3/3/2012, p. A2.

A transição incompleta: ainda o mesmo modelo (2007-2014)

sa, reclama com razão, "sempre é sobre o negro, e não para tratar de questões mais gerais do país"...[76]

No plano econômico, os sinais de alerta se multiplicaram, indicando um quadro de menor crescimento. Como apontou o ex-ministro Maílson da Nóbrega, "a percepção de queda do dinamismo da economia brasileira se generaliza aqui e no exterior". O perigo de erros de diagnóstico e de ação poderiam, segundo ele, levar o governo a aprofundar a estratégia de estímulo ao consumo, a recorrer ao rígido protecionismo e a promover intervenções voluntaristas nas áreas de crédito, juros e câmbio. E concluía: "Cerca de 90% do aumento de ritmo de crescimento do período Lula veio da elevação da produtividade dos fatores de produção. Essas fontes de expansão da economia estão se esgotando. Com a interrupção das reformas, os ganhos de eficiência minguaram".[77]

Em outros planos, a desorientação do governo levantava dúvidas, como no caso do Código Florestal que, após impasse, foi à votação com texto pró-ruralistas. Dilma sofreu então a principal derrota política de seu primeiro ano de mandato na votação do Código.[78] Analisando os impasses sobre essa questão, o ecologista e jornalista Washington Novaes publicou apreciação densa e ponderada do problema no artigo "Um código para a falta de estratégia", observando que "recursos naturais são escassos no mundo, e o Brasil poderia valer-se disso, mas ao que parece continuaremos apenas pensando em lucros imediatos". E vai mais longe, baseado em sólidos dados:

> "Pode-se começar pela saudade e pela constatação de quanto faz falta um cientista como o professor Aziz Ab'Sáber, que pela vida afora se cansou de alertar para a inexistência no Brasil de um Código de Biodiversidade, que criasse regras diferenciadas para o 'mosaico vegetacional de nosso território'."[79]

[76] *Folha de S. Paulo*, 20/11/2012, p. E4. Ver na mesma página a matéria "Ministério da Cultura lança editais para criadores e produtores negros".

[77] Cf. Maílson da Nóbrega, "Menos crescimento", *Veja*, 2/5/2012, p. 32. No mesmo mês, o alerta de Carlos Alberto Sardenberg, "Mas parece uma vaca", *O Estado de S. Paulo*, 19/5/2012, p. B2.

[78] "O relator [deputado Paulo Piau, PMDB-MG] insiste na anistia a desmatadores. Sua proposta traz insegurança jurídica", atacou a ministra do Meio Ambiente Izabella Teixeira, em *O Estado de S. Paulo*, 20/4/2012, p. A16.

[79] Artigo citado, *O Estado de S. Paulo*, 20/4/2012, p. A2.

1024 História do Brasil: uma interpretação

Graves problemas não ocorriam apenas na área rural. O país assistiu àquela altura a uma escalada da violência, que se prolongaria por todo o ano. Só em São Paulo, os homicídios aumentaram em 79%, em números oficiais, e o Estado voltava a ter violência "epidêmica".[80]

O Brasil continua a se caracterizar por paradoxos extremos, pois àquela altura o país assiste a uma expansão da chamada classe média. Segundo o Centro de Políticas Sociais da FGV, entre 1994 e 2010 a pobreza caiu 67% e mais de 50 milhões de pessoas foram incorporadas à classe média (ou classe C, definida pela renda domiciliar mensal entre R$ 1.000 e R$ 4.500, conforme dados da Pesquisa Nacional por Amostra de Domicílios de 2009). Nada obstante, entraves ao desenvolvimento são observáveis no plano empresarial, como é o caso da abertura de empresas, que demanda 119 dias distribuídos em 13 procedimentos burocráticos...[81]

A VELHA QUESTÃO URBANA: "O QUE HÁ DE REACIONÁRIO"

Quanto à questão urbana, as políticas públicas em nada progrediram, como se constatou no caso emblemático do Ministério das Cidades, para o qual foi indicado um deputado federal do PP sem credenciais para o cargo, revelando "o que há de reacionário na forma de imposição de nosso processo de modernização", como denunciou o professor Luiz Werneck Vianna em

---

[80] Ver números em *O Estado de S. Paulo*, 26/4/2012, p. C1. Em novembro, houve o ápice da violência desde o início da guerra entre a Polícia Militar de São Paulo e o PCC (tinha ocorrido 45 mortes em apenas uma semana e mais de 220 naquele mês). O que levou os advogados Oscar Vilhena Vieira e Theo Dias a afirmar que "não se pode cobrar racionalidade de facções criminosas, mas a polícia também não deve ter cheque em branco para garantir segurança" ("Fora de ordem", *O Estado de S. Paulo*, 11/11/2012, p. J3). No mesmo mês, Washington Novaes publicava o esclarecedor artigo "As novas percepções na escalada da violência", propondo, para melhorar a segurança e a Justiça no país, "reformas mais amplas, de caráter global mesmo", que passa a indicar. Não diz, entretanto, que, para conduzi-las, faltam-nos estadistas nos planos federal, estadual e municipal, que deveriam estar integrados (*O Estado de S. Paulo*, 23/11/2012, p. A2). Sobre o problema da greve dos policiais militares na Bahia, ampliada para outros estados, ver o artigo de Eliane Cantanhêde, "Insegurança estrutural", *Folha de S. Paulo*, 19/2/2012, p. A2.

[81] Ver o editorial "Menos desiguais", *Folha de S. Paulo*, 19/2/2012, p. A2. E no mesmo dia e página, o artigo de Hélio Schwartsman, "Contraste chocante". Em 2007, eram necessários 152 dias e 15 carimbos. Ocupávamos então, globalmente, a 179ª posição entre os 183 países avaliados pelo Banco Mundial...

seu impactante artigo "As cidades e o sertão", em fevereiro de 2012.[82] Enfim, esse o padrão oficial de "desenvolvimentismo" adotado pelo regime, contra o qual se insurge o cientista social poucos meses depois:

> "Sob esse nome, com raízes na tradição republicana brasileira, especialmente de suas florações autoritárias — cite-se, para encurtar razões, apenas o regime militar —, talvez se pretenda deixar para trás o tempo dominado pela contingência, como foi aquele em que o PT iniciou seu ciclo governamental, confrontado com uma realidade que não suportava o seu programa e as ideias-força que o tinham trazido ao primeiro plano da cena política brasileira. Diante da pressão coercível dos fatos, como é sabido, o PT adaptou-se às circunstâncias, dando continuidade ao cerne da política de seu antecessor a ponto de serem pouco distinguíveis as diferenças entre eles em matéria de política econômica."[83]

Como se constata, o modelo autocrático-burguês não foi rompido, dado que as alianças espúrias do PT, agora domesticado "pelas circunstâncias", selaram novamente o pacto perverso da tradição política brasileira.[84]

TURBULÊNCIAS: MILITARES, RURALISTAS, O "GOVERNO DE "COALIZÕES" ETC.

Avançou-se também no acerto de contas com o passado, pois a Justiça Federal aceitou denúncia contra o coronel Brilhante Ustra pelo sequestro de Edgard de Aquino Duarte na ditadura, que foi levado para o DOI-CODI em São Paulo, onde também "desapareceu" o tenente José Ferreira de Almeida (Piracaia), nas mesmas circunstâncias em que foi assassinado Herzog.[85] E

---

[82] Cf. O *Estado de S. Paulo*, 14/2/2012, p. A2.

[83] Cf. Luiz Werneck Vianna, "Os espectros do desenvolvimentismo", O *Estado de S. Paulo*, 27/5/2012, p. A2.

[84] Para uma análise percuciente da tradição patrimonialista brasileira, com ênfase na defesa do federalismo, consulte-se o artigo de André Lara Resende, "Capitalismo de Estado patrimonialista", O *Estado de S. Paulo*, 22/12/2013.

[85] Vide Paula Sacchetta, "A mesma cela, a mesma cena", O *Estado de S. Paulo*, 29/10/2012, p. J8.

mais: novos documentos esclarecem o caso Rubens Paiva e o material também traz detalhes sobre atentado no Riocentro.[86]

O caso do ex-deputado Rubens Paiva é paradigmático, por deixar clara a não disposição do segmento militar de enfrentar e esclarecer fatos graves e dramáticos desse porte. A tenacidade da família Paiva, com a professora Vera Paiva à frente, e a Comissão da Verdade conseguiram romper em 2014 a muralha e transformar os militares torturadores e seus esbirros em réus.[87] O mesmo ocorreu no caso do assassínio do jornalista Vladimir Herzog, com a luta da socióloga Clarice Herzog e seus filhos. Nada obstante, muitos casos semelhantes permanecem inexplicados, levando os historiadores a se perguntar: por que os militares têm medo de revisitar o passado?

Não foi um período fácil para a presidente Dilma, que decidiu aplicar repreensão a 98 militares da reserva signatários de manifesto com críticas a ela por não ter censurado ministras que pediram a revogação da Lei da Anistia, no que teve apoio firme do ministro da Defesa, Celso Amorim.[88] Tanto mais difícil, pois sua base aliada apresentou problemas, impondo derrotas ao governo, com o "aliado" PMDB à frente. A presidente trocara líderes do governo no Congresso, a bancada ruralista pressionava para a votação do Código Florestal, deputados (com a ajuda de aliados) chamavam ministros para dar explicações, como Guido Mantega, para falar sobre a crise internacional e sobre as disputas no Banco do Brasil, e assim por diante. Com a crise da base aliada, ficava claro que o governo desconhecia "o tamanho real da coalizão". Tal período de turbulências deixou marcas na presidente, com seu estilo "pulso firme", por ter perdido a percepção clara dos rumos da política do Estado nesses confrontos entre Executivo e Legislativo.[89]

---

[86] "Novos documentos jogam luz sobre o caso Rubens Paiva", *O Estado de S. Paulo*, 23/11/2012, p. A18. Matéria de Lucas Azevedo.

[87] "Justiça aceita denúncia e cinco militares passam a ser réus no caso Rubens Paiva", *O Estado de S. Paulo*, 27/5/2014, p. A4. Um general e dois coronéis reformados e dois ex-paraquedistas vão responder por homicídio, ocultação de cadáver, associação criminosa e fraude processual. Por ser crime comum, não se enquadraria na Lei da Anistia, segundo o juiz Caio Márcio Guterres Taranto.

[88] Cf. Maria Celina D'Araujo, "Uma voz uníssona e congelada no tempo", *O Estado de S. Paulo*, 4/3/2012, p. J3. E também o artigo "Sobre a Comissão da Verdade", de Celso Lafer, *O Estado de S. Paulo*, 20/5/2012, p. A2.

[89] Ver matéria de Christiane Samarco e João Domingos, "Executivo *x* Legislati-

Naquele ano de campanha eleitoral pelas prefeituras, os candidatos lançaram-se em campanhas carregados de críticas, sobretudo na cidade de São Paulo, bastião dos "tucanos" (PSDB). Em maio, a "aristocracia ruinosa dos tucanos" é acerbamente criticada pelo filósofo Roberto Romano: "Oligarquizado, o PSDB nega decisões à base militante e as concentra nos líderes, o que pode levar a indecisões mais graves em 2014".[90]

Oposição (mais uma vez) sem rumo.
A fria "alma da classe emergente"...

Críticas aos "tucanos", que se debatiam na oposição, foram estampadas na imprensa ao longo de todo o ano de 2012. Uma "oposição sem rumo", chegou a alardear o historiador Marco Antonio Villa: "medroso e omisso, PSDB leva à petrificação de um bloco que vai perpetuar-se no poder".[91] Nesse meio tempo, vários representantes do tucanato perceberam o tamanho do desafio e produziram análises com o fito de alertar seus correligionários e suas bases, porém com pouco sucesso. Com Fernando Henrique à frente, atacaram a "herança pesada" enfrentada pelo governo Dilma, referindo-se agora ao seu antecessor, Lula: "herança pesada como chumbo, a desse estilo de governar que esconde males morais e prejuízos materiais".[92] O ex-presidente também chamava atenção para a necessidade de uma mudança de mentalidade no país: "O desafio é tocar a alma da classe emergente para que 'tome partido' contra tanto horror"...[93]

Lula e Haddad vão à casa de Maluf:
o fim de uma era política

Lula, *alter ego* de Dilma e presidente de honra do PT, procurou Paulo Maluf em sua residência, com o candidato Fernando Haddad a tiracolo. Com

---

vo", *O Estado de S. Paulo*, 18/3/2012, p. A4. E também a análise esclarecedora de Eliane Cantanhêde, "Balas perdidas", *Folha de S. Paulo*, 15/3/2012, p. A2.

[90] Roberto Romano, "Ficam os anéis", *O Estado de S. Paulo*, 26/2/2012, p. J7.

[91] "Oposição sem rumo", *O Estado de S. Paulo*, 28/1/2012, p. A2.

[92] Fernando Henrique Cardoso, "Herança pesada", *O Estado de S. Paulo*, 2/9/2012, p. A2.

[93] *Idem*, "Política e moral", *O Estado de S. Paulo*, 6/5/2012, p. A2.

esse encontro atropelaram-se todos os valores partidários, ideológicos, históricos e éticos, num jogo brutal de vale-tudo "nunca antes" visto.

No século XXI mal começado, ocorria em São Paulo a grande surpresa histórica: Lula se aliava a Maluf. O arco se fechou em 18 de junho de 2012. Queimava-se um bem formado candidato à condução da megacidade paulistana, capital financeira e cultural do país. Era só o que faltava para a caracterização completa desta "República de coalizões" estapafúrdias, com o futuro do país agora redesenhado e enterrado a partir da maior metrópole brasileira. O que significava então ser republicano?

Encerrava-se um ciclo histórico. Deixavam-se para trás as esperanças de efetiva e sólida renovação político-social, por conta do líder operário que nos anos 1970 pusera paletó e gravata para encontrar-se, a pedido, com o chanceler alemão Helmut Schmidt no hotel Hilton, no centro de São Paulo, e explicar-lhe a nova era e o novo sindicalismo, fato que impactou o sistema civil-militar de então. O mesmo bravo líder que enfrentou a ditadura a partir da República do ABC; o paciencioso torneiro que disputou — até ganhar! — eleições presidenciais contra forças de herdeiros da ditadura, da mídia e do capital financeiro, e que, vencedor, encarnou a vanguarda das lutas sociais na América Latina, esse líder *não conseguiu* escapar das malhas da autocracia burguesa denunciada por Florestan Fernandes.

E qual a lógica da política na terra bandeirante, bastião do tucanato? Uma análise crítica das forças políticas que comandam a cidade desde, digamos, os tempos da ditadura e dos prefeitos biônicos até hoje, mostraria de que maneira os grupos econômico-financeiros, empreiteiras e respectivas forças políticas se revezaram na briga pelo poder, desembocando no modelo caótico da megacidade desumanizada da atualidade. Não havia dúvidas sobre a importância da disputa municipal de 2012 nas futuras eleições presidencial e estaduais, sobretudo quando se recorda que o PT, como o antigo PTB e o atual PDT, sempre tiveram dificuldades eleitorais no Estado e na cidade. Desafio para todos, inclusive para a presidente Dilma, que ia melhorando a imagem em sua caminhada, sobretudo quando guardava alguma distância dessa sombra roufenha que não queria calar...

A galeria dos ex-prefeitos paulistanos ostenta de tudo, em termos humanos e de interesses do capital. Na tal galeria, sem preocupação de arrolamento, nota-se que alguns são destacáveis (Faria Lima, Olavo Setúbal, Mário Covas, Luiza Erundina, Marta Suplicy, José Serra), outros "esquecíveis" (Jânio Quadros, Adhemar de Barros, Celso Pitta, Paulo Maluf). Na atualidade política, diziam os incautos ou muito espertos, que direita e esquerda eram definições que já não tinham sentido. O problema é que, de tempos em tempos, a capital paulistana gera quasímodos políticos como Paulo Salim Maluf, um dos pilares da ditadura de 1964. O ex-governador, ex-candidato à presidência da República e ex-prefeito de São Paulo (as ossadas de Perus não permitem esquecê-lo), nessa aproximação ao ex-presidente Lula com vistas à eleição municipal para escolha do novo prefeito da maior cidade da América Latina, obrigava o cidadão mínimamente ético e atento à história e à nossa vida política e social a se perguntar se não se estaria vivendo mais uma ficção política de mau gosto. Ou seja, a dominação exercida por um patronato político espúrio e até fanfarrão, incluídos os últimos lamentáveis titulares do Ministério das Cidades, hoje nas mãos do PP de Maluf.

Enfim, do PT, um partido de esquerda, poder-se-ia esperar tudo, menos a aliança Lula-Maluf. Marx dizia que, ao longo da história há fenômenos que podem se repetir: na primeira vez, ocorrem como tragédia; na segunda, como farsa. Ocorre que Marx nunca foi lido por eles, e muito menos pensado, sobretudo em suas páginas incômodas sobre os lumpesinatos — de onde provêm a massa dos eleitores e convivas de Maluf — que, despidos de ideologia ou filosofia, topam qualquer parada e constituem um freio para o avanço da História.

"Não aceito!": a indignação de Luiza Erundina

Como explicar o que aconteceu naquela semana em São Paulo, senão pela confluência, para fins eleiçoeiros, de duas lideranças populistas para puxar as massas de seus respectivos eleitores? De uma parte, as gentes de Maluf, liderança que mobiliza moradores da periferia, mas também segmentos da pequena burguesia, o curral disperso de desavisados, "despossuídos" e politicamente deseducados. E, de outra parte, os eleitores de Lula e do PT, que, apesar das crescentes defecções, compõem o contingente daqueles que creem que seu carismático líder, historicamente importante, ainda representaria a possibilidade de superação, via reforma, do capitalismo selvagem e da redenção dos trabalhadores. Ou seja, da fração da classe operária que subiu ao paraíso, para engrossar a sonhada "classe C", como também espera subir a fração mais abaixo, que aguarda sua vez (e a inadimplência) na antessala das agências de automóveis e lojas de crediários...

Enfim, uma obra de anti-arte da política, o encontro Maluf-Lula, que nem a burguesia mais esclarecida e empenhada poderia imaginar, muito menos arquitetar um símile competidor em suas hostes. O resultado é a massificação brutal resultante de nosso capitalismo periférico, *em que tudo vale nada*. E que acelera o processo de deseducação cívica e política dos jovens, o desencanto dos maduros e a descrença dos democratas nos valores de um socialismo reformista. Nesse processo, escorreram pelo ralo o contrato social, as lutas de classes ("apagadas" justamente no período dos governos Lula), da cidadania pura e dura, das visões progressistas de mundo e de política. Em seu lugar, o desencanto com a política, o ceticismo coletivo.

Em 2006, um dos ex-fundadores do PT, mas já então fora dele, Chico de Oliveira, alertara que "o papel transformador do PT se esgotou" (*Folha de S. Paulo*, 24/7/2006, p. A12). Naquele mesmo ano, o conservador liberal Cláudio Lembo sentenciava: "Lula não tem tendência a ditador. É um operário do chão de fábrica. Conhece a vida de verdade. É um pequeno burguês, apenas isso" (*Folha de S. Paulo*, 31/12/2006).

Naquela conjuntura, o supostamente novo ficou velho, correndo de costas em direção ao passado, como se vê na foto histórica, com o candidato petista Haddad sem graça entre dois Poderosos Chefões, foto antes inimaginável. A combativa ex-prefeita Erundina, com sua recusa em participar do jogo, demonstrava que o pragmatismo rasteiro não poderia passar por cima de valores éticos, na política como na vida. Convidado em seguida para o posto, o professor Pedro Dallari optou por trilhar o mesmo caminho.

O fato é que Luiza Erundina, socialista paraibano-paulistana, lançou um forte lema para a nova sociedade civil brasileira: "Não aceito". E pôs em alerta seu próprio partido, o PSB, que vem crescendo e conquistando papel importante no cenário nacional. Do mesmo modo, soou como um alerta aos outros partidos, sobretudo o PMDB, nessa vala comum de descorados camaleões.

Na metrópole paulistana, testemunhava-se naqueles dias o fim de uma História. Mais precisamente, de uma certa e bela História, a do então promissor PT, que alimentou as expectativas e siderou corações e mentes de três ou quatro gerações.

Mas surgiam aqui e ali sinais de novos tempos, de uma nova era. No ano seguinte, intensas manifestações populares colocariam em xeque o sistema, em busca de outros caminhos.

LULISMO E A DESPOLITIZAÇÃO NO PAÍS DA "MISÉRIA FARTA"

Como analisar tantas expectativas frustradas? Neste país de tradição e mentalidade colonial, a ascensão de Lula e o crescimento do lulismo podem ser entendidos por conta do velho gosto aristocrático pelo popular, cultivado em certo momento até por frações da alta burguesia e de classes médias ascendentes. Um "apreço" genérico por operários, sobretudo se qualificados e bem pagos. Operários que não vestissem macacões sujos de graxa, que fossem conversáveis (e conversíveis) como Lech Walesa, o polonês católico do Solidariedade.

"Tudo que é sólido desmancha no ar"? Os carismas e populismos, como o de Jânio Quadros, também se desfizeram com o tempo, por inconsistentes. Hoje, porém, ouvem-se os aplausos de plateias lacrimosas que, deseducadas e mal formadas, eventualmente também são atraídas pela musicalidade da "canção nova" e pela singeleza ideológico-teológica de padres-cantores ou de pregadores espertos, ocupando espaços que deveriam ser de partidos progressistas. Enfim, um país de "miséria farta" (como definiu Anísio Teixeira), em que a modernidade efetiva vem sendo adiada com método, "conciliação" e rigor.

A ética republicana, o STF e o "mensalão"

Pouco meses depois, analisando a maltratada Ética republicana, o jurista e professor Celso Lafer escreveu num de seus substanciosos artigos: "Para o bom governo não bastam as boas normas como as do artigo 37 da Constituição. É preciso que sejam cumpridas. É por esse motivo que a impunidade é um fator de erosão do governo das leis e uma modalidade da sua corrupção". Nessa perspectiva, registre-se "o rigor da condução republicana com que o Supremo Tribunal Federal vem lidando com o mensalão"[94] ao passar a ser o principal protagonista da vida político-institucional do país.

Os debates públicos na Suprema Corte, televisionados, sobre o tormentoso caso, trouxeram à luz do dia, e revelaram em pormenores, não apenas o modo como se misturam o público e o privado na vida nacional como também a extensão da impunidade, ou seja, a suposta intangibilidade de parcela dos "donos do poder". Seu *modus operandi*, o esvaziamento ideológico no trato da *res publica* com argumentos e advogados bem pagos em favor de benefícios particulares, os mecanismos jurídicos que facilitam a vida desses poderosos e acobertam seus malfeitos, tudo veio ao conhecimen-

---

[94] Celso Lafer, "Ética republicana", *O Estado de S. Paulo*, 16/9/2012, p. A2.

to público, provocando uma reviravolta nos valores. Ou melhor, uma recolocação na vida pública dos valores autenticamente republicanos.

O "MENSALÃO" EM RETROSPECTIVA: 2005-2013

O ano de 2012 ficou marcado pelo desfecho do processo do "mensalão", o maior escândalo da vida republicana. O processo teve início em 2005, quando Maurício Marinho, funcionário dos Correios ligado ao PTB, foi flagrado ao receber grossa propina: com isso, abriu-se uma série de escândalos em outras frentes em que se envolvia o Estado. Foi aprovada na Câmara abertura da CPI dos Correios, o que levou no mês seguinte o deputado do PTB Roberto Jefferson, do mesmo partido, a denunciar bombasticamente o fato de o PT pagar R$ 30 mil por mês para que deputados votassem a favor do governo Lula na Câmara.

Tal denúncia levou à demissão do ministro-chefe da Casa Civil, José Dirceu. Em Paris, pouco depois, o presidente Lula dava a entrevista desastrosa afirmando que "o PT fez do ponto de vista eleitoral o que é feito no Brasil sistematicamente". Foi um momento difícil, e a cadeira presidencial balançou. Como vimos, o comprometimento de José Dirceu obrigou Lula a procurar alternativa para sua sucessão. Dilma, no caso.

Perplexa, a opinião pública passou a acompanhar a crescente degradação dos costumes republicanos, a partir da cúpula. Em outubro de 2005, o ex-tesoureiro do PT, Delúbio Soares, declarava que as denúncias contra o PT "serão esquecidas e vão virar piada de salão". Em março do ano seguinte a deputada Angela Guadagnin (PT-SP), personagem felliniana, exibiu-se em plenário na famosa "dança da pizza", para comemorar a absolvição do deputado João Magno (PT-MG), também acusado de envolvimento no mensalão.[95]

Como se recorda, em outubro de 2006 Lula fôra reeleito presidente da República, para alívio dos adeptos do PT, sobretudo aqueles indicados para os altos postos administrativos. Em agosto de 2007, no Supremo Tribunal Federal, o relator do processo ministro Joaquim Barbosa apresentou denúncia contra quarenta suspeitos de envolvimento no mensalão. Acolhida a denúncia, todos os denunciados tornaram-se réus. As contradições do regime vieram à tona e tornaram-se públicas, sobretudo ao escancarar a confu-

---

[95] Cf. "Passo a passo", *O Estado de S. Paulo*, 19/9/2013, p. A10.

são reinante entre o bem público e propriedade privada. Em 2010, Dilma, sucessora e apadrinhada de Lula, foi eleita presidente da República.

Dois anos depois, em 2012, o ministro do STF Ricardo Lewandowski declararia que "os empréstimos do Banco Rural eram tratados como doações"; o ministro Joaquim Barbosa, ao justificar a apreensão dos passaportes dos 25 condenados no julgamento, observaria que os réus "dão a impressão de serem pessoas fora do alcance da lei". O ministro Celso de Mello, também do STF, ao proferir seu voto em agosto, diria que "agentes públicos que se deixam corromper são corruptos, profanadores da República, delinquentes da ética do poder". E o ministro Gilmar Mendes indagaria, também em agosto: "O que fizeram com o Banco do Brasil? Como nós descemos na escala das degradações", ao se referir ao dinheiro do principal banco oficial da República escoado para o esquema de Marcos Valério, um dos pivôs nessas articulações criminosas.[96]

Após 49 sessões e quatro meses e meio, o julgamento do "mensalão" terminava com 25 réus condenados, doze absolvidos e três excluídos da ação. As penas, somadas, foram de 282 anos. Em seguida, o STF passou a discutir se deveriam elas ser aplicadas imediatamente.

A decisão final deveria aguardar os desdobramentos no ano seguinte, ou seja, os tais embargos de declaração e depois os embargos infringentes. Com voto do ministro Joaquim Barbosa pela rejeição dos embargos, deu-se o empate de 5 a 5. Ao ministro Celso de Mello, decano do STF, coube o voto decisivo, no caso pela aceitação dos embargos infringentes. Não houve absolvição dos réus, mas tentativa de atenuação das penas, por meio de embargos.

O STF retomava assim seu antigo papel de protagonista na História republicana. Ousou derrubar a impunidade como norma e padrão habitual brasileiros. A atuação de ministros como Joaquim Barbosa, Carlos Ayres de Britto e outros mudou a imagem do Brasil como "país dos bacharéis", a despeito do cipoal de leis, parágrafos, incisos, acórdãos em que o Estado se enredou ao longo de décadas e, em alguns casos, de séculos. A atuação do Procurador-Geral da República, Roberto Gurgel, marcada por rigor, clareza e firmeza pouco comuns, também indicava a chegada de novos tempos na magistratura.[97]

[96] *Veja*, 20/12/2012, p. 175.

[97] Ver cronologia geral e personagens no caderno especial de *O Estado de S. Pau-*

Na apreciação do historiador José Murilo de Carvalho, "o julgamento pode mudar nossa cultura política. Ainda teremos pela frente os infindos recursos que podem reduzir penas, mas o que já vimos indica que algo mudou. Esse algo foi a posição dos juízes do STF".[98]

Ferreira Gullar apontou com clareza o fim de um ciclo histórico. Para ele, o mensalão "tirou da jogada algumas figuras mais destacadas do petismo; mas às novas falta carisma". E foi mais longe, ao indicar estar-se vivendo no país o fim da geração ideológica. As manifestações populares em junho do ano seguinte, 2013, iriam demonstrar a efetividade do diagnóstico de Gullar:

> "Até onde consigo compreender o quadro político brasileiro, percebo que nos aproximamos de uma mudança importante. É como se acabasse uma fase e começasse outra. A geração ideológica, que lutou contra a ditadura militar, já cumpriu seu papel, e agora dará lugar a outra, posterior àquele conflito. O PT e o PSDB, os dois partidos que, no apagar das luzes da ditadura militar, surgiram como oposição clara à política do regime, já cumpriram o seu papel: o PSDB, com o governo Fernando Henrique Cardoso, e o PT, com o de Luiz Inácio Lula da Silva [...]. Daquela geração ideológica, resta Dilma Rousseff, que certamente tentará reeleger-se em 2014. Quer ganhe, quer perca, com isso se encerrará a etapa dessa geração no governo do país."[99]

Gullar conclui que a fase da ideologia passou: é por perceber isso que "Lula se preocupa, hoje, em dar força à candidatura de novas figuras do seu

---

lo, 13/11/2012. Ver também "STF condena petista por corrupção", *Folha de S. Paulo*, 30/8/2012, p. A1. Trata-se da condenação do ex-presidente da Câmara dos Deputados João Paulo Cunha, o primeiro político culpado no "mensalão". O ministro Cezar Peluso propôs 6 anos de prisão. Ver também o artigo de Eliane Cantanhêde, "PT à beira da prisão é motivo de constrangimento", p. A2.

[98] José Murilo de Carvalho, "Julgamento pode mudar nossa cultura política", entrevista a Daniel Bramatti, *O Estado de S. Paulo*, 13/11/2012, p. H8. E conclui: "Diria que os oito anos de Lula ficarão mais em nossa história pelo grande avanço na inclusão social, que chamo de democracia. Não se destacará pelo que chamo de República".

[99] Ferreira Gullar, "Fim da geração ideológica", *Folha de S. Paulo*, 11/11/2012, p. E14.

partido, com o propósito de não deixar que o lulismo termine com a sua morte e a aposentadoria de Dilma". E finaliza: "A dificuldade reside não apenas no pouco carisma dos candidatos que inventou, mas sobretudo na inconsistência da proposta petista, que só se manteve até aqui graças ao carisma do próprio Lula".[100]

2012: ANO DIFÍCIL, MARCADO POR (MAIS) AMBIGUIDADES

O ano de 2012 deixou fortes marcas na história recente do país. Em quase todas as frentes da vida nacional ocorreram conflitos e impasses, como foi o caso da questão ambiental, na revisão do Código Florestal, em tramitação na Câmara e no Senado. As críticas não se fizeram esperar, como a do professor José Eli da Veiga, do Instituto de Relações Institucionais da USP. Além de criticar texto da nova lei ambiental que estava na Câmara, mostrou ele que a presidente Dilma estava mal assessorada sobre o tema. "Ministra fraca leva Código ao desastre".[101] Gravíssimo, entretanto, era o fato de que em algum ponto do país, a cada 40 minutos, vem ocorrendo desmatamento correspondente a um estádio de futebol.

Inúmeros problemas e poucas soluções verificaram-se em quase todos os setores. Por exemplo, na área de energia, e tendo em vista graves desacertos na administração da Petrobras, a presidente nomeou Graça Foster para presidi-la, a qual por sua vez indicou técnicos para diretorias daquela empresa estatal. Já na área da segurança, Dilma Rousseff viu-se obrigada a administrar embates com militares, ao mesmo tempo em que o Ministério Público preparava ações contra ex-integrantes das Forças Armadas por crimes da ditadura.

A (in)segurança urbana também tornou-se problema crescentemente grave. Só a cidade de São Paulo contabilizou mais de 1.300 homicídios em 2012, ou seja, 34% mais que no ano anterior. E a problemática mal equacionada do narcotráfico, das favelas "pacificadas" e dos arrastões em restau-

---

[100] *Ibidem*. Sobre Lula, lulismo, petismo, ver o ensaio de Mario Sergio Conti, "O povo *pop* no poder", em que analisa o livro de Tales Ab'Sáber, *Lulismo, carisma pop e cultura anticrítica* (revista *Piauí*, junho de 2012, nº 69). Ver também a entrevista de Marilena Chaui a Juvenal Savian Filho, "Pela responsabilidade intelectual", revista *Cult*, agosto de 2013, nº 182.

[101] José Eli da Veiga, entrevista a Pablo Pereira, *O Estado de S. Paulo*, 4/3/2012, p. A25.

rantes e *shoppings* deixou a população em estado de insegurança plena.[102] Nos campos da habitação, da saúde e da educação os problemas já eram bem conhecidos, assim como os impasses, mas as iniciativas para superá-los permaneceram em baixa rotação.

Vitória do PT em São Paulo. O PSDB, segundo FHC. Desponta o PSB com Eduardo Campos

O ano de 2012 terminou com a vitória de Fernando Haddad em São Paulo, até então principal cidadela brasileira do PSDB e coligados. Nome escolhido por Lula para disputar a prefeitura, Haddad foi eleito prefeito com 55,57% dos votos, derrotando o tucano José Serra, que obteve 2,7 milhões. Em São Paulo, a abstenção chegou a 20%, a maior desde 1988.

Embora elegendo menos prefeitos de capital que em 2008, o PT aumentou o número de prefeituras e eleitores sob seu comando no país.[103]

No campo das oposições, observou-se fraca reação dos tucanos, com o morno lançamento da candidatura de Aécio Neves em 3 de dezembro à sucessão de Dilma Rousseff, em movimento capitaneado por Fernando Henrique Cardoso ("ele tem que assumir suas reponsabilidades, não de candidato, mas de líder do partido, para ele poder começar a percorrer o Brasil imediatamente", exasperou-se FHC).

O lançamento de Aécio ocorreu durante evento do PSDB em Brasília, num momento em que a Polícia Federal investigava assessores diretos de Dilma e de seu antecessor Lula, e no mesmo contexto em que despontava mais forte no cenário nacional o governador de Pernambuco, Eduardo Campos, do PSB, neto de Miguel Arraes, e ainda aliado dos petistas.

---

[102] Tais problemas ganham repercussão internacional. Ver o artigo-denúncia de Francho Barón, "Morir en São Paulo", *El País*, 3/2/2013, p. 9.

[103] Para um quadro completo das eleições em 2012 consulte-se "Eleições 2012 (2º turno)", *O Estado de S. Paulo*, 29/10/2012. Ver, entre outros, o artigo de Dora Kramer "De trunfos e triunfos", p. H15. Escreve ela: "Eduardo Campos entrou em cena antes do esperado"; e também a entrevista de FHC a Álvaro Campos, "Brasil mostra que renovação é necessária", p. H7. Para melhor compreensão da interiorização do PT, consulte-se a entrevista do professor Vítor Marchetti a Roldão Arruda, "Ação federal no interior é o que explica o avanço do PT", em *O Estado de S. Paulo*, 25/12/2013, p. A7. Diz ele: "A multiplicação das parcerias do governo com prefeituras tem mais peso eleitoral que o Bolsa Família".

Em artigo de balanço publicado logo depois, FHC relativizou a vitória petista. Para ele, uma coisa era ganhar votos nas eleições municipais e outra, nas federais:

> "O PT pode se gabar de haver ganho em São Paulo. Mas deve reconhecer que seu avanço no país foi tímido para quem queria obter mil prefeituras e detém as rédeas do poder central e as chaves do cofre. Manteve dezesseis prefeituras nas cidades com mais de 200 mil habitantes, ante as agora quinze do PSDB, que antes tinha apenas dez. [...] Apesar das críticas de que o partido não faz oposição vigorosa, conseguiu se manter como seu carro-chefe. Em São Paulo, ganhou 176 prefeituras, ante 67 do PT. E mesmo na capital, arrastando o desgaste da administração local, obteve 40% dos votos."[104]

Em seu importante balanço, Fernando Henrique faz notar a importância do PSB nessa nova etapa: "O PSB obteve dois êxitos significativos: derrotou o lulopetismo no Recife e em Fortaleza. Isso abre margens à especulação sobre suas possibilidades para as eleições presidenciais, com uma cisão no bloco que até agora apoia o governo Dilma Rousseff".[105]

Nos embates entre os dois principais partidos, o que se assistiu foi a desidratação ideológica e conceitual do que seja *política* na atual quadra histórica. Acresce que os desencontros entre a Câmara Federal e o Supremo Tribunal Federal ganharam vulto, com "a Câmara sinalizando intenção de ignorar o Supremo e fazer da Constituição letra morta", como fez notar Dora Kramer em março daquele ano.[106] No mês seguinte, a partir de uma série compacta de dados, a jornalista apontava:

> "A ideia de Lula e companhia de convencer a sociedade em geral e o STF em particular de que as ocorrências registradas sob a rubrica 'mensalão' não passaram de uma urdidura da oposição

---

[104] Fernando Henrique Cardoso, "Hora de balanço", *O Estado de S. Paulo*, 4/11/2012, p. A2.

[105] *Ibidem.*

[106] Dora Kramer, "Desobediência incivil", *O Estado de S. Paulo*, 15/3/2012, p. A2.

mancomunada com a imprensa municiada de informações por bandidos sofre de um erro de origem."[107]

O país passou a viver o esgotamento de um ciclo, com todos os fantasmas, mascaradas e estertores. Como previra agudamente Luiz Werneck Vianna em novembro de 2011: "Sem lugar, a política faz-se representar por seu simulacro, nessa cômica mascarada em curso em nome da racionalização e de uma pretensa busca pela primazia da ordem racional legal sobre práticas tradicionalistas".[108]

O quadro agravado levaria Elio Gaspari, a concluir, em agosto de 2013, que "o PSDB e o PT minam a democracia". E foi mais longe: "Tucanos e comissários [membros do PT] reagem aos malfeitos de companheiros radicalizando a política para blindar corruptos".[109]

Denúncias de vária ordem se sucederam paralelamente ao processo do "mensalão", o que levou o sociólogo José de Souza Martins a pesadas conclusões. Em primeiro lugar, a de que o PT chegou à presidência em nome de uma ambiguidade política fundante, a dessa cultura da legitimidade contra a legalidade. Ou seja, concluía ele, é o modelo "Maquiavel versão província": "No projeto de poder do PT, militantes julgaram lícito o ilegal em nome do consideravam legítimo".[110]

Ano de 2013. A República afogada na crise do regime

> "O nível de frustração por todo o mundo está muito alto agora. Não surpreende que essas manifestações ocorram. O problema é canalizar essa raiva para para movimentos políticos que tenham um projeto. Prevejo mais explosões de raiva nos próximos anos — no Egito, na Suécia, no Brasil etc."
>
> David Harvey, em São Paulo, novembro de 2013

---

[107] "A denúncia revisitada", *O Estado de S. Paulo*, 17/4/2012, p. A6.

[108] Luiz Werneck Vianna, "Conjuntura, modernização e moderno", *O Estado de S. Paulo*, 16/11/2011, p. A2.

[109] Elio Gaspari, "O PSDB e o PT minam a democracia", *Folha de S. Paulo*, 11/8/2013, p. A6.

[110] José de Souza Martins, "Maquiavel versão província", *O Estado de S. Paulo*, Caderno Aliás, 18/11/2012, p. J3.

2013 não foi apenas um prolongamento de 2012. Como nunca antes neste país o regime republicano viveu crise tão explícita, detectável em todos os planos e níveis da vida dos brasileiros. Crise nacional, abrangendo do plano político-institucional e econômico-financeira às esferas social, educacional e cultural (em estrito e lato senso). E talvez a mais grave de todas, a crise de valores.

Assiste-se pois à *crise do regime* que, no futuro imediato, poderá se desdobrar em reformas parciais e localizadas ou, a médio prazo, dado o crescimento do clamor popular, poderia até desembocar — como aventamos, tendo a ideia sido assumida pela presidente Dilma, porém logo descartada — na convocação de uma Assembleia Nacional Constituinte para redimensionamento em profundidade da problemática nacional.[111] Ou, dadas as composições e conciliações costumeiras dos donos do poder, encastelados no estamento burocrático estatal altamente desmobilizador, também poderá dar em... nada. Neste caso, confirmar-se-á a tese de que a História do Brasil se define pela vitória da "contrarrevolução preventiva e permanente", como conceituou o historiador José Honório Rodrigues em seu livro clássico *Conciliação e reforma*.

De toda forma, 2013 ficará desde logo como o *turning point* da história republicana pós-Constituinte de 1987-88. Ou seja, um ponto de inflexão bem demarcado na linha do tempo, dado que se verificou, em quase todos

---

[111] Carlos Guilherme Mota, "Saída é uma Constituinte para a reforma política", entrevista a Gabriel Manzano, *O Estado de S. Paulo*, 23/6/2013, p. A11. "A questão é que atravessamos uma crise de regime [...]. Agride o país o fato de não termos escola nem hospitais 'padrão Fifa'. Só estádios". Sobre a Constituinte, propunha-se a convocação de uma Assembleia Nacional Constituinte — não apenas um "Congresso Constituinte" como em 1987. Ou seja, uma Assembleia democraticamente eleita, cujos deputados deveriam se incumbir da redação de uma *nova Carta*. Mais especificamente, de documento a ser apresentado à nação para norteá-la, em que se definissem as diretrizes da esperada Reforma Política, com adoção ou não do Parlamentarismo; redução do número de ministérios; fixação de critérios nítidos para os gastos públicos, para que se conheça o destino do dinheiro público advindo do imposto de renda e outros tributos; listagem de obrigações concretas do Estado no campo da Saúde, da Educação, da Habitação; a fixação de critérios rígidos para a limitação da ação do Executivo em manobras (como as mais recentes, vem atuando em relação à construção de estádios etc). E que fixe a limitação do número de partidos, hoje verdadeiros "quintais eleitorais", definindo critérios ético-políticos na representação dos deputados e senadores, que devem atuar na defesa dos cidadãos, hoje transformados em meros súditos-contribuintes. Pois a sociedade manifestou-se claramente, exigindo transparência, rigor e competência.

os níveis da vida do país, a tomada de uma *nova* consciência, diversa das de 1960-63, ou 1984-88. Não propriamente do "país" formal, entidade geopolítica catalogada nas enciclopédias e inscrita como membro da ONU, mas da nação no seu sentido histórico-cultural profundo.

No plano político mais visível, foi quebrada a polarização PT-PSDB, com o lançamento da candidatura à presidência nas eleições de 2014 do governador de Pernambuco, Eduardo Campos (do PSB), tendo na chapa como vice a ex-ministra e ex-senadora Marina Silva (do novo partido Rede Sustentabilidade, em formação).[112]

A profundidade da crise se tornou nítida no mês de junho, com as manifestações de amplos setores da sociedade atuando *fora* do ordenamento político e sindical tradicional. O fator surpresa deu a tônica em todas as frentes da organização nacional, dos serviços de inteligência da presidência da República às lideranças político-econômicas e sindicais, até os politólogos de plantão. Os conceitos tradicionais da Ciência Política (sociedade civil, ideologia, direita e esquerda etc.) já não revelavam qualquer eficácia ou pertinência, pois novos paradigmas se apresentavam historicamente, à luz do dia, sem a chancela da *intelligentsia*.

As *Jornadas de Junho* de 2013, que se prolongariam nos meses seguintes, marcaram decisivamente a História do Brasil contemporâneo. Como constatou o geógrafo David Harvey, numa entrevista em São Paulo em novembro de 2013: "A situação de agora reflete a alienação das pessoas em relação a praticamente todos os partidos políticos e sua desilusão com o processo político". Sobre o neoliberalismo, Harvey foi explícito:

> "Na América Latina, politicamente houve, na superfície, um
> tipo de política antineoliberal. Mas não houve nenhum verdadeiro
> desafio para o grande capital [...]. Não é profunda a tentativa de

---

[112] Ver no Caderno Aliás de *O Estado de S. Paulo* de 13/10/2013, p. E2, entrevista de Carlos Guilherme Mota a Mônica Manir, sob o título "Teste de pragmatismo: neopopulismo dá espaço a uma opção 'sonhática' mais razoável". No mesmo suplemento, à p. E3, consulte-se o artigo de Jairo Nicolau "O preço do *button*". Escreve ele: "No Brasil há regras muito rigorosas para criação de partidos — e muito generosas quanto ao acesso de recursos públicos para aqueles já registrados". Refere-se ele aos obstáculos enfrentados por Marina Silva para oficializar seu partido. Em contrapartida, o jornalista José Nêumanne Pinto pergunta em seu contundente artigo-denúncia "Mortos suspeitos de fundar partidos": "Por que o TSE autorizou PROS e Solidariedade a funcionar sem checar se assinaturas são válidas?" (*O Estado de S. Paulo*, 9/10/2013, p. A2).

A transição incompleta: ainda o mesmo modelo (2007-2014)

ir realmente contra as fundações do capitalismo neoliberal. É uma política antineoliberal só na superfície, na retórica. Mas há alguns elementos, como a Bolsa Família, que não fazem parte da lógica neoliberal."

Harvey resgata o conceito de *luta de classes* ao comentar a discussão sobre o aumento do imposto sobre propriedade urbana em São Paulo. Perguntado se isso também evidencia uma luta social, ele não tergiversou: "Vamos chamar de luta de classes. Ela está mais evidente, mas muitas pessoas não gostam de falar sobre isso".[113]

Enfim, o desfecho do "mensalão": um marco. Novos tempos?

Além das manifestações de junho, o desfecho do processo do "mensalão" no mês de novembro de 2013 polarizou a opinião pública, com a prisão de réus que ocuparam importantes posições na República, bem como o fim do voto secreto em certas decisões no Congresso (como o da cassação de parlamentares com "ficha suja"), sinalizando — espera-se — o advento de novos tempos na vida política do país.

Também as primeiras iniciativas para o processo do chamado "mensalão tucano" (ou "mensalão mineiro", envolvendo o ex-governador Eduardo Azeredo), bem como investigações sobre negociatas em que estariam envolvidos vários membros de governos oposicionistas, demonstraram que as regras republicanas, agora aplicadas para valer, abrangeriam a todos os envolvidos em malfeitos.

Quanto ao "mensalão" principal (a Ação Penal 470), o resultado do processo foi expressivo: 25 condenados, e com mandados de prisão expedidos. Uma banqueira, uma simples funcionária e o publicitário Marcos Valério (que deu o nome ao "Valérioduto") foram contemplados com pesadas penas em regime fechado, sem muito alarde, enquanto realtivamente a outros condenados, mais destacados socialmente, uma série de discussões

---

[113] David Harvey, "'Privatização de tudo' gerou protestos, que vão continuar", *Folha de S. Paulo*, 20/11/2013, Caderno Poder 2, p. 9, entrevista a Eleonora de Lucena. Na ocasião, o geógrafo lançou dois livros importantes: *Os limites do capital* e *Cidades rebeldes*, este com Ermínia Maricato, Mike Davis, Ruy Braga, Slavoj Zizek e outros (São Paulo, Boitempo, 2013).

foram iniciadas (questões de saúde, acesso ou não à internet, possibilidades de empregos fora da prisão etc.).[114]

As interpretações sobre os resultados, os personagens (juízes, réus, advogados e outros), o contexto, as condições prisionais e o significado desse processo na história recente do país vêm se multiplicando. Ressaltam-se alguns fatos que aguardam melhor análise, como o distanciamento da presidente Dilma Rousseff ao longo de todo o processo (compreensível dada a posição que ocupa) e, sobretudo, o silêncio do ex-presidente Lula (menos compreensível).

Revelador da natureza da sociedade brasileira foi o choque provocado no Presídio da Papuda, em Brasília, pelo contraste no tratamento diferenciado a prisioneiros comuns e aos réus do "mensalão": condições gerais, horários de visitas de familiares e assim por diante. Nesta etapa do julgamento e das penas, revelam-se as tremendas ambiguidades e desníveis sócio-institucionais que marcam ainda hoje a História do Brasil. De fato, as prisões brasileiras são tenebrosas, em nada educativas, e a desigualdade de tratamento a prisioneiros de diferentes classes sociais e *status* continuam a indicar que ainda predomina a mentalidade tipo casa-grande & senzala.[115]

---

[114] "Nem ódio nem adoração", *Folha de S. Paulo*, 19/11/2013, p. A4. Ver à mesma página análise de Hélio Schwartsman, "Em busca do discurso perdido". Figuras icônicas do PT, sobretudo José Dirceu e José Genoino, foram aplaudidos no ato de prisão por um número pouco significativo de manifestantes, mas nada ocorreu com deputados e ex-deputados do PP, PR ou do PTB, ignorados. Como escreveu Eliane Cantanhêde: "A estes, a lei e o descaso. Toda a comoção nacional, pró e contra, está concentrada em três réus: José Dirceu, apontado pela Procuradoria Geral da República como o 'chefe da quadrilha', José Genoino, que caiu na besteira de assinar um documento e — ao contrário de uns e outros — sai dessa preso e sem ficar rico, e Delúbio Soares, o ex-tesoureiro petista, desses que apanha calado". Em face das manifestações de apoio tão diferenciadas, e de certa teatralização dos atos de prisão, a conclusão da jornalista é sóbria e correta: "As penas devem ser para fazer justiça, não para aniquilar pessoas. As prisões são tenebrosas, os réus são muito visados e o Estado é responsável pela integridade física de cada um. Especialmente de Genoino, que acaba de passar por uma cirurgia cardíaca, está em regime semiaberto e tem direito, antes de mais nada, à vida".

[115] Os anos de governos eleitos, de Collor a Dilma, pouco ou nada trouxeram de inovação ao padrão colonial, retrógrado e desumano que ainda caracteriza o sistema carcerário. Em 2013, o Brasil permanece distante anos-luz do mundo civilizado, nesse e em muitos outros aspectos. E são demasiado tímidas as iniciativas para mudá-lo.

O clamor das ruas

CONTRA A DITADURA ATUAL:
A POLÍTICA FISCAL E O CLAMOR DAS RUAS

"Quando o cidadão toma um ônibus mal percebe que está embarcando numa coletoria móvel de impostos e taxas. As três esferas de governo e várias autarquias se juntam para extorquir o passageiro. Ele não desconfia que um terço do preço da passagem é tributo."

Paulo Rabello de Castro

Setores da sociedade civil se mexem, e com vigor. Pois, nos últimos tempos, iniciativas sérias e densas vêm abrindo perspectivas para o redimensionamento da vida nacional, como é o caso da crítica frontal e substanciosa ao ordenamento fiscal, feita pelo economista e coordenador do *Movimento Brasil Eficiente*, Paulo Rabello de Castro. Contra a ditadura econômica do Estado, esse movimento, ainda em seus primeiros passos, ataca a "tributação abusiva e desperdícios que se tornaram sucedâneos do autoritarismo político".[116]

Segundo Rabello de Castro, as manifestações de junho e julho "são a força que rompe uma barreira opressora e desentope canais de participação democrática dos cidadãos na vida da nação". Nota ele que os movimentos não se dirigiram contra fábricas, sedes de empresas, templos, mas sim contra prefeituras e palácios de governo: "Fica muito claro que a raiva do povo está concentrada em algo contido no trajeto entre o que o cidadão paga pelo funcionamento do país e o que recebe de volta em serviços do Estado, diretos ou concedidos". Em seu texto-manifesto, o economista aponta o nó da questão:

---

[116] Paulo Rabello de Castro, "Marcha contra a ditadura", *O Estado de S. Paulo*, 24/7/2013, p. A2. Ver a íntegra do artigo-manifesto e mais informações sobre o movimento no site www.assinabrasil.org. Ainda sobre política fiscal, ver a matéria, menos contundente, "Política fiscal firme deve ser prioridade" (*O Estado de S. Paulo*, 18/6/2013, p. B4), com entrevistas com Edmar Bacha ("O governo deixou as coisas desarranjadas") e Luiz Gonzaga Belluzzo ("Ter um real forte uma hora vira encrenca"). Segundo Bacha, "o Brasil já está enfrentando, em parte, uma estagflação"; segundo Belluzzo, "o governo já entendeu que não pode insistir no expansionismo fiscal". Ver também artigo de Roberto Luis Troster, "Intoxicação fiscal", *O Estado de S. Paulo*, 18/11/2013, p. B2.

"O país vive na ditadura econômica do Estado e seu braço operacional é o sistema tributário e fiscal. Por ser complexa e abusiva, a tributação e desperdício a ela associado se tornaram sucedâneos do autoritarismo político, ainda que camuflado pela legalidade formal das medidas provisórias (MPs), de regulamentos e circulares."

Tal fato tem implicações diretas na esfera política e na sociedade:

"Prova disso é o reconhecimento da presidente Dilma Rousseff e do seu ministro da Fazenda, ao combaterem a tributação absurda por meio de desonerações pontuais das tarifas de energia, dos preços das passagens de ônibus e metrôs, dos alimentos etc. Vários governadores têm tido a mesma sensibilidade. Mas isso não lhes garantirá sono tranquilo. As desonerações pontuais não estabelecem um novo pacto social."

No documento, fica claro qual o problema, apontando o caminho para a solução: "É preciso dar o passo decisivo, alterar a Constituição no seu capítulo tributário, simplificando radicalmente o manicômio tributário em que se converteu o sistema atual. A reforma 'fatiada' dos impostos fracassou, sem ter, de fato, ao menos começado. E, por óbvio, a gestão fiscal das despesas públicas é uma tragédia completa. Aí está o nó da questão social".

O texto-manifesto, enxuto e direto, torna-se referencial na articulação de uma nova sociedade civil democrática (não atual, obrigada a suportar o peso e o custo do modelo autocrático). Pois o documento assinado por Paulo Rabello de Castro abarca, numa visão sistêmica, do travejamento maior da fiscalidade atual aos comezinhos interesses do cidadão-contribuinte. Sobre o clamor das ruas, Paulo Rabello de Castro põe o dedo na ferida:

"A má gestão fiscal dos recursos tributários, quando estes se transformam em despesa pública, é diretamente questionada pelo clamor das ruas. *O povo quer saber por que tantos bilhões vertidos para a educação, saúde e transporte viram pó antes de chegar ao suposto beneficiário do serviço. Onde foi parar tanto dinheiro? A gestão fiscal do Estado brasileiro não tem respondido a uma pergunta central: por que o Congresso Nacional tem elevado tão agressivamente os impostos extraídos da população desde* o *Plano Real, se o serviços públicos vêm recuando em quantidade e qualidade?"*

E pergunta ainda, com veemência: "Quem cobra eficiência na gestão do dinheiro público?". O incisivo documento pode servir de plataforma para uma reforma em profundidade do Estado brasileiro, dada a abrangência e clareza em sua formulação geral.

Para concluir, alerta ele para a urgência de um debate nacional transformador, para "fazer o clamor das ruas avançar". E adverte: "Se o governo não quiser naufragar, deveria tentar avanços definitivos".

Agências do Estado em questão

Em 2013, aumentam denúncias sobre as *orientações discutíveis de agências do Estado (BNDES, Petrobras e outras) em relação com grupos privados nacionais (como o de Eike Batista) ou interesses internacionais, que vêm revelando desmandos e ambiguidades na gestão de importantes órgãos oficiais*, quando não de falta de preparo de seus agentes. A crônica dos desacertos dessas estatais pode ser acompanhada em inúmeras fontes.[117]

A questão indígena e a do meio ambiente: rifando o futuro

Quanto à questão do meio ambiente, constata-se que o desmatamento aumentou em 25%, de 2012 a 2013, enquanto no tocante à questão indíge-

---

[117] A título de exemplo, leia-se a entrevista de Luciano Coutinho, presidente do BNDES: "Governo de Dilma não apostou sozinho em Eike" (*Folha de S. Paulo*, 14/7/ 2013, entrevista a Valdo Cruz e Raquel Landim); ver também "Trajetória: como Eike Batista levou suas empresas ao endividamento". E também: "BNDES adiou cobrança de contratos milionários de empresas de Eike Batista" (*Folha de S. Paulo*, 15/7/2013, matéria de Eduardo Bresciani no Caderno Economia, p. B7); e ainda: "Patrimônio do BNDES recua 38% com dividendos ao governo e perda na Bolsa" (*Folha de S. Paulo*, 8/7/2013, Caderno Economia e Negócios, p. B1). E também: "BNDES está sob ataque, diz Luciano Coutinho" (*Folha de S. Paulo*, Caderno Economia, 9/11/2013, p. B8). E o artigo de Fernando Gabeira, "Ninguém mais conhece Eike" (*O Estado de S. Paulo*, 8/11/2013, p. A2). Sobre a Petrobras, leia-se o artigo "Pré-sal, Petrobras e o futuro do Brasil", de José Sérgio Gabrielli de Azevedo (*Folha de S. Paulo*, 3/4/2013, p. A3), e a matéria de Sabrina Valle, "Contrato da Petrobras com a Odebrecht é investigado por superfaturamento" (*O Estado de S. Paulo*, 9/11/2013, Caderno Economia e Negócios, p. B1).

na verifica-se que foram mortos mais de setenta nativos, apenas no último ano. E mais, que os conflitos entre a população indígena e os produtores rurais continuam num crescendo preocupante, sem que o governo consiga equacionar o problema e encaminhar uma solução.

Como denunciou a antropóloga Manuela Carneiro da Cunha, "governo rifa os direitos indígenas". E, mais grave, faz notar que a presidente Dilma Rousseff cedeu à pressão dos ruralistas. A professora da USP e da Universidade de Chicago aponta ainda a ofensiva sem precedentes contra os índios no Congresso.[118]

NAS CIDADES: A "BARBÁRIE SILENCIOSA"

Nas cidades, além dos graves problemas de transporte de massa, habitação e saneamento, a questão da segurança adquiriu vulto, sobretudo nas grandes metrópoles com os "arrastões" e assaltos à luz do dia, em restaurantes, praias e *shoppings*, a bandidagem por vezes até adotando estratégias

---

[118] "Governo rifa os direitos dos indígenas", *Folha de S. Paulo*, 14/6/2013, p. A8, entrevista a Ricardo Mendonça. Ver também: "Conflito em MS gera revolta em cadeia e questão indígena desafia governo Dilma" ("após morte de líder terena em conflito com a Polícia Federal, indíos promovem série de protestos pelo país; PT teme desgaste de Dilma por conta de movimentos sociais"), *O Estado de S. Paulo*, 4/7/2013, p. A4. À mesma página, ver "Gleise [ministra-chefe da Casa Civil] e CNBB divergem sobre papel da Funai". E mais, "Carta aberta culpa ministra por radicalizar tensão no país", documento assinado pelo jurista Dalmo de Abreu Dallari e outros. Sobre protestos indígenas e greves por melhores condições de trabalho na construção da Usina de Belo Monte (no valor de 30 bilhões de reais), no Pará, ver *O Estado de S. Paulo*, 11/5/2013, p. B1. O problema tem implicações políticas (sucessão em 2014): ver também a matéria de João Villaverde, "Dilma tenta reforçar discurso ambiental com fundo de compensação para índios", *O Estado de S. Paulo*, 4/11/2013, p. A4, onde se lê: "Engavetada há anos, medida passou a integrar a agenda do Planalto com o objetivo de fazer frente às críticas da ex-ministra Marina Silva; plano de atenção às comunidades atingidas por hidrelétricas deve valer apenas para pacote de novas usinas". E ainda, na mesma página, a matéria assinada por Roldão Arruda, "Inação na área se repete por seguidas gestões. Indica-se que 34 empreendimentos (usinas) vão atingir territórios indígenas até 2021, afetando a vida dos Munduruku, Kaiaby, Sai-Cinza e Mãe Maria". Ver a posição da Secretaria-Geral da Presidência, subscrita por Paulo Maldos (*ibidem*). A Funai se encontra em meio ao fogo cruzado de várias frentes: ver "A questão indígena", *O Estado de S. Paulo*, 5/6/2013, p. A3 (editorial).

de dimensão estratégico-militar no caso de carros-fortes transportadores de valores em São Paulo, particularmente.

O problema, porém, não se restringe apenas aos direitos indígenas, ou à violência urbana, ou aos direitos do cidadão comum. Ele se mistura e confunde, por vezes, com a delinquência e se avizinha, ou mesmo alcança, a esfera da política. Um extenso levantamento do jornal *O Estado de S. Paulo* apresenta e analisa a complexidade e gravidade da "barbárie silenciosa" e denuncia:

> "Tal barbárie silenciosa já provocou 1.133 mortes com motivação política desde a Lei da Anistia. Em três décadas, um assassinato a cada 11 dias. A escalada de crimes não ocorre apenas nos grotões. Alcança várias esferas do poder. É ignorada pelos caciques nacionais. Prospera devido à impunidade e às dificuldades de se transpor pressões políticas para iniciar ou dar prosseguimento a investigações policiais."

E o jornal alerta, em tom de denúncia, contrapondo-se ao fato de comumente se proclamar, de norte a sul, estarmos vivendo no Brasil um "período democrático": "É um Brasil que se esconde em plena democracia".[119]

Vários outros casos de violência são focalizados, como em Anadia, Delmiro Gouveia, Acaraú, Araquan, Itaíba, Caraúbas, Exú (a guerra entre famílias por oito gerações), Catolé do Rocha, Maceió, Porto Velho, Pacatuba.[120] "No vale-tudo eleitoral, até líderes nacionais gravam propagandas nos grotões para réus e suspeitos", como é o caso do vice-presidente da República, Michel Temer, do PMDB.[121]

---

[119] Caderno especial "Sangue político: as mortes nas disputas pelo poder na era democrática", *O Estado de S. Paulo*, 13/10/2013, pp. H1-12.

[120] No referido caderno especial, destacam-se os seguintes tópicos: dois terços dos inquéritos policiais não apontam nem autor nem mandante; Ministérios Públicos locais sofrem flagrante inervenção política; no STF, tramitação é longa. Com mais verbas federais, prefeituras são alvo de cobiça; depois da Constituição de 1988, que permitiu incremento de repasses, executivos locais ganharam mais poder. Celso Daniel e Toninho, os pesadelos do PT; motivação política não foi provada. Ex-aliados viram concorrentes e pré-candidato é eliminado fisicamente (em Almirante Tamandaré, no Paraná).

[121] *Ibidem*, p. H11. Ver na mesma página: "Líderes partidários reagem com surpresa". O senador José Agripino Maia "concorda que existe uma matança oriunda da

Enfim, o Brasil real. Como se constata, o *mores* político permanece o mesmo, em continuidade à velha tradição brasileira analisada pelo jurista e historiador Victor Nunes Leal em *Coronelismo, enxada e voto* (1948). Mudam-se os personagens, a mentalidade muito pouco. Ou nada. A violência surge assim como a expressão mais nítida de um sistema político enraizado em relações sociais muito distantes dos valores de *sociedade civil* de países civilizados em que a democracia, com seus mecanismos de controle e auto-controle, se exerce com rigor.

Violência, miséria e escárnio: Rondônia, Amarildo, AfroReggae...

A violência na zona rural de Rondônia é tão alarmante quanto a destruição da floresta, denunciou o escritor Milton Hatoum.[122] Com efeito, a violência tornou-se uma chaga incontrolada que penetra no tecido social em profundidade, tanto no campo, nos grotões e nos aldeamentos indígenas invadidos como nas cidades.

Nesse sentido, as denúncias e advertências de membros da sociedade civil vão num crescendo, como é o caso de José Júnior, líder da ONG Afro-Reggae e uma das figuras mais conhecidas do Rio de Janeiro. Ameaçado e sob escolta permanente há meses por ter feito denúncias sobre a violência no Rio, criticou o tripé política, religião e tráfico, fornecendo elementos para a compreensão do sistema vigente e de forças como o Comando Vermelho e do Terceiro Comando, e de personagens como o pastor Marcos Pereira, e da atuação do Ministério Público. Comentando o sumiço do pedreiro Amarildo, morto sob tortura por policiais, fato que polarizou a opinião pública do país, o carismático José Júnior diz:

disputa envolvendo dinheiro e esquema na máquina pública"). O presidente nacional do PMDB, senador Valdir Raupp, considera que "a proposta de punição interna dos partidos a supostos mandantes de assassinatos esbarra na falta de condenação pela Justiça"; já o senador Aloysio Nunes Ferreira diz que, "para dar uma resposta, as lideranças políticas nacionais terão que enfrentar interesses dos grandes escritórios de advocacia"; o senador Humberto Costa critica decisão de dar legenda a candidatos que estão na cadeia; e o senador Álvaro Dias observa que "os partidos não adotaram mecanismos para estabelecer sua própria 'ficha limpa'". O presidente do PT, Rui Falcão, recusou-se a debater o assunto.

[122] Milton Hatoum, "Escárnio, covardia e miséria de muitos", *O Estado de S. Paulo*, 13/9/2013, Caderno 2, p. C12.

"Infelizmente, o sumiço do Amarildo e o incêndio do Afro-Reggae aconteceram juntos. Estamos sendo ameaçados por uma situação que é de um poder colossal. [...] A gente está numa guerra, eu estou na guerra. [...] Estou fazendo um programa para *Conexões Urbanas* (que apresento no Multishow) sobre as manifestações recentes. Gravei tanto com manifestantes quanto com o batalhão de choque da PM, que é acusado de chegar aos extremos. [...] Nós chegamos a gravar até 300 mil pessoas. Hoje uma manifestação aqui no Rio não passa de 200 pessoas, cria mais mal-estar que outra coisa. A gente vê as pessoas saqueando, quebrando. Os protestos pacíficos são fundamentais."[123]

Já no Brasil oficial, o IBGE informava que a expectativa de vida do brasileiro subiu 11 anos nas últimas três décadas: "Visto isoladamente, esse dado reluz como boa notícia. E certamente haverá marqueteiros oficiais que tratarão de explorá-lo como tal".[124]

Marina e Eduardo Campos: rompe-se a bipolaridade PT-PSDB

> "Novos atores afastam o pesadelo de um monólogo interminável a governar nossa vida."
>
> Luiz Sérgio Henriques, "De dramas e personagens"[125]

Naquela conjuntura crítica, afirmou-se a coalizão entre o partido Rede Sustentabilidade, da ex-senadora Marina Silva, e o Partido Socialista Brasileiro (PSB), do governador de Pernambuco Eduardo Campos. Antes, em abril de 2013, o governo pressionara a Câmara para aprovar lei que asfixiava projetos de Campos e Marina, com sucesso. Por 240 votos a 30, deputados

---

[123] José Júnior, do AfroReggae: "Se eu for assassinado, isso seria uma derrota absurda para o país", entrevista a Marília Neustein na coluna "Direto da Fonte", de Sonia Racy, *O Estado de S. Paulo*, 23/9/2013, Caderno 2, p. C2.

[124] "O aumento da longevidade de seus cidadãos aponta para um cenário de agravamento da crise do depauperamento do sistema previdenciário", *O Estado de S. Paulo*, 12/8/2013, editorial "Longa vida para o brasileiro".

[125] Luiz Sérgio Henriques, "De dramas e personagens", *O Estado de S. Paulo*, 24/2/2013, p. A2.

aprovaram proposta que vetava repasses do Fundo Partidário e do tempo de TV para novas siglas. Até mesmo o candidato do PSDB à presidência, Aécio Neves, protestou, acusando o Planalto de agir contra as candidaturas de Campos e Marina. Em setembro, Marina Silva fazia notar que os ruralistas, "que representam um setor atrasado do agronegócio, toma cada vez mais um espaço legislativo:

> "A Comissão Especial da PEC 215 transfere ao Congresso a demarcação de terras indígenas. Mais poder para quem já dirige as Comissões de Agricultura, Desenvolvimento Urbano, Fiscalização Financeira, Integração Regional e Amazônia, além de ter presença e força nas outras. Vai, assim, o grupo mais ativo do Congresso fincando estacas em cada espaço e moldando a legislação aos seus interesses."[126]

Embora alianças locais e estaduais provoquem divergências entre Campos e Marina (lembra a ex-senadora que a aliança com o PSB não é verticalizada e não obedece à mesma lógica do acordo nacional), ela e Eduardo Campos vão se acertando em vários pontos fundamentais. De tal forma que, instado por Marina, o PSB vai apresentar plano de "cidade sustentável", tornando-se uma das pedras-de-toque do projeto presidencial.[127]

É claro que a luta se revela muito desigual na disputa à sucessão presidencial em 2014. As vanguardas que propõem inovação veem-se obrigadas a constatar que o modelo e o *mores* político em quase nada mudou. Prefeituras do país criaram 64 mil cargos para nomeação política em quatro anos. Chefes de executivos municipais "incharam a máquina com aumento de 14% de vagas sem concurso nas 5.566 cidades brasileiras". Ou seja, usam-se os postos no Estado como moeda de troca.[128]

Nesse quadro nacional, Dilma e Lula selam apoio do PT ao ex-presidente e senador Sarney, no Maranhão...[129]

---

[126] Marina Silva, "Mimetismos", *Folha de S. Paulo*, 20/9/2013, p. A2. No artigo, Marina apresenta um rápido balanço desses impasses desde a Constituição de 1988.

[127] Cf. *O Estado de S. Paulo*, 4/11/2013, p. A5.

[128] Cf. *O Estado de S. Paulo*, 14/7/2013, p. A4.

[129] "Dilma e Lula selam apoio do PT a Sarney", *O Estado de S. Paulo*, 1/12/2013, p. A6.

O fato novo, que poderá desequilibrar prognósticos e projetos para 2014, são as redes sociais, que carregam um potencial enorme na esfera da mobilização social, de difícil avaliação, como ocorreu com as manifestações de junho de 2013, e nas seguintes. Menos marcada pelos vícios do modelo político brasileiro, a aliança Marina e Campos poderia se beneficiar.[130]

Significativo foi, em dezembro de 2013, o apoio do PPS e do deputado Roberto Freire, líder nacional do partido, à candidatura de Eduardo Campos à presidência.[131] E naquele mesmo mês, o escritor nordestino Ariano Suassuna declarava á imprensa considerar o governador Eduardo Campos o político mais bem preparado no país para assumir a presidência.

A "HERANÇA DILMA": UMA ANTECIPAÇÃO

"O modelo Dilma fracassou." A conclusão contundente a que chegou a competente jornalista Miriam Leitão apareceu estampada em sua coluna no jornal *O Globo* no dia 8 de setembro de 2013 é antecipatória. Para ela, a economia brasileira terá que passar por ajustes em 2015, "mesmo na hipótese possível de ela se reeleger". Capitã da equipe econômica e do setor elétrico, a presidente não abre mão da condução do processo:

> "O modelo Dilma é baseado na repressão das tarifas públicas como política anti-inflacionária; desonerações de impostos e empréstimos subsidiados para alguns setores como incentivo ao crescimento: estímulo ao consumo através do crédito dos bancos públicos; incentivo à apreciação cambial; forte redução da taxa de juros; um pouco mais de inflação e relaxamento fiscal."

Ao analisar os resultados, a jornalista constata que, após dois anos e meio, a Petrobras e o setor elétrico estão descapitalizados, que a arrecadação tem desacelerado e o superávit primário caiu. E alinhava uma série de processos em curso que tornam o quadro preocupante, como as transferências aos bancos públicos, que já representam 9% do PIB e tornaram-se um "or-

---

[130] "Em 2013, Brasil vira 'potência' das redes sociais", *O Estado de S. Paulo*, 24/12/2013, p. B10, matéria de Camilo Rocha. Nas principais plataformas, o uso no Brasil só perde para os Estados Unidos.

[131] "Para Freire, Campos tem mais chances de derrotar o governo", matéria de Angela Lacerda, *O Estado de S. Paulo*, 17/12/2013, p. A4.

çamento paralelo e um novo esqueleto". Faz notar, entre outras mazelas, que as famílias estão endividadas; que a inflação "ficou alta por tempo demais, corroeu a renda e os juros voltaram a subir". E completa: "um choque externo está elevando o dólar muito além do que se pretendia, e o déficit em transações correntes aumentou". Miriam Leitão, autora do livro *A saga brasileira*, esboça um prognóstico para os anos seguintes:

"Haverá eventos favoráveis, como a licitação do pré-sal. Alguns números econômicos bons serão seguidos de outros ruins. A propaganda falará apenas dos bons. No ano que vem (2014), o governo deve ampliar gastos, como todos os governos fazem em época eleitoral. Em 2015, o eleito terá uma herança difícil e muito trabalho para corrigir todas as distorções criadas pelo modelo Dilma. Mesmo que seja a própria Dilma."[132]

O VAZIO DA CULTURA: A "IMBECILIZAÇÃO DO BRASIL"

Em 2013, o sistema cultural brasileiro também mereceu crítica radical de vários intelectuais, jornalistas, produtores culturais e cronistas. Com um título que abrange a totalidade do país, o jornalista e editor Mino Carta abre o editorial na revista que dirige, *Carta Capital*. A matéria de capa de 6 de fevereiro, "O vazio da cultura", sugere estar-se vivendo no país profundo mal-estar da civilização nesta parte do subcontinente americano. Paradoxalmente, a matéria principal desse número, "A esperança em tempos de magra colheita", é centrada em entrevista do crítico Alfredo Bosi, em geral otimista e generoso em suas observações sobre nossa produção cultural.[133]

Comenta o editor que, nos últimos dez anos, o país assistiu a "inegáveis progressos econômicos e sociais". Mas sublinha que "o novo consumidor não adquire automaticamente a consciência da cidadania". E faz notar que, na história, quando acontecem tais progressos, observam-se avanços culturais. No Brasil, entretanto, não se verificaram maiores progressos em termos de educação e cultura. Tampouco a mídia é poupada por Mino Carta: "Não é que a mídia nativa não tenha servido ao poder desde sempre. No

[132] Miriam Leitão, "Herança Dilma", *O Globo*, 8/9/2013. Ver o texto integral em http://globo.com/economia/miriam/posts/2013/09/08/herança-dilma-509498.asp.

[133] Entrevista a Rosane Pavan, *Carta Capital*, 6/2/2013, pp. 50-2.

entanto, nas últimas décadas cumpriu seu papel destrutivo com truculência nunca antes navegada".[134]

O fato é que a situação cultural do país não permite maior otimismo, quando se constata que mais de 70% das cidades brasileiras não têm sequer um ponto de venda de livros. E metade da população carece de saneamento básico.

O ANO DE 2014: COLAPSO DA "TERCEIRA VIA" DE EDUARDO CAMPOS E MARINA. A PROLONGADA CRISE DA REPÚBLICA

Em 2014 o país ainda permaneceria na tradição do impasse. As cicatrizes deixadas no correr do tumultuado ano de 2013 reabriram-se com a descoberta do escândalo do "petrolão", com o desajuste fiscal provocado pelos equívocos da política econômica, e com a inflação crescente batendo no teto da meta, aprofundando o mal-estar social que se traduziu em uma avaliação negativa do primeiro mandato de Dilma Rousseff. As manifestações da sociedade tornaram-se mais explícitas e até violentas.

Feitas as contas, foi um ano de intensos conflitos e surpresas. Positivo foi o fato de que, naquele ano de 2014, o país pareceu acordar colocando-se contra os desmandos e a corrupção galopante que se tornaram recorrentes na vida republicana, já agora com a atuação democrática de novas lideranças da sociedade civil. Com efeito, jornalistas, promotores, juízes e profissionais de várias áreas (outrora denominados "profissionais liberais") foram reassumindo seu papel de críticos do *establishment*. Surpreendentemente, tais movimentos rebrotaram com ausência significativa dos estudantes, da universidade em geral a até dos sindicatos, nomeadamente aqueles atrelados aos partidos da base do governo, em especial o PT, que ficou para trás na liderança das manifestações populares. O governo Dilma balançou. Nas eleições de outubro, esse quadro tornar-se-ia mais nítido, com o país rachado ao meio. Revelaram-se à luz do dia novamente os "dois Brasis", fórmula vei-

---

[134] Editorial de *Carta Capital*, 6/2/2013, p. 10. Ainda sobre a questão da cultura, ver no mesmo número o artigo de Vladimir Safatle, "Relativa prosperidade, absoluta indigência", além da citada entrevista de Alfredo Bosi. Observou Bosi: "A cultura letrada promovida pelo sistema universitário apresenta crescimento significativo em certas áreas tecnológicas e econômicas, que interessam de perto ao mercado. As Humanidades conhecem, ao contrário, um momento de estagnação".

culada inclusive com o estímulo de Lula, *eminência parda* da presidenta (como ela gosta de ser chamada) da República.

Como previsto, nesse processo o governo Dilma ficou ainda mais aprisionado nas malhas do PMDB, agremiação que por sua vez nutriu a candidatura do deputado dissidente Eduardo Cunha, do Rio de Janeiro — notória figura do "Centrão" —, à presidência da Câmara dos Deputados, tendo logrado efetivamente ser eleito em 1º de fevereiro de 2015, vencendo o candidato de Dilma, Arlindo Chinaglia (do PT), pelo dobro de votos. Na mesma data o controverso senador Renan Calheiros, também do PMDB, foi reeleito presidente do Senado, selando o domínio deste partido no Legislativo brasileiro. Lembrando que o PMDB supostamente pertence à "base aliada" do governo... Enfim, a República mudou pouco, muito pouco.

Quatro acontecimentos dominaram o ano de 2014. Primeiro, a Copa do Mundo de Futebol, que se realizou entre 12 de junho e 13 de julho após gastos astronômicos na construção de estádios (para alimentar o criticado "padrão FIFA"), sob protestos surgidos em todos os quadrantes do país. Uma surpresa impactante: o Brasil, "país do futebol" e do internacionalmente conhecido Pelé, viu-se fragorosamente derrotado pelo preparadíssimo e moderno time da Alemanha na semifinal da competição (com um inesquecível 7 a 1 no placar). Um trauma nacional, quando ficou claro que, também no campo de nosso esporte favorito, continuamos a ser um país "subdesenvolvido"...

O segundo acontecimento relevante foi o lançamento da candidatura do governador de Pernambuco Eduardo Campos (PSB) à presidência da República, tendo como vice na chapa a combativa e bem avaliada ex-senadora e ex-ministra Marina Silva. Apesar do empenho de Marina e de seus associados, a ex-petista não logrou consolidar seu partido Rede Sustentabilidade, e perdeu o prazo para oficializá-lo por falta de assinaturas, vendo-se dessa forma na contingência de somar suas forças às do PSB de Campos, governador bem avaliado em seu estado, que de resto a acolheu generosamente. A candidatura Campos/Marina surgiu pois como uma aguardada "Terceira Via", que ameaçou por curto espaço de tempo a bipolaridade PT/PSDB, cristalizada há mais de vinte anos, e que definira até então o panorama e os debates político-ideológicos e eleitorais do país. Mas o "imponderável" ocorreu. A hipótese de uma "Terceira Via" foi dramaticamente abalada com o desastre aéreo que vitimou o candidato Eduardo Campos e parte de sua equipe no dia 13 de agosto, em Santos (SP). Forças coligadas, como o PPS de Roberto Freire, juntaram-se no esforço de apoiar Marina Silva como a candidata preferencial nessa circunstância trágica, figura de moral ilibada e dona de uma biografia respeitabilíssima.

O terceiro fato digno de registro constituiu a força da marquetagem nas eleições de 2014. A morte de Eduardo Campos em plena campanha, quando apresentava índices de popularidade modestos, comoveu o país, e Marina Silva foi lançada candidata à presidência pelo PSB no dia 16 de agosto, tendo Beto Albuquerque como vice. Nesse momento, Marina chegou a liderar as pesquisas de intenção de voto, ultrapassando Dilma e o senador Aécio Neves, o candidato do PSDB. Deu-se então a entrada em cena de uma campanha de marketing brutal e irresponsável contratada pelos partidos, posta sobretudo a serviço da presidência da República e do PT, visando a "desconstrução" da candidatura de Marina, com a utilização de golpes baixos e recursos marcadamente popularescos na televisão, no rádio e na esfera digital (Facebook, Twitter, etc.). A "guerra suja" ultrapassou todos os parâmetros de disputas anteriores, mas deu resultado, com Dilma e Aécio Neves sendo os candidatos mais votados no primeiro turno realizado no dia 5 de outubro. O PSDB reagiu algo tardiamente nessa batalha de marquetagem, e Aécio Neves conseguiu posicionar-se bem como candidato, com avaliação positiva crescente, chegando a ultrapassar Dilma nas pesquisas de segundo turno. Uma disputa feroz se travou, tendo de um lado Dilma, o vice Michel Temer (PMDB...) e sua estranha coligação (que incluiu do PC do B até o PRB), e de outro, o ex-governador de Minas Gerais, Aécio Neves, e seu vice Aloysio Nunes Ferreira (ex-guerrilheiro como Dilma), ambos do PSDB. Registre-se que o apoio de Marina a Aécio no segundo turno rachou o PSB, partido mais à esquerda que o PSDB. Dilma, candidata à reeleição, teve a máquina do seu governo mobilizada como nunca antes em batalhas eleitorais, e ganhou pela menor diferença desde a redemocratização, com uma vantagem de apenas 3% dos votos.

O quarto fato, talvez a grande novidade em meio a persistência de tantos vícios no país, foi a deflagração pelo Ministério Público Federal, em março de 2014, da chamada Operação Lava Jato, que passou a investigar um bilionário esquema de lavagem e desvio de dinheiro envolvendo a Petrobras, grandes empreiteiras e políticos do PT, PMDB, PP, e até do PSDB. O escândalo, apelidado recentemente de "petrolão" (um prolongamento do "mensalão"...), teve seus detalhes revelados principalmente após as delações premiadas do doleiro Alberto Youssef e do ex-diretor da estatal Paulo Roberto Costa, que abririam caminho para uma série de outras. À frente das investigações contra a corrupção sistêmica, o juiz federal do Paraná Sérgio

Moro, que, juntamente com o Ministério Público e a Polícia Federal, ordenou a prisão de vários políticos, lobistas, marqueteiros e diretores de grandes empreiteiras. Algo inédito no país.

Duas conclusões e um fim. "Por que não dá certo?"

> "Os quadros mentais são prisões de longa duração."
>
> O historiador Fernand Braudel

> "Não vou para Pasárgada."
>
> Do poema "Anti-evasão", no livro *Caminhada*,
> do poeta caboverdeano Ovidio Martins (1928-1999)

Encerramos aqui estes estudos e reflexões sobre a História do Brasil. Visto que tal história não tem fim (como qualquer outra, aliás), e que a tradição do impasse constitui o traço definidor das irresoluções histórico-estruturais brasileiras, nosso percurso chega ao seu ponto final.

A questão político-ideológica na atualidade brasileira foi recentemente enfrentada em algumas abordagens fora dos padrões convencionais, com visões em nada coincidentes: a primeira, de Francisco de Oliveira no agudo artigo-síntese "O avesso do avesso", sobre os governos Fernando Henrique e Lula; e também nos estudos de André Singer, Lincoln Secco, Merval Pereira e Tales Ab'Sáber, que procuraram diagnosticar o significado do lulismo e esboçar um prognóstico crítico do governo Dilma.[135] A conferir.

---

[135] De Francisco de Oliveira, "O avesso do avesso", na revista *Piauí*, nº 37, 4/10/2009, pp. 60-61. E de André Singer, no artigo "Raízes sociais e ideológicas do lulismo", na revista *Novos Estudos Cebrap*, nº 85, novembro de 2009 (ver também sua entrevista a Pedro Pomar e Kamila el Hage, "Governo Dilma tende à continuidade e ao equilíbrio, sem ruptura", na *Revista Adusp*, janeiro de 2011, nº 49, pp. 6-16). De Lincoln Secco, a *História do PT* (São Paulo, Ateliê Editorial, 2011); de Merval Pereira, os artigos publicados em *O lulismo no poder* (Rio de Janeiro, Record, 2011); e de Tales Ab'Sáber, *Lulismo, carisma pop e cultura anticrítica* (São Paulo, Hedra, 2011); sobre este livro, ver também o artigo crítico de Mario Sergio Conti "O povo *pop* no poder", já citado. Além dessas análises, merecem destaque artigos de cientistas políticos publicados na imprensa, como é o caso de Luiz Werneck Vianna, "A triste sina da democracia brasileira" (*O Estado de S. Paulo*, 27/1/2013, p. A2) e "O mundo gira e a Lusitana roda" (*O Estado de S. Paulo*, 24/3/2013, p. A2), entre outros.

Claro, muitas indagações permanecem no ar, às quais acrescentamos duas mais, de dois cientistas sociais experimentados e conhecedores de nossa história, Luiz Werneck Vianna e Florestan Fernandes.

A primeira indagação, formulada em novembro de 2013 pelo professor Werneck Vianna, refere-se ao Brasil da atualidade: "Por que não dá certo?". O cientista político amplia, esclarece e aprofunda a indagação: "o que falta para que este país dê certo, se conta com Estado, mercado e sociedade civil com dimensões fortes e bem aparelhadas?". A resposta que oferece é contundente e (em parte) esclarecedora:

> "A resposta não está à mão, mas o observador pode se esforçar e descobrir: falta a política como atividade aberta à prática de todos que, aqui, se tornou atividade sob monopólio dos dirigentes do poder político, apenas ele dotado de autonomia para pensar e agir, vício antigo também instalado em nosso DNA. Talvez por isso, ao contrário do Chile, que acaba de renovar suas lideranças políticas a partir dos movimentos sociais recentes, aqui, onde esses movimentos foram de maior porte, não há muito o que esperar das jornadas de junho."[136]

A explicação de Werneck Vianna, oportuna, carece entretanto de relativização e esclarecimento, ao menos em um ponto: no Brasil, país de capitalismo senzaleiro enraizado, não se implantou propriamente, como analisamos ao longo do livro, "uma sociedade civil com dimensões fortes e bem aparelhada". Este é precisamente um dos principais e mais antigos problemas do país.[137]

A segunda conclusão acompanha a tese do professor Florestan Fernandes. Após acurados estudos sobre os processos histórico-sociais no esforço de compreender o Brasil, pontuava o sociólogo:

[136] Luiz Werneck Vianna, "Por que não dá certo?", *O Estado de S. Paulo*, 27/11/2013, p. A2. Ver também seu artigo "Este ano não vai ser igual àquele que passou", *O Estado de S. Paulo*, 26/1/2014, p. A2. Ver ainda, menos otimista, o artigo de Paulo Rabello de Castro, "O pior do pior de 2013 (e da década!)", em *O Estado de S. Paulo*, 30/1/2014, p. A2.

[137] Luiz Werneck Vianna, autor de *A modernização sem o moderno*, entre outros, aprofundou sua análise sobre a conjuntura atual em entrevista a Juliana Syuri, sob o título "O poder, esse sedutor", *O Estado de S. Paulo*, 24/11/2013, p. E2.

"O que concluir? A história humana não é uma *história natural*. É preciso vivê-la para captar suas conexões de sentido e, ainda mais, para expurgá-la das projeções ideológicas dos que pensam que 'constroem a história' quando, na verdade, apenas a 'sofrem', mesmo que através e protegidos por uma posição privilegiada."[138]

O problema, em larga medida, é esse. Não são poucos aqueles que pensam que "controem a história" e põem-se a falar em nome de uma coletividade que, deseducada, desavisada e despolitizada, aceita o primeiro demiurgo, de carisma fácil, que lhe pareça "democrático" e "popular".

Hora de concluir. O leque de possibilidades históricas se abre em 2015, e são muitas. Uma, é a de que nada de novo e significativo venha a ocorrer, e tudo continuará mais ou menos com tem sido. O que poderá se explicar pelo fato de a nova sociedade civil, débil, não conseguir romper o rígido modelo autocrático-burguês instalado, com todos seus componentes viciosos, reatualizados e maquiados: neocoronelismo, neopopulismo, conciliação a qualquer preço, pouca eficácia e transparência nas políticas públicas, corrupção, impunidades, patrimonialismo, e assim por diante. Mas a História se move, aumenta a indignação coletiva com tal modelo político-social excludente e explosões sociais tornam-se cada vez mais prováveis. Saídas? Algumas vozes voltam a aventar, sem maior ênfase, a hipótese de uma Assembleia Nacional Constituinte, entre pouquíssimas outras alternativas para o país.

Mas essa já é uma outra (ou a mesma?) história, e por aqui ficamos. Que a nova historiografia e o pensamento social renovado que hoje despontam no país, como se constata em recentes análises e ações, logrem decifrar e apontar caminhos concretos e soluções frutuosas.[139] Nossa cidadania machucada e precária assim solicita e aguarda.

---

[138] Florestan Fernandes, no notável prefácio à 2ª edição de *A revolução burguesa no Brasil*, Rio de Janeiro, Zahar, 1976.

[139] No final do ano de 2013, por exemplo, publicou-se uma entrevista esclarecedora sobre os impasses vividos pela sociedade brasileira nos tempos atuais. Avesso aos jargões da sociologia acadêmica e contra o barateamento "conceitual" dos marqueteiros, o professor Jessé de Souza, da Universidade Federal de Juiz de Fora e autor do livro *Os batalhadores brasileiros*, traz uma nova perspectiva para compreensão das classes sociais no Brasil, seus projetos e mentalidades. Segundo ele, a tão discutida "nova classe média

POST SCRIPTUM À 5ª EDIÇÃO (2016)

Em 17 de abril de 2016 a Câmara dos Deputados aprovou a abertura do processo de *impeachment* de Dilma Rousseff, acusada de manobras fiscais irregulares, com 367 votos a favor e 137 contra. Em 12 de maio, o Senado instaurou definitivamente o processo, por 55 a 22, levando ao afastamento da presidente por 180 dias e à posse do vice de Dilma, Michel Temer, do PMDB — partido "aliado" que, vendo a chance de alcançar a presidência, se bandeou em massa para a oposição nas duas votações.

Foi o fim do governo do Partido dos Trabalhadores e o melancólico desfecho de uma série de crises que se avolumaram desde o final de 2014: a crise econômica, ampliada pelos erros do PT; a crise política, ampliada pelas investigações de corrupção no governo; e a crise de representatividade, ampliada pelos protestos nas ruas. Se, por um lado, a deposição da presidente teve o apoio de amplos setores da sociedade, indignados com as revelações da Operação Lava Jato, por outro, significa a chegada ao poder de um dos partidos mais envolvidos nas denúncias de corrupção, com figuras controversas como Eduardo Cunha, Renan Calheiros e o próprio Temer.

Revela-se em sua plenitude o modelo autocrático-burguês descrito ao longo dos últimos capítulos desta obra. Modelo sustentado a partir da perda de referências e padrões éticos, por conta da metodologia da Conciliação a qualquer preço e da infantilização sócio-político-cultural do país legadas pelo lulopetismo e pelo "liberalismo" de fachada de um tucanato pálido e melancólico, surdo às vozes das ruas. Atualiza-se a advertência de Joaquim Nabuco, que se lê em seu *Diário* do dia 11 de setembro de 1877:

> "Muitas vezes um país percorre um longo caminho para voltar, cansado e ferido, ao ponto donde partiu."

é na verdade uma classe trabalhadora precarizada, superexplorada e, em grande parte, informal. É aquela que trabalha muito e ganha pouco". Em suas pesquisas, indica ele como as diferentes classes e frações de classe se comportam nas manifestações sociais, em face das eleições, da religião, da Copa do Mundo de Futebol, e assim por diante, inclusive considerando "a luta e alianças entre as classes". Cf. "A classe trabalhadora precarizada e superexplorada vai decidir a eleição", entrevista a Thais Arbex na coluna "Direto da Fonte", de Sonia Racy, *O Estado de S. Paulo*, 30/12/2013, p. C2.

Bibliografia

ABDALA JUNIOR, Benjamin; ALEXANDRE, Isabel M. M. (orgs.). *Canudos, palavra de Deus: sonho da terra*. São Paulo: Editora Senac, 1997.

ABREU, João Capistrano de. *O descobrimento do Brasil*. Rio de Janeiro: Sociedade Capistrano de Abreu, 1929.

_____. *Caminhos antigos e povoamento do Brasil*. Rio de Janeiro: Briguet, 1930.

_____. "Prolegômenos". Em SALVADOR, Frei Vicente do. *História do Brasil*. 7ª ed. São Paulo: Edusp, 1982.

_____. *Capítulos de história colonial*. Brasília: Senado Federal, 1998.

_____. *Capítulos de história colonial*. São Paulo: Publifolha, 2000.

ABREU, Maurício de. *Evolução urbana do Rio de Janeiro*. 4ª ed. Rio de Janeiro: IPP, 2006.

AB'SÁBER, Aziz. "O governo desconsidera trabalhos produzidos na universidade". *Revista Adusp*, nº 14, São Paulo, julho de 1998.

_____. "Incursões à pré-história da América tropical". Em MOTA, Carlos Guilherme (org.). *Viagem incompleta (1500-2000): a experiência brasileira*, vol. 1, *Formação: histórias*. 2ª ed. São Paulo: Editora Senac, 2000.

_____. "Uma voz contra a corrente" [entrevista a Glauco Faria, Anselmo Massad e Mouzar Benedito. Fotografias Gerardo Lazzari]. *Fórum*, vol. 5, nº 52, São Paulo, julho de 2007.

AB'SÁBER, Tales. *Lulismo, carisma pop e cultura anticrítica*. São Paulo: Hedra, 2011.

ALAMBERT, Francisco. *Sérgio Milliet, um intelectual oblíquo*. Tese de doutorado. São Paulo: FFLCH-USP, 1995.

ALBUQUERQUE, Manoel Maurício de. *Pequena história da formação social brasileira*. Rio de Janeiro: Graal, 1981.

ALBUQUERQUE, Pedro de Alcântara Cavalcanti de. *O perfil de um grande estadista da República: dr. Wenceslau Brás*. Rio de Janeiro: edição do autor, 1956.

ALENCASTRO, Luiz Felipe de. *O trato dos viventes: formação do Brasil no Atlântico Sul (séculos XVI e XVII)*. São Paulo: Companhia das Letras, 2000.

_____. [Entrevista a Rafael Cariello]. *Folha de S. Paulo*, São Paulo, 15/10/2006.

ALMEIDA, Manuel Antônio de. *Memórias de um sargento de milícias*. São Paulo: Martin Claret, 2001.

ALMEIDA, Maria Hermínia Tavares de. "Pacto social na Nova República". *Presença — Revista de Política e Cultura*, nº 10, julho de 1987.

_____. "Dilemas da institucionalização das ciências sociais no Rio de Janeiro". Em MICELI, Sergio (org.). *História das ciências sociais no Brasil*. Vol. 1. São Paulo: Vértice, 1989.

ALMEIDA, Paulo Roberto de. *Relações internacionais e política externa do Brasil: dos descobrimentos à globalização*. Porto Alegre: Editora da UFRGS, 1998.

ALMEIDA, Rômulo. *Nordeste: desenvolvimento social e industrialização*. São Paulo: Paz e Terra/CNPq, 1985.

ALVES, Castro. *O navio negreiro*. São Paulo: Studioma, 1992.

_____. "Navio negreiro". Em *Castro Alves: o olhar do futuro*. Catálogo da exposição comemorativa dos 150 anos de nascimento de Antônio de Castro Alves (1847-1997). Apresentação de Eduardo Portella. Rio de Janeiro: Fundação Biblioteca Nacional, 1997.

AMARAL, Azevedo. *O Estado autoritário e a realidade nacional*. Rio de Janeiro: José Olympio, 1938.

ANCHIETA, José de. "Informação dos primeiros aldeamentos da Bahia". Em *Cartas*. Rio de Janeiro: Academia Brasileira de Letras, 1933.

ANDERSON, Perry. "Paz e amor é um vocabulário de derrota" [entrevista]. *Folha de S. Paulo*, São Paulo, 10/11/2002.

ANDRADE, Carlos Drummond de. "Nosso tempo". Em *Nova reunião: 19 livros de poesia*. 2ª ed. Rio de Janeiro: José Olympio, 1985.

_____. "O medo". Em *Nova reunião: 19 livros de poesia*. 2ª ed. Rio de Janeiro: José Olympio, 1985.

_____. *O observador no escritório*. Rio de Janeiro: Record, 1985.

ANDRADE, Darcy Bessone de Oliveira. *Wenceslau: um pescador na presidência*. Rio de Janeiro: Sociedade de Estudos Históricos Pedro II, 1968.

ANDRADE, Manuel Correia de. *A Guerra dos Cabanos*. Rio de Janeiro: Conquista, 1965.

_____. *A Revolução de 1930: da República Velha ao Estado Novo*. 2ª ed. Porto Alegre: Mercado Aberto, 1988.

ANDRADE, Mário de. "Prefácio interessantíssimo". Em ANDRADE, Mário de. *Pauliceia desvairada*. São Paulo: Casa Mayença, 1922.

_____. "Ode ao burguês". Em ANDRADE, Mário de. *Poesias completas*. Rio de Janeiro: Martins, 1972.

_____. *O banquete*. Apresentação de Jorge Coli e Luiz Carlos da Silva Dantas. São Paulo: Duas Cidades, 1977.

_____. "A elegia de abril" (1941). Em *Aspectos da literatura brasileira*. 6ª ed. Belo Horizonte: Itatiaia, 2002.

_____. "O movimento modernista" (1942). Em *Aspectos da literatura brasileira*. 6ª ed. Belo Horizonte: Itatiaia, 2002.

ANDRADE, Mário Pinto de (Buanga Fele). "O que é lusotropicalismo?". Em BRAGANÇA, Aquino de; WALLERSTEIN, Immanuel (orgs.). *Quem é o inimigo?* Lisboa: Iniciativas Editoriais, 1978.

ANDRADE, Oswald de. "Manifesto Pau-Brasil". Em *Correio da Manhã*, São Paulo, 18/3/1924.

ANÔNIMO (do século XVII). *Arte de furtar*. São Paulo: Martin Claret, 2006.

ANOTAÇÃO [do escrivão Marcellino Pereira Cleto, do depoimento de Tiradentes, na 1ª Inquirição, em 22/5/1789, no Auto das perguntas feitas ao alferes]. Em *Autos de Devassa da Inconfidência Mineira*. Vol. 4. 2ª ed. Rio de Janeiro: Biblioteca Nacional, 1936-38.

ANTONIL, André João (João Antonio Andreoni, S. J.). *Cultura e opulência do Brasil*. São Paulo: Melhoramentos, 1923 [com estudo "bio-bibliographico" de autoria de Affonso d'Escragnolle Taunay].

ANTUNES, Ricardo. *A rebeldia do trabalho*. São Paulo/Campinas: Ensaio/Editora da Unicamp, 1988.

_____. *O continente do labor*. São Paulo: Boitempo, 2011.

AQUINO, Laura Christina Mello de. *A participação de batalhões estrangeiros na rebelião de 1924 em São Paulo*. Dissertação de mestrado. São Paulo: PUC-SP, 1995.

ARARIPE, Sônia; POMBO, Nívia. "Delfim Netto: 'Chega de fazer história sonhada'". *Nossa História*, vol. 4, nº 38, São Paulo, dez. 2006.

ARAÚJO, Emanoel (org.). *Rostos e lugares no Brasil*. Catálogo da exposição. Pinacoteca do Estado de São Paulo, novembro de 1994.

_____ (org.). *Para nunca esquecer: negras memórias/memórias de negros*. Rio de Janeiro: Museu Histórico Nacional, 2002.

ARAÚJO, Marta Maria de; MOTA, Carlos Guilherme; BRITTO, Jader de Medeiros. "Anísio Teixeira, pensador radical". Em MOTA, Carlos Guilherme. *Educação, contraideologia e cultura*. São Paulo: Globo, 2011.

ARAÚJO, Ubiratan Castro de. "A Bahia no tempo dos alfaiates". Em *II Centenário da Sedição de 1798 na Bahia*. Salvador/Brasília: Academia de Letras da Bahia/MinC, 1999.

_____. "A política dos homens de cor no tempo da Independência". *Clio — Revista de Pesquisa Histórica*, nº 19, Recife, 2001.

ARIAS, Juan. "El declive de Lula". *El País*, 4/4/2004, p. 8.

ARMITAGE, John. *História do Brasil*. 3ª ed. Rio de Janeiro: Zélio Valverde, 1943.

ARRUDA, Roldão. "Total de assentados atinge 95% da meta: Incra anuncia atendimento de 381.419 famílias, mas técnicos e sem-terra afirmam que governo infla números". *O Estado de S. Paulo*, São Paulo, 31/1/2007.

_____. "CPT vai para linha de frente". *O Estado de S. Paulo*, São Paulo, 4/8/2007.

_____. "Pastoral não aceita posição do MST e cobra duramente o governo Lula". *O Estado de S. Paulo*, São Paulo, 4/8/2007.

_____. "Via Campesina cerca usina da Vale. Em nova onda de protestos, movimento age em sete estados". *O Estado de S. Paulo*, 12/3/2008.

ASSIS, J. M. Machado de. *Memorial de Aires*. São Paulo: Globo, 1997.

_____. *Esaú e Jacó*. Porto Alegre: L&PM, 2006.

_____. "Pai contra mãe". Em GLEDSON, John (org.). *50 contos de Machado de Assis*. São Paulo: Companhia das Letras, 2007.

_____. "Teoria do medalhão". Em GLEDSON, John (org.). *50 contos de Machado de Assis*. São Paulo: Companhia das Letras, 2007.

_____. "Lágrimas de Xerxes". Em *Páginas recolhidas*. Disponível em: www.bibvirt. futuro.usp.br/index.php/content/view/full/1950. Acesso em: 1/4/2008.

AUGUSTO, Sérgio. "Nós que amávamos tanto a revolução". *Folha de S. Paulo*, São Paulo, 7/12/1985.

_____. "Homo debilis". Em *Lado B*. Rio de Janeiro: Record, 2001.

AURORA FLUMINENSE. Rio de Janeiro, 9/12/1829.

_____. Rio de Janeiro, 11/4/1831.

_____. Rio de Janeiro, 27/4/1831.

AUTOS DE DEVASSA do levantamento e sedição intentados na Bahia em 1798. Vol. XXXV. Salvador: Imprensa Oficial, 1961.

AUTOS DE DEVASSA da Inconfidência Mineira. Vol. 2. 2ª ed. Rio de Janeiro: Biblioteca Nacional, 1936-38.

AVELLA, Nello. "'Odi et amo': rittrato di un amore negato e riaffermato". Em PRADO, Paulo. *Rittrato del Brasile: saggio sulla tristezza brasiliana*. Roma: Bulzoni, 1995.

AXT, Gunter. "Prefácio". Em AXT, Gunter; SCHÜLER, Fernando Luís (orgs.). *Intérpretes do Brasil*. Porto Alegre: Artes e Ofícios, 2004.

BAHIENSE, Norberto. *Domingos José Martins e a Revolução Pernambucana de 1817*. Prefácio de Barbosa Lima Sobrinho. Belo Horizonte: Littera Maciel, 1974.

BARANTE, Amable Guillaume P. Brugière de. *Histoire de la Convention Nationale*. T. 2. Paris: Furne, Langlois & Leclerc, 1852.

BARBUY, Heloisa. *A cidade-exposição: comércio e cosmopolitismo em São Paulo (1860-1914)*. São Paulo: Edusp, 2006.

BARDAWIL, José Carlos. "Sarney vale mais que a democracia". *IstoÉ/Senhor*, São Paulo, 8/3/1989.

BARLÉU, Gaspar. *História dos feitos recentemente praticados durante oito anos no*

Brasil. Tradução de Cláudio Brandão. Prefácio de Mário Guimarães Ferri. São Paulo: Edusp, 1974.

BARMAN, Roderick J. *Brazil: the Forging of a Nation (1798-1852)*. Stanford: Stanford University Press, 1988.

BARRETO, Lima. *Correspondência*. T. II. São Paulo: Brasiliense, 1956.

_____. *O triste fim de Policarpo Quaresma*. São Paulo: Abril Cultural, 1984.

_____. "O debate". Em *Lima Barreto. Coleção Melhores Crônicas*. Seleção e prefácio de Beatriz Rezende. São Paulo: Global, 2005.

BARRETO, Vicente. *A ideologia liberal no processo de Independência (1789-1824)*. Brasília: Câmara dos Deputados, 1973.

BARROS, Edgard Luiz de. *O Brasil de 1945 a 1964*. São Paulo: Contexto, 1990.

_____. *Os governos militares*. São Paulo: Contexto, 1991.

BARROS, Roque Spencer M. de. "Contra qualquer espécie de totalitarismo". *O Estado de S. Paulo*, Caderno Cultura, São Paulo, 11/7/1999.

BASTIDE, Roger. *Brasil: terra de contrastes*. Tradução de Maria Isaura Pereira de Queiroz. Coleção Corpo e Alma do Brasil. 5ª ed. São Paulo: Difel, 1973 [1ª ed.: 1959].

BASTOS, Maria Alice J. *Pós-Brasília: rumos da arquitetura brasileira*. São Paulo: Perspectiva, 2003.

BELLO, José Maria de Albuquerque. *Ruy Barbosa e escritos diversos*. Rio de Janeiro: Castilho, 1918.

_____. *Inteligência do Brasil: ensaios sobre Machado de Assis, Joaquim Nabuco, Euclides da Cunha e Rui Barbosa*. São Paulo: Companhia Editora Nacional, 1935.

_____. *A questão social e a solução brasileira*. Rio de Janeiro: Imprensa Nacional, 1936.

_____. *História da República (1889-1930)*. Rio de Janeiro: Simões, 1940.

_____. *Retrato de Eça de Queiroz*. Rio de Janeiro: Agir, 1945.

_____. *História da República (1889-1930): síntese de quarenta anos de vida brasileira*. 2ª ed. revista e aumentada. Rio de Janeiro: Simões, 1952 [1ª ed.: 1940].

_____. *Retrato de Machado de Assis*. Rio de Janeiro: A Noite, 1952.

_____. *Memórias*. Rio de Janeiro: José Olympio, 1958.

_____. *A History of Modern Brazil (1889-1954)*. Palo Alto: Stanford University Press, 1968.

_____. *História da República (1889-1954): síntese de sessenta e cinco anos de vida brasileira*. 8ª ed. São Paulo: Companhia Editora Nacional, 1983.

BELLUZZO, Luiz Gonzaga. "Falsa moeda do neoliberalismo". *IstoÉ/Senhor*, São Paulo, 21/2/1990.

BENEVIDES, Maria Victoria. *A UDN e o udenismo: ambiguidades do liberalismo brasileiro*. Rio de Janeiro: Paz e Terra, 1981.

BENJAMIN, Walter. "Experiência e pobreza" (1933). Em *Obras escolhidas: magia e técnica, arte e política. Ensaios sobre literatura e história da cultura*. Vol. 1. Tradução de Sérgio Paulo Rouanet. São Paulo: Brasiliense, 1987.

BENTO, Cláudio Moreira. "Raízes familiares do presidente Fernando Henrique Cardoso no Exército". *Revista do Instituto Histórico e Geográfico Brasileiro*, vol. 162, n° 410, Rio de Janeiro, jan.-mar. de 2001, acessível em: www.resenet.com.br/ahimtb/fhc.htm.

BERBEL, Marcia Regina. *A nação como artefato: deputados do Brasil nas Cortes Portuguesas (1821-1822)*. São Paulo: Hucitec/Fapesp, 1999.

BERNARDET, Jean-Claude. *Guerra camponesa no Contestado*. São Paulo: Global, 1979.

BETHELL, Leslie. *A abolição do tráfico de escravos no Brasil: a Grã-Bretanha, o Brasil e a questão do tráfico de escravos (1807-1869)*. Rio de Janeiro: Expressão e Cultura/Edusp, 1976.

BETTO, Frei. *Calendário do poder*. Rio de Janeiro: Rocco, 2007.

BLACKBURN, Robin. *A queda do escravismo colonial (1776-1848)*. Rio de Janeiro: Record, 2003.

BOMENY, Helena (org.). *Um americano intranquilo*. Rio de Janeiro: CPDOC, 1992.

BONAVIDES, Paulo; ANDRADE, Paes de. *História constitucional do Brasil*. 4ª ed. Brasília: OAB, 2002.

BOSI, Alfredo. "As letras na Primeira República". Em FAUSTO, Boris (org.). *História geral da civilização brasileira. O Brasil republicano: sociedade e instituições (1889-1930)*. T. III. Vol. 2. Rio de Janeiro: Difel, 1977.

_____. *História concisa da literatura brasileira*. 2ª ed. São Paulo: Cultrix, 1978.

BOXER, Charles Ralph. *Salvador de Sá e a luta pelo Brasil e Angola (1602-1686)*. Tradução de Olivério M. de Oliveira Pinto. São Paulo: Companhia Editora Nacional, 1973.

_____. *O império colonial português (1415-1825)*. 2ª ed. Lisboa: Edições 70, 1981.

_____. *A idade de ouro do Brasil*. Tradução de Nair de Lacerda. 3ª ed. Rio de Janeiro: Nova Fronteira, 2000.

_____. *O império marítimo português (1415-1825)*. Tradução de Anna Olga de Barros Barreto. 2ª reimpr. São Paulo: Companhia das Letras, 2006.

BRAGANÇA, Aquino de; WALLERSTEIN, Immanuel (orgs.). *Quem é o inimigo?* 3 vols. Lisboa: Iniciativas Editoriais, 1978.

BRANCO, Carlos Castello. *Os militares no poder*. Rio de Janeiro: Nova Fronteira, 1976.

BRANDÃO, Gildo Marçal. *A esquerda positiva*. São Paulo: Hucitec, 1997.

BRANS, Isolde Helena. *Tiradentes face a face*. Rio de Janeiro: Xerox do Brasil, 1992.

_____. "Thomas Jefferson and the Vendek Mission", em *Seminar Thomas Jefferson and the Independence in the Americas: The Case of the Conjuração Mineira in Brazil*, 22 de setembro de 1993. Washington: Library of Congress, 1993.

BRAUDEL, Fernand. *Civilização material, economia e capitalismo, séculos XV-XVIII: o tempo do mundo*. Vol. 3. São Paulo: Martins Fontes, 1995.

_____. "Témoignage". Em CARVALHO, Joaquim Barradas de. *À la recherche de la specificité de la Renaissance portugaise. L'Esmeraldo de Situ Orbis de Duarte Pacheco Pereira et la littérature portugaise de voyages à époque des Grandes Découvertes*. Vol. 1. Paris: Fondation Calouste Gulbenkian, 1983.

BRESSER-PEREIRA, Luiz Carlos. *Desenvolvimento e crise no Brasil (1930-1967)*. Rio de Janeiro: Zahar, 1968.

_____. *Economia brasileira: uma introdução crítica*. São Paulo: Brasiliense, 1982.

_____. "Do Estado patrimonial ao gerencial". Em SACHS, Ignacy; WILHEIM, Jorge; PINHEIRO, Paulo Sérgio (orgs.). *Brasil: um século de transformações*. São Paulo: Companhia das Letras, 2001.

BURNS, E. Bradford. "The Intellectuals as Agents of Change". Em RUSSEL-WOOD, A. J. R. (org.). *From Colony to Nation: Essays on the Independence of Brazil*. Baltimore: The John Hopkins University Press, 1975.

_____. *A History of Brazil*. 2ª ed. Nova York: Columbia University Press, 1980.

CALDEIRA, Jorge. *Diogo Antônio Feijó*. São Paulo: Editora 34, 1999.

CALIL, Carlos Augusto (org.). *Paulo Prado. Retrato do Brasil: ensaio sobre a tristeza brasileira*. São Paulo: Companhia das Letras, 1997.

CALÓGERAS, João Pandiá. *Formação histórica do Brasil*. 5ª ed. São Paulo: Companhia Editora Nacional, 1957.

CÂMARA DA VILA DO RIBEIRÃO DO CARMO. "Representação em 17/10/1774". Em VERSIANI, Carlos. *Cultura e autonomia em Minas (1768-1788): a construção do ideário não colonial*. Dissertação de mestrado. São Paulo: FFLCH-USP, 1996.

CAMARGO, Aspásia; GÓES, Walder de. *Meio século de combate: diálogo com Cordeiro de Farias*. Rio de Janeiro: Nova Fronteira, 1981.

CAMPOS, Candido Malta. *Os rumos da cidade: urbanismo e modernização em São Paulo*. São Paulo: Editora Senac, 2000.

CAMPOS, Candido Malta; SIMÕES JUNIOR, José Geraldo (orgs.). *Palacete Santa Helena: um pioneiro da modernidade em São Paulo*. São Paulo: Imprensa Oficial/ Editora Senac, 2006.

CAMPOS, Regina Salgado (org.). *Sérgio Milliet. Coleção Melhores Crônicas*. Direção de Edla van Steen. São Paulo: Global, 2006.

CAMPOS, Roberto. *A lanterna na popa: memórias*. Rio de Janeiro: Topbooks, 1994.

CANDIDO, Antonio. "Literatura e subdesenvolvimento". *Argumento*, vol. 1, nº 1, Rio de Janeiro, outubro de 1973.

_____. *Formação da literatura brasileira*. Vol. 2. 5ª ed. Belo Horizonte/São Paulo: Itaiaia/Edusp, 1975.

CANECA, Joaquim do Amor Divino. *O Typhis Pernambucano*. Edição comemorativa do 160° aniversário da Confederação do Equador. Direção e organização de Vamireh Chacon e Leonardo Leite. Brasília: Senado Federal, 1984.

_____. *Manifesto do Frei Caneca em reunião popular no Recife para deliberar-se sobre o juramento do Projeto de Constituição (1824)*. Disponível em: www.dhnet. org.br/direitos/anthistbr/imperio/caneca_1824.html. Acesso em: 20/2/2008.

CAPELATO, Maria Helena. "O 'gigante brasileiro' na América Latina: ser ou não ser latino-americano". Em MOTA, Carlos Guilherme (org.). *Viagem incompleta (1500-2000): a experiência brasileira*, vol. 2, *A grande transação*. 2ª ed. São Paulo: Editora Senac, 2000.

CAPELATO, Maria Helena; MOTA, Carlos Guilherme. *História da Folha de S. Paulo (1921-1981)*. São Paulo: Impres, 1981.

CARDOSO, Fernando Henrique. "Chile: um caminho possível". *Argumento*, vol. 1, n° 1, Rio de Janeiro, outubro de 1973.

_____. "Democracia e desigualdades sociais". *Revista Crítica de Ciências Sociais*, n° 32, junho de 1991, pp. 23-27. [Texto da palestra ministrada no I Congresso Luso-Afro-Brasileiro de Ciências Sociais, realizado em Coimbra de 2 a 5 de julho de 1990, sob a coordenação de Boaventura de Sousa Santos].

_____. *Por um Brasil mais justo: ação social do governo*. Brasília: Presidência da República, 1996.

_____. "Entrevista" [concedida a Marina Amaral e outros]. *Caros Amigos*, vol. 1, n° 4, São Paulo, julho de 1997.

_____. "Me considero de esquerda" [entrevista a Mario Sabino]. *Veja*, 22/3/2006 [edição 1948, ano 39, n° 11].

_____. *O Brasil nas relações internacionais* [Conferência do mês]. São Paulo: Instituto de Estudos Avançados da USP, 5/5/2005 [consulta em vídeo].

_____. *A arte da política: a história que vivi*. 3ª ed. Rio de Janeiro: Civilização Brasileira, 2006.

_____. [Depoimento no Memorial da América Latina, em 2006, com debate]. Em LAFER, Celso (org.). *Presidentes da América Latina*. Apresentação de Fernando Leça. São Paulo: Fundação Memorial da América Latina/Imprensa Oficial, 2006.

CARDOSO Fernando Henrique; SOARES, Mario. *O mundo em português: um diálogo*. São Paulo: Paz e Terra, 1998.

CARDOSO, Vicente Licínio. *À margem da história do Brasil*. 4ª ed. São Paulo: Companhia Editora Nacional, 1979.

CARNEIRO, Maria Luiza Tucci (org.). *Minorias silenciadas: história da censura no Brasil*. São Paulo: Edusp/Fapesp/Imprensa Oficial do Estado, 2002.

CARONE, Edgard. *A Primeira República: texto e contexto*. São Paulo: Difusão Europeia do Livro, 1969.

_____. *A República Velha: instituições e classes sociais*. São Paulo: Bertrand Brasil, 1970.

História do Brasil: uma interpretação

_____. *A República Nova (1930-1937)*. São Paulo: Difel, 1974.

_____. *O Tenentismo: acontecimentos, personagens, programas*. São Paulo: Difel, 1975.

_____. *Revoluções do Brasil contemporâneo (1922-1938)*. 4ª ed. revista. São Paulo: Ática, 1989.

_____. *Brasil: anos de crise (1930-1945)*. São Paulo: Ática, 1991.

CARPENTIER, Alejo. "Villa-Lobos". *Nossa América/Nuestra América — Revista do Memorial da América Latina*, nº 1, mar.-abr. de 1989.

CARTA, Mino. "O xerife, o general e o nosso *West*". *IstoÉ*, São Paulo, 1/3/1978.

_____. "O arquiteto da verdadeira transição". *Senhor*, Rio de Janeiro, nº 340, 22/9/1987.

CARTA CAPITAL, nº 221, São Paulo, 25/12/2002.

CARVALHO, Joaquim Barradas de. *O obscurantismo salazarista*. Lisboa: Seara Nova, 1974.

_____. *Portugal e as origens do pensamento moderno*. Prefácio de Joel Serrão. Lisboa: Horizonte, 1981.

_____. *À la recherche de la specificité de la Renaissance portugaise. L'Esmeraldo de Situ Orbis de Duarte Pacheco Pereira et la littérature portugaise de voyages à époque des Grandes Découvertes*. 2 Vols. Paris: Fondation Calouste Gulbenkian, 1983.

CARVALHO, José Murilo de. "As Forças Armadas na Primeira República". Em FAUSTO, Boris (org.). *História geral da civilização brasileira. O Brasil republicano: sociedade e instituições (1889-1930)*. T. III. Vol. 2. São Paulo: Difel, 1977.

_____. *A construção da ordem: a elite política imperial*. Rio de Janeiro: Campus, 1980.

_____. *Os bestializados: o Rio de Janeiro e a República que não foi*. São Paulo: Companhia das Letras, 1987.

_____. "O encobrimento do Brasil". *Folha de S. Paulo*, Caderno Mais, São Paulo, 3/10/1999.

_____. "Um antídoto contra a bestialização republicana" [entrevista a Carlos Haag]. *Pesquisa Fapesp*, nº 115, São Paulo, setembro de 2005.

_____. *Perfis brasileiros: D. Pedro II*. Direção de Elio Gaspari e Lília M. Schwarcz. São Paulo: Companhia das Letras, 2007.

CARVALHO, Laerte Ramos de. *As reformas pombalinas da instrução pública*. São Paulo: Saraiva/Edusp, 1978.

CARVALHO, Paulo Pinto de. *Aspectos de nossa economia rural*. São Paulo: Brasiliense, 1943.

CASTRO, Ruy. "O Brasil acoelhado". *Folha de S. Paulo*, São Paulo, 13/8/2007.

CASTRO, Zília Osório de. *Cultura e política: Manuel Borges Carneiro e o Vintismo*.

Lisboa: Instituto Nacional de Investigação Científica/Universidade Nova de Lisboa, 1990.

CAVALCANTE, Berenice. "Dilemas e paradoxos de um filósofo iluminista". Em *O estabelecimento dos portugueses no Brasil*. Rio de Janeiro: Arquivo Nacional/Editora da UnB, 1998.

CAVALCANTI, Amaro. "Sessão de 13 de dezembro de 1890" [debate]. Em CONGRESSO NACIONAL. *Annaes da Câmara dos Srs. Senadores*. Rio de Janeiro: Imprensa Nacional.

CHACON, Vamireh. *Da Escola do Recife ao Código Civil*. Rio de Janeiro: Simões, 1969.

CHAGAS, Carlos. *A guerra das estrelas: nos bastidores das sucessões presidenciais*. Porto Alegre: L&PM, 1985.

CHALAMEL, Augustin. *Histoire-musée de la République Française, depuis l'Assemblée des notables jusqu'a l'Empire*. T. 2. 3ª ed. Paris: Gustave Havard, 1858.

CHESNAIS, François. "A crise é o impasse absoluto do regime guiado pela dívida". Entrevista a Eleonora de Lucena, *Folha de S. Paulo*, 15/8/2011, p. A14.

COCHRANE, Thomas. *Narrative of Services in the Liberation of Chili, Peru, and Brazil, from Spanish and Portuguese Domination*. 2 vols. Londres, 1859.

COELHO, Marco Antônio Tavares. *Herança de um sonho: as memórias de um comunista*. Rio de Janeiro: Record, 2000.

COHN, Amélia. *Crise regional e planejamento*. São Paulo: Perspectiva, 1978.

COIMBRA, Marcos Antônio. "O intelectual collorido". *IstoÉ/Senhor*, São Paulo, 21/2/1990.

COMAS, Carlos Eduardo. "Moderno e nacional, uma incompatibilidade a questionar". Em PESSOA, José *et al.* (orgs.). *Moderno e nacional*. Niterói: EdUFF, 2006.

COMPARATO, Fábio. "Um plano de voo para o país". *O Estado de S. Paulo*, Caderno Aliás, São Paulo, 29/7/2007.

CORRÊA, Anna Maria Martinez. *A rebelião de 1924 em São Paulo*. São Paulo: Hucitec, 1976.

COSTA, Emília Viotti da. "José Bonifácio: homem e mito". Em MOTA, Carlos Guilherme (org.). *1822: dimensões*. São Paulo: Perspectiva, 1972.

_____. *Da Monarquia à República: momentos decisivos*. 7ª ed. São Paulo: Fundação Editora da Unesp, 1999.

COSTA, João Cruz. *Contribuição às ideias no Brasil*. 2ª ed. Rio de Janeiro: Civilização Brasileira, 1968.

COSTA, Lúcio. *Sobre arquitetura*. Porto Alegre: Centro dos Estudantes Universitários de Arquitetura, 1962.

_____. *Registro de uma vivência*. São Paulo: Empresa das Artes, 1995.

COSTA, Tarcisio. *A Profile of Contemporary Political Discourse in Brazil: The Rhetoric of Intransigence in the 1987-1988 Constituent Experience.* Cambridge, MA: University of Cambridge, 1998.

_____. "Cidadania em Rui Barbosa: questão social e política no Brasil". Em ROCHA, João Cezar de Castro (org.). *Nenhum Brasil existe: pequena enciclopédia.* Rio de Janeiro: Topbooks/UniverCidade, 2003.

_____. Depoimento aos autores, 12 de junho de 2007.

COUTINHO, J. J. da Cunha Azeredo. *Obras econômicas (1794-1804).* Apresentação de Sérgio Buarque de Holanda. São Paulo: Companhia Editora Nacional, 1966.

COUTO, Jorge. *A construção do Brasil: ameríndios, portugueses e africanos, do início do povoamento a finais de Quinhentos.* Lisboa: Cosmos, 1998.

CRUZ, Sebastião C. Velasco e. *Empresariado e Estado na transição brasileira: um estudo sobre a economia política do autoritarismo (1974-1977).* São Paulo: Fapesp/Unicamp, 1995.

CUNHA, Euclides da. *Rebellion in the Backlands.* Tradução de Samuel Putnam. Chicago: Chicago University Press, 1944.

_____. *Os sertões.* 25ª ed. São Paulo: Francisco Alves, 1957.

_____. *Os sertões.* Rio de Janeiro: Record, 1998.

_____. *À margem da história.* São Paulo: Martins Fontes, 1999.

_____. *Diário de uma expedição.* Em Juan C. P. de Andrade (org.). *Vida e obra de Euclides da Cunha.* Obra completa de Euclides da Cunha em meio eletrônico. Disponível em: http://www.euclides.site.br.com. Acesso em: 22/2/2008.

D'ABBEVILLE, Claude. *História da missão dos padres capuchinhos na ilha do Maranhão.* São Paulo: Edusp, 1975.

DALLARI, Dalmo de Abreu. *O pequeno exército paulista.* São Paulo: Perspectiva, 1977.

_____. Depoimento aos autores, 15 de fevereiro de 2007.

DAMATTA, Roberto. "Andando de costas". *O Estado de S. Paulo*, São Paulo, 19/9/2007.

DAVATZ, Thomas. *Memórias de um colono no Brasil.* Tradução de Sérgio Buarque de Holanda. Belo Horizonte: Itatiaia, 1980.

DEAN, Warren. *A luta pela borracha no Brasil: um estudo de história ecológica.* São Paulo: Nobel, 1989.

DEBRUN, Michel. "Temível conciliação". *IstoÉ*, São Paulo, 5/7/1978.

_____. *A conciliação e outras estratégias.* Organização e prefácio de Paulo Sérgio Pinheiro. São Paulo: Brasiliense, 1983.

_____. "Temível conciliação". Em *Conciliação e outras estratégias.* São Paulo: Brasiliense, 1983.

DELFIM NETTO, Antonio. "Liberais, mas nem tanto". *Economia e Cultura*, São Paulo, dez. 1993-fev. 1994.

DEL RIOS, Jefferson. *Bananas ao vento: meia década de cultura e política em São Paulo.* São Paulo: Editora Senac, 2006.

Bibliografia   1071

DIÁRIO CARIOCA. Rio de Janeiro, 7/1/1936.

DIAS, Maria Odila da Silva. "Aspectos da Ilustração no Brasil". *Revista do Instituto Histórico e Geográfico Brasileiro*, vol. 278, Rio de Janeiro, 1969.

DIEGUES, Cacá. "Insatisfeito, inconveniente e sem-partido". *O Estado de S. Paulo*, São Paulo, 27/8/2006.

DIMENSTEIN, Gilberto; SOUZA, Josias de. *A história real: trama de uma sucessão*. São Paulo: Folha de S. Paulo/Ática, 1994.

DINES, Alberto. *Morte no paraíso*. Rio de Janeiro: Rocco, 2004.

_____. ["Editorial"]. *Observatório da Imprensa*, São Paulo, 23/10/2007.

DINES, Alberto et al. *Os idos de março e a queda em abril*. Rio de Janeiro: José Álvaro, 1964.

DIRCEU, José. "Estamos vivendo uma fase macartista" [entrevista a Natalia Viana, Marina Amaral, Marcelo Salles e João de Barros]. *Caros Amigos*, vol. 106, São Paulo, janeiro de 2008.

_____. "O consultor" [entrevista a Daniela Pinheiro]. *Piauí*, n° 16, São Paulo, 7/1/2008.

DOCUMENTOS HISTÓRICOS. Vol. 102. Rio de Janeiro: Biblioteca Nacional, 1955.

DOLHNIKOFF, Miriam (org.). *José Bonifácio de Andrada e Silva: projetos para o Brasil*. São Paulo: Companhia das Letras, 1998.

_____. *Diogo Antônio Feijó: padre regente*. São Paulo: Imprensa Oficial/Secretaria de Estado da Educação, 2006.

DOMINGUES, José Maurício. *O Brasil entre o presente e o futuro: conjuntura interna e inserção internacional*. Rio de Janeiro: Mauad, 2013.

DONGHI, Tulio Halperín. *Historia contemporánea de América Latina*. Barcelona: Alianza, 1979.

_____. *The Contemporary History of Latin America*. Durham: Duke University Press, 1993.

_____. "Mitre e a formulação de uma história nacional para a Argentina". *Estudos Avançados*, vol. 8, n° 20, São Paulo, 1994.

DORATIOTO, Francisco. *Maldita guerra: nova história da Guerra do Paraguai*. São Paulo: Companhia das Letras/Fundação Biblioteca Nacional, 2002.

DUARTE, Paulo. *Memórias*. 5 vols. São Paulo: Hucitec, 1974-1977.

_____. "A criação da USP, segundo Paulo Duarte". *Ciência Hoje*, vol. 3, n° 13, jul.-ago. de 1984.

DULLES, John W. F. *Castello Branco: o presidente reformador*. Tradução de Heitor A. Herrera. Brasília: Editora da UnB, 1983.

FALCÃO, Joaquim. *A favor da democracia: editoriais*. Prefácios de Raymundo Faoro e Luiz Antonio Marcuschi. Recife: Massangana/Bagaço, 2004.

FAORO, Raymundo. *Os donos do poder: formação do patronato político brasileiro*. Vol. 1. 2ª ed. Porto Alegre: Globo, 1958.

_____. *Os donos do poder: formação do patronato político brasileiro*. Vol. 2. Porto Alegre/São Paulo: Globo/Edusp, 1975.

_____. "Aqui a Revolução era (e é) outra coisa". *IstoÉ/Senhor*, São Paulo, 7/6/1989.

_____. "É possível fabricar um presidente?". *IstoÉ/Senhor*, São Paulo, nº 1.033, 5/7/1989.

_____. "O governo da ineficiência". *IstoÉ/Senhor*, São Paulo, 30/1/1991 ("Páginas Vermelhas").

_____. "O fenômeno Collor". *IstoÉ/Senhor*, São Paulo, 25/12/1991.

_____. "O plano indefinido". *IstoÉ*, São Paulo, 9/6/1993.

_____. *Os donos do poder: formação do patronato político brasileiro*. 2 vols. 10ª ed. São Paulo: Globo/Publifolha, 2000.

_____. "A utopia nacionalista". *CartaCapital*, São Paulo, ano 9, nº 221, 25/12/2002.

FAUSTO, Boris. "A crise dos anos vinte e a Revolução de 1930". Em *História geral da civilização brasileira. O Brasil republicano: sociedade e instituições (1889-1930)*. T. III. Vol. 2. Rio de Janeiro: Difel, 1977.

FERNANDES, Florestan. *Mudanças sociais no Brasil*. Coleção Corpo e Alma do Brasil. 2ª ed. São Paulo: Difel, 1960 [1ª ed.: 1959].

_____. *Capitalismo dependente e classes sociais na América Latina*. Rio de Janeiro: Zahar, 1973.

_____. "Prefácio". Em *A revolução burguesa no Brasil*. 2ª ed. Rio de Janeiro: Zahar, 1976.

_____. *A ditadura em questão*. São Paulo: T. A. Queiroz, 1982.

_____. "Os desenraizados", *Folha de S. Paulo*, São Paulo, 21/8/1986.

_____. "Crise da educação". *Folha de S. Paulo*, São Paulo, 19/8/1991.

_____. ["Entrevista"]. Em *Roda Viva*. São Paulo: TV Cultura, 1994.

_____. *A contestação necessária: retratos intelectuais de inconformistas e revolucionários*. São Paulo: Ática, 1995.

_____. *A revolução burguesa no Brasil: ensaio de interpretação sociológica*. Prefácio de José de Souza Martins. 5ª ed. São Paulo: Globo, 2006.

FERNANDES, Tania. "Vacina antivariólica: seu primeiro século no Brasil (da vacina jenneriana à animal)". *História, Ciências, Saúde*, vol. 6, nº 1, Manguinhos, mar.--jun. de 1999.

FERREIRA, Aurélio Buarque de Holanda *et al*. *Novo Dicionário Aurélio da Língua Portuguesa*. 3ª ed. Curitiba: Positivo, 2004.

FERREIRA, Gabriela Nunes. *O Rio da Prata e a consolidação do Estado imperial*. São Paulo: Hucitec, 2006.

FERREIRA, Oliveiros da Silva. *Vida e morte do partido fardado*. São Paulo: Editora Senac, 2000.

FICO, Carlos. "O Brasil no contexto da Guerra Fria: democracia, subdesenvolvimento e ideologia do planejamento (1946-1964)". Em MOTA, Carlos Guilherme (org.). *Viagem incompleta (1500-2000): a experiência brasileira*, vol. 2, *A grande transação*. 2ª ed. São Paulo: Editora Senac, 2000.

_____. *Como eles agiam. Os subterrâneos da ditadura militar: espionagem e polícia política*. Prefácio de Jacob Gorender. Rio de Janeiro/São Paulo: Record, 2001.

_____. *O grande irmão: da Operação Brother Sam aos anos de chumbo. O governo dos Estados Unidos e a ditadura militar brasileira*. Rio de Janeiro: Civilização Brasileira, 2008.

FIGUEIREDO, João Baptista. *Discurso do senhor João Figueiredo, presidente da República Federativa do Brasil*. Brasília: Secom, 1980.

FOLHA DE S. PAULO. "PTB decide combater energicamente o governo". *Folha de S. Paulo*, São Paulo, 17/10/1965.

_____. *Folhetim* nº 173, São Paulo, 11/5/1980.

_____. "A UDN chega ao poder no governo Sarney". São Paulo, 23/2/1986.

_____. São Paulo, 18/2/1996.

_____. São Paulo, 19/12/2002.

_____. São Paulo, 31/10/2006.

_____. São Paulo, 26/5/2007.

_____. "O Brasil dos viajantes". Caderno Mais, São Paulo, 16/9/2007.

FONT, Mauricio (org.). *Charting a New Course: The Politics of Globalization and Social Transformation*. Lanham, MD: Rowman & Littlefield, 2001.

FORBES, Geraldo F. "Pela renúncia de Figueiredo". *Veja*, São Paulo, 7/7/1983.

_____. "Pelo fim do arbítrio". *O Estado de S. Paulo*, São Paulo, 25/4/1984.

FRANCIS, Paulo. "Mentira, luxúria e pretensão: aonde foi parar a gente esclarecida que habitava Rio e SP?". *República*, nº 3 (1), janeiro de 1997.

FRANCO, Maria Sylvia de Carvalho. *Homens livres na ordem escravocrata*. São Paulo: IEB-USP, 1969.

FREIRE, Pascoal José de Mello. "Introdução". Em *Código Criminal intentado pela rainha D. Maria I (Segunda edição castigada de erros. Corretor o licenciado Francisco Freire de Mello, sobrinho do autor. Em Lisboa estampava no mês de agosto o tipógrafo Simão Tadeu Ferreira, ... CCC.XXIII [1823]")*. Disponível em: http://bib-digital.fd.uc.pt.

FREIRE, Roberto. "A China é muito longe" [entrevista a Bob Fernandes], *IstoÉ/Senhor*, São Paulo, nº 1.033, 5/7/1989.

FREIRE, Tereza. *Dos escombros de Pagu: um recorte biográfico de Patrícia Galvão*. São Paulo: Editora Senac/Edições Sesc SP, 2008.

FREITAS, Sônia de. *O café e a imigração*. São Paulo: Saraiva, 2001.

FRESNOT, Daniel. *O pensamento político de Erico Veríssimo*. Rio de Janeiro: Graal, 1977.

FREYRE, Gilberto. *Nordeste: aspectos da influência da cana sobre a vida e a paisagem do Nordeste do Brasil*. 2ª ed. Rio de Janeiro: José Olympio, 1951.

FRIAS FILHO, Otavio. "FHC na História". *Folha de S. Paulo*, São Paulo, 19/12/2002.

FRIEIRO, Eduardo. *O diabo na livraria do cônego*. 2ª ed. revista e aumentada. Belo Horizonte/São Paulo: Itatiaia/Edusp, 1981.

FROTA, Sílvio. *Ideais traídos*. Rio de Janeiro: Jorge Zahar, 2006.

FURTADO, Celso. *Desenvolvimento e subdesenvolvimento*. Rio de Janeiro: Fundo de Cultura, 1961.

_____. *A fantasia organizada*. Apresentação de Francisco Iglésias. Rio de Janeiro: Paz e Terra, 1997.

_____. "Quando o futuro chegar". Em SACHS, Ignacy; WILHEIM, Jorge; PINHEIRO, Paulo Sérgio (orgs.). *Brasil: um século de transformações*. São Paulo: Companhia das Letras, 2001.

GABEIRA, Fernando. *O que é isso, companheiro?* Rio de Janeiro: Codecri, 1979.

GAFFAREL, Paul. "Notícia biográfica à obra de Jean de Léry". Em LÉRY, Jean de. *Viagem à terra do Brasil*. Rio de Janeiro: Biblioteca Editora do Exército, 1961.

GALVÃO, Walnice Nogueira. *Euclides da Cunha*. Coleção Grandes Cientistas Sociais. Direção de Florestan Fernandes. São Paulo: Ática, 1984.

GALVÃO, Walnice Nogueira; GALOTTI, Oswaldo. *Correspondência de Euclides*. São Paulo: Edusp, 1997.

_____. *Desconversa: ensaios críticos*. São Paulo: Editora da UFRJ, 1998.

GAMA, Basílio da. *O Uraguai*. Disponível em: www.biblio.com.br/conteudo/basiliodagama/uraguai.html. Acesso em: 18/2/2008.

GASPARI, Elio. "Ferida, a fera fere" [entrevista de Ulysses Guimarães]. *Veja*, São Paulo, 3/8/1988.

_____. *A ditadura envergonhada (As ilusões armadas)*. Vol. 1. São Paulo: Companhia das Letras, 2002.

_____. *A ditadura escancarada (As ilusões armadas)*. Vol. 2. São Paulo: Companhia das Letras, 2002.

_____. *A ditadura derrotada (O sacerdote e o feiticeiro)*. Vol. 3. São Paulo: Companhia das Letras, 2003.

_____. *A ditadura encurralada (O sacerdote e o feiticeiro)*. Vol. 4. São Paulo: Companhia das Letras, 2004.

GHIRALDELLI JUNIOR, Paulo. *História da educação*. São Paulo: Cortez, 1994.

GIANNOTTI, José Arthur. "Política sem riscos". *Folha de S. Paulo*, São Paulo, 1/1/2007.

_____. "Lei sem pudor". *Folha de S. Paulo*, Caderno Mais, São Paulo, 15/7/2007.

Bibliografia

GIL, Gilberto. "Brasil es un país de saltos inesperados y cuánticos" [entrevista a Carlos Galilea]. *El País*, Madri, 22/5/2004.

GODINHO, Vitorino Magalhães. *Estrutura da antiga sociedade portuguesa*. 2ª ed. corrigida e ampliada. Lisboa: Arcádia, 1975.

_____. *Mito e mercadoria, utopia e prática de navegar: séculos XIII-XVIII*. Lisboa: Difusão, 1990.

GOMES, Luiz Flávio. "Nossa barbárie prisional: Brasil rumo ao troféu mundial da violência e da corrupção". Em *Jus Navigandi*, ano 12, nº 1712, Teresina, 9-3-2008. Disponível em: http://jus2.uol.com.br/doutrina/texto.asp?id=11034. Acesso em: 11/3/2008.

GOMES, Severo. *Companhia Vale do Rio Doce: uma investigação truncada*. Prefácio de Paulo Sérgio Pinheiro. Rio de Janeiro: Paz e Terra, 1987.

_____. "Os bárbaros". *Folha de S. Paulo*, São Paulo, 14/12/1980.

GONÇALVES FILHO, Antônio. "Correspondência de Júlio Mesquita Filho com sua mulher Marina". *O Estado de S. Paulo*, São Paulo, 20/6/2006.

GONÇALVES, Lisbeth Rebollo (org.). *Sérgio Milliet 100 anos: trajetória, crítica de arte e ação cultural*. São Paulo: Imprensa Oficial/ABCA, 2005.

GONÇALVES, Victor. "Joaquim Barradas de Carvalho: para a história de um historiador". *Clio*, vol. 2, Lisboa, 1980.

GONZAGA, Tomás Antônio. "Soneto XI". *Marília de Dirceu e mais poesias*. Lisboa: Sá da Costa, 1961.

GORENDER, Jacob. *Combate nas trevas*. 6ª ed. revista e ampliada. São Paulo: Ática, 1999.

_____. *Brasil em preto & branco: o passado escravista que não passou*. São Paulo: Editora Senac, 2000.

GRAHAM, Maria. *Diário de uma viagem ao Brasil e de uma estada nesse país durante parte dos anos de 1821, 1822 e 1823*. Tradução de Américo Jacobina Lacombe. São Paulo: Companhia Editora Nacional, 1956.

_____. *Diário de uma viagem ao Brasil*. São Paulo: Edusp, 1990.

GRAHAM, Richard. *Britain and the Onset of Modernization in Brazil (1850-1914)*. Cambridge: Cambridge University Press, 1968.

GREGORI, José. "The Fernando Henrique Cardoso Administration's Human Rights Policy". Seminário *Negotiating Rights in Brazil*, Stanford University, 22 de outubro de 1996. São Francisco: Consulado Geral do Brasil, 1996.

GUIMARÃES, Alberto Passos. [Parecer a respeito do estudo de Pontes de Miranda "Democracia e planificação"]. Em *Primeiro Congresso Brasileiro de Escritores: promovido pela Associação Brasileira de Escritores (ABDE)*. São Paulo: Revista dos Tribunais, 1945.

HARVEY, David. *Os limites do capital*. São Paulo: Boitempo, 2013.

HARVEY, David; MARICATO, Ermínia; DAVIS, Mike; BRAGA, Ruy; ZIZEK, Slavoj. *Cidades rebeldes*. São Paulo: Boitempo, 2013.

HINO da Proclamação da República. Letra de Medeiros e Albuquerque. Música de Leopoldo Augusto Miguez, 1889.

HIPPOLITO, Lúcia. *PSD, de raposas e reformistas (1945-1964)*. Rio de Janeiro: Paz e Terra, 1985.

HIRSCHMAN, Albert. *The Rhetoric of Reaction: Perversity, Futility, Jeopardy*. Cambridge: Harvard University Press, 1991.

HISTÓRIA & CRÍTICA, nº 9, Lisboa, jun.-jul. de 1982.

HOBSBAWM, Eric. *A era do capital (1848-1875)*. Tradução de Carlos Nelson Coutinho *et al*. Rio de Janeiro: Paz e Terra, 1979.

_____. *The Age of Empire (1875-1914)*. Nova York: Pantheon, 1987.

_____. *Era dos extremos: o breve século XX (1914-1991)*. São Paulo: Companhia das Letras, 1995.

HOLANDA, Chico Buarque de. [Entrevista a Antônio Chrysóstomo]. *Veja*, São Paulo, 27/10/1976.

HOLANDA, Sérgio Buarque de (org.). *História geral da civilização brasileira. O Brasil monárquico: do Império à República*. Vol. 5. São Paulo: Difel, 1972.

_____. "Prefácio". Em CASTRO, Jeanne Berrance de. *A milícia cidadã: a Guarda Nacional de 1831 a 1851*. São Paulo: Companhia Editora Nacional, 1977.

HOLLOWAY, Thomas H. *Vida e morte do Convênio de Taubaté: a primeira valorização do café*. Rio de Janeiro: Paz e Terra, 1978.

HOUAISS, Antônio; VILLAR, Mauro de Salles. *Dicionário Houaiss da Língua Portuguesa*. Rio de Janeiro: Objetiva, 2001.

HUIZINGA, Johan. *O declínio da Idade Média*. 2ª ed. Lisboa: Ulisseia, 1985.

IGLÉSIAS, Francisco. *História geral e do Brasil*. São Paulo: Ática, 1989.

_____. *Trajetória política do Brasil (1500-1964)*. 2ª ed. São Paulo: Companhia das Letras, 1993.

INSTITUTO BRASILEIRO DE GEOGRAFIA E ESTATÍSTICA. Estatísticas do IBGE (para o período de 1904-1913) por nacionalidade e por data.

ISTOÉ/SENHOR. "O estilo Robertão". São Paulo, 8/3/1989.

_____. São Paulo, 31/5/1989.

_____. São Paulo, 28/6/1989.

_____. São Paulo, 26/7/1989.

_____. São Paulo, 21/10/1992.

JABOR, Arnaldo. "O troço (ou: O lulismo é uma nova categoria política)". *O Estado de S. Paulo*, São Paulo, 8/5/2007.

JAGUAR [Sérgio de Magalhães Gomes Jaguaribe]; AUGUSTO, Sérgio. *O Pasquim: antologia (1969-1971)*. Vol. I. Rio de Janeiro: Desiderata, 2006.

_____. *O Pasquim: antologia (1972-1973)*. Vol. II. Rio de Janeiro: Desiderata, 2007.

JANCSÓ, István. *Na Bahia contra o Império: história do ensaio de sedição de 1798*. São Paulo/Salvador: Hucitec/Editora da Universidade Federal da Bahia, 1996.

JOBIM, Leopoldo. *Ideologia e colonialismo: um estudo sobre o pensamento político e econômico no Brasil setecentista*. Rio de Janeiro: Forense Universitária, 1985.

JOFFILY, José. *Harry Berger*. Rio de Janeiro/Curitiba: Paz e Terra/Universidade Federal do Paraná, 1987.

JULIÃO, Francisco. *Até quarta, Isabela: carta-testamento*. Petrópolis: Vozes, 1986.

KATINSKY, Julio. *Brasília em três tempos*. Rio de Janeiro: Revan, 1991.

KINZO, Maria D'Alva. *Oposição e autoritarismo: gênese e trajetória do MDB (1966-1979)*. São Paulo: Idesp/Vértice, 1988.

KOSTER, Henry. *Viagens ao Nordeste do Brasil*. 2ª ed. Recife: Secretaria de Educação e Cultura do Governo do Estado de Pernambuco, 1978.

KRAUZE, Enrique. *Os redentores: ideias e poder na América Latina*. São Paulo: Benvirá, 2011.

LACLAU, Ernesto. *A razão populista*. Tradução de Carlos Eugênio Marcondes de Moura. São Paulo: Três Estrelas, 2013.

LAFER, Celso. "O Brasil e o mundo". Em SACHS, Ignacy; WILHEIM, Jorge; PINHEIRO, Paulo Sérgio (orgs.). *Brasil: um século de transformações*. São Paulo: Companhia das Letras, 2001.

_____. *Mudam-se os tempos: diplomacia brasileira (2001-2002)*. Prefácio de Fernando Henrique Cardoso. Brasília: Fundação Alexandre de Gusmão/Instituto de Pesquisa de Relações Internacionais, 2002.

_____. "Reflexões sobre uma gestão". *Política Externa*, vol. 2, nº 4, Rio de Janeiro, março de 2003 (publicação coeditada por Paz e Terra/USP).

_____. *A identidade internacional do Brasil e a política externa brasileira*. São Paulo: Perspectiva, 2004.

LAGOA, Ana. *SNI: como nasceu, como funciona*. Prefácio de Alberto Dines. São Paulo: Brasiliense, 1983.

LAMBERT, Jacques. *Os dois Brasis*. 2ª ed. São Paulo: Companhia Editora Nacional, 1967.

LAMOUNIER, Bolívar. "Conciliação" [entrevista a Fernando José Dias da Silva]. *Jornal da Tarde*, São Paulo, 12/2/1979.

LAMOUNIER, Bolívar; SOUZA, Amaury de. *A classe média brasileira: ambições, valores e projetos de sociedade*. Rio de Janeiro: Campus/Elsevier, 2010.

LEITÃO, Miriam. *A saga brasileira*. Rio de Janeiro: Record, 2011.

LEITE, Guilherme Figueiredo. "San Tiago Dantas e a revolução brasileira". *Getúlio*, vol. 1, nº 3, São Paulo, maio de 2007.

LEITE, Paulo Moreira "Getúlio volta à cena". *Veja*, São Paulo, 13/12/1995.

LEMBO, Cláudio. *O jogo da coragem: testemunho de um liberal*. São Paulo: Cultura, 1979.

_____. *A opção liberal*. São Paulo: Companhia Editora Nacional, 1985.

_____. [Entrevista a Mônica Bergamo]. *Folha de S. Paulo*, São Paulo, 31/12/2006.

LEMOS, Carlos. *A República ensina a morar (melhor)*. São Paulo: Hucitec, 1999.

LÉRY, Jean de. *Viagem à terra do Brasil*. Rio de Janeiro: Biblioteca Editora do Exército, 1961.

LÉVI-STRAUSS, Claude. *Tristes trópicos*. Lisboa: Portugália/Martins Fontes, s/d.

_____. *Tristes trópicos*. Lisboa: Edições 70, 1993 [1ª ed.: Paris, Plon, 1955].

LIMA, Heitor Ferreira. *História do pensamento econômico no Brasil*. São Paulo: Companhia Editora Nacional, 1976.

LIMA, Oliveira. "Anotações à *História da revolução de Pernambuco em 1817*". Em TAVARES, Francisco Muniz. *História da revolução de Pernambuco em 1817*. 3ª ed. Recife: Imprensa Industrial, 1917.

_____. *Pernambuco: seu desenvolvimento histórico*. 2ª ed. Recife: Secretaria de Educação e Cultura do Governo do Estado de Pernambuco, 1975.

_____. *O Império brasileiro (1821-1889)*. Belo Horizonte/São Paulo: Itatiaia/Edusp, 1989.

_____. *D. João VI no Brasil*. Prefácio de Wilson Martins. 3ª ed. Rio de Janeiro: Topbooks, 1996 [1ª ed.: 1908].

LIMONGI, Fernando. "Mentores e clientelas da Universidade de São Paulo". Em MICELI, Sergio (org.). *História das ciências sociais no Brasil*. Vol. 1. São Paulo: Vértice, 1989.

_____. "A Escola Livre de Sociologia e Política em São Paulo". Em MICELI, Sergio (org.). *História das ciências sociais no Brasil*. Vol. 1. São Paulo: Vértice, 1989.

LOPEZ, Adriana. *Franceses e tupinambás na Terra do Brasil*. São Paulo: Editora Senac, 2001.

_____. *Guerra, açúcar e religião no Brasil dos holandeses*. São Paulo: Editora Senac, 2002.

_____. *De cães a lobos-do-mar: súditos ingleses no Brasil*. São Paulo: Editora Senac, 2007.

LOPES, J. Leite. "Universidade e ciência, as ameaças do governo federal". *Revista Adusp*, nº 14, São Paulo, julho de 1998.

LORENZOTTI, Elizabeth. *Suplemento Literário: que falta ele faz!* São Paulo: Imprensa Oficial, 2007.

Bibliografia   1079

LOVE, Joseph L. *A construção do Terceiro Mundo: teorias do subdesenvolvimento na Romênia e no Brasil*. Rio de Janeiro: Paz e Terra, 1998.

LULA DA SILVA, Luiz Inácio. "Lula afirma que PT precisa recuperar os 'valores' perdidos". *Folha de S. Paulo*, 5/5/2013, p. A8.

LYRA, Maria de Lourdes Viana. *A utopia do poderoso Império: Portugal e Brasil, bastidores da política (1798-1822)*. Rio de Janeiro: 7 Letras, 1994.

LYRA, Roberto. *Contribuição para a história do primeiro governo de esquerda no Brasil*. Rio de Janeiro: Sophia Rosa, 1980.

MACEDO, Fausto. "Centrais vencem batalha do imposto sindical". *O Estado de S. Paulo*, São Paulo, 13/3/2008, p. A6.

MACHADO, José de Alcântara. *Vida e morte do bandeirante*. Introdução de Sérgio Milliet. São Paulo: Martins/INL, 1972.

MACHADO, Lourival Gomes. *Barroco mineiro*. São Paulo: Perspectiva, 1969.

MAGALHÃES, Gonçalves de. "Ensaio sobre a história da literatura do Brasil". *Niterói*, vol. 1, nº 1, Paris, 1836.

_____. "Discurso sobre a história da literatura do Brasil". Em *Obras*. Vol. 8. Rio de Janeiro: Garnier, 1865.

_____. *Discurso sobre a história da literatura do Brasil*. Apresentação de Lêdo Ivo. Série Papéis Avulsos, 10. Rio de Janeiro: Casa de Rui Barbosa, 1994.

_____. *Fatos do espírito humano*. Lisboa: Imprensa Nacional/Casa da Moeda, 2001.

MAGALHÃES, Luiz Antonio. "Elle está de volta e pode dar trabalho". *DCI*, São Paulo, 2/2/2007.

MAGNOLI, Demétrio. "Policiais do passado". *O Estado de S. Paulo*, São Paulo, 30/11/2006.

MALRAUX, André. *Psychologie de l'art: le musée imaginaire*. Vol. 1. Genève: Albert Skira, 1947.

MANCHESTER, Alan K. *British Preeminence in Brazil, Its Rise and Decline: A Study in European Expansion*. Chapel Hill: University of North Carolina Press, 1933.

_____. *British Preeminence in Brazil, Its Rise and Decline: A Study in European Expansion*. Nova York: Octagon Books, 1964.

MANIFESTO DOS EDUCADORES DE 1959. Em BARROS, Roque S. Maciel de (org.). *Diretrizes e bases da educação nacional*. São Paulo: Pioneira, 1960.

MARCOVITCH, Jacques (org.). *Crescimento econômico e distribuição de renda: prioridades para a ação*. São Paulo: Editora Senac, 2007.

MARINI, Ruy Mauro. "A nova democracia latino-americana". *Humanidades*, nº 13, Brasília, maio-jun. de 1987.

MARKUN, Paulo. *O sapo e o príncipe*. Rio de Janeiro: Objetiva, 2004.

_____. *Meu querido Vlado*. Rio de Janeiro: Objetiva, 2005.

MARKUN, Paulo; HAMILTON, Duda. *1961: que as armas não falem*. 3ª ed. São Paulo: Editora Senac, 2001.

MARQUES, Maria Eduarda Magalhães (org.). *A Guerra do Paraguai: 130 anos depois*. Rio de Janeiro: Relume-Dumará, 1995.

MARTINS, Joaquim Pedro Oliveira. *História da civilização ibérica*. Prefácio de Fidelino de Figueiredo [1954]. Lisboa: Guimarães, 1994 [1879].

MASSI, Fernanda. "Franceses e norte-americanos nas ciências sociais brasileiras". Em MICELI, Sergio (org.). *História das ciências sociais no Brasil*. Vol. 1. São Paulo: Vértice, 1989.

MATOS, Gregório de. "Embarcado já o poeta para o seu degredo". Em DIAS, Ângela Maria (org.). *Gregório de Matos: sátira*. 3ª ed. Rio de Janeiro: Agir, 1990.

_____. "Soneto". Em WISNIK, José Miguel (org.). *Poemas escolhidos*. São Paulo: Cultrix, 1992.

MATTIUSSI, Dante (org.). "Roberto Marinho, das Organizações Globo, o presidente sem mandato". *Imprensa*, ano 6, nº 61, São Paulo, setembro de 1992.

MATTOS, Délio Jardim de. *Palavras do tenente-brigadeiro-do-ar Délio Jardim de Mattos, ministro da Aeronáutica*. Brasília: Palácio do Planalto/Secom, 1980.

MATTOS FILHO, Ary Oswaldo. "Reforma fiscal: uma corrida de obstáculos". *Getúlio*, nº 6, ano 1, novembro de 2007.

MATTOSO, Katia M. de Queirós. *Bahia, século XIX: uma província no Império*. Prefácio de Maria Yedda Linhares. Rio de Janeiro: Nova Fronteira, 1992.

_____. *Presença francesa no movimento democrático baiano de 1798*. Salvador: Itapuã, 1969.

MAUGÜÉ, Jean. *Les dents agacées*. Paris: Buchet-Chastel, 1982.

MAXWELL, Kenneth. *A devassa da Devassa*. 2ª ed. Rio de Janeiro: Paz e Terra, 1978.

_____. "A Inconfidência Mineira: dimensões internacionais". Em *Chocolate, piratas e outros malandros: ensaios tropicais*. Rio de Janeiro: Paz e Terra, 1999.

_____. "A geração de 1790 e a ideia do império luso-brasileiro". Em *Chocolate, piratas e outros malandros: ensaios tropicais*. Rio de Janeiro: Paz e Terra, 1999.

_____. *Marquês de Pombal: paradoxo do Iluminismo*. Lisboa: Presença, 2001.

_____. "A Amazônia e o fim dos jesuítas". Em *Ensaios tropicais e outros*. Prefácio de Elio Gaspari. Rio de Janeiro: Paz e Terra, 2002.

_____. "Lula já perdeu quase meio ano" [entrevista]. *Folha de S. Paulo*, São Paulo, 20/5/2007.

MAZIN, Angelo Diogo; STEDILE, Miguel Enrique. *Abreu e Lima: general das massas*. São Paulo: Expressão Popular, 2006.

MCCANN, Frank D. *Soldiers of the Patria: A History of the Brazilian Army (1989-1937)*. Stanford: Stanford University Press, 2004.

MEDEIROS, Jotabê. "Fragmentos de um discurso rigoroso". *O Estado de S. Paulo*, São Paulo, 4/1/2003.

MELATTI, Julio Cezar. *Índios do Brasil*. São Paulo: Edusp, 2007.

MELLO, Evaldo Cabral de. *Olinda restaurada: guerra e açúcar no Nordeste, 1630-1654*. São Paulo: Edusp, 1975.

_____. *Olinda restaurada: guerra e açúcar no Nordeste, 1630-1654*. Rio de Janeiro/São Paulo: Forense Universitária/Edusp, 1975.

_____. *A fronda dos mazombos: nobres contra mascates, Pernambuco, 1666-1715*. São Paulo: Companhia das Letras, 1995.

_____. *A ferida de Narciso*. São Paulo: Editora Senac, 2001.

_____. "O Império frustrado". Em *Um imenso Portugal: história e historiografia*. São Paulo: Editora 34, 2002.

MELLO, Fernando Barros. "Presidente Lula concentrou poder após crise do mensalão, diz professor da USP Brasilio Sallum". *Folha de S. Paulo*, São Paulo, 24/8/2007.

MELLO, Francisco Ignácio Marcondes Homem de. *A Constituinte perante a história*. Brasília: Senado Federal, 1996.

MELLO, José Antonio Gonsalves de. *Tempo dos flamengos*. 3ª ed. Recife: Fundação Joaquim Nabuco/Massangana, 1987.

MELLO, José Antonio Gonsalves de; ALBUQUERQUE, Cleonir Xavier de. *Cartas de Duarte Coelho a El Rei*. 2ª ed. Recife: Fundação Joaquim Nabuco/Massangana, 1997.

MELO, José Evando Vieira de. "Café com açúcar: a formação do mercado consumidor de açúcar em São Paulo e o nascimento da grande indústria açucareira paulista na segunda metade do século XIX". *Saeculum*, nº 14, João Pessoa, jan.-jun. de 2006.

MELO, Sebastião José de Carvalho e. "Observações secretíssimas". Em *Memórias secretíssimas do marquês de Pombal e outros escritos*. Lisboa/Sintra: Europa-América, s/d.

_____. "Discurso político sobre as vantagens que o Reino de Portugal pode tirar da sua desgraça por ocasião do terramoto do 1º de novembro de 1755". Em *Memórias secretíssimas do marquês de Pombal e outros escritos*. Lisboa/Sintra: Europa-América, s/d.

_____. "Carta IX [Londres, 30 de março de 1777; em inglês no original]". Em *Memórias secretíssimas do marquês de Pombal e outros escritos*. Lisboa/Sintra: Europa-América, s/d.

MENDONÇA, Sônia Regina. *A classe dominante agrária: natureza e comportamento (1964-1990). A questão agrária*. Vol. V. São Paulo: Expressão Popular, 2006.

MENEZES, Lená Medeiros de. "A devolução dos indesejáveis". *Nossa História*, vol. 2, nº 24, São Paulo, outubro de 2005.

MENUCCI, Sud. *O precursor do abolicionismo no Brasil: Luiz Gama*. São Paulo: Companhia Editora Nacional, 1938.

MERCADANTE, Paulo. *Tobias Barreto na cultura brasileira*. São Paulo: Grijalbo/Edusp, 1972.

MESQUITA FILHO, Ruy (org.). *Cartas do exílio*. São Paulo: Terceiro Nome, 2006.

MICELI, Paulo. "São Paulo e os tempos difíceis do Morgado de Mateus". Em PINTO, Zélio Alves (org.). *Cadernos paulistas: história e personagens*. São Paulo: Editora Senac/Imprensa Oficial do Estado, 2002.

MILLIET, Sérgio. *Ensaios*. São Paulo: Brusco & Cia., 1938.

_____. "Diário crítico II". Em CAMPOS, Regina Salgado (org.). *Sérgio Milliet. Coleção Melhores Crônicas*. São Paulo: Global, 2006.

MINDLIN, Betty. "Amor e ruptura na aldeia indígena". Em *Cartas, falas, reflexões, memórias*, nº 1. Brasília: Gabinete do Senador Darcy Ribeiro, 1991.

MIR, Luís. *Revolução impossível: a esquerda e a luta armada no Brasil*. São Paulo: Best Seller, 1994.

MOISÉS, José Álvaro. "Crise do sistema?". *O Estado de S. Paulo*, 18/3/2012, Caderno Aliás, p. J3.

MONTEIRO, Duglas Teixeira. *Os errantes do novo século: um estudo sobre o surto milenarista do Contestado*. São Paulo: Duas Cidades, 1974.

MONTEIRO, Pedro Aurélio de Góes. *A Revolução de 30 e a finalidade política do Exército*. Rio de Janeiro: Andersen, 1934.

MONTORO, André Franco. "Está na hora de mudar". *O Estado de S. Paulo*, São Paulo, 29/11/1981.

_____. *Memórias em linha reta*. Pedro Cavalcanti (org.). São Paulo: Editora Senac, 2000.

MORAIS, Clodomir Santos de et al. *História e natureza das ligas camponesas (1954-1964): a questão agrária*. Vol. IV. São Paulo: Expressão Popular, 2006.

MORAIS, João Quartim de. *A esquerda militar no Brasil*. 2ª ed. São Paulo: Expressão Popular, 2005.

MOREL, Marco. "O caso de Cipriano Barata em 1798". Em *II Centenário da Sedição de 1798 na Bahia*. Salvador/Brasília: Academia de Letras da Bahia/MinC, 1999.

_____. *Cipriano Barata na Sentinela da Liberdade*. Salvador: Academia de Letras da Bahia/Assembleia Legislativa do Estado da Bahia, 2001.

MORGADO, Sérgio R. D. "Caxias e seu tempo". *Da Cultura*, vol. 3, nº 5, Rio de Janeiro, maio de 2004.

MORSE, Richard M. *Formação histórica de São Paulo: de comunidade à metrópole*. São Paulo: Difel, 1970.

MOTA, Carlos Guilherme (org.). *Brasil em perspectiva*. Prefácio de J. Cruz Costa. São Paulo: Difel, 1966.

_____. "Europeus no Brasil à época da Independência". Em *1822: dimensões*. São Paulo: Perspectiva, 1972.

_____. *Nordeste 1817: estruturas e argumentos*. São Paulo: Perspectiva, 1972.

_____. *Ideologia da cultura brasileira (1933-1974): pontos de partida para uma revisão histórica*. 3ª ed. São Paulo: Editora 34, 2008.

_____. "As ideias continuam fora do lugar". [Entrevista a Antonio Carlos Prado e Nirlando Beirão]. *Senhor*, Rio de Janeiro, nº 277, 8/7/1986.

_____."As ciências sociais na América Latina: proposta de periodização (1945-1983)". Em MORAES, Reginaldo *et al.* (orgs.). *Inteligência brasileira*. São Paulo: Brasiliense, 1986.

_____. "Cultura brasileira ou cultura republicana". *Estudos Avançados*, vol. 4, nº 8, São Paulo, 1990.

_____. "Democracia e desigualdades sociais: em busca de uma memória comum". *Revista Crítica de Ciências Sociais*, nº 32, Coimbra, junho de 1991 [trabalho apresentado no I Congresso Luso-Afro-Brasileiro de Ciências Sociais].

_____. *Ideia de revolução no Brasil: estudo das formas de pensamento (1789-1801)*. 4ª ed. São Paulo: Ática, 1994.

_____. "Joaquim Barradas de Carvalho". *Estudos Avançados*, vol. 8, nº 22, São Paulo, set.-dez. de 1994.

_____. "História de um silêncio: a Guerra do Paraguai (1864-1870) 130 anos depois". *Estudos Avançados*, vol. 9, nº 24, São Paulo, 1995.

_____. "Paulo Prado, il Tommaso di Lampedusa brasiliano". Em PRADO, Paulo. *Rittrato del Brasile: saggio sulla tristezza brasiliana*. Roma: Bulzoni, 1995.

_____. "Fernando Henrique e a ponte de ouro". *O Estado de S. Paulo*, São Paulo, 12/10/1998.

_____. (org.). *Viagem incompleta (1500-2000): a experiência brasileira*, vol. 2, *A grande transação*. São Paulo: Editora Senac, 2000.

_____. "Ideias de Brasil: formação e problemas (1817-1850)". Em *Viagem incompleta (1500-2000): a experiência brasileira*, vol. 1, *Formação: histórias*. 2ª ed. São Paulo: Editora Senac, 2000.

_____. "Saindo das brumas: o mundo que o português criou ruiu". Em ABDALLA JUNIOR, Benjamin (org.). *Incertas relações*. São Paulo: Editora Senac, 2003.

_____. "Apresentação". Em CARDOSO, Fernando Henrique. *O Brasil nas relações internacionais* [Conferência do mês]. São Paulo: Instituto de Estudos Avançados da USP, 5/5/2005 (vídeo).

_____. "O sucessor de FHC". *O Estado de S. Paulo*, Caderno Aliás, São Paulo, 12/6/2005.

_____. "América Latina: o ponto de vista do Brasil moderno". *Nossa América*, nº 23, São Paulo, 2006.

_____. (org.). *Juristas na formação do Estado-nação brasileiro (1850-1930)*. Vol. 2. São Paulo: Quartier Latin, 2006.

MOTA, Lourenço Dantas (org.). *Introdução ao Brasil: um banquete no trópico*. Vol. 1. 4ª ed. São Paulo: Editora Senac, 2004.

_____. *Introdução ao Brasil: um banquete no trópico*. Vol. 2. 2ª ed. São Paulo: Editora Senac, 2003.

MUNIZ SODRÉ. *Samba, o dono do corpo*. Rio de Janeiro: Codecri, 1979.

_____. *Antropológica no espelho*. Petrópolis: Vozes, 2006.

NABUCO, Joaquim. *Minha formação*. Introdução de Gilberto Freyre. Brasília: Senado Federal, 1998.

_____. *O abolicionismo*. São Paulo: Publifolha, 2000.

NASSIF, Luís. "'O Petróleo é Nosso', página esquecida da história". *Folha de S. Paulo*, São Paulo, 2/10/1983.

NEME, Mário (org.). *Plataforma de uma geração*. Porto Alegre: Globo, 1945.

NETTO, José Paulo. "Em busca da contemporaneidade perdida: a esquerda brasileira pós-64". Em MOTA, Carlos Guilherme (org.). *Viagem incompleta (1500-2000): a experiência brasileira*, vol. 2, *A grande transação*. 2ª ed. São Paulo: Editora Senac, 2000.

NÓBREGA, Padre Manuel da. "Carta do padre Nóbrega para o padre mestre Simão, do anno de 1519". *Revista do Instituto Histórico e Geográfico Brasileiro*, Rio de Janeiro, 1863.

NÓBREGA, Manoel da. *Cartas do Brasil (1549-1560)*. Coleção Cartas Jesuíticas I. Belo Horizonte/São Paulo: Itatiaia/Edusp, 1988.

NOVAIS, Fernando A. *Portugal e Brasil na crise do antigo sistema colonial (1777-1808)*. 2ª ed. São Paulo: Hucitec, 1983.

NOVAIS, Fernando A.; MOTA, Carlos Guilherme. *A Independência política do Brasil*. 2ª ed. São Paulo: Hucitec, 1996.

O ESTADO DE S. PAULO. "SBPC pede anistia, mas nega-se a votar Constituinte". São Paulo, 12/7/1977.

_____. Caderno Cultura, São Paulo, 11/7/1999.

_____. "Antes", Caderno "40 Anos Esta Noite", São Paulo, 31/3/2004.

_____. São Paulo, 20/6/2006.

_____. São Paulo, 6/3/2007.

_____. "80 anos sem Júlio Mesquita". São Paulo, 18/3/2007.

_____. São Paulo, 15/3/2008.

OFÍCIO [do bispo e censor Azeredo Coutinho a D. Rodrigo de Sousa Coutinho, de Recife, em 23/3/1799]. Pernambuco: Arquivo Histórico Ultramarino, maço 17, p. 8.

OLIVEIRA, Eliezer Rizzo de (org.). *Segurança e defesa nacional: da competição à cooperação regional*. São Paulo: Fundação Memorial da América Latina, 2007.

OLIVEIRA, Francisco de. *Crítica à razão dualista*. São Paulo: Cebrap, 1972.

_____. *Elegia para uma re(li)gião*. São Paulo: Paz e Terra, 1977.

_____. "Celso Furtado e o pensamento econômico brasileiro". Em ANTUNES, Ricardo *et al*. *Inteligência brasileira*. São Paulo: Brasiliense, 1986.

_____. [Entrevista]. *Folha de S. Paulo*, São Paulo, 24/7/2006.

_____. "O avesso do avesso". *Piauí*, nº 37, 4/10/2009, pp. 60-2.

OLIVEIRA, Myriam A. Ribeiro de. "A escola mineira de imaginária e suas particulari-dades". Em COELHO, Beatriz (org.). *Devoção e arte: imaginária religiosa em Minas Gerais*. Apresentação de Antonio Augusto Arantes Neto. São Paulo: Edusp/Vitae, 2005.

ORICCHIO, Luiz Zanin. "Para pensar o mundo globalizado". *O Estado de S. Paulo*, São Paulo, 17/8/2007.

ORTEGA, Daniel. "Lula se presenta en Davos como el gran integrador de América La-tina". *El País*, Madri, 27/1/2007.

PAIM, Antônio. *A filosofia da escola do Recife*. Rio de Janeiro: Saga, 1966.

_____. *O relativo atraso brasileiro e sua difícil superação*. São Paulo: Editora Senac, 2001.

PATARRA, Judith. *Iara*. Rio de Janeiro: Rosa dos Tempos, 1992.

PATARRA, Neide. "Dinâmica populacional e urbanização no Brasil: o período pós-30". Em FAUSTO, Boris (org.). *História geral da civilização brasileira. O Brasil repu-blicano: sociedade e instituições (1889-1930)*. T. III. Vol. 4. São Paulo: Difel, 1984.

PAZ, Octavio. *O ogro filantrópico*. Tradução de Sônia Régis. Rio de Janeiro: Guanabara, 1989.

PÉCAUT, Daniel. *Os intelectuais e a política no Brasil*. São Paulo: Ática, 1990.

PEDRO II. "Conselhos de Pedro II à regente Dona Isabel, Carta primeira, 1871". Em PORTO, Walter Costa (org.). *Conselhos aos governantes*. Brasília: Senado Federal, 1988.

_____. "Carta segunda". Em PORTO, Walter Costa (org.). *Conselhos aos gover-nantes*. Brasília: Senado Federal, 1988.

PEREIRA, Merval. *O lulismo no poder*. Rio de Janeiro: Record, 2011.

PEREIRA, Miguel Alves. *Architecture, Text and Context: The Discourse of Oscar Nie-meyer*. Sheffield: The University of Sheffield, 1993.

PERGUNTAS ao réu Manuel de Santana [Manoel de Santa Anna, pardo, soldado do Segundo Regimento de Linha de Salvador, Bahia, em 11/2/1799]. Em *Autos de Devassa do levantamento e sedição intentados na Bahia em 1798*. Vol. XXXVI. Salvador: Imprensa Oficial, 1961.

PIERRE, Sylvie. *Glauber Rocha: textes et entretiens*. Collection Auteurs. Paris: Cahiers du Cinéma, 1987.

PITA, Sebastião da Rocha. *História da América portuguesa*. Belo Horizonte/São Paulo: Itatiaia/Edusp, 1976.

PIZA, Daniel. "Tristes trópicos: mais trágicos que os sertões eram, na visão de Euclides da Cunha, os desertos mentais do Brasil". *República*, ano 1, nº 3, São Paulo, janeiro de 1997.

POLITO, Ronald. *Um coração maior que o mundo: Tomás Antônio Gonzaga e o horizonte lusocolonial*. São Paulo: Globo, 2004.

POMAR, Wladimir. *Pedro Pomar: uma vida em vermelho*. São Paulo: Fundação Perseu Abramo, 2002.

PONTES, Felisberto Caldeira Brant. "Ofício a José Bonifácio, em 23 de julho de 1823". Em REPÚBLICA DO BRASIL, *Archivo Diplomático da Independencia*, Vol. I. Rio de Janeiro: Litho-typo. Fluminense, 1922.

PORTELLA, Eduardo. "Modernidade no vermelho". Em SACHS, Ignacy; WILHEIM, Jorge; PINHEIRO, Paulo Sérgio (orgs.). *Brasil: um século de transformações*. São Paulo: Companhia das Letras, 2001.

PORTO, Walter Costa. *O marquês de Olinda e seu tempo*. Belo Horizonte/São Paulo: Itatiaia/Edusp, 1985.

PRADO, J. F. de Almeida. *Jean Baptiste Debret*. São Paulo: Companhia Editora Nacional/ Edusp, 1973.

PRADO JÚNIOR, Caio. [Entrevista]. *Folha de S. Paulo*, São Paulo, 21/5/1978.

_____. *Evolução política do Brasil*. 16ª ed. São Paulo: Brasiliense, 1987.

_____. *Formação do Brasil contemporâneo*. 20ª ed. São Paulo: Brasiliense, 1987.

_____. *Formação do Brasil contemporâneo*. São Paulo: Publifolha, 2000.

PRADO, Maria Lígia. "Davi e Golias: as relações entre Brasil e Estados Unidos no século XX". Em MOTA, Carlos Guilherme (org.). *Viagem incompleta (1500-2000): a experiência brasileira*, vol. 2, A grande transação. 2ª ed. São Paulo: Editora Senac, 2000.

PRADO, Paulo. "Post scriptum". Em *Retrato do Brasil: ensaio sobre a tristeza brasileira*. 7ª ed. Rio de Janeiro: José Olympio, 1972.

_____. *Província e nação/Paulística/Retrato do Brasil*. 3ª ed. Rio de Janeiro: José Olympio, 1972.

_____. *Paulística etc*. São Paulo: Companhia das Letras, 2004.

PRATT, Mary Louise. *Imperial Eyes*. Nova York: Routledge, 1992.

PRESTES, Anita Leocádia. *A Coluna Prestes*. São Paulo: Brasiliense, 1990.

_____. *Luiz Carlos Prestes: patriota, revolucionário e comunista*. São Paulo: Expressão Popular, 2006.

PRIMEIRO CONGRESSO BRASILEIRO DE ESCRITORES: promovido pela Associação Brasileira de Escritores (ABDE). São Paulo: Revista dos Tribunais, 1945.

PROENÇA FILHO, Domício (org.). *A poesia dos inconfidentes*. Rio de Janeiro: Nova Aguilar, 1996.

QUEIRÓS, Maurício Vinhas de. *Messianismo e conflito social: Guerra Santa no Contestado (1912-1916)*. Rio de Janeiro: Civilização Brasileira, 1966.

QUEIROZ, Maria Isaura Pereira de. *A Guerra Santa no Brasil: o movimento messiânico no Contestado*. São Paulo: Brasiliense, 1980.

RAMOS, Graciliano. *Memórias do cárcere*. Rio de Janeiro: Record, 2008.

RAMOS, Luís de Oliveira. *Sob o signo das luzes*. Lisboa: Imprensa Oficial/Casa da Moeda, 1987.

RAMOS, Saulo. *Código da vida*. São Paulo: Planeta do Brasil, 2007.

RATTNER, Jair. "Pesquisadores revelam que João VI morreu envenenado". *O Estado de S. Paulo*, São Paulo, 1/6/2000.

RAYNAL, Guillaume. *O estabelecimento dos portugueses no Brasil*. Prefácio de Berenice Cavalcanti. Rio de Janeiro/Brasília: Arquivo Nacional/Editora da UnB, 1998 (Livro 9 de *História filosófica e política das possessões e do comércio dos europeus nas duas Índias*).

REALE JÚNIOR, Miguel. Depoimento aos autores, 20 de fevereiro de 2007.

REALI JÚNIOR, Elpídio. *Às margens do Sena* [depoimento a Gianni Carta]. Rio de Janeiro: Ediouro, 2007.

REINO DE PORTUGAL. *Diretório que se deve observar nas povoações dos índios do Pará e Maranhão*. 1757.

REIS FILHO, Daniel Aarão; SÁ, Jair Ferreira de. *Imagens da Revolução: documentos políticos das organizações clandestinas de esquerda dos anos 1961-1971*. Rio de Janeiro: Marco Zero, 1985.

REIS FILHO, Nestor Goulart. *A evolução urbana do Brasil (1500-1720)*. 2ª ed. revista e ampliada. São Paulo: Pini, 2000.

_____. "Urbanização e modernidade: entre o passado e o futuro (1808-1945)". Em MOTA, Carlos Guilherme (org.). *Viagem incompleta (1500-2000): a experiência brasileira*, vol. 2, *A grande transação*. São Paulo: Editora Senac, 2000.

REIS FILHO, Nestor Goulart; BRUNO, Beatriz P.; BRUNO, Paulo Julio V. *Imagens de vilas e cidades do Brasil colonial*. São Paulo: Edusp/Imprensa Oficial, 2002. Com CD-ROM.

REIS, João José. *Slave Rebellion in Brazil: The Muslim Uprising of 1835 in Bahia*. Baltimore: The Johns Hopkins University Press, 1993.

_____. "'Nos achamos em campo a tratar da liberdade': a resistência negra no Brasil". Em MOTA, Carlos Guilherme (org.). *Viagem incompleta (1500-2000): a experiência brasileira*, vol. 1, *Formação: histórias*. 2ª ed. São Paulo: Editora Senac, 2000.

_____. *Rebelião escrava no Brasil: a história do Levante dos Malês em 1835*. São Paulo: Companhia das Letras, 2003.

_____. "Comentário a *A queda do escravismo colonial (1776-1848)*, de Robin Blackburn". Em *Folha de S. Paulo*, Jornal de Resenhas, São Paulo, 8/2/2003.

REIS, João José; SILVA, Eduardo. *Negociação e conflito: a resistência negra no Brasil escravista*. São Paulo: Companhia das Letras, 1989.

RIBEIRO, Darcy. *Universidade necessária*. Rio de Janeiro: Paz e Terra, 1969.

_____. *Aos trancos e barrancos: como o Brasil deu no que deu*. Rio de Janeiro: Guanabara, 1985.

_____."Depoimento de Darcy Ribeiro" [dado a Luís L. Grupioni e Maria Denise Fajardo Grupioni]. Em *BIB — Revista Brasileira de Informação Bibliográfica em Ciências Sociais*, nº 44, Rio de Janeiro, jul.-dez. de 1997.

_____. *Confissões*. São Paulo: Companhia das Letras, 1997.

_____. *Darcy Ribeiro: encontros*. Apresentação de Guilherme Zarvos. Rio de Janeiro: Azougue, 2007.

RIBEIRO, João. *História do Brasil (curso superior)*. 17ª ed. revista e aumentada por Joaquim Ribeiro. Rio de Janeiro: Francisco Alves, 1960 [1ª ed.: 1900].

RIBEIRO, Márcia M. *A ciência nos trópicos: a arte médica no Brasil do século XVIII*. São Paulo: Hucitec, 1997.

RISÉRIO, Antonio. *Avant-garde na Bahia*. São Paulo: Instituto Lina Bo e P. M. Bardi, 1995.

ROCHA, João Cezar de Castro. *Nenhum Brasil existe: pequena enciclopédia*. Rio de Janeiro: Topbooks/UniverCidade, 2003.

ROCHA, Justiniano José da. "Ação, reação, transação: duas palavras acerca da atualidade" (1856). Em MAGALHÃES JÚNIOR, Raymundo. *Três panfletários do Segundo Reinado*. São Paulo: Companhia Editora Nacional, 1956.

ROCHA, Paulo Mendes da. "Meu medo é dessa geração educada atrás de muralhas". Entrevista a Sonia Racy. *O Estado de S. Paulo*, São Paulo, 18/11/2007.

RODRIGUES, Fernando (mediador). "O Caso X". *Caros Amigos*, vol. 1, nº 4, São Paulo, julho de 1997.

_____. "Nizan, ex-FHC, ganha a conta dos Correios". *Folha de S. Paulo*, São Paulo, 6/7/2007.

RODRIGUES, José Honório. Depoimento a Carlos Guilherme Mota. Rio de Janeiro, setembro de 1967.

_____. *A Assembleia Constituinte de 1823*. Petrópolis: Vozes, 1974.

_____. *Independência: revolução e contrarrevolução. A política internacional*. Rio de Janeiro: Francisco Alves, 1975.

_____. *Teoria da história do Brasil*. 5ª ed. São Paulo/Brasília: Companhia Editora Nacional/INL, 1978.

_____. *Conciliação e reforma no Brasil: um desafio histórico-cultural*. 2ª ed. Rio de Janeiro: Nova Fronteira, 1982.

_____. *História combatente*. Rio de Janeiro: Nova Fronteira, 1982.

ROMANO, Roberto. "O docente das universidades públicas e da pós-graduação". *Revista Adusp*, nº 14, São Paulo, julho de 1998.

ROMERO, José Luís. *América Latina: as cidades e as ideias*. Rio de Janeiro: Editora da UFRJ, 2004.

ROSA, João Guimarães. "Conversa de bois". Em *Sagarana*. 19ª ed. Rio de Janeiro: José Olympio, 1976.

_____. *Grande sertão: veredas*. 19ª ed. Rio de Janeiro: José Olympio, 1979.

ROSENFELD, Anatol. "O futebol no Brasil". Argumento, vol. 1, nº 4, Rio de Janeiro, Paz e Terra, fevereiro de 1974.

ROSSI, Clóvis. "Lula desce do muro, para o lado de Bush". *Folha de S. Paulo*, São Paulo, 10/3/2007.

SACHS, Ignacy; WILHEIM, Jorge; PINHEIRO, Paulo Sérgio (orgs.). *Brasil: um século de transformações*. São Paulo: Companhia das Letras, 2001.

SALLES, João Moreira. "As ambições do Brasil se tornaram mais medíocres". Entrevista a Silvana Arantes. *Folha de S. Paulo*, São Paulo, 13/8/2007.

SALLUM JÚNIOR, Brasílio. "Por que não tem dado certo: notas sobre a transição política brasileira". Em SOLA, Lourdes (org.). *O Estado da transição: política e economia da Nova República*. São Paulo: Vértice, 1988.

_____. *Labirintos: dos generais à Nova República*. São Paulo: Hucitec, 1996.

_____. "A condição periférica: o Brasil nos quadros do capitalismo mundial (1945-2000)". Em MOTA, Carlos Guilherme (org.). *Viagem incompleta (1500-2000): a experiência brasileira*, vol. 2, A grande transação. 2ª ed. São Paulo: Editora Senac, 2000.

SALVADOR, Frei Vicente do. *História do Brasil (1500-1627)*. 7ª ed. Belo Horizonte/São Paulo: Itatiaia/Edusp, 1982.

SAMPAIO, Plínio de Arruda. "Governo Lula é nefasto". Entrevista a Fernando Gallo. *Folha de S. Paulo*, 1/8/2010, p. A9.

SANTOS, Joaquim Felício dos. *Memórias do Distrito Diamantino da Comarca do Serro Frio*. 4ª ed. São Paulo/Belo Horizonte: Edusp/Itatiaia, 1976.

SCHWARTZ, Stuart B. *Sovereignty and Society in Colonial Brazil: The High Court of Bahia and Its Judges, 1609-1751*. Berkeley: University of California Press, 1973.

_____. *Segredos internos: engenhos e escravos na sociedade colonial (1550-1835)*. São Paulo: Companhia das Letras/CNPq, 1988.

_____. "'Gente da terra braziliense da nação'. Pensando o Brasil: a construção de um povo". Em MOTA, Carlos Guilherme (org.). *Viagem incompleta (1500-2000): a experiência brasileira*, vol. 1, Formação: histórias. 2ª ed. São Paulo: Editora Senac, 2000.

SCHWARZ, Roberto. "As ideias fora do lugar". *Estudos Cebrap 3*. São Paulo: Editora Brasileira de Ciências, pp. 151-61, janeiro de 2003.

SCHWARTZ, Stuart B.; LOCKHART, James. *A América Latina na época colonial*. Rio de Janeiro: Civilização Brasileira, 2002.

SECCO, Alexandre. "A força do contraste". *Veja*, São Paulo, 14/3/2001.

SECCO, Lincoln. *História do PT*. São Paulo: Ateliê Editorial, 2011.

SEGAWA, Hugo. *Prelúdio da metrópole: arquitetura e urbanismo em São Paulo na passagem do século XIX*. São Paulo: Ateliê Editorial, 2000.

_____. *Arquiteturas no Brasil (1900-1990)*. 2ª ed. São Paulo: Edusp, 2002.

SÉRGIO, António. *Obras completas*. 8 tomos. Lisboa: Sá da Costa, 1973.

_____. *Revista de História das Ideias: António Sérgio*, Vol. 5 (2 tomos). Coimbra: Faculdade de Letras, Instituto de História e Teoria das Ideias, Universidade de Coimbra, 1983.

_____. *Breve interpretação da história de Portugal*. 13ª ed. Lisboa: Sá da Costa, 1989.

SERPA, Antônio Carlos de Andrada. *Em defesa da nação ameaçada*. São Paulo: [edição restrita], 1981.

SILVA, Alberto da Costa e. "Quem fomos nós no século XX: grandes interpretações do Brasil". Em MOTA, Carlos Guilherme (org.). *Viagem incompleta (1500-2000): a experiência brasileira*, vol. 2, *A grande transação*. 2ª ed. São Paulo: Editora Senac, 2000.

_____. "Sobre a rebelião de 1835 na Bahia". *Revista Brasileira*, vol. 8, nº 31, Rio de Janeiro, abr.-jun. de 2002.

SILVA, Fernando José Dias da. "Um tema que volta a fazer parte da nossa história". *Jornal da Tarde*, São Paulo, 12/2/1979.

SILVA, Golbery do Couto e. *Conjuntura política nacional: o Poder Executivo*. Mimeo. Brasília: ESG, 1980.

_____. *Geopolítica do Brasil*. Rio de Janeiro: José Olympio, 1967.

_____. "O que diz Golbery". *Veja*, nº 602, São Paulo, 19/3/1980.

_____. *Planejamento estratégico*. 2ª ed. Brasília: Editora da UnB, 1981.

_____. "Fala do ministro Golbery do Couto e Silva: tese e prognóstico". Em RODRIGUES, Leda Boechat (org.). *Ensaios livres*. São Paulo: Imaginário, 1991 [originalmente publicado no *Jornal do Brasil*, 26/4/1981, caderno especial].

SILVA, Janice Theodoro da. *Raízes do planejamento no Nordeste (1889-1930)*. São Paulo: Ciências Humanas, 1978.

SILVA, José Bonifácio de Andrada e. "Apontamentos para a civilização dos índios bravos do Império do Brasil". Em DOLHNIKOFF, Miriam (org.). *José Bonifácio de Andrada e Silva: projetos para o Brasil*. São Paulo: Companhia das Letras, 1998.

_____. "Notas sobre meu caráter". Em DOLHNIKOFF, Miriam (org.). *José Bonifácio de Andrada e Silva: projetos para o Brasil*. São Paulo: Companhia das Letras, 1998.

_____. "Caráter geral dos brasileiros". Em DOLHNIKOFF, Miriam (org.). *José Bonifácio de Andrada e Silva: projetos para o Brasil*. São Paulo: Companhia das Letras, 1998.

SILVA, Leonardo Dantas. "As amantes de Nassau". *Jornal do Commercio*, Recife, 28/7/2007, p. 5.

SINGER, André. "Raízes sociais e ideológicas do lulismo". *Novos Estudos Cebrap*, nº 85, novembro de 2009, pp. 83-102.

SINGER, Paul. *A crise do milagre*. Rio de Janeiro: Paz e Terra, 1976.

_____. "Um novo round na luta contra a pobreza". *Folha de S. Paulo*, São Paulo, 1/1/2007.

SKIDMORE, Thomas. *Brasil: de Getúlio a Castelo (1930-1964)*. Apresentação de Francisco de Assis Barbosa. Tradução de Ismênia Tunes Dantas *et al.* 4ª ed. Rio de Janeiro: Paz e Terra, 1975.

_____. *Brasil: de Castelo a Tancredo (1964-1985)*. Tradução de Mário Salviano Silva. 3ª ed. Rio de Janeiro: Paz e Terra, 1988.

SLATER, Candace. *Dance of the Dolphin: Transformation and Disenchantment in the Amazonian Imagination*. Chicago: The University of Chicago Press, 1994.

SOLA, Lourdes (org.). *O Estado da transição: política e economia da Nova República*. São Paulo: Vértice, 1988.

_____. "O Golpe de 37 e o Estado Novo". Em MOTA, Carlos Guilherme (org.). *Brasil em perspectiva*. 21ª ed. Rio de Janeiro: Bertrand Brasil, 2001.

SOMEKH, Nadia. *A cidade vertical e o urbanismo modernizador: São Paulo (1929-1939)*. São Paulo: Studio Nobel/Edusp, 1997.

SOUSA, Gabriel Soares de. *Tratado descritivo do Brasil em 1587*. 4ª ed. São Paulo: Companhia Editora Nacional/Edusp, 1971.

SOUSA, Otávio Tarquínio de. *A vida de D. Pedro I*. 2 vols. 3ª ed. Rio de Janeiro: José Olympio, 1957.

_____. *História dos fundadores do Império do Brasil: Evaristo da Veiga*. Vol. VI. 2ª ed. revista. Rio de Janeiro: José Olympio, 1957.

_____. *História dos fundadores do Império do Brasil: Diogo Antônio Feijó*. Vol. VII. 2ª ed. revista. Rio de Janeiro: José Olympio, 1957.

_____. *História dos fundadores do Império do Brasil: José Bonifácio*. Rio de Janeiro: José Olympio, 1957.

_____. *História dos fundadores do Império do Brasil: Evaristo da Veiga*. Apresentação de Francisco de Assis Barbosa. Belo Horizonte/São Paulo: Itatiaia/Edusp, 1988.

_____. "Projetos para o Brasil". Em MOTA, Lourenço Dantas (org.). *Introdução ao Brasil: um banquete no trópico*. São Paulo: Editora Senac, 2000.

SOUSA, Pero Lopes de. "Diário da navegação armada que foi à terra do Brasil em 1530".

Em DIAS, Carlos Malheiro. *História da colonização portuguesa do Brasil*. Vol. III. Porto: Litografia Nacional, 1923.

SOUZA, Jessé de. *Os batalhadores brasileiros: nova classe média ou nova classe trabalhadora?* Belo Horizonte: Editora UFMG, 2010.

SOUZA, Laura de Mello e. *O diabo na terra de Santa Cruz*. São Paulo: Companhia das Letras, 1986.

_____. "The Devil in Brazilian History". *Portuguese Studies*, vol. 6, MHRA, Londres, 1990.

_____. *Desclassificados do ouro*. São Paulo: Graal, 2004.

_____. *O sol e a sombra*. São Paulo: Companhia das Letras, 2004.

SOUZA, Márcio. *A expressão amazonense*. São Paulo: Alfa Ômega, 1978.

_____. *Breve história da Amazônia*. São Paulo: Marco Zero, 1994.

_____. *A resistível ascensão do Boto Tucuxi*. Rio de Janeiro: Marco Zero, 1982.

SOUZA, Maria Adélia de. *A identidade da metrópole: a verticalização em São Paulo*. São Paulo: Hucitec/Edusp, 1994.

SOUZA, Percival de. "O réu Sérgio Fleury". *IstoÉ*, São Paulo, 1/3/1978.

_____. *Eu, cabo Anselmo*. Rio de Janeiro: Globo, 1999.

_____. *Autópsia do medo: vida e morte do delegado Sérgio Paranhos Fleury*. Rio de Janeiro: Globo, 2000.

SOUZA, Tárik de. "Esta noite se improvisa". *Vogue Brasil*, nº 151, São Paulo, fevereiro de 1988.

STADEN, Hans. *Duas viagens ao Brasil*. São Paulo: Edusp, 1974.

STÉDILE, João Pedro (org.). *A questão agrária no Brasil: o debate tradicional (1500-1960)*. Vol. I. São Paulo: Expressão Popular, 2005.

_____ (org.). *O debate na esquerda (1960-1980): a questão agrária*. Vol. II. São Paulo: Expressão Popular, 2005.

_____ (org.). *Programas de reforma agrária (1946-2003): a questão agrária*. Vol. III. São Paulo: Expressão Popular, 2005.

STEIN, Stanley J. *Grandeza e decadência do café no vale do Paraíba*. São Paulo: Brasiliense, 1961.

_____. *The Colonial Heritage of Latin America*. Nova York: Oxford University Press, 1970.

_____. *Vassouras: um município brasileiro do café (1850-1900)*. Rio de Janeiro: Nova Fronteira, 1990.

TAUNAY, Affonso d'Escragnolle. *A missão artística de 1816*. Rio de Janeiro: IPHAN-MEC, 1956.

_____. *A missão artística de 1816*. Brasília: Editora da UnB, 1983.

TAVARES, Luís Henrique Dias. *História da sedição intentada na Bahia em 1789*. São Paulo/Brasília: Pioneira/INL, 1975.

_____. "Questões ainda não resolvidas na história da Sedição de 1798". Em *II Centenário da Sedição de 1798 na Bahia*. Salvador/Brasília: Academia de Letras da Bahia/Minc, 1999.

_____. "1968: militares para atingir Luís Viana Filho me atingem". *A Tarde*, Salvador, 12/1/2002.

TELLES JUNIOR, Goffredo da Silva. *Carta aos brasileiros de 1977: manifesto de repúdio da ditadura*. São Paulo: Juarez de Oliveira, 2006.

TEMER, Michel. "A cara do PMDB" [entrevista a Consuelo Dieguez], *Piauí*, nº 45, 4/6/2010, pp. 30-6.

TOLEDO, Roberto Pompeu de. "O Brasil é isso mesmo que está aí". *Veja*, São Paulo, 22/8/2007 [edição 2022, ano 40, nº 33].

TOMAZ, Fernando. "Brasileiros nas Cortes Constituintes de 1821-1822". Em MOTA, Carlos Guilherme (org.). *1822: dimensões*. 2ª ed. São Paulo: Perspectiva, 1986.

TOTA, Antonio Pedro. *O imperialismo sedutor*. São Paulo: Companhia das Letras, 2000.

TRAUMANN, Thomas *et al.* "Como serão os próximos quatro anos. Sozinho, Lula assumiu o comando da campanha e levou à vitória um PT que parecia esfacelado". *Época*, São Paulo, nº 442, 1/11/2006.

TREVISAN, Leonardo. *O pensamento militar brasileiro*. São Paulo: Global, 1985.

TRINDADE, Hélgio. "Brasil em perspectiva: conservadorismo liberal e democracia bloqueada". Em Carlos Guilherme Mota (org.). *Viagem incompleta (1500-2000): a experiência brasileira*, vol. 2, A grande transação. 2ª ed. São Paulo: Editora Senac, 2000.

UNDERWOOD, David. *Oscar Niemeyer and the Architecture in Brazil*. Nova York: Rizzoli, 1994.

UNGER, Roberto Mangabeira. "Roberto Mangabeira Unger, ideólogo na campanha de Ciro Gomes: 'Vejo o Tasso como figura central'". Entrevista a Bob Fernandes. *CartaCapital*, vol. 8, nº 202, 14/9/2002.

VARELA, Laura Beck. *Das sesmarias à propriedade moderna: um estudo de história do direito brasileiro*. Rio de Janeiro: Renovar, 2005.

VASCONCELOS, Antônio de Brito de Aragão e. "Memórias sobre o estabelecimento do Império do Brasil, ou Novo Império Lusitano". Em *Anais da Biblioteca Nacional*, vols. 43-44.

VEJA. São Paulo, 27/10/1976.

_____. São Paulo, 19/3/1980.

_____. São Paulo, 12/8/1981.

_____. "Corrupção: dedos sem memória. Os ex-ministros acusam governo" [denúncias de Bresser-Pereira, Funaro e Sayad]. São Paulo, 20/4/1988.

_____. São Paulo, 7/9/1988.

_____. São Paulo, 12/6/2002.

VELHO SOBRINHO, J. F. *Dicionário biobibliográfico*. Rio de Janeiro: Ministério da Educação e Saúde, 1940.

VELOSO, Caetano. *Verdade tropical*. São Paulo: Companhia das Letras, 1997.

VENTURA, Roberto. "Um Brasil mestiço: raça e cultura na passagem da Monarquia à República". Em MOTA, Carlos Guilherme (org.). *Viagem incompleta (1500-2000): a experiência brasileira*, vol. 1, *Formação: histórias*. 2ª ed. São Paulo: Editora Senac, 2000.

VENTURA, Zuenir. *1968, o ano que não terminou: a aventura de uma geração*. 28ª ed. Rio de Janeiro: Nova Fronteira, 1995.

VERÍSSIMO, Luís Fernando. "O último Bragança e o primeiro Silva". *O Estado de S. Paulo*, São Paulo, 30/1/2002.

VIANA FILHO, Luís. *O governo Castello Branco*. Rio de Janeiro: José Olympio, 1975.

VIANNA, Luiz Werneck. "A ruptura está na Constituinte". *Presença — Revista de Política e Cultura*, nº 10, julho de 1987.

_____. *A modernização sem o moderno: análises de conjuntura na era Lula*. Brasília/Rio de Janeiro: Fundação Astrojildo Pereira/Contraponto, 2011.

VIANNA, Hélio. *História do Brasil*. São Paulo: Melhoramentos, 1967.

VIEIRA, Dorival Teixeira. *A obra econômica de Amaro Cavalcanti*. São Paulo: [s.e.], 1948 [Tese de livre-docência, FFLCH-USP].

VIEIRA, Padre Antonio. *História do futuro*. Lisboa: Antonio Pedrozo Galram, 1718.

_____. *História do futuro*. Organização de José Carlos Brandi Aleixo. Brasília: Editora da UnB, 2005.

_____. *Sermão pelo bom sucesso das armas de Portugal contra as de Holanda, pregado na Igreja de Nossa Senhora d'Ajuda da cidade da Bahia, no ano de 1640, com SS. Sacramento Exposto*. Disponível em: www.cce.ufsc/~nupill/literatura/BT 28030335.html. Acesso em: 14/2/2008.

VILHENA, Luís dos Santos. *Recopilação de notícias soteropolitanas e brasílicas*. Vol. 1. Salvador: Imprensa Oficial do Estado, 1921.

_____. *A Bahia no século XVIII*. Apresentação de Edison Carneiro. 3 vols. Salvador: Itapuã, 1969.

VILLA, Marco Antonio. "Qual governo, qual oposição?". *Folha de S. Paulo*, São Paulo, 9/4/2007.

VISÃO. São Paulo, 25/6/1979.

VOVELLE, Michel (org.). *O homem do Iluminismo*. Lisboa: Editorial Presença, 1997.

WALLERSTEIN, Immanuel. *The Modern World-System*. Nova York: Academic Press, 1974.

WALMRATH BISCHOFF, Alvaro; SOUTO, Cintia Vieira. "Garibaldi: pirata ou herói?", *Nossa História*, vol. 37, 2006.

WALSH, Robert. *Notícias do Brasil (1828-1829)*. 2 vols. Belo Horizonte/São Paulo: Itatiaia/Edusp, 1985.

WEINSTEIN, Bárbara. *A borracha na Amazônia: expansão e decadência (1850-1920)*. São Paulo: Hucitec/Edusp, 1993.

WIRTH, John D. *A política do desenvolvimento na era de Vargas*. Rio de Janeiro: Fundação Getúlio Vargas, 1973.

Índice onomástico

Ab'Sáber, Aziz, 23, 916, 971, 997, 998, 1024
Ab'Sáber, Tales, 1036, 1057
Abbeville, Claude d', 73, 74
Abramo, Cláudio, 617, 722, 820, 841, 842
Abramo, Perseu, 842
Abreu, Antônio Paulino Limpo de, 384, 394, 409
Abreu, Capistrano de, 19, 73, 79, 81, 82, 83, 84, 87, 123, 128
Abreu, Hugo, 784
Abreu, Leitão de, 849, 887
Acheson, Dean, 734
Adams, John, 263, 267
Affonso, Almino, 697, 763
Afonso VI, 155, 158
Afonso, Martim (ver Sousa, Martim Afonso de)
Agripino, João, 861
Aguiar de Andrade, Francisco Xavier da Costa, 300, 301, 407
Aguiar, Rafael Tobias de, 384, 439
Aguirre, Atanasio, 486
Ahmadinejad, Mahmoud, 1010
Aires Filho, Paulo, 762
Alain, Émile Chartier, 691
Alba, Duque de (Fernando Álvarez de Toledo y Pimentel), 104
Alberdi, Juan Bautista, 482
Alberto, Álvaro, 721, 735
Alberto, João, 563, 567, 606, 626, 631, 632, 642, 658, 672

Albuquerque Maranhão, Antônio de, 87
Albuquerque Maranhão, Jerônimo de, 83, 85, 86, 87
Albuquerque, Antônio Pereira de, 296, 299
Albuquerque, Beto, 1056
Albuquerque, Luís, 63
Albuquerque, Manoel Maurício de, 19
Albuquerque, Matias de, 111
Albuquerque, Medeiros e, 520
Alckmin, Geraldo, 853, 939, 950, 1010, 1021
Aleixo, Pedro, 669, 673, 789, 800, 816
Alencar, Chico, 984, 987
Alencar, José de, 511
Alencar, José Martiniano de, 351, 384, 407, 409
Alencastro, Luiz Felipe de, 27, 43, 128, 129, 130, 136, 140, 141, 949, 950
Alexandre I, Papa, 50
Alexandre, Isabel, 10, 17
Alf, Johnny, 716
Alfredo, João, 507
Alighieri, Dante, 357
Allende, Salvador, 816, 922, 923
Almeida Garrett, João Baptista da Silva Leitão de, 426, 472
Almeida Júnior, Antônio Ferreira de, 646, 650, 681, 710
Almeida, Crisanto de, 792
Almeida, Hélio de, 799
Almeida, José Ferreira de, 1026
Almeida, José Maria de, 915

Almeida, Luís de Brito de, 79
Almeida, Manuel Antônio de, 428, 463
Almeida, Miguel Calmon du Pin e
  (marquês de Abrantes), 408
Almeida, Rômulo, 669, 733
Almeida, Sebastião Paes de, 799
Altmann, Charlotte, 710
Álvares, Diogo (Caramuru), 54, 56, 58,
  59, 60, 67
Alves, Alcides, 567
Alves, Aluízio, 862, 863
Alves, Castro, 497, 510, 511
Alves, Francisco, 661, 709, 717
Alves, Garibaldi, 990
Alves, Márcio Moreira, 813, 864
Alves, Mário, 822
Alves, Roberto Cardoso, 895
Alves, Rodrigues, 288, 511, 538, 540,
  547, 551, 552, 553, 561
Amado, Genolino, 660
Amado, Gilberto, 631
Amado, Jorge, 461, 462, 510, 524, 640,
  671, 681, 686, 741, 858
Amaral, Antônio José do, 384
Amaral, Azevedo, 644, 659, 661, 678
Amaral, Tarsila do, 577, 621
Amarildo de Souza, 1049, 1050
Amazonas, João, 859
Américo de Almeida, José, 629, 640, 668,
  671, 737, 861
Amorim Neto, Octavio, 991
Amorim, Celso, 931, 1027
Anastácio, Frei (Antônio Ribeiro), 937
Anchieta, José de, 59, 61, 72, 124, 127,
  128
Anderson, Perry, 914, 933, 934, 935
Andrada e Silva, José Bonifácio de, 13,
  193, 196, 197, 199, 205, 252, 253,
  267, 277, 280, 281, 304, 305, 306,
  307, 308, 309, 311, 313, 325, 326,
  329, 331, 332, 333, 335, 338, 340,
  341, 342, 346, 348, 349, 350, 351,
  356, 357, 358, 359, 361, 362, 364,
  371, 374, 376, 386, 389, 392, 396,

399, 402, 403, 421, 425, 426, 444,
  452, 453, 456, 470, 471, 514, 554,
  808
Andrada, Ana Margarida de, 514
Andrada, Antônio Carlos Ribeiro de,
  277, 295, 299, 300, 301, 308, 331,
  359, 364, 371, 372, 386, 392, 407,
  408, 409, 410, 453, 456, 514
Andrada, Gabriela Frederica Ribeiro de,
  307
Andrada, José Bonifácio Lafayette de,
  860
Andrada, Martim Francisco Ribeiro de,
  199, 277, 306, 308, 359, 364, 371,
  386, 392, 398, 408, 409, 410, 453,
  456, 514
Andrada, Narcisa Cândida de, 307, 308
Andrade, Auro de Moura, 674, 768
Andrade, Carlos Drummond de, 576,
  577, 611, 636, 640, 645, 648, 654,
  656, 671, 672, 673, 677, 680, 681,
  682, 685, 690, 691, 706, 710, 715
Andrade, Doutel de, 763, 798
Andrade, Francisco de Paula Freire de,
  258, 260, 263, 264
Andrade, Gomes Freire de, 299, 339
Andrade, Joaquim Pedro de, 760
Andrade, Jorge, 601
Andrade, Manuel Correia de, 413, 572,
  609, 631, 632
Andrade, Mário de, 517, 525, 576, 577,
  656, 675, 676, 677, 680, 682, 691,
  692, 693, 704, 710
Andrade, Mário Pinto de, 747, 748
Andrade, Oswald de, 470, 576, 577, 654,
  678, 684, 692
Andrade, Paes de, 370, 413, 808
Andreazza, Mário, 793, 823, 849
Andreia, Soares, 410
Angelim, Eduardo, 411, 412
Anjos, Ciro dos, 744, 750
Anselmo, Cabo (José Anselmo dos
  Santos), 765, 801

Antonil, André João, 89, 90, 95, 110, 148, 174, 175, 231, 342

Antônio Conselheiro, 547, 581, 582, 584, 586, 652

Antunes, Ricardo, 746, 848, 1021, 1022

Aparecido de Oliveira, José, 697, 753, 755, 862, 863, 868

Appe, 756

Aragão, Augusto César de Castro Moniz de, 788

Aragão, Francisco Moniz Barreto de, 269

Aragão, Raymundo Augusto de Castro Moniz de, 788, 791

Aragon, Louis, 621

Aranha, Francisco Egídio de Souza, 516

Aranha, Osvaldo, 566, 567, 626, 628, 629, 631, 635, 637, 638, 664, 667, 673, 708, 726, 732, 737

Araújo de Azevedo, Antônio de (Conde da Barca), 290, 307, 329

Araújo, Emanoel, 683, 715, 746

Araújo, José Tomás Nabuco de, 442, 451, 499, 512

Araújo, Manuel Correia de, 297

Araújo, Ubiratan Castro de, 268, 379

Archer, Renato, 649, 855, 862

Arciszewski, Crestof le d'Artischau, 112, 113

Arco Verde, Maria do, 83

Arendt, Hannah, 974

Arias, Juan, 987, 1017

Arida, Persio, 910

Arinos de Melo Franco, Afonso, 148, 613, 639, 645, 656, 657, 669, 673, 734, 736, 753, 766, 860, 861, 862, 890, 894, 923, 927

Armitage, John, 309, 310, 422, 428, 473

Armstrong, Louis, 709, 716

Arns, D. Paulo Evaristo, 831, 832, 841, 843, 884, 926, 1019

Aron, Raymond, 717, 747

Arrábida, Antônio de, 330

Arraes, Miguel, 697, 741, 755, 763, 765, 768, 792, 845, 966, 1037

Arroyo, Ângelo, 822

Arruda, José Roberto, 1004

Artigas, João Batista Vilanova, 789

Assis Brasil, Argemiro de, 792

Assis Brasil, Joaquim Francisco de, 563, 629, 634, 635, 792

Assumar, Conde de (Pedro Miguel de Almeida Portugal e Vasconcelos), 167, 175, 254

Ataíde, Tristão de (Alceu Amoroso Lima), 562, 563, 573, 639, 648, 695, 831, 846

Atouguia, Conde de (Jerónimo de Ataíde), 190

Augusto, Sérgio, 716, 803, 820, 916

Autran, Paulo, 812

Aveiro, Duque de (José de Mascarenhas da Silva e Lencastre), 190

Avis, Henrique de, 42

Ayres, Francisco Cardoso, 425

Azeredo, Eduardo, 1042

Azevedo, Emerenciana, 919

Azevedo, Fernando de, 525, 616, 645, 656, 678, 681, 683, 710, 711, 804, 805, 808

Azevedo, Thales de, 917

Aznavour, Charles, 709

Azulay, Daniel, 756

Babo, Lamartine, 661, 708

Bachelet, Michelle, 1022

Bacon, Francis, 194

Badaró, Líbero, 392

Baen, Jan de, 118

Bagehot, Walter, 496

Baleeiro, Aliomar, 673, 728, 734, 860

Bandeira, Manuel, 251, 657, 715

Barata, Agildo, 643, 649, 651

Barata, Cipriano, 266, 268, 269, 270, 271, 282, 288, 300, 301, 331, 346, 350, 407

Barata, Joaquim de Magalhães, 660

Barbacena, Marquês de (ver Pontes, Felisberto Caldeira Brant)

Barbacena, Visconde de (Luis Antônio

Furtado de Castro do Rio de Mendonça e Faro), 255, 257, 258, 259, 264
Barbalho, Agostinho, 158
Barbalho, Jerônimo, 157, 159, 160, 249
Barbalho, José Joaquim da Maia, 262
Barbosa, Domingos Vidal, 262
Barbosa, Francisco Vilela (Marquês de Paranaguá), 392, 407, 408, 444
Barbosa, Frutuoso, 80
Barbosa, Januário da Cunha, 346, 347, 472
Barbosa, Joaquim, 979, 988, 1020, 1033, 1034
Barbosa, Júlio Caetano Horta, 668, 721, 733, 735
Barbosa, Matias, 280
Barbosa, Orestes, 709
Barbosa, Raymundo Paschoal, 811
Barbosa, Rubens, 931
Barbosa, Rui, 341, 434, 459, 484, 496, 511, 513, 524, 528, 529, 531, 532, 533, 535, 537, 538, 554, 557, 561, 562, 591, 603
Bardella, Cláudio, 873, 881
Bardi, Lina Bo, 693, 746
Bardi, Pietro Maria, 693
Barléu, Gaspar, 115
Barreto, Almeida, 535
Barreto, Dantas, 555
Barreto, Humberto, 837
Barreto, João de Deus Mena, 627
Barreto, João Paes, 121
Barreto, Lima, 426, 475, 517, 518, 529, 545, 574, 575, 576, 867
Barreto, Luís do Rego, 294, 296, 299
Barreto, Nicolau, 140
Barreto, Tobias, 496, 497, 510
Barros, Adhemar de, 636, 637, 660, 731, 753, 763, 816, 1029
Barros, Borges de, 301, 407
Barros, Costa, 351
Barros, Cristóvão de, 79

Barros, Edgard Luiz de, 724, 729, 800, 802, 819
Barros, Francisco do Rego, 384
Barros, João do Rego, 384
Barros, Sebastião do Rego, 394, 408
Barroso, Ari, 661, 709
Barroso, Gustavo, 662
Barthes, Roland, 717
Bastide, Roger, 428, 683, 918, 920
Bastos, Abguar, 654, 700
Bastos, Celso, 829
Bastos, Tavares, 535
Batista, Eike, 1014, 1015, 1046
Batista, Fulgêncio, 739
Batista, Linda, 714
Beaurepaire-Rohan, Henrique Pedro Carlos de, 291
Beauvoir, Simone de, 692, 717, 747
Beccaria, Marquês de (Cesare Bonesana), 199
Beckman, Manuel, 160, 161, 249
Behaim, Martin, 48, 49
Bellegarde, Gabriel Duparc de, 194
Bello, José Maria, 20, 443, 447, 479, 489, 493, 494, 495, 496, 497, 527, 528, 531, 532, 538, 540, 541, 544, 548, 562, 631, 632, 657, 867
Belmonte, 676
Beltrão, Hélio, 862
Ben Bella, Ahmed, 747, 774
Benário, Olga, 618, 653, 738
Benevides, Maria Correia de Sá e, 258
Benjamin, Walter, 689
Bentes Monteiro, Euler, 846, 926
Bentham, Jeremy, 384, 436
Berardinelli, Cleonice Serôa da Mota, 679
Berger, Harry (Arthur Ewert), 653, 663, 738
Bernanos, Georges, 709
Bernardes, Artur, 562, 606, 607, 608, 632, 669, 723, 734
Bernardet, Jean-Claude, 586, 922
Bernhardt, Sarah, 460

Berzoini, Ricardo, 939
Besselaar, José Van den, 118
Bethânia, Maria, 756, 803, 815
Bethlem, Fernando, 837
Bettencourt, José de Sá, 253
Betto, Frei (Carlos Alberto Libânio Cristo), 955, 1000
Beviláqua, Clóvis, 539
Bezerra, Antônio Jácome, 295
Bicudo, Hélio, 819, 831, 984
Bielefeld, Jakob Friedrich von, 245
Bierrenbach, Flávio, 887
Bigi, José de Castro, 845
Bittencourt, Carlos, 547, 548
Blackstone, William, 384
Blair, Tony, 902, 933
Bloch, Marc, 62, 63
Boas, Franz, 807
Bobadela, Conde de (José Antônio Freire de Andrade), 258
Bocaiúva, Quintino, 341, 500, 520, 530, 532, 547, 548
Boilesen, Henning Albert, 822
Boiret, Renato Pedro, 329
Bois le Comte, M. de Boissy, 70
Boito Jr., Armando, 993
Bolívar, Simón, 279, 341, 368, 369, 424
Bomfim, Manoel, 524, 552, 650, 656, 678, 923
Bonaparte, José, 285, 294
Bonaparte, Napoleão, 189, 251, 285, 287, 290, 291, 310, 334, 873
Bonifácio, José (ò Moço), 510
Bonifácio, José (ver Andrada e Silva, José Bonifácio de)
Borba Gato, Manuel de, 254
Borges, Mauro, 765
Borghi, Hugo, 674
Borghoff, Gustavo, 762
Bornhausen, Irineu, 864
Bornhausen, Jorge, 858, 862, 863
Bosi, Alfredo, 462, 472, 497, 510, 511, 627, 640, 657, 721, 1053, 1054
Botelho, Álvaro, 547

Boto, Pena, 739
Bouças, Valentim, 664
Bourbon, José Maria de Vasconcelos, 295
Boxer, Charles Ralph, 19, 46, 77, 94, 127, 133, 143, 144, 146, 147, 149, 157, 169, 184, 185, 186, 208, 230, 235
Braancamp do Sobral, Hermano José, 300
Braden, Spruille, 726, 730
Braga, Ney, 799
Braga, Odilon, 860
Braga, Roberto Saturnino, 847, 926
Braga, Rubem, 669
Branco, Manuel Alves, 394
Brandão, Gildo Marçal, 639
Brandão, Ignácio de Loyola, 981
Brandão, Otávio, 609
Branner, John Casper, 808
Brás, Wenceslau, 13, 341, 434, 540, 554, 555, 556, 557, 558, 559, 560, 561, 913
Brasileira, Isabel de Alcântara (Duquesa de Goiás), 336
Brasileiro, Pedro de Alcântara, 336
Brasiliense, Américo, 533, 546
Braudel, Fernand, 52, 63, 64, 107, 246, 429, 805, 918, 1057
Brecheret, Victor, 640
Bresser-Pereira, Luiz Carlos, 746, 847, 856, 891
Brissot, Jacques Pierre, 199
Brito, Antônio Guedes de, 148
Brito, Francisco de, 290
Brito, José Inácio de, 297
Brito, Marcos de Noronha e (Conde dos Arcos), 343
Brito, Oliveira, 649, 700
Brito, Raimundo de, 703, 791
Britto, Antônio, 910
Britto, Carlos Ayres de, 1034
Britto, Jomard Muniz de, 7
Brizola, Leonel, 744, 749, 754, 755, 757, 763, 764, 765, 792, 817, 845, 848,

859, 867, 889, 903, 905, 912, 945, 946

Brossard, Paulo, 827, 829, 845, 861, 872

Brubeck, Dave, 716

Bruno, Ernani Silva, 676, 686, 693

Buarque de Holanda, Chico, 742, 756, 812, 814, 847

Buarque de Holanda, Sérgio, 20, 196, 322, 323, 382, 397, 402, 428, 448, 449, 502, 524, 620, 656, 657, 676, 678, 680, 692, 715, 847, 917, 918, 920, 923

Buarque, Cristovam, 966, 984, 1004

Bueno, Pimenta (Marquês de São Vicente), 442, 473, 487

Bueno, Pinheiro, 301

Bueno, Silva, 407

Buffon, Conde de (Georges Louis Laclerc), 196, 306

Bulhões, Octavio Gouveia de, 700, 703, 730, 738, 781, 791, 792, 802

Burke, Edmund, 334, 496

Burns, E. Bradford, 343, 380

Burton, Richard, 447

Bush, George H. W., 907

Bush, George W., 957, 963, 1008

Buzaid, Alfredo, 792, 828, 833

Byland, Inês Gertrudes Van, 118

Cabanas, João, 606

Cabral de Melo Neto, João, 741

Cabral, Amílcar, 747, 748

Cabral, Bernardo, 895

Cabral, José Maria, 489

Cabral, Pascoal Moreira, 172

Cabral, Pedro Álvares, 42, 47, 52, 55, 423

Cabral, Sérgio, 803

Café Filho, João, 616, 700, 731, 738, 739, 859, 860

Caffery, Jefferson, 713

Cairu, Visconde de (José da Silva Lisboa), 270, 272, 284, 341, 350, 355, 373, 388, 396, 398, 433

Calado, Manuel, 117

Caldeira, Francisco, 87

Calder, Alexander, 819

Calheiros, D. Waldir, 841, 842

Calheiros, Renan, 857, 904, 907, 908, 937, 972, 982, 988, 989, 992, 999, 1055, 1060

Calmon, Miguel, 351, 553

Calógeras, Pandiá, 19, 337, 387, 388, 394, 406, 409, 410, 441, 442, 479, 487, 499, 500, 501, 553, 561, 711

Cals, César, 793, 823

Calvino, João, 34, 69, 70, 103

Câmara, D. Helder, 755

Câmara, Eugênia, 510

Câmara, José Sette, 751

Câmara, Manuel de Arruda, 253, 267, 281, 295

Câmara, Manuel Ferreira da, 253, 281

Camata, Rita, 916

Caminha, Pero Vaz de, 30, 52, 53

Camões, Luís de, 43, 196, 306

Campelo, Valmir, 1014

Campista, Davi, 553

Campos, Américo de, 546

Campos, Batista, 412

Campos, Bernardino de, 534, 546, 548

Campos, Eduardo, 1037, 1041, 1050, 1051, 1052, 1054, 1055, 1056

Campos, Francisco, 566, 629, 633, 635, 638, 644, 649, 653, 658, 659, 678, 777, 788, 789, 790, 792

Campos, José Joaquim Carneiro de (Marquês de Caravelas), 350, 354, 392, 395

Campos, Luís Maria, 483

Campos, Milton, 669, 703, 752, 790, 860, 861

Campos, Roberto, 670, 700, 701, 703, 742, 749, 753, 762, 781, 786, 790, 791, 792, 793, 802, 818, 894, 895

Campos, Siqueira, 563, 567, 606, 668, 917

Camus, Marcel, 742

Candido, Antonio, 470, 471, 510, 617,

671, 672, 675, 677, 678, 679, 684, 685, 704, 715, 834, 841, 846, 860, 920, 922

Cândido, João, 555

Cândido, José, 803

Caneca, Frei Joaquim do Amor Divino, 253, 277, 336, 346, 356, 366, 368, 369, 370, 383, 425

Canning, George, 338

Capanema, Gustavo, 611, 633, 634, 636, 639, 645, 648, 649, 650, 655, 656, 657, 680, 710

Cardoso, Adauto Lúcio, 673, 820, 860

Cardoso, Antônio Pereira, 516

Cardoso, Fernando Henrique, 17, 567, 617, 705, 775, 778, 841, 846, 848, 854, 857, 862, 876, 878, 880, 881, 887, 890, 895, 896, 901, 909, 910, 911, 912, 913, 914, 915, 916, 917, 918, 919, 920, 921, 922, 923, 924, 927, 928, 929, 931, 932, 933, 939, 948, 950, 952, 953, 958, 959, 961, 962, 963, 964, 965, 967, 968, 969, 970, 972, 974, 975, 981, 984, 985, 986, 989, 990, 995, 996, 998, 1001, 1002, 1003, 1005, 1009, 1010, 1014, 1016, 1020, 1023, 1028, 1035, 1037, 1038, 1057

Cardoso, Leônidas Fernandes, 918, 919, 924

Cardoso, Naíde Silva, 918

Cardoso, Newton, 966

Cardoso, Vicente Licínio, 473

Carlos III, 190

Carlos IV, 285

Carlos V, 66, 103

Carlos, Antônio, 476, 566, 608

Carlos, Roberto, 820

Carneiro, Manuel Borges, 302, 347

Carone, Edgard, 504, 545, 563, 565, 567, 579, 627, 628, 681, 731

Carpeaux, Otto Maria, 709, 831

Carta, Mino, 722, 770, 780, 820, 834,

841, 842, 843, 848, 858, 871, 872, 889, 1053, 1053

Carter, Jimmy, 817, 832

Carter, Rosalynn, 817

Cartola, 709

Caruso, Enrico, 460

Carvalho, Delgado de, 646, 797

Carvalho, Joaquim Barradas de, 51, 62, 63, 64

Carvalho, José da Costa (Marquês de Monte Alegre), 384, 395, 446

Carvalho, José Murilo de, 20, 23, 465, 467, 507, 526, 531, 533, 569, 574, 575, 576, 589, 604, 605, 715, 985, 986, 1035

Carvalho, Paulo de, 190

Carvalho, Paulo Pinto de, 594, 595

Carvalho, Vieira de, 394

Casaldáliga, D. Pedro, 841, 842

Cascardo, Herculano, 654

Castejón, Francisco, 81

Castello Branco, Carlos, 753, 761, 790, 827, 842, 863

Castello Branco, Humberto de Alencar, 669, 703, 721, 735, 757, 762, 766, 780, 781, 782, 787, 788, 789, 790, 791, 792, 800, 817, 838, 861, 864, 867, 871, 895

Castilhos, Júlio de, 442, 535, 542, 634

Castro, Armando, 63

Castro, Barbosa de, 296

Castro, Fidel, 744, 747, 748, 759, 774, 780, 906, 1000

Castro, Jeanne Berrance de, 382, 397, 399, 400, 402

Castro, Josué de, 722, 792

Castro, Leite de, 629

Castro, Moacir Werneck de, 842

Castro, Paulo Rabello de, 1044, 1045, 1058

Castro, Tarso de, 803

Catarina de Médici, 71

Catarina de Portugal, 71

Cavalcanti de Albuquerque, Antônio

Francisco de Paula Holanda, 295, 298, 392, 398, 404, 406, 409
Cavalcanti, Amaro, 434, 534, 535, 548
Cavalcanti, Costa, 793, 823
Cavalcanti, José Marino de Albuquerque e, 296
Cavalcanti, Severino, 996
Cavalcanti, Temístocles, 660
Cavallo, Domingo, 914
Caxias, Duque de (Luís Alves de Lima e Silva), 341, 370, 379, 399, 410, 414, 416, 422, 427, 437, 438, 439, 440, 444, 446, 488, 498, 499, 530
Caymmi, Dorival, 708, 709
Cearense, Catulo da Paixão, 709
Celso, Afonso (Visconde de Ouro Preto), 527
Cendrars, Blaise, 692
Ceneviva, Walter, 829, 992
Cerdeira, Arnaldo, 789
Cerqueira, Benedito, 755
Cervantes, Miguel de, 808
Césaire, Aimé, 692
César, Antônio Moreira, 543, 547, 584, 585
Cevallos, Pedro de, 208
Cézanne, Paul, 621
Chagas, Carlos, 560
Chalaça (Francisco Gomes da Silva), 389, 421
Chandler, Rodney, 812
Chapin, Frederic, 841
Chaplin, Charles, 716
Chateaubriand, Francisco de Assis, 671, 736, 761, 861
Chateaubriand, François René, 472, 497
Chaunu, Pierre, 52, 63
Chaves Neto, Elias, 804
Chaves, Aureliano, 846, 849, 862, 941, 942
Chaves, Francisco, 57
Chaves, João Pacheco e, 674
Chaves, Juca, 742
Chávez, Hugo, 963, 988, 1088

Chermond, Abel, 654
Chesnais, François, 980
Chico, Frei (José Ferreira da Silva), 943
Chinaglia, Arlindo, 1055
Christie, William Dougal, 441
Chu En-Lai, 747
Churchill, Winston, 341, 615
Cícero, Marco Túlio, 384
Cienfuegos, Camilo, 748
Cirne, Ribeiro, 296
Claudel, Paul, 691
Clinton, Bill, 915, 963
Coaracy, Vivaldo, 613
Cochrane, Thomas, 310, 311, 312, 313, 314, 315, 370, 376, 425
Cocteau, Jean, 620
Coelho, Danton, 733
Coelho, Duarte, 31, 60, 89, 96
Coelho, Gonçalo, 47
Coelho, João Marcos, 10
Coelho, Marco Antônio Tavares, 763, 783, 841
Coelho, Nilo, 862
Coimbra, Estácio, 562, 627
Coligny, Gaspar de, 68
Collor de Mello, Fernando, 545, 786, 806, 875, 876, 889, 903, 904, 905, 906, 907, 908, 909, 911, 922, 927, 948, 961, 964, 972, 973, 980, 1001, 1043
Collor de Mello, Pedro, 907
Collor, Lindolfo, 618, 628, 629, 630, 641, 905, 907, 961
Colombo, Cristóvão, 49, 50
Comparato, Fábio Konder, 956, 1003
Comte, Auguste, 495, 497, 519, 532
Condorcet, Nicolas de, 295, 298
Constâncio, Francisco Solano, 12, 422, 423, 426
Constant, Benjamin, 334, 384, 436, 496, 497, 519, 530, 531, 532
Conti, Mario Sergio, 1036, 1057
Cony, Carlos Heitor, 831
Corbisier, Roland, 617, 657

1104   História do Brasil: uma interpretação

Corrêa, Inocêncio Serzedelo, 535
Corrêa, José Celso Martinez, 741, 812
Corrêa, Maurício, 910
Corrêa, Oscar Dias, 830
Corrêa, Villas-Boas, 820, 842
Correia de Alvarenga, Tomé, 157, 158, 159
Correia, Ildefonso Pereira (Barão de Cerro Azul), 543
Correia, Pio, 792
Corte, Augusto, 762
Cortesão, Jaime, 683
Costa e Silva, Alberto da, 10, 11, 19, 277, 417, 707
Costa e Silva, Arthur da, 617, 782, 787, 790, 791, 800, 801, 809, 816, 834, 864, 867, 912, 964
Costa, Álvaro da, 387
Costa, Bento José da, 252, 297, 339
Costa, Canrobert da, 735
Costa, Cláudio Manuel da, 245, 251, 255, 256, 264
Costa, D. Antônio de Macedo, 288, 501
Costa, Fernando, 660
Costa, Gal, 815
Costa, Hipólito José da, 252, 280, 281, 282, 283, 292, 339
Costa, Índio da, 1010
Costa, João Cruz, 194, 677, 678, 711, 804, 808, 918, 920
Costa, José de Rezende, 334, 364
Costa, Lúcio, 636, 639, 656, 680, 713, 743
Costa, Maciel da, 355, 364
Costa, Maria Teodora da, 297, 339
Costa, Miguel, 629, 649, 651
Costa, Paulo Roberto, 1056
Costa, Tarcísio, 434, 786, 894, 897, 898, 899, 900, 901, 902
Costa, Zenóbio da, 735, 737
Costas, Ferro, 755, 868
Coutinho, Amaro Gomes, 299
Coutinho, Câmara, 135
Coutinho, Carlos Nelson, 806

Coutinho, Francisco de Sousa, 280
Coutinho, Francisco Pereira, 58
Coutinho, João Pereira de Azevedo, 194
Coutinho, José Caetano da Silva, 351, 353
Coutinho, José Joaquim da Cunha de Azeredo, 196, 231, 253, 281, 398
Coutinho, José Lino, 300, 384, 394
Coutinho, Luciano, 882, 1014, 1046
Coutinho, Luís Pinto de Sousa, 253, 263
Coutinho, Mariana Carlota Vieira de Magalhães (Condessa de Belmonte), 444
Coutinho, Rodolfo, 639, 653
Coutinho, Rodrigo de Sousa (Conde de Linhares), 199, 231, 272, 279, 280, 282, 306, 329
Couto, Miguel, 524, 525
Covas, Mário, 831, 843, 845, 872, 889, 894, 903, 904, 915, 927, 966, 1029
Crimmins, John Hugh, 841
Cromwell, Oliver, 155, 184
Cruz, Osvaldo, 551, 552, 588, 590
Cueva, Agustín, 923
Cunha, Bocayuva, 763
Cunha, Eduardo, 1055, 1060
Cunha, Euclides da, 148, 151, 278, 357, 437, 479, 517, 524, 539, 540, 541, 549, 562, 576, 579, 580, 582, 583, 585, 656, 711, 808, 866
Cunha, Flores da, 626, 662, 668
Cunha, João Inácio da, 392
Cunha, João Nepomuceno Carneiro da, 295, 351, 384
Cunha, João Paulo, 996, 1035
Cunha, Luís da, 191, 248, 279
Cunha, Manuela Carneiro da, 1047
Cunha, Vasco Leitão da, 664, 703, 791, 792
Czacki, Wlodzimierz, 512
D'Alembert, Jean Le Rond, 281
D'Ávila, Garcia, 148, 149
D'Eu, Conde (Gaston d'Orléans), 442, 446, 483, 515, 520, 554

Índice onomástico

Dallari, Dalmo de Abreu, 571, 642, 643, 831, 835, 842, 889, 893, 897, 898, 929, 953, 954, 995, 1015, 1047

Dallari, Pedro, 984, 1031

DaMatta, Roberto, 715, 988, 996, 1012

Damby, Robert John, 329

Damiani, Gigi, 599

Daniel, Celso, 965, 1048

Dantas, Audálio, 831, 841, 842

Dantas, Manuel Pinto de Sousa, 473, 484, 538, 539

Dantas, San Thiago, 639, 650, 657, 733, 743, 745, 750, 755, 767

Danton, Georges Jacques, 341, 544

Darwin, Charles, 277, 497, 710

Daun, Leopold Joseph Von, 185

Daun, Maria Leonor, 185

Davatz, Thomas, 502

David, Jacques Louis, 290

Debret, Jean Baptiste, 290, 291, 428

Debrun, Michel, 705, 770, 804, 850, 857, 858, 920, 926, 967

Delfim Netto, Antônio, 762, 782, 784, 786, 792, 802, 817, 818, 847, 881, 895, 896, 912, 996

Della Cava, Ralph, 838

Denis, Ferdinand, 291, 428, 472, 691

Denis, Odílio, 739

Descartes, René, 107, 187

Dewey, John, 715, 807

Di Cavalcanti, Emiliano, 640

Dia, Gonçalves, 511

Dias Pais Leme, Fernão, 140, 254

Dias, Álvaro, 1005, 1049

Dias, Bartolomeu, 49

Dias, Cícero, 640, 692

Dias, Dinis, 45

Dias, Erasmo, 885

Dias, José Carlos, 811, 831, 842

Dias, Maria Odila da Silva, 194, 196, 197, 199

Diderot, Denis, 196

Dietrich, Marlene, 709

Dillon, Pierre, 291

Dines, Alberto, 428, 709, 710, 722, 781, 790, 842, 862, 863

Diniz, Leila, 803

Diniz, Waldomiro, 1010

Dirceu, José, 928, 938, 939, 955, 970, 979, 1010, 1013, 1033, 1043

Dodsworth, Henrique, 660

Domingos, Guilherme Afif, 895

Dória, Sampaio, 926

Dória, Seixas, 755, 868

Dornelles, Cândida, 634

Dornelles, Ernesto, 649, 660

Dornelles, Francisco, 895

Dos Passos, John, 620, 715

Dostoiévski, Fiódor, 691

Dreyfus, Alfred, 539

Duarte, Edgard de Aquino, 1026

Duarte, Paulo, 643, 650, 657, 662, 679, 681, 693, 710, 747, 804, 805, 847, 864, 865, 867

Duque Estrada, George, 783

Dutra, Eurico Gaspar, 551, 615, 616, 635, 637, 651, 652, 655, 658, 662, 670, 672, 673, 674, 696, 697, 721, 723, 726, 727, 729, 730, 731, 733, 740, 788, 859, 919

Dutra, Tarso, 860

Dylan, Bob, 748

Eanes, Gil, 45

Eça, Manuel Lobo de (Barão de Batovi), 543

Eckhout, Albert, 114

Einstein, Albert, 620

Eisenberg, Peter, 807

Eisenhower, Dwight, 734, 754, 772, 773

Ellington, Duke, 709, 716

Ellis Júnior Alfredo, 556, 676

Emerson, Ralph Waldo, 715

Emílio Salles Gomes, Paulo, 682, 922

Eris, Ibrahim, 905

Ernesto, Pedro, 573, 631, 653

Erundina, Luiza, 948, 984, 1019, 1029, 1030, 1031

Escorel, Lauro, 657, 684, 856

Espírito Santo, Felicíssimo do, 918
Etchegoyen, Alcides, 626
Eulálio do Nascimento e Silva, Geraldo, 856
Falcão, Armando, 792, 826
Faletto, Enzo, 771, 921, 923
Faoro, Raymundo, 9, 18, 209, 210, 217, 371, 389, 405, 410, 411, 419, 464, 469, 470, 613, 614, 618, 647, 698, 820, 831, 832, 837, 841, 842, 846, 889, 890, 895, 904, 908, 918, 926, 977
Faraco, Daniel, 791
Faria, Betty, 812
Faria, Francisco de Lemos e, 194
Faria, Otávio de, 639
Farias, Osvaldo Cordeiro de, 568, 608, 617, 660, 703, 721, 734, 735, 762, 788, 791, 856, 917
Farias, Paulo César (PC), 907
Farney, Cyl, 716
Farney, Dick, 716
Farr, Bill (Antônio Medeiros Francisco), 716
Faulkner, William, 15, 711, 715, 805
Fausto, Boris, 19, 605, 627, 696, 918
Febronius, Justinus, 194
Febvre, Lucien, 62, 63
Feijó, Diogo Antônio, 300, 308, 331, 338, 340, 351, 382, 384, 392, 394, 395, 396, 398, 402, 403, 404, 405, 406, 407, 408, 409, 412, 422, 438, 439, 453, 470
Feldmann, Fabio, 896
Félix, Moacyr, 806
Fernandes, Florestan, 9, 357, 474, 475, 518, 582, 617, 647, 650, 679, 684, 710, 712, 722, 763, 771, 775, 786, 789, 801, 804, 805, 810, 834, 842, 865, 894, 895, 902, 918, 920, 921, 923, 926, 959, 968, 971, 974, 1029, 1058, 1059
Fernandes, Millôr, 691, 756, 803
Fernandes, Raul, 671, 738

Fernando VII, 289, 327, 369
Ferraz, Ângelo Moniz da Silva, 498
Ferraz, Otávio Marcondes, 700
Ferraz, Sampaio, 533
Ferreira, Alexandre Rodrigues, 197
Ferreira, Aloysio Nunes, 1049, 1056
Ferreira, Gervásio Pires, 252
Ferreira, Heitor Aquino, 825, 826, 828, 836, 838, 839, 840, 944
Ferreira, Manoel Alceu Affonso, 829
Ferreira, Manuel da Silva Pires, 583
Ferreira, Manuel dos Anjos, 411
Ferreira, Oliveiros, 830, 843, 920
Ferrez, Marc, 291
Ferrez, Zepherin, 291
Fichte, Johann Gottlieb, 357
Fiel Filho, Manuel, 783, 827, 831
Figueiredo, Antônio Pereira de, 194
Figueiredo, Euclides, 643, 720, 826
Figueiredo, Jackson de, 562, 563
Figueiredo, João Baptista, 545, 781, 784, 785, 806, 818, 826, 828, 834, 836, 843, 844, 845, 846, 848, 849, 856, 857, 869, 870, 877, 881, 890, 912, 926, 944
Filangieri, Gaetano, 334
Filipe II, 75, 102, 103, 104, 108, 142, 218
Filipe IV, 143
Fitzgerald, Francis Scott, 620, 621
Fitzgerald, Zelda Scott, 620
Fiúza, Iedo, 674, 727, 903
Fleischer, David, 998
Fletcher, James Cooley, 428
Fleury, Luiz Antônio, 966
Fleury, Sérgio Paranhos, 801, 820, 871
Flores, Mário César, 905, 1023
Flores, Venancio, 498
Flynn, Errol, 713
Fonseca, Borges da, 391
Fonseca, Deodoro da, 341, 445, 448, 493, 520, 521, 524, 527, 528, 529, 530, 531, 532, 533, 534, 535, 536, 541, 544, 547, 554, 603

Índice onomástico

Fonseca, Hermes da, 341, 513, 540, 553, 554, 603
Fontes, Lourival, 630, 639, 660, 661, 667, 733
Fontoura, João Neves da, 641, 733
Fortunato, Gregório, 736
Foster, Graça, 1036
Foucault, Michel, 717, 806
Fourier, Charles, 426
Fournier, Severo, 662
Foy, Maximilien Sébastien, 334, 384
Fragoso, Tasso, 627, 628
França, Antônio Ferreira, 350, 384
Francia, José Gaspar Rodríguez de, 484, 487
Francini, Paulo, 873
Francis, Paulo, 722, 803
Francisco I da Áustria, 330
Francisco I, 66, 103
Franco, Afrânio de Melo, 561, 629
Franco, Francisco, 659
Franco, Gustavo, 914
Franco, Itamar, 827, 855, 876, 909, 910, 922, 924, 927, 928, 948, 961, 972, 981, 989, 990
Franco, Maria Eugênia, 675, 686, 687, 692
Franco, Maria Sylvia de Carvalho, 20, 452, 920
Franco, Moreira, 929
Franco, Rodrigo de Melo, 715
Franco, Virgílio de Melo, 649, 668, 669, 859
Frank, André Gunder, 771, 923
Frank, Waldo, 713
Franklin, Benjamin, 295, 363
Freire, Marcos, 827
Freire, Pascoal José de Mello, 199, 200
Freire, Paulo, 616, 647, 741, 745, 755, 789, 875
Freire, Roberto, 697, 872, 895, 903, 904, 912, 1052, 1055
Freyre, Gilberto, 162, 232, 357, 426, 428, 476, 513, 517, 521, 524, 525,

577, 620, 621, 645, 650, 656, 657, 678, 685, 686, 706, 711, 714, 745, 807, 808, 923
Frias de Oliveira, Octávio, 722
Frias Filho, Otavio, 834, 841, 870, 928, 932
Frost, Robert Lee, 805
Frota, Sílvio, 784, 836, 837, 840
Funari, Antonio, 811
Furtado, Celso, 616, 619, 649, 669, 678, 681, 695, 701, 711, 712, 741, 745, 746, 749, 751, 755, 757, 769, 771, 774, 792, 793, 806, 807, 856, 881, 882, 921, 922, 923, 926, 981
Furtado, Mendonça, 164, 192
Fusco, Cousin, 422
Gabeira, Fernando, 774, 845, 955, 996, 1046
Gaffarel, Paul, 69
Gallotti, Antônio, 838
Galvão, Patrícia (ver Pagu)
Galvão, Walnice Nogueira, 582, 583, 920
Gama, Basílio da, 211, 255
Gama, Bernardo José da, 394
Gama, Domício da, 552
Gama, Lopes, 351, 394
Gama, Luís, 510, 516
Gama, Saldanha da, 547
Gama, Vasco da, 49
Gamboa Loureiro, Alexandre de, 181
Garcia, Aleixo, 138
Garibaldi, Anita, 416
Garibaldi, Giuseppe, 414, 415, 418
Garotinho, Anthony, 966
Garrafão, Santos, 517
Garrett, Almeida, 426, 472
Garric, Robert, 709
Garrison, William Lloyd, 426
Gaspari, Elio, 191, 780, 783, 784, 785, 816, 826, 827, 828, 831, 834, 835, 836, 837, 838, 839, 840, 842, 888, 909, 1039
Gasparian, Fernando, 803, 886, 896, 922
Gassendi, Pierre, 194

Gauguin, Paul, 621

Geisel, Ernesto, 494, 600, 617, 703, 755, 762, 782, 783, 784, 785, 791, 817, 818, 820, 825, 826, 827, 828, 829, 830, 831, 832, 833, 834, 835, 836, 837, 838, 839, 840, 842, 843, 847, 856, 871, 888, 895, 903, 926, 943, 959, 971

Geisel, Orlando, 782, 826, 836

Genoino, José, 786, 895, 987, 1043

Genro, Luciana, 984

Genro, Tarso, 939, 1017

Gershwin, George, 709, 716

Gershwin, Ira, 709, 716

Giannotti, José Arthur, 804, 919, 920, 957, 958, 1002, 1003, 1009, 1010

Giddings, Franklin Henry, 807

Gide, André, 691

Gigli, Beniamino, 460

Gil, Gilberto, 746, 756, 802, 815, 935, 936, 959

Gledson, John, 467, 509

Glicério, Francisco, 531, 535, 544, 546, 548, 553

Gobineau, Arthur de, 447, 449

Godechot, Jacques, 267

Godinho, Vitorino Magalhães, 19, 46, 62, 91, 211

Goethe, Johann Wolfgang von, 357

Góis e Vasconcelos, Zacarias de, 437, 441, 442, 479, 493, 498, 499, 515

Goldemberg, José, 905, 1023

Gomes, Agostinho, 270, 407

Gomes, Carlos, 341, 515, 658

Gomes, Ciro, 915, 966, 967, 1006

Gomes, Eduardo, 563, 606, 637, 651, 668, 672, 674, 699, 721, 726, 727, 731, 733, 735, 736, 739, 791, 841, 865, 917

Gomes, Severo, 677, 786, 791, 827, 831, 832, 838, 847, 855, 873, 882, 895, 896, 926

Gomide, Antônio, 679

Gonçalves, Bento, 411, 415

Gonçalves, Victor, 63

Gonneville, Binot de, 65

Gonzaga das Virgens, Luís, 269, 270

Gonzaga, Luiz, 742, 746

Gonzaga, Tomás Antônio, 193, 251, 256, 257, 259, 260, 261, 264, 266, 267, 272, 510

Goodman, Benny, 709

Goodyear, Charles, 460

Gordo, Adolpho, 534

Gorender, Jacob, 20, 669, 821, 822

Goulart Reis Filho, Nestor, 101, 214, 241, 242, 571, 994

Goulart, João (Jango), 619, 649, 671, 674, 675, 699, 700, 702, 703, 732, 733, 735, 738, 739, 743, 744, 746, 749, 750, 752, 754, 755, 756, 757, 758, 759, 760, 761, 763, 764, 765, 766, 767, 768, 769, 779, 792, 793, 797, 848, 859, 860, 863, 864, 867, 868, 877, 919, 961

Gouveia, Delmiro, 474, 550

Graciano, Clóvis, 860

Gracie, Ellen, 1015

Graham, Maria, 305, 309, 310, 375, 376, 377, 452

Graham, Richard, 484

Grajew, Oded, 873

Gréco, Juliette, 709

Gregori, José, 831, 843, 929

Grenfell, John Pascoe, 416, 425

Grócio, Hugo, 199

Guadagnin, Angela, 1033

Guanabara, Alcindo, 535, 548

Guanaes, Nizan, 958

Guariba, Heleny, 760, 831

Guarnieri, Camargo, 708

Guarnieri, Gianfrancesco, 741, 756, 830, 843, 922

Gudin, Eugênio, 669, 671, 700, 730, 738, 739

Guerra, Erenice, 1010

Guerra, Ruy, 814

Guerreiro, Luís, 63

Índice onomástico   1109

Guevara, Ernesto Che, 747, 748, 754, 774, 780, 821, 823
Guignard, Alberto da Veiga, 640
Guillén, Nicolás, 692
Guimarães, Artur, 547
Guimarães, José Carlos, 812
Guimarães, Ulysses, 649, 674, 697, 780, 786, 789, 799, 841, 845, 854, 855, 859, 862, 879, 880, 881, 882, 886, 888, 889, 890, 893, 894, 896, 918, 946
Gullar, Ferreira, 741, 756, 1035
Gurgel, Roberto, 988, 1034
Gushiken, Luiz, 955
Gusmão, Luísa de (ver Luísa, Rainha)
Gusmão, Roberto, 887
Haddad, Fernando, 1028, 1031, 1037
Haddad, Paulo, 910
Haeckel, Ernst, 497
Hage, Jorge, 991
Hall, Michael, 807
Hargreaves, Henrique, 910
Harvey, David, 1039, 1041, 1042
Hatoum, Milton, 1049
Hayes, Rutherford, 491
Hegel, G. W. F., 217
Heine, Heinrich, 196, 306
Helena, Heloísa, 984, 987
Hemingway, Ernest, 620, 715
Henfil, 803
Henrique I de Portugal, 75
Henrique II, 68
Henrique, Frederico, 113
Henriques, Afonso, 286
Henriques, Antônio, 296, 299
Henriques, Luiz Sérgio, 1050
Hermeto Carneiro Leão, Honório (Marquês do Paraná), 384, 390, 394, 404, 406, 407, 408, 412, 444
Herzog, Clarice, 1027
Herzog, Vladimir, 783, 815, 827, 831, 832, 841, 843, 925, 1026, 1027
Hirano, Sedi, 760

Hirschman, Albert, 900, 901, 913, 924, 963, 965
Hitler, Adolf, 609, 653, 663
Hobsbawm, Eric, 278, 488, 490, 521, 747, 853, 875
Hogendorp, Dirk van, 291
Hoiser, Augusto (Barão de Bülow), 396
Holanda, Aurélio Buarque de, 148, 846
Homem, Francisco de Sales Torres (Timandro), 437, 472
Horácio, 384
Horta, Oscar Pedroso, 863
Houaiss, Antônio, 844, 846
Huber Júnior, Gilbert, 762
Huberman, Leo, 747, 763
Hugo, Victor, 497, 511, 955
Huizinga, Johan, 35, 36, 37
Humboldt, Alexander von, 290, 306
Ianni, Octavio, 804, 918, 919, 920, 923
Iavelberg, Iara, 822
Iglésias, Francisco, 20, 259, 266, 381, 395, 406, 437, 469, 701, 841
Ihering, Hermann von, 554
Ihering, Rudolf von, 497
Inhaúma, Visconde de (Joaquim José Inácio de Barros), 498
Isabel de Bragança, Princesa, 427, 440, 442, 446, 448, 518, 520
Isabel I de Castela, 50
Jabor, Arnaldo, 949, 985
Jacaúna, 84
Jácomo de Maiorca, Mestre, 45
Jaguar, 756, 803
Jaguaribe, Hélio, 617, 701, 716
James, William, 715
Jardim, Antônio Silva, 513, 524, 530
Jatene, Adib, 905
Jefferson, Roberto, 907, 908, 968, 972, 1033
Jefferson, Thomas, 261, 262, 263, 267, 329, 362
Jereissati, Tasso, 872, 967
João de Barro (Braguinha), 708, 709
João I, 42

João II, 47, 48, 50
João III, 55, 57, 67, 68, 75, 109
João IV, 117, 119, 145, 153, 154, 155, 423
João V, 169, 184, 185
João VI, 288, 249, 250, 275, 276, 279, 284, 285, 288, 289, 290, 291, 292, 299, 300, 302, 303, 305, 306, 318, 322, 323, 326, 327, 330, 333, 343, 345, 370, 375, 386, 387, 391, 398, 421, 438, 455, 473, 480
João XXIII, Papa, 717, 755
Joaquina, Carlota, 249, 276, 285, 287, 289, 323, 326, 327, 328, 336, 338
Joaquinzão (Joaquim dos Santos Andrade), 885
Jobim, Antônio Carlos (Tom), 716, 741, 742, 748, 756, 761
Jobim, Nelson, 674, 895, 896, 1003
Jobim, Walter Só, 674
Joffily Bezerra de Mello, José, 649, 700
Johnson, Lyndon, 766
Jorge, Domingos Teotônio, 297, 299
José I, 183, 184, 187, 193, 194, 195, 285, 362
José Júnior, 1049, 1050
Jost, Nestor, 649
Joyce, James, 620
Joyce, Jean, 329
Juan Carlos I, 967
Juarez, Benito, 489
Julião, Francisco, 616, 738, 755, 758, 769
Júlio III, Papa, 125
Junot, Jean-Andoche, 293
Junot, Laura, 327
Jussieu, Antoine Laurent, 306
Kafka, Alexander, 762
Kandir, Antônio, 905
Kant, Immanuel, 256, 497
Kelly, Prado, 668, 734, 739, 860
Kennedy, John, 747, 759, 793
Kennedy, Robert, 759
Kerr, Warwick, 793

Keyserling, Hermann Graf, 688
Kidder, Daniel Parrish, 428
Kirchner, Cristina, 988, 1008
Kirchner, Néstor, 988, 1008
Klinger, Bertoldo, 643
Koellreutter, Hans-Joachim, 746
Kok, Einar, 873
Konder, Leandro, 806
Konder, Rodolfo, 783
Koster, Henry, 125, 219, 227, 228, 239, 240, 310
Kramer, Dora, 993, 1037, 1038
Kramer, Paulo, 1004
Krauze, Enrique, 1022
Krieger, Daniel, 859
Kruel, Amaury, 767
Kubitschek, Juscelino (JK), 561, 616, 648, 700, 702, 738, 739, 740, 742, 743, 744, 745, 748, 749, 750, 751, 752, 753, 756, 765, 767, 772, 773, 780, 790, 791, 792, 802, 813, 826, 859, 860, 863, 864, 874, 877, 916, 960
Kugelmas, Eduardo, 760
Labatut, Pedro, 291
Lacerda, Carlos, 650, 653, 675, 700, 710, 729, 732, 733, 736, 738, 739, 744, 755, 764, 765, 768, 788, 790, 813, 859, 860, 861, 862, 863, 864
Lacerda, D. Pedro Maria de, 501
Lacerda, Flávio Suplicy de, 703, 789, 791
Lacerda, Maurício de, 859
Lacerda, Quintino de, 517
Lafer, Celso, 830, 905, 931, 1027, 1032
Lago, Mário, 821
Lamarca, Carlos, 816, 822
Lamartine, Alphonse de, 511
Lambert, Jacques, 695
Lamounier, Bolívar, 845, 872, 927, 1006, 1007
Lampedusa, Giuseppe Tomasi di, 523
Lampião (Virgulino Ferreira da Silva), 663, 664
Lampreia, Luís Felipe, 931

Índice onomástico

Lan, 756
Langsdorff, Georg Heinrich von, 315
Lavoisier, Antoine Laurent de, 196, 306
Le Corbusier (Charles-Édouard Jeanneret-Gris), 636, 656
Leal, Estillac, 563, 567, 606, 668, 732, 733
Leal, José Mariano, 262
Leal, Victor Nunes, 770, 1049
Leão XIII, Papa, 512
Leão, Carlos, 636
Leão, Fernando Carneiro, 291
Leão, Honório Hermeto Carneiro (ver Hermeto Carneiro Leão, Honório)
Leão, Nara, 742, 756, 803
Lebreton, Joachim, 290, 291
Lebrun, Gérard, 804, 920
Leclerc, Max, 527
Lecor, Carlos Frederico (Barão de Laguna), 387
Ledo, Joaquim Gonçalves, 340, 346, 347
Lefebvre, Georges, 875
Léger, Fernand, 692
Leitão, Martim, 82, 215
Leitão, Miriam, 873, 1052, 1053
Leite, Cleanto de Paiva, 733, 846
Leite, Dante Moreira, 679, 920
Lembo, Cláudio, 845, 854, 871, 872, 940, 941, 947, 949, 1031
Leme, Maria Cristina da Silva, 719
Lemme, Paschoal, 646
Lênin, Vladimir, 525, 600
Leopoldina, Imperatriz, 330, 334, 336, 339, 352, 421, 444, 446
Léry, Jean de, 65, 69, 70, 71, 356
Lessa, Carlos, 881
Lessa, Orígenes, 661, 692
Lessa, Renato, 1011
Leuchtenberg, Amélia, 337, 392
Lévi-Strauss, Claude, 428, 596, 677
Levy, Herbert, 673, 755, 759, 781, 861, 867
Lewandowski, Ricardo, 1015, 1034
Lichthart, Jan Cornelius, 112, 115

Lima Filho, Oswaldo, 895
Lima Sobrinho, Barbosa, 18, 339, 365, 721, 724, 831, 842, 843, 846, 890
Lima, Albuquerque, 816
Lima, Alceu Amoroso (ver Ataíde, Tristão de)
Lima, Barbosa, 548, 551
Lima, Egydio Ferreira, 896
Lima, Heitor Ferreira, 398, 473, 771
Lima, Hermes, 644, 645, 653, 656, 721, 724, 745, 750, 755
Lima, Jorge de, 686
Lima, José de Barros (Leão Coroado), 296, 299
Lima, José Inácio de Abreu e, 12, 279, 413, 421, 422, 424, 425, 426
Lima, José Inácio Ribeiro de Abreu e (ver Roma, Padre)
Lima, José Vicente Faria, 1029
Lima, Luiz Fernando Cirne, 825
Lima, Manuel de Oliveira, 19, 153, 243, 244, 249, 250, 280, 451, 496, 512, 513, 552, 808
Lima, Moreira, 631
Lima, Pedro de Araújo (Marquês de Olinda), 351, 384, 394, 395, 405, 406, 407, 408, 442
Lima, Valdomiro, 626
Linhares, José, 672, 673, 727
Linhares, Maria Yedda, 821
Lins, Albuquerque Cavalcanti e, 296
Lins, Cibaldo, 98
Lins, Cristóvão, 98
Lins, Etelvino, 660, 674
Lira, Manuel Faustino dos Santos, 266, 269
Lisboa, Baltasar da Silva, 197, 198
Lisboa, Bento da Silva, 394
Lisboa, João Soares, 346
Lisboa, José da Silva (ver Cairu, Visconde de)
Lobão, Edison, 965, 969, 998
Lobato, Monteiro, 452, 517, 524, 620, 650, 657, 671, 678, 706, 721, 867

Lobo, Aristides, 500, 531, 532, 609, 639
Lobo, Edu, 756
Lobo, Eulália, 821
Lobo, Haroldo, 717
Lobo, Rodrigo, 296
Locke, John, 187, 194, 199
Loewenstein, Karl, 808
Lopes, Isidoro Dias, 563, 606, 643
Lopes, José Leite, 793, 916
Lopes, Juarez Rubens Brandão, 919
Lopes, Lucas, 742, 749
López, Cándido, 482
López, Carlos Antonio, 484, 485, 486, 487
López, Francisco Solano, 441, 447, 482, 484, 486, 487, 492
Lorena, Frederico, 543
Lorscheiter, D. Aloísio, 842
Lorscheiter, D. Ivo, 841
Lott, Henrique Teixeira, 738, 739, 752, 754, 799, 813
Louverture, Toussaint, 267
Loyola, Inácio de, 123, 129
Luccock, John, 286, 290, 310
Lucena, Barão de, 536
Lucena, Humberto, 881, 882
Ludovico, Pedro, 660, 664, 674
Ludwig, Rubem, 845, 846
Luís I, 496
Luís, Washington, 341, 560, 563, 565, 566, 567, 607, 608, 609, 610, 627, 631, 633, 635
Luísa, Rainha, 153, 423
Lula da Silva, Luiz Inácio, 17, 18, 848, 853, 854, 855, 856, 857, 859, 876, 903, 904, 905, 907, 909, 911, 912, 915, 916, 918, 920, 922, 926, 928, 931, 932, 933, 934, 935, 937, 938, 939, 941, 942, 943, 944, 945, 946, 948, 949, 950, 951, 952, 953, 954, 955, 956, 957, 958, 959, 961, 962, 963, 964, 965, 966, 967, 968, 969, 970, 972, 973, 974, 975, 978, 979, 982, 983, 984, 985, 986, 987, 988,
990, 991, 992, 993, 995, 996, 997, 998, 999, 1000, 1001, 1002, 1004, 1005, 1006, 1008, 1009, 1010, 1011, 1016, 1017, 1018, 1021, 1022, 1023, 1024, 1028, 1029, 1030, 1031, 1033, 1034, 1035, 1036, 1037, 1038, 1043, 1051, 1055, 1057
Lupion, Moisés, 674
Lutero, Martinho, 34, 424
Lutz, Berta, 657
Luz, Carlos, 739
Luzardo, Batista, 563, 638, 641
Lyra, Carlos, 716, 742, 756, 760, 761
Lyra, João, 988
Lyra, Maria de Lourdes Viana, 280
Mably, Gabriel Bonnot de, 245
Macedo, João Rodrigues de, 255, 256
Macedo, Joaquim Manuel de, 428
Machado de Assis, Joaquim Maria, 18, 426, 427, 442, 443, 467, 482, 509, 511, 514, 517, 537, 539, 562, 964
Machado, Aníbal, 671, 688
Machado, Antonio de Alcântara, 657
Machado, Cardoso, 303
Machado, Cristiano, 731
Machado, Dionélio, 671
Machado, Felix, 164, 165
Machado, José de Alcântara, 135, 138
Machado, José Gomes Pinheiro, 442, 535, 548, 553, 554, 555, 556
Machado, Lourival Gomes, 259, 679, 684, 860, 917
Maciel, José Álvares, 196, 256, 257, 258, 260, 261, 262, 263
Maciel, Marco, 841, 862, 872, 895, 912, 942
Maciel, Olegário, 560, 639
MacLeish, Archibald, 620
Madeira de Melo, Inácio Luís, 312
Madison, James, 263
Mafrense, Domingos Afonso, 149
Magalhães, Agamenon, 660, 674
Magalhães, Antônio Carlos, 697, 862, 970

Índice onomástico   1113

Magalhães, Gonçalves de, 428, 471, 472
Magalhães, Joaquim Pereira de, 257
Magalhães, Juarez, 668
Magalhães, Juracy, 631, 658, 673, 721, 735, 791, 860, 863
Magalhães, Luís Eduardo, 924
Magalhães, Luiz Eduardo Cerqueira, 10, 15
Magalhães, Maria Antonia da Cruz Costa Cerqueira, 10
Magalhães, Raphael de Almeida, 862, 864
Magalhães, Sergio, 763
Magno, João, 1033
Magnoli, Demétrio, 163, 949
Mahin, Maria, 516
Maia Barbalho, José Joaquim da, 261, 262, 263
Maia, Conde Motta, 449
Maia, Francisco Prestes, 507, 660, 664
Malagrida, Gabriel, 190
Malan, Alfredo Souto, 914
Malan, Pedro, 914, 934, 967, 995, 996
Maler, Jean-Baptiste, 290
Malfatti, Anita, 577, 640
Mallet, Émile Louis, 291
Malraux, André, 683, 692, 717
Maluf, Paulo Salim, 853, 878, 886, 920, 947, 1028, 1029, 1030
Mamede, Jurandir Bizarria, 699, 721, 735, 762, 782, 856, 864
Manchester, Alan K., 155, 284, 484
Mangabeira, João, 631, 654, 724, 755
Mangabeira, Otávio, 662, 668, 673, 754, 859
Mann, Heinrich, 710
Mann, Klaus, 710
Mann, Thomas, 709, 710
Mantega, Guido, 985, 986, 1027
Manuel I, 52, 53
Manuel, Nuno, 205
Manzano, Gabriel, 10, 1007, 1018, 1040
Mao Tse-Tung, 747
Maquiavel, Nicolau, 977, 1039

Maranhão, Djalma, 792
Maranhão, Inácio Leopoldo de Albuquerque, 299
Marcgraf, George, 114
Marchi, Carlos, 778, 989, 990
Marchione, Bartolomeu, 47
Marcos, Plínio, 814
Mareschall, Wenzel de, 364
Maria Ana da Áustria, 185
Maria Bonita, 663
Maria I, 188, 194, 199, 250, 260, 280, 281, 285, 328
Maria II, 328, 337, 338, 339, 392
Maria Teresa da Áustria, Imperatriz, 185
Maria, João, 555
Maria, José, 555, 587, 588
Marialva, Marquês de (José Vito de Menezes Coutinho), 290
Mariani, Clemente, 673, 738
Mariátegui, José Carlos, 618, 805
Marighella, Carlos, 418, 617, 783, 801, 805, 816, 822, 858
Marinho, Joaquim Saldanha, 500
Marinho, Maurício, 1033
Marini, Ruy Mauro, 771, 903, 923
Markun, Paulo, 10, 416, 783, 912
Martí, José, 490, 805
Martin du Gard, Roger, 710
Martin, Percy Alvin, 808
Martins-Costa, Judith, 869
Martins, Domingos José, 252, 297, 298, 299, 303, 339
Martins, Elyseu, 535
Martins, José de Souza, 775, 999, 1039
Martins, Luís, 692
Martins, Oliveira, 190
Martins, Ovidio, 1057
Martins, Paulo Egydio, 781, 791, 818, 832
Martius, Karl Friedrich Philipp von, 426
Marx, Karl, 217, 918, 919, 965, 977, 1030
Mascarenhas, José de (Duque de Aveiro), 190

Matarazzo, Ciccillo, 693
Mateus, Morgado de (Luís Antônio de Sousa Botelho e Mourão), 137
Matos Guerra, Gregório de, 75
Matos, Cassiano de Melo, 335
Matos, Maria Genoveva do Rego, 329
Mattos, Délio Jardim de, 841
Mauá, Barão de (Irineu Evangelista de Sousa), 435, 473
Mauriac, François, 683
Mawe, John, 310
Maximiliano, Arquiduque, 489
Maximiliano, Imperador, 66
Maxwell, Kenneth, 20, 182, 186, 187, 189, 191, 193, 245, 254, 259, 260, 261, 264, 265, 958, 969
May, Luís Augusto, 346
Mazzilli, Ranieri, 768
Medeiros Silva, Carlos, 660, 777, 788, 790, 791, 792, 800
Medeiros, Borges de, 554, 555, 563, 634, 635
Medeiros, Luiz Antônio, 885
Medeiros, Otávio, 826
Médici, Emílio Garrastazu, 782, 801, 803, 809, 816, 818, 820, 825, 826, 831, 834, 840, 849, 912, 964
Medrões, Abade de, 301
Meireles, Cecília, 646
Meireles, Silo, 609, 649, 651
Meirelles, Henrique, 934, 1005
Mello, Celso de, 1034
Mello, Custódio de, 535, 543
Mello, Evaldo Cabral de, 19, 120, 121, 136, 165, 275, 280, 282, 322
Mello, Fernando Collor de (ver Collor de Mello, Fernando)
Mello, Francisco Ignácio Marcondes Homem de, 350
Mello, João Manuel Cardoso de, 882
Mello, José Antonio Gonsalves de, 96, 114
Mello, Marco Aurélio, 1015
Mello, Zélia Cardoso de, 905, 906

Mello, Zuza Homem de, 716
Melo, Arnon Afonso de, 905
Melo, Eurídice Ferreira de, 942
Melo, Luís José de Carvalho e (Visconde de Cachoeira), 350, 364
Melo, Marcelino Bispo de, 548
Melo, Sebastião José de Carvalho e (ver Pombal, Marquês de)
Melo, Tarcilo Vieira de, 649, 700
Mendes, Candido, 753, 832
Mendes, Chico, 874
Mendes, Clemente de Oliveira, 407
Mendes, Gilmar, 1015, 1034
Mendes, João, 557
Mendes, Marcel, 10
Mendes, Murilo, 577
Mendes, Odorico, 384, 391
Mendonça, Duda, 958
Mendonça, Edgar Süssekind de, 653
Mendonça, José Luís de, 297, 299
Mendonça, Salvador de, 511
Menem, Carlos, 914, 915
Menescal, Roberto, 742
Menezes, Rodrigo José de, 258, 264
Menezes, Tobias Barreto de, 496
Menucci, Sud, 516
Mercadante, Paulo, 436, 497
Mesquita Carvalho, General, 563, 564
Mesquita Filho, Júlio de, 565, 643, 646, 662, 679, 681, 692, 761, 864, 865, 866, 867
Mesquita Filho, Ruy, 865
Mesquita, Júlio de, 866
Mesquita, Marina, 865
Mesquita, Ruy, 778
Methuen, Lord John, 168, 181, 248
Métraux, Alfred, 805
Metternich, Klemens von, 330, 338
Meyer, Augusto, 13
Miguel I de Portugal, 287, 289, 326, 328, 336, 337, 339, 379, 391, 421, 434
Miguel, Mônica Manir, 10
Miguelinho, Padre (Miguel Joaquim de Almeida e Castro), 297, 299, 339

Índice onomástico
1115

Milhaud, Darius, 621
Miller, Glenn, 709
Milliet, Sérgio, 13, 135, 428, 577, 620, 657, 671, 680, 681, 684, 689, 690, 691, 692, 693, 805
Mills, Charles Wright, 747
Milton, John, 357
Mindlin, José, 832, 873
Mirabeau, Conde de (Honoré Gabriel Riqueti), 354
Miranda (Antônio Bonfim), 652
Miranda, Carmen, 713, 714
Miranda, Emídio, 609
Miranda, Francisco de, 252, 267, 279, 339
Mitidiero, Marco, 937
Mitre, Bartolomé, 482, 488, 491, 492, 493, 498, 499
Mobius, Mark, 996
Modigliani, Amedeo, 621
Monbeig, Pierre, 676
Monet, Claude, 621
Monge, Gaspard, 196
Moniz, Edmundo, 639
Montaigne, Michel de, 691, 692
Montalboddo, Fracanzio de, 53
Montand, Yves, 709
Monte Carmelo, Frei José de, 269
Monteiro, Maciel (Barão de Itamaracá), 404, 408
Monteiro, Pedro Aurélio de Góes, 609, 611, 628, 630, 631, 635, 637, 653, 662, 667, 670, 672, 673, 696, 726, 795
Montesquieu, Charles de Secondat, 194, 199
Montezuma, Francisco Gê de Acaiaba, 350, 394
Montigny, Auguste Grandjean de, 290, 291
Montoro, André Franco, 831, 843, 872, 879, 880, 883, 884, 886, 887, 890, 926, 927, 946
Montoya, Antonio Ruiz de, 123, 143

Montparnasse, Kiki de, 621
Moog, Clodomir Vianna, 711, 716
Moraes Filho, Antônio Evaristo de, 908
Moraes Filho, Evaristo de, 821
Moraes, Antônio Ermírio de, 846, 873, 881
Moraes, Evaristo de, 630
Moraes, José Ermírio de, 755
Moraes, Rubens Borba de, 428, 657, 691, 715
Moraes, Vinicius de, 664, 692, 711, 716, 741, 742, 756, 761
Morais, Prudente de, 341, 513, 514, 524, 544, 545, 546, 547, 548, 550, 643
Moreira, Delfim, 561
Moreira, Jorge, 636
Moreira, Neiva, 763, 764
Morena, Roberto, 755
Moreno, Martim Soares, 84, 85
Moreyra, Eugênia Álvaro, 13
Moro, Sérgio, 1056
Morse, Richard M., 454, 455, 503, 507, 571, 595, 596, 597, 598, 676, 693, 710, 715, 805, 807, 924
Mosquera, Joana, 336
Mota, Cesário, 546
Motta, Sérgio, 913, 924
Moura, Alexandre de, 86
Moura, Caetano Lopes de, 253
Moura, Nero, 733
Mourão Filho, Olímpio, 659, 767, 769, 787, 813
Mourão, Gerardo de Mello, 657
Müller, Filinto, 568, 611, 653, 658, 662, 667, 674, 710
Müller, Johann (Regiomontanus), 48
Muniz, João Bráulio, 395, 446
Muratori, Ludovico Antonio, 188
Muricy, Antônio Carlos da Silva, 782
Murtinho, Joaquim, 549
Musset, Alfred de, 511
Mussolini, Benito, 609, 625, 659, 960
Nabuco, Carolina, 512
Nabuco, Joaquim, 296, 341, 395, 442,

485, 496, 499, 500, 511, 512, 513, 522, 532, 539, 552, 562, 808, 926, 963, 964, 1060

Nascimento, Abdias, 657

Nascimento, João de Deus do, 296

Nascimento, Milton, 756

Nassau, Maurício de, 113, 114, 115, 116, 117, 118

Nava, Pedro, 553, 669, 681, 861

Naylor, Genevieve, 683, 715

Nelson Horatio, Almirante, 430

Neme, Mário, 672, 675, 676, 682, 684, 686, 687, 704

Neruda, Pablo, 692

Nery, Ismael, 640

Neukömm, Sigismund, 290

Neves, Aécio, 928, 986, 989, 990, 1002, 1037, 1051, 1056

Neves, Cristiano Stockler das, 636

Neves, João das, 756

Neves, Tancredo, 648, 649, 697, 703, 735, 736, 737, 754, 755, 768, 780, 784, 786, 789, 790, 799, 801, 828, 849, 850, 853, 854, 856, 858, 859, 862, 878, 882, 886, 887, 888, 889, 890, 926, 946, 947, 961, 973, 980

Newton, Isaac, 187, 188, 194, 361

Nicolau V, Papa, 50

Niemeyer, Oscar, 636, 656, 680, 713, 741, 742, 743, 744, 750

Nixon, Richard, 839

Nóbrega, Maílson da, 997, 1024

Nóbrega, Manuel da, 72, 124, 126, 128, 361

Nogueira Filho, Paulo, 859

Nogueira, Paulo de Almeida, 793

Noronha, Isaías, 627, 629

Novaes, Washington, 1024, 1025

Novais, Fernando, 19, 20, 263, 277, 365, 918, 919

Nun, José, 771

O'Higgins, Bernardo, 279

O'Leary, Narcisa, 307

Obama, Barack, 995

Oliveira, Antônio Rodrigues Veloso de, 350, 351

Oliveira, Armando de Salles, 636, 641, 650, 662, 668

Oliveira, Dante de, 855, 880, 886, 892, 947, 961

Oliveira, Francisco de, 740, 741, 746, 771, 835, 854, 984, 1000, 1001, 1031, 1057

Oliveira, João Daudt de, 671

Oliveira, José Aparecido de (ver Aparecido, José)

Orange, Guilherme de, 103, 104, 111

Osório, Manuel Luís, 440, 499, 530

Ottoni, Cristiano, 515

Ottoni, Teófilo, 383, 435, 439

Ovide, François, 290, 291

Paes, Anna, 117, 118

Pagu (Patrícia Galvão), 654, 678, 738

Paine, Thomas, 267

Paiva, Glycon de, 762

Paiva, Rubens, 763, 769, 822, 831, 1020, 1027

Paiva, Vera, 1027

Palma, João de, 563

Palmer, Robert, 267

Palocci, Antonio, 928, 951

Paraguaçu, 54, 58

Paranhos Júnior, José Maria da Silva (Barão do Rio Branco), 512, 513, 539, 552, 589

Paranhos, José Maria da Silva (Visconde do Rio Branco), 317, 473, 499, 501

Parma, Margarida de, 103

Parreiras, Ari, 631

Pascal, Blaise, 562, 691

Passarinho, Jarbas, 778, 895

Passos, Gabriel, 755

Passos, Pereira, 589

Patrocínio, José do, 514, 527

Paulinho da Viola, 756

Pazzianotto, Almir, 848, 885, 886, 985, 1013

Peçanha, Nilo, 553, 554, 562, 634

Índice onomástico

Pécaut, Daniel, 705, 916
Pedreira, Fernando, 842
Pedro I, 198, 276, 277, 286, 288, 289, 305, 307, 308, 311, 318, 322, 325, 326, 327, 328, 332, 335, 336, 337, 338, 339, 340, 343, 344, 345, 349, 356, 364, 365, 366, 367, 370, 378, 379, 381, 382, 383, 384, 385, 387, 389, 391, 392, 393, 394, 395, 396, 398, 402, 405, 409, 414, 418, 421, 423, 425, 433, 436, 437, 438, 444, 446, 464, 473, 493
Pedro II, 9, 276, 308, 318, 322, 329, 331, 336, 338, 339, 381, 385, 394, 399, 408, 409, 416, 421, 422, 424, 425, 426, 427, 429, 430, 432, 433, 435, 440, 441, 442, 443, 444, 445, 446, 447, 448, 449, 464, 467, 469, 479, 483, 488, 497, 502, 503, 509, 514, 515, 522, 539, 676, 853
Pedro III, 285
Pedro IV, 326, 337, 379, 394, 406, 434
Pedro V, 496
Pedrosa, Mário, 607, 639, 819, 856
Pedroso, Jerônimo, 142
Pedroso, Pedro da Silva, 296, 297, 298
Péguy, Charles, 691
Peixe, Guerra, 708
Peixoto, Afrânio, 646
Peixoto, Amaral, 649, 660, 668, 674, 737
Peixoto, Floriano, 341, 493, 513, 514, 524, 527, 528, 529, 531, 535, 536, 539, 540, 541, 542, 543, 544, 545, 546, 547, 561
Peixoto, Inácio José de Alvarenga, 193, 251, 256
Peixoto, José Maria Pinto, 335
Pellacani, Dante, 755
Pereira, Arnaldo, 63
Pereira, Astrojildo, 524, 600, 607, 629, 639, 678, 715
Pereira, Duarte Pacheco, 43, 51, 62, 63
Pereira, Jesus Soares, 669, 733, 792

Pereira, José Clemente, 331, 335, 338, 346, 398
Pereira, Marcos, 1049
Pereira, Merval, 991, 1057
Pereira, Moacyr, 10
Pereira, Osny Duarte, 792
Pereira, Pedro de Sousa, 159
Pereira, Raimundo, 803, 922
Pereira, Temperani, 763
Peres, Jefferson, 908
Perestrello, Bartolomeu, 49
Pérez, José Manuel Santos, 8, 10
Perón, Juan Domingo, 726, 732, 906
Pessoa, Epitácio, 540, 561, 632
Pessoa, Frota, 646
Pessoa, João, 566, 567, 608, 618
Pestana, Emílio Rangel, 595
Piaf, Edith, 709
Picasso, Pablo, 620, 621, 819
Pierson, Donald, 807
Pilagallo, Oscar, 10
Pilar, Fabrício, 543
Pilla, Raul, 563
Pimenta, Joaquim, 630
Pimenta, Rui Costa, 915
Pinheiro, Fernandes, 351, 353, 354
Pinheiro, Israel, 674, 743
Pinheiro, João, 535
Pinheiro, Paulo Sérgio, 637, 770, 835, 848, 855, 858
Pinheiro, Romão, 296
Pinochet, Augusto, 760
Pinto, Álvaro Vieira, 617
Pinto, Bilac, 673, 734, 860, 861, 862
Pinto, Caetano, 296
Pinto, Carvalho, 755, 760
Pinto, Edgard Roquette, 646
Pinto, Hélio de Alcântara, 763
Pinto, Magalhães, 673, 765, 766, 779, 790, 799, 832, 861, 862, 863, 868
Pinto, Marino, 717
Pinto, Sobral, 563, 663, 671
Pio IX, Papa, 500
Pirandello, Luigi, 11, 808

Pires, Luís da França, 269
Pires, Sérgio Ary, 884
Pires, Waldir, 755, 769
Piso, Guilherme, 114
Pitta, Celso, 1029
Pixinguinha (Alfredo da Rocha Viana Filho), 708, 709
Polland, José Cecil, 762
Pomar, Valter, 822
Pombal, Marquês de (Sebastião José de Carvalho e Melo), 181, 182, 183, 184, 185, 186, 187, 189, 190, 191, 192, 193, 194, 195, 200, 201, 203, 204, 209, 210, 243, 248, 251, 261, 272, 279, 280, 281, 362, 433
Pompeia, Raul, 513, 521, 522
Ponce, Granville, 803
Pontes, Felisberto Caldeira Brant (Marquês de Barbacena), 262, 309, 337, 374, 384, 389, 391, 392, 398
Pontes, Paulo, 756, 803, 814
Portella, Eduardo, 9, 510, 804, 806, 807, 845, 846, 856
Portella, Petrônio, 755, 778, 829, 830, 832, 838, 860, 863, 868
Porter, Cole, 709
Portillo, José Lopez, 914, 933
Porto-Alegre, Manuel de Araújo, 472
Porto, Sérgio (Stanislaw Ponte Preta), 803
Porto, Walter Costa, 407, 427, 443, 1011
Portugal, Marcos Antônio, 329
Portugal, Tomás Antônio de Vila Nova, 307
Post, Frans, 114
Post, Pieter, 113
Pound, Ezra, 620
Powell, Baden, 742, 761
Pradier, Charles-Simon, 290
Prado Jr., Bento, 919, 920
Prado Jr., Caio, 11, 13, 18, 19, 41, 91, 150, 151, 320, 321, 322, 357, 381, 413, 419, 428, 436, 456, 524, 525, 569, 617, 645, 649, 656, 671, 676,

678, 681, 693, 704, 721, 747, 771, 804, 858, 917, 923, 964, 978
Prado, Antônio, 528
Prado, Décio de Almeida, 684, 859, 865
Prado, Fábio, 656, 710
Prado, Mariano Ignacio, 489
Prado, Paulo, 123, 135, 523, 525, 566, 621, 710
Prebisch, Raúl, 921, 924
Prestes, Anita Leocádia, 617, 653
Prestes, Júlio, 566, 608, 619, 626, 628, 631, 635
Prestes, Luís Carlos, 565, 567, 568, 574, 579, 600, 602, 606, 607, 608, 609, 617, 618, 626, 629, 630, 639, 649, 650, 651, 652, 653, 662, 663, 668, 674, 697, 710, 721, 724, 728, 735, 741, 765, 766, 792, 805, 845, 858, 859, 866, 867, 946
Preto, Manuel, 140
Preto, Sebastião, 140
Proença, Martinho de Mendonça Pina e, 187
Ptolomeu, Claudio, 44
Putnam, Samuel, 582, 808
Quadros, Jânio, 341, 561, 702, 735, 738, 739, 744, 746, 750, 752, 753, 754, 792, 796, 859, 860, 863, 864, 924, 927, 964, 1029, 1032
Queirós, Ademar de, 791
Queirós, Eusébio de, 408, 432, 435, 442
Queiroz, Eça de, 496, 562, 721
Queiroz, Rachel de, 13, 629, 640
Quental, Antero de, 190, 496
Quércia, Orestes, 827, 966
Rabelais, François, 808
Racine, Jean, 384
Rademacker, João, 329
Ramalho, João, 57, 137, 138
Ramirez, Francisco, 489
Ramos, Alberto Guerreiro, 657
Ramos, Artur, 656
Ramos, Deodato Manuel, 588

Índice onomástico

Ramos, Graciliano, 640, 645, 652, 653, 681
Ramos, Nabantino, 722
Ramos, Nereu, 660, 674, 739
Ramos, Saulo, 891, 895, 927
Ramos, Teodoro, 650
Ranchoup, Madame de (Pauline Fourès), 291
Rangel, Flávio, 722, 756, 830
Rangel, Ignácio, 695, 733
Rao, Vicente, 653, 654, 657, 660
Ravardière, Senhor de La (Daniel de la Touche), 85, 86
Raynal, Abade Guillaume, 195, 196, 245, 252, 253, 259, 281, 320
Reale Júnior, Miguel, 810, 811, 828, 829, 831, 843, 845, 877, 879, 880, 881, 882, 884, 885, 886, 888, 967, 987
Reale, Miguel, 617, 650, 887
Rebelo, Castro, 653, 656
Rebouças, André, 515
Rebouças, Antônio Pereira, 515
Rebouças, Antônio, 515
Rego, José Lins do, 640, 657
Reidy, Affonso Eduardo, 636
Reis Filho, Nestor Goulart, 101, 214, 241, 242, 571, 994
Reis, João José, 20, 417, 452, 517, 921
Reis, Joaquim Silvério dos, 255, 257, 258, 264
Renan, Ernest, 522
Rendon, José Arouche de Toledo, 351
Renoir, Auguste, 621
Resende, André Lara, 910, 985, 1026
Resende, Henrique de, 354
Resende, Otto Lara, 863
Resende, Taurino de, 782
Reyes, Alfonso, 688
Rezende, Conde de (José Luís de Castro), 494
Rezende, Estevão Muniz de, 334
Rezende, Iris, 862, 883
Rezende, Leônidas de, 607, 653
Rezende, Venâncio Henriques de, 384

Reznikoff, Misha, 683, 715
Rhodes, William, 996
Riani, Clodesmidt, 755
Ribeiro, Darcy, 20, 79, 539, 540, 551, 552, 553, 554, 555, 566, 568, 573, 588, 607, 610, 614, 616, 629, 630, 634, 641, 644, 647, 650, 652, 654, 655, 657, 659, 662, 663, 664, 665, 667, 670, 671, 672, 673, 695, 697, 700, 709, 710, 712, 718, 720, 721, 726, 727, 730, 736, 737, 739, 741, 742, 743, 744, 745, 749, 750, 751, 752, 753, 754, 755, 757, 758, 759, 760, 761, 762, 763, 764, 765, 767, 768, 769, 770, 772, 782, 784, 785, 788, 792, 813, 821, 822, 824, 826, 827, 832, 843, 848, 849, 893, 926, 930
Ribeiro, Demétrio, 532
Ribeiro, Ernesto Carneiro, 539
Ribeiro, João, 19, 153, 251, 295, 296, 297, 298, 339
Ribeiro, Joaquim, 653
Ribeiro, Sólon, 531, 919
Ricardo, Cassiano, 657, 661
Ricardo, David, 384
Ricardo, Sérgio, 756, 760
Richa, José, 882, 883, 895, 946
Ricupero, Rubens, 989
Rio Branco, Barão do (ver Paranhos Júnior, José Maria da Silva)
Rio Branco, Visconde do (ver Paranhos, José Maria da Silva)
Ristori, Oresti, 599
Riva-Agüero, José Mariano de la, 368
Robeson, Paul, 709
Robespierre, Maximilien, 341, 544, 908, 975, 976
Roca, Julio, 492
Rocha, Brochado da, 755, 860
Rocha, Eusébio, 734
Rocha, Glauber, 741, 746, 752, 753, 756, 857
Rocha, Justiniano José da, 436, 437

Rodrigues, Antônio, 57
Rodrigues, Jaime de Azevedo, 657
Rodrigues, José Honório, 20, 276, 309,
    346, 347, 348, 351, 353, 364, 365,
    424, 683, 695, 715, 762, 778, 836,
    845, 847, 856, 869, 959, 967, 1040
Rodrigues, Leda Boechat, 715, 716, 762
Rodrigues, Wasth, 676
Rolland, Romain, 692, 710
Roma, Padre (José Inácio Ribeiro de
    Abreu e Lima), 339, 424
Romano, Roberto, 916, 1028
Romero, Sílvio, 555
Rónai, Paulo, 709
Rondon, Candido, 357, 358, 359, 554,
    564, 656
Roosevelt, Franklin Delano, 341, 609,
    615, 623, 624, 636, 637, 650, 668,
    678, 687, 711, 712, 713, 771, 796
Roriz, Joaquim, 966, 972, 1004
Rosa, Guimarães, 148, 151, 152, 692,
    720, 741
Rosa, Noel, 708
Rosário, Maria do, 1020
Rosas, Juan Manuel, 399, 440, 481, 484,
    485, 492
Rosenfeld, Anatol, 709
Rossi, Adolfo, 550
Rostow, Walt Whitman, 725
Rouanet, Sérgio Paulo, 689, 806, 807,
    905
Rousseau, Jean-Jacques, 30, 165, 196,
    253, 267, 320, 357, 360, 361
Rousseff, Dilma, 17, 18, 857, 876, 978,
    979, 980, 983, 984, 990, 999, 1002,
    1004, 1005, 1006, 1009, 1010, 1011,
    1013, 1014, 1016, 1017, 1020, 1021,
    1023, 1024, 1027, 1028, 1029, 1033,
    1034, 1035, 1036, 1037, 1038, 1040,
    1043, 1045, 1046, 1047, 1051, 1052,
    1053, 1054, 1055, 1056, 1057, 1060
Roussin, Albin, 390
Rubião, Murilo, 671
Ryff, Raul, 767

Sá, Estácio de, 72
Sá, Martim de, 71, 136, 158
Sá, Mem de, 59, 72, 78, 90, 127, 158,
    215, 216
Sá, Salvador Correia de, 72, 94, 119,
    136, 141, 143, 144, 145, 146, 157,
    158, 160, 215
Sá, Victor de, 64
Sábat, Hermenegildo, 756
Sablon, Jean, 709
Sacchetta, Hermínio, 617
Sacchetta, Vladimir, 763
Saia, Luís, 676, 680, 686, 687, 693
Saião, Bidu, 710
Saint-Just, Louis Antoine Léon, 908
Saisset, Clémence, 336
Sala, Oscar, 755, 835, 926
Salazar, Antonio de Oliveira, 609, 659,
    690, 748, 839
Salema, Antônio, 72
Sales, Francisco de, 295
Sales, Manuel Ferraz de Campos, 341,
    524, 532, 535, 546, 547, 548, 549,
    550, 551, 557, 561, 569
Salgado, Plínio, 639, 645, 650, 657, 662
Saliba, Elias Thomé, 10
Salinas de Gortari, Carlos, 914, 933
Salinger, J. D., 715
Salmeron, Roberto, 793
Salvador, Frei Vicente do, 76, 79, 81, 82,
    85, 87
Sampaio, Cid, 700
Sampaio, Plínio de Arruda, 895, 896,
    948, 984, 1010
Sampaio, Teodoro, 517
San Martín, José de, 279, 341
Sanches, Antonio Nunes Ribeiro, 188,
    194
Santa Mônica, Barão de (Francisco
    Nicolau Carneiro Nogueira da Gama),
    440
Santa Rosa, Virgínio, 644
Santana, Fernando, 763
Santana, Manuel de, 243, 269

Santillo, Henrique, 880

Santos Dumont, Alberto, 515

Santos, Antônio da Costa (Toninho do PT), 965, 1020

Santos, Antonio Ribeiro dos, 195

Santos, Edgar, 746

Santos, Filipe dos, 175, 176, 249, 254

Santos, Joaquim Felício dos, 172, 173, 535

Santos, Joel Rufino dos, 1023

Santos, Marquesa de (Domitila de Castro Canto e Melo), 308, 330, 336, 364, 389, 421

Santos, Max da Costa, 763

Santos, Milton, 18

Santos, Moacir Amaral, 833

Santos, Osmar, 946

Santos, Roberto, 862

Santos, Theophilo dos, 535

Santos, Wanderley Guilherme dos, 761

São Caetano, Frei Inácio de, 194

São Lourenço, Barão de (Francisco Gonçalo Martins), 869

Saraiva, Gumercindo, 543

Saraiva, José Antônio, 349, 350, 442, 473, 500, 518, 528, 538

Sardinha, Bispo Pero Fernandes, 126

Sarmento, Jacob de Castro, 188

Sarmiento, Domingo Faustino, 480, 482, 491

Sarney, José, 649, 697, 703, 753, 755, 786, 806, 849, 850, 856, 857, 858, 859, 861, 862, 868, 869, 878, 888, 889, 890, 891, 893, 894, 895, 896, 906, 908, 921, 927, 961, 965, 969, 998, 999, 1014, 1015, 1051

Sartre, Jean-Paul, 692, 717, 747, 806

Satie, Erik, 621

Sauer, Ildo, 1006

Savigny, Friedrich Karl von, 497

Say, Horace, 384, 426

Schenberg, Mário, 672, 684, 710, 755, 789, 793, 920

Schetz, Erasmo, 98

Schkoppe, Segismundo Van, 112

Schmidt, Augusto Frederico, 664

Schmidt, Helmut, 902, 943, 1029

Schnaiderman, Boris, 669

Schott, Willem, 121

Schwartz, Stuart B., 20, 61, 62, 99, 129, 131, 132, 216, 217, 220, 223, 224, 227

Schwarz, Roberto, 824

Seabra, José Joaquim, 555

Sebastião I, 75, 587

Secco, Alexandre, 872

Secco, Lincoln, 984, 1018, 1058

Segall, Lasar, 710

Senghor, Leopold, 692, 747

Sérgio, António, 690

Serpa, Antônio Carlos de Andrada, 846

Serpa, Pedro, 56

Serra, Corrêa da, 362

Serra, José, 760, 778, 881, 882, 896, 916, 928, 950, 966, 967, 983, 992, 1002, 1005, 1009, 1010, 1011, 1013, 1029, 1037

Servan, Joseph-Michel-Antoine, 199

Setúbal, Laerte, 873

Setúbal, Olavo, 1029

Sévigné, Madame de (Marie de Rabutin-Chantal), 334

Sieyès, Abade Emmanuel Joseph, 873

Silva, Agostinho da, 683

Silva, Alberto da Costa e, 10, 11, 19, 277, 417, 707

Silva, Aristides Inácio da, 942

Silva, Arthur da Costa e (ver Costa e Silva, Arthur da)

Silva, Benedita da, 929, 955

Silva, Brigadeiro Francisco de Lima e, 370, 379, 394, 395, 399, 438, 440, 445, 446

Silva, Carlos Medeiros (ver Medeiros Silva, Carlos)

Silva, Eduardo, 452, 457, 517, 518

Silva, Evandro Lins e, 755

Silva, Golbery do Couto e, 699, 721,

1122   História do Brasil: uma interpretação

735, 752, 762, 777, 779, 780, 781, 782, 783, 784, 787, 794, 795, 796, 797, 811, 823, 826, 828, 831, 832, 834, 836, 837, 838, 839, 840, 849, 856, 944, 945

Silva, Ismael, 709

Silva, João Manuel de Lima e, 437, 472

Silva, João Manuel Pereira da, 426

Silva, José Bonifácio de Andrada e (ver Andrada e Silva, José Bonifácio de)

Silva, José Joaquim de Lima e, 437, 439

Silva, Leonardo Dantas, 117, 118

Silva, Luís Alves de Lima e (ver Caxias, Duque de)

Silva, Luís Hildebrando Pereira da, 793

Silva, Luís Inácio Lula da (ver Lula da Silva, Luís Inácio)

Silva, Luís Vieira da, 245, 253, 256, 259

Silva, Luiz Antônio da Gama e, 792, 833, 867

Silva, Luiz Gonzaga Nascimento e, 791

Silva, Manuel do Nascimento Castro e, 394

Silva, Manuel Teles da (Duque de Silva-Tarouca), 185, 191, 261

Silva, Marina, 984, 987, 998, 1006, 1008, 1010, 1011, 1041, 1047, 1050, 1051, 1055, 1056

Silva, Orlando, 708, 709

Silva, Pedro Correia da, 117

Silveira, Ênio, 804, 805, 806, 821, 831

Silveira, Joel, 661, 669, 842

Silveira, Noemy, 646

Silveira, Pelópidas da, 741, 792

Simon, Pedro, 882

Simonsen, Mario Henrique, 762, 790, 792, 810, 827, 847

Simonsen, Roberto, 639, 650, 669, 678, 868

Sinatra, Frank, 716

Singer, André, 1016, 1057

Singer, Paul, 746, 855, 919, 954, 955, 956

Sismondi, Jean Charles Léonard de, 384

Skidmore, Thomas, 627, 667, 727, 731, 758, 784, 789, 790, 801, 828, 838, 922

Smith, Adam, 245, 281, 320, 373, 433

Soares, Delúbio, 1033, 1043

Soares, Edmundo de Macedo, 660, 671

Soares, José Eduardo de, 653

Soares, Raul, 561

Soares, Vital, 566, 608, 619

Sobel, Henry, 830, 843

Sodré, Alcindo, 644

Sodré, Lauro, 551

Sodré, Nelson Werneck, 617, 661, 721, 735, 762

Sodré, Roberto de Abreu, 812, 862, 864, 867, 871

Sofia, Rainha, 967

Sokol, Markus, 1005

Sola, Lourdes, 660, 661, 891, 918

Soler, Margarita, 118

Soler, Vicente, 118

Somekh, Nadia, 571, 719

Sousa, Francisco de, 140

Sousa, Gabriel Soares de, 71

Sousa, Manuel Marques de (Conde de Porto Alegre), 499

Sousa, Martim Afonso de, 55, 56, 57, 89, 93, 147, 212

Sousa, Octávio Tarquínio de, 197, 286, 327, 328, 329, 335, 344, 382, 383, 384, 391, 393, 405, 423, 435, 445

Sousa, Paulino José Soares de (Visconde do Uruguai), 390, 394, 407, 473, 528

Sousa, Paulo, 384

Sousa, Pero Lopes de, 57

Sousa, Tomé de, 31, 58, 59, 60, 65, 90, 123, 125, 147, 148

Sousândrade, 472

Southey, Robert, 310

Souto, Edson Luís Lima, 812

Souto, Inácio Ferreira, 192

Souto, Luiz Rafael Vieira, 384

Souza, Amaury de, 1006

Souza, Antonio Fernando de, 988

Índice onomástico 1123

Souza, Jessé de, 1059
Souza, Laura de Mello e, 20, 167
Souza, Márcio, 459, 460, 461
Souza, Paulo Renato, 882
Souza, Percival de, 801, 820
Souza, Tárik de, 802
Spencer, Herbert, 497
Spínola, António de, 839
Staden, Hans, 30, 31, 32, 54
Staël, Madame de (Germaine Necker Staël), 471, 472
Stédile, João Pedro, 952, 1003
Stein, Barbara, 710, 715, 807
Stein, Stanley J., 7, 19, 380, 456, 710, 715, 807
Steinbeck, John, 624, 715
Street, Jorge, 639
Stuart, Charles, 318
Suassuna, Ariano, 741, 846, 1052
Sucre, Antonio José de, 369
Suplicy, Eduardo, 843
Suplicy, Marta, 1029
Süssekind, Arnaldo, 782, 793
Süssekind, Flora, 428
Sweezy, Paul M., 747
Taine, Hippolyte, 522
Tamandaré, Almirante (Joaquim Marques Lisboa), 498
Taño, Francisco Diaz, 143, 144
Taunay, Affonso d'Escragnolle, 89, 292, 676
Taunay, Auguste-Marie, 290
Taunay, Nicolas-Antoine, 290
Tavares, Antônio Raposo, 140, 141, 142, 143, 145, 146
Tavares, Cristina, 896
Tavares, Francisco Muniz, 244, 296, 299, 300, 302, 331, 351, 355
Tavares, Hekel, 708
Távola, Artur da, 896
Távora, Joaquim, 563
Távora, Juarez, 563, 567, 568, 602, 606, 617, 627, 628, 631, 658, 668, 669, 703, 721, 723, 733, 735, 736, 791, 856
Távora, Marquês de (Luís Bernardo de Távora), 190
Teffé, Nair de, 554
Teixeira, Anísio, 525, 572, 616, 620, 645, 646, 650, 653, 656, 657, 680, 681, 695, 706, 710, 715, 744, 745, 751, 753, 770, 771, 789, 807, 808, 1032
Teixeira, Bernardo, 299
Teixeira, D. Marcos, 126
Teles, Mário Rolim, 727
Telles Júnior, Goffredo da Silva, 785, 829, 830, 831, 833, 846
Telles, Antônio de Queirós (Conde de Parnaíba), 503
Telles, Goffredo da Silva, 643
Telles, Silvinha, 742
Temer, Michel, 886, 887, 982, 1010, 1011, 1048, 1056, 1060
Tenório, Padre Pedro de Sousa, 299
Teresa Cristina, 446, 448
Thatcher, Margaret, 924, 933
Thibau, Mauro, 781, 791
Thoreau, Henry David, 715
Tibiriçá, 137
Tilbury, Padre Guilherme, 329
Tiomno, Jaime, 793
Tiradentes (Joaquim José da Silva Xavier), 245, 255, 256, 257, 259, 261, 263, 264, 265, 271, 288, 340, 446, 513
Tocqueville, Alexis de, 496, 900
Toledo, Benedito Lima de, 259
Toledo, Joaquim Floriano de, 384
Toledo, Padre Carlos Correia de, 260
Toledo, Pedro de, 642
Toledo, Pompeu de, 722
Tomás, Alexandre, 296
Tomaz, Fernandes, 301
Torre, Conde da (Fernando de Mascarenhas), 142
Torres, Alberto, 509, 678

Torres, Domingos de, 142
Torres, Joaquim José Rodrigues
  (Visconde de Itaboraí), 408
Torres, José Garrido, 762, 781
Torres, Lucas Dantas do Amorim, 269
Tota, Antonio Pedro, 712, 713
Touraine, Alain, 921, 924
Tourlon, Charles de, 117, 118
Tragtenberg, Maurício, 969
Travassos, Luiz, 811
Trenet, Charles, 709
Trevisan, Dalton, 741
Triolet, Elsa, 621
Trovão, Lopes, 535
Tzara, Tristan, 621
Ueki, Shigeaki, 793
Unamuno, Miguel de, 190
Ungaretti, Giuseppe, 692
Urbano VIII, Papa, 139, 143
Urquiza, Justo José de, 481, 485, 491
Ustra, Carlos Alberto Brilhante, 841,
  1026
Valadares, Benedito, 639, 648, 649, 658,
  674
Vale, João do, 803
Valente, Ivan, 984
Valente, Tomás Pereira (Conde do Rio
  Pardo), 392
Valera, Juan, 190
Valério, Marcos, 992, 1034, 1042
Valle, Jorge Medeiros, 820
Van Gogh, Vincent, 621
Vandré, Geraldo, 812, 815
Vannuchi, Paulo, 1003
Varela, Fagundes, 510, 511
Varela, Mariano, 491
Vargas, Alzira, 660, 737
Vargas, Benjamim, 672
Vargas, Darci, 634
Vargas, Getúlio, 6, 525, 554, 563, 566,
  567, 568, 608, 609, 610, 611, 613,
  614, 615, 616, 618, 619, 620, 624,
  626, 627, 628, 629, 630, 631, 632,
  633, 634, 635, 636, 637, 638, 640,

641, 642, 643, 644, 645, 649, 651,
  652, 653, 655, 658, 659, 660, 661,
  662, 663, 664, 666, 667, 668, 669,
  670, 671, 672, 673, 674, 675, 678,
  681, 682, 683, 696, 699, 700, 712,
  713, 714, 717, 718, 720, 722, 723,
  724, 726, 727, 728, 730, 731, 732,
  733, 734, 735, 736, 737, 738, 740,
  768, 778, 844, 848, 859, 860, 861,
  864, 866, 878, 905, 907, 919, 945,
  960, 961, 1022
Vargas, Lutero, 667, 737
Vargas, Manuel Nascimento, 634
Varnhagen, Francisco Adolfo de
  (Visconde de Porto Seguro), 422, 424,
  425, 426, 446
Vasco, Neno, 599
Vasconcellos, Ernani, 636
Vasconcelos, Antonio de Brito de Aragão
  e, 279, 302
Vasconcelos, Bernardo Pereira de, 331,
  384, 390, 394, 395, 398, 403, 404,
  405, 406, 407, 408, 418, 423, 471,
  476
Vasconcelos, Jarbas, 998, 999
Vasconcelos, Miguel Frias de, 438
Vasconcelos, Raquel de Lima, 992
Vasconcelos, Zacarias de Góis e (ver Góis
  e Vasconcelos, Zacarias de)
Vaux, Charles des, 86, 87
Vaz, Rubens, 733, 736
Veiga, Evaristo da, 329, 338, 381, 382,
  383, 384, 389, 390, 391, 393, 401,
  405, 406, 423, 428, 435, 436, 444,
  445, 471, 472
Veiga, José da, 268
Veiga, José Eli da, 1036
Velho, Domingos Jorge, 149, 163
Veloso, Caetano, 746, 756, 802
Veloso, Frei José Mariano da Conceição,
  258, 281
Venâncio Filho, Francisco, 646
Ventura, Ray, 709
Ventura, Roberto, 580, 582

Índice onomástico   1125

Ventura, Zuenir, 812
Vera Cruz, Manoel da, 269
Verde, Gerardo, 47
Vergueiro, Nicolau de Campos, 300, 340, 364, 387, 389, 393, 394, 395, 398, 436, 453, 502
Veríssimo, Erico, 690, 706, 711, 712, 716, 807, 808
Veríssimo, Luís Fernando, 693, 853, 934, 1019
Vermeil, François-Michel, 199
Verney, Padre Luís Antonio, 188
Vespúcio, Américo, 47, 53
Viana Filho, Luís, 703, 790, 791, 860
Viana, Cibilis, 755
Viana, Tião, 999
Vianna Filho, Oduvaldo, 756, 760, 803, 814, 850
Vianna, Fernando de Mello, 728
Vianna, Francisco José de Oliveira, 639, 660, 678, 899
Vianna, Hélio, 229, 660
Vianna, Luiz Werneck, 971, 983, 985, 1025, 1026, 1039, 1057, 1058, 1059
Vianna, Marcos, 841
Vidal, Paulo, 943
Vidigal, Gastão, 669
Vieira, Domingos de Abreu, 258
Vieira, Padre Antonio, 33, 97, 115, 130, 153, 334, 361, 890
Vieira, Sabino da Rocha, 411, 414
Vilaboim, Manuel, 631
Vilas Boas, Frei Manuel do Cenáculo, 194
Vilhena, Luís dos Santos, 133, 231, 265, 267, 272, 273, 391
Villa-Lobos, Heitor, 577, 621, 645, 656, 662, 680
Villa, Marco Antonio, 582, 962, 1028
Villegaignon, Nicolas Durand de, 65, 68, 69, 70, 72, 315

Villegas, Daniel Cosío, 977
Vinagre, Francisco Pedro, 411, 412
Viotti da Costa, Emilia, 197, 503, 571, 918
Virgens, Luís Gonzaga das, 269
Virgílio, 261, 384
Vital, D. (Vital Maria Gonçalves de Oliveira), 501
Vitória I, 430
Vitorino, Manuel, 548
Voltaire, 194, 196, 199, 245, 267, 306, 320, 334, 359
Wainer, Samuel, 661, 700, 722, 726, 730, 732, 736, 757, 767, 768, 871
Waldseemüller, Martin, 53
Walesa, Lech, 935, 967, 1032
Wallerstein, Immanuel, 39, 47, 747
Walsh, Robert, 290, 310, 315, 316, 317, 318, 319
Walters, Vernon, 780
Washington, George, 341
Weber, Max, 217, 918, 977
Weffort, Francisco, 835, 901, 919, 921
Weis, Luiz, 986, 987
Welles, Orson, 682, 713, 714
Whitaker, José Maria, 629
Willems, Emilio, 807
Willian, Carlos, 996
Wilson, Edmund, 620
With, Gisbert de, 118
Wright, James, 843
Xavier, Joaquim da Silva (ver Tiradentes)
Xavier, Lívio, 639, 805
Xavier, Padre Domingos da Silva, 257
Youssef, Alberto, 1056
Zé Kéti, 760, 803
Zerbini, Euryale de Jesus, 792
Ziembinski, Zbigniew, 709
Ziraldo, 803
Zumbi dos Palmares, 161, 163
Zweig, Stefan, 428, 709, 710

Índice das matérias

Nota à 4ª edição	7
Prefácio, *Alberto da Costa e Silva*	11
Introdução	17
1. Primeiros habitantes	23
O problema das origens	23
Dispersão e diversificação	25
Os tupis-guaranis	26
O prisioneiro Hans Staden	30
2. A Europa e o Atlântico no início dos Tempos Modernos	33
Novos tempos	34
Renascimento comercial	37
3. Europeus no Atlântico Sul	41
A rota do Atlântico Sul	42
Antecedentes da expansão	42
A "vertigem do espaço"	46
Tordesilhas: a partilha do mundo	49
4. De "terra dos papagaios" a "terra do Brasil"	51
A "terra dos papagaios". A carta de Caminha	52
A "terra do Brasil"	53
A expedição de Martim Afonso, o amigo do rei	55
As primeiras vilas	57
Terras e "índios". As denúncias de Anchieta	59
Um novo historiador do "descobrimento":	
Joaquim Barradas de Carvalho	62
5. Contra Tordesilhas	65
A "rota das cores"	65
As guerras contra Carlos V	66
A França Antártica	68

A conquista da Guanabara 71
"O que vi com meus olhos" 73

6. Conquista e cativeiro: a união ibérica (1580-1640) 75
   Prata e escravos na rota dos peruleiros 76
   Da Bahia ao Maranhão: a conquista da costa leste-oeste 78

7. Açúcar e escravismo: a conquista do trópico 89
   O açúcar nas ilhas atlânticas 90
   Na Província de Santa Cruz 91
   Colonos portugueses: homogeneidade e diversidade 95

8. As guerras contra os holandeses 101
   A crise do capitalismo comercial europeu 102
   No centro do mundo 105
   Uma guerra "mundial" 108
   A ocupação do Nordeste 111
   O conde de Nassau-Siegen 113
   A "idade de ouro" do Brasil holandês 115
   A restauração em Portugal 118

9. A conquista das almas: controle e resistência 123
   O Padroado. E as festas 124
   A Companhia de Jesus 126
   O Tribunal do Santo Ofício 130

10. As "capitanias de baixo" e as guerras do sertão:
    jesuítas, bandeirantes e "bugreiros" 135
    A vila de Piratininga 137
    Além de Tordesilhas 146
    Caminhos do sertão: a "Guerra dos Bárbaros" 148

11. Conflitos e rebeliões coloniais 153
    A "pérfida Albion": Inglaterra, aliada e algoz 154
    Conflitos internos na colônia 157

12. O ouro das "Gerais" 167
    Entradas e bandeiras 168
    O "rei ouro" 169
    A exploração de diamantes 177
    O ouro brasileiro na Europa 178

13. Despotismo da razão: o marquês de Pombal 181
    Dependência e submissão 181
    O poderoso ministro Sebastião José 183

A revolução cultural pombalina: uma "escola intelectual" 186
A colônia ilustra-se. Estudantes brasileiros em Coimbra 195
Mercantilismo tardio 200
Ajustes territoriais: a definição das fronteiras 205
Pombalismo: um balanço 209

14. A sociedade colonial: afirmação e ocaso 211
Câmaras Municipais 212
A justiça do rei: o ouvidor-geral 215
A Santa Casa de Misericórdia 220
Índios "mansos" e "arredios" 221
Imigração forçada de cativos africanos 222
Centro e periferia 223
Ocaso colonial 229

15. "O viver em colônias" 231
O cotidiano na colônia: tensão permanente 232
Vilas e cidades 235
A alimentação na colônia 237
A justiça do Antigo Regime 238
O fisco e os monopólios 240
A lenta urbanização 241

16. O sistema colonial:
Inconfidências e o sentido geral da crise 243
Ruptura irreversível: da modernidade à contemporaneidade 244
Ideias de revolução 250
A Inconfidência Mineira (1789) 254
O programa dos inconfidentes 259
A crise se aprofunda: "Conjuração dos Alfaiates" (Bahia, 1798) 266
O sentido geral das Inconfidências 271
Professor Vilhena: um reformista ilustrado na colônia 272

17. Descolonização portuguesa e construção
do Império brasileiro (1808-1822).
A Revolução da Independência (1822) 275
Uma visão de conjunto: o "longo" século XIX 275
Rumo à Revolução da Independência 278
O fim do regime colonial: João VI no Brasil 279
Inversão colonial: abrindo os portos 284
João VI: de príncipe regente a rei do Brasil 284
Na Europa, a restauração das monarquias 292
Insurreição no Nordeste, 1817:
    Revolução Pernambucana, a matriz da Independência 293

Índice das matérias

A Revolução do Porto (1820) e o regresso de João VI 299
A Revolução da Independência (1822).. 302
As guerras da Independência... 309
A caminho da Independência: "arranjo" ou Revolução?............................. 320

18. Primeiro Reinado: Pedro I (1822-1831) 325

Pedro I: um perfil.. 327
A Independência 343
A obra legislativa 353
José Bonifácio e a sociedade civil nos trópicos 356
Dissolução da Assembleia 364
O teste do novo Império:
    a insurreição nordestina de 1824.. 366
A Confederação esmagada: Nordeste, 1824... 367
O significado da Constituição de 1824 371
A sociedade do novo Estado independente... 372
Reconhecimento da Independência. A hegemonia inglesa 374
O fim do reinado de Pedro I.. 378
Da Independência à condição neocolonial 380

19. Consolidação do Estado nacional (1831-1840):
regências, insurreições e revoluções... 381

Raízes da revolta... 385
O novo Império nos planos internacional e nacional 386
A herança do governo de Pedro 388
O colapso do Primeiro Reinado 393
A breve (e brava) regência de Feijó 404
Revolta dos cabanos (1832-1840): a República do Pará 411
A Balaiada, no Maranhão (1833-1841) 413
A Sabinada, na Bahia (1837-1838) 414
A Insurreição Farroupilha,
    no Rio Grande do Sul (1835-1845). Garibaldi 414
A Rebelião dos Malês em 1835... 416
A estratégia da Conciliação: o complô das elites... 418
Formação de uma consciência nacional:
    o "Brasil contemporâneo" e a ideia de "Brasil" 419

20. Segundo Reinado (1840-1889):
o universo "imperial" de Pedro II 427

O Império inglês e o mundo.. 429
Vida política: embates, tendências e periodização 434
Antecâmara da República 440
Perfil de Pedro II 443

1130   História do Brasil: uma interpretação

21. Parlamentarismo sem povo: a "paz" do Segundo Reinado 451
São Paulo: temperando sua rudeza... 452
Borracha e cacau, "drogas do sertão" 459
O sistema político do Segundo Reinado 463
O caminho rumo ao Parlamento 467
Parlamentarismo sem povo 469
O romantismo: uma identidade cultural nacional? 470
Tal liberalismo, qual burguesia. Antes da "Revolução"... 473

22. Da Monarquia à República (1868-1889): o colapso do regime ... 479
Política externa: ainda a questão do Prata 480
A Guerra do Paraguai (1864-1870): uma reavaliação 482
Da Monarquia à República 493
A campanha abolicionista 508
Qual República? Tendências republicanistas 518
Mais uma República na ordem neocolonial 520

23. A Primeira República e seus presidentes (1889-1930) 523
Os presidentes: marcha e contramarchas do processo 527
O Encilhamento 537
O governo do marechal Floriano Peixoto (1891-1894) 540
Oligarquias em transe: a República do "café com leite" 545
Uma sociedade pré-política, atrasada, rústica 569
Uma república para poucos: coronelismo, apatia e voto 574
Semana de Arte Moderna: o "anticapitalismo" da elite 576

24. Contra a República Oligárquica:
movimentos sociais e contestações dos Tenentes 579
A Guerra de Canudos (1893-1897) 580
A Guerra do Contestado (outubro de 1912-agosto de 1916) 586
A Revolta da Vacina (1904) 588
Uma economia em crise 591
O novo sistema mundial: EUA, URSS, Brasil... 592
Projetos reformistas e revolucionários. Tenentes e socialistas 601
O fim da "República Velha" 610

25. Revolução de 1930 e República Nova (1930-1937):
Vargas e sua "herança" 613
Era Getuliana (1930-1964): demarcando períodos e fases 613
O sentido do processo 614
A República Nova (1930-1937) 618
O pobre "sistema cultural" do país: o Brasil se redescobre 645
A repressão ao levante 652

Índice das matérias   1131

26. A Ditadura do Estado Novo (1937-1945): política e cultura 655
O autogolpe do Estado Novo (1937) 658
Uma economia dirigida pelo Estado 664
Ditadura, Modernismo e Revolução 675
Contra o Estado Novo: os intelectuais se organizam 680
Sérgio Milliet: uma visão do mundo cosmopolita e... nacional 689

27. A República Populista e a República Patricial (1946-1964):
modernização e subdesenvolvimento 695
Duas vertentes político-ideológicas: liberais e nacionalistas 698
Ideologia do Planejamento. Celso Furtado 701
O Brasil "liberal" do pós-guerra (1945-1964):
mudança do paradigma político-cultural 703
Americanização à brasileira 712
A construção de uma sociedade "liberal-democrática" 717
O Brasil e a Operação Pan-Americana 772
Epílogo: a breve experiência terceiro-mundista do Brasil 774

28. A República Civil-Militar (1964-1985) 777
O contexto mundial: prolongando a Guerra Fria 779
Do golpe de 1964 à Constituição de 1988: a curva do processo 780
O regime militar de 1964 e seus presidentes: uma síntese 787
Sob a ditadura, a politização da vida cultural 802
O ano de 1968: versos e reversos 812
A sucessão do general Costa e Silva 816
O diálogo que não houve: Darcy Ribeiro e Roberto Schwarz 824
O governo Geisel (1974-1979): o último tenente 825
A *Carta aos brasileiros* (1977): desafiando o regime 830
A ditadura encurralada: refletindo sobre o poder militar 835
Governo Figueiredo (1979-1985): transição ou transação? 843
Eleições diretas. A "nação ameaçada" 846
Fim do ciclo militar 850

29. A República Autocrático-Burguesa:
do fim da ditadura aos governos "democráticos".
De Tancredo a Lula (1985-2007) 853
De Sarney a Lula: o sentido geral do processo 856
Agora, Sarney com a nova (velha) constelação 861
Diretas Já, contra o "entulho do regime autoritário" 869
A difícil passagem do regime militar à democracia representativa 877
Uma encruzilhada da história. O lugar de Montoro 883
O lugar de Ulysses na história. Presidente, por que não? 889
A crise econômica: herança que Sarney multiplica 890
Por fim, nasce a Constituição de 1988... 896

O fim da ditadura. Agora, as esperadas eleições diretas 902

Governo Collor (1990-1992) 904

Governo Itamar Franco (1992-1995) 909

O professor Fernando Henrique se transforma em FHC 911

Realizações: breve balanço da modernização tardia 928

Primeiro governo Luiz Inácio Lula da Silva (2003-2006) 934

Novo sindicalismo, novas encruzilhadas 947

O segundo mandato de Lula: "um messias de si mesmo"? 949

A classe operária sobe/desce ao paraíso. Algumas realizações 950

Fome Zero e Bolsa Família 954

O "homem cordial" e a cultura do *marketing* 957

O sentido do processo: de FHC a Lula (1994-2007) 959

Da transação à transição: de Cardoso a Silva 962

Completando a transição? Para o quê? Para onde? 966

O presidente Lula, a crise e o clamor nacional 968

A transição incompleta: o mesmo modelo 971

30. A transição incompleta: ainda o mesmo modelo (2007-2014) 977

Para uma visão de conjunto: a crise do regime 977

A crônica da crise, na voz de alguns protagonistas 983

Dilma presidente: objetivo alcançado 1.010

A ética republicana, o STF e o "mensalão" 1.032

O clamor das ruas 1.044

Duas conclusões e um fim 1.057

Post scriptum à 5ª edição (2016) 1.060

Bibliografia 1.061

Índice onomástico 1.097

Índice das matérias 1.127

Sobre os autores

O historiador Carlos Guilherme Mota nasceu em São Paulo, em 1941, e é professor titular de História Contemporânea da FFLCH-USP e de História da Cultura na Faculdade de Arquitetura e Urbanismo da Universidade Presbiteriana Mackenzie. Foi professor colaborador no mestrado da Escola de Direito da FGV-SP, foi fundador e primeiro diretor do Instituto de Estudos Avançados da USP (1986-1988), na gestão do reitor José Goldemberg, e diretor da Biblioteca Brasiliana Guita e José Mindlin em 2014. Foi professor visitante nas universidades de Londres, Texas, Salamanca e Stanford, membro da comissão de avaliação do Programa de América Latina da Universidade de Princeton e do Wilson Center, em Washington, e diretor de estudos da École des Hautes Études, em Paris. Em 2009 recebeu o título de Professor Emérito da Universidade de São Paulo.

É autor de diversos livros, entre eles *Atitudes de inovação no Brasil, 1789-1801* (Lisboa, Livros Horizonte, 1970), *Nordeste 1817* (Perspectiva, 1972), *Ideologia da cultura brasileira* (Ática, 1977), *1789-1799: a Revolução Francesa* (Perspectiva, 2007), *História do Brasil: uma interpretação* (com Adriana Lopez, Senac-SP, 2008; Universidade de Salamanca, 2009), além de ter coordenado *Brasil em perspectiva* (Difel, 1968) e *Viagem incompleta: a experiência brasileira, 1500-2000* (Senac-SP, 2000). Uma seleção de seus textos e entrevistas está reunida nos volumes *A ideia de revolução no Brasil* (Globo, 2008), *História e contra-história* (Globo, 2010), *Educação, contraideologia e cultura* (Globo, 2011) e *Historiador público* (no prelo). Em 2011 ganhou o Prêmio Machado de Assis, da Academia Brasileira de Letras, pelo conjunto da obra.

Adriana Lopez é historiadora pós-graduada pela Universidade de São Paulo e autora dos livros *A América dos libertadores: a independência das colônias hispano-americanas* (Ática, 1998), *Franceses e tupinambás na Terra do Brasil* (Senac-SP, 2001), *Guerra, açúcar e religião no Brasil dos holandeses* (Senac-SP, 2002) e *De cães a lobos-do-mar: súditos ingleses no Brasil* (Senac-SP, 2007). É co-autora, com Carlos Guilherme Mota, de *Brasil revisitado: palavras e imagens* (Rios, 1989), e da série *História & civilização* (Ática, 1995: *O mundo antigo e medieval*, *O mundo moderno e contemporâneo*, *O Brasil colonial* e *O Brasil imperial e republicano*), além de *História do Brasil: uma interpretação* (Senac-SP, 2008; Universidade de Salamanca, 2009).

ESTE LIVRO FOI COMPOSTO EM SABON
PELA BRACHER & MALTA, COM CTP E
IMPRESSÃO DA EDIÇÕES LOYOLA EM
PAPEL PÓLEN SOFT 70 G/M² DA CIA.
SUZANO DE PAPEL E CELULOSE PARA A
EDITORA 34, EM AGOSTO DE 2016.